གངས་ལྗོངས་མེ་ལོང་ནང་ནས་ལྷ་སའི་ སྐྱིད་ཆུ་གསལ་བྱུང་།

——ལོ་རྒྱུས་སློབ་སྦྱོང་དང་སྦྲགས་ནས་ལྷ་ས་གླིང་བ།

རྩོམ་པ་པོ། བདེ་སྐྱིད་མཚོ་མོ།
ཡིག་སྒྱུར་པ། བཤེས་གཉེན་ཚུལ་ཁྲིམས།

ཀྲུང་གོའི་བོད་རིག་པ་དཔེ་སྐྲུན་ཁང་།

图书在版编目（CIP）数据

流淌的吉曲河：学历史讲拉萨：藏文/德吉措姆著；西尼崔臣译.--北京:中国藏学出版社，2024.10.

ISBN 978-7-5211-0555-1

Ⅰ.K297.5

中国国家版本馆CIP数据核字第2024EC5107号

流淌的吉曲河:学历史讲拉萨 德吉措姆 著 西尼崔臣 译

责任编辑	尼玛卓玛
封面设计	李建雄
出版发行	中国藏学出版社
排　　版	北京叶知舟文化传媒有限公司
印　　刷	中国电影出版社印刷厂
版　　次	2024年10月第1版　2024年10月北京第1次印刷
开　　本	787mm×1092mm　1/16
印　　张	34
印　　数	0001—3000
书　　号	ISBN 978-7-5211-0555-1
定　　价	85.00元

该图书若有质量问题，请与本社联系

E-mail：zangxue615@sina.com 电话：010-64917618

འགོ་བརྗོད།

ལོ་རྒྱུས་ནི་ཡིད་རྟོན་ཆོག་པའི་སློབ་སྟོན་པ་ཞིག་རེད།

བློ་མཐུན་བདེ་སྐྱིད་མཚོ་མོ་ལགས་ཀྱིས་བརྩམས་པའི་《གངས་ལྗོངས་མི་ལོང་ནང་ནས་ལྷ་སའི་སྐྱིད་ཆུ་གསལ་བྱུང་། ——ལོ་རྒྱུས་སློབ་སྦྱོང་དང་སྦྲགས་ཏེ་ལྷ་ས་གླེང་བ་》ཞེས་པའི་རྩོམ་ཡིག་འདིར་དམིགས་ཏེ་ངོས་ནས་འགོ་བརྗོད་ཅིག་བྲིས་པའི་རྒྱུ་ནི།

དེ་ཡང་སྤྱི་ལོ་༢༠༡༨ཟླ་༨ཚེས་༢༥ཉིན་གྲོགས་པོ་སྙིང་པ་བློ་བཟང་དོན་གྲུབ་ལགས་དང་བདེ་སྐྱིད་མཚོ་མོ་ལགས་གཉིས་ངའི་ནང་དུ་ཕེབས་ཏེ། གཅིག་ནས་གྲོགས་པོ་སྙིང་པ་ཐུགས་འཕྲད་དང་ཞོར་དུ་བདེ་སྐྱིད་མཚོ་མོ་ལགས་ཀྱིས་བརྩམས་པའི་ལོ་རྒྱུས་ཀྱི་རྩོམ་ཡིག་མ་ཟིན་ཞིག་བསྟན་གནང་བྱུང་། ཁོང་གི་བཀའ་མོལ་ཉན་པའི་རྗེས་ང་ལ་བསམ་ཡུལ་ལས་འདས་པའི་ཚོར་སྣང་ཞིག་བྱུང་བ་སྟེ། གཅིག་ནས་ཁོང་གིས་ལོ་རྒྱུས་སྐོར་གྱི་རྩོམ་དེ་འདྲ་ཞིག་བྲིས་ཡོང་བསམ་པ་ཚོད་བགམ་གཏན་ནས་མ་བྱུང་བ་དང་། གཉིས་ནི་རྩོམ་ཡིག་མ་ཟིན་བལྟས་པའི་རྗེས་ཁོང་གིས་རྩོམ་བྲིས་གནང་བའི་བརྒྱུད་རིམ་ནང་དཀའ་སྤྱད་འབད་བརྩོན་ངེས་ཅན་ཞིག་གནང་ཡོད་པ་ཚོར་སྣང་བྱུང་བ་མ་ཟད། རྩོམ་ཡིག་གི་མ་ལག་ཆ་ཚང་ཞིག་རྩ་བའི་ཆར་སྒྲུབ་ཟིན་པ་ཤེས་ཚོར་བྱུང་། གསུམ་ནི་དེབ་འདིའི་རྩོམ་གྱི་བྲིས་རྩལ་དང་། རྩོམ་གྱི་ཉམས་འགྱུར་གང་གི་ཆ་ནས་ཁྱད་ཆོས་ཏ་ཅང་མངོན་གསལ་ལྡན་པས། རྩོམ་དེ་ལྟ་བུར་རྩོམ་པ་པོ་ཡང་དེ་དང་གཅིག་མཚུངས་སུ་ཡོད་པ་སྨྲོས་མེད་རེད་འདུག་སྙམ་མོ། །

དེར་བརྟེན་བ་དག་གིས་ཟླ་༥ཚེས་༡༨ཉིན་སློག་རྟུལ་ཡིག་སྐམ་བརྒྱུད་ནས་བསམ་འཆར་འགའ་ཞིག་བྲིས་ནས་རྩོམ་ཡིག་འདིར་རང་གི་བལྟ་ཚུལ་དང་། རང་གི་ཚོར་སྣང་། རང་གི་གྲོས་འདེབས་སོགས་བྲིས་ནས་བསྐུར་པ་ཡིན། ཟླ་༡༢ཚེས་༢༩དགོང་དྲོ་

བདེ་སྐྱིད་མཚོ་མོ་ལགས་ཀྱིས་འཕྲིན་ལན་ཞིག་འབྱོར་གསལ། "རྒྱན་ལགས་མཆོག་ཕྱུག་ལས་གང་དུ་མཛད་འཕྲིན་ཆེ་བ་ཡོད་ནའང་དུས་ཚོད་ཙུང་ཙམ་སྤྲུལ་དྲིན་གྱིས་གུས་མོའི་རྩོམ་ཡིག་འདི་ལ་འགོ་བརྗོད་ཅིག་ཕྱུག་བྲིས་སྤྲུལ་གནང་ཡོང་བའི་རེ་སྨོན་ཞུས་ན་འགྲིག་ལགས།"ཞེས་འཁོད་ཡོད་པར་ངོས་ཀྱི་བསམ་པར་ཁོང་གི་རྣམ་འགྱུར་དང་རེ་བ་དྲང་བདེན་ཡིན་པ་མ་ཟད། གསུང་གི་གྲོས་ཚིག་ཀྱང་ཁ་ཚ་དགོས་གཏུགས་ཡིན་པ་བསྟན་ཡོད་སྟབས་མི་སེམས་འགྲུལ་ཐུབ་པའི་རེ་བ་ཆེན་པོ་དེར་ངོས་ནས་ཀྱང་ཀླད་ལ་བཀར་ཏེ་དང་ལེན་མི་ཞུ་ཀ་མེད་དང་ཟློག་ཐབས་དཀའ་བ་ལྟ་བུར་སོང་།

ཀློ་མཐུན་བདེ་སྐྱིད་མཚོ་མོ་ལགས་ནི་སློབ་སྦྱོང་བྱེད་རྒྱུར་བརྩོན་འགྲུས་ཤིན་ཏུ་ཆེ་བ་དང་། བསམ་བློ་གཏོང་སྟངས་མཁས་པ། དཀའ་སྤྱུག་སྒྱོང་ཐུབ་པ། རང་འཁྲིའི་ལས་ལ་ལྷག་བསམ་རྣམ་དག་གིས་འགན་འཁུར་བའི་གཤིས་རྒྱུད་བཟང་པོ་དང་ཁྱད་ཆོས་བཟང་པོ་ཡོད་པ་དེ་དག་གིས་ཁོ་བོའི་བསམ་བློར་བག་ཆགས་གཏིང་ཟབ་མོ་བཞག་སྒྱོང་ཡོད།

སློབ་སྦྱོང་བྱེད་རྒྱུར་བརྩོན་འགྲུས་ཆེ་ཟེར་བ་ནི། སྤྱི་ལོའི་ལོ་རབས་དྲུག་ཅུའི་ནང་རིག་གནས་གསར་བརྗེ་ཆེན་པོ་མ་ཚུགས་གོང་ང་གཉིས་པན་ཚུན་ངོ་ཤེས་བྱུང་བ་རེད། སྐབས་དེ་དུས་ང་ཚོ་ཧྲན་ཤིའི་ཞིང་ཆེན་ཞན་དབྱང་མི་རིགས་སློབ་གྲྭ་ཆེན་མོར་ཡོད་པ་དང་། ང་ནི་སློབ་གྲྭ་འདིའི་དགེ་འོས་ཚན་ཁག་འཛིན་གྲྭའི་བོད་ཡིག་སློབ་ཁྲིད་བྱེད་མཁན་གྱི་དགེ་རྒན་ཞིག་ཡིན། ཁོང་ཚན་ཁག་འདིའི་ནང་གི་སློབ་མ་ཞིག་ཡིན་པ་མ་ཟད་སློབ་ཕྲུག་ནང་ནས་སློབ་ཚན་ཁག་གི་འགན་ཁུར་འཐུས་མི་ཡང་བྱེད་སྒྱོང་ཡོད་པ་རེད། ཁོང་སློབ་སྦྱོང་ལ་ནན་ཏན་ཡོད་པ་མ་ཟད། སློབ་ཁྲིད་བྱེད་སྐབས་ཟབ་ནན་དང་ཉན་ཐུབ་པ་དང་འདྲི་བ་འདོན་རྒྱུར་དགའ་པོ་དང་རང་གི་སྦྱང་ཚན་རྣམས་ཧུར་བརྩོན་གྱིས་ལེགས་སྒྲུབ་ཟིན་རྗེས། ག་དུས་ཡིན་ཡང་སློབ་མ་གཞན་ཚོའི་སྦྱང་ཚན་རྣམས་གྲལ་སྒྲིགས་པོའི་ངང་འཁྱེར་ཡོང་སྟེ་ངོས་ཀྱི་སྒྲོག་རྩེའི་སྟེང་བཞག་གི་ཡོད། ཁོང་ནི་བོད་ཡིག་སློབ་སྦྱོང་སྦྱངས་འབྲས་ལེགས་པོ་ཡོད་པ་མ་ཟད། རྒྱའི་སྐད་

ཡིག་གི་སྦྱངས་འབྲས་ཀྱང་ཏ་ཅང་མངོན་གསལ་དོད་པོའི་ལེགས་པོ་ཡོད་ཅང་། སློབ་གྲྭ་ནས་ཁོང་དང་སློབ་མ་གཞན་ཞིག་མཉམ་དུ་ཧྲན་ཤིའི་ཞིང་ཆེན་གྱིས་གཉེར་བའི་རྒྱ་རིགས་སྤྱི་སྐད་སློབ་ཁྲིད་གྲུབ་འབྲས་ལྟ་སྦྱོང་འགྲན་ཚོགས་ནང་ཞུགས་སུ་བཅུག་པ་མ་ཟད། མཐར་ཕུལ་བྱུང་གི་གཟེངས་བསྟོད་བྱ་དགའ་ཐོབ་པའི་མིང་གྲས་སུ་ཚུད་པ་དང་། དེ་རྗེས་ཀྱང་གོའི་རྒྱལ་ཡོངས་སྐབས་བཞི་པའི་རྒྱ་རིགས་སྤྱི་སྐད་སློབ་ཁྲིད་གྲུབ་འབྲས་ལྟ་སྦྱོང་འགྲན་ཚོགས་ཀྱི་ཁོངས་མིའི་གྲས་སུ་ཡང་ཚུད་པ་རེད།

བསམ་བློ་གཏོང་མཁས་པ་ཟེར་བ་ནི། དུས་རབས་འདིའི་གོང་ལོ་རབས་དྲུག་བཅུའི་ལོ་འགོ་ཙམ་ལ་ཞན་དབྱང་མི་རིགས་སློབ་གྲྭར་ཡོད་དུས། ཀྲུང་དབྱང་སྲིད་གཞུང་ནས་སྤྱི་ལོ་༡༩༦༥ལོར་བོད་རང་སྐྱོང་ལྗོངས་དངོས་སུ་དབུ་བརྙེས་རྒྱུའི་ཐག་གཅོད་མཛད་པར་བརྟེན། རྒྱལ་ཁབ་ཀྱི་འབྲེལ་ཡོད་ཚན་པ་ཁག་ནས་བོད་རང་སྐྱོང་ལྗོངས་དབུ་བརྙེས་པའི་དུས་ཆེན་ལ་ལེགས་སྐྱེས་འབུལ་རྒྱུར་དམིགས་ཏེ། རྒྱ་སྐད་ཀྱི་སྒྱུར་གཏམ་གློག་བརྙན་པར་གཞི་ཁག་གསུམ་སྟེ། 《ཁྲུའི་ཧྲུའུ་གྲོང་ཚོ་》དང་། 《ལིའི་ཧྲོང་ཧྲོང་།》《ལིའི་ཙུང་》བཅས་གཏན་ལ་ཕབ་པ་མ་ཟད། པར་གཞི་དེ་གསུམ་པོའི་བོད་སྐད་སྒྱུར་བཟོའི་ལས་འགན་འབབ་ཞིག་ཞན་དབྱང་མི་རིགས་སློབ་གྲྭར་རྩིས་སྤྲོད་གནང་བ་དང་། མི་རིགས་སློབ་གྲྭས་སྐད་སྒྱུར་དང་སྒྲ་འཇུག་བྱེད་རྒྱུའི་ལས་དོན་ལ། ཁྲང་ཁྲུན་གློག་བརྙན་པར་གཞི་བཟོ་གྲྭ་ནས་ཆེད་ལས་མི་སྣ་བཏང་སྟེ་དོན་འཁྱོལ་བྱ་རྒྱུ་མ་ཟད། ཤིའི་ཨན་གྲོང་ཁྱེར་གྱི་གློག་བརྙན་པར་གཞི་བཟོ་གྲྭས་ལས་གནས་མཁོ་འདོན་བྱེད་རྒྱུའི་གཏན་འཁེལ་བྱས། བོད་ལྗོངས་མི་རིགས་སློབ་གྲྭ་ཆེན་མོ་ནས་མི་སྣ་ཁག་གཉིས་སྒྲིག་འཛུགས་བྱས་ཏེ། ཁག་ཅིག་སྐུ་ཞབས་པོའོ་ཧྲི་ཀྲུང་གིས་སྣེ་ཁྲིད་མཛད་དེ་འཁྲབ་ཚན་དེབ་གཞུང་ཡིག་བསྒྱུར་བྱ་རྒྱུ་དང་། ཁག་ཅིག་ངོས་ཀྱིས་སྣེ་ཁྲིད་དེ་སློབ་ཕྲུག་ནང་ནས་ཕུལ་བྱུང་གི་སློབ་མ་འགའ་ཞིག་འདེམས་སྒྲུག་བྱས་ཏེ་ཤིའི་ཨན་དུ་བསྐྱོད་ནས་སྒྲ་འཇུག་གི་ལས་དོན་གཉེར་འགོ་ཚུགས། ཁྲང་ཁྲོན་གློག་བརྙན་པར་གཞི་བཟོ་གྲྭའི་ཆེད་ལས་འཁྲབ་ཁྲིད་པས་ཚད་ལྡན་གྱི་ལས་ཀའི་བཀོད་སྒྲིག་གནང་བ

དང་། ཚང་མས་ཧུར་བརྩོན་དང་དཀའ་ངལ་ཁྱད་བསད་བྱས་པ་བརྒྱུད་ལས་འགན་དེ་དག་གཟེངས་སུ་ཐོན་པའི་ངང་ནས་ལེགས་འགྲུབ་བྱུང་བ་རེད། སྐབས་དེར་བློ་མཐུན་བདེ་སྐྱིད་མཚོ་མོ་ལགས་ཀྱིས་འཕྲུལ་ཚན་ནང་གི་གལ་ཆེའི་མི་སྣའི་སྒྲ་འཇུག་བྱེད་རྒྱུའི་ལས་འགན་ཁུར་ཡོད་པ་དང་། རྗེས་སུ་སྒྲ་འཇུག་རྣམས་ཚད་དང་ལྡན་པའི་ངང་ལེགས་འགྲུབ་བྱུང་བར་ཆེད་ལས་འཕྲུལ་ཁྲིད་པས་བསྔགས་བརྗོད་དང་སྐུལ་ལྕག་ཐོབ་པ་རེད། དེའི་རྒྱུ་རྐྱེན་གཙོ་བོ་ཞིག་སྟེ། ཁོང་གིས་བསམ་བློ་གཏོང་མཁས་པ་ལ་བརྟེན་ནས་སྒྲ་འཇུག་བྱེད་སྐབས་ཆེད་ལས་འཕྲུལ་ཁྲིད་པའི་དགོངས་གཞི་གང་ཡིན་གོ་བ་ལྷང་ངེར་ལེན་ཐུབ་པ་དང་། འཕྲུལ་ཚན་ནང་གི་མི་སྣའི་འཕྲུལ་སྟངས་དངོས་རྗེན་དེ་དག་རྒྱུས་ཡོན་གསལ་པོ་དང་བསམ་ཤེས་མགྱོགས་པོ་བྱེད་ཐུབ་པའི་རྐྱེན་གྱིས་སྒྲ་འཇུག་ཏ་ཅང་ཡག་པོ་བྱུང་བ་རེད།

ཁོང་གིས་དཀའ་སྡུག་མྱོང་ཐུབ་ཟེར་བའི་ཞིབ་ཕྲའི་སྤྱོད་ཚུལ་ནི། གོང་དུ་གླིང་མ་ཐག་པའི་སྒྲ་འཇུག་ལས་དོན་ལ་མཚོན་ན། འཕྲུལ་གཞུང་རྒྱུས་མངའ་ཡོན་དགོས་པ་དང་འཕྲུལ་ཚིག་འཐོར་ཆེན་ཞིག་ངག་སྦྱོར་གཏོང་དགོས་པ། པར་གཞིའི་ནང་དོན་ཕུན་སུམ་ཚོགས་ལ་འཕྲུལ་ཚན་གྱི་བརྒྱུད་རིམ་རྙོག་འཛིང་ཆེ་བ་སོགས་ཡིན་ཡང་། ཁོང་གིས་ལས་འགན་དེ་དག་ཚང་མ་བདེ་བླག་ངང་ལེགས་འགྲུབ་ཐུབ་པ་རེད། དེ་བཞིན་ཁོང་གིས་གསར་རྩོམ་བྱས་པའི་རྩོམ་རིག་རྩོམ་ཡིག《མུ་མཐའ་མེད་པའི་ཆོས་བསྐོར་གྱི་ལམ་བུ》ཞེས་པར་མཚོན་ན། ཁོ་རང་ལྷ་སར་སྐྱེས་པའི་ངོས་ནས་གླིང་ན་ལྷ་སའི་བར་སྐོར་དུ་བསྐོར་བ་གསོག་མཁན་གྱི་དད་ལྡན་གྲོང་མི་ཕལ་ཆེ་རྒྱུས་མངའ་ཆེ་ཡང་། དེ་ལ་ཡིད་མི་ཆོམ་ཞིང་སུན་སྣང་མེད་པའི་སྒོ་ནས་འཚོ་བ་དངོས་ཀྱི་ནང་དུ་སོང་སྟེ་ཉམས་མྱོང་ལེན་པ་དང་། དཀའ་ངལ་ཁྱད་བསད་ཀྱིས་རང་འབྲིའི་ལས་ལ་ལྷག་བསམ་ཟོལ་མེད་དང་འགན་བཞེད་གནང་མཁན་གྱི་རྩོམ་པ་པོ་ཞིག་རེད། ཁོང་གིས་སློབ་ཆེན་ནང་དགེ་འོས་ཚན་ཁག་གི་སློབ་གཞི་སྦྱངས་པ་དང་། འོན་ཀྱང་ལས་ཀའི་དགོས་མཁོ་རྐྱེན་པས་སློབ་གསོའི་ལས་གནས་དང་པོར་རང་ཉིད་ཀྱི་ཤེས་པ་དང་

བློ་གྲོས་ལེགས་སྐྱེས་འབུལ་བའི་དུས་ཚོད་རིང་པོ་མེད་པར་ཀྱང་། སྙིག་འཛུག་གིས་ལས་གནས་གཞན་དུ་བཀོད་སྒྲིག་གནང་ཡང་། ཁོང་གིས་ཧུར་ཐག་འབད་ཐག་གིས་དང་ལེན་ཞུས་པ་ལས་འཐེན་འཐེན་སྐྱུམ་སྐྱུམ་བྱེད་སྒོ་མེད་པ་རེད། ཁོང་གིས་དུས་ཡུན་རིང་པོ་ནང་རིག་གནས་དང་། དྲིལ་བསྒྲགས། ཏང་གི་གཞུང་ལས་ཁང་ལ་སོགས་པའི་སྡེ་ཁག་ཏུ་ལས་འགན་འཁུར་སྒོ་ཡོད། རིག་གནས་སྒྱུ་རྩལ་དང་། འདུ་ཤེས་འཛིན་སྟངས། ཏང་གི་ཞབས་ཞུའི་ལས་ཀ་བཅས་པའི་ཁྲབ་ཁོངས་སུ་ཧུར་ཐག་འབད་ཐག་དང་ལྷག་ལུས་མེད་པ། རང་འཁྲིའི་ལས་དོན་ཁག་ལེགས་འགྲུབ་བྱས་པ་ཕུད། མི་སྒེར་གྱི་ཆ་ནས་ལས་ཀའི་འཛིན་ཐང་དང་ལེགས་སྐྱེས་ཆེ་བ་བཅས་ལ་བརྟེན་ནས་མཐར་བོད་རང་སྐྱོང་ལྗོངས་ཏང་ཨུད་ཀྱི་རྒྱུན་ལས་ཨུ་ཡོན་དུ་བསྐོ་གཞག་གནང་བ་རེད།

ད་ལྟ་ཁོང་ལས་གནས་ལས་རྒན་ཡོལ་ཞུས་ཚར་ཡང་། རྒན་ཡོལ་ཞུས་པ་ཡིན་སྙམ་སྙེ་ལྷོད་ལ་མི་བསྡད་པར་ལྷུ་མཐུད་དཔེ་དེབ་བལྟ་ཀློག་ལ་རྒྱུན་འཁྱོངས་བྱས་ཐོག་ལོ་ན་རྒས་ཡང་སློབ་སྦྱོང་བྱེད་པ་དང་། ལོ་ན་རྒས་ཡང་སྤྲོ་སྣང་ལྡན་པ། ལོ་ན་རྒས་ཡང་འབད་བརྩོན་གང་ཐུབ་ཀྱིས་མི་ཚེའི་དྲོད་ལྷག་གི་ནུས་པ་གང་ཡོད་འདོན་སྤེལ་བྱེད་དང་བྱེད་མུས་སུ་བཞུགས།

སྤྱི་ཁྲབས་ཧུའུ་ཅི་ཞི་ཅིན་ཕིང་གིས་གསུང་དོན། “གནད་ལུགས་ཆེན་པོ་རྟོགས་འདོད་ན། སྔོན་ལ་ལོ་རྒྱུས་ཤེས་དགོས་ངེས”ཞེས་དང་། ཡང“འགོ་ཁྲིད་ལས་བྱེད་པས་ལོ་རྒྱུས་ཀྱི་སློབ་དེབ་མང་ཙམ་ལྟ་ཀློག་བྱེད་དགོས་པ་དང་། ལོ་རྒྱུས་ཀྱི་ནང་ནས་བསམ་བློའི་འཚོ་བཅུད་མང་ཙམ་བསྡུ་ལེན་བྱེད་དགོས”གསུང་པ་ལྟར་ཁོང་གིས་སྤྱི་ཁྲབ་ཧུའུ་ཅི་ཞི་ཅིན་ཕིང་གི་བཀའ་སློབ་དང་ལེན་ཞུས་ནས་ལོ་རྒྱུས་སློབ་སྦྱོང་ལ་འབད་བརྩོན་བྱས་ཏེ་བོད་ཀྱི་ལོ་རྒྱུས་དེབ་ཐེར《བོད་ཀྱི་ལོ་རྒྱུས་རགས་རིམ་གཡུ་ཡི་ཕྲེང་བ་》སོགས་ལོ་རྒྱུས་དེབ་ཐེར་མང་པོ་བལྟ་ཀློག་ཆ་ཚང་བྱས་པ་བརྒྱུད་ལོ་རྒྱུས་ཀྱི་གཞི་རྩའི་བརྒྱུད་རིམ་དང་། ལོ་རྒྱུས་ཐོག་གི་གཙོ་བོའི་གནད་དོན། ལོ་རྒྱུས་ཐོག་གི་གྲགས་ཅན་མི་སྣ་གཙོ་གྲས་ཀྱི་མཛད་རྗེས་སོགས་ངེས་ཤེས་གཏིང་ཟབ་མོ་བྱུང་བ་མ་ཟད། ནན་

ཏན་བལྟ་ཀློག་བྱེད་བཞིན་གནད་འགག་རིགས་ལ་ཡིག་འབྲུ་དང་ཚིག་འབྲུ་རེ་རེ་བཞིན་ཟིན་བྲིས་སུ་བཏབ་པ་དང་། ཞོར་དུ་རང་གི་ཚོར་སྣང་ཡང་ཟིན་བྲིས་སུ་བཏབ་སྟེ་མཐར་ཆ་ཚང་བའི་སློབ་སྦྱོང་གི་ཟིན་ཐོ་ཞིག་བསྒྲུབས་པ་རེད།

ཁོང་གིས་ལོ་རྒྱུས་སློབ་སྦྱོང་བྱས་ཏེ་ལོ་རྒྱུས་ཀླིང་སྐབས་རང་དང་ཉེ་བའི་དོན་དང་དངོས་པོ་ལས་འགོ་བརྩམས་ཏེ་ཉེ་བ་ནས་རིང་བ་དང་། ཆུང་བ་ནས་ཆེ་བའི་བར་རྟོགས་ཏེ་གཅིག་ཤེས་ཀུན་གྲོལ་ལྟ་བུའི་ནུས་པ་ཐོན་ནས་མི་རྣམས་ལ་རང་གི་མྱོང་ཚོར་ཀླིང་སྐབས་ཁོ་རང་དེའི་ནང་དངོས་སུ་བཞུགས་མྱོང་བ་ལྟ་བུའི་ཚོར་སྣང་ཤར་གྱི་ཡོད་པ་རེད། དེ་ལྟར་ད་ལྟ་བ་དང་ལོ་རྒྱུས་གཉིས་ཟུང་འབྲེལ་བྱས་པའི་འོག་གཞི་ནས་བློ་སྒོ་འབྱེད་ཐུབ་པ་ཞིག་བྱུང་ཡོད་ཅིང་། སྤྱི་ཁྱབ་ཧྲུའུ་ཅི་ཞི་ཅིན་ཕིང་གིས་གསུང་དོན་“ལོ་རྒྱུས་ནི་ད་ལྟ་བའི་བྱུང་རྩ་ཞིག་རེད། རྒྱལ་ཁབ་གང་འདྲ་ཞིག་ཡིན་ཙང་དེ་རིང་ནི་ཁ་སལས་བྱུང་བ་ཞིག་རེད་”ཅེས་དེ་ནི་ལོ་རྒྱུས་ནི་མི་ཡོང་དང་མཚུངས་ཤིང་། འདས་ཟིན་ཕྱིར་མིག་བལྟས་པའི་ཆེ་ཤེལ་ཞིག་དང་། ད་ལྟའི་མཐོང་བའི་ཕྲ་ཤེལ་དང་མ་འོངས་ལྟ་བའི་རྒྱང་གཟིགས་བྱེད་པའི་རྒྱང་ཤེལ་ལྟ་བུ་ཞིག་ཀྱང་རེད།

ཁོང་གིས་ལོ་རྒྱུས་སློབ་སྦྱོང་བྱེད་པ་དེ་ནི་རང་ཉིད་གཅིག་པོའི་དོན་དུ་མིན་པར་གཞོན་སྐྱེས་ཚོའི་ཆེད་དུ་རང་གི་མྱོང་ཚོར་བྱུང་བའི་གྲུབ་འབྲས་རྣམས་ལེགས་སྐྱེས་སུ་འབུལ་བསམ་པ་དེ་རེད། སྤྱི་ཁྱབ་ཧྲུའུ་ཅི་ཞི་ཅིན་ཕིང་གི་གསུང་དོན། “ལོ་རྒྱུས་ནི་སློབ་གཞིའི་དེབ་ཡག་ཤོས་ཤིག་ཡིན་པར་མ་ཟད་རིག་པ་དྭངས་གསལ་བཟོ་ཐུབ་བའི་དྭངས་སྨན་ཡག་ཤོས་ཤིག་རེད་”ཅེས་དང་། གཞོན་སྐྱེས་ཚོ་ནི་ང་ཚོའི་རེ་བ་ཡིན་ཞིང་། ཁོང་ཚོ་ནི་ཕྱིན་ཆད་ཀྱི་ཐ་ཚབས་དང་མདུན་སྐྱོད་ཀྱི་ལམ་བུ་ཀྱག་ཀྱོག་ཅན་གྱི་དུས་བབ་འོག སྐད་སྒྲ་སྣ་ཚོགས་ཕན་ཚུན་ཐག་སྐུད་འཛིང་པ་ལྟ་བུ་དང་བསམ་བློ་སྣ་ཚོགས་ཕན་ཚུན་རྟུང་ཁ་རྒྱག་བཞིན་པའི་སྐབས་དེ་ལ་རིག་པ་དྭངས་གསལ་བྱེད་རྒྱུ་རྒྱུན་འཁྱོངས་དང་། ཡང་དག་པའི་ལྟ་བ་དང་ལངས་ཕྱོགས་མཐའ་འཁྱོངས་བྱེད་རྒྱུ་ནི་ཧ་ཅང་གལ་ཆེ་བ་ཡིན། ལྷག་དོན་དུ་རང་སེམས་པོའི་ལོ་རྒྱུས་བརྗེད་ངེས་ཅན་དང་། ཁ་

དན་རྒྱབ་སྐྱུར་བྱེད་མཁན་གྱི་གང་ཟག་དང་ཐིག་མཚམས་གསལ་པོ་འབྱེད་ནས་ལོ་རྒྱུས་དངོས་འདི་གང་ཡིན་ཁ་གསལ་ཤེས་རྟོགས་བྱེད་རྒྱུ་ནི་ཤིན་ཏུ་གལ་ཆེ། དེར་བརྟེན་ལོ་རྒྱུས་ནི་ཀུན་གྱི་ཡིད་བརྟན་ཆོག་པའི་སློབ་སྟོན་པ་ཞིག་རང་རེད།

ཁོང་གིས་ལོ་རྒྱུས་གླིང་སྐབས་གོ་བདེ་ཞིང་ཤེས་སླ་བའི་སྐད་ཡིག་བེད་སྤྱོད་བྱས་ཡོད་པ་ནི། ང་ཚོས་ཕན་ཚུན་སྐད་ཆ་དང་དོན་དག་བཤད་དུས་གཞན་ལ་བཤད་པ་དེ་གོ་ཐུབ་པ་དང་བཤད་པ་དེ་ཤེས་སླ་བའི་དམིགས་ཡུལ་བཅངས་ཏེ་ཕན་ཚུན་བསམ་བློ་སྤེལ་རེས་དང་འབྲེལ་མཐུད་ཡོང་བ་བྱེད་རྒྱུ་དེ་རེད། དེར་བརྟེན་སྐད་ཆ་བཤད་པ་དེ་དག་གི་སྒྱུ་རྩལ་ལ་དོ་སྣང་དང་མཚོན་ཐབས་ལ་དོ་སྣང་བྱེད་དགོས་པ་ཡིན། རྩོམ་འདི་ལ་མཚོན་ན་ཁོང་རང་ཉིད་རིག་གནས་ལས་དོན་པ་ཞིག་གི་ཆ་ནས་དགེ་མཚན་གང་ཡོད་འདོན་སྤེལ་ལེགས་པར་བྱས་འདུག །དཔེར་ན་ཁོང་གིས་གོ་བདེ་བའི་ཤོད་སྟངས་ཐོག་ནས་གཏིང་ཟབ་པོའི་ལོ་རྒྱུས་དག་སྒྲུང་གཏམ་བཞིན་གླིང་བ་དང་། ད་དུང་དམངས་ཁྲིད་ཀྱི་གཏམ་དཔེ་དང་། གཞས་ཚིག །ལེགས་བཤད་སོགས་ནས་འཕོར་ཆེན་ལུང་དྲང་སྟེ་བརྗོད་བྱ་བདེ་བ་དང་། ཚིག་སྦྱོར་ལྷོད་ཅིང་སྙན་འཇེབས་ལྡན་པ། མི་རྣམས་ཀྱི་ཡིད་དབང་འཕྲོག་པའི་གཞས་མ་གཏམ་གྱི་སྒྱུ་རྩལ་བཅས་ལ་བརྟེན་ནས། ཀློག་པ་པོའི་གསལ་བྱེད་ཀྱི་དབང་པོ་བསྐྱུ་ཐུབ་པ་དང་སྤྲོ་སྣང་འཕེལ་ཏེ་བློ་སེམས་འགུགས་ཐུབ་པའི་ལོ་རྒྱུས་ཀྱི་རྩོམ་དེབ་ཅིག་ང་ཚོར་བསྟན་གནང་འདུག རྩོམ་པ་པོས་ཡིད་དུ་བཅངས་པའི་མཛའ་སེམས་ཟབ་མོ་དེ་དག་གོང་བུ་གཅིག་ཏུ་འགྲིལ་ཏེ། བློ་གྲོས་ཀྱི་ངལ་བ་ཡོད་རྒུ་བཏོན་ནས་རབ་ཏུ་འབད་པའི་རྩོམ་དེབ་འདིས་རྒྱ་ཆེའི་ཀློག་པ་པོར་ཤེས་བྱ་དང་སྟོབས་ཤུགས་ངེས་ཅན་ཞིག་འདྲེན་ཐུབ་ངེས་ཡིན་པར་ཁོ་བོས་སྨོན་འདུན་ཞུ་རྒྱུ་དང་བཅས།

ལྷག་པ་ཕུན་ཚོགས་ནས།

༢༠༡༨ལོའི་ཟླ་༢ཚེས་༢༩ཉིན།

རང་རྟོམ་གྱི་སྔོན་འགྲོའི་འཆར་སྣང་རགས་ཙམ་གླེང་བ།

ང་ནི་ལྷ་ས་བ་ཡིན་ལ་སྐྱུང་གཏམ་ཤོད་ཤེས་མཁན་གྱི་ལྷ་ས་བ་ཞིག་ཡིན། ལོ་རྒྱུས་ཀྱི་དཔེ་དེབ་འགའ་ཞིག་ལ་སློབ་སྦྱོང་བྱས་རྗེས་ངའི་སྐྱུང་གི་ཤོད་སྟངས་དེ་བས་ངོ་མཚར་ཆེ་རུ་སོང་སྟེ་སྐབས་རེ་རང་ཉིད་ཀྱང་སྐྱུང་ནང་དུ་ཐིམ་འགྲོ་བ་ལྟ་བུའི་ཚོར་སྣང་ཡོང་གི་འདུག མིའི་མི་ཚེ་རྒས་འགྲོ་དུས་ན་ཆུང་ཚོའམ་ལྷག་པར་དུ་རང་གི་ཁྱིམ་ཚང་ནང་གི་བུ་ཕྲུག་ཚོར་ལོ་རྒྱུས་ཀྱི་སྐྱུང་གཏམ་བཤད་བསམ་པ་ནི་གཡོལ་ཐབས་མེད་པ་ལྟ་བུ་དང་། ཐོར་གང་དང་གང་ཞིག་གང་འདྲ་ཡིན་མིན་བཤད་རྒྱུ་ནི་གཞན་ལ་སྲུན་སྣང་བསྐྱེད་པའི་ཙ་ཙོ་སྨྲ་བའི་ཡིན་ཡང་། ཚང་མས་གསན་རིན་ཡོད་པའི་ལོ་རྒྱུས་ཤིག་ནི་རེད་བསམ་གྱི་ཡོད།

དོན་དངོས་སུ་གླེང་ན། འདས་ཟིན་པའི་ལོ་ཟླ་ནི་ནམ་ཡང་ཤུལ་མེད་བཟོ་མི་ཐུབ་པའི་ལོ་རྒྱུས་ཀྱི་འཁོར་བ་ཞིག་རེད། དེ་ལ་མི་འགའ་ཞིག་གིས་གསལ་པོར་ངེས་ཐུབ་པ་དང་། འགའ་ཞིག་གིས་གསལ་པོར་ངེས་མ་ཐུབ་པ། གང་ལྟར་འདས་ཟིན་པའི་ལོ་ཟླ་ནི་མི་ངོ་རེ་རེས་ངེས་པར་དུ་ལྟ་དགོས་ངེས་ཀྱི་མེ་ལོང་ཞིག་ཡིན། དེའི་ནང་མི་འགའ་ཞིག་གིས་གསལ་པོ་མཐོང་ཐུབ་པ་དང་། མི་འགའ་ཞིག་གིས་གསལ་པོ་མཐོང་མི་ཐུབ། ང་ཚོས་ལྷ་སའི་ལོ་རྒྱུས་ཀྱི་མེ་ལོང་འདིའི་ནང་བལྟས་ཚེ། འཁོར་བའི་ལོ་ཟླའི་མཛེས་སྡུག་གི་ལོ་རྒྱུས་དག་ཁྲ་ལེ་མེར་མངོན་ཞིང་། འོན་ཀྱང་དེ་ནི་བོད་ཀྱི་བརྗིད་ཆགས་འོད་སྟོང་འབར་བའི་ལོ་རྒྱུས་ནང་གི་གྲིབ་སོའི་ཆ་ཤས་ཙམ་ཞིག་རེད་བསམ། དེར་བརྟེན་ངས་ཤོད་བསམ་པའི་སྐྱུང་གཏམ་ནི་རང་གི་རྒྱུས་མངའ་ཏ་ཙང་ཆེ་བ་དང་ཏ་ཙང་དགའ་ཞེན་ཡོད་པའི་ཕ་ཡུལ་ལྷ་ས་ནས་འགོ་ཚུགས་ཏེ་ཤོད་རྒྱུ་ཡིན།

ལྷ་ས་ཞེས་བརྗོད་མ་ཐག་ང་ལ་རྗོགས་མཐའ་མེད་པའི་སྐད་ཆ་དང་། གཞལ་བར་དཀའ་བའི་དོན་དག་ཏ་ཙང་མང་པོ་ཤོད་རྒྱུ་ཡོད། གང་ཡིན་ཞེ་ན། ལྷ་ས་ནི་ང་

ཡི་སྐྱེས་ས་དང་འཚོ་གནས་ཀྱི་ཕ་ཡུལ་རེད་ལ་ང་ལ་བྱམས་བརྩེ་དང་འཚོ་སྐྱོང་གནང་མཁན་གྱི་ཁྱིམ་གཞིས་ཤིག་ཀྱང་རེད། ལྷ་ས་ནི་ང་ཚོ་བོད་མིའི་སྙིང་དབུས་སུ་གོ་བབ་གང་ཞིག་གནས་ཡོད་ཅེར་ན། བོད་ཀྱི་རིག་གནས་ཀྱི་ཆུ་མགོ་ལྟ་བུར་གྱུར་བའི་གནའ་བོའི་གྲོང་ཁྱེར་ཞིག་དང་། ཡང་ན་དེང་དུས་ཀྱི་དཔལ་ཡོན་གསར་དུ་བཞད་པའི་གྲོང་ཁྱེར་གསར་པ་ཞིག་སྟེ་མི་ཡུལ་གྱི་བདེ་སྐྱིད་ལྡན་པའི་ཞིང་ཁམས་ཟླ་ན་མེད་པ་ཞིག་རང་རེད། རླབས་ཆེན་གྱི་མི་རིགས་དཔའ་བོ་ཆོས་རྒྱལ་སྲོང་བཙན་སྒམ་པོས་གནས་འདིར་ཕོ་བྲང་གསར་བཙུགས་མཛད་པ་ནས་བཟུང་ད་བར་མི་ལོ་ཆིག་སྟོང་བཞི་བརྒྱ་ཡས་མས་ཀྱི་ལོ་རྒྱུས་ལྡན་ཞིང་། ལྷ་ས་ནི་དུས་ནམ་ཡང་ངོ་མཚར་ལྡན་པའི་གནའ་བོའི་གྲོང་ཁྱེར་གྱི་ཉམས་འགྱུར་དག་འོད་མདངས་བཀྲ་བའི་མུ་ཏིག་གི་ཚོམ་བུ་ལྟ་བུ་དང་། མཛེས་ཤིང་ལྟ་ན་སྡུག་པའི་པདྨའི་འདབ་མ་རྒྱས་ཤིང་ངོ་མཚར་རབ་ཏུ་འཕྲོ་བ་དང་། ཕྱོགས་མཚམས་སུ་རི་བོ་བཀྲ་ཤིས་རྟགས་བརྒྱད་ཀྱི་རྣམ་པས་བརྗིད་དུ་ཆགས་པ། འཛིག་རྟེན་འདི་ཡི་འགྲོ་བ་མིའི་གསལ་འདྲེན་གྱི་དབང་པོ་མང་པོ་རྗེ་ཁབ་ལེན་གྱིས་བསྐུས་པ་བཞིན་གནས་མཆོག་འདིར་ཞལ་ཕྱོགས་ནས་ཕེབས་དང་ཕེབས་མུས་ཡིན་པའི་ཡུལ་ཁྱད་པར་ཅན་ཞིག་རེད།

མི་མང་པོ་ཞིག་ནི་ལྷ་སར་ཕེབས་སྐྱོང་བ་དང་རྒྱུས་མངའ་ཡོད་པ། དེ་ལ་དགའ་ཞེན་བྱེད་པ། ཡང་འགའ་ཞིག་ནི་ལོ་མང་གོང་ལྷ་སར་སྐྱེས་ཏེ་འཚར་ལོངས་བྱུང་བ་དཔེར་ན་རྒྱ་སྐད་ཀྱི་ཁ་རྒྱུན་དུ“བོད་སྐྱིད་མི་རབས་གཉིས་པ་དང་གསུམ་པ”ཅེས་ཟེར་སྲོལ་ཡོད་པ་ལྟར་རེད། ཁོང་ཚོ་ནི་ས་གནས་འདི་གའི་ཡུལ་གོམས་གཤིས་ལུགས་དང་འདྲིས་ཏེ་བོད་སྐད་ཤོད་ཤེས་པ་དང་། ཚགས་ཤ་སྐམ་པོ་ཟ་ཤེས་པ། ཇ་བསྲུབས་མ་འཐུང་ཤེས་པ་སོགས་ཡིན་པར་བརྟེན། ཁོང་ཚོ་དང་ས་གནས་འདི་གའི་གྲོང་མི་ཕན་ཚུན་འདྲིས་ནས་འཆམ་མཐུན་དང་ལས་དབང་འདྲ་མཚུངས་ཀྱིས་མཉམ་དུ་འཕེལ་རྒྱས་འགྲོ་བཞིན་དུ་གནས། ཁོང་ཚོའི་གྲས་ཀྱི་གཞུང་ལས་པ་མི་ཉུང་བ་ཞིག་ནི་གོང་རིམ་གྱི་བཀའ་ལ་སྲུང་བརྩི་ཞུས་ཏེ་དཀའ་ངལ་ཁྱད་བསད་དང་བོད་དུ་ཕེབས་ནས་

མཐའ་མཚམས་འཛུགས་སྐྱུན་བྱེད་པ་དང་། ཡང་མི་མང་པོ་ཞིག་ནི་ལྷ་སར་ཡོང་ནས་ཚོང་ལས་དང་། ཨར་ལས། ཡུལ་སྐོར་སྤྲོ་འཆམ། དེ་བཞིན་གཞན་ཕན་གྱི་དགེ་སྒྲུབ་ལས་དོན་གཉེར་བ་སོགས་གང་ལྟར་བོད་ལྗོངས་དང་ལྷ་ས་འཕེལ་རྒྱས་ཡར་ཐོན་ཡོང་ཆེད་ཧུར་བརྩོན་གྱིས་ལེགས་སྐྱེས་ཕུལ་ཏེ་ལྷ་སའི་ཁྲོམ་ར་དེ་ཉིད་སྔར་བས་དར་ཞིང་རྒྱས་པ་ཡོང་རྒྱུར་སྐུལ་ཤུགས་ཟབ་གནོན་བྱུང་བར་མ་ཟད། ད་ཆ་ལྷ་སའི་མི་འབོར་མང་དུ་སོང་བ་དང་། གྲོང་ཁྱེར་ཁྲོམ་རའི་འཕྲུགས་ཆ་དོད་དུ་ཕྱིན་ཏེ་མི་དམངས་ཀྱི་འཚོ་བ་ཉིན་རེ་བཞིན་མ་བསྡད་པར་སྣེ་མང་ཕུན་སུམ་ཚོགས་པའི་ངང་ཡར་རྒྱས་གོང་འཕེལ་འགྲོ་བཞིན་དུ་ཡོད།

ལྷ་ས་ནི་བོད་ལྗོངས་ཡོངས་དང་རྒྱལ་ཡོངས་ས་ཁུལ་གཞན་དུ་ཡོད་པའི་བོད་རིགས་མི་དམངས་ཀྱི་སྙིང་དབུས་སུ་ནམ་ཡང་ཇམ་བརྗིད་དང་བཅས་ཏུམ་ཡོད་པའི་གནས་མཆོག་ཅིག་རེད། བོད་ལྗོངས་ཀྱི་མཐའ་འཁོབ་དང་འབྲོག་པའི་ས་ཁོངས་ཀྱི་དད་ལྡན་མང་ཚོགས་ཚོས་ལྷ་ས་ཆོས་ལྡན་ཞིང་ཁམས་སུ་གནས་མཇལ་ཞུ་སྐྱོང་བ་ཡིན་ཕྱིན་ཤིན་ཏུ་གཟི་བརྗིད་དང་བསོད་ནམས་ཆེ་བར་བརྩིས་ཏེ་ཚེ་གང་རིང་མིའི་དཀྱིལ་དུ་རྨོ་རྨོ་ངང་ཤོད་ཀྱི་རེད། དེ་ཡང་ལྷད་མེད་ཀྱི་དད་སེམས་རྩེ་གཅིག་ཏུ་བཅངས་ཏེ་འགའ་རེ་རང་གི་ནང་མི་དང་མཉམ་དུ། ཁྲིམ་མཆོས་ཀྱི་བསྐྱུར་བའི་དངོས་འབུལ་དང་བཅས་འཁྱེར་ནས་ཐག་རིང་ལེ་བ་སྟོང་ཕྲག་གི་ལམ་དུ་བརྒྱངས་ཕྱག་འཚལ་བཞིན་ཡོང་བ་དང་། ལྷ་སའི་གཙུག་ལག་ཁང་ཇོ་བོ་ཤཱཀྱ་མུ་ནེའི་སྐུ་མདུན་དུ་འབྱོར་ཆེ། སོར་བཙུའི་འདབ་མ་སྙིང་གར་སྦྱར་ཞིང་དད་སེམས་ལྷད་མེད་ཀྱི་སྒོ་ནས་དཀར་གཙང་གི་མཇལ་དར་སྒྲོན་པ་དང་སྐུ་ཕྱག་འབུལ་བཞིན་གསོལ་སྨོན་ཞལ་འདོན་དང་བཅས་གྲོང་མི་ཁྲིམ་མཆོས་ནས་བསྐྱུར་བའི་དངོས་འབུལ་རྣམས་ཇོ་བོའི་སྐུ་མདུན་དུ་འབུལ་རྒྱུ་བྱུང་ན་རང་ཉིད་ཚེ་གང་གི་ལམ་འགྲོ་དང་བསོད་ནམས་ཡིན་པའི་ངོས་འཛིན་ཞུ་ཡི་ཡོད།

ཡང་ལྷ་སའི་གྲོང་མི་ཕྱོགས་གཞན་དུ་ཡོད་པའི་བོད་རིགས་ས་ཁོངས་སུ་སླེབས་ཚེ་ས་གནས་འདི་གའི་བོད་རིགས་མང་ཚོགས་ཚོས་བརྩི་བཀུར་དང་དགའ་སྣང་གི་རྣམ

པས་བསྒུས་ཏེ་སྒེ་ཡེན་དང་གཟིགས་སྐྱོང་དམིགས་བསལ་གནང་གི་ཡོད་པ་རེད།

ཁྱད་དུ་འཕགས་པའི་གནའ་བོའི་གྲོང་ཁྱེར་ལྷ་ས་ནི། ནང་པ་སངས་རྒྱས་ཆོས་ལུགས་ཀྱི་ངོས་ནས་དག་པའི་ཆོས་ལྡན་གྱི་ཞིང་ཁམས་ཤིག་དང་། ལོ་རྒྱུས་ཡུན་རིང་ལྡན་པའི་རིག་གནས་ཀྱི་འོད་སྣང་འཕྲོ་བ། དགོན་པ་དང་རིག་དངོས་མང་བ། གྲགས་ཅན་གྱི་གནའ་ཤུལ་དང་། མཚོང་སྐྱིད་ལྡ་བུར་འཕེལ་རྒྱས་འགྲོ་བའི་དེང་དུས་ཅན་གྱི་གྲོང་ཁྱེར་གསར་པས་ཡིད་དབང་འཕྲོག་བཞིན་པའི་སྟོབས་ཤུགས་ཀྱིས་ལྗོངས་ཕྱི་ནང་དང་རྒྱལ་ཁབ་ཕྱི་ནང་དེ་བཞིན་འཛམ་གླིང་ཡོངས་ཀྱི་མི་རིགས་འདྲ་མིན་དང་། ཤ་མདོག་མི་འདྲ་བའི་མི་རིགས་སྣ་ཚོགས་དང་། ཕྱོགས་བཞི་མཚམས་བརྒྱད་ཀྱི་སྐྱ་མགྲོན་རྣམས་ཡིད་འགུག་བྱེད་ཐུབ་ཀྱི་ཡོད། དེར་བརྟེན་ལྷ་སའི་མི་རྣམས་ཉི་འོད་ཀྱི་དྲོ་ཞིང་ཁེངས་པའི་དག་པའི་ཞིང་ཁམས་དེ་ལྡ་བུའི་ནང་འཚོ་བ་ལོངས་སུ་སྤྱོད་རྒྱུ་བྱུང་བ་དེ་ལ་སྤོབས་སེམས་མ་སྐྱེས་པ་ཞིག་གང་ནས་ཡོང་།

ང་རང་ལྷ་སའི་མི་ཞིག་མི་ཚེ་ཕྱེད་ཀ་ཙམ་གྱི་ལས་ཀའི་དུས་ཚོད་ཚང་མ་གྲོང་ཁྱེར་འདི་རང་དུ་ཟད། ད་ལྟ་ལས་གནས་ལས་ཁ་བྲལ་ཏེ་རྒན་ཡོལ་ཞུས་ནས་ཁྱིམ་ལས་བྱས་ཏེ་ལོ་ངོ་བརྒྱད་ཙམ་སོང་། བྱས་ཚང་མིང་དོན་མཚུངས་པའི་“ལྷ་སའི་ཨ་ཙག་ལགས”ངོ་མ་ཞིག་ཏུ་གྱུར། ཨོའོ····དེ་རང་རེད། ཞོར་དུ་ངས་ཨ་ཙག་ལགས་ཟེར་བ་དེར་འགྲེལ་བཤད་ཞིག་ཞུས་ན། མི་འགའ་ཞིག་གིས་བསམ་པར་ལྷ་སའི་བུད་མེད་སུ་ལའང་ཨ་ཙག་ཞེས་རང་སྣང་གིས་འབོད་ཆོག་པ་ལྟ་བུ་ཞིག་ཏུ་བརྩིས། དེ་ནི་ཁོང་རྣམས་པས་ལྷ་ས་བས་བུད་མེད་ལ་ཞེ་ས་གུས་ཞབས་ངང་འབོད་སྲོལ་ཡོད་པར་རྒྱུས་མངའ་གཏན་ནས་མེད་པའི་རྟགས་ཤིག་རེད། ཨ་ཙག་ཟེར་བ་ནི། སྤྱིར་ན་ཁྱིམ་ཚང་ནང་གི་བུད་མེད་རྒན་གྲས་ལ་འབོད་སྲོལ་དང་། ཡང་རང་གི་ཕ་གཅིག་མ་གཅིག་ཡིན་པའི་གཅེན་མོ་ལ་ཨ་ཙག་ཅེས་འབོད་སྲོལ་ཡོད། ཡང་ཨ་ཙག་ལགས་ཅེས་སྨྲས་ན་ཞེ་ས་མཆོན་པ་ཞིག་རེད། ཕན་ཚུན་ངོ་མ་ཤེས་པ་དང་རང་ལས་རྒན་པའི་བུད་མེད་ལ་ཨ་ཙག་གམ་ཨ་ཙག་ལགས་གང་རུང་འབོད་ཀྱང་ཆོག འོན་ཀྱང་བུད་མེད་ནང་ནས་བླ་སྤྲུལ་རིགས་

དང་བཙུན་མའི་རིགས་ལ་ཨ་ཅག་གམ་ཨ་ཅག་ལགས་ཅེས་འབོད་སྲོལ་གཏན་ནས་མི་ཚོག་པ་རེད། དེ་བཞིན་སྔར་ལྷ་སའི་སྐུ་དྲག་རིགས་དང་གྲོང་མི་ཚོས་ཕན་ཚུན་ཐུགས་འཕྲད་དང་སྐད་ཆ་ཤོད་རེས་བྱེད་སྐབས་གུས་གུས་ཞུམ་ཞུམ་དང་སྐད་ཤུགས་ཆུང་ཆུང་བྱེད་སྲོལ་ཡོད། སྤྱིར་བཏང་ཡིན་ན་མི་གཉིས་ཕན་ཚུན་ཐུགས་འཕྲད་བྱེད་སྐབས་གཅིག་གིས་སྐད་ཆ་འདྲི་དུས་ཡ་ལན་ཞུ་མཁན་འདིས་ཨཱ་ཞེས་ལན་སློག་གི་རེད། ལྷ་ས་བ་ཡིན་ན་ལོའོ་ལོའོ་ཞེས་ཉམ་ཆུང་ངང་ལན་སློག་གི་རེད། འོན་ཀྱང་ཞིང་འབྲོག་ས་ཁུལ་དུ་རང་རང་ཡུལ་ལུང་སོ་སོའི་གོམས་འདྲིས་ཀྱི་འབོད་སྲོལ་ཐད་ཀར་དང་སྟབས་བདེ་ཡོད་པ་དེ་ཡང་མ་གྲིག་པ་ག་ལ་སྲིད། ཁ་རྒྱུན་དུ་བླ་མ་རེ་ལ་ཆོས་ལུགས་རེ། ལུང་པ་རེ་ལ་ཆ་ལུགས་རེ་ཟེར་བ་ལྟར་ཕན་ཚུན་བསམ་ཤེས་དང་བརྩི་བཀུར་བྱེད་ཐུབ་ན་ཏ་ཅང་ལེགས། ད་ལྟ་ང་ཚོའི་འཚོ་བའི་ནང་ཕོ་མོ་འདྲ་མཉམ་དང་། ཤེས་དཔལ་འཆམ་མཐུན་གྱི་སྤྱི་ཚོགས་ནང་ཕན་ཚུན་འབོད་བརྗོད་རེས་བྱེད་སྐབས་དང་། ལྷག་དོན་དུ་སྐྱེས་ཕོ་མོའི་བར་ཕན་ཚུན་གྱི་འབོད་བརྗོད་རེས་བྱེད་སྐབས། དང་དོད་བྱེད་རྒྱུ་ནི་དགོས་ཤིང་འཚམས་པའི་བྱ་སྤྱོད་ཞིག་རེད་ལ། དེ་ནི་སྤྱི་ཚོགས་ཀྱི་ཤེས་དཔལ་ཡར་རྒྱས་འགྲོ་བའི་མཚོན་རྟགས་གལ་ཆེ་ཞིག་ཡིན་པའི་ངོས་འཛིན་ཞུ་གི་ཡོད།

ད་ནི་བཀའ་མོལ་དངོས་གཞི་བཟུང་ནས་ཞུས་ན། རྒན་ཡོལ་ཞུས་རྗེས་ཀྱི་ཚོར་སྣང་ནི་ཏ་ཅང་གི་སྐྱིད་ཤིག་ཤིག་དང་སྤྲོ་སྣང་ལྡན་པ་ཞིག་བྱུང་། ཉིན་ལྟར་ཞོགས་སྔ་ལངས་ཀྱིས་ཁོར་ཡུག་ཏུ་འཆམ་འཆམ་སྐྱོད་བཏང་ཆུ་ཚོད་གཅིག་ཙམ་དང་། དེ་ནས་ཞོགས་ཟས་ཚར་རྗེས་དཔེ་དེབ་ལྟ་བ་དང་གློག་ལམ་དྲ་བའི་གསར་འགྱུར་བལྟ་བ། ཡང་སྐབས་རེ་རྩོམ་ཐུང་ཐུང་འདྲ་འབྲིས་པ། མཚམས་རེ་དགའ་ཉེ་སྤུན་མཆེད་སར་འཚམས་ཏེ་ཁྲིམ་ར་བསྐོར་བ་འགྲོ་གི་ཡོད། དགོང་དྲོའི་ཞལ་ལགས་ཚར་རྗེས་སྐབས་རེ་འཆམ་འཆམ་དུ་འགྲོ་བ་དང་། གསོལ་ཇ་དང་ཞལ་ལགས་ཀྱི་བར་གསེང་དུ་ནང་མི་དང་གྲོགས་པོ་འཚམས་སྐབས་ཕན་ཚུན་ཅི་གྲོས་མིན་གྲོས་ཤར་སྒྲོ་ཐུབ་བྱུང་གང་ནས་བཤད་དེ་བསྡད་ཀྱི་ཡོད། བརྒྱུད་རིམ་དེ་ཚོའི་ནང་ཕོ་མོའི་སེམས་ནང་ག་

ཞིར་ཡིད་གཟབ་ཅིག་བྱེད་པ་ནི། དེང་སྐབས་ལྷ་སའི་ཁྲོད་ཀྱི་གཞོན་ནུ་མང་ཆེ་བ་ལང་ཚོའི་ཉམས་འགྱུར་ངོམ་ཞིང་བདེ་ཐང་དང་། འབད་འབུང་དུས་བསྐུན་གྱི་དར་སྤྲོལ་ཡོད་པ། གསར་གཏོད་དང་ཕུགས་བསམ་ཡོད་པའི་དེང་དུས་ཤེས་དཔལ་གྱི་འཚོ་བའི་ནང་དུ་ཚུལ་བཞིན་མཐུན་པའི་སྟོབས་ཤུགས་ཀྱིས་ཡོངས་སུ་ཁེངས་ཡོད་པ་ཤ་སྟག་རེད། ཁོང་ཚོའི་ཚན་རྩལ་རིག་གནས་ཀྱི་ཤེས་བྱ་ནི་ང་ཚོ་གཞོན་ནུའི་དུས་ལས་ཏ་ཅང་གི་ཕུན་སུམ་ཚོགས་པོ་ཡོད་པ་མ་ཟད། གསར་གཏོད་ཀྱི་འདོད་སེམས་ཀྱང་ང་ཚོ་ལས་ཏ་ཅང་གི་ཆེ་བ་ཡོད་པར་བརྟེན་གཞོན་ནུ་ཚོར་རེ་སེམས་བཅོལ་བའི་ཚོར་སྣང་ཞིག་རང་ཤུགས་སུ་འཆར་ཏེ། ང་ཚོར་སེམས་འགུལ་དང་སྤོབས་སེམས་ངོ་མ་ཞིག་ཀྱང་སྐྱེས་ཐུབ། འོན་ཀྱང་གཞོན་ནུ་མང་པོ་ཞིག་ནི་རང་རང་ལས་ཀའི་འོས་འགན་གྱི་འཁུར་པོ་ལྗི་བ་དང་འགྲན་རྩོད་མང་བ། སྣོན་ཤུགས་ཆེ་བ། ཁྱིམ་ཚང་གི་འཁུར་པོ་ཡང་ལྗི་བ། ལས་སྣོན་བྱེད་རྒྱུའི་དུས་ཚོད་མང་བ་སོགས་ཉིན་ལྟར་བྲེལ་འཚུབ་ཀྱི་དཀའ་ངལ་ཆེན་པོ་ཡོད་སྐབས། སློབ་དེབ་ལྟ་བའི་སེམས་ཤུགས་དང་དུས་ཚོད་ཏ་ལམ་ཡོང་གི་མེད་པ་རེད། ལྷག་པར་དུ་ལོ་རྒྱུས་ཀྱི་དེབ་མཐུག་པོ་དེ་བས་ལྟ་ཡོང་གང་ནས་ཡོང་། དེས་རྐྱེན་པས་ལོ་རྒྱུས་ཀྱི་ཤེས་བྱ་མི་འདང་བ་དང་རྒྱུས་མངའ་མེད་པ། འགའ་ཞིག་ནི་རྩ་བ་ནས་ཏ་གོ་དེ་གོ་མེད་པར་སུས་ཀྱང་ཨེད་དཀའ་བའི་སྣང་ཚུལ་ཞིག་ཏུ་གྱུར་ཡོད། དེ་འདྲའི་རབ་བེ་རོབ་བེའི་གནས་སྟངས་དེས་ང་ལ་ཚོར་སྣང་དང་བློ་སེམས་ཤིག་སྐྱེད་པ་ནི། ང་རང་རྣམ་ཡོལ་ཞུས་ཚར་བའི་ལས་བྱེད་པ་རྙིང་གྲས་ཤིག་དང་གུང་ཁྲན་ཏང་ཡོན་རྣམ་གྲས་ཤིག་ཡིན་པའི་ཆ་ནས། སྔོན་ལ་རང་གི་ཉེ་འཁོར་དུ་ཡོད་པའི་བུ་ཕྲུག་ཚོ་དང་ཚ་བོ་ཚ་མོ། དེ་བཞིན་སྤྱི་ཚོགས་ནང་ལོ་རྒྱུས་ཤེས་བྱར་དགའ་ཞེན་ཡོད་པའི་གཞོན་ནུ་ཚོར་ལྷ་སའི་ལོ་རྒྱུས་དང་རང་མི་རིགས་ཀྱི་ལོ་རྒྱུས་ཤེས་བྱ་དང་སྲོལ་རྒྱུན་གྱི་རིག་གནས་སོགས་ལ་རྒྱུས་མངའ་མང་ཙམ་ཡོང་བ་བྱེད་རྒྱུར་འགན་འཁྲི་ཡོད་བསམ།

དེར་བརྟེན་ངས་ཕྱོགས་གཅིག་ནས་རྣམ་ཀུན་རང་གིས་ལོ་རྒྱུས་ཤེས་བྱ་སློབ་སྦྱོང་བྱས་པའི་ཤེས་ཚོར་དང་མྱོང་ཚོར་རྣམས་ནན་ཏན་གྱིས་ཕྱོགས་བསྒྲོམས་བྱས་

པ་དང་། ཕྱོགས་གཞན་ཞིག་ནས་ལོ་རྒྱུས་ཀྱི་ཤེས་བྱ་ཁྱབ་སྤེལ་གཏོང་ཐུབ་པ་བྱུང་ན་བསམས་ཏེ་རྩོམ་ཐུང་ཞིག་ཚོད་བགམ་གྱི་བྲིས་འགོ་བཙུགས་པ་ཡིན། དེ་ནས་བྲིས་ཤིང་འབྲི་བཞིན་དུ་ལྟའི་དེབ་འདི་འདྲ་ཞིག་ཆགས་སོང་། ད་ལམ་རིང་ཙམ་ཡོད་པ་སྟེ་མི་རྣམས་ན་ཤོད་རྒྱུ་མང་ཟེར་བའི་དཔེ་ལྟར་མིན་ནམ་སྙམ། རང་ཉིད་རྣམ་ཀུན་ལོ་རྒྱུས་ཀྱི་ཤེས་བྱ་སློབ་སྦྱོང་བྱེད་རྒྱུར་ད་ཅང་དགའ་པོ་ཡོད་པ་དང་། ལྷག་པར་དུ་ཆེད་མངགས་བོད་ཀྱི་ལོ་རྒྱུས་ཞིབ་འཇུག་གནང་མཁན་གྱི་བོད་རིགས་དང་མི་རིགས་གཞན་གྱི་རིག་གཅིག་མཁས་དབང་དང་ཤེས་ལྡན་པ་ཚོས་སྤེལ་བའི་གསུང་རྩོམ་དང་། རྩོམ་ཡིག་དེ་དག་ལ་དོ་སྣང་དང་སློབ་སྦྱོང་མང་པོ་བྱས་པ་བརྒྱུད། དེའི་ཐོག་ནས་རང་ཉིད་ལ་ཕན་འབྲས་མི་དམན་པ་ཞིག་ཐོབ་བྱུང་། དེར་བརྟེན་དུས་ཡུན་རིང་མོ་ཞིག་ནང་ག་དུས་ཡིན་ཡང་རང་གི་དྲན་ཤེས་དང་བློ་ཟབ་མོས་གསོག་འཇོག་བྱས་པའི་མི་དང་དོན་གནད་འགའ་ཤས་ཤིག་ཟུང་འབྲེལ་ཐོག་ནས་ལོ་ཆུང་གཞོན་ནུ་ཚོར་ལྟོད་ཅིང་ཡིད་དབང་འགུག་པའི་སྒྲུང་གཏམ་ཞིག་བཤད་རྒྱུ་བྱུང་ན་ཅི་མི་འདུང་སྙམ་གྱི་ཡོད།

ལོ་ཤས་ནང་རྒྱུན་ཆད་མེད་པར་འབད་བརྩོན་ལྷོད་མེད་བྱས་པ་བརྒྱུད། གཞི་ནས་རང་གི་འདོད་བློ་ལྟར་རྩོམ་ཡིག་འདིའི་ཐོག་མའི་ཟིན་བྲིས་རྣམས་ལེགས་པར་བསྒྲུབས། འོན་ཀྱང་ཁོ་མོའི་བསམ་པར་རྩོམ་འདི་བྲིས་ཚར་ཙང་། ཡང་སྙིང་དགོས་མཁོ་གང་ཡོད་དམ་མེད། དགའ་སྣང་དང་ལྟ་ཀློག་འདོད་པའི་མི་ཡོད་དམ་མེད་སོགས་པ། རང་གི་བསམ་བློའི་ནང་གདེང་ཚོད་གཏན་ནས་མེད་པར་བརྟེན། ཐོག་མར་རང་གི་ནང་མི་ཚོར་ལྟ་ཀློག་གནང་རོགས་ཞུས་ནས། ཁོང་རྣམས་པའི་དགོངས་འཆར་གང་འདུག་ཉན་དགོས་བསམས། ང་རང་དགའ་ཚོར་སྐྱེས་འོས་པ་ཞིག་སྟེ། རང་གི་བཟའ་ཟླ་སློ་བཟང་དོན་གྲུབ་ལགས་སྨྱན་ཤེལ་དབང་གིས་དཔེ་དེབ་གཟིགས་ཀློག་བྱེད་རྒྱུར་སྤྲ་དངལ་ཤིན་ཏུ་ཆེ་ཡང་། དཔེ་ཆ་ཚང་གཟིགས་ཚར་བར་རྒྱུན་འཁྱོངས་གནང་བ་དང་། དེ་བཞིན་ངའི་བུ་མོ་བདེ་སྐྱིད་ལགས་དང་བུ་དོན་གྲུབ་ཚེ་རིང་ལགས་གཉིས་རྣམ་ཀུན་ལས་དོན་གྱི་བྲེལ་ཚབས་ད་ཅང་ཆེ་ཡང་། བར་གསེང་བྱུང་མ་ཐག་དུས་ཚོད་

དམ་འཛིན་དང་ནས་གློག་ཐེན་པ་དང་། ད་དུང་ཚ་མོ་བདེ་སྐྱིད་ནོར་འཛིན་ལགས་(མཐོ་རིམ་སློབ་འབྲིང་གི་སློབ་མ་)དང་ཚ་བོ་བློ་བཟང་འཇིགས་མེད་ལགས་(དམའ་རིམ་སློབ་འབྲིང་གི་སློབ་མ་)གཉིས་ནས་ཀྱང་ལྷ་འདོད་ཆེན་པོས་ཆ་ཚང་བལྟ་གློག་བྱས་འདུག ནང་མི་རྣམས་ཀྱིས་རྩོམ་འདིའི་ནང་དོན་མགོ་ནས་མཇུག་བར་བལྟ་ཀློག་ཚར་རྗེས་མགོ་མཇུག་བར་གསུམ་ལ་རང་གི་ལྟ་ཚུལ་གླེང་བ་དང་། ཧུར་བརྩོན་དང་གདེང་འཛོག་དང་སྐུལ་ལྕག་གནང་བའི་རྨང་གཞིའི་འོག་བཟོ་བཅོས་རྒྱབ་རྒྱུའི་སྐོར་ལ་དགོངས་འཆར་མི་ཉུང་བ་ཞིག་བཏོན་པ་དང་། ངའི་བུ་མོ་བདེ་སྐྱིད་ལགས་ནས་ཀྱང་གློག་ལམ་འཕྲིན་ཡིག་བརྒྱུད་དེ་ཡིག་ཐོག་གི་གྲོས་གཞིའི་བསམ་འཆར་ཡང་བསྐུར་གནང་བྱུང་། ད་དུང་ཁོ་མོའི་གཙུང་པོ་བཤེས་གཉེན་ཚུལ་ཁྲིམས་ལགས། རྒན་ཡོལ་མ་ཞུས་གོང་རང་སྐྱོང་ལྗོངས་སྲི་ཞོགས་ཚན་རིག་ཁང་ཆོས་ལུགས་ཞིབ་འཇུག་ཚན་པའི་འགོ་འཛིན་གཞོན་པ་དང་ཞིབ་འཇུག་པ་ཆེན་མོའི་འགན་ཁུར་བཞེས་ཏེ། བོད་ཀྱི་ལོ་རྒྱུས་དང་ཆོས་ལུགས་ཞིབ་འཇུག་སྐོར་གྱི་ཤེས་བྱའི་མཁྱེན་རྒྱ་ཆེ་བར་བརྟེན་རྩོམ་ཡིག་བཟོ་བཅོས་རྒྱབ་རྒྱུའི་ཐད་དགོངས་འཆར་མི་ཉུང་ཞིག་བཏོན་པར་མ་ཟད། ལྷག་དོན་དུ་ཆོས་ལུགས་དང་འབྲེལ་བའི་གནད་དོན་སྐོར་ལ་དགོངས་འཆར་མང་ཙམ་འདོན་གནང་བྱུང་། ཁྱིན་ཡོངས་ནས་བཤད་ན། སྤུན་མཆེད་ཚོའི་ངོས་འཛིན་གནང་བ་ནི། ཁོ་མོས་ལོ་ཤས་ནང་དཀའ་སྤྱད་འབད་བརྩོན་བྱས་པ་དེ་དག་འབད་པ་སྟོང་ཟད་མ་ཡིན་ཞིང་། རྩོམ་འདི་ནི་ཡང་དག་པའི་འགྲུལ་ཤུགས་སྤྱི་ཚོགས་ཀྱི་དོན་སྙིང་ཟབ་མོ་ལྡན་འདུག་ཅེས་དང་། ཁྱེད་ཀྱིས་ལོ་རྒྱུས་ཀྱི་སྒྲུང་གཏམ་བཤད་པ་དེ་དག་ཚིག་སྐམ་པོ་ཙམ་མིན་པར། ལྷ་རིན་ཡོད་པ་དང་བློ་རྒྱ་འབྱེད་ཐུབ་པ་ཞིག་རེད་གསུང་། བཀའ་མོལ་དེ་ཚོས་ང་ལ་སྐུལ་ལྕག་ཟབ་མོ་ཞིག་ཐེབས་ཐུབ་སོང་། དེ་རྗེས་རྒན་ལྷག་པ་ཕུན་ཚོགས་མཆོག་ནས་དཔྱད་བརྗོད་གནང་བ་ཉན་རྗེས། ངའི་སེམས་ནང་དེ་བས་གདེང་ཚོད་བྱུང་སྟེ། ཁོ་མོའོ་ཐོག་མའི་བསམ་བློ་དེ། གཞི་ནས་དོན་འཁྱོལ་བྱུང་སོང་སྙམ་མོ། །

དེ་ནས་རྩོམ་ཡིག་ཐོག་མའི་མ་ཟིན་བཟོ་བཅོས་བརྒྱག་རྒྱུའི་ལས་ཀ་སྤྱིའི་ཆ་ནས་

བསྐྱབས་པའི་རྗེས། ང་དང་བཟའ་ཟླ་བློ་བཟང་དོན་གྲུབ་ལགས་གྲོས་བསྡུར་བྱས་ཏེ་ཐག་བཅད་པར། ཐོག་མར་བཟོ་བཅོས་བརྒྱབ་ཚར་བའི་རྩོམ་ཡིག་མ་ཟིན་དེ་སྔོན་ལ་ང་ཚོས་གུས་བཀུར་ཞུ་འོས་པའི་དགེ་བའི་བཤེས་གཉེན། བོད་རིག་པར་ཞིབ་འཇུག་ཟབ་མོའི་ཐོབ་ཐང་ཡོད་པའི་རིག་གཅིག་མཁས་དབང་པ་བློ་མཐུན་ལྷག་པ་ཕུན་ཚོགས་མཆོག་ལ་སྤྱན་གཟིགས་ཞུ་འབུལ་བྱས་ཏེ། ཁོང་གིས་བཟོ་བཅོས་དགོངས་འཆར་ལེགས་པར་བསྐུལ་གསོལ་ཡོང་རྒྱུའི་རེ་བ་ཞུས། བློ་མཐུན་ལྷག་པ་ཕུན་ཚོགས་མཆོག་ནི་ཀྲུང་གོའི་བོད་རིག་པ་ཞིབ་འཇུག་ལྟེ་གནས་ཀྱི་སྤྱི་ཁྱབ་ལས་འཛིན་པ་དང་དེ་ནས་ད་ལྟ་རྒན་ཡོལ་ཞུས་མ་ཐག་ཡིན་ཞིང་། དེའི་སྔོན་ལ་བོད་རང་སྐྱོང་ལྗོངས་མི་དམངས་སྲིད་གཞུང་གི་ཀྲུའུ་ཞི་གཞོན་པ་དང་། རང་སྐྱོང་ལྗོངས་ཏང་ཨུས་དྲིལ་བསྒྲགས་སྤུའུ་གི་སྤུའུ་ཀྲང་གཞོན་པ། བོད་རང་སྐྱོང་ལྗོངས་སྤྱི་ཚོགས་ཚན་རིག་ཁང་གི་ཡོན་ཀྲང་དང་། བོད་ལྗོངས་རིག་གནས་མཉམ་འབྲེལ་ཚོགས་པའི་ཀྲུའུ་ཞི་གཞོན་པ་དང་ཏང་འཛུགས་རྒྱུའུ་ཅི་སོགས་གོ་གནས་མང་པོའི་ཐུགས་འགན་བཞེས་མྱོང་། ཡང་དེའི་སྔ་རོལ་གྱི་ལོ་རྒྱུས་ནི་རྩོམ་ཡིག་འདིའི་འགོ་བརྗོད་དུ་སྐུ་ཉིད་ཀྱིས་གསུང་པ་བཞིན་བོད་ལྗོངས་མི་རིགས་སློབ་གྲྭའི་(ད་ལྟའི་བོད་ལྗོངས་མི་རིགས་སློབ་གྲྭ་ཆེན་མོ་)དགེ་རྒན་གནང་བ་དང་། ང་རང་ཡང་སྐབས་དེ་དུས་སྟབས་ལེགས་པ་ཞིག་ལ་ཁོང་གི་སློབ་མ་ཡིན། མི་རིགས་སློབ་གྲྭ་ནས་དབར་རྒན་ལགས་མཆོག་གི་གོ་བབ་གོང་ནས་གོང་དུ་འཕེལ་བ་དང་། ཤེས་བྱའི་མཁྱེན་རྒྱ་ཡང་གཏིང་ཟབ་ཏུ་ཟབ་ཏུ་འགྲོ་བ། སྤྱི་ཚོགས་སྟེང་གི་སྙན་གྲགས་ཀྱང་ཆེ་་རུ་ཆེ་རུ་སོང་བ་བཅས་ཡིན་ཁར། ཁོང་ནི་གཞན་ལ་གཤིས་རྒྱུད་འཇམ་ཞིང་ག་དུས་ཡིན་ཡང་ཉམ་ཆུང་དང་བློ་བག་ཕེབས་པོས་གཞན་ལ་སེམས་བཟང་དང་འདྲ་མཉམ་གྱིས་སྒོ་ནས་འདྲིས་གོམས་གནང་གི་ཡོད། ཁོང་གི་སྐུ་ཟླ་ཚེ་དབང་སྒྲོལ་མ་ལགས་ནི་ང་ཚོ་མི་རིགས་སློབ་གྲྭའི་སློབ་གྲོགས་གཅིག་པ་རེད། ཁོང་ནི་གཞན་ལ་སྒྲོ་སེམས་ཆེ་བ་དང་ཁ་གསལ་གཏིང་གསལ། གཤིས་རྒྱུད་ཁ་རེ་ཁ་ཐུག་ཅིག་ཡིན་ཁར། ཁོང་གཉིས་ཕན་ཚུན་གཅིག་ཕན་གཅིག་རོགས་ལྡན་པའི་བདེ་སྐྱིད་ཁྱིམ་ཚང་འདི་ལ་ག་དུས་ཡིན་ཡང་ང་

ཚོའི་མིག་དཔེ་བལྟ་ས་ཞིག་ཡིན། རྒན་ལགས་མཆོག་གི་ཁྲིམ་ཚང་དང་ང་ཚོའི་ཁྲིམ་ཚང་བར་ལོ་མང་གི་ཉེ་འབྲེལ་བརྩེ་དུང་ཡོད་པ་ནི་དགེ་རྒན་དགེ་ཕྲུག་བར་གྱི་བརྩེ་དུང་དང་སློབ་གྲོགས་བར་གྱི་བརྩེ་དུང་བཅས་སྤྲེལ་ནས་ཕན་ཚུན་མཛའ་བརྩེའི་འབྲེལ་གཏུག་རྒྱུན་ཆད་མེད་པར་གནས།

ཡིན་ནའི་ངའི་རྩོམ་ཡིག་མ་ཟིན་འདི་རྒན་ལགས་ཀྱི་སྐུ་མདུན་དུ་བཞག་སྟེ་སྤྱན་གཟིགས་གནང་རོགས་ཞེས་དངོས་འབྲེལ་ཞུ་ནུས་ཚད་ཡིན། གང་ལགས་ཞེས་ན། སྐབས་དེ་དུས་རྒན་ལགས་ཕྲུག་ལས་མཛད་འཕྲིན་ཆེ་བ་དང་ལས་འགན་ཤིན་ཏུ་ལྡིད་པོ་ཡོད་ཚུལ་ཁོ་མོས་ཤེས། ཡིན་ནའི་རྒན་ལགས་ཀྱིས་གང་ཡང་མ་གསུང་པར་ཕྲུག་ཏུ་བཞེས་སོང་། དེ་ནས་ཉིན་ཉི་ཤུ་ཙམ་སོང་བའི་ཚེ། རྒན་ལགས་ནས་ངའི་རྩོམ་ཡིག་མ་ཟིན་འདིར་བཟོ་བཅོས་གང་དང་གང་རྒྱབ་དགོས་ཀྱི་དགོངས་འཆར་རྣམས་གློག་རྡུལ་འཕྲིན་ཡིག་བརྒྱུད་དེ་བསྐུར་བ་གནང་། ངས་བལྟས་པའི་རྗེས་སུ་ཚོར་སྣང་ཨང་དང་པོ་བྱུང་བ་ནི། རྒན་ལགས་ནི་རྒན་ལགས་རང་རེད། དེ་སྔ་སློབ་གྲྭར་ཡོད་དུས་ང་ཚོ་སློབ་མའི་སྦྱང་ཚན་ལ་བཟོ་བཅོས་སྒྲོན་པ་ནང་བཞིན་དེ་འདྲའི་ངང་རྒྱུད་རིང་པོ་དང་ནན་ཏན་གྱི་སྒོ་ནས་འགན་བཞེས་གནང་བར་མ་ཟད། ཁོ་མོའི་རྩོམ་ཡིག་མ་ཟིན་འདིའི་གཞི་རྩའི་བརྗོད་བྱར་ཁས་ལེན་གང་ལེགས་གནང་བར་མ་ཟད་ང་རང་སྒེར་ལ་སྤྲོ་སེམས་འཕེལ་བའི་སྐུལ་ལྕག་མཛད་པ་དང་ཁ་གསལ་གདེང་འཛོག་གནང་བ་རྣམས་ཉན་པའི་རྗེས། ངའི་སེམས་ནང་དུ་དེ་བས་གདེང་ཚོད་ཆེ་རུ་ཕྱིན་ཏེ། རང་གི་ཐོག་མའི་རེ་སེམས་བཅངས་པ་དག་གཞི་ནས་དོན་འགྲོལ་ཡོང་བའི་རེ་བ་འདུག་སྙམ་པ་ཞིག་དང་རྩོམ་ཡིག་འདི་ཉིད་བཟོ་བཅོས་ལེགས་པར་སྒྲུབ་ཐུབ་པའི་རེ་བ་ཞིག་མཐོང་ཐུབ་བྱུང་། དེས་མ་ཚད་རྒན་ལགས་མཆོག་ནས་རྩོམ་ཡིག་གི་ནང་དོན་འགའ་ཞིག་ལ་སྨུ་མཐུད་བཟོ་བཅོས་རྒྱག་རྒྱུར་གལ་ཆེའི་དགོངས་འཆར་དང་གྲོས་གཞི་རྙོ་ངར་ལྡན་པ་འབབ་ཞིག་སྟོན་པ་གནང་བྱུང་།

རང་གི་རྩོམ་འདི་རྩོམ་རིགས་ཆེན་མོའི་གྲས་ཤིག་ག་ནས་ཡིན། འོན་ཀྱང་ཁོ་མོས

ཡང་ཉིད་དཀའ་ངལ་མི་ཆུང་བ་ཞིག་བརྒྱུད་ནས་མཐར་ལེགས་འགྲུབ་བྱུང་བ་ཞིག་ཡིན་སྐབས། ཏན་ལྷག་པ་ཕུན་ཚོགས་མཆོག་ནས་མུ་མཐུད་དུས་ཚོད་ཅུང་ཟད་ཙམ་བསྐྱལ་གསོལ་གྱིས་གུས་མོའི་རྩོམ་ཐུང་འདི་ལ་འགོ་བརྗོད་ཅིག་བྲིས་པ་གནང་རོགས་ཅེས་ཞུས་པར། ཏན་ལགས་མཆོག་ནས་སྲུན་སྣང་གང་ཡང་མེད་པར་འགོ་བརྗོད་བྲིས་ཏེ་བསྐུར་གནང་མཛད་པ་དང་། ད་དུང་རྩོམ་ཡིག་འདི་ཉིད་བཟོ་བཅོས་བརྒྱབ་སྟེ་འཐུས་སྒོ་ཚང་བ་དང་ཡག་ཐོག་ཡག་བརྩེགས་ཡོང་ཆེད་ཀྱི་དགོངས་འཆར་ཡང་བཏོན་གནང་བྱུང་། དེར་བརྟེན་གུས་མོས་སྐབས་དེ་དང་བསྟུན་ནས་ཏན་ལྷག་པ་ཕུན་ཚོགས་མཆོག་ལ་སླར་ཡང་མགོ་གུག་སྟེ་གུས་འདུད་ཞུ་བ་དང་ཆབས་ཅིག་སྙིང་ཐག་པ་ནས་བཀའ་དྲིན་ཆེ་ལགས་ཞུ་རྒྱུ་ཡིན། ང་རང་རྒྱུ་ཚད་དམན་པ་དང་ལོ་རྒྱུས་ཞིབ་འཇུག་པ་ཞིག་དེ་བས་མིན་སྐབས་ལོ་རྒྱུས་ལ་སློབ་སྦྱོང་བྱས་པའི་འབྲས་བུ་དག་གླིག་པ་པོ་དང་མཉམ་དུ་སློབ་སྦྱོར་བྱེད་བསམ་པ་དེ་ཡིན། དེར་བརྟེན་ངོས་འཛིན་མི་འདང་བ་དང་། གོ་བ་གཏིང་ཟབ་མོ་ལེན་མ་ཐུབ་པ་སོགས་ཀྱི་སྐྱོན་ཆ་མང་པོ་ཡོད་སྲིད་པས་ཀློག་པ་པོ་རྣམས་ལ་དགོངས་འགལ་མེད་པ་ཞུ་རྒྱུ་དང་། གལ་ཏེ་ཀློག་པ་པོས་ལྟགས་ཀློག་གནང་སྐབས་དེའི་ནང་ནས་ཕྲན་ཙམ་གྱི་ཕན་ཡོན་ལེན་ཐུབ་པ་དང་བློ་སྒོ་ཕྲན་ཙམ་ཞིག་འབྱེད་ཐུབ་པ་བྱུང་ན་ཁོ་མོའི་ཐོག་མའི་རེ་བསམ་འདི་ལ་དེ་བས་བློ་བདེ་བག་ཕེབས་ཤིག་ཡོང་ངེས་ཡིན།

བོད་ཀྱི་ལེགས་བཤད་གྲགས་ཅན《ས་སྐྱ་ལེགས་བཤད་》ནང་གསུང་དོན། " སྔོན་ཤིང་དུད་པ་འབྲས་བུ་མང་། །རྨ་བྱ་དལ་བ་མཇུག་སྒྲོ་བཟང་། །རྟ་མཆོག་དུལ་བ་འགྲོ་མགྱོགས་ཏེ། །དམ་པ་དུལ་བ་མཁས་པའི་རྟགས། །"ཞེས་པའི་ལེགས་བཤད་འདིས་ང་ཚོར་གང་ཞིག་བསྟན་ཡོད་ཟེར་ན། གང་ཟག་ཅིག་ཡིན་ཕྱིན་སེམས་ལྷོད་པོར་བཞག་ནས་དུས་ཚོད་དམ་འཛིན་དང་དཀའ་སྤྱད་འབད་བརྩོན་གྱིས་སློབ་སྦྱོང་མང་ཙམ་བྱེད་པ་དང་། ལག་ལེན་མང་ཙམ་འཁྱོལ་ཐུབ་པ། རྒྱུན་ཆད་མེད་པར་མཐོང་རྒྱ་ཆེ་རུ་བཏང་ན། གཞི་ནས་ཡོན་ཏན་གྱི་ཕྱུག་པར་གྱུར་ནས། ཤེས་པ་འདོན་སྤེལ་ཡངས་

ཤིང་རྟ་མཆོག་ཀླུང་འགྲོས་ཀྱི་འཕྱུར་བ་བཞིན་སྐྱིད་ཐུབ་པ་ལྟ་བུ་ཡིན། སྔར་ནས་དབར་བོད་ཀྱི་རྒན་གྲས་ཚོས་ན་གཞོན་ཚོ་ལ་སློབ་སྦྱོང་ཧུར་བརྩོན་བྱས་ཏེ་ཡར་རྒྱས་གོང་འཕེལ་ཡོང་བའི་སྐུལ་ལྕག་གཏོང་སྐབས། ག་དུས་ཡིན་ཡང་དམངས་ཁྲོད་ནང་དར་ཁྱབ་ཆེ་བའི་གཏམ་དཔེ་དྲང་ནས་བསླབ་བྱ་སྐྱོན་གྱི་རེད། དཔེ་ན "རྟ་ཐོར་རྒྱུགས་ཤེས་ཡོད་ན་བྱང་ཐང་སྟོང་པ་རེད" ཅེས་དང་། ཡང་ "ཨ་མའི་བུ་ལ་ཡོན་ཏན་ཡོད་ན་དགའ་ལྡན་ཁྲི་ལ་བདག་པོ་མེད" ཟེར་བ་སོགས། དེའི་གོ་དོན་ནི་དགེ་ལུགས་པའི་མ་དགོན་དགེ་ལྡན་དགོན་པའི་ཁྲི་ཆེན་གོ་བབ་རེ་ཞིག་སྟོང་ཡང་ཡོན་ཏན་ཅན་གྱི་མི་ཞིག་ཁྲི་བཞུགས་སུ་བསྐུགས་ནས་བསྐྱོད་ཡོད་ལྟ་བུ་དང་། ཕ་མེས་ཀྱི་ཤེས་པའི་སྙིང་བཅུད་ཚང་མ་དེབ་ནང་གསལ་ཡོད་ལ་འཚོ་བ་དངོས་ཀྱི་ནང་དུ་ཡོད། གལ་ཏེ་ཆུང་དུས་སློབ་སྦྱོང་ལ་འབད་བརྩོན་མ་བྱས་འཛོན་ཐང་མ་འཕེལ་ན་ནར་སོན་དུས་ལས་འགན་ལྗིད་པོ་འཁུར་ག་ལ་ཐུབ། རྒན་གྲས་ཚོས་དགའ་ལྡན་ཁྲི་པའི་མཚན་གནས་ཐོབ་ཚུལ་ལ་དཔེ་བཞག་སྟེ་གཞོན་ནུ་ཚོར་སྐུལ་ལྕག་གཏོང་དགོས་དོན་གང་ཡིན་ཟེར་ན། དགའ་ལྡན་ཁྲི་པའི་མཚན་གནས་ཐོབ་ཚུལ་ལས་སླ་པོ་ཞིག་གཏན་ནས་མིན་པའི་རྒྱུ་མཚན་དག་རྒྱུས་མངའ་ཞིག་གནང་ན་གཞི་ནས་མཁྱེན་ཐུབ་ཀྱི་རེད་དཔེར་ན། བོད་བརྒྱུད་ནང་བསྟན་གྱི་དགེ་ལུགས་པའི་གདན་ས་ཆེ་ཁག་སེ་འབྲས་དགེ་གསུམ་ལྟ་བུ། དགེ་བཤེས་ལྷ་རམས་པའི་མཚན་རྟགས་བཞེས་རྗེས་དགའ་ལྡན་ཁྲི་པའི་མཚན་གནས་རྒྱུགས་འཛིན་པར་རྒྱུད་རིམ་དེ་ནི་ཤིན་ཏུ་དཀའ་ཚོགས་ཆེ་ལ་ལས་སླ་པོ་ཞིག་ག་ནས་ཡིན། ཐོག་མར་དུས་ཡུན་གྱི་སྒོ་ནས་བརྗོད་ན་དུས་རབས་ཕྱེད་ཙམ་གྱི་གཡས་གཡོན་ནང་ཐོས་བསམ་གྱི་སློབ་གཉེར་བྱས་ཏེ་གཞུང་ཆེན་དཀའ་པོད་ལྔ་ལ་སྦྱངས་པ་མཐར་སོན་པ་དང་། གདན་ས་སོ་སོའི་ནང་དུ་དགེ་འདུན་འདུས་པ་རྒྱ་མཚོའི་དྲུང་དུ་གཞུང་དཀའ་པོད་ལྔའི་ཐོག་ནས་ཡོན་ཏན་གྱི་བརྡར་ཤ་ཆོད་པ་དགེ་བཤེས་རིམ་པའི་མཚན་རྟགས་བཞེས། དེ་ནས་ལོ་རེ་ལྷ་ས་སྨོན་ཚོགས་ཆེན་མོའི་དུས་སུ་དགེ་བཤེས་ལྷ་རམས་པའི་དམ་བཅའ་དང་མཚན་རྟགས་བཞེས་རྗེས་གཞི་ནས་དགའ་ལྡན་ཁྲི་པའི་ལམ་སྣེ་ཟིན་

ཐུབ་ཙམ་གྱི་ཐོབ་ཐང་བྱུང་བ་རེད། སྔར་གྱི་ལོ་རབས་དེ་ཚོའི་ནང་མིའི་ཚེ་ཚད་ཧ་ལམ་རིང་པོ་མེད་པ་འདྲ་ལ་དགུང་གྲངས་ལྔ་བཅུ་ནས་དྲུག་བཅུའི་བར་དུ་སྐུ་ཚེ་རིང་བའི་གྲས་སུ་རྩིས། དེར་བརྟེན་དུས་ཚོད་རིང་པོ་དེ་འདྲ་བའི་ནང་ཐོས་བསམ་ཁོ་ནར་འབད་པའི་ལོ་ཟླས་མི་ཁོམ་ཞིང་། དེའི་སྟེང་ད་རུང་བློ་རིག་ལྡན་པའི་སྐད་པ་ཞིག་དགོས་ངེས་ལ་གཞན་སུ་ཞིག་ལས་རྣམ་པར་རྒྱལ་ཐུབ་པའི་སྒོ་ནས་ཤེས་བྱ་ཐམས་ཅད་ཡོངས་སུ་རྫོགས་པ། དེ་བཞིན་ཚུལ་ཁྲིམས་རྣམ་པར་དག་པའི་སྒོ་ནས་དགོན་པའི་འདུལ་ཁྲིམས་ནན་སྲུང་བྱེད་དགོས་པར་མ་ཟད། བློ་རྩ་བརྟན་པོ་དང་སྙིང་རུས་ཆེན་པོས་ཡར་རྒྱས་བརྩོན་ལེན་བྱེད་རྒྱུར་རང་སྲོག་འབེན་ལ་འཛུགས་པའི་སྙིང་སྟོབས་ཤིག་ཀྱང་དགོས་ཤིང་། དེ་འདྲའི་རེ་བ་ནི་སྤྱིར་བཏང་མིས་ཧ་ཅང་སྒྲུབ་དཀའ་བ་ཞིག་རེད། དཔེར་ན་ཐོས་བསམ་སློབ་གཉེར་ལ་ཞུགས་ཚུལ་རགས་ཙམ་གླེང་ན། རབ་ཏུ་བྱུང་རྗེས་ཐོག་མར་ལོ་ངོ་ཉི་ཤུ་ཚུན་གྱི་ནང་དུ་བོད་ཡིག་རྨང་གཞིའི་ཤེས་བྱ་ནས་འགོ་ཚུགས་ཏེ་བསླབ། དེ་ནས་ཆོས་སྤྱོད་འདོན་ཆ་ཁག་དང་། དེ་ནས་དངོས་གཞིའི་གཞུང་ཆེན་མོ་ལྔ་ལ་གི་སློབ་གཉེར་མཛད་དེ་དགོན་པ་སོ་སོའི་དགེ་བཤེས་རིམ་པའི་མཚན་རྟགས་མིང་ཐོབ་པའི་བརྩོན་ལེན་བྱེད། དེ་ནས་དགེ་བཤེས་ལྷ་རམས་པའི་མཚན་སྙན་བཞེས། མཚན་སྙན་བཞེས་ཚར་རུང་སྔར་ཡང་གསང་སྔགས་ཀྱི་རྒྱུད་ལ་སློབ་གཉེར་ལོ་བདུན་བཞུགས། དེའི་རིང་རྒྱུད་ཀྱི་ལས་སྡེ་ཁག་དགེ་བསྐོས་ལོ་གཅིག རྒྱུད་ཀྱི་དབུ་མཛད་ལོ་གསུམ། མཁན་པོ་ལོ་གསུམ་སོགས་མདོར་ན་སྔགས་ཕྱོགས་ཀྱི་གཞུང་ཆེན་བདེ་གསང་འཇིགས་གསུམ་མཐར་ཕྱིན་པ་སོང་ནས། དེ་དག་ལོ་ཉི་ཤུ་སུམ་ཅུའི་བར་དུ་མདོ་སྔགས་གཞུང་གི་བརྡར་ཤ་ཆོད་པ་རིམ་བཞིན་གནས་འཕར་གྱི་ཚུལ་ལས་མཐར་དགའ་ལྡན་ཁྲི་འཛིན་འོས་མིང་གི་གྲས་སུ་ཚུད་ཐུབ། འོན་ཀྱང་དངོས་སུ་དགའ་ལྡན་ཁྲི་པའི་ཁྲི་ཐོག་ཏུ་ཐོབ་ཐང་ཡོད་མཁན་གྱི་འོས་མི་ནི་གཅིག་རང་རེད། དེས་སྔ་སྲོལ་ལྟར་ཁྲི་འཛིན་ལས་ཐོག་ལོ་བདུན་རིང་སྐྱོང་གནང་མཛད། དགའ་ལྡན་ཁྲི་པའི་གོ་བབ་བཞེས་ནས་གསེར་ཁྲིར་དངོས་སུ་བཞུགས་རྗེས་ཁྲི་རིན་པོ་ཆེ་ཞེས་གཞལ་དཀའ་བའི་འོད་ཟེར་གྱི་

ཐྲེང་འཕོར་རབ་ཏུ་སྐོར་ཞིང་དད་ལྡན་ཀུན་གྱིས་གུས་བཀུར་བླ་མེད་ཐོབ་པ་ཡིན། འོན་ཀྱང་ཡང་ཉིང་སྐྱ་ན་ཏ་ཙང་སྨིན་པའི་དབང་གིས་སེམས་ཤུགས་དང་ནུས་ཤུགས་གང་གི་ཆ་ནས་མི་ལྟོགས་པའི་ཚུལ་ནི་གནས་མུས། དེ་ལྟར་ཡིན་ཡང་དགའ་ལྡན་ཁྲི་པའི་གསེར་ཁྲིར་དགེ་ལུགས་པའི་རྒྱ་ཆེའི་དགེ་བཤེས་རྣམས་པས་དུས་ཡུན་རིང་པོའི་ནང་སྟར་བཞིན་འདོད་སྲིད་ཀྱི་འགྲམ་ཆུ་ཤོར་བ་ལྟར་འབད་བརྩོན་ཅུར་ལེན་བྱེད་རྒྱུའི་དམིགས་ཡུལ་ཞིག་ཏུ་གྱུར་ཡོད། གང་ལགས་ཞེ་ན་དགའ་ལྡན་ཁྲི་པའི་གོ་གནས་ནི་ཏཱ་ལའི་བླ་མའི་གོ་གནས་འབའ་ཞིག་ལས་ཁྱད་པར་མེད་པས་ཕྱིར།

དེ་སྟ་བོད་ཀྱི་དམངས་ཁྲོད་ནང་མི་ཚོས་རྒྱུགས་ཚད་ལོན་དཀའ་བའི་དགའ་ལྡན་ཁྲི་པའི་གོ་བབ་ལ་དམིགས་ཚད་བྱས་ཏེ་མི་རབས་རྗེས་མ་རྣམས་ལ་སློབ་སྦྱོང་འབད་བརྩོན་དང་ཡར་རྒྱས་བརྩོན་ལེན་བྱེད་རྒྱུའི་བསྐུལ་མ་གཏོང་བ་ནི་བསམ་གཞིག་བྱེད་ཐུབ་པའི་དོན་ཞིག་རེད། གང་ཡིན་ཟེར་ན་དཀའ་སྡུག་ཇི་ལྟར་འཕྲད་ཀྱང་མི་འཇིགས་ཤིང་ཡོན་ཏན་གྱི་རྩེ་མོར་འཛེགས་ནུས་པའི་དཔའ་ངར་སྙིང་སྟོབས་ལྡན་པ་རྣམས་ལ་གཞི་ནས་འབྲས་བུ་གཡུར་དུ་ཟ་བ་ཞིག་ལེན་ཐུབ་ཀྱི་ཡོད། མདོར་ན་དེང་དུས་འགྲན་རྩོད་ཀྱི་རྣམ་པ་རབ་ཏུ་གཡོ་བའི་ལོ་རབས་ནང་། སུ་ཞིག་ཡིན་ཡང་རང་གི་རྗེས་ཤུལ་འཛིན་མཁན་བུ་ཕྲུག་ཚ་བོ་ཚ་མོ་ཚོས་སློབ་སྦྱོང་ལ་འབད་བརྩོན་བྱས་ཏེ། ཕ་མེས་ཀྱི་ལོ་རྒྱུས་མ་བརྗེད་པ་དང་། འགན་འཁྲིའི་བློ་བརྟན་པོར་ངེས་ནས། ལས་ཀྱི་རྩེ་མོར་འཛེགས་ནུས་མཁན་གྱི་སྙིང་སྟོབས་ཅན་ཞིག་དང་། རྒྱལ་ཁབ་དང་། སྤྱི་ཚོགས། མི་དམངས་བཅས་ལ་ཕན་ཐོགས་ཡོད་པའི་མི་ཞིག་བྱེད་ཐུབ་རྒྱུའི་རེ་བ་མི་བཅང་མཁན་གྱི་རྒན་གྲས་ཤིག་ཏ་ལམ་མེད་པ་རེད།

དཀར་ཆག

དང་པོ། ལྷ་སའི་བར་སྐོར་ནང་བསྐྱོད་སྐབས་བྱིས་པའི་དུས་ཀྱི་དྲན་སེམས་དང་ཚོན་སྣ་ལྔའི་རླུང་རྟ་བཞིན་དུ་གཡོ་བ།

དུས་རབས་ཉི་ཤུའི་ལོ་རབས་བཞི་བཅུའི་མཇུག་ཙམ་ལ། བྱམས་བརྩེ་དང་སྙིང་རྗེ་ལྡན་པའི་ཡབ་ཡུམ་གཉིས་ལས་ང་རང་ལྷ་སའི་གྲོང་དུ་སྐྱེས་པ་དང་། དེ་ནས་ང་ཚོའི་ཁྱིམ་དུ་གཅུང་པོ་དང་གཅུང་མོ་སོགས་རིམ་བཞིན་འཕེལ་ཏེ་སྤུན་མཆེད་ཚང་མ་ས་སྐྱེས་རྗེ་སྐྱེས་ཀྱི་ལྷ་ས་བ་ཞིག་ཏུ་གྱུར། ང་ཚོ་བུ་ཕྲུག་རྣམས་ལྷ་ས་བ་ཞིག་བྱེད་རྒྱུ་བྱུང་བ་དེ་ནི་མི་ཚེ་འདིའི་ནང་གི་བསོད་ནམས་དང་གཟི་བརྗིད་ཅིག་ཡིན་བསམ། ང་རང་བུ་ཕྲུག་ནང་གི་རྒན་ཤོས་ཡིན་སྐབས་གཅུང་པོ་དང་གཅུང་མོ་ཚོའི་སྣེ་ཁྲིད་དེ་ཚང་མས་རང་གི་མི་ཚེ་འདིའི་རིང་བྱམས་དང་སྙིང་རྗེ་བརྩེ་བའི་པཱ་ལགས་ཀྱི་བཀའ་དྲིན་ནམ་ཡང་མ་བརྗེད་པ་དང་། བྱམས་དང་སྙིང་རྗེ་བརྩེ་བའི་ཨ་མ་ལགས་ཀྱི་བཀའ་དྲིན་ནམ་ཡང་མ་བརྗེད་པར། ཕ་མ་གཉིས་ཀྱི་བཀའ་དྲིན་ལས་ང་ཚོ་ཚོས་ལྡན་ཞིང་ཁམས་ལྷ་སར་འཚོ་སྐྱོང་འཚར་ལོངས་བྱུང་བ་དང་། ད་ཆ་ང་ཚོ་ན་སོ་དར་ལ་བབ་སྟེ། ཚང་མས་རིམ་བཞིན་ཁྱིམ་གཞིས་བཙུགས་པ་དང་ལས་ཀར་ཞུགས་ཏེ་བདེ་སྐྱིད་ཀྱི་འཚོ་བ་ལོངས་སུ་སྤྱོད་རྒྱུ་བྱུང་བ་རེད། ཆུང་དུས་ཡབ་ཡུམ་གཉིས་ཀྱིས་ང་ཚོ་བུ་ཕྲུག་ཚོར་བསླབ་བྱ་ནན་ཏན་གནང་གི་ཡོད་པ་སྟེ། རང་གསོན་པོར་ཡང་ལག་ལུས་ཀྱི་ཁྲོག་ཚོད་ཡོད་དུས། ངེས་པར་དུ་རང་གི་ལག་གཉིས་ལ་བརྟེན་ནས་རང་ཁ་རང་གསོས་ཐུབ་པ་དང་། རྒྱུན་དུ་ཚོགས་བསགས་དགེ་སྒྲུབ་མང་ཙམ་བྱས་ཏེ་མི་གཞན་ནམ་སྤྱི་ཚོགས་ལ་ཐུགས་ཙ་ཟིང་པོ་གཏན་ནས་བཟོ་མི་རུང་། ཞེས་ནམ་ཞག་རྒྱུན་དུ་ཡབ་ཡུམ་གྱི་བསླབ་བྱ་སྐྱོན་པ་དེ་ཚོ་ང་ཚོས་ཡིད་ལ་ནན་ཏན་བཅང་བཞིན་སྤྱི་ཚོགས་ལ་གང་ཐུབ་ཀྱི་ལེགས་སྐྱེས་མང་ཙམ་འབུལ་ཐུབ་པ་བྱས་ཏེ་ཡབ་ཡུམ་གཉིས་ཀྱི་གསོ་སྐྱོང་གནང་བའི་

དྲིན་ལན་འཇལ་གང་ཐུབ་དང་རེ་བ་ཆུད་ཟོས་སུ་མི་གཏོང་བ་བྱེད་རྒྱུ་དེ་ཡིན།

ང་རང་ཆུང་དུས་ཀྱི་དྲན་ཐོག་ལ་བགྲེས་སོང་ཚོས་ག་དུས་ཡིན་ནའི་དེ་འདྲ་གསུང་གི་རེད། ལྷ་སའི་ཡུལ་འདི་ནི་ལྷ་སྐྱུའི་ཞིང་ཁམས་ཤིག་དང་། མི་བྱ་མཉམ་འཇོམས་ཀྱི་ཕ་ཡུལ་ཞིག་རེད་ཅེས་དང་། ཡང་ཁོང་ཚོས་གསུང་དོན། འཛིག་རྟེན་འདིའི་སྟེང་ལུང་པ་སྟོང་ཕྲག་ཁྲི་ཕྲག་ཡོད་ཙང་། བསོད་ནམས་ཆེ་ཤོས་དང་བཀྲ་ཤིས་པ་ཕུན་སུམ་ཚོགས་པའི་ཡུལ་ནི་ལྷ་ས་འདི་ཉིད་རེད་ཅེས་དང་ཡང་གསུང་དོན། ལྷ་ས་ནི་ནང་པ་སངས་རྒྱས་ཀྱི་ཆོས་ལྡན་ཞིང་ཁམས་ཤིག་ཡིན་པས་ལྷ་ས་བ་ཡིན་ཕྱིན་ཚང་མས་དཀོན་མཆོག་གསུམ་ལ་ཕྱག་འཚལ་ཞུ་དགོས་རེད་ལ་ཕྱོགས་བཞི་མཚམས་བརྒྱད་ཀྱི་མི་རྣམས་ལྷ་སར་ཕེབས་ནས་ཕྱག་འཚལ་ཞུ་གི་རེད་ཅེས་གསུང་གི་ཡོད། དེར་བརྟེན་ང་རང་ལོ་ཆུང་བྱིས་པའི་དུས་ཡིན་ཡང་སྐད་པའི་ནང་དཀོན་མཆོག་གསུམ་ཞེས་པག་ཆགས་གཏིང་ཟབ་མོ་བཞག་སྦྱོང་ཡོད། དཔེར་ན་ཆོས་བཟང་དུས་བཟང་ག་དུས་ཡིན་ཡང་ཨ་མ་ལགས་ཀྱིས་ང་གཙུག་ལག་ཁང་དུ་ཇོ་བོའི་སྐུ་མདུན་ལ་མཆོད་ཕྱིག་དང་བསང་ཁ་བསང་གསོལ་བྱེད་པར་གཏོང་གནང་གི་རེད། ད་དུང་གྲོང་མི་ཀྲན་པ་དང་མཉམ་དུ་ལྷ་སའི་བར་སྐོར་བསགས་པ་དང་ཁ་ནས་མ་ཎི་འདྲེན་བཞིན་འགྲོ་བ་ནི་རྒྱུན་ལྡར་རེད། ཆོས་ཀྱི་དུས་ཆེན་ག་དུས་ཡིན་ནའི་ངས་མི་ཀྲན་པ་དང་མཉམ་དུ་ལྷ་སའི་སེ་འབྲས་དགའ་གསུམ་ལ་སོགས་པར་མཆོད་མཇལ་ཞུ་བར་འགྲོ་བཞིན་ཡོད། དེ་བཞིན་ཁྱིམ་གྱི་དུར་མཆོད་བྱེད་པའམ་ཡང་ན་རིམ་གྲོ་ཞབས་བརྟན་བྱེད་པ་སོགས་ལ་ངེས་པར་དུ་དགེ་འདུན་པ་གདན་དྲངས་ཏེ་གཉེན་པོའི་རྣམ་ཤེས་ཡར་འདྲེན་གྱི་ཆོ་གའམ་ཡང་ན་རིམ་གྲོའི་ཞབས་བརྟན་ཁག་གནང་གི་རེད། ལྷག་པར་དུ་ངས་དྲན་ཤེས་གསལ་པོར་ངེས་ཐུབ་པ་ཞིག་སྟེ། ང་རང་ལོ་དགུ་ཙམ་སླེབས་པའི་སྐབས་དུ་ཨ་མ་ལགས་ཀྱི་རྗེས་འབྲང་ནས་ལྷ་སའི་གླིང་སྐོར་ཆ་ཚང་བརྐྱངས་ཕྱག་ཕུལ་ནས་འགྲོ་སྦྱོང་ཡོད། དུས་ཡུན་ཟླ་བ་གཅིག་ལྷག་ཙམ་འགོར་རྗེས་གཞི་ནས་ལྷ་སའི་གླིང་བསྐོར་ཆ་ཚང་བརྐྱངས་ཕྱག་ཕུལ་ཚར། དེ་དུས་ང་རང་ལོ་ཆུང་ཆུང་ཡིན་ཡང་ཨ་མ་ལགས་

དང་འདྲ་བར་སྐུ་ཕྱག་ཕུལ་ནས་རྗེས་ཟིན་འགྲོ་བ་གཡས་གཡོན་གླིང་སྐོར་ཕེབས་མཁན་རྣམ་གྲངས་ཆོས་གཟིགས་དུས་སྙིང་རྗེའི་བསྟོད་བསྔགས་གནང་བ་དང་ཆབས་ཅིག་རེ་འགགས་ཕྱི་རིལ་དང་། ཏན་ཞིམ། ཕྱུར་ར་བསྐམ་པོ་སོགས་ཁ་ཟས་ཊན་པ་སྣ་ཚོགས་སྟེར་གནང་གི་འདུག ང་རང་དགའ་པོ་བྱུང་ཙང་སྐུ་ཕྱག་འབུལ་རྒྱུ་དེ་བས་ཧུར་ཐག་ཚ་དྲག་ནས་ག་དུས་ཡིན་ནའི་ཨ་མ་ལགས་ངའི་མཇུག་ཏུ་ལུས་ཀྱང་རེད། བྱང་ཙང་ངས་ཕྱག་འཚལ་མགྱོགས་པོ་བྱུང་བའི་རློམ་སེམས་ངོམ་ཉམས་ཀྱིས་ཡར་ཙམ་ཨ་མ་ལགས་ངའི་རྗེས་ཟིན་ཟིན་བསྒུགས་ནས་སྡོད་ཀྱི་ཡོད། ང་རང་ཆུང་དུས་ཡི་གེ་སློབ་པ་དང་དཔེ་དེབ་ལྟ་བའི་གོ་སྐབས་མེད་ཙང་མི་རྣམ་པ་ཆོས་ཉིན་ལྟར་གང་བཤད་ཉན་ནས་སྡོད་པ་ལས་མེད། ཁོང་རྣམ་པས་བློ་ལ་རྟག་ཏུ་འདྲེན་རྒྱུ་ནི། དཀོན་མཆོག་གསུམ་པོ་ཡིད་ལ་བཟུང་། བྱང་སེམས་བཙངས་ནས་གཞན་མི་འཚེ། དཀའ་སྡུག་ཅི་བྱུང་བཟོད་པ་སྒོམ། སྐྱེ་བ་ཕྱི་མར་བཙོལ་བ་ཡིན། ཞེས་ཡང་དུ་གསུངས་ཀྱང་ངས་ཧ་ལམ་གོ་བ་ལེན་མི་ཐུབ། ཡིན་ནའི་ངའི་སེམས་ནང་དོན་གཅིག་ཧ་གོ་བ་ནི། སྐྱེ་བ་མི་ལུས་ཐོབ་ནས་མི་བཟང་པོ་ཞིག་བྱེད་དགོས་པ་དེ་གསལ་པོ་ཤེས་ཀྱི་ཡོད།

མཚན་མོ་ས་ཏུབ་དུས་ང་ཨ་མ་ལགས་ཀྱི་གསུང་པའི་སྒྲུང་གཏམ་ཉན་རྒྱུ་བྱུང་ན་ཧ་ཅང་དགའ་པོ་ཡོང་གི་ཡོད། ཁྱིམ་དུ་སྟུམ་གྱི་ཞུན་མེ་མདངས་གསལ་ལ་མི་གསལ་གྱི་འོག ཨ་མ་ལགས་ཀྱིས་གཅིག་ནས་ང་ལ་བལ་ལས་སྐུད་བསྒྲིམས་སོགས་བསླབ་གནང་བ་མ་ཟད་ཞོར་དུ་གླིང་གེ་སར་རྒྱལ་པོའི་སྒྲུང་གཏམ་དང་ཆོས་རྒྱལ་སྲོང་བཙན་སྒམ་པོའི་སྒྲུང་གཏམ་གསུང་གི་ཡོད། སྐབས་རེ་ལྷ་སྒྲུང་ངམ་ཡང་ན་ལྷ་སའི་བར་སྐོར་ཁྲིམ་གཞུང་ནང་མི་ཚོས་ཕར་བཤད་ཚུར་བཤད་ཁ་རྒྱུན་དུ་དར་བའི་དཔོན་རིགས་སྐུ་དྲག་འགའི་ཆབ་སྲིད་བཞད་གད་ཀྱི་གཏམ་བྱུང་བ་གསུང་གི་རེད། ལྷ་སའི་མི་ནི་གནའ་ནས་ད་ལྟ་བར་ཆབ་སྲིད་སྐོར་གྱི་དགོད་བྲོ་བའི་གཏམ་ཤོད་རྒྱུ་བྱུང་ན་སྤྲོ་སྣང་ཆེན་པོ་ཞིག་ཡིན་པ་རྩིས་ཀྱི་རེད། ཡིན་ནའི་མང་ཆེ་བ་ཟུར་སྐེར་ཕན་ཚུན་ཤོད་རེས་བྱེད་པ་ཙམ་ཞིག་རེད། སྐབས་རེ་ཨ་མ་ལགས་ཐུགས་མཉེས་པོ་བྱུང་ན་མཆོད་ཆང་ཞལ་དཀར་གང་

དོ་མཚོད་ནས་ལྷ་མོའི་རྣམ་ཐར་སྣ་འཛེབས་ལྡན་པ་འགའ་རེ་བཏང་གནང་དུས་ང་ཚོས་རམས་སྐྱོར་ཞུས་པ་དང་འབྲེལ་ཚང་མ་སྐྱིད་སྣང་དང་བསྟོད་ཀྱི་ཡོད། ངའི་ཨ་མ་ལགས་ནི་ཏ་ལས་དགོས་པའི་བུད་མེད་ཅིག་རེད། ཁོང་ནི་ལས་ལ་བརྩོན་ཞིང་བྱམས་སེམས་ཆེ་བ། རིག་པ་རྣོ་ཞིང་གཟིགས་རྒྱང་རིང་བའི་སྙིང་སྟོབས་ཅན་ཞིག་རེད། པ་ལགས་དགུང་ལོ་བཞི་བཅུ་ཞེ་ལྔར་ཕེབས་དུས་ཀླད་ཁྲག་གི་སྣུན་གཞིས་རྐྱེན་པས་ང་ཚོ་ནང་མི་བུ་ཕྲུག་དང་ཞལ་གྱིས། པ་ལགས་དགོངས་པ་རྫོགས་པའི་རྗེས་སུ་ཨ་མ་ལགས་གཅིག་པོས་ང་ཚོ་བུ་ཕྲུག་རྣམས་འཚོ་སྐྱོང་གནང་བ་དང་འཚར་ལོངས་བྱུང་བ་རེད། བཅིངས་འགྲོལ་བཏང་བའི་རྗེས་སུ་སྲིད་གཞུང་ནས་ཨ་མ་ལགས་ལ་སྐྱབ་གསོ་གནང་ཆོག་གསུང་ཡང་། ཨ་མ་ལགས་ཀྱིས་རྒྱལ་ཁབ་ལ་ལག་པ་བརྐྱངས་ཏེ་སྐྱབ་གསོ་ཞུ་གི་མིན་ཞེས་མཐའ་འཁྱོངས་མཛད། ཨ་མ་ལགས་ཀྱིས་གསུང་དོན། མི་ཟེར་མཁན་འདི་སྙིང་སྟོབས་ཤིག་དགོས་ལ། སོ་སོའི་ལག་གཉིས་ལ་བརྟེན་ནས་འཚོ་བ་འགྲོལ་ཐུབ་པ་ཞིག་ངེས་པར་དུ་དགོས་གསུང་པ་ལྟར་ང་ཚོའི་ཨ་མ་ལགས་ནི་འཚེམ་བཟོའི་ལག་རྩལ་སྦྱོང་པོ་དང་མཁས་པོ་ཞིག་ཡོད་པར་བརྟེན་ནས་བུ་ཕྲུག་ཚོ་རིམ་བཞིན་སློབ་གྲྭ་ལ་བཏང་ཐུབ་པ་དང་། ལྷག་པར་དུ་ང་རང་བུ་ཕྲུག་ནང་ནས་ཆུང་པ་དང་སྐྱོ་རོགས་ཕན་ཐོག་ཤོས་ཡིན་པ་དེ་ཡང་ཐུགས་ཐག་ཆོད་པོས་མེས་རྒྱལ་ནང་སློབ་གྲྭར་བཏང་གནང་བྱུང་། ཨ་མ་ལགས་ཀྱི་ཐུགས་སེམས་ནང་ང་ཚོ་བུ་ཕྲུག་མི་རེ་ངོ་རེས་ངེས་པར་དུ་རྒྱལ་ཁབ་དང་སྤྱི་ཚོགས་ལ་ཕན་ཐོགས་ཡོད་པའི་མི་ཞིག་བྱེད་ཐུབ་རྒྱུའི་རེ་བ་གནང་གི་ཡོད་པ་དེ་ཡིན།

ང་ཚོ་ནི་ཆུང་ཧ་ཅང་ཤོས་ཡིན་པའི་དུས་རབས་བཟང་པོ་ཞིག་དང་འཕྲད་པ་ཡིན་ཙང་། རང་དབང་དང་འདྲ་མཉམ་ཡོད་ལ་བདེ་སྐྱིད་སྐལ་པ་བཟང་བའི་དུས་རབས་ཤིག་རེད། ང་ནི་ཨ་མ་ལགས་ཀྱི་ཆེད་དུ་བློ་ཕམ་ཤིན་ཏུ་ཆེ་བ་ཞིག་བྱུང་པ་སྟེ། གཅིག་ནས་ཨ་མ་ལགས་འབྱུངས་པའི་དུས་རབས་ཡག་པོ་མ་འཁེལ་བའི་རྐྱེན་གྱིས། སློབ་གྲྭར་སྐྱོད་རྒྱུའི་གོ་སྐབས་མ་བྱུང་བ་རེད། རིག་གནས་མེད་པ་མ་

གཏོགས། ཨ་མ་ལགས་ཀྱིས་ང་ཚོར་བསླབ་རྒྱུའི་འཛོན་ཐང་དེ་བས་མང་ཙམ་ཡོད་པ་ངེས་བརྟན་རེད་སྙམ་གྱི་ཡོད། གཉིས་ནས་མ་དྲིན་ཅན་དགུང་ལོ་དྲུག་ཅུ་རེ་བརྒྱད་སྐབས་སྐྱུན་གཞིས་རྐྱེན་པས་སླན་བཅོས་ཡོད་ཀྱང་བྱས་ཀྱང་ཕན་ནུས་མི་ཐོན་པར་ཅི་བྱ་གཏོལ་མེད་དང་ང་ཚོ་དང་ཞལ་གྱིས་སྡུབས། བསྒྱུར་བཅོས་སྒོ་འབྱེད་རྗེས་སུ་ཤར་བའི་བདེ་སྐྱིད་ཀྱི་ལོ་ཟླའི་འོད་སྣང་ལོངས་སྤྱོད་གནང་སྐལ་བྱུང་མ་སོང་། ཨ་མ་ལགས་སློབ་གྲྭར་སྐྱོད་ནས་དེབ་མང་པོ་གཟིགས་མྱོང་མེད་ཙང་། ངའི་ཐོས་བསམ་གྱི་བློ་སྒོ་དང་པོ་འབྱེད་མཁན་གྱི་སློབ་དཔོན་ཞིག་ནི་ལོས་ཡིན། ཁོང་གིས་དཀའ་དྲིན་ལས་ངས་ལས་ལ་བརྩོན་ཞིང་སེམས་བཟང་དང་། བློ་རྩ་བརྟན་ཞིང་སློབ་སྦྱོང་ལ་བརྩོན་འགྲུས་ཆེ་བའི་གཤིས་རྒྱུད་བཟང་པོ་ཞིག་ཆགས་ཐུབ་སོང་།

ཨ་མ་ལགས་ཀྱི་སྐོར་བཤད་མ་ཐག ཁོང་གི་གྲོགས་མོ་བཟང་པོ་ཨ་ཅག་ཆོས་སྒྲོན་ཟེར་བ་འདི་ཡིད་ལ་ལྷང་ལྷང་ཞིག་དྲན་བྱུང་། དེང་དུས་ཀྱི་བཤད་སྟངས་བྱས་ན་ཁོང་ནི་ཨ་མ་ལགས་ཀྱི་བུད་མེད་སྤྲང་རྩེ་ལྟ་བུའི་སྙིང་གྲོགས་ཤིག་རང་རེད། ཁོང་གཉིས་ནི་བཀའ་མོལ་གང་ཡིན་ཡང་ཕན་ཚུན་གསུང་རེས་གནང་ཆོག་པའི་གྲོགས་མོ་ཡག་པོ་ཞིག་རེད། ང་ཚོས་ཁོང་ལ་ཨ་ཅག་ཆོས་སྒྲོན་ཞེས་འབོད་ཀྱི་ཡོད། ངའི་དྲན་ཚོད་ལ་ཨ་ཅག་ཆོས་སྒྲོན་ནི་ལོ་ཁ་ཆུ་གསུམ་ཁོངས་ཀྱི་ཨེ་ཟེར་བའི་ལུང་པ་དེ་ནས་རེད། རྗེས་སུ་ལྷ་ས་སུ་དྲུག་ཐྲ་བྲང་གི་མི་སེར་ཁྲལ་སྡོན་དུ་འཁྲིད་ནས་ཐྲ་བྲང་གི་ཁྲལ་པ་ཞིག་ཆགས། ཡིན་ནའང་ཁོང་དམངས་གཙོའི་བཅོས་བསྒྱུར་མ་བྱས་གོང་ནས་བཅིངས་འགྲོལ་དམག་མིའི་རྗེས་སུ་ལམ་བཟོའི་ལས་ཀྲར་ཞུགས་མྱོང་ཡོད་པར་བརྟེན། བཅིང་འགྲོལ་བཏང་བའི་རྗེས་ཁོང་ང་ཚོའི་ས་ཁུལ་ཞུ་ཡོན་ལྷན་ཁང་གི་ལས་བྱེད་ཞིག་རེད། ཨ་ཅག་ཆོས་སྒྲོན་ནི་སྐུ་གཟུགས་རིང་པོ་རང་མེད་ལ་རྒྱང་ནས་བལྟས་ན་ཕོ་ཁྲོ་ག་ནང་བཞིན་རེད། རྣམ་ཀུན་གྱོན་ཆས་ཕོ་ཁྲོ་ག་དང་འདྲ་བར་ཕྱུ་པའི་སྐེ་རགས་བཅིངས་སྟངས་ཡང་ཕོ་ཁྲོ་ག་ནང་བཞིན་མཐོ་སང་སང་དང་། དབུ་ལ་རྒྱ་དཀར་ཞྭ་མོ་ཞིག་གྱོན། ཞལ་ཐག་ནི་མང་ཆེ་བ་སྣ་ཐ་འཐེན་གྱི་རེད། ད་དུང་སྐབས་རེ་མཆོད་ཚང་ངམ་

ཡང་ན་ཨ་རག་དཀར་པོ་བཞེས་རྒྱུར་ཐུགས་མཉེས་པོ་ཡོད་རེད། བཀའ་མོལ་གསུང་སྐབས་སྐད་ཤུགས་སྐབས་རེ་ཆེ་ཙམ་སྐབས་རེ་ཆུང་ཙམ་ཁོང་གིས་ཏ་མ་གོ་བའི་གནས་ཚུལ་ཏ་ལམ་མེད་པ་ལྟ་བུ་རེད། ཁོང་རྣམ་ཀུན་ང་ཚོའི་ནང་ལ་ཕེབས་རྒྱུར་དགའ་པོ་དང་། ལྷག་པར་དུ་ལྷ་སའི་གྲོང་ནང་གནས་ཚུལ་ཆེན་པོའམ་ཡང་ན་ཚོར་སྣང་གསར་བ་བྱེད་པའི་གནས་ཚུལ་འགའ་བྱུང་ན། སྤྱ་སང་སང་ཨ་མ་ལགས་ཀྱི་དྲུང་དུ་ཕེབས་ནས་མཆོད་ཆང་དང་སྣ་ཐ་བཞེས་བཞིན་དུ་ཅི་གྲོས་མིན་གྲོས་བྱས་ནས་བཞུགས་ཀྱི་རེད། ཁོང་རྣམ་གཉིས་བཀའ་མོལ་གསུང་དུས་སྐད་ཤུགས་ཏ་ཙང་ཆུང་ཆུང་སྐྱོན་ནས་ངས་གོ་དོགས་བསམ་པར་ངས་དེ་བས་ཡ་མཚན་དང་ཁྱུ་སིམ་པོར་ཉན་ནི་སྡོད་ཀྱི་ཡོད། བལྟས་བསྟད་ན་ཁོང་གཉིས་དངོས་འབྲེལ་དྲུང་འབྲེལ་ཆབ་སྲིད་མཁས་ཅན་གྱི་བུད་མེད་དང་འདྲ་བར། བུད་མེད་གཞན་ཡིན་ན་མང་ཆེ་བ་འཚོ་བའི་སྐྱིད་སྡུག་གམ་ཡང་ན་གཞན་རིང་བཞག་དང་གཞན་ཐུང་བཞག་ཟེར་བའི་བཀའ་མོལ་ཁོ་ནར་ངོ་སྣང་བྱེད། ཁོང་གཉིས་འཛོམས་ན་ཟབ་གོས་ཀྱི་དོན་མ་གློང་། ཚོ་མེད་ཀྱི་སྐད་ཆ་མ་བཤད། བཀའ་མོལ་ཚང་མ་ལྷ་སའི་གྲོང་ནང་དུ་བྱུང་བའི་དོན་ཆེན་དང་མི་ཆེན་གྱི་སྐོར་ཤ་སྟག་གསུངས་ནས་བཞུགས་ཀྱི་རེད། ངས་ཉན་སྐབས་དོན་དག་མང་པོ་གོ་བ་ལེན་མི་ཐུབ་ཙང་སེམས་ནང་ལྷམ་མེར་ངེས་ཐུབ་ཀྱི་ཡོད། ང་རང་ཆེན་པོ་ཆགས་པའི་རྗེས་སུ་གཞི་ནས་དོན་དག་དེ་ཚོར་བསམ་ཞིབ་དང་གོ་བ་གསལ་པོ་ལེན་ཐུབ་པ་བྱུང་།

མི་ཚང་མར་རང་གི་ཕ་ཡུལ་རེ་ཡོད་ལ། མི་ངོ་རེ་སོ་སོས་རང་གི་ཕ་ཡུལ་ལས་ཡག་པ་མེད་གསུང་མཁན་ཤ་སྟག་རེད། ང་ཡང་དེ་ལྟར་ཡིན། ལོ་ཡར་ཡར་རྒས་འགྲོ་སྐབས་རང་གི་ཕ་ཡུལ་ལ་བཅང་པའི་མཛའ་སེམས་དང་གུས་བཀུར་གྱི་ལྷག་བསམ་ནི་དེ་བས་གཏིང་ཟབ་ཏུ་དང་རྒྱ་ཆེ་རུ་འགྲོ་གི་འདུག དཔེར་ན། བརྗིད་ཆགས་མཛེས་སྡུག་ལྡན་པའི་ཕོ་བྲང་པོ་ཏ་ལ་དང་། སངས་རྒྱས་ཆོས་ལུགས་ཀྱི་ཆོས་ལྡན་ཞིང་ཁམས་ལྟེ་གནས་ལྷ་ལྡན་གཙུག་ལག་ཁང་དང་། ཡ་རབས་སེམས་བཟང་ཅན་གྱི་ལྷ་སའི་མི་དང་། ཐྲོ་ཞིང་བབ་ཆགས་པའི་གསོལ་ཇ་མངར་མོའི་ཇ་ཁང་དང་། ཡངས་ཤིང་སྐྱིད་

སྣང་ལྡན་པའི་ནང་མའི་གླུ་གར་འཁྲབ་ར། དེ་བཞིན་གནའ་སྲོལ་དང་དེང་དུས་ཟུང་དུ་འབྲེལ་བའི་ལྷ་སའི་གྲོང་ཁྱེར་གསར་པ་སོགས་ནི་ངས་ནམ་ཡང་སྤྱོབས་སེམས་སྐྱེས་འོས་པ་ཞིག་དང་། ནམ་ཡང་བྲལ་དཀའ་བའི་བརྩེ་དུང་ཞིག་རེད། ཕ་ཡུལ་གྱི་རྒྱན་རབས་དང་ཡུལ་མི་རྣམས་ནི་ངས་དེ་བས་བརྗེད་མི་སྲིད་པའི་སྲུན་ཉེ་ཤ་སྟག་ཡིན་བསམ་གྱི་ཡོད། ལོ་ཟླ་སོང་ཞིང་དུས་ནི་འགྱུར། དངོས་པོ་ལུས་ཀྱང་མི་ནི་ཡལ། ཟེར་བའི་དཔེ་ལྟར་ང་ཚུང་ཚུང་སྐབས་རྒྱུས་མངའ་ཡོད་པའི་རྒྱན་གྲས་མང་པོ་ཞིག་ཏ་ལམ་རྩ་བའི་ཆར་འཛིག་རྟེན་འདི་ནས་ཞལ་གྱིས་གནང་ཚར་འདུག །ད་ཆ་ལྷ་ས་གྲོང་ཁྱེར་ཁྲིམ་གཞུང་དུ་རྒྱན་རྒོན་མང་པོ་མཐོང་རྒྱུ་ཡོད་ཏུང་། ཁོང་རྣམས་པའི་དུག་སློག་གྱོན་སྟངས་དང་བཀའ་མོལ་གསུང་སྟངས་བྱེད་སྟངས་བྱེད་ལུགས་གང་ཐད་ནས་ལྷ་ས་བ་ས་སྐྱེས་རྗེ་སྐྱེས་ཡིན་མིན་བལྟ་དུས། ལྷ་ས་བ་ནི་མང་པོ་མེད་པའི་དབྱེ་བ་ལོས་འབྱེད་ཐུབ།

སྐབས་རེ་ངས་ལྷ་སའི་བར་སྐོར་ཁྲོམ་གཞུང་ལ་འགྲོ་དུས། ལྷ་སའི་སྒོ་ལགས་རྗོ་ལགས་ཚོས་ལྟོ་ཕད་ཅིག་རྒྱབ་ཏུ་ཁུར། དེའི་ནང་གསོལ་ཇ་མངར་མོ་མཆོད་བྱེད་ཀྱི་ཞལ་ཕོར་དང་། ཐུར་མ། ཁ་ཟས་ཇན་པ་ཕྲན་བུ་སོགས་བླུགས་ནས་བར་སྐོར་གཙང་ཞིང་གྲལ་སྒྲིག་པའི་རྗོ་གཅལ་གྱི་ཕེབས་ལམ་བརྒྱུད། ཞལ་ཁུ་སིམ་པོས་ཕྱུག་ནང་གི་མ་ཎི་ལག་སྐོར་བསྐོར་བ་དང་ཞལ་ནས་ཨོཾ་མ་ཎི་པདྨེ་ཧཱུྃ། ཡིག་དྲུག་འདོན་པའམ་ཡང་ན་སྒྲོལ་མ་ཉེར་གཅིག་འདོན་ཞིང་བར་སྐོར་དུ་ལྷོད་ལྷོད་ངང་ཕེབས་ཀྱི་རེད། རེ་འགའི་མཇུག་ཏུ་ཚེ་ཐར་བཏང་ཟིན་པའི་ལུག་རེ་གཉིས་འཁྲིད་དེ་མཉམ་དུ་བར་སྐོར་ལ་ཕེབས་པ་མཐོང་དུས་རང་གི་ཕ་མ་གཉིས་མངོན་སུམ་དུ་མིག་གི་མདུན་ལ་ཕེབས་པ་ནང་བཞིན་གྱི་ཚོར་སྣང་ཡོང་གི་འདུག །ཕ་མ་གཉིས་ད་དུང་བཞུགས་ཡོད་ན་དེ་འདྲའི་དགའ་བ་ལགས་ཨང་བསམ་བཞིན། རང་དབང་མེད་པར་གོམ་པ་སྤོ་མཚམས་བཞག་སྟེ། ལྷ་སའི་རྒྱན་རྒོན་རྣམས་ལ་ཡང་སེ་བལྟ་བ་དང་ཆབས་ཅིག་སེམས་ཀྱི་གཏིང་ནས་ཁོང་རྣམས་པ་ཡིད་དུ་འོང་བའི་དུས་རབས་གསར་པ་འདིའི་ནང་བདེ་ཐང་དང་སྐུ་ཚེ་རིང་བ་དང་བདེ་སྐྱིད་སྤྲོ་ཉམས་འཕེལ་བའི་སྨོན་འདུན་ཞུ་ཡི་ཡོད།

ང་ཚོའི་ཁྱིམ་ཚང་ནི་མི་རབས་འགའ་ཞིག་གི་སྔོན་ནས་ལྷ་ས་བ་རེད། དེ་ཡང་ངའི་ཡབ་ཡུམ་གཉིས་ཀྱི་སྤོ་དམ་པ་དང་རྨོ་དམ་པ་ནས་འགོ་ཚུགས་ཏེ་ལྷ་སར་གནས་སྡོད་གནང་འདུག །ཕོ་ཚུལ་ལ་ཕལ་ཆེར་ལྷོ་ཁ་ས་ཁུལ་ནས་ལྷ་སར་བྲོས་བྱོལ་དུ་ཕེབས་པ་དང་། སྐབས་དེ་དུས་དཀའ་སྡུག་ཆེན་པོ་བྱུང་བའི་སྐོར་གསུང་རྒྱུན་འདུག ངས་ད་ལྟའང་ཨ་མ་ལགས་དམ་པས་གསུང་པ་ཞིག་ངེས་བསྡད་ཡོད་པ་སྟེ། སྔར་ང་ཚོའི་ནང་ལ་སྤོ་ཚེ་རིང་ལགས་ཞུ་བ་ཞིག་ཡོད། ཁོང་ནི་ལྷ་བྲིས་ཆེན་མོ་བ་ཞིག་ཡིན་སྐབས། རྒྱལ་བ་སྐུ་ཕྲེང་བཅུ་གསུམ་པ་ཆེན་པོ་ཕྱི་སོག་དང་པེ་ཅིང་སོགས་ཀྱི་ས་གནས་ལ་ཕེབས་དུས་སྐུ་བཅར་ཞུས་ནས་ལྷན་དུ་ཕེབས་མྱོང་ཡོད་པ་རེད། དེ་དུས་སྤོ་ལགས་ལོ་མང་སོང་ཡང་ནང་ལ་ལོག་ཕེབས་མཁན་མེད་ཙང་། འགའ་རེ་ཟེར་ན་ཁོང་མེས་རྒྱལ་ནང་ཨ་ལྕེ་རྒྱ་མོ་བཙལ་ནས་ཁྱིམ་ཚང་ཟེན་ཚར་བ་རེད་ཟེར། ཡིན་ནའི་ལོ་ལྔའི་གཡས་གཡོན་ཙམ་ལ་ཁོང་རྒྱལ་བ་སྐུ་ཕྲེང་བཅུ་གསུམ་པ་ཆེན་པོ་དང་ལྷན་དུ་ལྷ་སར་ལོག་ཕེབས། ནང་ལ་ཕེབས་དུས་ནང་མི་ཚང་མ་ཧང་སང་ངོ་མ་ཤེས་པ་ལྟ་བུར་འགྱུར། གང་ཡིན་ཟེར་ན་དང་པོ་ཁྱིམ་ནས་ཐོན་སྐབས་བོད་ཆས་གཙང་མ་བཞིན་ཡོད་པ་རྩ་བ་ནས་རིག་རྒྱུ་མེད་པར་ཆ་ལུགས་གཞན་ཞིག་ལ་བསྒྱུར་ཡོད་པ་སྟེ། སྐུ་གཟུགས་ལ་ཕྱུ་པ་འཛེབས་རིང་པོ་ཞིག་དང་། དབུ་ཞྭ་ནག་པོ་སྐོར་སྐོར་གྱི་སྟེང་དུ་བྱུ་རུའི་ཏོག་དམར་པོ་གཅིག་དང་། སྐུ་རྒྱབ་ཏུ་དབུ་སྐྲ་ཟླུང་ལོ་གཅིག་ཕྱེང་མ་གཅིག །ངའི་གཙུང་པོ་ང་ལས་དྲན་ཤེས་གསལ་བ་ཡོད་ཙང་དབུ་ཞྭ་འདི་ང་ཚོའི་ནང་གི་ཀ་བའི་དཀྱིལ་སྟེང་དུ་ཡུན་རིང་བཀལ་ནས་བཞག་གནང་འདུག །རྗེས་སུ་གང་སོང་མ་ཤེས་ཅེས་ཟེར། དེ་དུས་ང་ཚོའི་སྤོ་ལགས་ཀྱི་བཟོ་ལྟ་ཐོན་པའི་ཆ་ལུགས་ལ། ད་ལྟ་ངས་མིག་བཙུམ་ནས་ཡིད་ལ་དྲན་དྲན་ཞིག་བྱས་པ་ཡིན་ན། དེང་སྐབས་བརྙན་འཕྲིན་སྒྲུང་གཏམ་ནང་དུ་མཐོང་བའི་རྒྱལ་ནང་གི་ས་བདག་དང་ནོར་གྱི་བདག་པོ་ཐན་ཐོན་དེ་ཚོའི་བཟོ་ལྟ་ཆ་ལུགས་དང་ཏ་ཅང་འདྲ་བ། སྤོ་ལགས་རྒྱ་སྐད་བཤད་མི་ཤེས་དང་རྒྱལ་ནང་དུ་ཨ་ལྕེ་བཙལ་ནས་ཁྱིམ་གཞི་ཆགས་ཡོད་མེད། རྗེས་སུ་ང་ཚོའི་ནང་ནས་ཁ་གང་

འདྲ་བྱས་ཏེ་བྲལ་ནས་གང་དུ་ཕེབས་པ་སོགས་ཀྱི་གནས་ཚུལ་ཡབ་ཡུམ་གཉིས་ནས་གསལ་པོ་གསུང་མྱོང་མེད་སྐབས། ང་ཚོའི་དུས་ནས་བཟུང་ད་ལམ་ཕྲིག་ཀྱུར་གྱི་གནས་ཚུལ་ཞིག་ཏུ་སོང་ནས་ཡབ་ཡུམ་གཉིས་དགོངས་པ་རྫོགས་རྗེས་དེ་བས་འལ་ལེ་འོལ་ལེའི་ངང་གོ་རྒྱུ་ཚོར་རྒྱུ་མེད་པ་ཆགས་པ་རེད།

ངའི་ཡབ་ཆེན་འབྲུངས་ཡུལ་ནི་སྟོ་ཁ་ཆུ་གསུམ་ཁོངས་སུ་ཨེ་ཝེར་བའི་ས་ཆ་ནས་རེད། ཨེ་ཝེར་བའི་ས་མིང་གོ་མ་ཐག་བོད་རིགས་རྣམ་གྲུས་ཚོས་གྲགས་ཅན་གྱི་ཨེ་ལྷ་རྒྱ་རི་ཝེར་བ་དེ་དང་ཕལ་ཆེར་འབྲེལ་བ་བྱེད་ཐུབ། དེ་རིང་ངས་སྐབས་འདི་དང་བསྟུན་ཏེ་ཨེ་ལྷ་རྒྱ་རིའི་སྐོར་རགས་ཙམ་ཞུ་གི་ཡིན། དོན་དངོས་ཐོག་ང་རང་ཡང་བོད་རིགས་མང་ཆེ་བ་དང་འདྲ་བར། དོན་ཞིག་ཡིན་པ་ཤེས་ཙང་གང་ལ་བརྟེན་ནས་དོན་དེ་འབྱུང་བའི་རྒྱུ་མཚན་ནི་མི་ཤེས། དེར་བརྟེན་ངས་ནན་ཏན་གྱིས་བོད་རིག་པ་མཁས་ཅན་དུང་དཀར་རིན་པོ་ཆེས་རྩོམ་སྒྲིག་གནང་བའི་《དུང་དཀར་ཚིག་མཛོད་ཆེན་མོ་》ལ་སློབ་སྦྱོང་བྱེད་སྐབས། དེའི་ནང་ཨེ་ལྷ་རྒྱ་རིའི་སྐོར་རགས་ཙམ་འཁོད་འདུག་པས། 《དུང་དཀར་ཚིག་མཛོད་ཆེན་མོ་》ནང་གི་ནང་དོན་གལ་ཆེན་རྣམས་མདོར་བསྡུས་སུ་བཀོད་པ་"ཨེ་ལྷ་རྒྱ་རིའི་ཁྲིམ་རྒྱུད་ནི་ཆོས་རྒྱལ་སྲོང་བཙན་སྒམ་པོའི་གདུང་རྒྱུད་ཡིན་པ་དང་། སྲུར་རྒྱལ་བཙན་པོའི་མཇུག་མ་རྒྱལ་པོ་སྣང་དར་མའི་སྲས་གནམ་ལྡེ་འོད་སྲུང་གི་རྒྱུད་པ་རེད། འགྲོ་མགོན་ཕག་མོ་གྲུ་པའི་དུས་སུ་གདན་ས་མཐིལ་གྱི་མདར་བཙན་པོ་ཚ་བ་རོང་པ་ཞེས་པའི་མི་དཔོན་ཞིག་བྱུང་ཞིང་། དེ་ནས་རིམ་བཞིན་ནང་སོ་མདའ་སྣད་པས་ཨེ་སྟོད་ཆུ་ཚན་ཁ་ཞབས་སུ་རི་ལ་རྩ་རྒྱ་བོ་སྐྱེས་པ་ཞིག་ན་གཞིས་ཀ་བརྩིགས་པས་རྒྱ་རི་ཞེས་མིང་དུ་ཆགས། དེ་ནས་རིམ་བཞིན་ལྷ་ཆོས་ཀྱི་བཤེས་གཉེན་སོགས་རིམ་པར་བྱུང་བའི་རྗེས་སུ། བོད་ཀྱི་རབ་བྱུང་བདུན་པའི་ཆུ་ཕག་(སྤྱི་ལོ་༡༤༤༣)ལོ་ཙམ་ནས་ལྷ་དགྲ་ལས་རྣམ་རྒྱལ་བྱུང་བ་དེས་ཨེ་རི་སྨོ་ཕྱོགས་སུ་ཡོང་ནས་ཡུལ་གྱི་དཔོན་དུ་གྱུར་ཏེ། རི་སྨོ་བཀྲ་ཤིས་ཆོས་རྫོང་དུ་གཞིས་ཆགས་ནས་པོ་བྲང་བཟུང་བ་དང་སྦྲགས། རྒྱ་རི་དགོན་ཕྱུག་བཏབ་རྗེས་རྒྱལ་རྒྱུད་དེའི་མིང་ལ་ལྷ་རྒྱ་

རི་ཞེས་ཐོབ་ཅིང་། རྗེས་སོར་རྒྱལ་རྒྱུད་དེའི་ཁྲིམ་ཚང་དང་དགོན་སྡེའི་སྟོབས་ཤུགས་གཅིག་ཏུ་བསྒྲིལ་ནས་ཆོས་སྲིད་ཟུང་འབྲེལ་གྱི་བདག་པོར་གྱུར་པ་རེད། ས་སྐྱ་པ་དང་ཕག་མོ་གྲུ་པའི་དུས་སུ་འང་ལྷ་རྒྱ་རི་བའི་ས་ཁུལ་དུ་སྤྱིར་ན་ཁྲིམས་སྐོ་རང་བཙན་ལྷ་བུར་གནས། གུ་ཤྲི་ཏན་གྱིས་བོད་ཡོངས་ལ་གཅིག་གྱུར་བྱས་ཏེ་ཞྭ་སེར་བསྟན་པའི་ཆབ་སྲིད་དབང་ཆ་བཙུགས་རྗེས་ལྷ་རྒྱ་རི་བའི་མངའ་ཁོངས་དགོན་སྡེ་རྣམས་ཀྱང་དགེ་ལུགས་པར་གྱུར། ལྷ་རྒྱ་རི་བས་དགེ་ལུགས་པར་འོས་འགན་གྱི་ཁྲལ་རིགས་ཆ་ཤས་ཤིག་སྐྱབ་དགོས་པར་བརྟེན་རྒྱལ་དབང་ལྔ་པ་ཆེན་པོའི་སྐུ་དུས་སུ་ལྷ་རྒྱ་རི་བ་འདི་བོད་ཀྱི་བཙན་པོའི་གདུང་རྒྱུད་ལ་སོང་སྟབས་བདག་རྐྱེན་དུ་དེ་གའི་ས་ཁུལ་ལ་ཕ་ཚོ་བུ་རྒྱུད་ཀྱིས་དབང་སྒྱུར་ཆོག་པའི་བཀའ་མཆན་གནང་ནས་ལྷ་རྒྱ་རི་བས་ཐད་ཀར་འཛིན་སྐྱོང་བྱེད་པ་རེད། ལྷ་རྒྱ་རི་བའི་ཁྲིམ་རྒྱུད་ཁྲི་པ་ལ་(ཞེ་ཆེན།) ཞེས་པའི་གོ་གནས་གནང་སྟེ་མངའ་ཁོངས་དེའི་སྲིད་འཛིན་དབང་སྒྱུར་བྱས་ཏེ་ཁྲིམས་སྐོ་རང་བཙན་ཕྱེད་ཙམ་ལ་གྱུར། ལྷ་རྒྱ་རི་པའི་གཟིམ་ཤག་ནི་ས་གནས་དེ་གའི་སྲིད་གཞུང་ཡིན་ཞིང་། དེས་ས་གནས་ཀྱི་བཅའ་ཁྲིམས་གཏན་འབེབས་བྱེད་ཆོག་ལ་ཁྲིམས་ཆས་དང་བཙོན་ཁང་སོགས་བཟོས་ནས་ཁྲིམས་ཐག་གཅོད་དབང་ཡོད། བཀའ་ཤག་ས་གནས་སྲིད་གཞུང་གིས་ལྷ་རྒྱ་རིའི་མངའ་ཁུལ་དུ་རྫོང་དཔོན་གཏོང་ལམ་མེད་པར་ལྷ་རྒྱ་རི་བས་ཐད་ཀར་འཛིན་སྐྱོང་བྱེད་པ་རེད། ལྷ་རྒྱ་རི་བས་དབང་དུ་བསྒྱུར་པའི་ས་ཁུལ་ནི་ཨེ་ལྷ་རྒྱ་རི་དང་། ཟངས་རི། རྒྱ་ཚོ། ལྷུན་རྩེ་བཅས་རྫོང་ཁག་བཞི་ཙམ་དང་གཞིས་ཁག་བཅུ་དགུ་འབྲོག་ར་དང་ཞིང་ཐྲན་སོགས་མང་པོ་ཡོད་པ་རེད། ལྷ་རྒྱ་རི་བའི་ཁྲི་ཆེན་(ཞེ་ཆེན)ལྷ་སར་ཡོང་སྐབས་བཀའ་ཤག་གིས་དཔོན་རིགས་མངག་གཏོང་གིས་ལྷ་གདོང་ཤན་ཁར་ཕེབས་བསུ་གཟབ་རྒྱས་ཞུ་སྒྲིལ་ཡོད། དེ་བཞིན་ལྷ་རྒྱ་རི་བའི་ཁྲི་འདོན་དང་བག་སྟོན་སོགས་ལ་འང་བཀའ་ཤག་གིས་རིམ་པ་བཞི་པའི་དཔོན་རིགས་རྟེན་ཞུར་གཏོང་གི་ཡོད། གཞན་ཡང་མན་ཆིང་སྲིད་གཞུང་གི་བོད་སྡོད་ཨམ་བན་གྱིས་ཀྱང་རྟག་ཏུ་ལྷ་རྒྱ་རིར་དཔོན་རིགས་མངག་གཏོང་གིས་གོང་མའི་བཀའ་རྒྱ་སྒྲོག་སྒྲུང་བྱེད་

པ་དང་། ལྷ་རྒྱ་རི་བའི་སྲས་སྲོས་ཚོར་རྒྱ་ཡིག་སློབ་མཁན་གྱི་དཔོན་རིགས་ཀྱང་གཏོང་ལམ་ཡོད།” ཅེས་ཤེས་ཚོར་བྱུང་བ་ལྟར་ན།

དུས་རབས་བཅོ་བརྒྱད་ཙམ་ལ་ལྷ་རྒྱ་རི་བའི་ཁྱིམ་གཞིས་ཁག་གསུམ་དུ་ཕྱེས་པའི་སྐུ་དྲག་གི་སྟོབས་ཤུགས་ཤིག་ཆགས་ཏེ། སྲས་ཆེ་བས་ཁྲི་ཆེན་(ཞེ་ཆེན་)གྱི་གོ་གནས་བཟུང་ནས་དབང་ཆ་རྒྱུད་འཛིན་བྱས་པ་དང་། སྲས་འབྲིང་བས་ཤར་བྱང་ཕྱོགས་སུ་དབང་སྒྱུར་བྱས་སྟབས་ཤར་བྱང་ཟེར་བ་དང་། སྲས་ཆུང་བས་ཤར་ལྷོའི་ཕྱོགས་སུ་དབང་སྒྱུར་བྱས་སྟབས་ཤར་ལྷོ་ཟེར་ཞིང་། ས་ཞིང་དང་ཞིང་བྲན་ཚོ་ཡང་ཆ་བགོས་བྱས། བོད་ལ་དམངས་གཙོའི་བཅོས་བསྒྱུར་མ་བྱས་གོང་བར་དེ་ལྟར་གནས། གོ་རྩོལ་ལ་སྲས་ཆུང་བ་ནི་སྤྲུལ་སྐུ་ཞིག་ཡིན་པར། ཁོ་རང་ལ་དབང་བའི་ཤར་ལྷོའི་ཕ་གཞིས་ཚང་མ་ཏཱ་ལའི་བླ་མར་ཕུལ་བ་བརྟེན་ཤར་ལྷོའི་གཞིས་ཁ་ཚང་མ་བཀའ་ཤག་སྲིད་གཞུང་གི་རྒྱུ་ནོར་ཁོངས་སུ་གྱུར། དེའི་རྗེས་བཀའ་ཤག་སྲིད་གཞུང་གིས་ཡང་ཤར་ལྷོའི་གཞིས་ཁ་འདི་སྐབས་དེ་དུས་སྲིད་སྐྱོང་གནང་བཞིན་པའི་སྡེ་དྲུག་བླ་མ་རིན་པོ་ཆེ་ལ་བསྩལ། དེར་བརྟེན་ལྷ་སར་ཡོད་པའི་སྡེ་དྲུག་བླ་བྲང་གི་དཔོན་རིགས་དང་། ལས་མི། ཁྲལ་མི་མང་ཆེ་བ་ཨེ་ལྷ་རྒྱ་རིའི་ཤར་ལྷོ་གཞིས་ཀ་ནས་ཡོང་བ་ཤ་སྟག་རེད། སྐབས་འདིར་ངས་ཡབ་ཆེན་དམ་པའི་སྐོར་ཞིག་གླེང་ན་གསལ་པོ་མཁྱེན་ཐུབ་ཀྱི་རེད། ངའི་ཡབ་དམ་པ་ནི་སྡེ་དྲུག་བླ་བྲང་གི་ཞབས་གྲས་ཁོངས་སུ་གཏོགས་ཤིང་། ཞིབ་ཕྲའི་ཕྱུག་ལས་ནི་ཚོམ་དྲུབ་གནང་མཁན་གྱི་ལག་ཤེས་པ་ཞིག་རེད། གོང་དུ་སྨོས་ཟིན་པའི་ཨ་ཅག་ཚོས་སྒྲོན་ལ་སོགས་པ་ཚང་མ་སྡེ་དྲུག་བླ་བྲང་གི་ཁྲལ་པ་མི་སེར་ཞིག་རེད། ཡབ་དམ་པ་འབྲུངས་ས་ཨེ་ནས་ཡིན་ཙང་ང་ཚོ་ཡང་ཨེ་པ་ཞེས་ཆགས་པ་རེད། ལྷ་སའི་སྡེ་དྲུག་བླ་བྲང་དང་རྨེ་རུ་དགོན་གཉིས་ས་འབྲེལ་སྐྱ་འབྲེལ་མུ་འབྲེལ་བཅས་ཀྱི་འཛུགས་སྐྲུན་བཀོད་པ་ཞིག་ཡིན་སྟབས། ཤར་ངོས་ལ་སྡེ་དྲུག་བླ་བྲང་དང་ནུབ་ངོས་སུ་རྨེ་རུ་དགོན་པ་ཆགས། ཡང་རྨེ་རུ་སྙིང་པ་ཞེས་ལྷ་སའི་གཙུག་ལག་ཁང་སྐུ་རྒྱབ་ཤར་བྱང་མཚམས་སུ་གནས་ཡོད་པ་དེ་ལོ་རྒྱུས་ཤིན་ཏུ་རིང་བའི་གནའ་བོའི་དགོན་པ་ཞིག་ཡིན་

པ་དེ་དང་དགོན་མིང་མཚུངས་ཀྱང་དགོན་གནས་ཐ་དད་རེད།

ངའི་ཡུམ་ཆེན་ནི་ལྷོ་ཁ་གྲྭ་ནང་གི་སྣ་ཏྲ་ཞེས་པའི་ས་ཆར་འཁྲུངས། ད་ལྟ་ས་ཆ་འདིའི་ས་མིང་འགྱུར་ལྡོག་བྱུང་ཡོད་མེད་ནི་མི་ཤེས། ཆུང་ཆུང་སྐབས་ཨ་ཞང་དབང་རྒྱལ་ལགས་ཟེར་བ་ཞིག་ཡོད་པ་དྲན་གྱི་འདུག །ཁོང་སྐབས་རེ་སྣ་ཏྲ་ནས་ལྷ་སར་ང་ཚོ་ཐུག་འཕྲད་གནང་བར་ཕེབས་ཀྱི་ཡོད། བཅིངས་འགྲོལ་བཏང་རྗེས་ཁོང་ལྷ་ས་གླིང་སྲུང་ལས་ཁུངས་(ནག་ཚལ་སྲུང་སྐྱོབས་བྱེད་མཁན།) སུ་གླིང་སྲུང་བ་ཞང་ལགས་ཞུ། ཁོང་སྐུ་གཟུགས་རིང་ལ་ག་དུས་ཡིན་ནའི་དབུ་ཞྭ་རྒྱ་དཀར་ཞྭ་མོ་ཞིག་མཆོད་དེ་ཕེབས་ཀྱི་རེད། མགུལ་མཚམས་སུ་ལྦ་བ་ཆེན་པོ་ཞིག་སྐྱེས་ཏེ་བཀའ་མོལ་གསུང་དུས་སྒྲ་གསལ་པོ་རང་ཐོན་མི་ཐུབ། ཞང་ལགས་ཁོང་ང་ཚོའི་ནང་ལ་ཡང་སེ་ཕེབས་ཏེ། སྐབས་རེ་ཁྲིམ་ནས་དགོས་མཁོའི་དངོས་པོ་ཅག་ཅིག་ཁྱེར་ཏེ་ནང་ལ་ཕན་ཐོགས་ཆེན་པོ་ཡོད་པར་མ་ཟད། གཙུང་པོ་དང་གཙུང་མོ་ཚོ་ལ་ཟ་རྒྱུའི་ཇན་པ་སྟེར་གནང་བ་དང་ཕྱིར་འཁྲིད་ནས་རྩེ་མོ་རྩེད་རོགས་གནང་གི་རེད། ད་ཆ་སྔ་ས་ནས་སྐུ་ཞིང་ལ་ཐད་ཚར་བའི་ཀན་ཀོན་དེ་དག་ཡིད་ལ་འཆར་མ་ཐག་ནང་མི་ཚང་མ་རང་བཞིན་ནའམ་གོམས་འདྲིས་ཀྱིས་ཚང་མའི་ཞལ་ནས་ཨོཾ་མ་ཎི་པདྨེ་ཧཱུྃ་ཞེས་མ་བརྗོད་པར་འདོན་གནང་གི་རེད།

ང་རང་སྐྱེས་སའི་ས་ཁུལ་ནི་ལྷ་ས་བར་སྐོར་ཤར་བདེ་ཆེན་རབ་བརྟན་གྱི་སྒོ་རའི་ནང་རེད། སྒོ་རའི་རྒྱལ་སྒོ་ཆེན་པོ་ཁ་ཤར་ལྟ་དང་། རྒྱལ་སྒོའི་ཕྱིར་འདོན་ན་སྐྱིད་རས་སྲང་ལམ་ལ་སླེབས། རང་ལོ་ལྔ་བཅུར་སོན་པའི་ཉིན་འདིར་ངས་ཆེད་མངགས་བདེ་ཆེན་རབ་བརྟན་སྒོ་རའི་ནང་འཛུལ་ཏེ་ལྟ་བར་ཕྱིན་པ་ཡིན། སྒོ་རའི་ནང་སྐོར་ར་འགའ་ཞིག་བརྒྱབ་ནས་ཕར་ལྟ་ཚུར་ལྟ་ག་ཚོད་བྱས་ཀྱང་མི་ངོ་ཤེས་པ་ནི་སུ་གཅིག་ཐུག་མ་བྱུང་། དེ་ལ་ཡ་མཚན་རྒྱུ་ནི་གང་ཡང་མེད། སྔར་ཡུམ་དམ་པས་ང་ལོ་བཞི་ལྔ་ཙམ་ལ་སླེབས་དུས། ང་ཚོའི་ནང་བདེ་ཆེན་རབ་བརྟན་ནས་གནས་སྤོས་བྱས་ཚར་པ་རེད་གསུང་སྒྲོང་ཡོད། ཡིན་ནའང་ངའི་རེ་བ་ལ་སྐད་ཆ་དྲིས་ཏེ་ངོ་ཤེས་པ་ཀན་ཀོན་འགའ་ཐུག་རྒྱུ་བྱུང་ན། ཕན་ཚུན་སྔ་རྒྱུས་ད་རྒྱུས་འདྲ་བཤད་དགོས་བསམ་ཏུང་བསམ་འདུན་

གཏན་ནས་གྲུབ་ཐུབ་མ་སོང་། ད་དུང་ཕར་ལྷ་ཚུར་ལྷ་གང་ཅམ་བྱས་ནས་ལྷ་དུས། སྒོ་རའི་དབྱིབས་བཀོད་རྩ་བའི་ཆར་འགྱུར་ལྡོག་བྱུང་མེད་པར། ང་རང་སྐྱེས་སའི་ཁང་པ་འདི་ཡང་སྔ་རྒྱུན་གཞི་བསྡད་འདུག །ཁང་པ་འདི་མཐོང་བ་དང་ཨ་མ་ལགས་ལ་ང་ཇི་ལྟར་སྐྱེས་པའི་ཚུལ་ལྷང་ངེར་དྲན་བྱུང་། དེ་ཡང་ཨ་མ་ལགས་ཀྱི་ཞལ་ནས་ང་ལ་གསུང་མྱོང་ཡོད། དེ་དུས་ངའི་ཇོ་ལགས་ནས་སྐྱེས་གཡོག་གནང་བ་དང་། སྐྱེས་མ་ཐག་ཨ་མ་ལགས་རང་ནས་ངའི་ལྟེ་བ་གཅོད་པ་གནང་བར་མ་ཟད་རས་ཀྱི་ནང་དུ་བསྒྲིལ་ཏེ་ཁོ་རང་མལ་སའི་སྒུའི་ཉེ་འགྲམ་དུ་བཞག །ཇོ་ལགས་ཀྱིས་ཕྱུག་ལ་ཟ་ཁོག་རླངས་པ་འཚུབ་འཚུབ་ཞིག་འཁྱེར་ཕེབས་ནས་ཨ་མ་ལགས་ཀྱི་དབུ་ལ་ཚ་པོར་གཡོགས་པ་གནང་། ཨ་མ་ལགས་ཀྱི་གསུང་པར་སྐབས་དེ་དུས་མགོ་ལ་ཚ་ཏུར་ཏུར་དང་། གཟུགས་པོ་ཚང་མ་བདེ་སང་སང་ངྲོད་ལྷང་ལྷང་གིས་སྐྱིད་སྣང་ཆེན་པོ་བྱུང་ཞེས་དང་། ཇོ་ལགས་ཀྱིས་གནང་སྟངས་ནི། ཟ་ཁོག་ནང་སྤྲུགས་ཚ་པོ་ལ་གཟུགས་པོ་གསོ་ཐུབ་པའི་སྨན་བཅུད་འགའ་བཏབ་ནས། ཨ་མ་ལགས་ཀྱི་དབུ་ལ་གཡོགས་པ་དང་ཆབས་ཅིག །ཆང་བསྐོལ་ནང་མར་གསོས་པ་དང་བུ་རམ་ཕྲན་བུ་བཏབ་ནས་བཏུངས་འཇུག་པ་སོགས་ཐབས་ཤེས་ཡོད་རྒྱུ་སྟོན་གནང་བཞག །ཕྱིས་སུ་ང་རང་ལ་ཕྲུ་གུ་དང་པོ་སྐྱེས་དུས་ལྷ་ས་མི་དམངས་སྨན་ཁང་（སྐབས་དེ་དུས་ལྷ་ས་གྲོང་ཁྱེར་སྨན་བཅོས་ཁང་ཟེར་）ལ་ཡིན། སྨན་བཅོས་ཆ་རྐྱེན་དང་སྨན་པའི་ལག་རྩལ་ལ་ཞུ་དགོས་མེད་ཙང་། ཨ་མ་ལགས་ནས་ཐུགས་སེམས་མ་བཟོད་པར་ངའི་ནད་གཡོག་རྒྱུག་པར་མ་ཟད། ཆང་བསྐོལ་ནང་མར་གསར་དང་བུ་རམ་བཏབ་ནས་སྟེར་གནང་རྗེས། ང་རང་གཟུགས་པོ་གང་མགྱོགས་གསོ་ཐུབ་པར་ཕན་ནུས་ཆེན་པོ་མངོན་སུམ་ཐོན་ཐུབ་སོང་།

ང་ཚོའི་ནང་བདེ་ཆེན་རབ་བརྟན་ནས་རྨེ་རུ་དགོན་སྔེ་དྲུག་གླ་བྲང་རྒྱབ་ཀྱི་མཆོད་པ་ཁང་ཟེར་བ་དེར་གནས་སྤོས་བྱས། མཆོད་པ་ཁང་སྒོ་རའི་དབྱིབས་ནི་གྲུ་བཞི་ནར་མོ་བ་རྒྱ་ཆེ་ཅམ་བྱས་པ་ཞིག་འདུག །སྒོ་རའི་ནང་མི་ཚང་ཐེམ་གྲངས་བཅུ་ཡས་མས་ཡོད་པ་ལ་སྒོ་རའི་རྒྱལ་སྒོ་སྟོ་ལྟ་རེད། སྒོ་རའི་མདུན་ནི་རྨེ་རུ་དགོན་པའི་རྒྱབ་ཀྱི་

རྩིག་པ་དམར་པོ་མཐོ་པོ་དེ་དང་ཁ་ཐུག་རེད། རྒྱལ་སྒོ་དང་རྩིག་དམར་མཐོ་པོ་བར་ལ་ས་སྟོང་ཆེན་པོ་ཞིག་ཡོད། ཤར་ནུབ་བར་ཡུར་ཆུ་ཆུང་ཆུང་ཞིག་ཡོད་པ་དེར་དབྱར་དུས་རྫབ་དོང་གི་དྲི་མས་ཁེངས་ཤིང་། ང་ཚོ་སྡོད་སའི་ཚོས་པ་ཁང་དང་སྨིན་སྦྲོལ་གཟིམས་ཤག་སོགས་སྒོ་ར་མང་པོ་ཞིག་གི་མདུན་ནས་རྒྱུག་འགྲོ་གི་རེད། དགུན་དུས་རྒྱུག་ཆུ་མེད་ཙང་ཆུ་ཡུར་ནང་གད་སྙིགས་ཀྱིས་ཁེངས་ནས་བསྡད། ང་ཚོའི་སྒོ་ར་འདིར་མཆོད་པ་ཁང་ཞེས་ལྷ་སའི་གྲོང་ནང་མིང་གྲགས་ཅུང་ཆེ་ཙམ་ཡོད་རེད། གང་ལགས་ཞེ་ན་ལྷ་སར་ལོ་གཅིག་དུས་གཅིག་ནང་དུ་ལྷ་ལྡན་སྨོན་ཚོགས་ཆེན་མོ་དང་འབྲེལ་བ་དམ་ཟབ་ཡོད་པ་རེད། ང་རང་བྱིས་པའི་དུས་ཀྱི་འཚོ་བ་ས་ཆ་འདིའི་སྐང་ལ་བསྐྱལ་བར་བརྟེན་དྲན་ཤེས་ཏ་ཙང་གི་བརྟན་པོ་འདུག །ད་ལྟ་ང་ཚོའི་སྒོ་ར་འདི་དང་སྒོ་ར་གཞན་གཉིས་ཟླ་སྒྲིལ་བཏང་ནས་གྲོང་མིའི་ཁང་པ་ཐོག་བརྩེགས་བཞི་ཐོག་གསར་པ་ཞིག་བསྐྲུན་ཏེ་རྒྱལ་སྒོ་ཤར་ལྟ་བ་རེད། དེ་སྔའི་རྒྱལ་སྒོ་ལྷོ་ལྟའི་མདུན་གྱི་ས་སྟོང་ཚང་མ་ཚང་ཁ་ཤིག་ཤིག་དང་། ཁང་པ་གསར་པ་བརྒྱབ་ནས་སྔོན་མའི་གུ་ཡངས་ཤིང་ཞལ་ཁྱུ་སིམ་པོ་དེ་ཚོ་སྔ་ས་ནས་ཐོར་ཚར་བཞག །སྐབས་ལེགས་པ་ཞིག་ལ་ད་དུང་གྲོང་པ་རྙིང་པ་འགའ་ཞིག་མཇལ་རྒྱུ་འདུག །ཡིན་ནའང་གྲོང་པ་རྙིང་པ་མང་ཆེ་བ་ནི་གནས་སྤོས་གནང་བ་དང་། འགའ་ཞིག་ང་ཚོ་ཕན་ཚུན་འགྲོ་འོང་གི་འབྲེལ་བ་ད་དུང་གནང་མུས་ཡིན།

དེ་སྔའི་མཆོད་པ་ཁང་སྒོ་ར་རྙིང་པའི་དཀྱིལ་ཁང་ཆེན་པོ་འདི་ཆེད་མངགས་ལྷ་ས་སྨོན་ལམ་ཆེན་མོའི་བཅོ་ལྔ་མཆོད་པའི་ཤིང་སྒྲོམ་ཆེན་པོ་དེ་ཚོ་དང་ཤིང་ཆ་འཛོག་སའི་ཁང་པ་ཞིག་རེད། ཤིང་སྒྲོམ་དེ་དག་ཆེད་མངགས་ལྷ་ས་སྨོན་ཚོགས་སྐབས་བཅོ་ལྔ་མཆོད་པ་སྒྲིག་གཤོམ་བྱེད་པའི་མཆོད་སྒྲོམ་འཛོག་ས་ཡིན་སྟབས། སྒོ་རའི་མིང་ལ་མཆོད་པ་ཁང་ཞེས་ཐོབ་པ་རེད། སྒོ་རའི་ནང་གི་གཅིག་ཐོག །གཞོག་ཤར་ནུབ་ལྷོ་གསུམ་དང་གཉིས་ཐོག་གཞོག་ཤར་ནུབ་བྱང་གསུམ་བཅས་ལ་གྲོང་མིའི་ཁྱིམ་ཚང་ཡོད་པ་དང་། ཁྱིམ་ཚང་མང་ཆེ་བ་སྡེ་དྲུག་སླ་བྲང་གི་ཁྲལ་མི་རེད། ང་ཚོའི་ཁྱིམ་ཚང་ནི་གཉིས་ཐོག་བྱང་ངོས་སུ་ཞོག་ཤར་ཙམ་གྱི་ཁང་པ་འདི་རེད། དུས་རབས་ཕྱེད་ཙམ་

འདས་ཟིན་ཙང་ཐོག་ཁར་ཞུགས་སྐྱོང་བའི་གྲོང་པའི་ཨ་མ་ཆོས་སྒྲོན་ལགས་དང་། ཨ་ཅག་སྒྲོལ་དཀར་ལགས། པདྨ་རྣམ་རྒྱལ་ལགས། འོག་ཤོད་དུ་བཞུགས་པའི་ཨ་ནི་རིག་འཛིན་བསོད་ནམས་ལགས་སོགས་ད་དུང་དྲན་ཞིང་བརྗེད་ཀྱི་མི་འདུག །ཡིན་ནའང་ད་ལྟ་དགུང་ལོ་བགྲེས་པ་མང་ཆེ་བ་དགོངས་པ་རྫོགས་ཚར་པ་རེད། ཡིན་ཡང་ཁོང་རྣམ་པའི་རྒྱུད་འཛིན་པ་ནི་ང་དང་འདྲ་བར་ལྷ་ས་བ་རྒན་གྲས་ཆགས་ཚར་བ་རེད། ཕྱི་བལྟས་ཤིག་སློག་ནས་བསམ་བློ་བཏང་ན། མིའི་མི་ཚེ་ཟེར་བ་དེ་འདྲའི་འགྲོ་མགྱོགས་པ་ལ་ཨང་བསམ། རྒན་རྒོན་ཚོའི་ཞལ་རྒྱུན་དུ་མིའི་མི་ཚེ་ཟེར་བ་ཞི་མིའི་ཨ་སྐྱོང་དང་འདྲ་གསུང་པ་དེ་ལྟར་ཡིན་ནམ་སྙམ།

ཆུང་བྱིས་པའི་དུས་ཀྱི་བསམ་བློ་ཞིག་བཏང་ན། བྱིས་པ་ལྟ་བུའི་བློ་ནི་དྲང་ཞིང་ཟོལ་མེད་པའི་གནས་སྟངས་དེ་ལ་ཆགས་སེམས་དང་ཡིད་འཛོག་མེད་པའི་མི་སྲུ་ཞིག་ཡོད། དཔེར་ན་བྱིས་པའི་སྐབས་ང་རང་ལ་ཆ་བཞག་ན་དགའ་ཤོས་དང་རེ་བ་ཆེ་ཤོས་དང་བསྒུགས་ནས་སྡོད་ཀྱི་ཡོད་པ་སྟེ། དམངས་ཁྲོད་དུས་ཆེན་དང་ཆོས་ལུགས་ཀྱི་དུས་ཆེན་རྣམ་པ་སྣ་ཚོགས་ཡིན། འོན་ཀྱང་རྒན་རྒོན་ཚོས་ག་དུས་ཡིན་ནའང་དེ་འདྲ་གསུང་གི་རེད། ཁྱོད་ཚོ་ཉོན་ཅིག །རྟག་པར་རྟག་པར་བལ་པོའི་ལོ་གསར་ཡོད་མ་རེད་དམ། ཞེས་ང་ཚོའི་ཁ་ལམ་སེང་བཀག་བཞག་གི་རེད། དོན་དངོས་ཐོག་བོད་ལ་ཆེ་ཆུང་སྣ་ཚོགས་ཀྱི་དུས་ཆེན་མི་ཉུང་བ་བརྒྱ་ཕྲག་ལྷག་ཡོད་པར་མ་ཟད། དུས་ཆེན་གཅིག་ལས་གཅིག་འབྲུགས་ཆ་དོད་ཀྱི་རེད། དེའི་ནང་ནས་འབྲུགས་ཆ་དོད་ཤོས་དང་རྣམ་པ་རྒྱས་ཤོས་ནི་དམངས་ཁྲོད་བོད་ཀྱི་ལོ་གསར་འདི་རེད། ད་དུང་ལོ་གཅིག་དུས་གཅིག་ནང་ལྷ་ལྡན་སྨོན་ལམ་ཆེན་མོ་ཞེས་པ་འདི་ཆོས་ལུགས་ཀྱི་མཛད་སྒོ་གཟབ་ཤོས་ཤིག་དང་། དུས་ཆེན་དེ་གཉིས་བོད་ཟླ་དང་པོའི་ལོ་གསར་པའི་ནང་ཚང་མ་བཏང་ཚར་བ་བྱེད་ཀྱི་ཡོད། དེར་བརྟེན་བོད་ཟླ་དང་པོ་ནི་ལོ་གསར་པའི་རྟེན་འབྲེལ་དུས་སྟོན་ཀྱི་རྣམ་པ་རྒྱས་ཤོས་དང་རོལ་རྩེད་ཀྱི་ནང་དོན་རྒྱས་ཤོས། དེ་ནི་སྨོན་ལམ་བཟང་པོའི་སྙིང་དོན་ཡོད་པའི་བཀྲ་ཤིས་པའི་ཟླ་བ་ཞིག་རེད། བོད་ཀྱི་ལོ་གསར་ནི་བོད་ཟླ་དང་

པོའི་ཚེས་གཅིག་ནས་བཅོ་ལྔ་བར་ཉིན་ཞག་བཅོ་ལྔའི་རིང་ནང་མི་དང་དགའ་ཉེ་སྤུན་མཆེད་ཚང་མ་དགའ་འཛོམས་གནང་སྟེ་བཀྲ་ཤིས་སྤྲོ་བ་རབ་ཏུ་འཕེལ་བའི་ངང་ནས་དུས་འདས་པར་བྱེད།

ལྷ་སའི་སྨོན་ལམ་ཆེན་མོ་ནི་བོད་ཟླ་དང་པོའི་ཚེས་བཞི་ལ་དངོས་སུ་དབུ་ཚུགས། ཚེས་ཉེར་ལྔ་ཉིན་བྱམས་པ་གདན་འདྲེན་ཞེས་གཙུག་ལག་ཁང་དུ་བཞུགས་པའི་རྒྱལ་བ་བྱམས་པ་ལྷ་སའི་བར་སྐོར་དུ་གདན་དྲངས་ཏེ་ཁྲིམ་བསྐོར་གནང་རྗེས་ལྷ་སའི་སྨོན་ལམ་ཆེན་མོ་མཇུག་སྒྲིལ་བའི་ཚུལ་བསྟན། དོན་དངོས་ཐོག་ལྷ་ས་བ་རྣམས་ཀྱི་ལོ་གསར་པའི་དགའ་མཇུག་གི་སྤྲོ་བ་འཁོལ་བའི་ཚུལ་དེ་ཡང་བྱམས་པ་གདན་འདྲེན་གྱི་ཉིན་མོ་ནས་མཇུག་སྒྲིལ་བ་བྱེད། བོད་ཀྱི་རྩ་སྲོལ་དམངས་ཁྲོད་ལོ་གསར་གཏོང་སྟངས་ཐད་དེང་རབས་ཀྱི་ལྷ་ས་བས་རྩ་བའི་ཆར་རྒྱུན་འཁྱོངས་བྱས་ཡོད་པར་མ་ཟད། ལོ་རེ་བཞིན་མ་བསྐྱད་པར་ནང་དོན་ཕུན་སུམ་ཚོགས་པ་དང་། གཏོང་སྟངས་ཀྱི་རྣམ་པ་འདྲ་མིན་སྣ་ཚོགས་ཡོད་པ་རེད། ད་ཆ་མི་རྣམས་ཀྱི་འཚོ་བ་ཕྱུག་ཏུ་ཕྱིན་པ་ཡིན་ཙང་ལོ་གསར་དེ་བས་དགའ་སྤྲོ་དང་སྐྱིད་སྣང་བཀྲ་ཤིས་པ་ཞིག་གཏོང་གི་ཡོད། ང་རང་ཆུང་ཆུང་སྐབས་བོད་པའི་ལོ་གསར་ཤར་ཉེ་འཆར་བའི་དུས། གྲོང་པ་གཡས་གཡོན་གྱི་ཕྲུ་གུ་ཆུང་ཆུང་ཚང་མ་རྣམ་ཀུན་གཅིག་ཏུ་འཛོམས་ཏེ་རྩེ་མོ་རྩེད་ནི་སྤོད་ཀྱི་རེད། རྩེ་མོ་རྩེད་ས་ཡག་ཤོས་ནི་རྒྱལ་སྐོའི་མདུན་གྱི་མཆོད་སྒྲོམ་འཛུག་སའི་ཐང་ཆེན་འདི་རེད། ཕྲུ་གུ་ཚང་མ་དེར་བརྒྱུགས་ཕྱིན་ནས་རྩེད་མོ་རྩེ་རྒྱུར་ཧ་ཅང་དགའ་པོ་བྱེད། གང་ཡིན་ཟེར་ན་མཆོད་སྒྲོམ་དེ་ཚོ་མཆོད་པ་ཁང་ནས་དབོར་ཡོང་སྟེ་རྒྱལ་སྐོའི་མདུན་གྱི་རྩི་ཏུ་དགོན་པའི་རྒྱང་རྒྱབ་ཐང་ཆེན་འདིར་བཞག་གི་རེད། གཙོ་བོ་བཅོ་ལྔ་མཆོད་པའི་གྲ་སྒྲིག་དང་། བཅོ་ལྔ་མཆོད་པ་སྒྲིག་གཉོམས་བྱས་ཚར་ཡང་ས་ཆ་འདིར་འཇོག་གནང་མཛད་དེ། དུས་ཚོད་རིང་པོའི་ནང་སུ་གཅིག་གིས་བསྐྱུར་གནང་མཁན་མེད་ཙང་། ཕྲུ་གུ་ཚོའི་རྩེད་མོའི་རྩེ་ས་ཡག་ཤོས་ཤིག་ཆགས་པ་རེད། མཆོད་སྒྲོམ་ཆེན་པོ་ཡོད་ཙང་ཁྱེད་རང་གིས་ཕྱོགས་གཅིག་ཟིན། ངས་ཕྱོགས་

གཅིག་ཟིན་ནས་ཁྲིམ་ཚང་ཡིན་ཁུལ་བྱས། ཁྲིམ་ཚང་ནང་སོ་སོར་ལྷ་ལུགས་དང་ཨ་མ་ལུགས། གཅེན་གཅུང་སོགས་ཁྲིམ་ཚང་ཁག་གཉིས་ཡིན་པའི་ཚུལ་བྱས། རྒན་པའི་སྐད་ཆ་ཤོད་སྟངས་ལད་མོ་བྱས་ཏེ་ནང་མི་ཕར་འགྲོ་ཚུར་འོང་གི་ཚུལ་དུ། ཞེ་ས་གུས་ཞབས་ཀྱི་རྣམ་འགྱུར་དང་བཅས་པར། མེ་སྟེར་རོགས་གནང་། ཚྭ་གཡར་རོགས་གནང་སོགས་རྒན་པའི་སྐད་ཆ་ཤོད་སྟངས་ལད་མོ་བྱེད་ཀྱི་རེད། ད་དུང་ཕྲུ་གུ་རེ་འགས་ཛ་ཕོག་དང་དཀར་ཡོལ་ཆག་རོ་བསྡུགས་ནས་རྩེད་མོའི་ཡོ་ཆས་བཟོ་བ་དང་། དེ་བཞིན་རྫ་དང་ས་རྫོན་བརྫིས་ནས་ཐབ་བཟོས་ཏེ་ཆུ་བསྐོལ་བ་དང་ཇ་བསྲུབས་མ་བཟོ་ཁུལ། ཕྲུ་གུ་ཚང་མ་གད་མོ་ཏ་ཏ་གོད་ཅིང་འགའ་ཤས་ཀྱི་ཐུག་པ་འཐུང་ཁུལ་དང་། འགའ་ཤས་ཀྱིས་ཇ་བསྲུབས་མ་འཐུང་ཁུལ་བྱས་ཏེ་འདྲ་པོ་ཡོད་ལ་རྩེད་མོ་ཏ་ཙང་གི་སྐྱིད་པོ་ཡོད་རེད། རྩེད་མོར་མགོ་འཁོར་ན་ནང་མིས་ལོག་ཤོག་ཟེ་ཟེར་བར་སྡོད་ཀྱི་རེད། དེ་ནས་མཆོད་སྒྲོམ་དེ་དག་ལྷ་སའི་བར་སྐོར་ནང་དབོར་ཕྱིན་ནས་སྒྲོམ་བསྒྲིགས་ཚར་ན། ལོ་གསར་རིང་གི་སྨོན་ཚོགས་ཆེན་མོ་ཚེས་བཅོ་ལྔ་ལ་བཅར་ཉེ་བས། མཚན་མོ་བར་སྐོར་ནང་བཅོ་ལྔ་མཆོད་པ་ཞེས་མཆོད་གཤོམ་མཛད་སྒོ་རྒྱ་ཆེ་གཟབ་རྒྱས་ཤིག་སྤེལ་རྒྱུའི་སྔོན་བརྡ་བསྟན་པ་ལྟ་བུ་རེད།

བཅོ་ལྔ་མཆོད་པའི་ཉིན་འདིའི་མཚན་མོ། ལྷ་སའི་བར་སྐོར་ཡོངས་ལ་མི་ཚོགས་ཀྱིས་ཁེངས་ཤིང་། ཚང་མ་གཅིག་རྗེས་གཉིས་མཐུད་དང་བཅོ་ལྔ་མཆོད་པའི་ཞལ་མཇལ་ཞུ་ཆེད་དང་རྒྱུད་རིང་པོས་སྒུག་སྡོད་ཀྱི་རེད། མི་འགའ་ཤས་དུས་ཚོད་སྒུག་ཡུན་རིང་པོ་སྡོད་མི་ཐུབ་པར་འགྲོ་མི་ཚོག་པའི་ཐག་རྒྱ་ལས་བརྒལ་ཏེ་མཚོང་འགྲོ་གི་རེད། སྐབས་དེ་དུས་སྨོན་ལམ་ཆེན་མོ་འཚོག་རིང་ལྷ་ས་གྲོང་ཁྱེར་གྱི་སྒྲིག་ལམ་འབྲས་སྲུངས་ཚོགས་ཆེན་ཞལ་ངོ་འམ་ཡང་ན་དགེ་བསྐོས་ཀྱིས་འགན་ཁུར་བྱེད་པ། དགེ་བསྐོས་ཚོས་མཐོང་ན། རྒྱུག་པས་ཉེས་རྟུང་གཟེད་རྒྱུ་ཡིན་པ་གཏན་ཁེལ་རེད། ང་རང་ཡང་མི་ཚོགས་འཚང་ག་ཤིག་ཤིག་དཀྱིལ་ལ། རྒན་པའི་ལད་ཟློས་བྱས་ཏེ་མགོ་ལ་ལག་པས་བཀབ་ཅིང་རྒྱུག་པ་དང་རྟ་ལྕག་རིང་པོ་མགོ་ལ་མ་ཐེབས་པ་གཡོལ་ཐབས་གང་

ཐུབ་བྱེད་ཀྱི་ཡོད། དེ་ནས་གང་ཅམ་སོང་རྗེས་ཏྭ་ལའི་བླ་མ་དང་སྤྲུལ་སྐུ་ཆེ་གྲས། སྲིད་གཞུང་དཔོན་རིགས། དེ་བཞིན་སྐུ་དྲག་དང་དམག་དཔོན་སོགས་མཆོད་པའི་ཞལ་མཇལ་ཚང་མ་ཞུས་ཚར་ན། གཞི་ནས་ཐག་རྒྱ་སྒྲོད་དེ་ལྷ་སའི་གྲོང་མི་མང་ཚོགས་དང་ཕྱོགས་ཁག་ནས་ཕེབས་པའི་གནས་མཇལ་མང་ཚོགས་ཚང་མ། གྲོང་ཁྱེར་སྐྱིད་ལམ་སེང་སེང་ཡོད་ཚད་ནས་འདོན་ཡོང་སྟེ། མཆོད་པ་མཇལ་འདོད་ཆེ་ཡང་སྨྱུག་ཡུན་རིང་པོར་མ་འདོད་པའི་རྣམ་པ་དང་སྦྲགས། སྤྲང་ནོར་ཚང་ནས་ཤོར་བ་བཞིན་སྐད་ཅོར་ཅུར་སྒྲ་དང་བཅས་མཆོད་པའི་ཞལ་མཇལ་ལ་རྒྱུག་འགྲོ་གི་རེད།

དེའི་དགོང་མོ་ལྷ་སའི་བར་སྐོར་ཆ་ཚང་མང་ཚོགས་ཡོངས་ལ་བདག་པ་བཞིན། རྒྱ་ཆེའི་སེར་སྐྱ་མང་ཚོགས་དང་རྣམ་ཀུན་གཞན་གྱིས་མཐོང་ཆུང་བྱེད་ཡུལ་མགར་བ། གཤེད་མ། སྤྲང་པོ། སྟོབས་ལྡན་སོགས་གང་ལྟར་ཚང་མ་ལོ་གཅིག་དུས་གཅིག་གི་རེ་སྨོན་ཆེ་ཤོས་དང་འབྲུགས་ཆ་དོད་པའི་མཚན་མོའི་གོ་སྐབས་འདི་ཤོར་མི་འདོད་པར། ཡོང་ཚད་ཐམས་ཅད་ཀྱིས་ལྷོད་ལྷོད་ངང་མཆོད་པར་གཟིགས་སྐོར་དང་། སྨོན་ལམ་འདེབས་པ་སོགས་མིག་གི་ལོངས་སྤྱོད་དང་ཡིད་ཚིམ་པ་ཞིག་གནང་གི་རེད། མི་རྣམས་མཐོ་ཞིང་རྒྱ་ཆེ་བའི་མཆོད་སྡོམ་གྱི་འགྲམ་དུ་བཅར་སྐབས། མཆོད་སྡོམ་སྒྲིག་གཤོམ་བྱས་པའི་འདབས་སུ་མར་ཆོན་གྱིས་བརྒྱན་པའི་མཆོད་གཟུགས་དེ་དག་བཀོས་དཀྲོལ་བྱས་པའི་སྒྱུ་རྩལ་ལྟར་ཐམས་ཅད་ཤིན་ཏུ་སྤུས་ཚད་ལྡན་ལ་ཡིད་དུ་འོང་བ་ཕུན་སུམ་ཚོགས་པ་ཤ་སྟག་རེད། དེ་བཞིན་མཐའ་སྐོར་མཆོད་མེ་སྟོང་ཕྲག་འབར་བའི་འོད་ཟེར་གྱི་མདངས་མར་ཆོན་གྱིས་བརྒྱན་པའི་མཆོད་པ་རྣམས་ལ་འཕྲོད་སྐབས། མཆོད་པ་ཐམས་ཅད་ཕྲ་ལྷམ་མེར་འཛུམ་མདངས་རྒྱས་ཤིང་བརྗིད་ཆགས་པ་དང་དཔོག་དཀའ་བའི་མིག་གི་ལོངས་སྤྱོད་དུ་གྱུར། ཀུན་གྱི་མདུན་དུ་མར་ཆོན་བྱུར་གཟུགས་སུ་མངོན་པའི་སངས་རྒྱས་ཀྱི་སྐུ་དེ་དག་ནི། ཉམས་འགྱུར་བབ་ཆགས་པ་དང་བསོད་ནམས་དཔལ་གྱི་འཛུམ་མདངས་རྒྱས་ཤིང་ད་ལྟ་རང་གསུང་ཕྱིན་ཡོང་སྙམ་པ། མཆོད་པའི་ལྷ་མོ་དག་གི་སྐུའི་དབྱིབས་ནི་མཉེན་ཆ་འདོད་ལ་ཡིད་དུ་འོང་

བ། སྒྲ་སྙན་དཀྲོལ་བཞིན་གར་ལ་རོལ་པའི་འཁྱིད་སྐབས་རྣམ་འགྱུར་གྱིས་མི་སེམས་བཀུག་པར་བྱེད། ད་དུང་རི་དང་། ཆུ། མེ་ཏོག་བྱ་བྱིའུ་སྣ་ཚོགས་དང་། བཀྲ་ཤིས་རྟགས་བརྒྱད་ཀྱིས་མཚོན་པའི་བཀྲ་ཤིས་པའི་མཆོད་པ་སྣ་ཚོགས་དང་མེ་ཏོག་སྟོང་པོ་སྣ་ཚོགས་ལ་འབྲས་བུ་སྣ་ཚོགས་ཀྱིས་བརྒྱན་པ་སོགས་ཀུན་གྱི་མིག་ལམ་འཕྲུལ་བ་ལྟ་བུ་རེད། མི་ཚང་མ་མཆོད་པའི་མདུན་དུ་བཅར་ཆེ་མགྱོགས་པོ་ཞྭ་མོ་འབུད་པ་དང་སྒྲ་སྒོར་བཤིགས་ཏེ་ལག་གཉིས་ཐལ་མོ་སྦྱར་ནས་ཁུ་སིམ་པོས་གསོལ་བ་སྨོན་ལམ་འདེབས་ཀྱི་རེད། ངས་མི་རྒན་པ་ཚོས་དད་སེམས་ལྷོད་མེད་བྱེད་པ་མཐོང་དུས། སོ་སོ་ཡང་མགོ་དགུ་དགུ་བྱས་ཏེ་ཁོང་རྣམ་པར་སྨོན་སྒྲོང་ཞུ་གི་ཡོད། གང་ཡིན་ཟེར་ན། མར་ཚོན་གྱི་མཚོན་པའི་ནང་དོན་གང་ཡིན་མ་ཤེས་སྐབས། མི་རྒན་པ་ཚོས་འབྲེལ་བཤད་སྐྱོན་དུས་ཡིད་གཟབ་བྱས་ཏེ་ཉན་པར་མ་ཟད། ནན་ཏན་དང་ཞིབ་ཚགས་པོས་བལྟ་གི་ཡོད། དེ་ལྟར་ལོ་རེའི་བཅོ་ལྔ་མཆོད་པའི་མཛད་ཆེན་གཟབ་རྒྱས་ཡོད་པ་དེས་ང་ལ་རེ་སྨུག་དང་སྤྲོ་བ་ཤིན་ཏུ་འཕེལ་ཐུབ་པ་ཡོང་གི་ཡོད།

ང་རང་ཆུང་དུས་བྲོད་པོ་ཡོད་པའི་གནས་ཚུལ་ཞིག་གཏན་ནས་བརྗེད་སྲིད་ཀྱི་མིན་འདུག །དེ་ནི་ང་ཚོ་རྩེ་ཏའི་རྒྱབ་གྲོང་པ་གཡས་གཡོན་གྱི་གྲོགས་པོ་ཆུང་ཆུང་མང་ཆེ་བ་དུས་ཚོད་བྱུང་བ་དང་མཉམ་དུ་སློན་སྒྲོལ་གཟིམས་ཤག་གི་སྒོ་རའི་ཕྱིར་འཛོམས་ཏེ་རྩེད་མོ་རྩེ་སྡེ་སྟོད་ཀྱི་ཡོད་པ་རེད། རྒྱལ་སྒོའི་གཡས་གཡོན་གཉིས་སུ་སྟེར་རྡོ་སེང་གེ་གཉིས་དང་རྡོ་བཀུགས་རེ་ཡོད་པས། བུ་རྣམས་རྡོ་བཀུགས་གཡས་ངོས་སུ་བསྡད། བུ་མོ་རྣམས་རྡོ་བཀུགས་གཡོན་ངོས་སུ་བསྡད་ནས་ཕན་ཚུན་ཚིག་རྒྱུག་འགྲན་སྡུར་བྱས་ཏེ་གླུ་ལེན་རེས་བྱེད་ཀྱི་རེད། གླུ་གཞས་ཀྱི་གཞས་གདངས་སྣ་ཚོགས་ལེན་རྒྱུ་ཡོད་པར་འགའ་ཞིག་ནི་མགྱོགས་ཙམ་དང་འགའ་ཞིག་ནི་དལ་ཙམ་རེད། ཚང་མ་གཞས་ཚིག་གི་ནང་དོན་དེ་ཚོའི་ཞི་དྲག་གི་རྣམ་འགྱུར་དང་བསྟུན་ནས་ལམ་སེང་འགྱུར་བ་བཏང་འགྲོ་གི་རེད། ཚིག་རྒྱུག་འགོ་ཚུགས་མ་ཐག་མང་ཆེ་བ་སྟོན་ལ་བུ་མོས་ཏབ་ཐོབ་བརྒྱབ་སྟེ་གཞས་གཏོང་གི་རེད།

བུ་མོ་ཚོས།

ཤར་ནས་ཟླ་བ་ཤར་བྱུང་།

དཀར་པོའི་སྒོར་སྒོར་ཤར་བྱུང་།

རི་བོང་བློ་ལྡན་ཞེས་རབ།

མཛལ་ཡོང་བསམ་པ་མ་བྱུང་།

བུ་ཚོས།

ཕ་རིའི་སྤྱང་གི་སྙིང་ལ།

མཛོ་མོ་སྤྲུ་ཆ་ལེགས་པ།

མཛོ་མོའི་རྭ་ཅོ་གཡས་པར།

རྭ་ཐག་མེད་ན་དགའ་བ།

བུ་མོ་ཚོས།

ཧ་བཟང་རླུང་གི་གཞོག་པ།

ཨི་བཟང་ཐང་ཁའི་ཡོག་རིས།

རླུང་གི་གཞོག་པ་མཐོང་དུས།

ཐང་ཁའི་ཡོག་རིས་དྲན་བྱུང་།

བུ་ཚོས།

དབྱར་ཁ་འོང་ཁའི་དཀྱིལ་ལ།

ཀྱན་(སྨན་)མའི་མེ་ཏོག་ཤར་བཞག

སེར་བ་འབབ་ཐེངས་གཅིག་གིས།

མེ་ཏོག་ལྷགས་པས་འཁྱེར་སོང་།

བུ་མོ་ཚོས་ཉན་མ་ཐག་ད་ལྟ་གཏོང་བའི་གཞས་གདངས་འགོར་པོ་འདི། ཡང་མགྱོགས་སུ་བཏང་སྐམ་ནས་གཞས་གདངས་ལམ་སེང་འགྱུར་ནས།

བུ་མོ་ཚོས།

ཁྲུང་ཁྲུང་བྱང་ལ་འགྲོ་དུས།
ཕག་པས་ཧུས་གཏོགས་མ་བྱེད།
ཕག་པ་ཕག་ཚང་ནང་ལ།
སྡུག་རྐྱབ་བཙུམ་སྡེ་སྡོད་ཅིག
བུ་ཚོས་ཀྱང་གཞས་གདངས་འགྱུར་ནས་རྒྱུན་མཐུད་དེ།
བུ་ཚོས།
ལྷ་སའི་བར་སྐོར་ནང་ལ།
སྒོ་ལས་སྒེའུ་ཁུང་མང་བ།
སྒེའུ་ཁུང་ནང་གི་ཨ་ཅག
ཤ་ལས་རུས་པ་འཛམ་པ།
བུ་མོ་ཚོས།
སྐར་ཁ་རྗེ་གཅིག་ཞུས་པས།
ཉི་ཤུ་ས་ལ་ཟེར་སོང་།
ང་རང་གཅིག་ལས་མི་དགོས།
བཅུ་དགུ་ག་ལེར་བཞུགས་ཤིག

སྐབས་དེར་བུ་ཚང་མ་ཕན་ཚུན་ཅ་ཅོ་སློས་ཏེ་ཐྲན་ཅམ་འཁོར་ཙང་། བུ་མོ་ཚོས་ལམ་སེང་ཏབ་ཐོབ་བརྒྱབ་སྟེ།

གཏང་རྒྱུ་ཡོད་ན་གཏོང་ཤོག
གཏང་རྒྱུ་མེད་ན་ཞོག་ཅིག
ཁྱོད་ལ་མི་སུ་གཅིག་གིས།
ཁྲལ་ནི་སྐུལ་མཁན་མེད་འདུག

བུ་ཚོས་ཉན་རྗེས་ཁོང་ཁྲོ་ལངས་ནས་ཨུར་ཚུབ་ཚུབ་དང་།

བུ་ཚོས།

གཞས་གཅིག་གཏོང་བ་མ་རེད།
གཞས་གཉིས་གཏོང་བ་མ་རེད།
གཞས་ཚིག་ཁོག་པའི་ནང་ལ།
རྫིག་པ་བརྫིགས་ནས་བཞག་ཡོད།
བུ་མོ་ཚོས།
ཕོ་རོག་རང་ངོམ་ཆེ་ཡང་།
མཚོ་ཧོར་ར་ཙོ་སྐྱེས་བཞག
སྐྱུང་ཀ་མདོན་གསལ་ཆུང་ཡང་།
མཚོ་ཧོར་བྱུ་རུ་འབྲུངས་ཡོད།

བུ་ཚོའི་དཀྱིལ་ནས་འགོ་ཁྲིད་མཁན་འདིས། ད་སྒྲིག་བཞག །བུ་མོ་ཁྲིད་རྣམས་པ་ཉོན་ཅིག

བུ་ཚོས།
ས་ཏུབ་ན་བར་སྐོར་ནང་ལ་མི་འགྲོ།
མི་ངན་པ་སྐུ་སྲུང་དམག་མི་ཡོད་རེད།
དེ་འདྲའི་སྐུ་སྲུང་དམག་མིའི་ཐབས་སྡུག་ལ།
མིའི་བུ་མོ་ཏུ་རིན་ཏུ་ཚད་བཟོས་བཞག
བུ་མོ་ཚོས།
མཛོ་ཕོ་རོལ་ནང་འགྲོ་འགྲོ།
ང་གཉིས་གཤིབ་རྒྱུ་བྱུང་ན།
གཉའ་ལ་ཟླི་བའི་གཉའ་ཤིང་།
འཁུར་དགོས་བྱུང་ཡང་ལས་རེད།
བུ་ཚོས།
སེམས་པ་དཀར་ར་གཅིག་དང་།

མཉམ་དུ་འགྲོ་རྒྱུ་བྱུང་ན།
ཟ་རྒྱུ་འདམ་ལས་མེད་ཀྱང་།
གསེར་སྲང་བརྒྱ་ལས་ལྷག་པ།
བུ་མོ་ཚོས།
ནམ་མཁའ་སྤྲིན་གྱིས་སྒྲིབ་དུས།
ཆར་པ་འབབ་རྒྱུའི་རྟགས་རེད།
ཟུར་གསལ་ཀ་རེ་ཀོ་རེས།
ཐོན་རྩིས་བྱེད་པའི་རྟགས་རེད།

དེ་དང་དེ་འདྲ་བཞིན། ང་ཚོ་བུ་དང་བུ་མོ་གྲོགས་པོ་ཆུང་ཆུང་རྣམས་ཚིག་རྒྱུག་པར་རྒྱུག་རྩུར་རྒྱུག་བྱས་ཏེ། ཁ་ནས་ཐོན་ཚད་ཏབ་ཐོབ་བརྒྱབ་ནས་གཞས་གཏོང་བ་ལས། གཞས་ཚིག་གི་ནང་དོན་ག་རེ་ཡིན་མིན་ཏ་ལམ་གོ་ཆོད་ཀྱི་མེད། གང་ལྟར་གཞས་བཏང་སྐྱེ་ཕྱི་པོའི་བར་བསྟུད་ནས། ས་ཐུབ་མཚམས་སུ་གཞི་ནས་འགྲོལ་ཏེ་རང་སོ་སོའི་ནང་ལ་ལོག་འགྲོ་གི་རེད།

ང་ལོ་བཅུ་གསུམ་བར་དུ་ལྷ་ས་ལ་འཚོ་གནས་བྱས་ཏེ་བསྡད། དེ་དུས་ལྷ་ས་གྲོང་ཁྱེར་འདི་ཏ་ཙང་ཆེན་པོ་ཡིན་པ་དང་། མི་ཚོགས་མང་ལ་ཁྲོམ་གཞུང་ཚང་ཁ་ཤིག་ཤིག་ཡིན་པའི་སྣང་བ་ཤར་གྱི་ཡོད། ལྷག་པར་དུ་དགོན་སྡེ་ཁག་དེ་ཚོ་མཐོ་བ་ཞིག་ལ་རྒྱ་ཆེ་བ། དགོན་པའི་ནང་གི་སྐུ་འདྲ་དེ་ཚོ་གྲངས་ཀ་ག་ནས་ཐེགས་ཐུབ། ད་དུང་དགེ་འདུན་པ་ཡང་ཁྲུ་ཁྲུ་ཏ་ཙང་མང་པོ་རེད། ད་དུང་བསང་ཁ་བསང་གསོལ་གནང་མཁན་དང་། སྐུ་ཕྱག་ཕུལ་མཁན། མཆོད་མཇལ་ཞུ་མཁན་དང་བསྐོར་བ་བསག་མཁན་སོགས་བངས་རིང་པོ་བསྒྲིགས་ནས་བར་ཆད་རྒྱུ་མེད། ད་དུང་ཁྲོམ་གཞུང་ལ་ཙ་དངོས་འདི་ཉོས་ཕ་གི་ཉོས་ཟེར་མཁན་ཚོང་ཆུང་དེ་ཚོའི་སྐད་ཅོར་དང་། ལྟོ་སློང་མཁན་གྱི་སྐད་ཅོར། བདག་མེད་ཀྱི་འཁྱམས་ཁྱི་དེ་ཚོའི་སྐད་ཅོར་སོགས་གཅིག་ལས་གཅིག་མཐོ་བ་རྒྱུག་ཀྱི་རེད། བར་སྐོར་ཁྲོམ་གཞུང་དུ་ཚོང་ཁང་མང་པོ་ཡོད་ཙང་ཁང་པ་ཆུང་ཆུང་

ཤ་སྟག་རེད། བར་སྐོར་གྲོང་མིའི་ཚོང་ཁང་དང་། ཁ་ཆེའི་ཚོང་ཁང་། བལ་པོའི་ཚོང་ཁང་། ཧིན་རྡུའི་ཚོང་ཁང་། ད་དུང་རྒྱ་རིགས་དང་སོག་རིགས་ཀྱི་ཚོང་ཁང་སོགས་མང་པོ་ཡོད་པ་རེད། ཚོང་ཟོག་ལ་ཆ་བཞག་ན། མངར་ཆའི་རིགས་དང་། ཇ། ཤིང་ཕོར། ཉེར་འཁོའི་ཅག་ཅིག་ཚོང་ཟོག་ཁག་ནི། རས་ཆ་དང་། གྱོན་ཆས། སྣམ་བུའི་རིགས། རྒྱན་ཆའི་རིགས་སོགས་རྣམ་གྲངས་ཕུན་སུམ་ཚོགས་པ་ཡོད་པ་རེད། ད་དུང་ཚག་ཤ་ལུག་ཤ་དང་། མར་དང་ཕྱུར་ར། སྔོ་ཚལ་རིགས། ཞོ་དང་འོ་མ་སོགས་ཕལ་ཆེ་བ་ཁྲོམ་གཞུང་གི་ཟུར་དུ་ཁྲོམ་འཁྱིག་བརྒྱབ་ནས་ཚོང་སྟོན་གྱི་རེད། སྐབས་རེ་ཁྲོམ་གཞུང་དུ་སི་ཁྲོན་གྱི་རྒྱ་རིགས་ཟ་ཆས་ཚོང་མཁན་འགས་ཕྱུང་པར་ཤིང་རྒྱུག་འདེགས་ནས། གཡས་གཡོན་གྱི་སྣོད་ཆས་ནང་ཐུག་པ་གྲང་བསིལ་དང་། ལ་ཕིང་གྲང་བསིལ་བླུགས་ནས་ཉོས་ན་ཡོད་དོ་ཅེས་སྐད་ཅོར་རྒྱག་བཞིན་པར་ཁྲོམ་སྟོད་ཁྲོམ་སྨད་བསྐོར་ནས་རྒྱུག་འགྲོ་གི་རེད། གལ་ཏེ་དངུལ་མེད་ན་ཁའི་ནང་མཛུ་མོ་བཙུག་སྟེ་མིག་ཧུར་རེ་བལྟས་ནས་སྡོད་རྒྱུ་རང་རེད། ས་སྟེང་སྐད་ལ་ཚོང་ཟོག་བཞག་སྟེ་ཚོང་ཆུང་ཆུང་རྒྱག་མཁན་མང་པོ་ཡོད། ཁོང་ཚོས་བྱེ་མ་ཀ་ར་དང་ཕྱུར་ཞིབ་སོགས་འཚོང་དུས་རྒྱ་སྲང་བེད་མ་སྤྱོད་པར་ལྷུགས་ཀྲིན་ཆུང་ཆུང་ནང་བླུགས་ཏེ་འཇལ་ནས་འཚོང་གི་རེད། སྐབས་དེ་དུས་ང་རང་ལག་པའི་ནང་དངུལ་ཏམ་ཁ་ཞོ་དོ་ཙམ་ཡོད་ཚེ། དགའ་པོ་ཡོད་པའི་བྱི་རིལ་ཚོ་ལུ་མ་དང་ཡང་ན་ཁ་ཟས་སྲུག་བླུག་གཅིག་ཉོས་ནས་ཟ་གི་ཡོད། ཁ་ཟས་སྲུག་བླུག་ཀྲག་(སྒྲིག་)དུས། སྲུད་པའི་ཁུག་མ་ནང་བཞིན་གྱི་ཁ་ལ་ལྷུགས་ཀྱི་མཚུ་ཧོ་འགར་བའི་སྣོད་ཀྱི་ནང་དུ་གྲོ་ཞིབ་རླན་པ་དང་། མངར་ཆའམ་སྦྲང་རྩིའི་རིགས་དཀྲུག་དཀྲུག་བཏང་ནས་བླུགས་པ་དང་། སྣུམ་འམ་མར་ཞུར་ཏེ་དེའི་ནང་བཙིར་ནས་བཟོ་དཔྱིབ་སྒོར་སྒོར་འདྲ་ཀྲག་(སྒྲིག་)གི་རེད། ཁ་ལ་ཟ་དུས་མངར་མོ་ཡིན་པ་ལ་འབོལ་པོ་ཡོད་པའི་ཁ་ཟས་ཞིམ་པོ་ཅིག་ཡོད་རེད། དེང་སང་ལོ་གསར་སྐབས་ཀྲག་(སྒྲིག་)པའི་སྲུག་བླུག་དང་བསྡུར་ན་ལྷབ་ཁ་ཤས་ཀྱི་ཞིམ་གྱི་རེད། དེའི་སྐོར་བཤད་ཀྱིན་བཤད་ཀྱིན་ནང་འཁྲམ་ཆུ་ཡང་ཤོར་ཡོང་གི་འདུག །ཀློ་ཕམ་པ་ཞིག་ལ་དེང་སང་

པོ་གསར་སྐབས་སྔར་གྱི་སྒྲུག་གླུག་དེ་འདྲ་ཀྲག་(སྲིག་)ཤིས་མཁན་དང་བཙོང་མཁན་ཏ་ལམ་མཐོང་རྒྱུ་མེད་པ་ལྟ་བུ་རེད།

སྐབས་དེ་དུས་ལྷ་སའི་ཁྲོམ་གཞུང་དང་སྲང་ལམ་ཁག་ལ་ཆ་མཚོན་ན། ས་དང་རྗེ་རྫོག་གི་འགྲོ་ལམ་འབར་རི་འབུར་རི་ཁོད་མི་སྙོམས་པ་དང་། བུ་དང་བུ་མོས་བརྩིག་ཟུར་གང་ཡོད་དང་། ལམ་ཟུར་དུ་སྐྱག་གཙིན་གང་སར་གཏོང་བའི་རྐྱེན། དབྱར་དུས་ཆར་པ་བཏང་སྐབས་སྐྱུ་རྡོས་རྣམས་པ་དང་། སྲུས་སྐྱུ་ཞབས་ཚོ་རྟ་བཞོན་ཚོག་པས། འབངས་མི་སེར་དང་གྲོང་མི་རྣམས་སྐྱག་གཙིན་གྱི་དྲི་མ་དང་ཆར་ཆུའི་འདམ་རྫབ་བཟློས་ནས་ལམ་ཆུང་ཐོག་བསྐྱོད་རྒྱུ་ལས་ཐབས་གཞན་མེད།

སྔར་མི་ཚང་མའི་གོམས་གཤིས་ནང་ལྷ་སའི་བར་སྐོར་ཕྱི་ནང་གླིང་སྐོར་མཚམས་སུ་གནས་པ་རྣམས་ལ་ལྷ་ས་བ་དང་། ཕོ་བྲང་པོ་ཏ་ལའི་གཤམ་འོག་ཏུ་གནས་པ་རྣམས་ལ་ཞོལ་པ་ཞེས་ཟེར། སྐབས་དེ་དུས་ང་རང་གི་བསམ་བློའི་ནང་ལྷ་ས་ནས་ཞོལ་བར་རྒྱང་ཐགས་རིང་པོ་ཡོད་པའི་སྣང་ཚུལ་ཡོང་གི་ཡོད། ལྷ་ས་ནས་ཞོལ་བར་དུ་གཡུ་ཐོག་ཟམ་པ་ཞེས་པ་ཞིག་བརྒྱུད་ནས་འགྲོ་དགོས། དེ་དུས་ཟམ་པའི་འོག་ལ་ཆུ་ཡོད་པར་མ་ཟད། གཡས་གཡོན་ལ་རྩྭ་ངན་དང་ལྗོན་ཤིང་སྡོང་པོ་ཆུང་ཆུང་དེ་ཚོ་སྐྱེས་ཀྱི་རེད། ཁོར་ཡུག་ཏུ་ཁང་པ་གཅིག་ཐོག་རེ་གཉིས་མ་གཏོགས་མེད་ཙང་། ཏ་ལམ་ས་སྟོང་དང་ལྗོན་ཤིང་ཆུང་ཆུང་རྩྭ་ངན་སོགས་ཀྱི་ཁེངས་སྡོད་ཀྱི་རེད། གཡུ་ཐོག་ཟམ་པར་སླེབས་དུས་ང་རང་སྤྲོ་སྣང་ཆེན་པོ་སྐྱེས་ཐུབ་པ་ཞིག་ནི། ཟམ་པའི་ཟུར་ནས་ལངས་ཏེ་བལྟས་ན་རྒྱང་རིང་ཙམ་ཡོད་པའི་ཕོ་བྲང་དམར་པོའི་རྒྱ་ཕིབས་ཀྱི་འོད་སེར་ལྷང་ངེར་མཐོང་ཐུབ་ཀྱི་ཡོད།

སྐབས་དེ་དུས་ཟེར་ཚུལ་ལ། ལྷ་ས་བ་དང་ཞོལ་པ་གཉིས་ཕན་ཚུན་བར་དེ་ཙམ་འཆམ་པོ་རང་མེད་པའི་ཚུལ་དུ། ཕྲུ་གུ་ཡིན་ནའང་ཤོག་ཁག་ཆགས་ཏེ་ལྷ་ས་བ་ཕྱོགས་གཅིག་དང་། ཞོལ་པ་ཡིན་ཟེ་ཕྱོགས་གཅིག་བྱས་ཏེ་ཕན་ཚུན་གཉིས་རྒྱག་རེས་བརྒྱབ་སྟེ་མགོ་རྡོལ་ཁྲག་འཛག་ཏུང་སུས་སུ་ལ་ངོ་བལྟ་དང་གྲོང་གུན་ཁེལ་གྱི་མ་རེད་ཅེས་

ཟེར། གང་ལྟར་སྐབས་དེ་དུས་ང་པོ་ཏ་ལ་ཞོལ་འོག་ནས་འགྲོ་སྐབས་ཞོལ་པའི་ཕྲུ་གུ་ཐུག་མ་ཡོང་བསམ་ནས་འཛིགས་སྣང་ཆེན་པོ་སྐྱེས་ཀྱི་ཡོད། ཡིན་ནའང་ང་རང་ཞོལ་པའི་ཕྲུ་གུས་ཉེས་སྤྱོད་མེད་ལ་ལྷ་ས་དང་ཞོལ་པ་གཉིས་ཀྱི་ཕྲུ་གུས་རྒྱག་རེས་རྒྱག་པ་ཡང་མཐོང་སྨྱོང་མེད།

ང་རང་ཕྲུ་གུའི་ནང་གི་ཀན་ཤོས་ཡིན་ཙང་། ཏ་གཉིད་གོ་བ་སྤྲ་པོ་རེད། དྲན་ཚོད་ལ་ལོ་དྲུག་བདུན་ཙམ་སླེབས་དུས། ཨ་མ་ལགས་ཀྱིས་ཕྱི་ལ་དོན་དག་གཅོད་པར་གཏོང་གནང་གི་ཡོད། གཙོ་བོ་ཁྲོམ་ནས་ནང་ལ་དགོས་མཁོའི་ཅ་དངོས་ཅག་ཅིག་འདྲ་ཉོ་བར་འགྲོ་གི་ཡོད། ཁྲོམ་ལ་རྒྱུགས་གསུང་ན་དགའ་ཐག་ཆོད་ཀྱི་ཡོད། གང་ཡིན་ཟེར་ན་ཕྱི་ལ་འཐོན་རྒྱུ་བྱུང་ན་ཁྲོམ་གཞུང་སྐོར་བ་དང་མི་ཚོགས་འཁྲུགས་པོ་དེ་ཚོའི་ནང་ག་རེ་ཡིན་ནའང་མཐོང་སྲིད་ཀྱི་རེད། བྱས་ཙང་སྐབས་དེ་དུས་ཁྲོམ་གཞུང་ནས་མཐོང་སྨྱོང་བའི་གནས་ཚུལ་འགའ་རེ་ད་བར་ཏ་ཙང་བརྗེད་དཀའ་བར་མ་ཟད། འགའ་ཞིག་ཕྱི་བལྟས་སློག་ནས་རྒྱབ་ལ་བལྟ་ནུས་ཚད་ཡོད། དཔེར་ན་ཉིན་གཅིག་ཨ་མ་ལགས་ཀྱིས་ང་བར་སྐོར་བྱང་ངོས་ཀྱི་བལ་པོའི་ཚོང་ཁང་ནས། སྣ་སེར་ཤོག་ཆག་གཅིག་ཉོས་ཤོག་གསུང་བྱུང་། ངས་དགའ་དགའ་སྤྲོ་སྤྲོའི་ངང་ཁྲོམ་གཟིགས་ཁང་སྲང་ལམ་བརྒྱུད་དེ་འཁྲུགས་ཆ་དོད་པོ་ཡོད་སའི་བར་སྐོར་ཚོང་ཁང་ནས་སྣ་སེར་ཉོས་ནས་སྣང་རྩེ་ཤག་གི་མདུན་ལ་སླེབས་དུས་མི་མང་པོ་འཛོམས་འདུག །སྣང་རྩེ་ཤག་གི་ཁང་པ་གཅིག་ཐོག་དང་གཉིས་ཐོག་ནི་བཙོན་ཁང་རེད། གསུམ་ཐོག་ནི་གཞུང་ལས་དོན་བཅོས་ཁང་དང་། རྒྱལ་སྒོ་ཤར་ལྟ་ཡིན་པ་ལ་རྡོ་བཀྲུག་མཐོ་ཚད་གཉིས་ཙམ་གྱི་མདུན་དུ་ཁྲིམས་ཀྱི་བཅད་ཁྲ་ཁྲབ་བསྒྲགས་བྱེད་བཞིན་པའི་སྐད་རེད། ཁྲབ་བསྒྲགས་བྱེད་སའི་མདུན་གྱི་ཐང་སྟེར་ལ་མི་མང་པོ་འདུག །ངས་ཚང་ཁའི་གསེང་དུ་འཛུལ་ཏེ་མདུན་ལ་བལྟ་དུས། གོས་རྙིང་ཧྲུལ་གྱོན་པའི་ཕྲུ་ག་ཞིག་ས་སྟེང་དུ་བསྙན་ནས་ཁྲིམས་བཅད་སྒྲུག་བསྡད་བཞག །ངས་སྐད་ཆུང་ཆུང་དང་གཞོག་གི་མི་ཀན་པར་མི་ཕ་གིས་ག་རེ་བྱས་པ་ཡིན་ནམ་དྲིས་དུས། ཀན་པས་སྐད་སྒྲ་ཆུང་ཆུང་དང་ཕ་གི་མི་རྐུ་མའམ་ཡང་ན་ཇག་པ་

ཡིན་པ་འདྲ་གསུང་། མི་འདིའི་ལུས་པོ་ས་ལ་ཉལ་ནས་རྐང་ལག་བཞི་པོ་ཕྱོགས་བཞིའི་ས་སྙིང་གི་ཤིང་ཕུར་བཞི་ལ་བསྡམས་ཏེ་འགུལ་ཙམ་ཡང་བྱེད་མི་ནུས། དུས་ཡུན་གང་ཙམ་སོང་ཚེ་མཐོ་གནས་ལ་ཞུགས་པའི་ཁྲིམས་དཔོན་གྱིས་ལག་བརྡ་ཞིག་བྱེད་དུས། མི་འདིའི་གཡས་གཡོན་དུ་ཡོད་པའི་ལག་ཏུ་རྟ་ལྕག་འཁྱེར་བ་དེས། ལམ་སང་མི་འདིའི་སྟོད་གོས་ཉིང་ཟུལ་འདི་ཡར་བརྗེས། གུ་ཐུང་མར་འཐེན་ཏེ་རྐུབ་དཀར་པོ་འདི་དམར་རྗེན་དུ་སྟོན་ནས། གཞོགས་གཡས་ཀྱི་མི་འདིས་རྟ་ལྕག་ལག་ཏུ་འཁྱེར་ཏེ་ཁ་ནས་གཅིག་བྱ་གཉིས་བྱ་ཞེས་འབོད་ཅིང་། སྐད་སྒྲ་མ་རྫོགས་གོང་རྐུབ་སྐང་ལ་རྟ་ལྕག་ཚ་ཐག་ཆོད་ཅིག་བཞུས་ཚར་སོང་། ཡང་གཞོགས་གཡོན་ངོས་དེའི་ཁ་ནས་གཅིག་བྱ་གཉིས་བྱ་ཞེས་འབོད་ཅིང་། གང་ལྟར་རྟ་ལྕག་ལན་མང་བཞུས་ཚར་ཡང་ཁྱོ་ག་འདིས་ད་དུང་སོ་སྒྲ་སྒྲིག་ཅིང་མིག་གཉིས་བཙུམས་ཏེ་འགོ་ནས་མཇུག་བར་ཁ་ཁྱོན་ནས་མ་གྲགས་ཁྱུག་ཙམ་ལས་མ་སོང་བར་རྐུབ་ཀྱི་ཤ་ཚང་མ་ཤ་རྗེན་འདྲ་གཙབས་ནས་ཁྲག་ཐིག་འཛན་འཛན་དུ་འབབ་ཀྱི་འདུག །རྗེས་སུ་མི་ཚོས་བཤད་དུས་རྟ་ལྕག་གི་རྒྱུན་བུ་ལ་དགྲིས་ཞག་རྒྱག་གི་ཡོད་ཙང་རྐུབ་ལ་ཤུགས་ཆེན་པོས་བཞུས་ན་རྐུབ་ཤ་ལྷེབ་ལྷེབ་བཀོག་གི་རེད་ཟེར། ང་རང་ཆུང་ཆུང་སོང་ཙང་། རྟ་ལྕག་ལ་དགྲིས་ཞག་ཡོད་མེད་སྣ་བ་ག་ནས་ཡོང་། གང་ལྟར་སོ་སོ་ཞེད་ཐག་ཆོད་དེ་མིག་ཙམ་ཡང་ལྟ་ནུས་ཀྱི་མེད། ཡིན་ནའང་མི་འདི་རྗེས་སུ་གང་འདྲ་བྱས་ཡོང་། མཁྱོགས་པོ་ཤི་མ་ཡོང་བསམ་གྱི་ཡོད། དེ་ནས་ཡང་ཁྲིམས་དཔོན་འདིས་ལག་བརྡ་ཞིག་བྱས་སོང་བས། གཡས་གཡོན་རྟ་ལྕག་བཞུ་མཁན་གཉིས་ཀྱི་མཚམས་བཞག་སོང་། ལམ་སང་མི་གཉིས་རྒྱུགས་ཡོང་ནས་ཁྱོ་ག་འདིའི་རྐང་ལག་གི་འཆིང་ཐག་བཀྲོལ་ཏེ་ཡར་བསྐྱོར་ནས་གོས་གཡོགས་པ་དང་སྙིགས་བུ་སྙིང་དུ་ཡར་ཁྲིད་རྩིས་བྱེད་སྐབས། བསམ་ཡུལ་ལས་འདས་པ་ཞིག་ལ། མི་འདིས་ཡར་ལངས་ཏེ་གཡས་གཡོན་གྱི་མི་གཉིས་ཕར་འབུད་རྒྱག་བཏང་ནས། ཁྲག་ཐིག་པ་རྒྱག་བཞིན་པའི་ལུས་པོ་རྩི་མེད་དང་། མགོ་བོ་ཡར་བཀྱག་ནས་སོ་སོས་རྡོ་སྐས་ལ་འཛེགས་ཏེ། ཐང་ཤ་དོད་པོས་ཕྱི་བལྟས་ཙམ་མི་སློག་པར་ཤར་རྒྱུག་བརྩོན་ཁང་གི་

རྒྱལ་སྒོའི་ནང་འཛུལ་ཕྱིན་སོང་། མི་ཚོགས་ལྟད་མོ་ལྟ་མཁན་དཀྱིལ་ནས་འགའ་ཞིག་གིས་ལག་པ་བརྐྱངས་ཏེ་འབོད་སྒྲ་སྒྲོགས་པ་དང་། འགའ་ཞིག་གིས་ཨ་ཙི་ཙི་ཞེས་ཧང་སང་བྱེད་པ། ང་ནི་ཅི་བསམ་འདི་བསམ་མ་བྱུང་བར་འཇིགས་སྣང་ཟམས་སྐྲག་དང་། ནང་དུ་ཡོག་ཕྱིན་ཡང་སེམས་པ་ལྷོད་དུ་མི་འབབ་པར་མིག་བཙུམ་ཡང་གཉིད་མ་ཁུག །དུས་རབས་ཕྱེད་ཙམ་སོང་བའི་ད་ལྟའི་དུས་སུ་ཡང་གནས་ཚུལ་དེའི་སྐོར་གླེང་པའི་ཆེ་ལུས་ཀྱི་སྤུ་ལོང་ཚང་མ་གཡོ་བའི་ཚོར་སྣང་སྐྱེས་ཀྱི་འདུག

ད་དུང་ང་རང་སྙིང་འགུལ་བླ་འདར་བའི་གནས་ཚུལ་ཞིག་འཕྲད་པ་སྟེ། ༡༩༥༩ ལོའི་མེ་མདའ་དང་མེ་སྒྲོགས་བརྒྱབ་པའི་སྒྲ་ཤུགས་དེ་རེད། ལོ་དེའི་ཟླ་བ་གསུམ་པ་ནི་ཤིན་ཏུ་སྙིང་འཇགས་མེད་པའི་ནམ་དུས་ཤིག་རེད། མི་རྣན་པ་ཚོས་བགྲོ་གླེང་བྱས་པའི་སྐད་ཆ་བར་མ་ཆད་པ་ཉན་རྒྱུ་ཡོད། འགའ་ཞིག་གི་ཟེར་ན་ནོར་བུ་གླིང་ཁའི་སྒོ་འགྲམ་ལ་ཟིང་ཡོང་ནས་དམག་མི་དཔོན་པོ་ཆེན་པོ་ཞིག་ལ་(རྫིས་སུ་གཞི་ནས་ཏ་ཁོ་བར་ཁོང་ནི་བོད་ལྗོངས་དམག་ཁུལ་གྱི་སི་ལིང་ཡོན་གཞོན་པ་བཀའ་ཤག་སྲིད་གཞུང་གི་བཀའ་བློན་ཟུར་པ་བསམ་ཕོ་ཚེ་དབང་རིག་འཛིན་རེད་འདུག)རྨས་སྐྱོན་ཕོག་བཞག་ཟེར་ཡང་། བོད་རང་སྐྱོང་ལྗོངས་གྲ་སྒྲིག་ཨུ་ཡོན་ལྷན་ཁང་གི་ཨུ་ཡོན་འཕགས་པ་ལྷ་བསོད་ནམས་རྒྱ་མཚོ་(ད་ལྟ་རྒྱལ་ཡོངས་ཆབ་སྲིད་གྲོས་ཚོགས་ཀྱི་ཀྲུའུ་ཞི་གཞོན་པ་འཕགས་པ་ལྷ་དགེ་ལེགས་རྣམ་རྒྱལ་གྱི་གཅེན་པོ།)ནོར་བུ་གླིང་ཁའི་སྒོ་འགྲམ་དུ་བཀྲོངས་རྗེས་ཕུང་པོ་རྟའི་མཇུག་ལ་འདྲུད་འཐེན་བྱས་ཏེ་ཁྲོམ་བསྐོར་བྱས་སོང་ཟེར། ཡང་གྲོང་ཁྱེར་ནང་བུད་མེད་ཀྱི་ཚོགས་འདུ་ཆེན་པོ་ཞིག་ཚོགས་ནས་བུད་མེད་མང་པོས་ཕྱི་རྒྱལ་གྱི་གཞུང་ཚབ་ཆེན་མོར་རེ་འདུན་ཞུ་ཡིག་ཕུལ་བར་ཕྱིན་པ་རེད་ཅེས་ཟེར། ཡང་འགའ་ཤས་ཀྱིས་གྲོང་ཁྱེར་ནང་ལ་ཁམས་པ་མང་པོ་སླེབས་ནས་དམག་རྒྱག་རྩིས་བྱེད་པ་དང་། དགོན་པའི་ནང་གི་གྲྭ་པ་ལ་ཡང་མེ་མདའ་སྦྲད་ཡོད་པར་མ་ཟད། ལྷ་སའི་ལྕགས་པོ་རིའི་སྐང་ལ་འཛིང་རགས་རྒྱག་གི་འདུག་ཟེར་བ་སོགས། གང་ལྟར་མི་ཚང་མ་འཇིགས་སྣང་དང་དངངས་སྐྲག་ཁོ་ནའི་འོག་ཉིན་མ་འཁྱོལ་ཁག་པོ་ཆགས་ཏེ་མི་རྣན་པ་ཚོས་ཕྱི་ལ་བདེ་འཇགས་མེད་ཙང་། ང་ཚོ་ཕྲུ་གུ་ཚང་མ་ཕྱི་ལ་རྩེད་

མོ་རྩེ་བར་རྩ་བ་ནས་གཏོང་གི་མེད།

ད་དུང་འཛིགས་སྣང་ཚ་ཤོས་ཤིག་ནི་ཟླ་བ་གསུམ་པའི་ཚེས་ཉི་ཤུའི་མཚན་མོ་དེ་ཡིན། ང་དང་གཙུང་མོ་ཚོ་(གཙུང་པོ་འབྲས་སྤུངས་དགོན་པར་གྲྭ་པ་བྱས་)གཉིད་སྐྱིད་པའི་སྐབས་དེར། སློ་བུར་དུ་ཨ་མ་ལགས་ཀྱིས་ང་ཚོ་ཚང་མ་གཉིད་ལས་བསླངས་ཏེ། བྲེལ་ཚབ་ཚུབ་དང་མགྱོགས་པོ་ལོང་ཤོག་ཕྱི་ལ་མི་མདའ་རྒྱག་གི་འདུག །ཚང་མ་མགྱོགས་པོ་གོས་གྱོན་ནས་ཤོད་ལ་འབབ་ཤོག་གསུང་བྱུང་། ང་གཉིད་སད་དེ་གཟབ་ནན་ཉན་སྐབས། དངོས་འབྲེལ་ཕྱི་ལ་མི་མདའི་སྒྲ་ཐོས་པར་མ་ཟད་སྒྲ་གསལ་ཏུ་གསལ་ཏུ་འགྲོ་གི་འདུག །མགྱོགས་པོ་གོས་གྱོན་ནས་གཙུང་མོ་ཚོ་ཁྲིད་དེ་ཨ་མ་ལགས་དང་མཉམ་དུ་འོག་ཤོད་ཀྱི་སྒོ་རའི་སྒྲུག་ཏུ་གབ་བསྡད་པ་ཡིན། སྐབས་དེར་སྒོ་རའི་སྒྲུག་ལ་མི་མང་པོ་རུབ་རུབ་བྱས་ཏེ་ཟང་ངེ་ཟིང་ངེ་རེད། ངས་མགྱོགས་པོ་གཙུང་མོ་ཚོ་འཁྲིས་ལ་ཉར་ཏེ་རྩིག་ཁུག་ཅིག་ལ་བསྙེས་ནས་འགུལ་མི་ནུས་པར་བསྡད་པ་ཡིན། སྒོ་རའི་ནང་ནད་པ་ཚོས་རུབ་རུབ་བྱས་ཏེ་གྲོས་མོལ་གནང་སྐེ་ལས་དོན་ཞིག་གཉེར་བྱུས་གནང་རྩིས་ལ། གང་ཙམ་སོང་རྗེས། ཨ་མ་ལགས་ངའི་འཁྲིས་ལ་ཡིབས་ཏེ"རང་ཉོན་ཞིག །དེ་རིང་གནས་ཚུལ་ཧ་ཅང་ཛ་དྲག་པོ་འདུག །ནད་པ་ཚང་མ་ལས་ཀ་བྱེད་དགོས་ཙང་ཕྲུ་གུར་ལྟ་རྟོག་བྱེད་མི་ཐུབ། རང་ཕྲུ་གུའི་ནང་ནས་ནད་ཤོས་རེད་ལ་ཧ་གཉིད་གོ་ཆེ་བ་དང་སྨྱུང་ཤོས་ཡིན་ཙང་། ནད་པ་ཚང་མས་གྲོས་ཐག་ཆོད་དེ་སྒོ་རའི་ནང་གི་ཕྲུ་གུ་ཚང་མ་རང་གིས་བདག་ཉར་ཡག་པོ་བྱེད་དགོས་གསུང་། ངེས་པར་དུ་ནན་ཏན་གྱིས་འགན་འཁུར་ནས་གྲོང་པ་ཚང་མའི་ཕྲུ་གུ་བདག་ཉར་ཡག་པོ་བྱས་ཏེ་གནས་ཚུལ་མ་ལྷག་པ་ཡིད་གཟབ་ནན་པོ་བྱེད་རོགས་ཅེས་གསུང་།" ང་ནི་ཁ་ལ་ཉན་པོ་ཞི་དྲག་ཡོད་ཙང་ནད་པ་ཚོས་བཀོད་སྒྲིག་གནང་བ་གཞི་བཟུང་། ངས་སྒོ་རའི་ནང་གི་ཕྲུ་གུ་ཚང་མ་རུབ་རུབ་བཟོས་ཏེ། ཚང་མ་པླ་རྣམ་རྒྱལ་ལགས་ཀྱི་བ་ཚང་ནང་ལ་འཁྲིད་པ་ཡིན། ཁང་པ་འདི་བ་ཚང་རེད་ཟེར་བ་མ་གཏོགས་ནང་ལ་ཡར་འཛུལ་ན། ས་ཕག་གི་རྒྱབ་པའི་ཁང་པ་སྤྲབས་བདེ་དང་རྒྱ་ཙུང་ཆེ་ཙམ་ཞིག་རེད། སྒོ་མར་བརྒྱབ་ན་བདེ་

འཇགས་ཡིན་ལ་སྐད་གི་སྐེའུ་ཁུང་ཆུང་ཆུང་འདི་ཕྱི་བཞག་ན་ཁ་རླུང་འགྲོ་ས་ཡག་པོ་ཡོད། བ་ཚང་གི་བདག་པོས་ཉིན་མོའི་གུང་ལ་ཙ་དངོས་འཛོག་ས་དང་། མཚན་མོ་བ་ཕྱུགས་གཅིག་ལས་མེད་ཙང་དེ་བཏགས་བཞག་གི་རེད། བྱས་ཙང་བ་ཚང་ནང་ཛོར་པོ་དེ་ཙམ་མིན་འདུག །ང་ཚོས་བ་ཚང་ནང་ལ་འཇུལ་རྗེས་སྔོན་ལ་གད་བདར་རོབ་ཙམ་བྱས། དེ་ནས་མེ་མདའ་མ་བརྒྱབ་ན་ཕྲུ་གུ་ཚང་མ་བ་ཚང་ནང་རྩེད་མོས་ས་འཁོལ་བཤད་ཀྱི་རེད། མེ་མདའི་སྒྲ་གོ་མ་ཐག་ཡང་ང་ལ་འཐམ་བྱས་དུས་ནི་སྔོད་ཀྱི་རེད། ཕྲུ་གུ་ཁ་ཤས་རྩ་བ་ནས་སྔོད་མི་ཚུགས་པར། པ་ལགས་ཨ་མ་ལགས་སར་ཁྲིད་དགོས་ཡོད་ཟེར་བ་དང་། ཡང་ཟ་ཡ་དགོས་ཟེར་བ་དང་། ཡང་ན་དུས་ཤིང་སླགས་མ་འཁྱིལ་བ། ཡང་ན་ཆུང་བ་ཚོ་ལ་ཐུབ་ཚོད་གཏོང་བ་སོགས་གང་ལྟར་སྨྱོན་པ་ནང་བཞིན་བྱེད་ཀྱི་རེད། ངས་རྩ་བ་ནས་སླགས་མ་འཁྱིལ་པའི་སྐབས་ཁོ་ཚོ་ལ་འཇིགས་སྣང་སྐུལ་ཏེ། “ད་དུང་རྙོག་དྲ་བཟོས་ན་སྔོའི་ཕྱི་ལ་འབུད་ཀྱི་ཡིན། མེ་མདའི་རྫེའུ་ཊཱ་སི་ཟེ་བ་ཅིག་རང་ལ་རྒྱག་བྱས་ཤི་སོང་ན། རང་གི་པཱ་ལགས་དང་ཨ་མ་ལགས་མིག་གི་མཐོང་རྒྱུ་མེད་པ་ཆགས་ཀྱི་རེད་ཅེས་བཤད་ཀྱི་ཡོད།” དེ་ནས་ཕྲུ་གུ་དེ་ཚོ་འཇམ་ཐིང་ངེར་བསྡད་དུས། གཞི་ནས་སྔོའི་སེར་ཀའི་གསེང་ནས་ལྟ་སྐབས་རྒན་པ་ཚོས་བྱེ་ས་རྫ་རས་ནང་ བླུགས་ནས་རྒྱལ་སྒོ་ནང་མའི་གཡས་གཡོན་གཉིས་ལ་སྤུང་བཞིན་པའི་སྣང་རེད། ད་བྱེད་དུས་རྒན་པ་ཚོས་སྒོ་རའི་ནང་གྲོང་མིའི་བདེ་འཇགས་ལ་བསམ་ནས་རྒྱལ་སྒོ་བཙན་ཐག་ཆོད་བཀག་རྒྱུའི་ལས་ཀ་འདི་རེད་འདུག་སྙམ། རྒྱལ་སྒོ་བཀག་ཚར་དུས་གཞི་ནས་ནམ་ལངས་ཚར་ཏེ། གྲོང་མི་ཚང་མས་རང་རང་གི་ཕྲུ་གུ་ཁྲིད་དེ་ནང་སོ་སོར་ལོག་སོང་།

ཉིན་གཉིས་རྗེས་རྗེས་མི་ཚང་མ་སོ་སོའི་ནང་ལ་འཇུལ་བསྡད་དེ་ཕྱིར་འདོན་མི་ནུས། ཁང་པ་མང་པོའི་གྲུང་ལྡེབས་ལ་མེ་མདའི་མདེའུ་ཕོག་ནས་གྲུང་ལྡེབ་ལྡེབ་བཀོག་པའི་ཤུལ་འདུག །མེ་སྒྲོགས་དང་མེ་མདའི་སྒྲ་མཚམས་བཞག་རྗེས། ཡང་གང་ཙམ་སོང་ནས་མེ་སྒྲོགས་དང་མེ་མདའི་སྐད་གོ་ན། མི་ཁ་ཤས་ཀྱི་བཅིངས་འགྲོལ་དམག་

མིར་རྒྱལ་ཁ་ཐོབ་བཞག་ཟེར་བ་སོགས། སྐད་ཆ་ཕར་བཤད་ཚུར་བཤད་མང་པོས་གནད་ལ་འཁེལ་བ་ཤོད་ཐུབ་མཁན་སུ་ཡང་མེད་པ་རེད། དེ་ནས་ཚེས་ཉེར་གཉིས་ཀྱི་ཞོགས་པ། ཛེ་ཏུ་དགོན་པའི་རྒྱབ་ཀྱི་གྱང་མཐོ་པོའི་སྐེའུ་ཁུང་ནང་ནས་མི་གཅིག་གིས་རྒྱུག་པ་རིང་པོའི་སྟེང་། ཁ་བཏགས་འགྲོགས་ཏེ་ཕར་གཡོ་ཚུར་གཡོ་བྱེད་བཞིན་འདུག་པས། ཨ་མ་ལགས་ཀྱིས་དེ་ནི་ཁོ་ཚོས་མགོ་བཏགས་ཞུས་པའི་རྟགས་རེད་གསུང་བྱུང་། དེ་ནས་དུས་ཚོད་རིང་པོ་མ་སོང་བར། ལྷ་ས་གྲོང་ཁྱེར་ཡོངས་ཀྱི་མཁའ་དབྱིངས་སུ་མེ་སྒྲོགས་དང་མེ་མདའི་སྒྲ་ཡོངས་སུ་མཚམས་འཛོག་བྱས་པར་བརྟེན། མི་ཚང་མ་དགའ་སྤྲོ་རབ་ཏུ་འཕོལ་བཞིན་ང་ཚོའི་སྐོར་རའི་ནང་གི་མི་མང་པོ་ཞིག་ཀྱང་ཐོག་ཁར་འཛེགས་ནས་ལྷ་བསངས་གཏོང་བ་དང་། སྐོར་རའི་ནང་ལང་བསྡད་མཁན་གྱི་གྲོང་པ་ཕན་ཚུན་ལག་པ་གཡུགས་པ། ང་ཚོས་ཕོ་བྲང་པོ་ཏ་ལའི་ནང་ནས་མེ་མདའ་ལག་པ་གཉིས་ཀྱིས་མགོའི་སྟང་བསྒྲིངས་ཏེ། མགོ་བཏགས་ཞུས་མཁན་ངོ་ལོག་ཟེར་འཐྲུག་པ་འདོན་ཡོང་བ་མཐོང་གི་འདུག་ཅེས་ཟེར། དེ་ནས་སྐོར་རའི་ནང་གི་མི་ཚང་མ་བྲེལ་ཚུབ་དང་རྒྱལ་སྒོ་བཀག་པའི་བྱེ་མའི་རྫ་རས་དོ་པོ་ཚང་མ་བླངས་ཏེ། རྒྱལ་སྒོ་ཡོངས་སུ་ཕྱེ་ནས་མི་ཚང་མ་རང་དབང་དང་ཡར་འགྲོ་མར་འགྲོ་བྱེད་ཐུབ་སོང་།

རྒྱལ་སྒོ་ཕྱེ་མ་ཐག་རྒྱལ་སྒོའི་ཕྱིར་བལྟ་དུས་མིག་མདུན་གྱི་རྣམ་པ་དེས་ཡ་ང་ཧང་སང་བྱུང་། རྒྱལ་སྒོའི་མདུན་དུ་ཡོད་པའི་ཐབ་དོང་ཉེ་འགྲམ་དང་ཛེ་ཏུ་དགོན་པའི་རྒྱབ་ཀྱི་གྱང་འོག་ཏུ་མི་རོ་གསུམ་སྤུ་རྗེས་སུ་བཞག་འདུག །ང་ནི་མདུན་ལ་ལྟ་བར་ག་ནས་འགྲོ་ནུས། ཀན་པས་གསུང་ན་ཁམས་པའི་མི་འདྲ་པོ་འདུག །ཁྱོ་ག་གཟུགས་སྟོབས་ཆེ་ལ་བྲང་ཁོག་ལ་ཆོས་སྲུང་གའུ་བཏགས་པ། ལག་པར་མེ་མདའ་རིང་མདའ་འཁྱེར་ནས་ཤི་བཞག་གསུང་གིས། མི་གཞན་ཚོས་རོ་དེ་དག་འཁྱེར་འགྲོ་རྩིས་བྱེད་དུས། གློ་བུར་དུ་ཨ་ཅེ་གཟུགས་པོ་རིང་པོ་ཞིག་གིས་སྐད་བརྒྱབ་སྟེ། ཨ་ལས་སྨུག་ཨང་ཟེར་ནས་ང་ཚོའི་སྐོར་རའི་ནང་ནས་མར་འདོན་ཡོང་སྟེ་རོའི་འཁྲིས་སུ་བརྒྱུགས་ཕྱིན་སོང་། གྲོང་མི་ཚང་མས། འོ་ཧོ་འདི་ཨ་ཞེ་ཆོས་སྒྲོན་མ་རེད་པས། ཁོང་ག་རེ་བྱས་པ་

ཡིན་ནམ། གཅིག་བྱས་ན་ཕ་ཡུལ་གཅིག་པ་ངོ་ཤེས་པ་ཡིན་མིན་ལྟ་མཁན་མིན་ནམ་ཟེར། མཇུག་ལ་བལྟ་དུས་དེ་ཚོ་ཚང་མ་རེད་མིན་འདུག །མོ་རོ་དེ་ཚོའི་འཁྲིས་ལ་སླེབས་མ་ཐག་ཏུ་གུག་གུག་བྱས་ཏེ། རོ་གསུམ་པོ་རེ་རེ་བཞིན་གཟུགས་ཐོག་ཏུ་ཡོད་པའི་རྒྱན་ཆ་ཚང་མ་སྟེ་གཅིག་མ་ལུས་པ་བཤུས་པར་མ་ཟད། དེའི་ནང་ནས་རོ་གཅིག་གི་མཇུབ་མོར་རྫུལ་གྱི་མཇུབ་དཀྲིས་ཤིག་ཡོད་པ་མཇུབ་ཤ་སྦྲོས་ཙང་བཤུས་མ་ཐུབ་པར་གང་ཙམ་ལུས། ཐར་ཤུགས་ཡོད་ཚད་བརྒྱབ་སྟེ་བཤུས་ཐུབ་རྗེས་རང་གི་སྤྱང་གདན་ནང་བླུགས་ཏེ། ཁ་ཆེར་ཚར་དང་སྤྱང་གདན་ནང་གྲངས་ཀ་བརྒྱབ་པ་དང་། དེ་ནས་ལག་པ་བརྐྱངས་ཏེ་མི་གཞན་ལ་ད་ཁྲིད་ཚོས་རོ་འཁྱེར་འགྲོ་ཚོག་ཅེས་ཟེར། ང་ལམ་ཁོ་རང་གི་ལས་འགན་གལ་ཆེན་ཞིག་བསྒྲུབས་ཚར་བ་ནང་བཞིན་རོ་ལ་སྣང་བ་ཕྱུ་ཙམ་གཏོང་གི་མིན་འདུག །ང་ཚོའི་སྒོ་རའི་ནང་གི་གྲོང་མི་མང་ཆེ་བ་ཏང་སང་སང་གིས་དེ་འདྲ་ཨ་ཡིན་བསམ་པའི་མིག་ཧྲིལ་ཧྲིལ་བལྟས་ཏུང་། ཁོང་ནི་སྣང་མེད་དུ་སོ་སོའི་ནང་དུ་འཛུལ་ཕྱིན་སོང་།

ཡོ་མང་པོ་ཕྱིན་པའི་རྗེས། ངས་གཞི་ནས་ཨ་ཤེ་ཆོས་སྒྲོན་གྱི་བྱེད་སྟངས་བྱེད་ལུགས་དེ་ཚོར་རིམ་བཞིན་བསམ་ཤེས་བྱེད་ཐུབ་བྱུང་། གང་ཡིན་ཟེར་ན། སྐབས་དེ་དུས་ཁོ་རང་གཅིག་པོས་ཕྲུ་གུ་ཁྲིད་དེ་ཁམས་ནས་ལྷ་སར་གནས་མཇལ་ལ་ཡོང་སྟེ་ཕ་ཡུལ་དུ་ལོག་མི་ཐུབ་པར་ལྷ་སར་ལུས། དེའི་རིང་འཚོ་བ་དངོས་འབྲེལ་ཏ་ཙང་དཀའ་ལས་ཁག་པོ་བྱུང་བ་ཡིན་ཙང་རྒྱུ་ནོར་འཕེལ་ཐུབ་པའི་གོ་སྐབས་དེ་འདྲ་ཞིག་དང་འཕྲད་དུས་ཁོང་གིས་གང་ལའང་མི་འཛེམ་པར་བརྩོན་ལེན་བྱས་པ་ཞིག་རེད་བསམ་བྱུང་། སྐབས་དེ་དུས་མོའི་བསམ་བློའི་ནང་ངས་ཐུ་མ་བརྐུས་པ་ནི་མིན། ཇག་པ་བརྒྱབ་ནས་འཕྲོག་བཅོམ་བྱས་པ་ནི་མིན། དེ་ཚོ་ང་ལ་རྙེད་པར་མ་ཟད་ངོ་ལོག་ཇག་པའི་ལུས་ནས་རྙེད་པ་སོང་ཙང་། མི་གཞན་གྱི་ང་ལ་ག་རེ་བཤད་ཐུབ་བསམ་པ་མིན་ནམ་སྙམ།

གཉིས་པ། ལྷ་སའི་ཆོས་གོང་རིག་གནས་གནའ་ཤུལ་བརྟགས་ཏེ། གནའ་བོའི་པ་མེས་ཀྱི་ཤེས་དཔལ་རྩ་བ་འཚོལ་ཞིབ་བྱེད་པ།

ལྷ་སའི་གནའ་བོའི་ཤེས་དཔལ་ལོ་རྒྱུས་བཤད་འདོད་པར། སྔོན་ལ་བསྐལ་པ་ཡ་ཐོག་གི་ལྷ་སའི་མེས་པོ་ཆོས་གོང་གི་མིས་གསར་གཏོད་བྱས་པའི་ཆོས་གོང་རིག་གནས་གནའ་ཤུལ་ནས་ཤོད་དགོས་པ་ལོས་ཡིན། ཚོད་བགམ་བྱས་ན་དེང་སྐབས་ལྷ་སའི་མི་མང་པོ་ཞིག་གིས་ཆོས་གོང་རིག་གནས་གནའ་ཤུལ་ས་ཆ་གང་དུ་ཡོད་མེད་ཤེས་ཀྱི་མེད་ལ། མེས་པོས་ང་ཚོར་ཤེས་དཔལ་རིག་གནས་ཀྱི་ཤུལ་གང་འདྲ་ཞིག་བཞག་ཡོད་པ་དང་། གནའ་ཤུལ་དེ་དག་རྩ་ཆེན་གང་འདྲ་ཡོད་མེད་དེ་བས་གསལ་པོ་མི་ཤེས། དོན་དུ་ལྟར་ན། ཆོས་གོང་གི་གནའ་ཤུལ་རིག་གནས་དེ་དག་ང་ཚོས་འཚོ་ཞིང་ལོངས་སྤྱོད་བྱེད་མུས་ཡིན་པའི་ལྷ་སའི་གྲོང་དང་རྒྱང་ཐག་ཏ་ཙང་ཉེ་བར་གནས་ཤིང་། དེ་ནི་ལྷ་ས་གྲོང་ཁྱེར་གྱི་བྱང་ངོས་སུ་སྤྱི་ལེ་ལྔ་ཙམ་སོང་ན་ཐང་བྲན་ཤང་ཆོས་གོང་གྲོང་ཚོ་ཞེས་པ། གྲོང་ཚོའི་ཤར་ངོས་ཀྱི་སྐྱི་སུམ་བརྒྱའི་མཚམས་སུ་གྲགས་ཅན་གྱི་སེ་ར་ཐེག་ཆེན་གླིང་དགོན་པ་ཆགས་ཡོད་པ་དང་། ཆོས་གོང་གནའ་ཤུལ་གྱི་མཐོ་ས་ནས་གཞོགས་སྐོ་ངོས་ལ་གཟིགས་ན་བརྗིད་ཆགས་ཡིད་འོང་ལྡན་པའི་ཕོ་བྲང་པོ་ཏ་ལ་དང་། མཛེས་ཅིང་ལྷ་ན་སྡུག་པའི་ལྷ་ས་གྲོང་ཁྱེར་གྱི་རྣམ་པ་ཇི་བཞིན་རྒྱང་གཟིགས་གནང་ཐུབ། སྔོན་ལ་ང་ཚོས་ཆོས་གོང་གི་གནའ་ཤུལ་འདི་གང་འདྲ་བྱས་ཏེ་རྙེད་པའི་སྐོར་རགས་ཙམ་ཞུས་ན།

དེ་ཡང་ལོ་རབས་བརྒྱད་བཅུའི་ནང་ནས་འགོ་ཚུགས་ཤིང་། སྐབས་དེ་དུས་བོད་རང་སྐྱོང་ལྗོངས་རིག་དངོས་དོ་དམ་ཨུ་ཡོན་ལྷན་ཁང་གི་རིག་དངོས་ཞིབ་བཤེར་བརྟག་དཔྱད་ཚོགས་པའི་ཁོངས་མི་སྐྱ་ཞབས་དགེ་འདུན་ལགས་ཀྱི་གཙོས་པའི་རིག་

དངོས་ཞིབ་འཇུག་མཁས་པ་ཚོ་མཉམ་དུ་གནའ་ཤུལ་ལ་རྟོག་ཞིབ་གནང་སྐབས། ཆོས་གོང་གྲོང་ཚོའི་ཁུལ་གྱི་སའི་ཁ་སྟེང་དུ་ཐོར་བསྟད་པའི་རིག་དངོས་འགའ་རེ་རྙེད། དེ་ནས་ཁོང་རྣམས་པས་དེའི་ཁུལ་དུ་གཞི་རྒྱ་ཆུང་ཙམ་གྱི་ནན་ཏན་འཚོལ་སྡོམ་གནང་སྐབས་རིམ་བཞིན་ས་འོག་ཏུ་སྦས་པའི་རིག་གནས་ཕྱུངས་བརྩེགས་རྙེད། འདི་ནི་གལ་ཤིན་ཏུ་ཆེ་བའི་རྙེད་འདོན་ཞིག་ཡིན་པར། རང་སྐྱོང་ལྗོངས་དང་རྒྱལ་ཁབ་རིམ་པའི་རིག་དངོས་ཚན་པ་ཁག་དང་རིག་གཅིག་མཁས་དབང་ཚོས་ཚད་མཐོའི་མཐོང་ཆེན་ཐོབ་པ་རེད། རང་སྐྱོང་ལྗོངས་རིག་དངོས་ཚན་པས་ལྷག་བསམ་རྣམ་དག་གིས་གདན་ཞུ་གནང་བ་ལྟར། གུང་གོའི་སྤྱི་ཚོགས་ཚན་རིག་ཁང་གི་གནའ་ཤུལ་བརྟག་ཞིབ་ཚན་པའི་རིག་གཅིག་མཁས་དབང་ཚོས་ས་མཐོའི་གྲང་ངར་དང་གསོས་རླུང་མི་འདང་བ། ཆ་རྐྱེན་སྐྱོ་པོ་ཡིན་པའི་དཀའ་ངལ་དེ་དག་ལ་མི་འཇེམས་ཤིང་། ལོ་ཤས་བསྟུད་མར་དུས་བགོས་ཁག་བགོས་ཀྱིས་རིག་གཅིག་མཁས་པ་བོད་ལ་བཏང་ནས། རང་སྐྱོང་ལྗོངས་ཀྱི་རིག་དངོས་ཚན་པ་དང་མཉམ་འབྲེལ་གྱི་རིག་དངོས་སྡོག་འདོན་ཚོགས་པ་སྒྲིག་འཛུགས་བྱས་ཏེ། ཐུན་མོང་གིས་གནའ་ཤུལ་རིག་དངོས་སྡོག་འདོན་དང་ལེགས་སྒྲིག་བྱེད་རྒྱུའི་ལས་དོན་གཏིང་ཟབ་དང་སྤེལ་པ་རེད། ནན་ཏན་དམ་ཟབ་ཀྱི་ཚན་རིག་བརྟག་དཔྱད་དང་སྡོག་འདོན་བྱས་པ་རྒྱུད་མཐར་མི་ཚང་མ་དགའ་སྤྲོ་ཚད་མེད་སྐྱེས་འོས་པའི་གྲུབ་འབྲས་གལ་ཆེ་ཞིག་ཐོབ་ཡོད། རིག་གཅིག་མཁས་པ་ཚོས་རིག་གནས་གནའ་ཤུལ་ས་ཆ་དང་། གནའ་རྫས་ལ་སོགས་པའི་ཐོ་བཀོད་ཡིག་ཆ་དེ་དག་ལ་ལེགས་སྒྲིག་དང་། དབྱེ་ཞིབ། ཞིབ་འཇུག་སོགས་ཡང་ཡང་བྱས་ཏེ། མཇུག་ཏུ་དངོས་སུ་གཏན་འཁེལ་བྱས་པ་ནི། ལྷ་སའི་ཆོས་གོང་གནའ་བོའི་མེས་པོའི་གྲོང་ཁྱིམ་ཤུལ་བཞག་ས་ཆར་"ཆོས་གོང་རིག་གནས་གནའ་ཤུལ་"ཞེས་གཏན་འཁེལ་བྱས། ཆོས་གོང་གི་གནའ་ཤུལ་འདིར་ད་བར་ལོ་ངོ་༦༠༠༠ནས་༥༠༠༠ཡས་མས་ཀྱི་ལོ་རྒྱུས་ཡོད་ཟེར།

རིག་གཅིག་མཁས་པ་ཚོས་ཡང་ཡང་བརྟག་དཔྱད་དང་། ཞིབ་འཇུག་དབྱེ་ཞིབ་བྱས་པ་རྒྱུད་གནའ་ཤུལ་འདི་རང་ལ་དམིགས་ཏེ་ཆ་ཚང་བ་དང་གོ་རིམ་ཡོད་པའི་ཆེད་

དོན་གནའ་རྫས་རྟོག་ཞིབ་སྨན་ཞུ་རིང་པོ་རྫོམ་སྒྲིག་དང་པར་སྐྲུན་བྱས་ཡོད་པར་མ་ཟད། ཁོང་རྣམ་པས་མཇུབ་སྟོན་བྱས་པ་ལྟར་ན། ཡར་ཀླུང་གཙང་པོའི་རོང་ཁུལ་གྱི་ལྷེ་བའི་ས་རྒྱུད་དུ། སྤྱི་རྗེས་སུ་ཡ་ཐོག་མིས་ས་ཞིང་འདེབས་ལས་བྱས་པའི་རིག་དངོས་ཤུལ་བཞག་ཁྲུ་གཅིག་རྙེད་པ་དང་། ལྷ་སའི་ཆོས་གོང་རིག་གནས་གནའ་ཤུལ་དང་འདྲ་ཆེ་བའི་རིག་གནས་གནའ་ཤུལ་གྱི་ས་ཁོངས་ཁྱབ་རྒྱ་ཅུང་ཆེ་ཙམ་ཡོད། དཔེར་ན་གལ་ཆེ་བའི་རིགས་ལ་མཚོན་ན། སྟོ་ཁ་གོང་དཀར་རྫོང་གི་ཕྲང་སྒོ་རོང་གི་གནའ་ཤུལ་དང་། སྟོ་ཁ་འཕྱོངས་རྒྱས་རྫོང་བང་ཁ་གྲོང་ཚོའི་གནའ་ཤུལ་བཅས་ཁག་གཉིས་ཡོད། ཆོས་གོང་རིག་གནས་གནའ་ཤུལ་ནི། བཤད་ཚུལ་ལྟར་ན་ས་ཁོངས་དེ་ཚོའི་ནང་དེང་དུས་རྙེད་པའི་གྲུས་དང་བསྡུར་ན། ཕྱིའི་དབྱིབས་གཟུགས་གསལ་ཤོས་ཀྱི་ཡ་ཐོག་རྗེ་ཆས་གསར་པའི་དུས་རབས་ཀྱི་རིག་གནས་ཤུལ་བཞག་ཅིག་ཡིན་པར་མ་ཟད། དེང་དུས་རང་རྒྱལ་གྱི་རྒྱ་མཚོའི་ངོས་ལས་མཐོ་ཤོས་ཀྱི་གནའ་བོའི་རིག་གནས་ཤུལ་བཞག་ཅིག་ཀྱང་རེད། གནའ་ཤུལ་རྩ་ཆེན་པོ་དེ་འདྲ་ཞིག་རྙེད་ནས་ང་ཚོར་གང་ཞིག་གསལ་བཤད་བྱས་ཡོད་ཅེ་ན། ལྷ་ས་བའི་མེས་པོ་ཆོས་གོང་གི་མིས་ལོ་ངོ་༤༠༠༠ནས་༥༠༠༠གོང་ལ་ས་ཆ་འདིའི་སྟེང་དུ་སོ་ནམ་གྱི་ཞིང་ལས་དང་རི་དྭགས་བཟོན་པ་སོགས་བྱས་ཏེ་འཚོ་གནས་བརྒྱུད་སྐྱེལ་བྱས་ཡོད་པ་དང་། ཆོས་གོང་གི་མིས་ང་ཚོར་ཡ་ཐོག་འགྲོ་བ་མིས་སོ་ནམ་ཞིང་ལས་བྱེད་པ་དང་། མངོན་གསལ་དོད་ཅིང་ཁྱད་ཆོས་ལྡན་པའི་ཚོ་པ་ཁག་འདིའི་རིག་གནས་ཤུལ་བཞག་ཕོ་ནས། ལྷ་སའི་ཤེས་དཔལ་གྱི་ལོ་རྒྱུས་དེ་ལོ་ངོ་བཞི་སྟོང་ནས་ལྔ་སྟོང་ཡས་ལ་སྐྱུལ་འདེད་གཏོང་ཐུབ་པ་བྱུང་ཡོད།

ད་ལྟའི་ཆར་ང་ཚོས་བོད་རང་སྐྱོང་ལྗོངས་རྟེན་རྫས་བཤམས་མཛོད་ཁང་དུ་བཤམས་པའི་ཆོས་གོང་རིག་གནས་གནའ་ཤུལ་གྱི་རྟེན་རྫས་འགའ་ཞིག་འགྲེམས་སྟོན་གནང་བ་གཟིགས་ཐུབ་པ་ཙམ་ལས། གནས་སྐབས་རིང་ཆོས་གོང་རིག་གནས་ཤུལ་བཞག་ནང་གི་དངོས་རྫས་ཚང་མ་མཐོང་གི་མི་འདུག །འོན་ཀྱང་ང་ཚོས་རིག་དངོས་ཞིབ་འཇུག་མཁས་པ་རྣམས་ཀྱི་ངོ་སྤྲོད་གནང་བའི་ཡིག་ཆ་ཁག་ནས་ཐོག་མའི་རྒྱུས་

མངའ་ཞིག་གནང་བ་ཡིན་ན་འདི་ལྟ་སྟེ།

རྒྱང་ནས་བལྟས་ཚེ་ཆོས་སྒང་རིག་གནས་གནའ་ཤུལ་གྱི་རྒྱ་ཁྱོན་ལ། སྤྱི་ལེ་ངོས་སྙོམས་གྲུ་བཞི་མ་ཁྲི་གཅིག་ཡས་མས་ཡོད་པ་རེད། དེའི་ནང་གསེས་སུ་རིག་གནས་གནའ་ཤུལ་ཁག་གཉིས་ལ་དབྱེ་ཡོད་པ་སྟེ། གཅིག་ནི་སྟོད་ཁྲིམ་ཁག་གི་གནའ་ཤུལ། དེ་ལ་ལོ་རབས་བརྩིས་ན་སྤྱི་ལོའི་སྔོན་གྱི་ལོ་ངོ་ཉིས་སྟོང་ངམ་ཆིག་སྟོང་ལྔ་བརྒྱའི་གོང་ཙམ་རེད་འདུག །གཞན་ཞིག་སྟེ་ཆོས་སྒང་རིག་གནས་གནའ་ཤུལ་གྱི་གཙོགས་ནུབ་བྱང་གི་མཚམས་སུ་སྣི་སུམ་བརྒྱའི་གཡས་གཡོན་ལ་རྗེ་ཁྲིམ་བང་སོའི་ས་ཁོངས། དེར་རྒྱ་ཁྱོན་སྤྱི་ལེ་གྲུ་བཞི་མ་དྲུག་སྟོང་ལྔ་བརྒྱ་ཙམ་ཡོད་པ་རེད། བང་སོ་འདིའི་ལོ་རབས་བྱས་ན་རྒྱའི་ལོ་རྒྱུས་ཀྱི་ཁྲུན་ཆིའུ་དུས་རབས་ཞེས་པ་དང་དུས་མཉམ། ཆོས་སྒང་གནའ་ཤུལ་རྙེད་རྗེས། ད་དུང་༡༩༩༡ལོར“རྒྱལ་ཡོངས་ཀྱི་གནའ་རྫས་རྟོག་ཞིབ་སྟོག་འདོན་རྣམ་གྲངས་བཅུ”ཡི་ཁོངས་སུ་འདམས་པ་རེད། དེ་ནི་ལས་སླ་བ་ཞིག་ག་ནས་ཡིན། འོན་ཀྱང་རྗེས་སུ་ཆར་ཆུ་དང་ཆུ་ལོག་གང་སར་རྒྱུག་པ་དང་། གཡས་གཡོན་མང་ཚོགས་ཀྱི་ཁང་པ་ཨར་རྒྱག་དང་ལམ་བཟོའི་འཛུགས་སྐྲུན་གྱི་སྤེལ་བའི་རྐྱེན་གྱིས་གནའ་ཤུལ་ཁུལ་ནས་ས་བསྐོགས་རྗེ་བསྐོགས་པ་སོགས་བྱས་བས། གནའ་ཤུལ་ལ་གནོད་བཤིག་ཚབས་ཆེན་ཕོག་འདུག ༢༠༡༧ལོའི་དབྱར་ཁ་ཞིག་ལ་ངས་རང་སྐྱོང་ལྗོངས་གནའ་རྫས་འགྲེམས་སྟོན་ཁང་གི་བློ་མཐུན་བློ་བཟང་ལགས་ལ། རིག་དངོས་རིག་གཅིག་མཁས་པ་བློ་མཐུན་ཤར་རྣམ་དབང་འདུས་ལགས་འཚོལ་རོགས་ཞུས་ཏེ་ཆོས་སྒང་གནའ་ཤུལ་གྱི་གནས་ཚུལ་སྐོར་ང་ཚོ་ལ་ངོ་སྤྲོད་ཅིག་གནང་རོགས་ཞུས་པ་ཡིན། བློ་མཐུན་ཤར་དབང་ལགས་ཀྱིས་སྤྲོ་སེམས་འཕེལ་དང་ངོ་སྤྲོད་གནང་བ་བརྒྱུད། ང་ཚོ་ནང་མི་རྣམ་གཞོན་ཚང་མ་ཆོས་སྒང་གནའ་ཤུལ་གྱི་གཞི་རྩའི་གནས་ཚུལ་ལ་རྒྱུས་མངའ་ཐུབ་ཙམ་བྱུང་། གནའ་ཤུལ་ལ་མ་འགྲོ་སྒང་ནང་མིའི་ཚོའི་བསམ་པར་གནའ་བོའི་སྔོད་ཁང་དང་རྟེན་རྫས་མཐོང་རྒྱུ་ཡོད་རེད་སྙམ་ནས། ཆེད་མངག་མཐོང་དར་དང་ཞལ་འདེབས་འབུལ་རྒྱུའི་དངུལ་ལོར་གྲ་སྒྲིག་བྱས་ཀྱང་དངོས་སུ་

སླེབས་དུས་བློ་ཕམ་པ་ཞིག་ལ། གནའ་ཤུལ་ས་ཆ་འདིའི་ལམ་གྱི་གཞོགས་བྱང་ངོས་ལམ་ཟུར་ལ་ལྷུགས་དྲས་བསྐོར་ཡོད་རུང་། ལྷུགས་ཀྱི་དྲ་བ་འགའ་ཤས་གཏོར་བཤིག་སོང་བ་མཐོང་བ་ལས། གནའ་ཤུལ་འདི་རེད་བསམ་པའི་ཤུལ་གང་ཡང་མི་མཐོང་། ས་ཆ་ཡོངས་རྫོགས་ནི་ལ་རྒོད་དང་རྩྭ་ངན་གྱིས་ཁེངས་ནས་གནའ་ཤུལ་གྱི་བདེ་འཇགས་ལ་སེམས་ཁྲལ་སྐྱེས་དགོས་པ་ཞིག་ཆགས་འདུག

ཆོས་གོང་གནའ་ཤུལ་ནས་སྔ་རྗེས་སུ་སྔོག་འདོན་བྱས་པའི་རིག་དངོས་རྣམ་གྲངས་ཕྱོན་བསྡོམས་ཁྲི་གཅིག་ལྷག་ཡོད་པ་རེད། དེའི་ནང་ནས་མང་ཆེ་བ་ནི་རྡོ་ཆས་ཀྱི་རིགས་ཡིན་པ་དང་དང་དེ་ནས་རྫ་ཆས་དང་རུས་ཆས་ཡིན། ད་དུང་ལིའི་ཡོ་བྱད་ཟུང་ཤས་ཐོན་ཡོད་པ་རེད། རྡོ་ཆས་ཀྱི་རིགས་མང་ཆེ་བ་བརྡུང་བཟོས་རྡོ་ཆས་ཡིན་ཁར། མེས་པོ་ཚོའི་བརྡུང་བྱེད་ཀྱི་ལག་ཆའི་བཟོ་རྩལ་ཤིན་ཏུ་བྱང་ཆུབ་པ་ཡོད་པར་མ་ཟད་བཟོ་རྩལ་སྐབས་བདེ་བ། དཔེར་ན་བརྡུང་བཟོས་རྡོ་ཆས་དང་། བཤས་ཆས། གཟོང་ཆས། ད་དུང་གཏུབ་སྤྱད་ཀྱི་རིགས་དང་རྐོས་རྒྱག་གི་ཡོ་ཆས་སོགས་སྣ་ཚོགས་ཡོད་པ་རེད། རྡོ་ཆས་ཀྱི་རིགས་ནང་བརྡར་བཟོས་རྡོ་ཆས་དང་གཡང་ཏིའི་རིགས་མང་པོ་མེད་ཀྱང་དེའི་བཟོ་རྩལ་ཏ་ཅང་གི་ཞིབ་ཚགས་པོ་ཡོད་པ། རུས་ཆས་རིགས་ཀྱི་རྒྱུ་ཆ་མང་ཆེ་བ་ནི་རི་དྭགས་སེམས་ཅན་གྱི་རྐང་ལག་རུས་པ་ཡིན་པ། དཔེར་ན་རུས་པའི་སྐུང་བུ། རུས་པའི་ཁབ། རུས་པའི་མདའ་རྩེ། རུས་པའི་གྲི་སོགས་ཡོད། རྫ་ཆས་བཟོས་པའི་ལག་ཆའི་གྲངས་འབོར་ཉུང་ཞིང་། གཙོ་བོ་རྫའི་རྣ་རྒྱན་དང་གཟོང་དེ་བཞིན་རྫ་ལེབ་བཟོ་ལྷ་སྐོར་མོ་བྱས་པ། དེ་དག་ནང་ནས་ཟངས་ཀྱི་ཁ་ལ་གཡའ་བརྒྱབ་པའི་ལི་ཆས་མདའ་རྩེ་ཞིག་སྔོག་འདོན་བྱས་ཡོད་པ་དེའི་དོན་སྙིང་གཞན་དང་མི་འདྲ་བ་རེད། རིག་གཅིག་མཁས་པ་ཚོས་དཔྱད་བསྡུར་བྱས་ཏེ་དཔང་རྟགས་ར་འཕྲོད་བྱུང་བ་ཞིག་ན། ལིའི་མདའ་རྩེ་འདི་ནི་ཟངས་དང་གཤའ་མཉམ་བསྲེས་བྱས་པའི་ལྷུགས་རིགས་ཤིག་ཡིན་ཞིང་། མཉམ་བསྲེས་ཀྱི་བསྡུར་ཚད་འཚམ་པོ་དང་ལུགས་མཐུན་པ་ལས་བཟོས་ནས་གྲུབ་པ་ཡིན་དང་། དེའི་ཐོག་ནས་གསལ་བཤད་གང་བྱེད་ཐུབ་ཅེ་

ན། སྐབས་དེ་ཙམ་ནས་བོད་མིས་ཟངས་ལྕགས་རིགས་བཀྲུར་བཟོའི་ཚན་རིག་གི་ལག་རྩལ་དར་རྒྱས་ཆེན་པོ་ཡོད་པར་མ་ཟད། ལིའི་མདའ་རྩེ་ལུགས་བརྒྱབ་སྟེ་བཟོ་ཐུབ་པ་དེ་རང་གིས་ཟངས་ལྕགས་བཀྲུར་བའི་ལག་རྩལ་གྱི་ཆུ་ཚད་བྱང་ཆུབ་པ་ཡིན་ལུགས་གསལ་བཤད་བྱེད་ཐུབ། དེ་ལྟར་ཆོས་གོང་གི་མེས་པོ་ཚོས་འགྲོ་བ་མིས་ལི་ཆས་སྤྱོད་པའི་དུས་རབས་ལ་གོམ་སྟབས་སྤོས་ཟིན་པའི་རྣམ་པ་ཞིག་དཔེ་འཛུགས་པ་རེད།

ཆོས་གོང་གི་མེས་པོ་ཚོས་རྣམ་ཀུན་འཚོ་བའི་ནང་བེད་སྤྱོད་བྱེད་པའི་ཡོ་ཆས་མང་ཆེ་བ་ཟ་ཁོག་རིགས་ཡིན་ཞིང་། ཟ་ཁོག་དེ་ཚོ་བཟོ་ལྟ་སྣ་ཚོགས་ཡོད་ཅིང་། འགའ་རེ་ལུང་ཡ་གཅིག་བྱས་པ། འགའ་རེ་ལུང་ཆ་གཅིག་བྱས་པ། ཡང་འགའ་ཞིག་སྐེ་རིང་བ་དང་ཁ་ཆེ་བ། ད་དུང་ཁ་ཟུར་ལུང་གཅིག་མ་སོགས་ཡོད་པ་རེད། ཟ་ཆས་དེ་ཚོའི་བཟོ་དབྱིབས་དང་མཛེས་རྒྱན་དང་མེ་ལ་བསྲེགས་ཏེ་ཟ་བཏང་བའི་ལག་རྩལ་དེ་ཚོར་བལྟས་ན། ཟ་ཁོག་བཟོ་དུས་ལག་སྐོར་འཁོར་ལོ་བེད་སྤྱད་དེ་བཟོ་དབྱིབས་སྣ་ཚོགས་ཡོད་པའི་བཟོ་རྩལ་དེ་དག་ལས་ཟ་ཆས་བཟོ་བའི་ཆུ་ཚད་ཏ་ཙང་གི་མཐོ་པོ་སླེབས་ཡོད་པ་མངོན་ཐུབ། ཟ་ཆས་ཀྱི་མཛེས་རྒྱན་ལག་ཤེས་ནི་འཇམ་བཟར་བྱས་ནས་མེ་ཏོག་ལ་མདངས་བཏང་བ་དང་། ཡང་ན་འབུར་བཀོས་བརྒྱབ་པ་སོགས་པའི་བཟོ་རྩལ་མངོན་འདུག །ཟ་ཁོག་དེ་ཚོའི་ལྟེབས་ལ་རི་མོ་སྣ་ཚོགས་རྒྱན་ཡོད་པར་མ་ཟད། རི་མོ་དེ་ཚོ་སྟབས་བདེ་ལ་བབ་ཆགས་པ་དང་དོན་དྲིལ་རྣམ་པར་བཀྲ་བ་ཞིག་རེད། སྔོག་འདོན་བྱས་པའི་ཟ་ཆས་སྣ་ཚོགས་ནང་ནས་ཟ་བཟོས་སྤྱིལ་ཆུང་གི་གདོང་དབྱིབས་འདི་དམིགས་བསལ་གྱི་མཐོང་འདོད་པོ་ཞིག་དང་། གདོང་པ་ཏ་ཙང་འདྲ་ཆེ་ལ་རྣམ་འགྱུར་ཡག་པ། ཞིབ་ཕྲ་བལྟས་ན་ནང་དོན་ཡོད་པ་བཞིན་མིག་གཉིས་ཧུ་ཧྲིལ་ཧྲིལ་ངང་བལྟས་ཏེ་ཁ་ཙུང་ཟད་གདངས་པའི་ཚུལ་དུ། ཁྱེད་ལ་སྐད་ཆ་བཤད་རྒྱུ་ཡོད་དོགས་ཀྱི་སྣང་ཚུལ་ཞིག་བསྟན་གྱི་འདུག །བོད་མི་ཞིག་ཡིན་པའི་ཆ་ནས། ངས་རང་དབང་མེད་པར་བོད་ཀྱི་ལོ་རྒྱུས་དེབ་ཐེར་མང་པོ་དང་དམངས་ཁྲོད་དུ་རྒྱུན་འཛགས་སུ་ཡོད་པའི་"སྤྲེའུ་ལས་མི་བྱུང་བ"ཞེས་པའི་བོད་མིའི་འབྱུང་ཁུངས་བཤད་ཚུལ་དེ་དག་ལྷང་ངེར་

དྲན་ཡོང་གི་འདུག ཆོས་གོང་གི་མེས་པོས་སྤྲེལ་གྱི་གདོང་པ་དེ་འདྲ་ཞིག་བཟོས་ཡོད་པ་ནི། ཡ་ཐོག་བོད་མིས་སྤྲེལ་ལ་དམིགས་བསལ་གྱི་བརྩེ་དུང་དང་གུས་བཀུར་བྱེད་པ་ཞིག་མཚོན་གྱི་ཡོད། བོད་ལ་ཡི་གེ་མ་བྱུང་གོང་གི་དུས་རབས་ནང་དུའང་གནས་ཚུལ་དེའི་རིགས་བྱུང་སྲོང་ཡོད་པར་མ་ཟད། རྗེས་སུ་དངོས་འགྱུར་ཅན་གྱི་འཛིམ་བཟོའི་མཛེས་རྒྱན་སྒྲུས་པའི་དངོས་ཟོག་འཕེལ་རྒྱས་ཆེན་པོ་ཕྱིན་ཡོད་པ་དང་། གནའ་བོའི་མིས་སེམས་གཏིང་ནས་ཡ་ཐོག་མིའི་སྣང་བརྙན་ལ་དད་མོས་བྱེད་པ་དང་ཆབས་ཅིག་མེས་པོ་ཆོས་འཛིམ་གཟུགས་བསྐྲུན་པའི་བཟོ་རྩལ་འཛོན་ཐང་ཚད་མཐོར་སླེབས་པའི་རྟགས་མཚན་གསལ་པོ་བསྟན་ཡོད།

བོད་མི་རིགས་ནང་དུ་སྤྲེའུ་ལས་མི་བྱུང་བའི་བཤད་ཚུལ་དེ་མི་རབས་ནས་མི་རབས་རྒྱུད་དེ་མི་ཐབས་ཅད་ཀྱིས་མི་ཤེས་པ་ཧ་ལམ་མེད་པ་རེད། བཤད་ཚུལ་དེར་སངས་རྒྱས་ཆོས་ལུགས་ཀྱི་བསམ་བློའི་ཤན་ཞུགས་ཡོད་ཙང་། གནའ་བོའི་བོད་མི་ཚོས་འཚོ་གནས་ཀྱི་ཆ་རྐྱེན་ཧ་ཅང་དཀའ་སྡུག་ཆེ་ཡང་། ངལ་རྩོལ་ལ་བརྟེན་ནས་འཇིག་རྟེན་རྒྱུས་མངའ་བོན་པ་དང་སྒྱུར་བཅོས་བྱས་སྟབས་རིམ་བཞིན་“སྤྲེའུ་ལས་མི་བྱུང་”ཞེས་པའི་ལྟ་བ་འདི་སྒྲུབ་པ་རེད། དེ་ནི་ཧྲ་རན་སེའི་སྐྱེས་དངོས་འཕེལ་འགྱུར་སྨྲ་བའི་རིག་པ་མཁས་ཅན་ལ་མ྄་ཁེའི་རིག་གཞུང་ནང་“མི་དང་སྤྲ་གཉིས་རྒྱུད་གཅིག”ཟེར་བའི་ལྟ་བ་དེ་དང་ཧ་ལས་དགོས་པའི་འདྲ་མཚུངས་སུ་ཡོད་པར་མ་ཡིན་ནམ།

ལྷ་ས་སྐྱིད་ཆུའི་ཉེ་འགྲམ་དུ་གཞིས་ཆགས་པའི་ཆོས་གོང་མེས་པོ་ཚོས་ས་ཞིང་འདེབས་ལས་བྱེད་རྒྱུ་གཙོ་བོ་དང་། ཞོར་དུ་ཕྱུགས་རིགས་གསོ་སྐྱོང་བྱེད་པའི་འཚོ་བའི་སྲོལ་རྒྱུན་ཡོད་པ་དེས། ས་མཐོའི་དཔལ་འབྱོར་མུ་མཐུད་གསར་གཏོད་བྱེད་རྒྱུར་ཕན་ནུས་ལྡན་པའི་ལེགས་སྐྱེས་ཕུལ་ཡོད་པ་རེད། གནའ་ཤུལ་ནས་རྙོག་འདོན་བྱས་པའི་རྫོ་ཆས་ལས་ཆོས་གོང་མེས་ཐོན་སྐྱེད་བྱེད་སྐབས་བེད་སྤྱོད་བྱེད་པའི་ལག་ཆ་གཙོ་བོའི་ནི་རྫོ་ཆས་ཀྱི་རིགས་ཡིན་པ་ར་འཕྲོད་གསལ་པོ་བྱུང་བ་དང་། རྫོ་ཆས་དེ་ཚོ་ཁག་གཅིག་ནི་ཤིང་གཅོད་བྱེད་དང་། ཁག་གཅིག་ནི་ས་སློག་རྒྱག་བྱེད་དང་འདེབས་ལས་

དང་གྲོ་ཞིང་བཟ་བསྡུའི་སྐབས་བེད་སྤྱོད་བྱེད་པ། ད་དུང་ཁག་གཅིག་ནི་ལོ་ཏོག་ཞིབ་ཞིབ་བཟོ་བ་སོགས། ཞིང་ལས་ཐོན་སྐྱེད་ལ་མཁོ་བའི་ལག་ཆ་སྣ་ཚོགས་བེད་སྤྱོད་བྱེད་ཤེས་ཀྱི་ཡོད་པ་རེད། བོད་པའི་མིས་གྲོ་ཞིབ་ཀྱི་ཟས་ཟ་རྒྱུའི་གོམས་གཤིས་དེ་ཡང་དུས་དེ་ཙམ་ནས་དར་བ་དང་། ལྷག་པར་དུ་འབྲུ་བཏབ་ནས་རྩམ་པ་བཟོ་བ་སོགས་སྐབས་དེ་ཙམ་ནས་འགོ་ཚུགས་པ་མིན་ནམ་སྙམ། གོ་ཚུལ་ལ་ལྷོ་ཁ་གོང་དཀར་རྫོང་ཕྲང་སྒོ་རོང་གི་གནའ་ཤུལ་ནས་སྔོག་འདོན་བྱས་པའི་གནའ་བོའི་འབྲུ་སྣ་རྗེ་སོལ་དུ་འགྱུར་བ་རྙེད་ཡོད་སྐབས། ངའི་བསམ་པར་ཆོས་གོང་གི་མི་དང་ཕྲང་སྒོ་རོང་བར་གྱི་རྒྱང་ཐག་ནི་སྐྱིད་ཆུ་གཙང་པོ་གཅིག་དང་ཕྲང་སྒོ་རི་ལས་མེད་ཙང་། འབྲུ་རིགས་ཚང་མ་གཅིག་པ་ཡིན་སྲིད་ཀྱི་རེད། གནའ་རྫས་ཞིབ་འཇུག་མཁས་པས་ཆོས་གོང་གི་གནའ་ཤུལ་ནས་ལོ་ངོ་སུམ་སྟོང་གོང་གི་ཛ་ཁོག་ཆང་ཕོར་ཞིག་རྙེད་ཡོད་པ་དེ་ནི། ཆོས་གོང་མིས་ཆང་འཐུང་རྒྱུར་དགའ་པོ་ཡོད་པ་ར་འཕྲོད་བྱུང་བར་མ་ཟད། ཕལ་ཆེར་ཁོང་ཚོས་བཙུགས་པའི་ཆང་འདི་ཡང་འབྲུས་བཟོས་པའི་ནས་ཆང་རང་ཡིན་གྱི་རེད། དེའི་ཐོག་ནས་གསལ་པོ་མངོན་ཐུབ་པ་ཞིག་སྟེ་སྐབས་དེ་ཙམ་ནས་ཆོས་གོང་མིས་ཞིང་ལས་ཐོན་སྐྱེད་བྱེད་པའི་གཞི་རྒྱ་དང་ཐོན་སྐྱེད་ལག་རྩལ་གྱི་ཆུ་ཚད་མཐོ་པོ་སླེབས་ཡོད་པར་མ་ཟད། ཁོང་ཚོས་འདེབས་ལས་བྱེད་པའི་འབྲུ་རིགས་ཕལ་ཆེར་ནས་ཡིན་སོས། དེང་དུས་ཀྱི་ལྷ་ས་བའི་རྒན་རྒོན་ཚོ་ཡང་མཆོད་ཆང་མཆོད་རྒྱུར་མཉེས་པོ་ཡོད་པ་གང་ནས་བཟེད་སྲིད་ལ། ནས་ཀྱི་བཟོས་པའི་སྤྲི་རག་མཆོད་རྒྱུར་མཉེས་པོ་ཡོད་པ་ཡང་བཟེད་ག་ནས་སྲིད།

ཆོས་གོང་མིས་ཞིང་ལས་བྱེད་པ་དང་ཆབས་ཅིག་ད་དུང་སྒོ་ཕྱུགས་སེམས་ཅན་མང་པོ་འདུལ་གསོ་བྱས། ས་འོག་ནས་སྔོག་འདོན་བྱས་པའི་སེམས་ཅན་གྱི་རུས་ཁོག་དེ་ཚོར་བལྟས་ན། སྒོ་ཕྱུགས་རིགས་ལ་གཡག་དང་། ལུག་དང་སྒོ་ཕྱི་སོགས་ཡོད། དེའི་ནང་ནས་གཡག་དང་ལུག་གི་གྲངས་འབོར་མང་བ་ལ། དེ་ནི་ཆོས་གོང་མིའི་ཤ་ཟས་ཡོང་ཁུངས་ཀྱི་གྲུབ་ཆ་གཙོ་བོ་ཞིག་རེད། ཁོང་ཚོས་འདུལ་གསོ་བྱས་པའི་གཡག་དེ་ཚོ་

མང་ཆེ་བ་ར་ཙོ་ཕྲ་མོ་ཡིན་ཁར་གཟུགས་སྟོབས་ཀྱང་ཙུང་ཙུང་ཙམ་རེད། ཡང་ལུག་ནི་གཟུགས་སྟོབས་ཆེ་ལ་ར་ཙོ་ཡང་ཆེན་པོ་ཡོད་པ་བོད་རྒྱུད་ལུག་རང་འདྲ། ཤོད་ཚུལ་བྱས་ན་འཛམ་གླིང་ཨེ་ཤ་ཡའི་དབུས་ཕྱོགས་སུ་ཡོད་པའི་གཡག་དེ་དག་བོད་ཀྱི་ཡར་ཀླུང་གཙང་པོའི་དཀྱིལ་ཤོང་ཁུལ་ནས་རྒྱུད་འཕེལ་བྱུང་བ་རེད་ཅེས་དང་། གོང་དུ་ཞུས་པའི་དོན་གཉིས་ཀྱི་གཙོ་བོའི་སྙིང་དོན་ནི། བོད་ལ་འགྲོ་བ་ཡ་ཐོག་ནས་ཞིང་ལས་དང་འབྲོག་ལས་གཉིས་ཟུང་འབྲེལ་བྱེད་པའི་དཔལ་འབྱོར་གྱི་མ་དཔེབས་དེ་བྱུང་བར་མ་ཟད། རང་རེ་ས་མཐོའི་མེས་པོ་ཚོས་འཛམ་གླིང་གི་འབྲོག་ལས་བྱ་གཞག་འཕེལ་རྒྱས་གཏོང་རྒྱུར་ནུབས་ཆེན་གྱི་ལེགས་སྐྱེས་ཕུལ་ཡོད་པ་གསལ་པོ་མངོན་པ་དེ་ཡིན། ས་འོག་ནས་རི་དྭགས་ཀྱི་རུས་པ་དང་ཉ་རྒྱ། ཉའི་རུས་པ་སོགས་རྡོག་འདོན་བྱས་ཡོད་པ་དེ་དག་ལས་ཆོས་གོང་གི་མེས་པོ་ཚོས་རི་དྭགས་རྔོན་པ་བརྒྱབ་པ་དང་དྲ་བས་ཉ་འཛིན་པ་བཅས་ནི་ཁོང་ཚོས་ཞོར་ལས་ཀྱི་འཚོ་བ་དང་། དཔལ་འབྱོར་འཕེལ་རྒྱས་གཏོང་རྒྱུར་གལ་ཆེའི་བྱ་ཐབས་ཤིག་སྤྱད་ཡོད་པ་རེད།

ཁྱེད་ཀྱིས་བོད་ལྗོངས་སུ་ཉ་པའི་གྲོང་ཚོ་ཞེས་པ་གཅིག་རང་ལས་མེད་པ་དེ་མཁྱེན་གྱི་ཡོད་དམ། གྲོང་ཚོ་འདི་ནི་ཆོས་གོང་གནའ་ཤུལ་ནས་ཁ་ཕྱོགས་ན་ལྷོ་ནུབ་ཟུར་མཚམས། ལྷ་ས་སྙིང་ཆུའི་ཕར་ཕྱོགས་ལྷོ་ངོས་སུ་གནས་པའི་རྒྱུན་པ་གྲོང་ཚོ་ཟེར་བ་དེ་རེད། སྐབས་དེ་དུས་མིའི་འཚོ་གནས་རང་བཞིན་གྱི་སྟབས་འཁེལ་བ་ཞིག་ཡིན་ནམ་ཡང་ན་ལས་ཀྱི་འབྲེལ་བ་གང་ཡིན། གང་ལྟར་མི་ལོ་བཞི་སྟོང་ངམ་ལྔ་སྟོང་གོང་ལ་ཆོས་གོང་གི་མེས་པོ་དང་། ལྗོངས་ནང་ཁུལ་གྱི་ས་གནས་ཁག་བཅུ་གྲངས་ཉེ་བའི་གནའ་ཤུལ་ཁུལ་གྱི་བོད་མིའི་མེས་པོ་དང་འདྲ་བར། ཡི་གེ་མ་བྱུང་གོང་གི་དུས་རབས་ནང་ཁོང་ཚོའི་འཚོ་བ་ཤིན་ཏུ་དཀའ་ཚེགས་ཆེ་བ་རེད། འཚོ་གནས་བྱེད་སའི་ཆ་རྐྱེན་ཤིན་ཏུ་སྐྱོ་པོ་ཡིན་པར་མ་ཟད། ད་དུང་རྒྱུན་ཆད་མེད་པར་བགྲེས་ལྟོགས་དང་ནད་ཡམས་ཀྱི་འཇིགས་སྐུལ་ལ་ཁ་གཏད་གཅོག་དགོས་པ་སོགས་ཀྱི་རྐྱེན་པས་ཁོང་ཚོའི་འཚོ་གནས་བྱེད་ཐུབ་པའི་ཆ་སྙོམས་ཀྱི་ལོ་ཚད་ཉི་ཤུ་རྩ་བཞི་ཙམ་ལས་མེད་པ་ནི་གནའ་

ཤུལ་ནས་སྒྲོག་འདོན་བྱས་པའི་ནང་ལོ་ན་བགྲེས་པའི་རིགས་རུས་རྙེད་མེད་པ་ལས་ར་འཕྲོད་བྱེད་ཐུབ་ཅེས་དང་། དེ་ལྟར་ཡིན་ཡང་མི་རྣམས་ཀྱིས་རང་གི་ལག་གཉིས་ལ་བརྟེན་པ་དང་བློ་གྲོས་བེད་སྤྱད་དེ་འབད་བརྩོན་ལྷོད་མེད་བྱེད་རྒྱུར་རྒྱུན་འཁྱོངས་བྱས་ཡོད་པ་དང་། ད་དུང་གདོད་མའི་ཆོས་ལུགས་ལ་དད་ཞེན་དང་དེའི་སྙིང་སྟོབས་ལ་ཡི་རང་བྱས་ཏེ། ནོར་འཛིན་གྱི་ས་ཆ་འདི་ཉིད་རྒྱ་སྐྱེད་བྱས་ཏེ་ས་མཐོའི་ལྟེ་གནས་ཀྱི་གདོད་མའི་དུས་རབས་སུ་ཡུལ་མིའི་ཤེས་དཔལ་བརྗིད་ཆགས་འོད་སྟོང་འབར་བ་ཞིག་གསར་གཏོད་བྱས་ཡོད་པ་དང་། ཁོང་ཚོ་ནི་ལྷ་སའི་ལུང་པ་འདི་རང་གི་གདོད་མའི་མི་རིགས་ཤིག་རེད་ལ། གནའ་བོའི་གྲོང་ཁྱེར་འདི་ཉིད་ཀྱི་ཆེས་སྔ་བའི་གསར་གཏོད་བྱེད་མཁན་མེས་པོའི་གྲས་ཤིག་ལོས་ཡིན།

ཆོས་གོང་གི་གནའ་ཤུལ་རྙེད་པ་དེས། གནའ་བོའི་ལྷ་ས་གྲོང་ཁྱེར་ལ་ཕུན་སུམ་ཚོགས་པའི་རིག་གནས་ཀྱི་ནང་དོན་ཞིབ་ཕྲ་དང་ལོ་རྒྱུས་འབྱུང་ཁུངས་སོགས་ལ་ཁ་སྐོན་ཟབ་མོ་བྱུང་བར་མ་ཟད། ས་མཐོའི་བོད་ལྗོངས་དེ་ཉིད་དུ་ལོ་ངོ་ལྔ་སྟོང་ཡན་ལ་འགྲོ་བ་མི་གནས་ཤིང་འཚོ་བའི་ལོ་རྒྱུས་ཀྱི་དོན་དངོས་ཡོད་པར་གཟི་བརྗིད་དང་ཡག་ཐོག་ཡག་བརྒྱགས་བྱུང་བ་རེད། ང་ལ་ཡིད་ཆེས་བརྟན་པོ་ཡོད་པ་ཞིག་ནི་ཆོས་གོང་རིག་གནས་ཀྱི་གནའ་ཤུལ་རྙེད་པ་དང་། སྒྲོག་འདོན་བྱས་པ་དེས་ལྷ་སའི་ལོ་རྒྱུས་ཐད་ངོས་འཛིན་དང་ཞིབ་འཇུག་བྱེད་རྒྱུ་གཏིང་ཟབ་ཏུ་གཏོང་ཐུབ་པར་མ་ཟད། ལྗོངས་ཡོངས་དང་ཉེ་འཁོར་ཞིང་ཆེན་ཁག་གི་གདོད་མའི་སྤྱི་ཚོགས་ཀྱི་ཤེས་དཔལ་ལོ་རྒྱུས་དང་། ཁྲིད་ཆོས། སྙིང་དོན་སོགས་ལ་གལ་ཆེའི་ཁུངས་གཏུགས་ས་དང་གཞི་འཛིན་ས་ཡག་པོ་ཞིག་མཁོ་འདོན་བྱེད་ཐུབ་ཡོད། ཆོས་གོང་རིག་གནས་གནའ་ཤུལ་ནི་ཆབ་མདོ་ཁ་རུབ་རིག་གནས་གནའ་ཤུལ་གྱི་རྗེས་ཙམ་དུ་རྙེད་འདོན་བྱུང་ཞིང་། བོད་ལྗོངས་ས་ཁོངས་ནང་ཨང་གཉིས་པ་སྒྲོག་འདོན་བྱས་པའི་རྫོ་ཆས་གསར་པའི་དུས་རབས་ཀྱི་གནའ་ཤུལ་ཞིག་རེད། དེའི་ཐོག་ནས་ས་མཐོའི་བོད་ལྗོངས་ཀྱི་གདོད་མའི་མེས་པོ་ཚོས་རྒྱལ་ནང་དབུས་ཁུལ་ནས་བཏོན་པའི་རྫོ་ཆས་གསར་པའི་རིག་གནས་དང་མཛོས་ཆ་

འགྲན་ནུས་པའི་བོད་རིགས་ཀྱི་གནའ་བོའི་རིག་གནས་ཤིག་ཡིན་པ་ར་འཕྲོད་ཤུགས་ཆེན་བྱུས་ཡོད། དེ་ལྟ་བུའི་ལོ་རྒྱུས་ཡུན་རིང་ལྡན་པར་མ་ཟད། རིག་གནས་གནའ་ཤུལ་ནས་ཤུལ་རྫས་རྩ་ཆེན་པོ་འབོར་ཆེན་སྤོག་འདོན་བྱུས་ཡོད་ཀྱང་། ད་བར་གནའ་ཤུལ་འདིར་དགོས་ངེས་ཀྱི་རྩིས་འཛོག་དང་སྲུང་སྐྱོབ་དེ་བཞིན་གཟིགས་སྐྱོང་སོགས་གང་ཡང་མ་བྱུང་བར་བརྟེན། ཁོ་མོས་ལྷག་བསམ་རྣམ་དག་གི་རེ་བ་ཞུ་རྒྱུ་ནི། འབྲེལ་ཡོད་ཚན་པ་ཁག་དང་སྤྱི་ཚོགས་ཀྱི་ལས་རིགས་ཁག་གི་མི་སྣས་ཚད་མཐོའི་མཐོང་ཆེན་གནང་སྟེ་སྲུང་སྐྱོབ་དང་གསར་གཏོད་བཀོལ་སྤྱོད་ལེགས་པོ་ཞིག་གནང་བ་ཞུ་རྒྱུ་དང་ཆབས་ཅིག་འབྲེལ་ཡོད་ཚན་པ་ལ་གྲོས་གཞི་ཞིག་སྟོན་ཏེ་གང་མགྱོགས་ངང་ཆ་རྐྱེན་སྐྲུན་ནས"ཆོས་གོང་རིག་གནས་གནའ་ཤུལ་རྟེན་རྫས་བཤམས་སྟོན་ཁང་"ངམ་ཡང་ན"ཆོས་གོང་རིག་གནས་གནའ་ཤུལ་འགྲེམས་སྟོན་ཁང་"ཞེས་པ་ཞིག་འཛུགས་སྐྲུན་གནང་དགོས་འདུག །གང་ལྟར། རེ་བ་ལ་གནའ་བོའི་ཤེས་དཔལ་གྱི་ཤུལ་བཞག་རྣམས་ང་ཚོའི་མི་རབས་འདིའི་ལག་ཐོག་ནས་མི་ཤོར་ཆེད། ང་ཚོས་ཆོས་གོང་གི་རིག་གནས་ཤུལ་བཞག་དེ་དག་ལ་རྩིས་འཛོག་དང་སྲུང་སྐྱོབ་ཤུལ་འཛིན་གང་ལེགས་བྱེད་པ་དང་སྤྲགས། སླར་ཡང་བོད་ལྗོངས་ཀྱི་གྲོང་ཁྱེར་ལྟེ་གནས་ལྷ་ས་དེ་ཉིད་དུ་ཡུལ་སྐོར་སྤྱོ་གསེང་གི་མཛེས་ལྗོངས་ཁྱུལ་གསར་པ་ཞིག་སྐྲུན་ཐུབ་ངེས་ཡིན་པར་ཡིད་ཆེས་ཡོད།

གསུམ་པ། གནམ་རི་སྲོང་བཙན་གྱིས་ཡར་ཀླུང་གཙང་པོའི་ལྷོ་བྱང་མངའ་འོག་བསྡུས་ཏེ་རྒྱལ་ས་ལྷ་སའི་མལ་གྲོ་རྒྱ་མར་བཙུགས།

བཙན་པོ་གནམ་རི་སྲོང་བཙན་གྱིས་ཇི་ལྟར་བྱས་ཏེ་ཟིང་པོ་རྗེའི་མངའ་ཁོངས་དབང་དུ་བསྡུས་པ་དང་། ཡར་ཀླུང་གཙང་པོའི་ཆུ་འགྲམ་གཉིས་གནམ་འོག་གཅིག་ཏུ་བསྡུས་པའི་བརྒྱུད་རིམ་སྐོར་གཤམ་ལ་མུ་མཐུད་གླེང་བར་བྱ་ཡི། དེ་ཡང་ཐོག་མར་ཟིང་པོ་རྗེས་སྐྱིད་ཆུ་གཙང་པོའི་རྒྱུག་ཤོད་ཁུལ་གྱི་འབངས་མི་སེར་ཇི་ལྟར་བྱས་ཏེ་དབང་སྒྱུར་བྱས་ཡོད་ཅེ་ན། "སྐྱིད་ཆུ"ཞེས་པ་ནི་ལྷ་ས་གཙང་པོའི་གནའ་བོའི་འབོད་མིང་ཞིག་ཡིན་པ་དང་། ཡར་ཀླུང་གཙང་པོའི་ཆུ་མོ་ཡན་ལག་ལྷུའི་ཡ་རྒྱལ་ཞིག་རེད། ཆུ་འགོ་ནི་བྱང་གཉན་ཆེན་ཐང་ལྷའི་དབུས་ཤོད་ལྷོ་ངོས་ནས། ཤར་བྱང་རྒྱུད་དེ་གཞོགས་ནུབ་ལྷོའི་ཁ་ཕྱོགས་སུ་བརྒྱུགས་ནས་གཙང་པོའི་འབབ་ཡུལ་གྱི་ས་གནས་ལ། ནག་ཆུ་ལྷ་རི་རྫོང་དང་། ལྷ་ས་ཁུལ་གྱི་འདམ་གཞུང་རྫོང་། ལྷུན་གྲུབ་རྫོང་། མལ་གྲོ་གུང་དཀར་རྫོང་། སྟག་རྩེ། གྲོང་ཁྱེར་ལྷ་ས། སྟོད་ལུང་བདེ་ཆེན་རྫོང་། ཆུ་ཤུལ་རྫོང་བཅས་རེད། ཆུ་ཤུལ་རྫོང་ནས་ཡར་ཀླུང་གཙང་པོའི་ཆུ་གཞུང་དུ་འདྲེས་འགྲོ་བ་རེད། ལྷ་ས་སྐྱིད་ཆུའི་ཤར་ནས་ནུབ་བར་ལ་རིང་ཚད་སྤྱི་ལེ་༡༧༥ཡོད་པ་དང་། གཙང་པོའི་འབབ་ཡུལ་གྱི་སའི་རྒྱ་ཁྱོན་ལ་སྤྱི་ལེ་ངོས་སྙོམས་གྲུ་བཞི་མ་༤༡༨༨ཡོད་པ་རེད། "སྐྱིད་ཆུ"ནི་མིང་དོན་མཚུངས་པའི་ཐ་སྙད་ཅིག་ཡིན་ཞིང་། གཙང་པོ་དེའི་ཆུ་ནི་སྤྲོ་སྣང་འཕེལ་བའི་ཆུ་ཞིག་དང་། བདེ་སྐྱིད་ཀྱི་ཆུ་ཞིག་མི་རབས་ནས་མི་རབས་བརྒྱུད་པའི་ལྷ་སའི་ཡུམ་ཆེན་གྱི་ཆུ་ཞིག་རེད། གནའ་བོའི་བོད་ཀྱི་ཡིག་ཚག་ནང་འཁོད་པ་ཞིག་ན། གདོད་མའི་དུས་རབས་ནང་ལྷ་སའི་གཞོགས་ཤར་བྱང་ངོས་ཀྱི་འབྲི་གུང་ནས་ཆུ་ཤུལ་བར་གྱི་ས་གནས་ལ"ལྷ་ས"ཞེས་པའི་མིང་གི་ཐ་སྙད་འདི་བྱུང་མེད་པ་དང་། སྐབས་དེ་

ཏུས་ས་གནས་དེ་ཚོའི་མེས་པོ་རྣམས་"སྐྱི"ཞེས་པའི་ཏུས་རྒྱུད་ཚོ་པ་འདིའི་ཁུངས་སུ་གཏོགས་པ་རེད། ཡིན་ཡང་གདོད་མའི་དུས་ཀྱི་"སྐྱི"ཏུས་རྒྱུད་ཚོ་པ་རྣམས་ཡི་གེ་མ་བྱུང་གོང་གི་དུས་རབས་ནང་གྲགས་ཆེ་བའི་ཏུས་རྒྱུད་ཚོ་པའི་གོ་འཕང་མེད་ཁར། གྲགས་ཆེན་གྱི་ཏུས་རྒྱུད་ཚོ་པ་གཞན་ཞིག་ནས་རིམ་བཞིན་ཁ་གྱེས་ཏེ་ཆགས་པ་ཞིག་རེད། "སྐྱི"ཏུས་རྒྱུད་ཚོ་པའི་འཚོ་གནས་ས་ཆའི་མིང་ལ་"སྐྱི་ཤོད"ཟེར་བ་དང་། ས་ཆ་དེའི་ཐད་དུ་རྒྱུག་པའི་གཙང་ཆུར་"སྐྱི་ཆུ"ཞེས་འབོད་ཀྱི་ཡོད། ཤར་འབྲི་གུང་གཙང་པོ་ནས་སྟག་རྩེ་གྲོང་བར་རྒྱུག་ཡོང་བའི་གཙང་པོའི་ཁུལ་གྱི་ས་ཆ་ལ་"སྐྱི་སྟོད"ཅེས་དང་། སྟག་རྩེ་གྲོང་ནས་གཞོགས་ནུབ་ངོས་ཆུ་ཤུལ་རྒྱུད་ཡར་ཀླུང་གཙང་པོར་འདྲེས་འགྲོ་བའི་བར་གྱི་ས་ཆ་ལ་"སྐྱི་སྨད"ཅེས་འབོད་ཀྱི་ཡོད། "སྐྱི"ཞེས་པའི་བོད་ཡིག་ཚིག་རྐང་གཅིག་དེ་རང་ལ་གནའ་བོའི་ཡིག་ཐོག་དང་དེང་དུས་ཀྱི་ཡིག་ཐོག་ཏུ་བྲིས་ཚུལ་ཅུང་མི་འདྲ་ཡང་། "སྐྱིད"ཅེས་པའི་བོད་སྐད་ཀྱི་སྒྲ་གདངས་དེ་རང་ལ་བཀྲ་ཤིས་པའི་རྟགས་མཚན་གྱི་རྣམ་པ་རབ་ཏུ་ཁེངས་ཤིང་། མི་རྣམས་ལ་དྲོ་ཞིང་འཇམ་པའི་ཚོར་སྣང་ཞིག་བྱིན་ཐུབ་ཀྱི་ཡོད།

སྐབས་དེ་ཙམ་དུ"སྐྱིད་ཆུའི"སྟོད་རྒྱུད་ཀྱི་མལ་གྲོ་གུང་དཀར་དང་འབྲི་གུང་ས་ཆའི་ཁོངས་སུ་ཤུགས་དྲག་ཅན་གྱི་ཇོ་བོ་བྱ་བའི་ས་གནས་དབང་སྒྱུར་སྟོབས་ཤུགས་ཚོ་པའི་ཁྲབ་ཁོངས་ཡིན་ཞིང་། ཚོ་པ་འདིའི་འགོ་དཔོན་གྱི་མིང་ལ་ཇོ་བོ་རྗེ་སྟག་སྐྱ་བོ་ཟེར། དེ་བཞིན་ལྷ་སའི་གཞོགས་བྱང་ངོས་ཀྱི་འཕན་པོ་ཞེས་པའི་ས་ཆར་སྟོབས་ཤུགས་ཚོ་པ་ཁག་གཅིག་ཡོད་པ། ཚོ་པ་འདིའི་འགོ་དཔོན་གྱི་མིང་ལ་ཇོ་བོ་རྗེ་ཁྲི་པང་གསུམ་ཞེས་ཟེར། དེ་ལྟར་ཇོ་བོའི་མནའ་འབྲེལ་ཚོ་པ་དང་ནུབ་བྱང་ཁུལ་གྱི་ཞང་ཞུང་ཚོ་པ། ལྷོ་ཁ་ཡར་ཀླུང་གཙང་པོའི་ཁུལ་གྱི་ཡར་ཀླུང་ཚོ་པ། ཚོ་ཁག་དེ་གསུམ་ནི་སྐབས་དེའི་སྤུར་རྒྱལ་སྤྱི་ཚོགས་ནང་དུ་ཐོན་པའི་ཕྱོགས་གསུམ་འགྲན་ལངས་ཀྱི་མནའ་འབྲེལ་ཚོ་པ་ཆེ་གྲས་ཁག་གསུམ་རེད།

ཇོ་བོ་རྗེ་སྟག་སྐྱ་བོ་ནི་བྱ་བ་གང་དང་གང་བྱས་ཀྱང་ཚང་མ་ཕྱིན་ཅི་ལོག་པ་ཤ་

སྟག་བྱེད་མཁན་ཞིག་དང་། བསམ་པ་རྣམ་དག་གིས་གྲོས་ལེགས་པ་འདོན་མཁན་གྱི་བློན་ཆེན་ཚོའི་ཁ་ལ་མི་ཉན་པ་དང་། ཁ་མཁས་ངོ་བསྟོད་སྒྲིལ་ལད་འཁྲབ་མཁན་གྱིས་གང་བཤད་ལ་ཉན་པ། མཁས་མཛངས་དྲང་བདེན་བྱེད་མཁན་དང་། དཔའ་བོ་བྱས་པ་ཅན་ལ་སྡང་ཟུག་གིས་བརྙས་སྨོད་བྱེད་པ་སོགས་ཀྱི་རྗེ་བོ་ངན་རྒྱུ་ཅན་ཞིག་ཡིན་སྟབས། སྟེང་འོག་འཁོར་འབངས་མི་སེར་ཚང་མས་ཀློག་ལབ་མི་རྒྱུག་མཁན་མེད་པ་རེད། རྗེ་བོ་འདིས་འབངས་མི་ལ་སྙིང་རྗེའི་བསམ་པ་སྤུ་ཙམ་མེད་པར། གདུག་རྩུབ་ཀྱི་བརྙས་བཅོས་ཁོ་ན་བྱེད་པ་དང་། གཤམ་འོག་གི་བློན་པོ་ཡང་གཅིག་ལ་གཅིག་ཡིད་མི་རྟོན་པར་བསམ་པ་ཐ་དད་དུ་གྱུར་ནས། སུ་ཡིན་ཡང་རྗེ་བོ་འདིའི་འོག་ལ་བསྡད་འདོད་མི་བྱེད་པར་གཅིག་རྗེས་གཉིས་མཐུད་དང་ཁྲོ་ཞིང་བྲོས་བྱོལ་དུ་འགྲོ་གི་ཡོད་པ་རེད། དེའི་རྗེས་ཁོ་རང་གི་བློན་པོ་གཞན་འཛི་ཟུང་ནག་པོ་སེམས་གཏིང་ནས་མཐོང་མི་འདོད་པར། རང་གི་མགོ་གཅོད་པའམ་གོ་གནས་གཡུག་པའི་ཉེན་ཁ་ལ་མ་ལྟོས་པར་རྗེ་བོ་ལ་སྙན་སེང་མི་ཞུ་ཐུ་མེད་ཡིན་བསམ་ནས་ཞུས་པ། "རྗེ་བོ་ཁྱེད་གང་ལའང་ལོག་པ་ཞེ་གཅིག་མཛད་པས། རང་ཅག་གི་སྲིད་ནི་སྲིད་དང་མི་མཐུན། ཆོས་ནི་ཆོས་དང་མི་མཐུན་པས། ཡུལ་གྱི་མི་དབུལ། སྲིད་ཀྱི་ཉམས་དམའ་སྟེ། ཕལ་ཆེར་བརླགས་ཟིན་པས་ཅི་དྲག་ཅེས་སྨྲས།" ཟིང་པོ་རྗེ་སྟག་སྐྱ་བོས་ཉན་རྗེས་ཁོང་ཁྲོའི་མེ་ལྕེ་རབ་ཏུ་འབར་ཏེ། ཁྱོད་ཀྱི་བཤད་པ་དེ་དག་ཚང་མ་འཆལ་གཏམ་རང་ཡིན་པས། ཁོ་གཞན་འཛི་ཟུང་ནག་པོ་བློན་གྱི་གྲལ་ནས་ཕྲལ་དུ་ཕྱིར་འབུད་བྱེད་དགོས་ཅེས་ཁྱབ་བསྒྲགས་བྱས་པ་རེད། དེའི་རྗེས་གཞན་འཛི་ཟུང་ནག་པོ་ཁོང་ཁྲོ་ཟ་ཐེངས་གཅིག་ལ་ཟིང་པོ་རྗེ་བསད་དེ་ཁོའི་འོག་གི་དཔུང་སྡེ་ཚང་མ་འཁྲིད་ནས། འཕན་ཡུལ་ཚོ་པའི་འགོ་དཔོན་ཟིང་པོ་རྗེ་ཁྲི་པང་གསུམ་ལ་མགོ་བཏགས་ཏེ། ཟིང་པོ་རྗེ་སྟག་སྐྱ་བོའི་ས་ཁོངས་ཚང་མ་ཁྲི་པངས་སུམ་གྱི་དབང་དུ་བསྡུས། དུས་དེ་ནས་བཟུང་ཟིང་པོ་རྗེ་ཁྲི་པང་གསུམ་གྱི་འགོ་གཙོ་བྱས་པའི་ས་གནས་ཀྱི་སྟོབས་ཤུགས་དེ་བས་ཆེ་རུ་སོང་སྟེ། སྐྱིད་ཆུའི་རྒྱུག་ཁོངས་ཡོངས་ཀྱི་ས་ཆ་ལ་དབང་སྒྱུར་བྱས་པ་རེད།

ཟིང་པོ་ཁྲི་པང་གསུམ་གྱིས་གཉན་འཛོ་ཟུང་གི་བྱུས་རྗེས་བཞག་པའི་བྱ་དགར་སྤར་སྟག་སྐྱ་བོའི་མངའ་ཁོངས་ཡུལ་ཡེལ་རབ་སྡེ་བཞི་དང་ཀླུང་ཡ་གསུམ་ཡོད་པའི་ཁོངས་ནས་ཀླུང་ཡ་གསུམ་གྱི་བྲན་གཡོག་དང་ས་ཞིང་རྣམས་གཉན་འཛོ་ཟུང་ལ་ལེགས་སྐྱེས་བྱ་དགའ་བསྩལ། དེའི་རྗེས་སུ་ཟིང་པོ་རྗེ་ཁྲི་པང་གསུམ་གྱི་ཚོ་པ་ནང་ཁུལ་དུ་ཡང་འགལ་ཟླ་ཆེན་པོ་བྱུང་སྟེ། རྗེའི་ཆབ་འོག་ཏུ་ཡོད་པའི་མྱང་དང་དབས་དབྱི་གསུམ་གྱི་རུས་ཚོ་ཕན་ཚུན་བློ་སེམས་མི་མཐུན་པར། ཟིང་པོ་ཁྲི་པང་གསུམ་ལ་ལྐོག་ཏུ་ཡར་ཀླུང་སྤུར་རྒྱལ་བཙན་པོར་མགོ་བཏགས་རྒྱུའི་མནའ་བསྐྱལ་པ་རེད།

སྤུར་རྒྱལ་གྱི་གདུང་བརྒྱུད་མངའ་ཐང་རྒྱས་ས་ནི་ལྷོ་ཁ་ཡར་ཀླུང་གཙང་པོའི་ཉེ་འགྲམ་ཁུལ་དུ་ཡིན་ཞིང་། དེ་ཡང་བོད་ཀྱི་རྗེ་བོ་ཨང་དང་པོ་ནི་གཉའ་ཁྲི་བཙན་པོ་ཞེས་བོད་སྤྱོངས་ཉིང་ཁྲི་ས་ཁུལ་སྤོ་བོའི་ཡུལ་ནས་ཡར་ཀླུང་གཙང་པོའི་ཕྱོགས་སུ་ཕེབས་ཏེ་ཡར་ཀླུང་ཚོ་པའི་རྗེ་བོ་མཛད། མི་རྣམས་ཀྱིས་གཉའ་ཁྲི་བཙན་པོ་དང་ཁོང་གི་གདུང་རྒྱུད་རྣམས་ལ“སྤུར་རྒྱལ”ཞེས་བརྗོད་པ་ནི་སྤུ་ཡུལ་ཁུལ་ནས་ཕེབས་པ་ཡིན་ཙང་མིང་དེ་ལྟར་ཐོབ། གནའ་བོའི་དུས་ནས་སྤོ་ཡུལ་ཚོ་པ་དང་ཡར་ཀླུང་ཚོ་པ་གཉིས་མནའ་འབྲེལ་ཡིན་སྐབས། གཉའ་ཁྲི་བཙན་པོ་ནས་བཙན་པོ་རྒྱལ་རབས་སུམ་ཅུ་པ་སྟག་རི་གཉན་གཟིགས་དང་སོ་གཅིག་པ་གནམ་རི་སྲོང་བཙན་བར། ཆབ་སྲིད་དང་དཔལ་འབྱོར་རིག་གནས་གང་ཅིར་འཕེལ་རྒྱས་གང་མགྱོགས་ཕྱིན་པར་མ་ཟད། ཚོ་པ་དེའི་སྟོབས་ཤུགས་ཀྱང་དེ་བས་ཆེ་རུ་ཕྱིན་པ་རེད། “སྐྱིད་ཚུ”རྒྱུག་འགྲམ་གྱི་ཟིང་པོ་རྗེའི་ཚོ་པའི་ནང་དུ་ཚོ་དཔོན་ཟིང་པོ་ཁྲི་པང་གསུམ་ལ་མི་དགའ་བའི་རུས་ཚོའི་དཔོ་ན་རིགས་གསུམ་པོས་གསང་བའི་གྲོས་བཤམས་ཏེ། ཚེས་པོང་ནག་སེང་བྱ་བ་ཞིག་(དབུ་འཕང་མཐོ་བའི་རིགས་)ཕོ་ཉར་མངགས་ཏེ། “སྐྱིད་ཚུའི”ཕ་རོལ་དུ་ཡར་ཀླུང་གཙང་པོ་ཕར་རོལ་བཏང་ནས་ལ་རྒྱབ་ཀླུང་རྒྱབ་ཀྱིས་ལྷོ་ཁའི་ཡར་ཀླུང་ཚོ་པའི་ཕོ་བྲང་ཕྱིང་དབར་སྟག་རྩེ་ལ་འབྱོར། ཉིན་མོ་ནི་ཕག་ཚལ་བྱ་བའི་ནགས་གསེབ་ཏུ་གབ་ནས་བསྡད། མཚན་མོ་གསང་བའི་སྒོ་ནས་ཕྱིང་དབར་སྟག་རྩེའི་ཕོ་བྲང་དུ་བཙན་པོ་

སྟག་རི་གཉན་གཟིགས་ལ་ཚོ་པ་གསུམ་གསང་གྲོས་བྱས་པའི་མཐའ་ཚིག་རྣམས་ཕུལ་ཏེ། སྤུར་རྒྱལ་བཙན་པོ་ལ་མགོ་བཏགས་ནས་མཉམ་དུ་མཐའ་བསྐྱལ་ཏེ་ཟིང་པོ་རྗེ་ཁྲི་པང་གསུམ་གཏོར་ཕམ་གཏོང་རྒྱུའི་དམ་བཅའ་བཞག །སྤུར་རྒྱལ་བཙན་པོས་ཀྱང་ཁོང་ཚོའི་མཐའ་ཚིག་ལ་དང་ལེན་བྱས་ཏེ་ཁོང་ཚོའི་རེ་བ་འགྲུབ་རྒྱུ་ཁས་བླངས། སྤུར་རྒྱལ་བཙན་པོས་དམག་དཔུང་བསྒྲིགས་ཏེ་ཟིང་པོ་རྗེ་ལ་དམག་རྒྱག་ཉེའི་འགག་རྩའི་དུས་དེར། བཙན་པོ་སྟག་རི་གཉན་གཟིགས་རྒྱལ་དོན་གྱི་སྐུ་ངལ་དང་སྙུན་གཞི་རྙིང་པ་སྐྱར་ལངས་ནས་མི་ཡུལ་ལས་ཞལ་གྱིས། དཔུང་འཇུག་བྱ་རྒྱུའི་འཆར་གཞི་ཚང་མ་རེ་ཞིག་མཚམས་འཇོག་མ་བྱེད་ཐབས་མེད་ཆགས།

བཙན་པོ་སྟག་རི་གཉན་གཟིགས་ལ་སྲས་གཉིས་ཡོད་པས། སྲས་བགྲེས་པ་གནམ་རི་སྲོང་བཙན་དང་། གཞོན་པ་འོལ་གོད་ཚ་སློན་གེར་ཡིན་ཞིང་། སྲས་བགྲེས་པ་གནམ་རི་སྲོང་བཙན་ནི་སྐུ་ན་གཞོན་ལ་སྟོབས་དང་ལྡན་ཞིང་། བློ་རིག་ཤིན་ཏུ་གསལ་བས་སྤུར་རྒྱལ་གྱི་རྒྱལ་སྲིད་བཟུང་། ཁོང་གིས་དཀའ་སྤྱད་འབད་བརྩོན་དང་ཡབ་དམ་པས་གྲུབ་མ་ཐུབ་པའི་ཡར་ཀླུང་གཙང་པོའི་ལྷོ་བྱང་ས་ཁོངས་གཉིས་དབང་སྒྱུར་གཅིག་བསྡུས་བྱེད་པའི་བྱ་གཞག་ངེས་པར་དུ་འགྲུབ་ཐུབ་པ་བྱ་རྒྱུའི་སེམས་ཐག་བཅད་དེ། སླར་ཡང་། ཟིང་པོ་རྗེ་ཁྲི་པང་གསུམ་ལ་ངོ་ལོག་པའི་རུས་ཚོའི་འགོ་པ་དང་མཉམ་དུ་ཕར་རྒོལ་བྱེད་པའི་ཐབས་ཇུས་གཤམ་པར་མ་ཟད། མཐའ་བསྐྱལ་དམ་བཅའ་འཛུག་པའི་མཛད་སྒོ་གཟབ་རྒྱས་ཤིག་སྐོང་ཚོགས་བྱས། བཙན་པོ་གནམ་རི་སྲོང་བཙན་དང་གཙུང་སློན་ཀོའི་མདུན་དུ། མྱང་ཚེང་སྐུ་དང་། དབས་དབྱི་ཚབ། དབས་མེ་སྣང་། དབས་པུ་ཚབ། མནོན་འདྲོན་པོ། ཚེས་པོང་ནག་སེང་དྲུག་གིས་མཉམ་དུ་མཐའ་བསྐྱལ་དམ་བཅའ་ཕུལ། དམ་བཅའ་ཕུལ་བའི་ཚིག་ནི་འདི་ལྟ་སྟེ། "ད་ཕན་ཆད། ཟིང་པོ་རྗེ་རྒྱབ་ཏུ་མི་འདོར་རེ། སྤུར་རྒྱལ་སྤང་དུ་མི་ལེན་རེ། བཙན་པོ་སྤུར་རྒྱལ་ལ་བློ་ལོག་བྱེད་རེ། ཞབས་འདྲེན་ཞུ་རེ། གསང་རྒྱ་ཐུབ་པ་མི་བྱེད་རེ། ཕྱི་མ་ནང་བྱེད་རེ། ཐེ་ཚོམ་བྱེད་རེ། བརྟུལ་ཕོད་པར་མི་བྱེད་རེ། སྲོག་བློས་གཏོང་རེ། གཞན་སུས་བསླུས་ཀྱང་ཉན་

རེ།" ཞེས་མནའ་བསྐྱལ་དམ་བཅའ་ཕུལ། གཞན་ཡང་འབྲེལ་ཡོད་ཀྱི་མི་སྣ་འགའ་ཞིག་ཀྱང་དམ་བཅའ་འཇོག་པའི་མཛད་སྒོ་དེའི་ནང་བཞུགས་ཡོད་པ་རེད། ཕོ་ཚོས་འབྲེལ་གཏུག་བྱ་རྒྱུའི་དུས་ཚོད་གཏན་འཁེལ་བྱས་མ་ཐག་རང་སར་ལོག་སྟེ་གྲ་སྒྲིག་བྱས།

སྤྱི་ལོ་༦༠༠ལོར། བཙན་པོ་གནམ་རི་སྲོང་བཙན་གྱིས་དམག་མི་ཁྲི་ལྔ་ཙམ་སྣེ་ཁྲིད་དེ་དམག་དྲངས། ཐིང་རྗེ་ཁྲི་པང་གསུམ་ལ་ངོ་ལོག་བྱེད་མཁན་གྱི་གྲལ་ནས། མྱང་ཚེང་སྐྱུ་དང་མནོན་འདྲོན་པོ་གཉིས་མྱུལ་ཞིབ་བྱེད་པར་སྔོན་ལ་བཏང་། དབས་དབྱི་ཚབ་དང་ཚེས་པོང་ནག་སེང་གཉིས་ཀྱིས་བཙན་པོའི་དམག་དཔུང་གི་ལམ་སྣེ་བྱས་ཏེ། དམག་རྟུས་ལ་ཞོར་འདེགས་གང་ལེགས་བྱས་པར་བརྟེན། རྒྱུག་ཐེངས་གཅིག་ལ་ཐིང་པོ་རྗེ་ཁྲི་པང་གསུམ་གྱི་ལྟེ་གནས་མཁར་ཡུ་སྣ་ནི་གཏོར། ཐིང་པོ་རྗེས་དམག་དཔུང་ཁག་ཅིག་ཁྲིད་དེ་མཐའ་སྐོར་དམག་བཤམས་ཏེ་བྱང་ཁུལ་དུ་བྲོས་བྱོལ་སོང་བའམ། ཡང་ན་དམག་འཁྲུག་དེའི་ནང་སྲོག་ཤོར་ཡོད་མེད་ཀྱི་སྐོར་གནས་ཚུལ་ད་ལམ་མི་གསལ། ཡིན་ནའི་ཐིང་པོ་རྗེ་ཁྲི་པང་གསུམ་གྱི་ཚོ་པའི་སྟོབས་ཤུགས་ཡོད་ཚད་རྩ་མེད་མཐར་ཕྱིན་པ་བཏང་ནས། ཕོ་པའི་ཆབ་སྲིད་དང་། ས་ཞིང་། འབངས་མི་སེར་ཡོད་ཚད་ཐམས་ཅད་སྤུར་རྒྱལ་བཙན་པོའི་ཆབ་འོག་ཏུ་བསྡུས། དེ་ནས་བཙན་པོ་གནམ་རི་སྲོང་བཙན་གྱིས་བཀའ་ཕབ་སྟེ། སྔོན་ཡུལ་"ངས་པོ"ཟེར་བའི་ཡུལ་མིང་ལ་"འཕན་ཡུལ"ཞེས་མིང་གསར་པ་བཏགས་སོ། །སྐབས་དེར་ཡུལ་ཚོའི་མི་དྲག་མྱང་ཚེ་སྐྱུ་དང་དབས་དབྱི་ཚབ་སོགས་ཀྱི་བཙན་པོ་ལ་ཆེད་མངགས་བསྟོད་སྨྲ་ཕུལ་བར་མ་ཟད། བཙན་པོའི་མཚན་གནམ་རི་སྲོང་བཙན་ཞེས་བྱ་བ་དེ་ཡང་ངས་པོའི་ཡུལ་གྱི་འབངས་མི་སེར་དང་དབས་དབྱི་ཚབ་སོགས་པས་གསོལ་བ་ཞིག་རེད། མཚན་བཟང་གི་ནང་དོན་ལྟར་ན། བཙན་པོའི་ཆབ་སྲིད་གནམ་ལས་མཐོ། སྐུ་ཡི་དབུ་རྩོག་རི་ལས་བཙན། ཞེས་གསོལ་བས་གནམ་རི་སྲོང་བཙན་ཞེས་ཡོངས་སུ་གྲགས།

ཐིང་པོ་རྗེ་ཁྲི་པང་གསུམ་གཏོར་ཕམ་བཏང་བའི་རྗེས། བཙན་པོ་གནམ་རི་སྲོང་བཙན་སྐུ་ངོ་མས་བྱས་རྗེས་བཞག་པའི་བློན་པོ་ལ་གཟེངས་བསྟོད་ཀྱི་བྱ་

དགའ་གནང་། དེའི་ནང་ནས་བྱས་རྗེས་ཆེན་པོ་འཛོག་པའི་ཁུངས་སུ་མྱང་ཉུས་ཚོ་དང་། དབས་ཉུས་ཚོ་དང་། མནོན་ཉུས་ཚོ། ཆོས་པོང་ནག་སེང་གི་ཉུས་ཚོ་བཅས་ཉུས་ཚོ་བཞི་ལ་དམིགས་བསལ་གྱི་བྱ་དགའ་ཆེན་པོ་གནང་བ་སྟེ། ཁག་སོ་སོར་འབངས་མི་བྲན་གཡོག་དང་། ས་ཞིང་འབོར་ཆེན། དེ་བཞིན་དཔོན་གྱི་གོ་གནས་སོགས་བྱ་དགའ་འབོར་ཆེན་གནང་། བཙན་པོ་གནམ་རི་སྲོང་བཙན་གྱིས་ཟིང་པོ་རྗེ་ཁྲི་པང་གསུམ་གྱི་ཁོངས་གཏོགས་མལ་གྲོ་གུང་དཀར་དང་། འཕན་ཡུལ། སྟག་རྩེ། ལྷ་ས། སྟོད་ལུང་། ཆུ་ཤུལ་སོགས་ཚང་མ་དབང་དུ་བསྡུས་པར་མ་ཟད། གོང་པོ་ཁུལ་གྱི་དྭགས་པོ་ཡང་དམག་དྲངས་ཏེ་བླངས། མདོར་ན་དབུས་གཙང་ཁུལ་གྱི་ས་ཆ་མང་ཆེ་བ་བཙན་པོ་དེ་ཡི་ཆབ་འོག་ཏུ་བཙུག་སྟེ། བཙན་པོའི་སྟོབས་ཤུགས་གོང་ནས་གོང་དུ་རྒྱ་སྐྱེད་ཕྱིན་ནས། ཡར་ཀླུང་གཙང་པོ་འཕྲེད་བརྒྱལ་གྱི་ལྷོ་ནུབ་གཉིས་ལ་སྟོབས་ཆེན་སྤུར་རྒྱལ་བཙན་པོའི་སྲིད་དབང་སྒྱུར་བའི་སྟོབས་ཤུགས་ཤིག་བཙུགས་པ་ནས་བཟུང་། བཙན་པོ་གནམ་རི་སྲོང་བཙན་ཞེས་མཚན་སྙན་ཕྱོགས་ཀུན་ཏུ་ཡོངས་སུ་གྲགས་པའོ། །

གནམ་རི་སྲོང་བཙན་གྱིས་ཡར་ཀླུང་ལྷོ་ནུབ་གཉིས་ཆབ་སྲིད་གཅིག་གྱུར་བཟོས་རྗེས། ཐུགས་ཐག་ཆོད་པོས་དམག་སྲིད་ཀྱི་སྐུལ་བྱ་ལྟེ་གནས་ཡར་ཀླུང་གཙང་པོའི་རྒྱུག་གཤོང་ནས"སྐྱིད་ཆུ"གཙང་པོའི་འགྲམ་གྱི་མལ་གྲོ་གུང་དཀར་རྒྱ་མ་སྒང་དུ་གནས་སྤོས་མཛད་པར་མ་ཟད། རྒྱ་མ་སྒང་དུ་གྲགས་ཅན་གྱི་ཕོ་བྲང་"བྱམས་པ་མི་འགྱུར་གླིང་"དང་ཕོ་བྲང་གཞན་འགའ་ཞིག་ཀྱང་གསར་བཞེངས་གནང་། དེ་ནས་ཡབ་གནམ་རི་སྲོང་བཙན་དང་ཡུམ་ཚེ་སྤོང་བཟའ་འབྲི་མ་ཐོད་དཀར་བྱ་བ་གཉིས་ཀྱི་སྲས་སུ་མལ་གྲོ་རྒྱ་མ་སྒང་གི་ཕོ་བྲང་"བྱམས་པ་མི་འགྱུར་གླིང་"དུ་བཙན་པོ་སྲོང་བཙན་སྒམ་པོ་སྐུ་བལྟམས། ཡབ་གནམ་རི་སྲོང་བཙན་གྱིས་ཡར་ཀླུང་ཆོ་པའི་སྐུལ་བྱ་ལྟེ་གནས་མལ་གྲོ་གུང་དཀར་དུ་གནས་སྤོས་གནང་བ་དེས། རྗེས་སུ་ཁོང་གི་རྒྱལ་སྲིད་ཤུལ་འཛིན་པ་སྲོང་བཙན་སྒམ་པོས་མལ་གྲོའི་ནུབ་ངོས་སྤྱི་ལི་༧༥ཙམ་ཡོད་པའི་"འོ་ཐང་མཚོ"ཕྱོགས་ལ་རྒྱལ་ས་གནས་སྤོས་བྱ་རྒྱུར་ཆ་རྐྱེན་ལེགས་པོ་ཞིག་སྐྲུན་ཐུབ་པ་རེད།

བཙན་པོ་གནམ་རི་སྲོང་བཙན་གྱིས་སེམས་ནུས་ཡོད་རྒྱུ་བཏོན་ཏེ་གསར་འཛུགས་གནང་བའི་ཡར་ཀླུང་མནའ་འབྲེལ་ཚོ་པ། སྟོབས་ཤུགས་ཆེ་བ་དང་ས་གནས་ཁྱབ་ཁོངས་རྒྱ་ཆེ་བ་ཡིན་ཙང་། སྔོན་ཆད་ལོ་མང་རིང་རྒྱལ་ཕྲན་སིལ་བུ་ཁ་འཐོར་གྱིས་ས་ཆ་བཅད་བཟུང་བྱས་ནས་ཕན་ཚུན་རྙོལ་རེས་བྱེད་པའི་ཚོ་པ་དག །སུས་སུ་ལའང་ཕམ་འགྱུར་མི་འདོད་པའི་གནས་སྟངས་དུས་རིང་པོ་སོང་བའི་རྐྱེན་གྱིས། ཕན་ཚུན་གྱི་འགལ་ཟླ་ཧྲིང་པ་ཐག་གཅོད་མ་བྱུང་གོང་། འགལ་ཟླ་གསར་པ་མུ་མཐུད་ཐོན་པ་དང་། དེ་བཞིན་གནམ་རི་སྲོང་བཙན་གྱིས་བྱས་རྗེས་བཞག་ནས་བླངས་པའི་ས་ཆ་དེ་དག །སྐུ་དྲག་གསར་པ་རྣམས་ལ་རང་རང་དུ་བདག་དབང་གནང་བར་མ་ཟད། བྲན་གཡོག་ཀྱང་གནང་བར་བརྟེན་སྔར་གྱི་སྐུ་དྲག་རྙིང་པ་ཚོའི་ཁེ་ཕན་ལ་གནོད་ཆེ་ཚབས་ཆེན་ཕོག་པས། ཁོང་ཚོས་ག་དུས་ཡིན་ནའང་མ་འདོད་པའི་གནོད་སེམས་འཆང་བཞིན་དུ་གནས། མཐར་བཙན་པོ་གནམ་རི་སྲོང་བཙན་རང་ཉིད་ཀྱི་ལག་འོག་དཔོན་ཆུང་ངན་སེམས་ཅན་གྱིས་མོན་དུག་ཕུལ་ནས་བཀྲོངས་པ་སོགས་ཀྱི་ཡ་ང་བའི་དོན་རྐྱེན་ཞིག་བྱུང་། དེ་ནས་སྔར་གྱི་སྐུ་དྲག་དེ་ཚོའི་སྟོབས་ཤུགས་དང་ཕྱོགས་གཏོགས་ཀྱི་ཚོ་པ་ཁག་དེ་ཚོ་ཡང་རིམ་བཞིན་ངོ་ལོག་བྱས། དེ་སྔ་མནའ་འབྲེལ་ཡིན་པའི་ཚོ་པ་ནང་ཁུལ་དུ་ཡང་རེ་ཞིག་ཉམས་ཉེན་ཕྱོགས་བཞིར་ཁྱབ་པ་དང་། འཐོར་ཞིག་ཏུ་འགྲོ་བའི་འཆད་ཨུ་ཐུག་གི་མཚམས་སུ་ཉེན་ཁར་སླེབས་ཡོད། དེ་དག་གི་ནང་འཁྲུག་སྐྱོར་དུ་ཞོད་འཇགས་བཏང་སྟེ། ཆབ་སྲིད་གོང་བུ་གཅིག་སྒྱུར་དང་སྲ་བརྟན་ཡོང་བ་བྱ་རྒྱུའི་འོས་འགན་ཧ་ཅང་ལྕི་བ་འདི་ལོ་ན་བཅུ་གསུམ་ལས་མ་སོན་པའི་རྒྱལ་སྲས་སྲོང་བཙན་སྒམ་པོའི་ཕྲག་སྟེང་དུ་འགྱུར་དགོས་བྱུང་བ་རེད།

བཞི་པ། སྲོང་བཙན་སྒམ་པོས་རྒྱལ་ས་འོ་ཐང་དུ་གནས་སྤོས་མཛད་དེ་སྟོབས་ཆེན་གྱི་སྤུར་རྒྱལ་རྒྱལ་རབས་བཙུགས་པ།

སྲོང་བཙན་སྒམ་པོ་ནི་རྒྱལ་རབས་སོ་གཅིག་པ་བཙན་པོ་གནམ་རི་སྲོང་བཙན་དང་ཚེ་སྤོང་བཟའ་འབྲི་མ་ཐོད་དཀར་གཉིས་ཀྱི་སྲས་སུ་བོད་མེ་གླང་(སྤྱི་ལོ་༦༡༧)མལ་གྲོ་རྒྱ་མ་སྐང་གི་ཕོ་བྲང་"བྱམས་པ་མི་འགྱུར་གླིང་"དུ་སྐུ་བལྟམས། བོད་ཀྱི་ཡིག་ཚང་ནང་ངོ་སྤྲོད་བྱས་པ་ལྟར་ན། རྒྱལ་པོའི་སྲས་འདི་ནི་བལྟམས་མ་ཐག་ནས་སྐུ་མདོག་དཀར་ལ། མཚན་བཟང་པོ་དང་ལྡན་པ། བྱིས་པ་གཞན་ལས་སྐྱིད་ཆེ་ཞིང་ངོ་མཚར་ཁྱད་དུ་འཕགས་པ་ཞིག་བྱུང་། ཁོང་ལ་སྐུ་མཆེད་སྲིང་མོ་བཙན་མོ་སད་མ་ཀར་བྱ་བ་དང་། གཅུང་པོ་བཙན་སྲུང་བྱ་བ་ཞིག་ཡོད། སྲོང་བཙན་སྒམ་པོ་དགུང་ལོ་བཅུ་གསུམ་ལོན་ཙམ་ལ་ཡབ་གནམ་རི་སྲོང་བཙན་ལ་ངོ་ལོག་པས་དུག་ཕུལ་ནས་བཀྲོངས་པ་དང་། རྒྱལ་ཚང་ནང་གི་བློན་པོ་མང་པོ་དང་མི་དྲག་མང་པོ་ཁ་མཐུན་ནས་ངོ་ལོག་བྱེད་རྩིས་བྱེད་པ། ཕྱི་ཞང་ཞུང་གི་སྟོབས་ཤུགས་ཆེ་པས་སྐབས་བསྟུན་གྱིས་དམག་དྲངས་ནས་འཇུལ་རྩིས་བྱེད་པ། དེ་བཞིན་ཐེང་པོ་རྗེའི་ཕྱོགས་གཏོགས་ཀྱི་སྐུ་དྲག་སྙིང་པ་དེ་ཚོ་གཏོར་ཕམ་བཏང་བར་ནད་མི་ཐེགས་པར་ཏུར་བཙོན་དང་རོ་ལངས་རྒྱག་རྩིས་བྱེད་པ་སོགས། ཕྱི་ནང་གང་སར་དཀའ་ངལ་འདོམ་ཐུག་གི་ཉེན་ཁའི་གནས་སུ་གྱུར་བའི་སྐབས་འདིར། སྤུར་རྒྱལ་བཙན་པོའི་རྒྱལ་པོ་ཚང་ནང་གི་བློན་ཆེན་མྱང་མང་པོ་རྗེ་དང་། མགར་མང་ཞམ་སུམ་སྣང་། ཁྱུང་པོ་སྤུང་སད་ཟུང་ཙེ། དབས་དབྱི་ཚབ་ལ་སོགས་པ་རྣམས་ཀྱིས་གཅིག་གྱུར་ཐོག་རྒྱལ་སྲས་སྲོང་བཙན་སྒམ་པོའི་ཞབས་ནས་བཏེགས་ཏེ་བཙན་པོའི་ཁྲི་ལ་མངའ་གསོལ། སྲོང་བཙན་སྒམ་པོ་དགུང་ན་ཏ་ཙང་ཕྲ་ཡང་སྐྱེ་སྟོབས་ཀྱི་དཔལ་འབར་བའི་སྒོ་ནས་སྲིད་ཀྱི་ཐུགས་འགན་བཞེད་དེ། སྐབས་

དེའི་ཇ་དྲག་གི་གནས་སྟངས་ལ་ཡི་ཐང་ཆད་པ་དང་དཔའ་ཞུམ་པ་རྩ་བ་ནས་མེད་པར། དེ་ལས་ལྡོག་སྟེ་སྙིང་སྟོབས་ཆེན་པོས་མདུན་དུ་སྐྱོད་པ་དང་། དམག་གུར་ནང་ཐབས་ཇུས་ཡོད་ཀྱུ་འདྲིང་བཞིན་པ། རྒྱུན་དུ་བློན་ཆེན་མྱང་མང་པོ་རྗེ་ལ་སོགས་པའི་བློན་ཆེན་ཚོ་དང་བཀའ་གྲོས་མཛད་དེ། ཐབས་མཁས་རྣམ་པ་སྣ་ཚོགས་ལ་བརྟེན་ནས་རྫོན་ལ་སྲིད་འགྱུར་གྱི་གཡོ་ཇུས་འགོད་མཁན་དང་ངོ་ལོག་བྱེད་མཁན་གྱི་བློན་པོ་རེ་རེ་བཞིན་དྲག་པོའི་ཁྲིམས་ལ་སྦྱར་ནས་གཙང་དག་བཟོས། དེ་ནས་ཡབ་གནམ་རི་སྲོང་བཙན་ལ་དུག་སྟེར་མཁན་དང་དེ་དག་གི་ཕ་ཚ་བུ་རྒྱུད་དང་བཅས་པ་ཚང་མ་ཐུགས་ཐག་ཆོད་པོས་དྲག་པོའི་སྒོ་ནས་ཚར་གཅོད་གཙང་མ་བཟོས་པ་རེད།

ཁྲིམས་ལུགས་བཅོས་སྒྲིག་དང་སྒྲུགས་ནས་གནང་བའི་བྱེད་སྟངས་དེས། སྐྱོ་པོ་མི་སྨྲུན་པ་རྣམས་སྤྱ་བཀོང་བར་མཛད་པར་མ་ཟད། འབངས་མི་སེར་རྣམས་ལ་ཡང་བློ་འགོ་འཁྱེད་ཐུབ་པ་བྱུང་སྟེ། ཡབ་མེས་དུས་ཀྱི་ཆབ་འབངས་ངོ་ལོག་པ་མཐའ་དག་རིམ་བཞིན་སླར་ཡང་བཙན་པོའི་མངའ་ཞབས་སུ་བཀུག་པར་མཛད། སྐུ་ན་གཞོན་ལ་འཛོན་ཐང་ཆེ་བའི་སྲོང་བཙན་སྒམ་པོ་ཞེས་མཚན་སྙན་ཕྱོགས་ཀུན་དུ་གྲགས་ཤིང་། བྱང་ལམ་དུ་ཕེབས་སྐབས་དམག་དཔུང་བཏང་མ་དགོས་པ་དང་། དམག་དྲངས་མ་དགོས་པར་བྱང་ངོས་ཀྱི་རྒྱ་དང་འ་ཞས་དཔྱའ་ཁྲལ་འཇལ་ཞིང་། དེ་ནས་བཟུང་འ་ཞ་ཡང་བཙན་པོའི་ཆབ་འབངས་ལ་དངོས་སུ་ཚུད་པ་རེད། སྤུར་རྒྱལ་གྱི་བྱང་ཤར་དུ་ཡོད་པའི་སུམ་པའི་རྒྱལ་ཁམས་དབང་དུ་བསྡུ་ཆེད། བཙན་པོའི་བློན་ཆེན་མྱང་མང་པོ་རྗེ་ཞང་སྣང་གིས་སུམ་པའི་ཡུལ་དུ་དམག་རྒྱག་མི་དགོས་པར་ཁ་འཇམ་གཏམ་སྙན་གྱིས་གསང་གྲོས་བྱས་ཏེ། སུམ་པའི་ཚོ་དཔོན་ཁག་མགོ་བཏགས་ཞུ་བའི་སྐུལ་མ་གཏོང་རྒྱུའི་ཐབས་མཁས་ཀྱི་ཇུས་བཏོན་པ་ལ་བཙན་པོས་དང་ལེན་གནང་བ་དང་། ཐབས་བྱུས་ལམ་དུ་སོང་ནས། སུམ་པའི་ཡུལ་ཚོ་སོ་སོའི་ཐེམ་དུད་མི་གཅིག་ཀྱང་ཕྱི་བྲོས་དང་། འཐོར་གྱུར་མེད་པ་ཞི་བདེའི་བྱ་ཐབས་ལ་བརྟེན་ནས་ཆབ་འོག་ཏུ་ས་ཆ་གསར་པ་ཞིག་དབང་དུ་བསྡུ་ཐུབ་པ་བྱུང་བ་རེད། དེར་བརྟེན་མྱང་མང་པོ་རྗེ་

ཞང་སྣང་གིས་རྒྱལ་དོན་ཆེད་བྱས་རྗེས་བླ་ན་མེད་པ་ཞིག་བཞག་ཡོད། འོན་ཀྱང་། ཕྲ་མ་ཅན་གྱི་ཁྱུང་པོ་སྤུང་སད་ཟུ་ཙེས་རང་ཉིད་བློན་ཆེན་གྱི་གོ་འཕང་ཐོབ་རྒྱུའི་ཆེད་དུ་བཙན་པོ་སྐུ་གཞོན་ནུའི་སྐབས་དང་བསྟུན་ནས། བཙན་པོ་དང་རྒྱལ་བློན་མྱང་མང་པོ་རྗེའི་བར་ལ་དབྱེན་སྦྱོར་དཀྲུག་ཤིང་མང་པོ་བརྒྱབ་ནས་མཐར་མང་པོ་རྗེ་སྐུ་བཀྲོངས་པ་རེད།

《ཏུན་ཧོང་ནས་ཐོན་པའི་གནའ་བོའི་བོད་ཀྱི་ཡིག་རྙིང་ཤོག་དྲིལ་》ལས། བློན་ཆེན་ཟུར་པ་ཁྱུང་པོ་སྤུང་སད་ཟུ་ཙེ་ལོ་ན་མཐོན་པོར་སླེབས་ནས་ལས་གནས་དགོངས་ཞུ་ཏེ་ངལ་གསོ་བའི་དུས་ལ་གཡོ་རྒྱུའི་སྒོ་ནས་ལྐོག་ལ་བཙན་པོ་བཀྲོང་རྒྱུའི་ཇུས་ངན་བཤམས། ཁོ་པས་ནང་དུ་དགྱེས་སྐྱེམས་གསོལ་སྟོན་བཤམས་ནས་བཙན་པོ་གདན་ཞུ་བྱེད་པར། བཙན་པོས་ཞལ་བཞེས་མཛད་དེ་བློན་ཆེན་གྱི་གོ་གནས་རྒྱུད་འཛིན་བྱས་པའི་མགར་སྟོང་བཙན་ཡུལ་ཟུང་བཀས་མངགས་ནས་སྟོན་ལ་རྟོག་ཞིབ་བྱེད་པར་གཏོང་གནང་མཛད། བློན་ཆེན་མགར་སྟོང་བཙན་ཁོ་པའི་སྡོད་ཁྱིམ་དང་ཉེ་བར་སླེབས་སྐབས་བརྟག་དཔྱད་ཞིབ་པར་བྱེད་དུས། མཐའ་འཁོར་གང་སར་དམག་མི་ལྐོག་ཡིབ་བྱས་ནས་བཙན་པོ་བཀྲོང་རྒྱུའི་ཇུས་ངན་བཤམས་ཡོད་པ་མཁྱེན་ཏེ། ཕྲལ་དུ་ལྟག་ལོག་བརྒྱབ་སྟེ་བཙན་པོར་མཐོང་ཐོས་བྱུང་བ་ཐམས་ཅད་ཇི་བཞིན་དུ་སྙན་གསེང་ཞུས། ཁྱུང་པོ་སྤུང་སད་བློན་ཆེན་མགར་ཕྱིར་ལོག་བྱས་པ་ཤེས་ཕྲལ། ད་ནི་གནས་ཚུལ་ཚང་མ་མགར་གྱི་ཛི་རིག་ཚར་སོང་བསམ་ནས། རང་སྲོག་མ་བཅད་གོང་རང་གི་བུ་ངག་རེ་ཁྱུང་ཟེར་བ་དེ་ལ་ཁ་ཆེམས་བཞག་ནས་ཁོ་པའི་མགོ་བཅད་དེ་བཙན་པོ་ལ་ཕུལ་ཟེར། དེ་ནས་བུས་ཁ་ཆེམས་ལྟར་ཕ་རང་སྲོག་བཅད་མ་ཐག་མགོ་བྲེགས་ཏེ་སྐུ་མཁར་ཕྱིང་བ་སྟག་རྩེར་རྒྱུགས་ཡོང་སྟེ། བདག་གི་ཕ་རྒན་བཙན་པོ་ལ་བློ་ལོག་ནས་བར་ཆད་བཙམས་པའི་གནས་ཚུལ་ངས་མགར་ལ་ཐེར་འདོན་བྱས་པ་ཡིན། མགར་གྱིས་མཁྱེན་པའི་རྗེས་ཕྲལ་མར་བཙན་པོའི་སྐུ་མཁར་དུ་ཕྱིར་ལོག་གནང་སོང་ཅེས་དང་། ངས་རང་གི་ཕ་བསད་ནས་མགོ་བྲེགས་ཏེ་སྐུ་མཁར་དུ་སྙན་ཞུ་ཕུལ་

བར་བཅར་བ་ལགས་ན། བདག་ཅག་གི་ཁྲིམ་སྲིད་ལ་ཅི་ནས་བཀའ་ཉེས་མེད་པ་ཞིག་གནང་རོགས་ཞུས་པས། མཁས་མཛངས་ཟབ་དཀྱིལ་ཆེ་བའི་བཙན་པོས་ངག་རེ་ཁྲུང་གི་རེ་བ་བཞིན་ཞལ་གྱིས་བཞེས་ཏེ་ཤུལ་མིའི་ཁྲིམ་རྒྱུད་ལ་ཉེས་ཆད་མི་བཏང་པར་རང་འཇགས་སུ་བཞག་པ་རེད།

སྲོང་བཙན་སྒམ་པོས་ཡབ་མེས་ཀྱི་འདུན་པ་བཞིན་བོད་ལྗོངས་ཡོངས་ཆབ་སྲིད་གོང་བུ་གཅིག་གྱུར་ཡོང་བ་མངོན་དུ་གྱུར་ཆེད་དང་། ཐབས་ཇུས་ཀྱི་རང་དབང་ནུས་པ་རང་ལག་ཏུ་དམ་པོ་འཛིན་རྒྱུར་སྟབས་བདེ་ཡོང་ཆེད་དང་། སྤྱི་ཚོགས་ཁྲོན་ཡོངས་ཞི་བདེ་ལྷིང་འཇགས་དང་དཔལ་འབྱོར་འཕེལ་རྒྱས་ཡོང་བ་བཅས་ཀྱི་ཆེད་དུ། བློན་ཆེན་རྣམས་ལ་རྒྱལ་ས་གནས་སྤོས་གནང་རྒྱུའི་བཀའ་གྲོས་མཛད། དེ་ནས་ཆེད་མངགས་དབུས་ཁུལ་དུ་ས་དཔྱད་རྟོག་ཞིབ་ཀྱི་མི་སྣ་མངགས་གཏོང་མཛད་པར་མ་ཟད། ཤོད་ཚུལ་ལ་བཙན་པོ་སྐུ་ངོ་མ་དབུས་ཁུལ་དུ་ཕེབས་ནས་ས་དཔྱད་རྟོག་ཞིབ་གནང་སྐྱོང་ཡོད་པ་རེད། ས་དཔྱད་བྱེད་མཁན་གྱིས་ལྟ་དུས། "སྐྱིད་སྨད"གཞུང་གི་"འོ་ཐང་མཚོ"ཞེས་པའི་སའི་ཁོར་ཡུག་དེ་ནི་ཡུལ་ལྗོངས་ཤིན་ཏུ་མཛེས་ལ་ས་རྒྱ་ཆེ་བ། ཕྱོགས་བཞིར་རི་ཆེན་གྱི་སྐོར་ཞིང་ས་རྒྱ་གཤིན་པོ་དང་། ཁ་ཆུང་དྲོད་ཚད་སྙོམས་པ་ཞིང་ལས་དང་འབྲོག་ལས་གང་བྱས་ཀྱང་འཚོ་བ་སྟབས་བདེ་ཡོང་བའི་ཁྲུད་ཆོས་མི་དམན་པ་ཞིག་མཐོང་། ལྷོ་ཕྱོགས་ཀྱི་རི་བོའི་འདབས་སུ"སྐྱིད་ཆུ"ཉེ་མའི་འོད་མདངས་དང་བཅས་པར་ཤང་ཤང་བརྒྱུགས་ནས་ནུབ་ངོས་ཡར་གླུང་གཙང་ཆུ་དང་འདྲེས་པ། "འོ་ཐང"གི་དབུས་དང་ཉེ་བའི་གཡས་གཡོན་དུ་རི་ཆུང་ཁག་གསུམ་སོ་སོར་གནས་ནས་ཡོད་པ་སྟེ། དམར་པོ་རི་དང་། ལྕགས་པོ་རི། བ་མ་རི་བཅས་གསུམ་མོ། དམར་པོ་རིའི་དབུ་རྩེ་ནས་བལྟས་ཚེ་ཕྱོགས་བཞིའི་ཡུལ་ལྗོངས་ཚང་མ་མིག་འོག་ཏུ་ཚུད་ཐུབ་པ་ནི། རང་བཞིན་ལས་བསྐྲུབས་པའི་ཐབས་ཇུས་ཀྱི་ལྟེ་གནས་ཤིག་རེད་ཟེར་ན་མི་མཚམས་པ་ཅི་ཡོད། དེས་མ་ཚད་དམར་པོ་རིའི་དབུ་རྩེར་ཆོས་སྐུ་ཀུན་ཏུ་བཟང་པོའི་རྣམ་སྤྲུལ་དུ་གྲགས་པའི་ལྷ་ཐོ་ཐོ་རི་གཉན་བཙན (སྤུར་རྒྱལ་བཙན་པོའི་རྒྱལ་

རབས་ཉེར་བརྒྱད་པ་）གྱིས་ཕོ་བྲང་བརྩིགས་ནས་སྐྱབ་པ་སྐྱོན་སྐྱོང་བའི་སྐྱབ་ཁང་ཞིག་ཡིན་སྐབས། སྤུར་རྒྱལ་རིགས་རུས་རྒྱུད་འཛིན་པས་གནས་འདི་ནི་བཀྲ་ཤིས་པ་དང་བསོད་ནམས་ཀྱི་དཔལ་བླ་ན་མེད་པའི་ཞིང་ཁམས་ཤིག་ཡིན་པའི་ངོས་འཛིན་པ། དེ་བཞིན་ཡབ་རྒྱལ་གནམ་རི་སྲོང་བཙན་གྱིས་ཟིང་པོ་རྗེའི་ཚོ་པ་ཁག་གཏོར་ཐམ་བཏང་སྐེ་ཆབ་འོག་ཏུ་བསྡུས་པའི་ས་ཁོངས་ཤིག་ཡིན། སྲོང་བཙན་སྒམ་པོ་དང་ཁོང་གི་བཀའ་བློན་ཆེ་གྲས་རྣམས་གཅིག་གྱུར་གྱིས་གནས་འདིའི་ས་དཔྱད་གནམ་དཔྱད་ཚང་མ་ཐུགས་ལ་འབབ་པར་མ་ཟད། དམག་ཇུས་ཀྱི་གལ་ཆེའི་ས་ཆ་ཞིག་ཡིན་པར་ངོས་འཛིན་ནས་རྒྱལ་ས་"འོ་ཐང"དུ་གནས་སྤོ་བྱ་རྒྱུར་ཐུགས་ཐག་ཆོད་པར་མ་ཟད། དམར་པོ་རིར་ཕོ་བྲང་འཛུགས་སྐུན་བྱས་ཏེ་རྒྱལ་བློན་དང་དམག་དཔོན་ཚང་མ་གནས་སྤོ་རྒྱུའི་གཏན་འཁེལ་གནང་། དེ་ནས་བཟུང་"འོ་ཐང"ནི་སྤུར་རྒྱལ་བྲན་གཡོག་ལམ་ལུགས་སྲི་ཚོགས་ཀྱི་ཆབ་སྲིད་དང་། དཔལ་འབྱོར། རིག་གནས། དམག་དོན། ཆོས་ལུགས་བཅས་ཀྱི་ལྟེ་གནས་སུ་འགྱུར།

སྐབས་དེ་ཙམ་དུ་སྤུར་རྒྱལ་ནུབ་ཕྱོགས་ཁུལ་གྱི་སྟོད་མངའ་རིས་དང་བྱང་ཕྱོགས་ཁུལ་གྱི་འབྲོག་ས་ཕལ་མོ་ཆེ་ནི་ཞང་ཞུང་གི་མངའ་འོག་ཏུ་གནས་ཡོད་ཁར། 《ཏུན་ཧོང་ནས་ཐོན་པའི་གནའ་བོའི་བོད་ཀྱི་ཡིག་རྙིང་ཤོག་དྲིལ་》ནང་། སྲོང་བཙན་སྒམ་པོས་སྟོབས་དང་ལྡན་པའི་ཞང་ཞུང་གི་རྒྱལ་ཁམས་དབང་དུ་བསྡུས་ཚུལ་སྐོར་འཁོད་པ་ཞིག་ན། ཐོག་མ་བཙན་པོ་སྲོང་བཙན་སྒམ་པོའི་སྐུ་མཆེད་སྲིང་མོ་སད་མ་ཀར་བྱ་བ་དེ། ཞང་ཞུང་གི་རྒྱལ་པོ་ལིག་མི་རྒྱའི་བཙུན་མོར་གནང་ཡོད་ཀྱང་། ཞང་ཞུང་གི་རྒྱལ་པོ་དེ་ལ་སྔར་འདྲིས་ཀྱི་ཟུར་གྲོགས་བུ་མོ་ཞིག་ཡོད་པས། བཙུན་མོ་སད་མ་ཀར་དང་ལྷན་དུ་མི་བཞུགས་ཤིང་ཐུགས་མི་མཐུན་པ་ཆགས་པར་བརྟེན་བཙུན་མོ་ཡང་ཞང་ཞུང་རྒྱལ་པོའི་ཁབ་དང་སྲིད་མི་འཛིན་པར་ལོགས་ཤིག་ཏུ་བཞུགས་ནས་མཛའ་འབྲེལ་ཡག་པོ་མེད་སྐབས། སད་མ་ཀར་ཤིན་ཏུ་ཁྲོས་ཏེ་གཅེན་རྒྱལ་པོ་སྲོང་བཙན་སྒམ་པོ་ལ་དམག་དཔུང་དྲངས་ནས་ཞང་ཞུང་མངའ་འོག་ཏུ་བསྡུ་རྒྱུའི་རེ་བ་བཏོན། སྤྱི་ལོ་༨༥༥ལོར་

སྲོང་བཙན་སྒམ་པོས་དམག་དྲངས་ཏེ་ཞང་ཞུང་རྒྱལ་པོ་ལིག་མི་རྒྱ་གཏོར་ཕམ་བཏང་སྟེ། ཞང་ཞུང་གི་ཚོ་པ་ཐམས་ཅད་སྲོང་བཙན་སྒམ་པོའི་མངའ་འོག་ཏུ་བསྡུས།

དེ་ནས་སྲོང་བཙན་སྒམ་པོས་ལྷ་མཐུད་དུ་མངའ་ཁོངས་ཤར་ངོས་སུ་རྒྱ་སྐྱིད་མཛད་དེ། སྔ་རྗེས་སུ་འཛང་ཡུལ་དང་མཚོ་སྔོན་གྱི་ཤར་ལྷོའི་མཚམས་སུ་རྨ་ཆུའི་རྒྱུག་གཞོང་ཁུལ་དང་། སི་ཁྲོན་ཁོངས་ཟུང་ཆུ། ནུབ་ངོས་གཙང་པོའི་ཁུལ་གྱི་དར་རྩེ་མདོའི་ནུབ་ཕྱོགས་མི་ཉག་དང་། དེ་བཞིན་མཚོ་སྔོན་དང་སི་ཁྲོན་གཉིས་ས་འབྲེལ་མཚམས་ཀྱི་མགོ་ལོག་དང་ཡུལ་ཤུལ་སོགས་པའི་ཡུལ་ཕལ་མོ་ཆེ་མངའ་འོག་ཏུ་བསྡུས། སྲོང་བཙན་སྒམ་པོ་ནི་བློ་རྒྱ་ཆེ་ལ་ཐུགས་བསམ་ཆེ་ཞིང་། ལྷ་མཐུད་དཔའ་མཛངས་རྟུལ་ཕོད་ཀྱི་མདུན་སྐྱོད་མཛད་དེ། རིམ་བཞིན་མངའ་དབང་རྒྱ་སྐྱེད་དང་སྲིད་དབང་སྤྲ་བརྟན་དུ་བཏང་སྟེ། བཙན་པོ་འདི་ཉིད་ཀྱི་སྐུ་དུས་སུ་གཞི་ནས་བོད་ཅེས་པའི་ཐ་སྙད་ཀྱི་ཁྱབ་ཁོངས་སུ་ཡོངས་རྫོགས་གཅིག་གྱུར་མཛད་པ་དང་། བོད་མི་རིགས་འདི་བཞིན་དེ་བས་མཐུན་སྒྲིལ་ཇོག་རྩ་གཅིག་ཏུ་འདྲིལ་ནས་དགྲ་བོར་ཁ་གཏད་འཛུལ་བ་དང་། བོད་ཀྱི་སྤྱི་ཚོགས་རྣམ་པ་དེ་བས་མཛེས་སྡུག་ལྡན་པ་ཞིག་ཡོང་རྒྱུར་བསྒྲུབ་ཐུབ་པ་བྱུང་ཡོད།

ལྔ་པ། སྲོང་བཙན་སྒམ་པོས་འཆར་བཀོད་རྒྱ་ཆེན་སྤེལ་ནས་སྲུར་རྒྱལ་གྱི་ལོ་རྒྱུས་ལེའུ་གསར་དུ་བཏོད་པ།

སྲོང་བཙན་སྒམ་པོས་རྒྱལ་ས་"འོ་ཐང་"དུ་གནས་སྤོས་གནང་སྟེ་བོད་ཁམས་གཅིག་གྱུར་གྱི་དོན་ཆེན་བསྒྲུབས་ནས། སྟོབས་ཆེན་གྱི་བཙན་པོའི་རྒྱལ་རབས་ཤིག་བཙུགས་གནང་མཛད་པར་མ་ཟད། མུ་མཐུད་མངའ་འོག་རྒྱ་སྐྱེད་བཏང་སྟེ་མཐའ་མཚམས་སྲ་བརྟན་དང་། ཕྱི་འབྲེལ་ལ་ཤུགས་སྐྱོན་བརྒྱབ་སྟེ་ཕན་ཚུན་མཛའ་གྲོགས་གོང་སྤེལ་བཏང་ནས་བོད་དེ་ཉིད་གོང་འཕེལ་ཡོང་རྒྱུར་སྐུལ་འདེད་གནང་བར་མ་ཟད། བོད་ཀྱི་དཔལ་འབྱོར་འཕེལ་རྒྱས་དང་། སྤྱི་ཚོགས་ཡར་ཐོན། མི་སེམས་ལྷིང་འཇགས་ཡོང་རྒྱུ་སོགས་ལ་ནུས་སེམས་ཡོད་དགུ་བཏོན་ནས་འབད་མཚམས་མེད་པར་འཐབ་རྩོད་གནང་བ་བརྟེན། མི་ལོ་བརྒྱ་ཙམ་རིང་བོད་ཀྱི་སྤྱི་ཚོགས་མངའ་ཐང་རྒྱས་ཤོས་སུ་སླེབས་ཐུབ་པ་བྱུང་ཡོད། མདོར་ན་སྲོང་བཙན་སྒམ་པོས་བོད་ཀྱི་སྤྱི་ཚོགས་ཆབ་སྲིད་དང་། དཔལ་འབྱོར། ཆོས་ལུགས་རིག་གནས། དམག་དོན། ཁྲིམས་ལུགས་སོགས་ཕྱོགས་གང་ཅིའི་ཐད་ནས་ཆེ་བའི་ཕྱག་རྗེས་བསྒྲུབ་ཐབས་མེད་པ་ཞིག་འཇོག་གནང་མཛད་པ་དང་། གང་འདིའི་མཁས་མཛངས་ལྡན་པའི་མཛད་རྗེས་ཀྱི་མཚན་སྙན་བཟང་པོ་ནི་བོད་ལྗོངས་ཙམ་མ་ཟད། ཀྲུང་གོའི་མི་རབས་ནས་མི་རབས་དང་འཛམ་གླིང་ས་ཕྱོགས་ཀུན་ལ་ཡོངས་སུ་གྲགས་པར་བྱེད་དོ། །

(༧) ཤིང་བཟོ་རྫོ་ལས་ཀྱི་ཨར་སྐྲུན་རྒྱ་ཆེ་སྤེལ་ནས་གཙུག་ལག་ཁང་དང་པོ་བྲང་གསར་སྐྲུན་གྱི་ལས་གྲྭ་གཉེར་ཏེ། ལམ་བཅོས་ལམ་བཟོ་དང་འབབ་ཆུའི་སྟོད་ཁང་སོགས་གསར་སྐྲུན་མཛད་པ།

སྲོང་བཙན་སྒམ་པོས་སྡེ་འཁྲིད་མཛད་དེ་རྒྱལ་ས་མལ་གྲོ་གོང་དཀར་རྒྱ་མ་

སྐང་ནས་འོ་ཐང་ལ་གནས་སྤོས་ཟིན་རྗེས། གཅིག་ནས་ཚོ་པ་ཁག་སོ་སོའི་ཐེམ་དུད་ཞིབ་བཤེར་དང་། གཉིས་ནས་བྱས་རྗེས་ཡོད་པའི་བཟང་སྤྱོད་རྣམས་ལ་བྱ་དགའ་དང་། ནག་ཉེས་ཅན་ལ་ཁྲིམས་བཅད། འབངས་མི་རྣམས་ལ་བྱམས་པས་བསྐྱངས་ས་མཛད་སྐབས། གོང་འོག་ཚང་མ་བློ་བདེ་བག་ཕེབས་དང་ཁྲིམས་གཞི་གསར་པ་ཞིག་འཛུགས་སྐྲུན་བྱེད་རྒྱུའི་སེམས་ཤུགས་དེ་བས་ཆེ་རུ་ཕྱིན། དེ་ལྟ་བུའི་རྨང་གཞི་ཟབ་མོ་ཡོད་པའི་འོག་ཁྲོན་ཡོངས་ནས་ཨར་ལས་ཀྱི་ལས་གྲྭ་གསར་པ་ཞིག་དབུ་ཚུགས་ཏེ། འབངས་མིའི་སྤྱོད་ཁྲིམ་དང་། གཙུག་ལག་ཁང་། བཙན་པོའི་ཕོ་བྲང་དང་ལམ་བཟོ་ཆུ་ཡུར་སོགས་ཀྱི་ཨར་ལས་དུས་གཅིག་ཏུ་སྤེལ་བ་མཛད།

དེ་དག་གི་ནང་ནས་ཨར་སྐྲུན་གལ་ཆེ་ཤོས་དང་གྲགས་ཅན་གྱི་ཁོངས་ནི་ཕོ་བྲང་པོ་ཏ་ལ་ཐོག་མའི་འཛུགས་སྐྲུན་གྱི་རྣམ་པ་དེ་ཡིན། དེ་ཡང་སྤྱི་ལོ་༦༣༡ལོར། སྲོང་བཙན་སྒམ་པོས་བལ་བཟའ་ལྷ་གཅིག་ཁྲི་བཙུན་ཁབ་ཏུ་བཞེས་རྗེས། བལ་བཟས་གསོ་འགན་བཞེད་དེ་དམར་པོ་རིའི་སྟེང་དུ་བཙན་པོའི་ཕོ་བྲང་ལྕགས་རིའི་འཁྲིང་བ་གསུམ་གྱིས་བསྐོར་བའི་ནང་དུ་མཁར་དགུ་བརྒྱ་དགུ་བཅུ་གོ་དགུ་དང་། དམར་པོ་རི་སྟེང་གི་ཕོ་བྲང་བཅས་མཁར་སྟོང་ཕྲག་ཙམ་བཞེངས། ཁང་མིག་དེ་དག་ཀོས་བརྒྱན་རྣམས་ཤིན་ཏུ་བརྗིད་ཆགས་ལྟ་ན་སྡུག་པ་ཞིག་ཏུ་བསྐྲུན་པར་མ་ཟད། རྒྱལ་པོའི་སྐུ་མཁར་དང་བཙུན་མོའི་སྐུ་མཁར་གཉིས་ཀྱི་བར་དུ་དངུལ་ཟམ་དང་ཟངས་ཟམ་གྱི་སྦྲེལ་ཏེ་བབ་ཆགས་ལ་མཛེས་ཤིང་ཡིད་དུ་འོང་བ་ཞིག་ཏུ་རྒྱུར་བ་དང་ཕྱོགས་བཞིར་ལྕགས་རིའི་འཁྲིང་བ་གསུམ་གྱིས་བསྐོར་བ་དང་། འདོད་རྒུའི་ཡོ་བྱད་མཐའ་དག་འདུ་བའི་སྒོ་བཞི། ཕྱོག་བཞིས་རྣམ་པར་མཛེས་ཤིང་ལྕགས་རིའི་ཕྱི་རོལ་དུ་གཤོང་ས་དོང་ལམ་ཡོད་པ་བེད་སྤྱད་དེ་ཧ་རྒྱུག་སའི་ལམ་བཟོ་བ་ལ་ད་དུང་ས་འདྲུས་ཏེ། ཟབ་ལ་འདོམ་དོ་དང་། ཞེང་ལ་འདོམ་བཅོ་བརྒྱད། དཀྱུས་སུ་འདོམ་སུམ་བརྒྱ་ཡོད་པ་ལ་དེའི་སྟེང་སྤང་ལེབ་དང་སོ་ཕག་བཏིང་སྟེ། ཧ་གཅིག་བརྒྱུགས་ཀྱང་ཧ་སྟོང་ཕྲག་བརྒྱུགས་པའི་སྒྲ་འབྱུང་བ་ལྟ་བུའི་ངོ་མཚར་ཆེ་བ་བྱུང་དེ་ལྟ་བུའི་ཕོ་བྲང་འགྲན་ཟླ་དང་བྲལ་

བ་ངོ་མཚར་ཆེ་ཞིང་མཛེས་པ་ཅིག་ལེགས་པར་བསྐྲུན་ཟིན། ཡིན་ནའང་ད་ལྟའི་ཕོ་བྲང་པོ་ཏ་ལ་བཛིད་ཆགས་དང་མཛེས་སྡུག་ལྡན་པ་ནང་བཞིན་འགྲུབ་བྱེད་གང་ནས་ཐུབ། འོན་ཀྱང་སྐབས་དེའི་ཆ་རྐྱེན་འོག་འབངས་མི་བསྐུལ་ཏེ་ཨར་ལས་གཞི་རྒྱ་ཆེན་པོ་དེ་ཙམ་དང་། དམར་པོ་རིའི་སྟེང་དུ་ངོ་མཚར་ཆེ་བའི་ཕོ་བྲང་དེ་ལྟ་བུ་ཞིག་བསྐྲུན་ཐུབ་པ་ནི། སྟར་བྱུང་སྟོང་མེད་པའི་བློ་སྟོབས་དང་བསམ་རྒྱ་ཆེན་པོ་གང་འདྲ་ཞིག་ཡོད་པ་མ་ཡིན་ནམ། དེ་ནི་བོད་ལྗོངས་ཡོངས་ཀྱི་མི་དམངས་རྣམས་སྤྱོབས་སེམས་སྐྱེད་འོས་པ་ཞིག་ཡིན་པར་མ་ཟད། ཕྱོགས་བཞིའི་ཉེ་འབྲེལ་གྱི་རྒྱལ་ཁབ་ཀྱང་ཟིལ་གྱིས་གནོན་ཡོད་སྐབས། རྒྱལ་ཁབ་ཁག་གི་རྒྱལ་བློན་པོ་ཉ་གཅིག་མཇུག་གཉིས་མཐུད་དང་བཏང་ནས་དགའ་སྟོན་འཚམས་འདྲི་ཡང་ཞུས་ཡོད་པ་རེད། དེ་ནས་དམག་འཁྲུགས་ཀྱི་རྐྱེན་མཐུད་པ་དང་། རང་བྱུང་ཐོག་མདའི་གནོད་འཚེ་ཆེན་པོ་ཐོག་པའི་རྐྱེན་གྱིས། དམར་པོ་རི་ཕོ་བྲང་ཁྲི་རྩེ་དམར་པོའི་ཐོག་བརྩེགས་ཅན་ཕྲོན་ཡོངས་ནས་ཤུལ་མེད་རྩ་གཏོར་སོང་། ད་ལྟའི་ཆོས་རྒྱལ་སྒྲུབ་ཕུག་དེ་དང་འཕགས་པ་ལྷ་ཁང་གཉིས་ཤུལ་བཞག་ཙམ་དུ་ལུས།

ལོ་རྒྱུས་ཡིག་ཚག་ནང་བལྟས་ན་སྲོང་བཙན་སྒམ་པོས་ཁོ་རང་གི་བཙུན་མོ་མི་ཉག་ཏུ་ཡོང་བཟའ་ལ་བྲག་ལྷ་མགོན་པོའི་ལྷ་ཁང་བཞེངས་ཞེས་དང་། ལྷ་ཁང་དེ་ནི་ད་ལྟ་ཕོ་བྲང་པོ་ཏ་ལའི་ལྗོ་ངོས་ཀྱི་ཟུར་དུ་ཡོད་པའི་“བྲག་ལྷ་མགོན་པོའི་ལྷ་ཁང་”དེ་ཡིན་ཞིང་། ལྷ་ས་བ་མང་ཆེ་བའི་ཁ་རྒྱུན་དུ་“བྲག་ལྷ་ཀླུ་སྒྲུབ་”ཞེས་ཟེར། བྲག་ཕུག་དེའི་རྟེན་གྱི་གཙོ་བོ་ཐུབ་པ་བྲག་ལྷ་མགོན་པོ་ཞེས་སྲོང་བཙན་སྒམ་པོས་བལ་པོའི་ལྷ་བཟོ་བ་ལ་བྲག་ཏུ་འབུར་བརྐོས་བྱེད་བཅུག་པ་ཡིན་ཞིང་། སྲོང་བཙན་གྱི་བཙུན་མོའི་ཕོ་བྲང་དང་ལྷ་ཁང་ཟུང་དུ་འབྲེལ་ཞིང་། བྲག་འདབས་སུ་བསྐྲུན་པའི་ཐོག་བརྩེགས་དགུ་ཅན་གྱི་གནའ་བོའི་འཛུགས་སྐྲུན་ཁྱད་དུ་འཕགས་པ་དང་མཛེས་སྡུག་ལྡན་པ་ཞིག་ཡིན་ལ། ད་ལྟའང་ཕྱོགས་ཀུན་གྱི་གནས་གཟིགས་ཕེབས་མཁན་རྒྱུན་མི་ཆད་པ་ཡོད། དེ་བཞིན་ལྷ་སའི་འོ་ཐང་མཚོའི་བྱང་ངོས་སེ་ར་ཐེགས་ཆེན་གླིང་དགོན་པའི་གཡོན་ཕྱོགས་ནས་ཡོན་

གྱི་རི་ངོས་སུ་སྲོང་བཙན་སྒམ་པོས“ཕ་བོང་ཁ་བྱང་ཚུབ་ཤིང་གི་ནགས”བྱ་བའི་ཕོ་བྲང་ཞིག་ཕྱུག་བཏབ། བོད་ཀྱི་ལོ་རྒྱུས་ཡིག་ཚག་ནང“ཕོ་བྲང་མ་རུ”ཞེས་གསལ། ཕོ་བྲང་འདི་ནི་བྲག་སྟེང་སོ་ཕག་ཁྲི་ཚུ་ལ་སྦྱར་ནས་ཐོག་བརྩེགས་དགུ་ཐོག་ཡོད་པ་བཞེངས། ཕྱོགས་བཞིར་ལྕགས་ཐག་གི་བཏགས་ནས་བརྟན་པར་བྱས། ཕ་བོང་ཆེན་པོ་འདིའི་འོག་ཏུ་སྦུབ་ཁང་ཞིག་ཡོད་པ་དེར་རྒྱལ་བློན་གཉིས་ལོ་བཞི་མཚམས་སུ་བཞུགས་ནས་བློན་ཆེན་ཐོན་མི་སཾ་བྷོ་ཊས་རྒྱལ་པོ་ལ་ཐོག་མར་བོད་ཡིག་སྦྲ་དང་བཅས་པ་སློབ་སྦྱོང་གནང་སྐྱོང་བའི་སྦུབ་གནས་གལ་ཆེ་ཞིག་རེད།

(༢) ཕྱི་ཕྱོགས་སུ་སྒོ་མོ་ཕྱེས་ཏེ་ཕྱི་ནང་འབྲེལ་གཏུག་བྱེད་རྒྱུར་སྐུལ་འདེད་དང་། ནང་ཕྱོགས་སུ་ཁྲིམས་ལུགས་གཏན་ལ་ཕབ་སྟེ་འཕེལ་རྒྱས་འགྲོ་རྒྱུར་སྐུལ་འདེད་མཛད་པ།

སྲོང་བཙན་སྒམ་པོའི་སྐབས་སུ་རྒྱལ་ཁབ་ཕན་ཚུན་གྱི་གནས་ཚུལ་རྙོགས་དཀའ་བ་དང་། འཁྲིམ་འཁྲུལ་སྤྱིལ་འདྲེན་སྟབས་བདེ་མེད་པ། དཔལ་འབྱོར་འཕེལ་རྒྱས་རྗེས་སུ་ལུས་པའི་གནའ་བོའི་སྤྱི་ཚོགས་ཤིག་ཡིན་ཡང་། སྲོང་བཙན་སྒམ་པོ་ནི་བློ་གྲོས་རྣོ་ཞིང་གཟིགས་རྒྱང་རིང་བ། སྒོ་མོ་ཕྱེས་ནས་ཕྱི་འབྲེལ་བྱེད་རྒྱུར་བསམ་རྒྱ་ཆེ་བ། བོད་དང་ས་འབྲེལ་ཉེ་བའི་རྒྱལ་ཁབ་དང་ས་གནས་ལ་འབྲེལ་གཏུག་རྒྱ་ཆེ་གནང་རྒྱུར་ཤུགས་གནོན་རྒྱུན་མི་ཆད་པ་སྐྱོན་པ། དཔེར་ན་གཉེན་འབྲེལ་གནང་ནས་གྲོགས་སྒྲིག་པ་དང་། ཕྱིའི་སྔོན་ཐོན་གྱི་ཉམས་མྱོང་བཟང་པོ་དང་ལེགས་ཆ་ཡོད་ཚད་ལ་སེམས་ཆུང་གིས་སློབ་སྦྱོང་དང་ལེན་ཞུས་ཏེ་བོད་ཀྱི་སྤྱི་ཚོགས་ཡར་རྒྱས་གོང་འཕེལ་ཡོང་རྒྱུར་སྐུལ་འདེད་གང་ཐུབ་གནང་ཡོད། ནང་དུ་ཆ་བཞག་ན། སྤྱི་ཚོགས་སྒྲིག་གཞི་དང་ཁྲིམས་ལུགས་གཏན་ལ་ཕབ་སྟེ་ཞིང་ལས་དང་འབྲོག་ལས་ལ་བཙོས་སྒྲིག་བྱས་ཏེ་ཐོན་སྐྱེད་གོང་འཕེལ་བཏང་བ། དེ་བཞིན་བློན་ཆེན་ཐོན་མི་སཾ་བྷོ་ཊ་རྒྱ་གར་དུ་སློབ་སྦྱོང་བྱེད་པར་མངགས་གཏོང་གིས་བོད་ཡིག་གསར་གཏོད་བྱེད་བཅུག་ནས། ཕྱོགས་བཞིའི་ཉེ་འབྲེལ་རྒྱལ་ཁབ་ནས་སངས་རྒྱས་ཀྱི་གསུང་རབ་བསྟན་བཅོས་འབོར་ཆེན་ནང་འདྲེན་

ཞུས་ཏེ། བོད་སྐད་དུ་བསྒྱུར་ནས་བོད་ཀྱི་རིག་གནས་འཕེལ་རྒྱས་གཏོང་རྒྱུར་སྐུལ་འདེད་ཆེན་པོ་ཐེབས་ཡོད། ད་དུང་ཕྱི་འབྲེལ་ཚོང་ལས་འཁྲུགས་པོ་གཉེར་ཏེ་བོད་ཀྱི་ཞིང་ལས་ཐོན་སྐྱེད་སྐྱུལ་སྤེལ་བཏང་བ་དང་། མི་དམངས་ཀྱི་འཚོ་བའི་ཆུ་ཚད་གོང་མཐོར་གང་ལེགས་བཏང་ཐུབ་ཡོད།

ལྷག་པར་དུ་སྲོང་བཙན་སྒམ་པོ་དུས་བོད་ཀྱི་མཛངས་པ་མི་བདུན་བྱུང་བའི་ནང་གི་ལྡེ་པ་སྣང་གས་ཁྲི་བཟང་ཡང་སྟོན་ཟེར་བའི་མཛངས་པ་དེས། གཙོ་བོ་ཞིང་ལས་ཀྱི་འགན་འཁུར་བཞེས་ཏེ་ཁོང་གི་བགོད་འདོམས་འོག །ས་རྒྱུ་གཤིན་པའི་ཀླུང་ཐང་མང་པོ་གསར་སྤོལ་བྱེད་བཙུག་པ་དང་ཆབས་ཅིག །གང་དུ་ཞིང་ཐང་ཆགས་པ་དེ་གར་ཞིང་དུད་ཀྱི་སྡོད་ཁང་གསར་དུ་བརྩིགས་པ་སོགས། སྔར་མི་ཚང་མས་རང་གི་ལུས་སྒྲིག་ཡོངས་སྤྱོད་སྤུང་བའི་ཕྱིར་དུད་ཁྱིམ་རི་ལ་འཕྲས་ནས་བཙན་ས་བཟུང་བའི་གོམས་གཤིས་ལ་འགྱུར་བཅོས་དང་། ཕྱོགས་གཞན་ཞིག་ནས་དེ་སྔོན་བོད་ཀྱི་འཚོ་བའི་གོམས་གཤིས་གཙོ་བོ་རི་དྭགས་རྔོན་པ་དང་འབྲོག་ལས་བྱེད་རྒྱུའི་འཚོ་གནས་ལ་བརྟེན་པ་ལེགས་བཅོས་ཐུབ་སྟེ། དེ་ནས་བཟུང་བོད་ཀྱི་ས་ཁོངས་ཕལ་མོ་ཆེར་རིམ་བཞིན་ཞིང་ལས་གཙོ་བོ་བྱེད་པའི་གྲོང་ཚོ་དང་གྲོང་ཁྱིམ་ཞེས་གཞི་རྒྱ་ཆེ་ཆུང་མི་འདྲ་བའི་རྣམ་པ་ཞིག་ཐོན་ཡོད་པ་རེད།

ལྷག་པར་དུ་སྲོང་བཙན་སྒམ་པོས་སྐབས་དེའི་སྤྱི་ཚོགས་ཀྱི་གནས་སྟངས་ལ་གཞི་འཛིན་ནས། ཆབ་སྲིད་ཀྱི་དབང་སྒྱུར་སྲ་བརྟན་དང་སྤྱི་ཚོགས་བརྟན་ལྷིང་ཡོང་ཆེད། ཞིང་འབྲོག་ལས་ཀྱི་ཐོན་སྐྱེད་ཤུགས་ཆེན་གོང་སྤེལ་དང་མི་དམངས་ཀྱི་འཚོ་བའི་ཆུ་ཚད་གོང་མཐོར་བཏང་ནས། མངའ་དབང་དུ་གྱུར་པའི་ས་ཁོངས་ཚང་མ་བརྟན་སྲུང་ཡོང་བའི་ཆེད་དུ། བོད་ཀྱི་སྤྱི་ཚོགས་ཀྱི་སྒྲིག་གཞི་དང་། ཁྲིམས་ལུགས་ཐོག་མར་འཛུགས་གནང་བ་དེའི་སྤྱི་མིང་ལ་བོད་ཀྱི་ཁོད་སུམ་ཅུ་སོ་དྲུག་བྱ་བ་དེ་ཡིན། ཁོད་ཀྱི་ཁུངས་སུ་ནང་གསེས་བཀའ་ཡི་ཁྲིམས་ལུགས་ཆེན་མོ་དྲུག་དང་། དེ་ལའང་ནང་གསེས་དབྱེ་བ་དྲུག་ཡོད་པ་རེད། (“ཁོད་”འམ་ཡང་ན་“ཁོས་”ཞེས་པའི་ཚིག་ཕྲད་དེར་《བོད་ཀྱི་ལོ་རྒྱུས་རགས་

རིམ་གཡུ་ཡི་ཕྲེང་བ་》ལས། "སྔར་གྱི་ལོ་རྒྱུས་དེབ་ཐེར་ནང་"ཁོད་"ཅེས་པའི་ཡི་གེའི་དག་ཆར་རྗེས་འཇུག་"ད་" དང་"ས་"བྱས་པ་གང་ཉུང་དུ་སྣང་བར་ད་ཕན་ངེས་པ་རྙེད་པའི་ཚིག་འགྲེལ་ཞིག་མིན་འདུག་པ་སྐབས་འདིར་ དཔྱད་གཞིའི་ཆེད་དུ་ཚིག་འགྲེལ་ཙམ་ཞུ་ན། རྗེས་འཇུག་"ད་"ཡོད་པའི་ཁོད་ཅེས་པ་ནི་ཁོད་སྙོམ་པའམ། ཆ་སྙོམ་ པའི་དོན་ལ་གོ་དགོས། རྗེས་འཇུག་"ས་"སྦྱར་བའི་ཁོས་ཞེས་པ་ནི་དགའ་བྱའི་དངོས་པོ་ཁོས་ཤིག་ཅེས་པའི་སྐུལ་ ཚིག་ལ་འཇུག་པ་ལྟར་བོད་རྩིས་པོའི་སྒྲི་ཚོགས་ཀྱི་སྒྲིག་གཞི་དང་། དབང་བའི་ས་ཁུལ། ཁྲིམས་དང་ཀུན་སྤྱོད་ སོགས་བྱ་གཞག་གི་རིམ་པ་ཐ་དག་སོ་སོར་འབྱེད་དགོས་པའི་བཙན་པོའི་བཀས་བསྒྲུལ་བའི་བརྡ་མཚོན་ཡིན་པར་ གོ་དགོས་སྙམ"ཞེས་གསལ།)[1]

ཁྲིམས་ལུགས་ཆེན་མོ་དེ་ཡི་བྱེད་ཐབས་དང་འཆར་གཞི་ནང་དོན་ཚང་མ་བཙན་ པོའི་བཀའ་ལྟར་གཏན་ལ་ཕབ་པ་དང་། དེ་ཡང་བཙན་པོ་སྐུ་ངོ་མས་བློན་ཆེན་རྣམས་ སྐོང་ཚོགས་བྱས་ཏེ་གཙོ་སྐྱོང་གནང་བར་མ་ཟད། བློན་ཆེན་རྣམས་ལ་ངང་རྒྱུད་རིང་ པོས་སྒྲིག་གཞི་དང་ཁྲིམས་ལུགས་ཁོད་སུམ་ཅུ་སོ་དྲུག་གཏན་ལ་ཕབ་དགོས་པའི་རྒྱུ་ མཚན་གསལ་བཤད་ཡང་ཡང་གནང་བ་དང་། སྐུ་ངོ་མས་ཁོད་བཅའ་ཡུལ་གྱི་ས་ གནས་དང་ཁོད་དཔོན་མི་རྣམས་གཏན་ལ་ཕབ་པ་སྟེ། བོད་ཀྱི་ཁོད་བཅའ་ཡུལ་སྙིད་ ཤོད་ཤོ་མ་ར་(ལྷ་སའི་ནུབ་ངོས་)དང་ཁོད་དཔོན་བློན་ཆེན་པོ་མགར་སྟོང་བཙན་ཡུལ་ སྲུང་བཀོད། ཞང་ཞུང་གི་ཁོད་བཅའ་ཡུལ་ཁྱུང་ལུང་རྔུལ་མཁར་དང་ཁོད་དཔོན་ཁྱུང་ པོ་སྤུངས་སད་ཟུ་ཙེ་བཀོད། སུམ་པའི་ཁོད་བཅའ་ཡུལ་ནམ་ར་ཞ་དོན་གྲམ་པ་ཚལ་ དང་ཁོད་དཔོན་ཧོར་བྱ་ཞུ་རིང་པོ་བཀོད། མཆིམས་ཀྱི་ཁོད་བཅའ་ཡུལ་རི་བོ་གཡའ་ དམར་དང་ཁོད་དཔོན་དབས་བཙན་བཟང་དཔལ་ལེགས་རྣམས་བཙན་པོ་སྐུ་ངོ་ མས་བཀས་བཅད་དོ། ཁྲིམས་ལུགས་གཏན་ལ་ཕབ་དགོས་པ་དེ་ནི་བོད་གཅིག་གྱུར་ སྒྲ་བརྟན་ཡོང་བ་དང་། རྒྱལ་པོ་ཚང་གི་སྲིད་དབང་དང་འབངས་མི་སེར་གྱི་བདེ་ འཚོད་ལ་ཐུགས་པའི་གནད་དོན་ཆེན་པོ་ཞིག་ཡིན་སྐབས། སྲོང་བཙན་སྒམ་པོས་རང་

[1] ཆབ་སྤེལ་ཚེ་བརྟན་ཕུན་ཚོགས་དང་ནོར་བྲང་ཨོ་རྒྱན། 《བོད་ཀྱི་ལོ་རྒྱུས་རགས་རིམ་གཡུ་ཡི་ཕྲེང་བ་》 སྟོད་ཆ། བོད་ལྗོངས་བོད་ཡིག་དཔེ་རྙིང་དཔེ་སྐྲུན་ཁང་། ༢༠༠༣ལོ། ཤོག་ངོས། ༨༥-༨༦

གི་འདོད་དོན་སྒེར་གཅོད་མ་མཛད་པར་བློན་པོ་རྣམས་ཀྱི་བློ་གྲོས་འབད་བརྩོན་ལ་བརྟེན་པ་དང་། ད་དུང་འབབས་མི་སེར་གྱི་ནང་དུ་བསྐྱོད་ནས་ཤེས་ཡོན་ལྡན་པའི་མི་སྣ་བཙལ་འཚོལ་འདེམ་སྒྲུག་བྱས་ཏེ་དམངས་ཀྱི་བློ་གྲོས་བསྡུ་ལེན་བྱ་རྒྱུར་ཐབས་ཇུས་དུ་མ་བཏོན་ནས། རྒྱལ་བློན་འབབས་གསུམ་ཐུན་མོང་གི་བསམ་འདུན་ལ་གཞིགས་ནས་སྲིད་འཛིན་སྒྲིག་གཞི་ཞིག་གཏན་འབེབས་བཟོ་རྒྱུའི་དམིགས་ཡུལ་བཅངས་ཡོད་པ་རེད། དཔེར་ན་སྲིད་འཛིན་སྒྲིག་གཞི་བཟོ་བའི་ཆེད་དུ་བློན་ཆེན་མགར་སྟོང་བཙན་ཡུལ་སྲུང་ལ་ཆ་བཞག་ན། ཁོང་གིས་གང་འདྲ་བྱས་ཏེ་དམངས་ཁྲོད་ནང་བསྐྱོད་ནས་མི་སེར་གྱིས་བསམ་འདུན་གསན་པའི་སྒྲུང་ཞིག་ཡོད་པ་སྟེ།

ཤོད་ཚུལ་ལ། བློན་ཆེན་མགར་སྟོང་བཙན་གྱིས་ཁྲིམས་ལུགས་བཟོ་བའི་སྐབས། ཤིང་གི་བྱང་བུར་ཡི་གེ་བྲིས་པའི་ཤིང་བྱང་མཐོ་ཁལ་དྲུག་ལོན་པའི་ལྦིད་ཚད་ཡོད་པ། མཐོ་ཡི་མ་ཐེགས་པར་ཁལ་ལོག་བརྒྱབ་ནས་འབྲུགས་ཅང་། བྱང་བུ་མང་དྲགས་ནས་འཛིངས་ཤོར་ཏེ་ཁྲིམས་ལུགས་བཟོ་མ་ཐུབ་པ་རེད་ཅེས་དང་། ཡང་དེའི་རྗེས་མགར་སྟོང་བཙན་གྱིས་འཕན་ཡུལ་དར་རྒྱལ་ཟེར་བ་ན་ཕྲུ་གུ་མང་པོ་རྗེ་བྱ་བ་སྐྱོང་གྲུང་འཛོམས་ལ་རིག་པ་ཤིན་ཏུ་རྣོ་བ་ཞིག་ཡོད་པ་ཐོས་ནས། བློན་པོ་བཞི་ཕྲུ་གུ་དེ་འཚོལ་དུ་བཏང་བས་འཕན་ཡུལ་དུ་འདམ་ར་ཆེན་པོ་ཞིག་གི་སྣེར་ཕྲུ་གུ་དེ་དང་འཕྲད་ཀྱང་ངོ་མ་ཤེས། བློན་པོ་ཚོས་ཕྲུ་གུ་དེ་ལ་འདི་ནས་ཕར་འགྲོ་བ་ལ་འདམ་རའི་དཀྱིལ་ལ་ཐད་ཀར་འགྲོའམ། ཡང་ན་མཐའ་བསྐོར་ན་ལེགས་ཞེས་དྲིས་པས། ཕྲུ་གུ་དེས་ཁྱོད་ཚོ་བྲེལ་བ་ཆེན་པོ་མེད་ན་གཞུང་ནས་རྒྱུག །བྲེལ་བ་ཡོད་ན་མཐའ་བསྐོར་བ་ལེགས་བཤད་པས། གོ་རྒྱུ་ལ་དཀྱིལ་ནས་ཕྱིན་ན་འདམ་དོང་ནང་ཚུད་ནས་ཡུན་རིང་འགོར་སྲིད་པ་དང་། མཐའ་བསྐོར་ན་འདམ་དོང་མེད་པས་མགྱོགས་པར་སླེབས་ཟེར་བས། བློན་པོ་ཚོས་ཕྲུ་གུའི་སྐད་ཆ་དེ་ལོག་གཏམ་ལྟ་བུར་གོ་ནས་དཀྱིལ་ནས་ཐད་ཀར་ཕྱིན་པས་འདམ་དོང་ནང་ཚུད་ནས་ཡུན་རིང་འགོར།

དེ་ནས་བློན་པོ་རྣམས་གྲོང་ཚོ་ཞིག་ལ་སླེབས་དུས་ཕྲུ་གུ་དེ་ཁོང་ཚོའི་སྔོན་ལ་

འགྱུར་ཟིན་འདུག་པ། བློན་པོ་ཚོས་ཁྱོད་རང་གི་ཕ་མ་གཉིས་གང་དུ་སོང་ངམ་ཞེས་དྲིས་པར། ཕྲུ་གུ་དེས་ཨ་ཕ་གཏམ་འཚོལ་དུ་སོང་། ཨ་མ་མིག་འཚོལ་དུ་སོང་། ཞེས་ལན་བཏབ། བློན་པོ་རྣམས་གཏམ་དེར་ཡ་མཚན་སྐྱེས་ནས་བསྡད། དེ་ནས་ཡུན་ཙམ་སོང་བ་ན་ཕྲུ་གུ་དེའི་ཨ་ཕས་ཆང་ཞིག་འཁྱེར་བྱུང་བ་དང་། ཨ་མས་སྒྲོན་མེ་ཞིག་འཁྱེར་བྱུང་བས་བློན་པོ་ཚོའི་སེམས་ལ་ཆང་ནི་གཏམ་འཕེལ་བའི་རྐྱེན་དང་། སྒྲོན་མེ་ནི་མཚན་མོའི་མིག་ཡིན་ཟེར་བ་རྟོགས་ནས་ཕྲུ་གུ་དེ་དངོས་འབྲེལ་རིག་པ་རྣོ་བས་དར་རྒྱལ་མང་པོ་རྗེ་ཡིན་པ་ཤེས་ཏེ་ཁོང་འཕན་ཡུལ་ནས་ལྷ་སར་འཁྲིད་ཡོད།

མགར་གྱིས་ཁོང་ལ་སྲིད་ཀྱི་སྒྲིག་གཞི་དང་ཁྲིམས་ལུགས་བཟོ་རྒྱུའི་ལས་འགན་སྤྲད། འོན་ཀྱང་མང་པོ་རྗེ་མི་གཅིག་གིས་དེ་ལྟ་བུའི་ལས་འགན་ལྡིད་པོ་ག་ལ་སྒྲུབ་ནུས་བསམས་ནས་དབུ་སྟུང་བཞུགས་པའི་སྐབས་དེར། ཁོང་གིས་གོ་ཐོས་ལ་མཆིམས་མང་བཤེར་ངན་པ་ཟེར་བ་དེ་ཡོན་ཏན་ཅན་ཞིག་ཡིན་པ་ཤེས་ཏེ། ཁོང་གིས་རིག་པ་ཞིག་བཏང་སྟེ། མཆིམས་ཀྱི་བློ་རྐྱ་བའི་ཕྱིར་རི་ལ་ཆང་སྦས། ཤ་སྐམ་ཚྭ་ཚ་བྱུགས་པ་གུད་དུ་འཁྱེར་ནས་མཆིམས་མང་གཞེར་ལུག་ རྫི་བྱེད་རེས་འཁོར་བའི་ཉིན། མཆིམས་ཀྱི་རྗེས་དེད་ནས་ཕྱིན་ཏེ་མཆིམས་ལ་བོད་ཀྱི་ཁྲིམས་ལུགས་དར་རྒྱལ་མང་པོ་རྗེས་བཟོས་ཟེར་བ་ཐོས་པས་བཟོ་ཐུབ་ཨ་ཡོང་ཞེས་བློ་རྐྱ་བའི་ཕྱིར་དྲིས་པ་ན། བོད་ཀྱི་ཁྲིམས་ལུགས་བཟོ་ཐུབ་མཁན་ང་མ་གཏོགས་གཞན་སུ་ཡང་མེད། འོན་ཀྱང་ང་ནི་ཁྲིམས་ལུགས་བཟོ་འདོད་མི་འདུག་ཅེས་ལན་བཏབ། དེ་ནས་མང་པོ་རྗེས་མཆིམས་ལ་ཤ་སྐམ་ཚྭ་ཚ་བྱུགས་པ་དེ་ཡང་ཡང་བྱིན་པ་བཟས་པས་མཆིམས་ཁ་སྐོམ་སྟེ་བཟོད་གླགས་མེད་པར་གྱུར་རྗེས། མཆིམས་ཀྱིས་ད་ལྟ་ང་ལ་སྐོམ་ཆང་སྟེར་མཁན་ཞིག་བྱུང་ན་མི་དེས་ཅི་ཟེར་ཉན་ཞེས་བཤད་པས། མང་པོ་རྗེས་ཆང་བཏོན་ནས་མཆིམས་ལ་ཡང་ཡང་དྲངས་ཏེ་བཟིར་བཅུག །དེ་ནས་མཆིམས་ལ་བོད་ཀྱི་ཁྲིམས་ལུགས་ཇི་ལྟར་བཟོ་དགོས་དྲིས་པར། ཐོག་མར་མཚམས་དབྱེ་སྟངས་དང་། ཡུལ་བགོ་སྟངས། རྐོང་གཡུང་གི་སྡེ་འབྱེད་པ་སོགས་ཞིབ་པར་སླས་ནས་མཆིམས་གཉིད་དུ་སོང་བའི་སྐབས་མང་པོ་རྗེ་དེ་ནས་

བྲིས་ཏེ་མཆིམས་ཀྱིས་ཁྲིམས་ལུགས་བཟོ་སྐབས་བཤད་པ་ཇི་བཞིན་མགར་སྟོང་བཙན་དང་དར་རྒྱལ་མང་པོ་རྗེ་གཉིས་ཀྱིས་བོད་ཀྱི་ཁྲིམས་ལུགས་བཟོས་པ་རེད། ཅེས་པ་མི་ལོ་བརྒྱ་ཕྲག་དུ་མ་སོང་བའི་བོད་ཀྱི་ལོ་རྒྱུས་ཡིག་ཚང་ནང་བཀོད་པའི་བྱིས་སྙུང་ལྟ་བུ་ཞིག་སྣང་ཡང་། སྙུང་གཏམ་གྱི་དུམ་བུ་དེའི་ཐོག་ནས་ལོ་རྒྱུས་ཀྱི་དོན་དངོས་གནས་ཚུལ་མང་པོ་ཞིག་མཚོན་གྱི་ཡོད། སྲོང་བཙན་སྒམ་པོས་བོད་ཀྱི་སྲིག་གཞི་དང་ཁྲིམས་ལུགས་གཏན་ལ་ཕབ་པའི་བྱ་བ་དེ་ནི། བོད་ཁྲོན་ཡོངས་ཀྱི་སྤྱི་ཚོགས་གཅིག་གྱུར་སྲ་བརྟན་དང་། འབངས་མི་སེར་གྱི་བདེ་སྡུག་ལ་ཐུག་པའི་བྱ་བ་རླབས་པོ་ཆེ་ཞིག་ཡིན་སྐབས། བོད་ཀྱི་དངོས་ཡོད་གནས་ཚུལ་དང་མཐུན་པར་མ་ཟད། རྒྱལ་བློན་འབངས་གསུམ་ཚང་མའི་བློ་གྲོས་གཅིག་ཏུ་འདྲིལ་བའི་གྲུབ་འབྲས་སྙིང་ཁུ་ཞིག་མཚོན་ཡོད།

སྲོང་བཙན་སྒམ་པོས་གཏན་ལ་ཕབ་པའི་བོད་སུམ་བཅུ་སོ་དྲུག་གི་ནང་གསེས་བཀའ་ཡི་ཁྲིམས་ཡིག་ཆེན་མོ་དྲུག་གི་ནང་དོན་མདོར་བསྡུས་ཙམ་བརྗོད་ན་དེ་ལྟར།

དང་པོ། བཀའ་ཡི་ཁྲིམས་ཡིག་ཆེན་པོ་དྲུག (ཁྲིམས་ཡིག་རྣམ་དབྱེ་ཆེན་པོ་དྲུག)

བཀའ་ཡི་ཁྲིམས་ཡིག་ཆེན་པོ་དྲུག་ཅེས་པ་དེའི་ནང་དོན་ནི། སྲིད་འཛིན་ས་ཁུལ་ཁག་གི་དབྱེ་མཚམས་དང་། སྲིད་འཛིན་དང་དམག་དོན་གྱི་སྒྲིག་གཞི། འཇལ་གཞོར་འདེགས་གསུམ་གྱི་ཚད་གཞི། རྗེ་བློན་གྱི་བླང་དོར་རིམ་པ། བྱས་པ་ཅན་གྱི་མི་སྣ་གཟེངས་བསྟོད་དང་མགོན་མེད་ཉམ་ཐག་སྐྱུང་བའི་བཀའ་ཁྲིམས་སོགས་མིའི་སྤྱོད་བཟང་གཏོགས་པའི་གནད་དོན་མང་པོ་ཚུད་ཡོད། དེའི་ནང་ནས་མིའི་སྤྱོད་བཟང་སྐོར་གྱི་ནང་དོན་ཏ་ཅང་ཕུན་སུམ་ཚོགས་པ་ཡོད་པ་ནི། སྐབས་དེའི་སྤྱི་ཚོགས་ནང་ཁྲོན་ཡོངས་ལ་གནས་པའི་སྤྱོད་ངན་དེ་ཚོར་དམིགས་ཏེ་ཁྲིམས་བཅད་བཟོས་ཡོད་པ། དཔེར་ན་རྗེ་བློན་གྱི་བླང་དོར་ཞེས་པའི་དོན་ཚན་གཉིས་པའི་ནང་། བྱེད་མི་ཚོག་པའི་ཁྲིམས་ཆེན་བདུན་ཞེས་པའི་ནང་སྲོག་གཅོད་པ་དང་། མ་བྱིན་པར་ལེན་པ། ལོག་པར་གཡེམ་པ། རྫུན་སྨྲ་བ་བཅས་རྩ་བ་བཞི་དང་། ཆང་སྤྱོད་བ་བཅས་ལྔའི་ཁར། ཁེང་མི་ཕྱོག་པ་སྐྱེ་འབངས་གྱེན་ལོག་མི་བྱེད་པ་དང་། བང་སོ་མི་འདྲུ་བ་གཉིས་བསྣན་པས་

བདུན་བྱུང་བ་རྣམས་ལ་བྱེད་མི་ཚོག་པའི་ཁྲིམས་ཆེན་བདུན་ཟེར། གོང་གསལ་གྱི་སྲོག་གཅོད་པ་དང་། མ་བྱིན་ལེན་པ་སོགས་ཀྱི་ཁྲིམས་ནི་སངས་རྒྱས་ཆོས་ལུགས་ཀྱི་མི་དགེ་བ་བཅུའི་གཏན་ཁྲིམས་ནང་གི་རྩ་བ་བཞི་དང་ཆང་བཅས་བཀག་རྒྱ་གསུངས་པར་དཔེ་མཚོན་ནས་ཁྲིམས་ལྔར་གྲགས་ཀྱང་། སྲོང་བཙན་གྱིས་རྨང་གཞི་དེའི་སྟེང་འབངས་གྱེན་ལོག་མི་བྱེད་པ་དང་། བང་སོ་མི་འདྲུ་བ་གཉིས་ཁ་བསྣོན་སྐྱོན་ཡོད་པ་རེད། དེའི་ཐོག་ནས་སྲོང་བཙན་སྒམ་པོས་མི་ཆོས་གཙང་མ་བཅུ་དྲུག་ཞེས་ཅུང་ཤས་ཤིག་རྒྱལ་ཁྲིམས་ཀྱི་ནང་དོན་ཡོད་པ་མ་གཏོགས། མང་ཆེ་བ་ཡ་རབས་སྤྱོད་བཟང་གི་སྒོ་ནས་སྤྱི་ཚོགས་ཀྱི་སྒྲིག་ལམ་ལ་སྲུང་བརྩི་དང་བརྟན་ལྷིང་ཡོད་རྒྱུར་མཐོང་ཆེན་གནང་སྟེ། ཐོན་སྐྱེད་གོང་འཕེལ་ལ་ནུས་པ་ཐོན་ཐུབ་པའི་དགོངས་གཞི་གསལ་པོ་མཚོན་གྱི་ཡོད།

གཉིས་པ། བཀའ་གྲོས་ཆེན་པོ་དྲུག་ཅེས་པ་ནི། རྒྱལ་སྲིད་སྐྱོང་ཐབས་ཀྱི་སྒྲིག་སྲོལ་གཙོ་ཆེ་བ་འགའ་ཞིག་གཏན་ལ་ཕབ་པའི་སྐོར་ཡིན།

གསུམ་པ། ཡིག་ཚང་དྲུག་ནི་བློན་འབངས་བྱས་པ་ཅན་ལ་གཟེངས་བསྟོད་ཀྱི་རིམ་པ་ཇི་ལྟར་གཏན་ལ་ཕབ་པའི་སྐོར་ཡིན།

བཞི་པ། ཕྱག་རྒྱ་དྲུག་ནི། རྒྱལ་པོའི་མཛད་པ་གཙོ་བོ་རིགས་མི་འདྲ་བ་སོ་སོའི་མཚོན་བྱེད་ཀྱི་རྟགས་མཚན་གཏན་ལ་ཕབ་པའི་སྐོར་ཡིན།

ལྔ་པ། རྐྱེན་དྲུག་ནི། བཟང་ལ་བྱ་དགའ་དང་། ངན་ལ་དམའ་འབེབས་ཀྱི་བདག་རྐྱེན་གཏན་ལ་ཕབ་པའི་སྐོར་ཡིན།

དྲུག་པ། དཔའ་མཚན་དྲུག་ནི། རྒྱལ་ཁམས་ཀྱི་བདེ་འཇགས་དང་། མཐའ་མཚམས་བརྟན་སྲུང་གི་བྱས་རྗེས་ཡོད་པའི་དཔའ་བོར་གཟེངས་བསྟོད་བྱེད་ལུགས་ཀྱི་སྐོར་གཏན་ལ་ཕབ་པ་བཅས་ཡིན།

གོང་གསལ་གྱི་བཀའ་ཡི་ཁྲིམས་ཡིག་ཆེན་པོ་དྲུག་ཅེས་པའི་ནང་དོན་སྐོར་ལ་ངོ་སྤྲོད་མདོར་བསྡུས་ཙམ་ཞིག་ཞུ་ཕུལ་ལས། ཁོད་སུམ་ཅུ་སོ་དྲུག་གི་ཞིབ་ཕྲའི་ནང་དོན་གཟིགས་པར་འདོད་ན། རྒྱ་ཆེའི་ཀློག་པ་པོས་གྲགས་ཅན་གྱི་བོད་རིག་པའི་ཞིབ་

འཇུག་པ་དང་། བོད་རང་སྐྱོང་ལྗོངས་མི་དམངས་འཕྲུལ་ཚོགས་ཀྱི་ཀྲུའུ་རེན་གཞོན་པ་སྐུ་ཞབས་དམ་པ་ཆབ་སྤྱིལ་ཚེ་བརྟན་ཕུན་ཚོགས་ལགས་དང་། སྐུ་ཞབས་ནོར་བྲང་ཨོ་རྒྱན་ལགས། སྐུ་ཞབས་ཕུན་ཚོགས་ཚེ་རིང་ལགས་བཅས་ཀྱིས་རྩོམ་སྒྲིག་གནང་བའི་《བོད་ཀྱི་ལོ་རྒྱུས་རགས་རིམ་གཡུ་ཡི་ཕྲེང་བ་》(བོད་ཡིག་སྟོད་ཆ་) ཅེས་པར་གཟིགས་ཞིབ་གནང་ན་སྲོང་བཙན་སྒམ་པོས་གཏན་ལ་ཕབ་པའི་སྒྲིག་གཞི་དང་ཁྲིམས་ལུགས་བསྒྱུར་བཅོས་ཆེན་པོ་དེ་དག་ལ། ཞིབ་ཚགས་པོ་དང་ཁྱོན་ཡོངས་ནས་གསལ་པོ་མཁྱེན་ཐུབ་པ་ཞིག་ཡོང་ངེས་རེད། སྲོང་བཙན་གྱི་གཏན་ལ་ཕབ་པའི་རྩ་བའི་ཆབ་སྲིད་ཀྱི་ལམ་ལུགས་དང་ཁྲིམས་ལུགས་ཀྱི་སྒྲིག་གཞི། དེ་བཞིན་ཆབ་སྲིད་དང་། དམག་དོན། དཔལ་འབྱོར། ཡང་ན་རིག་གནས་ཀྱི་སྲིད་ཇུས་དང་། ཆོས་ལུགས་ཀྱི་སྲིད་ཇུས། ཕྱི་འབྲེལ་གྱི་སྲིད་ཇུས་བསྒྱུར་བཅོས་སོགས་གང་ཐད་ནས་བརྗོད་ཅུང་། སྐབས་དེའི་ཆབ་སྲིད་ཀྱི་སྟོབས་ཤུགས་དང་དཔལ་འབྱོར་སྟོབས་ཤུགས་སོགས་ལ་གོམ་གང་མདུན་སྤོས་ཀྱིས་སྲ་བརྟན་དང་འཕེལ་རྒྱས་བྱུང་བར་མ་ཟད། བོད་ཀྱི་སྤྱི་ཚོགས་དེ་ཉིད་ཕྱོགས་གང་སྤྱིའི་ཐད་ནས་དར་རྒྱས་ཕུན་སུམ་ཚོགས་པ་ཡོང་རྒྱུར་ཤུགས་ཆེན་གྱིས་སྐུལ་འདེད་ཐུབ་པ་བྱུང་ཡོད། དེ་ནི་སྲོང་བཙན་སྒམ་པོ་ཐབས་ལ་མཁས་ཤིང་བློ་བྱུས་མང་བ་དང་། བསམ་བློ་ཡོད་རྒྱུ་བཏང་ནས་བཀོད་སྒྲིག་གནང་བའི་སྤྱི་ཚོགས་ཀྱི་སྒྲིག་གཞི་དོ་དམ་སྐྱོད་ལུགས་ཤིག་ཡིན་ཁར། དེ་ཡི་བོད་ཀྱི་སྤྱི་ཚོགས་ཡར་ཐོན་གོང་འཕེལ་འགྲོ་རྒྱུར་སྐུལ་འདེད་ཀྱི་ནུས་པ་རླབས་ཆེན་ཞིག་ཐོན་ཐུབ་པ་རེད།

(༣) བོད་ཡིག་གསར་གཏོད་མཛད་པ་དང་། ད་ལྟ་བར་དུ་སློབ་སྦྱོང་དང་བེད་སྤྱོད་འཕེལ་རྒྱས་བཅས་བྱུང་བཞིན་ཡོད་པ།

སྲོང་བཙན་སྒམ་པོ་སྲིད་ཁྲི་བཞུགས་མཛད་པ་ནས་བཟུང་། བཀོད་བྱུས་ལ་མཁས་པའི་བྱེད་པོ་ཞིག་གི་ཉམས་སྣང་སྒོ་ནས་ཁྱོན་ཡོངས་ལ་ཁ་ལོ་སྒྱུར་བའི་བཀས་མཐུད་དེ། རྒྱུན་ཆད་མེད་པར་བོད་ཀྱི་སྲིད་དབང་སྟོབས་ཤུགས་སྲ་བརྟན་ཡོང་རྒྱུར་

ཤུགས་སྟོན་བསྐྱོན་ཏེ། གངས་ཅན་མངའ་ཐང་རྒྱས་པ་དང་འབངས་རྣམས་བདེ་ལ་འཁོད་དེ་སྤྱི་ཚོགས་དར་རྒྱས་ཕུན་སུམ་ཚོགས་པ་བྱུང་བ་རེད། དེ་ལ་བརྟེན་ནས་བོད་མི་དམངས་ཀྱིས་ཁོང་ལ་ལྷད་མེད་དང་བརྩི་བཀུར་ཞུ་བར་མ་ཟད། ཁྲིམ་མཚོས་ཀྱི་རྒྱལ་ཁབ་ཡང་གངས་ཅན་པར་ཐོབ་པའི་གྲུབ་འབྲས་ཆེན་པོར་ག་དུས་ཡིན་ཡང་བསྔགས་བརྗོད་དང་རྟེན་འབྲེལ་ཞུ་ཆེད། ཕོ་ཉ་བཏང་སྐྱེ་དངོས་རྫས་ཀྱི་འབུལ་བ་དང་། ཡང་ན་རྒྱལ་པོའི་མིང་ཐོག་ནས་ཕྱག་ཐྲིས་བསྐུར་ཏེ་བཀྲ་ཤིས་བདེ་ལེགས་མཚོན་པ་བྱེད་ཀྱི་ཡོད། འོན་ཀྱང་སྐབས་དེ་དུས་བོད་ལ་རང་ཉིད་ཀྱི་ཡི་གེ་མེད་སྟབས། ས་གནས་གཞན་གྱི་ཡིག་རིག་ལ་བརྟེན་ནས་ཐུགས་རྗེའི་བཀའ་ལན་ཐྲིས་ཕུལ་སམ། ཡང་ན་ལྷགས་ལན་ཕུལ་རྒྱུ་ལས་རང་མི་རིགས་ཀྱི་ཡིག་ལན་ཐྲིས་ཏེ་ཕུལ་ཐབས་བྲལ་བ་ཡིན་ཙང་། དོན་གནད་དེ་ལ་སྲོང་བཙན་སྒམ་པོའི་ཐུགས་བློར་ཚོར་སྣང་སྐྱེ་བ་ཞིག་བྱུང་། ད་དུང་དེ་ལས་གནད་འགག་ཆེ་བའི་ཚོར་སྣང་ཞིག་བྱུང་བ་སྟེ། བོད་ལ་རང་ཉིད་ཀྱི་ཡི་གེ་ཞིག་མེད་ན། རྒྱལ་སྲིད་ཀྱི་དོན་ཆེན་བདེ་བླག་དང་འགྲུབ་རྒྱུར་གནོད་སྐྱོན་འགྲོ་བར་མ་ཟད། ཁྲིམ་མཚོས་རྒྱལ་ཁབ་ཀྱིས་མཐོང་ཚུང་སྣང་མེད་བྱེད་སའི་ཡུལ་ཞིག་ཏུ་གྱུར་ངེས་རེད་དགོངས་ཏེ། ད་ནས་བཟུང་ས་གནས་གཞན་གྱི་ཡིག་རིགས་ལ་བརྟེན་མི་དགོས་པར། ངེས་པར་དུ་བོད་མི་རིགས་རང་གི་ཡི་གེ་ཞིག་བཟོ་དགོས་པ་འདུག་སྙམ་ནས། རྒྱལ་ཁབ་ཀྱི་ཆབ་སྲིད་དང་སྤྱི་ཚོགས་འཕེལ་རྒྱས་ཀྱི་དགོས་མཁོར་ཞིག་ཏེ། སྲོང་བཙན་སྒམ་པོས་སེམས་ཐག་གཅང་བཅད་ཀྱིས་བོད་ཡིག་གསར་གཏོད་དང་ཤེས་དཔལ་རྒྱུན་སྤེལ་བྱེད་རྒྱུའི་ཆེད་སེམས་བརྟན་པོ་ཞིག་བཙུགས་པ་གནང་།

བོད་ཡིག་ཐོག་མར་གསར་གཏོད་མཛད་པའི་གནས་ཚུལ་སྐོར་ལ་གྲགས་ཅན་གྱི་བོད་རིག་པ་མཁས་ཅན་དམ་པ་དུང་དཀར་རིན་པོ་ཆེ་བློ་བཟང་འཕྲིན་ལས་མཆོག་གིས་མཛད་པའི《དུང་དཀར་ཚིག་མཛོད་ཆེན་མོ་》(བོད་ཡིག་ཤོག་གྲངས་༡༩༡༨) ནང་གསལ་བ་དེ་ཁོ་མོས་རྒྱ་ཡིག་ལ་སྒྱུར་ནས་རྒྱ་ཡིག་གི་དེབ་ནང་བཀྲོག་པ་པོར་ངོ་སྤྲོད་མཁོ་འདོན་ཞུས་ཡོད། བོད་ཡིག་ཐོག་མར་གང་འདྲ་བྱས་ཏེ་ཐོན་ཐུབ་པའི་བརྒྱུད་རིམ་སྐོར་ལ་བློ་སྒོ

འབྱེད་པ་དང་རྒྱུས་མངའ་ཡོང་རྒྱུར་ཕན་ཐོགས་གང་ཙམ་ཡོང་རྒྱུའི་རེ་བ་བཅངས་པ་ཡིན།

ཧུང་དཀར་རིན་པོ་ཆེས་གསུངས་ན"དེང་སང་བེད་སྤྱོད་བྱེད་བཞིན་ཡོད་པའི་བོད་ཡིག་འདི་མ་བྱུང་གོང་གི་ལོ་ཆིག་སྟོང་སུམ་བརྒྱའི་སྔོན་ལ་སྟག་གཟིག་གི་སྤྱུངས་ཡིག·（སྟག་གཟིག་སྤྱུངས་ཡིག་ཟེར་བའི་ཡིག་ཐོག་ནས་གོ་བ་ལེན་ན་ཐར་གྱི་སྟག་གཟིག་ཞེས་པ་ནི་རྒྱ་སྐད་དུ'གུཎ་ཊ་ཧེ་གོའོ་'ཟེར་བའི་རྒྱལ་ཁབ་འདིར་གོ་བ་དང་། རྗེས་སུ'སྤོའོ་སིའི་'ཟེར། དེང་དུས་སུ'དབྱིའི་ལང་ན'' ཟེར་བ་དེ་ཡིན། སྟག་གཟིག་སྤྱུངས་ཡིག་ཞེས་བྱ་བ་དེ་ཕལ་ཆེར་ཞང་ཞུང་གི་སྐད་ཚུགས་ཡི་གེ་གསར་གཏོད་བྱས་པ་དེ་ལ་གོ་བ་མིན་ནམ་སྙམ། དེ་ཡང་ཨུ་ལྟ་པོའོ་ཡི་གེའི་གཟུགས་དབྱིབས་ལ་ཞིག་ནས་མིང་འདི་བྱུང་བ་འདྲ་ཚོད་རེད།——རྩོམ་པ་པོའི་མཆན།）ཟེར་བའི་ཡི་གེ་ཞིག་མངའ་རིས་ཞང་ཞུང་གི་ལུང་པར་བྱུང་དེ་ལ་རང་གི་ལྟ་ཚུལ་ལྟར་ན། ཞང་ཞུང་བོད་མིས་ཐོག་མར་གསར་གཏོད་བྱས་པའི་སྐད་ཚུགས་ཡི་གེ་ཟེར་བ་དེ་ཕལ་ཆེར་སྟག་གཟིག་སྤྱུངས་ཡིག་ལ་དཔེ་བལྟས་ཏེ་བཟོས་པ་ཞིག་རེད། ཨོད་ཚུལ་ལྟར་ན་བོད་རྒྱལ་བཙན་པོ་སྐུ་གྲིབ་གཉིས་པ་མུ་ཁྲི་བཙན་པོའི་སྐབས། ཞང་ཞུང་གི་སྐད་ཚུགས་ཡི་གེ་དབུས་ཁུལ་དུ་དར་ཁྱབ་བྱུང་ནས་གནའ་བོའི་ལོ་རྒྱུས་ཀྱི་དོན་རྐྱེན་མང་པོ་ཞིག་ཡིག་ཐོག་ཏུ་བཀོད་ཐུབ་པ་ལས་ར་སྤྲོད་གསལ་པོ་བྱེད་ཐུབ། སྟག་གཟིག་སྤྱུངས་ཡིག་ཞེས་པའི་ཡི་གེ་འདི་ནི་ཏ་ཙང་སྟབས་བདེ་བའི་ཡི་གེ་ཞིག་ཡིན་པ་དེའི་ཡིག་གཟུགས་རིམ་གྱིས་དབུ་ཅན་གྱི་ཡི་གེར་འགྱུར་ཞིང་། དབུ་ཅན་གྱི་ཡི་གེ་མགྱོགས་པོར་བྲིས་པས་དབུ་མེད་ཀྱི་ཡི་གཟུགས་ཆགས་པ་རེད་ཅེས་དམངས་ཁྲོད་ཀྱི་ཤོད་སྲོལ་དུ་བྱུང་བ་ཡིན།"

སྲོང་བཙན་སྒམ་པོས་བོད་མི་རིགས་ཀྱི་ཁྱད་ཆོས་དང་མཐུན་པའི་ཡི་གེ་ཞིག་གསར་གཏོད་མཛད་དགོས་དགོངས་ནས། སྔོན་ལ་བོད་ཀྱི་བློན་པོའི་བུ་རིག་པ་རྣོ་བ་བཅུ་དྲུག་ལ་གསེར་གྱི་རྫོངས་ནས་རྒྱ་གར་དུ་ཡི་གེ་སློབ་ཏུ་བཏང་ཡང་། ལ་ལ་ལམ་འགྲོད་དཀའ་བ་ལ་འཇིགས་ནས་འགྲོ་མ་ནུས། ལ་ལ་རྒྱ་གར་དུ་སླེབས་ཀྱང་ཚད་པས་ཤི། ལ་ལ་རྒྱ་སྐད་མ་ཤེས་པར་ཕྱིར་ལོག་པ་བཅས་ཀྱིས་རྒྱལ་པོའི་དགོངས་པ་མ་སྒྲུབ་ནས། སྲོང་བཙན་སྒམ་པོས་སླར་ཡང་ཐོན་མི་སཾ་བྷོ་ཊ་བྱ་བ་མཁས་ཤིང་མཛངས་

པ། ཡིད་གཞུངས་པ། བློ་རྣོ་བ། དབང་པོ་སྐྱེ་མཆེད་གསལ་བ་ལ་སོགས་པ་ཡོན་ཏན་དུ་མ་ལྡན་པའི་ཁྱེའུ་དེ་ལ་སྟག་ལོ་དེ་ཁྲིང་སོགས་འཁོར་དང་བཅས་པ་ལ་གསེར་ཕྱེ་བྲེ་གང་དང་། རྒྱ་གར་གྱི་རྒྱལ་པོ་དཔལ་སྦྱིན་བྱེད་དྷི་ན་ལྷ་ཆེན་ཞེས་པ་ལ་འཚམས་སྐྱེས་བཅས་ཏེ་བརྫངས་ཤིང་། ལམ་བར་དུ་ནི་པ་ལའི་རྒྱལ་པོ་ལ་སྐྱེས་ཕུལ་ཏེ་ཚད་པ་ལ་ཕན་པའི་སྨན་ག་པུར་དང་། ཙུ་གང་དང་། ཙན་དན་གྱི་ཆུ་ལ་སོགས་པ་གནང་བ་དེ་རྣམས་དགོས་དུས་སུ་སྤྱད་ཅིང་སོང་བས་ཚད་པ་སོགས་ཅི་ཡང་མ་གནོད་པར་རྒྱ་གར་དུ་བདེ་བར་འབྱོར།

ཐོན་མིས་རྒྱ་གར་ལྷོ་ཕྱོགས་ཀྱི་མཁས་པ་ཆེན་པོ་བྲམ་ཟེ་ལི་བྱིན་བྱ་བ་དེ་ནི་ཡི་གེའི་རིགས་ལ་མཁས་ཤིང་། རང་གི་སློབ་དཔོན་དུ་བསྟེན་འོས་པའི་ཡོན་ཏན་ཀུན་ཚང་བར་ཐོས་ནས་ཕྱག་རྟེན་གསེར་ཕུལ་ཏེ་ཡིག་རིགས་སློབ་པའི་སློབ་དཔོན་དུ་བསྟེན་པ་དང་། ད་དུང་མཁས་པ་ཡ་མི་ཏྲ་ཞེས་བྱ་བའི་སློབ་མ་པཎྜི་ཏ་ལྷ་རིག་པའི་སེང་གེ་ལ་སོགས་པ་བསྟེན་ནས་སྒྲ《པཱ་ཎི་པ་》དང་། 《ཀ་ལཱ་པ།》《ཙནྡྲ་པ།》རྟོགས་སླ་བ་《རྒྱལ་པོ་ལུགས་ཀྱི་བསྟན་བཅོས་》དང་རྟོགས་དཀའ་བ་《པཎྜི་ཏ་ལུགས་ཀྱི་བསྟན་བཅོས་》 དེ་བཞིན་དམ་ཆོས་《སྤྱན་རས་གཟིགས་ཀྱི་མདོ་རྒྱུད་ཉི་ཤུ་རྩ་གཅིག་》དང་བཅས་པ་ལ་ལོ་བདུན་རིང་རིག་པ་རྩེ་གཅིག་ཏུ་བསྒྲིམས་ནས་བསླབས་པས་མཁས་པའི་རྩེ་མོར་སོན་པར་གྲགས། དེ་ནས་བོད་དུ་ཕྱིར་ལོག་གནང་ཁར་སྒྲ་རིག་པའི་བསྟན་བཅོས་ཁག་གི་རྒྱ་དཔེ་དང་། འདུས་པ་རིན་པོ་ཆེའི་ཏོག །མདོ་ཟ་མ་ཏོག་བཀོད་པ། སྤྱན་རས་གཟིགས་ཀྱི་མདོ་རྒྱུད་ཉི་ཤུ་རྩ་གཅིག །དགེ་བ་བཅུའི་མདོ་ལ་སོགས་པའི་རྒྱ་དཔེ་རྣམས་ཀྱང་ཆབས་ཅིག་བསྣམས་ཕེབས་པ་དེ་རྣམས་ནི་ལྷ་ཐོ་ཐོ་རི་གཉན་བཙན་སྐབས་གཉན་པོ་གསང་བ་བོད་དུ་བྱོན་སྐབས་ཐད་མཁས་པའི་བཞེད་པ་ཅི་རིགས་སྣང་མོད། བོད་རང་གི་ལོ་རྩཱ་བས་རྒྱ་གར་ནས་བཀའ་མདོ་རྒྱུད་འདྲེན་པའི་ཐོག་མ་འདི་ཡིན། རྒྱ་གར་རྒྱལ་པོས་སྲོང་བཙན་སྒམ་པོར་སྐྱེས་ལན་དུ། མདོ་སྡེ་དཀོན་མཆོག་སྤྲིན་དང་། དམ་པའི་ཆོས་པདྨ་དཀར་པོ། གཙུག་ཏོར་དྲི་མེད་ཀྱི་གཟུངས། ནོར་

བུ་གཻ་ཏུ་བཅས་བསྣམས་ནས་བོད་ལ་བདེ་བར་ཕྱིན། དོན་དངོས་ཐོག་རྒྱ་དཔེ་དེ་དག་མང་ཆེ་བ་བོད་ཀྱི་བཙན་པོ་ལྷ་ཐོ་ཐོ་རི་གཉན་བཙན་སྐབས་སུ་བོད་ལ་བྱུང་ཡོད་པ། བཙན་པོས་དོན་མི་རྟོགས་ཀྱང་རྩ་ཆེན་པོས་གཉན་པོ་གསང་བ་ཞེས་མིང་བཏགས་ནས་ཡུམ་བུ་བླ་སྒང་ཕོ་བྲང་ནང་མཆོད་པའི་རྟེན་དུ་བཞག་གནང་མཛད། བོད་ཀྱི་ལོ་རྒྱུས་བསྐྱར་དུ་བཅོས་བཞག་བྱེད་པ་སྔོན་དུ་བཏང་ནས་ཆོས་ཀྱི་ཕན་ཡོན་ཡང་བཅའ་ཐབས་ཉམས་ལེན་བྱེད་སྟབས་ཡོད་པ་མ་ཤེས་མཁན་ཏ་ལམ་མེད་པ་རེད།

ཐོན་མི་སཾབྷོ་ཊ་རྒྱ་གར་ནས་བདེ་ཐང་དང་བོད་དུ་འཁྱོར་རྗེས། བཙན་པོ་སྲོང་བཙན་གྱི་བཀའ་བཞིན་སེམས་ནུས་གཅིག་ཏུ་སྒྲིལ་ནས་བོད་ཡིག་གསར་གཏོད་ཀྱི་ཕྱག་ལས་མཛད། བཙན་པོ་སྲོང་བཙན་སྒམ་པོས་ཀྱང་ཐོག་མར་རང་ཉིད་ཀྱིས་སྔེ་ཁྲིད་དེ་ཐོན་མི་སློབ་དཔོན་དུ་བསྟེན་ནས། གུས་ཚུལ་དང་བཅས་པར་ལྷ་སའི་སྐུ་མཁར་མ་རུ་(དེང་སང་ཕ་བོང་ཁ་ཞེས་འབོད་)བྱ་བར་ལོ་བཞིའི་རིང་སྐུ་མཚམས་དམ་པོར་བཅད་ནས་བོད་ཡིག་འབྲི་ཀློག་ལ་མཁས་པར་སྦྱངས་ཤིང་། ཐོན་མི་ལ་རྒྱལ་པོས་བཀུར་སྟི་དང་། གཟེངས་བསྟོད་བློར་མི་ཤོང་པ་མཛད་དེ་ཐོན་མིར་སློབ་དཔོན་ཞེས་པའི་མཚན་ཡང་སྐབས་དེ་དུས་ཐོགས་པ་གནང་། ཐོན་མིས་བོད་ཡིག་གསར་གཏོད་བྱེད་པའི་རྒྱུད་རིམ་ནང་། དམངས་ཁྲོད་ནང་དུ་བསྐྱོད་པ་དང་། འཚོ་བ་དངོས་ཀྱི་ནང་དུ་བརྟག་དཔྱད་ཞིབ་འཇུག་ཡང་ཡང་གནང་བ་དང་ཆབས་ཅིག་ཞང་ཞུང་བོན་གྱི་སྟོན་པ་ཤེས་རབ་མི་བོ་ཆེའི་དུས་སུ་ཐོན་པའི་གནའ་ཡིག །བོད་མིས་སྤར་བེད་སྤྱོད་བྱེད་སྲོང་བའི་ཞང་ཞུང་གི་ཡི་གེ་སྨར་ཚུགས་ཞེས་པ་དེར་དཔྱད་གཞི་ཡང་མཛད་ཡོད་པ་རེད། བོད་ཀྱི་དེང་རབས་གྲགས་ཅན་གྱི་ལོ་རྒྱུས་ཞིབ་འཇུག་པ་མཁས་ཅན་སྐུ་ཞབས་དམ་པ་དགེ་འདུན་ཆོས་འཕེལ་ལགས་ཀྱིས་བརྩམས་གནང་བའི་《དེབ་ཐེར་དཀར་པོ་》ནང་གསལ་བ་ལྟར་ན། བོད་ཡིག་གི་མ་དཔེ་གང་ལས་མཛད་པའི་སྐོར་ལ་ཁོང་གིས་གསུངས་ན། ཐོན་མི་རྒྱ་གར་དུ་ཕེབས་དུས་རྒྱ་གར་གྱི་རྒྱལ་པོ་གུཔྟའི་རྒྱལ་རྒྱུད་དག་གི་སྲིད་སྐྱོང་བའི་སྐབས་སུ་ཕྱིན་པ་ཡིན་ཞིང་། སྐབས་དེ་དུས་རྒྱ་གར་ལ་ཟངས་ཀྱི་སྒླིགས་བུ་ལ་ཡི་

གེ་བཀོད་པ་རྣམས་བོད་ཡིག་དང་ཧ་ཅང་འདྲ་ཆེ་ཞིང་རྒྱང་ནས་བལྟས་ཚེ་མི་མཁས་པ་ཞིག་གིས་བོད་ཡིག་བྲིས་བསམ་སྙམ་པ་འཆར། ཞེས་དགེ་འདུན་ཆོས་འཕེལ་ལགས་ཀྱིས་དཔྱེ་ཞིབ་གནང་ནས་གསུངས་པ་དེ་ལ་རྒྱུ་མཚན་མེད་པ་མ་ཡིན། དེར་བརྟེན་བོད་རིག་པར་ཞིབ་འཇུག་གནང་མཁན་གྱི་མཁས་དབང་ཚོས་ སུ་མཐུད་ཞིབ་འཇུག་དང་རིག་པས་ཁུངས་སྐྱེལ་དགོས་པའི་རེ་བ་བཙལ་ས་ཞིག་ཆགས་ཡོད།

ཐོན་མིས་བོད་ཡིག་གསར་བཟོ་མཛད་པའི་རྗེས་སུ་སྒྲ་རིག་པ་དང་། ཡི་གེའི་རིག་ལ་གཏན་ལ་འབེབས་པར་བརྡ་སྤྲོད་པའི་བསྟན་བཅོས་ཆེན་པོ་བརྒྱད་མཛད་པར་གྲགས་ཤིང་། ད་ལྟ་བཞུགས་པ་སུམ་ཅུ་པ་དང་། རྟགས་ཀྱི་འཇུག་པ་གཉིས་ལས་འཕྲོས་དྲུག་སླང་དར་མའི་སྐབས་སུ་སྦུབ་པར་གྲགས། ཐོན་མི་སཾབྷོ་ཊ་ནི་གྲགས་ཅན་གྱི་ལོ་ཙཱ་བ་ཞིག་ཡིན་ཞིང་། ཐོན་མིའི་བསྒྱུར་ཆོས་གནང་བའི་རྒྱ་དཔེ་《སྤྱན་རས་གཟིགས་ཀྱི་མདོ་རྒྱུད་ཉི་ཤུ་རྩ་གཅིག་》ལ་སོགས་པ་རྒྱ་དཔེ་མང་པོ་ཡོད་པར་མ་ཟད། ཁོང་ནི་ཤེས་རྒྱ་ཡངས་ཤིང་འཛོན་ཐང་ཆེ་བ་དང་། བྱས་རྗེས་གཟེངས་སུ་ཐོན་པའི་བློན་གྲལ་མཛངས་པ་ཅན་གྱི་དཀྱིལ་ནས་ཨང་བཞི་པ་ཐོབ་ཅིང་། དབུ་རས་སུ་མཐོ་ལྡོག་ཡོད་པ་ཡང་ལོ་རྩ་བའི་ནང་ནས་སྔ་ཤོས་ཀྱི་དཔེ་མཚོན་ལྟ་བུ་ཞིག་ཏུ་གྱུར།

ཐོན་མི་སཾབྷོ་ཊའི་འབྲུངས་ཡུལ་ཐད་ལ་ད་བར་རྩོད་གཞི་ཡོད་མོད། བོད་ཀྱི་ལོ་རྒྱུས་ཆོས་འབྱུང་《མཁས་པའི་དགའ་སྟོན་》དུ་གསལ་བར་ཞིག་ན། ཐོན་མིའི་འབྲུངས་ཡུལ་ནི་ཐོན་གྱི་ལུག་ར་ཁ་དང་། ཡབ་ཀྱི་མཚན་ལ་ཐོན་མི་ཨ་ནུ་ར་ག་ཏ། ཁོང་རང་གི་མཚན་ལ་སཾབྷོ་ཊ་ཡིན་པ་བསྟན་པའི་ཐོན་གྱི་ལུག་ར་ཁ་ཞེས་པ་ནི་སྙེ་མོ་རྫོང་ཁོངས་སུ་ད་ལྟའང་མིང་མ་ཉམས་པར་ཐོན་པ་གྲོང་ཚོ་ཞེས་ཟེར་ཞིང་། དེ་ལ་ཁོང་གི་ཁང་ཞལ་ཡོད་པར་ང་ཚོ་ནང་མི་དང་བཅས་པ་ལྟ་སྐོར་འགྲོ་མྱོང་ཡོད། གྲོང་ཚོའི་མི་རྣམས་ཀྱིས་ད་ལྟ་ཡང་ཐོན་མི་སཾབྷོ་ཊའི་ལོ་རྒྱུས་སྐོར་བཤད་རྒྱུར་ཧ་ཅང་དགའ་པོ་གནང་གི་འདུག །ཐོན་མིའི་འབྲུངས་ལོའི་སྐོར་ལ་ཡང་ད་ཕན་ཆད་གཏན་ལ་ཕབ་པའི་གསུང་སྒྲོལ་ནི་མེད། འོན་ཀྱང་ཐོན་མི་དང་སྲོང་བཙན་སྒམ་པོ་གཉིས་དུས་རབས་གཅིག

གི་མི་ཡིན་སྐབས། ཡིག་ཆ་འགའ་རེ་ནང་འཁྲུངས་ལོའི་ཐད་ལ་འདེད་རྩིས་བརྒྱབ་སྟེ། དཔེར་ན་བུ་སྟོན་རིན་ཆེན་གྲུབ་དང་དཔའ་བོ་གཙུག་ལག་ཕྲེང་བས་དུས་འཁོར་ལུགས་ཀྱི་ལོ་རྩིས་ལ་གཞི་མཛད་དེ། སྲོང་བཙན་སྒམ་པོའི་འཁྲུངས་ལོ་ནི་མེ་མཁའ་རྒྱ་མཚོའི་རྩིས་མགོ་མ་ཚུགས་སྔོན་གྱི་ལོ་བདུན་པ། བོད་མེ་གླང་ལོ་(སྤྱི་ལོ་༦༡༧ལོ་)ཡིན་པ་གསུངས། དེ་ལྟར་ན་སྲོང་བཙན་སྒམ་པོ་དགུང་གྲངས་བཅུ་བདུན་ལ་ཕེབས་དུས། ཐོན་མི་དགུང་ལོ་བཅོ་ལྔ་ལ་ཕེབས་པས་སྲོང་བཙན་གྱིས་རྒྱ་གར་དུ་བཏང་གནང་བ་སོང་ཙང་། ཐོན་མིའི་འཁྲུངས་ལོ་ནི་སྤྱི་ལོ་༦༡༩ལོར་ཡིན་དགོས། རྗེས་སུ་ཐོན་མི་སཾ་བྷོ་ཊ་ལོ་དུས་གང་དང་ཟླ་དུས་གང་ཞིག་ལ་ས་ཆ་གང་ནས་གང་དུ་དགོངས་པ་རྫོགས་པའི་སྐོར་ནི་ལོ་རྒྱུས་ཀྱི་ཡིག་ཆའི་ནང་གསལ་ཆ་ཤིན་ཏུ་དཀོན།

ཐོན་མི་སཾ་བྷོ་ཊས་སྲོང་བཙན་གྱི་བཀའ་བཞིན་རྒྱ་གར་དུ་སློབ་སྦྱོང་མཛད་དེ་བདེ་ བླག་ངང་བོད་དུ་ཕྱིར་ལོག་ཕེབས་པ་དང་། ཡང་རྒྱལ་པོའི་བཀའ་བཞིན་བོད་ཡིག་གསར་གཏོད་མཛད་པ་དེས། བོད་མི་རིགས་རང་གི་ཡི་གེ་ཞིག་གསར་གཏོད་བྱེད་ཐུབ་པའི་རླབས་ཆེན་གྱི་བྱ་བ་དེ་ལྟ་བུ་ནི། རང་རྒྱལ་མི་རིགས་གཞན་ལས་ཡིག་རིགས་ཡོད་པའི་ལོ་རྒྱུས་སྔོན་དུ་བསྐྱོད་ཐུབ་པ་བྱུང་བར་མ་ཟད། བོད་མི་རིགས་ཀྱི་རིག་གནས་རྩ་བ་བརྟན་ཞིང་ཡལ་འདབས་རྒྱས་པ་དང་དར་རྒྱས་ཕུན་སུམ་ཚོགས་པ་བྱུང་སྟེ། མི་རབས་རྗེས་མར་ཤིན་ཏུ་གཏིང་ཟབ་ལ་གོ་དོན་རྒྱ་ཆེ་བའི་མི་རིགས་ཀྱི་རིག་གནས་རྩ་ཆེན་མང་པོ་ཤུལ་བཞག་མཛད་ཡོད། ཐོན་པ་གྲོང་ཚོའི་གྲོང་མིས་བཤད་ཚུལ་ལ། ཐོན་མི་རྒྱ་གར་ལ་ཕེབས་ནས་ཤོག་བུ་བཟོ་སྐངས་དང་དྲི་བཟང་སྤོས་བཟོའི་ལག་རྩལ་སྦྱངས་ཏེ་བོད་དུ་ཕེབས་རྗེས་ཐོན་པའི་མི་རྣམས་ལ་ལག་རྩལ་དེ་བསླབ་པར་མཛད་ཅིང་། ཤོག་བུ་བཟོ་བའི་ཐོན་སྐྱིད་ཆུ་ཆ་ཡང་ས་གནས་དེ་རང་དུ་སྐྱེས་པའི་རི་ལྕུག་པ་ཟེར་བའི་རྩ་སྔོན་འདི་བེད་སྤྱད་ནས་བོད་ཤོག་བཟོ་གི་ཡོད་པ་རེད། དེང་དུས་སྙེ་མོ་ཐོན་པ་གྲོང་ཚོའི་མིས་རང་མེས་པོའི་རྩ་ཆེན་གྱི་རྒྱུན་སྲོལ་བཟང་པོའི་ཕྱུག་བཟོ་རྣམས་མི་ཉམས་གོང་འཕེལ་བཏང་ནས། སྙེ་མོ་ནས་ཐོན་པའི་གཟིམས་སྤོས་དང་སྙེ་མོ་ནས

ཐོན་པའི་བོད་ཤོག་སོགས་ལག་ཤེས་ཀྱི་ཐོན་རྫས་ལྗོངས་ཕྱི་ནང་ཀུན་དུ་འགྲིམས་རྒྱུག་ཡག་པོ་ཡོད་པ་རེད། ཐོན་མི་སཾབྷོ་ཊས་བོད་མི་རིགས་ཀྱི་ཕ་ཚ་བུ་རྒྱུད་ཚོར་མི་རིགས་རང་ངོས་ཀྱི་རིག་གནས་ཀྱི་ཤུལ་བཞག་ལ་སྲུང་སྐྱོབ་དང་རྒྱུད་འཛིན་འཕེལ་རྒྱས་གཏང་ལེགས་གཏོང་རྒྱུ་དང་། མི་རིགས་ཀྱི་ལོ་རྒྱུས་འཕེལ་རྒྱས་བགྲོད་ཤུལ་ལ་ཞིབ་འཇུག་གཏིང་ཟབ་བྱེད་རྒྱུར་གློས་འགེལ་ཆོག་པའི་འདྲེན་བྱེད་ཀྱི་སྟོབས་ཤུགས་ཤིག་གནང་ཡོད་པ་རེད། ཐོན་མི་སཾབྷོ་ཊ་ཞེས་པའི་མཚན་བཟང་དང་ཁོང་གི་འོད་ཟེར་རབ་ཏུ་འཕྲོ་བའི་མཛད་རྗེས་བླ་ན་མེད་པ་དེ་དག་ནི་བོད་མི་རིགས་ལོ་རྒྱུས་ཀྱི་ཟིན་ཐོའི་ནང་བཀོད་དེ་བོད་མིའི་གསལ་འབྱེད་ཀྱི་དབང་པོ་རབ་ཏུ་བཞད་པའི་སྒྲོན་མེ་ཞིག་ཏུ་གྱུར་ཡོད།

བོད་མི་རིགས་ཀྱི་འཚོ་བ་དངོས་དང་མཐུན་པའི་བོད་ཡིག་གསར་གཏོད་མཛད་པ་དེས་མི་ལོ་ཆིག་སྟོང་གསུམ་བརྒྱ་ལྷག་འདས་ཟིན་པའི་ད་ལྟའང་། བོད་མི་རིགས་ཀྱིས་བོད་ཡིག་སློབ་སྦྱོང་དང་། བེད་སྤྱོད། འཕེལ་རྒྱས་སོགས་གཏོང་མུས་སུ་གནས་པ་དེར་རྒྱལ་ཁབ་ཀྱིས་བོད་མི་རིགས་རྣམས་མུ་མཐུད་བོད་ཡིག་སློབ་སྦྱོང་བྱེད་རྒྱུར་ཐུགས་ཁུར་དང་རྒྱབ་སྐྱོར་གང་ལེགས་གནང་གི་ཡོད། དཔེར་ན་བོད་ཡིག་གི་ཡིག་གཟུགས་འབྲི་ཚུལ་ཐད་ལ། སྤྱི་ཚོགས་ཀྱི་རྣམ་པ་རྒྱུན་ཆད་མེད་པར་ཡར་ཐོན་དང་འཕེལ་རྒྱས་འགྲོ་བཞིན་པར་བོད་ཡིག་གི་ཡིག་གཟུགས་སྒྱུ་རྩལ་དེ་ཡང་རྣམ་པ་འདྲ་མིན་གྱི་ཐོག་ནས་འགྱུར་ལྡོག་འགྲོ་བཞིན་ཡོད། བོད་མི་དམངས་ཀྱིས་སྔ་རབས་ནས་བོད་ཡིག་གི་ཡིག་གཟུགས་སྒྱུ་རྩལ་འཕེལ་རྒྱས་གཏོང་རྒྱུར་དོ་སྣང་ཆེན་པོ་བྱེད་ཀྱི་ཡོད་པ་སྟེ། ཆུང་བྱིས་པའི་དུས་ནས་འགོ་བཙུགས་ཏེ་ཡིག་གཟུགས་ལ་སློབ་སྦྱོང་བྱེད་རྒྱུ་གལ་ཆེར་རྩིས་པ། དཔེར་ན་ཕྲུ་གུ་སློབ་གྲྭར་ཚུད་མ་ཐག་སྔོན་ལ་སྦྱང་ཤིང་གི་སྟེང་དུ་ཡིག་གཟུགས་སྦྱང་དུ་བཅུག་པ་དང་། དེ་ནས་ཡིག་གཟུགས་ཀྱི་ཚད་གཞི་ལོན་པོ་བྱུང་ན་གཞི་ནས་ཤོག་བུའི་ཐོག་ལ་ཕབ་སྟེ་ཤོག་བུའི་སྟེང་ཡིག་གཟུགས་སྦྱང་ཆོག་པའི་སྲོལ་རྒྱུན་ཡོད་པ་རེད། སྔར་ནས་ད་བར་བོད་ཀྱི་ཡིག་གཟུགས་རྣམ་གྲངས་ལ་དབུ་ཅན་དང་དབུ་མེད། ཚུགས་རིང་དང་ཚུགས་ཐུང་། འཁྱུག་དང་འབྲུ་ཚ། དཔེ་ཚུགས

ལ་སོགས་པ་ཡིག་གཟུགས་འདྲ་མིན་སྣ་ཚོགས་ཡོད། མདོར་ན། བོད་མི་རིགས་དེ་ཉིད་བོད་ཡིག་གསར་གཏོད་བྱུང་བ་ནས་བཟུང་། གཅིག་གྱུར་གྱི་ཡིག་ཐོག་སྐད་ཡིག་ཅིག་ཆགས་པ་རེད། འོན་ཀྱང་བོད་མི་རིགས་གཞི་ཆགས་བྱེད་པའི་ས་ཆ་ཤིན་ཏུ་རྒྱ་ཆེ་བར་བརྟེན། ཡུལ་སོ་སོའི་ཡུལ་སྐད་མི་འདྲ་བ་མང་པོ་ཡོད་སྟབས་གཅིག་གྱུར་གྱི་སྐད་བརྡ་འཕྲོད་ནས་ཕན་ཚུན་བསམ་བློ་ཐད་ཀར་སྤེལ་རེས་བྱེད་རྒྱུ་ནི་ཧ་ཅང་དཀའ་བའི་གནད་དོན་ཞིག་ཏུ་གྱུར་ཡོད།

བོད་ཀྱི་སྐད་ཡིག་བེད་སྤྱོད་གཏོང་རྒྱུའི་སྐོར་ལ་དུང་དཀར་རིན་པོ་ཆེ་དམ་པས་ཁོ་རང་གི་ཚིག་མཛོད་ཆེན་མོའི་ནང་བཀའ་སློབ་ཧ་ཅང་དྲང་བདེན་ཞིག་གསུང་ཡོད་པར། ང་ཚོས་དགོས་ངེས་ཀྱི་དོ་སྣང་ཞིག་སྐྱེས་དགོས་པ་དང་སློབ་སྦྱོང་མི་བྱེད་ཐབས་མེད་ཅིག་རེད། ཁོང་གིས་གསུངས་དོན། "བོད་སྐད་ལ་རིགས་མི་འདྲ་བ་གསུམ་སྟེ། དབུས་གཙང་། ཨ་མདོ། ཁམས་བཅས་རིགས་མི་འདྲ་བ་ཕན་ཚུན་སྐད་ཆ་གོ་བརྡ་འཕྲོད་དཀའ་ཙམ་ཡོད་ཀྱང་བོད་ཡིག་ཐོག་བྲིས་པའི་ཚོས་དཔེ་དང་ཡིག་ཆ་གང་ཡིན་ཚང་མས་གོ་བརྡ་འཕྲོད་ཐུབ་ཀྱི་ཡོད་པ་མ་ཟད། བཙན་པོའི་དུས་སྐབས་སུ་བྲིས་པའི་རྗོ་རིང་གི་ཡི་གེ་དང་ཏུན་ཧོང་ནས་ཐོན་པའི་ཡི་གེ་བཅས་བོད་ཡིག་གི་ཆུ་ཚད་མཐོ་ཙམ་ཡོད་པ་ཞིག་གིས་བལྟས་ན་བརྒྱ་ཆ་བརྒྱད་ཅུ་ཙམ་ཤེས་པ་དང་གོ་བ་ལོན་ཐུབ་ཀྱི་ཡོད་པས་དེ་ཡི་ཐོག་ནས་དུས་ཡུན་རིང་པོའི་བར་སྐད་ཡིག་གཅིག་གྱུར་དུ་གནས་ཐུབ་པའི་ཁྱད་ཆོས་ཡོད་པ་ཞིག་རེད། དེ་ལས་ལྡོག་སྟེ་མདོ་དབུས་ཁམས་གསུམ་གྱི་ཡུལ་སྐད་ལྟར་ཡི་གེ་བྲིས་ན་དུས་ཡུན་རིང་པོ་མ་སོང་བར་བོད་ཡོངས་ཀྱི་གཅིག་གྱུར་ཡི་གེ་བརླག་ཉེན་ཡོད། ད་ལྟ་མདོ་དབུས་ཁམས་གསུམ་མཁས་པ་ཚང་མས་བོད་ཀྱི་སྐད་ཡིག་གཅིག་གྱུར་གྱི་འགྲོ་ལམ་ནི་སྐད་ཀྱི་སྒྲ་གདངས་དེ་ལྷ་སའི་སྐད་ཀྱི་རྨང་གཞི་བྱས་ཐོག་མིང་དང་ཚིག་ལ་སོགས་པའི་ཐ་སྙད་དང་ཚིག་སྦྱུབ་རྣམས་དབུས་མདོ་ཁམས་ཀྱི་སྐད་ནས་ལེགས་ཆ་བླངས་པའི་གཅིག་གྱུར་གྱི་སྐད་ཅིག་འཕེལ་རྒྱས་གཏོང་དགོས་པ་དེ་ཡིན་པར་ངོས་འཛིན་གནང་གི་ཡོད། དེར་བརྟེན་ལྷ་སའི་སྐད་ཀྱི་སྒྲ་གདངས

དེ་ཚང་མས་ཡག་པོ་སྦྱོང་དགོས།" ཅེས་དུང་དཀར་རིན་པོ་ཆེས་བསླབ་བྱ་ཡང་ཡང་གནང་བ་དེ་དག་ད་ཅང་བརྗེད་དཀའ་བ་ཞིག་རེད། ང་རང་ལྷ་ས་བ་ཞིག་ཡིན་ཙང་། ལྷ་སའི་སྐད་དར་ཁྱབ་ཡོང་རྒྱུའི་རེ་བ་ནི་ལོས་ཡིན། གང་ལགས་ཟེར་ན་ལྷ་སའི་སྐད་དེ་ཉན་ན་སྙན་སྙན་པོ་དང་ཚིག་འཇམ་པོ། སྙན་འཛེབས་ཀྱིས་རྣ་དབང་འཕྲོག་པར་མ་ཟད་ཞེ་ས་གུས་ཞབས་མང་པོ་ཡོད་ཙང་། ལྷ་སའི་སྐད་ཤོད་མ་ཤེས་མཁན་ཞིག་ཡིན་ནའང་། མི་གཞན་གྱིས་ལྷ་སའི་སྐད་ཆ་བཤད་དུས་ཉན་འདོད་ཆེན་པོ་གནང་གི་ཡོད་པ་རེད། དེར་བརྟེན་ང་རང་གི་བསམ་པར་མི་སུ་འདྲ་ཞིག་ཡིན་ཡང་རང་སོ་སོའི་ཡུལ་སྐད་ཀྱི་བརྡ་འཕྲོད་པ་དང་ཆབས་ཅིག་ལྷ་སའི་སྐད་དེ་ཡང་ཤེས་ན། བོད་རིགས་ཀྱི་སྐད་བརྡ་གཅིག་གྱུར་ཡོང་བ་བྱ་རྒྱུར་ཕན་ཐོགས་ཆེན་པོ་ཡོད་པར་མ་ཟད། ཁྲོམ་རའི་དཔལ་འབྱོར་འཕྲུག་པོ་ཡོང་བ་དང་། ཡུལ་ལུང་སོ་སོའི་མི་དམངས་དབར་གྱི་མཛའ་གྲོགས་འབྲེལ་གཏུགས་ལ་ཤུགས་གནོན་རྒྱག་ཐུབ་པ། སྤྱི་ཚོགས་ཀྱི་ཤེས་དཔལ་མཐུན་སྐྱོད་བྱེད་ཐུབ་རྒྱུ་བཅས་ལ་ཏུར་བསྟོན་གྱི་སྐུལ་འདེད་ནུས་པ་གང་ལེགས་འདོན་ཐུབ་ངེས་རེད་བསམ།

རྒྱལ་ཁབ་ནས་བོད་ཡིག་སློབ་སྦྱོང་བྱེད་རྒྱུ་དང་བེད་སྤྱོད་བྱེད་རྒྱུ། འཕེལ་རྒྱས་གཏོང་རྒྱུ་བཅས་ལ་ད་ཅང་མཐོང་ཆེན་པོ་གནང་གི་ཡོད། དེར་བརྟེན་ཉེ་བའི་ལོ་ཤས་ནང་བོད་ཡིག་བེད་སྤྱོད་བྱེད་པ་དང་ཁྱབ་གདལ་འགྲོ་བའི་རིམ་པ་གོང་ནས་གོང་དུ་འཕེལ་བཞིན་ཡོད། གལ་ཏེ་ང་ཚོས་དེང་སྐབས་བེད་སྤྱོད་བྱེད་དང་བྱེད་ནུས་ཀྱི་བོད་ཡིག་དེ་ལ་གཏིང་ཟབ་ཙམ་གྱི་རྒྱུས་མངའ་ལོན་ཐུབ་པ་དང་། དེའི་ཁྱད་གཞི་དང་ཁྱད་ཆོས་དེ་ཚོ་རྟོགས་པ། དེ་བཞིན་འཛམ་གླིང་ཐོག་སྔོན་ཐོན་གྱི་ཡིག་རིགས་དང་ཡོངས་སུ་མཐུན་ཐུབ་པའི་ཆ་དེ་དག་ཤེས་ཐུབ་ན། གོམ་གང་མདུན་སྤོས་ངང་བོད་ཡིག་སློབ་སྦྱོང་བྱེད་རྒྱུའི་ཚུ་ཚད་མཐོ་རུ་འགྲོ་བ་དང་། རང་འགུལ་ངང་བོད་ཡིག་བེད་སྤྱོད་བྱེད་རྒྱུ་དེ་མ་སྐྱུལ་དང་ལེན་ཞུ་ཐུབ་པ་ཡོང་ངེས་རེད། བོད་ཡིག་དེ་ནི་སྦྱོར་ཀློག་གི་ཡི་གེ་ཡིན་པས་ཀློག་བདེ་བ་དང་། ངེས་བདེ་བ། ཤེས་མགྱོགས་པ། ཡི་གེ་དབྱངས་

གསལ་སྒྱུར་ནས་རྩ་བའི་ཡིག་གཟུགས་མི་འདྲ་བ་བཞི་བཅུ་ཞེ་གཅིག་དེ་དག་མགོ་ཅན་དང་། འདོགས་ཅན་སོགས་སོ་སོར་བགྲང་ཀྱང་དབྱངས་བཞི་དང་གསལ་བྱེད་སུམ་ཅུ། འདོགས་ཅན་སོ་དྲུག །མགོ་ཅན་སོ་ལྔ། ཡིག་མགོ་ཚེག་ཤད་གསུམ་བཅས་བསྡོམས་པའི་གྲངས་བརྒྱ་དང་བཅུ་མེད་བརྒྱད་ལས་མེད། བོད་ཡིག་དབྱངས་ཡིག་སོ་སོའི་སྒྲ་གདངས་གསལ་པོ་ཡོད་པར་མ་ཟད། གཏན་ལ་ཕབ་ཟིན་པའི་སྒྲ་གདངས་ལ་འགྱུར་བ་གཏོང་སྟོང་མེད། བོད་ཡིག་གསར་གཏོད་མཛད་ནས་ད་བར་མི་ལོ་ཆིག་སྟོང་གསུམ་བརྒྱ་ལྷག་གི་ལོ་རྒྱུས་ལྡན་ཡོད་ཙང་། དུས་འགྱུར་དང་ཡུལ་སྐད་ལ་སོགས་པའི་གེགས་རྐྱེན་གྱིས་འགྱུར་བ་གཏོང་ཐུབ་མེད། ས་གནས་གང་དང་དུས་སྐབས་གང་ཞིག་ལ་ཡུལ་སྐད་སོ་སོར་འགྱུར་བ་གང་ཞིག་ཕྱིན་ཡོད་ཙང་། བོད་ཡིག་སྦྱོར་ཀློག་རྒྱག་སྟངས་དང་ནང་དོན་མཚོན་བྱེད་ལ་འགྱུར་བ་གཏན་ནས་ཕྱིན་མེད། དེ་བཞིན་བོད་ཡིག་དེ་ནི་སྦྱོར་ཀློག་གི་ཡི་གེ་ཡིན་པས་སྦྱོར་ལུགས་འཚམས་པོ་བྱུང་ཚེ། མི་རིགས་དང་རྒྱལ་ཁབ་གང་འདྲ་ཞིག་གི་སྐད་གདངས་ཡིན་ཙང་དེ་དང་འཚམས་པའི་སྒྲ་ཞིག་བོད་ཡིག་གི་ཐོག་ནས་ཕབ་ཐུབ་པར་མ་ཟད། འཛམ་གླིང་འདིའི་སྟེང་དུ་རྒྱལ་ཁབ་གང་ཞིག་དང་ས་གནས་གང་ཞིག་ལ་སྐད་གསར་རྙིང་གང་ཞིག་ཐོན་པ་ཡིན་ཙང་། སྐད་དེའི་སྒྲ་གདངས་རྣམས་བོད་ཡིག་གི་ཐོག་ནས་ཟིན་ཐོ་བཀོད་ཐུབ་ཀྱི་ཡོད། དེའི་ཐོག་ནས་བོད་ཀྱི་སྐད་ཡིག་དེའི་སྐྱེས་འཕེལ་གྱི་ནུས་ཤུགས་གང་འདྲ་ཞིག་ཡོད་པ་ཚང་མས་མཁྱེན་གསལ་རེད། དེ་བཞིན་གཞུང་ལུགས་ཀྱི་བསྟན་བཅོས་ཆེན་མོ་གང་འདྲ་ཞིག་ཡིན་ཙང་དེའི་ཡིག་ཚོགས་དང་སྙིང་དོན་གཏིང་ཟབ་མོའི་རྩ་འགྲེལ་ཅི་ཙང་ལ་ཐོག་པ་མེད་པར་འགྲེལ་བཤད་རྒྱག་ཐུབ་ཀྱི་ཡོད།

མདོར་ན་བོད་ཡིག་གི་དབྱངས་ཡིག་བཞི་དང་གསལ་བྱེད་སུམ་ཅུ། དེའི་ཐོག་བརྗ་སྦྱོད་རིག་པའི་བསྟན་བཅོས་ཆེན་མོ་སུམ་ཅུ་པ་དང་། རྟགས་ཀྱི་འཇུག་པའི་གཞུང་ལུགས་བསྟན་བཅོས་གཉིས་ཁོག་ཏུ་ཆུད་ནས་བྱ་བྱེད་ལས་གསུམ་སོགས་ཚུལ་བཞིན་སྦྱོར་ཤེས་ན། བརྩམས་བྱ་གང་ཞིག་ཡིན་ཡང་དེའི་མ་ཡིག་བརྗོད་བྱ་གསལ་པོར་བརྗ

འཕྲོད་ཐུབ་པར་མ་ཟད། སྤུན་ཟླའི་མི་རིགས་གཞན་ནམ་ཚན་རིག་ཤེས་བྱ་སྔོན་ཐོན་དུ་འགྱུར་པའི་རྒྱལ་ཁབ་གཞན་གྱི་སྐད་ཡིག་ཡང་རང་མི་རིགས་ཀྱི་སྐད་ཡིག་ཏུ་བསྒྱུར་ཐུབ་པའི་ཁྱད་ཆོས་མངོན་གསལ་ཅན་ལྡན་ཡོད་པ་རེད། བོད་ཡིག་ནི་ཡིག་འབྲུ་ཞུང་ཡང་། བརྒྱུད་རིམ་ལྡན་ཞིང་མ་ལག་ཆ་ཚང་བའི་བརྡ་སྤྲོད་རིག་པའི་གཞུང་ལུགས་ཀྱི་བསྟན་བཅོས་ཤིག་ཡིན་སྟབས། རྒྱལ་ཁབ་དང་རང་མི་རིགས་ཚང་མས་མཐོང་ཆེན་དང་དོ་སྣང་སྟེར་བས་ཆེ་བ་གནང་གི་ཡོད། བོད་མི་རིགས་ཀྱི་ཤུལ་འཛིན་པ་ཞིག་གི་ངོས་ནས་གླེང་ན། རང་མི་རིགས་ཀྱི་སྐད་དང་ཡི་གེའི་རྨང་གཞིའི་ཤེས་བྱ་དག་ལ་ནན་ཏན་དང་ཧུར་བརྩོན་གྱིས་སློབ་སྦྱོང་བྱེད་རྒྱུ་ནི་ལོས་ཡིན། ད་དུང་དེང་དུས་ཀྱི་ཚན་རྩལ་རིག་གནས་འཕེལ་རྒྱས་འགྲོ་བའི་དགོས་མཁོ་དང་བསྟུན་ནས། རྒྱའི་སྐད་ཡིག་དང་རྒྱལ་ཁབ་གཞན་གྱི་སྐད་ཡིག་ལའང་ཧུར་བརྩོན་དང་སློབ་སྦྱོང་ཞུ་དགོས་པ་དེ་བས་གལ་ཆེ། སྤྱི་ལོ་༡༩༤༧ལོ་ནས་བཟུང་། བོད་རང་སྐྱོང་ལྗོངས་ཀྱིས་སྔ་རྗེས་སུ་སྐད་ཡིག་སྐོར་གྱི་ཁྲིམས་ལུགས་ཡིག་ཆ་ཁག་གསུམ་ཙམ་ཁྱབ་བསྒྲགས་གནང་ཡོད། དེའི་ཐོག་ནས་བོད་མི་རིགས་ཀྱི་སྐད་ཡིག་ཐོབ་ཐང་ལ་ནུས་ལྡན་གྱི་སྒོ་ནས་སྲུང་སྐྱོང་གནང་བ་དང་། བོད་ཀྱི་སྐད་ཡིག་སློབ་སྦྱོང་དང་། བེད་སྤྱོད། འཕེལ་རྒྱས་བཅས་འགྲོ་བར་རང་དབང་དང་། དེ་ལ་བརྩི་འཛོག་དང་འགན་སྲུང་གནང་བར་བརྟེན། བོད་ཡིག་སློབ་སྦྱོང་བྱེད་རྒྱུར་དེ་བས་ཁྱབ་གདལ་ཆེ་བ་དང་། བེད་སྤྱོད་བྱེད་རྒྱུར་དེ་བས་རྒྱ་ཁྱབ་ཆེ་བ། འཕེལ་རྒྱས་གཏོང་རྒྱུར་དེ་བས་ཚན་རིག་དང་མཐུན་པ་སོགས་དགའ་ཚོར་སྐྱེས་འོས་པའི་རྣམ་པ་ཞིག་ཐོན་ཐུབ་ཡོད།

(༩) སྲོང་བཙན་སྒམ་པོས་བལ་བཟའ་དང་རྒྱ་བཟའ་ཁབ་ཏུ་བཞེས་ཏེ་ར་ས་གཙུག་ལག་ཁང་དང་ར་མོ་ཆེ་གཙུག་ལག་ཁང་བཞེངས་པ།

སྲོང་བཙན་སྒམ་པོས་སྤུར་རྒྱལ་གྱི་མངའ་ཐང་གོང་ནས་གོང་དུ་འཕེལ་རྒྱས་གཏོང་རྒྱུའི་ཆེད་དང་། སངས་རྒྱས་ཀྱི་བསྟན་པ་དར་ཞིང་རྒྱས་པ་ཡོང་ཆེད། སྔ་རྗེས

སུ་བལ་པོའི་ཡུལ་ནས་ལྷ་གཅིག་ཁྲི་བཙུན་བྱ་བ་དང་། རྒྱ་ནག་ཡུལ་ནས་ལྷ་གཅིག་ཀོང་ཇོ་བྱ་བ་གཉིས་འཇིག་རྟེན་མི་ཆོས་དང་བསྟུན་པའི་སྒོ་ནས་བཙུན་མོར་བཞེས། མཁས་མཛངས་ལྡན་པའི་ཕྱུར་རྒྱལ་གྱི་རྒྱལ་པོ་སྲོང་བཙན་སྒམ་པོས་ཉེ་འབྲེལ་གྱི་རྒྱལ་ཁབ་བལ་ཡུལ་ནི་སངས་རྒྱས་བཅོམ་ལྡན་འདས་སྐུ་འཁྲུངས་སའི་ཡུལ་ཁྱད་དུ་འཕགས་པ་ཞིག་ཡིན་པ་སྔ་ས་ནས་མཁྱེན་ཞིང་། བལ་ཡུལ་ནི་སངས་རྒྱས་ཀྱི་བསྟན་པ་དར་རྒྱས་ཆེ་བ་དང་། མི་རྣམས་ཀྱི་སེམས་པ་ཞི་བདེ་ཕྱོད་འཇགས་དང་བློ་ལྷོད་མེད་པར་ཞི་འཇམས་ཀྱིས། སངས་རྒྱས་ཀྱི་བཀའ་ལ་སྲུང་བརྩི་ཞུ་བའི་དག་པའི་ཞིང་ཁམས་ཤིག་ཏུ་ངོས་འཛིན་ཡོད་གཤིས། དེར་བརྟེན་རྒྱལ་བློན་རྣམས་བློ་གྲོས་མཐུན་ཏེ། བལ་ཡུལ་ནས་ལྷ་གཅིག་ཁྲི་བཙུན་བྱ་བ་རྒྱལ་པོའི་ཁབ་ཏུ་བསུ་རྒྱུའི་ཐུགས་ཐག་བཅད། བཙན་པོས་མགར་སྟོང་བཙན་ཡུལ་སྲུང་དང་ཐུ་མི་སཾབྷོ་ཊ་གཉིས་ཀྱིས་ཐོག་དྲངས་པའི་བློན་འཁོར་རྟ་པ་བརྒྱ་དང་གསེར་ལ་སོགས་པའི་རིན་པོ་ཆེའི་དངོས་པོ་མང་པོ་དང་། རིན་པོ་ཆེ་བཻཌཱུརྻའི་ཇོག་ལ་པདྨ་རཱ་གའི་སྦྲ་བཏབ་པ་རིན་ཐང་གཞལ་བར་དཀའ་བའི་ཁྱད་ནོར་གྱི་འབུལ་རྟེན་བསྐུར་ཏེ་མངགས་གཏོང་མཛད། བལ་པོའི་རྒྱལ་པོས་བོད་ཀྱི་རྒྱལ་པོ་སྲོང་བཙན་སྒམ་པོའི་ཐུགས་དགོངས་ལྷོད་མེད་པ་དང་། བཙན་པོ་གཞོན་ནུའི་མཁས་མཛངས་ཡོན་ཏན་དང་བཙན་པོའི་ཐེལ་ཤུགས་སོགས་ལ་ཡིད་སྨོན་པའི་བསམ་བློ་ཡོད་རྒྱུ་བཏང་སྟེ། མཐར་རང་གི་སྙིང་ནས་གཅེས་པའི་སྲས་མོ་ལྷ་གཅིག་ཁྲི་བཙུན་བྱ་བ་སྟོབས་དང་ལྡན་པའི་ཕྱུར་རྒྱལ་གྱི་བཙན་པོ་སྲོང་བཙན་སྒམ་པོའི་བཙུན་མོར་སྟེར་རྒྱུའི་ཞལ་བཞེས་མཛད། དེ་ལྟར་སྤྱི་ལོ་༦༤༡ལོར། སྲོང་བཙན་སྒམ་པོས་བལ་པོའི་རྒྱལ་པོ་འོད་ཟེར་གོ་ཆའི་ལྷ་ཡི་སྲས་མོ་བྷྲི་ཀུ་ཏིའི་ཁྲུ་ཏི(ལྷ་གཅིག་ཁྲི་བཙུན་)ཁབ་ཏུ་བཞེས། བལ་པོའི་རྒྱལ་པོས་སྲས་མོའི་ཐུགས་འདོད་ལྟར། བོད་ཡུལ་དུ་དམ་པའི་ཆོས་སྤེལ་ཕྱིར་ཇོ་བོ་མི་བསྐྱོད་རྡོ་རྗེ་སྐུ་ཚད་དགུང་ལོ་བརྒྱད་པ་དང་། རྗེ་བཙུན་བྱམས་པ་མགོན་པོའི་སྐུ་བརྙན། ཙན་དན་གྱི་ཇོ་མོ་སྒྲོལ་མ་སོགས་མཆོད་གནས་ཀྱི་རྟེན་དུ་ཞུ་བའི་རྟེན་སྐལ་དང་། དེ་བཞིན་སྐུ་གསུང་ཐུགས་ཀྱི་རྟེན་དང་རིན་པོ་ཆེ་ལ་སོགས་

པའི་སྐྱེས་རྫོངས་མང་པོ། བྲན་མོ་འཁོར་གཡོག་བཟོ་རིགས་དང་བཅས་པ་དུ་མ་བོད་དུ་བརྫངས། ལྷ་གཅིག་ཁྲི་བཙུན་ལྷ་སའི་ར་ཐང་དུ་འབྱོར་འཕྲལ། བོད་ཀྱི་བློན་ཆེན་རྟ་པ་བརྒྱ་ཕྲག་དང་འབངས་མི་སེར་ཐམས་ཅད་ཀྱི་བཙུན་མོ་སྤྱན་དྲངས་པ་ལ་བསུ་བའི་བཀོད་པ་ཁྱད་དུ་འཕགས་པ་དང་། དགའ་སྟོན་གྱི་འདུ་འགོད་རྒྱ་ཆེན་པོ་དང་བཅས་ཕོ་བྲང་དམར་པོ་རིར་རྒྱལ་པོ་སྲོང་བཙན་སྒམ་པོ་དང་བཙུན་མོ་གཉིས་ཞལ་འཛོམས་ཤིང་། ལྷ་གཅིག་བཙུན་མོ་རིན་པོ་ཆེའི་ཁྲི་ལ་དབང་བསྐུར་བར་གྱུར་ངོ། །

ལྷ་གཅིག་ཁྲི་བཙུན་གྱིས་བལ་པོའི་མི་དམངས་ཀྱི་བོད་དུ་བཅངས་པའི་མཛའ་སེམས་འདྲེན་པར་མ་ཟད། བལ་པོའི་སངས་རྒྱས་ཆོས་ལུགས་ཀྱི་རིག་གནས་ཡང་བོད་དུ་འདྲེན་པ་གནང་ཡོད། སངས་རྒྱས་ཆོས་ལུགས་ལ་དད་སེམས་བརྟན་པོ་ཡོད་པའི་ཆོས་རྒྱལ་སྲོང་བཙན་སྒམ་པོས་སྔ་ས་ནས་གསལ་པོ་མཁྱེན་བཞིན་ཡོད་པ་སྟེ། རང་གིས་སྟོབས་དང་ལྡན་པའི་ཕྱུར་རྒྱལ་གྱི་རྒྱལ་སྲིད་ཞིག་འཛུགས་ཐུབ་ཡོད་ཀྱང་། གཅིག་གྱུར་གྱི་བསམ་བློའི་སྲོག་ཤིང་དུ་འགྱུར་བའི་ནུས་མཐུ་ཞིག་མེད་ན། མི་རྣམས་ཀྱི་བྱ་སྤྱོད་ལ་ཚོད་འཛིན་བྱེད་དཀའ་བ་དང་། རྒྱལ་ཁབ་ཡང་སྐྱོང་མི་ཐུབ། འབངས་མི་རྣམས་བདེ་ལ་དེ་བས་འཁོད་ག་ལ་ཐུབ། དེར་བརྟེན་སངས་རྒྱས་ཀྱི་བསྟན་པ་དེ་ཁོ་ནས་ཕྱུར་རྒྱལ་གྱི་འབངས་མི་སེར་རྣམས་སེམས་དཀྱིལ་དུ་ཉེ་མ་ཤར་བ་ལྟར་ཡོང་རྒྱུ་དང་། མི་སེམས་ཚང་མ་བཟང་པོའི་ཕྱོགས་ལ་ཁ་གཏད་དེ། བློ་སེམས་གཅིག་ཏུ་སྒྲིལ་ཐུབ་སྟེ་གཞི་ནས་ཕྱུར་རྒྱལ་དེ་ཉིད་ཡུན་རིང་བདེ་ལ་འགོད་ཐུབ་པ་ཞིག་ཡོང་ངེས་རེད་སྙམ། དེ་ལྟར་སྲོང་བཙན་སྒམ་པོས་དུས་བསྟུན་རྟོགས་དཔྱོད་ཀྱི་སྒོ་ནས་ལྷ་གཅིག་ཁྲི་བཙུན་ལ་ར་ཐང་མཚོའི་སྟེང་དུ་ར་ས་འཕྲུལ་སྣང་གི་གཙུག་ལག་ཁང་བཞེངས་རྒྱུའི་བཀའ་ཕབ། བཙན་པོའི་བཀའ་བཞིན་ཕྱུར་རྒྱལ་ས་གནས་ཁག་དང་སྐྱིད་ཤོད་ཁུལ་གྱི་འབངས་མི་སེར་ཚང་མ་ལྷ་གཅིག་ཁྲི་བཙུན་གྱི་རྒྱབ་སྐྱོར་གནང་བའི་འོག །གཙུག་ལག་ཁང་བཞེངས་རྒྱུའི་ལས་གྲྭའི་འཛུགས་སྐྲུན་ནང་ཚང་མས་གཅིག་མཐུན་གཉིས་མཐུད་དང་ཕུར་ཐག་གི་ཞུགས་ཡོད་པ་རེད།

ལས་གྲྭ་འགོ་ཚུགས་མ་ཐག་ཏུ་ཐོག་མར་འཕྲད་པའི་གནད་དོན་ཞིག་སྟེ། གང་འདྲ་བྱས་ཏེ་འོ་ཐང་གི་མཚོ་འདི་བསུབ་དགོས་པ་དེ་ཡིན། འོ་ན་རྗེས་སུ་གང་འདྲ་བྱས་ཏེ་བསུབས་ཐུབ་པ་རེད་ཅེ་ན། ལྷ་སའི་དམངས་ཁྲོད་ནང་སྒྲོལ་རྒྱུན་གྱིས་ཤོད་སྒྲོལ་ལྟར་ན། སྔོན་ལ་མཚོ་འདིའི་དབུས་སུ་རྫོ་མང་པོ་བརྩིགས་ནས་སྲུ་ཞིང་བརྟན་པའི་རྫོའི་ཕུང་ཟོ་ཆེན་པོ་ཞིག་བསླངས་ཏེ། ཕྱོགས་བཞིར་ཤིང་གདུང་ཆེན་པོ་ཕན་ཚུན་བསྒྲིགས་ནས་ལམ་ཆུང་བཟོས་པ་དང་། དེ་ནས་འཕན་ཡུལ་ནས་ར་ལ་ས་བཀལ་ཏེ་མཚོ་ཐོག་མར་བསུབ་བཅུག་པས། གཙུག་ལག་ཁང་གི་མཚན་ཡང་ར་ས་ཞེས་ཐོབ་པ་རེད། འོ་ན་ར་ཞིག་ལ་ས་བཀལ་ནས་མཚོ་བསུབ་དགོས་དོན་གང་ཡིན་ཟེར་ན། དེ་ཡང་ར་ཕོ་མོ་གང་ཞིག་ཡིན་ཡང་ཚང་མ་བདེ་ཅག་འཁྱུག་པོ་དང་ཡངས་ཤ་དོད་པོ། སུག་ལག་གཉིས་པོར་ནུས་ཤུགས་ཆེ་བ། ལྷག་པར་དུ་གཡང་གཟར་ཅན་གྱི་བྲག་རིའམ་གདུང་གཅིག་གི་ཟམ་པའི་སྟེང་དུ་ཐོགས་པ་མེད་པར་འགྲོ་སྐྱོད་ཐུབ་པ། སེམས་ཅན་ར་ནི་གཟུགས་སྟོབས་ཆུང་བ་དང་ཤ་རུས་སྐམ་ཙམ་ཡིན་ཡང་། བློ་གྲོས་རྣོ་ཞིང་སྙིང་སྟོབས་ཆེ་བ་དང་། ལས་ལ་བརྩོན་ཞིང་གཤིས་རྒྱུད་བཟང་པོ་ཡོད་སྟབས། རང་རེའི་མེས་པོ་ཚོས་རའི་གཤིས་རྒྱུད་དེ་ལ་བརྟེན་ནས་འོ་ཐང་གི་མཚོ་བསུབ་བཅུག་པས། ལྷ་སའི་ཇོ་ཁང་ལ་ཐོག་མར་ར་ས་འཕྲུལ་སྣང་གི་གཙུག་ལག་ཁང་ཞེས་པའི་མཚན་སྙན་པོའི་གཟེངས་བསྟོད་དེ་ཐོབ་ཡོད།

ད་ལྟའང་གཙུག་ལག་ཁང་གི་གཙང་ཁང་སྨུག་མའི་གཞོགས་ལྷོ་ངོས་སུ་ར་མ་རྒྱལ་མོའི་ལྷ་ཁང་གི་སྒོ་འཛུལ་ནང་མའི་གཞོགས་གཡོན་ངོས་ཀྱི་རྩིག་ཟུར་དུ། ར་མ་རྒྱལ་མོའི་སྐུ་རང་བྱོན་དུ་གྲགས་པ་ར་མོ་ཕྱེད་ཙམ་འབུར་གཟུགས་སུ་འདོན་པ་ཞིག་མཇལ་རྒྱུ་ཡོད། རྒྱུ་མཚན་དེ་ཡི་གནའ་བོའི་དུས་ནས་སྤྱུར་རྒྱལ་མི་དམངས་ཚོའི་སེམས་ནང་ར་མོའི་གཟུགས་བརྙན་དེ་མངོན་པ་དང་དད་གུས་ཞུ་ཡི་ཡོད་པ་མཚོན་གྱི་ཡོད། འོ་ཐང་གི་མཚོ་བསུབས་པའི་སྐོར་ལ་རྒྱལ་མཆོག་ལྔ་པ་ཆེན་པོས་མཛད་པའི་《དཔྱིད་ཀྱི་རྒྱལ་མོའི་གླུ་དབྱངས་》ནང་གསུངས་དོན་"ཁྲི་བཙུན་གྱིས་ར་ལ་ས་བཀལ་ནས་མཚོར་

བླུགས་པས་རྟོག་མ་ཡོང་དུ་སོང་ནས་ཟུམ་དུ་མ་འདོད་པས། རྒྱལ་པོ་ལ་ཞུས་པས། དེ་མ་ཐག་ཙན་དན་གྱི་སྐུ་ལ་གསོལ་བ་བཏབ་པ་དང་། སྤྱན་གཡས་ལས་འོད་ཟེར་བྱུང་ནས་མཚོ་ཐམས་ཅད་ཁེངས་པར་གཟིགས་པས། རྒྱལ་པོས་ཁྲི་བཙུན་དང་ལྷན་ཅིག་ཏུ་མཚོ་འགྲམ་དུ་བྱོན་ནས་གསེར་གྱི་སོར་གདུབ་མཁའ་ལ་འཕངས་པ་གང་བབས་སུ་ལྷ་ཁང་གི་རྨང་འདིང་བར་དགོད་བོར་ཏེ་བསྐུར་པས། མཚོ་ནང་དུ་བབས་ཏེ་འོད་ཀྱི་དྲྭ་བས་གང་བར། རྒྱལ་པོའི་ཞལ་ནས་ལྷ་གཅིག་ཁྲི་བཙུན། བལ་པོའི་བཟོ་བོའི་རྗེ་བཟོ་བས་འོད་ཀྱི་དྲྭ་བའི་རྗེས་སུ་རྡོ་རྐྱབ་ཅིག་གསུངས་པ་ལྟར་བྱས་པས། རྡོའི་རྡེའུ་མཆོད་རྟེན་ལྟ་བུ་ཞིག་བྱུང་བར། མེ་ཆུའི་གནོད་པ་མི་འབྱུང་བའི་ཆེད་དུ་རྡོ་རྗེའི་འཛིམ་པ་བྱུགས་པའི་ཤིང་རྣམས་ཀྱི་རྩེ་གཏད་པའི་ཁར་ཁྲོ་ཆུའི་ཕ་གུ་བཀྲམ། སྤུབས་རྣམས་མཁར་བའི་ཆུས་བསྙམས་དེའི་སྟེང་དུ་སོ་ཕག་དང་ས་བཟང་བ་རིམ་པས་བཏབ་ནས་མཚོ་བསུབས།”ཅེས་དང་།

ཡང་ས་སྐྱ་བསོད་ནམས་རྒྱལ་མཚན་གྱིས་མཛད་པའི་《རྒྱལ་རབས་གསལ་བའི་མེ་ལོང་》ནང་གསུངས་པ་ཞིག་ན། ཐོག་མར་རྒྱལ་པོས་བོད་འབངས་ཐམས་ཅད་ལས་ལ་བསྐུལ་ནས། མཚོ་བསུབས་པའི་ལས་གྲྭ་རྒྱ་ཆེན་པོ་ཞིག་དབུ་ཚུགས། དེ་ཡང་སྔོན་ལ་ཨོ་ཐང་གི་མཚོ་ལ་ཆུ་ཡུར་སྐྱུན་ནས་མཚོ་ཆུ་སྐྱིད་ཆུར་འདྲེན་སྒྲོས་བྱས། དེ་ནས་མཚོའི་ཕྱོགས་བཞིར་རྡོ་བསྐྱེད་དུ་བཙུགས་ནས་མཚོ་དུམ་བུ་བཞིར་བཅོས་ཏེ། མཚོའི་ཕྱོགས་བཞིར་རྡོ་ཆེན་པོ་མཚོའི་ནང་དུ་ལྷགས་པ་བཞི་བཞི་བྱས་ཤིང་། དེ་ནས་ཤིང་གདུང་བསྒྲིགས་ཏེ་ར་ལ་ས་བཀལ་ནས་མཚོ་བསུབས་པ་སོགས་བྱས་པར་བརྗེད། གཞི་ནས་སྐམ་སའི་སྟེང་དུ་གཙུག་ལག་ཁང་བཞེངས་ཐུབ་པའི་གསུང་ཚུལ་དུམ་བུ་དེ་ལ། ཁོ་མོས་བལྟས་ནས་སྔོན་གྱི་ལྷ་སྒྲུང་ལྟ་བུ་མ་ཡིན་པར་དངོས་ཡོད་གནས་ཚུལ་དང་མཐུན་པའི་དགོངས་ཚུལ་ཞིག་རེད་བསམ། གང་ཡིན་ཟེར་ན་སྔོན་ལ་ཆུ་ཡུར་བཟོས་ཏེ་མཚོ་ཆུ་གཞན་དུ་ཁ་འགྱུར་ནས་འདྲེན་པ་དང་ཆབས་ཅིག །ས་རྡོ་བསྐྱུར་པ་དང་ར་ལ་ས་བཀལ་ནས་མཚོ་བསུབས། དེ་ལྟར་བྱས་པའི་རྐྱེན་གྱིས་ཐར་ས་འཕོད་སྙོམས་པའི་

སྙིང་དུ་ར་ས་འཕྲུལ་སྣང་གི་གཙུག་ལག་ཁང་བཞེངས་པ་དང་། ཁྲི་བཙུན་གྱིས་བལ་ཡུལ་ནས་གདན་དྲངས་པའི་ཇོ་བོ་ཤཱཀྱ་མུ་ནི་དགུང་ལོ་བརྒྱད་ཀྱི་སྐུ་ཚད་ལ་སོགས་པ་སངས་རྒྱས་ཀྱི་སྐུ་མང་པོ་གདན་དྲངས་ཏེ་ལྷ་ཁང་ནང་བཞུགས་སུ་གསོལ། སྤུར་རྒྱལ་གྱི་འབངས་མི་ཆོས་བལ་བཟའ་ཁྲི་བཙུན་ལ་དད་ཞེན་གྱིས་ཆེད་དུ། ས་ཕྱོགས་གང་སའི་ལྷ་ཁང་ནང་བལ་བཟའ་ཁྲི་བཙུན་གྱི་འཛིམ་སྐུ་བཞེངས་སྲོལ་ཡོད་པ་རེད། ཡིན་ནའང་བློ་ཕམ་པ་ཞིག་ལ་གནའ་བོའི་སྐུ་བརྙན་ད་ལྟ་མཇལ་རྒྱུ་ཡོད་པ་ཏ་ལམ་པོ་ཏ་ལའི་ཆོས་རྒྱལ་སྒྲུབ་ཁང་དུ་བཞུགས་པའི་སྲོང་བཙན་སྒམ་པོ་དང་བལ་བཟའ་རྒྱ་བཟའ་གསུམ་གྱི་སྐུ་བརྙན་དེ་ཙམ་དུ་ཟད་དོ། །

སྲོང་བཙན་སྒམ་པོ་ནི་བློ་རྒྱ་ཆེ་ལ་རྒྱལ་ཁམས་ཀུན་ཤོང་ཐུབ་པའི་བཙན་པོ་ཞིག་ཡིན་སྟབས། ཁོང་གིས་ཤར་ཕྱོགས་ཐང་རྒྱལ་རབས་ལ་ཐུགས་དགོངས་སྤྲོ་ས་ནས་གཏད་ཡོད་ཁར། ཤར་ཕྱོགས་རྒྱ་རྗེའི་སྲས་མོ་ལྷ་གཅིག་ཀོང་ཇོ་ཁབ་ཏུ་བསུ་རྒྱུའི་དགོངས་པ་ཤར་ཏེ་གསེར་གྱི་དངོས་པོ་མང་པོ་དང་། གསེར་གྱི་བརྒྱན་པའི་གོས་བཟང་པོ་དྲི་མས་མ་གོས་པ། རིན་པོ་ཆེ་བཻཌཱུཪྻའི་ཁྲབ་ལ་པདྨ་རཱ་གའི་ཕྲ་བཏབ་པ་སོགས་ཁྱད་དུ་འཕགས་པའི་འབུལ་སྐྱེས་ཀྱི་དངོས་པོ་མང་པོ་དང་། བཀའ་ཤོག་རྒྱ་ཅན་བཅས་གནང་ནས་བློན་པོ་མགར་གྱི་གཙོས་པའི་བློན་འཁོར་ཧ་པ་བརྒྱ་ལྷ་གཅིག་ཀོང་ཇོ་བཙུན་མོར་སློང་བར་མངགས་པ་ལྟར་ཤར་ཕྱོགས་རྒྱ་ནག་གི་ཡུལ་དུ་བསྐྱོད། ལམ་བར་དུ་ལ་བརྒྱབ་ཀླུང་བརྒྱབ་ཀྱི་དཀའ་ཐུབ་དཔག་མེད་སྤྱད་པའི་མཐར་རྒྱ་ནག་ཟིམ་ཤིང་བཀྲ་ཤིས་ཁྲི་སྒོ་(ཧྲའན་ཤིས་ཁྲང་ཨན་)ཞེས་པ་མི་ཁྲིམ་འབུམ་ཚོ་ཙམ་གྱིས་བསྐོར་བའི་ཐང་གོང་མ་ཐའི་ཙུང་བཞུགས་པའི་ཕོ་བྲང་དུ་འབྱོར།

སྐབས་དེ་དུས་རྒྱ་གར་དང་། སྟག་གཟིག །ཁྲོམ་གེ་སར། ཧྥ་ཏ་ཧོར་ལ་སོགས་པའི་བློན་པོ་དག་ཀྱང་ཀོང་ཇོ་སློང་བ་ལ་འཛོམས་ནས་ཡོད། སྐབས་དེར་རྒྱལ་པོ་ཅི་བྱ་གཏོལ་མེད་ལྟ་བུར་གཉེན་སློང་བའི་བློན་པོ་རྣམས་བསྡུས་ནས་ཁྱིད་གཉེ་བོ་རྣམས་ལ་ཉེ་རིང་མེད་པར་རིག་པ་སུ་ཆེ་བ་ལ་ལྷ་གཅིག་སྟེར་རྒྱུ་ཡིན་པས། རིག་པ་འགྲན

པར་གྱིས་ཤིག་གསུངས། དེ་ལྟར་འགྲན་བྱེད་ཀྱི་ནང་དོན་དང་པོ་སྟེ། གོང་མའི་བླ་གཡུ་སྔོར་མོ་ཕུབ་ཙམ་པ་བུ་ག་སྔོར་འཁྱིལ་དུ་ཡོད་པ་ལ་དར་སྐུད་སྲུས་ཚུད་བསྒྱུར་བ་དང་། གཉིས་པ། ཤིང་རྟུམ་བུ་བརྒྱའི་རྩ་རྩེ་མ་ནོར་བ་སྲུས་འབྱེད་ཤེས་པ། གསུམ་པ། རྟ་བརྒྱ་དང་རྟེའུ་བརྒྱའི་མ་བུ་སྲུས་ངོ་འཕྲོད་པ་བྱེད་ཤེས་པ་སོགས་རིག་སྟོབས་འགྲན་འགོ་ཚུགས་པས། བོད་ཀྱི་བློན་པོ་མགར་ཚབས་སྣང་མེད་པར་རིག་པ་བརྟན་པོས་རེ་རེ་བཞིན་ལེགས་པར་བསྒྲུབས། དོན་དང་པོ་གཡུ་སྔོར་མོའི་བུ་ག་ལ་དར་སྐུད་ཚུད་བསྒྱུར་བྱེད་པ་དེ་ལ། མགར་རིག་པ་ཅན་དེས་གྲོག་མའི་སྐེད་པ་ལ་དར་སྐུད་དམར་པོ་བཏགས་ཏེ་གྲོག་མ་དེ་གཡུ་མིག་ཏུ་བཙུད་དེ། ཕུ་བཏབ་པས་རླུང་གིས་དེད་ནས་མཐའི་བུ་ག་ནས་ཐོན་པ་བྱུང་། གཉིས་པ་ཤིང་རྟུམ་བུ་བརྒྱའི་རྩ་རྩེ་མ་ནོར་བ་ལ་མགར་གྱིས་ཤིང་དེ་རྣམས་ཆུ་འགྲམ་དུ་འཁྱེར་ནས་ཆུ་ལ་བསྐྱུར་བས། རྩ་བ་ལྕིད་བས་ཐུར་དུ་སོང་། རྩེ་མོ་ཡང་བས་གྱེན་དུ་ལུས་སོང་བའི་རྩ་རྩེ་མ་ནོར་བ་ཤེས། གསུམ་པ་རྒོད་མ་བརྒྱ་དང་རྟེའུ་བརྒྱ་མ་བུ་མ་ནོར་བ་ངོ་འཕྲོད་པ་ནི་མགར་གྱིས་རྒོད་མ་མ་བུ་རྣམས་ཕྱོགས་གཅིག་ཏུ་བཟུང་ནས་ཞག་གཅིག་ཏུ་རྩ་བྱིན་ཆུ་མ་བྱིན་ནོ། །དེའི་སང་ཉིན་རྟེའུ་རྣམས་ཀྱི་ཁྲིད་དུ་བཏང་བས། རང་རང་གི་མ་གང་འདུག་རྩ་ནས་འོ་མ་འཐུངས་སོང་བས་མ་བུ་ངོ་ཤེས། དེ་ལྟར་རྒྱལ་ཁབ་གཞན་གྱི་བློན་པོས་མ་བསྒྲུབས་པར་རྣམ་གྲངས་མཐའ་དག་མགར་གྱིས་ཐབས་འཕྲུལ་མཁས་མཛངས་ལྡན་པས་རེ་རེ་བཞིན་ལེགས་པར་བསྒྲུབས་ཏེ་འགྲན་ཡ་ཀུན་ལས་རྣམ་པར་རྒྱལ་པས་བོད་ཀྱི་བློན་པོ་རིག་པ་ཅན་ཞེས་བྱ་བའི་སྙན་པ་ཡང་ཐོབ་པར་གྲགས།

འོན་ཀྱང་ཐང་རྒྱལ་པོས་ད་དུང་ལྷ་གཅིག་བོད་ཀྱི་རྒྱལ་པོའི་ཁབ་ཏུ་སྐྱེར་མི་འདོད་པར། ཡང་རིག་པ་འགྲན་པའི་ནང་དོན་གསར་པ་ཞིག་བསྟན་ནས། ཆས་གོས་གཅིག་ཏུ་མཚུངས་པ་དང་། ངོ་རིགས་གཅིག་མཚུངས། ལོ་ཚད་དང་གཟུགས་སྟོབས་ཆེ་ཆུང་ཚང་མ་གཅིག་མཚུངས་ཡིན་པའི་བུ་མོ་སུམ་བརྒྱ་གྲལ་དུ་བསྒྲིགས་ཡོད་པ། དེའི་ཁྲིད་ནས་ལྷ་གཅིག་ཀོང་ཇོ་སུ་ཞིག་གིས་ངོས་ཟིན་པ་དེ་ལ་སྐྱེར་རོ་གསུངས་པས། རིག་པ

དེ་ལ་སྨོན་པོ་མགར་རེ་ཞིག་ཅི་བྱ་གཏོལ་མེད་དུ་སོང་སྟེ་བློ་རིག་གང་འདྲ་དཔྱད་ཀྱང་སྐྱུ་ངལ་ཆེ་བ་ཡིན་ཡང་། ཉིན་མཚན་གཏོལ་མེད་དུ་རྣོ་སེམས་ཡོད་རྒྱུ་བཏང་བའི་མཐར། ལྷ་གཅིག་ཀོང་ཇོ་དང་འགྲོགས་ཡུན་རིང་བའི་མ་མ་རྒད་མོ་ཞིག་གསེར་གྱིས་བསླུས་ཏེ། ལྷ་གཅིག་གི་བྱད་བཞིན་སྐེག་ཆོས་སོགས་ཀྱི་ཁྱད་པར་གང་དང་གང་ཡོད་པ་མ་མས་བསྟན་པ་རྣམས་བློ་ལ་ངེས་པ་བྱས་ཏེ། བུ་མོ་སུམ་བརྒྱའི་ཁྲོད་ནས་ལྷ་གཅིག་ཀོང་ཇོ་འཁྲུལ་བ་མེད་པར་ངོས་བཟུང་ཐུབ་པ་བྱུང་། དེ་ནས་ཐང་ཆེན་པོའི་གོང་མ་ཐའི་ཙུང་གིས་མཐར་སྲས་མོ་ལྷ་གཅིག་ཀོང་ཇོ་བོད་རྒྱལ་སྲོང་བཙན་སྒམ་པོའི་བཙུན་མོར་སྟེར་རྒྱུའི་ཞལ་བཞེས་གནང་།

སྨོན་ཆེན་མགར་སྟོང་བཙན་ཡུལ་སྲུང་གིས་ཐང་རྒྱལ་པོའི་མདུན་དུ་རིག་པ་འགྲན་བསྡུར་བྱས་ཏེ། ལྷ་གཅིག་ཀོང་ཇོ་བོད་ཀྱི་རྒྱལ་པོའི་བཙུན་མོར་ཇི་ལྟར་གདན་དྲངས་པའི་སྐོར། བོད་ཀྱི་དམངས་ཁྲོད་ནང་གནའ་བོ་ནས་དར་ཁྱབ་ཆེ་བར་མ་ཟད། བོད་ཀྱི་ལོ་རྒྱུས་ཡིག་ཚག་ནང་སྔ་ས་ནས་བཀོད་ཟིན་པ་དང་ད་དུང་ལྷ་མོའི་སྒྱུ་རྩལ་འཁྲབ་གཞུང་བཟོས་ཏེ《རྒྱ་བཟའ་དང་བལ་བཟའི་རྣམ་ཐར་》ཞེས་པའི་ལྷ་མོ་འཁྲབ་ཀྱི་ཡོད། ང་རང་ཆུང་ཆུང་སྐབས་ཨ་མ་ལགས་ཀྱིས་སྒྲུང་གཏམ་གསུངས་ནས་སྒྲུང་གི་ནང་དོན་འཁྲུག་པོ་དང་རྙོག་འཛིང་ཆེ་བ་ཡོད་ཙང་ཏ་ཅང་སྙན་པོ་ཡོད། སྐབས་དེ་དུས་ངས་བོད་ཀྱི་སྨོན་ཆེན་མགར་སྟོང་བཙན་སྒྲུང་གྲུང་དོད་པོ་དང་བབ་བཏྲིང་ལྡན་པ་དག་ལ་ཧང་སང་བར་མ་ཟད། ཤར་ཕྱོགས་ཐང་རྒྱལ་རབས་ཀྱི་གོང་མ་དང་ལྷ་གཅིག་ཀོང་ཇོ་སོགས་ལ་བག་ཆགས་ཟབ་མོ་ཡོད། དེ་བཞིན་ཨོད་ཚུལ་ལ་མགར་སྟོང་བཙན་ཡུལ་སྲུང་རྒྱལ་ས་ཁྲང་ཨན་དུ་འབྱོར་རྗེས། རིག་པའི་འགྲན་བསྡུར་ནང་བློ་གྲོས་གཞན་ལས་རྣམ་པར་རྒྱལ་ཏེ། རིག་འགྲན་རེ་རེ་བཞིན་བདེ་བླག་ངང་ལེགས་འགྲུབ་བྱུང་བར་བརྟེན། གོང་མ་ཐའི་ཙུང་གིས་མཇལ་འཕྲད་གནང་བ་དང་། མཇལ་འཕྲད་སྐབས་ཞི་ས་གྲུས་ཞབས་ཡོད་པར་མ་ཟད་བཀའ་འདྲི་གནང་བའི་དོན་གནད་ཁག་ལ་གོ་རིམ་ལྡན་ཞིང་རྒྱུ་མཚན་ཡོད་པའི་བཀའ་ལན་ཞུས་བར། གོང་

མ་ཐུགས་ཤིན་ཏུ་མཉེས་པོ་བྱུང་། དེ་ལ་བརྟེན་ནས་གོང་མས་མགར་སྟོང་བཙན་རྒྱལ་པོའི་དམག་དཔུང་གི་གཡས་རུའི་སྲུང་དམག་གི་དམག་སྤྱི་ཆེན་མོར་བསྐོ་གཞག་གནང་བ་དང་། རྒྱལ་པོའི་སྲས་མོ་ལང་ཡ་ཀོང་ཇོའི་ཚ་མོ་ཧོ་ཧྲེ་བྱེ་བ་མགར་གྱི་བག་མར་སྦྱེར་རྩིས་ལ། མགར་སྟོང་བཙན་ཡུལ་སྲུང་གིས་རང་བོད་ལ་བཟའ་ཚོ་ཁྱིམ་ཚང་ཡོད་བཞིན་དུ་དེ་འདྲ་བྱས་ན་མི་འོས་པ་དང་། དེ་ལས་གནད་གལ་ཆེ་བ་ཞིག་སྟེ། ལྷ་གཅིག་ཀོང་ཇོ་བཙན་པོའི་བག་མར་གདན་འདྲེན་ཞུ་བའི་དོན་ཆེན་ད་དུང་སྒྲུབ་མ་ཐུབ་པས་ངས་སྔོན་ལ་དེ་ལྟར་བྱས་ན་ཤིན་ཏུ་མི་འོས་ཞེས་གོང་མ་ལ་ནན་གྱིས་ཞུས་པས། གོང་མ་དེ་བས་མགར་ལ་ཤིན་ཏུ་མཉེས་པ་གྱུར། མགར་སྟོང་བཙན་ཡུལ་སྲུང་ནི་མིང་གྲགས་ཁེ་ཕན་ལ་མ་ལྟོས་པར་བློ་གཅིག་སེམས་གཅིག་ངང་རང་གི་བཙན་པོ་ལ་ལྷག་བསམ་རྣམ་དག་བྱེད་པ་དང་། ཕ་ཡུལ་དུ་ཡོད་པའི་རང་གི་བཟའ་ཟླ་ལ་བཙང་པའི་བློ་སེམས་དཀར་པོའི་ཡ་རབས་ཀྱི་གཤིས་རྒྱུད་བཟང་པོ་དང་། དེ་བཞིན་བློ་གྲོས་དང་འཛོན་ཐང་སོགས་ཀྱིས་ཐང་རྒྱལ་པོས་བསྟོད་པའི་རིག་འགྲན་སྣ་ཚོགས་ལས་རྣམ་པར་རྒྱལ་བའི་མཛད་རྗེས་རྣམས། ཞར་ནས་ད་བར་དམངས་ཁྲོད་ནང་དུ་གཏམ་བཟང་རྒྱུན་སྤེལ་བྱེད་དང་བྱེད་མུས་པར་མ་ཟད། ད་དུང་དུས་ནམ་ཡང་རྒྱུན་འཕེལ་དུ་འགྲོ་ངེས་རེད།

ལྕགས་གླང་ལོར་（སྤྱི་ལོ་༨༥༧ལོའི་）ལིའུ་ཕུའུ་ཧྲང་ཧྲུའུ་སྡེ་ཚན་ཁོངས་ཀྱི་ཧང་ཞ་ཙུན་ཕང་གི་གོ་གནས་ཡོད་པའི་ལི་ཧྲོའོ་ཙུང་ལ་གཉེན་གྱི་འགོ་འཛིན་གཙོ་བོའི་སྡེ་འཁྲིད་བཀོད་འདོམས་བྱས་པའི་འོག ཐང་རྒྱལ་པོའི་བློན་ཆེན་དང་བོད་ཀྱི་བློན་ཆེན་མགར་སྟོང་བཙན་ཡུལ་སྲུང་སོགས་བག་མ་ཕེབས་བསུའི་དཔུང་ཁག་རྣམས། ལྷ་གཅིག་ཀོང་ཇོ་དང་ལྷན་དུ་ཐང་རྒྱལ་ཁབ་ནས་ཞལ་གྲོས་ཏེ་བོད་ཀྱི་ཕྱོགས་ལ་ཕེབས། མ་ཕེབས་གོང་དུ་ལྷ་གཅིག་ཀོང་ཇོའི་རེ་བ་ལྟར་ཡབ་རྒྱལ་པོས་ཆོས་ཀྱི་རྟེན་སྐལ་དུ་ཇོ་བོ་ཤཱཀྱ་མུ་ནེ་སྐུ་ཚད་དགུང་ལོ་བཅུ་གཉིས་ཀྱི་ཚད་དང་། གཙུག་ལག་སྐོར་ཐང་གི་རྩིས་དང་། སྨན་དཔྱད། བཟོ་ཡི་རིག་བྱེད་སྣ་ཚོགས་ལ་སོགས་པའི་གཞུང་ལུགས་མང་པོ་བསྣམས་ཡོད་པ་དང་། ཤོག་བུ་བཟོ་ཐབས་དང་། རྫ་བཟོ། བཏུང་བ་རྩི་བཅུད་ཀྱི་སྦྱོར་

ཐབས་ལ་སོགས་པའི་ལག་རྩལ་མཁས་པ་མང་པོ་ཡང་མཉམ་འཁྲིད་གནང་ཡོད། བོད་ཀྱི་ལོ་རྒྱུས་ཆོས་འབྱུང་ཁག་ཅིག་ནང་། ལྷ་གཅིག་ཀོང་ཇོ་ཕེབས་སྐྱེལ་དང་བཅས་པའི་དཔུང་ཁག་རྣམས། བོད་ཕྱོགས་ཀྱི་ཕེབས་ལམ་དུ་ལ་ལུང་མང་པོ་དང་། ཆུ་ཀླུང་མང་པོ། ནགས་ཚལ་སྟུག་པོ་དང་གྲོག་རོང་ཆེན་པོ་བརྒྱུད་ནས་དཀའ་ངལ་ཁྲི་སྟོང་མང་པོ་སྤྱད་དེ་གཞི་ནས་སྤུར་རྒྱལ་གྱི་ལྟེ་གནས་ར་སར་འབྱོར། སྐབས་དེར་སྤུར་རྒྱལ་ས་ཕྱོགས་ཁག་ནས་ཕོ་མོ་རྒན་གཞོན་ཚང་མས་གཟབ་མཆོར་སྤྲས་དེ་ར་སར་འཛོམས་པ་དང་། དགའ་དད་སྤྲོ་གསུམ་གྱིས་ཇོ་བོ་ཤཱཀྱ་མུ་ནེའི་སྐུ་བརྙན་དང་ལྷ་གཅིག་ཀོང་ཇོ་ལ་ཕེབས་བསུ་གཟབ་རྒྱས་ཞུས། ལྷ་གཅིག་ཀོང་ཇོ་ཟ་འོག་དར་གོས་ཀྱི་ན་བཟའ་བསྣུབས་ཤིང་། རིན་པོ་ཆེའི་རྒྱན་མང་པོས་རྣམ་པར་བརྒྱན། མཛེས་པའི་བུ་མོ་ཉི་ཤུ་རྩ་ལྔས་པི་ཝང་དང་རོལ་མོ་དཀྲོལ། བོད་ཀྱི་བློན་ཆེན་རྣམས་ཀྱིས་སྔོན་བསུས། གོང་མ་ཐའི་ཙུང་གིས་མངགས་པའི་གཉེན་ཉེ་སྐྱེལ་བའི་འགོ་འཛིན་པ་ཙུན་ཤང་གི་གོ་གནས་ཡོད་པའི་ལི་ཏའོ་ཙུང་དང་བཅས་དམར་པོ་རིའི་ཕོ་བྲང་གི་བཀྲ་ཤིས་མཛད་སྒོའི་མདུན་སར་ཕེབས་ནས། བཙན་པོ་སྲོང་བཙན་སྒམ་པོ་དང་ལྷ་གཅིག་ཀོང་ཇོ་གཉིས་ཞལ་འཛོམས་དགྱེས་རྒྱུར་དཔལ་ལ་རོལ་བ་དང་། ལྷ་གཅིག་ཀོང་ཇོ་དེ་ཉིད་བོད་ཀྱི་བཙན་པོའི་བཙུན་མོ་དམ་པའི་ཁྲི་ལ་དབང་བསྒྱུར་བར་གྱུར་རོ། །

ལྷ་གཅིག་ཀོང་ཇོས་དཀའ་ངལ་ཁྲི་སྟོང་མང་པོ་བརྒྱབ་སྟེ་ཇོ་བོ་ཤཱཀྱ་མུ་ནེ་སྐུ་ཚད་དགུང་ལོ་བཅུ་གཉིས་ལ་ཕེབས་པའི་སྣང་བརྙན་དེ་གངས་ཅན་མཐོ་སྒང་དུ་གདན་འདྲེན་ཞུ་ཐུབ་པ་ལ། ར་མོ་ཆེའི་ཐང་ལ་ཕེབས་པའི་ཚེ་དེ་གར་ཤིང་རྟ་བྱེ་མའི་འདམ་དུ་བྱིངས་ནས་གྱད་ལྷ་དགའ་དང་ཀླུ་དགས་ཀྱང་མ་འདྲོངས་པ་ལ་ལྷ་གཅིག་ཀོང་ཇོས་ས་དཔྱད་བརྟག་ཆེད་གཙུག་ལག་སྤྱོར་ཐང་གི་རྩིས་མཛད་དེ། ར་མོ་ཆེ་ན་ཀླུའི་ཕོ་བྲང་མཆིས་པ་གཟིགས་ནས་ཀོང་ཇོས་ས་གནས་དེ་ཉིད་ཇོ་བོ་རང་གིས་འདམ་ཁ་གནང་བའི་ཞུགས་གནས་ཡིན་པས། དེ་ཉིད་དུ་ཕྱོགས་བཞིར་ཀ་བ་བཙུགས་ནས་དར་དཀར་གྱི་ཡོལ་བས་མཐའ་བསྐོར་ཏེ་མཆོད་པའི་ལེགས་ཚོགས་སྣ་ན་མེད་པ་བཤམས་པ་དང་

བཀྲ་ཤིས་པའི་སྨོན་ལམ་བསམ་གྱི་མི་ཁྱབ་པ་མཛད།

དེའི་རྗེས་སྲོང་བཙན་སྒམ་པོས་ལྷ་གཅིག་གོང་ཇོ་ལ་དེ་རང་དུ་ར་མོ་ཆེ་གཙུག་ལག་ཁང་ཞིག་བཞེངས་དགོས་པའི་བཀའ་ཕབ། བལ་བཟའ་ཁྲི་བཙུན་གྱིས་བཞེངས་པའི་ར་ས་འཕྲུལ་སྣང་གི་གཙུག་ལག་ཁང་གི་ལས་ཀྲྭ་ལེགས་པར་བསྒྲུབས་ཟིན་པ་དང་། ཆབས་ཅིག་ར་མོ་ཆེ་གཙུག་ལག་ཁང་ཡང་ལེགས་བསྒྲུབས་ཟིན་ཏེ། གཙུག་ལག་ཁང་གཉིས་ལེགས་པར་བསྒྲུན་ཟིན་པ་དེ་ནི་སྲོང་བཙན་སྒམ་པོའི་མཁས་མཛངས་ཀྱི་ཐབས་ཇུས་ལྡན་པ་དང་། བལ་བཟའ་རྒྱ་བཟའ་གཉིས་ཀྱིས་ཐད་ཀར་འཆར་འགོད་དང་རྟོག་ཞིབ་གཙབ་མོ་མཛད་པའི་རླབས་ཆེན་གྱི་ལས་ཀྲྭ་ཞིག་ཡིན་པར་མ་ཟད། བལ་པོའི་ལག་ཤེས་བཟོ་པ་དང་རྒྱ་ནག་གི་ལག་ཤེས་བཟོ་པ་མཁས་ཅན་ཚོས་ཞིབ་ཚགས་ཀྱི་ཇུས་འགོད་དང་རང་རང་གི་བཟོ་ལས་སྒྱུ་རྩལ་ཡོད་རྒུ་བཏོན་ནས་བསྒྲུབས་པའི་ཕུལ་བྱུང་གི་ལས་ཀྲྭ་ཞིག་རེད་ལ། སྤུར་རྒྱལ་མི་དམངས་ཀྱིས་འཛུགས་སྐྲུན་ནང་ཧུར་བརྩོན་གྱིས་བཞུགས་ནས་ནུས་ཤུགས་ཡོད་ཚད་ལེགས་སྐྱེས་ཕུལ་བའི་འབྲས་བུ་ཞིག་དང་། མི་རིགས་མཐུན་སྒྲིལ་ཆེན་པོའི་བློ་རིག་སྒྲིལ་བའི་ཉིང་ཁུ་ཞིག་ཀྱང་རེད། དུས་དེ་ནས་བཟུང་། སྐྱེ་བོ་ཐམས་ཅད་དཀོན་མཆོག་གསུམ་ལ་གུས་པས་ཉེ་བར་བསྟེན་ཞིང་། ཕྱོགས་བཞི་མཚམས་བརྒྱད་ནས་ར་སར་ཕེབས་ཏེ། ར་ས་འཕྲུལ་སྣང་གི་གཙུག་ལག་ཁང་དང་ར་མོ་ཆེ་གཙུག་ལག་ཁང་གི་ཇོ་བོ་རྣམ་གཉིས་ལ་ཕྱག་འཚལ་བསྐོར་སྐྱོར་དང་དད་སེམས་ཀྱི་སྨོན་ལམ་ཞུ་དང་ཞུ་མུས་སུ་གནས།

བོད་ཀྱི་ལོ་རྒྱུས་ཆོས་འབྱུང་འགའ་ཞིག་ནང་ལྟར་ན། སྲོང་བཙན་སྒམ་པོ་སྐུ་གཤེགས་རྗེས་ཐང་རྒྱལ་རབས་ཀྱི་དམག་དཔུང་ཆེན་པོ་བོད་དུ་ཡོང་ཉེན་གྱི་དངངས་སྐྲག་ལངས་ཏེ། ལྷ་གཅིག་གོང་ཇོའི་རྟེན་སྐལ་ཇོ་བོ་ཤཱཀྱ་མུ་ནེའི་སྐུ་བརྙན་དེ་སླར་རྒྱ་ཡུལ་དུ་འཁྱེར་གྱི་དོགས་པས་ར་མོ་ཆེ་ནས་ར་ས་གཙུག་ལག་ཁང་དུ་གདན་དྲངས་ཤིང་། གཙང་ཁང་ལྷོ་ངོས་ཀྱི་ལྷ་ཁང་ལྷོ་སྒོ་སེ་ལོང་ཅན་ནང་བཞུགས་སུ་གསོལ་ཏེ་སྒོ་ལ་འདག་ཞལ་བཏང་སྟེ་བཀག་ཞལ་བའི་སྟེང་འཇམ་དཔལ་དབྱངས་ཀྱི་སྐུ་བརྙན་ཞིག

བྲིས་ཏེ་སྦས་པ་དང་། དེ་ཡང་ཆོས་ལུགས་པའི་ཤོད་སྒྲོལ་ལྟར་ན། རྒྱའི་གོང་མ་རྣམས་འཇམ་དཔལ་དབྱངས་ཀྱི་རྣམ་སྤྲུལ་ཡིན་པར་གྲགས་པས། རྒྱ་དམག་ལྷག་ཙང་གྱིས་འཇམ་དཔལ་དབྱངས་ཀྱི་སྐུ་བརྙན་བཤིག་མི་ཕོད་པའི་ཕྱིར་ཟེར་བ་དང་། གཞན་ཡང་ཇོ་བོ་སྦས་པའི་ལྷ་ཁང་ལ་ངེས་རྟགས་བརྒྱབ་པའི་ཚུལ་ཞིག་ཡང་ཡིན་འདུག །དེའི་སྐབས་བལ་བཟའ་ཁྲི་བཙུན་གྱི་རྟེན་སྐལ་དུ་བསྣམས་ཕེབས་པའི་ཇོ་བོ་མི་སྐྱོད་རྡོ་རྗེ་དེ་ཡང་ར་མོ་ཆེ་གཙུག་ལག་ཁང་དུ་བཞུགས་གནས་སྤོས་པ་སོགས་ལྷ་སའི་ཇོ་བོ་རྣམ་གཉིས་ཀྱི་ཞུགས་ས་དུས་དེ་ཙམ་དུ་ཕན་ཚུན་བརྗེས་ཡོག་ཐེགས་ནས་ད་ལྟའི་བར་དུ་དེ་ལྟར་གནས། རྗེས་སུ་རྒྱ་དམག་བོད་དུ་ལྷག་མེད་ཙང་ལྷ་གཅིག་གོང་ཇོའི་རྟེན་སྐལ་ཇོ་བོ་ཤཱཀྱ་མུ་ནི་ལྷོ་སྒོ་མེ་ལོང་ཅན་ལྷ་ཁང་ནང་གསང་ཐབས་སུ་ལོ་ངོ་དྲུག་ཅུ་ལྷག་བཞུགས་དགོས་བྱུང་། གོང་གསལ་གྱི་གནས་ཚུལ་རྣམས་བཙན་པོ་མང་སྲོང་མང་བཙན་ (སྲོང་བཙན་སྒམ་པོའི་ཚ་བོ་) གྱི་སྐུ་དུས་སུ་བྱུང་བ་ལགས།

སྤྱི་ལོ་༧༡༠ལོར། བཙན་པོ་ཁྲི་ལྡེ་གཙུག་བརྟན་མེས་ཨག་ཚོམ་གྱིས་རྒྱ་བཟའ་གྱིམ་ཤིང་ཀོང་ཇོ་ཁབ་ཏུ་བཞེས་རྗེས། གྱིམ་ཤིང་ཀོང་ཇོས་ངའི་ཨ་ནེ་ལྷ་གཅིག་ཀོང་ཇོས་བཞེངས་པའི་ལྷ་ཁང་དང་ཇོ་བོ་ཤཱཀྱ་མུ་ནི་མཇལ་དགོས་ཟེར་ནས། ར་མོ་ཆེ་གཙུག་ལག་ཁང་དུ་ཕེབས་ཚེ་ཨ་ནེས་བསྣམས་ཕེབས་པའི་ཇོ་བོ་ཤཱཀྱ་མུ་ནི་ར་མོ་ཆེར་ཞུགས་མེད་པ་མཁྱེན་ཏེ། ར་ས་འཕྲུལ་སྣང་གི་གཙུག་ལག་ཁང་དུ་ཕེབས་རྗེས། ལྷོ་སྒོ་མེ་ལོང་ཅན་ལྷ་ཁང་གི་ལྷོའི་ཀྱང་ངོས་འབུར་འཐོན་ཡོད་པ་གཟིགས་ནས་ཕྱག་གིས་རྡུང་ཙམ་གནང་བ་ལ་ཀྱང་ངོས་ཀྱི་བརྩེགས་པའི་སེར་ཀ་གས་ཏེ། འཕྲུལ་དུ་འདག་ཞལ་ཚང་མ་བཤུས་ནས་ལྷ་ཁང་གི་སྒོ་ཕྱེ་སྟེ་བལྟ་དུས་ཇོ་བོ་ཤཱཀྱ་མུ་ནི་བཞུགས་ཡོད་པ་དང་། ཨ་ནེས་བསྣམས་ཕེབས་པའི་ཇོ་བོ་དེ་ཡིན་པ་ངོ་ཤེས་ཏེ། མྱུར་དུ་དེ་ནས་བཏོན་ཏེ་གཙུག་ལག་ཁང་གི་གཙང་ཁང་དབུས་མར་བཞུགས་སུ་གསོལ། དེ་ནས་བཟུང་གྱིམ་ཤིང་ཀོང་ཇོས་ར་ས་འཕྲུལ་སྣང་གི་གཙུག་ལག་ཁང་དུ་ཇོ་བོ་ཞལ་མཇལ་གྱི་མཆོད་པ་ཡུལ་རིང་དུ་བཙུགས་པ་མཛད་དོ། །དེའི་རྗེས་ཇོ་བོ་རྣམ་གཉིས་བཞུགས་སའི་ར་ས་འཕྲུལ་སྣང་

གི་གཙུག་ལག་ཁང་དང་ར་མོ་ཆེ་གཙུག་ལག་ཁང་གཉིས་ལ་ཕྱག་འཚལ་སྐོར་རྒྱག་དང་། ཇོ་བོའི་ཞལ་མཇལ་མར་མེའི་མཆོད་པ་སོགས་འབུལ་མཁན་ཇི་ནས་ཇི་མང་དུ་སོང་ནས། གཙུག་ལག་ཁང་གི་མཐའ་འཁོར་དུ་གྲོང་མི་གཞི་ཆགས་ཀྱི་ཁྱིམ་ཚང་དང་གནས་ཚང་ངམ་མགྲོན་ཁང་ལ་སོགས་པ་མང་པོ་འཛུགས་སྐྲུན་བྱས་ཏེ་མི་ཚོགས་རིམ་བཞིན་འཕེལ་རྒྱས་སུ་ཕྱིན། ཇོ་བོ་ཤཱཀྱ་མུ་ནི་བཞུགས་སུ་གསོལ་བའི་ར་ས་འཕྲུལ་སྣང་གི་གཙུག་ལག་ཁང་ལྟེ་བར་འགྱུར་པའི་གྲོང་ཚོ་ཙུང་གཞི་རྒྱ་ཆེ་བ་ཞིག་ཆགས་ཡོད་སྐབས་གྲོང་གི་མིང་ལ་ཡང་ར་ས་ཞེས་འབོད་སྲོལ་བྱུང་། རྗེས་སུ་ར་སའི་ཁོར་ཡུག་ཏུ་ལྷ་ཁང་དང་དགོན་པ་དེ་བཞིན་མཆོས་རྟེན་ལ་སོགས་པ་མང་པོ་གསར་བཞེངས་བྱས་སྐབས། སྤུར་རྒྱལ་མི་དམངས་ཀྱི་སེམས་ནང་སྔ་ས་ནས་གྲོང་དེ་ལྷ་བཞུགས་སའི་གནས་ལྟ་བུ་ཡིན་པར་གོམས་ཏེ། གྲོང་མིང་ཡང་སྔར་ར་ས་ཞེས་འབོད་པ་ལས་རིམ་བཞིན་ལྷ་ས་ཞེས་པའི་མིང་དུ་འགྱུར།

འོ་ན་ལྷ་ས་ཞེས་འབོད་ཚུལ་བྱུང་བ་དེ་དུས་གང་ཞིག་ནས་དབུ་ཚུགས་པ་དང་། ཡང་ན་ལོ་རྒྱུས་ཀྱི་ཡིག་ཆ་གང་དང་དུས་ནམ་ཞིག་ལ་གསལ་ཡོད་ཅེས་ན། འགའ་ཞིག་གིས་གསུང་ན་ཆོས་རྒྱལ་ཁྲི་ལྡེ་སྲོང་བཙན་གྱི་སྐུ་དུས་སུ་ལྷ་ས་སྐྱིད་ཆུའི་ལྷོ་ངོས་ར་མ་སྒང་གི་ས་ཆར་(ད་ལྟ་སྙེའུ་གྲོང་ཚོ་གསར་སྤེལ་ཁུལ་)སྤྱི་ལོ་༨༠༨ལོར་ཁྲི་ལྡེ་སྲོང་བཙན་གྱིས་རྒྱལ་སྡེ་དཀར་ཆུང་རྡོ་རྗེ་དབྱིངས་ལྷ་ཁང་བཞེངས་པ་དང་དེའི་ཤར་ངོས་སུ་དཀར་ཆུང་རྡོ་རིང་ཞིག་བཙུག་ཡོད་པས། ཤོད་ཚུལ་ལ་ཁྲི་ལྡེ་སྲོང་བཙན་གྱིས་བོན་ཆོས་སྟོབས་ཤུགས་སྐྱུར་ལོག་མི་ཡོང་བ་འགོག་རྐྱོལ་བྱེད་རྒྱུར་ལྷ་ཁང་དང་རྡོ་རིང་བཙུགས་ཏེ་རྒྱལ་བློན་ཚང་མས་ཞལ་བཞེས་མནའ་སྐྱེལ་བྱས་ཏེ་ཁྲི་ལྡེ་སྲོང་བཙན་རིང་ལ་སྐུ་གསུང་ཐུགས་ཀྱི་རྟེན་བཞེངས་པ་དང་། ནང་པ་སངས་རྒྱས་ཀྱི་ཆོས་མཛད་པ། དུས་ནམ་ཡང་བར་མི་ཆད་པ་དང་འཐོར་ཞིག་ཏུ་མི་འགྲོ་བར། རིམ་རྒྱུད་ཀྱིས་ཁས་ལེན་དམ་བཅའ་ཞུ་དགོས་ཞེས་པའི་ཡི་གེ་རྡོ་རིང་ལ་བརྐོས་ནས་བཞག་ཡོད་ཅེས་དང་། རྡོ་རིང་གི་ཡི་གེའི་ནང་དོན་ལ"མེས་པོ་སྲོང་བཙན་སྒམ་པོའི་རིང་ལ། ནང་པ་སངས་རྒྱས་ཀྱི་ཆོས་མཛད་

ཅིང་། ལྷ་སའི་གཙུག་ལག་ཁང་ལ་སོགས་པ་བརྩེགས།” རྡོ་རིང་གི་ཡི་གེའི་ནང་སྲོང་བཙན་སྒམ་པོ་དང་། འདུས་སྲོང་བཙན་པོ། ཁྲི་ལྡེ་གཙུག་བཙན། ཁྲི་སྲོང་ལྡེ་བཙན་སོགས་བཙན་པོ་རིམ་བྱོན་གྱིས་གཙུག་ལག་ཁང་དང་སྐུ་གསུང་ཐུགས་རྟེན་བཞེངས་པ་སོགས་ཀྱི་མཛད་རྗེས་རྣམས་ཞིབ་གསལ་གྱིས་བཀོད་ཡོད་པ་རེད།

བོད་ཀྱི་དེང་རབས་ལོ་རྒྱུས་ཞིབ་འཇུག་པ་མཁས་ཅན་དང་བསམ་བློ་བ་སྐུ་ཞབས་དགེ་འདུན་ཆོས་འཕེལ་གྱིས་ཕྱི་ལོ་༡༩༤༦ལོར་བརྩམས་པའི་《དེབ་ཐེར་དཀར་པོ་》ནང་དུ། ཆེད་མངགས་སྤུར་རྒྱལ་བཙན་པོའི་དུས་རབས་སྐབས་བཞེངས་པའི་རྡོ་རིང་གི་ཡི་གེ་དང་དྲིལ་བུའི་ཁ་བྱང་སོགས་ལ་ཞིབ་འཇུག་མཛད་སྐབས། ཆོར་སྣང་ཟབ་མོས“རྒྱལ་སྡེ་དཀར་ཆུང་ལྷ་ཁང་གི་རྡོ་རིང་ལ་གཞི་བཞག་སྟེ། བོད་ཀྱི་སྔ་སོང་རྒྱལ་རབས་ལོ་རྒྱུས་ནང་ནོར་འཁྲུལ་བྱུང་བ་འགའ་ཞིག་བཟོ་བཅོས་རྒྱབ་ཆོག་པ་འདུག”ཅེས་དང་། དེའི་ཐོག་ནས་རྒྱལ་སྡེ་དཀར་ཆུང་ལྷ་ཁང་གི་རྡོ་རིང་ཡི་གེ་ལས་དགེ་འདུན་ཆོས་འཕེལ་ལགས་ཀྱིས《དེབ་ཐེར་དཀར་པོ་》རྩོམ་འབྲི་གནང་རྒྱུར་གཞི་འཛིན་སའི་རྒྱུ་ཆ་གལ་ཆེན་ཞིག་མགོ་འདོན་བྱུང་ཡོད་པ་ཤེས་གསལ་རེད། ཕྱི་ལོ་༢༠༡༣ལོར་ང་དང་ངའི་བཟའ་ཟླ་དང་ནང་མི་ཚང་མ་ལྷ་ས་སྐྱིད་ཆུའི་ལྷོ་ངོས་སྙེའུ་གྲོང་ཚོ་གསར་གཏོད་ཀྱི་འཛུགས་སྐྲུན་ལས་གྲྭར་ལྟ་སྐོར་དུ་སྐྱོད་སྐབས། ཞོར་དུ་སྟབས་ལེགས་དང་བསྟུན་ནས་རྒྱལ་སྡེ་དཀར་ཆུང་ལྷ་ཁང་དང་རྡོ་རིང་ལ་རྟོག་ཞིབ་བྱེད་པར་ཕྱིན། ལྷ་ཁང་ཉམས་གསོ་དང་སྲུང་སྐྱོབ་ཡག་པོ་བྱུང་འདུག་པས་མཆོད་མཇལ་ཞུ་མཁན་ཡང་མང་པོ་འདུག །ལྷ་ཁང་དུ་བཞུགས་པའི་ལས་དོན་ཚོགས་ཆུང་དང་བཙུན་པ་གཉིས་ནས་ང་ཚོར་སྣེ་ལེན་གནང་བ་དང་། དགའ་ཚོར་ཆེན་པོས་ལྷ་ཁང་འདིའི་གྲྭ་པར་རྒྱལ་གཅེས་རིང་ལུགས་ཀྱི་སློབ་གསོ་ཇི་ལྟར་སྤེལ་ཚུལ་དང་ལྷ་ཁང་གི་ལོ་རྒྱུས་སོགས་ངོ་སྤྲོད་གནང་བྱུང་། དེ་དང་ཆབས་ཅིག་ང་ཚོས་རེ་བ་སྟོན་པ་ལྟར། ལྷ་ཁང་གི་ཤར་ངོས་དང་ཉེ་བར་ཡོད་པའི་དཀར་ཆུང་ལྷ་ཁང་གི་རྡོ་རིང་ལ་ལྟ་སྐོར་བྱས་པ་ཡིན། བློ་ཕམ་བྱུང་བ་ཞིག་ལ་རྡོ་རིང་གེར་རེ་ཙ་བཞེངས་པ་མཐོང་རྒྱུ་མེད་པར། ཧྲུག་ཆག་གམ་དུམ་བུར་བཅག

པ་འབབ་ཞིག་རྩྭ་ངན་མང་པོ་སྐྱེས་པའི་གྲུང་གོག་ཅིག་གི་ནང་དུ་སྒོ་ལྕགས་བརྒྱབ་ནས་བཞག་འདུག

ལྷ་ས་ཞེས་པའི་མིང་ཚིག་དེ་ཐོག་མར་ག་དུས་འགོ་ཚུགས་པའི་སྐོར་ལ། ད་བར་ཁོ་མོས་མཇལ་སྐལ་བྱུང་བའི་ཡིག་ཚང་གི་ནང་ནས་ཆེས་སྔན་གྲགས་ཆེ་བ་སྟེ། སྤྱི་ལོ་༢༠༠༩ལོར་དཔེ་སྐྲུན་བྱས་པའི་《བོད་ཀྱི་ལོ་རྒྱུས་རགས་རིམ་གཡུ་ཡི་ཕྲེང་བ་》ཞེས་བྱ་བ་དེའི་ནང་། ཁྲི་གཙུག་ལྡེ་བཙན་རལ་པ་ཅན་གྱི་སྐུ་དུས་སུ་ཐོར་ར་ས་ཞེས་པའི་གྲོང་མིང་དེ་ལྷ་ས་ཞེས་བྱ་བར་འགྱུར་ཡོད་པ་ར་ས་འཕྲུལ་སྣང་གི་གཙུག་ལག་ཁང་མདུན་དུ་བཞེངས་པའི་རྗོ་རིང་《དབོན་ཞང་དབུ་སྙུང་རྗོ་རིང་》དུ་གསལ་པོ་བཀོད་ཡོད་པ་རེད་ཅེས་དང་། དེ་ནས་བཟུང་གཙུག་ལག་ཁང་ལ་ལྷ་ས་གཙུག་ལག་ཁང་ཞེས་བརྗོད་པ་དང་། གཙུག་ལག་ཁང་ལྟེ་བར་བྱས་པའི་ཁོར་ཡུག་གི་གྲོང་ཁྱེར་ལ་ལྷ་ས་གྲོང་ཁྱེར་ཞེས་པའི་མིང་དེ་བཏགས་པ་རེད། དེ་བཞིན་གྲགས་ཅན་གྱི་མཁས་དབང་དུང་དཀར་བློ་བཟང་འཕྲིན་ལས་རིན་པོ་ཆེས་མཛད་པའི་《དུང་དཀར་ཚིག་མཛོད་ཆེན་མོ་》ནང་ལྷ་སའི་མིང་འབྱུང་ཚུལ་ཐད་ལ་ར་འཕྲོད་གནང་ཡོད་པ་སྟེ། “རྗོ་བོ་ཛྭ་ཤ་ཀྱ་ཤའི་རྣམ་ཐར་ནང་ཆོས་འཁོར་དཔལ་གྱི་ལྷ་ས་ཞེས་འཁོད་པ་ལྟར་ན་རྗོ་བོ་ཛྭ་བོད་དུ་ཕྱིན་པའི་དུས་སུ་ཡང་ལྷ་ས་ཞེས་པའི་མིང་ཡོད་མུས་ཡིན་པ་མཐོང་ཐུབ། འོན་ཀྱང་བཙན་པོའི་དུས་སུ་ར་ས་ཞེས་འབོད་པ་མང་ཞིང་ལྷ་ས་གཙུག་ལག་ཁང་མདུན་གྱི་དབོན་ཞང་རྗོ་རིང་གི་ངོས་ཤར་མའི་མཇུག་ཏུ། ལྷ་སའི་ཤར་ཕྱོགས་སྲ་སྟོད་ཚལ་ཞེས་འཁོད་པ་དེས་རྒྱལ་པོ་ཁྲི་རལ་པ་ཅན་གྱི་དུས་སུ་ལྷ་ས་ཞེས་འབོད་སྲོལ་བྱུང་འདུག”ཅེས་ཚིག་མཛོད་ཆེན་མོའི་ནང་གསལ་པོར་འཁོད་བཞག

(༥) སྲོང་བཙན་སྒམ་པོར་བཙུན་མོ་ལྔ་ཡོད་པའི་སྐོར་གྱི་ལོ་རྒྱུས་མདོར་བསྡུས་ཤིག་ངོ་སྤྲོད་པ།

སྲོང་བཙན་སྒམ་པོ་ནི་ལོ་རྒྱུས་ཐོག་གི་ནླབས་ཆེན་མི་སྣ་ཞིག་ཡིན་པར་མ་ཟད། བོད་

མི་རིགས་ཀུན་གྱི་བསྟོད་པའི་མི་རིགས་ཀྱི་དཔའ་བོ་ཞིག་ཀྱང་རེད། ཁོང་གིས་ཚད་ལས་བརྒལ་བའི་བློ་གྲོས་དང་སྙིང་སྟོབས་ཀྱིས་ཉེ་འབྲེལ་རྒྱལ་ཁབ་ཁག་གི་རྒྱལ་པོའི་སྲས་མོ་ཁབ་ཏུ་བཞེས་པ་དེས། ཉེ་འབྲེལ་རྒྱལ་ཁབ་དང་འབྲེལ་བ་དམ་ཟབ་བྱེད་རྒྱུར་ཤུགས་སྣོན་རྒྱབ་ཐུབ་པ་དང་། འཛམ་གླིང་གནའ་རབས་ཤེས་དཔལ་རྒྱལ་ཁབ་ཀྱི་ཕུལ་བྱུང་རིག་གནས་ཁག་ཧུར་བརྩོན་དང་བསྡུ་ལེན་བྱས་ཏེ། སྤུར་རྒྱལ་སྤྱི་ཚོགས་ཀྱི་ཤེས་དཔལ་ཡར་ཐོན་ཡོང་རྒྱུར་སྐུལ་སྐྱེལ་གང་ལེགས་བཏང་ཐུབ་ཡོད།

སྲོང་བཙན་སྒམ་པོས་སྔ་རྗེས་སུ་བཙུན་མོ་ལྔ་ཁབ་ཏུ་བཞེས་པ་དང་། དེའི་ནང་ནས་གསུམ་བོད་ཀྱི་བཙུན་མོ་ཡིན་པ་དང་། དེ་མིན་བལ་པོའི་བཙུན་མོ་དང་ཐང་རྒྱལ་རབས་ཀྱི་བཙུན་མོ་བཅས་རེད། བལ་བཟའ་དང་རྒྱ་བཟའི་སྐོར་གོང་དུ་རགས་ཙམ་ཞུས་ཟིན། སྤུར་རྒྱལ་པོ་ཉའི་ཡིག་ཚང་ལྟར་ན། བཙུན་མོ་ལྔ་བཞེས་ཡོད་པའི་སྔ་ཕྱིའི་འགོ་རིམ་བྱས་ན། དང་པོ་སྤུར་རྒྱལ་གྱི་ཡུལ་དབུས་ཀྱི་སའི་ཆ་སྟོད་ལུང་དུ་གྲགས་པའི་ལུང་ཚན་མོང་ཞེས་བྱ་བའི་མོང་བཟའ་ཁྲི་ལྕམ་དང་། གཉིས་པ་ཞང་ཞུང་གི་བཟའ་ལི་ཐིག་སྨན། གསུམ་པ་སི་ཁྲིན་མི་ཉག་ཁུལ་གྱི་རུ་ཡོང་བཟའ་རྒྱལ་མོ་བཙུན་བཅས་རིགས་མཐུན་གྱི་བཙུན་མོ་གསུམ་ཁབ་ཏུ་བཞེས་ཡོད་པ་དང་། དེ་ནས་བལ་བཟའ་དང་རྒྱ་བཟའ་ཁབ་ཏུ་བཞེས། བཙུན་མོ་སོ་སོའི་འབྲེལ་ཡོད་ཀྱི་ལོ་རྒྱུས་ད་ལན་ཁོ་མོས་མཇལ་མྱོང་བ་འགའ་ཞིག་ནི་གནས་ཚུལ་ཞིབ་ཙམ་གསལ་བ་དང་། ཡང་འགའ་ཞིག་ནི་གསལ་པོ་མེད་པ་ལྟ་བུའི་རྐྱེན་བྱས་ཏེ། འདི་གར་ཁོ་མོས་རགས་བསྡུས་ཙམ་ཞིག་ངོ་སྤྲོད་ཞུས་ན།

མོང་བཟའ་ཁྲི་ལྕམ།

མོང་བཟའ་ཁྲི་ལྕམ་གྱི་འཁྲུངས་ཡུལ་ནི་ལྷ་ས་གྲོང་ཁྱེར་སྟོད་ལུང་བདེ་ཆེན་རྫོང་ཁོངས་སུ་གནས་པའི་ལུང་ཚན་མོང་ཞེས་བྱ་བའི་འབྲོག་ཁྱིམ་ཞིག་ཏུ་འཁྲུངས། ཕོ་བྲང་པོ་ཏ་ལའི་གཡས་ངོས་སུ་ཆོས་རྒྱལ་བྲག་ཕུག་ཅེས་པའི་གནའ་བོའི་ལྷ་ཁང་འདིའི་ནང་ད་ལྟའང་མཇལ་རྒྱུ་ཡོད་པའི་སྲོང་བཙན་སྒམ་པོ་དང་། བལ་བཟའ་ཁྲི་བཙུན། རྒྱ

བཟའ་ཀོང་ཇོ། ད་དུང་མོང་བཟའ་ཁྲི་ལྕམ་སོགས་ཀྱི་སྐུ་བརྙན་ཡོད། མོང་བཟའ་ཁྲི་ལྕམ་གྱི་སྐུ་པང་ནང་ད་དུང་སྲས་གུང་རི་གུང་བཙན་ཉར་བཞུགས་པའི་སྐུ་བརྙན་ཡོད་པས། མོང་བཟའི་གོས་རྒྱན་ལ་བལྟས་ན་བོད་ཀྱི་འབྲོག་མོའི་ཆ་ལུགས་གསལ་པོ་མངོན་པ་ཞིག་རེད། མོང་བཟའ་ཁྲི་ལྕམ་ནི་ཞང་བློན་གྱི་བུ་མོ་རིགས་གཟུགས་ལང་ཚོའི་དཔལ་ཡོན་སོགས་ཕྱི་དང་ནང་གི་མཛེས་ཆོས་ཡོན་ཏན་མ་ཚང་བ་མེད་པར། མི་ལ་སེམས་ཆུང་དང་ཐུགས་གཤིས་བཟང་བ་བཅས་བཙུན་མོ་ཐམས་ཅད་ཀྱི་སྔ་མར་གྱུར་པ་དེ་ཉིད་ལ་རྒྱལ་སྲས་གུང་རི་གུང་བཙན་ཞེས་པ་བཙན་པོའི་གདུང་རྒྱུད་དྲི་མས་མ་གོས་པ་ཞིག་བདེ་བར་འཁྲུངས་ཤིང་། བཙུན་མོ་གཞན་སུ་ལའང་རྒྱལ་སྲས་མ་བྱུང་བ་ཡིན་ནོ། །མོང་བཟའ་ཁྲི་ལྕམ་ལ་རྒྱལ་སྲས་གུང་རི་གུང་བཙན་འཁྲུངས་རྗེས། སྤུར་རྒྱལ་རྗེ་བློན་དང་འབངས་མི་སེར་ཐམས་ཅད་དགའ་སྤྲོའི་གླུ་གར་ལ་རོལ་ཞིང་། སྤུར་རྒྱལ་གྱི་མངའ་འོག་ཀུན་ཏུ་སྤྲོ་བ་རབ་ཏུ་འཕེལ་བའི་རྣམ་པ་ཡུན་རིང་དུ་གནས་པ་དང་། བཙས་སྟོན་ཡང་ཤིན་ཏུ་གཟབ་རྒྱས་དང་རྒྱ་ཆེར་མཛད་དེ་སྤུར་རྒྱལ་འབངས་མི་སེར་ཚང་མས་མོང་བཟའ་ཁྲི་ལྕམ་ལ་སེམས་ཀྱི་གཏིང་ནས་དགའ་གུས་དང་བཀའ་འདྲིན་ཆེ་བའི་བརྩེ་སེམས་མཚོན་པ་བྱེད་ཀྱི་ཡོད། ཕྱིས་སུ་མི་ཚང་མས་རླབས་ཆེན་གྱི་མ་ཡུམ་ལ་དྲན་གསོ་ཞུ་ཆེད། ལྷ་ས་གཙུག་ལག་ཁང་གི་ལྟེ་བའི་ལྷ་ཁང་ཇོ་བོ་ཤཱཀྱ་མུ་ནི་བཞུགས་པའི་སྐོར་ལམ་བྱང་ངོས་ཀྱི་ས་ཁྲིའི་སྟེང་དུ་སྲོང་བཙན་སྒམ་པོ་དང་། བལ་བཟའ། རྒྱ་བཟའ་གསུམ་གྱི་སྐུ་བརྙན་བཞེངས་ཡོད་པར་མ་ཟད། ད་དུང་མོང་བཟའ་ཁྲི་ལྕམ་གྱི་སྐུ་པང་དུ་རྒྱལ་སྲས་གུང་རི་གུང་བཙན་ཡོད་པའི་སྐུ་བརྙན་ཡང་བཞེངས་ཡོད་པ་རེད། རྒྱལ་བ་བྱམས་པའི་ལྷ་ཁང་གི་གཞོགས་ཤར་ངོས་ཕྱིའི་སྐོར་ལམ་གྱི་རྒྱང་ངོས་ལྡེབས་རིས་ལ་མོང་བཟའ་ཁྲི་ལྕམ་མ་བུ་གཉིས་དང་། བལ་བཟའ། རྒྱ་བཟའ་སོགས་ཀྱི་སྐུ་བརྙན་བྲིས་ཡོད་པ་དེ་དག་ལས། ང་ཚོས་ད་ལྟའི་དུས་སུའང་ཁོང་རྣམས་པའི་འཛུམས་ཞལ་གྱི་དཀྱིལ་འཁོར་ག་དུས་ཡིན་ཡང་ཡིད་ལ་བྲ་ལྷམ་མེར་ཞལ་མཇལ་ཞུ་ཐུབ་པ་ཡོང་གི་ཡོད།

ཞང་ཞུང་བཟའ་ལི་ཐིག་སྨན།

ཞང་ཞུང་གི་བཟའ་ལི་ཐིག་སྨན་གྱི་ལོ་རྒྱུས་སྐོར་བོད་ཀྱི་ལོ་རྒྱུས་ཡིག་ཚང་ནང་གསལ་ཆ་ཧ་ཅང་དཀོན་པས། དེ་གར་མཁས་དབང་དུང་དཀར་བློ་བཟང་འཕྲིན་ལས་རིན་པོ་ཆེས་མཛད་པའི《དུང་དཀར་ཚིག་མཛོད་ཆེན་མོ》ནང་འཁོད་པ་ལྟར་ངོ་སྤྲོད་རགས་ཙམ་ཞུས་ན། "ཞང་ཞུང་བཟའ་ཁྲི་བཙུན་ཡང་ཞུ། སྲོང་བཙན་གྱི་རིགས་མཐུན་བཙུན་མོ་གསུམ་གྱི་ཡ་གྱལ། མོང་བཟའ་ཁྲི་བཙུན་དང་། ཞང་ཞུང་བཟའ་ཁྲི་བཙུན། མི་ཉག་རུ་ཡོང་བཟའ་བཅས་ལ་རྗེ་མོ་བོད་མོ་ཞེས་བོད་ཀྱི་ལོ་རྒྱུས་ཡིག་ཚང་ནང་དམིགས་སུ་བཀར་ནས་གསུངས་པ་ལྟར། དེ་དག་བོད་མིའི་རིགས་ཅན་དུ་གྱུར་པའི་དབང་གིས་ཡིན། ཞང་ཞུང་བཟའ་ལི་ཐིག་སྨན་ནི་ཞང་ཞུང་རྒྱལ་པོ་ལི་མིག་རྒྱའི་སྲས་མོ་ཡིན་ཞིང་། ཕྱག་རྗེས་སུ་ཐིམ་བུ་སྒྲིག་པའི་ལྷ་ཁང་བཞེངས་ཞེས་གྲགས། འོན་ཀྱང་ལྷ་ཁང་འདིའི་ཆགས་ཡུལ་ས་ཆ་འདི་ཡིན་ཞེས་ད་ལྟ་ངེས་བཟུང་དཀའ་བའི་གནས་སུ་གྱུར། བོན་གྱི་ལོ་རྒྱུས་འགར་དེ་ནི་གཡུང་དྲུང་བོན་གྱི་ལྷ་ཁང་ཡིན་ཞེས་འཁོད་འདུག" བོན་གྱི་ལོ་རྒྱུས་ཡིག་ཚང་ནང་ཐིམ་བུ་སྒྲིག་གི་ལྷ་ཁང་ནི་གཡུང་དྲུང་བོན་གྱི་ལྷ་ཁང་ཡིན་ཞེས་པ་ལས་ལྷ་ཁང་གི་ས་ཆ་གང་ཡིན་དང་། ཕྱག་བཏབ་པའི་ལོ་རྒྱུས་དང་ཤུལ་བཞག་གི་རིག་དངོས་སོགས་དཔྱད་ཞིབ་བྱེད་པའི་རྒྱུ་ཆ་གང་ཡང་མེད་སྟབས། བོན་ཆོས་ཀྱི་ལྷ་ཁང་ཡིན་པར་ཆ་བཞག་ན་ཡང་། ཕལ་ཆེར་བོན་གྱི་བསྟན་པ་ལ་ལོ་རྒྱུས་ཐོག་སྔ་བར་ཕྱི་གསུམ་གྱི་རྙོག་སློང་བྱུང་བའི་དུས་སུ་གཏོར་བཤིག་སོང་ཚོད་ལས་དེ་མིན་ཞང་ཞུང་བཟའི་སྐོར་གྱི་ལོ་རྒྱུས་ཤིན་ཏུ་དཀོན་པའི་གནས་སུ་གྱུར།

མི་ཉག་རུ་ཡོང་བཟའ་རྒྱལ་མོ་བཙུན།

མི་ཉག་རུ་ཡོང་བཟའ་རྒྱལ་མོ་བཙུན་ནི་སི་ཁྲོན་ཞིང་ཆེན་ཁུངས་ཀྱི་དཀར་མཛེས་བོད་རིགས་རང་སྐྱོང་ཁུལ་དར་རྩེ་མདོ་རྫོང་དང་ཉེ་བའི་རྒྱ་ལའི་ནུབ་ངོས། ཉག་ཆུ་ཤར་ངོས་ཀྱི་ས་གནས་སུ་ཡོད་པའི་མི་ཉག་རྒྱལ་པོའི་སྲས་མོ་ཡིན་ཞིང་། ཁོང་ནི་ལང་ཚོ་མཛེས་ལ་ལྟ་ན་སྡུག་པ་དང་། བློ་གྲོས་རྣོ་ཞིང་གཤིས་རྒྱུད་བཟང་བའི་བུ་མོ་ཞིག་

ཡིན་སྐབས། ཉེ་འབྲེལ་རྒྱལ་ཁབ་ནས་ཕོ་ཉ་བཏང་སྟེ་གཅིག་མཇུག་གཉིས་མཐུད་ཀྱི་སློང་མཁན་མང་པོ་ཡོང་གི་ཡོད་པ་རེད། འོན་ཀྱང་ཁོང་ནི་དཔའ་ཉམས་རྒྱས་པའི་སྲོང་བཙན་སྒམ་པོ་རང་ལ་འདོད་སེམས་སྐྱེས་པ་མ་གཏོགས་གཞན་སུའི་བག་མར་ཡང་མི་འགྲོ་གསུངས། སྲོང་བཙན་སྒམ་པོ་དང་ཐང་ཡོང་བཟའ་རྒྱལ་མོ་བཙུན་གཉིས་ཕན་ཚུན་ཐུགས་ངོ་མཁྱེན་པ་ནས་དགའ་སྤྲོ་མཉམ་འཛོམས་ཀྱི་བར་ཉིན་གྲངས་ཞག་མོ་སུམ་བརྒྱ་དྲུག་ཅུ་རེ་ལྔ་ལས་མ་བྱུང་བར། རྗེས་སུ་ཡུལ་མི་རྣམས་ཀྱིས་ཁོང་གཉིས་པོའི་དྭངས་ཤིང་གཙང་བའི་མཛའ་སེམས་ལ་དྲན་གསོ་ཞུ་ཆེད། གངས་དཀར་རི་པོའ་རི་བོའི་ཉེ་འདབས་མི་ཉག་ལྷ་མོའི་བླ་མཚོ་ཡོད་པའི་མཚོ་འགྲམ་དུ་སྐོར་ལམ་ཞིག་སྐྲུན་ཡོད་པར་མ་ཟད། སྐོར་ལམ་གྱི་མཐའ་འཁོར་དུ་ཡིག་དྲུག་གི་མ་ཎི་འཁོར་ལོ་ཞལ་གྲངས་སུམ་བརྒྱ་དྲུག་ཅུ་རེ་ལྔ་ཏག་ཏག་བཙུགས་ཡོད་པ་རེད། དེ་བཞིན་བོད་ཀྱི་ལོ་རྒྱུས་ཆོས་འབྱུང་《མཁས་པའི་དགའ་སྟོན་》སོགས་ལ་འཁོད་པ་ལྟར་ན། ཐང་ཡོང་བཟའ་རྒྱལ་མོ་བཙུན་གྱིས་ལྷ་སའི་ལྕགས་པོ་རིའི་གཤམ་འོག་ཏུ་ཐུར་བྲག་ལྷ་མགོན་པོ་(དེང་སྐབས་བྲག་ལྷ་ཀླུ་སྒྲུག་ཟེར་བའི་ལྷ་ཁང་)ལྷ་ཁང་བཞེངས་པ་དང་། བྲག་ལྷ་ཀླུ་ཕུག་གི་ལྷ་ཆེན་ཚངས་པ་སོགས་ཀྱི་སྐུ་བརྙན་རྣམས་བལ་བཟོ་དང་བོད་བཟོའི་ལག་མི་རྣམས་ལ་བསྐུལ་ནས་རྡོ་ལ་འབུར་བརྐོས་བྱེད་བཅུག་སྟེ། སྐབས་དེ་དུས་ཚྭ་ལ་བརྒྱད་བཅུ་སྟེའི་གོང་ཚད་ཕར་ཡོད་པ་ལ། ཐང་ཡོང་བཟས་ལས་བཟོ་པ་ལ་བྲག་ཕྱེ་བྲེ་རེ་ཐེད་པ་ལ་ཚྭ་བྲེ་རེ་གླ་རིན་བྱིན་ནས། ལས་བཟོ་ཚོའི་ལས་ཤོག་མྱུར་ཚད་གོང་མཐོར་ཕྱིན་པར་མ་ཟད་ལས་བཟོ་ཚོའི་འཚོ་བའི་ཆུ་ཚད་ཀྱང་གོང་མཐོར་ཕྱིན་པ་རེད། ད་དུང་བྲག་ལ་སྐོར་ཁང་བརྐོས་ཡོད་པ་དེ་ད་ལྟ་ཡང་རང་ཅག་ཚང་མའི་མཐོང་ཆོས་སུ་གྱུར་པའི་བྲག་རྡོ་སྐོར་ཁང་ཅན་གྱི་བྲག་ལ་ཇོ་བོ་ཤཱཀྱ་མུ་ནེའི་སྐུ་གཟུགས་འབུར་དུ་འདོན་པ་གཙོ་བོ་བྱས་པའི་ལྷ་སྐུ་དང་སྲོང་བཙན་སྒམ་པོ་སོགས་ལྷ་སྐུ་སྣང་བརྙན་སྣ་ཚོགས་ཡོད། དེ་བཞིན་བཙུན་མོ་ཐང་ཡོང་བཟས་དད་ལྡན་མང་ཚོགས་མཆོད་མཇལ་དང་རི་སྐོར་སྐབས་བདེ་ཡོང་ཆེད། སྐྱོག་ལམ་བརྒྱུད་མ་དགོས་པར་ཐད་ཀར་འགྲོ་ཐུབ་པའི་སྐོར་ལམ་ཞིག་

གསར་གཏོད་མཛད་ཡོད་པ་སྟེ། ད་ལྟའང་རང་ཅག་དད་ལྡན་པ་ཆོས་ལུགས་པོ་རིའི་གླིང་སྐོར་ལ་ཕེབས་པའི་སྐབས་ལམ་དེ་ཉིད་མ་རྒྱུད་ཐབས་མེད་ཅིག་ཆགས་ཡོད།

 གོང་གསལ་རིགས་མཐུན་གྱི་བཙུན་མོ་གསུམ་ནི་སངས་རྒྱས་ཆོས་ལུགས་ལ་དད་སེམས་དྭངས་གཙང་བཅང་པའི་བཙུན་མོ་ཤ་སྟག་ཡིན་པས། སྲོང་བཙན་སྒམ་པོས་བསྟུགས་བརྗོད་ཚད་མེད་གནང་བ་དང་། བཙུན་མོ་རེ་ལ་ལྷ་ཁང་རེ་བཞེངས་ཆོག་པའི་རེ་བ་སྙན་དུ་གསོལ་བ་བཞིན་ལྷ་ཁང་ཁག་གསུམ་བཞེངས་ཆོག་པའི་བཀའ་དབང་བསྩལ་རྗེས། མོང་བཟའ་ཁྲི་ལྕམ་གྱིས་ལྷ་སའི་སྟག་རྩེ་རྫོང་ཁུངས་སུ་བྲག་ཡེར་པའི་ལྷ་ཁང་བཞེངས། དེ་ལ་སྲོང་བཙན་སྒམ་པོ་ཉིད་སྐུ་མཚམས་སུ་བཞུགས་སྒྲུབ་བའི་བྲག་ཕུག་ཡོད་པར་མ་ཟད། སློབ་ཆེན་མང་པོ་སློབ་སྒྲུབ་གནང་སྒྲུབ་པའི་སྒྲུབ་ཕུག་བརྒྱ་དང་བརྒྱད་ཡོད་པ་དང་། རྒྱལ་པོ་གླང་དར་བཀྲོངས་མཁན་གྱི་སློབ་ཆེན་ལྷ་ལུང་དཔལ་གྱི་རྡོ་རྗེའི་བྲག་ཕུག་ཡང་ཡོད་པ་རེད། དེ་ནས་བསྟན་པ་ཕྱི་དར་དུས་ཇོ་བོ་རྗེ་དཔལ་ལྡན་ཨ་ཏི་ཤ་དང་དེའི་དངོས་སློབ་འབྲོམ་སྟོན་པ་རྒྱལ་བའི་འབྱུང་གནས་སོགས་བཀའ་གདམས་པའི་གྲུབ་མཐའ་གསར་གཏོད་མཛད་པོའི་སྒྲུབ་ཕུག་དང་བཞུགས་ཁྲི་སོགས་ཡོད། བྲག་ཡེར་པ་དེ་ནི་ལྷ་ས་ཁུལ་གྱི་ཙ་ཆེའི་གནས་ཆེན་ཞིག་ཏུ་གྱུར་ཡོད། ད་ལྟ་ཡང་ལོ་ལྟར་བྲག་ཡེར་པ་ཚེས་བཅུ་ཞེས་བོད་ཟླ་བདུན་པའི་ཚེས་བཅུ་ཉིན་དམིགས་བསལ་གྱི་ཆོས་ཕྱོགས་དུས་ཆེན་ཞིག་གཏོང་སྲོལ་ཡོད་པས། ས་ཕྱོགས་གང་སའི་དད་ལྡན་མང་ཚོགས་འཛོམས་ཏེ་གནས་མཇལ་དང་རི་སྐོར། དེ་བཞིན་བོད་ཀྱི་ལྷ་མོའི་གཞུང་གང་འདོད་ཅིག་འཁྲབ་ནས་ཉིན་གང་དགའ་སྤྲོའི་དཔལ་ལ་རོལ་བཞིན་བཞུགས་སྲོལ་ཡོད། ཡང་མི་ཉག་རུ་ཡོང་བཟས་ལྷ་ས་ལྕགས་པོ་རིའི་འོག་ཏུ་བྲག་ལྷ་མགོན་པོའི་ལྷ་ཁང་བཞེངས། མི་རྣམས་ཀྱི་ཞལ་རྒྱུན་དུ་བྲག་ལྷ་ཀླུ་སྒྲུག་ཞེས་དང་། ལྷ་ཁང་འདིར་གནས་མཇལ་ཞུ་མཁན་རྒྱུན་ཆད་མེད་པར་མ་ཟད་སྔར་གྱི་སྐོར་ཁང་དུ་བྲག་སྐུ་འབུར་གཟུགས་སུ་བཀོས་པ་མང་པོ་མཇལ་རྒྱུ་ཡོད་པའི་སྐོར་གོང་གསལ་གྱི་འབྲེལ་ཡོད་ལེ་མཚན་ནང་ངོ་སྤྲོད་ཞུས་ཟིན་པ་ཡིན།

བལ་བཟའ་ཁྲི་བཙུན།

བལ་བཟའ་ཁྲི་བཙུན་ནི་བལ་ཡུལ་གྱི་རྒྱལ་པོ་དེ་བ་ལྷ་སྐྱེ་འོད་ཟེར་གོ་ཆའི་སྲས་མོ་ཡིན་ཞིང་། མཚན་དངོས་ལ་བྷྲི་ཀུ་ཏི་ཞེས་ཞུ་བ་ཡིན། དེའི་སྐོར་གོང་གསལ་གྱི་ལེ་མཚན་ནང་ངོ་སྤྲོད་ཞུས་པ་ལྟར། བོད་ཀྱི་དམངས་ཁྲོད་ནང་ཁོང་ནི་ལྷ་ཡི་རྣམ་འཕྲུལ་དུ་གྲགས་པས་ལྷ་གཅིག་ཁྲི་བཙུན་ཞེས་པའི་མཚན་ཐོབ། ཁོང་ནི་ཞལ་གྱི་དཀྱིལ་འཁོར་མཛེས་ཤིང་ལྷ་ན་སྡུག་ལ་བག་ཕེབས་པ། བྱད་གཟུགས་མཛེས་ཤིང་ཉམས་འགྱུར་ལྡན་པ། ཞི་ཞིང་དུལ་ལ་བབས་ཆགས་པ། དེ་བས་ཡིད་དབང་འཕྲོག་ཐུབ་པ་ཞིག་ནི་ཞལ་ནས་ཏ་རི་ཙནྡན་གྱི་དྲི་ཞིམ་པོ་ཁ་བ་སོགས་ཀྱི་དགེ་མཚན་དཔག་ཏུ་མེད་པ་ཞིག་རེད། སྲོང་བཙན་སྒམ་པོ་དང་གཉེན་འབྲེལ་གནང་བའི་རྗེས། ཆོས་ཀྱི་རྒྱལ་ཁབ་ནས་རྟེན་སྐལ་དུ་ཇོ་བོ་མི་བསྐྱོད་རྡོ་རྗེ་དང་། བྱམས་པ་ཆོས་འཁོར། ཙན་དན་གྱི་སྒྲོལ་མ་སོགས་ཀྱིས་གཙོས་སྐུ་གསུང་ཐུགས་རྟེན་དང་། རིན་པོ་ཆེ་སོགས་པའི་རྫོངས་སྐྱེས་མང་པོ་དང་། བྲན་མོ་འཁོར་གཡོག་བཟོ་རིགས་དང་བཅས་པ་དུ་མ་བོད་དུ་འཁྲིད་ཕེབས་པར་མ་ཟད། དེ་ལས་གལ་ཆེ་བ་ཞིག་སྟེ་ཁོང་གིས་བལ་ཡུལ་མི་དམངས་རྣམས་ཀྱི་མཛའ་གྲོགས་དང་ནང་པ་སངས་རྒྱས་ཀྱི་རིག་གནས་འདྲེན་ཕེབས་ནས། སྤུར་རྒྱལ་མི་དམངས་དང་བལ་ཡུལ་མི་དམངས་དབར་ཕན་ཚུན་མཛའ་མཐུན་འགྲོ་འོང་བྱེད་ཐུབ་པའི་ཟམ་པ་ཞིག་གསར་བཙུགས་གནང་བ་རེད།

རྒྱ་བཟའ་འུན་ཤིང་ཀོང་ཇོ།

རྒྱ་བཟའ་འུན་ཤིང་ཀོང་ཇོ་ནི་སྲོང་བཙན་སྒམ་པོས་ཤར་ཕྱོགས་ཐང་ཆེན་པོའི་རྒྱལ་ས་ཁྲང་ཨན་ནས་གདན་དྲངས་ཏེ་ཁབ་ཏུ་བཞེས་པའི་བཙུན་མོ་ཞིག་རེད། རྒྱ་བཟའ་གདན་དྲངས་པར་ལས་སླ་བ་ཞིག་གཏན་ནས་མེད་ཀྱང་། སྲོང་བཙན་ལ་བློན་ཆེན་པོ་མགར་སྟོང་བཙན་ཡུལ་སྲུང་ལྟ་བུ་ཞིག་ཡོད་པས། ཁོང་གི་བློ་གྲོས་ལ་ཐབས་བརྒྱ་རྫུས་སྟོང་ཡོད་པར་མ་ཟད་བཙན་པོ་ལ་བློ་དཀར་སེམས་དཀར་ཡིན་པས། ཁོང་གིས་རྒྱལ་ཁབ་མང་པོའི་རྒྱལ་བློན་པོ་ཉས་རྒྱ་བཟའ་སློང་བར་ཡོང་བ་དང་། ཐང་རྒྱལ་

པོ་ཐའི་ཙུང་གིས་བློ་རིག་འགྲན་པའི་འདྲི་གཞི་སྙོགས་མ་ལན་རྒྱུག་དཀའ་བ་མང་པོ་ཞིག་སྟོན་ཡང་། དེ་ལ་དཔའ་ཞུམ་པ་དང་འཚབ་འཚུབ་གང་ཡང་མེད་པར། བབ་བཀྲིང་བརྟན་གསུམ་གྱི་སྒོ་ནས་རྒྱལ་ཁབ་གཞན་གྱི་ཕོ་ཉ་ལས་བློ་གྲོས་ཀྱི་རྣམ་པར་རྒྱལ་ཏེ། མཐར་སྤུར་རྒྱལ་བཙན་པོས་ཐང་ཆེན་པོ་རྒྱལ་པོའི་སྲས་མོ་ཝུན་ཤིང་ཀོང་ཇོ་ཁབ་ཏུ་བཞེས་རྒྱུའི་ཐུགས་དགོངས་ཡོངས་སུ་སྨིན་པ་མཛད། ཝུན་ཤིང་ཀོང་ཇོ་དང་ཕེབས་སྐྱེལ་དཔུང་ཁག་རྣམས་བོད་ཀྱི་བློན་ཆེན་པོ་མགར་སྟོང་བཙན་ཡུལ་སྲུང་གིས་ཐུགས་འཁུར་གཟབ་བཞེས་འོག །ཕེབས་ལམ་དུ་དཀའ་བ་ཁྲི་སྟོང་མང་པོ་སྤྱད་དེ་གངས་ལྗོངས་སྤུར་རྒྱལ་ཡུལ་དུ་འབྱོར་བའི་གནས་ཚུལ་ཁག་གོང་གསལ་འབྲེལ་ཡོད་ལེ་མཚན་ནང་ཞིབ་གསལ་ངོ་སྤྲོད་ཞུས་ཡོད་པ་ལགས།

རྒྱ་བཟའ་ཀོང་ཇོ་སྤུར་རྒྱལ་གྱི་ཡུལ་དུ་འཚོ་ཞིང་བཞུགས་པའི་ལོ་གྲངས་གང་ཙམ་ཡིན་ནམ་ཅེ་ན། མི་ལོ་སུམ་ཅུ་སོ་དགུ་ཏག་ཏག་བཞུགས་ཡོད་པ་ལགས། དེའི་རིང་རྒྱ་བཟའི་ཞབས་རྗེས་སྤུར་རྒྱལ་གྱི་ས་ཆ་མང་པོ་ཞིག་ཏུ་བཞག་གནང་མཛད། དམངས་ཁྲོད་ནང་དུ་ཁོང་གིས་ས་ཞིང་འདེབས་ལས་ཀྱི་ལག་རྩལ་དང་། ཆུ་འཁོར་རང་འཐག་དང་། སྣམ་བུ་འཐག་པའི་ལག་རྩལ་སོགས་ཀྱི་གཏམ་རྒྱུད་ཡིད་དུ་འཕྲོག་པ་མང་པོ་ཤོད་སྲོལ་ཡོད་པར་མ་ཟད། ད་དུང་སྲོང་བཙན་སྒམ་པོ་དམག་སར་ཕེབས་ཏེ་ཡུན་རིང་མཇལ་འཕྲད་མེད་པའི་རྐྱེན་གྱིས་ཐུགས་སེམས་ཤིན་ཏུ་དྲན་པ་ལྷུ་བུས། སྐབས་རེ་སྐྱུ་སྤྱུ་ཕྱི་ནང་བསྐྱོགས་ནས་གྱོན་པ་སོགས་ཡ་མཚན་ཅན་མང་པོ་གནང་བར་བརྟེན། བྱང་འབྲོག་ཁུལ་མི་ཚོས་རྒྱ་བཟར་དྲན་གསོ་ཞུ་ཆེད། ད་ལྟའང་གོས་ཕྱི་ནང་བསྐྱོགས་ནས་གྱོན་པའི་གོམས་སྲོལ་འགའ་རེ་ཡོད་པ་རེད། ད་དུང་དམངས་ཁྲོད་ནང་ཡ་མཚན་ཅན་གྱི་ཤོད་ཚུལ་མང་པོ་དར་ཡོད་པ། དཔེར་ན་མི་འགའ་རེ་ཞལ་ལག་ལྡགས་བྲོ་ཡག་པོ་བཟོ་མ་ཐུབ་ན། ལྷ་སའི་ར་ས་གཙུག་ལག་ཁང་ནང་དུ་ཡོད་པའི་རྒྱ་བཟའི་ཐབ་ལ་ལག་པས་ཡང་སེ་ཕུར་བརྡར་བྱས་ན་ཞལ་ལག་གི་ལྡགས་བྲོ་ཡག་ཏུ་འགྲོ་གི་ཡོད་པའི་ཤོད་སྲོལ་ཡོད་པར་ཕན་ནུས་ཡོད་མེད་མི་ཤེས་ཀྱང་། གང་ལྟར་མི་

མང་པོས་ཚོད་བལྟ་བྱེད་ཀྱི་ཡོད་ལ། ང་ཚོའི་ནང་མིས་ཀུང་དེ་འདྲ་བྱེད་སྲོང་ཡོད། དེ་བཞིན་དམངས་ཁྲོད་ནང་རྒྱ་བཟར་བསྟོད་པའི་དམངས་གཞས་དམངས་སྒྲུ་མང་པོ་གཏོང་སྲོལ་ཡོད་པ་དུས་ད་ལྟའང་ཉམས་མེད། བོད་ཀྱི་རྒྱུན་སྲོལ་ལྷ་མོའི་འཁྲབ་གཞུང་ཆེན་མོ་བརྒྱད་ཀྱི་ཡ་རྒྱལ《རྒྱ་བཟའ་དང་བལ་བཟའ་》ཞེས་པའི་ནང་དོན་ཕལ་མོ་ཆེ་རྒྱ་བཟའི་མཛད་རྗེས་སྐོར་ཡིན་སྐབས། ད་ཆ་འཁྲབ་གཞུང་གི་མིང་འགྱུར་བཅོས་བཏང་སྟེ《འུན་ཤིང་ཀོང་ཇོ་》ཞེས་ཡོང་གྲགས་སུ་འཁྲབ་སྟོན་བྱེད་ཀྱི་ཡོད་པ་རེད། སྲོང་བཙན་སྒམ་པོ་དགོངས་པ་རྫོགས་རྗེས། རྒྱ་བཟའ་ཀོང་ཇོས་ཕྱིར་བཞོལ་རྩ་བ་ནས་མ་གནང་བར་སྤུར་རྒྱལ་དུ་ལོ་མཐུད་མི་ལོ་སུམ་ཅུ་ལྷག་བཞུགས། དེ་ནས་བོད་ལྕགས་སྦྲུལ་ལོ་ (སྤྱི་ལོ་༨༢༧ལོ་) དགུན་ལོ་ཟླ་བཅུ་ང་ཟླ་ལ་ཕེབས་དུས་རྒྱ་བཟའ་ཀོང་ཇོ་མི་ཡུལ་ལས་ཞལ་གྲེས་མཛད། བཀྲ་མ་ཤིས་པའི་གནམ་ངན་དེ་ཐང་ཆེན་པོའི་རྒྱལ་ཁབ་ཏུ་གསན་རྗེས། ཐང་རྒྱལ་པོ་ཀོའོ་ཙུང་གིས་འཕྲུལ་དུ་ཕོ་ཉ་བཏང་སྟེ་སྤུར་རྒྱལ་ཡུལ་དུ་ཆེད་མངགས་རྒྱ་བཟའ་ཀོང་ཇོ་སྐུ་གཤེགས་པར་མྱ་ངན་ཞུས་པར་མཛད།

རྒྱ་བཟའ་འུན་ཤིང་ཀོང་ཇོ་ནི་ཤིན་ཏུ་མཛེས་ཤིང་ཐུགས་རྒྱུད་བཟང་བ་དང་། ཡིད་བརྟན་ཞིང་ཤེས་རབ་རྣོ་ལ་སྙིང་སྟོབས་ཆེ་བའི་ཐང་ཆེན་པོའི་སྲས་མོ་ཞིག་ཡིན་ཁར། ད་ཕན་མི་ལོ་ཆིག་སྟོང་གསུམ་བརྒྱ་ལྷག་གི་སྔོན་དུ་རྒྱལ་ཁབ་དང་མི་རིགས་ཀྱི་ཁེ་ཕན་ལ་འགན་བཞེས་པ་དང་། སྤུར་རྒྱལ་བཙན་པོ་དང་སྤུར་རྒྱལ་མི་དམངས་རྣམས་རང་གི་སྤུན་ཟླར་བརྩིས་ཏེ། གནམ་འོག་རང་གི་ཁྱིམ་གཞི་བྱས་ནས། བདེན་དོན་ཐད་ལ་མདུན་སྐྱོད་ལས་ཕྱིར་བཞོལ་སྒྲུ་ཙམ་མེད་པར་སྤུར་རྒྱལ་ཡུལ་དུ་ཕེབས་པ་དང་། མི་ཚོའི་ནང་གི་གཞོན་ནུའི་ལང་ཚོ་དང་མདོར་ན་ཚེ་སྲོག་དང་བཅས་པ་མེས་རྒྱལ་གོང་བུ་གཅིག་གྱུར་ལ་སྲུང་སྐྱོང་དང་། མི་རིགས་མཐུན་སྒྲིལ་ལ་སྲུང་སྐྱོང་བྱེད་རྒྱུའི་ཆེད་དུ་ལེགས་སྐྱེས་ཕུལ་ཡོད་པར་བརྟེན། བོད་རིགས་མི་དམངས་རྣམས་ཀྱིས་ཁོང་ལ་སེམས་གཏིང་ནས་དགའ་ཞེན་ཆེན་པོ་བྱེད་ཀྱི་ཡོད།

དྲུག་པ། སྲོང་བཙན་སྒམ་པོའི་རྗེས་ཀྱི་བཙན་པོ་རིམ་བྱོན་དང་། བཀའ་བློན། ལྷ་སྨན་སོགས་ཀྱི་སྐོར།

སྲོང་བཙན་སྒམ་པོ་སྐུ་ན་སྨིན་པོར་སོང་བའི་དུས། ལྷ་ས་ལྷུན་གྲུབ་རྫོང་ཁོངས་ཀྱི་འཕན་ཡུལ་ཟལ་མོའི་སྒང་འོད་ཟེར་དམ་པའི་ཕོ་བྲང་དུ་བཞུགས་སྐབས། སྟོན་ལ་མགུལ་ཆམ་ཕོག་པ་ལས་སྙུན་ལོག་ཐེབས་ཏེ་མཐར་ཚད་པར་གྱུར་ནས། བོད་ལུགས་ཕོ་ཁྱིའི་ལོར་(སྤྱི་ལོ་༦༥༠)སྐུ་ཚེའི་མཐའ་མ་འདུས། དེ་ལྟར་དུས་རབས་གཅིག་གི་མཁས་མཛངས་ལྡན་པའི་རྒྱལ་པོ་ཉིད་སྐུ་གཤེགས་པ་ལ། སྤུར་རྒྱལ་མི་དམངས་ཡོངས་ཀྱི་དུ་ཅོར་གནམ་ས་འཐོད་པའི་སྐྱོ་སྡུག་གིས་ཁེངས་ཤིང་། དཔའ་ཞིང་མཁས་མཛངས་ལྡན་པའི་བཙན་པོ་དེ་འདྲ་ཞིག་ང་ཚོ་ལས་ཞལ་གྱིས་པར་གང་ནས་ཡིད་ཆེས། བཙན་པོ་སྐུ་གཤེགས་རྗེས་བློན་ཆེན་མགར་སྟོང་བཙན་གྱིས་གཙོ་འགན་འཁུར་ཏེ་བཙན་པོའི་སྐུ་ཕུར་ལ་ཙན་དན་གྱི་ལྡེ་གུས་བྱུགས་ཤིང་། དར་ཟབ་ཀྱི་ན་བཟས་བསྒྲུབས་པ་སྟག་ཤྭགས་ཀྱི་སྟེང་དུ་བཞག་ནས་ཤིང་རྟ་ལ་གདན་དྲངས། ཡར་ལུང་འཕྱོངས་པོའི་ནང་དུ་བང་སོ་ལྷ་ཁང་ལྟ་ཡོད་པ་ཞིག་བཞེངས་པའི་རེ་མིག་དགུས་མའི་ནང་བཞུགས་སུ་གསོལ། ཕྱི་ལོགས་རི་བོ་ལྟ་བུར་བྱིབས་ནས་བཙན་པོ་དབོན་སྲས་མང་སྲོང་བློན་འབངས་དང་བཅས་པས་ཡིད་སྐྱོ་ཞིང་སེམས་སྡུག་ཆེན་པོས་མཆོད་པ་རྒྱ་ཆེ་གཟབ་རྒྱས་ཤིག་བཤམས་ནས་ཕྱག་འཚལ་སྐོར་བ་མཛད།

(༡) བཙན་པོ་གུང་སྲོང་གུང་བཙན་སྐུ་གཤེགས་རྗེས་དེའི་སྲས་མང་སྲོང་མང་བཙན་ཁྲི་ལ་འཁོད་པ།

སྲོང་བཙན་སྒམ་པོ་གཤེགས་རྗེས། ཁོང་གི་ཚ་བོ་མང་སྲོང་མང་བཙན་ཁྲི་ལ་འཁོད།

དེ་ཡང་སྲོང་བཙན་སྒམ་པོ་དང་མོང་བཟའ་ཁྲི་ལྕམ་གཉིས་ལ་སྲས་གུང་སྲོང་གུང་བཙན་འཁྲུངས་ཡང་། སྲས་གུང་སྲོང་གུང་བཙན་བཙན་པོ་སྲོང་བཙན་སྒམ་པོའི་སྔོན་ལ་སྐུ་གཤེགས་ཟུར་གྲོངས་པས། ཁོང་གི་ཚ་བོ་མང་སྲོང་མང་བཙན་དགུང་ལོ་བཞི་ལས་མ་སོན་ཡང་། བཙན་པོའི་ཁྲི་ལ་མ་འཁོད་ཐབས་མེད་ཆགས། ཡིན་ཡང་སྐུ་ན་མ་སོན་པར་གྱི་རྒྱལ་སྲིད་ཕྱི་ནང་གི་བྱ་བ་ཐམས་ཅད་བློན་ཆེན་མགར་སྟོང་བཙན་ཡུལ་སྲུང་གིས་འགན་འཁུར་བསྐྱངས། མང་སྲོང་མང་བཙན་སྐུ་ན་སོན་རྗེས་རྒྱལ་སྲིད་ལོ་མང་པོ་བསྐྱངས་མེད་ལ། ཏང་སང་དགོས་པའི་མཛད་རྗེས་ཀྱང་དེ་ཙམ་མ་བྱུང་། འོན་ཀྱང་བློན་ཆེན་མགར་སྟོང་བཙན་ཡུལ་སྲུང་གིས་མཐའ་གཅིག་ཏུ་སྲིད་དོན་བསྐྱངས་རོགས་གནང་བ་དང་། དེའི་ཁར་བློན་ཆེན་མགར་གྱིས་བཙན་པོ་སྲོང་བཙན་གྱིས་གཏན་ལ་ཕབ་པའི་རྩ་བའི་རྒྱལ་དོན་གྱི་སྲིད་ཇུས་ཁག་ལ་ཕྱིར་བཤོལ་མེད་པར་ལག་བསྟར་དོན་འཁྱོལ་མཐའ་གཅིག་གནང་བ་ལས་གཡོ་འགུལ་ཕྲ་ཙམ་མེད་སྟབས། སྤུར་རྒྱལ་སྤྱི་ཚོགས་སུ་མཐུད་ལྷིང་འཇགས་དང་དཔལ་འབྱོར་འཕེལ་རྒྱས་འགྲོ་བར་གནད་དུ་ཁེལ་བའི་རྒྱུན་སྐྱོང་གི་ནུས་པ་ཐོན་ཡོད། སྐབས་དེ་དུས་ཞིང་འབྲོག་ལས་ཀྱི་ཐོན་སྐྱེད་བདག་གཉེར་བྱེད་ཕྱོགས་ཐད་ལ་གོ་རིམ་ལྡན་པའི་ངང་ནས་འཕེལ་རྒྱས་གཏོང་འགོ་ཚུགས་པ་དང་། ཉེ་འབྲེལ་གྱི་རྒྱལ་ཁབ་དང་ཚོང་ལས་ཀྱི་འབྲེལ་བ་ཡང་གོམ་གང་མདུན་སྤོས་དང་འཕེལ་རྒྱས་སུ་འགྲོ་བ་དང་། དམག་དོན་གྱི་སྒྲིག་ཁྲིམས་ཀྱང་འཛུགས་སྒྲོ་ཇེ་ཚང་དུ་འགྲོ་བ། ཐང་རྒྱལ་རབས་དང་སྤུར་རྒྱལ་གྱི་མཛའ་གྲོགས་འབྲེལ་བ་དེ་ཡང་དམ་ཟབ་ཏུ་ཕྱིན་ཡོད། དེ་དང་ཆབས་ཅིག་སྤུར་རྒྱལ་གྱི་མངའ་དབང་ས་ཆ་དེ་ཡང་དེ་སྔའི་རྨང་གཞིའི་འོག་རྒྱ་ཁྱོན་ཆེ་རུ་ཕྱིན་ཡོད་པར་མ་ཟད་བོད་ཀྱི་མིའི་འབོར་གྲངས་དེ་ཡང་འཕེལ་རྒྱས་གང་ཙམ་ཕྱིན་ཡོད་པ་རེད།

(༢) དུས་རབས་གཅིག་གི་བློན་པོ་གྲགས་ཅན་མགར་སྟོང་བཙན་སྐྱུན་གཞིས་རྐྱེན་པའི་སྐུ་གཤེགས་རྗེས་སྲས་རྣམ་པས་ཡབ་ཀྱི་རྒྱལ་འཛིན་པ།

བོད་མི་ཡོས་(སྤྱི་ལོ་༤༤༧)ལོར་སྙན་གྲགས་ཤིན་ཏུ་ཆེ་བའི་བོད་ཀྱི་བློན་ཆེན་པོ་མགར་སྟོང་བཙན་ཡུལ་སྲུང་གིས་བོད་ཀྱི་དམག་དཔུང་གོ་ཏྲག་རྣམས་འཁྲིད་ནས་གུ་གུའི་ཡུལ་དུ་དམག་སར་ཕེབས་པའི་དུས། སྐབས་མ་ལེགས་པར་འབྲས་ཀྱི་ནད་(གཉན་ཁྲོག་ཚང་)ཕོག་པ་ལ་བརྟེན་ནས་རིས་པུ་ཟེར་བའི་ས་ཆར་སྐུ་གཤེགས། བཙན་པོ་མང་སྲོང་མང་བཙན་བློན་ཆེན་མགར་སྟོང་བཙན་སྐུ་གྲོངས་པའི་གནས་ཚུལ་མཁྱེན་རྗེས་ཐུགས་སེམས་ཤིན་ཏུ་སྐྱོ་སྣང་བྱུང་བ་དེ་ནི། ཁོང་རང་ལ་ཐུགས་ཤིན་ཏུ་དགར་བའི་བློན་ཆེན་ཞིག་དང་། བློ་གྲོས་དང་ལྡན་ཞིང་སྙིང་སྟོབས་ཅན་གྱི་བློན་ཆེན་ཞིག་ཞལ་གྱིས་ཤོར་བ་མ་ཟད། སྲིད་རྒྱལ་མི་དམངས་ཀྱི་བུ་ཕྲུག་བཟང་པོ་ཞིག་ཀྱང་ཞལ་གྱིས་ཤོར་བ་རེད། བློན་ཆེན་མགར་སྟོང་བཙན་གྱི་མཛད་རྗེས་མང་དག་ཅིག་གོང་གསལ་འབྲེལ་ཡོད་ལེ་ཚན་ནང་ངོ་སྤྲོད་ཞུས་ཟིན་པས། ཚང་མས་མཁྱེན་གསལ་ཡོད་པར་ཡིད་ཆེས་ཡོད། ཤོད་རྒྱུན་ལྟར་ན་བློན་ཆེན་མགར་སྟོང་བཙན་གྱི་འཁྲུངས་ཡུལ་ནི་ལྷ་ས་སྟོད་ལུང་བདེ་ཆེན་རྫོང་རམ་པ་ཞེས་པའི་གནས་དེར་དེང་སང་ཡང་མགར་གྱི་ཕོ་བྲང་ཆགས་པའི་ཡུལ་ཡིན་ཟེར་བ་མཐོང་རྒྱུ་ཡོད། འཁྲུངས་ལོ་མི་གསལ། བོད་མི་དམངས་ཀྱི་ཁ་རྒྱུན་དུ་བློན་སྟོང་བཙན་ཞེས་འབོད་སྲོལ་ཡོད་པ་དང་། ཡིག་ཚང་འགའ་རེ་ནང་སྟོད་ལུང་པ་ཡང་ཟེར་སྲོལ་འདུག །བློན་ཆེན་མགར་སྟོང་བཙན་ཡུལ་སྲུང་ནི་བོད་མི་རིགས་ཚང་མས་མཁྱེན་བཞིན་པའི་ལོ་རྒྱུས་ཐོག་གི་མི་སྣ་གྲགས་ཅན་ཞིག་ཡིན་པ་དང་། ཁོང་གིས་སྔ་ཕྱིར་བོད་ཀྱི་བཙན་པོ་མི་ཐོག་གཉིས་ལ་ལོ་ངོ་ཉི་ཤུ་ལྷག་ཙམ་རིང་རམ་འདེགས་མཛད་དེ་ཆབ་སྲིད་ལེགས་པར་བསྐྱངས་པ་དང་། སྔ་ཕྱི་བར་གསུམ་དུ་སྤུར་རྒྱལ་བཙན་པོར་ལྷག་བསམ་རྣམ་དག་གིས་ཆབ་སྲིད་སྐྱོང་བའི་ལོ་རྒྱུས་ཀྱི་མཛད་རྗེས་དག་ནམ་ཡང་བསུབ་ཐབས་མེད་ཅིང་། ཁོང་ནི་སྤུར་རྒྱལ་གྱི་ལོ་རྒྱུས་ཐོག་ཆེས་སྙན་གྲགས་ལྡན་པའི་ཆབ་སྲིད་མཁས་ཅན་ཞིག་དང་། དམག་དོན་མཁས་ཅན། ཕྱི་

འབྲེལ་མཁས་ཅན་ཞིག་རེད། བློན་ཆེན་མགར་སྟོང་བཙན་གཤེགས་རྗེས་ཁོང་གི་སྲས་རྒྱན་པ་མགར་བཙན་སྙ་ལྡོམ་བུ་བཙན་པོ་མང་སྲོང་མང་བཙན་གྱིས་ཡབ་མགར་སྟོང་བཙན་གྱི་ཚབ་ཏུ་བློན་ཆེན་དུ་བསྐོ་གཞག་མཛད། (བློན་ཆེན་མགར་སྟོང་བཙན་ལ་བུ་ལྔ་ཡོད་པ་བུ་ཆེ་བ་མགར་བཙན་སྙ་ལྡོམ་བུ། གཉིས་པ་མགར་ཁྲི་འབྲིང་། གསུམ་པ་མགར་བཙན་ཉེད། བཞི་པ་བློན་ཟེ་མདོ་ཡེ། ལྔ་པ་བློན་འབལ་ལོན་) ལོ་དེ་རང་ལ་མགར་གྱི་བུ་གཉིས་པ་གསུམ་པ་བཞི་པ་དམག་དཔོན་དུ་བསྐོ་གཞག་མཛད་དེ་དམག་སར་བྱུས་རྗེས་ཆེན་པོ་བཞག་སྐྱོང་ཡོད་པ་རེད། དེ་ནས་བུ་མགར་ཁྲི་འབྲིང་ཡང་བཙན་པོ་དུས་སྲོང་མང་པོ་རྗེའི་སྐུ་དུས་སུ་བློན་ཆེན་གྱི་གོ་གནས་སུ་བསྐོ་གཞག་མཛད་པ་དང་། མདོར་ན་བློན་ཆེན་མགར་གྱི་ཕ་ཚ་བུ་རྒྱུད་ནས་སྲིད་རྒྱལ་གྱི་ཆབ་སྲིད་དང་དམག་དོན་ཐད་ལ་མཛད་རྗེས་ བླ་ན་མེད་པ་བཞག་ཡོད་པ་རེད།

(༣) འདུས་སྲོང་མང་པོ་རྗེའི་སྐུ་དུས་སུ་རྒྱ་ཡུལ་ནས་བོད་དུ་ཇ་འདྲེན་པ་དང་། བློན་པོ་མགར་གྱི་རྒྱུད་རྩ་རྣམས་ལ་ཇོ་ལོག་གི་ཉེས་ཆད་གཏོང་བ།

བོད་མི་བྱི་ལོར (སྤྱི་ལོ་༦༧༦) བཙན་པོ་མང་སྲོང་མང་བཙན་ཡབ་དང་འདྲ་བར་སྐུ་གཞོན་ནུའི་དུས་ནས་དགོངས་པ་རྫོགས་པ་དང་། སྲས་འདུས་སྲོང་མང་པོ་རྗེ་རྒྱལ་པོའི་ཁྲིར་མངའ་གསོལ། བཙན་པོ་མང་སྲོང་མང་བཙན་སྐུ་གཤེགས་དུས་སྲས་འདུས་སྲོང་ཡུམ་གྱི་འོ་ཐག་མ་ཆོད་པའི་ཕྲུ་གུ་ཞིག་ཡིན་ཁར། ཡབ་བཙན་པོ་གྲོངས་པའི་གནས་ཚུལ་རྒྱལ་པོ་ཚང་ནང་དུ་མི་ལོ་གསུམ་རིང་གསང་རྒྱ་དམ་པོ་བཅད། དེའི་རྗེས་གཞི་ནས་བློན་ཚོགས་དཀྱིལ་དུ་གསང་རྒྱ་བཀྲོལ་ཏེ་འདུས་སྲོང་མང་པོ་རྗེ་ཁྲི་ལ་འཁོད། འོན་ཀྱང་སྲིད་ཀྱི་བྱ་བ་ཐམས་ཅད་ཡུམ་འབྲོ་བཟའ་ཁྲི་མ་ལོད་ཀྱིས་སྐྱོང་རོགས་གནང་། ཡུམ་འབྲོ་བཟའ་ཁྲི་མ་ལོད་ནི་གཙང་ཁུལ་དུ་སྟུར་རྒྱལ་བཙན་པོའི་གྲགས་ཅན་གྱི་བློན་ཆེན་བཞི་ཡི་ཡ་རྒྱལ་ཁྲི་མ་ལོད་ཀྱི་ཁྲིམ་རྒྱུད་དུ་སྤྱི་ལོ་༦༩༨ལོར་སྐུ་འཁྲུངས། ཁོང་གི་མི་ཚེའི་རིང་སྟ་ཕྱིར་བཙན་པོ་གསུམ་ལ་སྲིད་སྐྱོང་མཛད་རོགས་

གནང་ཡོད་པ། དཔེར་ན་བཙན་པོ་མང་སྲོང་མང་བཙན་གྱི་བཙུན་མོའི་ཆ་ནས་རྒྱལ་པོར་ཆབ་སྲིད་སྐྱོང་རོགས་ཞུས་པ་དང་། ཡང་མ་ཡུམ་གྱི་ཆ་ནས་སྲས་འདུས་སྲོང་མང་པོ་རྗེ་ལ་སྲིད་སྐྱོང་རོགས་གནང་བ། ཡང་རང་གི་དཔོན་ཁྲི་ལྡེ་གཙུག་བརྟན་ལ་རྒྱོའི་གི་ཆ་ནས་རྒྱལ་སྲིད་སྐྱོང་རོགས་གནང་བ་སོགས། དུས་རབས་གང་འདྲ་ཞིག་དང་། གནས་ཚུལ་གང་འདྲ་ཡིན་རུང་ཁོང་གིས་ཕྱིར་བཤོལ་གཏན་ནས་མེད་པར་བློ་གཅིག་སེམས་གཅིག་དང་རྒྱལ་སྲིད་སྐྱོང་རོགས་མཐའ་འཁྱོངས་གནང་གི་ཡོད་པ་རེད། དཔེར་ན་ཁོང་གིས་སེམས་ཐག་ཆོད་པོས་ངོ་ལོག་བྱེད་མཁན་ཞོད་འཛགས་བཏང་སྟེ་བྱེད་པོ་གཙོ་གྲས་ལ་ཁྲིམས་བཅད་བཏང་བ་དང་། བཙན་པོར་རོགས་སྐྱོར་གནང་སྟེ་བློན་ཆེན་ངོ་ལོག་པས་ལྐོག་གཡོ་ངན་རྫུས་གཤོམ་པའི་གནས་ལས་འགྲོལ་ཐུབ་པ། ཐང་རྒྱལ་རབས་དང་ཉེ་འབྲེལ་མ་ཆད་པར་སྲུར་རྒྱལ་དང་ཐང་རྒྱལ་རབས་གཉིས་ཀྱི་མཛའ་གྲོགས་འབྲེལ་བ་དམ་ཟབ་གཏོང་རྒྱུར་ཤུགས་སྣོན་བརྒྱབ་པ་སོགས་མཛད་རྗེས་བླ་ན་མེད་པ་བཞག་ཡོད། དེ་བཞིན་རྒྱལ་པོ་ཚང་རང་ངོས་ཀྱི་དབང་སྒྱུར་སྲ་བརྟན་ཡོང་བ་དང་། སྤྱི་ཚོགས་བརྟན་བརྟན་ཤིང་ལ་སྐྱུར་ཁྱོང་། སྲུར་རྒྱལ་སྤྱི་ཚོགས་ཁྱོན་ཡོངས་ཀྱི་འཕེལ་རྒྱས་དང་། བརྟན་བརྟན་ཤིང་། ཡར་རྒྱས་བཅས་ལ་གལ་ཆེའི་ལེགས་སྐྱེས་ཆེན་པོ་ཕུལ་གནང་ཡོད་པ་རེད། ཁོང་ནི་བོད་བཙན་པོའི་རྒྱལ་རབས་ཀྱི་བཙུན་མོའི་ནང་ནས་ཆབ་སྲིད་ཀྱི་མཁྱེན་རྒྱ་དང་བློ་གྲོས་ཀྱི་འཛོན་ཐང་ཤིན་ཏུ་ཆེ་བར་མ་ཟད། ཡུམ་ཤུགས་ཀྱི་དབང་ཐང་སྐྱན་གྲགས་ཆེ་ཤོས་ཡིན་པའི་བུད་མེད་ཀྱི་ཆབ་སྲིད་མཁས་ཅན་པ་ཞིག་ཀྱང་རེད།

བཙན་པོ་འདུས་སྲོང་མང་པོ་རྗེ་ནི་སྐུ་གཞོན་ནུའི་དུས་ནས་གཞན་དང་མི་འདྲ་བའི་འཛོན་ཐང་ཆེན་པོ་ཡོད་པར་གྲགས་ཤིང་། དཔེར་ན་གཞོན་ནུའི་སྐབས་ནས་ཕག་རྒོད་བཏུལ་བ་དང་། གཡག་རྒོད་སྒྲོག་གི་ནང་དུ་བཙུག་པ་དང་། སྟག་དམར་ཡག་གི་རྣ་བ་ནས་བཟུང་བ་སོགས་སྐུ་རྩལ་ཆེན་པོ་ཡོད་པ་རེད། སྐུ་ན་ཆེན་པོར་སོན་རྗེས་དྲག་ལས་དཔའ་རྩལ་དེ་བས་ཁྱད་དུ་འཕགས་པ་སོང་བར་མ་ཟད། རྒྱལ་སྲིད་གནང་

དོན་ལ་ཐག་གཅོད་མཛད་སྐབས་འཆར་འགོད་ཞིབ་ཕྲ་དང་ཧུས་ཟབ་ལ་ཕུགས་རིང་བ། མཁས་མཛངས་ལྡན་ཞིང་བློ་ཐག་ཆོད་པ་ནི་གཞན་སུས་ཀྱང་འགྲན་དཀའ་བ་ཞིག་རེད། ཁྲི་ལ་བཞུགས་སྐབས་ཀྱི་བློན་ཆེན་ནི་མགར་གྱི་བུ་ཆེ་བ་བཙན་སྙ་ལྡོམ་བུས་བྱས་ཤིང་། རྗེས་སུ་བཙན་སྙ་ལྡོམ་བུ་དང་མགར་གྱི་བུ་རྒྱུད་མང་ཉེན་སྟུག་ཚབ་ཟེར་བ་གཉིས་སྤྱུན་མཆེད་ནང་ཁུལ་དམེ་བོ་བྱུང་སྟེ་མང་ཉེན་སྟག་ཚབ་ཟེར་བས་བློན་ཆེན་བཙན་སྙ་ལྡོམ་བུ་བཀུམས་པ་རེད། འདུས་སྲོང་མང་པོ་རྗེས་ཁོང་གི་གཅུང་པོ་མགར་ཁྲི་འབྲིང་བཙན་བྲོད་ལ་བློན་ཆེན་པོར་བསྐོ་གཞག་གནང་། བོད་ཤིང་ལུག་ལོ་(སྤྱི་ལོ་༨༦༥)མགར་བཙན་སྙ་ལྡོམ་བུའི་གཅུང་པོ་ཆུང་བ་མགར་ཁྲི་འབྲིང་བཙན་བྲོད་ཐང་ཆེན་པོའི་དམག་དཔུང་གིས་གཏོར་ཕམ་བཏང་ནས་གཅུང་ཆུང་ཤོས་དེ་ཡང་ནུབ་ཡུལ་དམག་འཁྲུགས་ནང་དུ་འཛིན་བཟུང་ཤོར། དེ་ལྟར་མགར་ཁྱིམ་རྒྱུད་ཀྱིས་འགན་འཁུར་བའི་དམག་དོན་གྱི་བྱ་སྤྱོད་ཕལ་མོ་ཆེར་ཕམ་ཉེས་དང་ཐོང་གུན་ཚབས་ཆེན་ཕོག་ཡོད། འོན་ཀྱང་མགར་ཁྱིམ་རྒྱུད་བྱས་པ་ཆེ་བ་ལ་བརྟེན་ནས་མགར་གྱི་བུ་ཚ་ལ་སྤུར་རྒྱལ་གྱི་རྒྱལ་པོ་ཚང་ནས་འགེབས་སྲུང་དང་མཐོང་ཆེན། ད་དུང་གོ་བབ་མཐོ་ལ་དབང་ཆ་ཆེ་བ་བསྐུལ་ཡོད་སྐབས། བྱས་པ་ཆེ་ན་ཁེངས་དྲེགས་འཕེལ་ཟེར་བ་ལྟར་མགར་གྱི་བུ་རྒྱུད་རྣམས་ང་མིན་སུ་ཡིན་གྱི་ང་རྒྱལ་དང་སྤོབས་སེམས་ཇེ་ཆེར་གྱུར་པ་དང་། སུ་ལའང་རྩིས་མི་དགོས་པའི་རང་འདོད་ཁོ་ནས་མཐར་བཙན་པོ་འདུས་སྲོང་ལའང་ལྟར་སྣང་དུ་གུས་ཚུལ་སྟོན་པ་ཙམ་ལས། དོན་དམ་དུ་བརྩི་བཀུར་མི་ཞུ་བའི་རྣམ་འགྱུར་རིམ་བཞིན་གསལ་དུ་ཕྱིན་ནས་རྗེ་བློན་བར་གྱི་འགལ་ཟླ་རྙོ་དང་ཅན་ཞིག་ཆགས། བཙན་པོ་འདུས་སྲོང་མང་པོ་རྗེ་ཡང་རྒྱལ་བློན་བར་གྱི་གནས་བབ་ཚུལ་དང་མི་མཐུན་པ་དེ་ལ་ཉེན་བཞིན་ཐུགས་བློ་མི་བདེ་བར་གྱུར་ནས། མགར་གྱི་བུ་རྒྱུད་དེ་ཚོས་སྲིད་འགྱུར་སློང་བའི་ཉེན་ཁ་ཚབས་ཆེན་ཡོད་པ་ཐུགས་ལ་འཆར་ཏེ། བུ་རྒྱུད་དེ་ཚོར་སྟ་ཕྱི་མ་གཏོགས་ཞིབ་རྩིས་མཐར་ཕྱིན་པ་ཞིག་རྒྱག་དགོས་པའི་ཐུགས་དགོངས་ཟབ་མོ་ཞིག་ལོས་ཀྱིས་ཤར་བ་རེད།

《ཏུན་ཧོང་ནས་ཐོན་པའི་ཕྱུར་རྒྱལ་གྱི་ལོ་རྒྱུས་གནའ་ཡིག་》ནང་འཁོད་པ་ཞིག་ན། མགར་གྱི་བུ་རྒྱུད་སློ་བ་རིངས་པའི་ཚེ། བཙན་པོ་འདུས་སྲོང་གིས་མགུར་བླངས་པ་ཞེས་པའི་ནང་། བཙན་པོ་འདུས་སྲོང་དང་བློན་ཆེན་བར་ཆབ་སྲིད་ཀྱི་འགན་ཐྲ་ཤུགས་ཆེན་བྱུང་བའི་ཉེན་གནས་ལ་བཙན་པོ་ཐུགས་འཁྲུགས་པའི་དགོངས་ཚུལ་གསལ་པོ་མགུར་གྱི་ནང་དོན་དུ་གསལ་ཡོད་པ་རེད། མགུར་ཚིག་ཅུང་རིང་ཙམ་ཡོད་པའི་རྐྱེན་གྱིས་འདིར་བཀོད་མེད། ལོ་རྒྱུས་ཞིབ་འཇུག་མཁས་ཅན་གྱི་ངོ་སྤྲོད་གནང་བར་ཞིག་ན། བཙན་པོ་འདུས་སྲོང་གིས་བླངས་པའི་མགུར་ཚིག་འདི་ནི། ཚིག་སྦྱོར་ཐད་ནས་རང་ཅག་བོད་མི་རིགས་རང་གི་གནའ་བོའི་རྩོམ་རིག་ཡུལ་དུ་བྱུང་བ་ཞིག་ཡིན་པ་དང་། སྐབས་དེ་དུས་གཙོ་བོ་བོན་ཆོས་ལ་དད་ཞེན་བྱེད་པ་ཡིན་སྟབས། དུས་རབས་བདུན་པ་ནས་བརྒྱད་པའི་བར་བོད་མི་རིགས་ཀྱི་བསམ་བློའི་འདུ་ཤེས་འཛིན་སྟངས་ཇི་ལྟར་ཡིན་ཚུལ་རྟོགས་ཐུབ་རྒྱུར་སྟབས་བདེའི་ཡིག་ཚང་མཁོ་འདོན་ལེགས་པོ་ཞིག་བྱུང་བར་མ་ཟད། ང་ཚོས་གནའ་བོའི་བོད་མི་རིགས་ཀྱི་དོན་དངོས་རིག་གཞུང་སྒྱུ་རྩལ་གང་འདྲ་ཞིག་ཡོད་པ་རྟོགས་ཐུབ་ཀྱི་ཡོད། ད་དུ་ང་ཚོས་ཤེས་ཐུབ་པ་ཞིག་ནི་མགུར་ཚིག་འདི་གཏོད་པའི་རྗེས་སུ་གཞི་ནས་འཛམ་གླིང་ཐོག་ཤིན་ཏུ་སྙན་གྲགས་ཆེ་བའི་《གེ་སར་རྒྱལ་པོའི་སྒྲུང་》ཞེས་པའི་རྩོམ་སྲོལ་དེ་བྱུང་བ་ཡིན། དེའི་ཐོག་ནས་མགུར་ཚིག་འདིའི་ཡིག་ཚང་གི་རིན་ཐང་ཇི་ལྟར་ཡོད་པ་གོམ་གང་མདུན་སྤོས་ཀྱི་ངོས་འཛིན་ཞུ་ཐུབ་པ་དང་། མི་རིགས་ཀྱི་རིག་གནས་སྒྱུ་རྩལ་ལོ་རྒྱུས་ལ་ཞིབ་འཇུག་བྱེད་རྒྱུར་སེམས་ཤུགས་དེ་བས་བརྟན་པོ་ཞིག་སྐྱེས་ཐུབ་ངེས་རེད།

བོད་ས་ཁྲི་(སྤྱི་ལོ་༧༩༨ལོ་)ལོར་བཙན་པོ་འདུས་སྲོང་མང་པོ་རྗེས་མགར་ཁྲི་འབྲིང་བཙན་བྲོད་དམག་དཔུང་ཁྲིད་ནས་མདོ་སྨད་ཕྱོགས་སུ་དམག་དྲངས་ཏེ་ལོ་དྲུག་ལྷག་ཙམ་སོང་བའི་གོ་སྐབས་དང་བསྟུན་ཏེ། མགར་གྱི་ཁྲིམ་རྒྱུད་ཚོས་མི་ལོ་གྲངས་ཆ་ལྔ་བཞུ་ཙམ་གྱི་རིང་ལ་རྒྱལ་པོ་ཚང་ནང་དབང་འཛིན་བྱེད་པའི་སྟོབས་ཤུགས་ཚང་མ་གཏོར་ཐེངས་གཅིག་ལ་གཙང་དག་བཟོས་པ་རེད། དེ་དང་ཆབས་ཅིག་མགར་ཁྲི་

འབྲིང་གི་བློན་ཆེན་ལས་གནས་དབྱུགས་པ་དང་། མགར་ཁྲིམ་ཚང་གི་རྒྱུ་ནོར་ཡོངས་རྫོགས་གཞུང་བཞེས་བཏང་སྟེ་རྒྱལ་པོ་ཚང་དུ་བསྡུ་ལེན་གནང་བ་རེད། ད་དུང་འབྱུང་འགྱུར་ནང་དཔོན་དྲག་གི་མི་རྒྱུད་ནང་ནས་དབང་ཆ་ཆེན་པོ་ཟིན་ཏེ། མགར་གྱི་ཁྲིམ་རྒྱུད་བཞིན་བསྐྱར་གསོ་མི་ཡོང་ཆེད་དེ་ནས་བཟུང་བློན་ཆེན་ཞེས་པའི་གོ་བབ་མེད་པ་བཟོས་པ་དང་། བཙན་པོ་འདུས་སྲོང་མང་པོ་རྗེ་སྐུ་ངོ་མས་དམག་དོན་གྱི་དབང་ཆ་ཐད་གར་འཛིན་སྐྱོང་མཛད་དེ། སྟ་ཕྱིར་དམག་དཔུང་འཁྲིད་ནས་མདོ་སྨད་ཀྱི་ཐང་བོད་ས་མཚམས་དང་ནན་ཀྲོའི་དམག་ས་རང་དུ་དཔུང་བསྐྱོད་གནང་གི་ཡོད་པ་རེད།

ལོ་རྒྱུས་ཐོག་སྤུར་རྒྱལ་གྱིས་རྒྱ་ཡུལ་ནས་ཇ་དང་དཀར་ཡོལ་བཟོ་བའི་ལག་རྩལ་ནང་འདྲེན་བྱས་པའི་སྐྱུང་ཐུང་ངོ་མ་དེ། བཙན་པོ་འདུས་སྲོང་མང་པོ་རྗེའི་སྐུ་དུས་སུ་བྱུང་བ་ཡིན་ཞིང་། དེ་ཡང་ཉིན་ཞིག་རྒྱལ་པོ་སྙུན་གཞི་དྲག་པོས་མནར་བའི་སྐབས། ཕོ་བྲང་ནང་སྐུ་ངལ་གསོས་ནས་བཞུགས་ཡོད་པའི་དུས་སུ་ཕོ་བྲང་གི་ཕུ་ཤུའི་ཟུར་ན། བྱ་ཡིད་དུ་འོང་བ་སྔར་མཐོང་མི་མྱོང་བ་ཞིག་གི་ཁ་ན་ཤིང་བུའི་ལོ་མ་ཞུང་འཁྱེར་ཏེ། སྐད་སྙན་པོ་སྒྲོག་གིན་འདུག་པ་བཙན་པོས་གཟིགས་ཤིང་ཐུགས་སྣང་ཆེ་བ་མ་མཛད། དེའི་སང་ཉིན་ཡང་བྱ་དེ་རང་གིས་སྐད་སྙན་པོ་དེ་བཞིན་བྱེད་ཀྱིན་འདུག་པས། བཙན་པོའི་ཐུགས་ལ་ཐེ་ཚོམ་སྐྱེས་ཏེ་ཤིང་ལོར་གཟིགས་པས་སྔར་མཐོང་མ་མྱོང་བའི་ཤིང་ལོ་ཞིག་ཏུ་འདུག་ཅིང་། ཤིང་ལོའི་རྩེ་མོ་ཞལ་དུ་བཞེས་སྐྱེ་བྲོ་བ་མྱོང་པས་ཞལ་སྐྱེམས་པ་སོས། བཏུང་བའི་ཚེ་སྐུ་གཟུགས་བདེ་སང་དུ་ཕྱིན་པའི་མྱོང་ཚོར་ཤར་བས། བཙན་པོས་བློན་འབངས་རྣམས་འབོད་ནས་ང་ལ་བློ་ཉེ་བ་རྣམས་ཀྱིས་ཤིང་འདི་ལྟ་བུ་འཚོལ་བར་འགྲོ་དགོས། སུ་ལ་རྙེད་ཀྱང་བྱ་དགའ་ཆེན་པོ་སྦྱིན་ནོ་གསུངས། བློན་འབངས་ཚང་མས་བོད་ཡུལ་གྱི་ས་ཆ་སྟོད་སྨད་བར་གསུམ་གང་སར་བཙལ་ཀྱང་མ་རྙེད། མཐར་བློན་པོ་བློ་ཉེ་བ་བཙན་པོ་རང་ལས་བསམ་རྒྱུ་མེད་པ་ཞིག་གིས། ངས་བཙན་པོའི་ཐུགས་འདོད་ཡོད་པའི་ཤིང་འདི་བཙལ་ཐུབ་པ་བྱེད་རྒྱུ་ཡིན་ཅེས་ཁས་བླངས་ཏེ། བོད་ཀྱི་ས་མཐའ་བརྒལ་ནས་རི་ཀླུང་མང་པོ་བརྒྱབ་སྟེ་ལམ་བར་དུ་བགྲེས་

སྐོམ་ལ་སོགས་པའི་དཀའ་སྡུག་ཐམས་ཅད་ཁྱད་བསད་བྱས་ཏེ་འཚོལ་བར་ཕྱིན་པས། མཐར་རྒྱ་ཡུལ་གྱི་ཤིང་ནགས་སྟུག་པོ་ཞིག་མཐོང་། ཁོ་བོའི་བསམ་པར་ནགས་ཕ་གི་འདྲ་བའི་གསེབ་ན་ཤིང་དེ་རིགས་ཡོད་ངེས་བསམ་ནས་ཕྱིན་པ་ན། ཚུར་རོལ་དུ་ཆུ་ཆེན་པོ་གཅིག་འདུག་པས་འགྲོ་མ་ནུས། ཡུད་ཙམ་ན་ཉ་ཆེན་པོ་ཞིག་གིས་ཁོའི་མདུན་ངོས་ནས་ཆུའི་ཕར་ངོས་སུ་བཞར་སོང་བ་ལ་བལྟ་སྐབས། ཆུ་ཁ་ཞེང་ཆེ་བ་ཙམ་ལས་གཏིང་ནི་ཟབ་པོ་མེད་པ་ཤེས་རྗེས། དགའ་ཐག་ཆོད་ནས་ཉ་དེའི་རྗེས་སུ་ཆུ་བརྒལ་ཕྱིན་ཏེ་ནགས་གསེབ་ཏུ་སླེབས། ནགས་གསེབ་དེའི་ནང་གི་ཤིང་དེ་འདྲ་བ་འཁྱེར་ཡོང་བའི་ཤིང་དང་གཅིག་པ་རེད་འདུག་པས། ཁོའི་བསམ་པར་ད་ནི་བཙན་པོའི་སྨན་གཞི་ལས་སྐྱབས་ཐུབ་པ་དང་བདེ་ཐང་ཡོང་ངེས་རེད་སྙམ། ཤིང་ཁུར་པོ་གཅིག་བཏས་ཏེ་བསམ་པར་ས་ཐག་རིང་བ་འདུག་པས། ད་ལན་ཁལ་འགེལ་སའི་ཕྱུགས་རིགས་ཤིག་ཡོད་ན་ཅི་མ་རུང་སྙམ་པའི་སྐབས། ནགས་གསེབ་ནས་ཤྭ་བ་ཡུ་མོ་གཅིག་འཛིགས་སྣང་མེད་པར་ཁོའི་འགྲམ་དུ་འོང་། ཁོ་པའི་བསམ་འདུན་ཆོས་བཞིན་སྒྲུབས་ཏེ་དགའ་སྤྲོའི་ངང་ཤྭ་བ་ལ་ཁལ་རྒྱབ་གཅིག་དང་། ཁོ་རང་གི་ཁུར་པོ་གཅིག་འཁུར་ཡོང་སྟེ་ནགས་གསེབ་ནས་ཐོན་ཡོང་། ཟླ་བ་གཅིག་ཙམ་སོང་ཚེ་གཞི་ནས་རྒྱལ་པོའི་ཕོ་བྲང་མཐོང་ཐུབ་པའི་ས་ཆར་སླེབས། ཤྭ་བས་ཕོ་བྲང་མཐོང་སའི་བར་དུ་བསྐྱལ་ནས་ཁལ་རྒྱབ་ཕབ་སྟེ་ཕྱིར་ལོག །བློན་པོས་ཤིང་རྣམས་ཕོ་བྲང་དུ་འཁུར་ཡོང་ནས་གུས་གུས་ཞུམ་ཞུམ་ངང་རྒྱལ་པོར་ཕུལ་བས། རྒྱལ་པོ་ཐུགས་ཤིན་ཏུ་དགྱེས་ནས་ཁོ་ལ་བྱ་དགའ་ཆེན་པོ་གནང་། རྒྱལ་པོས་འཕྲུང་ཛ་བཞེས་རྗེས་སྟུང་གཞི་རིམ་བཞིན་གསོ་བ་ལ་ཕན་འབྲས་ཆེན་པོ་ཐོན། དེ་ནས་རྒྱལ་པོས་ཡང་བཏུང་བའི་མཆོག་ཏུ་ཡོད་ཀྱང་བཏུང་སྟོད་སྟར་བཞིན་གཟི་དང་འཚོང་གསེར་སོགས་མིན་པ་གཅིག་འཚོལ་དགོས་པ་འདུག །དེ་ཡང་རྒྱ་ནག་རྒྱལ་པོ་ལ་དཀར་ཡོལ་ཟེར་བ་ཞིག་ཡོད་འདུག་པ་སློངས་ཤོག་ཅིག་གསུངས་པས། བློན་པོ་རྣམས་ཀྱིས་རྒྱལ་པོའི་བཀའ་བཞིན་སྤྱུང་ཤེས་ལྡན་ལ་འཛོན་ཐང་ཆེ་བའི་ཕོ་ཉ་ཞིག་འདེམས་སྒྲུག་བྱས་ནས་རྒྱལ་ཡུལ་དུ་དཀར་ཡོལ་སློང་བར་བཏང་། འོན་ཀྱང་

རྒྱལ་ནག་རྒྱལ་པོས་དཀར་ཡོལ་མ་བསྐུར་བར། རྒྱའི་དཀར་ཡོལ་བཟོ་མཁན་མཁས་པ་ཞིག་སྤྱུར་རྒྱལ་ཡུལ་དུ་བཏང་ཡོད་པར། བློན་པོས་བཟོ་པ་འདི་རྒྱལ་པོའི་སྐུ་མདུན་དུ་ཁྲིད་ཡོང་བས། བཙན་པོས་བཟོ་པར་བརྟོན་པའི་རེ་བ་བཞིན། མཛོད་ཀྱི་ནང་ནས་དཀར་ཡོལ་བཟོ་བར་མཁོ་བའི་རྒྱུ་ཆ་རབ་ནི་རིན་པོ་ཆེ་འཚོང་བུ་དང་། འབྲིང་ནི་འཇོང་། ཐ་མ་རྫོ་དཀར་པོ་ཟེར་བཞིན་བཟོ་བོ་ལ་རྩིས་སྤྲོད་བྱས། བཟོ་བོས་རྒྱུ་ཆ་ཡོད་པའི་ཚེ་དཀར་ཡོལ་ལ་རིགས་རྣམ་པ་མང་པོ་ཡོད་པས་ཇི་ལྟར་བཟོའོ་ཞེས་དྲིས་པས། བཙན་པོས་བཟོ་གནས་ཀྱི་རིགས་སྟར་རྒྱ་ནག་ཏུ་དར་བཟོ་མེད་པ། དཔེ་ན་དཀར་ཡོལ་གྱི་གཟུགས་ཁ་གཡེར་བ། སྲབ་པ། ཏང་པ་ཐུང་བ། མདོག་དཀར་ལ་འཛམ་པ། སྒོ་དྭངས་ལྡན་པ་ཞིག་དང་། དཀར་ཡོལ་གྱི་མཛེས་རྒྱན་རི་མོར་དཀར་ཡོལ་རབ་ལ་བྱའི་ཁ་ན་ཤིང་བུ་འཁྱེར་བའི་རིས་བྲིས། འབྲིང་ལ་ཆུ་དང་ཉ་མོའི་རིས་བྲིས། ཐ་མ་ལ་སྤང་རི་ཤྭ་བ་དང་བཅས་ཀྱི་གཟུགས་བཀོད། དེ་ལས་ཞན་པ་བྱུང་ན་རི་མོ་དང་རྣམ་གྲངས་གང་འོས་བཟོ་བོའི་བློས་དཔྱོད་ལ་གྲིས་ཤིག་གསུངས་སོ། །བཟོ་བོ་མཁས་པས་བཙན་པོའི་བཀའ་བཞིན་རྒྱུ་ཆ་ལེགས་ཉེས་ལ་བརྟེན་ནས་ཏེ་དཀར་ཡོལ་དར་ཚེ་(སྟར་མེད་བོད་དུ་དར་བ་ན་དར་དང་། ཚེ་དང་དཔལ་འབྱོར་འཕེལ་བ་ན་ཚེ་)ཞེས་པ་རིགས་མི་འདྲ་བ་དྲུག་ལ་བཟོ་སྤྲུས་ཤིན་ཏུ་ལེགས་པ་བསྐྲུནས། ཤོད་ཚུལ་ལྟར་ན་དཀར་ཡོལ་དར་ཚེ་ཞེས་པ་དེའི་གྲལ་སྟར་རྒྱ་ནག་ཏུའང་དར་བཟོ་མ་བྱུང་བར་གྲགས། ལོ་རྒྱུས་ཐོག་གི་སྐྲུང་གཏམ་དུམ་བུ་དེ་ལོ་ངོ་བརྒྱ་ཕྲག་མང་པོ་དར་ཁྱབ་བྱུང་བའི་རྗེས། གཞི་ནས་བོད་ཀྱི་ལོ་རྒྱུས་ཡིག་ཚང་ནང་དངོས་སུ་བཀོད་ཡོད་པ་རེད། དེའི་ཐོག་ནས་བོད་དུ་གནའ་བོ་ནས་འཐུང་ཇ་དང་དཀར་ཡོལ་བཟོ་བའི་ལག་རྩལ་དར་ཡོད་པ་དོན་དངོས་ཡིན་པར་མ་ཟད། བོད་རྒྱ་མི་རིགས་དབར་ཕན་ཚུན་མཛའ་གྲོགས་ཀྱི་འགྲོ་འོང་བྱེད་པའི་ལོ་རྒྱུས་ཀྱི་འབྱུང་བ་དཔང་རྟགས་གསལ་པོ་ཞིག་རེད།

(༤) བཙན་པོ་ཁྲི་ལྡེ་གཙུག་བརྟན་གྱིས་རྒྱ་བཟའ་གྱིམ་ཤིན་ཀོང་ཇོ་ཁབ་ཏུ་བཞེས་པ་དང་ཐང་མིང་ཧོང་གིས་མཚན་མོའི་རྟ་ཐོག་པོ་ལོང་འཁྲུན་པ།

བོད་ཆུ་ཡོས་ (སྤྱི་ལོ་༧༠༣) ལོར་བཙན་པོ་འདུས་སྲོང་མང་པོ་རྗེས་དམག་དཔུང་འཁྲིད་དེ་ནན་ཀྲོའོ་དུ་(དེང་ཡུན་ནན་ཞིང་ཆེན་ཁུངས་)དཔུང་བསྐྱོད་གནང་བ་དང་། ཕྱི་ལོའི་དགུན་དུས་སུ་ནན་ཀྲོའོ་དང་ཉེ་བའི་སྐར་ཐོག་ཏུ་བཞུགས་སྐབས་དགྲ་དམག་གིས་བཀྲོངས་པར་གྲགས། ལོ་རྒྱུས་ཡིག་ཚང་འགའ་རེའི་ནང་ཧོར་དམག་གིས་བཀྲོངས་ཟེར། གང་ལྟར་སྐུ་ཉུས་ཆ་ཚང་བཙལ་རྙེད་མ་བྱུང་བ་དང་། སྐུ་གཤེགས་དུས་དགུང་ལོ་ཉི་ཤུ་རྩ་བདུན་ལ་ཕེབས། དེ་ནས་དེའི་སྲས་ཁྲི་ལྡེ་གཙུག་བརྟན་གྱིས་རྒྱལ་སྲིད་འཛིན། བོད་ཤིང་འབྲུག་ (སྤྱི་ལོ་༧༠༤) ལོའི་དཔྱིད་དུས་སུ་སྲས་ཁྲི་ལྡེ་གཙུག་བརྟན་སྐུ་འཁྲུངས། བཙན་པོ་སྐུ་ན་མ་སོན་པས། ཆབ་སྲིད་ཀྱི་ཐུགས་འགན་ཚང་མ་སྲས་ཀྱི་ཕྱི་མོ་འབྲོ་བཟའ་ཁྲི་མ་ལོད་ཀྱིས་བཞེས། རྒྱལ་པོ་སྐུ་གཤེགས་པ་དང་སྲས་སྐུ་ན་མ་སོན་པའི་བར་དུ། བློན་ལོག་པ་རེས་ནས་ངན་སེམས་བཅང་བཞིན་གྱིན་ལོག་བྱེད་རྒྱུའི་གློག་རྡུས་གོ་སྐབས་འཚོལ་ནས་རྒྱལ་སྲིད་མགོ་རྟིང་སློག་རྒྱུའི་གཡོ་བཤམས་ཡང་། འབྲོ་བཟའ་ཁྲི་མ་ལོད་ཀྱི་གཙོ་སྐྱོང་གནང་བའི་འོག །ཇོ་ལོག་གི་བློན་རིགས་གཏེ་པོ་ལ་དགོས་ངེས་ཀྱི་ཁྲིམས་གཅོད་ནན་པོ་ཞིག་བཏང་པ་རེད། དེ་བཞིན་སྲས་བཙན་པོ་དགུང་ན་ཆུང་བས་ཁུ་མང་པོ་རྗེ་ལྷ་ཟུང་བྱ་བར་བློན་ཆེན་པོའི་གོ་གནས་བསྐོ་གཞག་གནང་བས། འབྲོ་བཟའ་ཁྲི་མ་ལོད་ཀྱིས་བློན་འདི་ཕྲ་མ་ཡིན་པའི་སྐོར་སྙན་དུ་གསན་ནས། ཁུ་མང་པོ་རྗེ་ལྷ་ཟུང་ལ་ཁྲིམས་ཉེས་ཕབ་ཅིང་། དེའི་ཚབ་ཏུ་དབས་ཁྲི་གཟིགས་ཞང་ཉེན་བྱ་བ་བློས་འགེལ་ཆོག་པའི་མི་འདི་བློན་ཆེན་དུ་བསྐོ་གཞག་མཛད། སྲས་ཀྱིས་མི་སྣ་བསྐོ་གཞག་བྱེད་རྒྱུའི་ཐད་ནོར་འཁྲུལ་བྱུང་བ་འཕྲལ་དུ་ལེགས་བཅོས་གནང་། དེའི་ལོར་སེ་རིབ་ཅེས་པའི་རྒྱལ་ཕྲན་སོགས་ནས་ཇོ་ལོག་བྱེད་མཁན་རྣམས་ཀྱང་དམག་དང་ཁྲིམས་ཀྱིས་མནན་ཞིང་། ལོ་བཞི་སོང་རྗེས་བོད་ས་བྱ་ལོ་ (སྤྱི་ལོ་༧༠༩) སེ་རིབ་ཀྱི་རྒྱལ་པོ་ཡང་གསོན་བཟུང་བྱེད་ཐུབ་པ་སོགས་དེ་ནས་བཟུང་བཙན་པོའི་

ཆབ་སྲིད་ཀྱི་དབང་སྒྱུར་ཇེ་བརྟན་དང་སྤྱི་ཚོགས་བདེ་འཇགས་སུ་གནས་ཐུབ་པ་བྱུང་།

བོད་ལུགས་ཁྲི་(སྤྱི་ལོ་༡༧༠)ལོར་བཙན་པོ་ཁྲི་ལྡེ་གཙུག་བརྟན་གྱིས་ཐང་རྒྱལ་རབས་ཀྱི་སྲས་མོ་ཀྲིམ་ཤིང་ཀོང་ཇོ་ཁབ་ཏུ་བཞེས། ཀྲིམ་ཤིང་ཀོང་ཇོ་ནི་ཐང་ཆེན་པོའི་རྒྱལ་ཁབ་ཀྱི་རྒྱ་རྗེ་ཐང་ཀྲུང་ཙུང་གི་ཚ་མོ་ཡིན་ཞིང་། ཡབ་ཀྱི་མཚན་ལ་གཡུང་ཝང་ལི་ཧྲའུ་ལིའི་ཟེར། ཐང་བོད་གཉིས་ཆབ་སྲིད་ཀྱི་མཛའ་གྲོགས་འབྲེལ་བ་སྔར་ལས་དམ་ཟབ་ཡོང་ཆེད། ཐང་རྒྱལ་རབས་ཀྱིས་ཐེངས་གཉིས་པ་རྗེ་རིགས་ཀྱི་སྲས་མོ་ཀྲིམ་ཤིང་ཀོང་ཇོ་སྤུར་རྒྱལ་བཙན་པོའི་བཙུན་མོར་སྟེར་བ་རེད། སྐབས་དེ་དུས་སྤུར་རྒྱལ་གྱི་བློན་པོ་ཞང་ཧོ་རེ་ལྷས་བྱིན་ལ་སོགས་པ་བརྒྱ་བཟའ་ཀྲིམ་ཤིང་ཀོང་ཇོ་བཙུན་མོར་བསུ་བའི་གཉེ་བོ་རྣམས་རྒྱལ་ས་ཁྲང་ཨན་དུ་འཁྱོར་ཏེ་ཐང་གོང་མར་བཙུན་མོ་སློང་བའི་འབུལ་རྟེན་རྣམས་ཕུལ་ནས་རྒྱུ་མཚན་རྣམས་ཞུས་པས། རྒྱལ་པོས་སྲས་མོ་ཀྲིམ་ཤིང་ཀོང་ཇོ་སྟེར་རྒྱུའི་ཞལ་བཞེས་མཛད་པའི་རྗེས། རྒྱལ་པོས་སྤུར་རྒྱལ་གྱི་པོ་ཉ་རྣམས་ལ་སྟེ་ལེན་གཟབ་རྒྱས་ཤིག་གནང་བ་དང་། ཕན་ཚུན་མཛའ་གྲོགས་འཆམ་མཐུན་གྱི་རྣམ་པའི་འོག །སྤུར་རྒྱལ་གྱི་བློན་པོ་རྣམས་ཀྱིས་རྟ་ཐོག་ནས་ཕོ་ལོང་འཕེན་པའི་འགྲན་བསྡུར་ནང་བཞུགས་པ་རེད། སྤུར་རྒྱལ་གྱི་རྟ་ཐོག་ཕོ་ལོང་འཕེན་པའི་སྒྱུ་རྩལ་ཤིན་ཏུ་སྦྱོང་པོ་དང་མཁས་པ་ཡིན་པས། སྐབས་དེའི་ཐང་གི་རྒྱལ་ས་ཁྲང་ཨན་གྲོང་ཁྱེར་ཡོངས་ལ་སྐད་གྲགས་བཞག་པ་ཞིག་བྱུང་བ་རེད། བཤད་ཚུལ་ལྟར་ན་སྤུར་རྒྱལ་གྱིས་རྟ་ཐོག་ཕོ་ལོང་འཕེན་པའི་སྒྱུ་རྩལ་སྐོར་བོད་ཡིག་གི་ལོ་རྒྱུས་ཡིག་ཚང་ནང་གསལ་མེད་ཀྱང་། རྒྱའི་ལོ་རྒྱུས་ཡིག་ཚང་ནང་ཞིབ་གསལ་འཀོད་ཡོད་པ་རེད། སྐབས་དེ་དུས་སྤུར་རྒྱལ་གྱི་བློན་རྣམས་ཁྲང་ཨན་དུ་བཞུགས་རིང་། རྒྱ་རྗེ་ཀྲུང་ཙུང་གིས་སྤུར་རྒྱལ་བློན་པོ་རྣམས་ལི་ཡོན་ཐིང་ཙེ་ཞེས་པའི་གནས་དེར་རྟ་རྩེད་ཕོ་ལོང་གཟིགས་མོར་གདན་ཞུ་གནང་། དེ་དུས་སྤུར་རྒྱལ་བློན་པོ་རྣམས་ཀྱིས་རྒྱལ་ས་ཁྲང་ཨན་དུ་ཡོད་པའི་གོང་མའི་ཕོ་བྲང་གི་ཁོངས་གཏོགས་རྟ་རྩེད་ཕོ་ལོང་རུ་ཁག་དང་མཉམ་དུ་འགྲན་སྡུར་བྱེད་རྒྱུའི་རེ་བ་ཞུས་པར། གོང་མ་ཀྲུང་ཙུང་གིས་མོས་མཐུན་གནང་། འགྲན་སྡུར་ཐེངས་

དང་པོར་སྤུར་རྒྱལ་གྱི་ཕོ་ཉ་ཚོར་རྒྱལ་ཁ་ཐོབ་ནས་གོང་མའི་ར་ཐོག་ཕོ་ལོང་ཏུ་ཁག་པམ། དེའི་སྐབས་ལྷད་མོ་བའི་འདུ་ཚོགས་ཀྱི་ཁྲོད་དུ་རྗེས་སུ་ཐང་གི་རྒྱལ་པོར་བསྐོ་གཞག་བྱས་པའི་ཐང་མིང་ཧོང་ཞེས་པ་དེ་ཡང་ཕེབས་ཡོད། ཁོང་ནི་ཐང་ཞོན་ཙུང་ལིའི་ལུང་ཅེས་ཞུ་བ་ཐང་རྒྱལ་རྒྱུད་ཀྱི་སྲས་ཤིག་ཡིན་པ་དང་། རྣམ་ཀུན་ར་ཐོག་ཕོ་ལོང་རྒྱག་རྒྱུར་ཤིན་ཏུ་མཁས་པོ་ཡོད་ཅིང་། ཁོང་གིས་ར་ཐོག་ཕོ་ལོང་ཏུ་ཁག་གཅིག་འཁྲིད་དེ་སྤུར་རྒྱལ་ཏུ་ཁག་དང་འགྲན་བསྡུར་ཉིན་གང་བྱས་ཏུང་རྒྱལ་ཕམ་དབྱེ་བ་མ་ཆོད་པར། དགོང་དྲོ་མུ་མཐུད་ནས་འགྲན་སྡུར་བྱས། དེའི་སྐབས་ཕྱོགས་བཞིར་ལྐང་ཞུའི་འོད་མདངས་ཁྲ་ལྷམ་མེར་འཁྱོད་དེ་ལྷད་མོ་བ་ཚོར་ཉིན་མོ་ཡིན་པ་ལྟ་བུ་ལས་མཚན་མོའི་སྣང་ཚུལ་གང་ཡང་མ་འཆར་བ་དང་། ཕོ་ལོང་རྒྱག་མཁན་ཚོས་ཀྱང་ཕུལ་བྱུང་གི་ཁྱད་རྩལ་ངོམ་པ་དང་། འགྲན་སྡུར་བྱེད་ཤུགས་དེ་བས་ཆེ་ཏུ་སོང་སྟེ་ལྷད་མོ་བའི་སྤྲོ་སེམས་ཀྱི་རྣམ་པ་རབ་ཏུ་འཕེལ་ནས། ར་ཐོག་ཕོ་ལོང་གི་འགྲན་བསྡུར་མིག་འཕྲུལ་བ་ལྟ་བུར་ལྷད་མོ་བའི་ཚོགས་ར་ཡོངས་སུ་བསྡུགས་བརྗོད་ཀྱི་སྐད་ཤུགས་ཅུར་སྒྲས་ཁེངས་པ་རེད།

སྤྱི་ལོའི་དུས་རབས་བདུན་པའི་ནང་སྲོང་བཙན་སྒམ་པོའི་སྐུ་དུས་སམ་དེའི་མཇུག་གི་བཙན་པོ་རིམ་བྱོན་དུས། སྔ་ཕྱིར་སྤུར་རྒྱལ་གྱི་གཞོན་ནུ་འདེམས་སྒྲུག་གིས་ཐང་ཆེན་པོའི་རྒྱལ་ས་ཁྲང་ཨན་དུ་སློབ་སྦྱོང་བྱེད་པར་བཏང་བ་དང་། སྤུར་རྒྱལ་གྱི་གཞོན་ནུ་ཚོས་སློབ་སྦྱོང་བྱེད་ཞོར་དུ་ཁྲང་ཨན་གྲོང་ཁྱེར་ཉེ་ཁོར་དུ་ར་ཐོག་ཕོ་ལོང་རྒྱག་རྒྱུར་ཧ་ཅང་དགའ་པོ་ཡོད་པ་དང་། གནའ་བོའི་དམག་དོན་གྱི་ཁྱད་ཆོས་ཡོད་པའི་ར་ཐོག་ཕོ་ལོང་གི་སྒྱུ་རྩལ་འདི་སྤུར་རྒྱལ་དམངས་ཁྲོད་ནང་དར་ཁྱབ་ཆེན་པོ་ཡོད་པ་དང་། སྐབས་དེ་དུས་ཐང་ཆེན་པོའི་རྒྱལ་རབས་སུ་ར་ཐོག་ཕོ་ལོང་རྒྱག་སྟོལ་མེད་སྟབས། སྤུར་རྒྱལ་གཞོན་ནུ་ཚོས་ར་ཐོག་ཕོ་ལོང་གི་ལུས་རྩལ་འབྲུག་པོ་རྒྱག་པ་དེར་ཐང་གི་མི་དྲག་མང་པོས་ལྷད་མོ་བལྟ་བར་ཡོང་གི་ཡོད་པ་རེད། དུས་ཚོད་རིང་པོ་སོང་བའི་ཚེ། ར་ཐོག་ཕོ་ལོང་རྒྱག་པའི་ལུས་རྩལ་འདི་ཁྲང་ཨན་གྲོང་ཁྱེར་དུ་དར་

ཁྲབ་ཆེ་རུ་ཕྱིན་པ་དང་། ལྷག་པར་དུ་རྒྱའི་མི་དྲག་སྟོབས་འབྱོར་ཆེ་བའི་བུ་ཕྲུག་ཚོས་རྟ་ཐོག་པོ་ལོང་རྒྱུག་རྒྱུར་ཤིན་ཏུ་དགའ་པོ་ཡོད་པར་བརྟེན། ཐང་ཞོན་ཙུང་ལི་ལུང་ཅིའི་གིས་རྟ་ཐོག་པོ་ལོང་རུ་ཁག་སྒྲིགས་འཛུགས་བྱས་ཏེ་སྤུར་རྒྱལ་རྟ་ཐོག་པོ་ལོང་རུ་ཁག་དང་འགྲན་བསྡུར་བྱེད་པའི་སྣང་ཚུལ་འདི་བྱུང་བ་རེད། དེའི་རྗེས་ཐང་རྒྱལ་རབས་ཀྱི་གྲགས་ཅན་རི་མོ་མཁས་པ་ཡན་ལིད་པིན་ཟེར་བ་དེས། སྤུར་རྒྱལ་དང་ཐང་རྒྱལ་གཉིས་ཀྱི་རྟ་ཐོག་པོ་ལོང་འགྲན་སྡུར་བྱེད་པའི་འཆར་སྣང་ལ་གཞི་བྱས་ཏེ། རུ་ཁག་གཉིས་པན་ཚུན་འགྲན་རྩལ་བྱེད་པའི་རྣམ་པ་ཞིག་རི་མོ་བྲིས་ཏེ། དེའི་མཚན་བྱང་ལ་ཐང་ཆེན་པོའི་རྒྱལ་པོ་“ཐང་མིང་ཧོང་གིས་མཚན་མོའི་རྟ་ཐོག་པོ་ལོང་འགྲན་བཞིན་པ”ཞེས་འགོད་ཡོད་པ་རེད། རི་མོའི་བྲིས་བྱ་འདི་ཉིད་ལོ་རྒྱུས་ཀྱི་དོན་སྙིང་རྒྱང་རིང་ལྡན་ཡོད་སྟབས། ད་ཆ་རྒྱལ་ཁབ་ནས་པེ་ཅིང་པོ་བྲང་རྙིང་པའི་རྩ་ཆེའི་ནོར་རྫས་ཁང་ནང་དུ་གཅེས་ཉར་བྱས་ཡོད་པ་དང་། འདི་ནི་བོད་རྒྱ་མི་རིགས་གཉིས་གནའ་བོའི་དུས་ནས་པན་ཚུན་མཛའ་གྲོགས་ཀྱི་འགྲོ་འོང་བྱེད་པ་དང་། རིག་གནས་སྤེལ་རེས་ཀྱི་འབྲེལ་བ་རྒྱུན་ཆད་མེད་པ་ཡོད་ཚུལ་ལ་དཔང་རྟགས་ནུས་ལྡན་ཞིག་བསྟན་ཡོད་པ་རེད།

སྤུར་རྒྱལ་དང་ཐང་རྒྱལ་གཉིས་ཆབ་སྲིད་ཀྱི་འབྲེལ་བ་དམ་ཟབ་ཡོང་ཆེད། ཐང་ཀྲུང་ཙུང་གིས་སྲས་མོ་ཀྱིམ་ཤིང་ཀོང་ཇོ་སྤུར་རྒྱལ་བཙན་པོའི་བཙུན་མོར་སྟེར་རྒྱུ་ཞལ་བཞེས་མཛད། ཀྱིམ་ཤིང་ཀོང་ཇོ་རྒྱལ་ས་ཁྲང་ཨན་ནས་ཞལ་གྲོས་གནང་སྐབས། གོང་མ་ཐང་ཀྲུང་ཙུང་ཉིད་ཀྲུང་བློན་པོའི་འཁོར་དང་བཅས་པ་ཧྲི་ཧྲིན་བྱ་བའི་(ད་ལྟ་ཞིང་ཧྲིན་ཟེར་)མཁར་རྫོང་དུ་ཕེབས་ནས། གནས་འདིར་དབུ་གུར་ཆེན་པོ་ཞིག་ཕུབ་སྟེ་ཀྱིམ་ཤིང་ཀོང་ཇོ་དང་སྤུར་རྒྱལ་གྱི་པོ་ཎ་ལྷན་དུ་གསོལ་སྟོན་གཟབ་རྒྱས་ཤིག་བཤམས་ནས་ཕེབས་སྐྱེལ་མཛད་པ་རེད། རྒྱལ་པོའི་བཀའ་བཞིན་ཐང་རྒྱལ་གྱི་གཡོན་ཏུའི་དམག་སྤྱི་ཆེན་མོ་དབྱང་ཙུན་ཧྲེང་བྱ་བ་ཀྱིམ་ཤིང་ཀོང་ཇོའི་ཕེབས་སྐྱུང་ལ་སྤུར་རྒྱལ་ཡུལ་དུ་ཕེབས། སྐབས་དེ་དུས་ཀྱིམ་ཤིང་ཀོང་ཇོ་ཕེབས་ལམ་བརྒྱུད་པའི་གྲོང་ཚོ་ཧྲི་ཕིན་རྫོང་ཟེར་བའི་ས་མིང་ཡང་“ཀྱིམ་ཤིང་རྫོང་”ཅེས་མིང་བསྒྱུར་པར་མ་ཟད། ཧྲི་ཕིན་རྫོང་གི་

བཙོན་པ་རྣམས་སློད་བཀྲོལ་བཏང་བ་དང་། ལོ་གཅིག་རིང་ཧྲེ་ཕིན་རྫོང་གི་འབངས་མི་སེར་རྣམས་དཔྱ་ཁྲལ་འཇལ་མི་དགོས་པ་ཐག་བཅད། 《དེབ་དམར་》དུ་ཇོ་སྲོད་བྱས་པ་གཞིག་ན། རྒྱའི་གོང་མས་མི་ཉག་གི་ཡུལ་ཐམས་ཅད་གྲིམ་ཤིང་ཀོང་ཇོར་བྱིན་ཞེས་པ་དང་། རྒྱའི་《ཐང་དེབ་གསར་མ་》ཞེས་པའི་ནང་དུའང་གོང་མས་གྲིམ་ཤིང་ཀོང་ཇོ་ལ་དར་དང་གོས་ཆེན་ཡུག་ཁྲི་ཕྲག་འགའ་ཙམ་དང་། རྩེད་མོ་མཁན་དང་བཟོ་བོ། དེ་བཞིན་ཆིའུ་ཚེ་ཞེས་བྱ་བའི་རོལ་མོ་དཀྲོལ་མཁན་དང་། གྲིམ་ཤིང་ཀོང་ཇོས་རྒྱ་ཡིག་གི་བསྟན་བཅོས《མོའོ་ཡི་སྙན་ངག་》དང་། 《གུས་སྲོལ་བསྟན་ཚིག》《ཙོའོ་ཡི་རྣམ་ཐར།》དེ་བཞིན《རྩོམ་ཡིག་གཅེས་བསྡུས་》སོགས་ཚར་རེ་བསྣམས་ཕེབས་ནས། སྤུར་རྒྱལ་དང་ཐང་རྒྱལ་གཉིས་ཀྱི་མི་རིགས་དབར་མཐུན་སྒྲིལ་དམ་ཟབ་ཡོང་ཆེད། རིག་གནས་སྤེལ་རེས་ཀྱི་བྱ་གཞག་ལ་ནུས་པ་ཆེན་པོ་འདོན་སྤེལ་བྱེད་ཐུབ་ཡོད། གྲིམ་ཤིང་ཀོང་ཇོ་སྤུར་རྒྱལ་དུ་ཕེབས་རྗེས་ལོ་ལྔ་བ་སྒྲིག་འཛུགས་མཛད་དེ་ནང་ཆོས་དང་སྨན་རྩིས་ལ་སོགས་པའི་བསྟན་བཅོས་མང་པོ་ཡིག་སྒྱུར་མཛད་ཡོད་པར་མ་ཟད། ད་དུང་རོལ་མོའི་བྱེ་བྲག་དཔེར་ན་ཧུའུ་ཆིན་ཟེར་བ་དང་། ཏམ་བུ་ར་ཟེར་བའི་རྒྱའི་རོལ་མོ་སྣ་ཚོགས་དང་རོལ་དབྱངས་ཀྱི་གཞུང་ལུགས་དང་བཅས་པའི་དཔེ་དེབ་མང་པོ་ནང་འདྲེན་གནང་ཡོད་པ་རེད།

བཙན་པོ་ཁྲི་ལྡེ་གཙུག་བརྟན་གྱི་བཙུན་མོ་ཞིག་གི་ངོས་ནས། སྤྱི་ལོ་༧༡༠ལོར་སྤུར་རྒྱལ་དུ་ཕེབས་པ་དང་སྤྱི་ལོ་༧༣༡ལོར་སྐུ་གཤེགས་པའི་བར་སྤུར་རྒྱལ་ཡུལ་དུ་མི་ལོ་སུམ་ཅུ་རྩ་གཅིག་ཙམ་ཕྱག་ཕྱིལ་པོ་འཚོ་ཞིང་བཞུགས། མི་ལོ་སུམ་ཅུའི་རིང་ལ་ཁོང་གིས་ཐང་རྒྱལ་དང་སྤུར་རྒྱལ་གཉིས་མནའ་སྒྲིལ་ཡོང་རྒྱུའི་ཆེད་དུ་སྐུ་ངལ་ཚད་མེད་བསྐྱོན་ཡོད། སྤུར་རྒྱལ་དང་ཐང་རྒྱལ་གཉིས་སྐབས་རེ་མཐའ་མཚམས་སུ་དམག་འཁྲུག་ཆུང་རེ་འགའ་བྱུང་ཡང་། གྲིམ་ཤིང་ཀོང་ཇོས་དཀའ་ངལ་ཁྱད་བསད་ཀྱིས་ཕན་ཚུན་འདུམ་འགྲིག་འབད་བརྩོན་གནང་བ་ལ་བརྟེན་ནས་ཕྱོགས་གཉིས་ཕོ་ཉ་འགྲོ་འོང་ཟམ་མི་ཆད་པ་བྱུང་ཡོད། ཐང་རྒྱལ་དང་སྤུར་རྒྱལ་གཉིས་ལ་གྲིམ་ཤིང་ཀོང་ཇོས་རེ་བ་ཞུས་པ་ལྟར། སྤྱི་ལོ་

༡༣༣ལོར་པན་ཚུན་ཕོ་ཉ་བཏང་ནས་མནའ་སྦྲེལ་བྱས་ཏེ་ཁྲི་ལིན་ཐང་(ད་ལྟ་མཚོ་སྔོན་ཞིང་ཆེན་ཁོངས་རྫོང་ཡོན་ཉི་བླ་རི་བོ་)ཞེས་པའི་ས་ཆ་དེ་སྤུར་རྒྱལ་གྱི་ས་མཚམས་སུ་བྱས་ཤིང་། དེ་དང་ཆབས་ཅིག་རྡོ་རིང་ཞིག་ཡི་གེ་བརྐོས་ནས་བཙུགས་ཡོད་པ་རེད། སྤྱི་ལོ་༡༣༡ལོར་ཀྲིམ་ཤིང་ཀོང་ཇོ་དགུང་གྱི་ར་ས་ལ་སྐུ་གཤེགས། སྤུར་རྒྱལ་བཙན་པོས་ཕོ་ཉ་མངགས་ཏེ་ཐང་རྒྱལ་པོ་ལ་བཙུན་མོའི་འདས་བརྗ་ཕུལ། གོང་མ་ཐང་ཞོན་ཙུང་གིས་ཉིན་ཞག་གསུམ་རིང་རྒྱལ་བློན་རྣམས་རྒྱལ་ཁང་དུ་འདུ་ཚོགས་བྱེད་མི་ཆོག་པ་དང་། རྒྱལ་ས་ཁྲང་ཨན་གྱི་འོད་བདེ་སྒོ་མོ་ཆེའི་ཕྱི་རོལ་དུ་ཀྲིམ་ཤིང་ཀོང་ཇོ་ལ་མྱ་ངན་ཞུ་བའི་འདས་མཆོད་ཀྱི་མཛད་སྒོ་ཆེན་མོ་ཞིག་ཀྱང་སྤེལ་བ་རེད།

ལོ་ངོ་སུམ་ཅུའི་རིང་། ཀྲིམ་ཤིང་ཀོང་ཇོས་རྒྱལ་ཁབ་ཀྱི་ཁེ་ཕན་དང་མི་རིགས་ཀྱི་མཐུན་སྒྲིལ་ཡོང་རྒྱུ་གཙོ་བོར་བཞག་ནས། དཀའ་ངལ་སྣ་ཚོགས་ལ་བྲྀད་བསད་གནང་སྟེ། བསམ་ཡུལ་ལས་འདས་པའི་དཀའ་སྡུག་ཚད་མེད་མྱོང་དགོས་བྱུང་ཡང་། སྙིང་སྟོབས་ཆེན་པོས་ས་མཐོའི་ཁ་ཧྲུང་མི་འདང་བ་དང་། ཆ་རྐྱེན་ཤིན་ཏུ་ཉམ་ཐག་གི་ཁུལ་དུ་འཚོ་གནས་གནང་སྟེ། སྤུར་རྒྱལ་མི་རིགས་དང་གཅིག་ཏུ་འདྲེས་ནས་དགུགས་མཉམ་གཏོང་དང་ལས་དབང་མཉམ་མཐུན་གནང་ཡོད། ཁོང་དང་ཝུན་ཤིང་ཀོང་ཇོ་འདྲ་བར་མཐའ་མཚམས་སུ་རྩ་བ་ཚུགས་ཏེ་གནམ་འོག་རང་ཁྱིམ་དུ་བརྩིས་ནས། སྤུར་རྒྱལ་དང་ཐང་རྒྱལ་གཉིས་ཀྱི་མི་རིགས་དབར་མཛའ་གྲོགས་ཀྱི་དོན་ཆེན་དང་། རིག་གནས་སྤེལ་རེས་ཀྱི་བྱ་གཞག་ལ་ཕུལ་དུ་བྱུང་བའི་ལེགས་སྐྱེས་ཕུལ་ཡོད་པར་མ་ཟད། ཁོང་གིས་སྤུར་རྒྱལ་གྱི་བརྟན་སྙིང་དང་དར་རྒྱས་ཡར་ཐོན་བཅས་ཡོང་བའི་ཆེད་དུ་ཆེ་གང་རིང་ལེགས་སྐྱེས་ཕུལ་ཡོད་པ་རེད།

འབྲེལ་ཡོད་ཀྱི་ལོ་རྒྱུས་ཡིག་ཆའི་ནང་འཁོད་ཡོད་པ་དང་། རང་རེའི་དམངས་ཁྲོད་ནང་མ་དག་རྒྱུན་འབྱམས་ཀྱི་ནོར་འཛོལ་འགའ་ཞིག་བྱུང་ཡོད་པ་ལ་གོ་སྐབས་འདི་དང་བསྟུན་ཏེ་ལེགས་བཅོས་ཞུ་འོས་པ་ཞིག་སྟེ། རྒྱ་བཟའ་ཀྲིམ་ཤིང་ཀོང་ཇོ་ནི་བཙན་པོ་ཁྲི་ལྡེ་གཙུག་བརྟན་གྱི་སྲས་འཇང་ཚ་ལྷ་དབོན་ཞེས་པའི་བཙུན་མོར་བསུས་

ནའང་། ཀོང་ཇོ་བོད་དུ་ཐོན་པའི་ལམ་བར་དུ་ཡོད་སྐབས་སྲས་འཇང་ཚ་སྐྱ་གཤེགས་པས་མཐར་ཡབ་ཀྱི་བཙུན་མོར་བཞེས་ཚུལ་སོགས་འཁོད་ཡོད། གསུངས་ཚུལ་འདིའི་རིགས་རང་རེའི་ཕ་མེས་ཚོའི་ཐུགས་སེམས་ནང་བག་ཆགས་ཟབ་མོ་ཡོད་པར་མ་ཟད། ང་ཚོའི་དུས་འདི་ལ་ཡང་བག་ཆགས་ཆེན་པོ་ཡོད། ཕ་མེས་ཚོས་མི་རབས་ནས་མི་རབས་བར་ངག་རྒྱུན་དུ་གསུང་འདོད་པའི་མ་དག་རྒྱུན་འཕྱམས་ཏེ། ད་ནས་བཟུང་མཚམས་འཛོག་གནང་དགོས་ངེས་ཤིག་རེད་སྙམ། གང་ལགས་ཅེས་ན། 《བོད་ཀྱི་ལོ་རྒྱུས་རགས་རིམ་གཡུ་ཡི་ཕྲེང་བ་》ཞེས་པའི་རྩོམ་པ་པོ་དང་། མཁས་དབང་ཆོས་བོད་རྒྱ་ཡིག་རིག་གཉིས་ཀྱི་ལོ་རྒྱུས་ཡིག་ཚང་མང་པོར་ནན་ཏན་གྱིས་དཔྱད་ཞིབ་དང་། དཔེ་ཞིབ། ཞིབ་བསྡུར་གང་མང་གནང་བ་བརྒྱུད། ང་ཚོ་ལ་ཡོངས་སུ་ གློས་འགེལ་ཆོག་པའི་གཞི་འཛིན་ས་དང་། ཁུངས་བཙན་པའི་དོན་དངོས་མང་པོ་ཞིག་མཁོ་འདོན་གནང་བར་མ་ཟད། ནོར་འཛོལ་གྱི་བཤད་ཚུལ་གྲུར་བ་དང་ལོ་རྒྱུས་ཀྱི་ལོ་རབས་འཁྲུལ་འཛོལ་འཁོད་པ་བཅས་ལ་ལེགས་བཅོས་གནང་འདུག

མཁས་དབང་ཆོས་དོན་དངོས་ཐོག་ཁྲིམ་ཤིང་ཀོང་ཇོ་སྤུར་རྒྱལ་དུ་ཕེབས་པའི་དུས་ཚོད་ནི། བོད་ལུགས་ཁྲི་(སྤྱི་ལོ་༦༧༠)ལོ་ཡིན་པ་གཏན་འཁེལ་གནང་ཡོད་པ་དང་། ཁྲིམ་ཤིང་ཀོང་ཇོ་བཙུན་མོར་བསུས་ཏེ་ཁབ་ཏུ་བཞེས་མཁན་བཙན་པོ་ཁྲི་ལྡེ་གཙུག་བརྟན་འདི་ཉིད་ཡིན་པ་དང་། ཁྲིམ་ཤིང་ཀོང་ཇོ་སྤུར་རྒྱལ་ཡུལ་དུ་ལོ་སུམ་ཅུ་རྩེལ་པོ་འཚོ་ཞིང་བཞུགས་པ། དེ་བཞིན་སྲས་འཇང་ཚ་ལྷ་དབོན་གྱི་བཙུན་མོ་(ཁྲིམ་ཤིང་ཀོང་ཇོ་)ཡབ་ཀྱིས་བཙུན་མོར་བཞེས་པའི་གླེང་ཚུལ་ལ། འགྲེལ་བཤད་དེ་ལྟར་གནང་ཡོད་པ་དཔེར་ན། གླེང་ཚུལ་དེའང་རྒྱུ་མེད་རྐྱེན་མེད་ཅིག་ཡིན་མི་སྲིད་དེ། སྔར་བཙན་པོ་ཡབ་འདུས་སྲོང་མང་པོ་རྗེའི་བཙུན་མོར་ཐང་གི་ཀོང་ཇོ་ཞིག་སློང་ན་ཡང་། ཐང་བོད་དབར་གྱི་འབྲེལ་བའི་གནས་བབས་ཀྱིས་རྐྱེན་པས་ལོ་ཤས་འགྱངས་པའི་བར་དུ། འདུས་སྲོང་མང་པོ་རྗེ་འཇང་ཡུལ་དུ་དམག་སར་བསྐྱོད་ནས་དགྲ་བོས་བཀྲོངས། དེའི་རྗེས་ཐང་བོད་གཉིས་འབྲེལ་བ་ལེགས་སུ་ཕྱིན་སྐབས། སྤུར་རྒྱལ་ནས་

ཕོ་ཉ་བཏང་སྟེ་ཐང་རྒྱལ་རིགས་ཀྱི་སྲས་མོ་གྱིམ་ཤིང་ཀོང་ཇོ་བསུས་ཏེ་བཙན་པོ་སྲས་ཁྲི་ལྡེ་གཙུག་བརྟན་གྱི་བཙུན་མོར་བཞེས་པའི་དངོས་བྱུང་ལོ་རྒྱུས་དེ་དག་རྒྱུན་དུ་མཐར་ཡབ་སྲས་གོ་ལྡོག་ནས་སྲས་ལ་བསུས་པའི་ཀོང་ཇོ་དེ་ཡབ་ཀྱི་བཞེས་པ་ཟེར་བའི་མ་དག་རྒྱུན་འཁྱམས་སུ་བྱུང་། ད་དུང་མ་དག་པའི་བཤད་ཚུལ་གཞན་ཞིག་ཡོད་པ་ནི། བཙན་པོ་ཁྲི་སྲོང་ལྡེ་བཙན་ནི་གྱིམ་ཤིང་ཀོང་ཇོའི་སྲས་ཡིན་ཞེས་པ་དེ་རེད། དེ་ཡང་ནོར་འཛོལ་ཡིན་པ་སྟེ་བོད་ས་ཡོས (སྤྱི་ལོ་༧༣༩) ལོར་རྒྱ་བཟའ་གྱིམ་ཤིང་ཀོང་ཇོ་སྐུ་གཤེགས་པ་དང་། བོད་ཆུ་རྟ (སྤྱི་ལོ་༧༤༢) ལོར་བཙན་པོ་ཡབ་ཁྲི་ལྡེ་གཙུག་བརྟན་དང་ཡུམ་སྣ་ནམ་བཟའ་མང་པོ་རྗེ་གཉིས་ཀྱི་སྲས་སུ་ཁྲི་སྲོང་ལྡེ་བཙན་པོ་བྲག་དམར་དུ་སྐུ་བལྟམས་ཞེས་གསལ་ཡོད་པ་རེད། 《གཡུ་ཡི་ཕྲེང་བ་》ཞེས་པའི་ནང་《ཏུན་ཧོང་ནས་ཐོན་པའི་སྤུར་རྒྱལ་གྱི་ལོ་རྒྱུས་ཡིག་ཆེན་》དང་《ཐང་དེབ་》སོགས་ལ་གཅིག་མཚུངས་སུ་གོང་གསལ་གྱི་ལོ་ཚིགས་དེ་དག་བཀོད་འདུག་པས་དེ་ནི་ཡིད་རྟོན་ཉུང་བའི་ལོ་ཚིགས་ཤིག་ཡིན་ནོ་ཞེས་འཁོད་འདུག

(༥) **བཙན་པོ་ཁྲི་སྲོང་ལྡེ་བཙན་ནི་སྲོང་བཙན་སྒམ་པོའི་རྗེས་སུ་བྱོན་པའི་མཁས་མཛངས་ལྡན་པའི་རྒྱལ་པོ་ཞིག་ཡིན་པ།**

བོད་ཤིང་རྟ (སྤྱི་ལོ་༧༥༣) ལོར་བཙན་པོ་ཁྲི་སྲོང་ལྡེ་བཙན་གྱི་ཡབ་བཙན་པོ་ཁྲི་ལྡེ་གཙུག་བརྟན་ཡར་འབྲོག་སྦྲ་ཚལ་དུ (དེང་སྐབས་ཁ་སྣང་དཀར་རྩེ་) རྔོག་ཞིབ་གནང་བའི་སྐབས་ལམ་དུ། ཚིབས་རྟ་དཀར་པོ་འདྲོགས་ནས་གླགས་མ་རྙེད་པར་ཚིབས་རྟ་ལས་ལྷུང་སྟེ་སྐུ་གཤེགས་པར་གྲགས་ཀྱང་། དོན་དངོས་ཐོག་ཕོང་གི་བློན་པོ་བློ་ལོག་ཅན་འབལ་སྐྱེས་བཟང་ལྡོང་ཚབ་དང་ལང་མྱེས་གཟིགས་ཟེར་བ་གཉིས་ཀྱིས་ལམ་བར་དུ་ཡབ་ཁྲི་ལྡེ་གཙུག་བརྟན་སྐྲག་ཏུ་བཀྲོངས་ནས་སྲིད་འགྱུར་དབང་འཕྲོག་རྩིས་བྱས་པ་དང་། ཚུལ་དེ་བློན་པོ་སྟག་སྒྲ་ཀླུ་ཁོང་གིས་རྟོགས་ནས་བཙན་པོ་ཁྲི་སྲོང་ལྡེ་བཙན་གྱི་སྙན་དུ་སྒྲོན། དེ་ནས་ལོ་གཉིས་པ་དེར། བོད་ཤིང་ལུག (སྤྱི་ལོ་༧༥༥) ལོར་བཙན་པོ་ཁྲི་སྲོང་ལྡེ་

བཙན་སྲིད་ཁྲིར་མངའ་གསོལ། བློན་སྟག་སྒྲ་ཀླུ་ཁོང་གིས་སྔན་དུ་གསོལ་བའི་ཡབ་བཙན་པོ་ཧྲི་ལྡར་བཀྲོངས་པའི་ལོག་གཡོ་གསལ་པོ་མཁྱེན་རྗེས། འཕྲུལ་དུ་ཐུགས་ཐག་ཆོད་པོས་དམག་དྲངས་ནས་ཡབ་རྒྱལ་པོ་བཀྲོངས་མཁན་ཉེ་ཅན་གཏེ་ཚོ་དམར་གསོད་བཏང་བར་མ་ཟད་དང་། རྒྱ་ནོར་དང་འབངས་མི་མཐའ་དག་གཞུང་བཞེས་བཏང་བ། ཁོ་པ་ཚོའི་ངན་རོགས་བྲན་གཡོག་དང་བཅས་པ་ཚང་མ་མཐའ་འཁོབ་ཏུ་རྒྱང་འབུད་བཏང་བ་བཅས། དུས་དེ་ནས་བཟུང་བཙན་པོ་ཁྲི་སྲོང་ལྡེ་བཙན་ནི་བློ་རྒྱ་ཡངས་ཤིང་སྙིང་སྟུང་འཛོམས་ལ་དཔའ་ཉམས་ལྡན་པ་དང་། སྲོང་བཙན་སྒམ་པོའི་རྗེས་ཀྱི་སྤུར་རྒྱལ་ལོ་རྒྱུས་ཐོག་ཆོས་སྲིད་སྟོབས་ཤུགས་དབང་གྲགས་ཆེ་ཤོས་དང་། མཁས་མཛངས་ལྡན་པའི་སྒོ་ནས་སྤུར་རྒྱལ་གྱི་ལོ་རྒྱུས་འོད་སྟོང་འབར་བའི་ལམ་བུ་ཞིག་གསར་གཏོད་མཛད་མཁན་གྱི་བཙན་པོ་ཞིག་ཏུ་མངོན་ཡོད།

ཁྲི་སྲོང་ལྡེ་བཙན་གྱིས་སྲིད་འཛིན་ཐོག་མར་མཛད་དུས་ཡབ་བཙན་པོ་ཁྲི་ལྡེ་གཙུག་བརྟན་དང་འདྲ་བར། སངས་རྒྱས་ཆོས་ལུགས་དང་བོན་ཆོས་གཉིས་ཕན་ཚུན་ཐབས་རྩོད་ཤིན་ཏུ་རྣོ་ངར་ཆེ་ཞིང་། སྤུར་རྒྱལ་རྒྱལ་པོ་ཚང་གི་དབང་ཆ་རྩ་བའི་ཆར་བོན་ཆོས་ལ་དགའ་བའི་བློན་ཆེན་རྣམས་ཀྱི་ལག་ཏུ་བཟུང་ཡོད་པ་དང་། ཁོང་ཚོས་བཙན་པོ་སྐུ་ན་གཞོན་པའི་གོ་སྐབས་དང་བསྟུན་ཏེ་སངས་རྒྱས་ཆོས་ལུགས་བྱེད་མི་ཆོག་པའི་བཀའ་རྒྱ་སྒྲིལ་བ་དང་། ར་ས་གཙུག་ལག་ཁང་གཙོ་བོར་བྱེད་པའི་ལྗོངས་ཡོངས་ཀྱི་སངས་རྒྱས་ཆོས་ལུགས་པའི་སྟོབས་ཤུགས་ཚང་མ་རྩ་མེད་མཐར་ཕྱིན་པ་གཏོང་རྒྱུའི་ལོག་གཡོ་བཤམས་ནས། སྤུར་རྒྱལ་ཡུལ་དུ་སངས་རྒྱས་ཀྱི་ཆོས་ལུགས་བཀག་འགོག་དང་། སངས་རྒྱས་ཆོས་ལུགས་ཀྱི་དགོན་པ་གཏོར་བཤིག་བཏང་ནས་ར་ས་གཙུག་ལག་ཁང་དུ་བཤས་ར་བྱས་ཏེ་ཁྲག་དྲི་བྲོ་བའི་ཡུལ་དུ་གྱུར་བ་དང་། ཇོ་བོ་ཤཱཀྱ་མུ་ནེའི་སྐུ་བརྙན་ས་འོག་ཏུ་སྦས་བཅུག །སངས་རྒྱས་ཆོས་ལུགས་ལ་དད་པའི་རྒྱའི་བཙུན་པ་དང་བལ་པོའི་བཙུན་པ་རྣམས་ཕྱིར་འབུད་བྱས། བཤད་ཚུལ་ལ་སྐབས་དེ་དུས་ཁྲི་ལྡེ་གཙུག་བརྟན་སྐུ་དུས་སུ་བཞེངས་པའི་ནང་ཆོས་དགོན་པ་ཕལ་མོ་ཆེ་རྩ་

གཏོར་བཏང་བ་ཡིན་ཅང་། དེ་ནི་བོད་ཀྱི་ལོ་རྒྱུས་ཐོག་ཏུ་བྱུང་ཐེངས་དང་པོའི་“ནང་ཆོས་བཀག་འགོག་གི་རྐྱེན་སློང་སྐབས་པ་”ཟེར་བ་དེ་རེད།

ཁྲི་སྲོང་ལྡེ་བཙན་སྐུ་ན་སོན་པའི་རྗེས། ཡབ་མེས་སྲོང་བཙན་སྒམ་པོའི་མཛད་ཕྱོགས་རྣམས་རྩ་བའི་ཆར་རྒྱུན་སྐྱོང་གནང་བ་དང་། བཙན་པོའི་གཡས་གཡོན་དུ་བློན་ཆེན་པོ་སྣང་བཞེར་ཟླ་བཙན་དང་བློན་ཆེན་པོ་སྟག་སྒྲ་ཀླུ་ཁོང་སོགས་པ་མཁས་ཤིང་མཛངས་ལ་དཔའ་ཞིང་བརྟུལ་ཕོད་པའི་ཞང་བློན་དེ་དག་གིས་ཞབས་ནས་འདེགས་ཏེ། མཐའ་བཞིའི་མངའ་འབངས་ཀྱི་ས་ཞིང་དང་ཐེམ་རྟུད་ཞིབ་གཤེར་གནང་བར་མ་ཟད། མངའ་ཁོངས་རྒྱ་སྐྱེད་རྒྱུན་མི་འཆད་པ་དང་། ཁྲིམས་ལུགས་ཁྲིམས་སྲོལ་གྱི་སྒྲིག་སྲོལ་སྣ་ཚོགས་འཕྲུས་སྐྱོ་ཚང་དུ་བཏང་བ། བཙན་པོར་ལྷག་བསམ་མ་དག་པའི་བློན་རིགས་བཅོས་སྒྲིག་དང་གཙང་སེལ་བྱས་ཏེ། སྲུར་རྒྱལ་རྒྱལ་རབས་ཀྱི་དབང་སྒྱུར་ལམ་སྲོལ་རིམ་བཞིན་འཕྲུས་སྐྱོ་ཚང་བ་དང་སྲ་བརྟན་དུ་བཏང་ཐུབ་ཡོད། ལྷག་པར་དུ་ཐང་རྒྱལ་དང་སྲུར་རྒྱལ་དབར་གྱི་འབྲེལ་བ་ཉེན་བཞིན་དམ་ཟབ་ཏུ་བཏང་སྟེ། ཕན་ཚུན་ཕོ་ཉ་བཏང་ནས་ཏེ་སྐྱེས་འབུལ་ནས་མཛའ་གྲོགས་ཀྱི་ཕྱོགས་སུ་གནས། འོན་ཀྱང་སྐབས་རེ་ས་མཚམས་སུ་དམག་འཁྲུག་ཆེ་མིན་ཆུང་མིན་འགའ་རེ་རྒྱག་དགོས་བྱུང་ཡོད། དཔེར་ན་བོད་ཆུ་ཕོ་སྟག (སྤྱི་ལོ་༧༦༣) ལོར་ཞང་བློན་རྒྱལ་གཟིགས་དང་བློན་སྟག་སྒྲ་ཀླུ་ཁོང་། ཞང་སྟོང་བཙན་ལ་སོགས་པས་བོད་དམག་འབུམ་ཕྲག་ཙམ་འཁྲིད་དེ་རྒྱལ་ས་ཁྲང་ཨན་ལ་ཕར་རྒོལ་བྱས་ནས་རྒྱའི་གོང་མ་ཐང་ཏའི་ཙུང་རེ་ཞིག་ཤེན་ཙུར་བྲོས་ཤིང་། བོད་དམག་གིས་ཁྲང་ཨན་ཉིན་བཅོ་ལྔ་བཟུང་ནས་མཐར་ཕྱིར་འཐེན་བྱས་པ་རེད། ཐེངས་དེའི་དམག་འཁྲུག་སྐོར་གྱི་གནས་ཚུལ་བོད་རྒྱ་གཉིས་ཀྱི་ལོ་རྒྱུས་ཡིག་ཚང་ནང་གསལ་ཡོད་པར་མ་ཟད། སྐབས་དེ་དུས་བོད་དམག་གིས་ད་དུང་ས་ཆ་ཙོང་ཁ་དང་ཀ་ཆུ། ཟོང་ཆུ་སོགས་ལ་དམག་དྲངས་ཏེ་མཁར་བཙན་མང་པོ་ཕམ་པར་བྱས་པའི་གནས་ཚུལ་ཡང་གསལ་ཡོད་པ་རེད།

བཙན་པོ་ཁྲི་སྲོང་ལྡེ་བཙན་གྱིས་ཡབ་མེས་ཀྱི་དགོངས་འདུན་བཞིན། སངས་རྒྱས

ཀྱི་ཆོས་ལུགས་རྒྱ་ཆེར་དར་སྤེལ་གནང་བ་དང་། བོན་ཆོས་ཀྱི་སྟོབས་ཤུགས་ལ་རྟུང་རྡེག་དྲག་པོ་བཏང་། བཙན་པོས་རྒྱ་གར་དང་། རྒྱ་ནག །ལི་ཡུལ། ཀཤྨིར། བལ་ཡུལ་སོགས་རྒྱལ་ཁབ་དང་ས་གནས་ཁག་ནས་སངས་རྒྱས་ཆོས་ལུགས་ཀྱི་བསྟན་བཅོས་དང་རིག་གནས་ཀྱི་དཔེ་དེབ་མང་པོ་ནང་འདྲེན་གནང་ཡོད་པར་མ་ཟད། རྒྱ་གར་མཁན་ཆེན་པོ་ཞི་བ་འཚོ་དང་སློབ་དཔོན་པདྨ་འབྱུང་གནས་གདན་དྲངས་ཏེ་དམ་ཆོས་བསྒྲགས་པ་དང་། སྤུར་རྒྱལ་ཡུལ་དུ་སངས་རྒྱས་ཆོས་ལུགས་ཀྱི་སྡེ་དགོན་ཐོག་མ་བཞེངས་ཏེ། སངས་རྒྱས་དང་། ཆོས་དགེ་འདུན་བཅས་དཀོན་མཆོག་གསུམ་གཅིག་ཏུ་བསྡུས་པའི་བསམ་ཡས་མི་འགྱུར་ལྷུན་གྱིས་གྲུབ་པའི་གཙུག་ལག་ཁང་བཞེངས། དེ་དང་ཆབས་ཅིག་རྒྱ་གར་གྱི་ནང་ཆོས་བཀའ་བསྟན་འགྱུར་ལ་སོགས་པ་སྣ་ཚོགས་བོད་སྐད་དུ་ཡིག་སྒྱུར་མཛད་པ་དང་། རྒྱལ་བློན་གྱི་བུ་ཕྲུག་རིག་པ་རྣོ་བ་འགའ་ཞིག་རབ་ཏུ་བྱུང་ནས་དགེ་འདུན་གྱི་སྡེ་བཙུགས་པ་དང་། འགའ་ཞིག་ཕྱི་རྒྱལ་དུ་སློབ་སྦྱོང་གཏོང་རྒྱུའི་ལམ་སྲོལ་བཙུགས་པ། ད་དུང་དགེ་འདུན་པའི་འདུས་ཚོགས་སྒྲིག་འཛུགས་བྱས་ཏེ། དེའི་ནང་ནས་བླ་ཆེན་འགའ་རེ་འདེམས་སྒྲུག་བྱས་ཏེ་ཆོས་བློན་དུ་བསྐོ་གཞག་བྱས་པར་བརྟེན། ཆོས་ལུགས་མི་སྣས་ཆབ་སྲིད་ལ་ཐེ་ཇུས་བྱེད་པའི་ཐོག་མའི་ལམ་སྣེ་ཞིག་གསར་གཏོད་མཛད། བཙན་པོ་ཁྲི་སྲོང་ལྡེ་བཙན་གྱི་སྐུ་རིང་ལ་སྤུར་རྒྱལ་གྱི་མངའ་འབངས་སྨུར་བའི་རྒྱ་སྐྱེད་བྱུང་བ་ནི། ལོ་རྒྱུས་དེབ་ཐེར་《མཁས་པའི་དགའ་སྟོན་》ནང་འཁོད་པར་གཞིག་ན། "བཙན་པོ་འདིའི་མངའ་ཐང་ནི། ཤར་སྐར་མ་སྨིན་དྲུག་འཆར་བའི་མཐའ་གེམ་ཤིང་ཁྲི་སྒོ་ལ་ཐུག །ལྷོ་མེ་བཞི་འཆར་བའི་མཐའ་ཆུ་བོ་གངྒའི་འགྲམ་དུ་རྡོ་རིང་བཙུགས་པ་ལ་ཐུག་སྟེ་འཛམ་བུའི་གླིང་སུམ་གཉིས་ལ་མངའ་མཛད་དོ། །"ཞེས་དང་། རྒྱ་གར་བྱང་ཕྱོགས་དང་བལ་པོ་སོགས་བོད་ཀྱི་ཆབ་འོག་ཏུ་སྡུད་པའི་སྐོར་དགེ་འདུན་ཆོས་འཕེལ་ལགས་ཀྱིས་མཛད་པའི་《དེབ་ཐེར་དཀར་པོ་》ལ་ཡང་གསལ་ཡོད།

བཙན་པོ་ཁྲི་སྲོང་ལྡེ་བཙན་གྱི་སྐུ་དུས་སུ། སྤུར་རྒྱལ་སྟོབས་དང་ལྡན་ཞིང་འབངས་

རྣམས་ཕྱུག་པ་དང་། མངའ་ཁོངས་རྒྱ་ཆེ་ལ་འབངས་རྣམས་ལྷག་བསམ་རྣམ་དག་ལྷད་མེད་པ། ཕྱོགས་བཞིའི་སྡེ་ཤོག་སོ་སོའི་འགོ་འཛིན་བྱེད་པོ་རྣམས་བཙན་པོ་ལ་གུས་ཕྱུག་དང་བཅེ་བཀུར་དཔག་མེད་ཞུས་ཏེ་དཔལ་ཁྲལ་དང་འབུལ་སྐྱེས་དུས་ཐོག་ཏུ་ཕུལ་བ་སོགས། མདོར་ན་བཙན་པོ་ཁྲི་སྲོང་ལྡེ་བཙན་གྱི་སྐུ་དུས་སུ་ཕྱུར་རྒྱལ་གྱི་བྲན་གཡོག་སྤྱི་ཚོགས་ཕྱོགས་ཡོངས་ནས་མངའ་ཐང་རྒྱས་ཤིང་དུས་བབ་བཟང་ཤོས་སུ་སྙེ་ཁྲིད་མཛད་ཡོད། སྐབས་དེ་དུས་ཕྱུར་རྒྱལ་སྤྱི་ཚོགས་ཀྱི་ཆོས་སྲིད་ལྟེ་གནས་ལྷོ་ཁའི་ཡར་ཀླུང་ཁུལ་དུ་གནས་ཡང་། བཙན་པོ་སྐུ་དངོས་ཐེངས་མང་སའི་ཕྱོགས་ལ་ཕེབས་ཏེ་གཙུག་ལག་ཁང་ཞིག་གསོ་རྒྱ་སྐྱིད་དང་། ད་དུང་ལྷ་སའི་ཕ་བོང་མཁར་དང་བྲག་ཡེར་པ་བཅས་ལ་སྒྲུབ་ཁང་སོགས་བཞེངས་ཡོད་པ་རེད།

བཙན་པོ་ཁྲི་སྲོང་ལྡེ་བཙན་གྱིས་ལྷག་བསམ་དྲང་བདེན་དང་། དཔའ་ངར་ལྡན་ཞིང་དམག་སྡེ་འཁྲིད་དེ་དམག་ཐོག་མཛད་རྗེས་ཆེན་པོ་བཞག་མྱོང་བའི་བློན་ཆེན་སྟག་སྒྲ་ཀླུ་ཁོང་ལ་གཟིངས་བསྟོད་གནང་ཆེད། བཙན་པོ་སྐུ་ངོ་མས་མནའ་ཚིག་ཡི་གེ་སྒྲོགས་སྤྲུང་གནང་བར་མ་ཟད། བཙན་པོས་བློན་ཆེན་སྟག་སྒྲ་ཀླུ་ཁོང་གི་བྱས་རྗེས་ཆེད་དུ་རྡོ་རིང་ཞིག་བཙུགས་དགོས་པའི་བཀའ་ཕབ་པར་བརྟེན། ཞོ་བྲང་པོ་ཏ་ལའི་འོག་གི་ཡིག་མེད་རྡོ་རིང་ནང་མའི་མདུན་ངོས་ཀྱི་ཁ་གཏད་དུ་རྡོ་རིང་ཞིག་བཙུགས་ཡོད། དེ་ནི་ད་ཕན་ཕྱུར་རྒྱལ་བཙན་པོའི་དུས་སུ་བཙུགས་པའི་རྡོ་རིང་གི་ནང་ནས་སྔ་ཤོས་གྲས་ཤིག་རེད། མི་རྣམས་ཀྱི་གོམས་སྲོལ་དུ་ཞོ་བྲང་པོ་ཏ་ལའི་"ཞོལ་རྡོ་རིང་ཕྱི་མ"ཞེས་འབོད་ཀྱི་ཡོད། རྡོ་རིང་གི་གཟུགས་དབྱིབས་ནི་གྲུ་བཞི་ནར་མོ་བ་དང་། རྡོ་རིང་སྟེགས་བུ་ཡང་གྲུ་བཞི། མཐོ་ཚད་ལ་སྨི་༡༠ ཞེང་ཚད་ལ་སྤྱི་སྨི་༠.༥ རྡོ་རིང་གི་རྩེ་མོར་ཆར་ཁེབས་དང་རྟག་ཡོད་པའི་ངོས་གསུམ་ལ་བོད་ཡིག་འཁོད་ཡོད་པ་ལས། ནུབ་ངོས་སུ་ཡིག་ཕྲེང་༤༨དང་། ཤར་ངོས་སུ་ཡིག་ཕྲེང་༡༤ ལྷོ་ངོས་སུ་ཡིག་ཕྲེང་༧༦ཡོད་ཅིང་། བྱང་ངོས་སུ་ཡི་གེ་འཁོད་མེད། རྡོ་རིང་འདི་ནི་ད་ཕན་ལོ་༡༢༠༠ལྷག་སོང་ཡོད་པ་དང་། ལོ་རྒྱུས་ཀྱི་འགྱུར་བ་ཇི་སྙེད་དང་དྲག་ཆར་རླུང་འཚུབ་ཀྱི་ནང་དུ་བསྐྱོད་སྐྱོན་ཇི་ལྟར་ཐོག

ཡོད་ཏུང་། བོད་ཡིག་ཡིག་ཕྲེང་རེ་རེ་བཞིན་གྱི་གཟུགས་བརྙན་རྣམས་དུས་ད་ལྟ་ཡང་བལྟ་ཐུབ་ལ་ཉམས་སྟོབས་ལྡན་ཞིང་། ཡི་གེའི་འབྲི་ཟུར་ཚང་མ་གསལ་ལྷམ་མེར་མངོན་ཐུབ་ཀྱི་ཡོད། རྡོ་རིང་འདིའི་ནང་དོན་གཙོ་བོ་ནི། བོད་ཆུ་སྟག་(སྤྱི་ལོ་༧༦༢)ལོར་བློན་ཆེན་སྟག་སྒྲ་ཀླུ་ཁོང་གིས་བཙན་པོའི་བཀའ་བཞིན་ཕྱུར་རྒྱལ་གྱི་དམག་དཔུང་ཁྲི་བཅུ་ཙམ་སྣེ་འཁྲིད་བྱས་ཏེ། ཐང་རྒྱལ་པོའི་རྒྱལ་ས་ཁྲང་ཨན་ལ་དཔུང་འཇུག་བྱས་ནས་རྒྱལ་པོ་ཐང་ཐས་ཙུང་ལིའི་ཡུའི། ཧྲན་ཀྲོའུ་ལ་བྲོས་བྱོལ་དུ་(དེང་སྐབས་ཧོ་ནན་ཞིང་ཆེན་ཧྲན་རྫོང་ཟེར་)འགྲོ་དགོས་བྱུང་བའི་སྐོར་སོགས་འཁོད་ཡོད་པ་རེད།

(༦) གྲགས་ཅན་གྱི་བོད་ལུགས་སྨན་པའི་རིག་གཞུང་གསར་གཏོད་མཛད་པོ་གཡུ་ཐོག་སྙིང་མ་ཡོན་ཏན་མགོན་པོ་མཆོག །

ཡབ་བཙན་པོ་ཁྲི་ལྡེ་གཙུག་བརྟན་དང་བཙན་པོ་ཁྲི་སྲོང་ལྡེ་བཙན་གྱི་སྐུ་དུས་སུ། མཚན་སྙན་ཡོངས་སུ་གྲགས་པའི་བོད་ལུགས་སྨན་པ་མཁས་ཅན་གཡུ་ཐོག་སྙིང་མ་ཡོན་ཏན་མགོན་པོ་ཞེས་བྱུང་སྟེ། དུས་ད་ལྟའང་བོད་རིགས་མི་དམངས་ཀུན་གྱིས་མ་ཤེས་མ་ཐོས་པ་ཧ་ལམ་མེད་པ་རེད། ཁོང་ནི་སྨན་པའི་ཀུན་སྤྱོད་བཟང་བ་དང་། སྨན་བཅོས་ཀྱི་ཐུག་ཤེས་མཆོག་ཏུ་གྱུར་པ། ཤེས་བྱའི་མཁྱེན་རྒྱ་ཡང་རྒྱས་སོན་པའི་བོད་ལུགས་ཀྱི་གསོ་བ་རིག་པའི་གཞུང་ལུགས་གསར་གཏོད་མཛད་པོ་ཞིག་རེད། ཁོང་གིས་མི་ཚེ་ཧྲིལ་པོའི་བྱ་བ་ཐམས་ཅད་ཕྱུར་རྒྱལ་གྱི་གསོ་བ་རིག་པའི་དོན་དུ་ཕུལ་འཛིན་དང་། སྲུང་སྐྱོབ། འཕེལ་རྒྱས་བཅས་ཀྱི་ཆེད་དུ་ཡོངས་རྫོགས་ལེགས་སྐྱེས་སུ་ཕུལ་བ་དང་། འགྲོ་བ་མིའི་རིགས་ཀྱི་གསོ་བ་རིག་པའི་བྱ་གཞག་ལ་རླབས་ཆེན་གྱི་ལེགས་སྐྱེས་ཕུལ་ཡོད་པར་བརྟེན། བོད་མི་དམངས་དང་རྒྱལ་ཡོངས་མི་དམངས་འཛམ་གླིང་མི་དམངས་བཅས་ཡོངས་ཀྱི་ཁོང་ལ་བླ་ན་མེད་པའི་གུས་ཞབས་དང་དགའ་ཞེན་བྱེད་པ་མ་ཟད། མི་རྣམས་ཀུན་གྱིས་ཁོང་ནི་“སངས་རྒྱས་སྨན་པའི་རྒྱལ་པོ་གཉིས་པ་ཡོན་ཏན་མགོན་པོ”ཞེས་པའི་མཚན་གསོལ་ཏེ་དད་བཀུར་ཞུ་བཞིན་ཡོད།

གཡུ་ཐོག་སྙིང་མ་ཡོན་ཏན་མགོན་པོ་ནི་བཙན་པོ་འདུས་སྲོང་མང་པོ་རྗེའི་ལྷ་སྨན་པ་ཡབ་གཡུ་ཐོག་ཁྱུང་པོ་རྡོ་རྗེ་དང་། ཡུམ་རྒྱ་པ་ཆོས་སྒྲོན་གཉིས་ཀྱི་སྲས་སུ་བོད་ས་སྤྲེལ་(སྤྱི་ལོ་༧༠༨)ལོར་ལྷ་སའི་སྟོད་ལུང་སྐྱིད་སྨར་བོད་ལུགས་སྨན་པའི་ཁྱིམ་རྒྱུད་དུ་སྐུ་འཁྲུངས། དགུང་ལོ་གསུམ་ལ་ཕེབས་དུས་ཡབ་གཡུ་ཐོག་ཁྱུང་པོ་རྡོ་རྗེའི་(སྨར་རྒྱལ་བཙན་པོ་འདུས་སྲོང་མང་པོ་རྗེའི་ལྷ་སྨན་པ་)དྲུང་ནས་ཡི་གེ་བྲིས་ཀློག་སློབ་འགོ་ཚུགས། དེ་ནས་རིམ་བཞིན་རིག་གནས་སྤྱི་དང་། ཁྱད་པར་གསོ་དཔྱད་སྨན་གྱི་རིག་པའི་གདམས་ངག་སློབ་སྦྱོང་མཛད། དེའི་སྐབས་ཁོང་སྐུ་ན་ཏ་ཙང་ཕྲ་ཡང་མཁྱེན་རབ་དང་བརྩོན་འགྲུས་རབ་ཏུ་ཆེ་བས་རིང་པོར་མ་སོང་བར་གསོ་བ་རིག་པའི་གཞུང་ལུགས་ལ་སྦྱངས་པའི་རྩལ་རྫོགས་ཏེ་མཁས་པའི་གོ་སར་ཕེབས། ཡབ་ཀྱི་ཐུགས་དགོངས་ལ་ངའི་བུ་འདི་ཡི་གེ་འབྲི་ཀློག་སོགས་རིག་གནས་སྤྱི་དང་། ཁྱད་པར་གསོ་དཔྱད་ཀྱི་གཞུང་ལུགས་ལ་ཐོགས་བརྡུགས་དང་ཉམ་ང་བག་ཚ་མེད་མངའ་བས། ད་ནས་བཟུང་ནད་པ་བསྐྱངས་ནས་ལག་ལེན་དངོས་ནང་སྦྱོང་བརྡར་བྱེད་དགོས་པ་འདུག་དགོངས་ཏེ། སྲས་ལ་གསུངས་པ་དང་སྲུགས་སློབ་མ་ཕྲུག་ཕྱིར་མངགས་ནས་ནད་པ་མང་པོར་སྨན་བཅོས་བྱེད་བཅུག །ཁོང་ནི་སྨན་པའི་སྤྱོད་ལམ་བཟང་བ་དང་། སྨན་བཅོས་ལག་རྩལ་ཁྱད་དུས་འཕགས་པ། ཞེས་བྱ་ཡོན་ཏན་ལ་མཁྱེན་རྒྱ་ཆེ་བ་ཡིན་སྟབས། རྒྱ་ཆེའི་མི་དམངས་ཀྱིས་གུས་བཀུར་དང་དགའ་ཞེན་ཟབ་མོ་ཐོབ་པ་རེད། གནས་ཚུལ་དེ་བཙན་པོ་སྲོང་ལྡེ་བཙན་གྱིས་མཁྱེན་པས། བློན་ཆེན་མངགས་ཏེ་གཡུ་ཐོག་ཆེན་པོ་བསམ་ཡས་ཕོ་བྲང་བྲག་དམར་དུ་གདན་ཞུ་མཛད་ནས་ཐོག་མར་རྒྱལ་པོ་ཉིད་ཀྱི་ལྷ་སྨན་ཆེན་པོ་སོགས་དང་གསོ་རིག་གཞུང་ལུགས་སྐོར་ལ་ཕན་ཚུན་དྲི་རྩེད་ཀྱིས་རྩོད་དུ་བཅུག་པས་མཐར་གཡུ་ཐོག་ཡོན་ཏན་མགོན་པོས་རྩོད་པ་ལས་རྒྱལ་བར་མ་ཟད། ཁུལ་དེར་སྨན་པ་གཞན་གྱིས་ཡུན་རིང་བཅོས་མི་ཐུབ་པའི་གློ་བའི་གཙོང་ནད་ཀྱིས་མནར་བའི་ནད་པ་འདི་ཁོང་གིས་བཅོས་ཐུབ་པ་བྱུང་། དེ་ལས་གལ་ཆེ་བ་ཞིག་སྟེ། བཙན་པོའི་ཆེམས་དང་སྤྱན་གྱི་སྣུང་གཞི་ལེགས་པར་བཅོས་ཐུབ་པའི་རྐྱེན་གྱིས། རྒྱལ་པོས་ལྷ་སྨན་གྱི་གོ་

ས་གནང་བ་དང་། གཟིགས་སྐྱོང་ཆེན་པོ་གནང་སྟེ་ཁོང་གི་སྨན་པའི་སྤྱོད་བཟང་དང་ལག་རྩལ་ལ་གདེང་འཇོག་ཆེན་པོ་མཛད་དེ། ཆིབས་ རྟ་སྒ་སྲབ་དང་བཅས་པའི་བྱ་དགའ་གྱི་ནོམ་པ་བསྩལ། དེ་ནས་བཟུང་ཁོང་གིས་ཕྱུར་རྒྱལ་བོད་ལུགས་ཀྱི་གསོ་བ་རིག་པའི་ལམ་སྟེང་དུ་དེ་བས་ཧུར་སེམས་ཆེར་སྐྱེས་མཛད་པ་དང་། གསར་གཏོད་ཀྱི་གྲུབ་འབྲས་བརྩོན་ལེན་བྱེད་ཐུབ་རྒྱུའི་སེམས་ཤུགས་སྟར་བས་ཆེ་རུ་སོང་ཡོད།

བཙན་པོ་ཁྲི་སྲོང་ལྡེ་བཙན་གྱིས་ཕྱུར་རྒྱལ་གསོ་རིག་དར་རྒྱས་གོང་འཕེལ་ཡོང་ཆེད། ངེས་པར་དུ་མི་རིགས་གཞན་གྱི་ཡུལ་བྱུང་རིག་གནས་ལ་སློབ་སྦྱོང་དང་དེ་དག་གི་ཉིང་ཁུ་བསྡུ་ལེན་བྱེད་དེ་ཕྱུར་རྒྱལ་གྱི་གསོ་རིག་དར་རྒྱས་གཏོང་བར་ཕན་ཡོན་གྱི་དགེ་མཚན་ཆེན་པོ་ཡོད་པར་དགོངས་ནས། གསེར་མང་པོ་བསྐུར་ཏེ་རྒྱ་གར་དང་། རྒྱ་ནག །བལ་ཡུལ་སོགས་ཉེ་འབྲེལ་གྱི་རྒྱལ་ཁབ་དང་ས་གནས་ཁག་ནས་སྨན་པ་མཁས་པ་གདན་དྲངས་ཏེ། ཕོ་བྲང་དུ་གསོལ་སྟོན་བཤམས་གནང་བར་མ་ཟད་བཙན་པོ་རང་གི་བཀའ་གནང་སྟེ་གཡུ་ཐོག་ཡོན་ཏན་མགོན་པོ་དང་སྨན་པ་མཁས་པ་རྣམས་ཞལ་འཛོམས་བྱེད་བཅུག །དང་ཐོག་ཁོང་རྣམས་ཕན་ཚུན་མཁས་པའི་དྲིགས་པ་དང་བཅས་གསོ་རིག་སྐོར་ལ་དྲི་རྩེད་དང་བགྲོ་གླེང་གི་རྩོད་པ་གནང་སྟེ་གཡུ་ཐོག་ཡོན་ཏན་མགོན་པོ་ལ་གསོ་རིག་གི་དྲི་བ་མང་པོ་བཏོན་གནང་མཛད། འོན་ཀྱང་གཡུ་ཐོག་ཡོན་ཏན་མགོན་པོས་བྲེལ་འཚུབ་དང་དཔའ་ཞུམ་པའི་རྣམ་འགྱུར་ཅི་ཡང་མ་བསྟན་པར། བབ་བཆིང་བརྟན་གསུམ་དང་གནད་ལ་ཁེལ་བའི་སྒོ་ནས་དྲིས་ལན་མཛད་སྐབས། སྨན་པ་ཀུན་གཡུ་ཐོག་གི་མཁྱེན་ཡོན་ལ་ཧ་ལས་ཏེ་དེ་འདྲའི་ངོ་མཚར་ཆེ་བ་ལགས་ཞེས་ཀུན་གྱིས་ཕྱག་མཛད་པས། བཙན་པོ་འཁོར་དང་བཅས་པ་རྣམས་ཀྱང་དེ་བས་ངོ་མཚར་ཞིང་དད་གུས་དང་ཁོ་ལ་སྤོབས་སེམས་ཚད་མེད་སྐྱེས་པ། དེའི་རྗེས་གཡུ་ཐོག་ཡོན་ཏན་མགོན་པོས་རྒྱ་གར་དང་རྒྱ་ནག་གི་སྨན་པ་མཁས་པ་རྣམས་ལས་སེམས་ཆུང་གིས་གསོ་རིག་གི་གདམས་ངག་མང་པོ་སློབ་སྦྱོང་ཞུས་པར་མ་ཟད། ཁོང་རྣམས་པའི་ས་ནས་གསོ་རིག་གི་གཞུང་ལུགས་དཔེ་ཆ་མང་པོ་བསྡུ་ལེན་ཞུས་ཏེ། རང་

རེའི་སྤུར་རྒྱལ་གྱི་གསོ་རིག་གཞུང་ལུགས་གོམ་གང་མདུན་སྤོས་ཀྱི་འཕྲུས་སྐོ་ཚང་བ་དང་རྒྱ་ཚད་གོང་མཐོར་བཏང་ཐུབ་པ་བྱུང་ཡོད།

གཡུ་ཐོག་ཡོན་ཏན་མགོན་པོས་བལ་ཡུལ་བརྒྱུད་རྒྱ་གར་ལ་སྔ་ཕྱིར་ཐེངས་གསུམ་ཕེབས་ཏེ། ཁྲོན་ལོ་དགུ་དང་ཟླ་བ་བརྒྱད་ལྷག་ཙམ་བཞུགས་ཤིང་། སྤུར་རྒྱལ་ཡུལ་དུ་ཕེབས་རྗེས་ཁོང་གིས་དེ་བས་འབད་བརྩོན་ལྷོད་མེད་དང་། ནན་ཏན་གྱིས་ལོ་པཎ་རྣམས་ཀྱིས་བོད་དུ་སྔ་ཕྱིར་བསྒྱུར་ཞིང་དར་བར་མཛད་པ་རིས་སུ་མ་མཆིས་པའི་གསོ་དཔྱད་གཞུང་ལུགས་མན་ངག་དང་བཅས་པ་རྣམས་ལ་སྐོ་ཀུན་ནས་དཔྱད་ཞིབ་བྱས་ཏེ། མཐར་རང་ཉིད་ཀྱིས་གསར་གཏོད་རང་བཞིན་《བདུད་རྩི་སྙིང་པོ་གསང་བ་མན་ངག་གི་རྒྱུད་》ཅེས་བྱ་བ་བརྩམས་པ་དང་། རྨང་གཞི་དེའི་ཐོག་ཁ་སྐོང་མཛད་ནས་ད་ལྟའི་《གསོ་རིག་རྒྱུད་བཞི་》ཞེས་བྱ་བ་གནའ་བོའི་བོད་ཀྱི་གསོ་བ་རིག་པའི་གཞུང་ལུགས་ཀྱི་རྩེ་མོར་སོང་བའི་གཞུང་ལུགས་ རླབས་ཆེ་བ་དེ་བརྩམས་པ་མཛད། དེ་བཞིན་གསོ་དཔྱད་ཀྱི་དཔེ་མང་པོ་བརྩམས་པར་མཛད་པ་དེ་དག་གིས་བོད་ཀྱི་གསོ་རིག་ཡར་རྒྱས་གོང་འཕེལ་གཏོང་བའི་བྱ་གཞག་ལ་རྨང་གཞི་བརྟན་པོ་ཞིག་བཙུགས་ཐུབ་པར་མ་ཟད། བོད་ལུགས་ཀྱི་གསོ་རིག་རྒྱུན་ཆད་མེད་པར་འཕེལ་རྒྱས་འགྲོ་རྒྱུར་མཛད་རྗེས་བླ་ན་མེད་པ་འཛོམ་གནང་མཛད་པར་བརྟེན། བཙན་པོ་ཁྲི་སྲོང་ལྡེ་བཙན་ཡང་ཤིན་ཏུ་དགྱེས་ཏེ་དྭགས་པོ། ཀོང་པོ། ཁྱུང་གསུམ་གྱི་ས་ཆ་དང་འབངས་མི་སེར་ཚང་མ་ཁོང་ལ་མཛད་རྗེས་ཀྱི་བྱ་དགར་བསྩལ་བར་གྲགས། དེ་ནས་གཡུ་ཐོག་ཡོན་ཏན་མགོན་པོས་གསོ་དཔྱད་ཀྱི་གཞུང་ལུགས་མུ་མཐུད་ལྷུགས་རྩོམ་མཛད་པར་མ་ཟད། གཙོ་བོའི་དགོངས་གཞི་དང་ཐུགས་ནུས་ཡོད་ཀྲུ་ཚང་མ་སྨན་བཅོས་སློབ་གསོའི་བྱ་གཞག་སྟེང་དུ་འཛོམ་གནང་མཛད་དེ། སློབ་མ་མཁས་པ་མང་པོ་གསོ་སྐྱོང་མཛད། དགུང་ལོ་ལྔ་བཅུ་ང་ལྔ་ཙམ་བཞེས་པའི་སྐབས་སུ། སློབ་མ་དཔོན་འཁོར་བུ་སློབ་དང་བཅས་པ་ཕྱུག་ཕྱིར་འཕྲིད་དེ་ཀོང་པོ་སྨད་ལུང་བྱ་བར་(དེང་ཀོང་པོ་ཉི་ཁྲི་གྲོང་ཁྱེར་སྨན་གླིང་གནས་ཡུལ་ལུང་པ་ས་ཆ་)བྱོན་ནས་དེར་སྨན་སློབ་ཀྱི་དགོན་པ་“ལྟ་ན་སྡུག”ཅེས་བྱ་བ་ཕྱག་བཏབ་ནས། སློབ

མ་ཆིག་སྟོང་གསུམ་བརྒྱ་ལྷག་ཙམ་བསྡུས་ཏེ་གསོ་རིག་གི་གཞུང་ལུགས་ཁག་སྐུ་ངོ་མས་བཤད་ཁྲིད་མཛད་པ་དང་། བུ་སློབ་ཀུང་སྨན་པ་འབུམ་རམས་པ་དང་། རབ་འབྱམས་པ་སོགས་པའི་སྨན་པ་མཁས་ཅན་མང་པོ་གསོ་སྐྱོང་མཛད་དེ། བོད་ལུགས་གསོ་བ་རིག་པ་གསར་གཏོད་དང་། རྨང་གཞི་འཛུགས་པ། འཕེལ་རྒྱས་གཏོང་བ་བཅས་ཀྱི་མཛད་རྗེས་ཟླ་ན་མེད་པ་ཞིག་ལེགས་སྐྲུན་ཐུབ་ཡོད་པ་རེད། གཡུ་ཐོག་སྙིང་མ་ནི་ཤེས་བྱའི་མཁྱེན་རྒྱ་ཤིན་ཏུ་ཆེ་བ་ཐུགས་སེམས་ཡངས་བ། སྨན་བཅོས་ཀྱི་ཕྱག་ཤེས་ཁྱད་དུ་འཕགས་པའི་ཟླ་སྨན་པ་ཞིག་དང་། སྨན་པའི་ཀུན་སྤྱོད་ཤིན་ཏུ་བཟང་ཞིང་རྒྱ་ཆེའི་མང་ཚོགས་ལ་སྙིང་རྗེ་དང་བྱང་སེམས་ཚད་མེད་པའི་སངས་རྒྱས་སྨན་བླ་ཞེས་གྲགས་ཤིང་། ཁོང་གིས་འགྲོ་བ་མི་རིགས་ཀྱི་རིག་གནས་ལ་མཛད་རྗེས་ཟླ་ན་མེད་པ་ཞིག་བཞག་ཡོད་པ་དག་དུས་ནམ་ཡང་ལོ་རྒྱུས་ཀྱི་ཟིན་ཐོའི་ནང་འཁོད་ཟིན་པ་རེད། དེ་དང་ཕྱོགས་མཚུངས་བཙན་པོ་ཁྲི་སྲོང་ལྡེ་བཙན་ཡང་སྤྱར་རྒྱལ་གྱི་བོད་ལུགས་གསོ་བ་རིག་པ་དར་རྒྱས་གོང་འཕེལ་གཏོང་རྒྱུའི་བྱ་གཞག་ལ་མཛད་རྗེས་འབུར་དུ་ཐོན་པ་དང་ནམ་ཡང་སུབ་ཐབས་བྲལ་བ་ཞིག་ལེགས་སྐྲུན་ཐུབ་ཡོད། ཁོང་ནི་ཡབ་མེས་སྲོང་བཙན་སྒམ་པོ་དང་འདྲ་བར་ཆབ་སྲིད་ཀྱི་མཛད་རྗེས་མངོན་གསལ་དོད་ལ་དམག་དོན་གྱི་མཛད་རྗེས་ཡང་མཚན་སྙན་ཆེ་བ་ཡིན་སྐབས། སྤྱར་རྒྱལ་གྱི་བློན་འབངས་ཚང་མས་མཁས་མཛངས་ལྡན་པའི་རྒྱལ་པོ་དེ་ལ་ནམ་ཡང་ལྷག་བསམ་རྣམ་དག་གིས་བརྩི་བཀུར་ཞུ་ཡི་ཡོད།

(༧) ལྷ་སྲས་མུ་ནེ་བཙན་པོས་ཁྲི་ཐོག་ལོ་གཅིག་ཙམ་བཞུགས་རྗེས་ཡུམ་ཚེ་སྤྲོང་བཟས་དུག་ཟས་དྲངས་ཏེ་སྐུ་བཀྲོངས་པ།

བཙན་པོ་ཁྲི་སྲོང་ལྡེ་བཙན་འཚོ་བཞུགས་སྐབས་སྲས་བཞི་བྱུང་བའི་ཆེ་བ་མུ་ཁྲི་སྲོང་པོ་སྐུ་ཆུང་དུ་ལ་གཤེགས། སྲས་གཉིས་པ་མུ་ནེ་བཙན་པོ། གསུམ་པ་མུ་ཏིག་བཙན་པོ། བཞི་པ་ཁྲི་ལྡེ་སྲོང་བཙན་རྣམས་རིམ་པར་བལྟམས། ཡབ་ཁྲི་སྲོང་ལྡེ་བཙན་

དགུང་གྲངས་ང་ལྔ་བཞེས་སྐབས་ཟུང་མཁར་སྐྱུག་མ་ཚལ་གྱི་ཕོ་བྲང་དུ་སྒོམ་པར་གཤེགས་ཏེ། ལོ་དེ་རང་དུ་ཡབ་བཙན་པོ་ཁྲི་སྲོང་ལྡེ་བཙན་སྐུ་གཤེགས་ནས་སྲས་མུ་ནེ་བཙན་པོ་རྒྱལ་སར་བསྐོས་ཞེས་གྲགས། སྲས་མུ་ནེ་བཙན་པོ་ནི་སྐུ་ན་ཆུང་དུས་ནས་སངས་རྒྱས་ཆོས་ལུགས་ལ་དད་ཞེན་ཆེ་བ་དང་། སེམས་རྒྱུད་བཟང་བས་རྣམ་པ་ཀུན་ཏུ་དགེ་བའི་ལས་ཁོ་ན་ལ་ཞོལ་བར་མཛད། ཁྲི་ལ་འཁོད་མ་ཐག་བོན་དང་སངས་རྒྱས་ཆོས་ལུགས་གཉིས་དབར་ཐབས་རྩོད་ཀྱི་འགལ་ཟླ་རྡོ་ངར་ཅན་བྱུང་ཡང་། མུ་ནེ་བཙན་པོ་སངས་རྒྱས་ཆོས་ལུགས་ལ་དད་མོས་བྱེད་པར་འགྱུར་བ་བཏང་མི་ཐུབ་པར། བཙན་པོས་ད་དུང་ལོ་ཙཱ་བ་དང་མཉམ་དུ་ནང་ཆོས་ཀྱི་དཔེ་ཆ་ཡིག་སྒྱུར་མཛད་པ་དང་། དགོན་སྡེ་ཁག་ཕྱུག་བཏབ་སྟེ་ནང་ཆོས་དར་སྤེལ་ཤུགས་ཆེན་མཛད། མུ་ནེ་བཙན་པོ་ཁྲི་ཐོག་ལ་བཞུགས་རིང་ཕྱུར་རྒྱལ་ཡོངས་སུ་ལྷོགས་ཕྱུག་ལན་གསུམ་སྙོམས་པར་མཛད་ཚུལ་གསལ་ཡང་། མཐར་ལེགས་པར་སྒྲུབ་མ་ཐུབ། འོན་ཀྱང་བཙན་པོ་ཁྲི་ཐོག་འཁོད་པའི་དུས་ཚོད་ཐུང་ངུ་ཞིག་གི་ནང་། ཕྱུར་རྒྱལ་སྤྱི་ཚོགས་ནང་ལྷོགས་ཕྱུག་གཉིས་སྙོམས་པོ་མེད་པ་དང་ལུགས་དང་མི་མཐུན་པའི་གནད་དོན་མང་པོ་ཞིག་ཡོད་པ་སྤྱན་གྱིས་གཟིགས་ཐུབ་པའི་དངོས་ར་འཕྲོད་པ་ཡིན། མུ་ནེ་བཙན་པོ་ཁྲི་ཐོག་ལ་བཞུགས་པའི་དུས་ཚོད་ནི་ལོ་གཅིག་དང་ཟླ་བ་དགུ་ཙམ་རེད། སྐུ་ཚེ་དེ་ཙམ་ལས་བཞུགས་མི་ཐུབ་པའི་རྒྱུ་རྐྱེན་གཙོ་བོ་ནི། ཡབ་བཙན་པོ་ཁྲི་སྲོང་ལྡེ་བཙན་སྐུ་གཤེགས་ཁར་རང་གི་བཙུན་མོ་ཆུང་བ་ཕོ་ཡོང་བཟའ་ཐུགས་ལ་འཁྲིལ་པས་སྲས་མུ་ནེ་བཙན་པོ་ལ་གཏད་གཉེར་མཛད་ཅིང་། སྲས་ཀྱི་ཀྱང་བཙུན་མོ་ཕོ་ཡོང་བཟའ་ལ་བྱམས་སྐྱོང་ཆེན་པོ་གནང་བར་བརྟེན། མུ་ནེ་བཙན་པོའི་ཡུམ་ཚེ་སྤོང་བཟའ་མེ་ཏོག་སྒྲོན་ཐུགས་ཁྲོས་ཏེ་མུ་ནེ་བཙན་པོར་དུག་ཟས་དྲངས་ཏེ་བཀྲོངས་པ་རེད། མུ་ནེ་བཙན་པོ་སྐུ་གཤེགས་པའི་རྗེས། སྲས་ཆུང་ཤོས་ཁྲི་ལྡེ་སྲོང་བཙན་ཁྲི་ལ་འཁོད། རྩ་བ་བྱས་ན་སྲས་གསུམ་པ་མུ་ཏིག་བཙན་པོ་ཁྲི་ལ་འཁོད་དགོས་རུང་། ཡབ་བཙན་པོ་ཁྲི་སྲོང་ལྡེ་བཙན་ཁྲི་བཞུགས་སྐབས་སྲས་གསུམ་པ་མུ་ཏིག་བཙན་པོས་བློན་པོ་སྣ་ནམ་ཞང་དབུ་རིང་

ཉེས་མེད་དུ་བསད་པར་ཁྲིམས་བཅད་དེ་མཐའ་འཁོབ་ཏུ་འབུད། དེ་ནས་ཉེས་དུས་ཚང་བས་གདན་དྲངས་ཏེ་ཁྲི་ལ་བསྐོས་རྒྱུའི་མཚམས་སུ། སྣ་ནམ་མི་རྒྱུད་པས་སྤྱར་གྱི་འཁོན་འཛིན་བཟུང་སྟེ་ལམ་བར་དུ་ཆིབས་ཧ་དཀྲོགས་ནས་བཀྲོངས་པར་གྲགས།

(༥) བཙན་པོ་ཁྲི་ལྡེ་སྲོང་བཙན་ནི་སྲུར་རྒྱལ་ལོ་རྒྱུས་ཐོག་ཡི་གེར་བཀོས་པའི་རྫོ་རིང་མང་ཤོས་འཛུགས་མཁན་གྱི་བཙན་པོ་ཞིག་ཡིན་པ།

ཁྲི་ལྡེ་སྲོང་བཙན་ཁྲི་ལ་འཁོད་པའི་རྗེས། སངས་རྒྱས་ཀྱི་ཆོས་ལུགས་ལ་མཐུད་མདོན་པར་གཏོང་མི་གཏོང་གི་གནད་དོན་ཐོག་ལ། སངས་རྒྱས་ཆོས་ལུགས་པའི་དགེ་འདུན་པ་དང་བོན་ཆོས་ཀྱི་བློན་པོ་དབར་འགལ་ཟླ་གཏིང་ཟབ་ཏུ་ཕྱིན་ཡོད། འོན་ཀྱང་བཙན་པོ་ཁྲི་ལྡེ་སྲོང་བཙན་གྱིས་ཡབ་མེས་ཀྱི་བཞེངས་པའི་དགོན་སྡེ་ལ་མཐའ་གཅིག་ཏུ་མཆོད་པ་ཕུལ་བ་དང་། ལྷ་སའི་ར་ས་གཙུག་ལག་ཁང་གི་བསྐོར་ལམ་ཉམས་གསོ་ཁ་སྐོན་ཡང་གནང་ཡོད། དེ་བཞིན་ལྷ་ས་སྐྱིད་ཆུའི་ལྷོ་ངོས་ར་མ་སྒང་ (དེང་སྔེའུ་གྲོང་གསར་) ཁུལ་དུ་རྒྱལ་སྡེ་དཀར་ཆུང་རྡོ་རྗེ་དབྱིངས་ཀྱི་ལྷ་ཁང་བཞེངས་པ་དང་། རྒྱལ་བློན་རྣམས་ལྷན་ཅིག་ཏུ་ལྷ་ཁང་གི་མདུན་དུ་མནའ་བསྐྱལ་དམ་བཅའ་བཞག་སྟེ་མནའ་ཡིག་རྫོ་རིང་ལ་བརྐོས་ནས། གདུང་རབས་རིམ་རྒྱུད་ཀྱིས་ནང་པའི་ཆོས་མཛད་པ་དེ་བཞིན་དུ། དུས་ནམ་ཡང་ཆོས་ཐོར་ཞིག་ཏུ་མི་འགྲོ་བའམ་བར་མཚམས་མི་ཆད་པ་ཞིག་བྱུང་ན། དགེ་མཚན་དཔག་ཏུ་མེད་པ་ཡོང་སྲིད་ཅེས་དང་། ད་དུང་གཏན་འབེབས་བཟོས་ཏེ་བཙན་པོའི་བུ་རྒྱུད་ཚང་མས་ངེས་པར་དུ་ནང་ཆོས་སློབ་སྦྱོང་བྱེད་དགོས་པ་ཡིན། བཙན་པོས་སྔེ་ཁྲིད་དེ་རང་གི་སྲས་གཙང་མ་སྐྱུ་ཆུང་དུས་ནས་རབ་ཏུ་བྱུང་བ་གནང་སྟེ་བོད་ཀྱི་བཙན་པོའི་གདུང་རབས་ནང་ནས་རབ་ཏུ་བྱུང་བ་དང་པོ་ཡིན་པ་རེད། བཙན་པོ་ཁྲི་ལྡེ་སྲོང་བཙན་ལ་སྲས་ལྔ་ཡོད་པ་སྟེ། སྲས་ལྷ་རྗེ་དང་ལྷུན་གྲུབ་བྱ་བ་གཉིས་ཆུང་དུས་ནས་གྲོངས། དེ་ནས་སྲས་བགྲེས་པ་བཙན་པོ་ཁྲི་རལ་པ་ཅན་དང་། འཁྲིད་པོ་གཙང་མ། ཆུང་བ་དར་མ་ཨུ་དུམ་བཙན་བཅས་སོ། །

བཙན་པོའི་གདུང་རབས་ཀྱི་ཁྲིད་ནས་གནའ་བོའི་ལོ་རྒྱུས་རྗོ་ལ་བཀོས་ནས་ཡི་གེ་བཞག་པ་ཆེས་མང་བའི་བཙན་པོ་ཞིག་ཡིན། བཙན་པོ་ཡབ་ཁྲི་སྲོང་ལྡེ་བཙན་གྱི་དུས་སུ་བསམ་ཡས་ཀྱི་དཀོར་མཛོད་དུ་བཀའ་གཙིགས་ཀྱི་ཡི་གེ་ཞིབ་མོ་སྤྱི་གཉིས་ཡོད་པ་དང་མཉམ་དུ་བཙན་པོ་འདིའི་དཀར་ཆུང་རྡོ་རིང་གི་བཀའ་གཙིགས་ཀྱི་ཡི་གེ་ཞིབ་མོ་ཆ་ཚང་དེའི་འདྲ་བཤུས་རྣམས་དཔའ་བོ་གཙུག་ལག་ཕྲེང་བའི《མཁས་པའི་དགའ་སྟོན་》ནང་འཁོད་པ་དེ་དག་ཁོང་གི་སྐུ་དྲིན་ལས་བྱུང་བ་ཡིན། རང་རེས་ད་ལྟའང་མཇལ་རྒྱུ་ཡོད་པ་ལས་སྐབས་དེའི་སྲིད་རྒྱལ་སྤྱི་ཚོགས་ཀྱི་ལམ་ལུགས་དང་། བཙན་པོའི་ཆབ་སྲིད་ཀྱི་འཕེལ་འགྱུར། ཆབ་སྲིད་བར་གྱི་འབྲེལ་བ། ནང་ཆོས་དང་བོན་ཆོས་བར་གྱི་འབྲེལ་བ། བཙན་པོ་ཁྲི་ལྡེ་སྲོང་བཙན་ཉིད་ཀྱི་ལོ་རྒྱུས་སོགས་ལ་ཞིབ་རྟོགས་བྱེད་རྒྱུར་དཔེ་དེབ་དེ་ནི་ལོ་རྒྱུས་ཀྱི་ཡིག་ཚང་རྩ་ཆེའི་གྲས་ཤིག་རེད། བཙན་པོ་ཁྲི་ལྡེ་སྲོང་བཙན་གྱི་སྐུ་དུས་སུ་བཙུགས་པའི་རྡོ་རིང་གི་ཡི་གེ་དེ་དག་ནི་རང་རེས་ལོ་རྒྱུས་ལ་ཞིབ་འཇུག་བྱེད་མཁན་གྱི་ངོས་ནས་བཤད་ན་ལོ་རྒྱུས་ཀྱི་གཞི་འཛིན་སའི་ནོར་བུ་ལྟ་བུ་ཞིག་འཛོམ་གནང་མཛད་ཡོད།(དཔེར་ན་ལྷ་ས་ཁུལ་དུ་རྒྱལ་སེ་དཀར་ཆུང་རྡོ་རྗེ་དབྱིངས་གཙུག་ལག་ཁང་གི་རྡོ་རིང་དང་། དབུར་སྟོད་ཞྭ་ལྷ་ཁང་གི་རྡོ་རིང་སྔ་རྗེང་གཉིས། ཀོང་པོ་དེ་མོའི་རྡོ་བཀོས་ཡི་གེ། ཁམས་ཀྱི་བྱམས་མདུན་བྲག་བཀོས་ཡི་གེ། ལྡོ་ཁ་འཕྱོངས་རྒྱས་བང་སོའི་རྡོ་རིང་སོགས་ཡོད།)

བཙན་པོ་ཁྲི་ལྡེ་སྲོང་བཙན་གྱིས་སྲིད་རྒྱལ་གྱི་དབང་སྒྱུར་སྟོབས་ཤུགས་སྔ་མཐུད་སྲ་བརྟན་དུ་བཏང་བར་མ་ཟད། གཟིགས་རྒྱང་རིང་པོའི་སྒོ་ནས་རྒྱ་བོད་བར་གྱི་མཛའ་མཐུན་འབྲེལ་བ་ཡང་སྔར་བས་དམ་ཟབ་ཏུ་གྱུར་ཡོད་པ་དཔེར་ན། སྔོན་ཆད་རྒྱ་བོད་ས་མཚམས་ཀྱི་དམག་འཁྲུག་ནང་ཕན་ཚུན་གྱིས་གསོན་བཟུང་བྱས་པའི་དཔོན་དམག་རྣམས་ཕྱོགས་སོ་སོར་ཕྱིར་སློག་རྩིས་སྤྲོད་བྱས་ཤིང་། རྒྱ་བོད་མི་རིགས་བར་གྱི་མཛའ་མཐུན་འབྲེལ་བ་དམ་ཟབ་ཡོང་རྒྱུར་སྐུལ་འདེད་ཆེན་པོ་ཐེབས་ཡོད། དེ་བཞིན་བཙན་པོ་དང་གོང་མ་ཁྲི་ལ་ཕེབས་པའམ། ཡང་ན་སྐུ་གཤེགས་པའི་སྐབས་སུ་ཕན་ཚུན་ལེགས་སྐྱེས་སམ་འདས་མཆོད་འབུལ་བ་དང་། དུས་རྒྱུན་དུའང་རྒྱ་བོད་དཔར་

པོ་ཉའི་འགྲོ་འོང་རྒྱུན་མི་ཆད་པ་གཏོང་རེས་སོགས་མཛའ་མཐུན་ཞི་བདེའི་འབྲེལ་བ་བཟུང་བ་དང་། ལྷག་པར་དུ་ཕན་ཚུན་བློན་པོ་དང་དམག་དཔོན་ཡར་མར་བཏང་སྟེ་ཡུན་རིང་པོའི་ནང་ཕན་ཚུན་འགལ་ཟླ་བྱུང་བ་དག་ཞི་མོལ་གྱིས་འདུམ་འགྲིག་གནང་སྟེ། རྒྱ་བོད་མི་རིགས་གཉིས་བར་མི་རབས་ནས་མི་རབས་མཛའ་མཐུན་མཉམ་གནས་ཡོང་རྒྱུའི་རྨང་གཞི་ཞིག་བཙུགས་ཐུབ་པ་རེད། བཙན་པོ་ཁྲི་ལྡེ་སྲོང་བཙན་གྱི་སྐུ་ཚེའི་རིང་ལ་ནང་པ་སངས་རྒྱས་ཀྱི་ཆོས་ལུགས་དར་འཕེལ་བྱེད་རྒྱུར་དོ་སྣང་ཧ་ཅང་ཆེན་པོ་གནང་བའི་དུས་བབ་ཅིག་ཡིན་པ་དང་། ཁོང་སྐུ་ངོ་མས་གཙོ་སྐྱོང་གནང་སྟེ་དམ་ཆོས་ཐེག་པ་ཆེ་ཆུང་ལས་བྱུང་བའི་ཆོས་ཀྱི་གཞུང་ལུགས་རྣམས་བོད་སྐད་དུ་བསྒྱུར་བ་དང་། སྒྲ་སྦྱོར་གྱི་རིག་པའི་གཞུང་ལུགས་དང་བོད་སྐད་དུ་མིང་བཏགས་པ་རྣམས་བཙན་པོའི་བཀས་གཏན་ལ་ཕབ་སྟེ། ཡང་དག་པར་ཞུས་ཤིང་བཙན་པོ་འདིའི་རིང་ལ་བཀས་བཅད་པ་ཡིན་ལ། ལོ་རྒྱུས་ཐོག་བཀས་བཅད་རྣམ་པ་གསུམ་དུ་གྲགས་པའི་ནང་གི་གཉིས་པ་དེ་ཡིན་པར་འདོད། དེ་བཞིན་ཕྱུར་རྒྱལ་ལོ་རྒྱུས་ཐོག་བྱུང་བའི་དོན་ཆེན་དང་མི་སྣ་གཙོ་གྲས་ཀྱི་མཛད་རྗེས་རྣམས་རྗོ་རིང་གི་ཡི་གེར་བཀོས་ནས་བཙུགས་པ་དག །ནང་དོན་ཕུན་སུམ་ཚོགས་ཤིང་རིན་ཐང་གཞལ་དཀའ་བའི་ནོར་བུ་ལྟ་བུ་ཞིག་འཇོག་གནང་མཛད་ཡོད་པ་དང་། བོད་མི་རིགས་ཀྱི་རིག་གནས་འཕེལ་རྒྱས་གཏོང་རྒྱུར་གལ་ཆེའི་ལེགས་སྐྱེས་ཆེན་པོ་ཞིག་ཕུལ་ཡོད་པ་རེད།

(༩) བཙན་པོ་ཁྲི་གཙུག་ལྡེ་བཙན་རལ་པ་ཅན་གྱི་སྐུ་དུས《དཔོན་ཞང་དབུ་རྒྱུང་》གི་གཙིགས་ཀྱི་རྡོ་རིང་ཆེན་མོ་བཙུགས་པ་དང་། ཆོས་སྲིད་གཉིས་ཀྱི་མཛད་རྗེས་གཟེངས་སུ་ཐོན་ཡོད་པ།

བོད་ཤིང་ལུག（སྤྱི་ལོ་༨༡༥）ལོར་བཙན་པོ་ཁྲི་ལྡེ་སྲོང་བཙན་སྐུ་གཤེགས། དེའི་སྲས་བཙན་པོ་ཁྲི་གཙུག་ལྡེ་བཙན་རལ་པ་ཅན་ཁྲི་ལ་འཁོད། སྐབས་དེར་རལ་པ་ཅན་དགུང་ལོ་བཅུ་གསུམ་དུ་ཕེབས། བཙན་པོ་ཁྲི་གཙུག་ལྡེ་བཙན་རལ་པ་ཅན་ཁྲི་

ལ་བཞུགས་པའི་རྗེས་ཡབ་མེས་ཀྱི་དགོངས་པ་ལྟར། གཅིག་ནས་མུ་མཐུད་དེ་ནང་པ་སངས་རྒྱས་ཀྱི་ཆོས་ལུགས་ལ་གུས་བཀུར་ཤུགས་ཆེན་གནང་བར་བརྟེན། ནང་པ་སངས་རྒྱས་པའི་ཆོས་ལུགས་དེ་ཉིད་དེ་བས་ཡང་རྒྱེར་སོན་ཐུབ་པ་ཞིག་བྱུང་ཡོད། གཉིས་ནས་ཁྲི་ལ་འཁོད་ནས་ལོ་དགུ་སོང་རྗེས་ (སྤྱི་ལོ་༨༢༣ལོ་) ཐང་བོད་མི་རིགས་བར་མི་རབས་ནས་མི་རབས་མཛའ་མཐུན་ཡོང་ཆེད་ལྷ་སའི་གཙུག་ལག་ཁང་མདུན་དུ《དཔོན་ཞང་དབུ་སྙུང་》གི་གཙིགས་ཀྱི་རྡོ་རིང་ཆེན་མོ་བཞེངས་པ་དང་། རྡོ་རིང་གི་ནུབ་ཤར་ཕྱོགས་སུ་རྒྱ་བོད་ཤན་སྦྱར་གྱི་བཀའ་གཙིགས་ཡི་གེ་ངོ་མ་བཀོས་པ་ལ། བཙན་པོ་སྲོང་བཙན་སྒམ་པོ་ནས་བཟུང་དུས་དེའི་བར་མི་ལོ་ཉིས་བརྒྱ་ཙམ་རིང་གི་ཐང་བོད་གཉེན་ཉེ་མཛའ་མཐུན་གྱི་ལོ་རྒྱུས་རགས་བསྡུས་སུ་བཀོད་ཡོད་ཅིང་། ལྷོ་བྱང་ཕྱོགས་གཉིས་ལ་སྐབས་དེའི་རྒྱ་བོད་ཀྱི་བློན་པོ་བཀའ་ལ་གཏོགས་པ་རྣམས་ཀྱི་ཏུས་མིང་བཅས་རྡོ་ལ་བཀོས་ནས་རྒྱ་བོད་དབར་དམག་འཁྲུག་མི་བྱེད་པར་མི་རབས་ཁྲི་ཕྲག་གི་བར་དུ་མཛའ་མཐུན་ཞི་འཇགས་བྱ་རྒྱུའི་དམ་བཅའ་བརྟན་པོ་བཞག་ཡོད། དུས་དེ་ནས་བཟུང་རྒྱ་བོད་གཉིས་ཀྱི་དབར་གཞི་ཁྱོན་ཆེ་ཆུང་སྣ་ཚོགས་ཀྱི་དུས་ཡུན་རིང་པོའི་དམག་འཁྲུག་དེ་རྩ་བའི་ཐོག་ནས་མཇུག་སྒྲིལ་ཐུབ་པ་བྱུང་བ་དང་། ཕན་ཚུན་མི་རབས་ནས་མི་རབས་མཛའ་མཐུན་མཉམ་གནས་བྱེད་རྒྱུའི་མཛའ་གྲོགས་ཀྱི་སྒོ་མོ་དབྱེ་བ་ཞིག་ཀྱང་རེད། བཙན་པོ་ཁྲི་གཙུག་ལྡེ་བཙན་རལ་པ་ཅན་གྱིས་རྒྱ་བོད་མི་རིགས་དབར་ཡུན་རིང་མཛའ་མཐུན་མཉམ་གནས་ཡོང་རྒྱུའི་ཆེད་དུ་ནུས་པ་ཆེ་བའི་མཛད་རྗེས་གཟེངས་སུ་ཐོན་པ་བཞག་པ་དེ་དག་ལོ་རྒྱུས་ཀྱི་དོན་སྙིང་ལྡན་པའི་ཟིན་ཐོའི་ནང་འཁོད་ཟིན་པ་ཞིག་རེད།

བཙན་པོ་ཁྲི་གཙུག་ལྡེ་བཙན་རལ་པ་ཅན་སྲིད་སྐྱོང་བའི་རིང་ལ། ཡབ་རྒྱལ་པོའི་དགོངས་པ་ཐུགས་སེམས་ནང་ནན་ཏན་གྱི་བཅེ་སྲུང་ཞུས་ཏེ། ཆུང་དུས་ནས་ཡི་གེ་འབྲི་ཀློག་དང་དམ་པའི་ཆོས་ཀྱི་ཤེས་བྱ་ཁག་ལ་སྦྱང་བརྩོན་གནང་མུས། དགུང་ན་སོན་རྗེས་རྩེ་གཅིག་ཏུ་དམ་ཆོས་ལ་སློབ་གཉེར་མཛད་དེ། དཀོན་མཆོག་གསུམ་

ལ་དད་སེམས་ལྷོད་མེད་གནང་བར་མ་ཟད། སུ་མཐུད་དེ་ཡབ་མེས་ཀྱིས་བཞེངས་པའི་གཙུག་ལག་ཁང་ལ་མཆོད་འབུལ་རྒྱུན་མི་འཆད་པ་དང་། དགོན་པ་དང་ལྷ་ཁང་ཁག་ལ་ཉམས་གསོ་གང་ཞིགས་མཛད། བཙན་པོ་ཆོས་ལ་དད་པ་ཆེ་བས་སྤུར་རྒྱལ་གྱི་ས་ཕྱོགས་གང་སར་སྒོམ་གྲྭ་དང་། བཤད་གྲྭ །འདུལ་གྲྭ་སོགས་བཅུ་ཕྲག་འགའ་ཤས་བཙུགས། དེ་དང་ཕྱོགས་མཚུངས་རྒྱ་ནག་དང་། སྤུར་རྒྱལ་ཡུལ། གཞན་ཡང་རྗེ་རལ་པ་ཅན་གྱི་མངའ་འོག་ན་ཡོད་པ་རྣམས་ལ་བཀའ་བསྐུལ་ནས་ལྷ་ཁང་སྟོང་རྩ་དང་། མཆོད་རྟེན་བྱེ་བ་ཙམ་བཞེངས་བཙུག །དགེ་འདུན་བཙུན་པ་རྣམས་ལ་བསྙེན་བཀུར་བྱེད་ཐབས་ནི་བཙན་པོ་རིམ་བྱོན་སུ་ཞིག་ལས་ལྷག་པ་ཡིན་པས། སྤུར་རྒྱལ་གྱི་མངའ་འོག་ཡོངས་ལ་བཀས་དཔྱ་ཁྲལ་བསྡུས་ནས་དགེ་འདུན་བཙུན་པའི་འཚོ་བར་སྦྱར། རབ་ཏུ་བྱུང་བ་རེ་རེ་ལ་ཡང་འབངས་མི་ཁྱིམ་བདུན་བདུན་གནང་ནས་འཚོ་རྟེན་སྦྱར། བློན་ཆེན་པོ་རྣམས་ཀྱི་དགེ་འདུན་པ་ལ་ཕྱག་འཚལ་བ་ལས་དགེ་འདུན་པས་བློན་ཆེན་ལ་ཕྱག་ལན་བྱེད་མི་དགོས་པ། གང་ལྟར་ནའང་བཙན་པོ་ཁྲི་གཙུག་ལྡེ་བཙན་རལ་པ་ཅན་གྱིས་དམ་པའི་ཆོས་དང་དེ་འཛིན་པར་བྱེད་པའི་དགེ་འདུན་བཙུན་པ་རྣམས་ལ། ཚད་ནས་བརྒལ་བའི་དད་མོས་དང་བསྙེན་བཀུར་གནང་བ་དེ་ནི་སྤུར་རྒྱལ་གྱི་ལོ་རྒྱུས་ཐོག་ཆེས་རྩེ་མོར་སོང་བའི་གུས་བཀུར་ཚད་མེད་མཛད་མཁན་ཞིག་དང་། ཆེས་གང་ནུས་ཅི་ཐུབ་ཀྱིས་བསྙེན་བཀུར་ཞུ་མཁན་གྱི་བཙན་པོ་ཞིག་རེད། ལོ་རྒྱུས་ཀྱི་ཆ་ནས་བལྟས་ན། ཡབ་མེས་ཀྱི་རྒྱལ་པོ་བཙན་པོ་ཁྲི་སྲོང་ལྡེ་བཙན་ནས་དབུ་ཚུགས་ཏེ། རབ་ཏུ་བྱུང་བའི་ཆབ་སྲིད་ཀྱི་གོ་བབ་རྒྱུན་འཆད་མེད་པར་མཐོ་རུ་ཕྱིན་ཡོད་པ་དང་། ལྷག་པར་དུ་ཁྲི་རལ་པ་ཅན་གྱི་ཡབ་རྒྱལ་པོ་ཁྲི་ལྡེ་སྲོང་བཙན་གྱི་སྐུ་དུས་སུ་བཙན་པོའི་གཡས་གཡོན་གྱི་རབ་ཏུ་བྱུང་བ་ལ་ཆབ་སྲིད་ཀྱི་དབང་ཆ་ཆེན་པོ་འཛིན་ཡོད་པ་དང་། བཙན་པོའི་རྗེས་དྲངས་ཀྱི་བཀའ་བློན་རྣམས་སྲིད་ཀྱི་དབང་ཆ་ཤོར་འགྲོ་བ། ད་ལྟ་ཁྲི་རལ་པ་ཅན་གྱི་དུས་སུ་སླེབས་དུས་རབ་ཏུ་བྱུང་བའི་དགེ་འདུན་པའི་སྲིད་ཀྱི་དབང་ཆ་དེ་བས་སྟོབས་ཤུགས་ཆེ་རུ་སོང་སྟེ། མང་ཚོགས་ཀྱི་འཁྱུར་པོ་རྒྱུན་ཆད་

མེད་པར་ལྡིང་དུ་སོང་བ། བློན་པོ་དང་དམག་དཔོན་རྣམས་ཀྱིས་མི་འདོད་པའི་རྣམ་པ་ཉིན་བཞིན་ཆེ་རུ་འགྲོ་བ་སོགས། དེ་དག་ཐམས་ཅད་འབྱུང་འགྱུར་རྒྱལ་པོ་ཚང་ནང་ཁུལ་དུ་འཆམ་མཐུན་མི་ཡོང་བ་དང་། སྤུར་རྒྱལ་གྱི་སྲིད་དབང་འགྱུར་ལྡོག་གཏོང་བའི་རྒྱུ་གཞི་ཆེན་པོ་ཞིག་སྦས་ནས་བཞག་ཡོད་པ་རེད།

བཙན་པོ་ཁྲི་གཙུག་ལྡེ་བཙན་རལ་པ་ཅན་གྱིས་ཡབ་རྒྱལ་པོར་མིག་དཔེ་མཛད་དེ། ཉི་འོག་མཁན་པོ་ཛི་ན་མི་ཏྲ་ལ་སོགས་པ་དང་བོད་ཀྱི་ལོ་ཙཱ་བ་མཁས་པ་སྐ་ཅོག་ཞང་གསུམ་སོགས་པ་རྣམས་ཀྱིས་སངས་རྒྱས་ཀྱི་བཀའ་དང་བསྟན་བཅོས་སྔར་མ་སྒྱུར་བ་མང་པོ་བསྒྱུར་ཅིང་ཞུས་དག་གཏན་ལ་འབེབས་པ་སོགས་ཀྱི་ཕྱག་རྗེས་ཆེན་པོ་བཞག་གནང་བ་དང་། ལྷག་པར་དུ་རྒྱལ་པོ་དེའི་སྐུ་རིང་ལ་ཤུགས་ཆེའི་རྒྱབ་སྐྱོར་དང་སྐུལ་སློང་གནང་བའི་འོག །བོད་ཀྱི་ཡིག་གཟུགས་སྒྱུ་རྩལ་ལ་མངོན་གསལ་དོད་པོའི་ངང་འཕེལ་རྒྱས་བྱུང་ཡོད། བཙན་པོས་མཁན་པོ་དང་ལོ་ཙཱ་བ་མཁས་པ། བོད་ཀྱི་ཡིག་གཟུགས་སྒྱུ་རྩལ་མཁས་པ་བཅས་ལ་ཧ་ཅང་མཐོང་ཆེན་དང་གུས་ཞབས་མཛད་དེ་སྤུར་རྒྱལ་གྱི་རིག་གནས་གོང་འཕེལ་ཡོང་ཆེད་བླ་ན་མེད་པའི་ལེགས་སྐྱེས་བཟང་པོ་ཕུལ་གནང་ཡོད། སྤུར་རྒྱལ་གྱི་བཙན་པོ་རིམ་བྱོན་ནང་ནས་བཙན་པོ་ཁྲི་གཙུག་ལྡེ་བཙན་རལ་པ་ཅན་ནི་སྐད་གྲགས་ཕྱོགས་བཞིར་ཁྱབ་ཅིང་མཛད་འཕྲིན་གཟེངས་སུ་ཐོན་པའི་བཙན་པོ་ཞིག་ཡིན་སྐབས། བོད་མི་དམངས་ཀྱིས་ཞལ་རྒྱུན་གོམས་འདྲིས་སུ་བཙན་པོ་སྲོང་བཙན་སྒམ་པོ་དང་། བཙན་པོ་ཁྲི་སྲོང་ལྡེ་བཙན། བཙན་པོ་ཁྲི་གཙུག་ལྡེ་བཙན་རལ་པ་ཅན་གསུམ་ལ"ཆོས་རྒྱལ་མེས་དབོན་རྣམ་གསུམ"ཞེས་འབོད་སྲོལ་ཡོད་པ་རེད།

བཙན་པོ་ཁྲི་གཙུག་ལྡེ་བཙན་རལ་པ་ཅན་གྱིས་དམ་པའི་ཆོས་ལ་གུས་བཀུར་ཚད་མེད་གནང་བ་དང་། རབ་ཏུ་བྱུང་བའི་དགེ་འདུན་རྣམས་ལ་བཀུར་སྟི་བླ་ན་མ་མཆིས་པ་མཛད་པས། བོན་ཆོས་ལ་དགའ་བའི་ཞང་བློན་རྣམས་ཤིན་ཏུ་མི་འདོད་པར་འགྱུར་ཏེ། རྣམ་པ་ཀུན་དུ་ཕྲོག་གྲོས་བྱས་ནས་གང་འདྲ་བྱས་ཏེ་ནང་ཆོས་བསྣུབ་རྒྱུའི་ཐབ་ལ་གཡོ་རྫུས་གཡོམ་བཞིན་ཁོ་པ་ཆོས་སྡོན་ལ་བཙན་པོར་སྐད་སྒྲོན་ཕུལ་ཏེ། བཙན་པོའི་

སྐྱིང་ཉེའི་བློན་པོ་བྲན་ཀ་དཔལ་གྱི་ཡོན་ཏན་དང་བཙུན་མོ་དཔལ་གྱི་ངང་ཚུལ་མ་གཉིས་ཕྱོག་ཏུ་ཉེ་འབྲེལ་བྱས་པ་དེ་ཁྲིམས་ལ་སྦྱོར་དགོས་ཡོད་གསོལ་བས། བཙན་པོས་གསན་མ་ཐག་ཤིན་ཏུ་ཁྲོས་ཏེ་དེ་ལྟར་ཁྲིམས་ལ་སྦྱོར་ཞིག་ཅེས་གསུངས་པས། བཙུན་མོ་དང་ཚུལ་མ་ལ་མ་ཉེས་ཁ་གཡོགས་བྱུང་བས་ཐུགས་ཤིན་ཏུ་སྐྱོ་ནས་རང་སྲོག་རང་གིས་ལྷེབས། བློན་ཆེན་བྲན་ཀ་དཔལ་གྱི་ཡོན་ཏན་གྱི་བསམ་པར་ཁོ་རང་བསད་ན་རྒྱལ་པོ་ཡང་བཀྲོངས་པའི་ཉེན་ཁ་ཡོད་སྙམ་སྟེ་བྱང་དུ་བྲོས་ནས་ལྕགས་ཀྱི་སྲོག་རྩ་སྐྱབ། གྲུབ་ལ་ཉེ་བའི་ཚེ་མིག་ལོང་བ་ཞིག་ལོང་ཁྲིད་དང་བཅས་ཏེ་ཕྱོགས་དེར་སླེབས་ནས་ལོང་བས་ཡུལ་འདི་གང་ཡིན་དྲིས་པས། ལོང་ཁྲིད་ཀྱིས་ལུང་སྟོང་ཡིན་ཞེས་སྨྲས། ང་ལ་དུ་བའི་དྲི་བྲོ་བས་མི་ཡོད་པར་ངེས་ཀྱི་ཚོལ་ཟེར་ནས། ལོང་བས་ས་ལ་དྲི་བསྣམས་ཏེ་འདི་ན་འདུག་ཟེར་བར། བལྟས་པ་ན་སེར་གས་ལས་དུ་བ་བྱུང་བའི་རྗེས་མཐོང་། ལོང་བས་དྲི་ལ་བརྟགས་པས་སྐྱོ་རྙེད་ནས་ཟས་སྐོམ་སློང་། གཞན་ལ་མི་སྨྲ་བའི་ཇན་པར་གོས་རེ་བྱིན་པ་ལོང་བས་ཁྱེད་ཀྱི་སྟེར་བའི་གོས་དེ་འཇམ་པོ་མིན་འདུག་ཅེས་ཁ་གཡར་བྱས་ནས། དོན་དངོས་ཐོག་ཁོ་པས་བྲན་ཀ་དཔལ་ཡོན་ཡིན་པ་ཧ་གོ་སྟེ་སྤས་སྟག་རྣར་ལན་བསྐྱལ་པས། སྤས་ཀྱིས་མི་བཏང་སྟེ་བློན་ཆེན་འཕྲལ་དུ་འཛིན་བཟུང་བྱས་ཏེ་བསད།

སྤས་སྟག་རྣ་ཅན་ཁོ་པ་ཚོས་ཡང་ཕྱོག་གྲོས་བཤམས་ཏེ། ཆོས་ཁྲིམས་བཤིག་དགོས་ན་སྟོན་ལ་བཙན་པོ་མ་བཀྲོངས་ན་ཆོས་ཁྲིམས་བཤིག་མི་ཐུབ་ཟེར། འོན་ཀྱང་བཙན་པོའི་རྗེས་ཤུལ་འཛིན་མཁན་འགྲོ་ལུགས་ལྟར་ན་གཅེན་གཙང་མ་བྱ་བ་ཡོད་ཙང་། སྔ་ས་ནས་རབ་ཏུ་བྱུང་བ་ཡིན་སྐབས་གལ་ཏེ་སྲིད་ཁྲིར་ཁོང་གདན་དྲངས་ན། ཆོས་བསྣུབ་རྒྱུའི་དམིགས་ཡུལ་སྒྲུབ་མི་ཐུབ་ཟེར། དེར་བརྟེན་སྤས་སྟག་རྣ་ཅན་གྱིས་མོ་མ་དང་ཕྱྭ་མཁན་གྲགས་ཅན་རྣམས་ལ་ནོར་གྱིས་བསླུས་ཏེ་ལྷ་སྲས་གཙང་མ་འདིར་བཞུགས་ན་རྒྱལ་ཁྲིམས་འཇིག་པས་སྤྱུག་དགོས་ཟེར་དུ་བཅུག །གཏམ་འཆལ་འདི་ཚང་མར་གྲགས་པས་རྒྱལ་པོའི་སྙན་ལ་གསན་ནས་རྒྱལ་པོ་ཡང་ཡིད་ཆེས་ཏེ། ལྷ་

སྲས་གཙང་མ་མོན་ཡུལ་ཕྱོགས་སུ་(དེང་ལྷོ་ཁའི་མཚོ་སྣ་རྫོང་ཁུངས་)རྒྱང་འབུད་བྱས། བཤད་ཚུལ་ལ་ལྷ་སྲས་གཙང་མ་མོན་ཡུལ་དུ་རྒྱང་འབུད་བྱས་རྗེས། ཁྲིམ་གཞིས་ཆགས་ནས་པ་ཚ་བུ་རྒྱུད་མི་རབས་ཉི་ཤུ་རྩ་གསུམ་བར་མོན་ཡུལ་ཁོངས་སུ་ཡོད་པའི་ཚོ་པ་ཁག་ལ་དབང་སྒྱུར་ལོ་ངོ་བདུན་བརྒྱ་དྲུག་བཅུ་ལྷག་བྱས་པ་དང་། ཕྱིས་བོད་ཀྱི་ལོ་རྒྱུས་ཐོག་རྒྱལ་དབང་སྐུ་ཕྲེང་དྲུག་པ་རིན་ཆེན་ཚངས་དབྱངས་རྒྱ་མཚོའི་སྐུ་རྒྱུད་དེ་མོན་ཡུལ་ལྷ་སྲས་གཙང་མའི་རྒྱུད་པ་ཡིན་པར་གྲགས།

བོད་ལུགས་བྱ་(སྤྱི་ལོ་༨༡༧)ལོར་བཙན་པོ་ཁྲི་གཙུག་ལྡེ་བཙན་རལ་པ་ཅན་དགུང་ལོ་སུམ་ཅུ་སོ་དགུར་ཕེབས་སྐབས། ཉིན་ཞིག་བཙན་པོ་མལ་གྲོ་ཞམ་པའི་ཕོ་བྲང་དུ་རྒུན་འབྲུམ་གྱི་མཆོད་ཆང་བཞེས་ཏེ་སྐྱུ་ར་བཟི་ནས་ཞུགས་ཁྲི་ལ་གཟིམས་བཞུགས་སྐབས། བློ་བུར་དུ་སྦས་སྟག་ཇ་ཅན་དང་། ཅོག་རོ་ལྷ་ལོད་དང་། ཝེགས་སྟག་བཙན་ཏེ་སྡིག་བློན་གསུམ་གྱིས་སྐེ་ས་ནས་སྐྱིག་གཞོམ་བྱས་པ་ལྟར་བཙན་པོ་མཆོད་ཆང་གི་སྐྱུ་ར་བཟི་བ་དང་བསྟུན་ནས་ཞུམ་བུ་ལྟར་ཡོང་སྟེ། གདུག་རྩུབ་ཆེན་པོས་བཙན་པོའི་དབུ་ལྟག་རྒྱབ་ཏུ་བསྐོར་ནས་སྐེ་ཚིགས་བཅད་དེ་སྐད་ཅིག་ཉིད་ལ་ཁྲི་ཐོག་ཏུ་བཀྲོངས་པ་རེད།

(༧༠) དར་མ་འུ་དུམ་བཙན་གྱིས་སངས་རྒྱས་བསྟན་པ་བསྣུབས་ནས་སྤྱིར་རྒྱལ་འཕུང་ལམ་དུ་སྐྱེལ་བ་དང་། རང་ཉིད་མདའ་མོའི་འོག་ཏུ་སྲོག་ཤོར་བ།

བཙན་པོ་ཁྲི་གཙུག་ལྡེ་བཙན་རལ་པ་ཅན་གྱི་སྐུ་ཚེའི་རིང་བཙུན་མོ་ལྔ་ཁབ་ཏུ་བཞེས་ཡོད་ཀྱང་། བཙུན་མོ་སུ་ཞིག་ལ་ཤུལ་འཛིན་གྱི་སྲས་སོན་མ་བྱུང་བས། གཅུང་དར་མ་འུ་དུམ་བཙན་རྒྱལ་པོའི་ཁྲི་ལ་མ་གསོལ་ཐབས་མེད་ཆགས་པ་རེད། བཙན་པོ་འདིའི་མཚན་དངོས་ལ་དར་ཞིང་རྒྱས་པའི་གོ་དོན་ཞིག་ཡོད་ཀྱང་། ཁོ་རང་གི་ངོ་གདོང་སྐྱེས་ཁམས་མདོག་ངན་པ་བ་གླང་ལྟ་བུ་ཞིག་དང་དེ་ཡང་གདུག་རྩུབ་བམ་གཏུམ་དྲག་ཅན་ཡིན་པས་མཚན་གྱི་སྟོན་དུ་གླང་དང་འུ་དུམ་ཞེས་པ་ཁ་སྣོན་བརྒྱབ་

སྟེ། མི་ཚང་མས་བཙན་པོ་འདི་ལ་མི་དགའ་བའི་རྣམ་འགྱུར་མཚོན་ཆེད་གླང་དར་མ་འུ་དུམ་བཙན་ཞེས་མིང་བཏགས་པ་རེད། བཙན་པོ་དར་མ་འུ་དུམ་བཙན་ནི་བོད་ཤིང་ལུག་(སྤྱི་ལོ་༨༣༥)ལོར་འཁྲུངས། བཙན་པོ་གླང་དར་མའི་སྐོར་གྱི་བཤད་ཚུལ་ང་རང་ཆུང་ཆུང་སྐབས་རྒན་པ་ཚོས་མང་པོ་གསུངས་བ་གོ་མྱོང་ཡོད། ཁོང་རྣམས་པས་རྒྱལ་པོ་གླང་དར་མ་ཟེར་བ་འདི་ཞེད་སྣང་ཅན་གྱི་རྒྱལ་པོ་ཞིག་རེད། རྒྱལ་པོ་འདི་ཤེས་ཡོན་མེད་ཁར་གདུག་རྩུབ་ཆེ་ལ་གཉིས་རྒྱུད་ངན་པ་གཏུམ་དྲག་ཆེ་བ་ཞིག་རེད། བཤད་ཚུལ་ལ་ཁོའི་མགོ་ལ་རྭ་ཅོ་སྐྱེས་ཡོད་ཀྱང་སྐྱེས་བཞག་ཟེར་མི་ཆོག་པ་སྟེ། གཡོག་མོས་ཁོ་པའི་མགོ་སྐྲ་བཀྲུས་རྗེས་མགོ་ལ་རྭ་ཅོ་ཡོད་པ་མཐོང་སྟེ་མིག་ཆུ་ཤོར་བ་ཁོ་པས་མཐོང་སྟེ། ཁྱོད་མིག་ཆུ་ཤོར་དོན་གང་ཡིན་དྲིས་པས། གཡོག་མོས་ཁྱེད་ཀྱི་དབུ་ལ་རྭ་ཅོ་ཡོད་པ་ངས་མཐོང་སོང་བས། ད་ང་གསོད་ཀྱི་མ་རེད་དམ་བྱས་པས། རྒྱལ་པོས་གཞན་ལ་མི་སྨྲས་ན་སྲོག་མི་འཕྲོག་ཟེར། འོན་ཀྱང་གཡོག་མོ་འདི་གཞན་ལ་བཤད་འདོད་ཀྱི་སྟོད་མི་ཚུགས་པར་འགྱུར་ཏེ། གང་བྱེད་ཐབས་ཤེས་རྩ་བ་ནས་མེད་པར་ཙི་ཁྲུང་ཞིག་གི་ནང་དུ་སྐད་ཤུགས་ཆུང་ཆུང་གིས། “རྒྱལ་པོའི་དབུ་ལ་རྭ་ཅོ་སྐྱེས་ཀྱང་། སྐྱེས་བཞག་ཟེར་ས་མིན་འདུག”ཅེས་ལབ་པས། ཕྱིས་སུ་ཙི་ཁྲུང་དེའི་ནང་ནས་སྨྱུག་མ་ཞིག་སྐྱེས་ཏེ། བ་ལྷུགས་འཚོ་མཁན་གྱི་ཕྲུ་གུ་ཞིག་གིས་ལམ་ཁོར་དུ་ཙི་ཁྲུང་ནང་སྨྱུག་མ་སྐྱེས་བ་མཐོང་སྟེ། ཁོས་དེ་བཅད་དེ་གླིང་བུ་བཟོས་ནས་འབུད་པས། གླིང་བུའི་སྒྲ་འབུད་པ་ཐམས་ཅད་ལ་“རྒྱལ་པོའི་དབུ་ལ་རྭ་ཅོ་སྐྱེས་ཀྱང་། སྐྱེས་བཞག་ཟེར་ས་མིན་འདུག”ཅེས་རང་བཞིན་གྱིས་སྒྲ་འདོན་ཡོང་གི་ཡོད་སྐབས། མི་ཚང་མས་རྒྱལ་པོའི་གསང་བ་དེ་གཞི་ནས་ཤེས་པ་རེད་ཅེས་དང་། ང་རང་སྒྲུང་དེ་གོ་རྗེས་རྒྱལ་པོ་འདི་ལ་ཞེད་སྣང་ཆེན་པོ་སྐྱེས་པར་མ་ཟད། ཆུང་དུས་ནས་“རྒྱལ་པོ་གླང་དར་མ”ཟེར་བར་བསམ་བློའི་ནང་བག་ཆགས་ཡག་པོ་གཅིག་གཏན་ནས་བཞག་མྱོང་མེད།

བཙན་པོ་གླང་དར་མ་འུ་དུམ་བཙན་སྲིད་ཁྲིར་ལོ་མང་པོ་བཞུགས་ཐུབ་མེད་ལ། ཁོང་ནས་བཟུང་སྔར་རྒྱལ་བཙན་པོས་བོད་ཡོངས་གཅིག་གྱུར་གྱི་དབང་

འཛིན་བྱེད་པའི་ལོ་རྒྱུས་མཇུག་སྒྲིལ་ཏེ་ཁོ་རང་ཡང་བཙན་པོ་མཐའ་མ་དེ་ཆགས་པ་རེད། བཙན་པོ་སྣང་དར་མ་ཨུ་དུམ་བཙན་ཁྲི་ལ་འཁོད་ནས་ལོ་གཅིག་གཉིས་རིང་། རྒྱལ་སྲིད་ཡབ་མེས་ཀྱིས་གཏན་ལ་ཕབ་པའི་སྲོལ་ལྟར་ཚུལ་བཞིན་སྐྱོང་བར་མ་ཟད། འབྲི་ལྷ་ཁང་དང་བར་གྲོ་མདའ་ཁུར་ལྷ་ཁང་སོགས་བཞེངས་ཡོད་སྐད་དང་། དེ་ནས་མི་རིང་བར་སྣང་དར་མ་དང་བློན་ཆེན་ནང་པའི་ཆོས་ལ་མི་དགའ་བ་ཚོས། སྐབས་དེར་བོད་ཡུལ་དུ་སད་སེར་དང་ཡམས་ནད་བྱུང་བ་དག་ནང་ཆོས་བྱེད་པ་བཀྲ་མ་ཤིས་སོ་ཞེས་དེ་ལ་སྐྱོན་བཏགས་ནས། རྒྱལ་པོས་བཀའ་ཕབ་སྟེ་ལྷ་ཁང་མང་དུ་བཤིག །གསུང་རབ་གང་རྙེད་མེར་བསྲེགས། ཆུ་ལ་སྐྱུར། ལ་ལ་སའི་འོག་ཏུ་སྦས། རབ་ཏུ་བྱུང་བ་རྣམས་ལ་དྲག་སྨོན་བཙན་དབང་བྱས་ཏེ་བོན་ཆོས་སུ་ཆོས་འགྱུར་བཙུག་པ་དང་། ཡང་ན་ཁྱིམ་པ་བྱེད་བཙུག་པ། དེ་ནས་མ་ཉན་ཚེ་འཕྲལ་དུ་བསད་ཀྱི་ཡོད་པ་རེད། ཆོས་འབྱུང་འགའ་རེ་ནང་གསལ་བ་ལྟར་ན་"ལྷ་སའི་གཙུག་ལག་ཁང་བཤིག་པའི་ཐོག་མ་སྒོ་སྲུང་ཕྱུག་རྗེར་ཀྱི་མགུལ་ལ་ཐག་པ་བཏགས་པས་དེ་མ་ཐག་འདོགས་མཁན་ཁྲག་སྐྱུགས་དེ་ཀར་ཤི་བས་འཇིག་མ་ནུས། ཁོ་པ་ཚོས་ད་དུང་ཨུར་ཤོབ་ཀྱིས་གཙུག་ལག་ཁང་གི་ཇོ་བོ་རྣམ་གཉིས་དང་བྱམས་པ་ཆོས་འཁོར་ཆུ་ལ་སྐྱུར་ཟེར་བ་ལ། བློན་པོ་ཆོས་ལ་དགའ་བ་འགས་བསྐྱུར་ཟིན་པའི་སྐད་དུ་ཐབས་བྱས་ནས་སོ་སོའི་ཁྲི་འོག་ཏུ་སྦས། གཙང་ཁང་གི་སྒོ་བཙིགས་ནས་བཙུན་པ་ཆང་འཐུང་བའི་རི་མོ་བྲིས་ཏེ་བཞག །དེ་ནས་རྒྱལ་པོར་སྙན་གསོལ་ཏེ་ཇོ་བོ་ཆུ་ལ་བསྐྱུར་ཚར་ཟེར། དེ་ནས་བསམ་ཡས་དགོན་བཤིག་པར་བསྒོས་ནས་མཆོད་རྟེན་ནས་འོད་སྟོང་འབར། ད་དུང་བཤིག་པས་ཐོག་བརྒྱབ་ནས་བཤིག་མཁན་རྣམས་ཤི་བས་འཇིག་འཕྲོ་བཅད། ཆོས་བསྡུབས་པས་ལྷ་སའི་གཙུག་ལག་ཁང་དང་བསམ་ཡས་དགོན་གཉིས་ཀ་བཤས་ཁང་དང་། ཕྱིས་སུ་ཕྱ་ཚང་དང་སྐྱུང་ཚང་ཆགས་"ཅེས་དང་།

མདོར་ན་ཐེངས་དེའི་བསྟན་པ་བསྡུབས་པའི་བྱ་སྤྱོད་དེས། ནང་ཆོས་ཀྱི་ལྟེ་གནས་སུ་གྱུར་པའི་གནའ་བོའི་ལྷ་ས་གྲོང་ཁྱེར་དེ་ཉིད་ཀྱི་ཆབ་སྲིད་དང་། དཔལ་འབྱོར། རིག་

གནས་བཅས་ལ་གནོད་སྐྱོན་གོད་ཆག་ཚད་མེད་བཟོས་ཡོད་སྐབས། སངས་རྒྱས་ཆོས་ལུགས་ལ་དད་གུས་ཤིན་ཏུ་ཆེ་བའི་རྒྱ་ཆེའི་སེར་སྐྱ་མང་ཚོགས་དང་། ཡབ་མེས་བཙན་པོ་གོང་མ་རྣམས་དང་སངས་རྒྱས་ཆོས་ལུགས་ལ་དད་གུས་ཆེན་པོ་ཡོད་པའི་བློན་པོ་དང་སྤྱི་ཚོགས་ཀྱི་གྲགས་ཅན་མི་སྣ་ཚང་མས་ཞུགས་དྲག་ཆེན་པོས་མི་འདོད་པ་དང་ཁོང་ཁྲོ་ཆེན་པོ་བྱེད་ཀྱི་ཡོད་པ་རེད། སྐབས་དེར་བཙན་པོ་གླང་དར་མ་ཨུ་དུམ་བཙན་གྱིས་རྒྱུ་རྐྱེན་གང་འདྲ་ཞིག་དང་དམིགས་ཡུལ་གང་འདྲ་ཞིག་བཅངས་པ་དང་། ཡང་ན་བཙན་པོ་རང་གི་རང་འདོད་ཁེར་སྐྱུབ་ཀྱིས་ཐག་གཅོད་བྱས་པའམ། ཡང་ན་གཡས་གཡོན་དུ་སངས་རྒྱས་ཆོས་ལུགས་ལ་མི་དགའ་ཞིང་བསྐུལ་བས་དགོས་བསམ་པའི་བློན་པོ་དག་གི་སློག་གཡོ་དང་རྒྱུས་ངན་བཤམས་པ་ཡིན་ནའང་འདྲ། གང་ལྟར་ཅི་ཡིན་ཀྱང་མཐའ་མའི་མཇུག་འབྲས་འདི་གང་ཞིག་བཟོས་པ་ཡིན་ནམ་ཞེ་ན། བོད་ཀྱི་ལྷོ་དང་ནུབ་ཕྱོགས་ཀྱི་ས་ཆ་ཕལ་ཆེ་བ་རྒྱལ་ཁབ་གཞན་གྱིས་རིམ་བཞིན་བཟུང་བ་དང་། དབུས་གཙང་དང་ཁམས་ཕྱོགས་ལ་ཕན་ཚུན་ནང་འཁྲུག་རྒྱུན་མི་འཆད་པ་བྱུང་སྟེ་བོད་ཡུལ་སྔར་ཡང་སིལ་བུ་ཁ་ཐོར་དུ་གྱུར་བའི་མཐའ་འབྲས་ཡ་ང་བ་ཞིག་བྱུང་ནས། བཙན་པོ་སྲོང་བཙན་སྒམ་པོས་གསར་གཏོད་མཛད་པ་དང་། བཙན་པོ་རིམ་བྱོན་གྱིས་མི་ཐོག་བཅུ་གྲངས་དང་མི་ལོ་ཉི་བརྒྱ་ལྷག་ཙམ་རིང་རྒྱུན་འཕྱོངས་སུ་བརྟན་དུ་བཏང་བའི་དཔུང་སྟོབས་མངའ་ཐང་རྒྱས་པའི་སྤུར་རྒྱལ་བྲན་གཡོག་ལམ་ལུགས་ཀྱི་སྲིད་དབང་གཅིག་གྱུར་དུ་གནས་པ་ཞིག་རྩ་ཐོར་དུ་བཏང་བར་མ་ཟད། ཤེས་རིག་ལྡན་པའི་སྤུར་རྒྱལ་ཞེས་པ་ཡ་གླིང་སྐམ་ས་ཆེན་མོར་སྙན་དུ་གྲགས་པ་དེ་ཡང་ཤུལ་མེད་དུ་བཟོས་པ་རེད། སྤུར་རྒྱལ་བཙན་པོའི་རྒྱལ་པོ་མཐའ་མ་གླང་དར་མ་ཨུ་དུམ་བཙན་ཉིད་ཀྱང་། ནང་ཆོས་ཀྱི་བཙུན་པ་ལྷ་ལུང་དཔལ་གྱི་རྡོ་རྗེས་ལྷ་ས་གཙུག་ལག་ཁང་མདུན་གྱི་རྡོ་རིང་ཡི་གེ་ཀློག་པའི་སྐབས་དང་བསྟུན་ཏེ་དཔྲལ་པ་ལ་མདའ་བརྒྱབ་ནས་བཀྲོངས་པ་རེད། དུས་དེ་ནས་བཟུང་སྤུར་རྒྱལ་བཙན་པོའི་རྒྱལ་རབས་དངོས་སུ་མཇུག་སྒྲིལ་བ་ཡིན། བཙུན་པ་ལྷ་ལུང་དཔལ་གྱི་རྡོ་རྗེས་གླང་དར་མ་གཙུག་ལག་ཁང་མདུན་གྱི་རྡོ་

རིང་ཡི་གེ་བཀློག་པའི་སྐབས་ཇི་ལྟར་བསྒྲིགས་པ་དང་། དེ་ནས་ཐབས་མཁས་ཀྱི་སྒོ་ནས་ཇི་ལྟར་བྲིས་པའི་སྐོར། དམངས་ཁྲོད་ནང་དུ་དར་ཁྱབ་བྱུང་བའི་སྒྲུང་གཏམ་མངོན་སུམ་གསོན་རྗེན་འདྲ་བ་དང་ཧང་སང་སང་བྱེད་པ་མང་པོ་ཡོད་ཅུང་ཡིག་ཚོགས་ཆེ་བས་འདིར་རེ་རེ་བཞིན་འདྲེན་པ་མི་བྱའོ། །

བདུན་པ། ལོ་ངོ་བཞི་བརྒྱའི་རིང་བོད་སིལ་བུའི་དུས་སྐབས་སུ། སངས་རྒྱས་ཀྱི་བསྟན་པ་ཕྱིར་དུ་སླར་གསོ་དར་འཕེལ་བྱུང་བ།

བོད་སིལ་བུའི་དུས་སྐབས་དེ་ནི་སྤུར་རྒྱལ་བཙན་པོའི་མཐའ་མ་གླང་དར་ཝུ་དུམ་བཙན་བཀྲོངས་པ་དང་། སྤུར་རྒྱལ་རྒྱལ་རབས་རྩ་ཐོར་དུ་ཕྱིན་ནས་སྤྱི་ལོའི་དུས་རབས་བཅུ་གསུམ་ནང་། སོག་པོའི་རྒྱལ་རབས་ཀྱི་གོང་མ་ཧེ་ཅང་གིར་ཏན་གྱི་ཤུལ་འཛིན་པ་གོ་དན་ཏན་རྒྱལ་པོས་བོད་དེ་ཉིད་མེས་རྒྱལ་ཁྱིམ་ཚང་ཆེན་པོའི་མངའ་ཁོངས་སུ་གྱུར་བའི་འགོ་ཚུགས་པ་དང་། ས་སྐྱ་བས་བོད་ལ་ས་གནས་སྲིད་དབང་བཙུགས་པའི་བར་དུ་ཡིན་ཞིང་། མི་ལོ་བཞི་བརྒྱ་གཡས་གཡོན་གྱི་བར་དུ་སྡོན་ལ་གླང་དར་བཀྲོངས་རྗེས་དེའི་སྲས་གཉིས་ཀྱི་བཙན་པོའི་གོ་གནས་འཛིན་རྒྱུའི་ཆེད་ཤོག་ཁག་སོ་སོས་སྟོབས་ཤུགས་སྒྲིལ་ནས། ཕན་ཚུན་འཁྲུག་པ་རྒྱུན་ཆད་མེད་པ་བརྒྱབ་པ་དང་། དེ་ནས་དབུས་གཙང་དུ་འབངས་གྱེན་ལོག་བྱུང་ནས་ཕལ་ཆེར་ལོ་ངོ་བརྒྱ་ཡས་མས་ནང་ཡུལ་གྲུ་སོ་སོར་རྗེ་ཚན་རིམ་བཞིན་ཆགས་པ་དང་། བོད་ཡོངས་རྫོགས་ཁ་ཐོར་རྒྱ་ཐོར་དུ་སོང་ནས་དུས་ཐིང་འཁྲུག་རྫོད་འཆད་རྒྱུ་མེད་པར་འབངས་མི་སེར་རྣམས་ཤིན་ཏུ་ཉམ་ཐག་གི་གནས་སུ་ལྷུངས་པ་རེད།

བཙན་པོ་གླང་དར་མ་བཀྲོངས་པའི་རྗེས། བཙུན་མོ་རྣན་གཙོན་གཉིས་སྲིད་ཁྲི་འཛིན་རྒྱུའི་ཐད་ལ་ཕན་ཚུན་འགལ་ཟླ་མངོན་གསལ་དོད་པོ་དང་ནོ་ངར་ཅན་ཞིག་བྱུང་། འགལ་ཟླ་བྱུང་བའི་རྩ་བ་ནི་བཙུན་མོ་རྣན་པ་སྣ་ནམ་བཟའ་གཡོ་རྒྱུ་ཆེ་ལ་གདུག་སེམས་ངན་པ། གཞན་ལ་དབང་ཤེད་བྱས་ནས་བཙན་པོའི་གཡས་གཡོན་དུ་ཞར་དང་ཞོར་དུ་རྒྱལ་སྲིད་ལ་ཐེ་ཇུས་བྱས་ཏེ་ཁ་ལོ་སྒྱུར་པ་དང་། བཙན་པོ་གླང་དར་གྱིས་ནང་ཆོས་བསྣུབས་པའི་སྐབས་བཙུན་མོ་འདིས་

བློན་པོ་སྐྱོག་གཡོ་ཅན་དང་མཉམ་དུ་བཙན་པོར་ཕོག་པ་བརྒྱངས་ཏེ་བསྟན་པ་བསྣུབས་རོགས་བྱེད་པ། བཙན་པོ་གྲོངས་རྗེས་རང་བཙུན་མོ་ཏན་པ་ཡིན་པའི་དབང་ཐང་ངོམ་སྟེ་གཞན་ལ་ཐུབ་ཚོད་བྱེད་པར་མ་ཟད། རྒྱལ་སྲིད་ལ་རང་སྣང་གང་བཞག་གིས་ཐེ་རྫུས་བྱེད་པ། ལྷག་པར་དུ་རྒྱལ་སྲིད་ཤུལ་འཛིན་སུ་ཞིག་འཕོད་དགོས་པའི་གནད་དོན་ཐོག་ལ། རང་ཉིད་ལ་རྒྱལ་སྲས་རྩ་བ་ནས་སྐྱེས་སྐྱོང་མེད་སྟབས། ད་ལྟ་རང་གྲོད་ཁོག་ནང་ནས་རྒྱལ་སྲས་གཅིག་སྐྱེས་རྒྱུ་འབྱུང་ན་ཅི་མི་ཉུང་། དེ་བྱུང་ན་འཕྲལ་དུ་རྒྱལ་སྲིད་འཛིན་མཁན་ལ་བསྐོ་ཆོག་བསམ་མཁན་ཞིག་རེད། བཙུན་མོ་ཆུང་བ་ཚེ་སྤོང་བཟའ་ལ་བཙན་པོ་གླང་དར་ཨུ་དུམ་བཙན་མ་གྲོངས་གོང་ནས་གྲོད་ཁོག་ནང་ཕྲུ་གུ་ཡོད་ཅིང་། བོད་ཆུ་ཕྱི་ལོར་ (སྤྱི་ལོ་༨༤༢ལོ་) ཕོ་བྲང་ཡུམ་བུ་བླ་སྒང་དུ་རྒྱལ་སྲས་ཡིད་དུ་འོང་བ་ཞིག་འཁྲུངས་པས། བློན་པོ་རྣམས་གཞན་གྱིས་བཀྲོངས་ཡོང་སྙམ་ནས་ཡུམ་དང་སྲས་གཉིས་གཟིམས་ཤའི་མཐའ་སྐོར་དུ་མཚན་མོ་འོད་དང་མི་བྲལ་བར་བསྲུངས་པས། སྲས་ཀྱི་མཚན་ཡང་གནམ་ལྡེ་འོད་སྲུང་ཞེས་གསོལ། བོད་མི་རིགས་ཀྱི་སྲ་སྲོལ་སྐྱེས་ས་མཐོ་དམན་གང་ཡིན་གྱི་གོམས་འདྲིས་ལྟར་རྩིས་ན། གནམ་ལྡེ་འོད་སྲུང་ནི་མཐོ་རིགས་བཙན་པོའི་རུས་རྒྱུད་དྲི་མ་མེད་པའི་ཤུལ་འཛིན་མཁན་དེ་རང་ཡིན་ཞིང་། བཙུན་མོ་ཏན་པ་སྣ་ནམ་བཟའ་ཇི་ལྟར་ཡིད་དུ་མི་འཐད་ཀྱང་བློན་པོ་རྣམས་ཀྱིས་མཐའ་གཅིག་ཏུ་གནམ་ལྡེ་འོད་སྲུང་རྒྱལ་པོའི་ཁྲི་ལ་མངའ་གསོལ་རྒྱུར་བཀག་འགོག་ག་ལ་བྱེད་ཐུབ། དེ་ལྟར་ཚང་མའི་བློ་ལ་བབས་པ་དང་དུས་ཀྱི་འཁོར་ཕྱོགས་དབང་གིས་གནམ་ལྡེ་འོད་སྲུང་དེ་ཉིད་རྒྱལ་པོའི་ཁྲི་ལ་དངོས་སུ་འཁོད་པ་རེད།

འོན་ཀྱང་བཙུན་མོ་ཏན་པ་སྣ་ནམ་བཟའ་སེམས་ནད་མ་ཤི་བར། རྒྱལ་པོ་གླང་དར་གྲོངས་པའི་རྗེས་སུ་སྣ་ནམ་བཟས་རང་ལ་ཡང་མདང་ནུབ་རྒྱལ་སྲས་ཤིག་སྐྱེས་ཡོད་ཟེར་ནས་བསྟན་པས། བློན་པོ་རྣམས་ཀྱིས་མདང་ནུབ་སྐྱེས་པའི་བུ་ལ་ཁ་ནང་སོ་ག་ནས་སྐྱེས་ཐུབ་ཟེར་ཡང་། གཅིག་ནས་སྣ་ནམ་བཟའ་བཙུན་མོ་ཏན་པ་

ཞིག་ཡིན་པ་དང་། གཉིས་ནས་བརྒྱ་ཁ་གཅིག་གཅོད་བྱེད་རྒྱུར་ཐེ་ཚོམ་སོམ་ཉི་མེད་སྐབས། བློན་པོ་ཚོས་བཙུན་མོས་དབང་ཤེད་ལ་བརྟེན་ནས་བརྫུན་བཟོ་བྱས་ཡོད་པ་ཤེས་རུང་། འཇིགས་ནས་ཤོད་མི་ནུས་པར་ཡུམ་གྱི་བཀའ་བརྟན་དུ་ཆུག་པ་ཡིན་པས་དེ་རང་བྱེད་ཟེར་ཏེ། མཚན་ལ་ཡང་ཡུམ་བརྟན་ཞེས་གསོལ། གོང་གསལ་གླང་དར་མའི་སྲས་གཉིས་ཀྱི་སྐོར་ལ་ལོ་རྒྱུས་ཡིག་ཚང་མང་པོའི་ནང་བཞེད་པ་མ་འདྲ་ཙམ་ཡོད་ཀྱང་། རྩ་བའི་ནང་དོན་གསུང་སྐབས་གཅིག་གྱུར་རེད། གང་ལྟར་སྲས་གནམ་ལྡེ་འོད་སྲུང་ངམ་ཡང་ན་ཡུམ་བརྟན་སུ་ཞིག་ཡིན་རུང་། ཁོང་རྣམ་གཉིས་འཁྲུངས་ནས་མི་རིང་བའི་དུས་སུ། རྒྱལ་སྲིད་དབང་ཐང་ཚང་མ་སྤྱ་ས་ནས་སྐུ་དྲག་དཔོན་རིགས་ཁེ་ཕན་ཚོགས་པ་སོ་སོའི་ལག་ཏུ་ཤོར་ཟིན་པ་རེད།

རྒྱལ་སྲས་གནམ་ལྡེ་འོད་སྲུང་ཆུང་བྱིས་པའི་དུས་ནས་ཡབ་རྒྱལ་པོ་གླང་དར་གྱི་རྗེས་སུ་མི་དྲངས་པར། སངས་རྒྱས་ཆོས་ལུགས་ལ་དད་མོས་བྱེད། དགུང་ལོ་ལྔ་ལ་སོན་སྐབས་ཡུམ་ཚེ་སྤོང་བཟའ་དང་ནང་ཆོས་ལ་དགར་བའི་བློན་པོ་རྣམས་ཀྱིས་སྐུལ་བ་བཞིན་ཇོ་བོ་ཤཱཀྱ་མུ་ནེའི་སྐུ་བརྙན་མདུན་དུ་སྐྱབས་འགྲོ་སྲུང་བ་དང་དཀོན་མཆོག་གསུམ་ལ་གུས་པས་མཆོད་པ་འབུལ། ཡུམ་བརྟན་དང་བློན་པོ་རྣམས་ཀྱི་ཡང་སྔར་ཇོ་བོ་མཆེད་གཉིས་ས་འོག་ཏུ་སྦས་པ་ཕྱི་ཐོག་ཏུ་སྤྱན་དྲངས་ནས་མཆོད་པ་བྱས་པ་དང་། ལྷ་ཁང་མང་པོ་གཏོར་བཤིག་བཏང་པ་རྣམས་ཉམས་གསོ་མཛད། རྒྱལ་སྲས་གཉིས་སྐུ་ན་སོན་རྗེས་མ་གཞི་བྱས་ན་སྲས་རྒན་པ་གནམ་ལྡེ་འོད་སྲུང་གིས་རྒྱལ་སྲིད་འཛིན་རྒྱུ་གླེང་མེད་ཡིན་རུང་། ཡུམ་བརྟན་ཕྱོགས་གཏོགས་ཀྱིས་ཡུམ་བརྟན་རྒྱལ་སྲས་འཕྲུལ་མེད་ཡིན་པའི་རྒྱུ་མཚན་གྱིས་གནམ་ལྡེ་འོད་སྲུང་གི་རྒྱལ་སྲིད་དབང་ཆ་འཕྲོག་རྩིས་བྱས་སྐབས། ཕྱོགས་གཉིས་ཀྱི་འགལ་ཟླ་རྙོག་འཛིང་ཆེ་རུ་སོང་ནས། ཕྱོགས་གཏོགས་ཀྱི་སྟོབས་ཤུགས་རྒྱ་སྐྱེད་གང་ཐུབ་གཏོང་རྒྱུར་འབད་བརྩོན་བྱེད་ཀྱི་ཡོད་པ་རེད།

ཡུམ་བརྟན་གྱིས་ལྷ་ས་རྒྱུད་ཀྱི་ས་ཁོངས་རྟེན་གཞི་བྱས་ཏེ"དབུ་རུ"ཞེས་པའི་མིང་བཏགས་ནས་རང་ཉིད་དབུས་རུའི་བཙན་པོར་གྱུར། གནམ་ལྡེ་འོད་སྲུང་གིས་

ལྷོ་ཁ་རྒྱུད་ཀྱི་ས་ཁོངས་རྟེན་གཞི་བྱས་ཏེ་"གཡོ་རུ"ཞེས་པའི་མིང་བཏགས་ནས་རང་ཉིད་དེའི་རྒྱལ་པོ་བྱས་ཏེ་ཕྱོགས་སོ་སོའི་སྲིད་འཛིན་སྟོབས་ཤུགས་རེ་ཆགས། ཁ་གཏད་ཀྱི་སྟོབས་ཤུགས་མེད་པ་བཟོ་རྒྱུའི་ཆེད། སྤྱི་ཚོགས་ཀྱི་ནུས་པ་ཡོད་དགུ་བེད་སྤྱད་དེ་དམག་འཁྲུག་གི་ལག་རྒྱར་བརྟེན་ནས་ཕན་ཚུན་ནང་འཁྲུག་རྒྱུན་མི་ཆད་པ་བརྒྱབ། དེར་བརྟེན་དམག་འཁྲུག་དང་། མུ་གེ། ནད་ཡམས། རང་འབྱུང་གནོད་འཚེ། ཀུ་ས་འཕྲོག་བཅོམ། མི་བསད་ལོག་གཡེམ་སོགས་པའི་གནོད་འཚེ་རྒྱུན་མི་ཆད་པ་བྱུང་བ་དང་། ལྷག་དོན་དབང་སྒྱུར་དཔོན་རིགས་དང་དབང་སྒྱུར་སྒྲོང་མཁན་བར་གྱི་དབུལ་ཕྱུག་གཉིས་ཀྱི་ཁྱད་པར་ཇེ་ཆེར་སོང་ནས། འབངས་མི་སེར་གྱི་འཚོ་བ་ཉམ་ཐག་དབུལ་ཞིང་ཕུངས་པ་དང་སྡུག་སྐྱིད་ཀྱི་ལུང་པ་ཁྱབ་པ། དེ་དག་ཐམས་ཅད་ཕྱིས་སུ་བོད་ཀྱི་ཤར་ཕྱོགས་མདོ་ཁམས་རྒྱུད་ནས་འགོ་ཚུགས་ཏེ་མི་ལྡེའི་ཀླུང་དམར་དྲག་རྒྱབ་ཅན་ཞིག་མཆེད་ཡོང་ནས། སྤྱར་རྒྱལ་ཡོངས་ཀྱི་འབངས་མི་སེར་ཉམ་ཐག་ཚོས་དྲག་པོའི་གྱེན་ལོག་བྱེད་རྒྱུའི་མེ་སོན་ཞིག་སྦས་ནི་བཞག་ཡོད་པ་རེད།

བོད་ས་སྤང་ (སྤྱི་ལོ་༡༨༡) ལོར་རྒྱལ་པོ་གནམ་ལྡེ་འོད་སྲུང་དགུང་ལོ་ཉེར་བརྒྱད་ལ་ཕེབས་སྐབས། འབངས་གྱེན་ལོག་ཚབས་ཆེན་ལངས་པ་དང་། ལོ་བརྒྱད་སོང་རྗེས་བོད་མེ་བྱ་ (སྤྱི་ལོ་༡༧༧) ལོར་རྒྱལ་པོ་གནམ་ལྡེ་འོད་སྲུང་ལོ་སུམ་ཅུ་སོ་དྲུག་ལ་ཕེབས་སྐབས། ཡང་འབངས་མི་ཚོས་སྤུར་རྒྱལ་བཙན་པོ་རིམ་ཅན་གྱི་བང་སོ་འདྲུས་པ་སོགས། འབངས་གྱེན་ལོག་གི་དྲག་ཚུབས་མེ་ལྕེ་སྤུར་རྒྱལ་ས་ཁོངས་ཡོངས་སུ་ཁྱབ་ཅིང་། གཡོ་འགྲུལ་ངེས་བརྟན་མེད་པའི་སྲིད་དབང་འདི་རྩ་ཐོར་སོང་བས། སྤུར་རྒྱལ་གྱི་སྤྱི་ཚོགས་གཅིག་གྱུར་ཐད་ལ་འགོ་སྣེ་ཁྲིད་མཁན་མེད་པ་དང་། དཔལ་འཁོར་ཉམས་རྒུད་དུ་སོང་བ། འབངས་རྣམས་འཚོ་ཐབས་བྲལ་བ་སོགས་ཀྱི་གནས་ཚུལ་བྱུང་རྐྱེན། གནམ་ལྡེ་འོད་སྲུང་ཡང་སྡོད་ལྡོད་མི་བཟོད་པར་ཡུམ་ཚེ་སྤོང་བཟའ་དང་བཅས་པ་གཙང་ཕྱོགས་རྒྱལ་རྩེ་དང་ལྷ་རྩེ་ཁུལ་དུ་གནས་སྤོས་མི་བྱེད་ཐབས་མེད་ཆགས་པ་རེད།

བོད་མེ་ཡོས་ (སྤྱི་ལོ་༡༠༥) ལོར་གནམ་ལྡེ་འོད་སྲུང་དགུང་གྲངས་དྲུག་ཅུ་རེ་གསུམ་

ཐོག་ཡར་ལུང་འཕང་ཐང་དུ་སྐུ་གཤེགས། སྐབས་དེ་དུས་འོད་སྲུང་གི་སྲས་དཔལ་འཁོར་བཙན་དགུང་ལོ་བཅུ་གསུམ་དུ་ཕེབས་ཡོད་པ་དང་། ཡབ་གཤེགས་རྗེས་དཔལ་འཁོར་བཙན་རྒྱལ་རྒྱུད་ཀྱི་ཁྲི་ལ་འཁོད་དེ་སྲིད་ལོ་བཅོ་བརྒྱད་བསྐྱངས། དགུང་ལོ་སོ་གཅིག་ལ་ཕེབས་དུས་སྟག་རྩེ་སྐྱགས་ཀྱིས་ཡུལ་གྲོམ་པ་ལྷ་རྩེར་བཀྲོངས། ཡབ་དཔལ་འཁོར་བཙན་གཤེགས་པའི་རྗེས་ཡབ་ཀྱི་མངའ་ཁོངས་ཀྱང་ཡུམ་བརྟན་ཕྱོགས་གཏོགས་ཀྱིས་འཕྲོག་པར་བརྟེན། དེའི་སྲས་ཆེ་བ་བཀྲ་ཤིས་བརྩེགས་པ་གཙང་རྒྱལ་རྩེའི་ཁུལ་དུ་སོང་ནས་ཉང་སྟོད་རྒྱལ་རྩེ་བཟུང་། བཙུན་མོ་ཚོག་རོ་བཟའ་མགོན་དཔལ་ཁབ་ཏུ་བཞེས་པར་སྲས་དཔལ་ལྡེ་དང་། འོད་ལྡེ། སྐྱིད་ལྡེ་བཅས་སྨད་ཀྱི་ལྡེ་གསུམ་དུ་གྲགས་པ་རིམ་བཞིན་འཁྲུངས། དེ་ནས་སྐྱིད་ལྡེ་ཉི་མ་མགོན་སྐུ་ནར་སོན་རྗེས་སྲིད་དབང་ཕལ་ཆེར་ཡུམ་བརྟན་རྒྱུད་ཀྱིས་འཕྲོག་སྟེ་བཞུགས་བཟོད་མི་བདེ་བ་བྱུང་ནས་འཁོར་དང་བཅས་པ་མངའ་རིས་སུ་བྲོས་བྱོལ་དུ་ཕེབས། མངའ་རིས་སུ་ཕེབས་ནས་ཁོང་ནི་སྤྱོད་ལམ་ལེགས་ཤིང་བློ་གྲོས་ཆེ་བས་མངའ་རིས་ཁུལ་མི་དམངས་ཀྱི་བསྟི་བཀུར་ཐོབ་པ་དང་མངའ་ཐང་ཡང་གང་འཚམས་འཕེལ་རྒྱས་ཕྱིན་པ་ལ་བརྟེན་ནས། མངའ་རིས་སྐོར་གསུམ་ལ་དབང་སྒྱུར་བྱེད་ཐུབ་པའི་རྒྱལ་སྲིད་ཅིག་བཙུགས་པར་མཛད། སྐྱིད་ལྡེ་ཉི་མ་མགོན་གྱི་བཙུན་མོ་ཚོག་རོ་བཟའ་ཁབ་ཏུ་བཞེས་ནས་སྲས་གསུམ་འཁྲུངས་ཤིང་། སྲས་རྣམས་སྐུ་ནར་སོན་རྗེས་ཡབ་རྒྱལ་པོས་མངའ་རིས་སྐོར་གསུམ་རྒྱལ་སྲས་རེ་རེ་ལ་བགོས་ནས་བདག་སྐྱོང་མཛད་བཅུག །སྲས་ཆེ་བ་དཔལ་གྱི་རིག་པ་མགོན་ལ་མང་ཡུལ་ལ་དྭགས་སོགས་གནང་། འབྲིང་བ་བཀྲ་ཤིས་ལྡེ་མགོན་ལ་ཞང་ཞུང་གུ་གེ་གནང་། ཆུང་བ་ལྡེ་གཙུག་མགོན་ལ་ཟངས་དཀར་སྤོ་གསུམ། སྤྱི་ཏི། སྤྱི་ལྕོག་དང་བཅས་པ་གནང་། དེའི་ནང་ནས་ཞང་ཞུང་གུ་གེ་རྒྱལ་པོ་ཁྲི་བཀྲ་ཤིས་ལྡེ་མགོན་ལ་སྲས་སྲོང་ངེ་བྱ་བ་འཁྲུངས་རྗེས། སྲས་དེ་སྐུ་ཆེའི་སྐད་དུ་རྒྱལ་སྲིད་གཅུང་འཁོར་རེས་ལ་གཏད་ནས། ཡབ་སྲས་གསུམ་ཀ་ལོ་ཆེན་རིན་ཆེན་བཟང་པོའི་རབ་བྱུང་གི་མཁན་པོ་ཡེ་ཤེས་བཟང་པོ་ལས་སྐྲ་ཕུད་ཕུལ་ནས་རབ་ཏུ་བྱུང་བ་དང་། མཚན་ཡང་ལྷ་བླ་མ་ཡེ་

ཤེས་འོད་ཅེས་གསོལ། ལྷ་བླ་མ་ཡེ་ཤེས་འོད་ཀྱིས་བསྟན་པའི་མེ་རོ་གསོ་བའི་ཐད་ལ་མཛད་རྗེས་ཆེན་པོ་བཞག་གནང་ཡོད། ཁོང་གིས་ཟ་མདའ་གྲོང་དུ་མཐོ་ལྡིང་ལྷ་ཁང་བཞེངས་པ་དང་། ལོ་ཆེན་རིན་ཆེན་བཟང་པོ་ལ་སོགས་པའི་ཁྱིའུ་བློ་རྣོ་བ་ཉི་ཤུ་རྩ་གཅིག་རྒྱ་གར་དུ་གསེར་མང་པོ་བསྐུར་ཏེ་ཆོས་སློབ་ཏུ་བཏང་། དེ་བཞིན་རྒྱ་གར་གྱི་མཁན་པོ་ཇོ་བོ་རྗེ་དཔལ་ལྡན་ཨ་ཏི་ཤ་མངའ་རིས་སུ་གདན་དྲངས་ཏེ་ནང་ཆོས་དར་འཕེལ་བཏང་ནས་བསྟན་པའི་མེ་རོ་མངའ་རིས་ཕྱོགས་སུ་གསོས་བ་མཛད་དེ། བོད་ཡོངས་ཀྱི་སངས་རྒྱས་བསྟན་པ་སླར་ཡང་དར་རྒྱས་ཕུན་སུམ་ཚོགས་པ་ཡོང་ཆེད་མཛད་རྗེས་བླ་ན་མ་མཆིས་པ་ཞིག་ལེགས་སྐྲུན་ཐུབ་ཡོད།

ཡུམ་བརྟན་གྱི་གདུང་རྒྱུད་རྣམས་ལྷ་སའི་རྒྱུད་ཀྱི་དབུ་རུ་ཞེས་པའི་ས་ཁྲོན་རྒྱ་ཆེར་བཟུང་ནས་ལྷ་སའི་རྒྱལ་རིགས་ཀྱི་མངའ་དབང་སྒྱུར་པའི་སྲིད་དབང་ཞིག་བཙུགས་པ་དང་། སྐབས་དེའི་རིང་ལ་དབུས་གཙང་གི་ས་ཆ་ཕལ་མོ་ཆེར་བཀས་བཀོད་རྒྱུད་འཛིན་གྱི་ལམ་ལུགས་མཚོན་པའི་མངའ་བདག་གི་གཞིས་ཀ་བཙུགས་ནས། སྤྱི་ཚོགས་དེ་ཉིད་རིམ་བཞིན་བྲན་གཡོག་ལམ་ལུགས་ནས་བཀས་བཀོད་རྒྱུད་འཛིན་ཞིང་བྲན་ལམ་ལུགས་སུ་བསྒྱུར་བ། ཡུམ་བརྟན་གྱི་གདུང་རྒྱུད་ཆོས་དབུ་རུའི་ས་ཁོངས་སུ་སྲིད་དོན་གྱི་བྱ་བ་གང་ཞིག་སྤེལ་ནས། ཞིང་འབྲོག་ལས་ཀྱི་དཔལ་འབྱོར་འཕེལ་རྒྱས་གཏོང་ཚུལ་དང་། སྐབས་དེའི་བོད་ཆོས་སའམ་ནང་པ་སངས་རྒྱས་ཀྱི་ཆོས་ལུགས་འཕེལ་རྒྱས་དང་འཕོ་འགྱུར་བྱུང་བའི་ནང་ནུས་པ་གང་དང་གང་ཐོན་ཡོད་མེད་སྐོར་མཚམས་འདིར་མང་ཙམ་གླེང་དགོས་བསམ་ཡང་། བློ་ཕམ་པ་ཞིག་ལ་གནའ་བོའི་ལོ་རྒྱུས་ཀྱི་ཡིག་ཚང་མང་པོའི་ནང་ཡུམ་བརྟན་གྱི་གདུང་རྒྱུད་རིམ་བྱུང་གི་མཚན་ཙམ་ལས་ངོ་སྤྲོད་གནང་མེད། ཡིག་ཚང་ནང་ཡུམ་བརྟན་གྱི་གདུང་རྒྱུད་གླིང་སྐབས་གདུང་རྒྱུད་འགའ་རེ་ཕུད་གཞན་རྣམས་སྤུ་ཕྱིའི་གོ་རིམ་བསྟན་པ་ཙམ་ལས་མ་མཆིས། དེ་ནི་ཏག་ཏག་ཡུམ་བརྟན་གྱི་གདུང་རྒྱུད་ཚོས་ཆོས་ཕྱོགས་སུ་མཛད་རྗེས་ཆེན་པོ་འཛོག་ཐུབ་མེད་ཙང་བྱུས་པ་ཡིན་གྱི་རེད་སྙམ། སྔར་ལོ་རྒྱུས་སྨྲ་བ་རྣམས་ཀྱིས་ཆོས་ཕྱོགས་ཀྱི་

མཛོད་པ་ཁོ་ན་གཙིགས་ཆེར་བཟུང་བས། ཡུམ་བརྟན་རྒྱུད་ཀྱིས་སྲིད་བསྐྱངས་པའི་ལོ་རྒྱུས་མང་པོ་སྣང་མེད་དུ་བཞག་པ་མངོན། ཡུམ་བརྟན་རྒྱུད་པས་དབུ་རུའི་ས་ཁོངས་སུ་སྲིད་ཀྱི་ལས་དོན་ལ་དོ་སྣང་ཆེན་པོ་བྱས་ཡོད་པ་དང་། དབུ་རུའི་ས་ཁོངས་མང་ཆེ་བ་ཡུན་རིང་འཛིན་སྐྱོང་བྱས་པའི་ལོ་རྒྱུས་ཡོད་མུས་ལ། སྔར་གྱི་ལོ་རྒྱུས་སྨྲ་བ་ཚོས་དེ་ལ་དགོས་ངེས་ཀྱི་དོ་སྣང་བཞག་ཐུབ་མེད་པ་གསལ་པོ་རེད། ཡུམ་བརྟན་ཁོ་རང་ཡང་སྐུ་ཚེ་རིང་པོ་བཞུགས་ཐུབ་མེད་པར། བོད་ས་ཁྲི་ (སྤྱི་ལོ་༦༧༦) ལོ་དགུང་ལོ་སུམ་ཅུ་སོ་དྲུག་ལ་ཕེབས་དུས་སྐུ་གཤེགས།

སྔང་དར་མ་འུ་དུམ་བཙན་གྱིས་བསྟན་པ་བསྣུབས་པའི་རྗེས། ནང་པ་སངས་རྒྱས་ཀྱི་བསྟན་པ་ལ་རྩ་གཏོར་རང་བཞིན་གྱི་ཕམ་ཉེས་བྱུང་བ་རེད། བོད་ལྷུགས་བྱ་ (སྤྱི་ལོ་༦༨༧) ལོར་བསྟན་པ་བསྣུབས་པ་ནས་བཟུང་ལོ་ངོ་བདུན་བཅུ་ཧྲིལ་པོའི་ནང་དུ་སྤུར་རྒྱལ་ས་ཆར་གྲྭ་ཆས་གྱོན་མཁན་རིག་རྒྱུ་མེད་པར། སྐོག་ཏུ་གསང་སྔགས་ཀྱི་སྒྲུབ་པ་སྐྱོན་མཁན་རེ་ཟུང་ཡོད་པ་ཕུད། མདོ་ཁམས་ཀྱི་ཉམས་ལེན་གནང་མཁན་རབ་ཏུ་བྱུང་བའི་དགེ་འདུན་ཤིན་ཏུ་དཀོན་པའི་ཟང་ཟིང་གི་གནས་སུ་གྱུར། བོན་གྱི་ཆོས་ལུགས་དེ་ལྟར་མ་ཡིན་པར་སྟོབས་ཤུགས་སྔར་དུ་འཕེལ་རྒྱས་ཕྱིན་ཏེ། བོན་ཆོས་ཀྱིས་སྤུར་རྒྱལ་སྤྱི་ཚོགས་དེའི་བསམ་བློའི་དད་སེམས་མཆོད་པའི་དབང་སྒྱུར་གྱི་གོ་བབ་འཛིན་ཐུབ་ཡོད། འོན་ཀྱང་ནང་པ་སངས་རྒྱས་ཀྱི་ཆོས་ལུགས་རྩ་གཏོར་མཐར་ཕྱིན་པ་བཟོ་ཐུབ་མེད་སྟབས། དེ་ལས་ལྡོག་སྟེ་ནང་པ་སངས་རྒྱས་པས་ཚེ་ཕྱི་མའི་ཕུགས་བསམ་བཅང་དགོས་རྒྱུ་དང་། སེམས་ཅན་ཐམས་ཅད་བདེ་སྐྱིད་སུ་གནས་པ་བྱེད་རྒྱུ། དེ་བཞིན་བྱང་སེམས་དང་སྙིང་རྗེ་སོགས་པའི་རིག་པའི་གཞུང་ལུགས་བསྟན་པ་ཡིན་ཙང་། ཤིན་ཏུ་ཉམ་ཐག་གནས་སུ་ལྷུང་བའི་མང་ཚོགས་ཀྱི་སེམས་པ་བསྡུ་ཐུབ་པར་མ་ཟད། ལས་སླ་བའི་སྒོ་ནས་གདུང་སེམས་མཉམ་སྒྲོག་བྱེད་ཐུབ་ཀྱི་ཡོད། དེར་བརྟེན་སངས་རྒྱས་ཆོས་ལུགས་ཀྱི་བསམ་བློ་དང་ལེན་ཞུ་མཁན་རིམ་བཞིན་མང་དུ་འགྲོ་བ་དེ་ནི། སངས་རྒྱས་ཀྱི་ཆོས་ལུགས་བོད་ལྗོངས་སུ་བསྐྱར་གསོ་དང་དར་འཕེལ་འགྲོ་ཐུབ་པའི་ཆབ་

སྲིད་ཀྱི་རྨང་གཞི་ཞིག་ཆགས་ཐུབ་ཡོད། སྐབས་དེ་ཙམ་ན་བོན་ཆོས་སྟོབས་ཤུགས་ཀྱི་གནས་བབས་ལེགས་པའི་གནས་ཚུལ་འོག །ནང་པ་སངས་རྒྱས་ཆོས་ལུགས་པས་བོན་ཆོས་ཀྱི་གཤོག་སྒྲོའི་འོག་འབྱུར་ཤེས་ནས་བོན་ཆོས་ཀྱི་སྲོལ་ལུགས་ལྟར་ཕྱི་ཚུལ་གྱི་རྣམ་པ་འགྱུར་ལྡོག་བཏང་སྟེ། བསྟུན་མཁས་ཀྱི་སྒོ་ནས་ནང་ཆོས་ཀྱི་བྱ་བ་མང་པོ་བསྒྲུབ་རྒྱུའི་ཐབས་ཤེས་ལ་བརྟེན་ནས་སངས་རྒྱས་ཆོས་ལུགས་དང་བོན་ཆོས་གཉིས་ཕན་ཚུན་འདྲེས་ནས་མཉམ་དུ་འཕེལ་རྒྱས་བཏང་ཐུབ་པ་བྱུང་ཡོད།

བོད་ཆུ་ཕག་ (སྤྱི་ལོ་༡༩༣) ལོར་གླང་དར་མ་འུ་དུམ་བཙན་གྱིས་དབུས་གཙང་ཡོངས་སུ་བསྟན་པ་བསྣུབས་པའི་དུས་སྐབས་དེར་དམར་ཤཱཀྱ་མུ་ནེ་དང་། གཡོ་དགེ་བའི་འབྱུང་གནས། གཙང་རབ་གསལ་བཅས་དགེ་སློང་གསུམ་དཔལ་ཆུ་བོ་རི་ལ་སྒོམ་སྒྲུབ་བྱེད་པའི་དུས། གཡོ་དགེ་འབྱུང་གིས་རྒྱང་རིང་དུ་བཙུན་པ་གསུམ་གྱིས་ཁྱི་འཁྲིད་ནས་ཇ་བརྡུངས། རོལ་མོ་དཀྲོལ། མགོ་ལ་བྱ་སྒྲོ་བཙུགས། རི་དྭགས་ལ་མདའ་འཕེན་པ་གཟིགས་པས་དེ་ལ་མ་རངས་ནས་བན་རྐན་ང་འཁྲུལ་བའམ། བཙུན་པ་ཚོ་སྒྱུ་བ་གང་ཡིན་གསུངས་པས། རྫོན་པ་དེ་རྣམས་ཀྱིས་སློབ་དཔོན་འཁྲུལ་པ་མ་ཡིན་བཙུན་པ་དབང་མེད་དུ་སྒྱུ་རུ་བཅུག་པ་ཡིན། ཞེས་རྒྱལ་པོ་གླང་དར་གྱིས་བསྟན་པ་བསྣུབས་པའི་ལོ་རྒྱུས་ཞིབ་ཏུ་བཤད་ཐོག །ཁྱེད་རང་ལ་རྒྱལ་པོའི་བཀའ་ཆད་མ་ཐོག་པ་བསོད་ནམས་ཆེ་སྟེ་ད་ཁྱོད་རང་ཡང་བྲོས་ན་ལེགས་པའི་གཏམ་བཤད་པས་དགེ་སློང་གསུམ་པོས་གོས་རེ་བས་དྲིལ་ནས་ཐུང་ཆས་སུ་བཞུགས། དམ་ཆོས་འདུལ་བ་དྲིལ་འི་ཁལ་གཅིག་བཀལ་ནས་རྒྱལ་ཁྲིམས་མི་གཅིག་པའི་སར་བྲོས། ཉིན་མོ་གབ་ཅིང་མཚན་མོ་བྱོན་ཏེ་མངའ་རིས་སུ་སླེབས། དེར་ཡང་བསྟན་པ་སྤེལ་མི་ཐུབ་པར་བྱུང་ལམ་ནས་ཧོར་ཡུལ་དུ་བྲོས་ཕེབས། ཧོར་ཡུལ་དུ་སྐད་བརྡ་མ་འཕྲོད་པས་མདོ་སྨད་ལྷོ་ངོས་བེ་རེའི་ས་ཆ་དེའུ་ཚྭ་མཚོ་བརྒྱད་རྨ་ལུང་རྗེ་རྫེའི་བྲག་དན་ཏིག་ཤེལ་གྱི་ཡང་དགོན་དུ་བྱོན།

བོད་ཤིང་སྟག་ (སྤྱི་ལོ་༥༡༩) ལོར་ཨ་མདོ་དན་ཏིག་ཏུ་ཕེབས་ནས་བླ་ཆེན་དགོངས་

པ་རབ་གསལ་སོགས་མདོ་སྔགས་ཀྱི་མཁས་པ་མི་གསུམ་དང་མཇལ་ཏེ་ཁོང་རྣམས་ལ་རབ་བྱུང་བསྙེན་རྫོགས་ཆོག་རྫོགས་གནང་། ལོ་རྒྱུས་ལྟར་ན་ལོ་ལྔ་ཕྱིན་པའི་རྗེས་སུ་བླ་ཆེན་དགོངས་པ་རབ་གསལ་གྱིས་དབུས་གཙང་ནས་ཕེབས་པའི་ཀླུ་མེས་སོགས་མཁས་པ་མི་བཅུ་ལ་བསྙེན་རྫོགས་ཀྱི་སྡོམ་པ་གནང་བ་དང་མཁན་པོ་ཡང་མཛད། ཀླུ་མེས་སོགས་དབུས་གཙང་གི་མཁས་པ་མི་བཅུ་སྡོམ་པ་བཞེས་རྗེས་དབུས་གཙང་དུ་ལོག་ཕེབས་ནས། ལྷ་སར་ལྟེ་གནས་སུ་བྱས་པའི་ས་ཕྱོགས་ཁག་གི་དགོན་པ་ཉམས་གསོ་དང་སློབ་མ་འཕོར་ཆེན་གསོ་སྐྱོང་གནང་སྟེ། བསྟན་པ་ཕྱི་དར་དུས་སུ་བསྟན་པའི་མེ་རོ་སྨད་ནས་བསླངས་ཏེ་འདུལ་བའི་བསྟན་པ་རྒྱ་ཆེ་སྤེལ་རྒྱུར་རྩ་ཆེའི་ནུས་པ་ཐོན་ཡོད་པ་དེ་ནི་ནམ་ཡང་བསུབ་ཐབས་མེད་པའི་མཛད་རྗེས་ཤིག་རེད།

བླ་ཆེན་དགོངས་པ་རབ་གསལ་ནི་ལྷ་སའི་བྱང་རོས་འཕན་ཡུལ་ཞོགས་པར་འཁྲུངས་ཤིང་། ཆུང་དུས་ནས་ནང་པ་སངས་རྒྱས་ཀྱི་ཆོས་ལ་དད་མོས་ཆེ་ཞིང་། དགུང་ལོ་བཅུ་གཉིས་ལ་ཕེབས་སྐབས་སྨྲང་དར་ཨུ་དུམ་བཙན་གྱིས་བསྟན་པ་བསྣུབས་པ་དང་དུས་མཉམ། སྐུ་ནར་སོན་རྗེས་ཕྱོགས་གང་སར་ཕེབས་ནས་དགེ་བའི་བཤེས་གཉེན་མང་པོ་བསྟེན་ནས་བཟླས་ལུང་དང་། བྱང་ཆུབ་ཀྱི་མཆོག་ཏུ་སེམས་བསྐྱེད། ཡོ་ག་དང་དབུ་ཚད་ཀྱི་བསྟན་བཅོས་སོགས་མང་པོ་སྦྱང་བརྩོན་མཛད་དེ། བྱང་ཕྱོགས་སུ་ཕེབས་ནས་མི་ཉག་སྨའི་ཡུལ་དུ་ཕྱིན་ཏེ། གོ་རོང་སེང་གེ་གྲགས་ལས་འདུལ་བ་གསན་པས་འདུལ་བ་ལུང་སྡེ་བཞི་བསྟན་བཅོས་དང་བཅས་པ་བླ་ཆེན་པོ་ལ་གནང་། དེ་ནས་དབུས་གཙང་མདོ་ཁམས་སོགས་སུ་ཕེབས་ནས་འདུལ་བའི་བསྟན་པ་དར་བའི་རྩ་ལག་ཆེན་པོར་གྱུར་པ་ཡིན་ཅིང་། དེ་ནས་ཤར་ཕྱོགས་སུ་ལྷ་རྩེ་རྙི་ཏིག་བྱ་བའི་དགོན་པར་ཀྱཻ་འོད་མཆོག་གྲགས་པ་བྱ་བ་ལྷོ་བལ་དུ་ཆོས་མང་པོ་གསན་ནས་ཁམས་སུ་བྱོན་ནོ་ཟེར་བ་གསན་པས་སྨར་ཁམས་དན་ཏིག་ཏུ་ལོག་ཕེབས། ཀྱཻ་འོད་ཆོས་གྲགས་པ་དང་མཇལ་ཏེ་དགེ་བའི་བཤེས་གཉེན་དུ་བསྟེན་ནས《ཤེས་རབ་ཀྱི་ཕ་རོལ་ཏུ་ཕྱིན་པའི་འབུམ་ཏིག་》ལ་སོགས་པའི་རྩ་འགྲེལ་དང་། བྱང་ཆུབ་སེམས་དཔའི་ས་ལ་སོགས་པ་

མངོན་པའི་ཐེག་པ་ཆེན་པོ་ལོ་བཅུ་གཉིས་ཀྱི་བར་དུ་གསན། དན་ཏིག་ཏུ་ལྷ་ཁང་དང་མཆོད་རྟེན་དཔག་ཏུ་མེད་པ་བཞེངས་ཏེ་ཚོན་དང་བཟོ་ལ་སོགས་པ་ཡང་རང་གིས་མཛད། དེ་བཞིན་གནས་དེར་རེ་འགས་རྣལ་འབྱོར་གྱི་མིང་ཙམ་འཛིན་ནས་དགེ་བའི་ཕྱོགས་ཅི་ཡང་མི་བྱེད་པའི་ལོག་རྟོག་ཅན་མང་དུ་མཆིས་པའི་ལྷ་བ་སུན་འབྱིན་པར་མ་ཟད། དམ་པའི་ཆོས་འདུལ་བ་ནས་གསུངས་པའི་བསླབ་པའི་གཞི་རྣམས་བཛོད་པས། དེ་དག་གིས་སྔར་རང་ཉིད་ཀྱི་སྤྱོད་ལམ་དེ་ལྟ་བུར་གཏོང་ཞིང་འགྱོད་ནས་ཚུལ་བཞིན་དུ་རབ་ཏུ་བྱུང་བ་དང་། དེའི་ནང་ནས་སློབ་མ་དྲུག་ཙམ་བླ་ཆེན་དགོངས་པ་རབ་གསལ་གྱི་ཐུགས་སྲས་སུ་གྱུར་ནས་འདུལ་བ་བསྟན་པའི་གསོས་སུ་ཆེ་བ་བྱུང་། དེ་ལྟར་བླ་ཆེན་པོ་དགོངས་པ་རབ་གསལ་དགུང་ལོ་བཞི་བཅུ་ཞེ་དགུ་ལོར་དན་ཏིག་ཏུ་ཕྱིན་པ་ནས་ལོ་སུམ་ཅུ་སོ་ལྔ་དན་ཏིག་ཏུ་བཞུགས། མཐར་དགུང་ལོ་བརྒྱད་ཅུ་གྱ་བཞི་པ་ཤིང་ཕག་(སྤྱི་ལོ་༡༣༧༥)ལོར་དན་ཏིག་ཏུ་སྐུ་གཤེགས་པ་ལགས། བླ་ཆེན་དགོངས་པ་རབ་གསལ་གྱི་སྐུ་ཚེ་ཧྲིལ་པོར་སངས་རྒྱས་ཀྱི་བསྟན་པ་དར་འཕེལ་གཏོང་རྒྱུའི་བྱ་གཞག་དང་། སངས་རྒྱས་ཀྱི་བསྟན་པ་བསྐྱར་དར་གོང་འཕེལ་ཡོང་རྒྱུར་འབད་བརྩོན་ལྷོད་མེད་གནང་ཡོད་པ་རེད། ཁོང་ནི་བོད་ཀྱི་བསྟན་པ་ཕྱི་དར་དུས་སུ་མཛད་རྗེས་གཟེངས་སུ་ཐོན་པའི་གྲགས་ཅན་གྱི་མི་སྣ་ཞིག་ཏུ་གྱུར་པ་རེད།

བོད་ཀྱི་བསྟན་པ་ཕྱི་དར་དུས་སུ། རྒྱ་གར་དང་། ཀཤྨིར། ཟངས་དཀར་ལ། བལ་ཡུལ་སོགས་ནས་པཎྜི་ཏ་མང་པོ་བོད་དུ་རིམ་བཞིན་ཕྱིན། གཤམ་ལ་བོད་ཀྱི་བསྟན་པ་ཕྱི་དར་དུས་སུ་མཛད་རྗེས་བླ་ན་མེད་པ་ལེགས་སྐྱེས་སུ་ཕུལ་གནང་བའི་རྒྱ་གར་གྱི་པཎྜི་ཏ་ཆེན་པོ་ཇོ་བོ་རྗེ་དཔལ་ལྡན་ཨ་ཏི་ཤ་ཞེས་མཚན་སྙན་ཡོངས་སུ་གྲགས་པའི་སྐོར་རགས་ཙམ་ངོ་སྤྲོད་ཞུས་ན།

(7) སློབ་དཔོན་ཨ་ཏི་ཤས་བསྟན་པ་ཕྱི་དར་སྐབས་བླ་ན་མེད་པའི་མཛད་རྗེས་ཆེན་པོ་ལེགས་སྐྱེས་སུ་ཕུལ་ཡོད་པ།

ཇོ་བོ་རྗེ་དཔལ་ལྡན་ཨ་ཏི་ཤ (དི་པམ་ཀ་རའམ་མར་མེ་མཛད་) ནི་གནའ་བོའི་རྒྱ་གར་གྱི་སངས་རྒྱས་ཆོས་ལུགས་པའི་གྲགས་ཅན་སློབ་དཔོན་ཞིག་ཡིན་པ་དང་། བོད་ཀྱི་རབ་བྱུང་གོང་ཆུ་རྟ (སྤྱི་ལོ་༩༨༢) ལོར་རྒྱ་གར་ཤར་ཕྱོགས་རྔང་སྒ་ལ (དེང་རྒྱ་ནག་སྐད་དུ་མེང་ཇ་ལ་ཟེར་) ཟ་ཧོར་གྱི་རྒྱལ་པོ་དགེ་བ་དཔལ (ཁྲི་སྲོང་ལྡེ་བཙན་སྐུ་དུས་གདན་དྲངས་པའི་རྒྱ་གར་མཁན་ཆེན་ཞི་བ་མཚོ་དང་གདུང་རྒྱུད་གཅིག་) དང་ཡུམ་དཔལ་མོ་འོད་ཟེར་ཅན་གཉིས་ལ་སྲས་གསུམ་འཁྲུངས་པའི་ནང་ནས་འབྲིང་པོ་ཡིན་ཞིང་། སྐུ་ཆུང་དུས་ནས་སྦྱང་གྲུབ་དོན་ལ་སློབ་སྦྱོང་ལ་བརྩོན་པ། འཁོར་བ་ཅན་གྱི་འཚོ་བར་ཞེན་ཆགས་གཏན་ནས་མི་བྱེད་པར། བློ་རྩེ་གཅིག་ཏུ་དམ་པའི་ཆོས་ལ་བརྩོན་པ་དང་། དགུང་ལོ་ཉེར་དགུར་ཕེབས་དུས་རྒྱ་གར་རྡོ་རྗེ་གདན་གྱི་མ་ཧཱ་བོ་དྷིའི་གཙུག་ལག་ཁང་དུ་རབ་བྱུང་མཛད། དེ་ནས་བཟུང་བརྗིད་ཆགས་འདུ་འཛི་མེད་པའི་སངས་རྒྱས་ཀྱི་ཞིང་ཁམས་སུ་ཞབས་བཅགས་གནང་བ་རེད། སློབ་དཔོན་གསེར་གླིང་པ་སོགས་པའི་བླ་མ་སུམ་ཅུ་སོ་བཞི་ཙམ་བསྟེན་ནས་མདོ་སྔགས་ཀྱི་གཞུང་ལུགས་ཁག་ལ་སྦྱང་བརྩོན་མཐར་ཕྱིན་པ་མཛད་པ་དང་། སྔགས་ཕྱོགས་ཀྱི་དབང་ལུང་མན་ངག་ཁྲིད་ལ་སོགས་པ་ཐམས་ཅད་ལེགས་པར་གསན་བསམ་མཛད་ནས། ལམ་གྱི་རིམ་པ་མཐའ་དག་ལ་ཐོགས་པ་མེད་པར་རྒྱ་གར་གྱི་ས་ཕྱོགས་གང་སར་ཆོས་གསུངས་པས་རྒྱ་གར་དུ་མཁས་པའི་གྲགས་པ་ཆེ་བ་བྱུང་། ད་དུང་མུ་མཐུད་ཐོས་བསམ་ལ་ཞུགས་ཏེ་དཀའ་ངལ་གང་ལ་ཡང་མི་འཛེམས་པར་ཅིན་གྲོའུ་རྒྱལ་ཁབ་ཏུ (དེང་ཧིན་དུ་ཉི་ཤི་ཡ་སུའུ་མན་ད་ལ་ཟེར་) ཕེབས་ནས་ཡུལ་དེའི་སློབ་དཔོན་མང་པོའི་སྐུ་མདུན་དུ་ལོ་བཅུ་གཉིས་ཙམ་མདོ་སྔགས་ཀྱི་ཆོས་ལ་གསན་བསམ་མཛད་དེ་བཞུགས། དེའི་རིང་ནང་ཆོས་ཀྱི་གྲུབ་མཐའ་སོ་སོའི་བཞེད་པ་མི་འདྲ་བ་ཚང་མ་ཐུགས་སུ་ཆུད་པའི་འདུན་པ་བསྒྲུབས། དགུང་ལོ་བཞི་བཅུ་ཞེ་བཞིར་ཕེབས་ནས་སླར་རྒྱ་གར་དུ་ཕྱིར་ལོག་ཕེབས་ཏེ་བི་ཀྲ་མ་ལ་ཤཱི་ལའི་གཙུག་ལག་ཁང་གི་དབུ་འཛིན་དུ་བསྐོ

གཞག་མཛད། སྐབས་དེ་ཙམ་ན་ཇོ་བོ་རྗེ་མདོ་སྔགས་ཀྱི་གཞུང་ལུགས་མཐའ་དག་ལ་མཐུ་སྟོབས་ཀྱི་རྩེ་མོར་སོན་པར་མ་ཟད། རིག་པའི་གནས་ལྔར་མཁྱེན་རྒྱ་ཤིན་ཏུ་ཟབ་པས་སྤྱི་རྗེས་སུ་རྒྱ་གར་གྱི་དགོན་བཅོ་བརྒྱད་ཀྱི་མཁན་པོ་མཛད་དེ། ཚང་མས“པཎྜི་ཏ་ཆེན་པོ”ཞེས་པའི་མཚན་སྙན་ཕྱོགས་བཞི་ཀུན་ཏུ་ཁྱབ་པར་གྲགས།

དུས་རབས་བཅུ་གཅིག་པའི་ལོ་རབས་སུམ་ཅུའི་སྐབས། སྤུར་རྒྱལ་བཙན་པོའི་རྒྱུད་པ་མངའ་རིས་གུ་གེ་རྒྱལ་པོ་ལྷ་བླ་མ་ཡེ་ཤེས་འོད་ཀྱིས་བསྟན་པ་སླར་གསོ་བྱེད་པའི་བྱ་གཞག་གྲུབ་བཞིན་པའི་སྐབས་དེར། རྒྱ་གར་དུ་ཇོ་བོ་རྗེ་དཔལ་ལྡན་ཨ་ཏི་ཤ་ཟེར་བའི་པཎྜི་ཏ་མཁས་པ་ཞིག་ཡོད་པ་གསན་པས། འཕྲལ་དུ་རྒྱ་བརྩོན་འགྲུས་སེང་གེ་འཁོར་དང་བཅས་པ་ལ་གསེར་མང་པོ་བསྐུར་ཏེ་རྒྱ་གར་དུ་ཨ་ཏི་ཤ་གདན་འདྲེན་པར་བཏང་ཡང་འཁོར་མང་པོར་ཚ་ནད་ཕོག་སྟེ་གྲོངས་པ་དང་། ཨ་ཏི་ཤ་ཡང་རེ་ཞིག་བོད་དུ་ཕེབས་རྒྱུའི་ཞལ་བཞེས་མ་གནང་། དེ་རྗེས་གར་ལོག་དང་གུ་གེ་གཉིས་གཡུལ་འཁྲིད་བྱུང་ནས་ལྷ་བླ་མ་ཡེ་ཤེས་འོད་ཀྱིས་རྒྱལ་སྲིད་གཅུང་བྱང་ཆུབ་འོད་ལ་གཏད་ནས་རང་ངོ་མས་དམག་སྐྱེ་འཁྲིད་དེ་གར་ལོག་དང་ཐབས་པས་མཐར་གར་ལོག་གིས་གསོན་བཟུང་བྱས་ཏེ་བཀྲོངས། གཅུང་བྱང་ཆུབ་འོད་ཀྱིས་གཅེན་ལྷ་བླ་མ་ཡེ་ཤེས་འོད་བཙོན་ར་ནས་གསེར་གྱི་བསླུ་ཐབས་གནང་ཡང་གར་ལོག་གི་འདོད་པ་ལྟར་གསེར་སྒྲུབ་མི་ཐུབ་པས། གཅེན་གྱི་འདས་ཁའི་ཞལ་ཆེམས་ལྟར་ཕྱག་ཏུ་ཡོད་པའི་གསེར་རྣམས་ནག་ཚོ་ལོ་ཙཱ་བ་ལ་བསྐུར་ནས་འཁོར་དྲུག་དང་བཅས་པ་སླར་ཡང་རྒྱ་གར་དུ་ཨ་ཏི་ཤ་གདན་འདྲེན་པར་བཏང་། རྒྱ་བརྩོན་འགྲུས་སེང་གེ་རྒྱ་གར་དུ་ཆོས་སློབ་པར་བཞུགས་ཡོད་པ་དང་མཇལ་ཏེ་ཁོང་གཉིས་ཀྱིས་བི་ཀྲ་མ་ལ་ཤཱི་ལའི་དགོན་པར་ཇོ་བོ་རྗེའི་སྐུ་མདུན་དུ་བཅར་ཏེ་གསེར་གྱི་ཕྱག་རྟེན་རྣམས་ཕུལ་བ་དང་། བོད་དུ་སྔང་དར་མས་སངས་རྒྱས་ཀྱི་བསྟན་པ་བསྣུབས་པ་དང་། དགེ་འདུན་གྱི་སྡེ་དང་རབ་ཏུ་བྱུང་བ་ལ་མནར་གཅོད་ཇི་ལྟར་བཏང་པ་དང་། སངས་རྒྱས་ཀྱི་བསྟན་པ་རྩ་གཏོར་དུ་འགྲོ་བའི་ཉེན་གནས་ཀྱི་མཚམས་སུ་འགྱུར་བའི་སྐོར་ཞུས་ཏེ། བོད་ལ་ཇོ་བོ་རྗེ་ཁྱེད་ལྟ་བུ་

ལས་གཞན་པའི་པཎྜི་ཏས་ཕན་ཐོགས་པར་དཀའ་ཚུལ་མིག་མཆི་མས་བརྣངས་བཞིན་དུ་ཞུས་པས། ཇོ་བོ་རྗེས་ཁོ་བོའི་ས་གནས་ཀྱི་དཔོན་རིགས་དང་གནས་བརྟན་རྣམས་དབང་ཆེ་བས་བོད་དུ་གཏོང་བ་དཀའ་ཙུང་། ཁོ་བོ་ལོ་ན་རྒས་ཀྱང་སངས་རྒྱས་ཀྱི་བསྟན་པའི་དོན་དུ་བོད་ལ་ཡོང་ཆོག་ཅེས་ཞལ་བཞེས་ཐོབ།

སྤྱི་ལོ་༡༠༤༠ལོར་སློབ་དཔོན་ཨ་ཏི་ཤ་རྒྱ་གར་ནས་བོད་ལ་ཕེབས་ཏེ་བལ་ཡུལ་དུ་ལོ་གཅིག་བཞུགས། དེ་ནས་སྤྱི་ལོ་༡༠༤༢ལོར་མངའ་རིས་གུ་གེར་ཕེབས། གུ་གེ་རྒྱལ་པོ་དང་འབངས་མི་སེར་སྐྱ་མང་ཚོགས་ཀུན་གྱིས་གཟབ་ཅིང་རྒྱས་པའི་ཕེབས་བསུ་ཞུས།(དེའི་སྐབས་སྟར་མེད་པའི་རག་དུང་གསར་དུ་བཟོས་ཏེ་ཇོ་བོ་སྤྱན་འདྲེན་པའི་ཕྱིར་འབུད་པ་དེ་ནས་བོད་དུ་དུང་ཆེན་དར་སྲོལ་བྱུང་བས། དུང་ཆེན་གྱི་མིང་ལ་“ལོ་པཎ་སྤྱན་འདྲེན”དུང་ཞེས་གྲགས།) དེ་ནས་ལོ་གཉིས་ཙམ་གྱི་རིང་སློབ་དཔོན་ཨ་ཏི་ཤ་ཡི་བོད་དུ་བསྟན་པ་བསྒྱུབས་པའི་དབང་གིས་ སེ་སྣོད་མཐའ་དག་ལ་མཁས་པའི་བླ་ཆེན་དེ་ཙམ་ལྷག་མེད་པ་གཟིགས་ཏེ། སངས་རྒྱས་ཀྱི་དགོངས་པའི་སྒྲིག་གཞི་ཡལ་བ་དང་། རབ་ཏུ་བྱུང་བ་རྣམས་ཀྱིས་ཡང་ན་མདོ་ཕྱོགས་ལ་གཙོགས་ཆེ་ནས་འདུལ་ཁྲིམས་ལ་སྣང་ཆེན་མཛད་དེ་སྔགས་ཕྱོགས་ལ་སྣང་མེད་བྱེད་པ་དང་། ཡང་ན་སྔགས་ཕྱོགས་ལ་གཙོགས་ཆེ་ནས་མདོ་ཕྱོགས་ལ་སྣང་མེད་བྱེད་པ། ཡང་ས་ཕྱོགས་འགའ་རེར་སངས་རྒྱས་ཆོས་ལུགས་ཀྱི་རྨང་གཞིའི་བསླབ་གཞེར་ཙམ་ཡང་འདུ་མི་ཐུབ་པའི་ཟང་ཟིང་གི་གནས་སུ་གྱུར་ཡོད་སྐབས། དེ་དག་ལ་སློབ་དཔོན་མཆོག་ནས་ངང་རྒྱུད་རིང་པོ་དང་ཞིབ་ཚག་པོའི་སྒོ་ནས་བསླབ་བྱ་དང་བཅོས་སྒྲིག་མང་པོ་མཛད། ལྷག་དོན་དུ་ནང་ཆོས་ཀྱི་གཞུང་ལུགས་ཁག་བརྒྱུད་རིམ་ལྡན་པ་དང་། འདུལ་ཁྲིམས་ཀྱི་བསྲུང་བྱ་ཁག་ཚད་ལྡན་དུ་གྱུར་བ་ཡོང་ཆེད་དེ་རྣམས་གཙོ་གནས་སུ་བཞག་ནས་བཅོས་སྒྲིག་གནང་བ་དང་། གནད་དོན་དེ་ཆོར་དམིགས་ནས་ཆེད་མངགས་《བྱང་ཆུབ་ལམ་གྱི་སྒྲོན་མེ་》ཞེས་པ་བརྩམས་པ་གནང་སྟེ། རབ་ཏུ་བྱུང་བའི་དགེ་འདུན་རྣམས་ཀྱིས་ནན་ཏན་དང་རང་གི་སྤྱོད་ལམ་དེ་བཞིན་དུ་ཚད་མར་བྱེད་དགོས་པའི་རེ་བ་བཏོན་ནས་ནང་ཆོས་གཙང་མ་ཞིག་ཡོང་བ་མཛད། ཕྱོགས་

གཞན་ཞིག་ན་ཇོ་བོ་རྗེས་ལོ་ཆེན་རིན་ཆེན་བཟང་པོ་དང་ལོ་ཆེན་ནག་ཚོ་ཚུལ་ཁྲིམས་རྒྱལ་བ་ལྷན་དུ་རྒྱ་གར་གྱི་དམ་ཆོས་མང་པོ་བོད་སྐད་དུ་བསྒྱུར། ལྷར་ལོ་ཆེན་རིན་ཆེན་བཟང་པོས་བསྒྱུར་ཟིན་པ་རྣམས་ལ་ཞུ་འགྲེལ་བཅོས་གསུམ་གྱིས་གཏན་ལ་ཕབ་པ་དང་། ད་དུང་ཇོ་བོ་རྗེ་རང་གི་རྩོམ་སྒྲིག་མཛད་པའི《མདོར་བསྡུས་ཆེན་མོ་》དང་《བློ་སྦྱོང་》《ལྟ་སྒོམ་སྤྱོད་གསུམ་གྱི་གླུ་》ལ་སོགས་པའི་རྒྱ་དཔེ་མང་པོ་ཕྱིས་སུ་པ་ཚབ་ལོ་ཙཱ་བས་བོད་སྐད་དུ་བསྒྱུར་ཏེ་དར་ཁྱབ་ཆེན་པོ་བྱུང་ཡོད། དེ་བཞིན་ཇོ་བོ་རྗེ་ནི་གསོ་བ་རིག་པའི་གནས་ལ་མཁས་པས་ནད་ཀྱི་ཟིན་པ་ལ་སྨན་བཅོས་ཕྱག་ལེན་མཛད་ཀྱི་ཡོད་པར་མ་ཟད། གསོ་བ་རིག་པའི་ཐད་ཀྱི་སྨན་གཞུང་ཞིག་ཀྱང་བརྩམས་གནང་མཛད་ཡོད་པ་དེ་ནི་སྤུར་རྒྱལ་མི་དམངས་ཡོངས་ལ་བསོད་ནམས་ཀྱི་ཕན་བདེ་སྐྲུན་པ་ཞིག་ཡིན་པས་ང་ཚོར་ནམ་ཡང་བརྗེད་དཀའ་བའི་བག་ཆགས་ཟབ་མོ་ཞིག་འཇོག་གནང་མཛད་ཡོད།

སྤྱི་ལོ་༡༠༤༥ལོར་དབུས་གཙང་གི་མི་ཆེན་རྣམས་གྲོས་བྱས་ཏེ། ད་ལྟ་མངའ་རིས་ན་ལྷ་བླ་མ་བྱང་ཆུབ་འོད་ཀྱིས་རྒྱ་གར་གྱི་པཎྜིཏ་ཆེན་པོ་ཇོ་བོ་རྗེ་དཔལ་ལྡན་ཨ་ཏི་ཤ་བྱ་བ་གདན་དྲངས་ནས་ཡོད་ཟེར། ཁོང་དབུས་གཙང་དུ་ངེས་པར་དུ་གདན་འདྲེན་ཞུ་དགོས་པས་སུས་སྤྱན་འདྲེན་ཐུབ་བྱས་པས། ནང་ཆོས་ལ་ཤིན་ཏུ་འབད་བརྩོན་གནང་བཞིན་པའི་འབྲོམ་སྟོན་པ་རྒྱལ་བའི་འབྱུང་གནས་སེམས་འགྲུལ་དཔག་མེད་ཐེབས་བཞིན། ཇོ་བོ་རྗེ་དབུས་གཙང་དུ་སྤྱན་འདྲེན་ཞུ་ཐུབ་པའི་ཁས་ལེན་ངས་བྱེད་ཟེར་ནས་མངའ་རིས་སུ་ཕེབས། དེ་ནས་འབྲོམ་སྟོན་པས་ཇོ་བོ་དབུས་གཙང་དུ་དངོས་སུ་གདན་འདྲེན་ཞུས་ཏེ་དབུས་གཙང་གི་ས་ཕྱོགས་གང་སར་མུ་མཐུད་སངས་རྒྱས་ཀྱི་བསྟན་པ་དར་འཕེལ་མཛད་པ་དང་། ཇོ་བོ་རྗེས་དབུས་གཙང་དུ་ཕེབས་ནས་སྤུ་ཕྱིར་ལྷ་ས་དང་བསམ་ཡས། བྲག་ཡེར་པ། འོལ་ཁ་ཆོས་ལུང་། སྣར་ཐང་། ཐང་པོ་ཆེ། སྙེ་ཐང་སོགས་ལ་དམ་ཆོས་སྤེལ་བ་དང་བུ་སློབ་མང་པོར་ཆོས་གསུང་སློབ་ཁྲིད་མཛད་པ། བསྟན་བཅོས་བརྩམས་པ། གསོ་རིག་སྤྱོད་དེ་སྨན་བཅོས་གནང་བ་སོགས་ཁྱོན་མི་ལོ་བཅུ་

གསུམ་ཙམ་གྱི་རིང་བོད་དུ་བཞུགས་ནས་མཛད་འཕྲིན་བླ་མེད་བསྐྱངས། མཐར་དགུང་ལོ་བདུན་ཅུ་དོན་གཉིས་སྤྱི་ལོ་༡༠༥༩ལོར་ལྷ་སའི་ནུབ་ངོས་ཀྱི་སྙེ་ཐང་ན་མྱ་ངན་ལས་འདས་ཤིང་སྐུ་གཤེགས། འབྲོམ་སྟོན་པ་སོགས་སློབ་མ་རྣམས་ཀྱིས་སྐུ་གདུང་བཞུགས་སུ་གསོལ་ཏེ་འདས་མཆོད་རྒྱ་ཆེར་མཛད། ལོ་གཉིས་པར་འབྲོམ་སྟོན་པས་སྙེ་ཐང་སྒྲོལ་མ་ལྷ་ཁང་ཕྱག་བཏབ།

ཇོ་བོ་རྗེ་དཔལ་ལྡན་ཨ་ཏི་ཤས་བོད་ཀྱི་སངས་རྒྱས་བསྟན་པ་ཕྱི་དར་དུས་སུ་བསྟན་པ་སླར་གསོ་དང་དར་རྒྱས་གོང་འཕེལ་ཡོང་ཆེད་མཛད་རྗེས་བླ་ན་མེད་མཆིས་པ་བཞག་ཡོད་སྟབས། བོད་བརྒྱུད་ནང་བསྟན་གྲུབ་མཐའ་རིས་སུ་མ་མཆིས་པས་བརྩི་བཀུར་ཆེན་པོ་གནང་གི་ཡོད་པ་དང་། ལྷག་པར་དུ་བཀའ་གདམས་པ་དང་དགེ་ལུགས་པའི་དགོན་པ་ཕལ་མོ་ཆེའི་ནང་ཇོ་བོ་རྗེ་དཔལ་ལྡན་ཨ་ཏི་ཤའི་སྐུང་བརྙན་དང་བྲིས་སྐུ་མི་བཞམས་པ་ཏ་ལམ་མེད་པ་རེད། རྒྱ་ཆེའི་དད་ལྡན་སེར་སྐྱ་མང་ཚོགས་ཚོས་སྐུ་བརྙན་དེ་དག་གི་དྲུང་དུ་རང་གི་ལག་གཉིས་པོའི་སོར་གཙུས་ཀྱི་འདབ་མ་སྙིང་གར་བཙངས་ཏེ་རྩེ་གཅིག་ཏུ་གསོལ་བ་སྨོན་ལམ་འདེབས་དང་འདེབས་མུས་སུ་གནས། སྤྱི་ལོ་༡༩༤༣ལོར“ཨེ་ཤ་ཡའི་རྒྱལ་ཁབ་བཅུ་གཅིག་དང་ས་ཁུལ་གྱི་སངས་རྒྱས་ཆོས་ལུགས་པའི་གྲོས་ཚོགས”ཞེས་རྒྱལ་ས་པེ་ཅིང་དུ་ཚོགས་རེད། ཧྥང་ག་ལ་རྒྱལ་ཁབ་ཀྱི་འཐུས་མི་ཁུའི་སུཁུ་དྷ་ནན་ཐོའོ་ཞེས་པའི་བགྲེས་སོང་འདིས་ཀྲུང་གོའི་སྲིད་གཞུང་ནས་སློབ་དཔོན་ཨ་ཏི་ཤའི་སྐུ་རུས་ཆ་ཤས་ཤིག་ཧྥང་ག་ལ་ར་གདན་འདྲེན་ཞུ་ཚོག་པའི་རེ་བ་བཏོན་པ་ལྟར། རྒྱལ་སྲིད་སྤྱི་ཁྲབ་ཁང་གི་ཙུང་ལི་ཀྲོའུ་ཨེན་ལན་གྱིས་འཕྲལ་དུ་དང་ལེན་དང་མོས་མཐུན་གནང་བ་རེད། སྤྱི་ལོ་༡༩༧༨ལོར་ཧྥང་ག་ལ་རྒྱལ་ཁབ་ནས་འཐུས་མི་བཏང་ནས་ཀྲུང་གོའི་བོད་ལྗོངས་སུ་ཕེབས་ཏེ་ཨ་ཏི་ཤ་ཡི་སྐུ་རུས་ཆ་ཤས་ཙམ་གདན་འདྲེན་ཞུས་ཏེ་ཁོ་པ་ཚོའི་རྒྱལ་ནང་དུ་སྐོར་སྐྱོད་དུ་འགྲེམས་སྟོན་བྱས་པ་རེད། ཉེ་ཆར་ཁོ་མོས་དྲ་ཐོག་ནང་ནས་སློབ་དཔོན་ཨ་ཏི་ཤ་དང་འབྲེལ་ཡོད་ཀྱི་གསར་འགྱུར་ཞིག་མཐོང་བྱུང་བས། དེའི་ནང་ལ་སྤྱི་ལོ་༢༠༡༧ཟླ་བ་༢ཚེས་༢༨ཉིན། ཀྲུང་

གོའི་སངས་རྒྱས་ཆོས་ལུགས་ཚོགས་པའི་འཐུས་མི་རྣམས་ཧྥང་ག་ལ་རྒྱལ་ས་ད་ཁའི་ལྷོ་ཕྱོགས་ཀྱི་མང་ཧྲེ་ཀན་ཙ་ཇོང་ལ་སློབ་དཔོན་ཨ་ཏི་ཤའི་དྲན་གསོ་ཁང་དུ་རིང་བསྲེལ་མཆོད་རྟེན་ལེགས་གྲུབ་བྱུང་བ་དང་སྐུ་འདྲ་རབ་གནས་ཀྱི་རྟེན་འབྲེལ་མཛད་སྒོའི་ཆོས་ཚོགས་ལ་ཞུགས་པ། སློབ་དཔོན་ཨ་ཏི་ཤའི་དྲན་གསོ་ཁང་དེ་“སྨོན་ཕྱུག་ཁང་”ཟེར་བའི་ཉེ་འགྲམ་དུ་གནས་ཡོད་པ་དང་། “སྨོན་ཕྱུག་ཁང་”ནི་ཀྲུང་གོ་སྲིད་གཞུང་ནས་སློབ་དཔོན་ཨ་ཏི་ཤ་ལ་དྲན་གསོ་ཞུ་བའི་ཆེད་འཛུགས་བསྐྲུན་བྱས་ཏེ་སྤྱི་ལོ་༢༠༠༨ལོར་ལེགས་གྲུབ་བྱུང་བ་རེད། དེར་བརྟེན་སློབ་དཔོན་ཨ་ཏི་ཤ་ནི་ཀྲུང་གོ་དང་ཧྥང་ག་ལ་རྒྱལ་ཁབ་གཉིས་དབར་རིག་གནས་སྤེལ་རེས་བྱེད་པའི་མཛའ་གྲོགས་ཀྱི་མཚོན་རྟགས་ཤིག་དང་། སློབ་དཔོན་ཨ་ཏི་ཤ་ཡིས་སྐུ་ན་བགྲེས་སྨིན་ལ་མ་ལྟོས་པར་འཛམ་གླིང་གི་ཡང་རྩེར་ཕེབས་ནས་སངས་རྒྱས་ཀྱི་བསྟན་པ་དར་སྤེལ་གནང་བ་དང་། དམ་ཆོས་མང་པོ་བརྩམས་པ་དང་བོད་སྐད་དུ་བསྒྱུར་བ། གསོ་སྤྱོད་ཀྱི་རིག་པའི་གཞུང་ལུགས་ཁྱབ་སྤེལ་མཛད་པ་སོགས་མཛད་རྗེས་ཧླ་ན་མ་མཆིས་པ་བཞག་ཡོད། དགེ་ལུགས་ཀྱི་གྲུབ་མཐའ་གསར་གཏོད་མཛད་པོ་རྗེ་ཙོང་ཁ་པ་ཆེན་པོ་དང་བོད་བརྒྱུད་གྲུབ་མཐའ་རིས་སུ་མ་མཆིས་པར་བག་ཆགས་ཡུན་རིང་དང་གཏིང་ཟབ་པོ་བཞག་ཡོད་པར་མ་ཟད། བོད་བརྒྱུད་ནང་བསྟན་སླར་ཡང་དར་རྒྱས་ཕྱུན་སུམ་ཚོགས་པ་ཞིག་ཡོང་རྒྱུར་རྨང་གཞི་གཏན་པོ་ཞིག་བཙུགས་ཐུབ་ཡོད།

(༣) འབྲོམ་སྟོན་པ་རྒྱལ་བའི་འབྱུང་གནས་ཀྱིས་བཀའ་གདམས་པའི་གྲུབ་མཐའ་གསར་གཏོད་མཛད་པ།

སློབ་དཔོན་ཆེན་པོ་ཇོ་བོ་རྗེ་དཔལ་ལྡན་ཨ་ཏི་ཤའི་ཐུགས་སྲས་འབྲོམ་སྟོན་པ་རྒྱལ་བའི་འབྱུང་གནས་ཀྱིས། བཀའ་གདམས་པའི་གྲུབ་མཐའ་གསར་གཏོད་དང་། འཕེལ་རྒྱས། སྟོབས་ཤུགས་ཆེ་རུ་འགྲོ་རྒྱུའི་ཐད་ལ་ཕུལ་བྱུང་གི་མཛད་རྗེས་བཞག་ཡོད། ཇོ་བོ་རྗེ་སྐུ་གཤེགས་པའི་རྗེས་འབྲོམ་སྟོན་པའི་འགྲམ་དུ་དམ་ཆོས་སློབ་

གཉེར་ལ་ཞུགས་པའི་སློབ་མ་མང་པོས་འདུས་ཤིང་། ཁོང་གིས་ཇོ་བོ་རྗེས་གསར་གཏོད་གནང་བའི་བཀའ་གདམས་གཞུང་དྲུག་གི་རི་བ་ལྟར། ནན་ཏན་ཚུལ་བཞིན་དུ་ཇོ་བོ་རྗེས་མཛད་པའི་བྱ་གཞག་ལ་རྒྱུད་འཛིན་དང་དར་སྤེལ་གནང་བས། བཀའ་གདམས་ཆོས་བརྒྱུད་ཀྱི་དགོན་པ་དང་རབ་ཏུ་བྱུང་བའི་དགེ་འདུན་སོགས་དབུས་གཙང་ཕྱོགས་བཞིར་མྱུར་དུ་དར་ཁྱབ་དང་གོང་འཕེལ་ཕྱིན་ཏེ། དུས་རབས་བཅུ་གསུམ་སྐབས་བོད་བརྒྱུད་ནང་བསྟན་གྱི་གྲུབ་མཐའ་ཁག་ནང་ནས་དགོན་སྡེ་མང་ཤོས་གྲས་སུ་འཕེལ་རྒྱས་ཕྱིན་པ་རེད།

འབྲོམ་སྟོན་པ་རྒྱལ་བའི་འབྱུང་གནས་ནི་བོད་ཤིང་འབྲུག (སྤྱི་ལོ་༡༠༠༩) ལོར་ལྷ་སའི་བྱང་ངོས་གཉན་ཆེན་ཐང་ལྷའི་འོག་རྫ་སྐྱི་མོ་ (འདམ་གཞུང་རྫོང་ཡངས་པ་ཅན་ཆུས་ཐམ་གསར་ཤང་བྱེ་ལུང་ཉ་ཁག་གསུམ་པ།) རུས་ཡང་གཞེར་ཁྱིམ་ཚང་འབྱོར་པ་ཅན་ཞིག་ལ་སྐྱེ་འཁྲུངས། ཆུང་དུས་ནས་ཡུམ་འདས་ཁར་ཡབ་ཀྱིས་མ་ཡར་གཅིག་བཞེས། མ་ཡར་གྱིས་རྒྱུན་དུ་ཉེས་བརྡུངས་ཚད་མེད་བྱེད་ཀྱི་ཡོད་སྐབས། དེ་ལ་བཟོད་པ་ལས་སྲུན་གྱི་སར་བྲོས་ན་དགའ་སྙམ་སྟེ་ཞང་པོའི་སར་ཕེབས། དེ་ལ་ལོ་བཅུ་གསུམ་ཙམ་བཞུགས་ནས་དགེ་བཤེས་གཡུང་ཆོས་མགོན་བྱ་བའི་དྲུང་དུ་ཀློག་ཡིག་སོགས་ལོ་བཞི་རིང་བསླབས། དེ་ནས་ཁམས་འདན་མའི་ཡུལ་དུ་བླ་མ་སེ་བཙུན་དབང་ཕྱུག་གཞོན་ནུའི་དྲུང་དུ་ཕྱིན་ནས། ཁོང་གི་སར་ཞབས་ཏོག་ཞུས་པ་དང་སྤེལ་རྩ་ཕྱུགས་ཀྱི་རྫི་བོ་བྱེད་པ་དང་ཞོར་དུ་སེ་བཙུན་གྱི་དྲུང་དུ་དཔེ་ཆ་གཟིགས་པ་ལ་སོགས་པའི་སློབ་གཉེར་མཛད་པས། སེ་བཙུན་ལས་དབུ་མ་དང་སྤྱོད་ཕྱོགས་གསང་སྔགས་རྙིང་མ་སོགས་མང་དུ་གསན། འབྲོམ་སྟོན་པས་ཉིན་མོར་ཕྱུགས་རྫི་དང་ཕྱི་འཐག་པ་སོགས་གང་བྱས་ཀྱང་གཡོ་ཟོལ་མེད་པར་ཧུར་ཐག་བྱེད་ཀྱི་ཡོད་པར་མ་ཟད། མཚན་མོར་དཔེ་ཆ་སློབ་གཉེར་བྱེད་རྒྱུར་བརྩོན་འགྲུས་ཤིན་ཏུ་ཆེ་བས་སློབ་མ་གཞན་རྣམས་འགྲན་དཀའ་བའི་གྲུབ་འབྲས་མངོན་གསལ་ཆེ་བ་ཐོབ། སེ་བཙུན་གྱིས་གཟིགས་ནས་འབྲོམ་སྟོན་པ་ལ་ད་ནས་བཟུང་ཁྱེད་ལས་ཀ་ཙག་ཙིག་རྣམས་བྱེད་མི་དགོས་པར་རྩེ་གཅིག་ཏུ་སློབ

གཉེར་ལ་འབད་ན་དགའ་གསུངས། འབྲོམ་སྟོན་པས་དེ་ལྟར་སློབ་གཉེར་ལ་འབད་བརྩོན་ཆེན་པོ་གནང་བ་དང་། ཁམས་སུ་བཞུགས་པའི་རྒྱ་གར་གྱི་པཎྜི་ཏ་སྨྲྀ་ཏི་ལས་སཾསྐྲྀཏའི་སྐད་དང་སྒྲ་རིག་པ་བསླབས་པས་ལེགས་པར་མཁྱེན། ཉིན་གཅིག་རྣ་བ་ལ་རྒྱ་གར་ནས་པཎྜི་ཏ་ཆེན་པོ་ཨ་ཏི་ཤ་བྱ་བ་མངའ་རིས་ཁུལ་དུ་ཕེབས་ནས་དམ་ཆོས་དར་སྤེལ་གནང་གི་ཡོད་པ་ཐོས་པས། སེམས་འགུལ་དཔག་མེད་ཐེབས་ཏེ། འཕྲལ་དུ་སེ་བཙུན་སྐུ་མདུན་ལ་བཅར་ནས་མངའ་རིས་སུ་འགྲོ་ཆོག་པའི་དགོངས་ཞུས་ཆོག་མཆན་གནང་བ་དང་། མངའ་རིས་སུ་འབྱོར་རྗེས་ཇོ་བོ་རྗེ་དཔལ་ལྡན་ཨ་ཏི་ཤ་སློབ་དཔོན་དུ་བསྟེན་པར་མ་ཟད་དབུས་གཙང་དུ་གདན་འདྲེན་ཞུས་ཏེ་ནང་ཆོས་རྒྱ་ཆེར་དར་སྤེལ་མཛད། འབྲོམ་སྟོན་པ་མངའ་རིས་ཀྱི་སྤུ་ཧྲེང་ནས་ལམ་བརྒྱུད་གནང་ནས་ཕེབས་སྐབས། སྟབས་ལེགས་པ་ཞིག་ལ་ཇོ་བོ་རྗེ་འཁོར་དང་བཅས་པ་བལ་ཡུལ་བརྒྱུད་རྒྱ་གར་དུ་ཕེབས་གྲབས་ཡོད་པའི་མཚམས་སུ་འབྲོམ་སྟོན་དང་མཇལ་ཏེ། འབྲོམ་སྟོན་པས་ཕྱག་རྟེན་དུ་གསེར་ཞུལ་ཏེ་བློ་དཀར་སེམས་ལྷད་མེད་པའི་སྒོ་ནས་ཇོ་བོ་རྗེ་དབུས་གཙང་དུ་གདན་ཞུ་ཕུལ་བ་དང་། དབུས་གཙང་གི་སེར་སྐྱ་མང་ཚོགས་ཚང་མས་སྨོན་པ་ཆུ་འདོད་ལྟར་གྱིས་ཇོ་བོ་རྗེ་ཕེབས་སྒུག་ཞུ་བཞིན་ཡོད་པ་དང་། ཇོ་བོ་རྗེའི་གསུང་ཆོས་དངོས་སུ་ཐོས་ན་དམངས་རྣམས་ཀྱི་སེམས་འགུལ་ཐེབས་ཐུབ་ངེས་དང་། ལྷག་པར་དུ་ལྷ་ས་དང་བསམ་ཡས་སོགས་ལ་ནང་ཆོས་ཀྱི་དགོན་པ་མང་པོ་ཡོད་ཚུལ་དང་། རབ་ཏུ་བྱུང་བའི་དགེ་འདུན་མང་པོ་ཡོད་ཚུལ་སོགས་ཞུས་པས། ཇོ་བོས་གསན་རྗེས་ཐུགས་ཤིན་ཏུ་མཉེས་ནས་འབྲོམ་སྟོན་པའི་རེ་བ་ལྟར་གྱིས་ཞིག་གསུངས་ཏེ་རྒྱ་གར་དུ་ཕྱིར་ལོག་ཕེབས་རྒྱུའི་ཆིབས་ཁ་བསྒྱུར་ནས་དབུས་གཙང་ཕྱོགས་སུ་ཕེབས། ཇོ་བོ་རྗེ་དཔལ་ལྡན་ཨ་ཏི་ཤ་དབུས་གཙང་དུ་བཞུགས་རིང་འབྲོམ་སྟོན་པས་སྐུའི་ཉེ་གནས་སུ་བཞུགས་ཏེ། ཇོ་བོས་འབྲོམ་སྟོན་པར་ཆོས་མང་པོ་རེ་རེ་བྱས་ཏེ་ཡང་ནས་ཡང་དུ་བསྔར་བཤད་མཛད་དེ་ཡོན་ཏན་མ་ལུས་སྟོད་གཅིག་ཏུ་ཅོ་བ་ལྟ་བུས་ཐུགས་ཀྱི་སྲས་འབྲོམ་སྟོན་པ་ཁོ་ན་ཡིན་གསུངས་པ་དང་། འབྲོམ་སྟོན་པས་ཡང་ཇོ་བོའི་ཆོས་

བརྒྱུད་ཡང་དག་པར་འཛིན་པ་དང་དར་སྤེལ་བླ་ན་མ་མཆིས་པ་མཛད་པའོ། །

ཇོ་བོ་རྗེ་དཔལ་ལྡན་ཨ་ཏི་ཤ་སྐུ་གཤེགས་པའི་རྗེས། འབྲོམ་སྟོན་པ་རྒྱལ་བའི་འབྱུང་གནས་ཀྱིས་ཇོ་བོ་རྗེའི་བཀའ་སློབ་གནང་བ་བཞིན་བོད་མི་སྤྱིལ་(སྤྱི་ལོ་༡༠༥༦)ལོར་བཀའ་གདམས་ཆོས་བརྒྱུད་ཀྱི་མ་དགོན་བྱང་ར་སྒྲེང་དགོན་པ་ཕྱག་བཏབ་ནས་ཇོ་བོ་རྗེ་དཔལ་ལྡན་ཨ་ཏི་ཤའི་ཆོས་བརྒྱུད་དར་སྤེལ་རྒྱ་ཆེར་མཛད། དེ་ནས་བཟུང་ཇོ་བོ་རྗེས་གསར་གཏོད་གནང་བའི་བཀའ་གདམས་ལྷ་ཆོས་བདུན་ལྡན་གྱི་ཁྱད་ཆོས་ལྡན་པའི་ཆོས་བརྒྱུད་དེ། འབྲོམ་སྟོན་པ་རྒྱལ་བའི་འབྱུང་གནས་ཀྱིས་གཙོ་ཁྲིད་གནང་བ་དང་། ཁོང་གི་དངོས་སློབ་བཀའ་གདམས་པའི་སྐུ་མཆེད་གསུམ་དུ་གྲགས་པའི་པོ་ཏོ་བ་རིན་ཆེན་གསལ་བ་དང་། སྤྱན་སྔ་བ་ཚུལ་ཁྲིམས་འབར་བ། ཕུ་ཆུང་བ་གཞོན་ནུ་རྒྱལ་མཚན་བཅས་གསུམ་གྱིས་འབྲོམ་སྟོན་པ་རྒྱལ་བ་འབྱུང་གནས་དང་ལྷན་དུ་དར་རྒྱས་གོང་འཕེལ་མཛད་པ་ལ་བརྟེན་ནས། བཀའ་གདམས་པའི་གྲུབ་མཐའ་ཞེས་དངོས་སུ་བཙུགས་ཐུབ་པ་དང་། ཁོང་རྣམས་པ་ནི་བོད་ཀྱི་སངས་རྒྱས་བསྟན་པ་ཕྱི་དར་དུས་སུ་བག་ཆགས་ཟབ་མོ་བཞག་མྱོང་བའི་གྲགས་ཅན་མི་སྣ་ཤ་སྟག་རེད།

འབྲོམ་སྟོན་པ་རྒྱལ་བའི་འབྱུང་གནས་དགུང་ལོ་དྲུག་ཅུ་རེ་གཅིག་ལ་ཕེབས་སྐབས་བོད་ཤིང་འབྲུག་(སྤྱི་ལོ་༡༠༦༤)ལོར་ར་སྒྲེང་དགོན་དུ་དགོངས་པ་རྫོགས། དུས་རབས་བཅོ་ལྔའི་དུས་འགོ་ཙམ་ལ་རྗེ་ཙོང་ཁ་པ་ཆེན་པོས་བཀའ་གདམས་པའི་ཆོས་བརྒྱུད་འཛིན་དང་དར་སྤེལ་རྒྱ་ཆེར་མཛད་དེ། དགེ་ལུགས་པའི་གྲུབ་མཐའ་གསར་གཏོད་མཛད། དེ་ལ་བཀའ་གདམས་གསར་མ་ཡང་ཟེར། ར་སྒྲེང་དགོན་དེ་ཉིད་དགེ་ལུགས་པའི་ཁུངས་སུ་གཏོགས་ནས་སྤྲུལ་སྐུའི་ཡང་སྲིད་གདན་འདྲེན་པའི་སྲོལ་རྒྱུན་ཡང་དར་བ་ཡིན། མདོར་ན་བཀའ་གདམས་པའི་གྲུབ་མཐའ་ནི་བོད་བརྒྱུད་ནང་བསྟན་གྱི་གྲུབ་མཐའ་རིས་སུ་མ་མཆིས་པའི་ནང་ནས་ཆུ་འགོ་ལྟ་བུ་ཞིག་ཏུ་གྱུར་ཡོད།

བསྟན་པ་ཕྱི་དར་གྱི་དུས་སུ་དབུས་གཙང་གི་ས་ཁུལ་གང་སར་ནང་བསྟན་ཆོས་ལུགས་ཀྱི་གྲུབ་མཐའ་ཆེ་ཆུང་སྣ་ཚོགས་ཤིག་ཐོན་ཏེ། རང་རང་གི་ཆོས་བརྒྱུད་དར་ཁྱབ་

ཡོང་ཆེད་བླ་ཆེན་སྤྲུལ་སྐུ་མང་པོས་ཕྱོགས་གང་སར་གཅིག་རྗེས་གཉིས་མཐུད་ཀྱིས་བཀའ་ཆོས་གནང་བར་ཕེབས་ཏེ། སློབ་མ་རྒྱ་ཆེར་བསྐྱུ་བ་དང་དགོན་པ་དང་ལྷ་ཁང་སོགས་མང་པོ་བཞེངས་ཏེ་རང་གི་བཙན་ས་ཞིག་ཟིན་གང་ཐུབ་བྱས་ནས། ཆོས་ཕྱོགས་ཀྱི་བྱེད་སྒོ་བོད་ཡོངས་ཀྱི་ས་ཁོངས་སུ་རྒྱུན་མི་འཆད་པ་སྤེལ་ཡོད་པ་རེད། སྐབས་དེ་དུས་མངའ་རིས་ཀྱི་ས་ཁོངས་སུ་སྤུར་རྒྱལ་བཙན་པོའི་གདུང་རྒྱུད་ཀྱིས་དབང་སྒྱུར་བྱེད་མུས་ཡིན་པ་ཕུད། དེ་ཕྱིངས་དབུས་གཙང་ཁམས་གསུམ་གྱི་ས་ཁོངས་ཐམས་ཅད་ལ་གཅིག་གྱུར་གྱི་ཁྲིམས་ལུགས་དང་དབང་དུ་སྒྱུར་བའི་སྲིད་དབང་ཞིག་མེད་པས། ས་གནས་སོ་སོར་བཙན་པོའི་རྒྱལ་རྒྱུད་ཁོངས་ཀྱི་སྐུ་དྲག་རིགས་གྱིས་པ་ནས་དཔོན་གནས་ཟིན་ཏེ་ཚོ་པ་ཁག་དང་གྲོང་ཚོ་ཁག་ལ་དབང་སྒྱུར་བྱེད་ཀྱི་ཡོད་པ་རེད།

དུས་སྐབས་དེའི་ནང་དབུས་གཙང་ཁུལ་དུ་ཆོས་ཕྱོགས་ཀྱི་གྲུབ་མཐའ་དང་བླ་དཔོན་སོ་སོའི་མངའ་དབང་དུ་སྒྱུར་པའི་སེར་སྐྱ་མང་ཚོགས་དང་། ས་ཞིང་། འབྲོག་ལས་ཀྱི་ཚོ་པ་ཁག་སོགས་མང་པོ་ཡོད་ཁར། ཆབ་སྲིད་ཀྱི་སྟོབས་ཤུགས་ཆེ་བའི་ཤོག་ཁག་གྲས་སུ། འབྲི་གུང་པ་དང་། ས་སྐྱ། ཕག་གྲུ། ཚལ་པ། སྟག་ལུང་སོགས་ཡོད་ཅིང་། ཁོང་ཚོས་གཅིག་ནས་རང་སོ་སོའི་སྐོར་བདག་བྱས་པའི་ས་ཁོངས་ཀྱི་སྟོབས་ཤུགས་ཆེན་པོ་ཡོད་པར་མ་ཟད། ད་དུང་ཆོས་ཕྱོགས་ཀྱི་ངོས་ནས་བག་ཆགས་རྒྱ་ཆེ་འཛོག་རྒྱུའི་ཆེད་དུ་ཁམས་དང་། ཨ་མདོ། ཀློ་ཡུལ། མང་ཡུལ། མངའ་རིས་སོགས་ལ་རང་ཁོངས་ཀྱི་ཆོས་ལུགས་གྲུབ་མཐའི་བུ་དགོན་མང་པོ་གསར་བཞེངས་བྱས་ཏེ། ཚོ་པ་ཁག་ཕན་ཚུན་འབྲེལ་གཏུགས་རྒྱུན་ཆད་མེད་པ་ཡོང་རྒྱུར་ཤུགས་སྐྱོན་རྒྱག་གི་ཡོད་པ་རེད།

འོན་ཀྱང་། ཁ་ཐོར་དུ་གནས་པའི་སྟོབས་ཤུགས་དེ་དག་ཇི་ལྟར་ཆེ་ན་ཡང་བོད་ཡོངས་སུ་གཅིག་གྱུར་གྱི་དབང་སྒྱུར་བྱེད་ཐུབ་པའི་ནུས་པ་དང་ཆ་རྐྱེན་སོགས་གང་ནས་ཀྱང་སྐྱབ་ཐབས་མེད་པ་ཞིག་ཆགས་ཡོད་པ་རེད།

བརྒྱད་པ། ས་སྐྱ་པཎྜི་ཏ་དང་འགྲོ་མགོན་ཆོས་རྒྱལ་འཕགས་པས་ཡོན་རྒྱལ་རབས་ཀྱིས་གཅིག་གྱུར་དབང་འཛིན་དང་བདག་སྐྱོང་བྱེད་རྒྱུའི་ཐད་ལ་ལེགས་སྐྱེས་ཆེན་པོ་ཕུལ་ཡོད་པ།

ས་སྐྱ་ཞེས་པའི་གོ་དོན་ནི་ས་དཀར་པོའི་དོན་ཡིན་པ་སྨོས་ཅི་དགོས། འོན་ཀྱང་དོན་དེ་ཇི་ལྟར་བྱུང་བ་ཡིན་ཞེ་ན། འཁོན་དཀོན་མཆོག་རྒྱལ་པོས་དགོན་པ་ཞིག་ཕྱག་བཏབ་དགོན་དགོངས་པ་ལ། ས་དཀར་པོ་ཡོད་སའི་གནས་དེར་ས་དཔྱད་ཕུན་སུམ་ཚོགས་པར་གཟིགས་ཏེ་འཁོར་རྣམས་ལ་ས་དཀར་པོའི་ལོགས་དེར་དགོན་པ་ཞིག་ཕྱག་བཏབ་ཀྱི་ཡིན་གསུངས་པས། དེ་ནས་བཟུང་ས་ཆ་འདིའི་མིང་ལ་ས་སྐྱ་དང་། དགོན་མིང་ལ་ས་སྐྱ་དགོན། གྲུབ་མཐའི་མིང་ལ་ཡང་ས་སྐྱའི་གྲུབ་མཐའ་ཞེས་སུ་གྲགས། ས་སྐྱ་དགོན་པ་ནི་འཁོན་དཀོན་མཆོག་རྒྱལ་པོ་དགུང་ལོ་བཞི་བཅུ་པ་བོད་ཆུ་གླང་(སྤྱི་ལོ་༡༠༧༣)ལོར་ཕྱག་བཏབ།(གཞིས་རྩེ་གྲོང་ཁྱེར་ནུབ་ངོས་ཀྱི་ས་སྐྱ་རྫོང་ཁུངས།) འཁོན་དཀོན་མཆོག་རྒྱལ་པོ་ནི་བོད་ཀྱི་གནའ་བོའི་འཁོན་གྱི་གདུང་རྒྱུད་དུ་སྤྱི་ལོ་༡༠༣༤ལོར་སྐུ་འཁྲུངས། ས་སྐྱ་ལུགས་ཀྱི་ཆོས་བརྒྱུད་ཐོག་མ་དེ་འཁོན་རྒྱུད་ཀྱིས་དར་སྤེལ་མཛད་དེ་བོད་བརྒྱུད་ནང་བསྟན་གྱི་གྲུབ་མཐའ་གཙོ་གྲས་ཤིག་ཆགས་པ་དང་། གྲུབ་མཐའ་སྤྲོལ་གཏོད་མཛད་པ་པོ་འཁོན་དཀོན་མཆོག་རྒྱལ་པོ་ཉིད་ཀྱིས་ཀྱང་ས་སྐྱ་གོང་མའི་ཁྲི་ཆེན་ལོ་ངོ་སུམ་ཅུ་ཙམ་ཞིག་བདག་སྐྱོང་མཛད་ཡོད་པ་རེད། འཁོན་དཀོན་མཆོག་རྒྱལ་པོ་དགུང་ལོ་རེ་དགུ་བོད་ཆུ་རྟ་(སྤྱི་ལོ་༡༡༠༢)ལོར་ས་སྐྱའི་སྒོ་རུམ་གཟིམ་ཕུག་ཏུ་ཞི་བར་གཤེགས། ཁོང་གི་སྲས་ཀུན་དགའ་སྙིང་པོས་གནས་སྐབས་རིང་གོང་མའི་ཁྲི་འཛིན་མཛད། བླ་མ་མལ་ཞང་དགོན་པ་བ་ལ་སོགས་པ་མཁས་གྲུབ་མང་པོ་བསྟེན་ནས་ཆོས་ཀྱི་རྣམ་གྲངས་བསམ་གྱི་མི་ཁྱབ་པ་གསན་སྦྱོང་མཛད། རིམ་བཞིན་ལུང་རྟོགས་

ཀྱི་བདག་པོ་དང་མཐུ་སྟོབས་ཀྱི་དབང་ཕྱུག་ཏུ་གྱུར་ཏེ་ས་སྐྱའི་ཆོས་གཞུང་ཆེན་མོ་《ལམ་འབྲས་》དང་མདོ་སྔགས་ཀྱི་བསྟན་པ་རྒྱུད་རིམ་ལྡན་པའི་སྒོ་ནས་གཞུང་ཁྲིད་ཀྱི་མ་ལག་ཆ་ཚང་བ་ཞིག་གཏན་ལ་ཕབ་པ་གནང་ཡོད། སྤྱི་ལོ་༡༡༡༡ལོར་དངོས་སུ་ཁྲི་འཛིན་མཛད་དེ་ས་སྐྱ་དགོན་གྱི་ཆོས་སྲིད་མཐའ་དག་བདག་སྐྱོང་མཛད། དེ་ནས་བཟུང་སེར་སྐྱ་མང་ཚོགས་ཀྱིས་ཁོང་གི་མཚན་བརྗོད་སྟོན་དུ"ས་ཆེན"ཞེས་པའི་ཆེ་བསྟོད་ཞུས། ས་ཆེན་ཀུན་དགའ་སྙིང་པོ་ནི"ས་སྐྱ་གོང་མ་རྣམ་ལྔའི"ནང་ནས་མེས་པོ་ཡིན་ཞིང་། གོང་མ་གཉིས་པ་ནི་ས་ཆེན་ཀུན་དགའ་སྙིང་པོའི་སྲས་ཐན་པ་སློབ་དཔོན་བསོད་ནམས་རྩེ་མོ། ཁོང་ནི་གསང་སྔགས་གསར་མའི་ལུགས་སྲོལ་རྒྱུད་སྡེའི་གནང་བ་དང་གྲུབ་མཐའ་གཞན་ལུགས་དང་ཕན་ཚུན་འབྲེལ་བ་རྒྱ་ཆེ་མཛད་མཁན་ཞིག་རེད། གོང་མ་གསུམ་པ་རྗེ་བཙུན་གྲགས་པ་རྒྱལ་མཚན་ཁོང་ནི་ས་ཆེན་ཀུན་དགའ་སྙིང་པོའི་སྲས་ཆུང་བ་ཡིན་ཞིང་། མདོ་སྔགས་གང་ལ་ཡང་ཐོགས་པ་མེད་པའི་མཁས་གྲུབ་གཉིས་ལྡན་ཞིག་རེད། གོང་མ་བཞི་པ་ས་པཎ་ཀུན་དགའ་རྒྱལ་མཚན་ནི་རྗེ་བཙུན་གྲགས་པ་རྒྱལ་མཚན་གྱི་ཚ་བོ་ཡིན་པ་དང་། ཁོང་ནི་ལྔོངས་འདིར་བཅུ་ཕྲག་རིག་པའི་གནས་ལ་མཁས་ཤིང་མཚན་སྙན་ཕྱོགས་ཀུན་ཏུ་ཁྱབ་པའི་པཎྜི་ཏ་ཞིག་རེད། གོང་མ་ལྔ་པ་འགྲོ་མགོན་ཆོས་རྒྱལ་འཕགས་པ་བློ་གྲོས་རྒྱལ་མཚན་ནི་ས་སྐྱ་པཎྜི་ཏའི་ཚ་བོ་ཡིན་ཞིང་། ཡོན་གོང་མ་ཧུ་པེ་ལི་སེ་ཆེན་ཧན་གྱིས་རྒྱལ་པོའི་དབུ་བླ་དང་ཏི་ཤྲིའི་གོ་གནས་ཀྱི་མཚན་གསོལ་བ་དང་། ཁོང་གི་དུས་སུ་བོད་ས་གནས་ལ་ས་སྐྱའི་རྒྱལ་རབས་ཀྱིས་དབང་སྒྱུར་བྱེད་པའི་སྲིད་དབང་ཡང་བཙུགས་པ་རེད།

སྤྱི་ལོའི་དུས་རབས་བཅུ་གཉིས་པའི་མཇུག་ཙམ་ནས་བཟུང་། ཧོར་ཇིང་གིར་རྒྱལ་པོའི་དམག་དོན་སྟོབས་ཤུགས་དར་འཕེལ་བྱུང་པས་དམག་ཤུགས་ལ་བརྟེན་ནས་རང་རྒྱལ་ཁྱབ་ཕྱོགས་ཀྱི་ས་ཁུལ་མང་པོ་དབང་དུ་བསྡུས་ཤིང་། རིམ་བཞིན་རྒྱལ་ཁམས་ཀུང་བླངས་རྗེས་ཡབ་ཇིང་གིར་འདས་ནས་ཁོང་གི་བུ་གསུམ་པ་ཨོ་གོ་ཏ་རྒྱལ་སར་བཏོན། རྒྱལ་རྒྱུད་ཀྱི་བུ་དང་ཚ་བོ་མང་པོས་སོ་སོར་དམག་དཔུང་ཁྲིད་དེ་

མངའ་ཁོངས་རྒྱ་བསྐྱེད་བྱེད་སྐབས། ཕྱི་ལོ་༡༢༩༠ཧོར་རྒྱལ་པོ་ཨོ་གོ་ཏའི་གཅུང་པོ་ཐོ་ལོ་ནོ་ཡོན་ཞེས་བྱ་བའི་བུ་ཨེ་ཆེན་གོ་དན་གྱིས་དམག་དཔོན་དོར་ཏ་ནག་པོ་དྲག་པོའི་དཔུང་ཚོགས་དང་བཅས་པ་བོད་དུ་བཏང་། སྐབས་དེ་དུས་མདོ་སྟོད་མདོ་སྨད་ཁུལ་གྱི་དགོན་སྡེ་དང་བླ་གྲྭ་མང་པོས་མི་བཏང་སྟེ་ཐག་ཉེ་སའི་ཧོར་དམག་ལ་འབུལ་རྟེན་ཕུལ་ནས་ང་ཚོས་ཧོར་རྒྱལ་པོའི་བཀའ་ལུང་དང་ལེན་ཞུ་རྒྱུར། བོད་རིགས་ཀྱི་སྡོད་ཁུལ་སོ་སོར་ཧོར་དམག་མི་གཏོང་བའི་རེ་འདུན་ཞུས་པ་དང་། གནས་ཚུལ་དེ་དག་བོད་དབུས་གཙང་དུ་རིམ་བཞིན་ཁྱབ་པར་བརྟེན་ཕྱོགས་ཁག་ཆེ་གྲས་རྣམས་ཀྱིས་ཀྱང་། གོ་དན་གྱིས་ཧོར་དམག་བོད་དུ་བཏང་བའི་སྔ་རྗེས་སུ་ཧོར་དམག་གི་ཚ་དད་མ་བཟོད་པར་རང་རང་གི་མི་སྣ་བཏང་སྟེ་ཧོར་རྒྱལ་རྒྱུད་ལ་ངོ་བསྟོད་དང་རྒྱབ་རྟེན་བཙོལ་རྒྱུའི་བྲེལ་བ་ལངས། དེར་བརྟེན་དོར་ཏ་ནག་པོས་གཅིག་ནས་དྲག་ཤུགས་ཀྱི་དཔུང་འཇུག་བྱེད་པ་དང་། གཉིས་ནས་ཞི་བའི་ཐབས་ཀྱིས་མགོ་བཏགས་བྱེད་མཁན་གྱི་འགོ་དཔོན་སྔར་བཞིན་རང་འཇགས་སུ་འཛོག་པ་སོགས། ཅུང་བདེ་བླག་ངང་ལོ་དེ་རང་དུ་དབུས་གཙང་ཁུལ་དུ་དཔུང་འཇུག་བྱེད་ཐུབ་པ་རེད།

དེ་ནས་དོར་ཏ་ནག་པོས་རྒྱལ་བུ་གོ་དན་གྱིས་བཀའ་ཕབ་པ་ལྟར་བོད་ཀྱི་ས་ཁོངས་ཡོངས་སུ་རྟོག་ཞིབ་དང་བླ་མ་སུ་ཆེ་བ་ཞིབ་བཙད་བྱས་ཏེ་སྙན་སྒྲོན་ཕུལ་དགོས་རྒྱུ་ལྟར། ཁོ་པས་རྒྱལ་བུ་ལ་སྙན་ཞུ་ཕུལ་དོན། དགེ་འདུན་གྱི་སྡེ་ནི་བཀའ་གདམས་པ་ཆེ། ངོ་བསྲུང་ནི་སྟག་ལུང་ཆོས་རྗེ་མཁས། གཟི་བརྗིད་ནི་འབྲི་གུང་སྤྱན་སྔ་ཆེ། ཆོས་ནི་ས་སྐྱ་པཎྜི་ཏ་མཁས་པར་འདུག་པས་གང་སྤྱན་འདྲེན་གྱི་ལུང་སྩོལ་བ་ཞུ་ཞེས་ཞུས་པར། གོ་དན་གྱིས་དེའི་ལན་དུ། འཇིག་རྟེན་འདིའི་སྟོབས་དང་གཟི་བརྗིད་ནི་ཇིང་གིར་ལས་ལྷག་པ་མེད། ཚེ་ཕྱི་མ་ཕན་གྱི་ཆོས་དེ་གལ་ཆེ་བས་ས་སྐྱ་པཎྜི་ཏ་གདན་ཞུ་དགོས་པ་ཡིན་ཞེས་པའི་བཀའ་ལུང་བསྩལ། གོ་དན་གྱིས་དོར་ཏ་ནག་པོ་དང་དཔོན་ཇོ་དར་མ་གཉིས་ལ་གནང་སྦྱིན་འཕོར་ཆེན་དང་འབྲེལ་ནས་ས་སྐྱ་པཎྜི་ཏ་གདན་འདྲེན་ཞུ་བར་བཏང་། ཁོང་གཉིས་ས་སྐྱར་འབྱོར་ནས་གོ་དན་རྒྱལ་པོའི་བཀའ་ལུང་ཕུལ་བ་དང་ས་

སྐྱ་པཎྜི་ཏ་ནས་རྒྱལ་པོའི་གདན་ཞུ་ལྟར་ཅི་ནས་ཡང་བྱང་ཕྱོགས་ལིང་ཀྲའུ（དེང་ཀན་སུའུ་ཞིང་ཆེན་གྱི་ལྷའུ་ལྷུའི་གྲོང་ཁྱེར་ཁོངས）ཟེར་བའི་ས་ཆར་རྒྱལ་པོ་གོ་དན་དང་མཇལ་འཛོམས་གནང་རྒྱུའི་རེ་བ་སྟོན།

（༧）ས་པཎ་ཀུན་དགའ་རྒྱལ་མཚན་གྱིས་རང་གི་དབོན་པོ་འགྲོ་མགོན་ཆོས་རྒྱལ་འཕགས་པ་དང་ཕྱག་ན་རྡོ་རྗེ་ཁྲིད་ནས་ལིང་ཀྲའུ་རུ་སྐྱོད་པ།

ས་སྐྱ་པཎྜི་ཏ་ཀུན་དགའ་རྒྱལ་མཚན་ནི་བོད་ཆུ་སྟག（སྤྱི་ལོ་༡༡༨༢）ལོར་གཙང་ཕྱོགས་འཁོན་གྱི་གདུང་རྒྱུད་དུ་སྐུ་འཁྲུངས། ས་སྐྱ་གོང་མ་སྣ་ལྔའི་ནང་ནས་གོང་མ་བཞི་པ་སྟེ་ཡིན་ཞིང་། ཆོས་ལུགས་ཀྱི་བྱེད་སྒོ་མཁས་ཅན་དང་། ཆབ་སྲིད། རིག་པའི་གནས་བཅུ་ལ་མངའ་དབང་གི་ཕྱུག་པ། ཤེས་བྱའི་གནས་ཀུན་ལ་མཁྱེན་རྒྱ་ཤིན་ཏུ་ཆེ་བས་ས་སྐྱ་པཎྜི་ཏ་ཞེས་མཚན་སྙན་ཡོངས་སུ་གྲགས། མཚན་བསྡུས་པ་ལ་ས་པཎ་ཞེས་འབོད།

བོད་མེ་རྟ（སྤྱི་ལོ་༡༢༤༤）ལོར་ས་སྐྱ་པཎྜི་ཏ་དགུང་ལོ་དྲུག་ཅུ་རེ་བཞིར་ཕེབས་ཏེ། སྐུ་ན་སྨིན་པ་དང་སྐུ་གཟུགས་ཉམས་པའི་ཚུལ་ལ་འཛེམས་མེད་དང་། རང་བདེ་སྡུག་ལ་མ་ལྟོས་པར་སོག་པོ་གོ་དན་རྒྱལ་སྲས་ཀྱིས་གདན་ཞུ་གནང་བ་ལྟར་ཕེབས་ཏེ། སོག་དམག་གིས་བོད་དུ་དཔུང་འཇུག་བྱས་ཏེ་གནོད་འཚེ་མི་གཏོང་བའི་ཆེད་དུ། རང་གི་དབོན་པོ་དགུང་ལོ་བཅུ་ལ་ཕེབས་པའི་འགྲོ་མགོན་ཆོས་རྒྱལ་འཕགས་པ་དང་དགུང་ལོ་དྲུག་ཏུ་ཕེབས་པའི་ཕྱག་ན་རྡོ་རྗེ་གཉིས། ཕྱག་ཕྱི་འཁོར་དང་བཅས་པ་འཁྲིད་དེ་ལོ་གཉིས་ཙམ་རིང་། ལ་རྒྱབ་ཀླུང་རྒྱབ་ཀྱིས་དཀའ་ངལ་ཁྲི་སྟོང་ཁྱད་གསོད་བྱས་ཏེ་ལིང་ཀྲའུ་ལ་འབྱོར། ས་སྐྱ་པཎྜི་ཏས་བོད་ནས་མ་ཐོན་གོང་དབུས་ཀྱི་འབྲི་གུང་དང་ཚལ་པ། སྟག་ལུང་སོགས་ཀྱི་དཔོན་ཆེན་མི་སྣ་དང་ཐུགས་འཕྲད་མཛད་དེ། ཁོང་རྣམས་པས་གོ་དན་རྒྱལ་སྲས་ལ་ཕུལ་རྒྱུའི་འབུལ་རྟེན་ཡང་བསྡམས། བླ་དཔོན་འགའ་རེ་ཐུགས་དོགས་ལངས་ནས་ས་པཎ་ལིང་ཀྲའུ་དུ་ཧོར་རྒྱལ་དང་ཐུགས་འཕྲད་བྱེད་པ་ནི་རང་ལ་ཁེ་ཕན་ཡོང་བའི་རྒྱུ་མཚན་འདྲ་ཨེ་ཡོད་དྲིས་པས། ས་པཎ་གྱིས་དེའི་ལན་

དྲུ། "ཧོར་རྒྱལ་པོས་ང་ལ་ཅི་ནས་ཀྱང་མཆོད་གནས་ལ་ཤོག །མི་འོང་ན་དམག་འོང་ཟེར་བས། དམག་བྱུང་ན་བོད་ལ་གནོད་ཀྱིས་དོགས་ནས་འགྲོ་བ་དང་། སེམས་ཅན་ལ་ཕན་དུ་རེ་ནས་འགྲོ་བ་མ་གཏོགས། །ཕན་ངེས་ལའི་རྒྱུ་མཚན་མ་མཚས། ལར་སེམས་ཅན་ལ་ཕན་ན་རང་གི་ལུས་སྲོག་མ་ཕོད་རྒྱ་མི་བདོག་རྩམ་ཤེས་པ་གདའ་ཙམ་ཡོད་ཞེས"གསུངས། དེ་ལ་བླ་དཔོན་དྲག་ཞན་ཚང་མ་ཐུགས་བློ་བདེ་ཞིང་ཁྱེད་ཀྱིས་བོད་སྤྱིའི་དོན་ཆེན་ལ་དགོངས་ཏེ་ཕེབས་པ་དང་། རྒྱལ་ཁམས་བདེ་འཇགས་ཀྱི་དོན་དུ་ཐུགས་སྟོབས་དེ་འདྲ་བ་བཞེས་ནས་ཕེབས་པ་དེར་འབྲས་བུ་གཡུར་དུ་ཟ་བ་ཐོབ་རྒྱུའི་སྨོན་འདུན་དང་ཆབས་ཅིག་ཆོས་ཕྱོགས་ཀྱི་ཐད་ལ་གྲུབ་མཐའ་སོ་སོར་བཅེ་བཀུར་དང་སྲུང་སྐྱོབ་གང་ལེགས་ཡོང་བའི་རེ་བ་དང་བཅས། ས་སྐྱ་པཎྜི་ཏས་ཡིད་ཆེས་དང་རེ་བ་ཟབ་མོ་བཅང་བཞིན། སེམས་ཅན་ལ་ཕན་པ་བྱུང་ན་རང་གི་ལུས་སྲོག་གཏོང་དགོས་བྱུང་ཡང་བློ་འགྱོད་མེད་པའི་དམ་བཅའ་བརྟན་པོས་ཕྱི་བཤོལ་གཏན་ནས་མེད་པར་ལིང་ཀྲའུ་རུ་ཕེབས། དོན་དངོས་ཐོག་ལ་ཡང་སྐབས་དེར་ས་པཎ་གྱིས་མཁས་མཛངས་ལྡན་པའི་ངང་ཐུགས་ཐག་ཆོད་པོ་གནང་བ་དེས། བོད་ལ་ཞི་བདེ་གཅིག་གྱུར་ཡོང་བའི་བྱ་གཞག་ལ་རྨང་གཞི་བརྟན་པོ་ཞིག་སྐྲུན་ཐུབ་པར་མ་ཟད། ས་པཎ་ཉིད་ལ་ཡང་གནོད་འཚེ་ཉམས་ཆག་མེད་པའི་ཕྱུག་རྗེས་ཆེན་པོ་ཞིག་བཞག་གནང་མཛད་པ་རེད།

ལིང་ཀྲའུ་དུ་ཕན་ཚུན་མཇལ་འཛོམས་བྱུང་ནས་རྒྱལ་པོ་གོ་དན་ཐུགས་ཤིན་ཏུ་མཉེས་ཏེ། ཕན་ཚུལ་གསུང་བརྗ་མ་འཕྲོད་པའི་སྐབས་སུ་ཡུ་གུར་གྱི་དགེ་བའི་བཤེས་གཉེན་མཁས་པ་ཚོས་ལོ་ཙཱ་བ་མཛད་དེ། ཆོས་སྲིད་གནས་ཚུལ་མང་པོ་ཕན་ཚུན་སྤྲས་གསང་མེད་པར་དགོངས་ཚུལ་གསུང་རེས་གནང་བས་ཧོར་རྒྱལ་པོའང་ཐུགས་རབ་ཏུ་དགྱེས། རྒྱལ་པོས་བཀའ་ཕབ་སྟེ་ད་ཕྱིན་ཆད་ཧོར་གྱི་ལྷ་པ་སོགས་སྔགས་ལུགས་ལྟར་བཙེའི་གྲལ་འགོར་བསྡད་མི་ཆོག་པ་དང་ཐམས་ཅད་ཀྱི་གྲལ་འགོར་བླ་མ་ཆོས་རྗེ་ས་པཎ་བཞུགས་ལ་སྨོན་ལམ་འདེབས་པའི་མཛད་སྒོ་འཚོགས་སྐབས་ཀྱང་སྔོན་ལ་བཙེ་རྣམས་ཀྱིས་གསོལ་འདེབས་དགོས་པའི་གཏན་འབེབས་གནང་། དེ་ནས་བཟུང་ཧོར་

གྱི་རྒྱལ་ཁམས་སུ་དགེ་འདུན་རབ་ཏུ་བྱུང་བའི་དབུ་འཕངས་ཐོག་མར་བསྟོད་པར་གྲགས། དེ་རྗེས་རྒྱལ་པོ་གོ་དན་ལ་ཤ་ཁྲའི་ནད་ཐོག་པར་རྗེ་ས་པཎ་གྱིས་སྨན་བཅོས་དང་རིམ་གྲོ་མཛད་པས་ཕན་སྐྱེད་མངོན་གསལ་ཆེན་པོ་བྱུང་ཞིང་། དེ་ནས་བཟུང་ཆོས་རྗེར་དད་པ་ལྷག་ཏུ་སྐྱེས་ནས་བཀའ་ཆོས་ཀྱང་མང་དུ་ཞུས། ཆོས་རྗེ་སྟོན་འཁོར་རྣམས་ཧྲན་ཤིའི་རི་བོ་རྩེ་ལྔར་ཕེབས་ནས་ཆོས་གསུངས་པ་དང་། ས་སྐྱ་པཎྜི་ཏའི་མཚན་སྙན་རྒྱ་ནག་ཙམ་མ་ཟད་སོག་ཡུལ་གྱི་རྒྱལ་ཁམས་ཐམས་ཅད་དུ་ཡོངས་སུ་གྲགས་ནས་མི་རིགས་དབར་གྱི་རིག་གནས་ཕན་ཚུན་མཛའ་གྲོགས་ཀྱིས་སྤེལ་རེས་བྱེད་རྒྱུར་ཤུགས་རྐྱེན་ཆེན་པོ་ཐེབས་ཡོད།

ས་སྐྱ་པཎྜི་ཏ་ཀུན་དགའ་རྒྱལ་མཚན་ལེང་ཀྲུའུ་རུ་བཞུགས་རིང་། ཐེངས་དེར་རང་ཉིད་ལེང་ཀྲུའུ་རུ་ཕེབས་ནས་ཕྲག་ཐོག་ཏུ་ཁུར་བའི་འགན་འཁྲིས་དག་ནམ་ཡང་མ་བརྗེད་པར། ཕྱོགས་གཅིག་ནས་འདུལ་བྱའི་སྐྱེ་རྒུ་དག་ལ་ཆོས་ཀྱི་འཁོར་ལོ་བསྐོར་བ་དང་། གཉིས་ནས་བོད་བདེ་འཇགས་ཡོང་ཐབས་མངོན་གྱུར་བྱེད་དགོས་པས། ཆོས་རྗེས་ཧོར་གེར་རྒྱལ་རྒྱུད་ཀྱི་དམག་དོན་སྟོབས་ཤུགས་དང་ཆབ་སྲིད་ཀྱི་དུས་བབ་སོགས་ལ་གང་འཚམས་ཀྱི་རྟོག་ཞིབ་གནང་བ་བརྒྱུད། བོད་འདི་ཡང་ནང་སའི་མི་རིགས་གཞན་དང་འདྲ་བར་ཧོར་རྒྱལ་པོའི་མངའ་ཁོངས་སུ་གཅིག་གྱུར་བྱུས་ན། བསྟན་པ་དང་སྐྱེ་འགྲོ་མཐའ་དག་ལ་འཕྲལ་ཕུགས་གང་ལའང་ཕན་བདེ་ཆེ་བར་གཟིགས་ཏེ། ཆོས་རྗེ་རང་ཡང་ཧོར་ཡུལ་དུ་བཞུགས་རྒྱུར་ཐུགས་ཐག་བཅད་ནས། བོད་དབུས་གཙང་མངའ་རིས་དང་བཅས་པ་ལ་སྤྲིངས་པའི་ཡི་གེ་ཞིག་སྐུལ་ཡོད་པ་འགོ་བརྗོད་དུ《བོད་ཀྱི་ཆེ་རྒྱུ་ཡོངས་ལ་བསྐུལ་བའི་སྤྲིངས་ཡིག》སྤྲིངས་ཡིག་འདིའི་ནང་དོན་ཆ་ཚང་གཤམ་གསལ།

“ཨོཾ་སྭསྟི། བླ་མ་དང་མགོན་པོ་འཇམ་དཔལ་དབྱངས་ལ་ཕྱག་འཚལ་ལོ། །དཔལ་ལྡན་ས་སྐྱ་པཎྜི་ཏས། དབུས་གཙང་མངའ་རིས་དང་བཅས་པའི་དགེ་བའི་བཤེས་གཉེན་ཡོན་མཆོད་རྣམས་ལ་སྤྲིངས་པ། སངས་རྒྱས་ཀྱི་བསྟན་པ་དང་། སེམས་ཅན་གྱི་དང་། སྒོས་བོད་སྐད་སྨྲ་བ་ཐམས་ཅད་ལ་ཕན་པར་བསམས་ནས་ཧོར་ནང་དུ་

འོངས། ངེད་འབོད་མཁན་ལ་ཡོན་བདག་ཆེན་པོ་ཤིན་ཏུ་དགེས། འཕགས་པ་སྤྱན་འདི་འདྲ་བའི་ཆུང་བ་ནས་ཁྲིད་ནས་འཁོར་དང་བཅས་པ་འོང་བ་དེ་ངེད་ལ་བསམས་པ་ཡིན། ཁྱོད་མགོས་ངོ་བལྟས་པ་ཡིན། གཞན་ཚོ་རྐང་པས་ངོ་བལྟས་པ་ཡིན། ཁྱོད་ངས་ཐོས་པ་ཡིན། གཞན་ཚོ་སྐྲག་ནས་འོང་བ་ཡིན། དེ་ངས་མི་ཤེས་པ་ཨེ་ཡིན། འཕགས་པ་སྤྱན་གྱིས་སྟར་ཡང་བོད་ཀྱི་ཆོས་ནི་ཤེས་པར་འདུག །ད་དུང་ཡང་འཕགས་པས་བོད་ཆོས་སློབ། ཕྱག་ན་རྗོ་རྗེས་ཧོར་ཡིག་དང་ཧོར་སྐད་སློབ། ངས་མི་ཆོས་ཀྱིས་བསྐྱངས། ཁྱོད་ཀྱིས་ལྷ་ཆོས་ཀྱིས་བསྐྱངས་ན་ཤཱཀྱ་མུ་ནེའི་བསྟན་པ་ཡང་ཕྱིའི་རྒྱ་མཚོའི་མཐའ་ཚུན་ཆད་ཁྱབ་པར་མི་འགྲོ་བ་ཨེ་ཡིན་གསུངས་སོ། །

རྒྱལ་པོ་བྱང་ཆུབ་སེམས་པ་འདི་ཕྱིར་སངས་རྒྱས་ཀྱི་བསྟན་པ་དང་། སློས་དཀོན་མཆོག་གསུམ་ལ་ཤིན་ཏུ་གུས། ཁྲིམས་ལུགས་བཟང་པོས་འཁོར་ཐམས་ཅད་ལེགས་པར་སྐྱོང་ཞིང་། ཁྱད་པར་དུ་ཡང་ངེད་ལ་གཞན་ལས་ལྷག་པའི་ཐུགས་ལ་འདོགས་པ་བྱུང་། ཁོང་གི་ཞལ་ནས་ཁྱོད་རང་བློ་བདེ་བར་ཆོས་ཤོད། ཁྱོད་གང་དགོས་ངས་སྟེར་བ་ཡིན། ཁྱོད་བཟང་པོར་གཏོང་བ་ངས་ཤེས། ངས་བཟང་པོར་ཨེ་གཏོང་གནམ་ཤེས་གསུངས། ཁྱད་པར་འཕགས་པ་སྤྱན་ལ་ཐུགས་འདོགས་ཆེ་བར་འདུག །རང་ཤེས་ཁྲིམས་ལུགས་འགྱུར་ཤེས་ན། རྒྱལ་ཁམས་ཐམས་ཅད་ལ་ཕན་པར་བྱ་སྙམ་པའི་ཐུགས་དགོངས་བཟང་པོ་ཅིག་འདུག །སློས་ཁྱོད་རང་གི་མི་སྡེ་བོད་རྣམས་ལ་ཁྲིམས་ལུགས་ལེགས་པར་སློབས། སྐྱིད་དུ་འཇུག་པ་ངས་ཤེས་གསུངས་པ་དང་། རྒྱལ་པོ་དང་རྒྱལ་རྒྱུད་རྣམས་ཚེ་རིང་བའི་སྨོན་ལམ་རིམ་གྲོ་པ་ཐམས་ཀྱིས་འབད་པར་ཞུ།

སྐབས་དོན་ཧོར་འདིའི་དམག་སྡེ་གྲངས་ལས་འདས། འཛམ་བུ་གླིང་ཐམས་ཅད་ཁོང་གི་མངའ་རིས་སུ་འདུག་སྙམ་པའི་བསམ་པ་ཅིག་འདུག །ཁོང་རང་དང་མཐུན་པ་ཚོ་སྐྱིད་སྡུག་ཁོང་རང་དང་མཉམ་པར་བྱེད། ཁོང་ལ་ཞེ་ཐག་པས་གང་ཟེར་ལ་མ་ཉན་ན་ངོ་བལྟས་པ་ཡིན་ཟེར་བའི་མིང་གིས་མི་ཚོག་པ། རྟིང་བརླག་པར་བྱེད་པ་ཅིག་འདུག །ཡུ་གུར་གྱི་རྒྱལ་ཁམས་འདི་ཡང་མ་བརླག་པར་གོང་དུ་ཕན། མི་ནོར་རྣམས་

ཁོང་གིས་ པླངས་ནས། ཡིག་མཁན། ནོར་གཉེར་པ། བུ་དགའ་ཐམས་ཅད་ཁོང་གིས་བྱེད། རྒྱ། མི་ཉག །སོག་པོ་ལ་སོགས་པ་མ་བརྟག་གོང་དུ་ཧོར་འདྲ་བཏང་ཡང་ཅི་ཟེར་མ་ཉན་པས་བརྟག་པའི་རྗེང་ལ་འགྲོ་ས་མ་རྙེད་ནས་ངོ་བལྟ་དགོས་བྱུང་། འོན་ཀྱང་དེ་རྗེང་ཅི་ཟེར་ཉན་པས་ད་ལྟ་ཐད་ཐད་སོ་སོ་ན་བུ་དགའ་ནོར་མཉེར། དམག་དཔོན། ཡིག་མཁན་ལ་སོགས་པ་ཁོང་རང་གི་མི་ཆེན་རེ་བསྐོས་པ་མང་། འོ་སྐོལ་མི་སྡེ་ངན་ལ་གྱོང་པས་ཐབས་སྣ་ཚོགས་ཀྱི་སྒོ་ནས་བྲོས་པས་ཐར་དུ་རེ། ཐག་རིང་བས་མི་ཡོང་དུ་རེ། འཐབ་པས་ཐུབ་ཏུ་རེ་ནས། གཡོ་སྒྱུ་ཟོལ་གསུམ་བྱས་པས་བརྟག་ཀྱང་བརྟག །ཐ་ཐད་སོ་སོ་ནས་ངོ་བལྟས་པའི་ཚོ་མང་། བོད་ངན་ལ་གྱོང་བའི་སྟོབས་ཀྱིས་བྲན་དང་གཡོག་གི་བྱེ་བྲག་མ་གཏོགས་པ། དཔོན་པོར་བསྐོས་པ་བརྒྱ་ལ་རེ་འགའ་ཙམ་ལས་མ་མཐོང་། བོད་ངོ་བལྟས་པ་མང་ཡང་འདབ་ནོར་ཅུང་བའི་སྐབས་ཀྱིས་མི་ཆེན་ཚོ་རྗེང་ནས་མ་མགུ་བའི་གནད་ཅིག་གདའ།

ན་ཤིང་ནས་ལོ་འགའ་ལ་སྟོད་དུ་དམག་སོང་བ་མེད། ངས་བི་རི་ཁྲིད་ནས་ངོ་བལྟས། འདིར་ཤིན་ཏུ་ངོ་བལྟ་ཞིགས་པས། སྟོད་མངའ་རིས་དང་། དབུས་གཙང་པ་རྣམས་ངོ་བལྟས། བི་རི་ཐ་ཐད་ཚོ་ཡང་ངོ་བལྟ་བར་ཡོད་བྱས་པས། ད་བར་ལ་དམག་མ་སོང་བ་དེས་ཕན་པ་ཡིན་ཏེ། སྟོད་ཀྱི་མི་རྣམས་དེ་ཚོ་མི་ཤེས་ཏེ་མཆིས། དེ་སྐབས་སུ་འདི་ན་མར་ངོ་བལྟས་པ་ཡིན་ཀྱང་འདབ་ནོར་ཞིགས་པོ་མ་བྱས་པ་དང་། ཀློ་མ་གཏད་པ་ཀུན་ལ་དམག་བརྒྱབ་ནས་མི་ནོར་ཐམས་ཅད་གཏོར་བ་དེ་ཁྱེད་རྣམས་ཀྱིས་ཐོས་ཏེ་མཆིས། དམག་བརྒྱབ་པ་དེ་ཚོ་ཡུལ་བཙན། མི་དཔའ། དམག་མང་། གོ་ཆ་སྲ་ཞིང་མདའ་མཁས་པ་རྣམས་ཀྱིས་ཐུབ་ཏུ་རེ་བྱས་པས་བརྟག་འདུག

མི་རྣམས་ཀྱི་ངསམ་པ་ལ། ཧོར་ཁོ་རང་ཨུ་ལག་དང་དམག་ཁྲལ་ཆུང་། གཞན་ཚོ་ཨུ་ལག་དང་དམག་ཁྲལ་ཆེ་བསམ་སྟེ། གཞན་ཚོ་བས་ཧོར་རང་ཨུ་ལག་དང་དམག་ཁྲལ་ཆེ། དེ་དང་སྦྱར་ན་གཞན་ཚོ་ཆུང་བར་གདའ།

ད་དུང་ཡང་ཅི་ཟེར་གྱི་ངག་ལ་ཉན་ན་ཁྱེད་རྣམས་ཀྱི་ཡུལ། ས་ཕྱོགས་ཀྱི་མི་

སྟེ། སོ་སོའི་དཔོན་གང་ཡོད་པ་དེ་དཔོན་དུ་བསྐོས། ས་སྐྱ་པའི་གསེར་ཡིག་པ་དང་དངུལ་ཡིག་པ་ཐོས་ལ། ངེད་ཀྱི་ད་ར་ཁ་ཆེ་འདི་བསྐོས་ན་འཐད་པ་ཡིན་ཟེར་བའི་ངོ་སྤྲོད་གྱིས་ལ་ཕར་འགྲོ་ཚུར་འགྲོའི་བང་ཆེན་པ་གོ་ཆོད་པ་ཚུད། དེ་ནས་དཔོན་གྱི་མིང་། མི་སྡེའི་གྲངས། འདབ་ནོར་གྱི་ཚད་ཡི་གེ་ལེགས་པོ་གསུམ་གྱིས་ལ། གཅིག་ངེད་ལ་བསྐུར། གཅིག་ས་སྐྱར་ཞོག །གཅིག་རང་རང་གི་དཔོན་གྱིས་བཟུང་། ཡང་ངོ་བལྟས་པ་འདི་ཡིན། མ་བལྟས་པ་འདི་ཡིན་ཟེར་བའི་ས་རིས་ལེགས་པོ་གྱིས། ཤན་མ་ཕྱེད་ན་ངོ་མ་བལྟས་པའི་ཞོར་ལ་བལྟས་པ་ཚོ་ཡང་བརླག་དོགས་ཡོད། ས་སྐྱ་པའི་གསེར་ཡིག་པས་ཡུལ་གང་ཡིན་པའི་དཔོན་དང་གྲོས་གྱིས་ལ། སེམས་ཅན་ལ་ཡང་ཕན་པར་གྱིས་ལ་རང་ཚོད་དབང་ཆེ་མ་བྱེད། ཡུལ་དཔོན་གྱིས་ཀྱང་ས་སྐྱ་པའི་གསེར་ཡིག་པ་དང་གྲོས་མ་བྱས་པར་རང་ཚོད་མ་བྱེད། གྲོས་མ་བྱས་པར་རང་ཚོད་བྱེད་པ་ཁྲིམས་ལ་མེད། ཉེས་པ་ལ་ཐུག་ན་འདི་ན་ཞུ་བ་དཀའ། དེར་ཐམས་ཅད་བློ་མཐུན་པར་གྱིས། ཧོར་གྱི་ཁྲིམས་ལུགས་བྱས་ན་ལེགས་པོ་འོང་།

གསེར་ཡིག་པ་བསུ་སྐྱེལ་དང་ཞབས་ཏོག་ལེགས་པོར་གྱིས། འདི་ཡང་གསེར་ཡིག་པ་ཡོང་བ་ཀུན་ལ་གཞན་འདྲི་བའི་སྔོན་ལ་མ་བྲོས་སམ་འཐབ་བམ། གསེར་ཡིག་པ་ཚོ་ཉ་ར་ལེགས་པོར་བྱས་སམ། ཞུ་ལག་བྱུང་ངམ། ངོ་བལྟས་པ་རྣམས་བརྟན་ནམ་བྱས་པ་དེ་ཚོ་སྔོན་ལ་འདྲི་བར་འདུག །གསེར་ཡིག་པ་དེ་མ་མགུ་ན་གནོད་ཐུབ་པའི་གཏམ་གཏོང་བར་ངེས། མགུ་ན་ཕན་ཐོགས་ནུས་པ་ཅི་གདའ། གསེར་ཡིག་པའི་ངག་ལ་མ་ཉན་ན་བྱས་ཀྱང་དཀའ་བར་མཐོང་།

འདིར་མི་གང་དྲག་པ་དང་འདབ་ནོར་ཁྱེར་ནས་འོང་བ་ཚོ་བཟང་པོར་གཏོང་བར་གདའ། རང་རེ་ཚོ་ཡང་བཟང་པོ་བྱ་སྙམ་པའི་བསམ་པ་ཡོད་ན་ངེད་རང་གི་དཔོན་པོ་ཀུན་འདབ་ནོར་བཟང་པོ་བཟུང་ལ་ས་སྐྱ་པའི་མི་དང་འགྲོགས་ལ་བྱོན། འདབ་ནོར་འདི་ཙམ་ཅིག་འདབ་ཟེར་བའི་གྲོས་གྱིས། འདིར་ངས་ཀྱང་གྲོས་བྱེད། དེ་ནས་རང་ཡུལ་འོངས་ནས་རང་གཞན་ཐམས་ཅད་ལ་ཕན་པར་འོང་། སྤྱིར་

ངས་ཀྱང་ན་ཉིང་ནས་མི་བཏང་ནས་འདི་ལྟར་བྱས་ན་ལེགས་བྱས་ནས་གྲོས་བསྟན་པ། ཁྱེད་རང་རྣམས་ཀྱིས་ཀྱང་དེ་བཞིན་བྱེད་པའི་རིགས་སུ་མེད་པ་འདུག །བརྟགས་པའི་རྗེས་ལ་ཁྱེད་ཐ་དད་ཚོ་ཅི་ཟེར་ཉན་པ་ཅིག་འདོད་པ་ཡིན་ནམ། ཅི་ཟེར་བ་ཡིན་ཡང་མ་གོ །ཁྱིམ་ས་སྐྱ་པ་ཏོར་གསེབ་ཏུ་སོང་བ་ཡིན་ཏེ་ངེད་ལ་མ་ཕན་ཟེར་བ་དེ་མི་གསུང་བར་ཞུ། ངས་བདག་པས་གཞན་གཅེས་པའི་བསམ་པ་བྱས་ནས་བོད་སྐད་སྨྲ་བ་ཐམས་ཅད་ལ་ཕན་པའི་ཕྱིར་དུ་ཏོར་གསེབ་ཏུ་འོང་བ་ཡིན་ཏེ། ངས་ཅི་ཟེར་བ་ལ་ཉན་ན་ཕན་པར་འདུག །ཁྱེད་རྣམས་ཀྱིས་འདིའི་སྣང་ཚུལ་མ་མཐོང་། ཐོས་པ་རྣམས་ལ་ཡིད་ཆེས་པ་ཤིན་ཏུ་དཀའ། དེའི་སྟོབས་ཀྱིས་ད་དུང་བཏུབ་པར་འོང་སྙམ་སྟེ། བདེ་བའི་འཕྲོ་ལ་སློ་བུར་དུ་འདྲེས་མནན་པ་ལྷ་བུའི་འཐིབ་གནོན་ཅིག་བྱུང་ནས་དབུས་གཙང་གི་བུ་ཚ་དང་མི་ལ་སོགས་པ་ཏོར་གསེབ་ཏུ་སོང་གིས་དོགས། ངེད་ནི་ལེགས་ཉེས་ཅི་བྱུང་ཡང་ང་ལ་འགྱོད་པ་མེད། བླ་མ་དཀོན་མཆོག་གི་བྱིན་རླབས་དང་བཀའ་དྲིན་གྱིས་ད་དུང་ལེགས་པོ་འོང་བའང་སྲིད། ཁྱེད་རང་རྣམས་ཀྱང་དཀོན་མཆོག་ལ་གསོལ་བ་ཐོབ།

རྒྱལ་པོས་ངེད་ལ་སུ་དང་ཡང་མི་འདྲ་བའི་ཐུགས་ལ་བཏགས། དེའི་སྟོབས་ཀྱིས་རྒྱ་བོད། ཡུ་གུར། མི་ཉག་ལ་སོགས་པའི་དགེ་བཤེས་མི་ཆེན། ཡུལ་མི་གཅིག་པ་ཐམས་ཅད་ཀྱིས་ངོ་མཚར་ཆེ་སྙམ་ནས་ཆོས་ཉན་པ་དང་གུས་པ་ཆེ་བ་འདུག །ངེད་འདིར་འོང་བ་རྣམས་ལ་ཏོར་གྱིས་ཅི་འདྲ་བྱེད་སྙམ་པའི་དོགས་པ་མི་དགོས། ཐམས་ཅད་ཀྱི་ཐུགས་ལ་བཏགས་ནས་བཟང་པོར་ཡོད་པས། ངེད་ཀྱི་ཕྱོགས་ནས་ཐམས་ཅད་བློ་བདེ་བར་བཞུགས་པས་ཆོག །

འདབ་ནོར་ལ་གསེར། དངུལ། གླང་པོ་ཆེའི་མཆེ་བ། མུ་ཏིག་རྗོག་པོ་ཆེ་བ། མཚལ། བཙོད། ཙ་རུ། གི་ཝང་། སྟག་གཟིག་གུང་གསུམ། སྲམ། བོད་སྣམ། དབུས་ཕྲུག་བཟང་པོ། འདི་ན་དེ་ཚོ་དགའ་བར་འདུག །སྤྱིར་ནོར་ལ་འདིར་གཙིགས་ཆུང་ཡང་རང་རང་གི་ཡུལ་ན་གང་བཟང་གི་ནོར་རྫས་འོང་བས་ཆོག་པ་ཡིན། གསེར་ཡོད་ན་གང་འདོད་འོང་བར་འདུག་པས་དགོངས་མཛོད། སངས་རྒྱས་བསྟན་པ་ཕྱོགས་མཐའ་དག་ཏུ་རྒྱས་

པར་གྱུར་ཅིག །མངྒ་ལམ།”①ཞེས་གསལ་བ་ལྟར་དྲངས་པའོ། །

སྐབས་དེ་ཙམ་དུ་ས་སྐྱ་པཎྜི་ཏ་ཀུན་དགའ་རྒྱལ་མཚན་སྐུ་ན་དྲུག་ཅུ་བགྲལ་ཡོད་ཡང་། སྤྲིངས་ཡིག་རིང་པོ་དེ་ཙམ་གྱི་ནང་དུ་བློ་རྩ་བརྟན་པོ་དང་ཐུགས་སེམས་དྲང་བཞག་གི་ཐོག་ནས། བོད་ཀྱི་མཐོ་རིམ་དཔོན་རིགས་དང་། སེར་སྐྱ་མི་དམངས་ཀྱིས་ཧོར་རྒྱལ་པོའི་མངའ་ཁོངས་སུ་ཞུགས་རྒྱུའི་འབོད་བསྐུལ་མཛད་དེ། རྒྱལ་ཁོངས་གཅིག་གྱུར་ཡོང་བ་བྱེད་རྒྱུ་དེ་ཡང་དག་པའི་འགྲོ་ལམ་ཉག་གཅིག་པོ་དེ་རང་ལས་མེད་པ་དང་། བོད་ཀྱི་ད་ལྟ་དང་མ་འོང་ཕན་བདེ་ཆེན་པོ་ཡོད་པར་མ་ཟད་སྤྱི་ཕྱི་ཙམ་མ་གཏོགས་རྒྱལ་ཡོངས་གཅིག་གྱུར་ཡོང་བ་བྱེད་རྒྱུ་ནི་སོག་པོ་རྒྱལ་པོའི་ཐབས་ཇུས་ཀྱི་དམིགས་ཡུལ་གཙོ་བོ་ཞིག་ཡིན་པ་གསལ་པོར་བསྟན་གནང་མཛད། རྗེ་ས་པཎ་གྱིས་བོད་སིལ་བུ་ཁ་ཐོར་དུ་གྱུར་པའི་མི་ལོ་བཞི་བརྒྱའི་རིང་ནང་འཁྲུག་དང་། དེ་རྗེས་ཕྱོགས་ཁག་སོ་སོར་གྱེས་པའི་དབར་འཁྲུག་རྩོད་རྒྱུན་མི་འཆད་པ་བྱུང་ནས་སྐྱེ་འགྲོ་ཡོངས་ལ་བགོད་ཆགས་དང་། སྡུག་བསྔལ་ཟད་མཐའ་མེད་པ་ཞིག་བྱུང་བའི་ཉམས་མྱོང་དང་བསླབ་བྱར་ཕྱོགས་བསྡོམས་གནང་ཐོག །བོད་ཡོངས་ལ་ལྷིང་འཇགས་དང་བདེ་སྐྱིད་དགོས་ན་ཐོག་མར་ངེས་པར་དུ་གཅིག་གྱུར་ཞིག་ཡོང་བ་བྱ་དགོས་སོད། འོན་ཀྱང་དེ་ལྟར་བསྒྲུབ་པའི་སྟོབས་ཤུགས་ནི་ཧོར་རྒྱལ་པོ་ཁོ་ན་མ་གཏོགས་སུ་ལའང་མེད་པ་དང་། ཧོར་ཇིང་གིར་རྒྱལ་པོའི་རྒྱུད་པ་རྣམས་ཀྱི་དམག་དོན་སྟོབས་ཤུགས་ཤིན་ཏུ་ཆེ་ལ་ཐབས་ན་མི་རྒྱལ་བ་མེད་པས། ཁ་གཏད་ཀྱི་སྟོབས་ཤུགས་ཇི་འདྲ་བ་ཡོད་ཙང་མཐར་ཕམ་ཉེས་ཡོང་རྒྱུ་ཁོ་ན་ལས་མེད།

སྤྲིངས་ཡིག་ནང་རྗེ་ས་པཎ་གྱིས་རྒྱལ་པོ་བྱང་ཆུབ་སེམས་པ་འདི་ཕྱིར་སངས་རྒྱས་ཀྱི་བསྟན་པ་དང་། སློབ་དཀོན་མཆོག་གསུམ་ལ་ཤིན་ཏུ་གུས། ཁྲིམས་ལུགས་བཟང་པོས་འཁོར་ཐམས་ཅད་ལེགས་པར་སྐྱོང་ཞིང་། ཁྱད་པར་དུ་ངེད་ལ་གཞན་ལས་

① ས་སྐྱ་ངག་དབང་ཀུན་དགའ་བསོད་ནམས་ཀྱིས་བརྩམས་པ། 《ས་སྐྱའི་གདུང་རབས་ངོ་མཚར་བང་མཛོད།》 མི་རིགས་དཔར་སྐྲུན་ཁང་གིས་བསྐྲུན་པ། ཤོག་གྲངས། ༡༣༥-༡༤༠བར།

ལྷག་པའི་ཐུགས་ལ་འདོགས་པར་བྱུང་གསུངས་ནས། ཁོ་རང་གིས་ཁས་ལེན་གནང་སྟེ། བོད་ཀྱི་བླ་དཔོན་ཚང་མས་ཧོར་རྒྱལ་པོའི་མངའ་ཁོངས་སུ་ཞུགས་པ་དང་འདབ་ནོར་ཕུལ་ན། སངས་རྒྱས་ཀྱི་བསྟན་པ་ལ་བརྩི་བཀུར་བྱེད་པ་དང་། བླ་དཔོན་ཆེ་ཕྲ་རྣམས་ཀྱི་ཐོར་ཡོད་བདག་དབང་ལ་འགན་སྲུང་དང་འགྱུར་བ་མི་གཏོང་བ། གལ་ཏེ་མངའ་ཁོངས་སུ་མི་ཞུགས་པ་དང་འདབ་ནོར་མ་ཕུལ་ན་དེའི་མཇུག་འབྲས་ངན་པ་གང་ཞིག་ཡོང་རྒྱུ་ཡིན་པ་ནི་གཡོལ་ཐབས་མེད་པ་ཞིག་རེད་ཅེས་དང་། བོད་ཀྱི་ཆེ་ཕྲ་གཞན་རྣམས་ཧོར་གྱི་སྟོབས་ཤུགས་ལ་འཇིགས་སྐྲག་དང་དོགས་ཉེན་ཆེན་པོ་བྱེད་པ་སེལ་ཆེད། ཕྲིངས་ཡིག་ནང་བོད་སྐད་སྨྲ་བ་ཀུན་ལ་ཕན་པ་ཞིག་ཡོང་ཆེད་ཁོ་ན་གསལ་པོར་བསྟན་པ་དང་། རྒྱལ་པོ་གོ་དན་གྱིས་ཆོས་རྗེ་ཁྱེ་དཔོན་ལ་གཟིགས་སྐྱོང་དང་ཐུགས་འཁུར་ཆེན་པོ་གནང་ཚུལ་ཞིབ་གསུང་དང་། ཆོས་རྗེ་ས་པཎ་གྱིས་ད་དུང་ངང་རྒྱུད་རིང་པོས་ཧོར་རྒྱལ་པོར་འདབ་ནོར་ཕུལ་རྒྱུའི་དངོས་རིགས་ཁྱད་ནོར་གང་དགོས་འཚམས་པའི་འདེམས་ཐོ་བསྐུར་གནང་བ་སོགས། རྗེ་ས་པཎ་གྱིས་ཧོར་གྱི་མངའ་ཁོངས་སུ་ཞུགས་རྒྱུའི་འཐད་བསྐུལ་དང་རྣམ་པར་དཀར་བའི་ཞིབ་ཕྲའི་མཇུབ་ཁྲིད་གནང་བར། བོད་ལྗོངས་ཡོངས་ཀྱི་སེར་སྐྱ་མི་སྣ་ཚང་མས་བརྩི་བཀུར་དང་དགའ་བསུ་ཐོབ་པར་མ་ཟད། མཐར་བྱ་སྤྱོད་ངོ་མའི་ཐོག་ནས་དོན་འཁྱོལ་ཡང་བྱུང་བ་རེད།

ས་སྐྱ་པཎྜི་ཏ་ཀུན་དགའ་རྒྱལ་མཚན་ལེང་ཀྲའོ་ཏུ་བཞུགས་རིང་། སངས་རྒྱས་ཀྱི་བསྟན་པ་དར་འཕེལ་བཏང་བ་དང་། མི་རིགས་ཕན་ཚུན་གྱི་རིག་གནས་སྤེལ་རེས་བྱེད་རྒྱུའི་ཐད་ལ་ཤུགས་སྣོན་བསྐྱོན་ཏེ་མངོན་གསལ་དོད་པོའི་མཛད་རྗེས་ཆེན་པོ་ལེགས་སྐྱེས་ཕུལ་གནང་ཡོད། རྗེ་ས་པཎ་སྐུ་ན་སྨིན་པའི་བར་ལེང་ཀྲའོ་ཏུ་བཞུགས་ཏེ། རྒྱལ་པོ་གོ་དན་གྱིས་ཡུལ་ལྗོངས་ཡིད་དུ་འོང་བ་ཞིག་ཏུ། ཆོས་རྗེ་ཉིད་ལ་ཆེད་དུ་དམིགས་ནས་དགོན་གནས་ཕུན་སུམ་ཚོགས་པ་ཞིག་བསྐྲུན་ཏེ་ཕུལ་བ་དང་། བཟོ་བཀོད་ཕུལ་དུ་བྱུང་བ་སྒྱུ་འཕྲུལ་ལྟ་བུར་སྣང་བས་དགོན་སྡེའི་མིང་ལའང་"སྤྲུལ་པའི་སྡེ"ཞེས་ཡོངས་སུ་གྲགས། སྐུ་ཚེའི་མཇུག་དབོན་གནས་དེ་གར་བཞུགས་ནས་མཐར་

དཀྱུང་གྲངས་བདུན་ཅུ་བོད་ལུགས་ཕག་(སྤྱི་ལོ་༡༢༥༧)ལོར་སྐུ་ཞི་བར་གཤེགས། ཧོར་རྒྱལ་པོ་གོ་དན་གྱིས་འདས་མཆོད་གཟབ་རྒྱས་ཤིག་ཚོགས་ཏེ་རྗེ་ས་པཎ་ལ་སྦྱིངས་ཞུས་པ་དང་། སྐུ་རུས་བཞུགས་པའི་མཆོད་རྟེན་དཀར་པོ་ཞིག་ཀྱང་བཞེངས་ཟེར། བློ་ཕམ་པ་ཞིག་ལ་ཡོན་རྒྱལ་རབས་ཀྱི་དུས་མཇུག་དང་། མིང་ཆིང་རྒྱལ་རབས་ཀྱི་དུས་སྐབས་ནང་སྔ་རྗེས་སུ་དམག་འཁྲུག་ནང་མེས་བསྲེགས་པ་དང་། ས་ཡོམ་གྱི་བགེགས་བར་བྱུང་ནས་གཏོར་བཤིག་སོང་ཟེར།

ས་སྐྱ་པཎྜི་ཏ་ཀུན་དགའ་རྒྱལ་མཚན་ནི་ཆབ་སྲིད་ཀྱི་གཟིགས་རྒྱང་རིང་ཞིང་ཕུགས་བསམ་ཆེན་པོ་ཡོད་པར་མ་ཟད། ཤེས་བྱ་རིག་པའི་གནས་ལ་ཤིན་ཏུ་མཁས་པའི་གྲགས་ཅན་གྱི་རིག་པ་སྨྲ་བ་པོ་ཞིག་ཡིན་པས། ཁོང་གིས་མདོ་སྔགས་རིག་གནས་ཀྱི་སྐོར་གྱི་གསུང་རྩོམ་མང་པོ་ཞིག་མཛད་ཡོད་པ། བོད་བརྒྱུད་ནང་བསྟན་གྲུབ་མཐའ་རིས་སུ་མ་མཆིས་དང་ཚང་མས་ཁས་ལེན་དང་སློབ་གཉེར་བྱེད་པ་དཔེར་ན། 《སྡོམ་པ་གསུམ་གྱི་རབ་ཏུ་དབྱེ་བ་》དང་《གཞུང་ལུགས་ལེགས་པར་བཤད་པ་ཞེས་བྱ་བའི་བསྟན་བཅོས་》སོགས་དང་། དེ་བཞིན་གྲགས་ཆེ་བའི་བསྟན་བཅོས་《ས་སྐྱ་ལེགས་བཤད་》འདི་ནི་རྗེ་ས་པཎ་གྱིས་རྩོམ་པའི་རིག་གནས་སྙུ་རྩལ་ཁོངས་ཀྱི་རྩོམ་ཡིག་གྲགས་ཅན་གྲས་ཤིག་ཡིན་པར་མ་ཟད། བོད་རིགས་ཀྱི་རྩོམ་རིག་སྙུ་རྩལ་ལོ་རྒྱུས་ཐོག་ལ་གནས་བབས་གལ་ཆེ་ཞིག་བཟུང་ཡོད། ལེགས་བཤད་འདི་ནི་བབ་ཆགས་ལ་གོ་བདེ་བ་དང་། འཇིག་རྟེན་གྱི་འཚོ་བའི་གནས་ལུགས་མང་པོའི་ཁྱད་ཆོས་ཡོད་སྐབས། ཚང་མས་ངེས་བདེ་ལ་གོ་བ་ལོན་སླ་བ། ཁ་བདེ་ཀློ་བདེ་སོང་བའི་ཕན་ཡོན་གྱིས་མིའི་བསམ་བློའི་གནས་ཚད་གོང་མཐོར་གཏོང་ཐུབ་པ་དང་། ཀུན་སྤྱོད་ཚད་ལྡན་ཞིག་ཡོང་རྒྱུར་ཏུར་བསྐྱོན་གྱི་ནུས་པ་ཐོན་གྱི་ཡོད་པས། ལོ་ན་རྒན་པ་མང་པོས་ལེགས་བཤད་ནང་གི་བསྟན་བྱ་དོན་པོ་དེ་ཚོ་ཞལ་ནས་མི་བྲལ་བ་བྱས་ཏེ། རྒྱུན་དུ་རང་གི་ཀུན་སྤྱོད་ལ་ཚུལ་ལྡན་དང་གཞོན་སྐྱེས་ཚོ་ལ་ཡང་བསླབ་བྱར་སྒྲ་བའི་སློབ་གཞི་ཡག་པོ་ཞིག་ཏུ་གྱུར་ཡོད།

(༢)ཤེས་རྒྱ་ཡངས་ཤིང་འཛོན་ཐང་ཆེ་བའི་རྒྱལ་པོའི་དབུ་བླ་འགྲོ་མགོན་ཆོས་རྒྱལ་འཕགས་པས་ས་སྐྱའི་ས་གནས་སྲིད་དབང་བཟུགས་པ།

འགྲོ་མགོན་ཆོས་རྒྱལ་འཕགས་པ་བློ་གྲོས་རྒྱལ་མཚན་ནི་བོད་ཤིང་ལུག (སྤྱི་ལོ་༡༢༣༥)ལོར་གཙང་ཕྱོགས་འཁོན་གྱི་གདུང་རྒྱུད་དུ་འཁྲུངས། སྐུ་ན་ཆུང་དུས་ནས་ཆོས་རྗེ་ས་པཎ་ཀུན་དགའ་རྒྱལ་མཚན་གྱི་ཞབས་དྲུང་དུ་ནང་ཆོས་སློབ་སྦྱོང་མཛད། སྐུ་ཆུང་དུས་ནས་ཤེས་རབ་རྣོ་ཞིང་ཤེས་བྱ་རིག་པའི་གནས་དང་སློབ་ཁྲིད་གང་གསན་བསམ་མཛད་ཀྱང་། སློབ་མ་ཀུན་ལས་སློབ་སྦྱོང་ལེགས་པ་ཡོད་རྐྱེན། ཚང་མས"འཕགས་པ"ཞེས་པའི་བསྔགས་བརྗོད་ཀྱི་མཚན་སྙན་ཐོབ། བོད་ཀྱི་ལོ་རྒྱུས་ཡིག་ཚང་ནང་ཁོང་གི་མཚན་ལ་འགྲོ་མགོན་ཆོས་རྒྱལ་འཕགས་པ་བློ་གྲོས་རྒྱལ་མཚན་དཔལ་བཟང་པོ་ཞེས་གསལ་གྱི་ཡོད། བོད་ཤིང་འབྲུག (སྤྱི་ལོ་༡༢༤༤)ལོར་དགུང་ལོ་བཅུ་ལ་སོན་དུས་གཙང་པོ་ཕྱུག་ན་རྗེ་རྗེ་དགུང་ལོ་དྲུག་ལ་ཕེབས་པ་གཅེན་གཅུང་གཉིས་རྗེ་ས་པཎ་དང་ལྷན་དུ་ས་སྐྱ་ནས་ཐོན་ཏེ་བྱང་ཕྱོགས་ལིང་ཀྲའུ (དེང་གན་སུའུ་ཞིང་ཆེན)ལ་ཧོར་གོ་དན་རྒྱལ་སྲས་མཇལ་བར་ཕེབས། ཕེབས་ལམ་དུ་དབུས་ཀྱི་ལྷ་སར་འགྱོར་ནས་རྗེ་ས་པཎ་གྱིས་མཁན་པོ་དང་ཟུལ་ཕུ་བས་སློབ་དཔོན་མཛད་དེ་རབ་ཏུ་བྱུང་། མཚན་བློ་གྲོས་རྒྱལ་མཚན་དཔལ་བཟང་པོ་ཞེས་གསོལ།

ཁོང་རྣམ་པ་ཕེབས་ལམ་དུ་ལོ་གཉིས་ཙམ་འགོར་བའི་རྗེས་གཞི་ནས་བྱང་ཕྱོགས་ལིང་ཀྲའུ་རུ་འབྱོར། འགྲོ་མགོན་འཕགས་པས་ས་སྐྱ་པཎ་ཆེན་གྱི་དྲུང་དུ་ལོ་བདུན་རིང་སུ་མཐུད་ནང་ཆོས་ལ་སློབ་གཉེར་མཛད། རྗེ་ས་པཎ་གྱི་སྐུ་ཡོན་ཕལ་ཆེ་བ་ཐུགས་སུ་ཆུད་པས་བླ་མ་ཤིན་ཏུ་དགྱེས་ཤིང་། སྐུ་གཤེགས་ཁར་ཡང་བསྟན་པའི་ཁུར་བཞེད་པར་གཟིགས་ནས་ཆོས་དུང་དང་ལྷུང་བཟེད་ལ་སོགས་པ་གནང་། སློབ་མའི་ཚོགས་རྣམས་ཁོང་ལ་གཏད་ནས་བསྟན་པའི་བྱ་བ་དང་སེམས་ཅན་མང་པོའི་དོན་བྱེད་པའི་དུས་ལ་བབས་ཞེས་སློབ་སྟོན་ཟབ་མོ་གནང་ནས་བསྟན་པ་གཏད་པ་ཡིན། དེ་ནས་འཕགས་པ་རིན་པོ་ཆེས་ཆོས་རྗེ་པའི་དགོངས་རྫོགས་ཀྱི་ཞུ་སྒོ་མཐའ་དག་ལེགས་པར་མཛད་

པ་དང་། ས་སྐྱ་གོང་མའི་ཁྲི་འཛིན་ལ་འཁོད་དེ་གོང་མ་ས་ཆེན་ཀུན་དགའ་སྙིང་པོ་དང་། སློབ་དཔོན་བསོད་ནམས་རྩེ་མོ། རྗེ་བཙུན་གྲགས་པ་རྒྱལ་མཚན། ས་པཎ་ཀུན་དགའ་རྒྱལ་མཚན་བཅས་ཀྱི་རྗེས་སུ་ཐོན་པའི་ས་སྐྱ་གོང་མ་རྣམ་ལྔའི་གྲས་སུ་གྱུར།

བོད་ཆུ་ཕྱི་(སྤྱི་ལོ་༡༢༥༢)ལོར་ཧོར་རྒྱལ་བུ་སེ་ཆེན་ཧན་གྱིས་ལྷོ་ཕྱོགས་སུ་དཔུང་འཇུག་བྱས་ཏེ་ཏཱ་ལིའི་(ယུན་ནན་ཞིང་ཆེན་ཁོངས་ཏཱ་ལིའི་གྲོང་ཁྱེར་)བཏུལ་ནས་རྒྱལ་ཁའི་ངང་ཕྱིར་ལོག་ཕེབས་པའི་ལམ་བར་དུ་ལིའུ་ཕན་རི་བོ་བརྒྱལ་སྐབས་ལེང་ཀྲའུ་(ཀན་སུའུ་ཞིང་ཆེན་གྱི་ལྷེ་གནས་གྲོང་ཁྱེར་)ཕོ་ཉ་མངགས་ནས་ས་སྐྱ་བླ་མ་མཇལ་འཕྲད་དུ་ཕེབས་དགོས་པའི་འཕྲིན་བསྐུར་བ་དང་། དེ་དུས་ཆོས་རྗེ་ས་པཎ་སྐུ་གཤེགས་ཟིན་པར་བརྟེན་ཕོ་ཉ་དེས་འགྲོ་མགོན་འཕགས་པ་སྐུ་མཆེད་གཉིས་མཇལ་འཕྲད་དུ་གདན་དྲངས་ནས། སེ་ཆེན་ཧན་དང་དངོས་སུ་མཇལ་འཛོམས་བྱུང་། དེ་ནས་སེ་ཆེན་ཧན་གྱིས་བླ་མ་སྐུ་མཆེད་གཉིས་རྟང་ཏུའུ་(ནང་སོག་ཁོངས་)ཞེས་པའི་ཕོ་བྲང་དུ་མཉམ་དུ་གདན་འདྲེན་ཞུས་ཤིང་། དེ་དུས་འགྲོ་མགོན་འཕགས་པ་དགུང་ལོ་བཅུ་དགུ་ཙམ་ལས་ཕེབས་མེད་ཀྱང་། སེ་ཆེན་ཧན་གྱིས་མི་གཞན་མས་ལན་འདེབས་དཀའ་བའི་དྲི་བ་མང་པོ་འདྲི་བ་བཏོན་པར་དྲིས་ལན་རྒྱུ་མཚན་དང་བཅས་པ་གསུང་པས་ཧ་ཅང་མཉེས་པར་གྱུར།

འགྲོ་མགོན་ཆོས་རྒྱལ་འཕགས་པ་སེ་ཆེན་རྒྱལ་པོ་ཧུ་པེ་ལི་དང་ལྷན་དུ་བཞུགས་རིང་། རྒྱལ་པོ་དང་བཙུན་མོ་ཁྲིམ་རྒྱུད་དང་བཅས་པར་གསང་སྔགས་ཀྱི་དབང་ལུང་མཛད། སྤྱི་ལོ་༡༢༥༨ལོར་རྒྱ་ནག་རི་བོར་རྩེ་ལྔར་ཕྱིན་པའི་ལམ་ནས་རྒྱལ་པོའི་བཀའ་བཞིན་ཕོ་བྲང་དུ་ཏའོ་ཙོའི་ཆོས་ལུགས་ཀྱི་སྟོན་པ་ཏྭ་ཤང་ལ་གྱིན་བྱ་བ་འཁོར་བཅས་དང་ཆོས་རྩོད་འགྲན་པར་མཛད་ནས། ཏའོ་ཙོའི་ཡི་རང་ལུགས་ལ་སྨྲེང་པ་མཐར་སོན་པ་བཅུ་བདུན་རིགས་པས་ཕམ་པར་གྱུར་ཏེ་རབ་བྱུང་ལ་བཙུད་པ་དང་། ཏའོ་ཙོའི་གི་སྒྲུབ་སྡེ་འགའ་རེ་ནང་ཆོས་ཀྱི་དགོན་པར་འགྱུར། འགྲོ་མགོན་འཕགས་པས་ཏའོ་ཙོའི་ཡི་ཧ་ཤང་རྣམས་རིགས་པས་ཕམ་པ་བཟློས་པ་དེར། སོག་པོའི་རྒྱལ་པོ་ཧུ་པེ་ལི་སེ་ཆེན་ཧན་དགྱེས་ནས་འགྲོ་མགོན་འཕགས་པར་སྟེར་བས་བརྩི་མཐོང་ཇེ་ཆེར་ཞུ་བ་བྱུང་།

བོད་ལྕགས་སྤྲེལ་(སྤྱི་ལོ་༡༢༦༠)ལོར་སེ་ཆེན་ཧན་ཧྲུ་པེ་ལི་གོང་མའི་ཁྲི་ལ་འཁོད་ཅིང་། འགྲོ་མགོན་ཆོས་རྒྱལ་འཕགས་པ་ལ་ཀྲུ་ཤྲིའི་ལུང་དང་གཡང་ཏིའི་ཐམ་ག་ཕུལ། དེ་ནས་འཕྲོ་མགོན་འཕགས་པས་སེ་ཆེན་རྒྱལ་པོ་ཡབ་ཡུམ་སྲས་བཅས་པ་ལ། རྒྱུད་སྡེ་གསུམ་གྱི་དབང་མོ་ཆེ་བསྐུར། འགྲོ་མགོན་འཕགས་པ་ལ་ཏི་ཤྲིའི་སྡེ་གོང་མ་སློབ་དཔོན་གྱི་མཚན་གསོལ། སེ་ཆེན་རྒྱལ་པོས་དབང་ཡོན་དུ་དབུས་གཙང་གི་ཁྲི་སྐོར་བཅུ་གསུམ་བསྩལ། དོན་འདི་ནི་ཆོས་ལུགས་ཐད་ཀྱི་ཆོས་ཡོན་སྦྱིན་བདག་ཙམ་མཚོན་པར་བྱེད་པའི་འབྲེལ་བ་ཞིག་གཏན་ནས་མིན་པར། དེ་ལས་གལ་ཆེ་བ་ཞིག་སྟེ་འགྲོ་མགོན་ཆོས་རྒྱལ་འཕགས་པ་ཉིད་སེ་ཆེན་རྒྱལ་པོས་བློ་འགེལ་ཆོག་པའི་ཆབ་སྲིད་ཀྱི་བློ་རྟུས་དྲི་ཡུལ་ཞིག་ཏུ་གྱུར་པ་དེ་ཡིན། དེའི་ཐོག་ནས་ཡོན་རྒྱལ་རབས་ཀྱི་རྒྱལ་པོས་འགྲོ་མགོན་ཆོས་རྒྱལ་འཕགས་པའི་ཆོས་ཕྱོགས་ཀྱི་མཁྱེན་རྫའི་ཡོན་ཏན་ལ་ཏ་ལས་ཞིང་ཡིད་སྨོན་པ་མ་ཟད། ཆབ་སྲིད་ཀྱི་མཐོང་རྒྱ་ལ་ཡོངས་སུ་ཁས་ལེན་བྱས་ཡོད་པར་བརྟེན་ནས་བོད་ཀྱི་དབུས་གཙང་ཁྲི་སྐོར་བཅུ་གསུམ་གྱི་བདག་དབང་ཡོངས་རྫོགས་འགྲོ་མགོན་འཕགས་པ་ལ་བསྩལ་ཡོད་པ་དེ་རེད།

ཧུ་པེ་ལི་སེ་ཆེན་ཧན་གོང་མའི་ཁྲི་ལ་འཁོད་པའི་ལོ་དེར། གོང་མའི་བཀས་མངགས་པའི་བློན་ཆེན་དར་སྨན་ཞེས་པ་དམག་དཔུང་དང་བཅས་པ་བོད་དུ་བཏང་བའི་ལས་འགན་གཙོ་བོ་ནི། བོད་ས་ཁུལ་ཡོངས་རྫོགས་གོང་མ་སེ་ཆེན་ཧུ་པེ་ལིའི་མངའ་ཁོངས་སུ་གཏོགས་པའི་ཁྲབ་བསྒྲགས་བྱེད་རྒྱུ་དང་ཆབས་ཅིག་དབུས་གཙང་ཁྲི་སྐོར་བཅུ་གསུམ་གྱི་བདག་དབང་འགྲོ་མགོན་འཕགས་པ་ལ་གནང་བའི་བཀའ་རྒྱ་བསྒྲགས་པ་སོགས། སྐབས་དེ་དུས་བོད་ཀྱི་ས་ཁོངས་ཡོངས་རྫོགས་གཅིག་གྱུར་ཡོང་བའི་དོན་ལ་གནད་འགག་ཆེ་བ་མེད་ཀྱང་། ཧོར་རྒྱལ་རྒྱུད་ཀྱི་སྟོབས་ཤུགས་ཁག་བར་སོ་སོའི་སྐོས་བདག་གི་དབང་ཆ་འཛིན་སྲེལ་གང་ཐུབ་བྱེད་པའི་འགལ་བ་གནས་ཡོད་པ་དང་། དུས་མཚུངས་བོད་ནང་ཁུལ་དུའང་ཡུན་རིང་སིལ་བུ་ཁ་ཐོར་དུ་གྱུར་པའི་གོམས་གཤིས་དང་། ཆོས་ལུགས་གྲུབ་མཐའི་ཕྱོགས་ཞེན་གྱིས་སེར་སྐྱ་འགའ་རེས་ས་སྐྱ

པའི་དབང་སྒྱུར་དང་ལེན་བྱེད་འདོད་མེད་པས་རང་རང་གི་རྒྱབ་རྟེན་བཙོལ་སའི་རྒྱལ་རྒྱུད་ཁག་ལ་བརྟེན་ནས་བོད་ནང་ཁུལ་དུ་སྡེ་སྲིད་སོ་སོའི་དབང་ཁོངས་ རྟར་ལྟར་སྐོར་བཙན་ཡོང་རེ་བྱེད་པ་སོགས་འགལ་རྐྱེན་སྣ་ཚོགས་ཡོད་པ་རེད།

བློན་ཆེན་དར་སྨན་དཔུང་འཁོར་དང་བཅས་པ་བོད་ལ་ཡོང་བའི་ལས་འགན་གཞན་ཞིག་ཡོད་པ་སྟེ། རྒྱལ་ནང་ལམ་རྒྱུད་ཁག་ནས་ས་སྐྱ་བར་དུ་ས་ཚིག་གམ་འབབ་ཚུགས་བཙུགས་ཏེ། རྒྱལ་ནང་གི་བློན་ཆེན་ནམ་རྟོར་གྱི་གསེར་ཡིག་པ་བོད་དུ་ཕེབས་དུས་འབབ་ཚུགས་དེ་ཚོས་སྣེ་ལེན་ཞུ་རྒྱུའི་ཆེད་དུ་རེད། བློན་ཆེན་དར་སྨན་འཁོར་དང་བཅས་པས་ལམ་ཞོར་དུ་ཨ་མདོ་དང་། ཁམས། ས་སྐྱ། དབུས་གཙང་སོགས་ལ་འབབ་ཚུགས་བསྒོམས་ཉི་ཤུ་རྩ་བདུན་ཙམ་བཙུགས་ཡོད་པ་དང་། འབབ་ཚུགས་དེ་ཚོའི་འོག་ལ་ས་ཚིགས་ཆུང་ཆུང་ཁག་བཙུགས་ཡོད་པ། ས་ཚིགས་ནས་ས་ཚིགས་བར་གྱི་རྒྱང་ཐག་ལ་རྟ་ལམ་ཉིན་གཅིག་ཙམ་འགོར་གྱི་ཡོད་པ་རེད། དེ་དང་ཆབས་ཅིག་འབབ་ཚུགས་དེ་ཚོའི་འགྲོ་སོང་གཏོང་ཕྱོགས་ཐད་ཁྲི་སྐོར་སོ་སོས་ས་ཚིགས་ཁྲལ་སྐྱོང་དགོས་པའི་ལམ་ལུགས་གཏན་འཁེལ་བཟོས་ཡོད་པར་བརྟེན། འབབ་ཚུགས་བཙུགས་ཟིན་པའི་ས་གནས་དེ་ཚོའི་འཕྲུལ་ཞུས་སྣེ་ལེན་སྐྱེལ་འདྲེན་སོགས་གང་ཅིར་ཚག་ཚུགས་པོ་དང་སྟབས་བདེ་པོ་བྱུང་བར། རྒྱལ་པོས་དར་སྨན་གྱིས་ལས་ཀ་གོ་ཆོད་པོ་བྱས་འདུག་ཅེས་གཟེངས་བསྟོད་དང་གནང་སྦྱིན་གྱི་ནོམ་པ་བསྩལ་བར་མ་ཟད། ཁྲིམས་རའི་རྩ་བའི་དཔོན་ཆེན་དུ་བསྐོ་གཞག་གནང་བར་གྲགས།

ལོ་བཞི་སོང་བའི་རྗེས་ལ། ཧུ་པེ་ལིས་རྒྱལ་ས་པེ་ཅིང་ལ་གནས་སྤོས་མཛད། དེ་གར་ཙུང་གྲི་ཡོན་ཞེས་པ་(རྗེས་སུ་ཤོན་གྲིན་ཡོན་ཞེས་པའི་མིང་བསྒྱུར་)དེའི་ལས་འགན་ནི་རྒྱལ་ཡོངས་ཀྱི་སངས་རྒྱས་ཆོས་ལུགས་པ་དང་། བོད་ཡོངས་ལ་སྲིད་འཛིན་བདག་སྐྱོང་བྱེད་རྒྱུ་དེ་རེད། འགྲོ་མགོན་ཆོས་རྒྱལ་འཕགས་པ་རྒྱལ་པོའི་དབུ་བླའི་མཚན་ཐོབ་ཀྱི་ཐོག་ནས་ལས་ཁུངས་འདི་ལ་བཀོད་འདོམས་གནང་གི་ཡོད་པ་དང་། ལོ་དེ་རང་ལ་འགྲོ་མགོན་ཆོས་རྒྱལ་འཕགས་པ་དང་གཙུང་ཕྱུག་ན་རྡོ་རྗེ་གཉིས་པེ་ཅིང་ནས་ཞལ་གྱིས་ཏེ་

བོད་དུ་ཕེབས་ནས་ཕྱི་ལོར་ས་སྐྱར་འབྱོར། དེ་ནས་འགྲོ་མགོན་ཆོས་རྒྱལ་འཕགས་པས་སེ་ཆེན་གོང་མས་སྔར་ཡང་དཔོན་ཆེན་ཨ་ཀོན་དང་མི་གླིང་གཉིས་བོད་དུ་བཏང་བར་ཞོར་འདེགས་མཛད་དེ། དབུས་གཙང་གི་ཐེམ་དུད་ཞིབ་རྩིས་ཐེངས་གཉིས་པ་གནང་རོགས་མཛད་པ་དང་། ཐེངས་དེའི་ཞིབ་བཤེར་བརྒྱུད་བོད་དབུས་གཙང་དུ་ཁྲི་སྐོར་བཅུ་གསུམ་ཞེས་པའི་སྒྲིག་གཞི་གསར་བཙུགས་བྱས་ཤིང་། བླ་བྲང་གི་སྒྲིག་གཞི་ཡང་བཙུགས་ནས་འགྲོ་མགོན་འཕགས་པའི་དགོངས་གཞི་དང་མཐུན་པར་ས་སྐྱའི་དཔོན་ཆེན་ནས་ལས་དོན་ཁག་ལག་བསྟར་བྱ་རྒྱུའི་གཏན་འཁེལ་གནང་། དཔོན་ཆེན་དང་པོ་གྲོམ་པ་ཤཱཀྱ་བཟང་པོ་ཡིན་ཅིང་། དཔོན་ཆེན་ཤཱཀྱ་བཟང་པོས་ཡང་བླ་བྲང་ཁག་གསུམ་གསར་བཙུགས་དང་དེ་ལ་མཁན་པོ་དང་གཞུང་ལས་མི་སྣ་སོགས་བསྐོ་གཞག་མཛད། སྤྱི་ལོ་༡༢༦༨ལོར་དཔོན་ཆེན་ཤཱཀྱ་བཟང་པོས་རྒྱལ་པོ་ཧུ་པེ་ལེའི་བཀའ་ཕེབས་པ་ལྟར་དབུས་གཙང་ཁྲི་སྐོར་བཅུ་གསུམ་གྱི་ཁྲི་དཔོན་རྣམས་བསྐོ་གཞག་མཛད། ས་སྐྱའི་དཔོན་ཆེན་ཞེས་བོད་ས་གནས་ཡོངས་ཀྱི་སྲིད་འཛིན་དཔོན་རིགས་ཆེ་གྲས་ཤིག་ཡིན་པས། དབུས་གཙང་ཁྲི་སྐོར་བཅུ་གསུམ་གྱི་ཁྲི་དཔོན་ཁག་འོས་སྦྱོར་དང་བསྐོ་གཞག་བྱེད་ཆོག་པའི་དབང་ཆ་ཡོད་པ་རེད། ཡང་དཔོན་ཆེན་ཉིད་ཀྱི་གོ་གནས་འདི་ངེས་པར་དུ་རྒྱལ་པོའི་དབུ་བླས་འོས་སྦྱོར་ཞུས་ཏེ་ཡོན་ཀྲུང་དབྱང་སྲིད་གཞུང་རང་ནས་བསྐོ་གཞག་བྱེད་ཀྱི་ཡོད་པ་རེད། དེའི་ཐོག་ནས་གང་ཞིག་མངོན་ཐུབ་པ་ཡིན་ཞེས་ན། ས་སྐྱའི་རྒྱལ་རབས་ཀྱིས་ཆོས་སྲིད་ཟུང་འབྲེལ་བྱེད་པའི་ས་གནས་དབང་སྒྱུར་ལམ་ལུགས་ཤིག་རྩ་བའི་ཆར་ལེགས་བསྒྲུབས་ཟིན་པ་དེ་རེད།

སྤྱི་ལོ་༡༢༦༩ལོར། འགྲོ་མགོན་ཆོས་རྒྱལ་འཕགས་པ་རྒྱལ་པོ་ཧུ་པེ་ལེའི་བཀའ་བཞིན་བོད་ནས་ཞལ་གྱེས་ཏེ་སྔར་ཡང་པེ་ཅིང་དུ་ཕེབས། དེ་དང་དུས་མཚུངས་གོང་མའི་ལུང་ལྟར་ཧོར་ཡིག་གསར་གཏོད་ཀྱི་ཡིག་གཟུགས་དང་བརྡ་སྤྲོད་རིག་པ་གསར་རྩོམ་ལ་འབད་བརྩོན་གནང་སྟེ། ཕྱི་ལོ་དེར་ཧོར་ཡིག་གསར་རྩོམ་གྱི་ལས་འགན་ལེགས་བསྒྲུབས་བྱུང་ནས་གོང་མར་སྤྱན་འབུལ་མཛད་དེ། ཡོན་སྲིད་གཞུང་གིས་འཕྲལ་དུ

གནམ་འོག་ཚང་མར་ཁྱབ་བསྒྲགས་དང་། ཧོར་ཡིག་གསར་མ་སློབ་སྦྱོང་བྱེད་དགོས་པའི་འབོད་སྐུལ་མཛད། ཧོར་ཡིག་གསར་མའི་སློབ་ཐོན་རབ་འབྱམས་པ་དང་ཧོར་ཡིག་སློབ་གཞིའི་ཚན་པ་བཙུགས་ནས་སྐུལ་སློང་རྒྱ་ཆེར་བཏང་། གསར་གཏོད་བྱས་པའི་ཧོར་ཡིག་དེ་ལ་འགྲོ་མགོན་འཕགས་པའི་ཡིག་གསར་ཟེར། འཕགས་པས་ཡིག་གསར་གྱི་བརྡ་སྤྲོད་རིག་པའི་གཞུང་ལུགས་ཡང་བརྩམས་གནང་ཡོད་པར་བརྟེན། གོང་མས་ཧོར་ཡིག་གསར་གཏོད་གནང་བའི་མཛད་རྗེས་ལ་རིན་ཆེན་ནོར་བུའི་ཆོས་རྒྱལ་ཞེས་པའི་མཚན་གསོལ། ཆོས་རྒྱལ་འཕགས་པའི་ཡིག་གསར་དེ་རྒྱལ་པོ་ཚང་ནང་ཁུལ་གྱི་གཞུང་ཡིག་ཁག་ལ་བེད་སྤྱོད་བྱས་པ་ལས། སྤྱི་ཚོགས་ཐོག་རྒྱ་ཁྱབ་ཀྱིས་བེད་སྤྱོད་གཏོང་ཐུབ་མེད་སྟབས། མཐར་ཡོན་རྒྱལ་རབས་ཉམས་རྒུད་སོང་བ་དང་ཆབས་ཅིག་སོག་ཡིག་གསར་མ་དེ་ཡང་འཇའ་ཚོན་བཞིན་དུ་ཡལ་བ་གྱུར། འོན་ཀྱང་དེང་གི་ཆར་རྒྱལ་ཕྱི་དང་རྒྱལ་ནང་ཁག་གི་ཤེས་ཡོན་དཔྱད་ཐབས་སྤེལ་རེས་བྱེད་པའི་འཕྲོད་དུ་ཆོས་རྒྱལ་འཕགས་པའི་ཡིག་གསར་འདི་ལ་མུ་མཐུད་ཞིབ་འཇུག་གནང་མཁན་བྱུང་ཞིང་། གོ་ཐོས་ལ་གྲུབ་འབྲས་ཀྱང་གང་ཙམ་ཐོན་ཡོད་པའི་སྐོར་བཤད་ཚུལ་བྱུང་བ་ལགས།

འགྲོ་མགོན་ཆོས་རྒྱལ་འཕགས་པ་ས་སྐྱའི་ཆོས་ལུགས་པའི་དབུ་འཛིན་ཞིག་གིས། མིས་རྒྱལ་གོང་བུ་གཅིག་གྱུར་ཡོང་བའི་ཆབ་སྲིད་ཀྱི་ལས་འགན་དང་། ཆོས་ཕྱོགས་ནས་སངས་རྒྱས་ཀྱི་བསྟན་པའི་མདོ་སྔགས་ཀྱི་གཞུང་ལུགས་མཐའ་དག་རྒྱ་ཆེར་དར་སྤེལ་མཛད་པ། འགྲོ་བ་སེམས་ཅན་རྣམས་ལ་སྨན་པའི་མཛད་འཕྲིན་མཐའ་ཡས་པ་བསྐྱངས་པ་ཕུད། དགོངས་བཞེས་མང་ཆེ་བ་ནི་ས་སྐྱའི་ཆོས་ལུགས་ཇི་ལྟར་དར་འཕེལ་ཡོང་བའི་བྱ་གཞག་ལ་ཐུགས་འཁུར་གཟབ་བཞེས་གནང་གི་ཡོད་པ་དེ་རེད། དཔེར་ན་ཐེངས་དང་པོ་ས་སྐྱར་ལོག་ཕེབས་པའི་སྐབས་སུ། གོང་མས་སྐུ་ཉིད་ལ་ཕུལ་བའི་རིན་ཆེན་གྱུ་ནོར་ནང་ནས་ཁག་གཅིག་རྒྱ་གར་འཕགས་པའི་ཡུལ་གྱི་གནས་ཆེན་རྡོ་རྗེ་གདན་གྱི་སངས་རྒྱས་སྐུ་བརྙན་ལ་མཆོད་ཕྱིན་གཟབ་རྒྱས་དང་དད་ལྡན་སེར་སྐྱ་རྣམས་ལ་སྐུ་འགྱེད་གནང་སྦྱིན་རྒྱ་ཆེ་དང་། ཁག་གཅིག་ལྷ་ཁང་དང་གདུང་

རྟེན་སངས་རྒྱས་ཀྱི་སྐུ་བརྙན་སྣ་ཚོགས་དང་མཆོད་རྟེན་ཁག་གསར་བཞེངས་སོགས་ལ་འགྲོ་དངུལ་གནང་། དེ་བཞིན་ས་སྐྱ་གོང་མ་རིམ་བྱོན་གྱི་གདུང་རྟེན་དང་གསེར་གྱི་དབུ་ཏོག་གསར་བཞེངས་མཛད་པ་དང་། ཡང་ཁག་གཅིག་རྒྱལ་བའི་བཀའ་འགྱུར་རིན་པོ་ཆེ་བཞེངས་རྒྱུའི་འགྲོ་སོང་དང་དགེ་འདུན་འདུས་ཚོགས་ལ་མང་ཇའི་ཐེབས་ཚ་འཛོམ་པ་དང་ཉམ་ཐག་ལ་སྦྱིན་པ་རྒྱ་ཆེར་མཛད་པ་གནང་། ཐེངས་གཉིས་པ་ས་སྐྱར་ལོག་ཕེབས་པའི་སྐབས། ཕྱི་ལོ་༡༢༦༨ལོར་འགྲོ་མགོན་ཆོས་རྒྱལ་འཕགས་པས་ཤཱཀྱ་བཟང་པོ་ས་སྐྱའི་དཔོན་ཆེན་དུ་བསྐོ་གཞག་མཛད་ནས། འཕགས་པའི་བཀའ་བཞིན་ཤཱཀྱ་བཟང་པོས་ཀྱི་རི་ལྷ་ཁང་ལ་དཔེ་བྱས་ཏེ་ཐིག་ཚད་བླངས་ནས་ས་སྐྱའི་ལྷ་ཁང་ཆེན་མོ་གསར་བཞེངས་བྱེད་རྒྱུའི་འཆར་བཀོད་མཛད་པ་དང་། ལྷ་ཁང་བྱང་མ་རྒྱ་སྐྱིད་བཏང་བ། ལྷ་ཁང་ལྷོ་མར་ས་སྐྱ་པཎྜི་ཏའི་སྐུ་དུས་སུ་བཞེངས་པའི་བཞི་ཐོག་བླ་བྲང་ཐོག་བརྩེགས་དགུ་ཐོག་བྱས་པ་ཞིག་གསར་བཞེངས་གནང་སྟེ། དེའི་མཐའ་འཁོར་དུ་ལྷ་ཁང་བཅུ་ཕྲག་དང་ཕྱི་ལྕགས་རི་ལ་སོགས་པ་གསར་བཞེངས་མཛད་ནས། ས་སྐྱ་དགོན་དེ་ཉིད་གཞི་རྒྱ་ཆེ་ཞིང་བརྗིད་ཆགས་ལྡན་པའི་ཕོ་བྲང་ལྟ་བུའི་འཛུགས་སྐྲུན་སྣ་མང་ཅན་ཞིག་ཏུ་བསྐྲུན་པར་མཛད།

འགྲོ་མགོན་ཆོས་རྒྱལ་འཕགས་པའི་སྐུ་ཚེའི་སྐད་དུ་གཙོ་བོའི་མཛད་པ་ཁག་ནི་བཀའ་ཆོས་གསུང་པ་དང་། འཆད་རྩོད་རྩོམ་གསུམ་སོགས་ཆོས་ཀྱི་མཛད་པས་དུས་འདའ་བས་གསུང་རྩོམ་རྣམ་གྲངས་ཤིན་ཏུ་མང་། དེ་བཞིན་ཕུལ་དུ་བྱུང་བའི་བུ་སློབ་མང་པོ་གསོ་སྐྱོང་མཛད་པ་དང་། ཆོས་སྲིད་གཉིས་ཀྱི་ཆ་ནས་རྒྱལ་ཁབ་དང་བོད་མི་རིགས་ཚང་མར་བྱས་རྗེས་གཟིངས་སུ་ཐོན་པ་བཞག་ཡོད་ཅིང་། ལྷག་པར་དུ་མེས་རྒྱལ་གོང་བུ་གཅིག་གྱུར་གྱི་རླབས་ཆེན་བྱ་གཞག་ཐད་ལ་ཁོང་གིས་ལེགས་སྐྱེས་བླ་ན་མེད་པ་ཞིག་ཕུལ་ཡོད་པ་ནི་ངོ་གནོང་མེད་དགོས་པ་ཞིག་རེད། འགྲོ་མགོན་ཆོས་རྒྱལ་འཕགས་པ་དགུང་ལོ་བཞི་བཅུ་ཞེ་ལྔ་བོད་ལྕགས་འབྲུག(ཕྱི་ལོ་༡༢༨༠)ལོའི་ཟླ་བ་བཅུ་གཅིག་ཚེས་ཉེ་ཤུ་ཉིན་སྐབས་མ་ལེགས་པར་ས་སྐྱའི་ལྷ་ཁང་བླ་བྲང་དུ་སྐུ་གཤེགས། (བོད་ཀྱི་ལོ་རྒྱུས་སྨྲ་

བ་འགའ་རེས་བློ་བུར་དུ་རྐྱེན་ལམ་དུ་སོང་ཟེར་)དེ་ནི་བློ་ཤིན་ཏུ་ཕམ་དགོས་པ་ཞིག་ཡིན། དེ་རྗེས་ཆོས་རྒྱལ་འཕགས་པའི་ཚ་བོ་རྡ་རྣ་ཡི་ལས་གདན་སའི་ཁྲུགས་འཁུར་བཞེས་ཤིང་། འགྲོ་མགོན་ཆོས་རྒྱལ་འཕགས་པའི་དགོངས་རྫོགས་རྟེན་བཞེངས་སོགས་རྒྱ་ཆེ་མཛད། དེ་ནས་གཏམ་ངན་དེ་གོང་མའི་རྒྱལ་ཁང་དུ་ཁྱབ་རྗེས་ཡོན་གོང་མ་ཏུ་པེ་ལིའི་ཡིས"མྱ་ངན་ཚད་མེད་པའི་སྒོ་ནས་ཟླ་མ་རྗེས་སུ་དྲན་ཆེད་དུ། པེ་ཅིང་དུ་འཕགས་པའི་སྐུ་གདུང་རིང་བསྲེལ་བཞུགས་པའི་གཙུག་ལག་ཁང་གསེར་གྱི་རྒྱ་ཕིབས་དང་བཅས་པ་བཞེངས་ཏེ། གནམ་གྱི་འོག །སའི་སྟེང་རྒྱ་གར་གྱི་ལྷའི་སྲས་པོ། ཡི་གེ་རྩོམ་མི། སྤྲུལ་པའི་སངས་རྒྱས། རྒྱལ་ཁམས་འཛུགས་སུ་འཛུག་མི། སྐན་ངག་གི་རྒྱ། པཎྜི་ཏ་འཕགས་པ་ཏི་ཤྲི།"ཞེས་པའི་འཛའ་ས་ཁྱད་པར་ཅན་གནང་། འགྲོ་མགོན་ཆོས་རྒྱལ་འཕགས་པ་བློ་གྲོས་རྒྱལ་མཚན་ནི་གྲགས་ཅན་གྱི་ཆོས་ལུགས་གཙོ་འཛིན་ཞིག་དང་། ཆབ་སྲིད་དང་རིག་གནས་མཁས་ཅན་ཞིག་ཡིན་པའི་མཚན་སྙན་རྒྱལ་ཁབ་ཕྱི་ནང་ཀུན་དུ་ཡོངས་སུ་གྲགས་པའོ། །

(༣)འགྲོ་བའི་མགོན་པོ་ཕྱག་ན་རྡོ་རྗེ་དང་དེའི་སྲས་རྡ་རྣ་ལ། -

འགྲོ་མགོན་ཆོས་རྒྱལ་འཕགས་པའི་སྐུའི་གཅུང་པོ་ཕྱག་ན་རྡོ་རྗེ་བོད་ས་ཕག(སྤྱི་ལོ་༡༢༣༥)ལོར་གཙང་གཡས་རུ་མདོག་གི་གད་ལོ་ལོ་བྲ་བའི་ས་ཆར་འཁྲུངས་ཤིང་། བོད་བརྒྱུད་ནང་བསྟན་གྱི་གྲུབ་མཐའ་རིས་མེད་དང་དད་ལྡན་སེར་སྐྱ་མང་ཚོགས་ཆོས་རྒྱུས་མངའ་ཆེ་ཞིང་བག་ཆགས་ཟབ་མོ་ཡོད་པའི་ས་སྐྱའི་ཟླ་ཆེན་གྲས་ཤིག་རེད། སྐུ་ན་ཆུང་དུས་སུ་རང་གི་ཁུ་བོ་ས་སྐྱ་པཎྜི་ཏ་ལ་དང་གཅེན་པོ་ཆོས་རྒྱལ་འཕགས་པ་དང་ལྷན་དུ་གསང་སྔགས་ཀྱི་དབང་ལུང་གདམས་ངག་མང་དུ་གསན་ནས་ཐུགས་རྒྱུད་ཕྱུག་པ་མཛད། བོད་ཤིང་འབྲུག(སྤྱི་ལོ་༡༢༨༨)ལོར་རྗེ་ས་པཎ་གྱི་ཕྱག་ཕྱིར་འགྲོ་མགོན་པ་འཕགས་པ་དང་ལྷན་དུ་ལེང་ཀྲའུ་ཏུ་གོང་མ་གོ་དན་རྒྱལ་སྲས་མཇལ་བར་ཕེབས། དགུང་ནར་སོན་ནས་གོང་མ་སེ་ཆེན་གྱིས་ས་ལེན་དབང་ཤང་གི་ལུང་

དང་། གསེར་ཐམ། ཐོང་ཇི་གཡས་གཡོན་གྱི་ཁྲིམས་ར་བཅས་གནང་སྟེ་བོད་ཡོངས་ལ་ལྷང་ཞེས་པའི་བསྐོ་གཞག་གནང་ཐེངས་ཨང་དང་པོ་དེ་ཡིན་པར་མ་ཟད། བོད་ལྗོངས་ཁྱོན་ཡོངས་དང་ས་སྐྱའི་གྲུབ་མཐའི་ནང་ནས་ལྷང་ཞེས་པའི་དཔོན་དྲག་རིགས་སྔ་ཤོས་སུ་ཐོན་པའི་གྲས་ཤིག་རེད། ཕྱག་ན་རྡོ་རྗེའི་འབྲུངས་ཡུལ་སོག་པོ་མིན་ཡང་སོག་ཡུལ་དུ་འཚར་ལོངས་བྱུང་བ་ཞིག་ཡིན་སྟབས། རྣམ་ཀུན་འཚོ་བའི་གོམས་གཤིས་གང་གི་ཐད་ལ་སོག་པོའི་མི་དང་ཁྱད་པར་ཆེ་བ་མེད་རྐྱེན། གོང་མས་རང་རྒྱུད་ཀྱི་སྲས་མོ་མེ་གན་དུན་བྱ་བ་བཙུན་མོར་བསྐུལ་ཡོད་པ་དང་། རྒྱུན་དུ་སོག་ཆས་གྱོན་བཞུག་སྟེ་བོད་ཆོལ་ཁ་གསུམ་གྱི་ཁྲིམས་དབང་དུ་བསྐོ་གཞག་མཛད།

ཕྱག་ན་རྡོ་རྗེ་མེས་རྒྱལ་ནང་ཁུལ་དུ་ལོ་བཅོ་བརྒྱད་ཙམ་བཞུགས་པ་དང་། དགུང་ལོ་ཉེ་ཤུ་རྩ་ལྔ་ལ་ཕེབས་དུས་བོད་ཆུ་ཕག(སྤྱི་ལོ་༡༢༥༣)ལོར་གདན་ས་ཆེན་པོ་དཔལ་ལྡན་ས་སྐྱར་ཕེབས། དེ་ནས་ལོ་བཞི་ཙམ་གྱི་རིང་དུ་འགྲོ་མགོན་ཆོས་རྒྱལ་འཕགས་པ་དང་ལྷན་དུ་བོད་ཁྲི་སྐོར་བཅུ་གསུམ་གྱི་སྲིད་འཛིན་བདག་གཉེར་ཚན་པ་བཙུགས་རོགས་མཛད་དེ། འགྲོ་བ་ཕན་བདེའི་བྱ་གཞག་ལ་ཧུར་བརྩོན་ངང་སྲུང་སྐྱོང་མཛད་ཡོད་ཁར། སེར་སྐྱ་མང་ཚོགས་ཀུན་གྱིས་བརྩི་བཀུར་དཔག་མེད་ཐོབ་ཡོད། བོད་མེ་ཡོས(སྤྱི་ལོ་༡༢༥༧)ལོར་དགུང་གྲངས་ཉེར་དགུར་ཕེབས་སྐབས་ས་སྐྱའི་སྒོ་རུམ་དཔེ་ཁང་དུ་སྐུ་གཤེགས་སོ། །

སྐུ་གཤེགས་ནས་ཟླ་བ་དྲུག་ཙམ་སོང་རྗེས། བཙུན་མོ་གསུམ་པ་མ་ཅིག་མཁའ་འགྲོ་འབུམ་བྱ་བར་སྲས་རྣམ་པ་ལ་བྱ་བ་སྐུ་ན་ཤིན་ཏུ་གཅེས་པ་དང་ཡིད་དུ་འཐད་པ་ཞིག་འཁྲུངས། སྲས་དགུང་ལོ་དགུ་ལ་ཕེབས་པའི་ལོ་འདིར་འགྲོ་མགོན་ཆོས་རྒྱལ་འཕགས་པ་པེ་ཅིང་ནས་ས་སྐྱར་ཕེབས་འཁྱོར་གནང་། ཆོས་རྒྱལ་འཕགས་པས་སྲས་རྣམ་པ་ལར་དབང་ལུང་མན་ངག་སོགས་རིམ་བཞིན་གནང་ནས་གསོ་སྐྱོང་མཛད། རྣམ་པ་ལ་དགུང་ལོ་བཅུ་གསུམ་ལ་ཕེབས་དུས་ཆོས་རྒྱལ་འཕགས་པ་དགོངས་པ་རྫོགས། སྲས་དགུང་ལོ་ཆུང་ཡང་ས་སྐྱའི་ཁྲི་འཛིན་གནང་བ་དང་། ཆོས་རྒྱལ་འཕགས་པའི་དགོངས་རྫོགས་ཀྱི་ཞབས་རིམ་མཐའ་དག་ལེགས་པར་སྒྲུབས་པར་

མ་ཟད། བསམ་ཡས་མཆོད་སྡིན་རྒྱ་ཆེར་བཤམས་ཏེ་འཕགས་པའི་སྐུ་གདུང་མཆོད་རྟེན་གསར་བཞེངས་མཛད་པ་སོགས་ཐུགས་འགན་ཤིན་ཏུ་ལྕི་བ་བཞེས། དགུང་ལོ་བཅུ་བཞི་ལ་ཕེབས་དུས་པེ་ཅིང་དུ་ཕྱིན་ནས་གོང་མ་སེ་ཆེན་མཇལ་ཏེ་གོང་མ་ཐུགས་ཤིན་ཏུ་མཉེས། ལོ་ལྔ་ཙམ་རིང་པེ་ཅིང་དུ་བཞུགས་ནས་བླ་མ་འཕགས་པའི་གདུང་རིང་བསྲེལ་བཞུགས་པའི་ཤེལ་གྱི་མཆོད་རྟེན་དང་། དེའི་བཞུགས་ཡུལ་གཙུག་ལག་ཁང་ཞིག་ཀྱང་བཞེངས་པ་མཛད། བོད་མེ་ཕག（སྤྱི་ལོ་༡༢༥༧）ལོར་སླར་བོད་ཡུལ་དུ་ཕེབས་སྐབས་སྟབས་མ་ལེགས་པ་ཞིག་ལ་ཁམས་ཏེ་མཇལ་ཟེར་བ་ས་གནས་སུ་སྐུ་གཤེགས། སྐབས་དེ་དུས་སྲས་རྒྱ་ཡྰ་ལ་དགུང་ལོ་ཉི་ཤུ་ལས་ཕེབས་མེད་པ་རེད།

མདོར་ན། སྤྱི་ལོའི་དུས་རབས་བཅུ་གསུམ་དུས་དཀྱིལ་ནས་དུས་རབས་བཅུ་བཞིའི་དུས་འགོ་བར། ཐོག་མར་ས་སྐྱ་པཎྜི་ཏ་ཀུན་དགའ་རྒྱལ་མཚན་གྱིས་ཚེ་འདིའི་སྐྱེས་འཛིགས་གཉིས་ལ་མི་སྙག་པར་མེས་རྒྱལ་ནང་སར་བསྐྱོད་དེ། ཧོར་གོང་མ་དང་འབྲེལ་བ་བྱུང་རྗེས་བོད་ཀྱི་ཆེ་རྒུ་རྣམས་ལ་སོག་པོའི་མངའ་འོག་ཏུ་བཞུགས་དགོས་པའི་འབོད་སྐུལ་སྤྲིངས་ཡིག་གནང་། དེ་རྗེས་འགྲོ་མགོན་ཆོས་རྒྱལ་འཕགས་པ་བློ་གྲོས་རྒྱལ་མཚན་གྱིས་ཆོས་རྗེ་ས་པཎ་གྱི་དགོངས་གཞི་རྒྱུད་འཛིན་གནང་སྟེ། ཀྱང་དབྱང་སྲིད་གཞུང་དང་འབྲེལ་བ་དམ་ཟབ་ཡོང་རྒྱུར་གོམ་གང་མདུན་སྤོས་ཀྱི་ཤུགས་སྣོན་བསྐྱོན་ཡོད་པར་བརྟེན་བོད་དེ་ཉིད་མེས་རྒྱལ་གྱི་པང་དུ་ལོག་ཐུབ་པ་བྱུང་བ་རེད། ས་སྐྱ་པས་ཡོན་ཀྱང་དབྱང་སྲིད་གཞུང་གི་སྟོབས་ཤུགས་ཆེན་པོ་ལ་བརྟེན་ནས་ས་སྐྱ་པ་རང་གི་ས་གནས་སྲིད་དབང་བཙུགས་པ་དང་། ཆོས་སྲིད་ཟུང་འབྲེལ་གྱི་དབང་སྒྱུར་ལམ་ལུགས་ལོ་ངོ་བརྒྱ་མ་ཟིན་ཙམ་བྱས་ཡོད་པ་རེད། ས་སྐྱ་པས་མེས་རྒྱལ་གོང་བུ་གཅིག་གྱུར་དང་མི་རིགས་མཐུན་སྒྲིལ་ལ་སྲུང་སྐྱོང་བྱེད་རྒྱུའི་ཐད་མཐོན་གསལ་དོད་པོས་ལེགས་སྐྱེས་ཕུལ་ཡོད་པ་དང་། ལྷག་པར་དུ་སྐབས་དེ་དུས་མི་རིགས་ཀྱི་རིག་གནས་ཐར་བྱུང་མ་སྨྱོང་བའི་ཡར་རྒྱས་གོང་འཕེལ་ཕྱིན་ཡོད་པར་མ་ཟད་དཔལ་འབྱོར་ཐད་ལ་ཡང་དེ་བཞིན་དུ་འཕེལ་རྒྱས་གང་ལེགས་ཕྱིན་ཡོད།

དགུ་པ། ཚལ་པ་ཁྲི་དཔོན་གྱིས་སྲིད་ཤོད་ཁུལ་དུ་བདག་གཉེར་མཛད་པ་དང་། ཚལ་པ་ཀུན་དགའ་རྡོ་རྗེའི་མཛད་རྗེས་གཟིངས་སུ་ཐོན་ཡོད་པ།

ཚལ་པ་ཞེས་འབོད་སྲོལ་བྱུང་བ་དེ་ནི་ལྷ་སའི་ཤར་ངོས་སུ་ཚལ་གུང་ཐང་བྱ་བའི་ས་མིང་གི་ཟུར་ཆགས་པ་ཡིན་ཞིང་། ཚལ་པ་ཁྲི་དཔོན་ཞེས་པ་དབུས་གཙང་ཁྲི་སྐོར་བཅུ་གསུམ་གྱི་ཡ་གྱལ་གྱི་ཁྲི་དཔོན་ཞིག་ཡིན་ཞིང་། དེ་ཡང་སྔོན་དུ་ཚལ་པ་བཀའ་བརྒྱུད་བྱུང་ཚུལ་ནས་གླེང་བར་བྱས་ཏེ། ཚལ་པ་བཀའ་བརྒྱུད་ནི་དྭགས་པོ་ལྷ་རྗེ་ནས་རྒྱུད་པའི་བཀའ་བརྒྱུད་ཆུང་བརྒྱད་ཀྱི་ཡ་གྱལ་གྲས་ཤིག་དང་། དུས་རབས་བཅུ་གཉིས་པའི་དུས་མཇུག་ཏུ་དྭགས་པོ་ལྷ་རྗེའི་ཡང་སློབ་ཞང་འགྲོ་བའི་མགོན་པོ་བརྩོན་འགྲུས་གྲགས་པས་ཚལ་དགོན་པ་དང་གུང་ཐང་དགོན་ཕྱག་བཏབ། དེ་ནས་བཟུང་ཚལ་པ་བཀའ་བརྒྱུད་པའི་ཆོས་བརྒྱུད་རྒྱུན་འཆད་མེད་པར་དར་ཁྱབ་ཕྱིན་ཏེ། བོད་ཀྱི་བསྟན་པ་ཕྱི་དར་དུས་སུ་བག་ཆགས་ཅུང་ཆེ་བའི་ཆོས་ལུགས་གྲུབ་མཐའ་ཞིག་ཏུ་གྱུར། དུས་རབས་བཅུ་གསུམ་པའི་དུས་དཀྱིལ་ཙམ་ལ་ཡོན་ཀྱང་དབྱང་སྲིད་གཞུང་གིས་དབུས་གཙང་ཁུལ་དུ་ཁྲི་སྐོར་བཅུ་གསུམ་བཙུགས་པའི་སྐབས་སུ། ཞང་འགྲོ་བའི་མགོན་པོ་བརྩོན་འགྲུས་གྲགས་པའི་བུ་སློབ་གྲས་ཚལ་པ་དར་མ་གཞོན་ནུ་ཁྲི་དཔོན་དུ་བསྐོ་གཞག་མཛད་ནས་སྲིད་ཤོད་སྟོད་སྨད་དུ་ཆོས་སྲིད་གཉིས་ལྡན་གྱི་དབང་འཛིན་བདག་པོར་གྱུར། དེ་ནས་དར་མ་གཞོན་ནུས་གུང་ཐང་དགོན་པ་རྒྱ་སྐྱེད་བཏང་བ་དང་། ཞང་འགྲོ་བའི་མགོན་པོ་བརྩོན་འགྲུས་གྲགས་པའི་མྱ་ངན་ལས་འདས་རྗེས་གུང་ཐང་དགོན་དུ་བླ་མ་ཞང་གི་གདུང་རྟེན་བཞེངས།(ཁྲི་དཔོན་དར་མ་གཞོན་ནུས་ལོ་ཉེར་གཅིག་རིང་སྲིད་དབང་བཟུང་། ལོ་རྒྱུས་ཐོག་ཚལ་པ་ཁྲི་དཔོན་རིམ་བྱོན་བཅུ་དྲུག་ཙམ་གྱིས་སྤྱི་ལོ་༡༡༤༧-༡༩༠༠བར་སྲིད་དབང་བཟུང་།) ཁྲི་དཔོན་ལྷ་པ་རིན་ཆེན་རྒྱལ་མཚན་(སྤྱི་ལོ་༡༢༩༣-༡༢༨༤)ལོ་ཉེར་དྲུག་

རིང་སྲིད་དབང་བཟུང་སྐབས་པེ་ཅིང་དུ་སྐུ་དངོས་བཅར་ཏེ་ཡོན་གོང་མར་འབུལ་རྟེན་གྱི་ནོམ་པ་ཕུལ་རྗེས་གོང་མ་ཧུ་པེ་ལིའི་གིས་ཁྲི་དཔོན་ལ་ས་ཞིང་བྲན་གཡོག་དང་ཐམ་ག་བཀའ་ལུང་སོགས་བསྩལ། ཁྲི་དཔོན་རིན་ཆེན་རྒྱལ་མཚན་ལ་བུ་གཉིས་ཡོད་ཅིང་། ཀུན་པ་ཉི་མ་ཤེས་རབ་དང་ཆུང་བ་དགའ་བདེ་དཔལ་བུ་ཀུན་གཞོན་གཉིས་ཀྱིས་ཡབ་འདས་རྗེས་སྔ་རྗེས་སུ་ཚལ་པ་ཁྲི་དཔོན་དྲུག་པ་དང་བདུན་པའི་སྲིད་དབང་བཟུང་ཡོད་པ་དང་། པེ་ཅིང་དུ་ཐེངས་མང་བསྐྱོད་དེ་ཡོན་གྲུང་དབྱུང་སྲིད་གཞུང་དང་འབྲེལ་བ་དམ་ཟབ་བྱས་ཡོད་པ་རེད། སྐབས་དེ་དུས་ཡོན་རྒྱལ་རབས་ཀྱིས་ལྷ་སའི་ཁོངས་ཉེ་ལ་ཁྲི་སྐོར་གསུམ་བཙུགས་ཡོད་པ་སྟེ། ཚལ་པ་ཁྲི་སྐོར་དང་། འབྲི་གུང་ཁྲི་སྐོར། རྒྱ་མ་ཁྲི་སྐོར་བཅས་ཡོད་པའི་ནང་ནས་ཚལ་པ་ཁྲི་དཔོན་ནི་སྟོབས་ཤུགས་ཆེ་ཤོས་ཡིན་པར། དབུས་ཁུལ་དུ་ཁྲི་སྐོར་དྲུག་ཡོད་པའི་ཁྲི་དཔོན་ནང་ནས་དབང་ཐང་ཆེ་ཤོས་གྲས་ཤིག་རེད། ཚལ་པ་ཁྲི་དཔོན་གྱི་མངའ་འོག་ཏུ་ལྷ་ས་གྲོང་ཁྱེར་དང་། སྟོད་ལུང་། བྲག་སྟོད། འཕན་ཡུལ། སྐྱིད་སྨད། ཨེ་པ།(ལྷ་རྒྱ་རི།) དྭགས་པོ། མཉལ་སོགས་ཡོད་པ། ཆོས་གཞིས་མི་སེར་ཐེམ་གྲངས་གསུམ་སྟོང་བདུན་བརྒྱ་ལྷག་ཙམ་ཡོད་པ་རེད། ཚལ་པ་ཁྲི་དཔོན་རིམ་བྱོན་དང་ལྷག་པར་དུ་ཁྲི་དཔོན་དགའ་བདེ་དཔལ་དང་། ཁྲི་དཔོན་སྨོན་ལམ་རྡོ་རྗེ། ཁྲི་དཔོན་ཀུན་དགའ་རྡོ་རྗེ་བཅས་ཀྱི་སྐབས་སུ། ལྷ་སའི་ལོ་རྒྱུས་འཕེལ་རྒྱས་འགྲོ་བའི་བརྒྱུད་རིམ་ནང་ཁོང་རྣམས་པས་ཕན་ནུས་ཟླ་ན་མ་མཆིས་པ་འདོན་སྤེལ་གནང་ཡོད་པ་རེད།

ལོ་རྒྱུས་ཀྱི་ཡིག་ཚང་འགའ་རེར་གསལ་བ་ལྟར་ན། ཚལ་པ་ཁྲི་དཔོན་སྨོན་ལམ་རྡོ་རྗེའི་སྐུ་དུས་སུ་ལྷ་སའི་བར་སྐོར་གྱི་ཁྲོམ་ལམ་གསར་གཏོད་དང་། བྲག་ལྷ་ཀླུ་ཕུག་ལྷ་ཁང་གི་དབུ་ཐོག་ཏུ་རྒྱའི་ལུགས་ཀྱི་རྒྱ་ཕིབས་བཞེངས། དེ་བཞིན་ལྷ་སའི་ར་ས་གཙུག་ལག་ཁང་བར་ཁང་ནུབ་ངོས་ཀྱི་ཆོས་རྒྱལ་སྲོང་བཙན་དང་རྒྱ་བཟའ་བལ་བཟའ། དཔལ་ལྷ་ཞི་དྲག་གི་སྐུ་བརྙན། སྒོ་ཁང་ཕྱི་མ་དང་སྒོ་སྲུང་མགོན་པོ་ལ་སོགས་པའི་སྐུ་བརྙན་རྣམས་བཞེངས། སྐབས་དེར་མངའ་རིས་སུ་བཙན་པོའི་གདུང་རྒྱུད་

དུ་གྲགས་པའི་སྟོད་ཡ་རྩེའི་རྒྱལ་པོ་ལྷ་པ་དང་ཕྱིས་སུ་ནི་རྨལ་གཉིས་ཀྱིས་ཟངས་ཁལ་བཅོ་བརྒྱད་དོས་རེ་བྱས་པའི་ཟངས་དོས་བརྒྱ་དང་བཞི། གསེར་སྲང་ལྔ་བརྒྱ་རྣམས་ཇོ་བོ་དང་། ཐུགས་རྗེ་ཆེན་པོ་གཉིས་ཀྱི་དབུ་ཐོག་ལ་གསེར་ཟངས་ཀྱི་རྒྱ་ཕིབས་ཐོག་མ་བསྐྲུན། མངའ་རིས་ཡ་རྩེའི་རྒྱལ་པོས་ད་དུང་གཙུག་ལག་ཁང་རྒྱ་སྐྱིད་ཀྱི་འཛུགས་སྐྲུན་ལ་ཕན་ནུས་གང་མང་འདོན་སྤེལ་གནང་ཡོད་པ་རེད། སྐབས་དེ་དུས་ལྷ་ས་གྲོང་ཁྱེར་དེ་ཉིད་སྲིད་འཛིན་གྱི་ལྟེ་བའི་གནས་གཞི་ཞིག་མིན་ན་ཡང་། མི་རྣམས་ཀྱིས་སེམས་གཏིང་ནས་ཁ་ཕྱོགས་སའི་ལྷ་ཡུལ་ལྟ་བུ་ཞིག་རྩིས་སྟབས། ཕྱོགས་བཞི་མཚམས་བརྒྱད་ཀྱི་དད་ལྡན་མང་ཚོགས་ཚོས་རྒྱབ་སྐྱོར་ཐོབ་པ་དང་གནས་མཇལ་དུ་ཕེབས་མཁན་རྒྱུན་འཆད་མེད་པ་ཡོང་གི་ཡོད་པ་རེད།

ཚལ་པ་ཁྲི་དཔོན་ན་རིམ་གྱིས་འབད་བརྩོན་ལྷོད་མེད་གནང་བའི་འོག །ལྷ་ས་ཉེ་འཁོར་གྱི་ནང་བསྟན་གྲུབ་མཐའ་རིས་སུ་མ་མཆིས་པའི་དགོན་སྡེ་དང་ལྷ་ཁང་གསར་བཞེངས་སམ་རྒྱ་སྐྱེད་གཏོང་བའི་རྣམ་པ་ཇི་མང་དུ་འགྲོ་བཞིན་ཡོད་པ་དཔེ་ན། འཕན་པོ་ལྷུན་གྲུབ་རྫོང་ཁུལ་གྱི་རྒྱལ་ལྷ་ཁང་དང་། སྙེའུ་རྫོང་ཁུལ་གྱི་གསང་ཕུ་དགོན། སྟོད་ལུང་རྫོང་ཁུལ་གྱི་སྐྱོར་མོ་ལུང་དགོན། མཚུར་ཕུ་དགོན། འབྲི་གུང་རྫོང་ཁུལ་གྱི་འབྲི་གུང་མཐིལ་དགོན། ལྷ་སའི་བྱང་ངོས་ཀྱི་སྟག་ལུང་དགོན་སོགས་པར་ཆོས་ལུགས་ཀྱི་མཛད་འཕྲིན་བྱེད་སྒོ་ཁག་ཤིན་ཏུ་དར་ཞིང་རྒྱས་པ་དང་། ཚལ་པ་བཀའ་བརྒྱུད་གཏོད་པ་པོ་ཞང་འགྲོ་བའི་མགོན་པོ་བརྩོན་འགྲུས་གྲགས་པ་ནས་འགོ་བཙམས་ཏེ། ཁོང་གི་དངོས་སློབ་རིམ་བྱོན་དང་ཁྲི་དཔོན་རིམ་བྱོན་གྱིས། ལྷ་སའི་ཇོ་བོ་རྣམ་གཉིས་བཞུགས་པའི་གཙུག་ལག་ཁང་གཉིས་ཀྱི་ཉམས་གསོ་དང་རྒྱ་སྐྱེད་བདག་གཉེར་སོགས་ཡུན་རིང་རྒྱུན་མི་འཆད་པ་དང་། དེ་བཞིན་ཚལ་དགོན་དང་གུང་ཐང་དགོན་གཉིས་ལ་ཡང་དེ་ལྟར་འཛིན་སྐྱོང་བདག་གཉེར་གནང་བ་རེད། ད་དུང་མང་ཚོགས་ཀྱི་སྟོབས་ཤུགས་སྒྲིག་འཛུགས་བྱས་ཏེ་ཆུ་ཡུར་བཤད་པ་དང་། ལྷ་སའི་སྐྱིད་ཆུའི་ཆུ་རགས་རྩིག་པ་སྲ་བརྟན་དུ་བཏང་ནས་གྲོང་མིའི་ཆུ་ཉེན་གྱི་བདེ་འཇགས་དང་ཐོན་སྐྱེད་འཚོ་བའི་འཛུགས་

སྐུན་ཐང་ལ་ལེགས་སྐྱེས་ངེས་ཅན་ཞིག་ཕུལ་གནང་མཛད་ཡོད། མདོར་ན་ཚལ་པ་ཁྲི་དཔོན་རིམ་བྱོན་གྱི་སྐུ་དུས་སུ། བཙན་པོ་སྲོང་བཙན་སྒམ་པོའི་སྐབས་བཞེངས་པའི་ཕོ་བྲང་པོ་ཏ་ལའི་གནའ་ཤུལ་གྱང་གོག་རྩིག་རྨང་སོགས་ལ་སྲུང་སྐྱོབ་ལེགས་པོ་བྱུང་ཡོད་སྟབས། ཏཱ་ལའི་བླ་མ་སྐུ་ཕྲེང་ལྔ་པའི་དུས་སུ་ཕོ་བྲང་པོ་ཏ་ལ་གསར་བཞེངས་རྒྱ་སྐྱེད་བྱེད་རྒྱུར་རྨང་གཞི་བརྟན་པོ་ཞིག་བཏིང་ཐུབ་པ་རེད།

ཚལ་པ་ཀུན་དགའ་རྡོ་རྗེས་ཡབ་དྲུང་ཆེན་ཚལ་པ་སྨོན་ལམ་རྡོ་རྗེའི་ཕྱག་ནས་ཚལ་པ་ཁྲི་དཔོན་གྱི་གོ་གནས་བཞེས་པ་དང་། ཀུན་དགའ་རྡོ་རྗེ་ནི་བོད་ས་བྱ་(སྤྱི་ལོ་༡༣༠༩)ལོར་ཚལ་གུང་ཐང་དུ་སྐུ་འཁྲུངས་ཤིང་། ཡབ་དྲུང་ཆེན་སྨོན་ལམ་རྡོ་རྗེས་ཚལ་པའི་ཁྲི་དཔོན་གྱི་སྲིད་དབང་ལོ་བཅུ་གསུམ་ཙམ་འཛིན་ནས། ཁྲི་དཔོན་གྱི་གོ་གནས་རང་གི་བུ་ཆེ་བར་རྩིས་སྤྲད་དེ་རབ་ཏུ་བྱུང་ནས་བསླེབ་རྗོགས་ཀྱི་སྡོམ་པ་ཡང་བཞེས། བཤད་ཚུལ་ལ་སྨོན་ལམ་རྡོ་རྗེ་ནི་སྤུར་རྒྱལ་བཙན་པོའི་དུས་བཙན་པོ་སྲོང་བཙན་སྒམ་པོའི་བློན་ཆེན་མགར་སྟོང་བཙན་ཡུལ་སྲུང་གི་མི་རྒྱུད་ཡིན་ཞིང་། ཁོང་ཚོའི་ཡབ་མེས་ཀྱི་སྦྱོ་བོ་ཡོན་གོང་མས་ཚལ་པ་ཁྲི་དཔོན་གྱི་གོ་གནས་སུ་བསྐོ་གཞག་མཛད་དེ་ཚལ་པ་ཁྲུལ་གྱི་སྲིད་དབང་བཟུང་། ཚལ་པ་ཀུན་དགའ་རྡོ་རྗེ་ཐོག་མ་ཉིད་ནས་རིགས་རྒྱུད་ཤིན་ཏུ་མཐོ་བའི་ཁྱིམ་ཚང་དེ་ལྟ་བུ་ཞིག་ལ་སྐུ་འཁྲུངས་ཤིང་། ཕྲུ་གུའི་ནང་གི་རྣན་མགོ་ཡིན་སྟབས་ཆུང་དུས་ནས་སློབ་གསོ་སྦྱོང་བརྡར་གང་ལེགས་ཤིག་དང་ལེན་ཞུས་ཡོད་པ་དང་། རིག་པ་སྦྱང་ལ་བརྩོན་འགྲུས་ཆེ་བས་ལོ་ལྔ་ནས་འགོ་ཚུགས་ཏེ་རིག་གནས་ཁག་ལ་སློབ་སྦྱོང་གནང་བ་དང་། དེ་ནས་རིམ་བཞིན་གྲགས་ཅན་གྱི་སློབ་དཔོན་རྣམས་ཀྱི་ཞབས་ལ་གཏུགས་ཏེ་བཀའ་བརྒྱུད་པའི་གཞུང་ལུགས་མཐའ་དག་ལ་སྦྱང་བརྩོན་ཞོར་མེད་མཛད་དེ། མདོ་རྒྱུད་ཀྱི་ཤེས་བྱ་མ་ལུས་ལ་སྦྱངས་པ་མཐར་སོན་ནས་བཅུ་ཕྲག་རིག་པའི་གནས་གང་ལ་ཡང་ཐོག་པ་མེད་པར་མཁྱེན་ཡོན་དང་འཛིན་ཐང་ཆེ་བའི་མཚན་སྙན་ཀུན་ཏུ་གྲགས་པ་བྱུས་སོ། །དགུང་ལོ་བཅོ་བརྒྱད་དུ་སོན་སྐབས་(སྤྱི་ལོ་༡༣༢༧)ལོར་ཚལ་པའི་ཁྲི་དཔོན་མཛད། དགུང་ལོ་བཅུ་དགུ་

(སྤྱི་ལོ་༡༣༢༥)ལོར་ཕེབས་དུས་པེ་ཅིང་ལ་བྱོན་ནས་ཡོན་རྒྱལ་རབས་ཀྱི་གོང་མ་ཡེ་སུན་ཐེའི་མུར་དང་མཇལ་འཛོམས་ཞུས། གོང་མས་དངུལ་བྲེ་ཆེན་དང་། དངུལ་གྱི་ཐམ་ཀ །གསེར་གྱི་རྒྱན་ཆ་དང་གོས་དར་སོགས་མང་པོ་དང་། ཚལ་པའི་མི་སྡེ་དབང་རིགས་ཐམས་ཅད་ཀྱི་ཤེས་སུ་བཅུག་པའི་འཇའ་ས་བཅས་བསྩལ།

ཚལ་པ་ཀུན་དགའ་རྡོ་རྗེས་ལོ་ཉི་ཤུ་རྩ་བརྒྱད་རིང་ཁྲི་དཔོན་གྱི་གོ་གནས་བཟུང་ཞིང་། དེའི་རིང་ས་གནས་ཀྱི་སྲིད་དབང་སྲ་བརྟན་དུ་བཏང་སྟེ། སངས་རྒྱས་ཆོས་ལུགས་ཀྱི་བྱ་གཞག་མཐའ་དག་དར་རྒྱས་གོང་འཕེལ་གཏོང་རྒྱུར་སྐུལ་འདེད་མཛད། ལྷག་དོན་དུ་ཚལ་པ་བཀའ་བརྒྱུད་ཀྱི་གྲུབ་མཐའ་ལྷ་སའི་ས་ཁོངས་སུ་ཁྱབ་གདལ་གོང་འཕེལ་ཡོང་རྒྱུར་ལེགས་སྐྱེས་ཆེན་པོ་ཕུལ་ཡོད་པར་མ་ཟད། ལྷ་སའི་ཇོ་བོ་རྣམ་གཉིས་བཞུགས་པའི་གཙུག་ལག་ཁང་དང་། ཕོ་བྲང་པོ་ཏ་ལ་བཅས་ལ་བདག་གཅེས་དང་ཉམས་གསོ་ལེགས་པར་མཛད།(ད་དུང་གསེར་དངུལ་འདྲེས་མས་བྲིས་པའི་བཀའ་འགྱུར་པོད་ཉིས་བརྒྱ་དྲུག་ཅུ་བཞེངས་པ་དེར་ཚལ་པའི་《བཀའ་འགྱུར་》ཞེས་བོད་ཀྱི་མཁས་པ་མང་པོས་ཚད་ལྡན་གྱི་མ་དཔེར་རྩིས་བ་གནང་།) དེ་བཞིན་ཚལ་དགོན་དང་གུང་ཐང་དགོན་གྱི་ཉམས་གསོ་ལེགས་པར་གནང་སྟེ་སྐུ་གསུང་ཐུགས་སོགས་ཀྱི་རྟེན་མང་པོ་གསར་བཞེངས་མཛད་པ་དང་། ཚལ་པ་ཁྲི་སྐོར་གྱི་མངའ་འོག་སེར་སྐྱ་མང་ཚོགས་ཀྱི་ཐོན་སྐྱེད་དང་འཚོ་བ་ལ་ལྟ་རྟོག་གང་ལེགས་མཛད་ཅིང་། ཚལ་པའི་ཆབ་སྲིད་དང་། ཆོས་ལུགས། རིག་གནས་སོགས་ཕྱོགས་གང་སྤྱིའི་ཐད་ཀྱི་གྲུབ་འབྲས་ཤུལ་དུ་བྱུང་བ་ཞིག་ཐོབ་ཡོད།

སྐབས་དེ་དུས་ས་སྐྱ་ས་གནས་སྲིད་གཞུང་གིས་བོད་ཡོངས་ལ་དབང་སྒྱུར་བྱེད་པའི་དུས་ཡིན་པས། ཕག་མོ་གྲུ་པའི་ཁྲི་དཔོན་དང་གཡའ་བཟང་ཁྲི་དཔོན་དབར་ལ་ས་ཞིང་བྲན་གཡོག་དབང་འཛིན་བྱེད་པའི་འགལ་བ་རིམ་བཞིན་རྣོ་ངར་ཅན་དུ་སོང་སྟེ། ཕན་ཚུན་འཐབ་རྩོད་བྱེད་པའི་རྙོག་གྲ་མང་པོ་བྱུང་བ་རྣམས་ས་སྐྱ་དཔོན་ཆེན་དྲུང་དུ་སྙན་སྒྲོན་ཞུས་པས། ས་སྐྱས་གཡའ་བཟང་ཁྲི་དཔོན་གྱི་རྒྱབ་རྩ་བྱས་ཏེ། ཡོན་གོང་མར་སྙན་ཞུ་ཕུལ་ཏེ་ཕག་གྲུའི་ཁྲི་དཔོན་ཏཱ་སི་ཏུ་བྱང་ཆུབ་རྒྱལ་མཚན་ཕག་གྲུའི་

ཁྲི་དཔོན་ནས་གནས་གཡུགས་གཏོང་དགོས་དང་། ཕག་གྲུའི་ཁྲི་དཔོན་བྱང་ཆུབ་རྒྱལ་མཚན་གསོན་བཟུང་བྱས་ཏེ་ཚ་འདྲི་བྱས་པར་མ་ཟད། ད་དུང་གསོད་རྩིས་ཀྱི་གྲོས་བཤམས་བྱས་ཏེ་ཕག་གྲུ་ཁྲི་དཔོན་གྱི་སྲིད་དབང་འཕྲོག་ནས་སྣེ་གདོང་ཕོ་བྲང་བཙོམ་རྩིས་ཀྱི་འཆར་བཀོད་བྱས། དེ་ནས་ས་སྐྱ་དཔོན་ཆེན་གྱིས་གཡའ་བཟང་ཁྲི་དཔོན་དང་ཚལ་པ་ཁྲི་དཔོན་སོགས་པའི་ཁྲི་དཔོན་ཁག་ཅིག་བསྐོང་ཚོགས་བྱས་ཏེ། དམག་དཔུང་མཉམ་འབྲེལ་བྱས་ནས་ཕག་མོ་གྲུ་པར་དཔུང་འཇུག་བྱས་ཏེ་གཏོར་ཕམ་གཏོང་རྒྱུའི་རེ་བ་བཏོན་པར། ཚལ་པ་ཁྲི་དཔོན་ཀུན་དགའ་རྡོ་རྗེས་ཧུར་བརྩོན་ངང་དང་ལེན་ཞུས་པ་དང་། གཡའ་བཟང་ཁྲི་དཔོན་དང་སྟོབས་ཤུགས་སྦྲེལ་ནས་ཕག་གྲུར་དམག་འཁྲུག་བརྒྱབ། མཐར་ཚལ་པ་ཁྲི་དཔོན་དམག་ཤོར་ནས་ཕག་གྲུས་ཚལ་པའི་ཁྲི་སྐོར་གྱི་ས་ཁོངས་ཚང་མ་དབང་བཟུང་བྱས་པར་མ་ཟད། ཚལ་དགོན་པ་མེ་བསྲེགས་བཏང་སྟེ་གུང་ཐང་དགོན་དང་བཅས་པ་ལྷ་སའི་གསང་ཕུ་དགོན་གྱི་བུ་དགོན་ཞིག་ཏུ་འགྱུར་བཅུག་པ་དང་། ཕྱིས་སུ་དགེ་ལུགས་པའི་གྲུབ་མཐའ་གཏོད་རྗེས་དགེ་ལུགས་པའི་ཁོངས་སུ་འགྱུར་བ་རེད།

ཚལ་པ་ཀུན་དགའ་རྡོ་རྗེ་བོད་ཆུ་འབྲུག་(སྤྱི་ལོ་༡༣༥༢)ལོར་ཁྲི་དཔོན་གྱི་གོ་གནས་རང་གི་གཅུང་པོ་གྲགས་པ་ཤེས་རབ་བསྐོས་ནས་ཁོ་རང་མཁན་ཆེན་དོན་ཞགས་པ་སངས་རྒྱས་རིན་ཆེན་གྱི་དྲུང་ནས་རབ་བྱུང་དང་བསྙེན་རྫོགས་ཀྱི་སྡོམ་པ་བཞེས་ཏེ་མཚན་ཡང་དགེ་བའི་བློ་གྲོས་ཞེས་བྱ་བ་གསོལ། དེ་ནས་བཟུང་ཁོང་གིས་དམ་པའི་ཆོས་ལ་ཐོས་བསམ་སྒོམ་གསུམ་གྱི་སློབ་གཉེར་མཐར་ཕྱིན་པ་མཛད། ཚལ་པ་ཀུན་དགའ་རྡོ་རྗེའི་མི་ཚེའི་ལམ་བུ་དེ་སྒང་གཤོང་མི་སྙོམས་པའི་དང་། འཕོ་འགྱུར་ཆེ་བ། དཀའ་ཚོགས་ཆེ་བའི་ལམ་དུ་ཟད། འོན་ཀྱང་ཚལ་པའི་ཁྲི་དཔོན་གྱི་གོ་གནས་བཟུང་རིང་སྲིད་ཀྱི་ལས་གཉེར་ཤིན་ཏུ་མཁས་པས། མངའ་འོག་གི་སེར་སྐྱ་ཚང་མ་ལོ་རྒྱུས་ཐོག་མངའ་ཐང་རྒྱས་ཤོས་དང་འཕེལ་རྒྱས་ཡག་ཤོས་ཀྱི་གནས་སུ་ཁྲིད་ཐུབ་ཡོད། ཁོང་ནི་ཤེས་ཡོན་གྱི་གནས་ལ་ཤིན་ཏུ་མཁྱེན་རྒྱ་ཡངས་ཤིང་། བློ་གྲོས་ཀྱི་རིག་

པ་གཞན་སུ་ཞིག་ལས་རྣོ་བས་ལྷུགས་རྩོམ་མཛད་པའི་གསུང་རྩོམ་རྣམ་གྲངས་མང་པོ་ཡོད་ཅིང་། དེ་དག་ནི་མི་རབས་རྗེས་མར་བཞག་གནང་མཛད་པའི་རྩ་ཆེའི་རིག་གནས་ཤུལ་བཞག་ཅིག་རེད། ཚལ་པ་ཀུན་དགའ་རྡོ་རྗེས་མཛད་པའི་རྩོམ་ཡིག་ལ། 《དེབ་ཐེར་དམར་པོ་》དང་《དེའི་ལྷན་ཐབས་དེབ་ཐེར་མཁས་པའི་ཡིད་འཕྲོག》 རྒྱལ་རབས་ལོ་རྒྱུས《དེབ་ཐེར་ཁྲ་བོ།》 《གུང་ཐང་བླ་མ་ཞང་གི་རྣམ་ཐར།》 རང་ཉིད་ཀྱི་《ཡབ་སྨོན་ལམ་རྡོ་རྗེའི་རྣམ་ཐར་》བཅས་ཡོད། དེའི་ནང་ནས་ལོ་བཅུ་གྲངས་རིང་(སྤྱི་ལོ་༡༣༤༦-༡༣༦༣ལོ་) བརྩམས་བསྒྲུབས་པའི་《དེབ་ཐེར་དམར་པོ་》ཞེས་ཚལ་པའི་དེབ་དམར་འདི་ནི་ཤིན་ཏུ་སྙན་གྲགས་ཆེ་བ་དང་། བོད་བརྒྱུད་ནང་བསྟན་ལ་ཞིབ་འཇུག་དང་། གནའ་བོའི་བོད་མི་རིགས་ཀྱི་རིག་གནས་ལ་ཞིབ་འཇུག །དེ་བཞིན་གནའ་བོའི་བོད་མི་རིགས་དང་རྒྱ་གར། རྒྱ་ནག །མི་ཉག །སོག་པོ་སོགས་མི་རིགས་འདྲ་མིན་གྱི་རིག་གནས་སྤེལ་རེས་བྱེད་པའི་ལོ་རྒྱུས་ལ་ཞིབ་འཇུག་བྱེད་རྒྱུར་དོན་སྙིང་ཧ་ཅང་ཆེན་པོ་ལྡན་པ་དང་། བོད་མི་རིགས་ཀྱི་རིག་གནས་འཕེལ་རྒྱས་འགྲོ་བར་དམིགས་བསལ་གྱི་མཛད་རྗེས་ཆེན་པོ་བཞག་ཡོད་པས། དེ་ལ་རྒྱལ་ཁབ་ཕྱི་ནང་གི་བོད་རིག་པར་ཞིབ་འཇུག་གནང་མཁན་ཚོས་མཐོང་ཆེན་དང་བརྩི་འཇོག་ཆེན་པོ་གནང་གི་ཡོད་པ་རེད། བོད་ཤིང་སྦྲུལ(སྤྱི་ལོ་༡༣༦༤)ལོར་ཚལ་པ་ཀུན་དགའ་རྡོ་རྗེ་དགུང་ལོ་ལྔ་བཅུ་ང་དྲུག་ཐོག་སྐུ་གཤེགས།

བཅུ་པ། ཆབ་སྲིད་མཁས་ཅན་དང་། དམག་དོན་མཁས་ཅན། བསྒྱུར་བཅོས་མཁས་ཅན་ཧྲུ་སི་ཧྲུ་བྱང་ཆུབ་རྒྱལ་མཚན་གྱིས་ཕག་གྲུའི་སྲིད་དབང་བཙུགས་པ།

སྔོན་ལ་"ཕག་མོ་གྲུ་པ་"ཞེས་པའི་ཚིག་གི་གོ་དོན་ལ་ངོ་སྤྲོད་རགས་ཙམ་ཞུས་ན། དེའི་འབྱུང་བ་ནི་(བོད་ལྗོངས་ལྷོ་ཁ་ས་ཁུལ་གྱི་ཟངས་རི་རྫོང་ཁོངས་)ཕག་གྲུ་བཀའ་བརྒྱུད་ཀྱི་མ་དགོན་གདན་ས་མཐིལ་ཆགས་སའི་གནས་ཀྱི་ས་མིང་ཡིན་ཞིང་། རྗེས་སུ་རིམ་པས་ས་གནས་ཀྱི་དབང་སྒྱུར་བྱེད་པའི་སྲིད་ཀྱི་བདག་པོ་ལ་ཞལ་རྒྱུན་དུ་ཕག་གྲུ་རྒྱལ་པོའི་དུས་རབས་ཞེས་སྲིད་འཛིན་གྱི་མིང་ཆགས་པ་དང་། ཆོས་ལུགས་གྲུབ་མཐའི་མིང་ལ་ཡང་ཕག་གྲུ་བཀའ་བརྒྱུད་ཅེས་པའི་མིང་བྱུང་བ་རེད། ཕག་མོ་གྲུ་པ་ཞེས་པའི་གོ་དོན་ལ་གདན་ས་མཐིལ་དགོན་ཕྱུག་བཏབ་མཁན་གྱི་བླ་མ་རྡོ་རྗེ་རྒྱལ་པོ་ཐོག་མར་གནས་དེར་ཕེབས་སྐབས། ཉེ་གནས་ཀྱིས་ཆུ་ཕ་རི་ས་མིང་ལ་ཕག་མོ་གྲུ་ལགས་ཞུས་པས། བླ་མས"ཕག་ནི་སྐྱེ་མེད་ཆོས་ཀྱི་སྐུ། གྲུ་ནི་འགྲོ་བ་མ་ལུས་སྒྲོལ། སེམས་ཅན་ལ་ཕན་པར་འདུག །ཅེས་ཀྱང་འོང་གསུངས།"དེ་ལྟར་བླ་མ་རྡོ་རྗེ་རྒྱལ་པོ་སྐུ་ཉིད་ཕག་གྲུ་ཞེས་པའི་མཚན་ཐོས་མ་ཐག་ཏུ་རང་རྡོ་རྗེ་ཕག་མོའི་ཆོས་ཀྱི་སྐུའི་རྣམ་པ་རང་བཞིན་ཅན་དུ་སྤྲོས་ནས། འགྲོ་བ་སེམས་ཅན་ཐམས་ཅད་སྡུག་བསྔལ་གྱི་རྒྱ་མཚོ་ལས་སྒྲོལ་བར་བྱེད་སྙམ་པའི་ཐུགས་རྒྱུད་བཟང་པོ་ཞིག་འཁྲུངས་པའི་ཆོས་ཀྱི་ཚུལ་དེ་འདྲ་ཞིག་ཡིན་པར་བསྟན་ནོ། །

ཕག་གྲུ་བཀའ་བརྒྱུད་ནི་ས་གནས་དེ་གའི་མི་དྲག་ལྷ་རིགས་རླངས་གདུང་རྒྱུད་ཀྱི་ཁྲིམ་ཚང་ཆེན་པོའི་རྒྱབ་སྐྱོར་ལ་བརྟེན་ནས་གཞི་ཆགས་པ་དང་དར་འཕེལ་བྱུང་བའི་གྲུབ་མཐའ་ཞིག་རེད་ལ། རླངས་ཀྱི་གདུང་རྒྱུད་མི་སྣས་ཕག་གྲུ་ཁྲི་དཔོན་གྱི་སྲིད་

དབང་བཟུང་བ་དང་། གདན་ས་མཐིལ་དགོན་པའི་མཁན་པོ་ཡང་མཛད། ཕག་གྲུ་བཀའ་བརྒྱུད་ཀྱི་གྲུབ་མཐའ་ནི་གྲགས་ཅན་གྱི་སློབ་དཔོན་དྭགས་པོ་ལྷ་རྗེའི་དངོས་སློབ་ཕག་གྲུ་རྡོ་རྗེ་རྒྱལ་པོས་གསར་གཏོད་མཛད་པ་དང་། བཀའ་བརྒྱུད་ཆེ་བཞིའི་གྲས་ཤིག་རེད། གྲུབ་མཐའི་སྤྲོལ་འབྱེད་མཁན་ཕག་གྲུ་རྡོ་རྗེ་རྒྱལ་པོ་ནི་མདོ་ཁམས་ནས་དབུས་སུ་སློབ་གཉེར་གནང་བར་ཕེབས་ནས། དགུང་ལོ་བཞི་བཅུ་ཞེ་གཅིག་ལ་ཕེབས་དུས་དྭགས་པོ་ལྷ་རྗེའི་ཞབས་དྲུང་དུ་སློབ་གཉེར་མཐར་ཕྱིན་པ་མཛད་དེ་སློབ་མ་བཅུ་དྲུག་གི་ནང་ནས་ཡོན་ཏན་གྱི་རྩེ་མོར་སོན་ཏེ། བོད་ས་སྟག（སྤྱི་ལོ་༡༡༥༨）ལོར་དགུང་ལོ་བཞི་བཅུ་ཞེ་དགུར་ཕེབས་དུས་ཕག་གྲུའི་གདན་ས་མཐིལ་དགོན་པ་ཕྱག་བཏབ། བོད་ལྕགས་སྟག（སྤྱི་ལོ་༡༡༧༠）ལོར་དགུང་ལོ་དྲུག་བཅུ་རེ་གཅིག་ལ་གདན་ས་མཐིལ་དུ་སྐུ་གཤེགས། དེའི་རྗེས་སུ་དྭགས་པོ་བཀའ་བརྒྱུད་ཀྱི་སློབ་མ་མང་པོས་སོ་རྗེས་སུ་ཚལ་པ་བཀའ་བརྒྱུད་དང་། འབྲི་གུང་བཀའ་བརྒྱུད། སྟག་ལུང་བཀའ་བརྒྱུད། འབྲུག་པ་བཀའ་བརྒྱུད། གཡའ་བཟང་བཀའ་བརྒྱུད། ཁྲོ་ཕུ་བཀའ་བརྒྱུད། ཤུག་གསེབ་བཀའ་བརྒྱུད། ཡེལ་པ་བཀའ་བརྒྱུད། འབའ་རོམ་བཀའ་བརྒྱུད་སོགས་བཀའ་བརྒྱུད་ཆུང་བརྒྱད་དུ་གྲགས་པ་དེ་དག་ཐམས་ཅད་ཕག་གྲུ་བཀའ་བརྒྱུད་ལས་ཕྱེས་པ་ཤ་སྟག་ཡིན་ཞིང་། ཕག་གྲུ་རྡོ་རྗེ་རྒྱལ་པོས་སྤྲོལ་གཏོད་པའི་ཕག་གྲུ་བཀའ་བརྒྱུད་ཀྱི་གྲུབ་མཐའ་དེ་ཉིད་དང་། ཕག་གྲུའི་གདན་ས་མཐིལ་ལ་འཛིན་སྐྱོང་སྤྱིལ་གསུམ་གནང་མཁན་ནི་སྤྱན་སྔ་གྲགས་པ་འབྱུང་གནས（སྤྱི་ལོ་༡༢༣༥ལོར་དགུང་ལོ་ལྔ་བཅུ་ང་གཉིས་ལ་འབྲི་གུང་མཐིལ་གྱི་ཁྲི་འཛིན་གནང་།）ནས་བཟུང་རྣངས་ཀྱི་གདུང་རྒྱུད་རིམ་བྱོན་ནས་རྒྱུན་སྐྱོང་དར་རྒྱས་མཛད་པ་ཡིན་ནོ། །

ཡོན་རྒྱལ་རབས་སྐབས། ཕག་མོ་གྲུ་པ་ཁྲོག་མའི་ཁྲི་དཔོན་འགའ་ཞིག་གིས་ཕག་གྲུའི་ཁྲི་དཔོན་མཛད་ཀྱང་དེ་ཙམ་གྱི་དར་རྒྱས་གོང་འཕེལ་བཏང་ཐུབ་མེད་ཅིང་། ཏཱ་སི་ཏུ་བྱང་ཆུབ་རྒྱལ་མཚན་གྱིས་ཁྲི་དཔོན་མཛད་པའི་རྗེས། སོ་རྗེས་སུ་གཡའ་བཟང་དང་། འབྲི་གུང་། ཚལ་པ་སོགས་ལ་དཔུང་འཐུག་བྱས་ཏེ་མངའ་ཞབས་སུ་བསྡུས་

པ་དང་། དེ་ནས་ཡང་བསྐྱར་དཔུང་འཇུག་བྱས་ཏེ་ས་སྐྱའི་སྲིད་དབང་གཏོར་ཐམ་བཏང་བས། ས་སྐྱས་ལོ་ངོ་བརྒྱ་ཕྲག་རིང་བོད་ཡོངས་ལ་དབང་སྒྱུར་བྱས་པའི་སྲིད་དབང་ཡོངས་རྫོགས་མཇུག་སྒྲིལ་བའི་ཁྲབ་བསྒྲགས་བྱས། ཡོན་ཀྱང་དབྱང་སྲིད་གཞུང་གིས་ཕག་གྲུའི་བྱང་ཆུབ་རྒྱལ་མཚན་ལ་ཏཱ་སི་ཏུ་ཞེས་བྱ་བའི་མཚན་སྙན་དང་ཐམ་ཁ། འཇའ་སའི་ལུང་སོགས་ផུལ་ནས། ཏཱ་སི་ཏུ་བྱང་ཆུབ་རྒྱལ་མཚན་གྱིས་བོད་ཡོངས་ལ་དབང་སྒྱུར་བྱེད་པའི་ཕག་གྲུ་སྡེ་སྲིད་ཀྱི་སྲིད་དབང་དངོས་སུ་བཙུགས་པ་དང་། དེ་ནས་བཟུང་ཕག་གྲུའི་སྟོབས་ཤུགས་ཀྱིས་བོད་ཡོངས་ལ་དབང་སྒྱུར་བྱེད་པའི་ལོ་རྒྱུས་གསར་པ་ཞིག་ཏུ་དབུ་བརྙེས། ཏཱ་སི་ཏུ་བྱང་ཆུབ་རྒྱལ་མཚན་གྱིས་ཕག་གྲུའི་སྲིད་དབང་གསར་གཏོད་མཛད་པ་དང་སྡེ་སྲིད་ཀྱི་གོ་གནས་ཨང་དང་པོ་བཞེས་པ་རེད།

ཏཱ་སི་ཏུ་བྱང་ཆུབ་རྒྱལ་མཚན་ནི་བོད་ཆུ་སྟག(སྤྱི་ལོ་༡༣༠༢)ལོར་ལྷོ་ཁ་ཡར་ཀླུང་གཙང་པོའི་བརྒྱུད་ཀྱི་རླེ་གདོང་གྲོང་ཁྱེར་རྒྱལ་རྣངས་ཀྱི་གདུང་རྒྱུད་ཁྱིམ་དུ་འཁྲུངས། དགུང་ལོ་གསུམ་ནས་ཡི་གེ་འབྲི་ཀློག་སློབ་འགོ་ཚུགས། དགུང་ལོ་བདུན་པར་སྤྱན་སྔ་ཆོས་བཞི་པའི་དྲུང་དུ་དགེ་བསྙེན་གྱི་སྡོམ་པ་བླངས་ཏེ་མཚན་བྱང་ཆུབ་རྒྱལ་མཚན་ཞེས་གསོལ་ཞིང་། དགུང་ལོ་དགུ་པར་མཁས་ཆེན་ཚུལ་དར་བའི་དྲང་སློབ་དཔོན་པུ་རངས་པའི་དྲུང་དུ་རབ་ཏུ་བྱུང་། དགུང་ལོ་བཅུ་བཞིར་ཕེབས་ནས་ས་སྐྱར་སློབ་གཉེར་ལ་བྱོན་ཏེ་ས་སྐྱའི་བླ་མ་བདག་ཉིད་ཆེན་པོ་བཟང་པོ་དཔལ་བ་དང་། བླ་མ་མཉམ་མེད་པ་སོགས་བསྟེན་ནས་རྟགས་ཁྲབ་གཉིས་ཀྱི་གཞུང་ལུགས་སོགས་གསན་སྦྱོང་གནང་བར་ལོ་ལྔ་ཙམ་བཞུགས་ནས་ས་སྐྱའི་དགེ་བཤེས་ཀྱི་མཚན་སྙན་ཐོབ། དེ་ནས་ཕག་གྲུའི་ཁྲི་དཔོན་གནང་བའི་བརྒྱུད་རིམ་ནང་། བློ་རྒྱ་ཡངས་ཤིང་འཛོན་ཐང་ཆེ་བ། དཔའ་ངར་ལྡན་ལ་དམག་རྩུས་མཁས་པ། དམངས་ཀྱི་བདེ་སྡུག་ལ་ཐུགས་འཁུར་ཆེ་བ། ཁོང་གིས་ས་སྐྱ་བའི་ལག་ནས་དབང་དུ་བསྡུས་པའི་ས་ཞིང་རྣམས་མི་སེར་ལ་ཆ་བགོས་གནང་བ་དང་། ཁྲལ་རྣམས་བཅའ་ཡང་བཏང་སྟེ་དམངས་སེམས་འདུས་ཐུབ་པ་བྱུང་ཡོད། ད་དུང་གཞིས་བསྐོར་ཡང་ཡང་ཕེབས་ནས་ཞིང་འཇུགས་ནགས་ཚལ་སྡོ་ལྡང་

ཅན་བསྐྲུན་རྒྱུའི་བཀའ་རྒྱ་བཏང་བ་དང་། ཆུ་ཐོག་ལ་ཟམ་པ་བསྐྲུན་པ་སོགས་དམངས་ཕན་གྱི་བྱ་བ་བཟང་པོ་མང་པོ་མཛད་པས་དཔོན་རིགས་དང་རྒྱ་ཆེའི་སེར་སྐྱ་མང་ཚོགས་ཚང་མས་ལྷད་མེད་ཀྱི་བསྟི་བཀུར་ཆེན་པོ་ཐོབ་ཡོད།

ཏཱ་སི་ཏུ་བྱང་ཆུབ་རྒྱལ་མཚན་ལ་ཡོན་ཀྱང་དབྱང་སྲིད་གཞུང་གིས་ཕག་གྲུའི་ས་གནས་སྲིད་དབང་གི་སྡེ་སྲིད་གོ་གནས་བསྐུལ་རྗེས། ཁོང་གིས་ལོ་རྒྱུས་ཐོག་ལྷག་པའི་ཟླན་ཀ་རྟོག་འཛིང་མང་པོ་བྱུང་བའི་ཉམས་མྱོང་དང་བསླབ་བྱ་ལ་ཕྱོགས་བསྡོམས་ནན་ཏན་གནང་བ་དང་། གཞན་གྱི་ལྟ་ཚུལ་མི་འདྲ་བའི་དགོངས་འཆར་མང་པོ་རྒྱ་ཆེར་གསན་བསམ་མཛད་དེ། ཡོད་ཚད་དབུས་གཙང་གི་ས་གནས་དེ་གའི་དངོས་ཡོད་གནས་ཚུལ་དང་སྦྱོར་ནས། དགོངས་པ་གཏིང་ཟབ་མོ་བཞེས་པའི་རྗེས། ཆབ་སྲིད་དང་། དཔལ་འབྱོར། ཁྲིམས་ལུགས། མི་དོན་གྱི་བཀོད་སྒྲིག་ལམ་ལུགས་སོགས་ཕྱོགས་གང་ཅིའི་ཐད་ལ་བསྒྱུར་བཅོས་ཆེན་པོ་ཞིག་བཏང་བ་རེད། ཁོང་གིས་སྔོན་ལ་རིག་པ་དྭངས་གསལ་གྱི་སྒོ་ནས་སྲིད་འཛིན་སྒྲིག་གཞི་དང་མི་དོན་བཀོད་སྒྲིག་གི་ཆ་ནས་འགོ་ཚུགས་ཏེ་བསྒྱུར་བཅོས་མཛད། དེ་སྔ་སྲིད་དབང་རང་ཁོངས་རང་བཙན་བྱས་ཏེ་ཁ་འཐོར་གྱི་བདག་གཉེར་བྱེད་པའི་ཁྲི་སྐོར་བཅུ་གསུམ་གྱི་ཁྲི་དཔོན་ལམ་ལུགས་བསྒྱུར་བཅོས་བཏང་ནས། དེ་དག་རྫོང་གཞིས་ཁག་བཟོས་ཏེ་ས་གནས་རིམ་པའི་སྲིད་འཛིན་སྒྲིག་གཞིའི་ལམ་ལུགས་བཙུགས་ནས་ས་གནས་ཡོངས་སུ་དར་ཁྱབ་བྱེད་བཅུག རྫོང་གཞིས་ཁག་བཅུ་གསུམ་བསྒྱུར་བཅོས་བྱས་རྗེས། རྫོང་གཞིས་རེ་ལ་རྫོང་དཔོན་རེ་བསྐོ་གཞག་མཛད་དེ་ལོ་གསུམ་སོང་ཚེ་རྫོང་དཔོན་གསར་པ་བརྗེ་དགོས་ཀྱི་གཏན་འབེབས་བཟོས། ད་དུང་དབུས་གཙང་དང་ཚོ་པ་ཁག་གི་འགོ་དཔོན་རྣམས་རྫོང་གཞིས་ཁག་ལ་དོན་དག་སྒྲུབ་པར་འགྲོ་དགོས་བྱུང་ཚེ། ངེས་པར་དུ་གཞུང་ཡིག་སྙིང་ཐམ་ཀ་ཕབ་ནས་ཏཱ་སི་ཏུ་བྱང་ཆུབ་རྒྱལ་མཚན་ལ་སྙན་སྒྲོན་ཞུ་དགོས་པའི་གཏན་འབེབས་ཡང་བཟོས་ཡོད། དེ་དང་ཆབས་ཅིག་དབུས་གཙང་ཁྲོན་ཡོངས་ལ་གཞིས་ཁག་མང་པོ་

གསར་འཛུགས་བྱས་ཏེ། གཞིས་ཀའི་གཞི་རིམ་སྲིད་འཛུགས་ཀྱི་རྨང་གཞི་ཁྲབ་གདལ་དུ་བཏང་ནས། ཐོན་སྐྱེད་འཕེལ་རྒྱས་གཏོང་རྒྱུ་དང་གཞིས་འོག་གི་མི་སེར་བདག་གཉེར་བྱེད་རྒྱུའི་ལམ་ལུགས་བཙུགས། ཏཱ་སི་ཏུ་བྱང་ཆུབ་རྒྱལ་མཚན་གྱིས་དེ་མིན་གྱི་བསྒྱུར་བཅོས་ཁག་མང་པོ་བཀོད་སྲིག་མཛད་ཡོད་པ་དཔེར་ན། ས་གནས་ཀྱི་དངོས་ཡོད་དང་མཐུན་པའི་ཁྲིམས་ལུགས་《ཞལ་ལྕེ་བཅོ་ལྔ་》སོགས་གཏན་ལ་ཕབ་པ་དེས་བཤུ་གཞོག་གཏོང་མཁན་གྱི་དཔོན་རིགས་ཚོས་ཧམ་སེམས་ཚོམས་མེད་ཀྱི་ངན་སྤྱོད་ལ་ཚོད་འཛིན་གང་འཚམས་བྱེད་ཐུབ་ཡོད་ལ། གསར་དུ་མངོན་པའི་ཕག་གྲུའི་དབང་སྒྱུར་སྲིད་དབང་སྲུང་སྐྱོང་དང་སྤྱི་ཚོགས་ལྷིང་འཇགས། དཔལ་འབྱོར་འཕེལ་རྒྱས་གཏོང་རྒྱུ་བཅས་ལ་ཕུར་བསྟོན་གྱིས་བསྐུལ་འདེད་གཏོང་བའི་ནུས་པ་གལ་ཆེན་ཐོན་ཡོད་པ་རེད།

ལྷ་ས་གྲོང་ཁྱེར་སྐྱིད་ཆུ་ཕ་རོལ་གྱི་(དེང་སྐབས་ལྷ་སའི་སྐྱིད་ཆུ་ལྷོ་ངོས་ཀྱི་སྣེའུ་གྲོང་གསར་ཞེས་ཟེར།) སྣེའུ་རྫོང་ཞེས་པ་དེ་ནི་སྔར་བོད་མི་སྤྱིལ་(སྤྱི་ལོ་༡༣༥༨)ལོར་ཏཱ་སི་ཏུ་བྱང་ཆུབ་རྒྱལ་མཚན་གྱིས་རྫོང་ཆེན་བཅུ་གསུམ་གསར་འཛུགས་བྱས་པའི་ཡ་རྒྱལ་ཞིག་ཡིན་ཞིང་། སྐབས་དེ་དུས་ལྷ་ས་གྲོང་ཁྱེར་སྣེའུ་རྫོང་གི་ཁོངས་སུ་གཏོགས་པ་དང་། སྟོད་ལུང་རྫོང་། ཆུ་ཤུར་རྫོང་། སྟག་རྩེ་རྫོང་། དེ་བཞིན་བྲག་དཀར་རྫོང་། ལྷུན་གྲུབ་རྫོང་། བྱེ་རི་སྟག་རྩེ་རྫོང་སོགས་སྲིད་གཞུང་གི་ཁོངས་གཏོགས་རེད། ཕག་གྲུའི་སྲིད་དབང་གི་ལྟེ་གནས་ལྷོ་ཁ་སྣེ་གདོང་ཁུལ་དུ་ཆགས་ཡོད་ཀྱང་། ལྷ་ས་གྲོང་ཁྱེར་བོད་ཆོས་ལྡན་ཞིང་ཁམས་ཀྱི་གནས་མཆོག་ཡིན་པ་ལ་བརྟེན་ནས་དེའི་འདུ་བྱེད་ཀྱི་ནུས་པའི་དབང་གིས། ཕག་གྲུའི་སྡེ་སྲིད་རིམ་བྱོན་ནས་མཐོང་ཆེན་བླ་ལྷག་ཏུ་བྱེད་པར་མ་ཟད། ལྷ་སའི་རྗེ་བོ་རྣམ་གསུམ་ལ་གནས་མཇལ་དང་། མ་དངུལ་འགྲོ་སོང་མང་པོ་བཏང་སྟེ་གཙུག་ལག་ཁང་ཉམས་གསོ་ཞུས་པ་དང་། ད་དུང་སྣེའུ་རྫོང་དཔོན་ནམ་མཁའ་བཟང་པོ་ལ་བཀའ་ཕབ་སྟེ་དགོན་པ་གསར་བཞེངས་མང་པོ་བྱེད་དུ་བཅུག

དེ་ནས་ཕག་གྲུའི་སྲིད་དབང་གིས་རྗེ་ཙོང་ཁ་པ་ཆེན་པོ་དང་ཁོང་གི་སློབ་མ་

རྣམས་ལ་ནུས་ཤུགས་གང་ཡོད་ཀྱི་རྒྱབ་སྐྱོར་བྱས་ཏེ། ལྷ་སའི་ཉེ་འཁོར་དུ་འབྲོག་རི་བོ་དགའ་ལྡན་དགོན་དང་། སེ་ར་ཐེག་ཆེན་གླིང་དགོན། དཔལ་ལྡན་འབྲས་དཀར་སྤུངས་པའི་དགོན་སོགས་ལྷ་སའི་གདན་ས་སེ་འབྲས་དགའ་གསུམ་ཞེས་ཕྱོགས་ཀུན་དུ་ཡོངས་སུ་གྲགས་པ་དེ་དང་། དེ་རྗེས་གཞིས་ཀ་རྩེ་གྲོང་ཁྱེར་དུ་བཀྲ་ཤིས་ལྷུན་པོའི་དགོན་པ་དང་། ཨ་མདོ་མཚོ་སྔོན་དུ་སྐུ་འབུམ་བྱམས་པ་གླིང་དགོན། ཀན་སུའུ་བསང་ཆུ་ལ་བླ་བྲང་བཀྲ་ཤིས་འཁྱིལ་དགོན་སོགས་དགེ་ལུགས་པའི་དགོན་པ་མང་པོ་བཞེངས། སྔེའུ་རྫོང་དཔོན་ནམ་མཁའ་བཟང་པོས་ལྷ་སར་གདན་ས་སེ་འབྲས་དགའ་གསུམ་བཞེངས་པའི་མཛད་རྗེས་ལ་བརྟེན་ནས། མིང་རྒྱལ་རབས་ཀྱང་དབྱང་སྲིད་གཞུང་གིས་ཁོང་ལ་རྒྱལ་སའི་བཀོད་འདོམས་ཧྲེ་སིའི་ཚན་པའི་ཁོངས་ནས་རྒྱལ་སའི་བཀོད་འདོམས་སོས་མི་ཞེས་པའི་མཚན་སྙན་གསོལ་ཡོད། རྒྱལ་བ་ལྔ་པ་ཆེན་པོས་མཛད་པའི་《ལྷ་སའི་དཀར་ཆག་ཤེལ་དཀར་མེ་ལོང་》ཞེས་པ་ར་ས་གཙུག་ལག་ཁང་གི་དཀར་ཆག་ཏུ་འཁོད་པར་ཞིག་ན། ཕག་གྲུའི་སྡེ་སྲིད་རིམ་བྱོན་གསུམ་པ་སྤྱན་སྔ་གྲགས་པ་བྱང་ཆུབ་ཀྱིས་ར་ས་གཙུག་ལག་ཁང་གི་ཉམས་གསོ་གཞི་རྒྱ་ཆེན་པོ་ཞིག་གནང་བའི་ལོ་རྒྱུས་འཁོད་ཡོད་པ་རེད།

ཏྭ་སི་ཏུ་བྱང་ཆུབ་རྒྱལ་མཚན་ཕག་གྲུའི་རྒྱལ་རབས་ཀྱི་སྡེ་སྲིད་ཨང་དང་པོ་མཛད་མཁན་ཞིག་གི་ངོས་ནས་གླེང་ན། ཁོང་གིས་སྐུ་ཚེ་གང་བོར་སངས་རྒྱས་ཆོས་ལུགས་པའི་ཚུལ་ཁྲིམས་རྣམ་པར་དག་པ་སྲུང་བའི་འོག །འཚོ་བ་ལ་རྒྱས་སྤྲོས་མ་གནང་ཞིང་གཞན་ལ་བློ་སེམས་ཤིན་ཏུ་དྲང་བ། ཕྱག་ལས་གང་ཞིག་གནང་ཡང་ལུས་སེམས་གཉིས་ཀྱི་སྒོ་ནས་ཐབས་ཤེས་ཡོད་རྒུ་བཏོན་ཏེ་ལེགས་སྒྲུབ་གནང་གི་ཡོད་པ་དང་། ཁོང་གི་འབད་བརྩོན་ལ་བརྟེན་ནས་དབུས་གཙང་ཡོངས་སྤྱི་ཚོགས་འཕེལ་རྒྱས་ཀྱི་གར་སྟེགས་གསར་པ་ཞིག་ཏུ་གོམ་སྟབས་སྤོ་ཐུབ་པ་བྱུང་ཡོད་ལ། ཕག་གྲུའི་རྒྱལ་རབས་དེ་ཉིད་ཀྱང་སྡེ་སྲིད་རིམ་བྱོན་བཅུ་ཙམ་གྱིས་ལོ་ངོ་ཉི་བརྒྱ་དྲུག་བཅུ་རེ་བཞིའི་བར་སྲིད་དབང་བཟུང་ཐུབ་པའི་རྨང་གཞི་བརྟན་པོ་ཞིག་བཙུགས་ཐུབ་ཡོད། དེ་ནས་

བོད་ཤིང་འབྲུག་(སྤྱི་ལོ་༡༣༨༩)ལོའི་ཟླ་བ་བཅུ་པའི་ཚེས་བཅུ་བདུན་ཉིན། ཏཱ་སི་ཏུ་བྱང་ཆུབ་རྒྱལ་མཚན་དགུང་ལོ་དྲུག་བཅུ་རེ་གསུམ་ཐོག་སྐུ་གཤེགས། ཁོང་གིས་ཕག་གྲུའི་སྡེ་སྲིད་ཨང་དང་པོ་མཛད་ནས་ཕག་གྲུའི་སྲིད་དབང་སྲ་བརྟན་དང་། འཕེལ་རྒྱས་དང་ཡར་ཐོན་ཡོང་རྒྱུར་སེམས་ཤུགས་ཡོད་རྒྱུ་བཏོན་ནས་ལོ་ངོ་བཅུ་ཧྲིལ་པོ་འཐབ་རྩོད་གནང་ཡོད། ཁོང་ནི་བོད་མིའི་ལོ་རྒྱུས་ཐོག་ཕུལ་དུ་བྱུང་བའི་ཆབ་སྲིད་མཁས་ཅན་ཞིག་དང་། དམག་དོན་མཁས་ཅན། བསྒྱུར་བཅོས་མཁས་ཅན་བཅས་ཡིན་པ་ནི་ངོ་གནོང་མི་དགོས་པ་ཞིག་རེད།

ཕག་གྲུས་སྲིད་དབང་བཟུང་བའི་དུས་སུ། བོད་ཀྱི་དཔལ་འབྱོར་དང་ཆབ་སྲིད་རིག་གནས་སོགས་བྱ་གཞག་གང་སྤྱིར་འཕེལ་རྒྱས་མྱུར་པོ་ཞིག་ཕྱིན་ཡོད། དཔེར་ན་ཞིང་འཛུགས་ནགས་ཚལ་དང་། ཆུ་ཟམ་བསྐྲུན་པ། སྟོད་ཁང་གི་ཨར་ལས་གསར་རྒྱག་བྱས་པ་སོགས་དང་། ཆོས་ལུགས་གྲུབ་མཐའ་ཁག་ལ་ལ་མཚོན་ན་དགེ་ལུགས་པ་དང་། བུ་སྟོན་ལུགས་དང་། ཇོ་ནང་ལུགས། བོ་དོང་ལུགས་སོགས་གྲུབ་མཐའ་མི་འདྲ་བ་འགའ་ཞིག་ཐོན་ནས། གྲུབ་མཐའ་དེ་ཚོའི་ནང་ནས་མཁས་གྲུབ་གཉིས་ལྡན་གྱི་བླ་མ་ཁྱད་དུ་འཕགས་པ་མང་པོ་ཐོན་ཡོད་ཁར། འདིར་ཁོ་མོས་ཕག་གྲུའི་སྐབས་སུ་ཐོན་པའི་གྲགས་ཅན་གྱི་སློབ་དཔོན་གཉིས་དཔེ་མཚོན་ཙམ་ངོ་སྤྲོད་ཞུ་བ་ལགས་ན།

(༡)རྗེ་ཙོང་ཁ་པ་ཆེན་པོས་དགེ་ལུགས་པའི་ཆོས་བརྒྱུད་གསར་གཏོད་དར་འཕེལ་བཏང་བ།

དེ་ཡང་ཕག་གྲུས་སྲིད་དབང་བཟུང་བའི་དུས་སུ། བོད་བརྒྱུད་ནང་བསྟན་དགེ་ལུགས་པའི་གྲུབ་མཐའ་དེ་ཉིད་འཕེལ་རྒྱས་མྱུར་པོ་ཞིག་འགྲོ་ཐུབ་ཡོད། དགེ་ལུགས་པ་གསར་གཏོད་མཛད་པོ་རྗེ་ཙོང་ཁ་པ་ཆེན་པོ་ནི་ཆོས་ལུགས་མི་སྣ་གྲགས་ཅན་ཞིག་ཡིན་པ་དང་། རྗེ་ཙོང་ཁ་པ་བློ་བཟང་གྲགས་པ་ཞེས་བོད་མེ་བྱ་(སྤྱི་ལོ་༡༣༥༧)ལོར་མདོ་སྨད་ཀྱི་སའི་ཆ་ཤར་ཙོང་ཁ་ཞེས་པའི་(དེང་མཚོ་སྔོན་ཞིང་ཆེན་སྐུ་འབུམ་བྱམས་པ་གླིང་དགོན་)

ས་ཆར་མལ་རིགས་ཁྱིམ་རྒྱུད་དུ་འཁྲུངས། ཙོང་ཁ་ཞེས་པ་མཚན་གྱི་སྔོན་དུ་འབོད་སྲོལ་བྱུང་བ་ནི། རྒྱ་སྐད་དུ་དེང་སྐབས"ཧོང་ཀྲུང"ཟེར་བའི་ས་ཆ་དེར་སྔར་བོད་སྐད་དུ་ཙོང་ཁ་ཞེས་འབོད་པས་རྗེའི་འཁྲུངས་ཡུལ་ཙོང་ཁ་དེ་རང་དུ་ཡིན་པས། མཚན་གྱི་སྔོན་དུ"ཙོང་ཁ་པ་བློ་བཟང་གྲགས་པ"ཞེས་འབོད་སྲོལ་བྱུང་བ་ཡིན་ནོ། །བཤད་ཚུལ་ལ་རྗེ་ཙོང་ཁ་པ་འཁྲུངས་པའི་སྐབས་སུ་རྟགས་ཡ་མཚན་ཅན་མང་པོ་བྱུང་བ་རེད་ཟེར། ཕྱིར་བོད་ཀྱི་བླ་མ་སྤྲུལ་པའི་སྐུ་ཆེ་གྲས་འཁྲུངས་སྐབས་ཚང་མར་རྟགས་ཡ་མཚན་ཅན་དེ་འདྲ་མང་པོ་ཐོན་པའི་ལོ་རྒྱུས་ཡོད་པ་དང་། རྗེའི་ཡབ་ཡུམ་གཉིས་ལ་སྲས་སྲིས་དྲུག་བྱུང་བའི་ནང་ནས་རྗེ་ཙོང་ཁ་པ་སྲས་བཞི་པར་གྲགས།

རྗེ་ཙོང་ཁ་པ་དགུང་ལོ་གསུམ་ལ་ཕེབས་དུས་ཀརྨ་པ་སྐུ་ཕྲེང་བཞི་པ་རོལ་པའི་རྡོ་རྗེ་དྲུང་དུ་དགེ་བསྙེན་གྱི་སྡོམ་པ་བཞེས་པའི་མཚན་ལ་ཀུན་དགའ་སྙིང་པོ་ཞེས་གསོལ། དགུང་ལོ་བདུན་ལ་ཕེབས་དུས། མཚོ་སྔོན་བྱ་ཁྱུང་དགོན་གྱི་ཆོས་རྗེ་དོན་གྲུབ་རིན་ཆེན་དྲུང་དུ་དགེ་ཚུལ་གྱི་སྡོམ་པ་བཞེས་པའི་མཚན་དུ་བློ་བཟང་གྲགས་པའི་དཔལ་ཞེས་བྱ་བར་གསོལ། ཆོས་རྗེའི་དྲུང་དུ་ལོ་བཅུའི་རིང་འཇམ་དཔལ་དབྱངས་དང་དབྱངས་ཅན་མ་ལ་སོགས་པའི་ཤེས་རབ་འཕེལ་བའི་ཆོས་མང་པོ་གསན་བསམ་མཛད་དེ་བཞུགས། དེ་ནས་དགུང་ལོ་བཅུ་དྲུག་ལ་ཕེབས་སྐབས། དབུས་གཙང་དུ་ཕྱིན་ནས་སྔ་རྗེས་སུ་འབྲི་གུང་དགོན་དང་། གུང་ཐང་དགོན། གསང་ཕུ་དགོན། བདེ་བ་ཅན་དགོན།(དེང་སང་ར་སྟོད་དགོན།) དགའ་བ་གདོང་དགོན། སྐྱོར་མོ་ལུང་དགོན། ས་སྐྱ་དགོན། ཞ་ལུ་དགོན་སོགས་དབུས་གཙང་གི་གྲགས་ཅན་དགོན་པ་མང་པོར་མཁས་གྲུབ་གཉིས་ལྡན་གྱི་དགེ་བའི་བཤེས་གཉེན་དག་གི་དྲུང་དུ་ཐོས་བསམ་སྒོམ་གསུམ་གྱི་སློབ་གཉེར་རྩེ་གཅིག་ཏུ་མཛད། དབུས་གཙང་ཕྱོགས་གང་སའི་སྟོན་ཕྱིན་གྱི་སྐྱེས་བུ་དམ་པ་བཞི་བཅུ་ལྷག་གི་དྲུང་ནས་མང་དུ་ཐོས་པ་ལུང་གི་ཡོན་ཏན་ལ་མངའ་བརྙེས་པ་དང་། ཚུལ་བཞིན་སྒྲུབ་པ་རྟོགས་པའི་ཡོན་ཏན་ལ་མངའ་བརྙེས་པ་སོགས་ཀྱི་མདོ་སྔགས་བསྟན་པ་ཡོངས་རྫོགས་ཀྱི་གནད་ལ་ངེས་པ་རྙེད་པ་ཞིག་བྱུང་སྟེ། དབུས་

གཙང་གི་དགོན་སྡེ་ཁག་མང་པོར་གྲྭ་སྐོར་མཛད་ནས་འཆད་པ་དང་རྩོད་པ་ལ་སོགས་པའི་ཡོན་ཏན་གྱི་བརྡར་ཤ་བསམ་གྱིས་མི་ཁྱབ་པ་ཆོད་དེ་མཐར་མཁས་པའི་རྩེ་མོར་སོན། སྐབས་དེ་ཙམ་དུ་གང་དེའི་ཤེས་པའི་ཡོན་ཏན་ཟབ་མོ་མཐའ་དག་གི་བློ་གྲོས་རབ་ཏུ་རྒྱས་ནས་ཆོས་ཕྱོགས་ཀྱི་རྣམ་པར་དག་པའི་མཛད་པ་རྒྱ་ཆེར་སྤེལ་འགོ་ཚུགས་པ་ལགས་སོ། །

སྐབས་དེར་དགེ་འདུན་པ་མང་པོས་འཇིག་རྟེན་ཁྱིམ་པའི་དཔལ་ཡོན་ལོངས་སྤྱོད་ལ་ཆགས་སེམས་ཆེ་བ་དང་། དམངས་དང་རྒྱང་ཐག་རིང་དུ་སོང་བ། དབང་གྲགས་ལ་བསྙེན་ཞིང་ཚུལ་ཁྲིམས་ལྷོད་གཡེང་དང་ཀུལ་སྲུངས་ཐ་ཤལ་སྐྱིད་ལུག་གི་སྤྱོད་ངན་དེ་དག་བསྒྱུར་བཅོས་གཏོང་ཆེད། འདུལ་ཁྲིམས་བཅོས་སྒྲིག་ཡང་དག་པ་བྱས་ནས་ཚུལ་ཁྲིམས་རྣམ་དག་ཅིག་སླར་གསོ་ཡོང་བའི་དམིགས་ཡུལ་བཅང་སྟེ། རྗེ་ཉིད་ནས་རྩོམ་བྲིས་ལུང་བཤད་ཀྱི་སྒོ་ནས་དགོན་སྡེ་ཁག་ལ་ཕེབས་ཏེ་བཀའ་ཆོས་གསུང་ཁྲིད་མཛད་པ་དང་། 《བྱང་སེམས་ཀྱི་སྡོམ་པ་》དང་། 《བཤེས་གཉེན་བསྟེན་ཚུལ་གྱི་བསྟོད་པ་ཡན་ལག་ལྔ་བཅུ་པ་》《གསང་སྔགས་ཀྱི་རྩ་ལྟུང་བཅུ་བཞི་》སོགས་པའི་བཀའ་ཁྲིད་རྒྱ་ཆེ་མཛད་དེ་རབ་ཏུ་བྱུང་བས་འདུལ་ཁྲིམས་རྣམ་པར་དག་པ་སྲུང་རྒྱུའི་དགོས་ངེས་ཀྱི་རང་བཞིན་གང་ཡིན་པ་ངེས་པར་དུ་ཤེས་སུ་འཇུག་རྒྱུའི་བསླབ་བྱ་ནན་བཤད་མཛད། སྤྱི་ལོ་༡༨༠༢ལོར་རྒྱལ་བ་བྱམས་པ་མགོན་པོས་སློབ་དཔོན་ཐོགས་མེད་ལ་གསུངས་པའི་《བྱམས་ཆོས་སྡེ་ལྔའི་》ནང་གསེས་《མངོན་རྟོགས་རྒྱན་》གྱི་རྩ་འགྲེལ་མཛད་པ་དང་། སློབ་དཔོན་ཨ་ཏི་ཤས་མཛད་པའི་《བྱང་ཆུབ་ལམ་གྱི་སྒྲོན་མེ་》ལ་གཞི་མཛད་དེ་《བྱང་ཆུབ་ལམ་གྱི་རིམ་པ་》རྒྱས་པར་བརྩམས་ནས་སྐྱེས་བུ་ཆེ་འབྲིང་ཆུང་གསུམ་གྱི་ལམ་གྱི་རིམ་པ་ཇི་ལྟར་ཉམས་སུ་ལེན་པའི་ཚུལ་ཤིན་ཏུ་ཟབ་པ་ཞིག་དང་། མདོ་སྔགས་ཟུང་འབྲེལ་གྱི་བསྟན་པ་ཡང་དག་པའི་སྒོ་ནས་ཉམས་སུ་ལེན་ཚུལ་གསུང་རབ་དགོངས་འགྲེལ་དང་བཅས་པ་མ་ལུས་གང་ཟག་གཅིག་འཚང་རྒྱ་བའི་ཆ་རྐྱེན་དུ་འགྲོ་བའི་ལམ་གྱི་རིམ་པ་ཆ་ཚང་བ་ཞིག་བསྟན་ཡོད། དེ་ནི་རྗེ་ཙོང་

ཁ་པ་ཆེན་པོས་མཛད་པའི་གསུང་རྩོམ་མང་པོའི་ནང་ནས་བག་ཆགས་ཆེས་ཟབ་ཤོས་ཀྱི་བརྩམ་བྱ་ཞིག་རེད། སྤྱི་ལོ་༡༤༠༨ལོར་སྔགས་ཕྱོགས་རྒྱུད་སྡེ་བཞིའི་ལམ་གྱི་ལུས་ཡོངས་སུ་རྫོགས་པ་གསལ་བར་བྱེད་པའི་བསྟན་བཅོས་《སྔགས་རིམ་ཆེན་མོ་》ཡང་མཛད། གོང་གསལ་མདོ་སྔགས་གཞུང་ཆེན་དེ་གཉིས་ནི་རྗེ་ཙོང་ཁ་པ་ཆེན་པོའི་ཐུན་མོང་མ་ཡིན་པའི་མདོ་སྔགས་ཟུང་དུ་འབྲེལ་བའི་ཆོས་ཕྱོགས་ཀྱི་རིག་པའི་གཞུང་ལུགས་མ་ལག་ཆ་ཚང་ཞིག་བསྟན་གནང་བ་དང་། དེ་ཡང་ཕྱོགས་གཅིག་ནས་སློབ་དཔོན་ཨ་ཏི་ཤ་བཀའ་གདམས་པའི་རིག་པའི་གཞུང་ལུགས་རྒྱུད་འཛིན་མཐའ་གཅིག་ཏུ་མཛད་པ་དང་། གཉིས་ནས་དགེ་ལུགས་པའི་བསྟན་པ་གསར་དུ་གཏོད་ཆེད་རིག་པའི་གཞུང་ལུགས་ཀྱི་བསམ་བློའི་རྨང་གཞི་བརྟན་པོ་ཞིག་འཛུགས་ཐུབ་པ་བྱུང་ཡོད།

དགེ་ལུགས་པའི་བསྟན་པ་བོད་ཀྱི་ཆོས་ལུགས་གྲུབ་མཐའ་གཞན་དང་མི་འདྲ་བར་ཚུལ་ཁྲིམས་རྣམ་པར་དག་པ་ཞིག་ཡོང་རྒྱུའི་ཆེད་དུ། རྗེ་ཙོང་ཁ་པས་རང་ལུགས་མཚོན་ཆེད་དགེ་སློབ་ཡོངས་སུ་རྫོགས་པས་འདུས་ཚོགས་སྐབས་ཞྭ་སེར་གྱི་ཙོད་པན་དབུ་ལ་བཞེས་དགོས་ཀྱི་མཚོན་རྟགས་མཛད། ལྷག་དོན་དུ་དགེ་ལུགས་པ་དང་གཞན་ལུགས་མི་འདྲ་བའི་གཏན་འབེབ་གཞན་ནི། གཅིག་ནས་རབ་ཏུ་བྱུང་བས་ངེས་པར་དུ་དགོན་ནང་གི་འདུལ་ཁྲིམས་ནན་སྲུང་བྱ་དགོས་པ་དང་། རབ་བྱུང་བས་འཚོ་བ་གཙང་སྲུང་ཐོག་གཞུང་འཛིན་སློབ་གཉེར་གྱི་འཛིན་གྲྭ་ཁག་གོང་འོག་བཞིན་རིམ་པས་རྒྱུད་དེ་སློབ་གཉེར་གནང་རྒྱུ་དང་། འཇིག་རྟེན་གྱི་ལས་ལ་ཐེ་ཇུས་བྱས་མི་ཆོག་པར་མ་ཟད་བཟའ་ཚང་སྒྲིག་ནས་ཐོན་སྐྱེད་ཀྱི་ལས་ནང་དེ་བས་ཞུགས་མི་ཆོག །གཉིས་ནས་དགོན་སྡེ་ཆེ་ཁག་ལ་ཚོགས་ཆེན་དང་། གྲྭ་ཚང་། ཁམས་ཚན། མི་ཚན་སོགས་ཀྱི་སྒྲིག་ཁོངས་བཟོས་ནས་བཅོས་སྒྲིག་མཛད་པ་དང་། དགོན་པ་སོ་སོའི་འདུལ་ཁྲིམས་གཙང་མ་འགན་སྲུང་ཡོང་ཆེད་བཅའ་ཡིག་དང་བཅའ་ཁྲིམས་གཏན་འབེབས་མཛད་དེ། གཞུང་འཛིན་དཔེ་སློབ་འཛིན་གྲྭ་སོ་སོར་སྒྲིག་ཁྲིམས་ནན་པོ་གཏན་འབེབས་མཛད་པ་དང་། དེ་བཞིན་འདུལ་ཁྲིམས་ལ་སྲུང་བརྩི་ཞུ་དགོས་དང་ཆབས་ཅིག་སྟོན་ལ་མདོ་

ཕྱོགས་མཚན་ཉིད་དང་བཅས་པ་སློབ་གཉེར་ཟིན་རྗེས། གཞི་ནས་སྔགས་ཕྱོགས་ཀྱི་རྒྱུད་སྡེ་རྣམས་ལ་སློབ་གཉེར་མཛད་དེ་མདོ་སྔགས་ཟུང་འབྲེལ་གྱི་བསྟན་པ་འགལ་མེད་སྒྲུང་དགོས་པའི་ཆོས་ལུགས་བསམ་བློའི་རིག་པའི་གཞུང་ལུགས་ཀྱི་མ་ལག་རྣམས་ལ་བསྒྲི་བཀུར་བཅས། སློབ་གཉེར་རིམ་པ་ལྟར་འགྲོ་བ་ལས་རིམ་པ་བརྒྱལ་ནས་འཕར་མཆོང་བྱེད་མི་ཆོག །གསུམ་ནས་ལོ་རེ་བཞིན་དགེ་ལུགས་པའི་སེ་འབྲས་དགའ་གསུམ་གཙོས་དགོན་སྡེ་ཁག་དང་གྲུབ་མཐའ་གཞན་གྱི་དགེ་འདུན་པ་སོགས་ལྷ་ས་གཙུག་ལག་ཁང་དུ་ཆོ་འཕྲུལ་སྨོན་ལམ་ཆེན་མོར་བཞུགས་ཆོག །

རྗེ་ཙོང་ཁ་པ་ཆེན་པོས་གསར་དུ་གཏོད་གནང་བའི་མཛད་ཕྱོགས་དེ་དག་ལ། དབུས་གཙང་ཡོངས་ཀྱི་སློབ་དཔོན་དང་དགེ་བའི་བཤེས་གཉེན་ཚང་མས་མཐོང་ཆེན་དགའ་བསུ་ཐོབ་པར་མ་ཟད། རྒྱ་ཆེའི་སེར་སྐྱ་མང་ཚོགས་ཀྱིས་དགའ་ཞེན་བསྒྲི་བཀུར་ཐོབ་ཡོད། ལྷག་པར་དུ་ཕག་གྲུའི་ས་གནས་སྲིད་དབང་གིས་རྗེ་ཙོང་ཁ་པ་ལ་རྒྱབ་སྐྱོར་རོགས་རམ་བྱེད་ཚད་དེ་བས་ཤུགས་ཆེ་རུ་ཕྱིན་ཡོད། གང་ལགས་ཞེ་ན་རྗེ་ཙོང་ཁ་པ་ཆེན་པོས་རབ་ཏུ་བྱུང་བའི་དགེ་འདུན་གྱི་འདུལ་ཁྲིམས་ལ་བདག་གཉེར་དོ་དམ་གནང་ཚད་མཐོ་རུ་བཏང་བ་དང་། མང་ཚོགས་ཀྱི་བསམ་བློའི་ནང་སངས་རྒྱས་ཆོས་ལུགས་ལ་བཅང་པའི་དད་སེམས་རྣམས་སྐུལ་སློང་གཏོང་ཐུབ་པ། ཆོས་ལུགས་རང་དོས་ཀྱི་གོང་བུ་འགྲིལ་ཤུགས་ཆེ་རུ་སོང་བ་སོགས་ཀྱིས་སྤྱི་ཚོགས་དུས་བབ་སྙིང་འཇགས་དང་ཕག་གྲུའི་སྲིད་དབང་སྲ་བརྟན་སྐུལ་སློང་ཡོང་རྒྱུར་ཕན་ནུས་ཧ་ཅང་ཆེ་བའི་དོན་སྙིང་ལྡན་ཡོད་སྟབས། ཕག་གྲུའི་དབང་གྲགས་པ་རྒྱལ་མཚན་གྱི་མངའ་དབང་དུ་གཏོགས་པའི་སྣེའུ་རྫོང་དཔོན་ནམ་མཁའ་བཟང་པོས་ཤུགས་ཆེའི་རྒྱབ་སྐྱོར་ལ་བརྟེན་ནས། རྗེ་ཙོང་ཁ་པ་ཆེན་པོས་ལོ་ངོ་གཉིས་ཙམ་རིང་ཟབ་ནན་གྱི་འཆར་བཀོད་མཛད་པའི་འོག །བོད་ས་སྐྱང་（སྤྱི་ལོ་༡༥༠༩）ལོར་ཟླ་དང་པོའི་ཚེས་བཞི་ནས་ཚེས་ཉེར་ལྔ་བར་ལྷ་ལྡན་གཙུག་ལག་ཁང་དུ་རྗེ་བདག་ཉིད་ཆེན་པོ་སྐུ་དངོས་ཀྱིས་གཙོ་སྐྱོང་གནང་བ་དང་། གྲུབ་མཐའ་རིས་

མེད་ཀྱི་དགེ་འདུན་དང་མང་ཚོགས་མི་གྲངས་ཁྲི་ཚོ་བརྒྱལ་བའི་འདུས་འཚོགས་ཚོ་འཕྲུལ་སྨོན་ལམ་ཆེན་མོ་དངོས་སུ་ཚོགས་པ་རེད། དེ་ནས་བཟུང་ལོ་ལྟར་བོད་ཟླ་དང་པོའི་ཚེས་བཞི་ནས་ཚེས་ཉེར་ལྔའི་བར་ལྷ་སར་ཚོ་འཕྲུལ་སྨོན་ལམ་ཆེན་མོ་ཞེས་ཚོགས་སྲོལ་བྱུང་བ་རེད། དེ་ནི་བོད་མེ་འབྲུག་(སྤྱི་ལོ་༡༠༧༦)ལོར་མངའ་རིས་གུ་གེ་རྒྱལ་པོ་ཁྲི་རྩེ་བཙན་གྱིས་མཐོ་ལྡིང་ལྷ་ཁང་དུ་བསྐོང་འཚོགས་གནང་བའི་འདུས་ཚོགས་ཆེན་མོ་དང་། དེ་ནས་ས་སྐྱའི་གོང་མ་རྣམ་ལྔའི་གྲལ་འགྲོ་མགོན་ཆོས་རྒྱལ་འཕགས་པས་སྤྱི་ལོ་༡༢༧༧ལོར་གཙང་ཆུ་མིག་ལུང་དུ་འདུས་ཚོགས་ཆེན་མོ་བསྐོང་འཚོགས་གནང་བའི་རྗེས་སུ་སླར་ཡང་རྗེ་ཙོང་ཁ་པ་ཆེན་པོས་དེ་བས་གཞི་རྒྱ་ཆེ་བ་དང་། དེ་བས་བག་ཆགས་ཡུན་རིང་བཞག་ཐུབ་པའི་ཆོས་ཕྱོགས་ཀྱི་བྱེད་སྒོ་ལྷ་སའི་སྨོན་ལམ་ཆེན་མོ་ཞེས་པ་དེ་གསར་གཏོད་མཛད་པ་རེད།

རྗེ་ཙོང་ཁ་པ་ཆེན་པོའི་ཡིད་དབང་གི་འཕྲོག་ཤུགས་དང་རིམ་འདས་ཀྱི་འཛིན་ཐང་ཆེ་བ་ལ་བརྟེན་ནས། ཟབ་ཅིང་རྒྱ་ཆེ་བའི་ཚོ་འཕྲུལ་གྱི་སྨོན་ལམ་ཆེན་མོ་དེ་ལྟ་བུ་ཞིག་ལྷ་སར་བསྐོང་འཚོགས་མཛད་ཐུབ་པ་དང་། ཙོང་ཁ་པ་ཉིད་ཀྱང་ལུང་དང་རྟོགས་པའི་བློ་གྲོས་ཀྱི་ཤེས་པ་རབ་ཏུ་རྒྱས་ནས། གངས་ཅན་མཁས་པའི་གཙུག་རྒྱན་དུ་གྲགས་ཤིང་ཆོས་ཕྱོགས་ཡོངས་ཀྱི་བྱ་བ་ཐམས་ཅད་ལ་མཇུབ་ཁྲིད་ཡང་དག་པ་བྱེད་ཐུབ་པའི་ནུས་མཐུ་ལྡན་ཞིང་། བོད་བརྒྱུད་ནང་བསྟན་གྲུབ་མཐའ་རིས་མེད་ཀུན་གྱི་ཁས་ལེན་བྱེད་པའི་ནང་ཆོས་ཀྱི་དབུ་འཛིན་ཞིག་ཏུ་གྱུར། ཚོ་འཕྲུལ་སྨོན་ལམ་ཆེན་མོ་འགྲོལ་རྗེས། ཕག་གྲུའི་ས་གནས་སྲིད་འཛིན་པ་རིན་ཆེན་དཔལ་དང་རིན་ཆེན་ལྷུན་པོ་ཡབ་སྲས་གཉིས་ཀྱིས་ཆེད་མངགས་འགྲོ་སོང་བཏང་སྟེ། ལྷ་སའི་ཤར་ངོས་དབང་བསྐུར་རི་དང་ཉེ་བའི་གནས་སུ་རྗེ་ཙོང་ཁ་པ་ཆེན་པོར་གནས་གཞིའི་དགོན་པ་ཞིག་འདེབས་རྒྱུའི་འཆར་བཀོད་བྱས། རྗེ་ཙོང་ཁ་པ་ཆེན་པོ་གནས་དེར་ཆེད་མངགས་ཕེབས་ཏེ་ས་དཔྱད་ས་འདུལ་ཚོ་ག་དང་རྩིག་རྨང་ལ་བྱིན་གྱིས་བརླབས་ཏེ། ཐུགས་སྲས་དར་མ་རིན་ཆེན་དང་བཀྲ་ཤིས་རྒྱལ་མཚན་གཉིས་ཀྱི་གཙོ་ཁྲིད་མཛད་ནས་རྗེ་བདག

ཉིད་ཆེན་པོའི་འཆར་བཀོད་ལྟར། འབྲོག་དགའ་ལྡན་རྣམ་པར་རྒྱལ་བའི་གླིང་ཞེས་མཚན་གསོལ་བའི་གདན་ས་ཆེན་པོ་དེ་ཉིད་ཕྱག་བཏབ། དགེ་ལུགས་གྲུབ་མཐའི་མ་དགོན་ནམ་ལྟེ་གནས་ཀྱི་གདན་ས་དེ་ཉིད་ཕྱག་བཏབ་པ་ནས་བཟུང་རི་བོ་དགེ་ལུགས་པའི་བསྟན་པ་ཇི་བཞིན་འཕེལ་རྒྱས་སུ་ཕྱིན་པ་རེད།

ཕག་གྲུ་རྒྱལ་རབས་ཀྱིས་སྲིད་དབང་བཟུང་བའི་སྐབས། རྗེ་ཙོང་ཁ་པ་ཆེན་པོས་སྐྱུལ་མ་དང་རྒྱབ་སྐྱོར་གནང་བའི་འོག །ཉིད་ཀྱི་ཐུགས་སྲས་འཇམ་དབྱངས་ཆོས་རྗེ་བཀྲ་ཤིས་དཔལ་ལྡན་དང་བྱམས་ཆེན་ཆོས་རྗེ་ཤཱཀྱ་ཡེ་ཤེས་གཉིས་ནས་སྔ་རྗེས་སུ་ལྷ་སའི་ཉེ་འཁོར་གྱི་ནུབ་བྱང་གཉིས་སུ་དཔལ་ལྡན་འབྲས་དཀར་སྤུངས་པའི་ཆོས་སྡེ་ཆེན་པོ་དང་། དཔལ་ལྡན་སེ་ར་ཐེག་ཆེན་གླིང་ཆོས་སྡེ་ཆེན་པོ་གཉིས་ཕྱག་བཏབ། དེ་ལྟར་ལྷ་ས་ཁུལ་དུ་གདན་ས་ཆེན་པོ་སེ་འབྲས་དགའ་གསུམ་ཞེས་མཚན་སྙན་ཡོངས་སུ་གྲགས་ཏེ། དགེ་ལུགས་པའི་བསྟན་པ་བོད་ལྗོངས་ཡོངས་སུ་དར་ཞིང་རྒྱས་པ་ཡོང་རྒྱུར་རྨང་གཞི་གཏན་པོ་ཞིག་བཙུགས་ཟིན་པ་རེད། དེ་ནས་བོད་ས་ཕག་(ཕྱི་ལོ་༡༤༡༩)ལོར་བོད་ཟླ་བཅུ་པའི་ཚེས་ཉེར་ལྔ་ཉིན་རྗེ་ཙོང་ཁ་པ་ཆེན་པོ་དགུང་ལོ་དྲུག་བཅུ་རེ་གསུམ་ལ་ཕེབས་ཏེ་དགའ་ལྡན་དགོན་པར་ཉིད་ཀྱི་གཟིམས་ཁང་དུ་སྐུ་གཤེགས། དེའི་ཕྱི་ལོ་བོད་ཟླ་བཅུ་པའི་ཚེས་ཉེར་ལྔ་ཉིན་ནས་བཟུང་རྗེ་ཙོང་ཁ་པ་ཆེན་པོའི་དགོངས་རྫོགས་ཀྱི་དུས་མཆོད་གཏན་ལ་ཕབ་ནས་ལོ་རེ་བཞིན་དགའ་ལྡན་དགོན་གཙོ་བོར་གྱུར་པའི་བོད་ལྗོངས་ཡོངས་ཀྱི་སེར་སྐྱ་མང་ཚོགས་ཚང་མས"དགའ་ལྡན་ལྔ་མཆོད"ཅེས་པའི་དུས་མཆོད་བྱེད། དེ་ཉིན་མཚན་མོ་ལྷ་ས་གྲོང་ཁྱེར་གྱི་གྲོང་མི་ཚང་མས་རང་རང་གི་ཁང་པའི་སྒོའུ་ཁུང་ཕྱིར་སྟེགས་སུ་མཆོད་མེ་ཕྲ་ལྷམ་མེར་ཞལ་ཕྱི་སྟེ་ཉིན་མཚན་འབྱེད་དཀའ་བ་ལྟ་བུས་རྗེ་ཙོང་ཁ་པ་ཆེན་པོར་དྲན་གསོ་ལྷད་མེད་ཞུ་བཞིན་གསོལ་བ་སྨོན་ལམ་འདེབས་པ་དང་ཆབས་ཅིག་བར་བསྐོར་དུ་མཆོད་མཇལ་དུ་འགྲོ་སྲོལ་ཡོད་པ་རེད།(དམངས་ཁྲོད་ཀྱི་ཁ་རྒྱུན་དུ"དགའ་ལྡན་ལྔ་མཆོད་ཐོག་ཁའི་རྩེ་ལ་ཡོད། ཐུག་པ་བག་ཐུག་ཁོག་མའི་གཏིང་ལ་ཡོད"ཅེས་ཟེར་ཏེ་དགོང་དྲོ་ཁྱིམ་ཚང་རེ་རེས་ཐུག་པ་བག་ཐུག་བསྐོལ་ནས"ལྔ་མཆོད་ཐུག་པ"ཞེས་འཐུང་སྲོལ་

རྗེ་ཉིད་ལ་དྲན་གསོ་ལྷད་མེད་ཞུ་སྲོལ་ཡོད་པ་རེད།)

རྗེ་ཙོང་ཁ་པ་ཆེན་པོ་སྐུ་ཞིང་དུ་གཤེགས་རྗེས་ཁོང་གི་དངོས་སློབ་རྒྱལ་ཚབ་དར་མ་རིན་ཆེན་དགའ་ལྡན་དགོན་གྱི་གསེར་ཁྲིར་ཞབས་སོར་འཁོད། རྗེ་ཙོང་ཁ་པའི་དངོས་སློབ་མཁས་གྲུབ་དགེ་ལེགས་དཔལ་བཟང་པོ་དགའ་ལྡན་དགོན་གྱི་ཁྲི་ཐོག་གསུམ་པ་མཛད་པ་དང་། དེའི་རྗེས་སུ་པཎ་ཆེན་སྐུ་ཕྲེང་དང་པོའི་མཚན་སྙན་གསོལ་ཏེ་གཙང་བཀྲ་ཤིས་ལྷུན་པོ་དགོན་གྱི་ཁྲི་ཐོག་ལ་ཕེབས། རྗེ་ཙོང་ཁ་པའི་དངོས་སློབ་རྗེ་དགེ་འདུན་གྲུབ་པས་བཀྲ་ཤིས་ལྷུན་པོའི་དགོན་པ་ཕྱག་བཏབ་པ་དང་དེ་རྗེས་ཏཱ་ལའི་བླ་མ་སྐུ་ཕྲེང་དང་པོའི་མཚན་སྙན་གསོལ།(གོང་གསལ་རྗེ་ཙོང་ཁ་པ་དང་རྗེའི་དངོས་སློབ་མཁས་གྲུབ་རྗེ་དང་རྒྱལ་ཚབ་དར་མ་རིན་ཆེན་གསུམ་ལ"རྗེ་ཡབ་སྲས་གསུམ"ཞེས་འབོད་སྲོལ་བྱུང་བ་ཡིན།) རྗེ་ཙོང་ཁ་པ་ཆེན་པོར་བུ་སློབ་གྲངས་ལས་འདས་པ་བོད་ལྗོངས་ས་ཕྱོགས་ཡོངས་སུ་ཁྱབ་སྟེ་དགེ་ལུགས་པའི་ཆོས་བརྒྱུད་དར་འཕེལ་མཛད་ནས། བོད་མི་རིགས་ཀྱི་རིག་གནས་ཕུན་སུམ་ཚོགས་པ་ཡོང་རྒྱུར་ལེགས་སྐྱེས་ཟམ་མ་འཆད་པ་ཕུལ་ཡོད་པ་དང་། གངས་ཅན་མཁས་པའི་གཙུག་རྒྱན་དུ་གྲགས་པ་རྗེ་ཙོང་ཁ་པ་ཆེན་པོས་མཛད་པའི་གསུང་འབུམ་ལ་པོད་གྲངས་བཅོ་བརྒྱད་ཙམ་ཡོད་ཅིང་། གང་འདིས་རི་བོ་དགེ་ལུགས་པའི་ཆོས་བརྒྱུད་གསར་གཏོད་མཛད་པ་ཙམ་མ་ཟད། བོད་བརྒྱུད་ནང་བསྟན་ཡོངས་ཀྱི་ཆེས་སྙན་གྲགས་ཅན་གྱི་རིག་པའི་གཞུང་ལུགས་མཁས་ཅན་པ་ཞིག་དང་། ནང་བསྟན་མཚན་ཉིད་རིག་པའི་མཁས་ཅན། སློབ་གསོ་བ་མཁས་ཅན་བཅས་རེད།

(༢)གྲུབ་ཆེན་ཐང་སྟོང་རྒྱལ་པོ་ནི་བོད་ལ་ལྕགས་ཟམ་ཆེན་ཡང་དང་པོ་བཙུགས་མཁན་དང་། བོད་ཀྱི་ཨ་ལྕེ་ལྷ་མོའི་འཁྲབ་གཞུང་གསར་གཏོད་མཛད་མཁན་གྱི་སློབ་སྟོན་མེས་པོ་ཞིག་རེད།

ཕག་གྲུས་སྲིད་དབང་བཟུང་བའི་སྐབས་སུ། བོད་ཀྱི་དམངས་ཁྲོད་ནང་དུ་ཧ་ཅང་ཁྱབ་གདལ་ཆེ་བ་དང་ད་ལྟའི་དུས་སུའང་མི་ཉམས་པར་སྙན་ཞིང་གྲགས་པའི་མི་

སྣ་ཞིག་བྱུང་བ་ནི། གྲུབ་པའི་རྒྱལ་མཚན་རྩེ་མོར་བསྒྲེངས་ཏེ་མཁས་ཤིང་མཛངས་པའི་ཡོན་ཏན་གྱི་ཕྱུག་པ་མཚན་ནས་སྨོས་པར་བྱེད་ན། གྲུབ་ཆེན་ཐང་སྟོང་རྒྱལ་པོ་བརྩོན་འགྲུས་སེང་གེ་ཞེས་བྱ་བ་དེ་ཡིན། མཚན་འདི་ཐོས་མ་ཐག་བོད་མི་ཀུན་གྱི་མ་ཤེས་དང་མི་གོ་བ་ཏ་ལམ་མེད་པ་ལྟ་བུ་ཞིག་རེད། གང་དེས་ཤངས་པ་བཀའ་བརྒྱུད་པའི་སྟགས་ཕྱོགས་ཉམས་ལེན་མཛད་དེ་གྲུབ་པ་མངའ་བརྙེས་པའི་གྲུབ་ཆེན་ཞིག་ཡིན་པར་མ་ཟད། སྐྱེ་བོ་ཀུན་གྱིས་གུས་བཀུར་བླ་ན་མ་མཆིས་པ་ཐོབ་པའི་གཞི་རྩ་ནི། བོད་ཀྱི་ལོ་རྒྱུས་ཐོག་ས་ཕྱོགས་གང་སའི་གཙང་ཆུར་ལྕགས་ཟམ་གྱི་ཟམ་ཆེན་བསྐྲུན་ཏེ་མཁས་པའི་མཚན་སྙན་གྲགས་ཆེ་བར་བརྟེན་ཚང་མས"གྲུབ་ཐོབ་ལྕགས་ཟམ་པ"ཞེས་འབོད་སྲོལ་བྱུང་བར་མ་ཟད། གྲུབ་ཆེན་དེ་ཉིད་ནི་བོད་ཀྱི་སྲོལ་རྒྱུན་ཨ་ལྕེ་ལྷ་མོའི་འཁྲབ་གཞུང་གསར་གཏོད་མཛད་མཁན་གྱི་མེས་པོ་ཞིག་ཀྱང་རེད། ད་བར་བོད་ཀྱི་སྲོལ་རྒྱུན་ལྷ་མོ་འཁྲབ་སྟོན་བྱེད་པའི་སྟ་རོལ་དུ། འཁྲབ་སྟོན་ཚོགས་པ་སུ་ཞིག་ཡིན་ཡང་གར་སྟེགས་སམ་ཐང་ཆེན་གྱི་དབུས་སུ་གྲུབ་ཆེན་ཐང་སྟོང་རྒྱལ་པོའི་སྐུ་བརྙན་གྱི་ཐང་བྲིས་ཤིག་བཀལ་ཏེ། འཁྲབ་གཞུང་དངོས་སུ་དབུ་མ་ཚུགས་གོང་གྲུབ་ཐོབ་ཐང་སྟོང་རྒྱལ་པོའི་མཛད་རྗེས་རྣམས་རྗེས་སུ་དྲན་པའི་ཚུལ་གྱིས་ཆེ་བསྟོད་ཕུལ་བ་དང་། དེ་ནས་འཁྲབ་གཞུང་དངོས་སུ་དབུ་ཚུགས། བོད་ཀྱི་ལྷ་མོའི་སྒྱུ་རྩལ་འཁྲབ་སྟོན་གནང་མཁན་ཚོས་དུས་རྒྱུན་དུ་ནས་གྲུབ་ཆེན་ཐང་སྟོང་རྒྱལ་པོ་རང་གི་སྒྱུ་རྩལ་སློབ་སྟོན་པའི་མེས་པོར་ངོམ་སྟེ་ལྷད་མེད་ཀྱི་དད་སེམས་དང་མཆོད་པ་ཕུལ་བཞིན་དུ་གནས། བཤད་ཚུལ་ལ་ཐང་སྟོང་རྒྱལ་པོ་ཞེས་བྱ་བའི་མཚན་གྱི་ཐོབ་ཚུལ་དེ་ལ་ཡང་ཁུངས་ལུང་ཡོད་དེ། དེ་ཡང་གྲུབ་ཆེན་ཉིད་གཙང་རྒྱལ་སྡེའི་ཐང་ཁར་དགོན་དུ་ཕེབས་སྐབས། མཁའ་འགྲོ་མ་ལྷས་སྐུ་བླངས་ཏེ་ཐང་སྟོང་རྒྱལ་པོ་དང་། ལུང་སྟོང་སྨྱོན་པ། ཟས་བཙུས་ལེན་མཁན། རྐྱེན་ངོ་སྐྱོམས་མཁན། ཆོས་རྣམས་སྐྱུགས་གཏད་མེད་པ་བཅས་མཚན་ལྔ་གསོལ་བས། འཁོར་ཚང་མས་མགྲིན་གཅིག་ཏུ་ཐང་སྟོང་རྒྱལ་པོ་ཞེས་བྱ་བའི་མཚན་འདི་ལེགས་ཚུལ་འདེམས་ཀ་གནང་བས། མཁའ་འགྲོ་མ་ལྔས་སླར་ཡང་མགུར་གླུ

གླངས་ཏེ།

ཁྲབ་གདལ་ཆེན་པོའི་ཐང་ཆེན་ན། །
སྟོང་ཉིད་རྟོགས་པའི་རྣལ་འབྱོར་པ། །
འཇིགས་མེད་རྒྱལ་པོ་ལྟ་བུར་བཞུགས། །
དེ་ཕྱིར་ཐང་སྟོང་རྒྱལ་པོར་གྲགས། །ཅེས་གསུངས།

ཐང་སྟོང་རྒྱལ་པོ་ནི། བོད་ལུགས་གླང་(སྤྱི་ལོ་༡༣༦༡)ལོར་གཙང་ངམ་རིང་ཁུལ་གྱི་རིན་ཆེན་སྡིངས་དང་ཉེ་བའི་འོ་བར་ཞིང་པའི་ཁྱིམ་ཚང་ཞིག་ཏུ་སྐུ་འཁྲུངས། ཁྱིམ་དུ་སྲས་ལྕམ་སྲིང་དྲུག་ཡོད་པའི་གསུམ་པར་གྲགས། ཐོག་མའི་མཚན་ལ་ཁྱི་བོ་དཔལ་ལྡན་ཞེས་བྱ་བར་གསོལ། སྐུ་ན་ཆུང་དུས་ནས་སྐྱུང་གྲུང་འཛོམས་ལ་ཐུགས་རྒྱུད་བཟང་བ་དམ་པའི་ཆོས་ལ་བློ་སེམས་དགར་བ་ཞིག་ཡོད་པ་རེད། དགུང་ལོ་ལྔ་ལ་ཕེབས་དུས་ཡབ་ཀྱིས་ར་ལུག་འཚོ་བར་བཏང་བ་དང་བསྟུན་ནས་དོན་ཡོད་རྒྱལ་མཚན་གྱི་དྲུང་དུ་ཕྱིན་ནས། དབང་ཁྲིད་རྗེས་གནང་མང་པོ་གསན་པ་དང་ཆབས་ཅིག་ཡི་གེ་བྲིས་ཀློག་ལ་སོགས་པ་སློབ་སྦྱོང་མཛད་དེ། ཡར་རྒྱས་སོང་འཕེལ་འགྲོ་མགྱོགས་པ་ལ་བླ་མ་ཡང་ཐུགས་ཤིན་ཏུ་མཉེས་པ་བྱུང་། དེ་ནས་ཡབ་ཡུམ་གྱིས་ཇ་དཀར་དང་སླ་རྫི་མང་པོ་བསྐུར་ནས་འདོལ་ཁར་ཚོང་རྒྱག་པར་བཏང་བས། འདོལ་ཁ་རྒྱལ་པོས་ཁྲིམས་ལས་འགལ་བའི་མི་བདུན་ལ་ཁྲིམས་བཅད་ཀྱི་གསོད་གྲབས་བྱེད་པའི་སྐབས་དང་ཁེལ་བས། ཐང་སྟོང་རྒྱལ་པོ་ཐུགས་ཀྱི་མ་བཟོད་པར་ཚོང་ཟོག་ཇ་དཀར་དང་སླ་རྫི་ཐམས་ཅད་མི་རིན་དུ་ཕུལ་ནས་ཉེས་ཅན་དེ་དག་སྲོག་བླུ་མཛད་དེ། ཚོང་གང་ཡང་མ་བྱུང་བར་ལག་སྟོང་པར་རང་ཡུལ་དུ་ཕེབས་རྗེས་ཡབ་ཡུམ་དང་ནང་མི་ཡོངས་ཀྱི་བཀའ་སྐྱོན་ནན་པོ་མཛད་པར་གྲགས།

དེ་ནས་ཡབ་ཡུམ་གྱིས་ཐང་སྟོང་རྒྱལ་པོ་བྱང་སྡིངས་དགོན་དུ་རབ་བྱུང་མཛད་བཅུག །བླ་མ་ཉི་མ་སེང་གེའི་དྲུང་དུ་རབ་བྱུང་གི་སྡོམ་པ་བཞེས་ཏེ་མཚན་ལ་བརྩོན་འགྲུས་སེང་གེ་ཞེས་གསོལ། མདོ་སྔགས་ཀྱི་གཞུང་ཆེན་མང་པོ་གསན་བསམ་མཛད་

དེ་དཔལ་ལྡན་ས་སྐྱར་བཀའ་བཞིའི་གྲྭ་སྐོར་མཛད་པ་དང་། དེ་རྗེས་མདོ་སྟོད་སྐྱ་རའི་དགོན་པར་དཔལ་འཁོར་ཤེས་རབ་ཀྱི་མཁན་པོ་མཛད་པའི་ལས་སློབ་དད་པའི་དགེ་འདུན་གྲངས་ཚང་བའི་དབུས་སུ་བསྙེན་རྫོགས་ཀྱི་སྡོམ་པ་བཞེས་པའི་མཚན་ལ་བཙོན་འགྲུས་བཟང་པོ་ཞེས་བྱ་བ་གསོལ། དེ་ནས་སྔ་རྗེས་སུ་དབུས་གཙང་དང་མངའ་རིས་སྟོད་སྨད། མོན་ཡུལ་སོགས་ས་ཕྱོགས་གང་སར་ཕེབས་ཏེ་སེམས་ཅན་ལ་ཕན་པའི་བྱ་བ་རྒྱ་ཆེར་མཛད་སྐབས། སེར་སྐྱ་མང་ཚོགས་ཀུན་གྱིས་གུས་བཀུར་དང་དགའ་ཞེན་ཚད་མེད་བྱས། དེ་རྗེས་ཐང་སྟོང་རྒྱལ་པོས་བལ་ཡུལ་དང་རྒྱ་གར་སོགས་ལ་སློབ་གཉེར་ལོ་ངོ་བཅོ་བརྒྱད་ཙམ་གནང་ནས་ནང་རིག་པ་སྤྱི་དང་བྱེ་བྲག་ཚང་མའི་ཆོས་ཟབ་ལ་རྒྱས་པ་ཐོབ་སྟེ་ཉམས་རྟོགས་ཁྱད་པར་ཅན་རྒྱུད་ལ་སྐྱེས་པ་བྱུང་གསུངས་པར་གྲགས།

ཐང་སྟོང་རྒྱལ་པོར་ཡི་དམ་མཁའ་འགྲོ་ཆོས་སྐྱོང་སྲུང་མ་བཅས་ཀྱི་ལུང་སྟོན་དང་གདམས་ངག་གི་བསྐུལ་བ་ལ་བརྟེན་ནས། རྒྱ་གར་ནས་རང་ཡུལ་དུ་ལོག་ཕེབས་ཏེ་བོད་དབུས་གཙང་གི་ཆུ་ཆེན་ཁག་ལ་ལྕགས་ཟམ་བསྐྲུན་རྒྱུའི་ཐུགས་ཐག་ཆོད་པ། སྔོན་དུ་ལྷ་སར་ཕེབས་ནས་ལྷ་ས་སྐྱིད་ཆུར་ལྕགས་ཟམ་ཞིག་རྒྱག་དགོས་པའི་འདུན་པ་ཤར། གང་ལགས་ཞེ་ན། སྔོན་མ་སྐུ་ཉིད་ལྷ་སའི་སྐྱིད་ཆུར་ཀོ་གྲུ་བཞུགས་ནས་ཕེབས་དུས། ཀོ་བར་བཞུགས་མ་ཐག་མཉན་དཔོན་གྱིས་མི་གཞན་ལ་ཚིག་པ་བཟས་ཏེ། ང་ལ་མ་དྲིས་པར་ཀོ་ཤན་དུ་འཇུག་པ་ཅི་ཡིན། མི་དྲག་པ་ཆུ་ལ་ལྕུངས་ན་ཁྱོད་ཀྱིས་ཁག་ཐེག་བྱེད་ཐུབ་བམ་ཟེར་ནས། ཁོང་གི་དབུ་ལ་ཤན་སྐྱ་ལན་གསུམ་བཞུས་ཏེ་ཤན་སྐྱ་དེ་ཡང་ཆུ་ལ་བསྐྱུར་སོང་བས། ཐང་སྟོང་རྒྱལ་པོ་ཉིད་ཀྱི་དགོངས་པ་ལ། ཁ་དོག་དྲག་པ་དང་རྒྱུ་ནོར་ཡོད་པས་དབང་བྱེད་པའི་དུས་ཡིན་ཙང་། ཉམས་ཆུང་དབུལ་པོ་གྲུ་གླ་སྤྲོད་མི་ཐུབ་པ་རྣམས་གྲུའི་ནང་ལ་ག་ནས་འཇུག །ཆུ་ལ་བརྒལ་ཡང་མི་ནུས་སྙིང་རེ་རྗེ། ད་ནི། ངས་སྔོན་ལ་སྐྱིད་ཆུ་འདིར་ལྕགས་ཟམ་ཞིག་འཛུགས་རྒྱུའི་དམ་བཅའ་ཐུགས་ལ་བཀོད། གྲུབ་ཆེན་ཉིད་དགུང་ལོ་བདུན་བཅུར་སླེབ་ཡོད་ནའང་། ཁོང་གིས་དཀའ་སྡུག་གང་ཞིག་འཕྲད་ཀྱང་མ་འཇེམས་པར་ལྷ་སའི་སྐྱིད་ཆུར་ལྕགས་ཟམ་ངེས་

པར་དུ་འཛུགས་རྒྱུའི་དམ་བཅའ་མཛད། དེ་ནས་ཁོང་གིས་ཕྱོགས་གཅིག་ནས་ཐབས་བརྒྱ་ཇུས་སྟོང་གི་སྒོ་ནས་མ་དངུལ་གྲབས་གསོག་གནང་བ་དང་། གཉིས་ནས་ལ་རྒྱབ་ཀླུང་རྒྱབ་ཀྱིས་ཤར་ཕྱོགས་ཀོང་ཡུལ་དུ་ཕེབས་ནས་ལྕགས་དང་ཤིང་གི་རྒྱུ་ཆ་རྣམས་གྲབས་གསོག་མཛད། གང་དུ་ཕེབས་ཀྱང་ཡུལ་མི་ཚོར་སེམས་འགུལ་དཔག་ཏུ་མེད་པ་ཐེབས་ཏེ། ཚང་མས་རང་འགུལ་ངང་གཅིག་རྗེས་གཉིས་མཐུད་ཀྱི་རྒྱབ་སྐྱོར་གནང་བ་དང་། རེ་འགའ་ཁོང་གི་བུ་སློབ་དུ་འགྱུར་བ་དང་། ཚང་མས་ཁོང་དང་མཉམ་དུ་སྟབས་བདེའི་སྟོད་ཁང་དང་ལས་ཁང་སྒྲུན་པ་དང་། རེ་འགས་ལྕགས་བཞུ་སའི་ཐབ་སླང་བ། རེ་འགས་ལྕགས་གཏེར་འཚོལ་འདོན་བྱེད་པ་སོགས་ཀྱི་ལྕགས་ཐག་བཟོ་བའི་ལས་གྲྭ་ཚ་ཚ་ཙུར་ཙུར་ཞིག་བྱེད་འགོ་ཚུགས། གྲུབ་ཆེན་གྱིས་ལྕགས་བཟོ་མཁས་པ་གདན་དྲངས་ནས་ལྕགས་ཀྱི་ཨ་ལོང་དང་ལྕགས་ཐག་སོགས་ཐོན་རྫས་འབོར་ཆེན་བཟོས་ཏེ། ལྕགས་ཀྱི་རྐང་བུ་བཅོ་ལྔ་རེ་ལ་དོས་ཚད་བྱས་པའི་ལྕགས་ཀྱི་ཁུར་པོ་སྟོང་ཕྲག་གཅིག་དང་བཞི་བརྒྱ་རྣམས། གཡག་སྣས་ཏེ་བཀལ་ནས་རིམ་བཞིན་ལྕགས་ཟམ་འཛུགས་ཡུལ་སོ་སོར་དབོར་འདྲེན་མཛད།

གྲུབ་ཐོབ་ཐང་སྟོང་རྒྱལ་པོ་ལྷ་ས་སྐྱིད་ཆུའི་སྟེ་གདོང་ཤན་ཁར་ཕྱིན་སྐབས་སྔར་ཀོ་གྲུར་བཞུགས་སྐབས་མཉན་དཔོན་གྱིས་ཤན་སྐྱ་མགོ་ལ་གཞུས་པའི་ཚུལ་རྣམས་ལྷང་ངེར་དྲན་ནས། སྐུ་ཉིད་བློ་བུར་དུ་སེམས་ཤུགས་ཆེས་ཆེར་སྐྱེས་ཏེ་དགུང་ལོ་སྨིན་པོ་ཡིན་པ་ཡོངས་སུ་འདོར་ཏེ། འཕྲལ་དུ་ལྕགས་ཟམ་འཛུགས་པའི་ཨར་ལས་ཀྱི་ངལ་རྩོལ་ནང་དངོས་སུ་ཞུགས་པ་དང་། ལས་མི་ཚང་མར་སྐུལ་འདེད་བྱུང་བས་ཚང་མས་ཧུར་ཐག་གི་ལས་ཀྲྭའི་ནང་ཞུགས་ཏེ། ལ་ལས་རྡོ་བསགས་པ་དང་། ལ་ལས་ཟམ་ཧྲུར་བརྩིགས་པ། ལ་ལས་ལྕགས་ལ་ཐག་པ་བཏགས་ནས་འཐེན་པ་སོགས་ལས་ཀྲྭ་ཚ་ཚ་ཙུར་ཙུར་སྤེལ་ཏེ། བོད་ལྕགས་ཁྲི་(སྤྱི་ལོ་༧༨༣༠)ལོར་ལྷ་སའི་སྐྱིད་ཆུའི་ལྕགས་ཐག་ཟམ་པ་རྒྱལ་ཁའི་ངང་ལེགས་བསྒྲུབས་ཟིན་པ་རེད། དེ་ནས་བཟུང་གྲུབ་ཐོབ་ཐང་སྟོང་རྒྱལ་པོས་དབུས་གཙང་དང་ཁམས་སོགས་ཀྱི་ས་གནས་མང་པོའི་ཆུ་ཆེན་གཙང་པོར་ལྕགས་

ཟམ་སྔ་ཕྱི་ཁྱོན་བསྡོམས་ལྔ་བཅུ་ང་བརྒྱད་དང་། ཤིང་གྲུ་དང་ཀོ་གྲུ་ཆེ་ཆུང་བསྡོམས་བརྒྱ་དང་བཅོ་བརྒྱད། ཤིང་ཟམ་བསྡོམས་དྲུག་ཅུ་བཅས་གསར་སྐྲུན་མཛད། སྐབས་དེའི་སྤྱི་ཚོགས་ཀྱི་ཆ་རྐྱེན་འོག །ལྕགས་ཟམ་དང་ཤིང་ཟམ་དེ་བཞིན་ཤིང་གྲུ་ཀོ་གྲུ་ལ་སོགས་པས་རྒྱ་ཆེའི་ཞིང་འབྲོག་མང་ཚོགས་ཀྱི་ཐོན་སྐྱེད་འཚོ་བ་དང་། སྤྱི་ཚོགས་ཀྱི་ཡར་ཐོན་འཕེལ་རྒྱས་སོགས་ཕྱོགས་གང་སྤྱིའི་ཐད་ལ་ཕན་འབྲས་ཆེན་པོ་ཐོན་པར་མ་ཟད། ཟླ་ན་མེད་པའི་གལ་ཆེའི་ནུས་པ་འདོན་སྤེལ་གང་ལེགས་གནང་ཡོད།

ད་བར་ལོ་ངོ་ལྔ་བརྒྱ་ལྷག་འདས་ཟིན་ཡང་། གྲུབ་ཐོབ་ཐང་སྟོང་རྒྱལ་པོས་བསྐྲུན་པའི་ལྕགས་ཐག་ཟམ་ཆེན་འགའ་རེ་ད་ལྟའང་མི་རྣམས་ཀྱིས་ཕན་ཚུན་འགྲོ་འོང་བྱེད་པའི་སྟབས་བདེའི་ལམ་བུ་ཞིག་ཏུ་གྱུར་ཡོད། དཔེར་ན་གཙུང་རི་བོ་ཆེའི་ལྕགས་ཟམ་དང་། ལྷ་རྩེའི་ལྕགས་ཁ་གྲོང་ཚོའི་ལྕགས་ཟམ་ལྟ་བུའོ། །དེད་བོད་མི་རིགས་དེ་ཉིད་ནི་བཀའ་དྲིན་ལ་བསམ་གཞིག་བྱེད་ཐུབ་མཁན་གྱི་མི་རིགས་ཤིག་ཡིན་པ་གནའ་བོ་ནས་དེ་འདྲ་ཞིག་རེད། དེར་བརྟེན་གྲུབ་ཐོབ་ཐང་སྟོང་རྒྱལ་པོས་གང་དུ་ཟམ་པ་བསྐྲུན་ཡོད་ཙང་། བཀའ་དྲིན་དྲན་པའི་ཆེད་དེའི་ཉེ་ཁོར་དུ་གང་གི་སྐུ་བརྙན་ནམ་སྐུ་བརྙན་བཞུགས་པའི་ལྷ་ཁང་ཞིག་བཞེངས་ནས། དུས་སྟོན་ནམ་ཚེས་བཟང་དུས་བཟང་གང་ཙང་ལ་དད་ལྡན་རྣམས་ཀྱིས་ཐང་སྟོང་རྒྱལ་པོའི་སྐུ་ལ་བསང་གསོལ་དང་མར་མེའི་མཆོད་སྒྲིན་གང་རྒྱས་ཕུལ་ཏེ་སོར་བཅུའི་འདབ་མ་སྙིང་ཁར་བཅངས་ནས་གསོལ་བ་སྨོན་ལམ་འདེབས་ཀྱི་རེད། དེང་དུས་ཀྱི་ལྷ་ས་བས་རང་ཁྱིམ་གསར་པ་ཞིག་ཏུ་གནས་སྤོས་བྱེད་པའི་བཀྲ་ཤིས་ཀྱི་ཉིན་མོ་ཤར་ཚེ། སྔོན་ལ་ངེས་པར་དུ་གྲུབ་ཐོབ་ཐང་སྟོང་རྒྱལ་པོའི་སྐུ་བརྙན་ན་བཟའ་དང་བཅས་པ་ཞིག་བླུ་ཡོན་ཞུས་ནས་རང་ཁྱིམ་དུ་ཨང་དང་པོར་གདན་འདྲེན་ཞུ་སྲོལ་ཡོད། དེར་བརྟེན་གྲུབ་ཐོབ་ཐང་སྟོང་རྒྱལ་པོ་ནི་སྔ་ས་ནས་བོད་མི་རིགས་ཀྱི་འཚོ་བའི་ནང་འདྲེས་ཚར་བར་མ་ཟད། ད་དུང་ཕ་ཚ་བུ་རྒྱུད་རྣམས་ནས་རྒྱུད་འཛིན་བྱེད་བཞིན་དུ་གནས། དེ་ནི་མེས་པོ་རྣམས་ཀྱི་གཟེར་ཉམས་གནམ་ཤེས་ལ་བསྟེན་ནས་རང་གི་རྐྱེན་ངན་བགེགས་བར་ཚང་མ་བཟློག་ཐབས་བྱེད་

པ་ཙམ་མ་ཟད། གྲུབ་ཐོབ་ཐང་སྟོང་རྒྱལ་པོ་ལྟ་བུ་གནའ་བོའི་འཛུགས་སྐྲུན་མཁས་ཅན་གྱི་མཛད་རྗེས་བླ་ན་མ་མཆིས་པར་མཆོད་སེམས་མཚོན་པ་དང་། ཁོང་གིས་ང་ཚོའི་འཚོ་བ་ལ་ཕན་པ་སྐབས་བདེ་བསྐྲུན་ནས་མི་རབས་ནས་མི་རབས་བར་རྣམ་དཀར་བཀྲ་ཤིས་བསྐུལ་བར་བཀའ་དྲིན་མཚོན་པའི་དད་སེམས་ཀྱི་བྱ་བ་བཟང་པོ་ཞིག་ཀྱང་རེད།

གྲུབ་ཐོབ་ཐང་སྟོང་རྒྱལ་པོས་ལྕགས་ཟམ་དང་ཤིང་ཟམ། ཤིང་གྲུ་ལ་སོགས་སྐྲུན་ཆེད་འགྲོ་དངུལ་འཐོར་ཆེན་དགོས་སྐབས། སྡེ་དཔོན་དང་མང་ཚོགས་ཀྱིས་ཞལ་འདེབས་ཕུལ་བའི་བྱུང་དངུལ་རྣམས་ཀྱིས་གང་ནས་འདང་ཐུབ། དེར་བརྟེན་བློ་གྲོས་ཀྱི་ཤེས་རབ་ཕྱུག་པའི་གྲུབ་ཐོབ་ཉིད་ནས་བསམ་ཞིབ་ཟབ་མོ་གནང་སྟེ། དམངས་ཁྲོད་ཀྱི་ལྷ་མོ་འཁྲབ་སྟོན་ཚོགས་པ་ཞིག་སྒྲིག་འཛུགས་གནང་རྒྱུའི་དགོངས་པ་གཏད། དེ་ལྟར་བྱུང་ཚེ་གཅིག་ནས་ལྕགས་ཟམ་འཛུགས་སྐྲུན་གྱི་སྙིང་དོན་དྲིལ་བསྒྲགས་བྱེད་ཐུབ་པ་དང་། གཉིས་ནས་གྲོན་དངུལ་གྲབས་གསོག་བྱེད་རྒྱུར་ཕན་པ་ཆེ་བའི་དགེ་མཚན་གཟིགས་ཏེ། གྲུབ་ཐོབ་ཀྱིས་ལྷོ་ཁ་འཕྱོངས་རྒྱས་ཁུལ་དཔལ་ནག་ཁྱིམ་དུ་བུ་མོ་སྐྱེ་འབྲས་ལྷ་མོ་ལྟར་མཛེས་ལ། གར་གླུ་མཁས་ཤིང་ལྟ་ན་སྡུག་པའི་བུ་མོ་སྤུན་བདུན་བྱ་བ་ཚང་མ་གདན་དྲངས་ནས། འཁྲབ་སྟོན་ཚོགས་པ་བཙུགས་ཏེ་གྲུབ་ཐོབ་ཉིད་ཀྱིས་འཁྲབ་གཞུང་བརྩམས་ནས་འཁྲབ་བཙུག་པ་དང་། འཁྲབ་ཆས་ཀྱང་གྲུབ་ཐོབ་ཉིད་ཀྱིས་རྩིས་བཀོད་མཛད། བུ་མོ་སྤུན་བདུན་གྱི་ཞལ་མདངས་ལྷ་ཡི་སྲས་མོ་འདྲ་ལ། འཁྲབ་རྩལ་འགྱིང་ཉམས་དོད་པ། གླུ་དབྱངས་སྙན་འཇེབས་ལྡན་པ། དེའི་སྐབས་བོད་མི་ནི་རང་བཞིན་གྱི་གླུ་གར་ལ་དགའ་ཞེན་ཡོད་སྐབས། མི་ཚང་མས་བུ་མོ་སྤུན་བདུན་གྱི་འཁྲབ་སྟོན་བལྟས་རྗེས་དགའ་བསུ་ཚད་མེད་ཐོབ་པ་དང་། ཚང་མས་འཁྲབ་རྩལ་ལ་ཧང་སང་སྟེ། ནམ་མཁའི་ལྷ་མོ་མི་ཡུལ་དུ་བྱོན་པའི་སྣང་ཚུལ་ཤར་བ་ལྟར་འཁྲབ་སྟོན་ཚོགས་པའི་མིང་ལ་ཡང་ངང་ཤུགས་ཀྱི་ཨ་ལྕེ་ལྷ་མོ་ཞེས་བྱ་བར་བཏགས། དེར་བརྟེན་ད་བར་བོད་ཀྱི་ལྷ་མོ་ཚོགས་པའི་མིང་ལ་ཡང“ཨ་ལྕེ་ལྷ་མོ”ཞེས་འབོད་སྲོལ་ཡོད། གྲུབ་ཐོབ་ཐང་སྟོང་རྒྱལ་པོ་དེ་ཉིད་ཀྱང་བོད་ཀྱི་སྲོལ་རྒྱུན་ལྷ་མོའི་སྒྱུ་རྩལ་གསར་

གཏོད་མཛད་པ་དང་ལྷ་མོའི་འབྲབ་སྟོན་སྒྱུ་རྩལ་གྱི་མེས་པོ་ཞིག་ཏུ་གྱུར་པ་ཡིན་ནོ། །

གྲུབ་ཐོབ་ཐང་སྟོང་རྒྱལ་པོ་ནི་བོད་རིགས་མི་དམངས་ཆོས་དད་གུས་ལྡད་མེད་ཞུ་བའི་ནང་བསྟན་རིག་པའི་མཁས་གྲུབ་གཉིས་ལྡན་གྱི་སློབ་དཔོན་ཞིག་དང་། ཁོང་གིས་ཚེ་གང་རིང་སངས་རྒྱས་བསྟན་པའི་བྱ་གཞག་ཏུ་དམིགས་ནས་འགྲོ་བ་སེམས་ཅན་ལ་ཕན་པའི་བྱ་བ་མང་པོ་མཛད་ཡོད་པ་དཔེ་ན། གསེར་དང་། དངུལ། གཡུ། བྱུ་རུ་ལ་སོགས་རིན་པོ་ཆེ་སྣ་ཚོགས་ལས་བྱས་པའི་གྲུབ་ཐོབ་ཉིད་ཀྱི་ཕྱག་བཟོ་མཛད་པའི་སངས་རྒྱས་ཀྱི་སྐུ་བརྙན་སྣ་ཚོགས་བརྒྱ་ཕྲག་བཞེངས་ཡོད་པ་དང་། སྨན་འཛིམ་ལས་གྲུབ་པའི་སངས་རྒྱས་ཀྱི་སྐུ་བརྙན་ཆེ་ཆུང་སྣ་ཚོགས་ལྟོ་སྟོང་ལྷག་བཞེངས། དེ་བཞིན་དགོན་དང་ལྷ་ཁང་ཕྱག་བཏབ་པ་བརྒྱ་དང་ཉི་ཤུ་ལྷག་དེ་དག་གི་ལྷེབས་རིས་དང་ཞལ་ཐང་སོགས། དེ་བཞིན་གསེར་བྲིས་ཀྱི་རྒྱལ་བའི་གསུང་རབ་《བཀའ་འགྱུར་》ཆ་ཚང་བཅོ་བརྒྱད་དང་། 《བསྟན་འགྱུར་》ཆ་ཚང་བཅོ་ལྔ། ཐུགས་རྟེན་གྲས་སུ་མཆོད་རྟེན་ཆེ་ཆུང་སྣ་ཚོགས་བརྒྱ་དང་བཅུ་ཙམ་བཞེངས་ཡོད། མཐར་དགུང་ལོ་བརྒྱ་དང་ཉི་ཤུ་རྩ་ལྔ་པ་བོད་ཤིང་སྦྲུལ་(སྤྱི་ལོ་༡༨༤༥)ལོར་གཙུང་རི་བོ་ཆེ་དགོན་དུ་མྱ་ངན་ལས་འདས་པའི་ཚུལ་བསྟན། གང་ཉིད་སྐུ་ཚེ་རིང་བ་དང་བརྩོན་འགྲུས་ཆེ་བ། ཤེས་རབ་ཕྱུག་ལ། ཐུགས་རྒྱུད་ཤིན་ཏུ་བཟང་བ་བཅས། སྐུ་གཟུགས་གསལ་ཐང་དུ་བཞུགས་པའི་སྐུ་ཚེ་ཧྲིལ་པུར་འགྲོ་བ་སེམས་ཅན་ལ་ཕན་པའི་འདོན་ཐང་ཆེན་པོ་ཞིག་རྒྱུད་ལ་བསྐྱེད་སྦྱོང་ཐུབ་ནས། ཨར་ལས་འཛུགས་སྐྲུན་དང་འཆར་བཀོད་མཁས་པ། ལྕགས་རིགས་བཟོ་ལས་མཁས་པ། སྒྱུ་རྩལ་མཁས་ཤིང་ལྷ་མོའི་འབྲབ་གཞུང་རྩོམ་བྲིས་མཁས་པ། ནང་བསྟན་རིག་པ་ལ་མཁས་ཤིང་གྲུབ་པ་བཅས་ཀྱི་སྒོ་ནས་འགྲོ་བ་སེམས་ཅན་ལ་ཕན་ཐོགས་པའི་བྱ་བ་བླ་ན་མ་མཆིས་པ་མང་པོ་མཛད་ཡོད། གྲུབ་ཐོབ་ཐང་སྟོང་རྒྱལ་པོའི་སྐུའི་སྣང་བརྙན་དཔྱ་སྐྲ་དཀར་ལ་ཐོ་ལྕོག་གི་ཚུལ་དུ་ཞལ་ར་ཨོག་ཆོམ་གྱིས་བརྒྱན་པ། ཞལ་རས་དམར་སྨུག་ཅན་ལ་གཤིས་རྒྱུད་འཇམ་པོའི་འཛུམ་མདངས་ཀྱི་ངོམ་པའི་ཞལ་གྱི་དཀྱིལ་འཁོར་ནི་མི་རྣམས་ཀྱི་ཡིད་དུ་ནམ་ཡང་བརྗེད་དཀའ་བ་ཞིག་ཡིན་ནོ། །

བཅུ་གཅིག ཏཱ་ལའི་བླ་མ་སྐུ་ཕྲེང་ལྔ་པ་མཆོག་གིས་གུ་ཤྲི་ཧན་གྱི་སྟོབས་ཤུགས་ལ་བརྟེན་ནས་དགའ་ལྡན་ཕོ་བྲང་གི་སྲིད་དབང་བཙུགས་པ།

ཞིང་ཤག་པ་ཚེ་བརྟན་རྡོ་རྗེའི་ཁྲིམས་རྒྱུད་པས་སྡེ་པ་རིན་སྤུངས་པའི་ཁྲིམས་རྒྱུད་རྩ་གཏོར་བཏང་བའི་རྗེས། སྤྱི་ལོ་༡༦༠༥ལོར་སླར་ཡང་འཁྲི་གུང་པ་དང་ལག་འབྲེལ་བྱས་ཏེ། དགེ་ལུགས་པར་རྒྱབ་སྐྱོར་བྱེད་མཁན་གྱི་སྡེ་པ་སྐྱིད་ཤོད་པ་གཏོར་ཕམ་བཏང་ནས། ལྷ་སའི་ས་ཁོངས་ཚང་མ་ཞིང་ཤག་པའི་མངའ་འོག་ཏུ་བསྡུས། ཞིང་ཤག་པ་ཚེ་བརྟན་རྡོ་རྗེ་གཤེགས་རྗེས། ཁོ་པའི་བུ་གཉིས་ནས་གཙང་ཕྱོགས་ཀྱི་ས་ཁོངས་ཁག་སོ་སོར་དབང་སྒྱུར་བྱས་པ་དང་། ཀརྨ་པ་བསྟན་སྲུང་དབང་པོའི་བུ་ཀརྨ་ཕུན་ཚོགས་རྣམ་རྒྱལ་གྱིས་བོད་ལྟུགས་ཕག(སྤྱི་ལོ་༡༦༡༡)ལོར་གཙང་སྡེ་སྲིད་ཀྱི་དབང་ཆ་བླངས་པ་དང་། དེ་ནས་སྤྱི་ལོ་༡༦༡༨ལོར་ཞིང་ཤག་པས་ཕག་གྲུའི་སྲིད་དབང་མགོ་རྟིང་སློག་སྟེ་བོད་ཡོངས་ལ་དབང་སྒྱུར་བྱེད་པའི་སྡེ་སྲིད་གཙང་པའི་སྲིད་དབང་བཙུགས་ཏེ། དེ་ནས་བཟུང་ཞིང་ཤག་པར་གཙང་པ་སྡེ་སྲིད་ཞེས་བོད་ཀྱི་དབུས་གཙང་ས་གནས་ཁག་ལ་དབང་སྒྱུར་ལོ་ཉི་ཤུ་ཙམ་བྱས།

གཙང་པ་སྡེ་སྲིད་ཕུན་ཚོགས་རྣམ་རྒྱལ་སྐུ་གཟུགས་ལ་གཙོད་ནད་རྒྱུན་དུ་བཞུགས་ཡོད་པས། ཞབས་རྟེན་སྐུ་རིམ་ག་ཆོད་བྱས་ཀྱང་མི་ཕན་སྐབས། ཏཱ་ལའི་བླ་མ་སྐུ་ཕྲེང་བཞི་པ་ཡོན་ཏན་རྒྱ་མཚོས་དྲག་པོ་མངོན་སྤྱོད་ཀྱི་ལས་སྦྱོར་བྱས་པའི་རྐྱེན་གྱིས་རེད་ཅེས་ཁ་གཡར་བྱས་ཏེ། སྐུ་ཕྲེང་བཞི་པ་ཡོན་ཏན་རྒྱ་མཚོ་མྱ་ངན་ལས་འདས་རྗེས། སྡེ་སྲིད་གཙང་པས་དེའི་ཡང་སྲིད་ངོས་འཛིན་ཞུ་མི་ཆོག་པའི་བཀག་སྡོམ་བྱས། དེའི་རྗེས་པཎ་ཆེན་སྐུ་ཕྲེང་བཞི་པ་བློ་བཟང་ཆོས་ཀྱི་རྒྱལ་མཚན་མཆོག་གིས་གཙང་པ་སྡེ་སྲིད་ཕུན་ཚོགས་རྣམ་རྒྱལ་གྱི་སྙུན་གཞི་ལ་ཆོས་ཕྱོགས་ཀྱི་ཞབས་བརྟན་སྐུ

རིམ་གང་མང་མཛད་པར་བརྗེན། མཐར་སྟེན་གཞི་ལས་གང་མགྱོགས་སྒྲོལ་ཐུབ་པ་བྱུང་སྐབས། སྡེ་སྲིད་ཉིད་པཎ་ཆེན་བློ་བཟང་ཆོས་ཀྱི་རྒྱལ་མཚན་མཆོག་ལ་བླ་ན་མ་མཆིས་པའི་དད་པ་དང་བཀའ་དྲིན་གསོལ་བ་ཞུས། པཎ་ཆེན་མཆོག་ནས་གོ་སྐབས་དེ་དང་བསྟུན་ཏེ། སྡེ་སྲིད་ལ་ཏཱ་ལའི་བླ་མ་སྐུ་ཕྲེང་བཞི་པའི་ཡང་སྲིད་ངོས་འཛིན་གང་མགྱོགས་ཞུ་ཆོག་པའི་ཆོག་མཆན་གནང་རྒྱུའི་རེ་འབོད་ཡང་ཡང་ཞུས་པར་བརྗེན། སྡེ་སྲིད་ནས་ཀྱང་ངོས་མི་ལྐོགས་པར་ཁས་ལེན་མི་ཞུ་ཐབས་མེད་བྱུང་།

པཎ་ཆེན་སྐུ་ཕྲེང་བཞི་པ་བློ་བཟང་ཆོས་ཀྱི་རྒྱལ་མཚན་མཆོག་གིས་ཐུགས་འགན་གཙོ་བཞེས་མཛད་དེ། ཏཱ་ལའི་བླ་མ་སྐུ་ཕྲེང་བཞི་པའི་ཡང་སྲིད་ངོས་འཛིན་གྱི་བྱེད་སྒོ་མཐའ་དག་བདེ་བླག་ངང་ལེགས་འགྲུབ་བྱུང་། ཡང་སྲིད་རིན་པོ་ཆེ་ངག་དབང་བློ་བཟང་རྒྱ་མཚོ་བོད་མེ་སྦྲུལ་(སྤྱི་ལོ་༡༦༡༧)ལོར་ལྷོ་ཁ་འཕྱོངས་རྒྱས་འཕྱིང་བ་སྟག་རྩེར་ཡབ་ཟ་ཧོར་གྱི་རིགས་རྒྱུད་དུ་གྲགས་པ་ཧོར་བདུད་འདུལ་རབ་བརྟན་སྟར་སྡེ་སྲིད་ཕག་མོ་གྲུ་པའི་སྐབས་ཀྱི་བློན་རྒྱུད་དང་། ཡུམ་ས་སྐྱའི་དཔོན་ཆེན་ཨག་ལེན་ཞེས་ཡ་འབྲོག་ཁྲི་སྐོར་བདག་པོའི་གདུང་རྒྱུད་ཀུན་དགའ་ལྷ་མཛེས་གཉིས་ཀྱི་སྲས་སུ་འཁྲུངས། རྒྱལ་མཆོག་ལྔ་པ་ཆེན་པོ་འཁྲུངས་པའི་དུས་སུ་གཙང་པ་སྡེ་སྲིད་ཀྱིས་དབུས་གཙང་ཡོངས་སུ་དབང་སྒྱུར་བྱེད་པའི་སྐབས་དང་། ཆོས་ལུགས་ཐད་ཀརྨ་བཀའ་བརྒྱུད་དང་དགེ་ལུགས་པ་གཉིས་ཕན་ཚུན་ཁ་གཏད་ཀྱི་འགལ་ཟླ་རྩོག་འཛིང་ནོ་ངར་ཆེ་བའི་སྐབས་དང་མཉམ་ཡོད། བོད་ཆུ་ཁྱི་(སྤྱི་ལོ་༡༦༢༢)ལོར་ཡང་སྲིད་རིན་པོ་ཆེ་དགུང་ལོ་དྲུག་ལ་ཕེབས་པས། པཎ་ཆེན་བློ་བཟང་ཆོས་ཀྱི་རྒྱལ་མཚན་མཆོག་ནས་སེ་འབྲས་དགའ་གསུམ་གྱི་བླ་གྲྭ་རྣམས་དཔལ་ལྡན་འབྲས་སྤུངས་དགོན་དུ་གདན་དྲངས་ཏེ་སྐུའི་ན་ཚོད་དང་བསྟུན་པའི་རིམ་བཞིན་མདོ་རྒྱུད་རིག་གནས་རྒྱ་མཚོར་གསན་སྦྱོང་གནང་ཞིང་། དེ་ནས་ལོ་གསུམ་གྱི་རྗེས་སུ་པཎ་ཆེན་རིན་པོ་ཆེ་མཆོག་གིས་དབུ་སྐྲེས་གཙུག་ཕུད་བཞེས་ཏེ་ཚོགས་སྔ་མ་དགེ་ཚུལ་གྱི་བསླབ་སྡོམ་ཕུལ་ནས་མཚན་ངག་དབང་བློ་བཟང་རྒྱ་མཚོ་འཇིགས་མེད་གོ་ཆ་ཐུབ་བསྟན་ལང་ཚོའི་སྡེ་ཞེས་

གསོལ་བ་གནང་། དགུང་ལོ་ཉེ་ཤུ་རྩ་གཉིས་པ་ས་སྟག་ལོར་ལྷ་སའི་གཙུག་ལག་ཁང་དུ་རྗེ་བོ་ཤཱཀྱ་མུ་ནེའི་དྲུང་དུ་པཎ་ཆེན་བློ་བཟང་ཆོས་ཀྱི་རྒྱལ་མཚན་གྱིས་མཁན་པོ་དང་། དགའ་ལྡན་ཁྲི་ཆེན་དཀོན་མཆོག་ཆོས་འཕེལ་གྱིས་ལས་སློབ་མཛད་དེ་གྲངས་ཚང་བའི་དགེ་འདུན་གྱི་དབུས་སུ་དགེ་སློང་གི་བསྙེན་རྫོགས་སྩོམ་པ་བཞེས། རྒྱལ་མཆོག་ལྔ་པ་རིན་པོ་ཆེ་ནི་དགུང་ལོ་ཆུང་དུས་ནས་སྐྱེས་སྟོབས་ཀྱི་ཤེས་རབ་འཕེལ་ཞིང་། ཡོངས་འཛིན་དམ་པ་ཆེས་མང་བ་ལས་ཤེས་བྱ་སྤྱི་དང་བྱེ་བྲག་མདོ་སྔགས་བསྟན་པ་ཡོངས་རྫོགས་ལ་བྱང་ཆུབ་པར་མ་ཟད། ཆོས་སྲིད་ཀྱི་གཙུག་ལག་མཐའ་དག་ལ་མཁྱེན་པའི་ཁོ་ལག་ཅིག་ཅར་དུ་རྫོགས་པ་བཅས་ཐམས་ཅད་མཁྱེན་པ་མཚན་དོན་དང་མཐུན་པ་གྱུར་པ་ལགས།

གཙང་པ་སྡེ་སྲིད་ཀྱིས་ཀརྨ་བཀའ་བརྒྱུད་ཀྱི་ཕྱོགས་གཏོགས་སུ་ལངས་ནས། དགེ་ལུགས་པ་དང་དེའི་ཕྱོགས་ལ་ལངས་མཁན་གྱི་ཕྱོགས་གཏོགས་ཚང་མར་འཕོན་འཛིན་དང་། རྫུང་རྗེག ། གནོད་འཚེ་སོགས་བཏང་མུས་སུ་གནས་པ་ལ་བརྟེན་ནས། དགེ་ལུགས་པས་སོག་པོ་ཨོ་རོད་ཀྱི་དཔོན་པོ་གོ་ཤྲི་(ཀུ་ཤྲི་ཧན་བསྟན་འཛིན་ཆོས་རྒྱལ་ནི། བྱང་ཕྱོགས་ཤིན་ཅང་ཁུལ་དུ་ཨོ་རོད་ཧུན་གར་ཚོ་པ་བཞིའི་གྲས་ཧོ་ཤོད་ལ་དབང་སྒྱུར་བའི་དཔོན་ཆེན་ཧ་ནའི་ནོ་ཡོན་གྱི་སྲས་གསུམ་པ་ཡིན་ཞིང་། བོད་རྒྱ་ཧ་(སྤྱི་ལོ་༡༥༨༢)ལོར་སྐུ་འཁྲུངས། རྗེས་སུ་ཨོ་རོད་ཧུན་གར་ཚོ་པའི་དཔོན་ཆེན་གྱི་གོ་གནས་འཛིན། བཤད་ཚུལ་ལ་གུ་ཤྲི་ཧན་ཁྱིམ་རྒྱུད་ཀྱི་སྒྲིག་སྲོལ་ལེགས་པ་དང་། སྐུ་ན་ཆུང་དུས་ནས་ཆོས་སེམས་ཤིན་ཏུ་དཀར་ཞིང་དམ་པའི་ཆོས་ལ་དད་སེམས་རྩེ་གཅིག་ཏུ་བྱེད་པ་དང་། རྒྱལ་མཆོག་ལྔ་པ་ཆེན་པོར་གུས་བཀུར་ཚད་མེད་གནང་གི་ཡོད་པ་རེད།)ལ་རྒྱབ་རྟེན་བཙོལ་ཏེ་དཔུང་རོགས་བྱེད་རྒྱུའི་རེ་བ་བཏོན། དེ་ཡང་སྔར་ཏཱ་ལའི་བླ་མ་སྐུ་ཕྲེང་གསུམ་པ་བསོད་ནམས་རྒྱ་མཚོ་སོག་ཡུལ་དུ་ཕེབས་ནས་བཀའ་ཆོས་བསྩལ་བ་དང་། གདན་ས་སེ་འབྲས་དགའ་གསུམ་དང་འབྲེལ་བ་དམ་ཟབ་ཡོད་པའི་ངོས་དང་། དེ་བཞིན་ཏཱ་ལའི་བླ་མ་སྐུ་ཕྲེང་བཞི་པ་ཡོན་ཏན་རྒྱ་མཚོ་འཁྲུངས་ཡུལ་སོག་པོ་ཡིན་པར་མ་ཟད། སོག་པོ་ཐེང་གིར་རྒྱལ་རྒྱུད་ཀྱི་ཚ་བོ་ཡིན་ཞིང་། སོག་པོའི་རྒྱལ་པོ་མང་ཆེ་བས་དགེ་ལུགས་པར་དད་ཞེན་དང་ཏཱ་ལའི་བླ་མ་དང་

ཕན་ཚུན་འབྲེལ་བ་བྱེད་མུས་སུ་གནས་ཡོད།

སྐབས་དེར་སོག་པོ་ཁལ་ཁའི་འགོ་དཔོན་ཚོག་ཐུའི་དཔུང་དམག་རྣམས་ཀྱིས་མཚོ་སྔོན་དུ་དཔུང་འཇུག་བྱས་ཏེ་དབང་སྒྱུར་བྱས། སོག་པོ་ཚོག་ཐུ་ཏན་དང་དཀར་མཛེས་བེ་རི་རྒྱལ་པོ་གཉིས་ཀྱིས་བོན་ཆོས་ཀྱི་སྦྱིན་བདག་བྱས་ནས། ཕན་ཚུན་གཡས་གཡོན་འདེགས་བྱས་ཏེ། ནང་བསྟན་ཆོས་ལུགས་དང་ལྷག་པར་དུ་དགེ་ལུགས་པའི་ཆོས་བརྒྱུད་ལ་ཁ་གཏད་འཐབ་འཛིན་ཆེན་པོ་བྱེད་ཀྱི་ཡོད་པ་རེད།

གཙང་པ་སྡེ་སྲིད་ཕུན་ཚོགས་རྣམ་རྒྱལ་གྱིས་བོད་ཞིང་ཁྲི（སྤྱི་ལོ་༡༧༢༨）ལོར་སོག་པོ་ཚོག་ཐུ་ཏན་དང་དཀར་མཛེས་བེ་རི་རྒྱལ་པོ་དོན་ཡོད་རྡོ་རྗེ་དང་འབྲེལ་བ་བཙུགས་པའི་རྗེས། སོག་པོ་ཚོག་ཐུ་དང་བེ་རི་གཉིས་ཀྱིས་གཙང་པ་སྡེ་སྲིད་ལ་རྒྱབ་སྐྱོར་བྱས་ཏེ་བོད་ལ་དམག་དཔུང་གཏོང་རྒྱུའི་སྐད་ཅོར་མང་པོ་བསྒྲགས་པ་དང་། དུས་བབ་ཛ་དྲག་ཆེ་ཆེར་སོང་བའི་རྐྱེན་གྱིས། གོང་ས་མཆོག་གི་ཕྱག་མཛོད་བསོད་ནམས་ཆོས་འཕེལ་དང་སྐྱིད་ཤོད་སྡེ་པ་མཚོ་སྐྱེས་རྡོ་རྗེ་གཉིས་ཀྱིས་ཞིན་ཅང་ཧྲུན་གར་ཡུལ་དུ་གོ་ཤྲི་བསྟན་འཛིན་ཆོས་རྒྱལ་ལ་དཔུང་རོགས་གནང་དགོས་པའི་རེ་བ་ཞུས་པར། གོ་ཤྲིས་ཁས་བླངས་སྟེ་འཕྲལ་དུ་བོད་ལ་མི་བཏང་ནས་ཉུལ་ཞིབ་བྱས། བོད་མེ་གླང（སྤྱི་ལོ་༡༧༢༧）ལོའི་ཟླ་དང་པོའི་ནང་ཨོ་རོད་ཀྱི་དཔུང་དམག་ཁྲི་གཅིག་ལྷག་ཙམ་མཚོ་སྔོན་དུ་དཔུང་འཇུག་བྱས་ནས། ཚོག་ཐུའི་འགོ་དམག་ཁྲི་གསུམ་དུ་ཉེ་བ་དུས་གཅིག་ཏུ་རྩ་མེད་གཏོང་། དེའི་རྗེས་ཧྲུན་གར་དུ་ཡོད་པའི་གུ་ཤྲི་ཏན་གྱི་དཔུང་དམག་ཡོངས་རྫོགས་མཚོ་སྔོན་དུ་གནས་སྤོས་བྱས། ལོ་དེའི་སྟོན་ཁ་གུ་ཤྲིའི་དཔོན་འཁོར་ཉུང་བསྡུས་ཤིག་ཆོས་མཇལ་དང་ཆོས་ཞུ་མཁན་གྱི་ཐོག་རྫུན་ལ་བརྟེན་ནས་ལྷ་སར་འབྱོར། དོན་དངོས་ཐོག་ཁོ་ཚོས་དབུས་གཙང་གི་དུས་བབ་སོགས་ཀྱི་གནས་ཚུལ་ལ་རྟོག་ཞིབ་བྱེད་པ་དང་། གུ་ཤྲི་བསྟན་འཛིན་ཆོས་རྒྱལ་གྱིས་རྒྱལ་མཆོག་ལྔ་པ་ཆེན་པོ་དང་པཎ་ཆེན་རིན་པོ་ཆེ་གཉིས་ཞལ་མཇལ་ཞུས་ཏེ། དད་གུས་ཆེན་པོས་འབུལ་བ་དངུལ་སྲང་ཁྲི་ཕྲག་དུ་མ་ཕུལ། ཆོས་དང་དགེ་བསྙེན་གྱི་བསླབ་སྡོམ་ཡང་ཞུས། དེ་ནས་བཟུང་རྒྱལ་མཆོག་ལྔ་

པ་ཆེན་པོ་དང་གུ་ཤྲི་བསྟན་འཛིན་ཆོས་རྒྱལ་གཉིས་མཆོད་ཡོན་དད་འདུན་ཐུན་མོང་མ་ཡིན་པའི་འབྲེལ་བ་དེ་ནས་དངོས་སུ་དབུ་ཚུགས་པ་ཡིན་ནོ། །

བོད་ས་ཡོས་(སྤྱི་ལོ་༡༧༣༨)ལོར་གུ་ཤྲི་ཧན་གྱིས་དཔུང་ཆེན་མཚོ་སྔོན་ནས་བཏེགས་ཏེ་བར་ཁམས་དཀར་མཛེས་ས་ཁུལ་དུ་ཡོད་པའི་གཙང་པ་སྡེ་སྲིད་ཀྱི་མཐུན་ཕྱོགས་བེ་རི་ཚོ་པའི་ཐོག་ཏུ་དཔུང་འཇུག་བྱས་ཏེ་ལོ་གཅིག་ཙམ་རིང་གཡུལ་འགྱེད་པ་བརྒྱུད་སྡེ་དགེ་དང་། དཀར་མཛེས། སྨར་ཁམས། འདན་ཁོག །དཔལ་ཡུལ། སེར་ཤུལ་སོགས་དྲག་ཤུགས་ཀྱིས་བེ་རི་འགོ་པ་དོན་ཡོད་རྡོ་རྗེ་དང་དེའི་རྗེས་འབྲང་པ་ཚར་བཅད། དེ་དང་ཆབས་ཅིག་བེ་རི་འགོ་པས་གསོན་བཟུང་བྱས་པའི་དགེ་ལུགས་པ་དང་། ས་སྐྱའི་བླ་གྲྭ་དཔོན་རིགས་རྣམས་བཙོན་ཁང་ནས་གློད་བཀྲོལ་བཏང་བས་ཀུན་གྱིས་དགའ་བསུ་དང་མཚན་སྙན་ཆེན་པོ་ཐོབ། དེར་བརྟེན་རྒྱལ་མཆོག་ལྔ་པའི་ཕྱག་མཛོད་བསོད་ནམས་ཆོས་འཕེལ་གྱིས་གུ་ཤྲི་བསྟན་འཛིན་ཆོས་རྒྱལ་ནས་བེ་རི་འགོ་དཔོན་དཔུང་དམག་ལས་རྣམ་པར་རྒྱལ་བའི་དྲན་གསོ་ཞུ་ཆེད་དུ། ལྷ་ས་གཙུག་ལག་ཁང་གི་མདུན་ཕྱོགས་ལྷོ་ངོས་སུ“རྟུས་ཡག་དར་ཆེན”ཞེས་པ་དེ་དུས་དེར་བཙུགས་པར་གྲགས།

རྒྱལ་མཆོག་ལྔ་པ་ཆེན་པོའི་དགོངས་པར་དམག་ཐག་ཆོད་ན་གུ་ཤྲི་བསྟན་འཛིན་ཆོས་རྒྱལ་དམག་དཔུང་འཁྲིད་དེ་མཚོ་སྔོན་ཕྱོགས་ལ་ཕྱིར་ལོག་གནང་ན་ལེགས་པའི་འཆར་འདོན་བཀའ་ལན་བསྩལ་ཡོད་ཀྱང་། ཕྱག་མཛོད་བསོད་ནམས་ཆོས་འཕེལ་གྱིས་ཏཱ་ལའི་བླ་མས་མ་མཁྱེན་པར་ལྐོག་ཏུ་གསང་བའི་འཕྲིན་ལན་བསྐུར་ཏེ། སོག་དམག་གཙང་དུ་དྲངས་ནས་གཙང་པ་སྡེ་སྲིད་ཚར་གཅོད་གཏོང་དགོས་སྐོར་གུ་ཤྲིར་ནན་ཏན་ཞུས་པ་དང་། དེ་ཡང་གུ་ཤྲིའི་དགོངས་པ་དང་མཐུན་ཏེ་ཕྱི་ཚུལ་དུ་སྨར་ཁམས་ནས་མཚོ་སྔོན་དུ་ཁ་གཏད་དེ་ཕྱིར་ལོག་པའི་ཚུལ་བསྟན་པ་དེ། གཙང་པས་ཐོས་ཤིང་གཡོ་ཐབས་ཡིན་པ་མ་ཤེས་པར་མཚོ་སྔོན་དུ་ཐོན་ཤག་བྱས་ཏེ་དོགས་ཟོན་མེད་པར་གནས་སྐབས། གུ་ཤྲིས་སྐབས་དང་བསྟུན་ནས་གློ་བུར་དུ་དམག་དཔུང་རྣམས་བྱང་ལམ་ནས་ཁ་བསྒྱུར་ཏེ་བོད་དུ་དྲངས་ནས་གཙང་པར་དཔུང་འཇུག་བྱས། གཙང་པ་སྡེ་སྲིད་

བསྟན་སྐྱོང་དབང་པོ་དང་། ཀརྨ་བཀའ་བརྒྱུད་པས་རྒོལ་ལན་ཤུགས་ཆེན་བསློགས་ཀྱང་མཐར་ཕམ་ཉེས་སོང་སྟེ་མགོ་བཏགས་མི་ཞུ་མཐུ་མེད་བྱུང་། བཤད་ཚུལ་ལ་གུ་ཤྲི་བསྟན་འཛིན་ཆོས་རྒྱལ་གྱིས་རྒྱལ་ཁ་ཐོབ་པའི་རྗེས་གཙང་པ་སྡེ་སྲིད་བསྟན་སྐྱོང་དབང་པོ་སྒྲོག་ཉེན་མ་དགོས་པར་སྐྱིད་ཤོད་སྣེའུ་རྫོང་དུ་བཙོན་འཇུག་བྱེད་སྐབས། གུ་ཤྲི་ཧན་གྱིས་གསོན་བཟུང་བྱས་པའི་མི་ཞིག་གི་སྐྱེ་ལ་བཏགས་པའི་སྲུང་འཁོར་ནང་དུ་གསང་བའི་ཡི་གེ་ཞིག་སྦས་པ་རྟོག་འདོན་བྱས་ཏེ་བལྟ་སྐབས། དེའི་ནང་དོན་དུ་གཙང་པ་སྡེ་སྲིད་བསྟན་སྐྱོང་དབང་པོས་ཀརྨ་པ་དང་ཞྭ་དམར་པའི་བླ་དཔོན་ཐུང་འབྲེལ་བྱས་ཏེ། སྔོན་ལ་གུ་ཤྲི་ཧན་བསད། དེ་ནས་ཏཱ་ལའི་བླ་མ་དང་པཎ་ཆེན་རིན་པོ་ཆེ་གཉིས་བཙོན་འཇུག་བྱས་མཐར་དགེ་ལུགས་པ་དང་དགོན་སྡེ་ཚང་མ་གཏོར་བཤིག་གཏོང་རྒྱུའི་ནང་དོན་འཁོད་ཡོད་པར། གུ་ཤྲི་ཧན་ཁོང་ཁྲོའི་མེ་ལྕེ་རབ་ཏུ་འབར་ནས་འཕྲལ་དུ་བཀའ་ཕབ་སྟེ་གཙང་པ་སྡེ་སྲིད་བསྟན་སྐྱོང་དབང་པོ་སྣེའུ་རྫོང་ནས་འཁྲིད་དེ་གཙང་ཆུར་གསོན་པོར་བསྐྱུར་པ་རེད། དེ་ནས་བཟུང་གཙང་པ་སྡེ་སྲིད་ཀྱིས་བོད་ཡོངས་ལ་དབང་སྒྱུར་བྱེད་པའི་ལོ་རྒྱུས་ཚང་མ་མཇུག་སྒྲིལ་བ་རེད།

སོག་པོ་གུ་ཤྲི་བསྟན་འཛིན་ཆོས་རྒྱལ་གྱིས་སྡེ་སྲིད་གཙང་པའི་སྟོབས་ཤུགས་རྩ་མེད་བཏང་རྗེས། བོད་ཆུ་རྟ་(སྤྱི་ལོ་༡༦༤༢)ལོར་རྒྱལ་མཆོག་ལྔ་པ་ཆེན་པོ་ངག་དབང་བློ་བཟང་རྒྱ་མཚོ་ལྷ་ས་ནས་གཞིས་ཀ་བསམ་གྲུབ་རྩེའི་ཕོ་བྲང་དུ་གདན་དྲངས། སྐབས་དེར་གུ་ཤྲི་ཧན་སྐུ་ངོ་མ་དང་རྒྱལ་བའི་ཕྱག་མཛོད་བསོད་ནམས་ཆོས་འཕེལ་གཙོས་པའི་བོད་ཀྱི་བླ་དཔོན་ཆེ་གྲས་རྣམས་ཀྱིས། སྔོན་བསུའི་རྟ་ཐུག་དང་བཅས་པ་གཙང་གནམ་གླིང་སྟོབས་རྒྱལ་ཐང་དུ་གཟབ་རྒྱས་ངང་ཕེབས་སྙུག་ཞུས།

རྒྱལ་མཆོག་ལྔ་པ་ཆེན་པོའི་སྐུ་འཁོར་དང་བཅས་པ་གཞིས་ཀ་བསམ་གྲུབ་རྩེའི་ཕོ་བྲང་དུ་ཕེབས་སྐབས། དབུས་གཙང་ཁུལ་གྱི་དཔོན་རིགས་ཆེ་གྲས་དང་། སོག་པོའི་རྟ་དམག་བརྒྱ་ཕྲག་ཉེ་བ་དང་སེར་སྐྱ་མང་ཚོགས་སྟོང་ཕྲག་བཀྲལ་བས་ལམ་གཡས་གཡོན་དུ་སྤྲོ་སྣང་ཆེན་པོས་ཕེབས་བསུ་རྒྱས་པ་ཞུས། རྒྱལ་མཆོག་ལྔ་པ་ཆེན་པོ་དང་

པཎ་ཆེན་སྐུ་ཕྲེང་བཞི་པ་བློ་བཟང་ཆོས་ཀྱི་རྒྱལ་མཚན་གཉིས་ཞལ་འཛོམས་བྱུང་བ་དང་། ཀུ་ཤྲི་བསྟན་འཛིན་ཆོས་རྒྱལ་གྱིས་རྒྱལ་མཆོག་ལྔ་པ་ཆེན་པོར་དད་སེམས་བླ་ན་མ་མཆིས་པས་བསྐུལ་ཏེ་སྔར་གཙང་པ་སྡེ་སྲིད་ཀྱི་མངའ་འོག་ཏུ་འཇུག་པའི་བོད་ཁྲི་སྐོར་བཅུ་གསུམ་དང་། གཙང་པ་སྡེ་སྲིད་ཀྱི་ཕོ་བྲང་གཞིས་ཀ་བསམ་གྲུབ་རྩེའི་ནང་དུ་ཡོད་པའི་ནོར་རིན་ཆེན་སྣ་ཚོགས་ཐམས་ཅད་རྒྱལ་མཆོག་ལྔ་པ་ཆེན་པོར་ཕུལ། དེའི་སྐོར《རྒྱལ་མཆོག་ལྔ་པའི་རང་རྣམ་》དུ་གསལ་བ་ལྟར་ན། “ཀུ་ཤྲི་ཧན་གྱིས་སྔར་ཡོན་རྒྱལ་རབས་སྐབས་སེ་ཆེན་ཧན་གྱིས་འགྲོ་མགོན་འཕགས་པར་འབུལ་བའི་མ་ན་ཧོའི་ཕྱག་དྲིལ་དང་མར་གད་ལས་གྲུབ་པའི་གསོལ་ཟའི་ཞལ་དཀར། སོག་པོ་ཐད་འགྲེལ་དུ་གྲགས་པའི་ནོར་སྣ་བོད་ཁྲི་སྐོར་བཅུ་གསུམ་དང་གཡས་བཞག་གཡོན་བཞག་ཡིན་ཟེར་བ་སྟེའུ་གདོང་རྩེ་བརྒྱད་རིན་སྤུངས་པར་བྱུང་བའི་ཁྱད་ནོར་དེ་ང་ལ་སྟེར་བར་མཛད་བྱུང་།” ཅེས་རྒྱལ་བ་ལྔ་པ་ཆེན་པོ་ཐུགས་ཤིན་ཏུ་མཉེས་པོ་བྱུང་བའི་ཚུལ་འཁོད་ཡོད། དེ་ལྟར་ཀུ་ཤྲི་བསྟན་འཛིན་ཆོས་རྒྱལ་གྱིས་ས་སྐྱ་རྒྱལ་ཐོག །ཕག་གྲུ་རྒྱལ་ཐོག །རིན་སྤུངས་རྒྱལ་ཐོག །གཙང་པ་རྒྱལ་ཐོག་བཅས་ནས་བརྒྱུད་པའི་ཁྱད་ནོར་བསམ་གྱི་མི་ཁྱབ་པ་དང་། དབུས་གཙང་གི་ཆོས་སྲིད་དབང་ཆ་ཐམས་ཅད། ཐ་ན་རང་གི་རིགས་རྒྱུད་དང་བཅས་པ་ཡོད་ཚད་རྒྱལ་མཆོག་ལྔ་པ་ཆེན་པོའི་ཆོས་འབངས་སུ་འབུལ་སྒྲུར་མཛད། བོད་ཆུ་རྟ་ལོར་(སྤྱི་ལོ་༡༧༦༢)རྒྱལ་བ་ལྔ་པ་ཆེན་པོའི་བཞུགས་གནས་ཀྱི་མཚན་དང་སྦྲེལ་ནས་དཔལ་ལྡན་འབྲས་དཀར་སྤུངས་པའི་ཆོས་སྡེ་ཆེན་པོར“དགའ་ལྡན་ཕོ་བྲང་”ཞེས་པ་བོད་ཡོངས་ལ་དབང་སྒྱུར་བྱེད་པའི་ས་གནས་སྲིད་གཞུང་དངོས་སུ་འཛུགས་པར་མཛད།

ཀུ་ཤྲི་བསྟན་འཛིན་ཆོས་རྒྱལ་གྱིས་གཙང་པ་སྡེ་སྲིད་གཏོར་ཕམ་བཏང་སྟེ་དགའ་ལྡན་ཕོ་བྲང་ས་གནས་སྲིད་གཞུང་བཙུགས་ཟིན་ཙང་། ཕྲིས་ཐོར་དུ་སོང་བའི་གཙང་པའི་དཔུང་དམག་གི་ལྷག་འཕྲོ་དང་བཀའ་བརྒྱུད་པའི་ཕྱོགས་གཏོགས་ཀྱིས་དང་ལེན་མི་བྱེད་པར་མ་ཟད། ཊགས་ཀོང་སོགས་ས་ཆ་འགའ་ཞིག་ནས་ངོ་ལོག་ཟིང་ཆ་སློང་

བ་དང་། དགོན་པ་མེར་བསྲེགས་པ་སོགས་ངོ་ལོག་གི་རྙོག་ཟིང་ས་ཆ་གང་སར་ཡོད་པར་བརྟེན། དབུས་གཙང་ས་ཆར་སྔར་བཞིན་ལྷིང་འཇགས་མེད་པ་རེད། རྒྱལ་མཆོག་ལྔ་པ་ཆེན་པོས་སྲིད་དབང་སྤྱ་བརྟན་ཡོང་ཆེད་དམག་དོན་ཁོ་ནས་མི་ཆོག་པར་ཆབ་སྲིད་ཀྱི་འདུ་འགོད་ཆེན་པོ་ཞིག་མཛད་དགོས་ཀྱི་ཡོད་དགོངས་ཏེ། སྐབས་དེར་མེས་རྒྱལ་ནང་སར་མིང་རྒྱལ་རབས་ཀྱི་སྟོབས་ཤུགས་ཉམས་རྒུད་དུ་གྱུར་ནས་ཐོར་ལ་ཉེ་བ་དང་། ཆིང་རྒྱལ་རབས་ཀྱི་སྲིད་གཞུང་བྱང་ཤར་ས་ཁུལ་དུ་བཙུགས་ཟིན་ནས་རྒྱལ་ཡོངས་ཁྱོན་དུ་སྟོབས་ཤུགས་ཁྱབ་སྤེལ་བྱེད་བཞིན་པའི་སྐབས་ཡིན། རྒྱལ་མཆོག་ལྔ་པ་ཆེན་པོས་གང་མགྱོགས་བོད་ནས་མི་བཏང་སྟེ་ཆིང་ཀྲུང་དབྱང་སྲིད་གཞུང་དང་འབྲེལ་བ་བཙུགས། དེའི་རྗེས་ཆིང་གོང་མ་ཧྲུན་ཀྲིས་ཀྱིས་རྒྱལ་ས་པེ་ཅིང་དུ་གདན་ཁེལ་བྱས་ཏེ། ཆེད་མངགས་བོད་ལ་མི་བཏང་སྟེ་ཏཱ་ལའི་བླ་མ་དང་པཎ་ཆེན་རིན་པོ་ཆེ་ལ་འཚམས་འདྲི་ཞུ་བ་དང་། དགོན་སྡེ་ཁག་ལ་གསོལ་ཇ་མང་འགྱེད་གྱུ་ནོམ་པ་ཕུལ། དེ་ནས་ཆིང་གོང་མ་ཧྲུན་ཀྲིས་སླར་ཡང་ཕོ་ཉ་བཏང་སྟེ་རྒྱལ་བ་ལྔ་པ་ཆེན་པོ་རྒྱལ་ས་པེ་ཅིང་དུ་ཕེབས་དགོས་ཀྱི་གདན་ཞུ་བྱས།

བོད་ཆུ་འབྲུག་(སྤྱི་ལོ་༡༦༥༢)ལོར་རྒྱལ་མཆོག་ལྔ་པ་ཆེན་པོ་ཆིང་གོང་མ་ཧྲུན་ཀྲིས་གདན་ཞུ་གནང་བར་ལྟར་བོད་ཀྱི་དཔོན་རིགས་སེར་སྐྱ་སྐུ་འཁོར་སྟོང་ཕྲག་གསུམ་ཙམ་དང་བཅས་བོད་ནས་པེ་ཅིང་དུ་ཆིབས་ཞལ་བསྒྱུར། པེ་ཅིང་དུ་འབྱོར་རྗེས་གོང་མ་ཧྲུན་ཀྲིས་རི་དྭགས་བཙོན་པར་འགྲོ་བའི་ཚུལ་མཛད་དེ་ལམ་བར་ཏཱ་ལའི་བླ་མ་དང་མཇལ་བ་ལྟ་བུ་ལྟར་ཕེབས་བསུ་ཞུ་བ། དེ་ནས་རྒྱལ་པོའི་ཕོ་བྲང་དུ་ཕེབས་རྗེས་རྒྱལ་པོའི་བཀའ་བཞིན་གདན་ཐོབ་ཏུ་ཞུགས་སུ་གསོལ་བ་དང་། གསོལ་ཇ་ཕུལ་བ། གསོལ་སྟོན་བཤམས་པ་སོགས་གུས་ཞབས་མཆོན་པའི་སྣེ་ལེན་གཟབ་རྒྱས་གནང་བར་མ་ཟད། གསེར་དངུལ་ལ་སོགས་པའི་རིན་ཆེན་འབུལ་བ་གནང་སྦྱིན་ཤིན་ཏུ་རྒྱས་པ་བསྩལ། རྒྱལ་མཆོག་ལྔ་པ་ཆེན་པོས་ཀྱང་གོང་མ་ཧྲུན་ཀྲིས་ལ་བྱུ་རུ། སྤོས་ཤེལ། རིན་ཆེན་སྨུ་མེན་གྱི་ཕྲེང་བ་ཁ་ཤས། སྣམ་ཕྲུག །ཁུ་རམ། གུ་གུལ་གྱི་ལྷང་ཙེ་

མང་བ། ཧ་དང་། སྦྲུ་ལ་གའི་པགས་པ་སྟོང་ཕྲག་རེས་གཙོས་པའི་འབུལ་ཤིན་ཏུ་རྒྱས་པ་མཛད། རྒྱལ་མཆོག་ལྔ་པ་ཆེན་པོ་པེ་ཅིང་དུ་གོང་མས་ཆེད་གཉེར་བརྒྱབ་པའི་གཟིམས་ཁང་སེར་པོར་བཞུགས། རྒྱལ་མཆོག་ལྔ་པ་ཆེན་པོ་བོད་དུ་ཕྱིར་ལོག་ཕེབས་སྐབས། གོང་མ་ཧྲུན་ཀྲིས་ནན་ཡོན་སྐྱིད་ཚལ་བར་དུ་ཕེབས་སྐྱེལ་ཞུས། དེ་ནས་རྒྱལ་མཆོག་ལྔ་པ་ཆེན་པོ་ཏའི་ཁ་ཡུལ་དུ་ཕེབས་འགྲོར་ཕྱུང་སྐབས་གོང་མ་ཧྲུན་ཀྲིས་ཡང་ལི་ བུའུ་ལས་ཁུངས་ཀྱི་ཧྲང་ཧྲུའུ་ཙུའི་ལུའོ་ལང་ཆིའུ་དང་། ལི་ཕན་ཡོན་ལས་ཁུངས་ཀྱི་ཨ་ས་ཁན་ཞི་ཏ་ལི་སོགས་མངགས་ནས་ཏའི་ཁའི་ཡུལ་དུ་ཆེད་གོང་མས་ཏཱ་ལའི་བླ་མར་མཚན་གནས་གནང་བའི་མན་ཧྲ་དང་། སོག །རྒྱ་བོད་བཅས་ཡིག་རིགས་བཞིའི་གསེར་གྱི་འཇའ་ས་དང་། གསེར་གྱི་ཐམ་ག་གནང་། གསེར་གྱི་ཐམ་གའི་ཡི་གེ་ཆ་ཚང་ནི་“ནུབ་ཕྱོགས་ཀྱི་ཞུལ་བྱུང་ཞི་བ་སངས་རྒྱས་རྒྱ་ཆེན་ཁྱབ་ལ་སངས་རྒྱས་བསྟན་པའི་མངའ་བདག་ཐམས་ཅད་མཁྱེན་པ་རྗོ་རྗེ་འཆང་ཏཱ་ལའི་བླ་མ”ཞེས་པ་དེ་ཡིན་ཞིང་། དེ་ནས་བཟུང་“ཏཱ་ལའི་བླ་མ”ཞེས་པའི་མཚན་སྙན་དེ་དངོས་སུ་གཏན་འཁེལ་བྱས་པ་རེད།

གོང་མ་ཧྲུན་ཀྲིས་རྒྱལ་མཆོག་ལྔ་པ་ཆེན་པོ་ལ་མཚན་གནས་ཞུལ་བ་དང་སྦྲགས་གུ་ཤྲི་བསྟན་འཛིན་ཆོས་རྒྱལ་ལ་ཡང་འཇའ་ས་གནང་སྟེ། “གཞུང་བཟང་བཅོ་སྲུང་དྲང་བདེན་ལས་སྒྲོང་མཛངས་ཅན་གོ་ཤྲི་ཧན་གྱི་ཐམ་ག”ཞེས་གུ་ཤྲི་ཧན་གྱིས་བོད་དུ་ལག་བསྟར་བྱས་པའི་འཐབ་རྟུས་རྣམས་ལ་གོང་མས་ཁས་ལེན་པར་མ་ཟད། གུ་ཤྲི་ཧན་གྱིས་བོད་དུ་ཡོད་པའི་ས་གཞིས་དབང་སྒྱུར་བྱེད་པ་ཡང་ཁས་ལེན་བྱས་ཏེ་གོང་མའི་ཆེད་དུ་མཐའ་མཚམས་སྲུང་སྐྱོབ་ལེགས་པར་བྱེད་དགོས་པའི་བསྐུལ་འདེད་ཡང་བཏང་ཡོད་པ་རེད། རྒྱལ་མཆོག་ལྔ་པ་ཆེན་པོ་དང་གུ་ཤྲི་བསྟན་འཛིན་ཆོས་རྒྱལ་གཉིས་ལ་ཆིང་གྲུང་དབྱང་སྲིད་གཞུང་ནས་མཚན་གནས་དང་འཇའ་ས་གནང་བའི་རྗེས། ཁོང་རྣམས་པའི་གོ་བབ་དང་སྙན་གྲགས་དེ་བས་གོང་མཐོར་ཕྱིན་ནས་དགའ་ལྡན་ཕོ་བྲང་གི་སྲིད་དབང་དེ་ཉིད་ཀྲུང་དབྱང་སྲིད་གཞུང་གིས་ཁས་ལེན་དང་རྒྱབ

སྒྱུར་ཐོབ་པ་རེད།

རྒྱལ་མཆོག་ལྔ་པ་ཆེན་པོ་རྒྱལ་ས་པེ་ཅིང་དུ་ཟླ་བ་གཉིས་ཙམ་བཞུགས་ཏེ་ལྷ་སར་ཕྱིར་ལོག་ཕེབས། དེ་ནས་རྒྱལ་བ་མཆོག་གིས་བོད་ཀྱི་ཆབ་སྲིད། དཔལ་འབྱོར། ཆོས་ལུགས། ཁྲིམས་གཞུང་སོགས་ལ་བཅོས་སྒྲིག་རབ་དང་རིམ་པ་མཛད་པ་དང་། དགའ་ལྡན་ཕོ་བྲང་སྲིད་གཞུང་ནང་ཁུལ་དུ་ཆོས་སྲིད་ཟུང་འབྲེལ་ལམ་ལུགས་ཀྱི་ལས་ཚན་འཛུགས་པ་གནང་སྟེ། དགེ་ལུགས་པས་ཐད་ཀར་སྲིད་དོན་ལས་གཉེར་ནང་བཞུགས་ཆོག་པ་བཟོས། དེ་ནས་བཟུང་ཆོས་སྲིད་བཟུང་འབྲེལ་གྱིས་བཀས་བཀོད་རྒྱུད་འཛིན་ཞིང་བྲན་ལམ་ལུགས་དེ་སྤྱི་ལོ་༡༩༥༩ལོར་བོད་ལ་དམངས་གཙོའི་བཅོས་བསྒྱུར་མ་བཏང་བར་དུ་གནས། དགའ་ལྡན་ཕོ་བྲང་སྲིད་གཞུང་གིས་དཔལ་འབྱོར་དང་ཆབ་སྲིད་ཐད་མངའ་བདག་གི་ས་ཞིང་དང་བྲན་གཡོག་ལ་དམིགས་བསལ་གྱི་དབང་ཆ་ཡོད་པ་གཏན་འཁེལ་བྱས་པ་དང་། ཞིང་པ་བྲན་གཡོག་ལ་རང་ལུས་རབ་དབང་མེད་པར། མངའ་བདག་ཆེན་པོ་གསུམ་གྱི་འོག་ཏུ་ལག་ཆ་ལྟར་བེད་སྤྱོད་བྱས་ཆོག །སྲིད་གཞུང་གིས་དགོན་པ་ཁག་ལ་སྤྲད་པའི་ས་ཞིང་བྲན་གཡོག་ལ་"ཆོས་གཞིས"ཅེས་དང་། སྐུ་དཔོན་མི་དྲག་དང་ས་བདག་ལ་སྤྲད་པའི་ས་ཞིང་བྲན་གཡོག་ལ་"སྒེར་གཞིས"ཞེས་དང་། ཡང་སྲིད་གཞུང་གིས་ཉར་བའི་ས་ཞིང་བྲན་གཡོག་ལ་"གཞུང་གཞིས"ཞེས་མིང་སྣ་ཚོགས་བཏགས་ཏེ་བཀས་བཀོད་རྒྱུད་འཛིན་ཞིང་བྲན་ལམ་ལུགས་དེའི་འོག་མངའ་བདག་ཆེན་པོ་གསུམ་ལ་དབང་ཆ་ཚང་མ་ཡོད་པའི་ལམ་ལུགས་ཤིག་ལག་བསྟར་བྱས་པ་རེད། དགའ་ལྡན་ཕོ་བྲང་གི་བཀའ་ཤག་སྲིད་གཞུང་ནང་"སྤྱི་སྲིད"ཞེས་པ་སྲིད་དོན་བདག་གཉེར་གྱི་དབང་ཆ་འཛིན་པའི་སྒྲིག་སྲོལ་ཞིག་བཙུགས་ནས་རྒྱལ་མཆོག་ལྔ་པ་ཆེན་པོའི་ཕྱག་མཛོད་བསོད་ནམས་ཆོས་འཕེལ་གྱིས་སྤྱི་སྲིད་གོ་གནས་ཨང་དང་པོ་འཛིན་པ་རེད།

དགའ་ལྡན་ཕོ་བྲང་གི་སྲིད་གཞུང་བཙུགས་ནས་ཡུན་རིང་སོང་མེད་སྐབས། ཆོས་ལུགས་གྲུབ་མཐའ་ཕན་ཚུན་གྱི་འགལ་ཟླ་ཇེ་དྲག་ཏུ་འགྲོ་བའི་ཁ་ཕྱོགས་དེ་མངོན་

གསལ་དོད་དུ་ཕྱིན་པ་དང་། སྤྱི་ཚོགས་ཞི་བདེ་བརྟན་ལྷིང་མེད་པའི་དུས་བབ་དང་བཅས། དུས་གང་ཞིག་ལ་ཡང་དམག་འཁྲུག་ལངས་པའི་ཉེན་ཁ་ཚབས་ཆེན་གནས་མུས་ཁར། རྒྱལ་མཆོག་ལྔ་པ་ཆེན་པོ་དང་སྡེ་སྲིད་བསོད་ནམས་ཆོས་འཕེལ་རྣམ་གཉིས་ནས་རྒྱང་རིང་གི་ཁེ་ཕན་དང་དམག་དོན་འཐབ་རྩུས་ཀྱི་སྙིང་དོན་ཆ་ནས་དགོངས་པ་ཟབ་མོར་བཞེས་ཏེ་གྲོས་འཆམ་བྱུང་བར། ལྷ་ས་དམར་པོ་རིའི་ཐོག་ཏུ་པོ་ཏ་ལའི་ཕོ་བྲང་དཀར་པོ་གསར་བཞེངས་གནང་ནས་དམར་ལྕགས་གཉིས་སྦྲེལ་བཙན་རྫོང་ཤིན་ཏུ་རྒྱ་ཆེ་བ་ཞིག་བྱུང་ན་སེ་འབྲས་གཉིས་དང་ཐུང་དུ་འབྲེལ་བའི་འཕྲུལ་ཐུགས་བརྟན་བརྟིང་ཆེ་བའི་ཕན་པ་དང་དགོས་ངེས་བཅས། བོད་ཤིང་བྱ་ལོར་(སྤྱི་ལོ་༡༦༤༥) དམར་པོ་རིའི་སྟེང་དུ་ཕོ་བྲང་དཀར་པོ་གསར་བཞེངས་བྱེད་རྒྱུའི་ལས་གྲྭ་དངོས་སུ་འགོ་ཚུགས།

ཕོ་བྲང་དཀར་པོ་བཞེངས་ཚར་རྗེས། རྒྱལ་མཆོག་ལྔ་པ་ཆེན་པོ་འབྲས་སྤུངས་དགོན་གྱི་དགའ་ལྡན་ཕོ་བྲང་ནས་པོ་ཏ་ལར་གནས་སྤོས་གནང་། དེ་ནས་བཟུང་ཕོ་བྲང་པོ་ཏ་ལ་རྒྱལ་བ་རིམ་བྱོན་གྱི་དགུན་བཞུགས་གནང་ཡུལ་དང་གཞུང་དོན་ཕྱག་ལས་གནང་ས་ལྟེ་བར་གྱུར། དེ་རྗེས་རྒྱལ་མཆོག་ལྔ་པ་ཆེན་པོས་ལྷ་ལྡན་གཙུག་ལག་ཁང་གི་སྐོར་ལམ་ཉམས་གསོ་རྒྱ་སྐྱེད་ཤུགས་ཆེན་གནང་བ་དང་ཆབས་ཅིག །གཙུག་ལག་ཁང་གི་རྒྱལ་སྒོ་ཕྱི་མའི་ཡང་ཐོག་ཏུ་ཐོག་བརྩེགས་གཉིས་ལྡན་ཉིད་ཀྱི་བླ་བྲང་དང་། སྡེ་སྲིད་ཀྱི་གཟིམ་ཆུང་དང་བང་མཛོད་སོགས་གསར་སྐྲུན་མཛད། ཕྱིས་སུ་བོད་ས་གནས་སྲིད་གཞུང་གི་བཀའ་ཤག་ལས་ཁུངས་ཀྱི་དོན་གཅོད་ཁང་ཡང་གཙུག་ལག་ཁང་ནང་མའི་སྐོར་ལམ་ལྷོ་ངོས་ཀྱི་ཉིས་ཐོག་ཏུ་བཀོད་སྒྲིག་བྱས་ཡོད་པ་རེད། རྒྱལ་མཆོག་ལྔ་པ་ཆེན་པོས་དབུས་ཁུལ་དུ་ད་དུང་དགེ་ལུགས་པའི་དགོན་ཁག་གླིང་བཅུ་གསུམ་གསར་བཞེངས་གནང་བར་ཡོངས་གྲགས་སུ"ལྔ་པའི་དགོན་གླིང་བཅུ་གསུམ"ཞེས་འབོད་སྲོལ་བྱུང་བ་དང་། དགོན་སྡེ་དེ་དག་ལ་ས་ཁང་ས་ཞིང་བྲན་གཡོག་དང་བཅས་པ་ཆ་ཚང་བསྩལ་བ་དང་། དེ་དང་ཆབས་ཅིག་དགོན་སྡེ་ཁག་ལ་རང་དགོན

དང་འཚམས་པའི་“བཅའ་ཡིག”ཁག་བཟོས་ཏེ་དགོན་པའི་འདུལ་ཁྲིམས་ཁག་འགན་སྲུང་ཡོང་ཆེད། དགོན་པ་བདག་གཉེར་གྱི་སྒྲིག་གཞི་ལེགས་བཅོས་གནང་སྟེ་རབ་ཏུ་བྱུང་བ་ནས་དགོན་པའི་སྒྲིག་ལ་ཞུགས་སྐབས། སློབ་གཉེར་བྱེད་ཚུལ། དཔེ་སློབ་འཛིན་གྲྭ་སོ་སོའི་གཞུང་སྦྱོང་རྒྱུགས་སྤྲོད་ཀོ་རིམ་དང་ལམ་སྲོལ། དགོན་སྡེའི་བདག་གཉེར་ལས་སྣེ་བསྐོ་གཞག་དང་གནས་གཡུག་བྱེད་ལུགས། དེ་བཞིན་དགོན་ཆེ་ཁག་གི་སྤྱི་གསོའི་མ་དངུལ་དོ་དམ་ལས་གཉེར་བྱེད་ཕྱོགས། དགོན་སྤྱིའི་ཆོས་ཕྱོགས་ཀྱི་སྒྲིག་ལམ་ཐད་བསླབ་པ་རྣན་གཙོན་དང་དགེ་རྒན་བསྟེན་སྲོལ་དང་གུས་བཀུར་བྱེད་ལུགས་སོགས་ཕྱོགས་གང་ས་སྤྱི་ཐད་ཀྱི་སྒྲིག་སྟོན་ལག་བསྟར་བྱེད་རྒྱུའི་གཏན་ལ་ཕབ་པའི་བཅའ་ཡིག་ཆེན་མོ་བཟོས་གནང་བ་རེད།(“རྒྱལ་བ་ལྔ་པའི་བཅའ་ཡིག་ཆེན་མོ”ཞེས་གདན་ས་ཆེ་གྲས་ཀྱི་ཚད་འཛིན་ས་དང་ལྷག་པར་དུ་གདན་ས་ཆེ་ཤོས་འབྲས་སྤུངས་དགོན་པར་དམིགས་ནས་བཟོས་གནང་བར་བརྟེན་ཀུན་གྱིས་མཐོང་ཆེན་དང་བརྩི་བཀུར་ཆེན་པོ་བྱེད་ཀྱི་ཡོད་པ་རེད།)

ཆིང་གོང་མ་རྟུན་གྲི་སྐུ་གཤེགས་རྗེས། རྒྱལ་མཆོག་ལྔ་པ་ཆེན་པོས་ཆིང་གོང་མ་ཁང་ཤིའི་ཡིས་བཀའ་ཕེབས་པ་ལྟར། མཚོ་སྔོན་ཤར་ངོས་ཀྱི་རྒྱ་རིགས་དང་སོག་རིགས་གཉིས་དབར་ཕན་ཚུན་ཁ་གཏད་ཀྱི་གནས་ཚུལ་ཚབས་ཆེན་བྱུང་བར། རྒྱལ་བ་མཆོག་ནས་འཐུས་མི་བཏང་སྟེ་བར་འདུམ་བཀའ་སློབ་ལན་མང་གནང་བ་དང་། ཕན་ཚུན་འཆམ་ཐབས་ཀྱི་ཐུག་ལས་མང་པོ་བསྐྱངས་པའི་མཛད་ཤུགས་ཀྱིས་མཐར་ཕྱོགས་གཉིས་མཐུན་ཏེ་ལན་མེད་ཞི་བདེ་ལྡིང་འཛགས་སུ་སོང་བས། རྒྱ་སོག་གི་མི་སེར་ཐམས་ཅད་བདེ་ཞིང་སྐྱིད་པའི་འཚོ་བ་ལ་རོལ་ཐུབ་པ་བྱུང་། དེ་ནས་བོད་ཤིང་རྟ་(སྤྱི་ལོ་༡༧༥༨)ལོའི་ཟླ་བ་བཅུ་གཉིས་པའི་ཚེས་བདུན་ཉིན་གུ་ཤྲི་བསྟན་འཛིན་ཆོས་རྒྱལ་དགུང་གྲངས་བདུན་བཅུ་དོན་གསུམ་ཐོག་ལྷ་སའི་དགའ་ལྡན་ཁང་གསར་དུ་སྐུ་གཤེགས། བོད་ས་ཁྱི་(སྤྱི་ལོ་༡༧༥༩)ལོར་གུ་ཤྲི་བསྟན་འཛིན་ཆོས་རྒྱལ་གྱི་སྲས་བསྟན་འཛིན་དར་ཡོན་ཏན་གྱིས་ཡབ་ཀྱི་གོ་གནས་འཛིན།

རྒྱལ་མཆོག་ལྔ་པ་ཆེན་པོ་དགུང་ལོ་ཅུང་སྨིན་པའི་དུས་སུ། ཆབ་སྲིད་ཐད་ལ་

དེ་ཙམ་ཐེ་ཇུས་མ་མཛད་པར། དོན་ཆེན་ཡོད་ཚད་སྡེ་སྲིད་སྐུ་ཕྲེང་ལྔ་པ་སངས་རྒྱས་རྒྱ་མཚོས་ཐུགས་འགན་བཞེས་ཤིང་། ལྔ་པ་ཆེན་པོ་ཉིད་སྐུ་མཚམས་སུ་བཞུགས་པའམ། ཡང་ན་ལྟོགས་རྩོམ་མཛད་དེ་བཞུགས། རྒྱལ་བ་ལྔ་པ་ཆེན་པོའི་གསུང་རྩོམ་པོད་གྲངས་སུམ་ཅུ་ཙམ་ཡོད་པར་མ་ཟད། པོད་གྲངས་ནང་མ་ཚུད་པའི་ལྟོགས་རྩོམ་གྲས་ནང་དོན་ཁྱབ་ཆེན་པོ་ཡོད་པ་དཔེར་ན། ལོ་རྒྱུས་དང་། སྙན་ངག །ཀུན་སྤྱོད་དང་། སྨན་རྩིས། རྟ་རྩལ་དང་མདའ་འཕེན་སྟངས་སོགས་དང་། ཡིག་རིགས་སྐོར་ལ་རྒྱ་གར་གྱི་སཾ་སྐྲྀཏ་དང་། སོག་ཡིག །བོད་ཡིག་སོགས་ཡོད་ཅིང་། ཁོང་གིས་བོད་ཀྱི་ལོ་རྒྱུས་ཐོག་རིག་གནས་འཕེལ་རྒྱས་བྱ་གཞག་ལ་ལེགས་སྐྱེས་བསྒྲུབ་ཐབས་མེད་པ་ཞིག་འཇོག་གནང་མཛད་ཡོད།

བོད་ཆུ་ཁྱི་(སྤྱི་ལོ་༡༦༨༢)ལོར་རྒྱལ་མཆོག་ལྔ་པ་ཆེན་པོ་ངག་དབང་བློ་བཟང་རྒྱ་མཚོ་དགུང་ལོ་དྲུག་བཅུ་རེ་དྲུག་ཕེབས་དུས་ལྷ་ས་པོ་ཏ་ལའི་ཕོ་བྲང་དུ་ཞི་བ་མྱ་ངན་ལས་འདས། རྒྱལ་བ་མཆོག་སྐུ་ཚེ་ཧྲིལ་པོར་བོད་ཀྱི་ཆབ་སྲིད་བྱ་གཞག་དང་། ལྷག་པར་དུ་མེས་རྒྱལ་གོང་བུ་གཅིག་གྱུར་དང་། མི་རིགས་མཐུན་སྒྲིལ་ལ་ཤུགས་སྣོན་བརྒྱག་རྒྱུ་སོགས་ཕྱོགས་གང་ཅིའི་ཐད་ལ་ལེགས་སྐྱེས་སྦྲད་དུ་བྱུང་བ་དང་། མཛད་རྗེས་བླ་ན་མ་མཆིས་པ་བཞག་གནང་ཡོད། ཁོང་གི་མཚན་སྙན་བོད་ལྗོངས་ཡོངས་དང་ཀྲུང་གོའི་ས་ཕྱོགས་ཡོངས་སུ་ཁྱབ་ཡོད་པ་རེད། ཕོ་བྲང་པོ་ཏ་ལར་རྒྱལ་མཆོག་ལྔ་པ་ཆེན་པོའི་གདུང་རྟེན་བཞེངས་ཡོད་པ་སྟེ་རྒྱལ་མཆོག་ན་རིམ་ལས་ཆེས་མཐོ་བ་དང་། རིན་ཆེན་སྣ་ཚོགས་ཀྱིས་བརྒྱན་པའི་བརྗིད་ཆགས་ལྡན་པའི་གསེར་གདུང་“འཛམ་གླིང་རྒྱན་གཅིག”ཅེས་གྲགས་པ་ཡིན། བོད་མི་རིགས་ཀྱི་དད་ལྡན་མང་ཚོགས་ཚོས་རང་བཞིན་གྱི་དད་སེམས་གོམས་འདྲིས་སོང་བ་ལྟ་བུས་གསེར་གདུང་འཛམ་གླིང་རྒྱན་གཅིག་མདུན་དུ་སོར་བཅུའི་འདབ་མ་སྙིང་གར་བཅངས་ཞིང་ལུས་ངག་ཡིད་གསུམ་གྱི་སྒོ་ནས་རྒྱལ་མཆོག་ལྔ་པ་ཆེན་པོར་རྩེ་གཅིག་ཏུ་དྲན་སེམས་མཆོད་པའི་གསོལ་བ་སྨོན་ལམ་འདེབས་ཀྱི་ཡོད་པ་རེད།

བཅུ་གཉིས། དགའ་ལྡན་ཕོ་བྲང་སྐབས་ཀྱི་སྡེ་སྲིད་སྐུ་ཐོག་ལྔ་པ་སངས་རྒྱས་རྒྱ་མཚོའི་མཛད་རྗེས་སྐོར།

སྡེ་སྲིད་སངས་རྒྱས་རྒྱ་མཚོས་རྒྱལ་མཆོག་ལྔ་པ་ཆེན་པོ་དགོངས་པ་རྫོགས་པའི་སྐོར་གསང་རྒྱ་ལོ་བཅོ་ལྔ་ཙམ་བྱས་རྗེས་གཞི་ནས་གསང་རྒྱ་བཀྲོལ་བ་དང་། རྩོམ་ཡིག་འགའ་རེའི་ནང་ཁོང་གིས་གསང་རྒྱ་གནང་དགོས་པའི་རྒྱུ་རྐྱེན་སྐོར་ལ། སྐབས་དེ་དུས་གཅིག་ནས་གུ་ཤྲི་བསྟན་འཛིན་ཆོས་རྒྱལ་གྱི་བུ་ཕྲུག་དང་ཚ་བོ་ཚོས་བོད་ལ་དབང་སྒྱུར་བྱེད་པའི་སྟོབས་ཤུགས་ལ་ཁ་གཏད་གཙོག་དགོས་པ་དང་། གཉིས་ནས་དགེ་ལུགས་པའི་སྟོབས་ཤུགས་ཉམས་རྒུད་དུ་མི་འགྲོ་རྒྱུའི་གཡོལ་ཐབས་དང་ཆབས་ཅིག་དུས་བབ་བརྟན་ལྷིང་ཡོང་བ་བྱེད་རྒྱུ། ད་དུང་རང་སྐེར་གྱི་དབང་ཐང་གོ་གནས་ལ་སྲུང་སྐྱོབ་བྱ་རྒྱུ་བཅས་རེད། དམངས་ཁྲོད་ནང་དུ་ཡོངས་ཁྱབ་ཀྱི་ངོས་འཛིན་བྱེད་སྟངས་ནི། སྡེ་སྲིད་སངས་རྒྱས་རྒྱ་མཚོས་རྒྱལ་བ་ལྔ་པ་ཆེན་པོ་མཆོག་གིས་ཕོ་རང་ལ་གཟིགས་སྐྱོང་བླ་ན་མ་མཆིས་གནང་བ་དང་། བློས་བྱིངས་འགེལ་གྱི་གསོ་སྐྱོང་། ཡིད་ཆེས་གནང་བ་དེ་དག་ཚུད་ཟོས་སུ་གཏན་ནས་བཏང་མེད་ཁར། ལྔ་པ་ཆེན་པོས་དགོངས་པ་རྫོགས་ཁའི་ཞལ་ཆེམས་ཇི་ལྟར་གནང་བ་བཞིན་ལྷག་བསམ་རྣམ་དག་གིས་ལག་བསྟར་གནང་ཡོད་ལ། ལྷག་པར་དུ་རྒྱལ་མཆོག་ལྔ་པ་སྐུ་ཞིང་ལ་གཤེགས་རྗེས་གང་གི་ཞལ་ཆེམས་ལྟར་ཡང་སྲིད་ངོས་འཛིན་མ་བྱུང་བར་དུ་ཀུན་ལ་གསང་རྒྱ་དམ་དགོས་ཀྱི་དགོངས་པ་ལྟར་མཛད་ཡོད་པ་རེད།

སྡེ་སྲིད་སངས་རྒྱས་རྒྱ་མཚོས་ལོ་ངོ་ཉི་ཤུ་ལྷག་ཙམ་རིང་དགའ་ལྡན་ཕོ་བྲང་གི་ཆོས་སྲིད་ཐུགས་འགན་ཡོངས་སུ་བཞེས་པ་དང་དེའི་རིང་མཚོད་ཡོན་དུ་གྱུར་པའི་“སོག་པོ་རྒྱལ་རིགས་སྲིད་གཞུང་”གི་མི་རྒྱུད་ཁག་དང་འགལ་ཟླ་ཉིན་བཞིན་རྩོ་ངར་

ཅན་དུ་སོང་བ་དེ་དག་ལ་གང་ནུས་ཀྱིས་གྲོས་མཐུན་འཆམ་ཐབས་ཡོང་བ་བྱས་ཏེ། ཕྱི་ཚོགས་ཀྱི་གཅིག་གྱུར་དང་ཞི་འཇམ་བརྟན་ལྷིང་དུ་གནས་ནས། གསང་ཐབས་ཀྱི་སྒོ་ནས་ལྔ་པ་ཆེན་པོའི་ཡང་སྲིད་བཙལ་འཚོལ་གནང་བ་དང་། ཡང་སྲིད་མཆོག་སྤྲུལ་ལ་སྲིད་ཞུ་དང་འཚོ་སྐྱོང་གང་ལེགས་མཛད་དེ་ཐབས་བརྒྱ་ཇུས་སྟོང་དང་སྐུའི་བདེ་འཇགས་ལ་སྲུང་སྐྱོབ་གནང་བ་དང་། ཆིང་གོང་མ་ཁང་ཤིས་ཡང་སྲིད་ངོས་འཛིན་ཞུས་ཏེ་སྲིད་ཁྲིར་མངའ་གསོལ་ཞུ་ཚོག་པའི་ཚོག་མཆན་གནང་བར་བརྟེན། སྲིད་ཁྲི་མངའ་གསོལ་གྱི་མཛད་སྒོ་ཡང་གཟབ་རྒྱས་ཤིག་གནང་བ་མཛད། ལྷག་དོན་དུ་སྡེ་སྲིད་སངས་རྒྱས་རྒྱ་མཚོས་རྒྱལ་མཆོག་ལྔ་པ་ཆེན་པོའི་སྐབས་དམར་པོ་རིར་པོ་ཏ་ལའི་ཤར་ངོས་ཀྱི་ཕོ་བྲང་དཀར་པོ་བཞེངས་པའི་རྨང་གཞིའི་སྟེང་། གསར་དུ་རྒྱ་སྐྱེད་འཆར་འགོད་དང་བཀོད་འདོམས་མཛད་དེ་ཕོ་བྲང་དམར་པོའི་ཡན་ལག་གི་བཟོ་སྐྲུན་ཁག་ཀྱང་ལེགས་འགྲུབ་བྱུང་བ་རེད།(དུས་ཡུན་ལོ་བཞི་ཙམ་རིང་འཛུགས་སྐྲུན་གནང་སྟེ། སྔོ་ཤར་བཅས་ནས་རྒྱ་སྐྱེད་ཀྱིས་ཕོ་བྲང་དམར་པོ་ཐོག་ཚད་བོད་ལུགས་ཀྱི་ཐོག་བརྩེགས་བཅུ་གསུམ་ཡོད་པའི་སྟེང་དུ། གཟིམ་ཆུང་བཀའ་གདམ་འཁྱིལ་བ་དང་། ངོ་མཚར་འཁྱིལ་བ། འདོད་དགུ་འཁྱིལ་བ། བདེ་ལྡན་འཁྱིལ་བ། ཕུན་ཚོགས་བཀོད་པ། ས་གསུམ་རྣམ་རྒྱལ་སོགས་ཁག་བཅུ་གསུམ་དང་། དེ་མིན་སྟེང་ཤོད་བར་གསུམ་དུ་ལྷ་ཁང་མང་པོ་བཞེངས་པ་མཛད། དེ་བཞིན་རྒྱལ་མཆོག་ལྔ་པ་ཆེན་པོའི་གསེར་གདུང་འཛམ་གླིང་རྒྱན་གཅིག་སོགས་རྩེ་ཕོ་བྲང་པོ་ཏ་ལའི་བཟེད་ཆགས་ལྟ་ན་སྡུག་པའི་བཟོ་བཀོད་ཕུན་སུམ་ཚོགས་པ་དེ་ལྟ་བུ་ཞིག་སྐབས་དེ་ཙམ་དུ་བསྐྲུན་པར་མཛད།)①

སྡེ་སྲིད་སངས་རྒྱ་མཚོས་སྲིད་སྐྱོང་གནང་རིང་ཆོས་སྲིད་གཉིས་ཀའི་འཁུར་བཞེས་མཛད་ཐྲིལ་ཆེན་པོ་ཡོད་ཀྱང་། བོད་རིག་པའི་སྐོར་གྱི་བཀའ་རྩོམ་བསམ་ཡུལ་ལས་འདས་པ་མང་པོ་རྩོམ་བྲིས་མཛད་ཡོད་པ་དེ་དག་གཅིག་ནས་རང་མི་རིགས་ཀྱི་ཤེས་རིག་ཁྱད་དུ་འཕགས་པ་རྒྱུད་འཛིན་དང་། དག་བཅོས། ཁྱབ་སྤེལ་སོགས་ཀྱི་བྱ་གཞག་ནང་ཐུན་མོང་མ་ཡིན་པའི་ཁྱད་ཆོས་མངོན་གསལ་ཅན་ཡོད་པ་དཔེར་ན། བོད་

① བཤེས་གཉེན་ཚུལ་ཁྲིམས། 《ལྷ་སའི་དགོན་ཐོ།》 བོད་ལྗོངས་མི་དམངས་དཔེ་སྐྲུན་ཁང་། ༢༠༠༥ལོ། ཤོག་ངོས། ༣

ཀྱི་གསོ་བ་རིག་པའི་གཞུང་ལུགས་དང་། གནམ་རིག་སྐར་རྩིས་ཐད་ཕུག་ལུགས་རྩིས་ཀྱི་ལེགས་བཤད་སོགས་གྲུབ་འབྲས་ཕུན་སུམ་ཚོགས་པ་ཐོབ་ཡོད་པ་རེད། སྡེ་སྲིད་སངས་རྒྱ་མཚོའི་བླ་ན་མེད་པའི་མཛད་རྗེས་དེ་དག་ལ་བོད་མི་དམངས་ཀྱིས་དུས་ད་ལྟའང་རྗེས་སུ་ཡི་རངས་དང་བརྩི་བཀུར་བླ་ན་མ་མཆིས་པ་ཞུ་དང་ཞུ་མུས་སུ་གནས།

སྡེ་སྲིད་སངས་རྒྱས་རྒྱ་མཚོ་ནི་བོད་ཆུ་སྦྲུལ་(སྤྱི་ལོ་༡༦༥༣)ལོར་ལྷ་ས་སྐྱིད་ཤོད་ཉང་བྲན་ཕུ་(སེ་ར་ཐེགས་ཆེན་གླིང་དགོན་པའི་གཡོན་ངོས་ཉང་བྲན་ཤང་)གྲོང་སྨད་ཞེས་བྱ་བའི་ཡུལ་དུ་ཡབ་ཨ་སུག་དང་། ཡུམ་བུ་ཁྲིད་རྒྱལ་མོའི་སྲས་སུ་འཁྲུངས་ཤིང་། ཐོག་མའི་མཚན་ལ་དཀོན་མཆོག་རྒྱལ་པོ་ཞེས་གསོལ་བ་དང་། རྗེས་སུ་རྒྱལ་མཆོག་ལྔ་པ་ཆེན་པོས་མཚན་ལ་སངས་རྒྱས་རྒྱ་མཚོ་ཞེས་གསོལ། ཁོང་གི་མེས་པོ་སྡེ་སྲིད་འཕྲིན་ལས་རྒྱ་མཚོ་ནི་དགའ་ལྡན་ཕོ་བྲང་སྲིད་གཞུང་གི་སྡེ་སྲིད་སྐུ་ཐོག་གཉིས་པ་ཡིན་ཞིང་། སྡེ་སྲིད་སངས་རྒྱས་རྒྱ་མཚོ་དགུང་ལོ་བརྒྱད་ལ་ཕེབས་དུས། རྒྱལ་མཆོག་ལྔ་པ་ཆེན་པོ་ཐོག་མར་མཇལ་བ་དང་། ལྔ་པ་ཆེན་པོས་སྡེ་སྲིད་སྐུ་ཆུང་དུས་ནས་སྨིན་གྱི་འབྲས་བུ་ལྟར་བསྐྱངས་ཏེ། སྐུ་ངོ་མས་ཆོས་སྲིད་གང་ཐད་ཀྱི་མཁྱེན་ཡོན་ཐམས་ཅད་ལ་ཐུགས་འཁུར་གསོ་སྐྱོང་དཔག་ཏུ་མེད་པ་མཛད་པ་དང་། དེ་ནས་བཟུང་རྒྱལ་མཆོག་ལྔ་པ་ཆེན་པོ་དང་། རང་གི་མེས་པོ་སྡེ་སྲིད་འཕྲིན་ལས་རྒྱ་མཚོ། མཁས་དབང་དཔལ་ལྡན་ཕུན་ཚོགས། འདར་ལོ་ངག་དབང་ཕུན་ཚོགས་སོགས་མཁས་གྲུབ་གཉིས་ལྡན་གྱི་ཡོངས་འཛིན་དུ་མ་བསྟེན་ནས་རིག་པའི་གནས་ཀུན་ལ་དཔྱིས་ཕྱིན་པ་མཛད་དེ་མཁས་པའི་ཡང་རྩེར་སོན། ལྷག་པར་དུ་རྒྱལ་མཆོག་ལྔ་པ་ཆེན་པོས་མདོ་སྔགས་ཟབ་ཆོས་ཀྱི་རིམ་པ་དང་། ཆབ་སྲིད་སྐྱོང་ལུགས་ལ་སོགས་པའི་སློབ་སྟོན་མང་པོ་དགྱེས་བཞིན་དུ་བསྩལ་བ་རྣམས་ཐུགས་ཀྱི་བུར་བཟང་དུ་བསྐྱིལ། སྡེ་སྲིད་ཀྱིས་སློབ་སྦྱོང་མཛད་པའི་ཤེས་བྱའི་ཁྱབ་ཁོངས་སུ་རྒྱ་གར་གྱི་སྐད་ཡིག་སཾསྐྲྀཏ་དང་། སོག་ཡིག །སྙན་ངག །གསོ་བ་རིག་པ། སྐར་རྩིས། ལོ་རྒྱུས། རྩོམ་རིག་སྒྱུ་རྩལ་ལ་སོགས་པ་མཁྱེན་རྒྱ་ཤིན་ཏུ་ཆེ་བར་མ་ཟད་རིག་གནས་ཀྱི་སྡེ་ཚན་ཁག་སོ་སོར་སྨད་དུ་བྱུང་བའི་གྲུབ་འབྲས་བཟང་པོ་ཐོབ་ཡོད།

བོད་ས་ལུག་(སྤྱི་ལོ་༡༦༧༩)ལོར་རྒྱལ་མཆོག་ལྔ་པ་ཆེན་པོས་སྡེ་སྲིད་སངས་རྒྱས་རྒྱ་མཚོ་སྡེ་སྲིད་ཀྱི་དབང་བསྐུར་བར་མ་ཟད། གདན་ས་སེ་འབྲས་དགའ་གསུམ་གྱི་བླ་གྲྭ་ཡོངས་ལ་སྤྱི་བསྒྲགས་སུ་མཛད་དེ། རྒྱལ་བ་ལྔ་པ་ཆེན་པོས་སྡེ་སྲིད་སངས་རྒྱས་རྒྱ་མཚོས་ཆོས་དང་འཇིག་རྟེན་གྱི་བྱ་བ་གང་བྱས་པ་ཐམས་ཅད་ངེད་རང་ནས་གནང་བ་དང་ཁྱད་མེད་པས་འཐེན་འཁྱེར་གྱི་གླེང་བརྗོད་མེད་པར་ཀུན་གྱིས་བཀོད་པ་གཡོ་མེད་དགོས་པའི་བསླབ་སྟོན་ཁྱབ་བསྒྲགས་སུ་མཛད་དེ། ཕོ་བྲང་པོ་ཏ་ལའི་བདེ་ཡངས་ཤར་སུམ་སྐས་འགོའི་ཞལ་ལྡེབས་ལ་ཡང་འགོད་པ་གནང་སྟེ། བཀྲ་ཤིས་པའི་འཁོར་ལོས་མཚན་པའི་ཕྱག་གཉིས་ཀའི་རྒྱ་དང་བཅས་ཆོས་སྲིད་ཀྱི་ཐུགས་འགན་ལེགས་པར་བསྐྱངས་དགོས་ཀྱི་ཞལ་ཆེམས་སུ་མཛད། སུམ་སྐས་འགོའི་བཅའ་ཡིག་ནང་དུ་སྡེ་སྲིད་ནི་སངས་རྒྱས་བསྟན་པའི་ཆོས་ལ་དད་ཞེན་ཆེ་བ་དང་། ཕུལ་དུ་བྱུང་བའི་ཤེས་བྱ་ཡོན་ཏན་གྱིས་ཕྱུག་པ། སྡེ་སྲིད་ཀྱི་སྲིད་འཛུར་འཛིན་ཐང་ཆེ་བ་བཅས་ལ། ཀུན་གྱིས་ཁོང་གི་ཕྱག་ལས་ལ་སོས་པ་དང་རྒྱབ་སྐྱོར་གང་ལེགས་གནང་དགོས་པའི་རེ་བ་བསླབ་བྱ་མཛད། དེ་ལ་སོག་པོ་ཨོ་རོད་ཧྭ་ལས་རྒྱལ་རྒྱུད་ཀྱིས་མ་འདོད་ཁ་གཏད་དུ་ལངས་ཡོད། འོན་ཀྱང་སེ་འབྲས་དགའ་གསུམ་གྱི་བླ་གྲྭ་ཡོངས་ཀྱིས་དང་ལེན་དང་བསྟི་བཀུར་ཐོབ་པར་མ་ཟད། རྒྱབ་སྐྱོར་མཐའ་གཅིག་ཏུ་གནང་བ་དང་རྒྱལ་མཆོག་ལྔ་པ་ཆེན་པོས་སྲིད་སྐྱོང་ཞབས་ཕྱི་དགོས་པའི་བཀའ་ལན་གཉིས་ཙམ་ཕེབས་པར་བརྟེན། སྡེ་སྲིད་སངས་རྒྱས་རྒྱ་མཚོ་དགུང་ལོ་ཉེར་བདུན་ལ་ཕེབས་སྐབས་སྡེ་སྲིད་ཀྱི་ཁྲི་ལ་དབང་བསྐུར་མཛད།

སྡེ་སྲིད་སངས་རྒྱས་རྒྱ་མཚོས་སྲིད་འཛུར་ལོ་གསུམ་མཛད་རྗེས། བོད་ཆུ་ཁྱི་(སྤྱི་ལོ་༡༦༨༢)ལོར་རྒྱལ་མཆོག་ལྔ་པ་ཆེན་པོ་སྐུ་གཤེགས། ལྔ་པ་ཆེན་པོ་སྐུ་འདའ་ཁར་ཡང་སྡེ་སྲིད་སངས་རྒྱས་རྒྱ་མཚོ་ལ་ཆོས་སྲིད་གཉིས་ཀྱི་ཐུགས་འགན་བཞེས་ལུགས་ཐད་དམིགས་བསལ་ཐུགས་བསྐོ་བའི་བསླབ་བྱ་མང་པོ་གནང་སྟེ། གང་འདྲ་བྱས་ཏེ་བོད་དང་། ཆིང་གོང་མ། སོག་པོ་སོགས་ཀྱི་བར་ལ་འབྲེལ་བ་བྱེད་སྟངས། དེ་བཞིན་རྒྱལ་

བ་ཉིད་དགོངས་པ་རྫོགས་རྗེས་རེ་ཞིག་གསང་རྒྱ་དམ་དགོས་པའི་བཀའ་ཆེམས་མཛད་(གསང་རྒྱ་དུས་ཚོད་ཇི་ཙམ་དམ་དགོས་ཀྱི་གནད་དོན་ལ། སྡེ་སྲིད་ཉིད་ཀྱིས་རྒྱལ་བའི་འདས་མཆོད་ཞུ་མཁན་བླ་དཔོན་འཁོར་བཅས་ཀྱི་འཕྲོད་དུ་ལོ་གཅིག་གམ་ལོ་གཉིས། ཡང་ན་རྒྱལ་བའི་ཡང་སྲིད་བཙལ་འཚོལ་དང་ངོས་འཛིན་ཞུས་རྗེས། ཡང་ན་འདི་ལོའི་སྔོན་དུས་ཤར་མཚམས་སོགས་དོན་གནད་ཁག་བཞི་ཡོད་པ་ཡི་གེ་ཤོག་རིལ་ཟན་སྒྲིལ་ནང་བླུགས་ནས། དཔལ་ལྡན་ལྷ་མོ་གསོལ་ཏེ་རྒྱལ་བ་ལྔ་པ་ཆེན་པོའི་སྐུ་གདུང་གི་དྲུང་དུ་ཟན་བརྟག་ཕབ་རྗེས། གསང་རྒྱ་དམ་དགོས་ཀྱི་དུས་ཚོད་ནི་ཡང་སྲིད་ངོས་འཛིན་ཞུས་པའི་རྗེས་བར་ཞེས་པའི་ཟན་བརྟག་ཐོན། སྐབས་སུ་བཞུགས་པའི་མི་རྣམས་གསུང་ལན་གང་ཡང་མེད་པར་དེ་ལྟར་ལག་ལེན་བྱེད་དགོས་བྱུང་། དེའི་སྐོར་ཞིབ་ཕྲའི་ནང་དོན་གཟིགས་འདོད་ན《བོད་ཀྱི་ལོ་རྒྱུས་རགས་རིམ་གཡུ་ཡི་ཕྲེང་བ》ཞེས་པ་བར་ཆ་ཤོག་གྲངས་༤༤༥-༤༧༠གསལ།) རྗེས་སུ་གལ་ཆེའི་དོན་གནད་ཁག་ཐུགས་ཐག་མ་ཆོད་པ་རྣམས་དཔལ་ལྡན་ལྷ་མོའི་སྐུ་མདུན་དུ་ཟན་བརྟག་ཕབ་ནས་ཐག་ཆོད་བྱེད་རྒྱུ་མཛད། རྒྱལ་མཆོག་ལྔ་པ་ཆེན་པོ་དགོངས་པ་ཞིང་དུ་གཤེགས་པའི་རྗེས་སྡེ་སྲིད་སངས་རྒྱས་རྒྱ་མཚོ་ཉིན་མཚན་རྟག་ཏུ་སྐྱོ་སྣང་གི་གདུང་སེམས་དྲག་པོ་མནར་ཞིང་། འོན་ཀྱང་ཕོང་གིས་རིག་པ་བསྟན་ཏེ་ངེས་པར་དུ་སྐྱོ་སྣང་འདི་འགྱུལ་ཤུགས་སུ་འགྱུར་བ་བྱས་ནས། རྣམ་པ་ཀུན་ཏུ་རང་གིས་རྒྱལ་བ་ལྔ་པ་ཆེན་པོ་མཆོག་ལ་ལྷག་བསམ་རྣམ་དག་གིས་བརྩི་བཀུར་ཞུ་བའི་སྙིང་སྟོབས་དེ་རྒྱུན་མཐུད་པ་བྱས་ནས། ནུས་ཤུགས་ཡོད་དགུ་སྟོན་ཏེ་རྒྱལ་མཆོག་ལྔ་པ་ཆེན་པོས་ཞལ་ཆེམས་བཞག་པ་རྣམས་མངོན་གྱུར་ཐུབ་པར་འབད་བརྩོན་ལྷོད་མེད་མཛད།

རྒྱལ་མཆོག་ལྔ་པ་ཆེན་པོ་མཆོག་སྐུ་ཞིང་དུ་ཐད་པའི་མཚན་མོ་དེ་རང་དགེ་སློང་འཇམ་དབྱངས་གྲགས་པ་སོགས་དེར་ཡོད་སྐུ་བཅར་གསང་རྒྱ་མཁྱེན་པའི་ལས་དོན་མི་སྣ་ཚང་མ། སྡེ་སྲིད་ཀྱིས་སྣེ་ཁྲིད་པའི་འོག་སྐུ་བཅར་དང་། ཞབས་འབྲིང་གསང་ཁོག་ཏུ་དགོས་པ་ཚང་མས་གསང་སྒྲོག་མི་བྱེད་པའི་མནའ་གན་མཐུ་མོ་ཆེ་འཇོག་གནང་གིས། ཁྲི་རྒྱར་ལྔ་པོ་ཆེན་པོ་བསྙེན་མཚམས་བཞུགས་པའི་ཚུལ་བྱས། མན་ཇུ་གོང་མ་ཁང་ཞི་ལ་ལྔ་པ་ཆེན་པོ་གཤེགས་པའི་ཚུལ་དངོས་སུ་མ་ཞུས་ཀྱང་། ཤུགས་

ནས་སྟོན་པའི་ཆེད་ལྔ་པ་སྐུ་ངོ་མས་གནང་ཁུལ་གྱི་ཕྱག་བྲིས་དང་། ལྔ་པ་ཆེན་པོས་རྣམ་ཀུན་འབྲལ་མེད་བཞེས་པའི་ཆོས་གོས་རྣམ་གསུམ། འཛམ་པ་ལས་གྲུབ་པའི་ལྔ་པའི་འདྲ་སྐུ་ཞིག་བཅས་མི་སྣ་ཆེད་དུ་མངགས་ཏེ་ཕུལ་བ། ལྔ་པ་ཆེན་པོའི་སྐུའི་རིམ་གྲོ་དང་། བསྟན་སྲིད་བདེ་རིམ་ལ་ཁ་གཡར་ཏེ་དགོངས་རྫོགས་རྒྱ་ཆེན་བསྒྲུབས་པ། མཚམས་རེ་གོང་མས་མངགས་པའི་མི་སྣ་དང་། སོག་པོའི་སྤྱིན་བདག་གལ་ཆེ་བ་ལྔ་པ་ཆེན་པོ་སྐུ་ངོ་མས་མཇལ་ཁ་མ་གནང་ཐབས་མེད་ཀྱི་རིགས་ལ་ལྔ་པ་ཆེན་པོའི་ཞལ་དབྱིབས་དང་འདྲ་བ་རྡེ་རྣམ་རྒྱལ་གྲྭ་ཚང་གི་སྡེ་པ་བཀྲས་རབ་པས་སྐུ་བརྫུས་ཏེ་མཇལ་ཁ་གཏོང་བ། ཆབ་ཤོག་སོགས་བཀའ་སློབ་ཕྱག་བསྟར་མ་དགོས་རིགས་སྡེ་སྲིད་རང་གིས་འཁན་བཞེས་པ།

གསང་རྒྱའི་སྐབས་ད་དུང་སྐུའི་ཡང་སྲིད་མངོན་ཚུང་གིས་རྩད་གཅོད་དགོས་པ་སོགས་ཐབས་རྣམ་དུ་མས་ཕྱག་ལེན་བསྟར་བ་ནི་གཙོ་བོར་ལྔ་པ་ཆེན་པོའི་དགོངས་གཞི་དགོས་པ་དང་། ཡང་སྐོས་སྐབས་དེའི་བསྟན་སྲིད་དགོས་མཁོར་དགོངས་པའི་ཐབས་མཁས་ཀྱི་མཛད་པ་འགངས་ཆེན་ཞིག་ཡིན། བོད་མི་བྱི་(སྤྱི་ལོ་༡༦༩༦ལོ་ཁང་ཤིའི་ཁྲི་ལོ་༣༥པ་)ལོར་གོང་མ་ཁང་ཤིས་དཔུང་ཆེན་ཁྲིད་དེ་རང་ཉིད་ངོ་མས་ཇུན་གར་འདུལ་སྐབས་ཇུན་གར་གྱི་དམག་དཔུང་ཕམ་པར་བྱས་ནས་འགོ་དཔོན་དགའ་ལྡན་གྱིས་དུག་བཏུང་ནས་རང་ཤི་བརྒྱབ་ཅིང་དམག་ཡོངས་རྫོགས་ཟ་མེད་དུ་ཕྱིན་པ་རེད། དེ་ནས་གསོན་བཟུང་དུ་ཚུད་པའི་བོད་པའི་ཁ་ནས་ཏཱ་ལའི་བླ་མ་སྐུ་ཕྲེང་ལྔ་པ་སྐུ་གཤེགས་ནས་ལོ་མང་པོ་ཕྱིན་པའི་གནས་ཚུལ་གོ་རྗེས། སྡེ་སྲིད་སངས་རྒྱས་རྒྱ་མཚོར་ཡི་གེ་ཞིག་བཏང་བ་དེའི་ནང་དུ་བཀྲོན་འདྲི་བཅན་པོ་བྱས། བཀྲོན་འདྲིའི་ནང་དོན་ལ། ཁྱོད་ཀྱིས་ད་ལྟའང་གསང་རྒྱ་བསྡམས་ནས་བསྡད་དེ་ང་ལ་སྙན་སེང་ཞུ་མི་དགོས་པའི་རྒྱུ་མཚན་གང་ཡིན། པཎ་ཆེན་རིན་པོ་ཆེ་པེ་ཅིང་དུ་ཕེབས་རྒྱུར་བཀག་འགོག་བྱེད་དགོས་པའི་རྒྱུ་མཚན་གང་ཡིན་སོགས་བཀྲོན་འདྲི་བྱས་པར་བརྟེན། སྡེ་སྲིད་སངས་རྒྱ་མཚོ་སྐྲག་ནས་དངངས་འཚབ་ཧ་ཅང་ཆེན་པོ་སྐྱེས་ཏེ་པེ་ཅིང་དུ་མི་བཏང་ནས་གོང་མ་ཁང་

ཤེར་གསང་བའི་ཡི་གེ་ཞིག་ཕུལ་ཏེ། གསང་རྒྱ་བསྲམས་དགོས་པའི་གནད་ལུགས་རྒྱུ་མཚན་རྣམས་གོང་མ་ཁང་ཤེར་དྲང་བདེན་ཐོག་ཇི་བཞིན་སྙན་སྒྲོན་ཞུས་ནས། སྐབས་དེར་དུས་བབ་ཤིན་ཏུ་ཉེན་ཚབས་ཆེ་བས་མི་སེར་གྱིས་ཐེང་ཆ་བསླངས་དོགས་ཀྱིས་སྐུ་གཤེགས་པ་གསང་རྒྱ་སྔོམ་དགོས་བྱུང་ཚུལ་དང་། རྒྱལ་མཆོག་ལྔ་པ་ཆེན་པོ་ཆུ་ཁྱི་ལོར་དགོངས་པ་རྫོགས་ནས་ད་ལྟ་ཡང་སྲིད་རྩད་གཅོད་ངོས་འཛིན་ཞུས་ཏེ་དགུང་ལོ་བཅོ་ལྔ་ལ་ཕེབས་ཚུལ། པཎ་ཆེན་རིན་པོ་ཆེ་ལྷ་འབྲུམ་སྨྱུན་གཞིས་རྐྱེན་པས་པེ་ཅིང་དུ་ཕེབས་མ་ཐུབ་པ་སོགས་ཀྱི་རྒྱུ་མཚན་ཞུས་ཏེ་གོང་མ་མཆོག་ནས་དགོངས་པ་དག་ཚུལ་ཕུལ་བ་དང་། དེ་ནས་སྡེ་སྲིད་ཀྱིས་སླར་ཡང་པེ་ཅིང་དུ་ཆེད་མངགས་མི་བཏང་སྟེ། གོང་མ་ཁང་ཤི་ལ་དེ་སྔ་གསང་རྒྱ་སྔོམ་དགོས་པའི་རྒྱུ་མཚན་ཞིབ་ཕྲ་རྣམས་སྙན་སེང་ཞུས་པ་དང་སྦྲགས་ཡང་སྲིད་མཆོག་སྤྲུལ་སྐུ་ན་སོན་པས་འགྲུངས་མིན་པོ་ཏ་ལར་གདན་ཞུས་ཀྱི་ཁྲི་འདོན་ཞུ་ཆོག་པའི་སྙན་ཞུ་ཡང་ཕུལ།

སྐབས་དེར་ཆིང་རྒྱལ་རབས་སྲིད་གཞུང་གིས་བོད་ལྗོངས་ལ་དབང་སྒྱུར་བྱེད་ཤུགས་དེ་དོན་དངོས་ཐོག་ཏ་ཅང་ཞན་པོ་ཡིན་པས་གོང་མ་ཁང་ཤིས་འཕྲོར་ཡིག་ནང་དུ་བཏོན་པའི་རེ་འདུན་དེ་དག་ཁས་མི་ལེན་ཐབས་མེད་བྱུང་བ་རེད། དེར་བརྟེན་ལོ་གཅིག་སོང་བའི་རྗེས་སྡེ་སྲིད་ནས་ཐོག་མར་མཆོག་སྤྲུལ་རིན་པོ་ཆེའི་ཡབ་ཡུམ་ལ་ཁྲིད་རྣམ་པའི་བུ་རྒྱལ་མཆོག་ལྔ་པ་ཆེན་པོའི་ཡང་སྲིད་དུ་ངོས་འཛིན་ཞུས་ཟིན་པའི་སྐོར་གསང་བཀྲོལ་གསལ་བཤད་བྱས་པ་དང་། དེ་ནས་དགའ་ལྡན་ཕོ་བྲང་གི་དཔོན་རིགས་དང་། གདན་ས་སེ་འབྲས་དགའ་གསུམ་དང་ལྷ་སའི་མི་དམངས་བཅས་ཁག་སོ་སོར་གསང་རྒྱ་བཀྲོལ་བའི་ཁྲབ་བསྒྲགས་དུས་གཅིག་ཏུ་བྱས། ལོ་ངོ་བཅོ་ལྔ་རིང་གསང་རྒྱ་བསྲམས་པའི་བརྒྱུད་རིམ་ཚང་མ་དེ་ཉིན་ནས་བཟུང་མཇུག་སྒྲིལ་བ་ལགས།

བོད་མི་སླང་(སྤྱི་ལོ་༡༦༨༣)ལོར་ཧོར་ལའི་བླ་མ་སྐུ་ཕྲེང་དྲུག་པ་རིན་ཆེན་ཚངས་དབྱངས་རྒྱ་མཚོ་མཆོག་རྗེ་ཕོ་བྲང་པོ་ཏ་ལའི་ཚོམས་ཆེན་སྲིད་ཞི་ཕུན་ཚོགས་སུ་སོག་པོ་བསྟན་འཛིན་དྷ་ལའི་རྒྱལ་པོ་དང་། སྡེ་སྲིད་སངས་རྒྱས་རྒྱ་མཚོ་མཆོག་གིས་དབུ

མཛད་པའི་ཐོད་སོག་སེར་སྐྱ་ཡོངས་ཀྱིས་གསེར་ཁྲིར་མངའ་གསོལ་ཞུས། ཆིང་གོང་མ་ཁང་ཤིས་ཀྱང་ལྷུང་སྐྱ་ཧྭ་ཐོག་ཐུ་རོལ་དཔལ་རྡོ་རྗེ་སོགས་གསེར་ཡིག་པ་ཐོད་དུ་མངགས་ཏེ་གསེར་ཁྲི་མངའ་གསོལ་གྱི་མཛད་སྒོ་ཞུགས་སུ་བཙུག་པ་མ་ཟད་རིན་ཐང་བྲལ་བའི་གནང་རྟེན་མང་པོ་འབུལ་གནང་།

སྡེ་སྲིད་སངས་རྒྱ་མཚོས་དགའ་ལྡན་ཕོ་བྲང་གི་སྲིད་གཞུང་གསར་པ་བཙུགས་ནས་ཡུན་རིང་སོང་མེད་པས་སྲིད་གཞུང་དེ་ཉིད་སྲ་བརྟན་དང་འཕྲུས་སྐྱོ་ཚང་བ་ཡོང་ཆེད། ཕྱོགས་གཅིག་ནས་རྒྱལ་མཆོག་ལྔ་པ་ཆེན་པོས་ཞལ་ཆེམས་གནང་ཡོད་པ་གཞིར་བཟུང་བཅོ་བཀུར་དོན་འཁྱོལ་ཞུ་དགོས་དང་། ཕྱོགས་གཞན་ཞིག་ནས་ཁོང་གིས་མི་སེར་དཀྱུས་མལ་གྱི་ཆས་སུ་ཞུགས་ཏེ་གནས་སྐོར་བར་བརྫུས་ནས་དབུས་གཙང་ཏྭགས་ཀོང་སོགས་ལ་ཟབ་འཇུག་བརྟག་དཔྱད་མང་པོ་གནང་བའི་སྐོར་ལ་དམངས་ཁྲོད་ནང་བཤད་རྒྱུན་ཇི་སྙེད་ཡོད་པ་དུས་ཕྱིས་ཀྱང་འཛིག་རྟེན་རྒན་པོའི་ངག་སྒྲོས་སུ་ཁྱབ་ཡོད། ཁོང་གིས་བརྟག་དཔྱད་གནང་བ་རྒྱུད། སྐབས་དེའི་འབྲེལ་ཡོད་ཀྱི་སྲིད་དབང་སྒྲིག་སྲོལ་གྱི་ལག་བསྟར་ལམ་ལུགས་ལ་བཟོ་བཅོས་བསྐྱོན་ནས་གང་ཐུབ་ཀྱིས་འཕྲུས་ཚང་རྒྱུན་འཆད་མེད་པ་བཟོས་པ་གནང་།

སྡེ་སྲིད་ཀྱིས་མི་སེར་དཀྱུས་མལ་གྱི་ཆས་སུ་ཞུགས་ནས་སྤྱི་ཚོགས་ནང་བརྟག་དཔྱད་གནང་བར་ཕེབས་པའི་སྐོར་དམངས་ཁྲོད་ནང་སྨྲུང་ལྟར་བཤད་རྒྱུན་དངོས་འབྲེལ་ཁྱབ་རྒྱ་ཆེ་བར་བརྟེན་ང་རང་ཚུང་དུས་ཡང་གོ་ཐོས་ཡོད་པ་དཔེར་ན། རྒྱལ་མཆོག་ལྔ་པ་ཆེན་པོ་དགོངས་པ་རྫོགས་རྗེས། ཁོང་གིས་མང་ཚོགས་ནང་སོང་ནས་ལྔ་པ་ཆེན་པོ་དགོངས་པ་རྫོགས་པའི་གསང་རྒྱ་ཕྱིར་འགྱུར་ཡོད་མེད་དང་མང་ཚོགས་ཀྱིས་ཇི་ཙམ་ཤེས་འདུག་བརྟག་དཔྱད་གནང་བའི་སྐོར། རྒན་པོ་ཚོས་ངག་སྒྲོས་ལྟར་ན་ཉིན་ཞིག་སྡེ་སྲིད་ཀྱིས་མི་ཚང་ཞིག་ནང་དུ་ཕེབས་སྐབས། ཁྱིམ་ནང་དུ་མི་རྒན་པ་འགའ་ཞིག་ཆང་འཐུང་ཤོ་བརྒྱབ་ནས་བསྡད་ཡོད་པ་དང་། ཁོང་གིས་ཅི་གྲོས་སོལ་གྲོས་དང་ཁོང་ཚོ་ལ་ཁྱེད་རྣམས་པས་དེང་སྐབས་གསར་འགྱུར་གང་གོ་རྒྱུ་འདུག་གམ་

འདྲིས་པས། གཅིག་གིས་ལམ་སེང་ལན་བརྒྱབ་སྟེ་གསར་འགྱུར་གང་ཡང་མོ་རྒྱུ་མིན་འདུག །གྲོགས་པོ་ཚོ་དེ་ལས་ཉལ་ཁྲིའི་འོག་གི་ཆང་གི་ཕྱུག་རིལ་འདི་མར་བཏོན་ཤོག །ང་རང་ཚོ་ཆང་འཐུང་ན་དགའ་སྐྱིད་རེད། སྟེ་པ་གཞུང་གི་ཏུས་གཏོགས་ཁོང་སྟེ་སྲིད་མགོ་ལེབ་པས་བྱེད་ཀྱི་རེད་ཅེས་ཟེར། དེའི་སྐོར་དེང་སྐབས་ཡང་ལྷ་ས་བའི་དམངས་ཁྲོད་ནང་དུ་དོན་དག་འགག་ཤས་ཐད་རང་གཞན་གཉིས་ཀས་ཏུས་གཏོགས་བྱེད་མི་འོས་པ་ཞིག་འཕྲད་པའི་ཚེ། ལམ་སེང་གོང་དུ་གསལ་བའི་བཤད་རྒྱུན་དེ་ལ་ཁ་གཡར་ཏེ། ཏུས་གཏོགས་མེད་པའི་ཏུས་གཏོགས། དེ་ལས་ཉལ་ཁྲིའི་འོག་གི་ཆང་གི་ཕྱུག་རིལ་དེ་བཏོན་ཤོག །ང་ཚོ་ཆང་འཐུང་ན་དགའ་སྐྱིད་རེད་ཅེས་ཟེར་ནས་གཏམ་བཞག་གི་རེད།

སྟེ་སྲིད་སངས་རྒྱ་མཚོས་དེ་སྔའི་ཁྲི་དཔོན་ཁག་གིས་སྐབས་སུ་ལག་བསྟར་བྱས་པའི་ཁྲིམས་ཡིག་ཁག དཔེར་ན་སྟེ་སྲིད་བསོད་ནམས་ཆོས་འཕེལ་དང་གུ་ཤྲི་ཁང་གི་སྐབས་ཡུལ་དུས་གནས་ཚུལ་ལ་གཞིགས་པའི་བླང་དོར་ཞྭ་ཐུ་གནང་བའི་ཁྲིམས་ཡིག་ལ་བསྐྱར་བཅོས་དང་དག་ཐེར་གྱིས་གཏན་ལ་ཕབ་པ་དང་ལག་བསྟར་བཏང་བ། དེ་བཞིན་སྟོན་ཆད་ས་སྐྱ་འགྲོ་མགོན་འཕགས་པ་རིན་པོ་ཆེས་གསར་སྒྲིག་མཛད་པ་ཆེན་པོར་འོས་པའི་ལས་ཚན་བཅུ་གསུམ་དུ་གྲགས་པ་དེ་འཕེལ་རྒྱས་སུ་བཏང་སྟེ། གཙོ་བོ་སྲིད་སྐྱོང་དང་། བཀའ་བློན། དམག་དཔོན། ཞལ་ལྕེ་བ་སྟེ་ཁྲིམས་དཔོན། བཟོ་རིག་ངོ་དམ་པ། ཕྱག་མཛོད་དང་གཉེར་ལས་འཛིན། མི་དཔོན། ཕྱོགས་མཐའི་རྫོང་དཔོན་དང་གཞིས་དཔོན། དགོན་སྡེ་གྲྭ་ཚང་གི་གཉེར་པ། བཀར་རྒྱ་ཡོང་སྟུད་ཀྱི་མཚོན་པའི་སྟེར་གྱི་ལས་ཚན་ཁོངས་མ་ཚུད་པ་གསར་འཛུགས་དང་ཡུལ་ཐྲོག་ཐོན་དངོས་ལ་གཞིགས་པའི་ཁྲལ་རིགས་འབབ་བཟོའི་བསྟུ་གཞུང་གསར་འགོད། ཡོང་སྟུད་པ་དང་བཀར་རྒྱ་བ་ཞེས་ཁྲལ་བསྡུའི་མི་འགྲོ་བསྐོ་གཞག་ས་གནས་གལ་ཆེའི་རིགས་ལ་རྫོང་སྡོད་དང་ཆོས་སྡེ་བྱུང་འབྲེལ་གྱི་ལམ་སྲོལ་སོགས་བཙུགས་ཏེ་ཉིས་དཔང་སུམ་དཔང་གིས་གཞུང་འབབ་ཚགས་སུ་ཚུད་པ་དང་། ཆབ་འབངས་ཐོག་སྙེར་སྐྱོད་ཀྱི་བཏབ་

མནར་མི་འབྱུང་བའི་ཐབས་ཚུལ་དུ་མ་མཛད་པར་མ་ཟད། ལྷ་སར་ཡོད་པའི་ལས་ཁུངས་ཁག་ལ་རྟག་ཏུ་བསྐོར་གཡེང་ཞིབ་འཇུག་གི་ལམ་ལུགས་འཛུགས་པ་སོགས་ཁྲིམས་ལུགས་དང་། སྲིག་སྲོལ་ལ་གཏོགས་པ་མང་པོ་གཏན་ལ་ཕབ་ཐོག་དེ་དག་ལ་སྟངས་འཛིན་རྗེས་སྐྱོན་རྒྱུན་མར་གནང་ཡོད་པ་རེད།①

རང་རེའི་མངའ་རིས་སྐོར་གསུམ་སྟེར་བཙན་པོའི་སྐུ་དུས་ནས་མངའ་འོག་ཏུ་བཞེས་པའི་ས་ཁོངས་སུ་གྱུར་ཏེ་ལོ་རྒྱུས་ཡུན་རིང་ཡིན་ཡང་། ལ་དྭགས་རྒྱལ་པོས་རེ་ཞིག་ཧམ་བཟུང་བྱས་པ་དང་། ས་གནས་འདི་གའི་དགེ་ལུགས་པའི་ཆོས་བརྒྱུད་ལ་ཁ་གཏད་དུ་ལངས་ཏེ་གནོད་འཚེ་གང་བྱུང་དུ་བཏང་བར་བརྟེན། རྒྱལ་མཆོག་ལྔ་པ་ཆེན་པོ་དགོངས་པ་མ་རྫོགས་གོང་དུ་སྐུ་ངོ་མས་མི་སྣ་སྲིག་འཛུགས་མཛད་དེ་དགའ་ལྡན་ཚེ་དབང་དཔུང་དང་བཅས་མངགས་རྫོངས་མཛད། དགའ་ལྡན་ཚེ་དབང་དཔའ་ངར་ཆེ་ལ་དམག་རྩུས་མཁས་པས། དགྲ་དམག་ཚང་མ་ཁོ་པ་ཚོས་བཟོས་པའི་མཁར་རྫོང་ནང་བདེད་ནས་ཚུར་གཏོལ་བྱེད་མི་ནུས། མཁར་རྫོང་བཙན་པོ་འབེབས་པ་ལ་ཉམས་མྱོང་མེད་པས་རང་རེས་ཕར་གཏོལ་ལན་མང་བྱས་ཀྱང་གཏོར་མི་ཐུབ། དེ་ནས་སྡེ་སྲིད་སངས་རྒྱས་རྒྱ་མཚོས་སླར་ཡང་དམག་ལ་ཉམས་མྱོང་ཆེ་བའི་དམག་དཔོན་ངམ་རུ་བ་ལ་དཔུང་དམག་ལྔ་སྟོང་ཙམ་སྣེ་ཁྲིད་འཇུག་སྐྱེ་རྒྱབ་སྐྱོར་དུ་བཏང་བ་དང་། བོད་སོག་དཔུང་དམག་གིས་དཔའ་ངར་ལྡན་པའི་མཉམ་རུབ་འཐབ་འཛིང་བྱས་མཐར། ལ་དྭགས་རྒྱལ་པོའི་དཔུང་དང་དེས་སྦྲན་པའི་དཔུང་རོགས་བཅས་ཕྱི་མར་བསྣུགས་ཏེ་བཙན་པོའི་གདུང་རབས་ཀྱི་མི་རྒྱུད་བློ་བཟང་པདྨ་གུ་གེ་རྒྱལ་པོར་མངའ་གསོལ་བ་དང་། མངའ་རིས་སྐོར་གསུམ་ཚང་མ་དགའ་ལྡན་ཕོ་བྲང་སྲིད་གཞུང་གི་མངའ་འོག་ཏུ་ཕྱིར་ལོག་ཐུབ་པ་རེད།

---

① དེ་བཞིན་བོད་དབུས་གཙང་དང་། མདོ་སྟོད་མདོ་སྨད། མངའ་རིས་སྐོར་གསུམ་དུ་དགེ་ལུགས་པའི་དགོན་སྡེ་ཆེ་འབྲིང་ཆུང་གསུམ་བསྡོམས་ལྔ་བརྒྱ་ང་བདུན་ཙམ་གྱི་གྲྭ་རྒྱུན་ཕེབས་ཁུངས་དང་གྲྭ་གྲངས་སོགས་གཏན་འབེབས་མཛད་ཡོད་པ་སྡེ་སྲིད་ཉིད་ཀྱི་བརྩམས་པའི《དགའ་ལྡན་ཆོས་འབྱུང་བཻཌཱུར་སེར་པོ་》ནང་གསལ་པོར་འཁོད་ཡོད།

མན་ཧྲུ་གོང་མ་ཁང་ཤི་ནས་བོད་ཤིང་ཁྲི་(སྤྱི་ལོ་༡༥༧༢ལོ་)ལོར་སྡེ་སྲིད་སངས་རྒྱས་རྒྱ་མཚོར་གསེར་གྱི་བྱང་བུ་བཅུ་གཉིས་ཀྱི་ངོས་སུ་བོད་རྒྱ་སོག་གསུམ་གྱི་ཡི་གེ་ཤན་སྦྱར་གྱི་འཇའ་ས་དང་། “རྡོ་རྗེ་འཆང་ཏཱ་ལའི་བླ་མའི་ཆོས་སྲིད་འཛིན་ཅིང་རྒྱལ་བའི་བསྟན་པ་དར་རྒྱས་སུ་སྐྱོང་བའི་ས་དབང་བུདྡྷ་ཨ་ཧྲིའི་ཐམ་ག”ཞེས་འཁོད་པའི་གསེར་ཐམ་དང་བཅས་པས་གཟེངས་བསྟོད་འཇའ་ས་སོགས་བསྩལ། གོང་མས་གནང་བའི་གསེར་ཐམ་དང་འཇའ་ས་སོགས་ཡོད་པར་བརྟེན། སྡེ་སྲིད་ནས་བོད་ཀྱི་ཆོས་སྲིད་གཉིས་ལ་དབང་སྒྱུར་བྱེད་པའི་མཚན་སྙན་དང་འགྲུལ་ཤུགས་དེ་བས་ཆེ་རུ་སོང་བ་དང་། ཁོང་གིས་སྡེ་སྲིད་ཀྱི་ཕྱག་ལས་ཐུགས་འགན་བཞེས་ནས་ལོ་ངོ་ཉི་ཤུ་ཙམ་རིང་ལ། སྲིད་སྐྱོང་གི་ཕྱག་ལས་མང་པོ་གནང་ཡོད་པར་མ་ཟད་དམངས་ལ་ཕན་པའི་དོན་ཆེན་མང་པོ་ཡང་བསྒྲུབས་གནང་ཡོད།

ཛོ་བྲང་པོ་ཏ་ལ་ནི་གནའ་བོ་སྲོང་བཙན་སྒམ་པོའི་སྐུ་དུས་དམར་པོ་རིའི་གཞོགས་ནུབ་ངོས་སུ་བལ་བཟའ་ཁྲི་བཙུན་གྱིས་སྲོང་བཙན་སྒམ་པོར་ཛོ་བྲང་ཐོག་བརྩེགས་དགུ་ཐོག་ཅན་ཞིག་བཞེངས་ཡོད་རུང་། དུས་ཀྱི་འཛོ་འགྱུར་དང་རང་འབྱུང་ཁམས་ཀྱི་གནོད་འཚེ་དང་དམག་འཁྲུག་ཉེས་སྐྱོན་སོགས་ཀྱིས་རྐྱེན་པས། ཛོ་བྲང་གི་འཛུགས་སྐྲུན་བཀོད་པ་དང་རྩིག་པ་མང་ཆེ་བ་གོག་རུལ་དུ་སོང་། དེ་ནས་རྒྱལ་མཆོག་ལྔ་པ་ཆེན་པོས་སྲིད་དབང་བཟུང་བའི་སྐབས། དམར་པོ་རིའི་ཤར་ངོས་སུ་ཛོ་བྲང་དཀར་པོ་བཞེངས། ལྔ་པ་ཆེན་པོ་དགོངས་པ་རྫོགས་པའི་རྗེས། སྡེ་སྲིད་སངས་རྒྱས་རྒྱ་མཚོས་ལྔ་པ་ཆེན་པོ་འཚོ་བཞུགས་སྐབས་སུ་ཞལ་ཆེམས་གནང་བ་ལྟར། སྡེ་སྲིད་སངས་རྒྱས་རྒྱ་མཚོས་གཞི་རྒྱ་ཆེ་བའི་འཛུགས་སྐྲུན་རྒྱ་ཆེན་པོ་དེ་ལྟ་བུ་ཞིག་འཆར་བཀོད་གནང་བར་མ་ཟད། སྦྲིག་འཛུགས་བྱེད་མཁན་དང་འགན་འཁུར་སྣེ་ཁྲིད་པ་ཞིག་གི་ཆ་ནས། ས་གནས་དེ་ག་དང་། ན་རྒྱ་ནག །བལ་ཡུལ་བཅས་ནས་བསྐོངས་བསྡུ་བྱས་པའི་ལག་ཤེས་འདྲ་མིན་གྱི་མི་སྣ་བརྒྱ་ཕྲག་བརྒལ་བའི་འཛུགས་སྐྲུན་གྱི་སྒྱུ་རྩལ་མཁས་ཅན་དང་། ལས་དཔོན་ཆེན་མོ་བ་རྣམས་ལ་བརྟེན་པ་དང་། ནུས་ལྡན་གྱི་སྒོ་ནས་དབུས་

གཙང་དྭགས་ཀོང་གི་འོས་མི་ལོ་རེར་ལྔ་སྟོང་བདུན་བརྒྱ་ཙམ་རེ་རེས་བསྐོར་བསྐོངས་འགུགས་ཀྱིས་འཛུགས་སྐྲུན་བྱས་པ་དང་། དུས་ཡུན་ཕྱིན་ལོ་བཞི་དང་ཟླ་བ་གཉིས་ཙམ་ཞིག་ནང་། འགྲོ་སོང་ཇི་ཙམ་སོང་བ་ལ་མ་འཛེམས་པ་དང་། ཨར་སྐྲུན་དཀའ་ཚེག་ཆེ་བ་ཡིན་ཡང་ལྟེ་བའི་ཕོ་བྲང་དམར་པོ་ལེ་ལག་དང་བཅས་པ་གསར་བཞེངས་རྒྱལ་ཁའི་དང་ལེགས་འགྲུབ་བྱུང་བར་མ་ཟད། ད་དུང་རྒྱལ་མཆོག་ལྔ་པ་ཆེན་པོའི་གསེར་གདུང་རིན་ཐང་བྲལ་བ་"འཛམ་གླིང་རྒྱན་གཅིག"ཅེས་བྱ་བ་ཡང་ལེགས་འགྲུབ་ཟིན། ཁོང་གིས་མི་རབས་རྗེས་མར་འཛམ་གླིང་རིག་གནས་ཤུལ་བཞག་གི་མིང་ཐོའི་ནང་བཀོད་པའི་ཕོ་བྲང་པོ་ཏ་ལ་ཞིག་བཞག་ཡོད། འཛམ་གླིང་ཀུན་གྱིས་ཡིད་སྨོན་དུ་གྱུར་བའི་རླབས་ཆེན་གྱི་འཛུགས་སྐྲུན་དེ་ལྟ་བུ་ནི། ལས་ལ་བརྩོན་པའི་ཞིང་བློ་གྲོས་ལྡན་པའི་བོད་མི་དམངས་དང་དེ་བཞིན་རྒྱ་ཡུལ་དང་བལ་ཡུལ་གྱི་ལག་ཤེས་མཁས་ཅན་རྣམས་ཀྱི་བློ་གྲོས་ཀྱི་སྙིང་བཅུད་ཡིན་པར་མ་ཟད། མཁས་མཛངས་ལྡན་པའི་སྡེ་སྲིད་ཉིད་ཀྱི་སྲུབ་ཐབས་མེད་པའི་རླབས་ཆེན་གྱི་བྱས་རྗེས་ཤིག་ཀྱང་རེད།

སྡེ་སྲིད་སངས་རྒྱས་རྒྱ་མཚོས་བོད་ཀྱི་གསོ་བ་རིག་པའི་གཞུང་ལུགས་དང་གནམ་རིག་སྐར་རྩིས་རིག་པའི་གཞུང་ལུགས་ལ་ཞིབ་འཇུག་གནང་བའི་མཛད་རྗེས་ཕུལ་དུ་བྱུང་བ་དང་ལེགས་སྐྱེས་ཟླ་ན་མ་མཆིས་ཕུལ་ཡོད་པ་ནི། བོད་ཀྱི་གསོ་བ་རིག་པའི་གཞུང་ཕྱི་མོ་《རྒྱུད་བཞི》ཡི་འགྲེལ་པ་《གསོ་བ་རིག་པའི་བསྟན་བཅོས་སྨན་བླའི་དགོངས་རྒྱན་རྒྱུད་བཞིའི་གསལ་བྱེད་པོ་བཻཌཱུརྱ་སྔོན་པོ་མ་ལི་ཀ》དང་དེའི《ལྷན་ཐབས་དུས་མིན་འཆི་ཞགས་གཅོད་པའི་རལ་གྲི་ཟུག་རྔུའི་གདུང་སེལ་བའི་ཏམྦུར》 བོད་ཀྱི་གསོ་རིག་སྐོར་གྱི་ལོ་རྒྱུས《ཁོག་འབུབས་དྲང་སྲོང་དགྱེས་པའི་དགའ་སྟོན》 བོད་ཀྱི་སྐར་རྩིས་རིག་པའི་ལེགས་བཤད་ཀུན་བཏུས་སྟོན་མེད་ཀྱི་བསྟན་བཅོས《བཻཌཱུརྱ་དཀར་པོའི་ཕྲེང་བ་དཔྱོད་ལྡན་སྙིང་ནོར》དང་། དེའི《ཐུ་དཔེ》ལུ་འགོ་བླ་མཁྱེན་ངག་དབང་གི་དྲིས་ལན《གཡའ་སེལ》སོགས་སྨན་རྩིས་ཀྱི་བསྟན་བཅོས་ཁག་རིམ་པར་བཀའ་རྩོམ་གནང་བ་དང་ཆབས་ཅིག །དེ་དག་གི་ཕྱག་ལེན་དར་ཞིང་རྒྱས་ལ་ཡུན་རིང་དུ་གནས་པའི་

ཕྱིར་བོད་མི་བྱི་(སྤྱི་ལོ་༡༨༩༨)ལོར་ལྷགས་པོ་རི་བཻཌཱུརྻ་འགྲོ་ཕན་ལྷ་ན་ཌོ་མཚར་རིག་བྱེད་གླིང་ཕྲུག་བཏབ་པ་དང་། སྨན་ཐང་གཞན་ལས་ཁྱད་དུ་འཕགས་པ་ཌོ་གྲངས་བརྒྱད་ཙུ་གསར་བཞེངས་གནང་བ་ད་ལྟའང་མཇལ་རྒྱུ་ཡོད། ཁོང་གི་ལྡུགས་རྩོམ་གཙོ་གྲུས་མང་པོའི་ནང་དོན་དུ་ལོ་རྒྱུས་དང་། ཆོས་ལུགས། རིག་གནས། ཁྲིམས་ལུགས། དེ་བཞིན་བཟོ་རིག་སྒྱུ་རྩལ་དང་རྩོམ་རིག་སྒྱུ་རྩལ། གླུ་གར་སོགས་རྣམ་གྲངས་ཕུན་སུམ་ཚོགས་པ་ཡོད་ཅིང་། སྡེ་སྲིད་སངས་རྒྱས་རྒྱ་མཚོ་ནི་ཤེས་རྒྱ་ཤིན་ཏུ་ཆེན་པོ་ཡིན་པའི་ཆབ་སྲིད་མཁས་ཅན་དང་། ལོ་རྒྱུས་མཁས་ཅན་རྩོམ་རིག་མཁས་ཅན་བཅས་ཡིན་པ་ནི་ཌོ་གནོང་མི་དགོས་པ་ཞིག་རེད།

བོད་ལྷགས་འབྲུག་(སྤྱི་ལོ་༡༧༠༠)ལོར་སོག་པོ་ཨོ་རོད་བསྟན་འཛིན་དྭ་ལའི་རྒྱལ་པོ་བོད་དུ་སྐུ་གཤེགས་ཤིང་། ཁོང་གི་སྲས་ཆེ་བ་བསྟན་འཛིན་དབང་རྒྱལ་ཧོང་ཐའི་ཇིའི་བུ་ཚབ་བྱས་ཏེ་སོག་ཡུལ་དུ་ཡོད་པར་བརྟེན་སྲས་ཆུང་བ་ལྷ་བཟང་ཀླུ་དཔལ་དབུས་སུ་ཡོང་ནས་ཁོས་ཡབ་མེས་གུ་ཤྲིའི་གོ་ས་དང་དབང་ཤུགས་སླར་གསོ་བྱས་ཏེ་སོག་པོ་ཡོན་བདག་རྣམས་ཀྱང་འཐེན་འཁྱེར་གྱི་དབང་དུ་གྱུར་པ་དང་། དེ་ནས་ལྷ་བཟང་དང་སྡེ་སྲིད་གཉིས་དབར་ལ་དབང་འཛིན་གྱི་འཐབ་རྩོད་རྙོག་འཛིང་ནོ་ངར་ཇེ་ཆེར་སོང་། ལྷག་པར་དུ་བོད་ཤིང་བྱ་(སྤྱི་ལོ་༡༧༠༥)ལོར་ཁོང་གཉིས་ཀྱིས་མདོན་རྩོད་ཕྲོག་འཐབ་བྱེད་པའི་བྱ་སྤྱོད་མདོན་གསལ་དོད་དུ་ཕྱིན་ཡོད་པར། དེར་བརྟེན་ཆོས་སྐྱོང་སྲུང་མའི་ལུང་བསྟན་དང་དྭ་ལའི་བླ་མའི་དགོངས་འཕྲོད་བྱུང་ནས། དྭ་ལའི་བླ་མ་སྐུ་ཕྲེང་དྲུག་པ་རིན་ཆེན་ཚངས་དབྱངས་རྒྱ་མཚོས་གཙོ་སྐྱོང་གནང་བའི་འོག །དྭ་ལའི་བླ་མ་རྒྱལ་མཆོག་ལྔ་པ་ཆེན་པོའི་གསེར་གདུང་འཛམ་གླིང་རྒྱན་གཅིག་གི་སྐུ་མདུན་དུ། ནང་བསྟན་བླ་ཆེན་ཁག་དང་། སྲིད་གཞུང་དཔོན་རིགས་ཆེ་ཁག །པཎ་ཆེན་རིན་པོ་ཆེའི་སྐུ་ཚབ། སོག་པོ་སྦྱིན་བདག་ཁག་བཅས་མཉམ་དུ་ཚོགས་འཛོམས་གནང་སྟེ། ལྷ་བཟང་ཀླུ་དཔལ་དང་སྡེ་སྲིད་སངས་རྒྱས་རྒྱ་མཚོ་གཉིས་དབར་གྱི་འགལ་ཟླ་ཐག་གཅོད་ཇི་ལྟར་བྱེད་དགོས་སྐོར་ལ་བཀའ་གྲོས་གནང་སྟེ། མཐའ་མའི་ཆོད་དོན་

ལ་སྡེ་སྲིད་སངས་རྒྱས་རྒྱ་མཚོས་སྲིད་གཞུང་གི་འགན་འཁུར་དགོངས་ཞུ་གནང་སྟེ་གསོལ་སྐལ་དུ་གོང་དཀར་རྫོང་འབུལ་རྒྱུ་དང་། སྡེ་སྲིད་ཀྱི་སྲས་བགྲེས་པ་ངག་དབང་རིན་ཆེན་སྡེ་སྲིད་དུ་བསྐོ་གཞག་བྱེད་རྒྱུ། ལྷ་བཟང་ཧན་རྒྱལ་པོའི་མཚན་གནས་རང་འཇགས་བཞག་ནས་མཚོ་སྔོན་དུ་འགྲོ་བཞུགས་བྱེད་ནས་འཁྲུག་སློད་པ་དང་། འཁྲུག་རཁག་གི་འབབ་ཡོང་རྣམས་བོད་ནས་དུས་སྐབས་སོ་སོར་སྤྲད་རྒྱུ་བཅས་གཏན་འབེལ་བྱས།

ཕན་ཚུན་གཉིས་ཀས་གྲོས་དོན་ལྟར་མཛད་རྒྱུའི་ཁས་ལེན་ཞུས་ཏེ་སྡེ་སྲིད་མཆོག་གིས་གཞུང་གི་ལས་འགན་དགོངས་ཞུ་གནང་ནས། སྲས་བགྲེས་པ་ངག་དབང་རིན་ཆེན་ལ་སྡེ་སྲིད་གསར་བསྐོས་མཛད་པ་དང་། ལྷ་བཟང་ཧན་ཡང་མཚོ་སྔོན་འགྲོ་ཁུལ་གྱི་རྫོག་ཐོན་བྱས། དོན་དངོས་ཐོག་ཕན་ཚུན་གཉིས་ཀས་གྲོས་དོན་ལ་སེམས་གཏིང་ནས་བརྩི་བཀུར་ཞུ་འདོད་མེད་ཁར། དཔེར་ན་སྡེ་སྲིད་ཀྱིས་རྒྱལ་པོ་ལྷ་བཟང་ཧན་གསོན་བཟུང་བྱེད་རྒྱུའི་གྲོས་དྲིས་ཡང་། བླ་དཔོན་རྣམས་ཀྱིས་མ་མཐུན་དང་རྒྱབ་སྐྱོར་མ་བྱུང་། རྒྱལ་པོ་ལྷ་བཟང་ཧན་མཚོ་སྔོན་རྫོག་ཐོན་ཁུལ་གྱིས་འདམ་གཞུང་ཡངས་པ་ཅན་ཁུལ་དུ་ཉིན་ཤས་བསྡད་དེ་ག་ལེར་ནག་ཆུ་ཁུལ་དུ་སླེབས། ནག་ཆུ་ཁུལ་ནས་མ་ཐོན་པར་བྱང་ས་ཁུལ་དུ་ཡོད་པའི་སོག་པོའི་དམག་རིགས་རྣམས་བསྐོང་བསྡུས་བྱས་ཏེ་ལྷ་སར་དཔུང་འཇུག་བྱེད་རྒྱུའི་གྲ་སྒྲིག་བྱས། བོད་ཤིང་བྱ (སྤྱི་ལོ་༡༧༠༥) ལོའི་ཟླ་བ་བདུན་པའི་ནང་། ལྷ་བཟང་ཧན་གྱིས་སྡེ་སྲིད་ནས་གྲོས་དོན་ལ་མ་བརྩིས་པར་པོ་ཏ་ལར་བསྟོད་དེ་གཞུང་དོན་མཐའ་དག་ལ་བགོད་འདོམས་བྱེད་ཀྱི་འདུག་ཅེས་བསྙད་དེ་དམག་དཔུང་ཁྲིད་དེ་ལྷ་སར་ཕྱིར་ལོག་བྱས། འདམ་གཞུང་དུ་སླེབས་དུས་ལྷ་བཟང་ཧན་གྱིས་དམག་ཁག་གཉིས་སུ་བགོས་ནས་ཁོ་པ་དང་དཔུང་དམག་ཁག་གཅིག་གིས་འཕན་ཡུལ་བརྒྱུད་དེ་ཡོང་བ་དང་། ཁོའི་བཙུན་མོ་ཚེ་རིང་བཀྲ་ཤིས་དང་དཔོན་དམག་ཁག་གཅིག་གིས་ཐད་ཀར་སྟོད་ལུང་བརྒྱུད་ནས་ཤར་ཡོང་།

བཙུན་མོས་སྟེ་ཁྲིད་པའི་དཔུང་དམག་སྟོད་ལུང་བདེ་ཆེན་སྣང་རྩེ་གྲོང་ཚོར་འཁྱོར་མ་ཐག །སྡེ་སྲིད་སངས་རྒྱས་རྒྱ་མཚོ་གོང་དཀར་རྫོང་གི་ལམ་དུ་ཕེབས་པའི་

གནས་ཚུལ་བཙུན་མོས་ཤེས་རྗེས། འཕྲལ་དུ་དཔུང་དམག་རྗེས་འདེད་བཏང་ནས་སྡེ་སྲིད་སངས་རྒྱས་རྒྱ་མཚོ་གསོན་བཟུང་བྱས། སྟོད་ལུང་སྣང་རྩེར་འཁྱེར་རྗེས་ཧྲ་ལའི་ཟླ་མ་སྐུ་ཕྲེང་དྲུག་པ་ཚངས་དབྱངས་རྒྱ་མཚོས་མི་སྣ་མངགས་གཏོང་གིས་སེ་འབྲས་དགའ་གསུམ་གྱི་བླ་སྤྱི་མཁན་པོ་དང་། མཐོ་རིམ་སྐུ་དྲག་མང་པོས་ཞུ་རྗེས་བར་འདུམ་ག་ཆོད་ཞུས་ཀྱང་མ་ཉན་པར་མཐར་ལྷ་བཟང་ཀླུ་དཔལ་གྱི་བཙུན་མོས་བཀའ་ཕབ་སྟེ་སྟོད་ལུང་སྣང་རྩེར་སྡེ་སྲིད་ཀྱི་འགུལ་བཅད་དེ་བསྐྱོངས་པ་རེད། སྡེ་སྲིད་སངས་རྒྱས་རྒྱ་མཚོ་བཀྲོངས་དུས་དགུང་གྲངས་ལྔ་བཅུ་ང་གསུམ་ཕེབས་ཡོད་ཅིང་། ལྷ་བཟང་ཧན་དང་བཙུན་མོ་གདུག་རྩུབ་ཅན་གཉིས་ད་དུང་བློ་མི་བདེ་བར་སྡེ་སྲིད་སངས་རྒྱས་རྒྱ་མཚོའི་སྲས་འཕྲིང་བ་དམག་ཟོར་ཚེ་དབང་ལྷ་ས་སྐྱིད་ཆུའི་འགྲམ་དུ་ཕྱིས་སུ་དམག་ཟོར་རྗོ་ཕུང་ཞེས་འབོད་པའི་ས་ཆ་དེར་དམར་གསོད་བཏང་། སྡེ་སྲིད་ཀྱི་བཙུན་མོ་གཉིས་དང་སྲས་ཆུང་བ་གཉིས་སྲས་མོ་གཅིག་དེ་བཞིན་སྡེ་སྲིད་ཀྱི་དཔོན་གཡོག་འཁོར་དང་བཅས་པ་ཚང་མ་ཡུལ་མཐའ་འཁོབ་ཏུ་རྒྱང་འབུད་བཏང་བ་དང་། སྡེ་སྲིད་ཀྱི་ཕ་གཞིས་ཁྲིམ་ནོར་ཡོད་ཚད་ཚང་མ་ལྷ་བཟང་ཧན་སྲིད་གཞུང་གིས་གཞུང་བཞེས་བཏང་བ་བཅས། དུས་དེ་ནས་བཟུང་སྡེ་སྲིད་སངས་རྒྱས་རྒྱ་མཚོའི་ཁྲིམ་རྒྱུད་དང་བཅས་པ་ཉམས་རྒྱུད་དུ་བཏང་ནས་གྲིབ་གཟུགས་ཙམ་ཡང་རེག་རྒྱུ་མེད་པ་བཟོས།

བཅུ་གསུམ། ཧྭ་ལའི་བླ་མ་སྐུ་ཕྲེང་དྲུག་པ་ཚངས་དབྱངས་རྒྱ་མཚོའི་སྐུ་རིང་དུས་ཐེང་མང་ཞིང་སྣང་གཞོང་མི་སྙོམས་པའི་ལོ་ཟླར་ཟབ།

ཧྭ་ལའི་བླ་མ་སྐུ་ཕྲེང་དྲུག་པ་ཚངས་དབྱངས་རྒྱ་མཚོ་ནི། བོད་མི་ཡོངས་ཀྱི་ཤེས་ཚོར་དང་གུས་བཀུར་བྱེད་པར་མ་ཟད། རྒྱལ་ཕྱི་རྒྱལ་ནང་གི་གྲོགས་པོ་མང་པོས་ དོ་སྣང་དང་དགའ་ཞེན་གནང་གི་ཡོད། ངའི་བསམ་པར་དེ་དག་གི་རྒྱུ་རྐྱེན་གཙོ་བོ་ནི་ ཚངས་དབྱངས་རྒྱ་མཚོའི་མཛའ་སེམས་དྲང་བདེན་དང་། རྣམ་པ་གསར་གཏོད། གོ་བདེ་ལ་ཤེས་སླ་བའི་མགུར་གླུའི་ཁྱད་ཆོས་དེ་དག་གིས་མི་སེམས་འགུལ་ཐུབ་པ་ཞིག་ རེད་བསམ། དེ་དང་ཆབས་ཅིག་ཚངས་དབྱངས་རྒྱ་མཚོ་ནི་བོད་ཀྱི་ནང་བསྟན་ཆོས་ ལུགས་པའི་གཙོ་འཛིན་ཞིག་ཡིན་ཁར། གསེར་ཁྲི་མངའ་གསོལ་བྱས་ཏེ་ཁྲི་བཞུགས་ པར་གྱི་དུས་རབས་དེའི་ནང་། བོད་ཀྱི་དུས་བབ་དྲག་ཆར་ལྡང་འཚུབ་ཆེ་བ་དང་ དུས་ཐེང་མང་བའི་སྐབས་ཁེལ་སྟབས། ཁོང་གི་མི་ཚེའི་ལམ་བུ་ཐུང་ཐུང་ཞིག་ནང་ དཀའ་སྡུག་དང་ལམ་འགྲོ་མི་རྒྱུག་པ་མང་དག་ཅིག་བྱུང་ཡོད། རྒྱ་ཆེའི་གྲོགས་པོ་མང་ ཆེ་བས་མངོན་སུམ་གྱི་རིན་ཆེན་ཚངས་དབྱངས་རྒྱ་མཚོ་གང་འདྲ་ཞིག་ཡིན་པ་རྒྱུས་ མངའ་ཡོན་ཆེད། ཁོ་མོས་གཅིག་ནས《བོད་ཀྱི་ལོ་རྒྱུས་རགས་རིམ་གཡུ་ཡི་ཕྲེང་བ་》 ལ་བརྟེན་ནས་ཧྭ་ལའི་བླ་མ་སྐུ་ཕྲེང་དྲུག་པ་ཚངས་དབྱངས་རྒྱ་མཚོའི་མཛད་རྗེས་ངོ་ སྤྲོད་ཞུ་རྒྱུ་དང་། གཉིས་ནས"བོད་ལྗོངས་ཚངས་དབྱངས་རྒྱ་མཚོའི་རིག་གནས་ཞིབ་ འཇུག་མཐུན་ཚོགས"ཀྱིས་ལོ་ཤས་རིང་རྒྱུན་ཆད་མེད་པར་འཚོལ་བསྡུ་དང་། ལེགས་ སྒྲིག །ཞིབ་འཇུག་གནང་སྟེ་གནའ་བོའི་འབྲེལ་ཡོད་བོད་ཡིག་དཔེ་རྙིང་ཡིག་ཚག་ཕྱུག་ ཏུ་སོན་པའི་ནང་ཚངས་དབྱངས་རྒྱ་མཚོའི་ཁྲིམ་རྒྱུད་དང་། རྩོམ་ཡིག་རྩོམ་རྩལ་དེ་ བཞིན་སྐྱེས་རབས་ཀྱི་མཛད་པ་སོགས་པའི་ནང་དོན་སྐོར་ལ་ཞིབ་འཇུག་གྲ་སྒྲིག་བྱེད་

ཐུས་ལ། གང་མགྱོགས་ཚངས་དབྱངས་རྒྱ་མཚོའི་རིག་གནས་རིམ་རྒྱུད་ཀྱི་དཔེ་དེབ་ཅིག་པར་སྐྲུན་གནང་རྩིས་ཡོད་ཁར། དེར་ཁོ་མོས་སྟོན་ལ་ཚང་དབྱངས་རྒྱ་མཚོའི་སྐོར་གྱི་གནས་ཚུལ་རགས་རིམ་ཞིག་ངོ་སྤྲོད་ཞུ་བ་གཤམ་གསལ།

ཏཱ་ལའི་བླ་མ་སྐུ་ཕྲེང་དྲུག་པ་ཚངས་དབྱངས་རྒྱ་མཚོ་མཆོག་ནི་བོད་ཆུ་ཕག་(སྤྱི་ལོ་༡༦༨༣)ལོའི་ཟླ་བ་གསུམ་པའི་ཚེས་གཅིག་ཉིན་བོད་ལྗོངས་ལྷོ་ཁ་ཁུལ་མཚོ་སྣ་རྫོང་ཕོངས་མོན་ལ་འོག་ཡུལ་གསུམ་ཤར་ཚོའི་ཕོངས་བེ་དཀར་དུ་སྐུ་འཁྲུངས། དེ་ནས་ཁྲིམ་ཚང་ཏ་དབང་ཨོ་རྒྱན་གླིང་དུ་གནས་སྤོས་གནང་། ཡབ་སྨོས་རིགས་གཏེར་སྟོན་པདྨ་གླིང་པའི་དབོན་བརྒྱུད་སྔགས་འཆང་བླ་མ་རིག་འཛིན་བཀྲ་ཤིས་བསྟན་འཛིན་དང་། མ་ཡུམ་རྒྱལ་རིགས་ཚེ་དབང་ལྷ་མོ་གཉིས་ཀྱི་སྲས་སུ་འཁྲུངས། ཡུམ་ནི་བོད་ཀྱི་ཆོས་རྒྱལ་ཁྲི་རལ་པ་ཅན་གྱི་སྐུ་མཆེད་ལྷ་སྲས་གཙང་མ་ལྗོ་བྲག་ཏུ་སྤྱུགས་པའི་རིགས་བརྒྱུད་ལས་མཆེད། འཁྲུངས་ལྟས་ངོ་མཚར་ཆེ་བར་གྲགས་ཤིང་། དགུང་ལོ་གསུམ་ནས་བྱིས་པ་ཕལ་པའི་སྤྱོད་ཚུལ་དང་མི་འདྲ་བའི་ཤིང་ལོ་སོགས་ལ་ཡི་གེ་འབྲི་སློག་དང་། ས་རིས། གཏོར་བཟོ། མཆོད་པ་འབུལ་བ། རོལ་མོ་བཀྲོལ་བརྡུང་གི་ཚུལ་སོགས་ཀྱིས་དུས་འདའ་ཞིང་། ད་དུང་ང་ནི་ངག་དབང་བློ་བཟང་རྒྱ་མཚོ་ཡིན། པོ་ཏ་ལར་འགྲོ་གསུངས་པ་སོགས་ཡ་མཚན་གྱི་བཀའ་མོལ་མང་པོ་གནང་། དེར་བརྟེན་མོན་ཡུལ་ས་གནས་ཁུལ་དུ་རྒྱལ་བའི་ཡང་སྲིད་ཡིན་པའི་སྐོར་གྱི་སྐད་ཆ་སྣ་ཚོགས་གླིང་མཁའ་བྱུང་།

ཡབ་ཡུམ་གཉིས་ཀྱི་ཁྱིམ་ཚང་ནང་ཁུལ་མ་མཐུན་པར། སྐུ་ཞང་གིས་ཕྲག་དོག་དང་བཅས་འབྲུག་པའི་ཕྱོགས་ནས་ཀྱང་ཡང་ཡང་མདོན་ཆུང་འདྲི་རྩད་བྱས་ཏེ། འབྲུག་ཡུལ་དུ་གདན་འདྲེན་རྩིས་ཀྱི་ཉེན་ཁ་འཕྲད་རྐྱེན་སྡེ་ཁུལ་གྱི་སེར་སྐྱ་བསམ་ཤེས་ཅན་ཚོས་བསྐྱལ་བ་ལྟར་མཚོ་སྣ་རྫོང་སྡོད་ཤུན་རྒྱ་ཡག་པ་དང་། འཕྱོངས་རྒྱས་པུ་ཤུད་པ་གཉིས་ཀྱིས་གནས་ཚུལ་རྣམས་སྡེ་སྲིད་སངས་རྒྱས་རྒྱ་མཚོར་སྙན་ཞུ་ཕུལ་བས། སྡེ་སྲིད་ཀྱིས་རྒྱལ་མཆོག་ལྔ་པ་ཆེན་པོ་བཞུགས་ཁུལ་གྱི་གསུང་ཚིག་ལྟར་(དོན་དངོས་སུ་རྒྱལ་མཆོག་ལྔ་པ་སྐུ་ཞིང་ལ་ཐེབས་ཚར་བའི་གསང་རྒྱ་ཤོར་དོགས་གིས་)པད་གླིང་དབོན་བརྒྱུད་

ལས་བྱུང་བའི་སྐུ་སྐྱེ་ཡིན་ཟེར་བ་དེ་ཞ་ལུ་མཁན་ཆེན་བསོད་ནམས་མཆོག་གྲུབ་ཀྱི་ཡང་སྲིད་ཡིན་པར་དོགས་པ་འདུག་པས་དམ་རྫས་འདི་རྣམས་ཕྱིན་ཞེས་སྨམ་བཀྲིང་གི་ཐོག་ནས་དོན་དུ་སྤྲུལ་སྐུར་བདག་གཅེས་དགོས་པའི་བརྡ་མཚོན་དུ་ཕྱིན་རྗེན་བསྐུལ་བ་གནང་། དོན་དངོས་ལ་སྡེ་སྲིད་ནས་གསང་ཐབས་ཀྱིས་སྒྲུང་སྐྱོབ་གནང་བ་དེ་ནི་ཐུགས་སེམས་ནང་རྒྱལ་མཆོག་ལྔ་པ་ཆེན་པོའི་ཡང་སྲིད་ཡིན་པའི་རེ་བ་ཆེན་པོ་གནང་གི་ཡོད། འོན་ཀྱང་སྐུ་ཞང་ན་འཛོམས་སྦུན་ནས་ཡང་སྲིད་ཀྱི་ཡབ་རྗེ་འཁོར་བཅས་ལ་སྣང་སེམས་ཆེན་པོ་བྱེད་པས་འབྲུག་པ་དང་ཕྱི་ལག་ནང་འབྲེལ་བྱས་ཏེ་གནོད་འཚེ་གཏོང་རྩིས་ཀྱི་ངན་སེམས་ཡོད་ཅིང་།

བཤད་ཚུལ་ལ་སྡེ་སྲིད་ཀྱིས་ཞ་ལུ་མཁན་ཆེན་གྱི་ཡང་སྲིད་ཡིན་དོགས་པར་ཐུགས་འཕྲུར་མཛད་རྐྱེན། མཚོ་སྣ་རྫོང་དཔོན་གྱིས་ཡང་སྲིད་ཉེན་ཁ་ལས་གཡོལ་ཐབས་སུ། བོད་ཤིང་གླང་(སྤྱི་ལོ་༡༧༤༥)ལོའི་ཟླ་བཅུ་གཅིག་པའི་ཚེས་བཅུ་བདུན་ཉིན། ཡང་སྲིད་ཨོ་རྒྱན་གླིང་ནས་ཤ་འུག་ཏུ་གདན་དྲངས། ཡང་སྲིད་ལ་བདག་གཅེས་ཞུ་ཕྱོགས་ཐད་སྡེ་སྲིད་ཀྱིས་བཀའ་ལན་གསལ་པོ་ཡོད་ཙང་། རྫོང་སྡོད་གཉིས་སྐུ་ཞང་ན་འཛོམས་ཀྱི་བརྟན་བསྲུ་བྲེད་ཀྱི་དབང་དུ་གྱུར་བས། སྣེ་ལེན་ལེགས་པོ་མ་ཞུས་པར་ཁྲིམས་ཆད་ལྟ་བུའི་སྐོར་བསྐྱིལ་བྱས་ཏེ་འཛིགས་སྣང་གི་དབང་དུ་བཞུགས་དགོས་བྱུང་བའི་དུས་སུ། སྐུ་ཞང་ན་འཛོམས་པའི་གཡོ་འཕྲུལ་ལ་བརྟེན་ནས་སྤྲུལ་སྐུའི་ཡབ་ཡུམ་གཉིས་ལ་འབྲུག་ཡུལ་དུ་མ་བྲོས་ན་གསོད་རྒྱུ་རེད་ཟེར་ངན་བསླུལ་ཡང་བྱས་པར་མ་ཟད། ཕྱོགས་གཅིག་ནས་འབྲུག་པར་བརྫུས་ནས་བཀྲོངས་རྩིས་ཀྱང་བྱས་པ་སོགས་སྐུ་ངལ་ཆེན་པོ་བྱུང་བར་གྲགས། དེའི་སྐབས་སྡེ་སྲིད་ཀྱིས་ཞ་ལུ་མཁན་ཆེན་བསོད་ནམས་མཆོག་གྲུབ་ཀྱི་ཡང་སྲིད་ཡིན་པ་ལྔ་པ་ཆེན་པོས་དངོས་སུ་ཐུགས་ཐག་བཅད་གནང་ལུགས་ཀྱི་བཀའ་དང་བཅས། རེ་ཞིག་ཡང་སྲིད་མཚོ་སྣ་རྫོང་དུ་གདན་ཞུ་བྱེད་དགོས་ཞེས་བསྐུལ་བས། ཤིང་གླང་ཟླ་བ་བཅུ་གཉིས་པའི་ཚེས་བཅུ་གཉིས་ཉིན་ཤ་འུག་ནས་ཐོན་ཏེ་ཚེས་བཅུ་བཞི་ཉིན་མཚོ་སྣ་ལྷུན་གྲུབ་ཡང་རྩེར་ཞབས་སོར་འཁོད། སྡེ་སྲིད་ནས་ཡང་

སྲིད་དང་ཡབ་ཡུམ་འཁོར་བཅས་ལ་བཀུར་བཟློས་གང་ཆེ་དགོས་པའི་བཀའ་ཡིག་ལན་གསུམ་བསྩལ་ཟུང་། སྐུ་ཞང་གིས་བསླུས་པའི་མཚོ་རྫོང་གཉིས་ཀྱིས་བཞུགས་ཡུལ་ཀ་བརྒྱད་མའི་ནང་ཐོག་ཁྱུངས་མ་གཏོགས་སྒེའུ་ཁྱུང་གང་ཡོད་རྗེ་བརྩིགས་ཀྱིས་བཀག་སྟེ་སྒོ་ལྕགས་བརྒྱབ་ཐོག །ད་དམ་བྱེད་མི་གཟིམ་ཚུང་བ་རྣམས་ཀྱི་ལག་ཏུ་གཏད། ལྟུང་པ་བསིལ་ཞིང་ཁ་བ་ཆེ་ཡང་མེ་གཏོང་དུ་མི་འཇུག་པ་སོགས་ཀྱི་གནས་ཚུལ་བྱུང་ཡོད་པ།

སྡེ་སྲིད་ཀྱིས་གསན་པས་སྐུ་ཚུང་ལངས་པ་དང་ཐུགས་བློ་མི་བདེ་བར་དེ་ལྟར་མི་ཆོག་པའི་བཀའ་ནན་དང་། ཡབ་ཡུམ་ལ་སེམས་གསོའི་ཕྱག་ཐྲིས་བསྩལ་དགོས་བྱུང་འདུག་པ་དེ་ལྟར་ཡང་། མཚོ་སྣ་རྫོང་སྡོད་ནས་རྣམ་པར་ཉེན་སྲུང་ཡིན་ཁུལ་གྱིས་ཀ་བརྒྱད་མའི་གཟིམ་སྒོ་ཉིན་མོ་ཕྱེ་བ་ལས་མཚན་གང་སྒོ་ལྕགས་བརྒྱབ་པ་དང་། ཡབ་ཡུམ་གཉིས་དང་ཡབ་ཀྱི་སྲིང་མོ་བསོད་ནམས། ཕྱག་གཡོག་བསམ་གཏན། ཕྱིས་འབྲུངས་པའི་སྲས་མོ་བསོད་ནམས་འཛོམས་པ་བཅས་ལ་ཉིན་རེ་རྩམ་རྩིང་ཎྜ་ཟྭ་རེ། གསོལ་འདོད་ཀྱང་རྟག་པར་མེད་པ། ལྟོ་ཆང་ཉིན་རེ་སྤྲེལ་མ། ཉིན་གཉིས་རེ་ལ་ཚུ་ཟྭམ་རེ་ལས་མི་སྐྱེལ་བ། མེ་ཤིང་ཡང་ཆད་དུ་འཇུག་པ་སོགས་མཚོ་སྣར་ལོ་བཅུ་གསུམ་རིང་འོ་བརྒྱལ་བཞེས་དགོས་བྱུང་བའི་སྐོར་ཞིབ་ཆ་སྡེ་སྲིད་སངས་རྒྱས་རྒྱ་མཚོས་བརྩམས་པའི་ཚངས་དབྱངས་རྒྱ་མཚོའི་རྣམ་ཐར་《གསེར་གྱི་སྙེ་མ་》ཞེས་བྱ་བར་གསལ།

ཐོད་མེ་སྟག་(སྤྱི་ལོ་༡༥༨༥)ལོའི་ཟླ་བ་ལྔ་པའི་ཚེས་ལྔ་ཉིན། སྡེ་སྲིད་ཀྱིས་ཡང་སྲིད་བརྟག་དཔྱད་མཛད་སྐད་དུ་ཆོས་རྗེ་མཁའ་རེག་པ་གཟི་གདོན་རྗེ་རྗེ་དང་། ད་པ་བསོད་ནམས་རྒྱལ་མཚན་སོགས་བླ་དཔོན་རྣམས་རྒྱལ་མཆོག་ལྔ་པ་ཆེན་པོའི་རྟེན་སྐུ་ཆས་སོགས་ངོ་མ་དང་། ངོ་འདྲ་བསྐུར་ནས་མཚོ་སྣར་ངོས་འཛིན་བརྟག་ཞིབ་ཞུ་བར་གཏོང་གནང་ལ་རྩེའི་བཀའ་ཤོག་བཅས་མཚོ་སྣར་འབྱོར་ཏེ་བརྟག་དཔྱད་ཉིན་བདུན་རིང་ཞུས་པར་སྤྲུལ་པའི་སྐུའི་རྟེན་དང་། སྐུ་ཆས་སྣ་ཚོགས་ནང་ངོ་མ་རྣམས་གཅིག་ཀྱང་མ་ནོར་བ་ངོས་འཛིན་མཛད་པར་གྲགས། བརྟག་ཞིབ་ཕེབས་མཁན་བླ་དཔོན་རྣམས་ཧང་སང་ཐུགས་ཤིན་ཏུ་དགྱེས་ནས་ནང་ཁུལ་དུ་རྒྱལ་མཆོག་ལྔ་པ་ཆེན་པོའི་

ཡང་སྲིད་འཁྲུལ་མེད་ཡིན་པ་གཏན་འཁེལ་བྱུས། འོན་ཀྱང་ལྷ་པ་ཆེན་པོ་དགོངས་པ་རྫོགས་པའི་གསང་རྒྱ་མ་བཀྲོལ་སྐབས། ཕྱི་ཕྱོགས་སུ་ཞ་ལུ་མཁན་ཆེན་བསོད་ནམས་མཆོག་གྲུབ་ཀྱི་ཡང་སྲིད་ཡིན་པའི་སྐོར་གླེང་།

དེ་ནས་བཟུང་ཡང་སྲིད་སྤྲུལ་སྐུ་ཡབ་ཡུམ་དང་ཞལ་གྲོས་གནང་ནས། མཚོ་སྣ་རྫོང་ཕྱི་རོལ་དུ་ཡ་མ་རོང་ཟེར་བའི་གྲོང་ཚོར་ཞུགས་གནས་ཕོ་བྲང་གསར་རྒྱག་བྱས་པ་དེར་གནས་སྤྲོས་མཛད་དེ། སྐུ་བཙར་དུ་ལྷ་ས་ནས་ཆེད་དུ་ཕེབས་པའི་དགེ་འདུན་དང་། ཕྱག་གཡོག །ནང་གཟན་སོགས་རྒྱུན་དུ་འཛོག་གནང་བར་མ་ཟད། སྡེ་སྲིད་ནས་ན་བཟའ་གསོལ་ཆས་སོགས་དགོས་བྱེད་ཚང་མ་ཐོགས་མེད་ཡོང་བའི་དོ་དམ་ཆེད་རྫོང་གི་གང་ཅིའི་གནས་ཚུལ་འབྲེལ་ཞུའི་བང་ཆེན་རྒྱུན་མ་ཆད་པ་གཏོང་གནང་མཛད། ཡང་སྲིད་སྤྲུལ་སྐུ་དགུང་ལོ་བརྒྱད་པར་བོད་ཡིག་ཕྱག་བྲིས་ཞོག་ཐོག་ཏུ་ཕབ་ཐུབ་པ་དང་། དགུང་ལོ་བཅུ་གཅིག་ཐོག་ཐོལ་བྱུང་དུ་ཧ་མགྲིན་ལ་བསྟོད་ཚིག་ཤོ་ལོ་ཀ་ལྔའི་བཀའ་རྩོམ་མཛད་དེ་ཚིག་དོན་ཕུན་སུམ་ཚོགས་པ་བརྩམས་གནང་ཡོད། དེ་ནས་བཟུང་ཁོང་གིས་ལྷུགས་རྩོམ་གནང་བའི་མགུར་གླུ་ཁག་ཤོ་ལོ་ཀ་རེ་རེ་བཞིན་ཆུ་མིག་རྫོལ་བ་ལྟར་རབ་ཏུ་འཕྱུར་ཞིང་། བོད་མི་དམངས་རྣམས་ཀྱིས་མི་རབས་ནས་མི་རབས་བར་མགུར་གླུ་རྒྱུད་འཛིན་དང་། ངག་སྒྱུར་གནང་སྙེ་སེམས་རྒྱུད་ཀྱི་སྙིང་མར་ཚུད་པའི་མགུར་གླུའི་བག་ཆགས་ཟབ་མོ་ཞིག་བཞག་ཐུབ་ཡོད་ལ། ཚངས་དབྱངས་རྒྱ་མཚོ་ཉིད་ཀྱང་སྙན་ངག་མགུར་གླུའི་དབང་གིས་འཛམ་གླིང་ཡུལ་གྲུ་ཀུན་ཏུ་སྙན་གྲགས་ཁྱབ་པའི་རླབས་ཆེན་གྱི་སྙན་ངག་མཁས་ཅན་ཞིག་ཏུ་གྱུར་པ་ཡིན།

བོད་མེ་གླང་（སྤྱི་ལོ་༡༨༧༧）ལོའི་ཟླ་བ་ལྔ་པའི་ཚེས་བཞི་ཉིན་སྣ་དཀར་རྩེ་བསྟན་འཛིན་ཕོ་བྲང་དུ་ཞབས་སོར་འཁོད། ལོ་དེའི་ཟླ་བ་དགུ་པའི་ཚེས་བཅུ་བདུན་ཉིན་པཎ་ཆེན་བློ་བཟང་ཡེ་ཤེས་དང་ལྷན་དུ་མཇལ་འཛོམས་ཀྱིས་ཆོས་སྲིད་དཀའ་སྟོན་གཟབ་རྒྱས་ཐོག་རབ་བྱུང་གི་སྡོམ་པ་འབུལ་བཞེས་དང་འབྲེལ་བློ་བཟང་རིན་ཆེན་ཚངས་དབྱངས་རྒྱ་མཚོ་ཞེས་པའི་མཚན་གསོལ་མཛད། ལོ་དེའི་ཟླ་བ་བཅུ་པའི་ཚེས་ཉེར་ལྔ་

དགའ་ལྡན་ལྷ་མཆོད་ཀྱི་དུས་ཆེན་ཉིན། ཏཱ་ལའི་བླ་མ་སྐུ་ཕྲེང་དྲུག་པ་ཚངས་དབྱངས་རྒྱ་མཚོ་མཆོག་རྗེ་ཕོ་བྲང་པོ་ཏ་ལའི་ཚོམས་ཆེན་སྲིད་བཞི་ཕུན་ཚོགས་སུ་སོག་པོ་བསྟན་འཛིན་དྷ་ལའི་རྒྱལ་པོ་དང་། སྡེ་སྲིད་སངས་རྒྱས་རྒྱ་མཚོ་མཆོག་གིས་དབུ་མཛད་པའི་བོད་སོག་སེར་སྐྱ་ཡོངས་ཀྱིས་གསེར་ཁྲིར་མངའ་གསོལ་ཞུས། ཆིང་གོང་མ་ཁང་ཞིས་མཆོག་ནས་ཀྱང་ཁྱོན་ཡོངས་ལ་དགོངས་བཞེས་ཀྱིས་ལྷུང་སྐྱ་ཧོ་ཐོག་ཐུ་རོལ་པའི་རྡོ་རྗེ་སོགས་གསེར་ཡིག་པ་བོད་དུ་མངགས་ཏེ་གསེར་ཁྲི་མངའ་གསོལ་གྱི་མཛད་སྒོ་ཞུགས་པར་མ་ཟད་རིན་ཐང་བྲལ་བའི་གནང་རྟེན་འབུལ་གནང་།

བོད་ས་སྟག(སྤྱི་ལོ་༡༨༩༥)ལོར་ཚངས་དབྱངས་རྒྱ་མཚོ་དཔལ་ལྡན་འབྲས་སྤུངས་སུ་ཆོས་འབྲེལ་གྱི་ཐོག་མ་《བྱང་ཆུབ་ལམ་གྱི་རིམ་པ་》དབུ་ནས་ལྷགས་ལུང་གནང་ཞིང་། རིགས་ལམ་གྱི་གསན་བཞེས་དབུ་ཚུགས་པ་དང་། ཡོངས་འཛིན་པ་ཆེན་པོ་གཙོ་བོ་པཎ་ཆེན་བློ་བཟང་ཡེ་ཤེས་དང་། དགའ་ལྡན་ཁྲི་ཆེན་ཙོ་ནེ་ཚུལ་ཁྲིམས་དར་རྒྱས། དགེ་སློང་འཇམ་དབྱངས་གྲགས་པ། མངའ་རིས་དགེ་ལེགས་རྒྱ་མཚོ་སོགས་ཀྱི་ཞལ་སྔ་ནས་སྔགས་ཕྱོགས་ཀྱི་དབང་རྗེས་གནང་། རྒྱུད་ཀྱི་བཤད་པ། སྐྱིད་རྫོགས་ཀྱི་ཁྲིད། མདོ་ཕྱོགས་ཀྱི་ལུང་། ལམ་རིམ་གྱི་ཁྲིད། བཤད་ལུང་སོགས་འབུལ་གནང་མཛད། གཞན་ཡང་སྡེ་སྲིད་མཆོག་ནས་རྒྱལ་དབང་ཚངས་དབྱངས་རྒྱ་མཚོའི་སྐུ་ཡོན་གསན་བསམ་སྐོར་ལ་ཡོངས་འཛིན་འཇམ་དབྱངས་གྲགས་པར་བཀའ་ནན་ཡང་ཡང་གནང་བ་སོགས་དོ་དམ་གང་ཆེ་དང་། སྡེ་སྲིད་རང་ཡང་ཤེས་བྱའི་གནས་དུ་མར་མཁས་པའི་ཕུལ་དུ་ཕྱིན་པས་ཚངས་དབྱངས་རྒྱ་མཚོའི་གསན་བཞེས་ལ་ཕན་ནུས་ཆེན་པོ་ཐོན་ཡོད། དེ་ནས་ཚངས་དབྱངས་རྒྱ་མཚོ་གདན་ས་སེ་འབྲས་དགའ་གསུམ་དང་། ཆོས་འཁོར་རྒྱལ་སོགས་གང་སར་བཀའ་ཆོས་བསྩལ་བ་དང་། 《བཀའ་འགྱུར་》གྱི་པར་གསར་བརྐོ་བསྐྲུན་མཛད་རྒྱུའི་དབུ་འཛུགས་གནང་སྟེ་པོད་ཉི་ཤུ་ལྷག་ཙམ་ལེགས་འགྲུབ་བྱུང་། ལྷ་ལྡན་གཙུག་ལག་ཁང་གི་ཡང་ཐོག་གསེར་ཟངས་ཀྱི་མདའ་གཡབ་དང་། རྟེན་བཞེངས་སོགས་ཀྱང་མང་པོ་མཛད།

བོད་ས་ཡོས་(སྤྱི་ལོ་༡༦༩༩)ལོར་བསྟན་འཛིན་དྷ་ལའི་ཧན་གྱི་སྲས་ཆེ་བ་བསྟན་འཛིན་དབང་རྒྱལ་དང་སྲས་ཆུང་བ་ལྷ་བཟང་ཀླུ་དཔལ་གཉིས་ནང་ཁུལ་མ་མཐུན་པའི་འཁྲུག་གཞི་བྱུང་བ་སྡེ་སྲིད་ནས་བར་གསེད་གནང་ཐོག །ལྷ་བཟང་ལ་གཞུང་ནས་སྐལ་ཐོབ་བབ་མཚུངས་འདོན་སྤྲོད་དང་འབྲེལ་མཚོ་སྔོན་དུ་འགྲོ་རྒྱུའི་ཐག་གཅོད་གནང་ཞིང་། དུས་མཚུངས་མཚོ་སྔོན་པོར་ཡོད་པའི་སོག་པོའི་དཔོན་རིགས་རྣམས་ཀྱང་ཕན་ཚུན་མ་འཆམ་པའི་གནས་ཚུལ་དུས་ཟིང་ལོང་སྐབས། བོད་ཀྱི་སྤྱི་ཚོགས་ལ་ཡང་ཤུགས་རྐྱེན་ཐེབས་ཏེ། བོད་ལྕགས་འབྲུག་(སྤྱི་ལོ་༡༧༠༠)ལོར་བོད་དུ་བསྟན་འཛིན་དྷ་ལའི་རྒྱལ་པོ་སྐུ་གཤེགས། སྲས་ཆེ་བ་བསྟན་འཛིན་དབང་རྒྱལ་ཧོང་ཐའི་ཇིའི་བུ་ཚབ་བྱས་ཏེ་སོག་ཡུལ་དུ་ཡོད་པར་བརྟེན་སྲས་ཆུང་བ་ལྷ་བཟང་ཧན་དབུས་སུ་ཡོང་ནས་ཡབ་ཀྱི་གོ་ས་བཟུང་བ་སོགས་སོག་པོ་ཡོན་བདག་རྣམས་ཀྱང་འཐེན་འཁྱེར་གྱི་དབང་དུ་གྱུར་པ་དང་། དེ་དང་ཆབས་ཅིག་སྡེ་སྲིད་ཀྱིས་རྒྱལ་མཆོག་ལྔ་པ་ཆེན་པོ་སྐུ་གཤེགས་སྐབས་ཡུན་རིང་གསང་རྒྱ་གནང་བ་དེ་ཆེད་གོང་མ་ཁང་ཤིས་ཀྱི་ཐུགས་ལ་མ་བབས་པ་བྱུང་བའི་ཐོག །གོང་ནས་པཎ་ཆེན་བློ་བཟང་ཡེ་ཤེས་པེ་ཅིན་དུ་གདན་འདྲེན་ཞུ་རྒྱུའི་དོ་དམ་སྡེ་སྲིད་ནས་གནང་དགོས་པའི་ལུང་ཕེབས་ཀྱང་། པཎ་ཆེན་རིན་པོ་ཆེས་འབྲུམ་པ་མ་ཐར་བའི་རྒྱུ་མཚན་དང་བཅས་དགོངས་ཞུ་མཐའ་ཅིག་ཏུ་མཛད་པ་དེ་ཡང་སྡེ་སྲིད་ནས་འགོག་རྐྱེན་བཟོས་པའི་ཐུགས་དོགས་སོགས་དགོངས་ཕྱོགས་ཀྱི་རྣམ་པ་ཆགས་པ་བཅས་བསྒོམས་ཏེ། གོང་མས་སྡེ་སྲིད་ལ་སྣང་ཆེན་ཡོད་པའི་རྣམ་པ་ཡོངས་སུ་ཞི་བར་འགྱུར། སྡེ་སྲིད་ཡུན་རིང་ཞིག་ནང་དུ་གོ་གནས་མཐོ་ལ་དབང་ཐང་ཆེ་བའི་གནས་བབས་སུ་གྱུར་ཡོད་པ་དང་། རྒྱལ་མཆོག་ལྔ་པ་ཆེན་པོ་དགོངས་པ་རྫོགས་རྗེས་ཆོས་སྲིད་གཉིས་ཀྱི་མཛད་སྤྱོད་ཐད་རང་འདོད་རང་གཅོད་ཀྱི་ཐལ་ཆ་ཡོང་སྲིད་པས། སེར་སྐྱའི་དཔོན་རིགས་གཞན་རྣམས་ཀྱིས་དེ་ལ་མི་འདོད་ཅིང་། ཕྱི་ནང་གཉིས་ཀའི་འགལ་ཟླ་ཚང་མ་འཛོམས་ཏེ་རྙོག་འཛིང་དེ་བས་ཆེ་རུ་ཕྱིན་པ་རེད།

ཕྱི་ནང་གི་གནས་ཚུལ་དེ་འདྲའི་འོག །སྐུ་ན་ཆུང་གཞོན་པའི་ཚངས་དབྱངས་

རྒྱ་མཚོ་ཉིད་ཀྱང་ད་ནི་སློབ་གཉེར་ཏུར་ཐག་བྱས་ཀྱང་རང་གི་མདུན་ལམ་ནི་མེད་དགོངས་ཏེ་སྐྱིད་ལུག་གི་ཚུལ་དུ་གྱུར་ནས། བག་གཡེང་སྒྲོ་གསེང་ལ་གཞོལ་བའི་རྣམ་པ་ཇི་ཆེར་འཕེལ། སྡེ་སྲིད་ནས་རིན་པོ་ཆེའི་ཐུགས་དམ་གསན་སྒྲོང་ཚགས་ཚུད་ཡོང་ཆེད་སྟན་བསྐུལ་ཡང་ཡང་གནང་བ་དང་། ཡོངས་འཛིན་དང་སྐུ་མདུན་པ་རྣམས་ལ་དམ་བསྒྲགས་ཚ་གཙུན་མཛད་ཅུང་། དེ་དག་ལེགས་ཕྱོགས་སུ་མ་གྱུར་བར་དེ་ལས་ལྡོག་སྟེ་མཆོད་ཡོན་གཉིས་དབར་རིམ་བཞིན་སེལ་ལྷད་ཀྱི་རྒྱུར་སོང་བར་མ་ཟད། མཆོག་གི་སྤྲུལ་པའི་སྐུའི་མཛད་སྤྱོད་ཀྱང་ཆེད་གཏད་ཕྱིན་ཅི་ལོག་པ་ལྟ་བུས་ཇི་ཞིན་དུ་གྱུར། བོད་ཆུ་རྟ་(སྤྱི་ལོ་༡༧༠༢)ལོར་ཚངས་དབྱངས་རྒྱ་མཚོ་དགུང་ལོ་ཉི་ཤུར་སོན་པ་དང་། སྡེ་སྲིད་ནས་བསྙེན་རྫོགས་བཞེས་དགོས་པའི་སྟན་བསྐུལ་གནང་བ་ལྟར་གཙང་ཕེབས་ཀྱིས་བཀྲ་ཤིས་ལྷུན་པོར་པཎ་ཆེན་བློ་བཟང་ཡེ་ཤེས་མཆོག་དང་མཇལ་འཕྲད་མཛད། འོན་ཀྱང་བསྙེན་རྫོགས་ཀྱི་སྡོམ་པ་ཞུ་རྒྱུ་ཕར་བཞག་སྔར་དགེ་ཚུལ་གྱི་སྡོམ་པ་ཕུལ་ཚར་བ་ཡང་པཎ་ཆེན་བློ་བཟང་ཡེ་ཤེས་ལ་ཕྱིར་འབུལ་གནང་། པཎ་ཆེན་རིན་པོ་ཆེ་དང་སྐུ་འཁོར་ཚང་མས་མགྲིན་གཅིག་ཏུ་གསོལ་འདེབས་སྟན་སྐུལ་ཇི་ལྟར་ཞུས་ཀྱང་བཀའ་བཞེས་མ་གནང་བར། ཕྱིར་སྐབས་ཀྱི་རྣམ་པས་ཕེབས་ཏེ་པཎ་ཆེན་རིན་པོ་ཆེའི་གཟིམ་ཆུང་ཕྱི་ནས་སྐུ་ཕྱག་གསུམ་གནང་སྟེ་བླ་མའི་བཀའ་བཅག་པ་ཐོ་ལོ་བཤགས་གསུང་སྟེ། གཞིས་ཀ་རྩེར་བཞུགས་ཞག་བཅུ་བདུན་ནས་ལྷ་སར་ལོག་ཕེབས། དེ་ནས་བཟུང་ན་བཟའ་སྐྱ་ཆས་བཞེས་ཤིང་། གང་དགའ་གང་འདོད་ཀྱི་མཛད་པ་སྐྱོང་བཞིན་ཉིན་མོ་རྫོང་རྒྱབ་ཏུ་ཕྱག་མདའི་སྒྲུབ་རྩལ་དང་། འབྲུང་བཞེས་གླུ་གཞས་སོགས་ལ་དགྱེས་རྒྱུར་རོལ་བ་དང་། ལྷ་ས་དང་ཉེ་སྐོར་གྱི་ས་གནས་གང་སར་སྒྲོ་གསེང་དུ་ཕེབས་ཏེ། མཚན་མོ་ཕོ་བྲང་དུ་ལོག་མ་ཕེབས་ཏ་ལམ་འདུལ་ཁྲིམས་འདོར་བའི་སྤྱོད་ཚུལ་དུ་བཞུགས། ཚངས་དབྱངས་རྒྱ་མཚོ་དང་སྡེ་སྲིད་བར་ཆོས་ཡོན་གྱི་འགལ་ཟླ་བྱུང་བ་དེ་ལྷ་བཟང་ཏན་གྱིས་བེད་སྤྱད་ནས་རྙོག་གཞི་སློང་རྐྱེན་བཟོ་བ་དང་ཁ་འདྲི་རྟགས་ཁུངས་ཤིག་ཚགས་པ་རེད། སྡེ་སྲིད་སངས་རྒྱས་རྒྱ་མཚོས་ལྷ་བཟང་ཏན་

འཛིན་བཟུང་བྱེད་རྒྱུའམ་ཡང་ན་དུག་སྤེར་རྩིས་ཀྱི་སྐད་ཆ་ཞིག་ཁྱབ་ཡོད་པ། ལྷ་བཟང་ཁན་གྱིས་གོ་ནས་ཁོང་ཁྲོའི་མེ་ལྕེ་འབར་བ་དང་ཁོང་གཉིས་བར་གྱི་འགལ་ཟླ་ཡོད་པ་དེ་བས་རྙོ་ངར་ཅན་དུ་སོང་བ་རེད། སྐབས་དེ་དུས་ཚངས་དབྱངས་རྒྱ་མཚོ་སྡེ་སྲིད་དང་ལྷ་བཟང་དབར་གྱི་ཆབ་སྲིད་འཐབ་རྩོད་ནང་དུ་སླུད་ཟློས་ཤིག་ཏུ་འགྱུར་ཡོད་པ་མ་མཁྱེན་ནས། ཡིད་མི་ཆེམ་པར་རང་སྣང་གང་ཤར་གནང་བའམ། ཡང་ན་ཐབས་ཤེས་དེ་ལྟར་སྤྱད་ནས་ནང་ཆོས་ཀྱི་གོ་གནས་འདོར་ཏེ་བོད་ལ་འཛིག་རྟེན་ལུགས་ཀྱི་གོང་མ་རྒྱལ་པོའི་དབང་སྒྱུར་བྱེད་སྟངས་ཤིག་གནང་དགོས་བསམ། ཡང་ན་དེ་དང་ཕ་གི་གང་དང་གང་ཡིན་བློ་ཡུལ་དུ་དངོས་འབྲེལ་ཤེས་དཀའ་བའི་མཛད་པ་ཞིག་བསྐྱངས་ནས་བཞུགས་པ་ལགས།

དེའི་རྗེས་སྡེ་སྲིད་སངས་རྒྱ་མཚོ་བཀྲོངས་པ་དང་། ལྷ་བཟང་ཁན་གྱིས་བདེ་བླག་ངང་བོད་ཀྱི་སྲིད་དབང་བཟུང་སྟེ། རིན་ཆེན་ཚངས་དབྱངས་རྒྱ་མཚོར་དེ་བས་སྡང་བ་ཆེན་པོ་བྱས་པར་མ་ཟད། པེ་ཅིང་དུ་མི་བཏང་ནས་གོང་མ་ཁང་ཤིས་ལ་སངས་རྒྱས་རྒྱ་མཚོས་ཧུན་གར་དང་ངན་འབྲེལ་གྱིས་ངོ་ལོག་ཧུས་འགོད་བྱས་ཚུལ་དབྱིན་སྒྱུར་ཞུས་པ་དང་། སྡེ་སྲིད་ཀྱི་པོ་ཏ་ལའི་ཁྲི་ལ་བཀོད་པའི་ཚངས་དབྱངས་རྒྱ་མཚོ་ཡང་ཏཱ་ལའི་བླ་མ་ལྔ་པའི་ཡང་སྲིད་ངོ་མ་མ་ཡིན་པར་ནག་ཆང་དགའ་རྩེད་ལ་མགོ་འཁོར་ནས་སྤྱོད་པ་ལས། སྡོམ་ཁྲིམས་མི་སྲུང་བས་ཁྲི་ལས་འབེབས་དགོས་དང་། རྒྱལ་མཆོག་ལྔ་པ་ཆེན་པོའི་ཡང་སྲིད་འཕྲུལ་མེད་ཞིག་རྩད་འཚོལ་གནང་དགོས་ཞེས་གསེར་སྙན་ཡང་སྤྲོན། གོང་མ་ཁང་ཤིས་ཀྱིས་བོད་དུ་མི་བཏང་ནས་བརྟག་ཞིབ་བྱས་ཚེ་སྐབས་དེའི་དངོས་ཡོད་གནས་ཚུལ་འགའ་ཞིག་ནི་གོ་ཐོས་བྱུང་ཡང་། མཐའ་མཚམས་ཁུལ་གྱི་སྤྱི་ཚོགས་དུས་བདེ་སྙིང་འཛུགས་ཡོང་བའི་ཆེད་དུ་ལྷ་བཟང་ཁན་ལ"བསྟན་སྐྱོང་ཀུན་ཧྲུན་ཁན"ཞེས་པའི་ཚོ་ལོ་དང་། ལུང་བསྒྱུར་གྱི་གསེར་ཐམ་ཞིག་ཀྱང་གནང་བར་བརྟེན། ལྷ་བཟང་ཁན་གྱིས་ཏཱ་ལའི་བླ་མ་སྐུ་ཕྲེང་དྲུག་པ་རིན་ཆེན་ཚངས་དབྱངས་རྒྱ་མཚོ་པོ་ཏ་ལའི་ཁྲི་ནས་ཕབ་སྟེ་རེ་ཞིག་ལྷ་ཀླུ་དགའ་ཚལ་དུ་བཞག་ཐོག །རིང་མིན་པེ་ཅིང་དུ་

གཏོང་སྐབས་འབྲས་སྤུངས་དགོན་པའི་མདུན་མཚན་ཉིད་གླིང་ཁར་ཕེབས་སྐྱེལ་ཞུ་ས་ནས་འབྲས་སྤུངས་སྒྲུ་རིགས་ཀྱིས་བཙན་འཕྲོག་དང་འབྲེལ་འབྲས་སྤུངས་དགའ་ལྡན་ཕོ་བྲང་དུ་གདན་དྲངས་པར་བརྟེན་ལྷ་བཟང་ཏན་གྱིས་དམག་དཔུང་བཏང་ནས་དགོན་པའི་མཐའ་བསྐོར་བ་དང་། སྒྲུ་མང་གིས་ཀྱང་ཡ་བཟུང་བྱེད་རྩིས་ཀྱིས་ཕན་ཚུན་བསད་རྨས་ཡོང་ཉེན་ལ་གྱུར་བ་ཐུགས་ཀྱིས་མ་བཟོད་པ་དང་། རང་གི་ཚེ་སྲོག་ལ་མ་འཛེམ་པར་ཕོ་བྲང་ནས་རང་འགུལ་གྱིས་འདོན་ཕེབས་ཏེ། ཚངས་དབྱངས་རྒྱ་མཚོ་མཆོག་ནས་རང་འགུལ་ངང་སོག་དམག་གི་ཁྲོད་དུ་ཕེབས་ནས་དམག་ཟིང་ཁྲག་འདོན་གྱི་འབྲུག་རྐྱེན་རང་སར་ཞི་ཐུབ་པ་མཛད། དེ་ནས་བྱང་ལམ་བརྒྱུད་དེ་བོད་ནས་ཞལ་གྱིས་མཛད་པ་དང་། བཤད་ཚུལ་ལ་མཚོ་སྔོན་པོའི་ཁོངས་ཀུན་དགའ་ནོར་ཞེས་པའི་ས་གནས་སུ་འཁྱོར་རྗེས་དགུང་ལོ་ཉེར་ལྔའི་ཐོག་ཞིང་བརྗེས་པའི་སྐོར་གྱི་རྣམ་ཐར་ཡོངས་སུ་གྲགས།

ཚང་མས་མཁྱེན་གསལ་ལྟར། རྒྱལ་བའི་བླ་མ་སྐུ་ཕྲེང་དྲུག་པ་ཚངས་དབྱངས་རྒྱ་མཚོ་ནི་བོད་བརྒྱུད་ནང་བསྟན་ལོ་རྒྱུས་ཐོག་གི་ཆོས་ལུགས་གཙོ་འཛིན་ཞིག་ཡིན་པར་མ་ཟད། ཚང་མས་དེ་བས་རྒྱུས་མངའ་གསལ་པོ་ཡོད་པ་ཞིག་སྟེ། ཁོང་གིས་བརྩམས་བྲིས་གནང་བའི་《ཚངས་དབྱངས་རྒྱ་མཚོའི་མགུར་གླུ་》ཞེས་པ་དེ་ནི་སྙན་འཇེབས་ལྡན་ལ་རྣ་བའི་བུ་རམ་ལྟ་བུས་མི་རྣམས་ཀྱི་ཡིད་དབང་འཕྲོག་ཅིང་། ལྗོངས་ཕྱི་ནང་དང་རྒྱལ་ཁབ་ཕྱི་ནང་གང་སར་ཁྱབ་སྟེ་དུས་ནམ་ཡང་ཉམས་འགྱུར་ལྡང་ངེར་གནས་པ་ཞིག་རེད། སྙན་ངག་མགུར་གླུའི་ནང་དོན་བརྗོད་བྱ་དཔེ་གསར་དང་། ཉམས་སྣང་གི་འཆར་སེམས་ཁྱད་དུ་འཕགས་པ། བརྗོད་བྱེད་ཀྱི་ཚིག་རྣམས་ཀུན་གྱིས་གོ་བདེ་བ་དང་ངེས་སླ་བ་སོགས་ཀྱི་ཁྱད་ཆོས་ཡོད་སྟབས། བོད་ཀྱི་ས་ཕྱོགས་གང་སའི་མི་རྣམས་ཀྱིས་རྒྱུས་མངའ་ཡོད་པར་མ་ཟད་མགུར་གླུ་ཡང་བཏང་ཤེས། རྒྱལ་བའི་བླ་མ་སྐུ་ཕྲེང་དྲུག་པ་ཚངས་དབྱངས་རྒྱ་མཚོ་མཆོག་ང་ཚོ་དང་ཞལ་གྱིས་ཏེ་ལོ་ངོ་གསུམ་བརྒྱ་ལྷག་སོང་ཡོད་ཅུང་། མི་རྣམས་ཀྱིས་སྐད་གསེང་མཐོན་པོས་ཚངས་དབྱངས་རྒྱ་མཚོའི་

མཁར་སྐྱ་བཏང་བ་ཐོས་དུས། ཚངས་དབྱངས་རྒྱ་མཚོ་སྔར་བཞིན་ང་ཚོའི་ཁྲོད་དུ་བཞུགས་ཡོད་པའི་རྣམ་པ་རང་བཞིན་དུ་འཆར་བཞིན་ཡོད།

དྭ་ལའི་བླ་མ་སྐུ་ཕྲེང་དྲུག་པ་ཚངས་དབྱངས་རྒྱ་མཚོ་དབུས་ནས་ཞལ་གྱིས་ཏེ་མདོ་སྨད་དུ་"བཙན་ཁྲིད"བྱས་རྗེས། ལྷ་བཟང་ཧན་གྱིས་བོད་མི་སྡུག (སྤྱི་ལོ་༡༦༨༦) ལོར་འབྲས་སྤུངས་སུ་ཆོས་བཞུགས་མཛད་པ་མཚན་རྟགས་བཟང་བའི་སྤྲུལ་སྐུ་ངག་དབང་ཡེ་ཤེས་རྒྱ་མཚོ་དྭ་ལའི་བླ་མ་སྐུ་ཕྲེང་དྲུག་པ་ཡིན་པ་ངོས་འཛིན་ཞུས་ཏེ་པོ་ཏ་ལའི་གསེར་ཁྲིར་མངའ་གསོལ་ཞིང་། བོད་ཀྱི་སེར་སྐྱ་མང་ཚོགས་ཚོས་ཁོང་དྭ་ལའི་བླ་མའི་ཡང་སྲིད་ཡིན་པར་ངོས་འཛིན་བྱེད་ཀྱི་མེད་ཅུང་། ལྷ་བཟང་ཧན་གྱིས་གོང་མ་ཁང་ཤེས་ལ་གསེར་སྙན་སྦྲོན་ཏེ། ཁོང་དྭ་ལའི་བླ་མ་ཡིན་པའི་གསེར་ཐམ་ཞིག་གནང་རོགས་ཞུས་པ་ལྟར་ཐམ་ཀ་ཞིག་བསྐུལ་བའི་ཞལ་རིས་སུ་"བཀའ་ཡིས་ཞུས་རྒྱང་བྱེད་པའི་སྐུ་དྲུག་པ་དྭ་ལའི་བླ་མའི་ཐམ་ཀ"ཞེས་པ་གནང་བར་ཁ་རིས་བཙོས་བསྒྱུར་བྱས་ཏེ"བཀའ་ཡིས་ཕྱུལ་རྒྱང་བྱེད་པའི་སྐུ་དྲུག་པ་དྭ་ལའི་བླ་མའི་ཐམ་ཀ"ཞེས་སུ་འཁོད་བཅུག་པ་རེད། དོ་སྣང་དང་ཞིབ་ཚགས་ཡོད་པའི་མི་སུས་ཀྱང་མཐོང་སྲིད་པར་ཡིག་འབྲུ"ཞུས"ཅེས་དང"ཕྱུལ"ཅེས་པར་ངོ་བོའི་ཐོག་ནས་ཁྱད་པར་ཆེན་པོ་སོང་ཡོད་པ་མཁྱེན་གསལ་རེད། "དྭ་ལའི་བླ་མ་ཡེ་ཤེས་རྒྱ་མཚོ"ཞུ་བ་ལྷ་བཟང་ཧན་གྱིས་རྒྱབ་སྐྱོར་འོག་ཁྲི་ཐོག་ཏུ་ལོ་ངོ་བཅུ་གཅིག་བཞུགས། དེ་ནི་རྣམ་ཐར་མང་པོ་དང་བཤད་ཚུལ་མང་པོའི་ནང་ནས་ཁྱབ་ཆེ་བའི་བཤད་སྟངས་ཤིག་རེད།

སྐབས་དེའི་བོད་ཀྱི་ཟང་ཟིང་དུས་བབ་བརྟན་ལྷིང་ཞི་འཇགས་ཡོང་ཆེད། གོང་མ་ཁང་ཤེས་ཀྱི་བོད་ཆུ་སྤྲུལ (སྤྱི་ལོ་༡༧༡༣) ལོར་པཎ་ཆེན་སྐུ་ཕྲེང་ལྔ་པ་བློ་བཟང་ཡེ་ཤེས་ལ་"པཎ་ཆེན་ཨེར་ཏེ་ནི"ཞེས་པའི་མཚན་གནས་འཁོད་པའི་འཇའ་ས་དང་གསེར་ཐམ་བསྐུལ་ཐོག །ཁྱེད་ཀྱིས་ལྷ་བཟང་ཧན་ལ་རོགས་སྐྱོར་མཛད་དེ་བོད་ཀྱི་ལས་ཀ་ལེགས་འགྲུབ་ཡོང་ཐབས་གནང་དགོས་ཞེས་ཕེབས། དེ་ནས་བཟུང་པཎ་ཆེན་སྐུ་ཕྲེང་རིམ་བྱོན་ལ་ཨེར་ཏེ་ནིའི་ཚོ་ལོ་གཏན་འཇགས་སུ་གནང་ཡོད།

བཅུ་བཞི། ཇུན་གར་དམག་གིས་བོད་ལ་བཙན་འཛུལ་བྱས་རྗེས་ཆིང་གོང་མའི་དམག་གིས་མཐར་སྐྱོད་བཏང་ནས་ཏཱ་ལའི་བླ་མ་སྐུ་ཕྲེང་བདུན་པ་གསེར་ཁྲིར་མངའ་གསོལ་མཛད་པ།

ལྷ་བཟང་ཁན་གྱིས་སྡེ་སྲིད་བཀྲོངས་ནས་བོད་ཀྱི་སྲིད་དབང་བཟུང་བའི་རྗེས། སངས་རྒྱས་རྒྱ་མཚོའི་ཕྱོགས་གཏོགས་ཀྱིས་འཁོན་ལན་སློག་ཕྱིར་སོག་པོ་ཇུན་གར་ཚེ་དབང་རབ་བརྟན་གྱིས་དཔུང་ཤུགས་ལ་བརྟེན་ནས་དགྲ་ཤ་ལེན་དགོས་པའི་སྐུལ་མ་བྱས་པར་གྲགས། དེར་བརྟེན་བོད་མེ་སྤྲེལ་(སྤྱི་ལོ་༡༧༡༨ལོ་)ལོར་ཇུན་གར་ཚེ་དབང་རབ་བརྟན་གྱིས་དམག་དཔོན་ཆེན་པོ་ཚེ་རིང་དོན་གྲུབ་གཙོ་བོར་བྱས་པའི་དམག་དཔུང་གོ་ཁྲག་སྟོང་ཕྲག་དྲུག་བོད་དུ་རྐོལ་བར་བཏང་། ཁོང་ཚོས་ལམ་དུ་འགྲོལ་རིམ་ནང་མང་ཚོགས་ལ་དཀྲོགས་གཏམ་དང་མགོ་བསྐོར་ཏེ། བྱང་ཐང་གི་འབྲོག་མི་ལ་ང་ཚོ་རྒྱལ་པོ་ལྷ་བཟང་གི་སྲས་ཆེ་བ་བཙུན་མོ་དང་བཅས་བོད་དུ་ཕེབས་པའི་ཞབས་འདེགས་པ་ཡིན་ཟེར། (ལྷ་བཟང་ཁན་གྱི་བུ་དགའ་ལྡན་བསྟན་འཛིན་ནི་ཚེ་དབང་རབ་བརྟན་གྱི་སྲས་མོ་མནའ་མར་ལེན་རྒྱུ་བྱུང་ན་ཅི་མི་རུང་བསམ་ནས་སྐུ་ངོ་མས་ཇུན་གར་སར་སློང་བར་འགྲོ་མྱོང་ཡོད་པ་རེད།) སྐབས་དེ་དུས་ལྷ་བཟང་ཁན་འདམ་གཞུང་དུ་ཡོད་ཅིང་། སྲས་ཆུང་བ་སུརྱའི་བག་མ་ནི་མཚོ་སྔོན་དུ་ཡོད་པའི་སོག་པོ་རྒྱལ་པོའི་སྲས་མོ་ཞིག་ཡིན་པ་དང་བཅས་མཚོ་སྔོན་ནས་འདམ་གཞུང་དུ་འབྱོར་བའི་དགའ་སྟོན་ལ་རོལ་བཞིན་ཡོད་པའི་སྐབས། (ལྷ་བཟང་ཁན་གྱིས་གོང་མ་ཁང་ཤིས་ནས་ཁོ་པ་ཇུན་གར་དང་ལག་འབྲེལ་བྱེད་དོགས་ལས་སང་ཆེད་མཚོ་སྔོན་དུ་ཡོད་པའི་སོག་པོ་རྒྱལ་པོའི་སྲས་མོ་ཞིག་བུ་ཆུང་བའི་མནའ་མར་ལེན་པ་རེད།) སློ་བུར་དུ་བྱང་གནམ་མཚོའི་འདབས་ནས་དཔུང་དམག་ཁྲིན་ཆེ་ཞིག་ལྷགས་པའི་གནས་ཚུལ་ལྷ་བཟང་ཁན་གྱི་རྣ་བར་ཐོས། དེ་མ་ཐག་དཔུང་ཚོགས་རྣམས་མྱུར་དུ་བསྡུ་སྐུལ་གྱིས་དགྲ་བོ་འགོག་པའི་

ལས་ཐབས་མང་དུ་བརྩམས་ཤིང་། དེ་ནས་ཛུན་གར་བའི་དམག་རྣམས་ལྷ་སར་བསྐྱོད་རྩིས་བྱེད་པ་ཤེས་སྐབས་བྲེལ་འཚུབ་ཀྱིས་ལྷ་སར་ཕྱིར་བསྐྱོད། གྲོང་ཁྱེར་གྱི་མཐའ་ལ་བོད་སོག་དམག་དཔུང་གི་སྣར་བཏབ་ནས་སྲུང་བར་བསྐོས། ཉིན་ཤས་སོང་རྗེས་ཛུན་གར་བའི་དཔུང་ཚོགས་ཀྱིས་ཕྱོགས་ཡོངས་ནས་དམག་ཤུགས་ཀྱིས་མཐའ་འདེད་བཏང་བས། ལྷ་བཟང་ཧན་ཨུ་ཐུག་སྟེ་པོ་ཏ་ལའི་ཕོ་བྲང་ནང་དུ་འཛུལ། ཁོ་པའི་བུ་ཆུང་བ་སུརྻ་འཁོར་གཡོག་ཉུང་ཤས་དང་བཅས་མཚོ་སྔོན་དུ་གསང་སྐབས་ཀྱིས་བྲོས་སུ་བཅུག །ལྷ་བཟང་ཧན་རང་ཉིད་ཡང་བློན་བློ་བཟང་ཆོས་འཕེལ་ཟེར་བའི་སོག་པོ་ཞིག་དང་མཉམ་དུ་པོ་ཏ་ལ་ནས་བྲོས་རྩིས་བྱས་ཏེ་ཕོ་བྲང་གཞམ་འོག་གི་ཤར་སྒོའི་མཚམས་སུ་སླེབ་སྐབས། ཛུན་གར་གྱི་དམག་མི་དང་འཕྲད་དེ་དམག་མི་འགའ་ཞིག་བསད་ཐུབ་ཀྱང་མཐར་ཛུན་གར་དམག་མི་མང་པོས་ལག་ཏུབ་བརྒྱབ་སྟེ་རྗེ་བློན་གཉིས་ཀ་དམར་གསོད་བཏང་པ་རེད།

ཛུན་གར་བའི་དམག་དཔུང་གིས་ལྷ་ས་བཙན་བཟུང་བྱས་ཏེ་བོད་དབུས་གཙང་ཁུལ་དུ་ལོ་འཁོར་གསུམ་ཙམ་གྱི་རིང་རང་སྣང་གང་ཤར་གྱི་དབང་སྒྱུར་བྱས་ཏེ། སྲིག་གསོད་འཕྲོག་གསུམ་གྱི་སྤྱོད་ངན་མཐའ་དག་སྤེལ་བ་དང་། འཇོམ་བག་གཏན་ནས་མེད་པར་ཆོས་སྲིད་གཉིས་ཀྱི་ལས་དོན་ལ་གཏོར་བཤིག་གཏོང་བར་བརྟེན། སྤྱི་ཚོགས་ཀྱི་དུས་བབ་ཧ་ཅང་གི་ཟང་ཟིང་ཆགས། རྒྱ་ཆེའི་སེར་སྐྱ་མང་ཚོགས་རྣམས་སྡུག་བསྔལ་ཚད་མེད་མནར་ཏེ་སེམས་གཏིང་ནས་འཁོན་འཛིན་ཆེན་པོ་བྱེད་བཞིན་པར། བོད་མི་དམངས་རྣམས་ཀྱིས་ཆིང་གོང་མའི་དམག་དཔུང་ཡོང་སྟེ་ཛུན་གར་གྱི་སྟོབས་ཤུགས་རྩ་གཏོར་དང་བོད་ནས་མཐར་སྐྲོད་གཏང་རྒྱུའི་རེ་བ་བྱེད་བཞིན་ཡོད། ཛུན་གར་བའི་དམག་དཔུང་གིས་གོང་མ་ཁང་ཤིས་ནས་དམག་དཔུང་ཕོན་ཆེན་བོད་དུ་བཏང་ཡོང་བའི་གནས་ཚུལ་གོ་ཐོས་བྱུང་སྟེ་དམག་འཁྱོར་བའི་འཇིགས་ཟིལ་མ་བཟོད་པར། ཛུན་གར་གྱི་ཐའི་ཇི་དང་། ཛའི་སང་སོགས་སྐུ་དྲག་རྣམས་ཀྱིས་བོད་ས་གནས་སྲིད་གཞུང་གིས་ཉར་ཚགས་བྱས་པའི་བཙན་པོའི་སྐབས་ཀྱི་སྐུ་ཆས་རིན་ཆེན་རྒྱན་ཆས་གཙོས་

སྐུ་ཆས་རྩ་ཆེ་འགའ་ཞིག་དང་། ཕོ་བྲང་པོ་ཏ་ལའི་ནང་རྟེན་འཕགས་པ་ལོ་ཀེ་ཤྭ་ར་སོགས་སྐུ་རྟེན་ཁ་ཤས་འཁྱེར་ཏེ་མངའ་རིས་བརྒྱུད་ཕྱིར་བྲོས་བྱེད་སྐབས། མངའ་རིས་སྐོར་དཔོན་ཁང་ཆེན་པ་བསོད་ནམས་རྒྱལ་པོས་གཡོ་ཐབས་ཀྱིས་གུར་ནང་དུ་མགྲོན་འབོད་སྟོན་མོ་བཤམས་ཏེ། ཁོ་པ་ཚོ་གྲོད་ཁོག་རྒྱགས་པ་དང་ཆང་སྐྱེམས་ཀྱིས་བཟི་བའི་སྐབས་གུར་རྡིབ་བཏང་བར་བརྟེན་གུར་ནང་དུ་མེད་པའི་གཡོག་རིགས་རེ་གཉིས་ཐར་སྐད་ལས། གཙོ་དྲག་ཕལ་ཆེར་དམིགས་མེད་དུ་བཏང་ཐར། འཕགས་པ་ལོ་ཀེ་ཤྭ་ར་དང་རིན་ཆེན་རྒྱན་ཆས་སོགས་གཞུང་གི་སྐུ་ཆས་ཧྲུན་གར་བས་འཁྱེར་བ་རྣམས་གཞུང་ལ་རྩིས་ཕུལ་ཞུས་པ་དང་། གོང་མ་ཁང་ཤིས་ནས་མངའ་རིས་སྐོར་དཔོན་དའི་ཆིང་སྦྲ་དུར་བསོད་ནམས་རྒྱལ་པོའི་བྱས་རྗེས་ལ"པས་སེའི"ཚོ་ལོ་དང་བཀའ་བློན་གྱི་ལས་འཁུར་དུ་བསྐོ་བཞག་བསྐུལ།

སྐབས་དེ་དུས་མི་དབང་ཕོ་ལྷ་བ་གཉའ་ནང་རྫོང་དཔོན་གྱི་འཁུར་བཞེས་ཏེ་བཞུགས་པར། ཧྲུན་གར་གྱི་དཔོན་དམག་ཁག་ཅིག་མངའ་རིས་བརྒྱུད་དེ་བྲོས་འགྲོ་བ་རྣམས་སྐོར་དཔོན་བསོད་ནམས་དབང་རྒྱལ་གྱིས་ཚར་བཅད་པའི་གནས་ཚུལ་ཕོ་ལྷ་བས་མཁྱེན་རྗེས་རབ་ཏུ་དགྱེས་ཏེ། སེམས་འགུལ་དཔག་ཏུ་མེད་པ་སྐྱེས་ཤིང་། མངའ་རིས་སོགས་འབྲོག་ཁུལ་དུ་ལྕགས་རིགས་དཀོན་པོ་ཡིན་སྐབས། ཕོ་ལྷ་བས་རྟའི་རྨིག་ལྕགས་སྟོང་ཕྲག་ལྷག་ཙམ་ཞིག་མྱུར་སྐྱུར་གནང་སྟེ་ཡི་གེ་དང་བཅས་མངའ་རིས་སྲུ་ཕོ་ཉ་མངགས་ནས་བསྐུར་བ་དང་། ཡི་གེའི་ནང་ཁོང་གི་དཔའ་མཛངས་ལ་བསྔགས་བརྗོད་དང་། གཉའ་ནང་དུ་ཧྲུན་གར་ལ་རྒོལ་བའི་གྲ་སྒྲིག་ཡོད་ཚུལ་སོགས་འབྲེལ་མཐུད་གནང་བར། ཁང་ཆེན་སྐོར་དཔོན་པས་ཀྱང་ཡི་རངས་སྤུས་མཐུན་གྱི་བློ་གྲོས་གཅིག་པའི་ཡིག་ལན་འབྱོར་པ་བཅས་ཁོང་གཉིས་སྐབས་དེ་ཙམ་ནས་གྲོགས་པོ་བློ་ཐུབ་ཀྱི་མཐུན་འབྲེལ་ཆགས་ཏེ། ས་ཕྱོགས་མི་འདྲ་བ་གཉིས་པན་ཚུན་འབྲེལ་གཏུགས་ཀྱི་ཕོ་ཉ་གཏོང་རེས་བྱས་ཏེ་མཉམ་འབྲེལ་ཐོག་ཧྲུན་གར་དཔུང་དམག་ལ་ཁ་གཏད་ནན་པོ་འཛལ།

དུས་དེ་ཙམ་ན་ཆིང་གོང་མ་ཁང་ཤིས་ཀྱིས་ཧྲུན་གར་དམག་དཔུང་བོད་ནས་མཐར་སྐྲོད་གཙང་མར་བྱེད་ཆེད། ལྷོ་བྱང་དཀྱིལ་གསུམ་ནས་དམག་དཔུང་ཁག་བགོས་ཀྱི་བཏང་བའི་ལྷོ་ལམ་གྱི་དམག་དཔུང་སྟེ། ཧིང་ཞིའི་ཙང་ཙུན་གྱིས་གཙོ་བོར་བྱས་པའི་ཡུན་ནན་དང་། སི་ཁྲོན། ཧུའུ་པེ། ཀྲེ་ཙང་བཅས་ཀྱི་དཔུང་དམག་དེ་དར་རྩེ་མདོ་དང་ཆབ་མདོ་བརྒྱུད་བོད་ལྗགས་སྤྱི་(སྤྱི་ལོ་༡༧༢༠)ལོའི་དབྱར་སྨད་དུ་ལྷ་སར་འབྱོར། ཧྲུན་གར་གྱི་གྲྭ་རིགས་དང་ཧྲུན་གར་ལ་རྒྱབ་སྐྱོར་བྱེད་མཁན་སོགས་དོགས་ཅན་མི་སྣ་འགའ་ཞིག་འཛིན་བཟུང་བྱས། དཀྱིལ་ལམ་ནས་བསྐྱོད་མཁན་ཕིང་ཉིང་ཙང་ཙུན་ཡན་ཞིན་གྱིས་གཙོ་བོ་བྱས་པའི་ཧྲན་ཀན་བརྒྱུད་ཀྱི་དམག་དཔུང་གི་ལས་འགན་གཙོ་བོ་ནི་མཚོ་སྔོན་ནས་རྗོག་ཐོན་བྱས་ཏེ་ཏཱ་ལའི་བླ་མ་སྐུ་ཕྲེང་དྲུག་པའི་ཡང་སྲིད་བོད་དུ་སྤྱུང་སྐྱེལ་མཛད་དེ། ལམ་བར་དུའང་ཧྲུན་གར་དམག་གིས་བཀག་འགོག་བྱས་པས་ཚང་མ་གཏོར་ཕམ་བཏང་སྟེ་ཏཱ་ལའི་སྐུ་ཕྲེང་དྲུག་པའི་ཡང་སྲིད་དང་དེའི་རྗེས་འབྲངས་རྣམས་ནག་ཆུ་བརྒྱུད་སྟོན་དུས་མཚམས་སུ་ལྷ་སར་བདེ་ཐང་དང་ཞབས་སོར་འཁོད།

ཏཱ་ལའི་བླ་མ་སྐུ་ཕྲེང་དྲུག་པ་རིན་ཆེན་ཚངས་དབྱངས་རྒྱ་མཚོའི་ཡང་སྲིད་སྤྲུལ་སྐུ་སྐལ་བཟང་རྒྱ་མཚོ་མཆོག །བོད་ས་བྱི་(སྤྱི་ལོ་༡༧༠༨)ལོར་མདོ་ཁམས་སྨད་ཀྱི་སའི་ཆར་ལི་ཐང་(སི་ཁྲོན་དཀར་མཛེས་རང་སྐྱོང་ཁུལ་)ཐུབ་ཆེན་བྱམས་པ་གླིང་ཆོས་སྡེ་ཆེན་པོའི་ལྷོ་ཞོལ་གྲོང་ཚོར་ཡབ་བསོད་ནམས་དར་རྒྱས་དང་། ཡུམ་བློ་བཟང་ཆོས་མཚོ་གཉིས་ཀྱི་སྲས་སུ་སྐུ་འཁྲུངས། སྐུའི་ཞང་པོ་ཨ་དགེ་བཀྲ་ཤིས་ནས་སྐལ་བཟང་རྒྱ་མཚོ་ཞེས་པའི་མཚན་གསོལ། འཁྲུངས་དུས་བཀྲ་ཤིས་པའི་རྟགས་མཚན་མང་པོ་ཞིག་མངོན་པ་དང་། དེའི་ཐོག་ཏཱ་ལའི་བླ་མ་སྐུ་ཕྲེང་དྲུག་པ་རིན་ཆེན་ཚངས་དབྱངས་རྒྱ་མཚོའི་སྔོན་མཁྱེན་གྱི་ལུང་བསྟན་མགུར་གླུ་ཞིག་ཡོད་པ་སྟེ།

བྱ་འདི་ཁྲུང་ཁྲུང་དཀར་པོ། །
གཤོག་རྩལ་ང་ལ་གཡོར་དང་། །

ཐག་རིང་རྒྱང་ལས་མི་འགྲོ། །

ལི་ཐང་བསྐོར་ནས་སླེབས་ཡོང་། །ཅེས་དང་།

སྐལ་བཟང་རྒྱ་མཚོ་སྐུའི་འཁྲུངས་དུས་བཀྲ་ཤིག་རྟགས་མཚན་དུ་མ་བྱུང་བར་བརྗེན། ཁམས་དང་མདོ་སྨད་རྒྱུད་ཀྱི་བླ་དཔོན་སེར་སྐྱ་མང་ཚོགས་ཚང་མས་ཏྭ་ལའི་བླ་མ་དྲུག་པ་ཚངས་དབྱངས་རྒྱ་མཚོའི་ཡང་སྲིད་ཡིན་པའི་དད་མོས་དང་སྲིར་གྲགས་རིམ་བཞིན་ས་ཕྱོགས་གང་སར་ཁྱབ། འོན་ཀྱང་སྐབས་དེ་དུས་བོད་ཀྱི་ཤི་སོན་ལ་ཐུག་པའི་དབང་ཆ་ཚང་མ་ལྷ་བཟང་ཧན་གྱི་ལག་ཏུ་བཟུང་ནས། ཁོ་པས་ཏྭ་ལའི་བླ་མ་སྐུ་ཕྲེང་དྲུག་པ་རིན་ཆེན་ཚངས་དབྱངས་རྒྱ་མཚོ་གསེར་ཁྲི་ནས་བསྒྱུར་རྒྱུར་བྲེལ་བཞིན་ཡོད་པ་དང་དེའི་ཚབ་ལ་འབྲས་སྤུངས་སྤྲུལ་སྐུ་ཡེ་ཤེས་རྒྱ་མཚོ་ཏྭ་ལའི་བླ་མའི་གསེར་ཁྲིར་འགོད་པའི་དུས་ཡིན་པས། ཡུན་རིང་མ་སོང་བར་ལྷ་སའི་སེ་འབྲས་དགའ་གསུམ་གྱི་གྲྭ་ཚོགས་དང་བླ་དཔོན་མཐོ་རིམ་མི་སྣ་སོགས་ཀྱིས། ཁམས་ལི་ཐང་ཁུལ་དུ་བྱིས་པ་འཁྲུངས་ལྟས་ངོ་མཚར་ཅན་ཞིག་བྱུང་བའི་གནས་ཚུལ་ཐོས་ཏེ། གདན་ས་གསུམ་གྱི་བླ་མ་དང་གཞུང་ཞབས་རྙིང་ཁུངས་འགའ་ཞིག་ནས་ཁམས་ཕྱོགས་སུ་མངོན་ཆུང་གི་རྟོགས་ཞིབ་ཏུ་ཕེབས། ཁོང་རྣམས་པས་ཏྭ་ལའི་བླ་མའི་ཡང་སྲིད་འཁྲུལ་མེད་ཡིན་པ་ཤེས་རྟོགས་དང་གཏན་འཁེལ་བྱུང་རྗེས། ཚང་མས་ཡང་སྲིད་སྤྲུལ་སྐུ་སྐལ་བཟང་རྒྱ་མཚོར་དད་བཀུར་རྩེ་གཅིག་ཏུ་ཞུས། འོན་ཀྱང་སྐབས་དེར་ལྷ་བཟང་ཧན་གྱིས་ཁས་ལེན་བྱ་ཐབས་བྲལ་བས་རེ་ཞིག་སྤྱི་ཚོགས་ཐོག་ཡོངས་བསྒྲགས་བྱེད་མི་ཐུབ་པར་ལུས།

ཡང་སྲིད་སྤྲུལ་སྐུའི་བདེ་འཇགས་ནན་སྲུང་ཡོང་ཆེད། ཡབ་ཡུམ་གཉིས་ནས་ཡང་སྲིད་རེ་ཞིག་སྡེ་དགེ་ཕྱོགས་སུ་གདན་ཞུ་བ། སྡེ་དགེར་ཕེབས་འབྱོར་གནང་རྗེས། ས་གནས་ཀྱི་དཔོན་རིགས་མཐོ་དམན་དང་སེར་སྐྱ་ཉེ་བར་གནས་པ་དང་ཕྱོགས་ནས་འདུས་པ་བཅས་སྐྱེ་བོའི་ཚོགས་དཔག་ཏུ་མེད་པ་མི་ཁྱེད་པའི་དད་པ་ལ་འགོད་ཅིང་། དེ་ནས་གནས་ཚུལ་དེ་མཚོ་སྔོན་ཕྱོགས་དང་སོག་པོ་ཨོ་རོད་ཚོ་པའི་ཆེང་ཧང་ཐུ་ཐུར་ཐའི་ཇི་སོགས་ལ། ལི་ཐང་གི་སྤྲུལ་སྐུ་དེ་ཏྭ་ལ་བླ་མ་དྲུག་པའི་ཡང་སྲིད་ཡིན་པ

ཐོས་ཏེ། ཏ་ཅང་དགའ་པོ་བྱུང་བ་དང་། དར་འཕྱུར་དུང་འབོད་ཀྱི་རྟེན་འབྲེལ་གཟབ་རྒྱས་མཛད། དེ་ནས་ཡང་མཚོ་སྔོན་པོའི་འགྲམ་དུ་སོག་པོ་ཧུན་ཤང་དགའ་ལྡན་ཨེར་ཏེ་ནི་ཧུ་ནང་གིས་ཀྱང་གསན་ནས་དད་ལྡན་མང་ཚོགས་ཀྱི་རེ་བ་ལྟར། ཡང་སྲིད་རིན་པོ་ཆེ་མཚོ་ཁར་གདན་དྲངས་སྐབས། སྡེ་དགེའི་སེར་སྐྱ་མང་ཚོགས་ཁྲི་ཕྲག་བརྒྱལ་བས་ལམ་ཟུར་ནས་ཕེབས་སྐྱེལ་ཞུས། སྐབས་དེར"ཤར་ཕྱོགས་འཛམ་དབྱངས་གོང་མ་བདག་པོ་ཆེན་པོ་ནས་ཀྱང་ཨ་ཆི་ཐུ་ཁེ་ཡཱ་སོགས་དཔོན་གཡོག་དྲུག་ཙུ་སྐོར་མཆོག་སྤྲུལ་གདན་འདྲེན་དུ་གཏོང་གནང་བ་ཡང་འབྱོར།"ཞེས《ཏཱ་ལའི་བླ་མ་སྐུ་ཕྲེང་བདུན་པའི་རྣམ་ཐར་》དུ་གསལ། དེ་རྗེས་མཚོ་སྔོན་གཡས་རུའི་དཔོན་རིགས་རྣམས་ཀྱིས་གོང་མ་ཆེན་པོར་སྤྲུལ་སྐུ་རྒྱ་ནག་ཏུ་ཕེབས་མི་དགོས་པའི་དགོངས་འཁྲོལ་ཞུས་པར། གོང་མ་ཁང་ཤིས་དེ་ལྟར་ཆོག་མཆན་གནང་། བོད་མི་སྤྲེལ་(སྤྱི་ལོ་༡༧༡༤)ལོར་གོང་མ་ཁང་ཤིས་ནས་གོང་མའི་དཔོན་རིགས་མི་སྣ་བཏང་སྟེ་ཡང་སྲིད་སྤྲུལ་སྐུ་མཚོ་སྔོན་སྐུ་འབུམ་དགོན་དུ་གདན་འདྲེན་ཞུ་བར་བཏང་། དེ་རྗེས་གོང་མས་དཔོན་ཁག་ལན་མང་བཏང་སྟེ་འཚམས་འདྲི་དང་གནང་སྦྱིན་འབུལ་བ་རྒྱ་ཆེ་མཛད། མཆོག་སྤྲུལ་རིན་པོ་ཆེ་ནས་ཀྱང་ལེགས་འབུལ་དང་འཚམས་ཞུའི་མི་སྣ་ཡང་ཡང་གཏོང་གནང་མཛད། དེ་རྗེས་མཆོག་སྤྲུལ་རིན་པོ་ཆེའི་ཡོངས་འཛིན་ནས་ཐོག་མར་བསླབ་གཞི་ལྔ་འཛིན་པའི་དགེ་བསྙེན་གྱི་སྡོམ་པ་ཞེས་པའི་མཇུག་ཐོག་དེ་མ་ཐག་རབ་ཏུ་བྱུང་བའི་ཚུལ་ཁྲིམས་རྣམ་པར་དག་པའི་སྡོམ་པ་བཞེས་ཏེ། མཚན་ཡང་ངག་གི་དབང་ཕྱུག་ཆོས་ཀྱི་གྲགས་པ་ཐུབ་བསྟན་རྒྱལ་མཚན་དཔལ་བཟང་པོ་ཞེས་གསོལ། དེ་ནས་བཟུང་མཆོག་སྤྲུལ་རིན་པོ་ཆེ་མཚོ་སྔོན་སྐུ་འབུམ་བྱམས་པ་གླིང་དགོན་དུ་ཡོངས་འཛིན་རྣམས་ནས་སྐུ་ཡོན་ཕུལ་ཏེ། སྐུ་ཡོན་གསན་བསམ་གྱི་རིམ་པར་རྩེ་གཅིག་ཏུ་གཞོལ་བར་མཛད་པ་དང་། རྒྱ་བོད་སོག་གསུམ་གྱི་དད་ལྡན་སེར་སྐྱ་མང་ཚོགས་གྲངས་མེད་པར་མཇལ་ཁ་དང་བཀའ་ཆོས་སོགས་འགྲོ་དོན་རྒྱུན་མ་ཆད་པ་བསྐྱངས།

བོད་ས་ཕག་(སྤྱི་ལོ་༡༧༡༩)ལོར་གོང་མ་ཁང་ཤིས་ཀྱི་སྲས་བཅུ་བཞི་པ་ཅང་ཙུན་

ཡུན་ཐི་ཟི་ལིང་ནས་སློན་པོའི་ཚོགས་དུ་མ་དང་། དཔུང་གི་ཚོགས་སྟོང་ཕྲག་གསུམ་ལྷག་དང་བཅས་ཇམ་བཟེད་ཕུན་སུམ་ཚོགས་པའི་དཔལ་གྱིས་རྫེན་བཞིན་པར་ཕྱིན་ཞིང་། སྐུ་འབུམ་བྱམས་གླིང་དགོན་དང་ཉེ་བའི་ས་ནས་ཕང་ཉིད་ཀྱང་ཆིབས་ལས་བཤོལ་ཏེ་ཕེབས་པར། མཆོག་སྤྲུལ་རིན་པོ་ཆེ་འདུ་ཁང་ཆེན་པོའི་སྒོ་མཚོར་ནང་ཙམ་ནས་བསུ་བ་མཛད། མཆོད་ཡོན་ཐོག་མ་མཇལ་སྐབས་ལྷ་རྫས་དཀར་པོ་སྲིད་ན་རིང་བ་བཅས་གོང་མ་ཆེན་པོའི་སྐུའི་འཚམས་འདྲི་གནང་། དེ་རྗེས་ཕང་ཉིད་ལ་འཚམས་འདྲི་གནང་བས། ཕང་ནས་གུས་འདུད་ཆེན་པོ་དང་བཅས་ལན་ཕུལ་ནས་མཆོག་སྤྲུལ་གྱི་ཕྱག་ནས་བརྟེན་ཏེ་ལྷན་དུ་འདུ་ཁང་དུ་ཕྱག་ཕེབས། ཁྲིར་ཕང་ལ་སྔོན་དུ་བཞུགས་དགོས་གསུངས་ཀྱང་། ཕང་གིས“གོང་མ་ཆེན་པོའི་བཀའ་ཡོད་པས་ཁྲིད་སྔོན་ལ་བཞུགས། ངས་ཕྱག་འཚལ་དགོས་གསུངས།”ནས་མཆོག་སྤྲུལ་རིན་པོ་ཆེ་ཁྲིར་བཞུགས་སུ་གསོལ། དེ་རྗེས་ཕང་ཉིད་ཕྱག་ཕུལ་ནས་ཁྲིར་བཞུགས་ཤིང་གསོལ་ཇ་སོགས་དུས་མཚུངས་སུ་བཞེས། གང་ཅིའི་གསུང་གྲོས་ཞིབ་རྒྱས་ལྷུག་པར་མཛད་པས། ཕང་ཆེན་པོ་ཐུགས་དད་ལྷག་པར་སྐྱེས་ཏེ་དགྱེས་ཚོར་ཆེན་པོའི་ངང་ཟི་ལིང་གྲོང་དུ་ཕྱི་ལོག་ཕེབས། དེའི་རྗེས་གོང་མ་ཁང་ཤིས་སྨར་ཡང་སྲས་བཅུ་བཞི་པ་ཅང་ཅུན་ཡུན་ཐི་ཆེད་གཉེར་མཚོ་སྔོན་དུ་གཏོང་གནང་མཛད་དེ། རྒྱ་སོག་གི་དཔུང་དམག་གཏོས་ཆེ་འདུ་འགོད་དང་མཆོག་སྤྲུལ་རིན་པོ་ཆེ་ལྷ་སར་གདན་ཞུའི་གྲ་སྒྲིག་ཚང་མ་ཚགས་སུ་ཚུད་པ་གནང་།

བོད་ལུགས་ལྕགས་བྱི་(སྤྱི་ལོ་༡༧༢༠)ལོའི་ཟླ་བ་གསུམ་པར་ཅང་ཅུན་ཆེན་པོ་ཕང་གི་གོང་མ་ཁང་ཤིས་ཀྱང་སྲིད་མཆོག་སྤྲུལ་རིན་པོ་ཆེར་བསྩལ་བའི་གསེར་གྱི་ཐམ་ག་བསྣམས་ཕེབས་ཏེ། མཆོག་སྤྲུལ་སྐལ་བཟང་རྒྱ་མཚོ་ཏྭ་ལའི་བླ་མའི་ཡང་སྲིད་དངོས་ཡིན་པ་ཁས་བླངས་ཏེ་ཚོ་ལོ་བསྩལ། གསེར་སྲང་བརྒྱ་ཐམ་པ་ལས་གྲུབ་པའི་ཐམ་ག་ལ་རྒྱ་བོད་སོག་མན་ཇུ་བཅས་ཡིག་རིགས་བཀོས་ཡོད་པ་དང་། ད་དུང་གསེར་སྲང་བརྒྱ་དང་ལྔ་བཅུ་ལས་གྲུབ་པའི་གླེགས་བུ་ཞིག་ལ་ཡང་རྒྱ་སོག་བོད་མན་ཇུ་སོགས་ཀྱི་ཡིག་རིགས་

བཞི་བཀོས་པ་དང་། དེ་བཞིན་ཡང་ཡིག་རིགས་གསུམ་འཛའ་ས་དང་། གོས་ཆེན་སྣ་ཚོགས། དངུལ་མདོང་སོགས་སྤྱད་པ་ཁྱད་མཚར། རྒྱ་ལུགས་ཀྱི་སྟོན་མོ། ཕྱི་རྒྱལ་ཧྥ་རན་སེའི་གསོལ་སྟོན་དུ་སྤྱོད་པའི་གསོལ་ཆས་དང་རྩེད་མོའི་རྣམ་གྲངས་དཔག་ཏུ་མེད་པ་གསོལ་རས་གནང་། ཟླ་བ་བཞི་པའི་ཟླ་སྟོད་དུ་ཡང་སྲིད་རིན་པོ་ཆེ་རྒྱལ་སྲས་ཅང་ཅུན་ཕང་གི་ཕེབས་རོགས་འོག །རྒྱ་སོག་ཞི་དྲག་དཔོན་རིགས་ཧ་ཅང་མང་པོ་དང་དམག་དཔུང་གྲངས་མེད་ཀྱི་བསྐོར་ཏེ་སྐུ་འབུམ་བྱམས་པ་གླིང་ནས་ཆིབས་ཁ་བསྒྱུར་ཅིང་ལྷ་སའི་ཕྱོགས་སུ་ཞལ་ཕྱོགས་ནས་ཕེབས་རྗོག་ཐོན། དེ་ནས་རིམ་བཞིན་འབྲི་ཆུ་སྒྲོལ་ཉིན་སྲས་ཅང་ཅུན་ཆེན་པོས་བཀོད་པ་མཛད་དེ་གོང་མའི་མི་དྲག་ཤ་སྟག་གིས་གྲུ་ཟམ་གྱི་སྟེ་དྲངས། ཡང་སྲིད་ཀྱི་སྐུ་དྲུང་དུ་ཕང་ཆེན་པོ་ཉིད་དེད་དཔོན་གྱི་ཚུལ་དུ་བཞུགས་ཏེ་སྐུ་འཁོར་དཔུང་ཚོགས་འབུམ་ཕྲག་བརྒྱལ་བ་རྣམས། གྲུ་ཆེན་དུ་མ་ཐབས་འཕྲུལ་གྱིས་བསྒྲིགས་པའི་ཟམ་པའི་སྟེང་ནས་སྐད་ཅིག་ཉིད་ལ་བསྒྲལ་བས་སྐྱེ་བོ་ཐམས་ཅད་ངོ་མཚར་བའི་གནས་སུ་གྱུར། དེ་ནས་ཕ་རིར་ཕེབས་ཏེ་མཆོད་ཡོན་ཞག་ཤས་ལྷན་དུ་བཞུགས། དེ་ནས་ཞལ་གྱིས་སྐབས་མཆོད་ཡོན་གཉིས་འབྲལ་མི་ཕོད་པའི་རྣམ་འགྱུར་དང་ཐུགས་མཉེས་གཤིན་པའི་གསུང་གླེང་མང་དུ་མཛད་དེ་ཅང་ཅུན་ཆེན་པོ་ཟི་ལིང་དུ་ཕྱིར་ཕེབས།

ཆིང་གོང་མའི་དམག་དཔུང་གིས་ཏཱ་ལའི་བླ་མའི་ཡང་སྲིད་གདན་དྲངས་ཏེ་བོད་དུ་བསྐྱོད་བཞིན་ཡོད་པའི་གནས་ཚུལ་ལྷ་སར་འགྱོར་རྗེས། བོད་ཀྱི་སེར་སྐྱ་དཔོན་རིགས་ཚང་མ་དགའ་སྤྲོ་རབ་ཏུ་འཕོལ་ཞིང་། ཏུར་བརྩོན་དང་རང་འགུལ་ངང་ཆིང་གོང་མའི་དམག་དཔུང་ལ་གཞོགས་འདེགས་བྱས་ཏེ་མང་ཚོགས་ལ་མནར་གཅོད་མང་པོ་བཏང་མཁན་གྱི་ཧུན་གར་བའི་དམག་དཔུང་བོད་ནས་མཐར་སྐྲོད་གཏོང་རྒྱུའི་འཐབ་རྩོད་ནང་བཞུགས། ཧུན་གར་བའི་ཕྱོགས་གཏོགས་ཀྱིས་ཆིང་གོང་མའི་དམག་དཔུང་འབྱོར་ཉེའི་འཇིགས་ཟིལ་ལ་མ་བཟོད་པར་འབྲོ་རྩིས་བྱས་ནས། ཁོ་པ་ཚོ་མ་བྲོས་གོང་བོད་ཀྱི་རིན་ཆེན་རྒྱན་ཆས་དང་རིན་ཆེན་སྐུ་རྟེན་ལ་སོགས་པ་ནོར་དབུའི་རིགས་

མང་པོ་འཁྲོག་འཁྱེར་བྱས་ཏེ། གོང་དུ་ཞུས་ཟིན་པ་ལྟར་ཁོ་ཚོས་མངའ་རིས་ནས་ལམ་བརྒྱུད་བྱས་ཏེ་འབྲོ་རྗེས་བྱེད་སྐབས། མངའ་རིས་ཀྱི་སྐར་དཔོན་ཁང་ཆེན་པ་བསོད་ནམས་རྒྱལ་པོས་ཐབ་ཇུས་ཀྱིས་གུར་རྫིབ་བཏང་སྟེ་རིན་ཆེན་རྒྱན་ཆས་གཙོས་གཞུང་གི་སྐུ་ཆས་རྟེན་རྫས་བདག་པོར་རྗེས་ལེན་ཞུས། སྤྱི་ལོ་༡༧༢༠ལོའི་སྟོན་དུས་ལ་མཆོག་སྤྲུལ་རིན་པོ་ཆེ་སྐུ་འཁོར་དང་བཅས་པ་ནག་ཆུ་བརྒྱུད་ལྷ་སར་བདེ་བླག་དང་ཞབས་སོར་འཁོད་དེ། ལྷ་སའི་སེར་སྐྱ་མང་ཚོགས་ཚང་མས་དགའ་སྤྲོ་རབ་ཏུ་འཁོལ་ཏེ་ཕེབས་ལམ་གཡས་གཡོན་དུ་གཞས་དང་ཞབས་བྲོ་བརྒྱབ་སྟེ་ཕེབས་བསུ་བསམ་གྱིས་མ་ཁྱབ་པ་ཞུས། ལོ་འདིའི་ཟླ་བ་དགུ་པའི་ཚེས་བཅོ་ལྔ་ཉིན་ཕོ་བྲང་པོ་ཏ་ལར་གསེར་ཁྲི་མངའ་གསོལ་གཟབ་རྒྱས་ཞུས་པ་དང་། དེ་རྗེས་པཎ་ཆེན་བློ་བཟང་ཡེ་ཤེས་མཆོག་ནས་པོ་ཏ་ལའི་གཟིམ་ཆུང་ཉི་འོད་དུ་ཏཱ་ལའི་བླ་མ་སྐུ་ཕྲེང་བདུན་པ་སྐལ་བཟང་རྒྱ་མཚོར་དགེ་ཚུལ་གྱི་སྡོམ་པ་བསྩལ་ཞིང་། མཚན་སྔར་ཡོད་ཐོག་བློ་བཟང་བསྟན་ཏེ་བློ་བཟང་སྐལ་བཟང་རྒྱ་མཚོ་ཞེས་གསོལ།

སྐབས་དེ་དུས་གོང་མ་ཁང་ཤིས་ཀྱིས་མངགས་པའི་ཅང་ཅུན་རྣམས་ཀྱིས་གོང་མའི་བཀའ་ཇི་ལྟར་གནང་བ་བཞིན། ཇུན་གར་གྱིས་བོད་དུ་བཙན་བཟུང་བྱེད་རིང་དབང་ཆ་བཟུང་བའི་དཔོན་རིགས་ཁག་གཅིག་དང་། ཆོས་སྡེ་ཆེན་པོ་རྣམས་སུ་ཡོད་པའི་ཇུན་གར་གྱི་གྲྭ་རིགས་སོགས་ལ་བཀའ་ཁྲིམས་གཅོད་པའི་འགོ་འཛུགས་ཤིང་། ཇུན་གར་གྱི་དམག་དཔུང་ལ་རྒྱབ་སྐྱོར་བྱས་ཏེ་དཔོན་གྱི་དབང་ཆ་བཟུང་མཁན་དང་ཁོའི་ཕྱོགས་གཏོགས་ཀྱི་གྲྭ་རིགས་ཁག་གཅིག་བཅས། འགའ་ཞིག་ལྷ་ས་སྐྱིད་ཆུའི་འགྲམ་ངོགས་རགས་རྒྱབ་ཀྱི་སའི་ཆར་སྲོག་ཉེས་བཅད་པ་དང་། གྲྭ་རིགས་འགའ་ཞིག་དང་ལེ་ཐོགས་ཡོད་པ་ཁག་གཅིག་རྒྱལ་ནང་དུ་རྫོང་བདའ་བྱས་ཏེ་ཉེས་ཁྲིམས་བཅད། དེ་ནས་བཟུང་ལྷ་ས་གྲོང་ཁྱེར་གྱི་སྤྱི་ཚོགས་སྒྲིག་སྲོལ་སྔར་རྒྱུན་བཞིན་ཞི་འཇམ་དང་མི་ཚང་མ་བློ་བདེ་བག་འཕེལ་ངང་དུ་གནས། ཏཱ་ལའི་བླ་མ་སྐུ་ཕྲེང་བདུན་པ་སྐལ་བཟང་རྒྱ་མཚོ་མཆོག་ཡང་ཨུ་མཐུད་སློབ་གཉེར་ལ་ཐོས་བསམ་གནང་རྒྱུའི་རིམ་པ་

དབུ་ཚུགས། དཔྱིད་དུས་དང་དགུན་དུས་གཉིས་ལ་དཔལ་ལྡན་འབྲས་སྤུངས་དགོན་པའི་དགའ་ལྡན་ཕོ་བྲང་དུ་ཆོས་གཞུང་གསན་བསམ་དང་། སྟོན་དུས་དང་དགུན་དུས་གཉིས་སུ་པོ་ཏ་ལ་ཕོ་བྲང་དུ་སློབ་གཉེར་མཛད། གང་དུ་བཞུགས་གནས་བསྐྱངས་ཡང་མཆོག་སྤྲུལ་རིན་པོ་ཆེས་ཐོས་བསམ་སྒོམ་གསུམ་གྱི་སྒོ་ནས་སྙིང་རུས་ཆེན་པོས་སྦྱར་སློབ་གཉེར་གནང་བའི་རྒྱང་གཞིའི་སྙིང་རྗེ་གཅིག་ཏུ་མདོ་སྔགས་ཀྱི་གཞུང་ཆེན་ཁག་ལ་འབད་བརྩོན་མཐའ་གཅིག་ཏུ་གནང་བས་མཐར་གཞན་གྱི་འགྲན་པར་དཀའ་བའི་ཡོན་ཏན་གྱི་རྩེ་མོར་སོན་པའོ། །

བཅོ་ལྔ། ཏཱ་ལའི་བླ་མ་སྐུ་ཕྲེང་བདུན་པས་སྐུ་ཚེ་གང་པོར་དུས་བབ་ཕྱིང་འཛགས་མེད་པའི་ནང་ཞམས་ཚོད་དྲག་པོ་བཞེས་རྒྱུ་འཁེལ་བ།

བོད་ལྗགས་སྐྱང་(ཕྱི་ལོ་༡༧༢༡)ལོར་ཆིང་གོང་མ་སྲིད་གཞུང་གིས་བོད་ས་གནས་སྲིད་གཞུང་དཔོན་རིགས་མཐོ་ཤོས་གྲས་ཀྱི་“སྡེ་སྲིད”ཞེས་པའི་གོ་གནས་དེ་མེད་པ་བཟོས་པ་ཐག་གཅོད་པ་དང་། དེའི་ཚབ་ཏུ་མཐོ་རིམ་སེར་སྐྱ་གཉིས་ཟུང་འབྲེལ་གྱིས་བཀའ་བློན་ཞེས་པ་སྲིད་འཛིན་སྒྲིག་སྲོལ་གསར་པ་ཞིག་བཟོས། དེ་ནི་བོད་ས་གནས་སུ་བཀའ་བློན་གྱི་སྒྲིག་སྲོལ་འགོ་ཚུགས་པ་ཞིག་རེད། སྔར་སྡེ་སྲིད་ཀྱི་སྒྲིག་སྲོལ་སྐབས་སྡེ་པ་སྲིད་གཞུང་ཞེས་དང་། དེ་ནས་བཀའ་བློན་གྱི་སྒྲིག་སྲོལ་གསར་པ་བཟོས་རྗེས་བཀའ་ཤག་སྲིད་གཞུང་ཞེས་ཟེར། སྐབས་དེར་ཆིང་གོང་མས་བོད་ལ་བཀའ་ཤག་ལས་ཁུངས་བཙུགས་ཏེ་བཀའ་བློན་མི་སྣ་ལྔ་བསྐོ་གཞག་དང་ས་ཕྱོགས་ཀྱི་འགན་འཁྲིས་བཟོས་ཡོད་པ་སྟེ། དའི་ཆིང་སྤྲ་ཐུར་ཁང་ཆེན་བསོད་ནམས་རྒྱལ་པོ་གཙང་གནམ་གླིང་ཁུལ་གྱི་མི། ལྷ་བཟང་ཧན་གྱི་སྲིད་དབང་བཟུང་སྐབས་སྟོད་མངའ་རིས་ཀྱི་སྒར་དཔོན་ཡིན་ཞིང་། ཆིང་གོང་མས་ཇུན་གར་དམག་དཔུང་མཐའ་སྐྲོད་གཏོང་སྐབས་ཞབས་རྗེས་བཞག་ཡོད་པར་བརྟེན་བཀའ་བློན་དུ་བསྐོ་གཞག་མཛད། ཕོ་ལྷ་བསོད་ནམས་སྟོབས་རྒྱལ་གཙང་རྒྱལ་རྩེ་དཔལ་ནང་ཁུལ་གྱི་མི། དའི་ཆིང་སྤྲ་ཐུར་ཁང་ཆེན་བསོད་ནམས་རྒྱལ་པོའི་གྲོགས་པོ་བློ་ཐུབ་དང་ཁང་ཆེན་པས་གཙང་ཁུལ་ཇུན་གར་ལག་ནས་ལེན་སྐབས་ཞོར་འདེགས་ལེགས་པོ་བྱུང་བའི་ཞབས་རྗེས་སུ་སྟོན་ལ་ཐའི་ཇིའི་གོ་བབ་བསྟུལ་བ་དང་དེ་ནས་ལོ་གཉིས་སོང་རྗེས་བཀའ་བློན་དུ་བསྐོ་གཞག་མཛད་དེ་གཙང་ཁུལ་གྱི་སྟོབས་ཤུགས་མཚོན་པའི་མི་སྣར་གྱུར། ང་ཕོད་པ་རྡོ་རྗེ་རྒྱལ་པོ་ཀོང་པོ་ཁུལ་གྱི་མི། ཀོང་པོ་ཁུལ་གྱི་སྐུ་དྲག་ཆེ་རིགས་ཡིན་ཞིང་ཆིང་གོང་མའི་དཔུང་དམག

ལ་ཞོར་འདེགས་ལེགས་པོ་བྱུང་བའི་བྱས་རྗེས་སུ་པས་སེའི་གོ་བབ་བསྐྱལ་ཏེ་ཀོང་པོ་དང་ཤར་ཕྱོགས་ཁུལ་གྱི་དཔོན་ཆེན་དུ་བསྐོས། ལུམ་པ་བཀྲ་ཤིས་རྒྱལ་པོ་ནི་ལྷ་བཟང་ཧན་སྐབས་སྲིད་གཞུང་གི་རྩིས་དཔོན་བྱེད་མྱོང་བ་དང་། ཆིང་གོང་མའི་དམག་དཔུང་ལ་ལམ་ཁྲིད་སྣེ་ཤན་ལེགས་པོ་བྱུང་བའི་བྱས་རྗེས་སུ་གུང་གི་ཚེ་ལོ་བསྐྱལ་ཏེ་ལྷ་སའི་ཤར་བྱང་གཉིས་ཀྱི་དཔོན་ཆེན་དུ་བསྐོས། སྦྱར་ར་བ་བློ་གྲོས་རྒྱལ་པོ་ཏཱ་ལའི་བླ་མ་སྐུ་ཕྲེང་བདུན་པ་སྐལ་བཟང་རྒྱ་མཚོའི་ཕྱག་མཛོད་བྱེད་མྱོང་བས་ཐའི་ཇིའི་ཚེ་ལོ་དང་པོ་གཉིས་སོང་རྗེས་བཀའ་བློན་དུ་བསྐོ་གཞག་མཛད།

ཆིང་གོང་མ་ཁང་ཤིས་ཀྱིས་སྲིད་འཛིན་ལོ་ང་དྲུག་ཙུ་རེ་གཅིག་བྱས་ཏེ། ཕྱི་ལོ་༡༧༢༣ལོར་སྐུ་གཤེགས། ཏཱ་ལའི་བླ་མ་སྐུ་ཕྲེང་བདུན་པ་མཆོག་ནས་གོང་མ་ཆེན་པོ་གཤེགས་པའི་གཏམ་ངན་སྙན་བྱུང་བའི་རྗེས། དེ་འཕྲུལ་རྟེན་ཁྱད་པར་ཅན་རྣམས་ཀྱི་དྲུང་དུ་མཆོད་པ་རྒྱ་ཆེན་པོ་འབུལ་བར་མཛད། དེ་ནས་བཟུང་ཞག་བཞི་བཅུ་ཞེ་དགུའི་བར་དུ་ཏཱ་ལའི་བླ་མ་སྐུ་ངོས་ཀྱིས་རྟེན་རྣམས་ཀྱི་དྲུང་དུ་མཆོད་འབུལ་ཐུགས་སྨོན་ཉིན་རེ་བཞིན་མ་ཆག་པར་མཛད། ལོ་འདིར་གོང་མ་ཆེན་པོའི་དགོངས་རྫོགས་སུ་དམིགས་ཚོགས་མཆོད་ཉིན་གསུམ་ཕར་སྔོན་དང་ཏཱ་ལའི་བླ་མ་ཉིད་ཀྱང་ལྷ་ལྡན་དུ་ཆིབས་བསྒྱུར་གནང་སྟེ་ཉིན་ཁ་ཤས་ཀྱི་བར་སྨོན་ལམ་ལ་ཕེབས་ནས་འདུས་པ་རྒྱ་མཚོའི་ཚོགས་དང་ལྷན་ཅིག་ཏུ། འཇམ་དབྱངས་གོང་མ་ཆོས་ཀྱི་རྒྱལ་པོ་ཆེན་པོ་དང་རྒྱལ་ཡུམ་དེ་ཉིད་ཀྱི་དོན་དུ་ལྷགས་བསྔོ་དང་ཐུགས་སྨོན་གྱི་མཚམས་སྦྱོར་གནད་སྨིན་གནང་། དེ་ནས་མགྲོན་གཉེར་དའི་དར་ཧན་གོང་མའི་ལྷ་སྲས་བཞི་པ་གོང་མ་ཆེན་པོའི་གསེར་ཁྲིར་གསར་ཕེབས་ཀྱི་ལེགས་འབུལ་ཞུ་བར་བཙངས་པ་གནང་། ད་དུང་ར་ས་འཕྲུལ་སྣང་གཙུག་ལག་ཁང་དུ་ཆེད་མངགས་ཞལ་འདོན་གནང་བར་ཕེབས། གོང་མའི་གསེར་ཁྲིར་ཕེབས་མ་ཐག་གོང་མ་ཡུང་ཀྲིན་གིས་ཐེངས་དང་པོ་བླ་མ་ཆེན་པོ་ཞང་རབ་འབྱམས་པ་སོགས་ལྷ་སར་མངགས་ནས་ཏཱ་ལའི་བླ་མ་མཇལ་བ་དང་། གོང་མ་ཆེན་པོའི་གསེར་ཡིག་ལེ་ཚན་གཉིས་དང་གནང་སྐྱེས་བཟང་པོ་རྒྱ་ནོམ་པ་ཕུལ་བ་

ནམས་ཕྱུག་ཏུ་བཞེས། ཁོང་ནམས་པ་ལ་སྟོན་མོ་གཟབ་རྒྱས་བཤམས་ཏེ་གོང་མར་བཀའ་དྲིན་མཆོན་པ་གནང་། བོད་ཤིང་འབྲུལ་(སྤྱི་ལོ་༡༧༢༨)ལོར་གོང་མ་ཡུང་གྲིན་མཆོག་ནས་ཏཱ་ལའི་བླ་མར་ཆོས་སྲིད་ལུགས་གཉིས་ཀྱི་ཐུགས་འགན་བཞེས་དགོས་པའི་བཀའ་ལུང་དང་འཇའ་ས་གསེར་ཐམ་གནང་སྦྱིན་དངོས་པོ་མང་པོ་གནང་ཡོད། དེ་ནས་བཟུང་ཏཱ་ལའི་བླ་མ་དགུང་ལོ་བཅོ་བརྒྱད་ཡས་མས་ཙམ་ལ་ཆོས་སྲིད་གཉིས་ཀྱི་ཐུགས་འགན་སྐྱིད་བཞེས་ཀྱི་མཛད་པ་ཡང་དུས་འདི་ཙམ་ནས་དབུ་ཚུགས་པ་སྣང་།

སྤྱི་ལོ་༡༧༢༧ལོར་ཆིང་གོང་མ་སྲིད་གཞུང་གིས་བོད་དུ་བཅའ་སྡོད་ཨམ་བན་བཙུགས་ནས་བོད་ཀྱི་ལས་དོན་ཁྲོན་ཡོངས་ནས་བཀོད་འདོམས་བྱས་ཏེ། ཡ་མོན་ལས་ཁུངས་ཞིག་ཐོག་མར་ལྷ་ས་ཁྲོམ་གཟིགས་ཁང་(ལྷ་ལྡན་གཙུག་ལག་ཁང་གི་བྱང་ངོས་གནའ་བོ་ལྷ་སའི་ཁྲོམ་ར་རྙིང་པ་ཞིག)དང་ཉེ་བར་བཙུགས། དེ་ནས་དུས་ཀྱི་འཕོ་འགྱུར་དང་བཅས་མཐར་གཙུག་ལག་ཁང་ལྷོ་ནུབ་ངོས་སུ་སྨུ་སྨུག་ཞེས་པའི་ས་ཆ་དང་ཉེ་བར་ཨམ་བན་བཅའ་སྡོད་ཀྱི་ཡ་མོན་གསར་བཞེངས་བྱས་ཏེ། དེང་དུས་བོད་ལྗོངས་དམག་ཁུལ་ཁང་གི་སྡེ་ལེན་ཁང་ཨང་གཉིས་པ་ཟེར་བ་དེར་ཡིན། ལྷ་ས་བ་མང་ཆེ་བས"ཇོ་སེང་གེའི་དམག་སྒར"ཞེས་འབོད་པ་དེ་ཡང་རྒྱལ་སྒོའི་གཡས་གཡོན་དུ་ཇོའི་སེང་གེ་གཉིས་བཞེངས་ཡོད་སྐབས་མིང་དེ་ལྟར་བཏགས་པ་རེད། རྒྱལ་ནང་དུ་ཤི་ཧའི་གསར་རྗེ་ལང་པའི་སྐབས་སུ་ཆིང་གོང་མའི་བོད་སྡོད་ཨམ་བན་གྱི་མཐའ་མ་ལན་ཡུས་དང་ཀྲང་དབྱིང་ཐང་གཉིས་ལྷ་ས་ནས་ཁ་གྱེས་ཏེ་རྒྱལ་ནང་དུ་ལོག །ཆིང་གོང་མའི་འཐུས་མི་བོད་ལ་བཅའ་སྡོད་ཨམ་བན་གྱིས་ཏཱ་ལའི་བླ་མ་དང་མཉམ་འབྲེལ་ཐོག་ནས་བོད་ས་གནས་སྲིད་གཞུང་གི་ལས་དོན་ལ་ངོ་དམ་བྱས་ཏེ། ནུས་ལྡན་གྱི་སྒོ་ནས་རྒྱལ་ཁབ་ཀྱི་བདག་དབང་ལག་ལེན་བྱས་པ་དང་ཕྱོགས་གང་སྤྱིའི་ཐད་ཀྱི་ནུས་པ་འདོན་སྤེལ་གང་ལེགས་བྱུང་ཡོད།

བོད་ལུགས་སླང་ལོའི་སྤྱི་ལོ་༡༧༢༡ལོ་ནས་འགོ་ཚུགས་ཏེ་སྤྱི་ལོ་༡༧༢༧ལོ་བར་ལོ་དྲུག་ཙམ་གྱི་ནང་དུ། དབུས་གཙང་ས་གནས་གཉིས་ཀྱི་བཀའ་བློན་མི་མགོ་ལྷས་

མཉམ་འབྲེལ་དང་བོད་ཀྱི་ལས་དོན་བདག་གཉེར་བྱས་པ་ནས་བཟུང་། དབུས་གཙང་བཀའ་བློན་བར་འཆམ་མཐུན་མ་བྱུང་བར། ཕན་ཚུན་གྱི་འགལ་ཟླ་རྙོ་ངར་ཚབས་ཆེར་འགྱུར་ཅིང་། མཐར་ཟིང་ཆ་ལང་སྟེ་དབུས་ཀྱི་བཀའ་བློན་ང་ཕུན་སྦྱར་གསུམ་གྱི་ཕྱོགས་གཏོགས་དང་བཅས་པས། ལྷ་ལྡན་གཙུག་ལག་ཁང་གི་དོན་བཅོས་ལས་ཁུངས་སུ་དའི་ཆེང་སྦྲ་ཕུར་ཁང་ཆེན་བསོད་ནམས་རྒྱལ་པོ་དང་ཁོང་གི་ཕྱུམ་གཉིས། དྲུང་ཡིག །ཕྱག་མཛོད་སོགས་བཀྲོངས་པར་མ་ཟད། དམག་མི་འཁྲིད་ནས་ནག་ཆུར་ཡོད་པའི་དྲུང་འཁོར་གཉིས་ཡང་ངཀྲོངས། དེ་ནས་གཙང་ཁུལ་དུ་དམག་མི་བཏང་སྟེ་མི་དབང་ཕོ་ལྷ་བསོད་ནམས་སྟོབས་རྒྱལ་བཀྲོངས་རྩིས་ཡོད་པ་ལ། ཕོ་ལྷར་སྔོན་ནས་གསང་བརྡ་བྱུང་བས་ཁོང་གིས་འཕྲལ་དུ་གཙང་ཁུལ་གྱི་ས་ག་དང་གྲོ་ཤོད། ཟང་ཟང་། ངམ་རིང་། ལྷ་རྩེ། ཕུན་ཚོགས་གླིང་སོགས་ནས་དམག་མི་ཅུབ་བསྡུས་བྱས་ཏེ་ལྷ་སར་དམག་དྲངས་ཡོང་། དེར་བརྟེན་ལོ་གཅིག་ཙམ་གྱི་རིང་བཀའ་བློན་བར་གྱི་འགལ་ཟླ་རྙོ་ངར་ཅན་དུ་སོང་བའི་རྐྱེན་གྱིས། དབུས་གཙང་གཉིས་བདེ་གཟར་དོན་རྐྱེན་ཆེན་པོ་ཞིག་ལངས།

བོད་ས་སྦྲེལ་(སྤྱི་ལོ་༡༧༢༥)ལོའི་ཟླ་བ་དགུ་པའི་ཟླ་མཇུག་ཏུ། ཆིང་གོང་མས་བདེ་གཟར་དོན་རྐྱེན་གྱི་ཞིབ་དཔྱོད་དུ་མངགས་པའི་གཙོ་བོ་ཨ་ལི་ཁན་ཨམ་བན་དང་། མི་རིང་ཇང་གི་དཔུང་ཚོགས་ཆེན་པོ་དང་བཅས་ལྷ་སར་འབྱོར་ནས། ཕོ་བྲང་པོ་ཏ་ལའི་ཉེ་འདབས་ནེའུ་གསིང་གི་ལྷོངས་ཁུལ་དུ་དམག་སྒར་རྒྱ་ཆེར་བཏབ་སྟེ། ཞིབ་དཔྱོད་འགོ་འཛུགས་ནས་ང་ཕུན་སྦྱར་གསུམ་དང་ཁོང་ཚོའི་ཕྱོགས་གཏོགས་ཀྱི་ཉེས་ཅན་མི་གྲངས་བཅུ་བདུན་སྒྲོག་ཐོག་ཏུ་བཏང་བ་དང་། ཉེས་ལྗོས་སོགས་ཁག་གཅིག་རྒྱལ་ནང་དུ་བཙངས། དེ་དང་ཆབས་ཅིག་མི་དབང་ཕོ་ལྷ་བསོད་ནམས་སྟོབས་རྒྱལ་ལ་གཟིངས་བསྟོད་བྱ་དགའ་དངུལ་སྲང་ཆེན་ཁྲི་ཕྲག་གསུམ་དུས་གཅིག་ཏུ་བསྩལ་ནས། དབུས་གཙང་གི་བདེ་གཟར་སྙིང་འཇགས་སུ་མཛད། དེ་ནས་ཞིན་ཅང་དུ་ཡོད་པའི་སོག་པོ་ཇུན་གར་དམག་གིས་ཆིང་གོང་མའི་གྲུང་དབྱང་སྲིད་གཞུང་ལ་འགོག་རྒོལ་བྱས་ཏེ་ས་ཆ་འགའ་ཞིག་བཙན་བཟུང་བྱས་ཡོད་པ་དང་། ད་དུང་མཚོ་སྔོན་ནས་བྲོལ་བྱོལ་དུ་

སོང་བའི་དམག་ཤོར་ཁག་གཅིག་ཤིན་ཅང་ལ་དུབ་བསྡུས་བྱས་ནས་དཔུང་ཤུགས་སྤྲོལ་ཏེ་ཆིང་གོང་མར་ཚུར་རྒོལ་བྱ་རྩིས་ཀྱིས། ཆིང་གོང་མ་ཀྲུང་དབྱང་སྲིད་གཞུང་གི་ནུབ་བྱང་དང་། ནུབ་ལྷོའི་སྲིད་དབང་གཞི་རྩ་ལ་འཇིགས་སྣང་བསྐུལ་བཞིན་ཡོད་པར་མ་ཟད། སོག་པོ་ཇུན་གར་དམག་དཔུང་གིས་སྔར་བོད་དུ་བཙན་འཛུལ་བྱེད་སྲོང་ཡོད་པ་དང་ད་དུང་“བོད་དུ་ཐེངས་གཉིས་པ་དཔུང་བསྐྱོད་བྱེད་ཀྱི་ཡིན”ཅེས་འུར་གཏམ་སྒྲོགས་པ་དང་། དབུས་གཙང་གི་བདེ་གཟར་ཉེན་འཇགས་བྱུང་ནས་དུས་ཡུན་རིང་པོ་ཕྱིན་མེད་པ་བཅས་ཀྱི་རྐྱེན་པས། ཆིང་གོང་མ་སྲིད་གཞུང་ནས་ཏཱ་ལའི་བླ་མའི་བདེ་འཇགས་སྲུང་སྐྱོབ་ལ་ཤུགས་སྣོན་རྒྱབ་ཆེད། ཏཱ་ལའི་བླ་མ་མཆོག་རེ་ཞིག་ལི་ཐང་ཕྱོགས་སུ་ཕེབས་དགོས་པའི་ཐག་གཅོད་མཛད།

བོད་ས་སྤྲེལ་(སྤྱི་ལོ་༡༧༢༨)ལོའི་ཟླ་བ་བཅུ་གཅིག་པའི་ཚེས་ཉེར་གསུམ་ཉིན་ཏཱ་ལའི་བླ་མ་མཆོག་དང་། གང་གི་ཡབ་རྗེ་བསོད་ནམས་དར་རྒྱས་སྐུ་འཁོར་ཉིས་བརྒྱ་སྐོར་དང་བཅས་རྩེ་པོ་གྲང་ཆེན་པོ་ནས་ཆིབས་ཞལ་བསྒྱུར། ལྷ་སའི་སེར་སྐྱ་མང་ཚོགས་བརྒྱ་སྟོང་དུ་མས་ལྷ་གདོང་ཤན་ཁ་བར་ཡིད་འཕྲེང་བཞིན་པར་ཕེབས་སྐྱེལ་ཞུས། ཏཱ་ལའི་བླ་མ་སྐུ་འཁོར་དང་བཅས་པ་རི་གླུང་མང་པོ་བརྒྱབ་སྟེ་བོད་ས་བྱ་ལོའི་ཟླ་བ་གཉིས་པའི་ཚེས་བརྒྱད་ཉིན་འབྲུངས་ཡུལ་ལི་ཐང་དུ་ཕེབས་འབྱོར་མཛད། བོད་ལྕགས་ཁྱི་(སྤྱི་ལོ་༡༧༣༠)ལོའི་ཟླ་བ་དང་པོའི་ཚེས་ཉེར་གཅིག་ཉིན་ལི་ཐང་ཆོས་སྡེ་ཆེན་པོ་ནས་མགར་ཐར་ཕྱོགས་སུ་ཆིབས་ཁ་བསྒྱུར། དེ་ནས་ཆིང་གོང་མས་མགར་ཐར་དུ་དགོན་གནས་ལྷ་བྲང་གསར་བཞེངས་གནང་བ་དེར་ལོ་ཤས་རིང་བཞུགས་ཤིང་། བོད་དུ་སླར་ཡང་བདེ་གཟར་མི་ཡོང་སྔོན་འགོག་ཆེད་བཙའ་སྡོད་ཨམ་བན་མི་རིང་ཇང་དང་སེང་གེ་མངལ་གཉིས་ཀྱིས་སྤྱི་ཁྱབ་བྱས་ཏེ། གོང་མའི་དམག་དཔུང་སུམ་སྟོང་ལྷག་བོད་དུ་བཙའ་སྡོད་བྱས། བཀའ་བློན་མི་དབང་ཕོ་ལྷས་ནུ་མཐུད་བོད་ཀྱི་ཡོངས་ཀྱི་ལས་དོན་ལ་འགན་འཛིན་བཞེས།

སྐབས་དེ་དུས་ཆིང་གོང་མ་ཡུང་ཀྲིན་གྱིས་བློ་ཐག་ཆོད་པོས་བྱ་སྤྱོད་སྤེལ་

ཏེ། དམག་དཔོན་ཆེན་པོ་བློས་འཁྱིལ་བ་ཞིག་བཏང་ནས་སོག་པོ་ཇུན་གར་གྱི་དམག་དཔུང་རྣམས་ལ་ཕར་རྒོལ་ཚ་ནན་ཞིག་སློག་སྐྱེ་ལང་རྒྱུ་མེད་པ་བཟློས་ཙང་། ཇུན་གར་བས་ཕོ་ཉ་བཏང་སྟེ་ཞི་གྲོས་དང་“ས་མཚམས་གཏན་འཁྱིལ་ཐོག་དམག་མཚམས་བཞག་རྒྱུ་བྱས།” དེ་ནས་བཟུང་དམག་མཚམས་བཞག་པ་དང་ཇུན་གར་དམག་གིས་བོད་དང་མཚོ་སྔོན་དུ་འཇིགས་སྐུལ་བྱེད་པ་ཡང་མཚམས་གཙང་མ་བཅད། དེར་བརྟེན་བོད་ཤིང་ཡོས་(སྤྱི་ལོ་༡༧༣༥)ལོ་ནས་ཕྱི་ལོའི་གནམ་ལོ་གསར་ཚེས་ཤར་བའི་དུས་སུ་གོང་མ་ཡུང་ཀྲིན་གྱིས་ཏཱ་ལའི་བླ་མ་བོད་དུ་ཆིབས་ཀྱི་ཁ་ལོ་བསྒྱུར་ཆོག་པའི་བཀའ་ཕེབས། ལོ་འདིའི་ཟླ་བ་གསུམ་པར་ཏཱ་ལའི་བླ་མ་སྐུ་འཁོར་དང་བཅས་པ་མགར་ཐར་དགོན་ནས་ཇོག་ཐོན་གནང་སྟེ་བོད་དུ་ཕེབས། ཟླ་བ་བདུན་པར་ལྷ་སར་ཞབས་སོར་འཁོད། དེ་ནས་རིང་མིན་ཏཱ་ལའི་བླ་མར་སྨན་སྒྲོན་ཞིག་འགྱུར་ཏེ་ཆིང་གོང་མ་ཡུང་ཀྲིན་སྐུ་གཤེགས་ནས་སྲས་བཞི་པ་ཆན་ལུང་ཁྲི་ལ་འཁོད་པའི་གཏམ་གསན། ཏཱ་ལའི་བླ་མ་ནས་འཕྲལ་དུ་གདན་ས་སེ་འབྲས་དགའ་གསུམ་གྱི་དགེ་འདུན་སྟོང་ཕྲག་བརྒྱལ་བའི་འདུས་ཚོགས་ཤིག་ལྷ་ལྡན་གཙུག་ལག་ཁང་དུ་འཚོགས་ཏེ། ཟླ་བ་གཅིག་རིང་འཛམ་དབྱངས་གོང་མ་ཆེན་པོའི་དགོངས་རྫོགས་སུ་དམིགས་ཏེ། ཉིན་རེ་སྟོང་མཆོད་རྒྱས་པ་བཤམས་ཏེ་མཆོད་འབུལ་སྨོན་ལམ་རྣམ་གསུམ་སོགས་ཀྱི་ཞལ་འདོན་དང་། དགོངས་རྫོགས་བྱང་དུ་བསྔོ་བར་མཛད།

ཏཱ་ལའི་བླ་མ་སྐུ་ཕྲེང་བདུན་པ་སྐལ་བཟང་རྒྱ་མཚོ་མཆོག་བོད་ནས་ཞལ་གྱིས་མཛད་དེ་ཕྱིར་ལོག་མ་ཕེབས་བར་ལོ་བདུན་ཙམ་གྱི་རིང་། བོད་ཀྱི་ཆོས་སྲིད་ལས་དོན་མཐའ་དག་མི་དབང་ཕོ་ལྷ་བསོད་ནམས་སྟོབས་རྒྱལ་བཀའ་བློན་ནས་ཐུགས་འགན་བཞེས། ཁོང་ནི་བློ་གྲོས་ཆེ་ཞིང་ལས་དོན་ལ་བབ་བསྟུན་མཁས་པ། གནང་ཚད་བྱང་ཆུབ་ལ་དོན་དངོས་དང་ཐུང་འབྲེལ་བྱེད་ཐུབ་པ། གནད་དོན་གང་ཡིན་ཡང་ཐག་ཆོད་པོ་ཡོད་པའི་མི་ཞིག་རེད། ཁོང་གིས་བོད་ཀྱི་ཆབ་སྲིད་དང་རིག་གནས་འཕེལ་རྒྱས་ཐད་ལ་ལེགས་སྐྱེས་དངོས་གསལ་དོད་པོ་ཕུལ་ཡོད། དེའི་སྐབས་ཆིང་གོང་མ་ཡུང་ཀྲིན་

དང་། གོང་མ་ཆན་ལུང་གིས་སྔ་རྗེས་སུ“རྗོ་རོས་ཧྲུན་ཕང་”ཞེས་པའི་ཆོ་ལོ་བསྐུལ་བས་ཕོང་གིས་དེ་བས་འབད་བརྩོན་ཆེ་སྐྱེས་མཛད། ད་དུང་ཕོང་གིས་གོང་མ་ཆེན་མོ་ཡུང་ཀྲིན་ལ་སྙན་ཞུ་སྒྲོན་ནས་སྟར་དབུས་གཙང་བདེ་གཟར་སྐབས། རྒྱལ་རྩེའི་དམག་སར་སྐུ་གཤེགས་པའི་མངའ་རིས་སྒར་དཔོན་དགའ་བཞི་པ་ཚེ་བརྟན་བཀྲ་ཤིས་ཀྱི་སྲས་ལ་གུང་གི་ཆོ་ལོ་ཞུ་གནང་མཛད་པར་བརྟེན། གོང་མས་ཐུ་པ་ལ་ཆི་གུང་གི་ཆོ་ལོའི་སྒྲོ་ཧྲག་བསྐུལ་ནས་དགའ་བཞི་པའི་བུ་བརྒྱུད་ནས་བུ་བརྒྱུད་ཀྱི་བར་འཛགས་གནས་བྱེད་ཆུག །དེ་ནི་བོད་མིར་གོང་མས་གནང་བའི་ཐུ་པ་ལ་ཆི་གུང་གི་ཆོ་ལོའི་སྒྲོ་ཧྲག་ཡོད་པ་ཐོག་མ་དེ་རེད་ལ། དེ་ཡང་རྗོ་རོས་ཧྲུན་ཕང་མི་དབང་པོ་ལྷ་བསོད་ནམས་སྟོབས་རྒྱལ་གྱིས་ཧུར་བརྩོན་དང་སྟོད་ལེན་ཞུས་པའི་འབྲས་བུ་ཞིག་ཀྱང་རེད།

མི་དབང་པོ་ལྷ་བར་རིགས་སྲས་གཉིས་ཡོད་པའི་ཆེ་བ་གུང་འགྱུར་མེད་ཚེ་བརྟན་གྱིས་སྟོད་མངའ་རིས་སྐོར་གསུམ་གྱི་སྤྱི་ཁྱབ་ལས་འགན་འཛིན་པ་དང་། སྲས་ཆུང་བ་ད་ལའི་པཱ་ཐུར་འགྱུར་མེད་རྣམ་རྒྱལ་ལ་གོང་མས་གུང་ཐའི་ཇིའི་ཆོ་ལོ་བསྐུལ་ནས་བོད་བྱང་སའི་ཚོ་པ་སུམ་ཅུ་སོ་དགུ་དང་འདམ་གཞུང་གི་སོག་པོ་ཚོ་བརྒྱད་ཀྱི་དབང་སྒྱུར་བྱེད་བཅུག །ཕོ་བབ་སྦྲུད་དེ་ལོ་གཅིག་སོང་ཚེ་བོད་མེ་ཡོས(སྤྱི་ལོ་1747)ལོར་ཡབ་ཆེན་མི་དབང་པོ་ལྷ་བསོད་ནམས་སྟོབས་རྒྱལ་ལྷ་སར་དགོངས་པ་རྫོགས། ཆིང་གོང་མ་ཆན་ལུང་གིས་སྲས་ཆུང་བ་འགྱུར་མེད་རྣམ་རྒྱལ་ལ་ད་ལའི་དའི་ཆིང་པཱ་ཐུར་རྗོ་རོས་ཕང་གི་ཆོ་ལོ་དང་ཐམ་ག་སོགས་བསྐུལ་ཏེ་བོད་འབངས་ཀྱི་ལས་དོན་བྱེད་པོར་པ་དུས་ལྟར་བྱས་ཆོག་པའི་ལུང་གིས་བསྟགས་པ་མཛད། ཕང་འགྱུར་མེད་རྣམ་རྒྱལ་གྱིས་སྲིད་འཛིན་པོ་གསུམ་དང་ཕྱེད་ཙམ་རིང་ལ་སྤྱི་ཚོགས་ལ་ཕན་པའི་བྱ་བ་འགའ་ཞིག་ཚུལ་བཞིན་དུ་བྱས། དེ་ནས་ཕོ་པའི་རང་བཞིན་གྱི་ངན་རྟགས་ཐམས་ཅད་རབ་ཏུ་མངོན་ཏེ། ཁྲོ་ཞིང་གཏུམ་པ། གཟུ་ལུམ་ཅན། རང་བཞིན་གྱི་ཞེ་སྡང་བ་ཆུ་སྲིན་ལྟ་བུ། བྱ་བ་གང་ཡང་བརྟག་པ་དང་བཅས་པས་མི་ཟིན་པ་འབྲེལ་མེད་བྱུང་རྒྱལ་དུ་སྤྱོད་པ། མ་ཏུང་གཡོ་ཧྲུས་ཀྱིས་ཁེངས་ཤིང་རང་གི་ཉེ་འཁོར་དུ་མི་དགའ་བའི་དཔོན་རིགས

ལ་གནོད་འཚེ་བཏང་སྟེ་དགྲ་མཐོང་མཐོང་བྱེད་པ། དབང་ཆ་ཇོད་ལན་གྱི་ཆེད་དུ་ཏཱ་ལའི་བླ་མ་དང་པཎ་ཆེན་རིན་པོ་ཆེས་བྱེད་མི་ཐུབ་པའི་བསླབ་བྱ་ག་ཚོད་གནང་ཡང་བཀའ་ལ་མ་རྩིས་པར། སྟོད་མངའ་རིས་སུ་དམག་མི་བཏང་སྟེ་རང་གི་གཅེན་པོ་གུང་བློན་འགྱུར་མེད་ཚེ་བརྟན་སྐྱིག་བསད་བཏང་བར་མ་ཟད། ཁོང་གི་བུ་ཕྲུག་ཡང་མཐའ་སྐྲོད་བཏང་སྟེ་མངའ་རིས་སྐོར་གསུམ་ཚང་མ་རང་གི་དབང་དུ་བསྡུས་པ་རེད། བཤད་ཚུལ་ལ་དོན་རྐྱེན་ཚར་རྗེས་ཁོ་པས་གོང་མ་ཆེན་པོར་ཟུར་གཏམ་བཟོས་ཏེ་གཅེན་པོ་འགྱུར་མེད་ཚེ་བརྟན་ནད་ཀྱིས་མནར་ནས་གྲོངས་སོང་ཞེས་ཞུས། ཕྱང་འགྱུར་མེད་རྣམ་རྒྱལ་གྱིས་ཏཱ་ལའི་བླ་མ་སྐུ་ཕྲེང་བདུན་པ་སྐལ་བཟང་རྒྱ་མཚོའི་ཁ་གཏད་དུ་ལངས་པར་མ་ཟད། བོད་ལ་ཆིང་གོང་མའི་བཙའ་སྡོད་ཨམ་བན་གྱིས་དོ་དམ་བྱས་པ་ལས་ཁ་བྲལ་ཏེ་གཡོ་སྒྱུའི་ངོ་ལོག་བྱེད་རྩིས་བྱས།

ཕྱང་འགྱུར་མེད་རྣམ་རྒྱལ་གྱི་བྱེད་སྟངས་བྱེད་ལུགས་ཚང་མ་རིམ་གྱིས་ཆིང་གོང་མའི་སྙན་དུ་འཁྱོལ་ནས་དོགས་ཟོན་སྐྱེས་ཏེ། བོད་ལྕགས་རྟ་(སྤྱི་ལོ་༡༧༥༠)ལོའི་ཟླ་བཅུ་པའི་ཚེས་བཅུ་གསུམ་ཉིན། གོང་མ་ཆབ་ལུང་ནས་ལྷ་སར་བཙའ་སྡོད་ཨམ་བན་ཕུ་ཆིན་དང་ལབ་ཏུན་གཉིས་ལ་བཀའ་ཕབ་པ་སྟེ། ཕྱང་འགྱུར་མེད་རྣམ་རྒྱལ་ཐབས་འཕྲུལ་གྱིས་ལྷ་ས་ཁྲོམ་གཟིགས་ཁང་གི་ཨམ་བན་ལས་ཁུངས་སུ་བོས་ནས་སྲོག་ལ་བཀའ་ཁྲིམས་ཀྱི་ཆད་པ་ཕབ། དེ་འཕྲལ་ཨམ་བན་གཉིས་ནས་གོང་མའི་བཀའ་ཡིན་ཚུལ་གྱིས་དགའ་བཞི་བའི་གུང་པཎྜི་ཏར་བོད་ཀྱི་ལས་དོན་བྱེད་དགོས་རྒྱུའི་ཕྱག་མདའ་སྐྱེལ་བར་ཕྱ་ཅོང་ཞིག་བཏང་སྟེ་སྒྲིད་འདུག་པས། གུང་པཎྜི་ཏས་པོ་ཏ་ལར་ཏཱ་ལའི་བླ་མའི་སྐུ་མདུན་དུ་ཡོང་སྟེ་རྒྱུ་མཚན་རྣམས་ཞིབ་པར་ཞུས།

དེའི་སྐབས་ཕྱང་འགྱུར་མེད་རྣམ་རྒྱལ་གྱི་གཡོག་བློ་བཟང་བཀྲ་ཤིས་ཀྱིས་བཀའ་མོལ་སྐྱིག་ཉན་བྱས་ཏེ་ཁང་པའི་སྒེའུ་ཁུང་ནས་མཆོང་སྟེ་བྲོས་པ་དང་། ཁོ་པས་ཕྱོགས་གཏོགས་ཀྱི་མི་མང་པོ་བསྡུས་ཏེ་ལྷ་ས་ཁྲོམ་གཟིགས་ཁང་ཨམ་བན་སྡོད་སར་མཐའ་སྐོར་ནས་ཨམ་བན་གཉིས་གསོད་རྩིས་བྱེད་སྐབས། ཏཱ་ལའི་བླ་མས་གནས་ཚུལ་དེ་

མཁྱེན་རྗེས། འཕྲུལ་དུ་མགྲོན་གཉེར་དང་དྲུང་འཁོར་ཕལ་མོ་ཆེ་དང་། སེ་འབྲས་གཉིས་ཀྱི་བླ་མ་ལས་སྡེ་གྲྭ་དམངས་དང་བཅས་པ་ཆེད་དུ་མངགས་ཏེ་མི་དྲག་རྣམས་སྲོག་ལ་སྐྱོན་དུ་མི་འགྱུར་བའི་ཐབས་སྒོ་དུ་མ་ཞིག་མཛད་ནའང་། བློ་བཟང་བཀྲ་ཤིས་གཙོས་པའི་འཁོར་བཅས་ཀྱིས་ཏཱ་ལའི་བླ་མའི་བཀའ་ལ་མ་རྩིས་པར། ཨམ་བན་གཉིས་དེ་གར་བསད་པ་མ་ཟད་དེའི་སྲུང་དམག་འགའ་ཞིག་ཀྱང་བསད། དེ་ནས་ཁྲིམ་གཟིགས་ཁང་གི་ཨམ་བན་ལས་ཁུངས་མེ་བསྲེགས་བཏང་ནས་དངུལ་མཛོད་ནང་གི་དངུལ་ཚང་མ་བཙོམ་འཕྲོག་བྱས།

ཏཱ་ལའི་བླ་མ་མཆོག་ནས་དུས་ཐོག་དེ་ལྟ་བུ་བྱུང་བར་ཐུགས་ཀྱི་མི་བཟོད་པར་དགུས་གཙང་། དྭགས་ཀོང་། འདམ་གཞུང་། ནག་ཆུ་སོགས་ས་གནད་ཆེ་བའི་རྫོང་གཞིས་མཐའ་དག་ལ། འགྱུར་མེད་རྣམ་རྒྱལ་གྱི་གཡོག་ཚུལ་མིན་བྱེད་པ་དེ་དག་གི་རྗེས་འབྲངས་ཀྱི་ཞར་ཤོགས་སུས་ཀྱང་བྱས་མི་ཆོག་པའི་བཀའ་ཤོག་བཀྲམ་སྡེ་དྲིལ་བསྒྲགས་མཛད། དེ་དང་ཆབས་ཅིག་དུས་ཐོག་ནང་སྐྱོན་མ་བྱུང་བའི་སྲི་ཆའི་ཆེ་གཉིས་དང་། ཕོགས་དཔོན། ཨམ་བན་གཉིས་ཀྱི་ཟླ་བོ། དམག་མི། ཚོང་པ་བཅས་ཁྲོན་མི་གྲངས་ཉིས་བརྒྱ་ཕོ་ཏ་ལར་བསྡུས་ཏེ་འཚོ་བའི་ཡོ་ཆས་ཟས་གོས་སོགས་ལེགས་པར་གནང་སྟེ་བཀའ་དྲིན་བསྐྱངས། ཉིན་ཤས་སོང་བའི་རྗེས་བཀའ་བློན་དགའ་བཞི་གུང་གིས་དམག་མི་བཏང་སྟེ་ཐེངས་དེའི་མི་ཤི་ཁྲག་འདོན་གྱི་དུས་ཐོག་ནང་ཉེས་ཅན་གྱི་གཏེ་པོ་དང་བཅས་པ་མི་བཅུ་གསུམ་འཛིན་བཟུང་བྱས་ཏེ། ཁོ་པ་ཚོར་དགོས་ངེས་ཀྱི་ཚར་གཅོད་ནན་པོ་བྱས། ཏཱ་ལའི་བླ་མ་སྐུ་ཕྲེང་བདུན་པས་དགའ་བཞི་གུང་པཎྜི་ཏར་བཀའ་ཕབ་སྟེ་གོང་མ་ཆེན་པོས་བཀའ་ལུང་མ་ཕེབས་རིང་གནས་སྐབས་བོད་ཀྱི་ལས་དོན་མཐའ་དག་ཐུགས་འགན་བཞེས་དགོས་ཀྱི་བཀའ་དང་ཐམ་ག་བསྩལ། དེ་ནས་དུས་ཐོག་གང་མགྱོགས་ལྷིང་འཇགས་བྱུང་བར་མ་ཟད་ལྷ་སའི་སྤྱི་ཚོགས་ཀྱི་སྒྲིག་ལམ་ཡང་མགྱོགས་མྱུར་ངང་སྐྱར་གསོ་བྱུང་།

བོད་ལུགས་ལུག་(སྤྱི་ལོ་༡༧༥༡)ལོ་སྟོད་དུ་ཆིང་གོང་མ་ཆན་ལུང་གིས་བློན་གྱི་ཕོ་ཉ་

བོད་དུ་བཏང་ནས་ཏཱ་ལའི་བླ་མར་མཇལ་ཞུ་དང་གོང་མའི་བཀའ་ལུང་གནང་སྦྱིན་སོགས་ཕུལ། གོང་མ་ཆེན་ལུང་གིས་ཏཱ་ལའི་བླ་མ་མཆོག་གིས་སངས་རྒྱས་ཀྱི་བསྟན་པའི་དོན་ཐུགས་ལ་དགོངས་ནས་ཐུགས་ཐག་ཆོད་པོས་ཡང་འགྱུར་མེད་རྣམ་རྒྱལ་བས་དུས་ཟིང་བསླངས་པ་ཞི་འཇགས་སུ་བཏང་བ་དང་སྤྱི་ཚོགས་ཞི་བདེ་སྲུང་སྐྱོང་གནང་ཕྱོགས་ལ་ཁོ་བོ་བློ་བདེ་དགའ་ཚོར་ཆེན་པོ་བྱུང་བས་གཟེངས་བསྟོད་གནང་སྦྱིན་ཕུལ་རྒྱུ་དང་། ད་དུང་བཀའ་ཕབ་རྒྱུར་ད་ནས་བཟུང་བོད་ཀྱི་ཆོས་སྲིད་འགན་བཞེས་ཚང་མ་ཏཱ་ལའི་བླ་མ་ཉིད་ནས་བཞེས་དགོས་དང་། (ཏཱ་ལའི་བླ་མ་དགུང་ལོ་བཞི་བཅུ་ཞེ་བཞིར་ཕེབས་) དེ་ནི་རྒྱལ་བསྟན་སྤྱི་དང་ལྷག་པར་ཞྭ་སེར་གྱི་བསྟན་པ་དང་བོད་ཀྱི་སྲིད་དོན་དེ་བཞིན་བོད་འབངས་ཡོངས་ལ་ཕན་བདེ་ཡོང་ངེས་ཡིན་ཅེས། གོང་མས་བཀའ་ཕབ་པར་རྒྱལ་དབང་བདུན་པ་ཆེན་པོ་སྐལ་བཟང་རྒྱ་མཚོ་མཆོག་ནས་དེ་བཞིན་དུ་བོད་ལྗོངས་ཆོས་སྲིད་ཀྱི་ཐུགས་འགན་གཙང་མ་བཞེས།

གོང་མ་ཆེན་ལུང་གིས་བོད་ཀྱི་གཞུང་ཞབས་སྐུ་དྲག་ནང་ཁྲུལ་དུ་བློ་མི་མཐུན་པའི་འགན་ཟླ་རྟོག་འཛིང་ཆེ་བ་དང་སྲིད་དབང་གཅིག་བསྡུས་ཕྱོགས་འགལ་ཡོད་པར་ཞིག་སྟེ། བོད་ས་གནས་ཀྱི་སྲིད་འཛིན་སྒྲིག་གཞི་བསྒྱུར་བཅོས་གཏོང་རྒྱུའི་ཐག་གཅོད་བྱས་ཏེ། སྔར་རྟེན་ཤར་གིས་ཐག་བཅད་པའི་ལམ་ལུགས་མེད་པ་བཟོས་ཏེ། བཀའ་ཤག་ས་གནས་སྲིད་གཞུང་དངོས་སུ་གསར་འཛུགས་མཛད། བཀའ་ཤག་སྲིད་གཞུང་ལ་བཀའ་བློན་བཞི་བསྐོ་གཞག་བྱས་ཏེ། བཀའ་བློན་སྐུ་བོ་གསུམ་དང་སེར་མོ་བའི་བཀའ་བློན་གཅིག་ཚང་མའི་གོ་གནས་གཅིག་མཚུངས་ཐོག་ཕན་ཚུན་མཉམ་གྲོས་བྱས་པ་བརྒྱུད་བོད་སྟོད་ཨམ་བན་དང་ཏཱ་ལའི་བླ་མའི་བཀའ་ལ་བརྩི་བཀུར་ཞུས་ནས་ཐུན་མོང་ཐོག་བོད་ཀྱི་སྲིད་དོན་ལག་བསྟར་བྱེད་རྒྱུ་བཟོས། བོད་ཀྱི་བཀའ་ཤག་སྲིད་གཞུང་གསར་འཛུགས་བྱས་པའི་འོག །ཁྲིམས་འཛིན་བྱེད་ཕྱོགས་དང་དཔྱ་ཁྲལ་བསྡུ་འབབ་ཐད་ལ་སྣང་རྩེ་ཤག་ལས་ཁུངས་དང་ཞོལ་ལས་ཁུངས་གཉིས་ནས་ལྷ་ས་ཁུལ་དུ་དོ་མཉམ་གྱིས་བདག་གཉེར་བྱེད་རྒྱུ་བཟོས།

ཆིང་གོང་མས་ཏཱ་ལའི་བླ་མ་སྐུ་ཕྲེང་བདུན་པ་སྐལ་བཟང་རྒྱ་མཚོ་མཆོག་ཆོས་སྲིད་གཉིས་ཀྱི་ཐུགས་འགན་མ་བཞེས་གོང་གི་ལོ་བཅུ་གྲངས་འགའ་ཤས་ནང་། ལྷ་བཟང་ཁང་གིས་སྡེ་སྲིད་སངས་རྒྱས་རྒྱ་མཚོ་བཀྲོངས་པ་ནས་དབང་སྒྱུར་བྱས་པ་དང་། ཇུན་གར་པས་ལྷ་བཟང་ཁང་བཀྲོངས་ནས་དབང་བཟུང་བ། དེ་རྗེས་བཀའ་བློན་ནང་འཁྲུག་གིས་དབུས་གཙང་བདེ་གཟར་ལངས་པ། མི་དབང་ཕོ་ལྷ་ཕ་བུས་དབང་སྒྱུར་ཅིང་ལྷག་པར་མི་དབང་གི་སྲས་ཆུང་བ་ཡང་འགྱུར་མེད་རྣམ་རྒྱལ་གྱིས་ཁྲིམས་ལུགས་ཐམས་ཅད་དཀྲུགས་པ་བཅས་ལ་བརྟེན་བོད་ས་གནས་སྲིད་གཞུང་གི་ལམ་ལུགས་ཉམས་རྒུད་ཏུ་ཅང་ཆེན་པོ་བྱུང་རྐྱེན། གོང་མའི་བཀས་ཆེད་དུ་མངགས་པའི་ཏཱ་ཁྲིན་རྣམས་དང་། གུང་པཎྜིཏ་བཅས་མཉམ་གྲོས་ཀྱིས་སྔར་ལམ་ལ་ཞིབ་དཔྱད་ཐོག་ཆབ་སྲིད་ཀྱི་སྒྲིག་གཞི་ཉམས་པ་སོར་ཆུད་དང་། མི་ཉམས་པ་གོང་འཕེལ་ཡོང་བའི་ཆེད་གོང་མར་དགོངས་བསྐོར་དང་། ཏཱ་ལའི་བླ་མར་སྙན་སེང་ཞུས་ཐོག་སྲིད་ཕྱིན་ལས་དོན་བྱེད་ཕྱོགས་ཀྱི་རྩ་འཛིན་དོན་ཚན་བཅུ་གསུམ་ཞེས་པའི་གྲོས་ཆོས་ཅིག་གཏན་འབེབས་བྱས་ཏེ། བོད་ཀྱི་ས་ཕྱོགས་གང་སར་དྲིལ་བསྒྲགས་ཐོག་བོད་ཞི་བདེ་བརྟན་སྙིང་ལ་འགན་སྲུང་ཡོང་བ་དང་ཚང་མས་བརྩི་བཀུར་ཞུ་བའི་སྤྱོད་ཚུལ་ཚད་འཛིན་ས་ཤིག་བཟོས་པ་རེད།

བོད་མེ་གླང་(སྤྱི་ལོ་༡༧༥༧)ལོའི་ཟླ་བ་གཉིས་པའི་ཚེས་གསུམ་ཉིན། ཏཱ་ལའི་བླ་མ་སྐུ་ཕྲེང་བདུན་པ་སྐལ་བཟང་རྒྱ་མཚོ་མཆོག་དགུང་ལོ་ཞེ་བཅུར་ཕེབས་སྐབས་དགོངས་པ་ཞིང་དུ་གཤེགས། བོད་དུ་བཙའ་སྡོད་ཨམ་བན་གཉིས་དང་བཀའ་ཤག་བཅས་ནས་གོང་མ་ཆན་ལུང་ལ་གསེར་སྙན་སྒྲོན་རྗེས་གོང་མས་བློ་ཕམ་པ་དང་ཐུགས་སེམས་ཤིན་ཏུ་སྐྱོ་བའི་མྱ་ངན་དང་ཆབས་ཅིག་བཀའ་བློན་འགའ་ནས་དབང་ཆ་བེད་སྤྱད་ནས་གནས་ཚུལ་འགྱུར་ལྡོག་ཡོང་དོགས་ཀྱིས་གོང་མས་འཕྲལ་དུ་བཀའ་ལུང་ཕབ་སྟེ་དེ་མོ་ཧུ་ཐོག་ཐུ་སྐུ་ཕྲེང་དྲུག་པ་ངག་དབང་འཇམ་དཔལ་བདེ་ལེགས་རྒྱ་མཚོ་སྐྱིའི་འགོ་འདྲེན་དུ་བསྐོས་ནས་ཞྭ་སེར་བསྟན་པ་འཛིན་བྱེད་དཔལ་ལྡན་ནོ་མོན་ཧན་གྱི་ཆོ་ལོ་

བསྐུལ། དེ་མོས་རྒྱལ་ཚབ་བཞེས་པ་ནས་བཟུང་། བོད་དུ་ཏཱ་ལའི་བླ་མ་དགོངས་པ་རྫོགས་པའི་རྗེས་ཡང་སྲིད་སྤྲུལ་སྐུ་མ་གསལ་གྱི་བར་དུ་རྒྱལ་ཚབ་ཞེས་པའི་ལམ་ལུགས་འགོ་ཚུགས། དེ་ནས་བཟུང་བོད་ས་གནས་སྲིད་གཞུང་གིས་རྒྱལ་ཚབ་ལམ་ལུགས་དངོས་སུ་གཏན་འཁེལ་བྱས་པ་རེད།

ཏཱ་ལའི་བླ་མ་སྐུ་ཕྲེང་བདུན་པ་མཆོག་ནས་སྲིད་ཁྲིའི་ཐུགས་འགན་མ་བཞེས་གོང་། རྩོམ་སྒྲིང་དོན་རྐྱེན་སྣ་ཚོགས་ཤིག་འཕྲད་གནང་ཡོད་ཙང་། ཁོང་གིས་འབངས་མི་སེར་ཚང་མའི་འདོད་བློ་ལྟར་རེ་རེ་བཞིན་བབ་བསྒྲིང་དང་ཐག་གཅོད་མཛད་ནས། བོད་ཀྱི་ཆོས་སྲིད་གཉིས་ཀྱི་རྣབས་ཆེན་བྱ་གཞག་ལ་ཕུལ་བྱུང་གི་ལེགས་སྐྱེས་ཕུལ་གནང་ཡོད། དེར་བརྟེན་ཆིང་གོང་མ་སྔ་ཕྱི་གཉིས་ཀྱིས་ཡིད་ཆེས་དང་ཐུགས་འཁུར་བླ་ན་མ་མཆིས་པ་གནང་ཡོད། ཏཱ་ལའི་བླ་མ་སྐུ་ཕྲེང་བདུན་པ་མཆོག་ཆོས་ཕྱོགས་ཀྱི་གཙོ་འཛིན་ངོས་ནས་གླེང་ན་ཡང་། ཆོས་ཕྱོགས་ཀྱི་ལུང་དང་རྟོགས་པའི་ཡོན་ཏན་མཐའ་དག་ལ་མངའ་རྙེས་ཤིང་ཡང་རྩེར་སོན་ནའང་། སྐུ་མཐུད་དེ་ཐོས་བསམ་སྒོམ་གསུམ་ལ་རབ་ཏུ་བརྩོན་ཏེ་གཞན་གྱི་རིག་པ་ལྷན་པ་ལ་སེམས་ཆུང་གིས་སློབ་སྦྱོང་གནང་བ་དང་། རང་ངོས་ཀྱི་ལྷ་སྒོམ་སྦྱོད་གསུམ་གྱི་ཐོག་ནས་གཞན་ལ་མིག་དཔེ་བསྟན་ཐུབ་པ་དང་། བསླབ་གསུམ་གྱི་ཚུལ་ཁྲིམས་སྲོམ་པ་སྲུང་བ་ལ་མིག་ལྟར་གཅེས་འཛིན་མཛད་ནས། རང་དམིགས་བསལ་དུ་མ་འཛིན་ཞིང་སྲོམ་ཁྲིམས་ནས་འགལ་བའི་བྱ་བ་དེ་བས་མ་མཛད་ཅིང་། བོད་ཀྱི་གྲུབ་མཐའ་རིས་མེད་ཀྱི་ཆོས་བྱེད་པ་ཚང་མའི་བག་ཆགས་ནང་དུ། ཁོང་ནི་ཐུགས་སེམས་ཆུང་ལ་འཚོ་བའི་ནང་ཁེངས་སྐྱུང་གཟབ་ནན་དང་གྲོན་ཆུང་བབ་ཆགས་པོ་ཞིག་ཡིན་པར་གྲགས། ཏཱ་ལའི་བླ་མ་སྐུ་ཕྲེང་བདུན་པ་མཆོག་ནི་བོད་ཀྱི་ལོ་རྒྱུས་ཐོག་རྒྱ་ཆེའི་སེར་སྐྱ་ཀུན་གྱིས་དད་བཀུར་དང་དགའ་ཞེན་ཚད་མེད་བྱེད་པའི་བླ་མ་སྤྲུལ་སྐུ་ཞིག་རེད།

ལྷ་ས་གྲོང་ཁྱེར་ནུབ་ངོས་སུ་གནས་པའི་ནོར་བུ་གླིང་ཁ་ཞེས་བྱ་བ་དེ་ནི། ཐོག་མར་ནགས་ཚལ་ལྡོན་ཤིང་གི་རབ་ཏུ་ཁེངས་ཤིང་། དྭངས་ཤིང་གཙང་བའི་ཆུ་ཕྲན་

བསིལ་བསིལ་དུ་འབབ་ནས་གཙན་གཟན་རི་དྭགས་ལ་སོགས་པ་བག་ཡངས་སུ་རོལ་བའི་ལྷ་ན་སྡུག་པའི་རང་འབྱུང་གི་སྐྱིད་ཚལ་ངོ་མཚར་ཅན་ཞིག་ཡིན་པར། ཏཱ་ལའི་བླ་མ་སྐུ་ཕྲེང་ལྔ་པ་ཆེན་པོ་ངག་དབང་བློ་བཟང་རྒྱ་མཚོས་སྲིད་འཛིན་བཞེས་པའི་སྐབས། གནས་འདིར་དབྱར་དུས་དབུ་གུར་བསྐྱོན་ནས་ཡང་སེ་སྒྲོ་གསིང་དུ་བཞུགས་པ་དང་། དེ་ནས་ཏཱ་ལའི་བླ་མ་སྐུ་ཕྲེང་བདུན་པ་སྐལ་བཟང་རྒྱ་མཚོ་མཆོག་གསེར་ཁྲིར་མ་ཕེབས་གོང་། གནས་འདིར་སྒྲོ་གསིང་དུ་ཕེབས་སྐབས་ནེའུ་གསིང་དཀྱིལ་ནས་ཆུ་མིག་ཅིག་གློན་དུ་འཕྱུར་བ་གཟིགས། ཞལ་གྱིས་བཞེས་པས་གཞན་དང་མི་འདྲ་བའི་ཆུ་མིག་གི་བདུད་རྩི་སྦྱོང་གནང་མཛད་དེ་ལྷ་ཡི་བདུད་རྩི་རང་ཡིན་འདུག་པས་ནད་ཀྱི་གསོས་སུ་ཕན་པ་འདུག་ཅེས་གསུངས། དེ་ནས་དབྱར་དུས་སུ་ཉིན་པར་ཆུ་མིག་འདིར་སྐུ་ཆབ་གནང་སྐེ་སྨན་གསོས་ཀྱི་འཁྲུད་སྦྱོར་ཡང་སེ་མཛད། དེ་རྗེས་ཏཱ་ལའི་བླ་མས་སྲིད་འགན་ཡོངས་སུ་བཞེས་རྗེས་གནས་འདིར་ཆེད་དུ་བསིལ་ཁང་སྐྱིགས་བུ་ཞིག་དང་ཆུ་བརྒྱལ་སའི་ཆུ་རྫིང་ཞིག་གསར་སྐྲུན་མཛད། ཕྱི་ལོ་༡༧༥༥ལོར་ཆུ་རྫིང་འདིའི་ཤར་ངོས་སུ་ཐོག་བརྩེགས་གཉིས་ཐོག་གི་ཕོ་བྲང་ཞིག་གསར་བསྐྲུན་གནང་སྟེ་ཕོ་བྲང་གི་མིང་ཡང་རྒྱལ་བའི་མཚན་ནས་ཟུར་ཆགས་ཏེ“སྐལ་བཟང་ཕོ་བྲང”ཞེས་འབོད། དེ་ནི་ནོར་བུ་གླིང་ཁར་བཞེངས་པའི་ཕོ་བྲང་ཨང་དང་པོ་དེ་ཡིན་པ་དང་ད་ལྟའང་མི་ཉམས་བརྟེད་ཆགས་སུ་གནས། དེ་ནས་བཟུང་ནོར་བུ་གླིང་ཁ་ནི་ཏཱ་ལའི་བླ་མ་རིམ་བྱོན་གྱི་སྲིད་ཁྲི་མངའ་གསོལ་མ་གནང་གོང་དུ་ཐོས་བསམ་ལ་བཞུགས་སའི་གནས་དང་། སྲིད་ཁྲི་མངའ་གསོལ་རྗེས་དབྱར་དུས་སྒྲོ་གསིང་དང་ཚ་གཡོལ་གནང་སའི་གཟིམས་ཤག་ཕོ་བྲང་ཞིག་དང་། རྗེས་སུ་རྒྱལ་བ་རིམ་བྱོན་ནས་ནོར་བུ་གླིང་ཁ་ལ་བཟོ་བཅོས་དང་རྒྱ་སྐྱེད་སོགས་མང་པོ་གནང་སྟེ་རིམ་བཞིན་མཛེས་ཤིང་ལྷ་ན་སྡུག་པ་དང་བརྟེད་ཆགས་ཡིད་དུ་འོང་བའི་ཕོ་བྲང་དུ་གྱུར། ནོར་བུ་གླིང་ཁར་ཐོག་མར་སྐལ་བཟང་ཕོ་བྲང་དང་། དེ་རྗེས་རྒྱལ་དབང་སྐུ་ཕྲེང་བཅུ་གསུམ་པས་གསར་བཞེངས་མཛད་པའི“སྤྱན་གསལ་ཕོ་བྲང”དང་། སྐུ་ཕྲེང་བཅུ་བཞི་པས་གསར་བཞེངས་མཛད་པའི“རྟག་བརྟན

མི་འགྱུར་ཕོ་བྲང་”ཕོ་བྲང་དེ་གསུམ་གྱི་གཙོ་བོར་གྱུར་བའི་འཛུགས་སྐྲུན་ཕུད། ཞོར་གཏོགས་ཀྱི་མཆེའུ་དང་ཡན་ལག་གི་མཆོད་ཁང་དང་། གཟིམས་ཆུང་། ཞབས་ཞུ་ཁང་། ཆིབས་ར་སོགས་པའི་འཛུགས་སྐྲུན་རྒྱ་སྐྱེད་མང་པོ་དང་། ལྗོན་ཤིང་དང་མེ་ཏོག་སྣ་ཚོགས་ནེའུ་གསིང་སྤང་ལྗོངས་བཅས་ས་ཁྱོན་སྤྱི་ལེ་ངོས་སྨོམས་གྲུ་བཞི་མ་སྟོང་སུམ་ཅུ་སོ་དྲུག་ཙམ་ཡོད་ཅིང་། དེང་དུས་ཀྱི་ནོར་བུ་གླིང་ཁ་ནི་ལོ་རྒྱུས་དང་། རིག་གནས། སྒྱུ་རྩལ། སྐྱེས་དངོས་རྫི་ཤིང་། མེ་ཏོག་སྤང་ལྗོངས། སྤྲོག་ཆགས་སོགས་གཅིག་ཏུ་བསྡུས་པའི་དངོས་མང་བཤམས་སྟོན་ཁང་ལྟ་བུའི་གནའ་བོའི་ཤུལ་བཞག་གྲགས་ཅན་ཙམ་མ་ཡིན་པར། རྒྱ་ཆེའི་གྲོང་མི་དང་། ཞིང་འབྲོག་མི་དམངས། སེར་སྐྱ་མང་ཚོགས། ཡུལ་བསྐོར་སྐྱ་མགྲོན་ཚང་མའི་སྤྲོ་སྐྱིད་གནང་སའི་མི་དམངས་ཀྱི་སྤྱི་གླིང་ཞིག་རེད་ལ། རྒྱལ་ཡོངས་ཀྱི་རྩ་ཆེའི་རིག་དངོས་སྲུང་སྐྱོབ་བྱེད་ཡུལ་གྱི་ཚན་པ་ཞིག་ཏུའང་གྱུར་ཡོད།

ཕྱོགས་གཞན་གླེང་ནས་ཞུས་ན། སྤྱི་ལོའི་དུས་རབས་བཅུ་བདུན་ཙམ་ནས་དུས་རབས་བཅོ་བརྒྱད་བར་ཏཱ་ལའི་བླ་མ་སྐུ་ཕྲེང་ལྔ་པ་ཆེན་པོ་ནས་སྐུ་ཕྲེང་བརྒྱད་པའི་བར་དུ་བོད་ལྗོངས་ཡོངས་ཀྱི་དུས་བབ་སྤྱིའི་ཆ་ནས་ཞི་བདེ་ལྟེང་འཛུགས་ཡིན་ཁར། ལྷ་ས་གྲོང་ཁྱེར་གྱི་འཛུགས་སྐྲུན་དང་དཔལ་འབྱོར་འཕེལ་རྒྱས་ཡོང་རྒྱུར་ཕན་ནུས་ཐོན་པའི་ཆ་རྐྱེན་ལེགས་པོ་བསྐྲུན་ཡོད་པ་རེད། ལྷ་ས་གྲོང་ཁྱེར་རྩ་བའི་གཞི་རྒྱ་ཆེ་བ་མིན་ཡང་། སངས་རྒྱས་བསྟན་པའི་བག་ཆགས་དང་ཚོང་འབྲེལ་གྱི་ཡིད་དབང་འཕྲོག་ཤུགས་ཆེ་བར་བརྟེན། མེས་རྒྱལ་ནང་ཁུལ་གྱི་སོག་པོ་དང་། རྒྱ་རིགས། ཁ་ཆེ་སོགས་པའི་ཚོང་པ་རྣམས་ལྷ་སར་ཕེབས་ཏེ་ཇ་ཚོང་དང་གོས་ཆེན་སེ་ཤན། དཀར་ཡོལ་སོགས་ཚོང་འབྲེལ་བྱེད་པ་དང་། ད་དུང་ཡུལ་གྲུ་ཁག་གི་ཆོས་དད་མང་ཚོགས་གཅིག་རྗེས་གཉིས་མཐུད་དང་ཆེད་མངགས་ལྷ་སར་གནས་མཇལ་དུ་ཕེབས་ཀྱི་ཡོད། བོད་དང་ཉེ་འབྲེལ་གྱི་ཕྱི་རྒྱལ་བ་དཔེར་ན་འབྲུག་པ་དང་། འབྲས་ལྗོངས། ནེ་པ་ལ། རྒྱ་གར་སོགས་ཀྱི་ཚོང་པ་ཁ་ཐག་རིང་ལ་མ་འཛེམས་པར་རྟ་དྲེལ་ཁལ་མ་འདེད་ནས་ལ་

རྒྱབ་གླུང་རྒྱབ་དང་ལྷ་སར་ཚོང་འབྲེལ་བྱེད་པར་ཡོང་གི་རེད། ཁོང་ཚོའི་ནང་ནས་འགའ་ཞིག་གིས་ལྷ་སར་བག་མ་འཚོལ་ཏེ་གཞིས་ཆགས་བྱས་ནས་སྡོད་པ་དང་། སྐབས་དེ་དུས་ལྷ་ས་གྲོང་ཁྱེར་དུ་འབྲུག་པོ་ཡོད་པའི་གནའ་བོའི་ཚོང་ར་འགའ་ཞིག་ཡོད་པ་དཔེར་ན་ཁྲོམ་གཟིགས་ཁང་དང་། ཐལ་ཕུངས་སྣང་། འོང་སྟོད་ཞིང་ཁ། ས་སྒྲོག་སྣང་། གཡུལ་ཁ་སྣང་། བར་བསྐོར། ཤ་ཁྲོམ་ཁང་སོགས་ཞིང་འབྲོག་གམ་ལག་ཤེས་ཐོན་ཁུངས་སོགས་ཕྱི་ནང་གི་ཚོང་ཟོག་སྣ་ཚོགས་ཀྱི་ཚོང་འབྲེལ་བྱེད་ཡུལ་ཞིག་རེད།

དུས་རབས་དེའི་ནང་། ཏཱ་ལའི་བླ་མ་རིམ་བྱོན་གྱིས་ཡབ་གཞིས་ཁག་དང་། སེར་སྐྱའི་སྐུ་དྲག་ཆེ་གྲས་ཁག་གི་གཟིམས་ཤག །མང་ཆེ་བ་ལྷ་སའི་གྲོང་དང་ཉེ་གྲོང་ཁག་གི་ཞལ་ཁྱུ་སིམ་པའི་གླིང་ལྗོངས་དང་། བྱ་བྱིའུ་གསུང་སྐད་སྙན་ཞིང་རང་འབྱུང་གི་མེ་ཏོག་བཞད་པའི་སྐྱིད་མོས་ཚལ་ལམ་སྐྱིད་ཆུའི་འགྲམ་དུ་གཟིམས་ཤག་ཨར་ལས་བསྐྲུན་པ་དང་། དེ་དག་གི་བཟོ་དབྱིབས་ཐད་བོད་ཀྱི་ཨར་ལས་འཛུགས་སྐྲུན་གྱི་དམིགས་བསལ་ཁྱད་ཆོས་མཚོན་ཡོད། ལྷག་པར་དུ་བོད་ཀྱི་གྲགས་ཅན་སྤྲུལ་སྐུ་ཁག་གི་བླ་བྲང་འགའ་ཞིག་ཡོད་པ་སྟེ། དཔེར་ན་དེ་མོ་ཏུ་ཐོག་ཐུ་དང་། ཚེ་སྨོན་གླིང་ཏུ་ཐོག་ཐུ། རྭ་སྒྲེང་ཏུ་ཐོག་ཐུ། ཀུན་བདེ་གླིང་ཏུ་ཐོག་ཐུ་(ཇེ་དྲུག་ཏུ་ཐོག་ཐུ་)སོགས་ཁོང་རྣམ་པས་བོད་ཀྱི་“རྒྱལ་ཚབ་”གནང་སྐྱོང་བས་ལྷ་སའི་གྲོང་ནང་དུ་བླ་བྲང་ཁག་གསར་བཞེངས་གནང་ཡོད་པར། ལྷ་ས་བའི་ངག་རྒྱུན་དུ་ལྷ་སའི་གླིང་བཞི་ཅེས་ཀུན་བདེ་གླིང་དང་། བསྟན་རྒྱས་གླིང་། ཚེ་སྨོན་གླིང་། ཚེ་མཆོག་གླིང་བཅས་འབོད་སྲོལ་ཡོད་པ་རེད། མཛེས་ཤིང་ལྗོ་ན་སྡུག་པའི་ལྷ་སའི་ནོར་བུ་གླིང་ཁ་ནི། ཏཱ་ལའི་བླ་མ་སྐུ་ཕྲེང་བདུན་པ་སྐལ་བཟང་རྒྱ་མཚོའི་སྐུ་དུས་སུ་འགོ་ཚུགས་ཏེ་བཞེངས་པ་དང་། དེ་རྗེས་ཏཱ་ལའི་བླ་མ་སྐུ་ཕྲེང་བརྒྱད་པ་འཇམ་དཔལ་རྒྱ་མཚོའི་སྐུ་དུས་སུ་རྒྱ་སྐྱེད་གནང་། དེ་བཞིན་རྩེ་ཕོ་བྲང་པོ་ཏ་ལའི་རྒྱབ་ཀྱི་རྫོང་རྒྱབ་ཀླུ་ཁང་འདི་ནི་ཏཱ་ལའི་བླ་མ་སྐུ་ཕྲེང་དྲུག་པ་རིན་ཆེན་ཚངས་དབྱངས་རྒྱ་མཚོའི་སྐུ་དུས་སུ་དབུ་ཚུགས་ནས་བཞེངས་པ་དང་། ཏཱ་ལའི་བླ་མ་སྐུ་ཕྲེང་བདུན་པ་དང་བརྒྱད་པའི་སྐུ་རིང་ལ་སྔ་རྗེས་སུ་གཞི་རྒྱ་ཆེ་རུ་བཏང་བ་བཅས་སོ། །

བཅུ་དྲུག གོར་ཁས་བོད་ལ་ལན་གཉིས་བཙན་འཛུལ་བྱས་པས། ཆིང་རྒྱལ་དམག་སྤྱི་ཧྥུ་ཁང་ཨན་གྱིས་རྒྱལ་པོའི་བཀའ་བཞིན་ གོར་དམག་བོད་ནས་ཕྱིར་འབུད་བྱས་པ།

བལ་པོ་གོར་ཁའི་དམག་གིས་ངེད་བོད་ཀྱི་གཞིས་རྩེ་ཁུལ་དུ་བཙན་འཛུལ་ལན་གཉིས་ཙམ་བྱས། དེའི་སྐབས་ཏཱ་ལའི་བླ་མ་སྐུ་ཕྲེང་བརྒྱད་པ་འཇམ་དཔལ་རྒྱ་མཚོ་མཆོག་ནས་སྲིད་འཛིན་བཞེས་ཏེ་ལོ་བཞི་ཙམ་སོང་། བོད་ཆུ་འབྲུག་ལོ་(ཕྱི་ལོ་༡༧༨༨)ཏཱ་ལའི་བླ་མ་སྐུ་ཕྲེང་བརྒྱད་པ་འཇམ་དཔལ་རྒྱ་མཚོ་དང་སྲིད་སྐྱོང་ནོ་མིན་ཧན་ཚེ་སྨོན་གླིང་། བོད་ལ་བཙའ་སྔོད་ཨམ་བན་སྤོ་ཐས་སོགས་ལྷ་ས་ནས་རྗོག་ཐོན་ཆིབས་ཞལ་བསྒྱུར་ཏེ་གཙང་བཀྲ་ཤིས་ལྷུན་པོར་ཕེབས། གདན་ས་བཀྲ་ཤིས་ལྷུན་པོར་པཎ་ཆེན་སྐུ་ཕྲེང་དྲུག་པའི་ཡང་སྲིད་སྤྲུལ་སྐུར་དགེ་སྐྱེས་གཙུག་ཕུད་འབུལ་ཞིས་ཀྱི་མཚན་བློ་བཟང་དཔལ་ལྡན་བསྟན་པའི་ཉི་མ་ཕྱོགས་ལས་རྣམ་རྒྱལ་དཔལ་བཟང་པོ་ཞེས་གསོལ་བ་དང་འབྲེལ་དགེ་བསྙེན་གྱི་བསླབ་སྡོམ་བསྩལ། དེ་བཞིན་ཆོས་སྲིད་ཀྱི་མཛད་སྒོ་ཏ་ཙང་གཟབ་རྒྱས་ཤིག་གནང་།

དེའི་ཕྱི་ལོ་བོད་ཤིང་སྦྲུལ་(ཕྱི་ལོ་༡༧༨༩)ལོར་བོད་ས་གནས་སྲིད་གཞུང་ནས་སྔར་ལམ་བལ་ཡུལ་ཧྲེན་བཞེངས་ཞེས་གཙོ་བོ་མཆོད་རྟེན་རྣམ་གསུམ་(བལ་ཡུལ་གྲོང་ཁྱེར་ཀ་ཐ་མན་ཧྲུར་མཆོད་རྟེན་བྱ་རུང་ཁ་ཤོར་དང་མཆོད་རྟེན་འཕགས་པ་ཤིང་ཀུན། མཆོད་རྟེན་སྟག་མོ་ལུས་སྦྱིན་བཅས་གསུམ་ལ་ཟེར།) ལ་ཉམས་གསོ་སྐུ་དཀར་གསོལ་བ་དང་། ཞར་དུ་སྤོས་སྨན་རིགས་ཉོ་སྒྲུབ་བཅས་བྱེད་མི་རྩེ་དྲུང་དགའ་ལྡན་བཀའ་བཅུ་པ་དང་། རྩེ་འཕྲུལ་བདེ་ཕྱག་མཛོད་ཀྱི་ནང་ཟན་ཨེམ་ཆི་ཟེར་བ་གཉིས་བཏང་ཞིང་། ཁོང་ཚོ་བལ་ཡུལ་དུ་འགྲོར་སྐབས་གོར་ཁ་རྒྱལ་བློན་ནས་བརྗོད་རིགས་སུ། "ཡས་ཕུའི་(ཀ་ཐ་མན་ཧྲུའི་གནའ་མིང་)རྒྱལ་ཕྲག་སྙིང་

པའི་དུས་འགྲིམ་སྤྱོལ་བྱས་པའི་བལ་ཏམ་རྣམས་ལྷད་ཅན་ཤ་སྟག་ཡིན་པ་དང་། གོར་ཁ་རྒྱལ་ཁང་གསར་པའི་སྐབས་པར་འགྲིམ་བྱས་པའི་གོར་ཏམ་དེ་དག་དངུལ་རྐྱང་ལྷད་མེད་ལྟ་བུ་ཡིན་ཙང་། བོད་དབུས་གཙང་དུ་དངུལ་ཟངས་ཏམ་ཁ་ཁྲེད་མེད་འགྲོ་རྒྱུག་བྱེད་པ་མ་འོས་གཤིས། བལ་ཏམ་རྙིང་པ་འགྲོ་རྒྱུག་མེད་པ་གནང་དགོས་ཞེས་བོད་གཞུང་ལ་ཡི་གེ་རིམ་པ་ཕུལ་ཡང་ལག་བསྟར་མ་བྱུང་བ་ད་ཆ་བོད་ནས་དེ་ལྟར་དོན་འཁྱོལ་མ་བྱས་ཚེ་བོད་ཁོངས་གཉའ་ནང་དང་། རོང་ཤར། སྐྱིད་གྲོང་བཅས་ས་ཁུལ་གསུམ་པོ་དེ་དག་སྔོན་ཡས་བུའི་རྒྱལ་ཐོག་རྙིང་པའི་དུས་སུའང་འཛིན་ལམ་བྱུང་འདུག་སྟབས། ཕྱིན་ཆད་གོར་ཁའི་མངའ་ཁོངས་སུ་རྩིས་སྲིད་བྱུང་ན་དང་། དེ་ལྟར་མ་བྱུང་ཚེ་དམག་དཔུང་གཏོང་དགོས་བྱུང་ན་མི་ལེགས་པས་དེ་དོན་ཁྱོད་རང་རྟེན་བཞེངས་པ་གཉིས་ནས་བོད་གཞུང་ལ་གནས་ཚུལ་གསལ་འཁོད་ཀྱི་ཡི་གེ་གཏོང་དགོས་ལ། བྱེད་བདེའི་ལན་གསལ་མ་བྱུང་བར་ཁྱོད་ཚོ་མི་གཏའ་ལྟ་བུར་བལ་ཡུལ་དུ་སྡོད་དགོས་ཞེས་”བསུན་གཙེར་སྣ་ཚོགས་ཀྱིས་སྣོར་བསྐྱིལ་བྱེད་རྩིས་བྱས་པ་དང་། དེ་ནས་འགོ་བཙུགས་ཏེ་མཐར་གོར་ཁའི་དམག་གིས་སྔ་རྗེས་སུ་བོད་དུ་ལན་གཉིས་བཙན་འཛུལ་བྱས་པ་རེད། སྐབས་དེའི་གོར་དམག་གི་བཙན་འཛུལ་སྟོབས་ཤུགས་ལ་ཕར་རྒོལ་འཐབ་རྩོད་ཇི་ལྟར་བྱས་པ་སོགས་ཀྱི་ལོ་རྒྱུས་དངོས་ནང་འགོ་ནས་མཇུག་བར་བཞུགས་སྒྲོང་བའི་བཀའ་བློན་དགའ་བཞི་པ་རྡོ་རིང་པཎྜི་ཏ་བསྟན་འཛིན་དཔལ་འབྱོར་རང་གི་བརྩམས་པའི་ལོ་རྒྱུས《དགའ་བཞི་བའི་འབྱུང་བ་བརྗོད་པ་》ཞེས་པའི་ནང་གནས་ཚུལ་ཞིབ་ཕྲ་འཁོད་ཡོད་པ་རེད།

རང་རེ་བོད་ཀྱི་ཉེ་འབྲེལ་རི་བོ་ཧི་མ་ལ་ཡའི་ལྷོ་ངོས་གཡབ་ཟུར་དུ་ཆགས་པའི་ནེ་པ་ལ་རྒྱལ་ཁབ་ནི། ལོ་རྒྱུས་ཡུན་རིང་ལྡན་པའི་རྒྱལ་ཁབ་ཆུང་གྲས་ཤིག་རེད། ང་ཚོ་བོད་མིའི་ཁ་རྒྱུན་དུ་ཁོ་པ་ཚོར་“བལ་པོ་”ཞེས་འབོད་ཀྱི་ཡོད། དུས་རབས་བཅུ་དྲུག་ནང་ཙམ་ནས་ས་གནས་འདིར་ཡུལ་གྱི་ཚོ་པ་ཆུང་གྲས་ཁག་ཉི་ཤུ་ལྷག་ཡོད་ཅིང་། དེའི་ནང་གྲོང་ཁྱེར་ཡས་སྦུའུ(ཀ་ཏ་མན་ཌུ་)གི་གཙང་ཆུའི་འགྲམ་དུ་ཡུལ་གྱི་ཚོ་པ་ཆུང་གྲས་

ཁག་གསུམ་ཙམ་གནས་ཡོད་ཁར། ཡུལ་ཚོ་དེ་དག་གི་འགོ་དཔོན་ནི་ནཱ་ལ་རྒྱལ་པོའི་མི་བརྒྱུད་ཀྱིས་དབང་སྒྱུར་བྱེད་ཀྱི་ཡོད་པ་དང་། བོད་ལྗོངས་དང་ཚོང་འབྲེལ་རྒྱུན་ཆད་མེད་པར་སྤེལ་གྱི་ཡོད་པ་རེད། ཁོང་ཚོའི་དངུལ་ཆས་དང་དངུལ་ཊམ་བཟོ་སྐྲུན་གྱི་ལག་རྩལ་བོད་ལས་སྔོན་ཐོན་ཆེ་བ་ཡོད་རྐྱེན། དེར་བརྟེན་བོད་ས་གནས་སྲིད་གཞུང་ནས་དངུལ་རྒྱུ་ལྷད་མེད་མང་པོ་བསྐུར་ནས་དངུལ་ཊམ་མངགས་བཟོ་ལས་སྒོ་བྱས་པ་དང་། དངུལ་ཊམ་སྒོར་མོའི་མདུན་དུ་ནཱ་ལ་རྒྱལ་པོའི་མཚན་རྟགས་དང་ཨང་རྟགས་བརྐོས་ཏེ་ཕན་ཚུན་ཚོང་འབྲེལ་ཐད་འགྲོ་རྒྱུག་བྱེད་ཀྱི་ཡོད་པ་རེད།

གོར་ཁ་ཞེས་པ་ནི་པ་ལའི་ཚོ་སྡེ་ཁག་ཉི་ཤུ་ཙམ་ཡོད་པའི་ནང་གི་ཡ་རྒྱལ་ཚོ་སྡེ་ཞིག་རེད། དེའི་འགོ་དཔོན་པཱ་ལ་དི་ནཱ་ལེས་སྤྱི་ལོ་༡༧༦༨ལོར་དྲག་ཤུགས་ཀྱིས་གྲོང་ཁྱེར་ཀ་ཏ་མན་ཧྲུ་གཙང་འགྲམ་གྱི་ཚོ་སྡེ་གསུམ་རྩ་གཏོར་བཏང་སྟེ་རྒྱལ་པོའི་སྲིད་དབང་ཟིན་པ་དང་། རྒྱལ་ས་ཀ་ཏ་མན་ཧྲུ་ཡིན་པ་གཏན་འཁེལ་བཟོས་ནས་ཕྱི་ཕྱོགས་སུ་དམག་ཤུགས་ཀྱིས་རྒྱ་སྐྱེད་བྱས་ཏེ། བོད་ལྗོངས་དང་རི་བོ་ཧི་མ་ལ་ཡའི་ལྷོ་རྒྱུད་ས་གནས་ཁག་གི་ཚོང་འབྲེལ་ཚད་མ་བཙན་བཟུང་བྱེད་རྩིས་བྱས། སྔར་ནཱ་ལའི་རྒྱལ་པོའི་སྐབས་སུ་དངུལ་ཊམ་རྙིང་པ་ལས་སྔོན་བྱེད་དུས་ཟངས་དང་ཞ་ཉེ་སོགས་པ་ལྷད་བཙུག་སྟེ་ཁེ་སང་ཟ་ཚོག་པ་དང་། དེ་རྗེས་པཱ་ལ་དི་ནཱ་ལེས་དབང་སྒྱུར་བྱེད་སྐབས་དངུལ་ཊམ་གསར་བཟོ་བྱས་ཏེ། བོད་ནས་དངུལ་ཊམ་གསར་པ་རེ་ལ་དངུལ་ཊམ་རྙིང་པ་གཉིས་ཀྱི་རིན་ཐང་བབ་དགོས་ཡོད་ཅེས་བཤད་པར། བོད་ས་གནས་སྲིད་གཞུང་གིས་དེ་ལ་དང་ལེན་མ་ཞུས་སྐབས། གོར་དཔོན་པཱ་ལ་དི་ནཱ་ལེ་འཆི་ལམ་དུ་འགྲོ་ཁའི་ལོ་འདི་རང་དུ། སྤྱི་ལོ་༡༧༧༥ལོར་གོར་ཁས་བོད་ལ་བཙན་འཛུལ་ཐེངས་དང་པོ་དེ་བྱས་པ་དང་། དེའི་སྐབས་བོད་གཞུང་རྒྱལ་ཚབ་ནས་བར་འདུམ་དང་ནང་མོལ་གྲོས་འཆམ་བྱས་པའི་འོག་ཐག་ཆོད་ཡག་པོ་བྱུང་བ་རེད། ལོ་འདིར་གོར་རྒྱལ་པཱ་ལ་དི་ནཱ་ལེ་མྱུ་ངལ་ལས་འདས་རྗེས། པཱ་ལའི་རྒྱུད་ཀྱིས་མུ་མཐུད་རྒྱལ་སྲིད་འཛིན་ཏེ་བོད་དང་གོར་ཁ་གཉིས་དབར་དངུལ་ཊམ་ཟླ་བརྗེས་རེས་ཀྱི་གནད་དོན་སྐོར་ལ་ཐག་ཆོད་གང་

ཡང་མ་བྱུང་སོང་། རྒྱལ་པོ་ཆུང་ཆུང་གི་ཨ་ཁུ་དམག་དོན་མཁས་ཅན་ཡིན་པར། ཁོ་པས་དམག་སྡེ་འཁྲིད་དེ་ཤར་བཟུང་ནུབ་གཏོར་གྱི་དམག་འཁྲུག་རྒྱབ་སྟེ་རྒྱ་སྐྱིད་ཏམ་བཟུང་བྱེད་པའི་རང་བཞིན་ངན་པ་ལམ་དུ་སོང་ནས། བོད་ལྗོངས་ཏམ་བཟུང་བྱེད་བསམ་པ་ནི་རང་བཞིན་གྱི་ཆོས་ཉིད་ལས་མི་འདས། དེར་བརྟེན་ཁོ་པས་ལོ་རྒྱུས་ཀྱི་ཟླན་ཀ་འཚལ་ཏེ་བོད་ཀྱི་མཐའ་མཚམས་ས་ཁུལ་གཉའ་ནང་དང་། རོང་ཤར། སྐྱིད་རོང་། རྫོང་ཁ་སོགས་སྟེར་ནས་བལ་ཡུལ་ལྷ་ལི་པུ་གི་མངའ་ཁོངས་ཡིན་པ་ཧྲ་ལའི་ཟླ་མ་ལྷུ་པ་ཆེན་པོའི་སྐབས་བོད་དམག་གིས་བཙན་འཕྲོག་བྱས་པ་རེད་ཅེས་ཁ་གཡར་ཏེ། ས་ཆ་དེ་དག་བོད་ནས་བལ་པོར་རྩིས་སྤྲོད་བྱེད་དགོས་པའི་རེ་བ་བཏོན།

སྐབས་དེ་དུས་བོད་ས་ཁུལ་དུ་ལོ་བཅུ་གྲངས་མང་པོའི་རིང་དམག་འཁྲུག་མེད་ཅིང་ཞི་བདེ་བརྟན་ལྷིང་དུ་གནས་པའི་ཚུལ་ལ། དམག་སྡེའི་སྟོབས་ཤུགས་ཤིན་ཏུ་ཉམས་ཐག་པར་མ་ཟད་རྩ་བའི་ཆར་རྒྱུན་གཏན་གྱི་དམག་དཔུང་ཞེས་པ་མེད་ཅིང་། དམག་ཁྲལ་རྒྱུག་མཁན་གྱི་ཨུལ་མི་ཙམ་ཞིག་རེད། ཨུལ་དམག་དེ་ཚོས་དམག་རྟུས་དང་དམག་རྩལ་མི་ཤེས་པ། དམག་ཁྲིམས་ནི་དགོས་མ་ཆོད་དང་། དམག་སར་བེད་སྤྱོད་གཏོང་དགོས་པའི་མཚོན་ཆ་འཕྲུལ་ཆས་ཚང་མ་ནི་རྙེས་ལུས་ཅན་ཤ་སྟག་རེད། གནས་སྟངས་དེ་ལྟ་བུའི་འོག །གོར་ཁ་རྒྱལ་པོའི་ཨ་ཁུ་དང་བོད་ཀྱི་ཀརྨ་ཞྭ་དམར་གྱི་སྤྲུལ་སྐུ་སྐྱེ་ཕྲེང་བཅུ་པ་མཆོག་གྲུབ་རྒྱ་མཚོ་གཉིས་ཕན་ཚུན་ངན་པ་ལག་འབྲེལ་བྱས་ཏེ་གོར་དམག་བོད་དུ་དམག་འདྲེན་རྒྱུའི་ངན་བསླུལ་བྱས་ནས། ཕྱི་ནང་ཟུང་འབྲེལ་གྱིས་གཡོ་རྟུས་བཤམས་ཏེ་བཙན་འཛུལ་གྲ་སྒྲིག་བྱས། བོད་མི་ལུག་(སྤྱི་ལོ་༡༧༤༧)ལོའི་ཟླ་བ་དྲུག་པར། ཀརྨ་ཞྭ་དམར་བའི་གཡོག་གྲས་ཀརྨ་མཆོག་སྦྱིན་སོགས་ཁ་ཤས་ཀྱིས་ལམ་སྣེ་འཁྲིད་དེ་གློ་བུར་དུ་བོད་ཁོངས་གཉའ་ནང་དང་། རོང་ཤར། སྐྱིད་གྲོང་བཅས་ས་མཚམས་ཁག་གསུམ་ལ་གོར་ཁའི་དམག་དཔུང་བཙན་འཛུལ་བྱུང་འདུག་པས། ས་མཚམས་རྫོང་དཔོན་རྣམས་ཀྱིས་ནུས་ཤུགས་ཡོད་རྒུས་འགོག་རྒོལ་བྱས་ཀྱང་སྒྲིག་ཆས་ཞན་པའི་ཁར་མི་གྲངས་ཧེ་བག་ཆེན་པོ་ཡོད་པའི་རྐྱེན་གྱི་གོར་ཁ་བཀག་འགོག་བྱེད་

མ་ཐུབ་པ་རེད། སྐྱིད་གྲོང་རྫོང་གི་ལས་ཚབ་རྫོང་དཔོན་རམ་བུ་ལུང་པ་གསོན་བཟུང་བྱས་པ་དང་། དེ་བྱིངས་མི་རྣམས་ཐོར་བྲོས་བྱོལ་དུ་སོང་བ་དང་གང་སོང་ཆ་མེད་དུ་གྱུར། གར་དམག་གིས་གཉའ་ནང་དང་རོང་ཤར་ཁོངས་གཏོགས་ཀྱི་རྫོང་གཉིས་བཟུང་རྗེས་ཐད་ཀར་ཤེལ་དཀར་ཁུལ་(དེང་དེང་རི་རྫོང་)དུ་འཁྱོར་བ་དང་། གོར་དམག་གཞན་ཞིག་སྐྱིད་གྲོང་རྒྱུད་ནས་རྫོང་དགའ་ཕྱོགས་ཐོན་བསྐྱོད་སོང་ཚུལ་གྱི་གནས་ཚུལ་ཧ་ཟམ་རྒྱུད་གཅིག་རྗེས་གཉིས་མཐུད་ཀྱི་ལྷ་སར་ཕུལ་འཁྱོར་བྱུང་སྐབས།

བཀའ་ཤག་སྲིད་གཞུང་གིས་སྔ་འཕྲོས་ཐག་ཉེ་གཙང་ཁུལ་ཁྲལ་དམག་བསྡུ་བསྐུལ་ཁག་བགོས་ཀྱིས་གཉའ་ནང་དང་ཤེལ་དཀར་ཕྱོགས་ཀྱི་བཀོད་འདོམས་སུ་གཙང་མདའ་དཔོན་ལྷང་ལོ་ཅན་པ་དང་། རྫོང་དགའ་དང་སྐྱིད་གྲོང་ཕྱོགས་ཀྱི་བཀོད་འདོམས་སུ་གཙང་མདའ་དཔོན་པད་ཚལ་བ་གཉིས་ལ་སོ་སོར་ལས་བྱ་དང་བཅས་འཕྲལ་བསྐོས་ཆེད་རྫོང་ཐོག །དབུས་གོང་གི་ཁྲལ་དམག་ཀྱང་གང་ཐོན་ཞིབ་བསྐུལ་གྱིས་ཆེད་རྫོང་བྱེད་པར་བརྒྱ་དཔོན་ཆུང་བ་རེ་དང་། ཐེ་ཧྲུང་རེ། བཀའ་བློན་གྱི་གཡོག་པོ་དོ་ཚོད་རེ་བཅས་འཕྲལ་གཏོང་བྱས་ཤིང་། དེ་རྗེས་བཀའ་བློན་གཡུ་ཐོག་བཀྲ་ཤིས་དོན་གྲུབ་དབུས་གཙང་དམག་བསྐུལ་གྱི་དྲག་དཔུང་སྤྱི་ཁྱབ་ཏུ་རྒྱ་བོད་བླ་དཔོན་བཀའ་གྲོས་ཀྱི་ཐོག་ནས་རྫོང་བདའ་གནང་། བོད་བཞུགས་ཨམ་བན་གཉིས་ཀྱི་བོད་དམག་གི་དམག་དོན་ཐད་དང་གོར་དམག་གནས་ཚུལ་གོང་མར་སྙན་སྒྲོན་ཞུས། གོང་མས་འཕྲལ་དུ་སི་ཁྲོན་ཁྲིན་ཏུའུ་ཀྱི་དམག་དཔོན་ངའོ་ཏུའི་དང་། ཧྥུ་ཏུ་ཐུང་ཕུ་ཀྲི། སི་ཁྲོན་གྱི་ཐི་ཏུ་ཁྲིག་ཏེ། དམག་མིའི་སྤྱི་དཔོན་རྒྱ་གླུ་ཏང་ཨ། ཀྲང་ཀྲི་ཡོན་རིན་སོགས་ཀྱིས་དབུས་རྒྱ་ནག་དང་། སོ་ལོང་རྒྱལ་རོང་སོགས་ཀྱི་དཔོན་དམག་གསུམ་སྟོང་ལྷག་འགྱངས་མེད་བོད་དུ་དཔུང་བསྐྱོད་བྱས།

གོང་མའི་དམག་དཔུང་བཏང་ཡོང་བའི་གསར་འགྱུར་འཁྱོར་རྗེས། བོད་ཀྱི་དམག་དམངས་རྣམས་སེམས་སྐུལ་ཆེན་པོ་ཐེབས་ནས་གོར་དམག་ལ་འགོག་རྒོལ་བྱེད་པའི་སེམས་ཤུགས་དེ་བས་ཆེ་རུ་སོང་། བོད་ཀྱི་ཕྱོགས་ནས་ཞི་བའི་གྲོས་ཆིངས་བྱ་རྒྱུའི་གྲོས་

འགོ་བཙོན་སྟེ། བོད་སྟོད་ཨམ་བན་གྱིས་གོར་དམག་ལ་ཡི་གེ་བཏང་སྟེ་ཁྱེད་ཚོ་གོང་མའི་དཔུང་གི་ཟིལ་ཤུགས་ལ་འཇིགས་ན་འཕྲལ་དུ་དམག་དཔུང་ཕྱིར་འཐེན་བགྱིས་ཤིག་བྱས་པས། གོར་དམག་གིས་ཆིང་གོང་མའི་དམག་དཔུང་སླེབས་ཉེ་ཡོད་པའི་གནས་ཚུལ་གོ་ཐོས་བྱུང་པས། མགྱོགས་མྱུར་ཞི་བའི་ཆིངས་གྲོས་བྱེད་རྒྱུའི་གྲོས་གཞིར་དང་ལེན་ཞུས། འོན་ཀྱང་གོང་མ་ཆན་ལུང་གིས་མངགས་གཏོང་བྱས་པའི་བོད་ཀྱི་དཔོན་རིགས་ཚོས་སེམས་ཐགས་གཙང་བཅད་ཀྱིས་གོར་དམག་ལ་ཕར་རྒོལ་བྱེད་པའི་འཐབ་རྩུས་བྱེད་ཐབས་སྡུད་མེད། འགོག་རྒོལ་གཡོལ་ནས་ཞི་བའི་ཆིངས་འགྲིག་ཁོ་ནས་འཕྲུས་རྒྱུའི་རྣམ་འགྱུར་བཏོན་སྐབས། ཕན་ཚུན་གྲོས་མོལ་ཡང་སྐོར་བསྐྱར་བསྐོར་དང་མཐར་གོར་ཁ་དང་སྐེར་མོལ་གྱི་ཞི་སྒྲིག་བྱས་ཏེ། དོན་དངོ་མའི་འབྲས་བུ་གང་ཡང་མ་བྱུང་བར། དེ་ལས་ལྡོག་སྟེ་གོར་ཁ་དང་ཞྭ་དམར་སྤྲུལ་སྐུ་གཉིས་བློ་ཡིད་ཆེམ་ནས་རང་སྟང་གང་ཤར་དང་བོད་དུ་ཐེངས་གཉིས་པ་བཙན་འཛུལ་སློག་རྩུས་བཤམས་རྒྱུར་གོ་སྐབས་སྤྲད།

སྤྱི་ལོ་༡༩༡༡ལོའི་ཟླ་བ་དྲུག་པའི་ཚེས་བཅུ་གཉིས་ཉིན། ཁལ་ཁའི་བླ་མ་སྐུ་ཕྲེང་བརྒྱད་པའི་བཀའ་ལུང་ལྟར། བཀའ་བློན་བསྟན་འཛིན་དཔལ་འབྱོར་དང་། བཀའ་བློན་གཡུ་ཐོག་པ་བཀྲ་ཤིས་དོན་གྲུབ། ཇ་སག་བླ་མ་སྐལ་བཟང་བསྟན་རྒྱས་བཅས་ལྷ་ས་ནས་རྫོག་ཐོན་གནང་སྟེ། བོད་སྟོད་ཨམ་བན་ལ་གཉའ་ནང་བརྒྱུད་དུ་ལྟ་བསྐྱོད་རྟོགས་ཞིབ་བྱེད་པར་འགྲོ་མཁན་ཡིན་ཅེས་སྨྲས་ཏེ། དོན་དངོས་ཐོག་གོར་དཔོན་གྱིས་གདན་དྲངས་པ་བཞིན་ཐོན་ཏེ་ཨུ་མཐུད་དངུལ་འཇལ་བླུ་རིན་སྐོར་ལ་ཆིངས་འགྲིག་བྱེད་རྒྱུའི་དོན་ཡིན་པར། ལམ་ཞོར་དུ་བཀྲ་ཤིས་ལྷུན་པོ་དང་ས་སྐྱ་དགོན་པར་བསྐྱོད་དེ་འཕྲུས་མི་བསྐོང་བ་དང་། སྔར་གོར་དམག་དང་དམག་འཁྲུག་དང་པོ་བརྒྱབ་པའི་སྐབས་སུ་བཞུགས་སྒྲོང་བའི་མདའ་དཔོན་ལྷུང་ལོ་ཅན་གཉའ་ནང་དུ་ཡོད་པ་དེ་ཡང་ཆིངས་འགྲིག་ཚོགས་པའི་ནང་དུ་བཞུགས་བཅུག །ཁལ་ཁའི་བླ་མ་སྐུ་ཕྲེང་བརྒྱད་པའི་དགོངས་གཞི་དངོས་བྱས་ན་ལོ་ལྟར་བོད་ནས་གོར་ཁ་ལ་བླུ་རིན་དངུལ་བུན་ཏ་ཅང་ལྔི་

པས། ཁོང་རྣམས་ལ་དངུལ་ཧ་རྫིག་པ་མང་པོ་བསྐུར་ནས་གོར་ཁ་དང་ཆིངས་འགྲིག་བྱས་ཏེ་འདི་ལོའི་དངུལ་སྦུན་ཚང་མ་གཙང་འཕྲོད་ཐོག་ད་ནས་བཟུང་གནས་ཚུལ་དེའི་སྐོར་པན་ཚུན་ལེ་ཐོག་མེད་པ་བཟོ་རྩིས་གནང་།

འོན་ཀྱང་སྤྱི་ལོ་༡༧༩༡ལོའི་ཟླ་བ་བདུན་པའི་ཚེས་ཉེར་གཉིས་ཉིན། བོད་ཀྱི་བཀའ་བློན་གཉིས་དང་མདའ་དཔོན་སོགས་པའི་འཁོར་མི་གྲངས་བརྒྱ་ཙམ་གཉའ་ནང་ཚོང་འདུས་སུ་འབྱོར། དེ་ནུབ་སློ་བུར་དུ་གོར་རྒྱལ་ཨ་ཁྲུས་བཏང་ཡོང་བའི་གོར་དམག་འཁོར་ཆེན་ཞིག་འགྲམ་ནས་མཚན་བཤར་བརྒྱབ་སྟེ་གཉའ་ནང་ཚོང་འདུས་མཐའ་བསྐོར་བ་དང་། བསྟན་གླིང་ཛ་ཐླ་སོགས་འགྲམ་དུ་འབྱོར་མ་ཐག་ཚང་མ་འཛིན་བཟུང་བྱས། བཀའ་བློན་དང་མདའ་དཔོན་སོགས་ཀྱིས་སྐབས་འཕྲལ་རྒོལ་ལན་ནན་པོ་བསྒྲིགས་ཏེ་གཡོག་གྲས་བཅུ་ཕྲག་འགའ་ཤས་ཀྱིས་རང་སྲོག་བློས་བཏང་གིས་འཛིངས་པས་གོར་དམག་ཕོན་ཆེ་ཞིག་བསད་རྨས་བཏང་། མཐར་མང་སྙེ་ཉུང་དབང་གིས་བོད་ཀྱི་བཀའ་མདའ་གསུམ་གོར་དམག་གི་གསོན་བཟུང་བྱས་ཏེ་ཐག་ཞགས་ཀྱིས་བསྡམས་ནས་དམག་གི་དབུས་སུ་བཅུག་སྟེ་འགྲམ་དུ་ཁྲིད། དེ་ནས་འགྲམ་དུ་འཛིན་བཟུང་བྱས་པའི་བསྟན་གླིང་ཛ་ཐླ་དང་ཞབས་གཡོག་སོགས་མི་གྲངས་བཅུ་གཉིས་ཙམ་ཡོད་པ་ཚང་མ་མཉམ་དུ་ནེ་པཱ་ལའི་རྒྱལ་ས་ཀ་ཏ་མན་ཧྲུའུ་ལ་ཁྲིད་དེ། བཀའ་བློན་གཉིས་བལ་པོའི་བཙོན་ཁང་དུ་ལོ་གཅིག་ལྷག་ཙམ་བཅུག །མདའ་དཔོན་ལྷུང་པོ་ཅན་སྐུ་ན་སྨིན་པ་དང་སྙུན་གཞིས་རྐྱེན་པས་བལ་ཡུལ་དུ་དགོངས་པ་རྫོགས།

གཉའ་ནང་དགྲ་ལག་ཏུ་ཤོར་བའི་རྗེས། གོར་དམག་ཁག་གཉིས་སུ་བགོས་ནས་དམག་དཔུང་འཁོར་ཆེ་བ་དེ་ཤར་རྒྱུག་དིང་རི་ཤེལ་དཀར་ཁུལ་དུ་དཔུང་འཇུག་བྱས་པ་དང་། དམག་ཁག་གཅིག་སྐྱིད་གྲོང་བརྒྱུད་རྫོང་ཁ་བླངས། གོར་ཁའི་དམག་དཔོན་ཨ་ཨུ་ས་ཡེ་ས་དཔུང་སྣེ་ཁྲིད་དེ་གཉའ་ནང་ནས་མགྱོགས་ལམ་བསྐོར་ཏེ་ཤར་རྒྱུག་གཞིས་རྩེ་ཁུལ་དུ་དཔུང་འཇུག་བྱས། སྤྱི་ལོ་༡༧༩༡ལོའི་ཟླ་དགུ་པའི་ཚེས་བཅོ་བརྒྱད་ཉིན། གོར་དམག་གིས་གཞིས་རྩེ་བཀྲ་ཤིས་ལྷུན་པོར་དཔུང་འཇུག་བྱེད་པའི་གནས་

ཚུལ་དགོན་པའི་གྲྭ་དམངས་ཀྱི་གོ་ཐོས་བྱུང་སྐབས་(པཎ་ཆེན་རིན་པོ་ཆེ་དེའི་གོང་ནས་བོད་སྟོད་ཨམ་བན་སྤོ་ཐས་ཀྱིས་ལྷ་སར་གདན་འདྲེན་ཞུས་ཟིན་པ་རེད་)གོར་དམག་ལ་གང་འདྲ་བྱས་ཏེ་ཕར་རྒོལ་བྱ་ཐབས་ཀྱི་དགོངས་པ་ཅི་ཡང་མི་བཞེས་པར། དེ་ལས་ལྡོག་སྟེ་དགོན་བཞུགས་རྗེ་དྲུང་བློ་བཟང་བསྟན་པས་སྔེ་ཁྲིད་དེ་འཚབ་འཚུབ་དང་ཆོས་སྲུང་དཔལ་ལྡན་ལྷ་མོའི་སྐུ་མདུན་དུ་ཟན་རྟགས་ཕབ་སྟེ། སྲུང་མའི་བཀའ་ལན་ཟན་རྟགས་ལ“ཞི་མོལ་བྱས་ན་བཟང་”ཞེས་པའི་ལུང་རྟགས་འབབ་པ་དེར་གཞི་བྱས་ནས་འཕྲལ་དུ་མི་བཏང་སྟེ་ཞི་མོལ་བྱེད་པར་བསྐྱོད། འགྲོ་མི་རྣམས་ལམ་ཕྱེད་སླེབས་སྐབས་ཤེལ་དིང་ཁུལ་གོར་དམག་གི་ལག་ཏུ་ཤོར་བའི་གནས་ཚུལ་ཐོས་འཕྲལ་གང་མགྱོགས་བཀྲ་ཤིས་ལྷུན་པོར་ཕྱིར་ལོག་བརྒྱབ། སྐབས་དེར་བཀྲ་ཤིས་ལྷུན་པོ་དགོན་དུ་དགེ་འདུན་པ་སུམ་སྟོང་ལྷག་ཡོད་ཙང་ཚང་མ་ཟང་ཟིང་དང་ས་ཕྱོགས་གང་སར་བྲོས་རྫིས་ཀྱིས་ཁ་ཐོར་དགུ་ཐོར་དུ་སོང་། རྗེ་དྲུང་ཉིད་ཀྱང་རང་གནས་སྲུང་མི་ཐུབ་པར་དངོས་རྫས་འཁུར་ཐུབ་པའི་རིགས་ཐུམ་སྒྲིལ་ཉི་བརྒྱ་སོ་གསུམ་ཙམ་བཟོས་ནས་སྔོན་ལ་བྲོས་བྱོལ་དུ་སོང་སྟེ་དགོན་ནང་དགེ་འདུན་དགུ་ཙམ་ལས་ལྷག་མེད་པ་རེད།

གོར་དམག་གིས་བཀྲ་ཤིས་ལྷུན་པོའི་དགོན་ནང་འཛུལ་རྗེས་གོར་དམག་གི་དཔོན་པོ་ནྲ་སུ་ས་ཡིས་སྔོན་ལ་པཎ་ཆེན་རིན་པོ་ཆེའི་བཞུགས་གནས་ཕོ་བྲང་ནང་དུ་ཧམ་སྤྱོད་དང་། དེ་མིན་གོར་དམག་དཔོན་རིགས་ཆུང་གྲས་དང་དམག་མི་ཁག་བགོས་ཀྱིས་ཤོར་ཏེ་གསེར་དངུལ་སོགས་རིན་པོ་ཆེའི་རིགས་དང་། དར་གོས་སོགས་འཁྲུག་བཅོམ་བྱས་ཤིང་། སྐུ་གསུང་ཐུགས་རྟེན་བཅོམ་གཏོར་དང་། ཐ་རྒྱན་གཡུ་དང་བྱུ་རུ་མུ་ཏིག་མ་ནེ་རྡོའོ་ལ་སོགས་པ་ཡོད་ཚད་བཀོག་ནས་འཁྱེར་ཕྱིན་ཏེ། ཧག་རྐུན་གྱི་ངན་སྤྱོད་ཐ་ཤལ་ཡོད་ཚད་སྤྱད་པར་མ་ཟད། གོང་མས་པཎ་ཆེན་སྐུ་ཕྲེང་ལྔ་པར་བསྩལ་བའི་གསེར་ཡིག་ཚེ་ལོ་ཅན་ཡང་གོར་དམག་གི་རྐུ་འཁྱེར་བྱས་ཡོད་པ་རྗེས་སུ་ཆིང་གོང་མའི་དཔུང་དམག་གིས་གོར་དམག་མཐའ་སྐྲོད་བཏང་བ་དང་། དགོན་ནང་ནས་འཕྲོག་འཁྱེར་བྱས་པའི་དངོས་རིགས་རྫས་ལེན་བྱེད་སྐབས་གསེར་ཡིག་གི་ཚེ་ལོ་འདི་

ཡང་རྩིས་ལེན་བྱེད་ཐུབ་པ་རེད།

བོད་སྡོད་ཨམ་བན་སྤྲོ་ཐས་ཀྱིས་པཎ་ཆེན་རིན་པོ་ཆེ་བཀྲ་ཤིས་ལྷུན་པོ་ནས་ལྷ་སར་བདེ་འཇགས་དང་གདན་འདྲེན་ཞུས་པ་དང་། དེ་ནས་གོར་དམག་གཙང་ནས་དབུས་ཕྱོགས་སུ་ཐོན་འདུག་ཅེས་པའི་གཏམ་འཆལ་ཁྱབ་པར་བརྟེན། དབུས་ཀྱི་དུས་བབ་ཡང་ཉེན་གནས་ཡོད་ཚུལ་ལྟ་བུས་བོད་སྡོད་ཨམ་བན་གཉིས་ནས་ཏཱ་ལའི་བླ་མར་མཇལ་ཞུས་དང་སྒྲུགས་ལྷ་སར་བཞུགས་བཟོད་མི་བདེ་བས་སི་ཁྲོན་ཐས་ཉིང་ཁུལ་དུ་ཕེབས་དགོས་ཀྱི་རེ་བ་ཞུས་པས། ཏཱ་ལའི་བླ་མས་དགོངས་པ་གཏིང་ཟབ་བཞེས་ཏེ་དེ་ལ་དང་ལེན་མི་མཛད། འོན་ཀྱང་ཨམ་བན་གཉིས་པོས་གྲོས་ཐག་བཅད་དེ“ཏཱ་ལའི་བླ་མ་དང་པཎ་ཆེན་རིན་པོ་ཆེ་རྣམ་གཉིས་ལྷ་སར་ད་དུང་བཞུགས་ན་མ་འོས”བསམ་ནས་གོང་མར་སྙན་ཞུ་ཕུལ་ཏེ་ཁོང་རྣམ་གཉིས་སི་ཁྲོན་ཐས་ཉིང་ངམ་ཐེ་ལིང་ཕྱོགས་སུ་གདན་འདྲེན་ཞུ་ཆོག་པའི་འཕྲོད་ཞུ་སྙན་པས། གོང་མས་གནས་ཚུལ་གསལ་པོ་མཁྱེན་པའི་རྗེས། བོད་སྡོད་ཨམ་བན་སྤྲོ་ཐས་དང་གཡས་མན་ལ་གཉིས་ནི་དགོས་རྩ་བ་ནས་མི་ཚོད་པའི་མི་རེད། མི་དེ་གཉིས་ཀྱི་གོ་གནས་འཕྲལ་དུ་ཕབ་སྟེ་བོད་རང་དུ་ལས་གཉེར་བྱེད་བཅུག་སྟེ་ཉེས་པ་དག་ཐབས་བྱེད་དགོས། ཅེས་བཀའ་སྐྱོན་ནན་པོ་གནང་བ་དང་། ཆབས་ཅིག་ཏཱ་ལའི་བླ་མས་བློ་གཏན་འགྱུར་མེད་དང་ཡུལ་གཞན་དུ་ཕེབས་རྒྱུའི་དང་ལེན་མ་མཛད་པར་བློ་ཐག་གཅང་བཅད་ཀྱིས་རང་ཡུལ་དུ་བཞུགས་པར་བསྔགས་བརྗོད་ཚད་མེད་གནང་།

གོང་མ་ཆན་ལུང་གིས་གོར་དམག་བོད་དུ་བཙན་འཛུལ་ཐེངས་གཉིས་པ་བྱས་པའི་གནས་ཚུལ་སྐོར་སྙན་ཞུ་འབྱོར་འཕྲལ་གོར་དམག་རྣམས་མཐའ་སྐྲོད་གཏོང་ཆེད། བོད་དུ་གོང་མའི་དམག་དཔུང་འཕྲལ་དུ་རྒྱབ་སྐྱོར་གཏོང་རྒྱུའི་ཐག་བཅད་དེ། སི་ཁྲོན་གྱི་ཙུང་ཏུའུ་ཨོའོ་ཧུའེ་དང་། ཁྲིན་ཏུའུ་ཡི་ཅང་ཅུན་ཁྲིན་ཏེ་གཉིས་ལ་སི་ཁྲོན་གྱི་དམག་མི་སྟོང་ཕྲག་བཞི་ཁྲིད་དེ་དར་རྩེ་མདོ་ནས་བོད་ལྗོངས་སུ་བསྐྱོད་དགོས་པའི་བཀའ་ཕབ། མི་དེ་གཉིས་ཀྱི་ལག་ཏུ་བཀའ་ཡིག་འབྱོར་རྗེས་དལ་པོར་བསྐྱོད་ཀྱི་

ཡོད་པས། གོང་མ་ཆན་ལུང་གིས་དེ་གཉིས་ལ་བསྟེན་མི་ཉུང་བ་ཤེས་སྐབས། ཡང་སྐྱར་སྤྱི་ལོ་༡༧༩༡ལོར་ཅ་ཡང་གུང་ཧྥུ་ཁང་ཨན་དམག་དཔོན་ཆེན་པོ་དང་། ཁྲའོ་ཡུང་གུང་ཧའི་ལན་ཁྲ་ཚན་ཀློན་ཆེན་དུ་བསྐོས་ཏེ་པོ་གཉིས་ཀྱིས་མན་ཀྲའུ་ནས་བསྐོངས་པའི་དཔའ་ངར་ཆེ་ཞིང་དམག་འཐབ་མཁས་པའི་སུའོ་ལུན་དམག་མི་སྟོང་ཕྲག་གཉིས་ཁྲིད་དེ་ཟི་ལིང་ནས་བོད་ལྗོངས་སུ་ཆས། ཡང་བཙན་ལྷ་ནས་ཡུལ་དམག་སྟོང་ཕྲག་ལྔ་དང་། བོད་ལྗོངས་ནང་གི་དམག་སྟོང་ཕྲག་གསུམ་བསྐོངས་ཤིང་། དེ་རྗེས་སླར་ཡང་སི་ཁྲོན་གྱི་དམག་མི་སྟོང་ཕྲག་གསུམ་བསྐོངས་པ་བཅས་སྔོན་རྗེས་ཁྱོན་བསྡོམས་དམག་མི་ཆིག་ཁྲི་བདུན་སྟོང་ལྷག་ཙམ་བསྐོངས་ནས་གཡུལ་སར་བཏང་ཡོད་པ་དང་། སྐབས་དེར་བོད་བསྐྱོད་དམག་དཔུང་རྣམས་ཀྱི་དམག་རྫས་དང་ཟ་ཆས་མཁོ་སྤྲོད་ཚང་མ་སི་ཁྲོན་ནས་སྐྱེལ་འདྲེན་བྱས་ཡོང་བ་དང་། བོད་རང་ནས་འབྲུ་རྡོན་ཁྲི་ཕྲག་བདུན་ཅུ་དང་ཕྱུགས་དཀར་ནག་ཁྲི་ཕྲག་གཉིས་ལྷག་ཙམ་ཉོ་སྒྲུབ་བྱས་ཡོད། དེ་མིན་ཧྥུའན་ཞི་ནས་ཁལ་དྲིལ་སྟོང་ཕྲག་གཅིག་བརྒྱ་ཉོ་བྱས་ནས་བོད་ལྗོངས་སུ་དམག་མཁོ་སྐྱེལ་འདྲེན་བྱེད་པར་སོང་།

བོད་ལུགས་ཕག་(སྤྱི་ལོ་༡༧༩༡)ལོའི་ཟླ་བ་བཅུ་པ་སྤྱི་ཁྱབ་དམག་དཔོན་ཆེན་པོ་ཧྥུ་ཁང་ཨན་གྱིས་དམག་སྣེ་ཁྲིད་པའི་ཆིང་གོང་མའི་དམག་དཔུང་རྣམས་ལྷ་སར་འབྱོར། དེའི་ཉིན་ཕོ་བྲང་པོ་ཏ་ལའི་ཡང་རྩེ་ནས་དར་འཕྱུར་དང་རོལ་ཆ། བཀྲ་ཤིས་ཁྲ་རིང་སོགས་ཕེབས་བསུའི་མཐོང་གཟུགས་སྣ་ན་མེད་པ་མཛད་དེ་ཕོ་བྲང་གི་སྟེང་ཤོད་བར་གསུམ་ཕྱི་ནང་ཚང་མར་ལོ་གསར་ནང་བཞིན་གྱི་རྒྱན་སླུབས་དང་དགའ་སྤྲོ་རབ་ཏུ་འཕེལ་བར་མཛད། དམག་དཔོན་ཆེན་པོ་ཧྥུ་ཁང་ཨན་གིས་ཏཱ་ལའི་བླ་མ་དང་པཎ་ཆེན་རིན་པོ་ཆེ་རྣམ་གཉིས་ལ་མཇལ་དར་དང་ཐུགས་བརྩེའི་གུས་བཀུར་འཚམས་ཞུ་གནང་རེ་མཛད། ཏཱ་ལའི་བླ་མ་དང་དམག་དཔོན་ཆེན་པོ་ཧྥུ་ཁང་ཨན་གཉིས་ཕན་ཚུན་གུས་བཀུར་དང་ཕན་ཚུན་དགའ་ཞེན་གནང་བ་དེ་ནི་ཐུན་མོང་མ་ཡིན་པའི་འབྲེལ་བ་དམ་ཟབ་ཡོད་པ་གསལ་པོར་མཚོན་ཐུབ་པ་ཞིག་ཡིན། དེ་ནས་ལྷ་

ལྷན་གཙུག་ལག་ཁང་དང་རྩེ་ཕོ་བྲང་གི་ཚོམས་ཆེན་སོ་སོར་སེ་འབྲས་ཀྱི་དགེ་འདུན་སྟོང་ཕྲག་འགའ་ཞིག་ཚོགས་ཏེ་ཉིན་གསུམ་རིང་གོང་མ་ཆེན་པོའི་ཞབས་བརྟན་སྒྲུབ་པའི་ཚོགས་དབུར་ཏཱ་ལའི་བླ་མ་དང་པཎ་ཆེན་རིན་པོ་ཆེ་གཉིས་ཕེབས་ཤིང་། དམག་དཔོན་ཆེན་པོ་ནས་འབུལ་བ་བསྟེན་བཀུར་གཟབ་ཅིང་རྒྱས་པ་གནང་འདུག

བོད་ཆུ་བྱི་(སྤྱི་ལོ་༡༧(༢༢)ལོའི་ཟླ་བ་གསུམ་པར་དམག་དཔོན་ཆེན་པོ་ཧྥུ་ཁང་ཨན་གྱིས་དཔུང་སྡེའི་ཚོགས་དང་བཅས་གོར་དམག་མཐའ་སྐྲོད་མཐར་ཕྱིན་བཏང་ཆེད་གཙང་ཕྱོགས་ལ་ཐོན་སྐབས་ཏཱ་ལའི་བླ་མ་མཆོག་ནས་ཕེབས་སྐྱེལ་མཛད་པ་དང་། དམག་དཔོན་ཆེན་པོའི་ཞབས་ཕྱིར་བོད་ནས་ཞབས་པད་བཤད་སྒྲ་དང་། མགྲོན་གཉེར་ལོ་ཙཱ་བ་ཚོས་རྒྱ་མཚོ་སོགས་ཞབས་ཕྱི་དྲག་འཕྲིང་མང་པོ་དང་བཅས་པ། དེ་ནི་བོད་རྒྱ་དཔུང་དམག་ཟུང་འབྲེལ་ངང་གོར་ཁའི་བཙན་འཛུལ་དམག་དཔུང་བོད་ནས་མཐའ་སྐྲོད་གཏོང་རྒྱུའི་ཕར་རྒོལ་དམག་འཐབ་ཇ་དྲག་ཅིག་རྒྱག་འགོ་ཚུགས་པ་ཡིན།

《དགའ་བཞི་བའི་འབྱུང་བ་བརྗོད་པ་》ནང་གསལ་དོན། “ངོའོ་ཅང་ཅུན་དང་། ཁྲིན་ཐེའི་ཐུས་དབུས་རྒྱ་དང་རྒྱལ་རོང་གི་དམག་མི་ཁ་ཤས་གཉའ་ནང་ཚོང་འདུས་སུ་འགྲོར་ནས། གཉའ་ནང་དུ་ཡོད་པའི་གོར་དམག་ས་སྲུང་པ་རྣམས་ཤ་ཁང་དུ་སྡོད་སྐབས་མེ་བརྒྱབ་སྟེ་ཤ་ཁང་གོར་དམག་དང་བཅས་པའི་སྡོད་བཅུད་ཚང་མ་ཤུལ་མེད་དུ་གཏོར་འདུག་པ་དང་། དེ་མཚུངས་སྤྱི་ཁྲབ་དམག་དཔོན་ཕུ་ཐེ་གུང་ཧ་ཀྲུང་ཐང་ཆེན་མོ་དང་། དཔའ་བོའི་ཁྲུ་མཆོག་གོང་མའི་ནང་བློན་སྨ་དུར་ཏད་གུང་། སི་ཁྲོན་ཙུང་ཏུའུ་ཧྲུའི་ལིན་སོགས་རྒྱ་ནག་དང་། སོག་པོ། མཉྫུ། རྒྱལ་རོང་དང་བཅས་པའི་དཔུང་དམག་ཁྲིངས་རྣམས་ཀྱང་རྫོང་སྐྱིད་བརྒྱུད་བྱོན་ཏེ། སྐྱིད་གྲོང་མཚམས་ཟེར་བའི་ས་འགག་དམ་པོར་རི་དྭགས་སླ་བས་ཀྱང་བགྲོད་དཀའ་བའི་ལམ་དེར་དཔའ་བོའི་ཁྲུ་མཆོག་ཏད་གུང་སོགས་སོ་ཡོང་སྨ་དུར་རྣམས་ཀྱི་ལིང་གི་བཞོན་པ་ཆུང་གི་ཤུགས་ལྟར་མགྱོགས་པོར་བསྐྱོད་བཞིན་དུ། ཐང་ལ་གནས་པའི་ཕ་རོལ་པོ་རྣམས་ལ་ཉག་ཕྲན་གྱི་འཕྲུལ་འཁོར་འཕངས་ཏེ་ཕྲེང་རྡོག་སྲད་བུར་རྒྱུས་པ་ལྟར་

མདའ་རེས་མི་ལྡེ་དྲུག་ཙམ་ཐལ་བྱུང་དུ་འབིགས་པ་དང་། རྒྱལ་མོ་རོང་པའི་དཔུང་དམག་རྣམས་དཔུང་བུ་ཆུང་གི་ཚུལ་དུ་ཀང་འགྲོས་ལ་རྟ་ལས་ཀྱང་མགྱོགས་པ་བསྐྱོད་དེ། ཕས་རྒོལ་ནགས་སུ་བྲོས་པ་རྣམས་ལ་ཐག་རིང་པར་མེ་མདའ་དང་། ཉེ་བར་རལ་གྲིའི་འཁྲུལ་འཁོར་གྱི་སྒོ་ནས་གོར་དམག་ས་སྲུང་པ་རྣམས་ཚང་མ་མཚན་འགེགས་ཀྱིས་བཅོམ་ཐོག །སྲིད་གྲོང་རྫོང་སྲུང་དུ་ཡོད་པའི་གོར་དཔུང་རྣམས་ལའང་སྤྱུང་གིས་ལུག་ཁྲུ་མཐོང་བ་ལྟར་རྫོང་ཚང་བྱས་ཏེ་རེ་གཉིས་ཙམ་བྲོས་ཐར་ན་ལས། དེ་བྱིངས་ཚང་མ་གཏན་བརླག་ཏུ་བཅོམ་སྟེ་གཡུལ་ལས་རྣམ་པར་རྒྱལ་བའི་དཔའ་རྟགས་ཀྱི་ཏུ་མཚོན་སྲིད་རྩེར་སྒྲེང་བཞིན་དུ་བོད་ཀྱི་ས་སྟེ་བསྒྲལ་ནས་བལ་པོ་རྫོང་ཉེ་བའི་ཆར་ཕེབས་འབྱོར་བྱུང་ཡིན་འདུག་སྐབས་གོར་ཁ་རྒྱལ་བློན་རྣམས་ཚང་མ་ཅི་དྲག་ལ་གྱུར་ནས་གཞའ་ནང་དང་། སྲིད་གྲོང་བཅས་ཁག་གཉིས་ཀར་དཔུང་རྒྱབ་དམག་མི་རེམ་རྫོང་བྱེད་དགོས་སྐབས་མ་འདེངས་པར་ངེད་རྣམས་ཀྱི་བཙོན་སྲུང་དུ་ཡོད་པའི་གོར་དམག་ཀོ་ཕིང་གཅིག་པོ་དེ་ཡང་བཏང་”ཅེས་དང་། ཡཱ་ཏན་ཀྲང་གིས་བརྩམས་པའི་《ཏྲཱ་ལའི་བླ་མའི་རྣམ་ཐར་》ཞེས་པའི་ནང་དུ་སྐབས་དེའི་དམག་འཁྲུག་ནང་རང་རེའི་དཔུང་དམག་གིས་གོར་དམག་མཐའ་སྐྲོད་བཏང་བའི་སྐོར་གྱི་གནས་ཚུལ་འགའ་ཞིག་གསལ་ཡོད་པར་ཞིག་ན། བོད་དང་གོང་མའི་དཔུང་དམག་གིས་བོད་དང་གོར་ཁའི་ས་མཚམས་ཀྱི་རི་ཟུར་ཟམ་པ་ཚུར་བླངས་པ་དང་། དེ་ནས་གཞའ་ནང་བླངས་ཏེ་མུ་ས་ཟམ་པ་ཡང་ཚུར་བླངས། གོར་ཁའི་འགོ་པ་ཅ་མ་ཏ་ཨར་ཅེང་ས་ཧེབ་གསོན་བཟུང་བྱས་ཏེ་གོར་ཁས་བཙན་བཟུང་བྱས་པའི་བོད་ལྗོངས་ཀྱི་ས་ཆ་ཚང་མ་ཚུར་བླངས་པར་མ་ཟད། བོད་ལྗོངས་སུ་བཙན་འཛུལ་བྱེད་མཁན་གོར་དམག་ཡོངས་རྫོགས་ཕྱིར་སྐྲོད་བཏང་པ་རེད་ཅེས་དང་། ཆིང་དམག་བལ་ཡུལ་གྱི་མཐའ་མཚམས་སུ་འབྱོར་བ་བཅས་ལ་བརྟེན་གོར་ཁ་རྒྱལ་པོ་རཎ་སྦ་དུར་གྱིས་དེ་སྔ་གསོན་བཟུང་བྱས་པའི་རྒྱ་དམག་ཕང་གང་དང་། རྫོང་དཔོན་ཐང་སྨད་ཕྱིར་ལོག་བཏང་བར་མ་ཟད། ཁོ་གཉིས་ལ་འདུམ་འགྲིག་ཡོང་རེའི་ཞུ་ཡིག་གཅིག་ཀྱང་བསྐུར་ཡོད། འོན་ཀྱང་ཐུ་ཁང་ཨན་གྱིས་ཡིག་ལན་

བཏང་ནས་འདུམ་འགྲིག་བྱེད་རྒྱུ་ཁས་མ་བླངས་པར་མ་ཟད། དཔུང་ཆེན་ལ་རྒྱལ་ཁ་ཐོབ་མུར་མདུན་སྐྱོད་དགོས་པའི་བཀའ་ཡང་ཕབ་སྟེ། དཔུང་ཆེན་གོར་ཁའི་མངའ་ཁོངས་སུ་བསྐྱོད་ནས་ཞེ་པུའུ་ལུའུ་བཙན་འགག་ཏུ་འཁྱོར་དུས་གོར་ཁས་ཆུ་བོར་བརྟེན་ནས་འགོག་སྲུང་བྱས་ཏེ་བསྡད་ཀྱང་། ཧྥུ་ཁང་ཨན་གྱིས་མཚན་མོ་ཆར་པ་འབབ་པའི་གོ་སྐབས་དང་བསྟུན་ཏེ་གྲུ་གཟིངས་བཟོས་ནས་ཆུ་བོ་བརྒལ་ཏེ་བཙན་རྫོང་ལཱུ་མེར་བསྙིགས་བཏང་། གོར་ཁ་རྒྱལ་པོས་སླར་ཡང་འགོ་པ་ཆེན་པོ་བཞི་བཏང་ནས་དེ་སྣ་གསོན་བཟུང་བྱས་པའི་བཀའ་བློན་བསྟན་འཛིན་དཔལ་འབྱོར་དང་རྒྱ་བོད་ཀྱི་དཔོན་དམག་རྣམས་ཕྱིར་བསྐྱལ་ཡོང་། རྒྱལ་པོ་དེས་ཧྥུ་ཁང་ཨན་ལ་ཡི་གེ་བཏང་སྟེ་ནག་ཉེས་ངོས་ལེན་བྱས་ནས་འདུམ་འགྲིག་ཡོང་རེ་དང་དཔུང་མཚམས་འཇོག་རེ་ཞུས་ཀྱང་། ཧྥུ་ཁང་ཨན་གྱིས་སླར་ཡང་ཡིག་ལན་བཏང་ནས་ཁས་མ་བླངས་པ་རེད། ཆིང་དམག་གོར་ཁའི་རྒྱལ་སར་སླེབས་གྲབས་ཡོད་པས། གོར་ཁ་རྒྱལ་པོ་རཎ་སྦ་དུར་གྱིས་སླར་ཡང་འགོ་པ་ཆེན་པོ་བཏང་ནས་དམག་དཔུང་གི་མདུན་དུ་མགོ་བཏགས་ཆོག་པའི་རེ་བ་ཞུས་པར་མ་ཟད། སྔོན་ཆད་བོད་ལྗོངས་དང་གོར་ཁའི་བར་བཞག་པའི་ཆིངས་ཡིག་ཕྱིར་བསྐྱལ་ཡོང་བ་དང་། (བོད་ནས་གོར་ཁར་ལོ་གསུམ་རིང་གཉའ་སྐྱིད་ས་ཁོངས་ཀྱི་སྣུ་རིན་དངུལ་མ་རྩ་ལོངས་པའི་རྡོ་ཚད་དགུ་བརྒྱ་ཐམ་པ་སྤྲོད་དགོས་ཀྱི་ཆིངས་ཁྲ་ཞིག)དེ་བཞིན་སྔོན་ཆད་བཀྲ་ཤིས་ལྷུན་པོ་ནས་འཕྲོག་བཅོམ་བྱས་པའི་ཅ་ལག་རྩ་ཆེན་གྲངས་སུ་གོང་མ་ཁང་ཤིས་པཎ་ཆེན་སྐུ་ཕྲེང་ལཱུ་པར་གནང་བའི་གསེར་གྱི་འཇའ་ས་ཤོག་ལྷེ་བཅུ་གཉིས་མ་དང་བཅས་པ་བསྐྱལ་ཡོང་བར་མ་ཟད། ཀརྨ་ཞྭ་དམར་བ་མཆོག་གྲུབ་རྒྱ་མཚོའི་གདུང་རུས་ཀྱང་ཕྱིར་བསྐྱལ་ཡོང་བ་རེད།”

མཚམས་དེར་དགོས་ངེས་ཀྱི་གསལ་བཤད་ཞུ་རྒྱུར། གོར་ཁས་ཀརྨ་ཞྭ་དམར་བ་སྐྱེ་ཕྲེང་བཅུ་པ་མཆོག་གྲུབ་རྒྱ་མཚོའི་གདུང་རུས་ཕྱིར་བསྐྱལ་ཡོང་དགོས་དོན་ཡང་། ཞྭ་དམར་བ་མཆོག་གྲུབ་རྒྱ་མཚོ་ནི་པཎ་ཆེན་སྐུ་ཕྲེང་དྲུག་པ་དཔལ་ལྡན་ཡེ་ཤེས་ཀྱི་སྐུ་ཚ་ཡིན་པར། པཎ་ཆེན་རིན་པོ་ཆེ་པེ་ཅིང་དུ་སྤྱི་ལོ་༡༧༨༠ལོར་གོང་མ་ཆན་

ལུང་དགུང་གྲངས་བདུན་བཅུར་ཕེབས་པའི་སྐྱེས་སྐར་དུས་སྟོན་སྐབས་བློ་བུར་དུ་སྙུན་གཞི་བྱུང་ནས་པེ་ཅིང་དུ་སྐུ་གཤེགས། ཁོང་གི་སྐུ་ཚ་ཕྲུག་མཛོད་དྲུང་པ་ཧོ་ཐོག་ཐུ་བློ་བཟང་སྦྱིན་པས་མན་ཇུ་དང་། སོག་པོ། རྒྱ་སོགས་རྒྱལ་རིགས་ཁག་ནས་པཎ་ཆེན་རིན་པོ་ཆེ་ལ་ཕུལ་བའི་སྐུ་ཆས་གསེར་དངུལ། གོས་དར་འབོར་ཆེ་བ་འཁྱེར་ཡོད་པ་ནས། བླ་མ་ཞྭ་དམར་བས་སྐུ་ཆས་བགོ་བཤའ་རྒྱག་དགོས་པའི་རེ་འདོད་བྱས་ཀྱང་མ་གྲུབ་སྐབས། བཀྲས་ལྷུན་བླ་བྲང་ལ་འཁོན་འཛིན་བཅངས་ནས་སྤྱི་ལོ་༡༧༨༥ལོར་བལ་ཡུལ་དུ་གནས་མཇལ་ཞུ་བར་ཁ་གཡར་ཏེ་གོར་དཔོན་ལ་ངན་བསླབས་ཀྱིས་བོད་དུ་དམག་གཏོང་དགོས་ལུགས་ཤུ་ཚུགས་བྱས་སྐབས། གོར་དཔོན་ཡང་བསམ་ངན་དེ་རང་ཡོད་པ་ཏག་ཏག་འཁེལ་ཏེ་བོད་དུ་བཙན་འཛུལ་བྱས། དེ་ནས་གོང་མ་ཆན་ལུང་གིས་དམག་སྤྱི་ཆེན་པོ་ཧྥུ་ཁང་ཨན་གོར་དམག་མཐའ་སྐྲོད་གཏོང་རྒྱུའི་ལས་འགན་འཁུར་ཏེ། གོར་དམག་རྣམས་ཁོ་པ་ཚོའི་རྒྱལ་ས་བར་མཐའ་སྐྲོད་བཏང་སྐབས་ཀརྨ་ཞྭ་དམར་བ་མཆོག་གྲུབ་རྒྱ་མཚོ་ཉེ་ཚད་ལ་འཇིགས་ནས་རང་ཤི་བརྒྱབ། ཧྥུ་ཁང་ཨན་རྒྱལ་ཁའི་ངང་བོད་དུ་ཕྱིར་ཕེབས་གནང་རྗེས། གོང་མ་ཆན་ལུང་གི་དགོངས་གཞི་ལྟར་ཀརྨ་ཞྭ་དམར་བ་མཆོག་གྲུབ་རྒྱ་མཚོས་རྒྱལ་ཚོང་གི་ཉེས་སྤྱོད་བསགས་ཡོད་པར། ཀརྨ་ཞྭ་དམར་བའི་སྤྲུལ་སྐུ་ཡང་སྲིད་གདན་འདྲེན་ཞུ་མི་ཆོག་པའི་ཁྲིམས་བཅད། དེ་ནས་བཟུང་ལྷ་སའི་ཉེ་ཁོར་གྱི་འདམ་གཞུང་རྫོང་ཁོངས་ཡངས་ཅན་དགོན་དུ་ཀརྨ་བཀའ་བརྒྱུད་ཞྭ་དམར་བའི་སྤྲུལ་སྐུ་ཡང་སྲིད་རྒྱུན་ཆད་པ་རེད།

དེ་ནས་གོར་ཁ་རྒྱལ་པོས་མགོ་བཏགས་ཚིག་པའི་རེ་བ་ག་ཚོད་ཞུས་ཀྱང་། ཧྥུ་ཁང་ཨན་གྱིས་ད་དུང་ཁས་མ་བླངས་པ་རེད། ཉིན་ཁ་ཤས་སོང་བའི་རྗེས་གོར་ཁ་རྒྱལ་པོས་སླར་ཡང་ཞྭ་དམར་བའི་བཟའ་ཟླ་ཚེ་དབང་ལྷ་མོ་དང་བུ་མོ་ཚེ་དབང་ཁྲ་འབྲུག་སོགས་ཆིང་དམག་ལ་ཕུལ་བར་མ་ཟད། ཡི་གེ་བཏང་ནས་མགོ་བཏགས་ཚིག་པའི་རེ་བ་ཞུས་ཐོག “ད་ཕྱིན་དུས་ནམ་ཡང་ས་མཚམས་ལ་བཙན་འཛུལ་བྱེད་མི་ཕོད་ལ། ཐེངས་དང་པོ་ལྟར་མགོ་བཏགས་རྗེས་ཡང་བསྐྱར་བཙན་འཛུལ་རིགས་ཀྱང་མི་ཕོད། ཆེད་མངགས་

ཀྱི་དོན་གཅོད་ཀ་ཅི་ཏི་ཡུ་ཏ་ཐེ་ཐ་པ་པེ་ཅིང་དུ་བཏང་ནས----------གུས་པ་ཆེན་པོས་ཞུ་ཡིག་བཀུགས་ཏེ་ངེད་ཀྱི་ཚབ་ཏུ་ཕྱག་འཚལ་དང་འབྲེལ་གོང་མ་ཆེན་པོའི་ཞལ་རས་མཇལ་རྒྱུར་མ་ཟད། ལྷག་བསམ་རྣམ་དག་གིས་རོལ་མོ་བ་དང་། སླང་ཆེན་དུལ་མ་དང་། ཡུལ་རྟ། ཡུལ་རྫས་སོགས་གྱ་སྣྲིག་ཀྱང་བྱས་ཡོད། ---------ཕྱིན་ཆད་ལོ་ལྔ་རེར་ཀ་ཙི་རེ་བཏང་ནས་གུད་པ་ཆེན་པོས་མཇལ་རྟེན་དང་བཅས་མཇལ་ཁ་ཐེངས་རེ་ཞུས་ཆོག་པའི་རེ་བ་ཟློལ་མེད་དུ་ཞུ་རྒྱུ་ཡིན།” ཞེས་བཤད་པར་བརྟེན་ཐུ་ཁང་ཨན་གྱིས་གོར་ཁ་རྒྱལ་པོས་མགོ་བཏགས་ཞུ་བའི་རེ་བ་དང་བོད་ལྡོངས་མཐའ་ཁུལ་རྫོང་ཁ་མཐོང་ལ་སོགས་སུ་ཁ་བ་འབབ་སྡུ་བའི་གནས་ཚུལ་སྙན་ཞུ་སྦྲོན་པས། གོང་མ་ཆན་ལུང་གིས་དེ་ལྟར་བཀའ་ཕབ་སྟེ། སྤྱི་ལོ་༡༧༩༢ལོའི་ཟླ་བ་བརྒྱད་པའི་ཚེས་ཉེར་བརྒྱད་ཉིན་ཐུ་ཁང་ཨན་གྱིས་གོར་ཁ་རྒྱལ་པོས་མགོ་བཏགས་ཆོག་པ་ཞུས་པ་ཁས་བླངས་ནས་དཔུང་འཐུག་བྱེད་མཚམས་བཞག་པ་དང་། གོར་ཁ་རྒྱལ་པོས་བློན་ཆེན་བཏང་ནས་ཕྱུགས་དཀར་ནག་དང་། ཕག་པ། འབྲས། ཨ་རག །ཤིང་ཏོག་བཅས་འབོར་ཆེན་འཁྱེར་ཏེ་ཆིང་དམག་ལ་འཚམས་འདྲི་ཞུས། ཟླ་བ་དགུ་པའི་ཚེས་བཞི་ཉིན་ཆིང་གོང་མའི་དམག་དཔུང་ཚང་མ་བལ་ཡུལ་མངའ་ཁོངས་ནས་ཕྱིར་འཐེན་བྱས་ཏེ་སྐྱིད་རོང་ཁུལ་དུ་སླར་བཏབ། དེའི་རྗེས་ཐུ་ཁང་ཨན་གྱིས་དམག་དཔུང་ཁྲིད་ནས་རྒྱལ་ཁའི་ངང་ལྷ་སར་ལོག་ཕེབས། ཧོ་ལའི་ཟླ་མ་སྐུ་ཕྲེང་བརྒྱད་པ་འཇམ་དཔལ་རྒྱ་མཚོ་མཆོག་རྗེ་ཕོ་བྲང་ནས་སྐུ་ངོ་མ་དང་བཅས་སྟོན་འཁོར་རྣམས་ཀྱིས་སྐྱིད་གླུར་ཕེབས་བསུ་ཞུས།

ཐེངས་དེའི་གོར་བོད་གཉིས་ཀྱི་དམག་འཁྲུག་བདེ་གཟར་མཇུག་སྒྲིལ་རྗེས། གོང་མ་ཆན་ལུང་གིས་བཀའ་ཕབ་སྟེ་བསྟན་རྒྱས་གླིང་གི་ཛ་སག་བླ་མ་འཁོར་བཅས་རྒྱ་ནག་ཏུ་བསྐྲོང་པ་དང་། དེ་ནས་བཀའ་བློན་རྡོ་རིང་བསྟན་འཛིན་དཔལ་འབྱོར་དང་། བཀའ་བློན་གཡུ་ཐོག་བཀྲ་ཤིས་དོན་གྲུབ་དང་གཉའ་སྐྱིད་ས་སྦུང་ཐོག་ནས་དགྲ་ལག་ཏུ་ཤོར་བའི་རྒྱ་མི་ཕང་ཀང་བཅས་མི་བཞི་ཡང་ལྷན་ཅིག་རྒྱ་ནག་པེ་ཅིང་ཕོ་བྲང་དུ་འཕྲལ་ཐོན་བྱེད་དགོས་ཡོད་ཅེས་བཀའ་བསྩལ། ཁོང་ཚོ་པེ་ཅིང་དུ་འབྱོར་འཕྲལ་

ཐོག་མར་ཀྲུང་ཐང་བློན་ཆེན་རྣམས་མཇལ་སྐབས་འཚམས་འདྲི་དང་། དེ་ནས་བོད་གོར་འཁྲུག་རྐྱེན་སྔ་ཕྱིའི་སྐོར་ལ་བཀའ་འདྲི་གནང་བར་དེ་བསྟུན་ལན་ཞུས།

གཙོ་བོ་བཀའ་བློན་རྗེ་རིང་བསྟན་འཛིན་དཔལ་འབྱོར་དང་གཡུ་ཐོག་བཀྲ་ཤིས་དོན་གྲུབ་གཉིས་ལ་ཀྲུང་ཐང་སྐར་ཐོག་ཙུན་ཅི་ཏཱ་རེན་རྣམས་ནས་སྔ་ཕྱིའི་ཡོང་རྐྱེན་ཞིབ་བཅད་བྱས་མཐར་བཀའ་ཕབ་དོན། བཀའ་བློན་དགའ་གཡུ་གཉིས་ནས་གོང་མ་ཆེན་པོའི་བཀའ་དྲིན་མ་བསམ་པར་རྒྱུན་མ་གོར་ཁར་མགོ་བཏགས་སོགས་བློ་སེམས་ལོག་པའི་བྱ་བ་ཚབས་ཆེ་བྱས་རིགས་མི་འདུག་ཀྱང་། འོན་མ་སང་ཞིང་རང་སྟོབས་ཞན་པའི་བྱ་བ་ལ་བརྟེན་ནས་དགྲ་ལག་ཏུ་ཚུད་གཤིས་གོང་མ་ཆེན་པོའི་ཀྲུང་དང་། ཏཱ་ལའི་བླ་མའི་བཀའ་བློན་གྱི་གོ་ས་ཡོད་པ་ཞིག་དེ་ལམ་དུ་བཞག་པས་མ་འཐུས་གཤིས། ལུགས་སྲོལ་ཤེས་མིན་བྱུང་བར་བསམས་ཉེས་པ་ཕྱིངས་དགོངས་ཡངས་བྱས་ཏེ་ཁྲིད་རང་གཉིས་ཀ་བཀའ་བློན་གྱི་གོ་ས་ནས་གནས་ཕབ་པ་ཡིན་ཞིང་། དེ་མཚུངས་བསྟན་འཛིན་དཔལ་འབྱོར་ལ་བརྒྱུད་འཛུགས་ཀྲུང་གི་ཚོ་ལོ་བསྐྱལ་བ་མ་ཟད་ཧོག་སྐྲི་མདོངས་སྟོན་ཡང་བསྐྱལ་བ་གནང་། ཕྱང་ཀང་བཅས་རྒྱ་མི་བཞི་ཡི་ཧོག་གནས་སྔ་འཕྲོས་ཕྱིར་ལེན་བྱེད་རྒྱུ་ཡིན་ཚུལ་ཕེབས། ཡཱ་ཧན་ཀྲང་གི་བརྩམས་དེབ་《ཏཱ་ལའི་བླ་མའི་རྣམ་ཐར་》ནང་དེའི་སྐོར་མདོར་བསྡུས་ཤིག་འཁོད་པ་ལྟར་ན། དང་ཐོག་བྱེད་གཏེ་ལ་ཉེས་ཆད་བཅད་དེ་ཞྭ་དམར་བའི་ཡང་སྲིད་ངོས་འཛིན་མི་ཆོག་པ་བཟོས་ཤིང་། ཁོའི་གསེར་དངུལ་དང་། གཞིས་ཀ་ནོར་ལུག །མི་སེར་བཅས་ཡོངས་རྫོགས་གཞུང་བཞེས་བཏང་ནས་ལོ་རེའི་ཡོང་འབབ་རྣམས་བོད་དམག་གི་དམག་རྒྱུགས་སུ་གཏོང་རྒྱུ་དང་། དགོན་པའི་ཁང་པ་རྣམས་གཞུང་གནས་ཀྱི་ལས་དོན་འཕྲུར་འཛིན་བྱེད་མཁན་རྗེ་དྲུང་ཧུ་ཐོག་ཐུར་(ཀུན་བདེ་གླིང་ཏ་ཚག་སྲིད་སྐྱོང་བསྟན་པའི་མགོན་པོ་ཡིན་)གསོལ་རས་གནང་རྒྱུ། དགོན་པའི་ནང་དུ་ཞྭ་དམར་པའི་གྲྭ་པ་བརྒྱ་དང་བཅུ་མེད་གསུམ་ཡོད་པ་དེ་དག་ཚང་མ་བཙན་ཤེད་ཀྱིས་དགེ་ལུགས་པར་བསྒྱུར་ནས་གདན་ས་གསུམ་གྱིས་དོ་དམ་བྱེད་རྒྱུ་བཅས་ཐག་བཅད་པ་རེད། གོར་ཁས་བཀྲ་ཤིས་ལྷུན་པོའི་

དགོན་པར་བཙན་འཛུལ་བྱེད་སྐབས་པཎ་ཆེན་སྐུ་ཕྲེང་དྲུག་པའི་གཅེན་པོ་དྲུང་པ་ཧུ་ཐོག་ཐུས་(བཀྲས་ལྷུན་ཛ་སག་བླ་མ་བློ་བཟང་སྦྱིན་པ་)དམག་ཁྲིད་དེ་དགོན་པ་སྲུང་སྐྱོང་མ་བྱས་པར་དངོས་ཆས་རྩ་ཆེ་གྲུས་འཁྱེར་ནས་སྔོན་ལ་བྲོས་ཕྱིན་པས་ཁོའི་ནག་ཉེས་ཧ་ཅང་ཆེན་པོ་རེད། དེར་བརྟེན་གོང་མ་ཆན་ལུང་གིས་དྲུང་པ་ཧུ་ཐོག་ཐུ་པེ་ཅིང་དུ་བསྐྱལ་ཡོང་ནས་ཉེས་ཆད་གཅོད་དགོས་པའི་བཀའ་ཕབ། (ཤོད་ཚུལ་ལ་དྲུང་པ་པེ་ཅིང་དུ་སླེབས་ནས་མི་རིང་བར་འདས་གྲོངས་སོང་ཟེར་) གོར་ཁས་བཀྲ་ལྷུན་དགོན་པར་བཙན་འཛུལ་བྱེད་སྐབས་རྗེ་དྲུང་བླ་མས་མོ་བཏབ་པར་ཁ་གཡར་ནས་འགོག་རྒོལ་བྱེད་མི་ཉན་ཞེས་བཤད་སྐབས་གྲྭ་པ་རྣམས་གཅིག་མཏུག་གཉིས་མཐུད་ཀྱིས་བྲོས་བྱོལ་དུ་ཕྱིན་སྐབས་གཞི་ནས་ཇག་པ་རྣམས་ཀྱིས་འཕྲོག་བཅོམ་བྱེད་ཕོད་པ་བྱུང་བ་རེད། རྗེ་དྲུང་བླ་མས་གོར་ཁ་དང་ངན་འབྲེལ་བྱས་མེད་པ་དང་། ངལ་བསྐྱལ་བྱས་ནས་ཟིང་སློང་ནང་བཞུགས་མེད་པ་གོང་མར་ཁ་གཏད་བཅོག་པའི་ཉེས་པ་སོགས་བསག་མེད་ཙང་། ཡིན་ནའང་དགྲ་བོ་ལ་ཕར་རྒོལ་བྱེད་པའི་དུས་བབ་ཚབས་ཆེན་ནང་མི་སེམས་དཀྲུགས་པ་དང་། བཀྲས་ལྷུན་དགོན་ལས་སླ་པོར་དགྲ་ལག་ཏུ་ཤོར་བཟུག་པ་དེ་ནི་རྒྱལ་ཁབ་ཀྱི་ས་ཁོངས་དང་པཎ་ཆེན་རིན་པོ་ཆེའི་བདེ་འཇགས་ལ་གནོད་འཚེ་ཐོག་པར་བརྟེན། གོང་མ་ཆན་ལུང་རབ་ཏུ་ཁྲོས་ཏེ་རྗེ་དྲུང་བླ་མའི་བྱ་སྤྱོད་དེ་རྒྱལ་ཁབ་ཀྱི་ཁྲིམས་ནས་འགལ་བས་དབུས་ཕྱོགས་སུ་བསྐྱལ་ནས་མང་ཚོགས་ཀྱི་ཁྲོད་དུ་གསོད་དགོས་པའི་བཀའ་ཕབ་པ་ཞིག་རེད། མདོར་ན་གོར་དམག་བོད་ནས་མཐའ་སྐྲོད་གཏོང་ཆེད་ཐྲུ་ཁང་ཨན་གྱིས་དམག་སྣེ་འཁྲིད་དེ་བོད་དུ་ཕེབས་ནས་རྒྱ་བོད་ སྤུན་ཟླ་མི་རིགས་མཉམ་སྦྲེལ་གྱིས་གོར་དམག་མཐའ་སྐྲོད་བཏང་ཐོག །མིས་རྒྱལ་ལྡོ་ནུབ་ཀྱི་རྒྱལ་མཚམས་བརྟན་སྲུང་བྱས་པའི་མཐར་ཐུག་གཟི་བརྗིད་རྣམ་པར་རྒྱལ་བའི་ལོ་རྒྱུས་ཀྱི་ལེའུ་ཞིག་བརྩམས་པ་དེར། བོད་མི་དམངས་དང་ས་གནས་སྲིད་གཞུང་སེར་སྐྱ་མང་ཚོགས་ཡོངས་ཀྱིས་བཀའ་དྲིན་དྲན་པ་དང་མགྲིན་གཅིག་ཏུ་བསྟོད་བཀུར་ཞུ་གི་ཡོད།

གོར་ཁའི་རྒྱལ་ཁབ་ཚུང་ཚུང་དེ་འདྲ་ཞིག་གིས། ང་ཚོ་བོད་ལ་བཙན་འཛུལ་

ཐེངས་གཉིས་ཙམ་བྱས་ནས་(དོན་དངོས་ཐོག །ཕྱི་ལོ་༡༨༥༥ལོའི་ཟླ་བ་གསུམ་པར་གོར་ཁས་བོད་ལ་བཙན་འཛུལ་ཐེངས་གསུམ་བྱས་པ་དང་། དམིགས་བསལ་དབང་ཆ་ཐོབ་སྟེ་ཕྱི་ལོ་༡༨༥༦ལོ་ལ་གཞི་ནས་རྩིས་མེད་བཟོས་པ་རེད་)ཁོང་ཚོས་མངའ་ཁོངས་བཙན་བཟུང་བྱས་པ་དང་། རྒྱུ་ནོར་བཙན་འཕྲོག་བྱས་པ་སོགས་ཀྱི་གནས་ཚུལ་ལ་གཞིགས་ན། སྐབས་དེའི་བོད་ཀྱི་དབང་སྒྱུར་རིམ་གྲས་ཚོས་བག་ཕེབས་ལྷོད་གཡེང་གི་འཚོ་བ་རྒྱུན་བསྐྱལ་ཐོག །མཐའ་མཚམས་ཀྱི་འགོག་སྲུང་ལ་ཏ་ཅང་གི་དོ་ཕྱུར་མེད་པར་ལྷོད་དུ་འཇོག་པ་དང་། བོད་དམག་ལ་རྒྱུན་དུ་ཚད་ལྡན་གྱི་དམག་སྦྱོང་མེད་པ། སྒྲིག་སྲོལ་ལམ་ལུགས་ཚང་མ་མགོ་བདེ་དྭན་འཕྲུལ་ཁོ་ན་བྱས་ཏེ་མི་སེམས་འཐོར་རྒྱང་དུ་སོང་ནས། ཕྱི་རོལ་དགྲ་དམག་གིས་བཙན་འཛུལ་བྱེད་པར་ཡོང་དུས་འགོག་སྲུང་བྱེད་མི་ཐུབ་པ་སོགས་ཀྱི་ཉམས་སྐྱོན་ཏ་ཅང་ཆེན་པོ་ཡོད་རྐྱེན། ཆིང་གོང་མ་ཆན་ལུང་གིས་རྒྱལ་ནང་ནས་དཔུང་དམག་ཤུགས་ཆེན་རྒྱབ་སྐྱོར་བཏང་སྟེ་གོར་དམག་བཙན་འཛུལ་པ་བོད་ནས་མཐའ་སྐྲོད་བཏང་སྟེ་མཐའ་མཚམས་ཞི་བདེ་བརྟན་ལྷིང་ཡོང་བ་དང་། མི་དམངས་བདེ་ལ་འཁོད་ཐུབ་པ་དང་སྨྲགས་ཐེངས་དེའི་དམག་འཁྲུག་བརྒྱུད་དེ་བོད་ས་གནས་སྲིད་གཞུང་རང་ངོས་སུ་གནས་ཚུལ་ཚབས་ཆེན་མང་པོ་ཞིག་ལྷག་ཡོད་པ་གསལ་པོར་མངོན་པ་རེད། དེར་བརྟེན་གོང་མ་ཆན་ལུང་གིས་དམག་དཔོན་ཆེན་པོ་ཧྥུ་ཁང་ཨན་སོགས་པར་བཀའ་ཕབ་སྟེ། དམག་དཔུང་བོད་ནས་ཕྱིར་འཐེན་མ་བྱས་གོང་ངེས་པར་དུ་བོད་ཀྱི་ལུགས་སྲོལ་གསར་འཛུགས་དང་རྩ་ཆེག་དོན་ཚན་གཏན་འབེབས་བཟོ་དགོས་ཅེས་བཀའ་ཕབ་ནས་ཞིབ་ཞིང་ཕྲ་བའི་དོན་ཚན་ཉེར་དགུ་གཏན་འབེབས་བྱས་ཡོད་པར། ཏཱ་ལའི་བླ་མ་སྐུ་ཕྲེང་བརྒྱད་པ་འཇམ་དཔལ་རྒྱ་མཚོ་མཆོག་ནས་ཆིང་གོང་མས་ཐག་གཅོད་གཏན་འབེབས་གནང་རྒྱུའི་དོན་ཚན་ཁག་ལ་ཧུར་བརྩོན་གྱིས་རྒྱབ་སྐྱོར་དང་ངེད་ཀྱིས་བོད་བཞུགས་ཨན་བན་དང་མཉམ་དུ་བཀའ་བློན་དང་། བོད་རིགས་མང་ཚོགས་སོགས་ལ་སྐུལ་མ་དང་སྣེ་ཁྲིད་བྱས་ཏེ་གུས་པ་ཆེན་པོས་བཅི་སྲུང་ནན་ཏན་བྱས་ནས་བྱ་བ་གང་ཅི་ཚང་མ་སྒྲིག་ཡིག་ལྟར་ཏུར་ཐག་འབད་ཐག་གིས་བསྒྲུབ་རྒྱུ་ཡིན་ཞེས་དང་

ཡིན་ཞུས་གནང་བ་རེད།

སྤྱི་ཁྱབ་དམག་དཔོན་ཆེན་པོ་ཐུ་ཁང་ཨན་གྱིས་གཙོ་གཉེར་བྱས་པའི་འོག་ཏྭ་ལའི་བླ་མ་སྐུ་ཕྲེང་བརྒྱད་པ་འཇམ་དཔལ་རྒྱ་མཚོ་མཆོག་དང་སེར་སྐྱ་དཔོན་རིགས་ཚང་མ་མཉམ་དུ་སྒྲིག་སྲོལ་དོན་ཚན་ཁག་ལ་གྲོས་འཆམ་བྱུང་སྟེ། ཆིང་གུང་དབྱང་སྲིད་གཞུང་གིས་སྤྱི་ལོ་༡༧༨༣ལོར་གཏན་ལ་ཕབ་སྟེ《བོད་ཀྱི་ལུགས་སྲོལ་གསར་འཛུགས་སྐོར་གྱི་རྩ་ཆིག་དོན་ཚན་ཉེར་དགུ》ཞེས་བྱ་བ་དངོས་སུ་ཁྱབ་བསྒྲགས་བྱས་པ་རེད། རྩ་ཆིག་དོན་ཚན་ཉེར་དགུ་ནི་ཆིང་གུང་དབྱང་སྲིད་གཞུང་གིས་ཁྲིམས་ལུགས་ཀྱི་ཐོག་ནས་བོད་ཀྱི་ཆབ་སྲིད་སྒྲིག་སྲོལ་དང་། དམག་དོན། ནང་པ་སངས་རྒྱས་པའི་དོན་གནད། ཕྱི་འབྲེལ་དོན་གནད། ཁྲིམས་འཛིན་གྱི་དབང་སྒྱུར་དབང་ཆ། རྒྱལ་ཁབ་སྲུང་སྐྱོབ། སྤྱི་ཚོགས་བརྟན་ལྷིང་། དཔལ་འབྱོར་གོང་འཕེལ་གཏོང་རྒྱུ་བཅས་ཕྱོགས་གང་ཅིའི་ཐད་ལ་ཤུགས་རྐྱེན་དང་གལ་ཆེའི་བག་ཆགས་ཆེན་པོ་བཞག་ཡོད་པར་མ་ཟད། བོད་ས་གནས་སྲིད་གཞུང་དང་རྒྱ་ཆེའི་སེར་སྐྱ་མང་ཚོགས་ཚང་མས་སྲུང་བརྩི་དང་རྒྱབ་སྐྱོར་ཐོབ་ཡོད་ལ། ལག་ལེན་དངོས་ཀྱི་ནང་དུ་ནན་ཏན་དང་དོན་འཁྱོལ་ལག་བསྟར་བྱུང་ཡོད། དེའི་སྐོར་ལ་དེང་དུས་མི་མང་པོ་ཞིག་གིས་དོན་ཆེན་འགའ་ཞིག་དེ་ཙམ་གྱིས་གསལ་པོ་མ་མཁྱེན་པ་དཔེར་ན། ཆིང་གོང་མ་ཆན་ལུང་གིས་གསེར་བུམ་གནང་དགོས་དོན་གང་ཡིན་ནམ། གསེར་བུམ་དཀྲུགས་ཏེ་སྤྲུལ་སྐུའི་ཡང་སྲིད་ངོས་འཛིན་ཞུ་བའི་ལམ་ལུགས་འཛུགས་དགོས་དོན་གང་ཡིན། ཡང་བོད་ཀྱི་སེར་སྐྱ་ཞི་དྲག་དཔོན་རིགས་བསྐོ་གཞག་བྱེད་རྒྱུ་དེ་གང་འདྲ་བྱས་ཏེ་གཏན་འཁེལ་བཟོས་པ་སོགས་ནང་དོན་མང་པོ་ཞིག་སྒྲིག་སྲོལ་དོན་ཚན་ནང་དུ་གསལ་པོ་འཁོད་ཡོད་པ་རེད།

ལོ་རྒྱུས་ཞིབ་འཇུག་གནང་མཁན་གྱི་མཁས་པ་འགས་ད་ཕན《བོད་ཀྱི་ལུགས་སྲོལ་གསར་འཛུགས་སྐོར་གྱི་རྩ་ཆིག་དོན་ཚན་ཉེར་དགུ》ཞེས་པའི་མ་ཟིན་ཆ་ཚང་གཟིགས་རྒྱུ་དཀོན་པར་བརྟེན། ཁོ་མོས་དེར《བོད་ཀྱི་ལོ་རྒྱུས་རགས་རིམ་གཡུ་ཡི་ཕྲེང་བ》ཞེས་བྱ་བའི་སྨད་ཆ་ཤོག་གྲངས་༣༡༧ནས་༣༣༣བར་དུ་གསལ་བའི་ནང་དོན་ཆ་ཚང་

ཞལ་བཤུས་བྱས་ཏེ། དེ་སྔའི་བོད་ས་གནས་སྲིད་གཞུང་གི་ཡིག་ཚགས་དེབ་ཐེར་ཁོངས་《ཆུ་གླང་ལྷང་ཞུ་ཚུར་ཕུལ་གྱི་དེབ་》ཅེས་པ་ནས་དྲངས་པའི་དོན་ཚན་ཉེར་དགུ་མའི་ནང་དོན་ཆ་ཚང་འགོད་པ་གཤམ་གསལ།

"གོང་མ་ཆེན་པོའི་བཀས་མངགས་པ་སྲས་ཀྱི་གོ་ས་ལྕུ་ཡིན་དན་གྱི་བློན་ཆེན་དཔའ་བོ་དང་པོའི་གུང་ཅང་ཧྲུན་ཆེན་པོ་ཕྱུ། བཀས་མངགས་ཨིན་ཡོན་དན་གྱི་བློན་ཆེན་ལུགས་སྲོལ་སྒྱུར་ཁང་གི་ཨ་ལི་ཨམ་བན་སུན་བཀས་མངགས་དམག་གི་སྒྱུར་ཁང་གི་ཨ་ལི་ཨམ་བན་སི་ཁྲིན་ཙུང་ཐུ་ཧུས། བཀས་མངགས་བོད་ཀྱི་ལས་དོན་འཁུར་འཛིན་པ་ཀུང་བུ་ཞང་ཤུ་ཧོ། བཀས་མངགས་བོད་ཀྱི་ལས་དོན་རོགས་བྱེད་ཁྲིན་ཨམ་བན་བཅས་ནས་ཡི་གེ་བཏང་བར། ད་ལམ་ངེད་ཅང་ཧྲུན་ཆེན་པོ་ཅན་ནས་གསེར་སྙན་སྒྲོན་ཐོག །བོད་ཀྱི་ལས་དོན་གསར་འཛུགས་དོན་ཚན་ཉེར་ཤུ་རྩ་དགུའི་སྐོར་གསེར་སྙན་སྒྲོན་པའི་ཟིན་བྲིས་ཞལ་བཤུས་ཀྱིས་རིམ་པར་ཕུལ་བ་དེབ་གསལ་ལྟར་དང་། དེ་དག་རྣམས་རྒྱུན་རིང་སོང་སྐབས(སྐབས་)བོར་བརླག་བྱུང་ཚེ་སླར་ལས་དོན་བྱེད་དཀའ་བ་བས། ད་ལམ་ཡང་བསྐྱར་གནས་ཚུལ་འདི་བཞིན་ཕུལ་བ་ཏ་ལའི་བླ་མ་དང་རྗེ་དྲུང་ཧོ་ཐོག་ཐུ་ནས་དོན་ཚན་གྱི་དོན་རྗེ་རྣམས་ལ་གཞིགས་པའི་དགོངས་དོན་ལྟར་འཕྲལ་དུ་བཀའ་མདའ་རྫོང་གཞིས་སོ་སོར་བཀྲམ་ནས་ཚང་མ་ཧེ་སྲིད་བར་རྒྱུན་འཛུགས་བྱས་པ་ལ་ཚང་མས་འདི་སྐོར་ལ་སྔར་ལྟར་རྩིས་མེད་འོས་མིན་བྱས་ཚེ་ཉེས་པ་གཙོད་རྒྱུར་དེའི་ཆེད་དུ་ཕུལ། འདི་གདོང་ལུགས་སྲོལ་གསར་འཛུགས་ཀྱི་དོན་ཚན་ཉི་ཤུ་རྩ་དགུ་བཅས་ཕྱོགས་མཚུངས་སུ་ཕུལ། ལྷ་སྐྱོང་དགུང་ལོ་ང་བརྒྱད་པའི་ཟླ་ཚེས་ལ།

དོན་ཚན་དང་པོ། སྤྲུལ་སྐུ་ངོས་འཛིན་བྱེད་ལུགས་སྐོར། སོ་སོས་རྩད་གཙོད་ངེས་ཏིག་བྱས་ངོས། ཆོས་སྐྱོང་བཞི་ལ་ལུང་ཞུས་ཐོག་གོང་ནས་བསྐུལ་བའི་གསེར་བུམ་ནང་དུ་སྐུ་སྐྱེ་དོགས་གནད་ཡོད་རིགས་ཀྱི་མིང་དང་ལོ་ཟླ་དུས་ཚོས་ཤིང་བྱང་ཐོག་བཀོད་པ་བཙུག་སྟེ། བླ་མ་ཡོན་ཏན་བཟང་བ་འདེམ་སྒྲུག་གིས་ཞག་བདུན་རིང་སྐུ་རིམ་བྱས་རྗེས། ཧོ་ཐོག་ཐུ་རྣམས་འཛོམས་ནས་ཇོ་བོའི་སྐུ་མདུན་དུ་ཨམ་པ་(བན)དང་

ཕྱོགས་མཚུངས་ངོས་འཛིན་དང་། ཡང་ཆོས་སྐྱོང་བཞི་པོ་ཁ་མཐུན་གྱི་ངོས་འཛིན་བྱུང་ན། དེའི་མིང་ཡིག་ཤིང་བྱང་དང་ཤིང་བྱང་ཡི་གེ་མེད་པ་གཅིག་བཅས་བུམ་པའི་ནང་དུ་བཅུག་ནས། ཡི་གེ་མེད་པའི་ཤིང་བྱང་ཐོན་ན། དེ་ལ་བདག་འཛིན་བྱེད་རྒྱུ་མི་ཡོང་བས། སྐུ་སྐྱེ་ལོགས་སུ་རྩད་གཅོད་དགོས་དང་། ཡང་རྒྱལ་བ་ཡབ་སྲས་ལྟ་བུའི་སྐུ་སྐྱེ་ངོས་འཛིན་སྐབས། མཇུ་དང་རྒྱ་བོད་བཅས་ཀྱི་ཡི་གེ་སྣ་གསུམ་ཤིང་བྱང་ལ་བྲིས་པ་བྱས་ཆེ་སྤྱི་བྱིངས་ཚང་མ་དད་མོས་ཆེ་བ་ཡོང་།

དོན་ཚན་གཉིས་པ། གོང་གི་དཔོན་དམག་ནས་ས་མཚམས་སུ་དཔུང་འཇུག་གནང་བར་བརྟེན། གོརྑ་བས་མགོ་སྒྲུར་ཕྱག་འཚལ་ཞུས་སྐབས་བོད་ཡུལ་བདེ་འཇགས་སུ་འཁོད་པ་དང་། ཕྱོགས་མཐའི་རྒྱལ་ཁག་རིགས་ནས་ལྷ་སར་ཚོང་པ་ཡོང་རྒྱུན་རྣམས་ཚུལ་མཐུན་གྱི་སྒོ་ནས་སྔར་བཞིན་འགྲོ་འདུག་བྱས་ཆོག་ཅིང་། ཕྱོགས་མཐའི་མི་རིགས་དང་། ཁ་ཆེ་སོགས་ཀྱི་ཚོང་པའི་མིང་ཐོ་བཀོད་ནས་ཨམ་པའི་(བན)ཡ་མོན་དུ་དེབ་སྐྱོར་བྱེད་དགོས། དེ་མཚུངས་བལ་པོའི་ཚོང་པ་ལོ་རེ་ཐེངས་གསུམ་རེ་དང་། ཁ་ཆེ་ཚོང་པ་ལོ་རེ་ཚར་རེ་ཡོང་ཆོག་པ་བཅས་དེ་དག་ཕྱོགས་གང་དུ་འགྲོ་ཡང་དེ་གའི་ལམ་ཡིག་སྤྲོད་རྒྱུར། རྒྱལ་རྩེ་དང་། དིང་རི་བརྒྱུད་འགྲོ་མིའི་རིགས་གསར་འཛུགས་དཔོན་དམག་ནས་ལམ་ཡིག་ལ་མིག་བལྟ་དང་། ཕྱོགས་མཐའ་ནས་ཚུར་ཡོང་མིའི་རིགས་ལའང་གོང་བཞིན་རྩད་གཅོད་ཀྱིས་མི་གྲངས་འདི་ཡོད་གནས་ཚུལ་ཕུལ་བའི་ལྷ་སར་འབྱོར་སྐབས་ཞིབ་འཇུག་བྱེད་རྒྱུ་དང་། གཞན་ཡང་། འབྲུག་པ། འབྲས་ལྗོངས། ཙོང་པ་བཅས་ལྷ་སར་ཡོང་མིའི་རིགས་ལའང་གོང་བཞིན་གནས་ཚུལ་དང་། ས་མཚམས་ཀྱི་འགོ་ཡོད་སོ་སོས་རྩད་གཅོད་བྱེད་དགོས། གཞུང་ནས་བལ་ཡུལ་རྟེན་བཞེངས་མི་སྣ་དང་། གནས་མཇལ་དུ་འགྲོ་མི་སོགས་ཨམ་པ་(བན)ནས་དུས་ཆོས་བཀོད་དེ་ལམ་ཡིག་ཀྱང་སྤེར་རྒྱུར། དུས་ཐོག་ཏུ་ཕྱི་འཁོར་མ་བྱུང་ན་གོར་རྒྱལ་ལ་བཀའ་ཤོག་བཏང་ནས་འགུགས་རྒྱུ།

དོན་ཚན་གསུམ་པར། བོད་དུ་སྤར་ནས་དངུལ་ཊམ་ཁ་ལྷད་ཡོད་རིགས་ཤ་སྟག་ཡིན་པར། ཕྱིན་ཆད་ལྷད་མེད་པོ་ན་དང་། དེ་ཡང་སྤར་རྒྱུན་ཊམ་རེར་ཞོ་གང་སྐར་

ལྔའི་ལྡིད་ཡོད་པ་བྱས་ཏེ་ལྷད་མེད་ཏམ་ཁ་དྲུག་ལ་རྒྱ་དངུལ་སྲང་རེ་རྩིས་ངོས། རྒྱ་དངུལ་སྲང་རེ་ས་ནས་ཞོ་རེ་པར་རྒྱུག་གི་དགོས་བྱེད་ལ་བཅད་པ་ཡིན། ད་ལམ་ཏམ་གསར་ལྷད་མེད་དང་གོར་ཏམ་ལྷད་མེད་འདྲ་བའི་འཛའ་ཁྱད་གོང་བཞིན་དང་། ཏམ་ཁ་ལྷད་ཡོད་གསར་རྙིང་ཁྱད་མེད་ཀྱི་ཏམ་བརྒྱད་རེར་རྒྱ་དངུལ་སྲང་རེ་བཅས་བྱེད་རྒྱུ་དང་། ཕྱིན་ཆད་ཏམ་གསར་ལ་ལྷད་ཆ་ཕྲན་ཙམ་བཏང་མི་ཆོག །

དོན་ཚན་བཞི་པར། དམག་མི་གསར་འཇུགས་བྱས་པ་དབུས་གཙང་སོ་སོར་སྟོང་ཕྲག་རེ་དང་། རྒྱལ་རྩེ། དིང་རི་སོ་སོར་ལྔ་བརྒྱ་རེ་བཅས་ཁྲོན་སུམ་སྟོང་དགོས་པ་ས་གནས་སོ་སོའི་འབྲེལ་མཚུངས་ནས་བཙུགས་ཐོག །ད་ལམ་གསར་བསྐྲས་དང་བཅས་དམག །མི་ལྔ་བརྒྱ་རེ་མདའ་དཔོན་རེ། ལྷ་སའི་བོད་དམག་སྤྱི་ཁྱབ་རྒྱ་དཔོན་ཡུ་ཐཱི་དང་། གཞིས་རྩེ། རྒྱལ་རྩེ། དིང་རི་བཅས་ཀྱི་སྤྱི་ཁྱབ་གཞིས་རྩེའི་རྒྱ་དཔོན་ཏུ་སི་ནས་བྱེད་རྒྱུ། གོང་གསལ་དམག་མི་གསར་འཇུགས་རྣམས་ཀྱི་མིང་ཐོ་གཅིག་ཨམ་བར་(བན་ལ་) འབུལ་ལུགས་དང་། གཅིག་བཀའ་ཤག་ཏུ་འཇོག་དགོས་རྒྱུར། དེ་ཡོངས་ནས་དམག་མི་འདས་རིགས་བྱུང་ཚེ་དེབ་བརྗོད་དང་། ཚབ་འཕྲལ་འཇུག་བྱེད་དགོས།

དོན་ཚན་ལྔ་པར། སྔར་ནས་དམག་མི་འགོ་ཡོད་མདའ་དཔོན་ཙམ་ལས་མེད་འདུག་ཀྱང་། ད་ཆ་མདའ་དཔོན་གྱི་འོག་ཏུ་རུ་དཔོན་བཅུ་གཉིས་དང་། རུ་དཔོན་གྱི་འོག་ཏུ་དམག་མི་ཉིས་བརྒྱ་ལྔ་བཅུ་རེ། རུ་དཔོན་གྱི་འོག་ཏུ་བརྒྱ་དཔོན་ཉི་ཤུ་རྩ་བཞི། བརྒྱ་དཔོན་རེར་དམག་མི་བརྒྱ་དང་ཉི་ཤུ་རྩ་ལྔ་རེ། བརྒྱ་དཔོན་གྱི་འོག་ཏུ་ལྡིང་དཔོན། ལྡིང་དཔོན་རེའི་འོག་ཏུ་དམག་མི་ཉི་ཤུ་རྩ་ལྔ་རེ་བཅས་དེ་དག་ཚང་མ་མི་ན་གཞོན་རྩལ་ལྡན་ཤ་སྟག་འདེམས་སྒྲུག་གིས་འཇུག་པ་དང་། བཀའ་ཤོག་ཀྱང་སྦྲོད་དགོས། མདའ་དཔོན་གྱི་འོས་ལ་རུ་དཔོན། རུ་དཔོན་གྱི་ཚབ་ཏུ་བརྒྱ་དཔོན། དེ་ཚབ་ལྡིང་དཔོན་བཅས་རིམ་བཞིན་འཕར་དགོས་ལ། མི་དྲག་དང་། དྲུང་འཁོར་ཡིན་ཀྱང་གོང་བཞིན་གནས་རིམ་འཕར་ལས། མཐོ་འཛེགས་བྱས་མི་ཆོག་པ་དང་། མི་སེར་བྱིངས་དམངས་ཀྱི་ཡོངས་ནས་ལྡིང་དཔོན་གྱི་གོ་ས་བྱས་མི་ཆོག་པའི་སྲོལ་ཞིག་ཡོད་

ཚོད་ལ། དེ་ཡང་ཕྱིན་ཆད་སོ་སོའི་བློ་སྟོབས་ཤེས་འབོས་སོགས་ཀྱིས་འཕེར་བ་ཡོད་ཚེ་རིམ་བཞིན་འཕར་ཚོག་པ་ལས་བཀག་འགེགས་མི་དགོས།

དོན་ཚན་དྲུག་པར། སྔར་ནས་དམག་མི་རྣམས་ལ་ཕོགས་དང་དགྲ་ཆས་རིགས་སྒྲིད་སྒྲོལ་མེད་འདུག་ཀྱང་། ཕྱིན་ཆད་དམག་མི་རེར་ལོ་ལྟར་འབྲུ་དན་གཉིས་དང་བསྐྱལ་ལྡེ་རེ་སྒྲིད་རྒྱུར་ཁྱིན་འབྲུ་དན་བདུན་སྟོང་ལྡེ་བརྒྱ་དགོས་པ་དབུས་གཙང་གི་འབབ་ཡོང་ཐོག་ནས་མ་འདང་ཡང་། ཞྭ་དམར་བ་དང་། དྲུང་པ་ཧོ་ཐོག་གྲུ། བསྟན་འཛིན་དཔལ་འབྱོར་བཅས་ཀྱི་ས་རིགས་འབབ་ཡོང་ཐོག་ནས་གཏོང་བ་དང་། དེས་ཀྱང་མ་འདང་ན་ཞྭ་དམར་བ་བློ་བཟང་འཇམ་དཔལ་གྱི་དངོས་ཆས་བཙོང་པའི་རིན་ཐོག་ནས་བཏང་ན་འདང་ངེས་འདུག་ཅིང་། དམག་མིའི་ཕོགས་སུ་ཚུད་པ་གང་ཡིན་ལ་ཏཱ་ལའི་བླ་མས་ཁྲལ་ཆག་གི་བཀའ་ཤོག་ཀྱང་བསྐྱལ་དགོས་དང་། མདའ་དཔོན་རྣམས་ལ་མདའ་གཞིས་ཡོད་སྐབས་ཕོགས་མ་དགོས་ཤིང་། དེ་ཕྱིན་ལོ་ལྟར་རུ་དཔོན་རེར་དངུལ་སྲང་སུམ་ཅུ་སོ་དྲུག་རེ་དང་། བརྒྱ་དཔོན་རེར་དངུལ་སྲང་ཉི་ཤུ་རེ། ལྡིང་དཔོན་རེར་དངུལ་སྲང་བཅུ་བཞི་དང་ཞོ་བརྒྱད་རེ་བཅས་སྒྲིད་རྒྱུ་ཁྱིན་བསྡོམས་ལོ་རེར་དངུལ་སྲང་ཉིས་སྟོང་དྲུག་བརྒྱ་ཐོབ་པ་གཞུང་ནས་སྟོན་དཔྱིད་གཉིས་སུ་ཚར་ཏེ་བོད་བཞུགས་ཨམ་པར་(བན་ལ་)ཕྲུལ་ནས་སྒྲིད་དགོས།

དོན་ཚན་བདུན་པར། དམག་མིའི་དགྲ་ཆས་སྒྲིད་འོས་ལ་བཅུ་ཆ་ལྔར་མེ་མདའ། བཅུ་ཆ་གསུམ་ལ་མདའ་གཞུ། བཅུ་ཆ་གཉིས་ལ་གྲི་མདུང་བཅས་དགོས་པར། དབུས་གཙང་གི་དགོན་སྡེ་ཚང་མར་ཙད་གཙོད་ཀྱིས་དགྲ་ཆས་འཕེར་ངེས་གང་བྱུང་ལ་རིན་སྲིད་རྒྱུ་དང་ཞྭ་དམར་ཏུ་བའི་འབབ་དངུལ་སྲ་ལྡེ་བརྒྱ་ལྡེ་བཅུ་ལྷག་ཙམ་འདུག་པ་དེ་ཐོག་ནས་དགྲ་ཆས་རིགས་དང་། མེ་རྫས་སོགས་ལོ་ལྟར་གཞུང་ནས་ཀོང་པོ་དང་དཔལ་འབར་བཅས་ལ་མི་སྣ་བཏང་ནས་སྒྲུབ་འཚོལ་གྱི་དམག་མིས་ཀྱང་རྩལ་སྦྱོང་ཡང་དག་བྱེད་དགོས།

དོན་ཚན་བརྒྱད་པར། ཏཱ་ལའི་བླ་མ་དང་པཎ་ཆེན་ཨེར་ཏེ་ནི་གཉིས་ཀྱི་གཏོང་

སྒོ་དང་། འབབ་ཡོང་རིགས་ལ་སྐྱ་ཉེ་སྐྱ་འཁོར་སོགས་ནས་འགན་ཁུར་བྱས་སྟབས་བར་ལག་རྟེ་བག་བྱུང་དོགས་འདུག་པས། སླད་ནས་བོད་བཞུགས་ཨམ་པས་(བན་གྱིས་)ཞིབ་འཇུག་བྱེད་དགོས་ལ། བཀའི་དགོངས་དོན་བཞིན་སྟོན་དཔྱིད་སོ་སོར་གནས་ཚུལ་འབུལ་དགོས།

དོན་ཚན་དགུ་པར། སངས་རྒྱས་ཐམས་ཅད་སེམས་ཅན་ལ་དགོངས་པ་དེ་བཞིན་དུ་ཏཱ་ལའི་བླ་མ་དགེ་འདུན་གྱི་སྡེ་དབུས་སུ་ཕེབས་ནས་ཆོས་འཆད་པ་དང་། དགེ་འདུན་ལ་བཀུར་སྟི་མཛད་པ་སོགས་སྐྱེ་འགྲོའི་བདེ་སྐྱིད་ཀྱི་དོན་ཡིན་པས། མངའ་ཞབས་མི་སེར་རྣམས་ལའང་བྱམས་པས་སྐྱོང་དགོས་པ་ལ། རྐུན་མས་གནོད་འཚེ་བྱས་པར་བརྟེན་ཚང་མ་ཁག་སྡུག་ཆེན་པོ་བྱུང་སོང་བས། ད་ལམ་སྐྱིད་གྲོང་དང་། རོང་ཤར། གཉའ་ནང་བཅས་ཀྱི་མི་སེར་ལ་ལོ་གཉིས་རིང་རྐང་འགྲོ་ལག་འདོན་གྱི་ཁྲལ་རིགས་ཆེ་ཕྲ་ཆག་ཡང་དང་། རྫོང་དགའ། དིང་རི། མཁར་རྟ། ཆུ་འདུས་བཅས་ལ་ལོ་གཅིག་གི་རིང་ཁྲལ་ཆག་གོང་མཚུངས་སོང་ཞིང་། དེ་ཕྱིན་དབུས་གཙང་རྒྱ་ཁྲབ་ཏུ་ལྕགས་ཕག་ཕན་གྱི་ཁྲལ་ཆད་རྩ་ཡང་དང་། རྩེ་ཤོད་ཀྱི་དྲུང་འཁོར་རྫོང་གཞིས་སྡེ་སྡོད་སོགས་ཀྱི་ཆད་རིགས་ཕྱེད་ཆ་ཡང་པ་བཅས་སོང་བ་བོད་ལྗོངས་བདེ་ཐབས་ཁོ་ནའི་ཆེད་ཡིན།

དོན་ཚན་བཅུ་པར། བོད་བཞུགས་ཨམ་པ་(བན་)འཆར་ཅན་ཡ་མོན་སོགས་ལ་རྩེར་ཡོང་དགོས་ལས། གཞན་མ་ལས་དོན་གང་ཅི་ཏཱ་ལའི་བླ་མ་དང་པཎ་ཆེན་ཨེར་ཏེ་ནི། བོད་བཞུགས་ཨམ་བན་བཅས་འདྲ་མཉམ་གྱི་གྲོས་བསྡུར་བྱེད་པ་དང་། བཀའ་བློན་གྱི་འགོ་བྱས་བོད་ཀྱི་ལས་སྡེ་འགོ་ཡོད་བླ་མ་སོགས་ཆེ་ཕྲ་ཀུན་གྱིས་ཨམ་པའི་(བན་གྱི་)ངག་བཀོད་དང་ལེན་དང་། བཀྲ་ཤིས་ལྷུན་པོའི་ལས་དོན་གསོལ་དཔོན་མཁན་པོས་བྱེད་དགོས་གང་ཅི་དྲང་བཞག་དང་བྱེད་སྒོ་གང་ཅི་བོད་བཞུགས་ཨམ་བན་ལ་སྟོན་ཚད་གནས་ཚུལ་ཕུལ་ནས་ས་སྐོར་དུ་འགྲོ་སྐབས་ཞིབ་འཇུག་བྱས་ཆོག་པ་བྱེད།

དོན་ཚན་བཅུ་གཅིག་པར། བཀའ་བློན་ཚབ་འཇུག་བྱེད་སྐབས་འོས་ལ་མདའ་

དཔོན་དང་། རྫིས་དཔོན། ཕྱག་མཛོད་བཅས་ནས་ཤེས་ཡོང་(ཡོན)དང་བྱས་པ་ཆེ་ཆུང་ལ་དཔགས་པའི་ངོད་བཞུགས་ཨམ་པ་(བན)དང་། ཏཱ་ལའི་བླ་མས་འདེམས་སྒྲུག་གིས་མི་གཉིས་གསེར་སྐྱན་དུ་ཕུལ་ནས་བསྐོ་གཞག་གནང་རྒྱུ་དང་། བླ་མ་བཀའ་བློན་གྱི་ཚབ་འཛུག་ལ་མཁན་པོ་ཆེ་ཁའི་གྲས་ནས་འདེམས་སྒྲུག་གསེར་སྐྱན་དུ་ཕུལ་ནས་བསྐོ་གཞག་དང་། མདའ་དཔོན་གྱི་ཚབ་འཛུག་དགོས་རིགས་དམག་གི་རུ་དཔོན་གྲས་དང་། དེ་མིན་ས་མཚམས་ཀྱི་རྫོང་དཔོན་སོགས་འདེམས་སྒྲུག་གིས་མི་གཉིས་གསེར་སྐྱན་སྤྲོན་ནས་བསྐོ་གཞག་བྱེད་རྒྱུ་ལས། དམག་གི་འགོ་བྱེད་དང་རྩལ་སྦྱོང་ལ་འཕྲུས་ཤོར་ཡོང་རིགས་བྱས་མི་ཆོག །རྫིས་དཔོན་དང་ཕྱག་མཛོད་ཀྱི་ཚབ་བསྐོ་འོས་གཉེར་ཚང་པ་དང་། བཤེར་དཔང་། བཀའ་དྲུང་ཆེ་བ། རྩེ་དྲུང་བླ་མ་བཅས་ཀྱི་ཐོག་ནས་བསྐོ་གཞག །གཉེར་ཚང་དང་། བཤེར་དཔང་གི་ཚབ་ཞོལ་པ་དང་། མི་དཔོན། རྟ་དཔོན་བཅས་ནས་འགྲོ་དགོས། ཞོལ་པ་དང་། མི་དཔོན། རྟ་དཔོན་བཅས་ཀྱི་ཚབ་ཕྱོགས་ཀྱི་རྫོང་དཔོན་དང་། བཀའ་ཤག་མགྲོན་གཉེར་གྱི་གྲས་བསྐོ་རྒྱུ། གཉེར་ཚང་དང་། ཞོལ་པ་སོགས་གྲྭ་པ་ཡིན་རིགས་གྲྭ་པའི་གྲས་རང་ནས་བསྐོ་དགོས། དྲུང་ཡིག་ཆེ་བའི་ཚབ་ཏུ་དྲུང་ཡིག་ཆུང་བ་དང་། མགྲོན་གཉེར་སོགས་བསྐོ་བཞག །རྫོང་འགོ་ཆེ་བ་དང་། ས་མཚམས་ཀྱི་རྫོང་དཔོན་ཚབ་འཛུག །དགོས་རིགས་རྫོང་འགོ་ཆུང་བའི་ཐོག་ནས་འཕར་དགོས། དྲུང་ཡིག་ཆུང་བའི་ཚབ་འཛུག་དམག་མིའི་བརྒྱ་དཔོན་དང་། འགོ་བྱེད། གཞན་ཡང་བབ་མཚུངས་ཀྱི་བསྐོ་བཞག །ཕྱོགས་ཀྱི་རྫོང་དཔོན་དང་། རྫོང་ཁག་ཆུང་བ་ལ་དྲུང་འཁོར་བྱིངས་གྲས་ནས་བསྐོ་བཞག །ས་མཚམས་ཀྱི་མཆོན་རྫོང་འགོ་ཆེ་ཆུང་ཚང་མ་དེབ་བཀོད་བྱས་ཆོ་ལས་དོན་བྱེད་བདེ་བ་ཡོང་། ཡང་སེར་མོ་བ་རྫོང་དཔོན་བྱེད་མིའི་རིགས་འདི་དག་ཏཱ་ལའི་བླ་མའི་སྐུ་ལ་བཅར་བར་སོང་གཤིས་ངོ་ཚབ་གཏོང་རྒྱུའི་ཐད། ངོ་ཚབ་འདི་ཡིན་བོད་བཞུགས་ཨམ་པར་(བན་ལ)ཞུས་ནས་འདེམས་སྒྲུག་གིས་བསྐོ་བ་ལས། སོ་སོས་ངོ་ཚབ་ཐག་བཅད་ནས་བཏང་མི་ཆོག །བཀའ་ཤག་མགྲོན་དྲུང་འདི་དག་གནས་ཆུང་དུ་ཡིན་འདུག་ཀྱང་། བཀའ་བློན་གྱི་རོགས་བྱེད་

དགོས་སྐབས་རྩ་བ་ཆེ་ཙམ་ལ། དྲུང་འཁོར་ཤེས་ཡོང་(ཡོན)ཆེ་བ་འདེམས་སྒྲུག་གིས་བསྐོ་དགོས། དངུལ་པར་རྒྱུག་གི་ངོ་དམ་ལ་རྩིས་དཔོན་གཉིས་དང་། རྩེ་དྲུང་གཉིས་བཅས་བསྐོ་དགོས་སོགས་གོང་གསལ་བསྐོ་བཞག་བྱེད་རྒྱུ་ཚང་མ་བོད་བཞུགས་ཨམ་བན་དང་ཏཱ་ལའི་བླ་མར་མོས་བསྡུར་གྱིས་བསྐོ་དགོས། བཀའ་བློན་དང་མདའ་དཔོན་སྐོར་གོང་དུ་གསེར་སྣན་སྒྲོན་པ་དང་། དེ་ཕྱིན་སྣན་སྒྲོན་མ་དགོས་པ་ཏཱ་ལའི་བླ་མ་དང་ཨམ་བན་(གྱིས་)མཇུ་རྒྱ་བོད་ཀྱི་ཡི་གེའི་བཀའ་ཤོག་སྤྲད་འཕྲུས། རྩ་གཉེར། འགག་པ། རྩམ་ལེན། གུར་པ། ཤེ་མ་བཅས་ཏཱ་ལའི་བླ་མ་རང་ནས་བསྐོ་བཞག་མཛད་ཆོག །བཀྲ་ཤིས་ལྷུན་པོའི་ཕྱག་མཛོད་བསྐོ་དགོས་གསོལ་དཔོན་གཟིམ་དཔོན་ཐོག་ནས་བསྐོ་བ་དང་། གསོལ་དཔོན་གྱི་ཚབ་རྩེ་དྲུང་གྲུས་ནས་བསྐོས། གཟིམ་དཔོན་གྱི་ཚབ་མགྲོན་གཉེར་བཅས་རིམ་འཕར། བཀྲས་ལྷུན་ཁོངས་གཏོགས་རྒྱ་བྲོན་ཆུང་གཤིས། ལས་ཀྱི་ཙུ་ལག་སོགས་སྤར་རྒྱུན་ལྟར་བྱས་ཆོག །ཕྱག་མཛོད། གསོལ་གཟིམ། རྫོང་འགོ་ཆེ་ཁ་སོགས་དབུས་ནང་བཞིན་བོད་བཞུགས་ཨམ་བན་དང་པཎ་ཆེན་ཨེར་ཏེ་ནི་མོལ་བསྡུར་གྱིས་བསྐོ་བ་དང་། བཀའ་ཤོག་སྤྲོད་དགོས། དེ་ཕྱིན་རྩ་བ་ཆུང་རིགས་སྤར་རྒྱུན་བཞིན་བསྐོས་ཆོག །

དོན་ཚན་བཅུ་གཉིས་པར། ཏཱ་ལའི་བླ་མ་བཅས་ཀྱི་ཉེ་རིགས་ནས་ལས་དོན་བྱས་ཆོ་ལས་དོན་འཕྲུས་སྐོ་མི་ཚང་འདུག་པ་བཅས་ཕྱིན་ཆད་ཏཱ་ལའི་བླ་མ་དང་པཎ་ཆེན་ཨེར་ཏེ་ནི་ཞལ་བཞུགས་རིང་སོ་སོའི་ཉེ་རིགས་ནས་ལས་དོན་བྱས་མི་ཆོག་ཅིང་། སྔར་ཞིང་བརྗེས་པ་སོགས་བྱུང་ཚེ་སྐུ་ཉེ་རྣམས་ལ་ཤེས་འཁོས་དང་བསྟུན་པའི་ལས་དོན་བྱས་ཆོག

དོན་ཚན་བཅུ་གསུམ་པར། བོད་བཞུགས་ཨམ་བན་གཉིས་རེས་མོས་ཀྱིས་སྟོན་དཔྱིད་གཉིས་ལ་གཙང་གི་ས་སྐོར་དང་། དམག་མི་རྩལ་སྦྱོང་གི་སར་འགྲོ་སྐབས་ཡུལ་གྱི་རྒྱ་དཔོན་དང་རྫོང་དཔོན་བཅས་ནས་དམག་མིར་ཁག་སྦྱོང་དང་། མི་སེར་ལ་བཙབ་གསིག་བཏང་མིན་ཨམ་པར་(བན་ལ)ཞུ་དགོས་དང་། ཨམ་བན་གྱི་དགོས་ཆ་ཙུས་

མི་སོགས་ལ་བརྫལ་སྨྲ་སྤྲོད་པ་ལས་བརྫབ་གསིག་བཏང་མི་ཆོག །

དོན་ཚན་བཅུ་བཞི་པར། སྔར་ནས་ཕྱིའི་རྒྱལ་ཁག་གོར་ཁ །འབྲུག་པ། འབྲས་ལྗོངས། ཙོང་པ་སོགས་ནས་བོད་དུ་འཛུལ་འགྲུལ་དང་དོན་གཅོད་དུ་ཡོང་རིགས་ལ་ཏཱ་ལའི་བླ་མས་ཡིག་ལན་འཁྱུས་པོ་མ་བྱུང་བ་དཔེར་ན། སྔོན་དུ་གོར་ཁ་ནས་ཏམ་ཁའི་སྐོར་གྱི་གླེང་གཞི་བྱས་པར་ལན་འདེམས་ཇི་བཞིན་མ་བྱུང་སྐབས་འཁྲུག་འཛིང་གི་རྒྱུ་བྱས་འདུག་པ། ཕྱིན་ཆད་གོར་ཁ་ནས་ཏཱ་ལའི་བླ་མ་དང་། བོད་བཞུགས་ཨམ་པ་(བན)བཅས་ལ་མི་སྣ་ཆེད་མངགས་ཡོང་རིགས་ལ་ཡིག་ལན་སོགས་ཨམ་བན་གྱི་ངག་བཀོད་ལྟར་བྱེད་ཅིང་། དེས་མཚུངས་ཕྱོགས་མཐའ་ནས་ཡིག་བསྐུར་བྱུང་རིགས་ཀྱང་བོད་བཞུགས་ཨམ་བར་(བན་ལ་)སྤྱན་བསྐུར་ཞུ་དགོས། ཡང་འབྲུག་པ། འབྲས་ལྗོངས། ཙོང་པ། གློ་བོ་སློན་ཐང་བཅས་མགོ་གཉིས་ལྟ་བུར་སོང་སྐབས་དེ་དག་ནས་ཏཱ་ལའི་བླ་མ་དང་། པཎ་ཆེན་ཨེར་ཏེ་ནི་བཅས་(ལ་)འབུལ་བ་བྱུང་རིགས་ལ་བཀག་ཆ་བྱེད་རྒྱུ་མི་འདུག་ཀྱང་། ཞིབ་འཇུག་ཡང་དག་བྱེད་དགོས། ཕྱོགས་མཐའི་མི་རིགས་བོད་དུ་ཡོང་མི་རྣམས་ལ་ས་མཚམས་སོ་སོའི་རྫོང་དཔོན་ནས་མི་གྲངས་ཇི་ཡོད་ཐོ་བཀོད་དེ་བོད་བཞུགས་ཨམ་པར་(བན་ལ་)ཞུ་དགོས། དེ་མཚུངས་རྒྱལ་རྩེ་དང་། དིང་རིའི་རྒྱ་དཔོན་ནས་ཀྱང་རྩད་གཅོད་བྱེད་དགོས། ཡང་རྒྱལ་ཕྲན་རིགས་ནས་བོད་བཞུགས་ཨམ་པར་(བན་ལ་)ཡི་གེ་བྱུང་བའི་ལན་ཨམ་པ་(བན)རང་ནས་བཏང་འཁྱུས་དང་། ཏཱ་ལའི་བླ་མ་སོགས་ལ་ཡི་གེ་བྱུང་ཚེ་ལན་གཏོང་ཚོད་སོགས་ཨམ་པར་(བན་ལ)ཞུས་ནས་ཕྱིར་ལོག་བྱེད་དགོས། བཀའ་བློན་ཡང་རྒྱ་བོད་ཀྱི་ལས་བྱེད་མིར་སོང་གཤིས། ཕྱོགས་མཐའི་རྒྱལ་ཕྲན་ལ་རང་འཚམ་གྱི་ཡི་གེ་(བཏང་)མི་ཆོག་ཅིང་། ཕྱོགས་མཐའ་ནས་ཚུར་ཡི་གེ་བྱུང་རིགས་ཨམ་པ་(བན)ལ་ཕུལ་ནས་ཏཱ་ལའི་བླ་མ་དང་གྲོས་བསྡུར་གྱིས་ཡི་གེའི་ལན་གཏོང་བ་ལས་རང་འཚམ་གྱིས་བཏང་མི་ཆོག །

དོན་ཚན་བཅོ་ལྔ་པར། ས་མཚམས་སྐྱིད་གྲོང་། གཉའ་ནང་། རོང་ཤར། མཁར་ཏ། ས་དགའ། ཁུམ་བུ་བཅས་གོར་ཁ་དང་ཁད་ཉེ་ཡིན་འདུག་པར། སྐྱིད་གྲོང་ཕན་

རི་སོག་ཟམ་པ། གཉའ་ནང་ཕན་འགྲམ་གྱི་ཅ་ཟམ། རོང་ཤར་གྱི་ས་མཚམས་བཅས་ཐོ་པོས་གཙོད་དགོས་ཀྱང་འཕྲལ་དུ་བྱེད་པ་ལས་ཕྱི་འགྱངས་བྱེད་མི་ཆོག་ཅིང་། བལ་པོ་དང་བོད་མི་བཅས་ཕར་ཕྱིར་རང་མཚམས་ཀྱི་ཕྱིན་མི་ཆོག་པ་བཅས་བོད་བཞུགས་ཨམ་པ་(བན)ས་སྐོར་དུ་འགྲོ་སྐབས་ཞིབ་དཔྱོད་བྱེད་དགོས།

དོན་ཚན་བཅུ་དྲུག་པར། ཕྱོགས་མཐའི་རྫོང་འགོ་འདི་དག་ས་མཚམས་མི་སེར་གྱི་འགོ་འཆིངས་དང་། ཕར་ཕྱིར་(འགྲོ་)འདུག་བྱེད་མི་རྩད་གཅོད་བྱེད་དགོས་སོགས་རྩ་བ་ཆེ་བར། མི་ཤེས་ཡོང་མེད་པའི་རིགས་བཏང་ཚེ་འབྲུས་ཤོར་ཡོང་རིགས་ལ་རྫོང་དཔོན་ཆུང་ཁ་དང་། དམག་མིའི་འགོ་བྱེད་དྲག་གྲས་འདེམས་སྒྲུག་གིས་གཏོང་དགོས་ལ་ལོ་གསུམ་རེ་བཞག་སྟེ་ལས་དོན་འབྲུས་པོ་བྱུང་ན་མདའ་དཔོན་གྱི་གོ་སར་སྤར་བ་དང་། ཡང་འབྲུས་མིན་བྱུང་ན་གནས་ཕབ་དགོས།

དོན་ཚན་བཅུ་བདུན་པར། སྡོན་ཕན་འགོ་ཡོད་བསྐོ་བཞག་བྱེད་སྐབས་དྲུང་འཁོར་གྲས་བསྐོ་བ་ལས། བྱིངས་གྲས་ནས་བསྐོ་སྲོལ་མེད་པ་དང་། གལ་སྲིད་འགོ་ཡོད་བསྐོས་ཀྱང་མཐོ་ན་ལྡིང་དཔོན་ཙམ་དང་། འགོ་པ་ཆུང་བ་མ་གཏོགས་དེ་ཡན་འཕར་མི་ཆོག་པ་ལྟ་བུ་ཞིག་ཡོད་འདུག་པ། དེ་ན་འབྲུས་ཤོར་ཡོང་རིགས་ལ། ཕྱིན་ཆད་དམག་མིའི་གྲས་ནས་ཤེས་ཡོང་(ཡོན)དང་དགྲ་ནུས་ཆེ་བ་ཡོད་ཚེ་དྲུང་རྒྱུད་མིན་ཀྱང་ལྡིང་དཔོན་ནས་བཟུང་མདའ་དཔོན་གྱི་བར་རིམ་བཞིན་འཕར་ཆོག །འགོ་མི་བསྐོ་འོས་རིགས་སྔར་རྒྱུན་དྲུང་གྲས་ནས་བསྐོ་པ་ལས། ལས་ཚན་ཕ་ཤུལ་བུ་འཛགས་བྱས་ཚེ་འབྲུས་ཤོར་གྱི་རྒྱུ་དང་། དྲུང་ཡིག་ཆུང་བ། མགྲོན་གཉེར། རྫོང་དཔོན་ཆུང་ཁ་སོགས་བསྐོ་རྒྱུ་བྱུང་ཡང་ལོ་བཅོ་བརྒྱད་ཡན་ལ་བསྐོ་བ་ལས། ལོ་ཆུང་རིགས་ལ་བསྐོ་མི་ཆོག

དོན་ཚན་བཅོ་བརྒྱད་པར། མཁན་པོ་ཟེར་བ་དགོན་པའི་འགོ་བྱེད་ཡིན་འདུག་པར། ཡོན་ཏན་ཆེ་ཞིང་མི་བབ་བཟང་རིགས་བསྐོ་དགོས་དང་། ཡང་དགོན་པ་ཆེ་བའི་བླ་མ་སོགས་ནས་ཆོས་གཞིས་རྒྱ་ཆེ་བཟུང་བའི་ཚོང་ཁེ་སོགས་བྱེད་ཀྱི་ཡོད་འདུག་པ། ཕྱིན་ཆད་དགོན་པ་ཆེ་བའི་བླ་མ་བསྐོ་བཞག་སྐོར་ཏྭ་ལའི་བླ་མ་དང་། བོད་

བཞུགས་ཨམ་པ།(བན།) རྗེ་དྲུང་ཧོ་ཐོག་ཐུ་བཅས་གྲོས་བསྡུར་འདེམས་སྒྲུག་གིས་བསྐོ་བཞག་བྱས་པའི་གསུམ་གའི་བཀའ་ཤོག་ཐམ་ག་ཡང་སྤྲོད་དགོས་དང་། དགོན་པ་ཆུང་བའི་མཁན་པོ་བླ་མ་བསྐོ་རྒྱུའི་རིགས་སྔར་རྒྱུན་ལྟར་ཏཱ་ལའི་བླ་མ་ནས་བསྐོ་བཞག་བྱེད།

དོན་ཚན་བཅུ་དགུ་པར། གཞུང་ནས་ཁྲལ་བསྡུས་ཀྱི་དངུལ་དང་། དངོས་པོ་ཉོ་ཚོང་སོགས་ལ་དངུལ་གྱི་འཛའ་ཁྱད་གསར་འཛུགས་ལྟར་ཏམ་གསར་དང་ཏམ་རྙིང་དབྱེ་འབྱེད་ཀྱིས་སྤྲོད་ལེན་བྱེད་པ་ལས་འཕར་མ་བླངས་མི་ཆོག །

དོན་ཚན་ཉི་ཤུ་པར། སྐྱིད་གྲོང་། གཉའ་ནང་བཅས་ནས་འབྲས། ཚྭ། དངོས་པོའི་རིགས་ཀྱི་ཤོ་ཁྲལ་ལེན་སྲོལ་སོགས་སྔར་བཞིན་བྱས་ཆོག་ཀྱང་། དེ་དོན་བོད་བཞུགས་ཨམ་པར་(བན་ལ་)ཞུས་ནས་ལས་དོན་བྱེད་པ་ལས་འཕར་ལེན་སོགས་སྤྲ་མོ་ཙམ་བྱས་མི་ཆོག

དོན་ཚན་ཉི་ཤུ་རྩ་གཅིག་པར། བོད་ཁོངས་མི་སེར་ཚང་མའི་ཁྲལ་ཨུལ་མི་རྫིང་རྟ་ཁལ་སོགས་གང་ལའང་མི་སེར་ཁྱིར་ཞན་རྣམས་ཁག་སྤྱོང་ཆེ་ཞིང་། ཕྱུག་པོ་རྣམས་བཀའ་ཤོག་གིས་ཁྲལ་ཆད་པ་དང་། ཏཱ་ལའི་བླ་མ་རྣམས་ཀྱི་ཉེ་རིགས། ཧོ་ཐོག་ཐུ་ཆེ་བ་མང་དག་གིས་བཀའ་ཤོག་སྤྲོད་པ་དང་། བཀའ་མདའ། བླ་མ་ཆེ་བ་སོགས་ཀྱི་གཞིས་ཀ་མི་སེར་ལ་བཀའ་ཤོག་སྤྲད་ནས་ཁྲལ་བོགས་ཡང་བ་སོགས་འདུག་པ་འདི་རིགས་ཕྱིན་ཆད་བཀའ་ཤོག་ཚང་མ་བསྡུས་ནས་མི་སེར་ཚང་མ་ཁྲལ་རིགས་སྙོམས་པ་བྱེད་དགོས། ངེས་མེད་དམིགས་བསལ་ཡོད་རིགས་ཏཱ་ལའི་བླ་མ་དང་། བོད་བཞུགས་ཨམ་བན་གྲོས་བསྡུར་གྱིས་རྐང་འགྲོ་སོགས་ཆག་པའི་བཀའ་ཤོག་སྤྲོད་དགོས། དམག་མི་གསར་འཛུགས་གང་ཡིན་ལ་མིང་ཐོ་བཀོད་པའི་རྐང་འགྲོའི་ཁྲལ་ཆག་གི་བཀའ་ཤོག་སྤྲོད་རྒྱུ་དང་། ཤི་ཆད་བྱུང་རིགས་ཀྱི་བཀའ་ཤོག་འཕྲུལ་འཕྲུལ་ཚུར་ལེན་དགོས།

དོན་ཚན་ཉི་ཤུ་རྩ་གཉིས་པར། དགོན་ཁག་ཆེ་ཆུང་གི་བླ་མ་དང་སྤྲུལ་པའི་ཁ་གྲངས་མིང་ཐོ་སོགས་ཞིབ་བཀོད་དང་། ཡང་བཀའ་བློན་ནས་ཧོ་ཐོག་ཐུའི་མི་སེར་གྱི་མིང་ཐོ་ཞིབ་གསལ་བཀོད་ནས་བོད་བཞུགས་ཨམ་པ་(བན)དང་ཏཱ་ལའི་བླ་མ་སོ་སོར་དེབ་རེ་ཕུལ་ཏེ་སྣད་ཕྱིན་རྩད་གཅོད་བྱེད་བདེ་དང་། སྔར་བཀའ་ཤོག་མ་ཞུས་པར་

རང་འཚམ་གྱིས་ཕྱོགས་མཐའ་ལ་ཐོན་རིགས་རྩད་གཅོད་ཀྱིས་ཉེས་པ་གཅོད་དགོས།

དོན་ཚན་ཉི་ཤུ་རྩ་གསུམ་པར། མཚོ་སྔོན་སོགས་ཀྱི་དཔོན་ཁག་ནས་མི་སྣ་ཆེད་གཏོང་གིས་བོད་ནས་བླ་མ་ཡོན་ཏན་ཆེ་རིགས་སོ་སོའི་ཡུལ་དུ་གདན་འདྲེན་ཞུ་བ་སོགས་སྔོན་ཆད་བོད་བཞུགས་ཨམ་པར་(བན་ལ་)ཞུས་མིན་སྣ་ཚོགས་འདུག་ཀྱང་། ཕྱིན་ཆད་དེ་རིགས་ཐེ་ཡིང་ཨམ་པ་(བན་)སོགས་ནས་བོད་དུ་གནས་ཚུལ་ཞུལ་ཐོག །བོད་བཞུགས་ཨམ་བན་ནས་ལམ་ཡིག་སྤྲད་དེ་གཏོང་བ་དང་། ཐེ་ཡིང་ཨམ་པར་(བན་ལ་)གནས་ཚུལ་བཏང་ཆོ་རྩད་གཅོད་བདེ་ཞིང་། དེ་མཚུངས་ཕྱོགས་ཁག་ཏུ་གནས་མཛལ་ལ་འགྲོ་མི་བླ་མ་ཡང་གོང་བཞིན་ཨམ་པར་(བན་ལ)ཞུས་ནས་ལམ་ཡིག་སྤྲད་དེ་འགྲོ་བ་ལས། རང་འཚམ་གྱིས་ཕྱིན་མི་ཆོག །

དོན་ཚན་ཉི་ཤུ་རྩ་བཞི་པར། སྤྲུལ་སྐུ་ཆགས་ཚུལ་ཆོས་གོང་ངེས་ཀྱི་ལམ་ཡིག་སོགས་ཏཱ་ལའི་བླ་མས་གནང་ཐུབ་པ་ཕྱིས་སུ་བཀའ་བློན་དང་། སྡེ་དཔོན། ཏཱ་ལའི་བླ་མའི་ཉེ་རིགས་སོགས་ནས་རང་འཚམ་གྱིས་རྟ་ཁལ་བསྐུལ་བ་དང་། དགོས་ཆ་གྲོ་ཆས་བསྡུ་བ་སོགས་འདུག་པ། སྔོད་ཕྱིན་ཚང་མས་རང་དོན་དུ་ཕར་ཕྱིར་འགྲོ་བར་འུ་ལག་བསྐུལ་མི་ཆོག་པ་མ་ཟད། རང་འཚམ་གྱིས་བཀའ་ཤོག་ཀྱང་སྤྲད་མི་ཆོག །གཞུང་དོན་རིགས་དགོས་ངེས་ལ་བོད་བཞུགས་ཨམ་པ་(བན་)དང་། ཏཱ་ལའི་བླ་མར་ཞུས་ཐོག་ལམ་ཡིག་བཀའ་ཤོག་དམ་སྦྱར་སྤྲད་རྗེས། ལམ་བར་ནས་དེ་དོན་བྱེད་དགོས།

དོན་ཚན་ཉི་ཤུ་རྩ་ལྔ་པར། བོད་དུ་འབྲུག་འཛིང་། མི་བསད་རྐུན་ཇག་སོགས་ལ་ཉེས་ཆད་གཏོང་སྲོལ་ལ་བོད་ཀྱི་ལུགས་སྲོལ་དང་ཡིག་ཆ་རྒྱ་ཡུལ་དང་མི་མཐུན་གཉིས་སྤྲར་རྒྱུན་ཉེས་ཆད་བཏང་ཚོག་རྒྱུ་མིན་(ཡིན་)ཀྱང་། ནག་ཆེ་ཆུང་གི་དབྱེ་འབྱེད་བྱས་ཚོ་ཚང་མ་ཡིད་ཆེས་བ་ཡོང་ཞིང་། ཉེ་ལམ་བཀའ་བློན། མི་དཔོན་བཅས་ནས་ཁྲིམས་དྲང་བཞག་མི་བྱེད་པར། ཉེས་ཆད་འཕར་མ་ལེན་པ་དང་། ཕྱུག་པོ་རྣམས་ཀྱི་ལག་ནས་ཉེས་ཆད་མང་བ་བླངས་ནས་ཉེས་ཆད་གསེར་དངུལ། གཡག་ལུག་སོགས་ལ་གྲངས་བཅད་མེད་ཅིང་། ཚང་མ་གཞུང་དུ་མ་ཕུལ་བར་རང་བདག་བྱས་པ་དང་། ཡང་

བཀའ་བློན་བཅས་ནས་མི་ཆུང་བར་དབང་ཤེད་ཀྱིས་ཉེས་འགེལ་བྱས་པའི་ཏཱ་ལའི་བླ་མར་ཞུས་ནས་དངོས་ཆས་གཞུང་ལེན་གཏོང་བ་མང་དག་འདུག་པས། ད་ནས་བཟུང་ཉེས་ཆད་མང་ཙུང་སྟེར་རྒྱུན་ལྟར་བཏང་བའི་ཐོ་བཀོད་ཀྱིས་བོད་བཞུགས་ཨམ་པར་(བན་ལ་)འབུལ་དགོས། ཡང་བཙོན་པ་ནག་ཆེ་རིགས་ཡོད་ཚེ་བོད་བཞུགས་ཨམ་པར་(བན་ལ་)ཞུས་ནས་ལས་དོན་བྱེད་དགོས། དེར་མཚུངས་དངོས་ཆས་གཞུང་ལེན་བྱེད་འོས་རིགས་ཀྱང་ཨམ་པར་(བན་ལ་)ཞུས་ནས་བབ་ལྟས་བྱེད་རྒྱུ་དང་། སྐེར་གཞུང་ལ་མ་ལྟོས་པར་ཁྲིམས་སར་ཐུག་རིགས་ལའང་དྲང་བཞག་བྱེད་དགོས། བཀའ་བློན་རྣམས་ནས་དོན་མེད་དབང་ཤེད་ཀྱིས་མི་སེར་གྱི་ལག་ནས་དངོས་ཆས་འཕྲོག་པའི་རིགས་བྱུང་ཚེ། གོ་ས་ཕབ་ནས་བཀའ་བློན་རང་གི་དངོས་ཆས་གཞུང་ལེན་སོགས་ཉེས་པ་གཅོད་རྒྱུ་ཡིན།

དོན་ཚན་ཉི་ཤུ་རྩ་དྲུག་པར། དཔོན་དམག་གི་རྩལ་སྦྱོང་ལ་རྫས་མདེའུ་སོགས་ཀྱི་ཁ་གྲངས་ཨམ་པའི་(བན་གྱི་)བཀའ་ཤོག་དམ་འབྱར་སྤྲད་པའི་བཀའ་བློན་ནས་མི་དོ་ཚོད་ཀོང་པོར་ཆེད་བཏང་གིས་རྫས་བཟོ་བྱས་དོས་ལྷ་སར་སྐྱེལ་འདྲེན་གྱིས་སོ་སོར་སྤྲོད། ཡང་གཙང་དུ་སྟེར་ནས་གནམ་ལྕགས་མི་འདུག་ཀྱང་ད་ཆ་གསར་བཟོས་བཅུ་གསུམ་གྱི་གྲས་ནས་གཉིས་གཙང་དུ་བཞག་པའི་རྩལ་སྦྱོང་སྐབས་ཚ་ཁ་ལྟ་བ་དང་། འཕྲོས་རྣམས་པོ་ཏ་ལར་རྩིས་སྤྲོད་དགོས།

དོན་ཚན་ཉི་ཤུ་རྩ་བདུན་པར། བཀའ་བློན། མདའ་དཔོན་བཅས་པར་སྟེར་རྒྱུན་ཏཱ་ལའི་བླ་མས་ལས་ཤག་དང་། འཛིན་ཐེབས་གཞིས་ཀ་སྤྲོད་སྤྲོལ་ལ། ལས་འཁུར་འཕོས་ཚེ་གསར་པར་རྩིས་སྤྲོད་དགོས་ལ་རེ་གཉིས་ཤུལ་མི་སོགས་ལ་རང་འཇགས་ཀྱི་འཛིན་ཐེབས་གཞན་ནས་གསར་སྤྲོད་བྱེད་དགོས་སོགས་ཡོད་འདུག་པ་དང་ད་ནས་བཟུང་འཕོ་ལེན་བྱུང་འཕྲལ་གསར་པ་སོ་སོར་རྩིས་སྤྲོད་བྱེད་དགོས།

དོན་ཚན་ཉི་ཤུ་རྩ་བརྒྱད་པར། བླ་མ་དགེ་འདུན་སོགས་ཀྱི་ཕོགས་ཐོབ་སྤྲོད་དགོས་རིགས་དུས་ཚོད་སོ་སོར་སྤྲོད་རྒྱུན་ལ། སྔ་བསྐུར་གྱིས་སྤྲོད་ལེན་བྱེད་མི་མང་

དག་ཡོད་འདུག་པ། ཕྱིན་ཆད་དུས་ཐོག་སོ་སོར་སྤྱོད་པ་ལས་སྣ་བསྒྱུར་རིགས་བྱས་མི་ཆོག་ཅིང་། དེ་རིགས་འདུག་ཚེ་རྫེ་དྲུང་ཧོ་ཐོག་ཐུ་ནས་རྩད་གཅོད་ཀྱིས་སྣ་བསྒྱུར་བླངས་པ་དང་། གྲངས་ཚང་མ་སྤྲད་པ་སོགས་འདུག་ཚེ་འགོ་ཡོད་ལ་ཉེས་པ་གཅོད་དགོས།

དོན་ཚན་ཉི་ཤུ་རྩ་དགུ་པར། བོད་ཀྱི་མི་སེར་སོ་སོའི་ཁྲལ་བོགས་དངོས་པོ་འབུལ་དགོས་རྣམས་ཉེ་སྐོར་ལ་རྩེ་དྲུང་དང་། ཐག་རིང་སར་ཤོད་དྲུང་བཏང་ནས་བསྐུལ་འདེད་བྱེད་དགོས་ལ། དྲུང་འཁོར་དང་། རྫོང་དཔོན་རེ་གཉིས་ནས་ལོ་ལོའི་ཁྲལ་འབབ་གཞུང་ལ་མ་ཕུལ་བར་ཆད་མང་པོ་ཡོད་འདུག་པ་དང་། ཕྱི་ལོའི་ཁྲལ་རིགས་སྣ་བསྒྱུར་དང་། བུད་སྟོང་གི་ཁྲལ་བསྡད་གྲོང་ཐོག་འགེལ་བ་སོགས་བརྗབ་གསིག་ཆེན་པོ་ཡོང་གི་ཡོད་འདུག་པ། ཕྱིན་ཆད་དུས་ཚོད་ལ་བཀག་ནས་རྩེ་ཤོད་དྲུང་འཁོར་དང་། རྫོང་དཔོན་བཅས་ནས་ལོ་ལྟར་གྱི་ཁྲལ་གྲངས་ཚད་བསྡུ་ལེན་དང་། སྣ་བསྒྱུར་བྱས་མི་ཆོག །མི་སེར་བུད་སྟོང་ཡོད་ངེས་ལ་ཁྲལ་འབབ་ཆག་པ་དང་། སླར་ཁུངས་ཆུག་བྱུང་ཚེ་ཁྲལ་རིགས་སྔར་རྒྱུན་བཞིན་བསྡུ་ལེན་བྱེད།”ཅེས་འཁོད་ཡོད་པ་རེད།

བཅུ་བདུན། ཏཱ་ལའི་བླ་མ་སྐུ་ཕྲེང་བཅུ་གསུམ་པ་དང་བོད་མི་དམངས་རྣམས་དཀའ་སྤྱད་ཚད་མེད་ཀྱིས་དབྱིན་ཇིར་འགོག་རྒོལ་འཐབ་རྩོད་བྱས་པ།

(༡)ཏཱ་ལའི་བླ་མ་སྐུ་ཕྲེང་བཅུ་གསུམ་པ་ཐུབ་བསྟན་རྒྱ་མཚོ་ངོས་འཛིན་དང་གསེར་ཁྲི་མངའ་གསོལ་སྐོར་གནད་བསྡུས་ཤིག་གླེང་བ།

དེ་ཡང་བོད་མེ་བྱི་(སྤྱི་ལོ་༡༨༧༦)ལོའི་ཟླ་བ་ལྔ་པའི་ཚེས་ལྔ་ཉིན། ཏཱ་ལའི་བླ་མ་སྐུ་ཕྲེང་བཅུ་གསུམ་པ་ཐུབ་བསྟན་རྒྱ་མཚོ་མཆོག་ཀོང་པོ་དྭགས་སྨད་ཁུལ་གྱི་སྣང་སྙིང་ལྷ་པ་ཞེས་རི་བོ་སྣང་ཆེན་འགྱིངས་པ་ལྷ་བུའི་མདུན་དུ་སྣང་མདུན་ཞེས་གྲགས་པའི་ཞིང་པ་སྐྱིར་བཏང་པ་ཞིག་གི་ཁྱིམ་དུ་ཡབ་ཀུན་དགའ་རིན་ཆེན་དང་། ཡུམ་བློ་བཟང་སྒྲོལ་མ་གཉིས་ཀྱི་སྲས་སུ་ངོ་མཚར་གྱི་ལྟས་སྣ་ཚོགས་དང་བཅས་པར་སྐུ་བལྟམས། ཁྱིའུ་གང་དེ་དཔྲལ་པའི་དབྱེས་ཆེ་ཞིང་བཞིན་གྱི་དཀྱིལ་འཁོར་ལེགས་པ་མཚན་བཟང་དང་ངོ་མཚར་དུ་མ་དང་ལྡན་པ་ཞིག་ཡོད། ཡང་སྲིད་རིན་པོ་ཆེ་བཙལ་འཚོལ་ངོས་འཛིན་ཞུ་ཕྱོགས་ཐད་སྟར་སྒྲོལ་དུ་ལྷ་བླ་མའི་ལུང་རྟགས་ལྟར་འཚོལ་དགོས་པས། ཐོག་མར་ཀུན་གཟིགས་པཎ་ཆེན་ཐམས་ཅད་མཁྱེན་པ་སྐུ་ཕྲེང་བརྒྱད་པ་བསྟན་པའི་དབང་ཕྱུག་ལ་ཐུགས་དམ་ཞུས་པར་ཡང་སྲིད་རིན་པོ་ཆེ་སྐུ་བལྟམས་ཟིན་པར་མ་ཟད། དེ་ལྷ་སའི་ཤར་ལྷོའི་མཚམས་སུ་ཡོད་ཅེས་གསུངས། དེ་ནས་གནས་ཆུང་ཆོས་རྗེ་གྲགས་ལྡན་སོགས་ཆོས་སྐྱོང་ཁག་སྤྱན་འདྲེན་ལུང་ཞུས་སྐབས་ཀྱང་ཡང་སྲིད་རིན་པོ་ཆེ་ཤར་ལྷོའི་མཚམས་སུ་སྐུ་བལྟམས་ཟིན་པའི་བཀའ་ལུང་གསལ་པོར་གནང་བར་བརྟེན་རྒྱལ་ཚབ་རྟ་ཚག་དང་བཀའ་ཤག་གི་བཀའ་བཞིན་དཔོན་རིགས་དང་བླ་མ་ལས་སྣེ་མང་པོ་ཁག་བགོས་ཏེ་ཡང་སྲིད་འཚོལ་བར་འགྲོ་སྐབས་ཆོས་འཁོར་རྒྱལ་གཉེར་སྡོད་ཀྱིས་དྭགས་པོ་སྣང་མདུན་དུ་ཁྱིའུ་ངོ་མཚར་ཅན་ཞིག་སྐུ་བལྟམས་ཚུལ་སྐོར་སྙན་སྒྲོན་ཞུས་པས། ས་གནས་

ཐོག་ཏུ་རྟོག་ཞིབ་གནང་བར་ཕེབས་སྐབས་མཚོ་མཇལ་དང་རྨི་ལྟས་བྱུང་རིགས་གཅིག་མཐུན་བྱུང་ལུགས་དང་མཐོང་ཐོས་དོགས་གསུམ་ཏེ་བག་ཏིལ་འབྲུ་ཙམ་ཡང་མེད་པར་ས་གནས་སྲིད་གཞུང་ལ་སྙན་ཞུ་ཕུལ་འབྱོར་མཛད།

པཎ་ཆེན་སྐུ་ཕྲེང་བརྒྱད་པ་དང་རྒྱལ་ཚབ་ རྭ་ཚག་ཐུང་ཞབས་ཧོ་ཐོག་ཐུ་དག་དབང་དཔལ་ལྡན། གདན་ས་ཆེན་པོ་སེ་འབྲས་དགའ་གསུམ། བཀྲ་ཤིས་ལྷུན་པོ། གཞུང་ཞབས་སེར་སྐྱ་ཡོངས་བཅས་བློ་རྩེ་གཅིག་མཐུན་གྱིས་ཡང་སྲིད་འདི་ཉིད་བརྟགས་དཔྱད་བརྟར་གསུམ་བྱས་ཏེ་འཕྲུལ་བའི་དྲི་མ་དང་བྲལ་བ་ཡིན་པས། མགྲིན་དབྱངས་གཅིག་ཕྱུར་གྱིས་བོད་བཞུགས་ཨམ་བན་སུང་ཀུའི་བརྒྱུད་གནམ་བསྐོས་གོང་མ་གོང་ཞུའི་ལ་གསེར་སྙན་སྦྲོན་པས། གོང་མ་མཆོག་གི་བཀའ་ཕྱིར་ཕེབས་སུ། "ཀུན་དགའ་རིན་ཆེན་གྱི་ཕྲིཙ་བློ་བཟང་ཐབས་མཁས་རྒྱ་མཚོ་དེ་བཞིན་གསེར་བུམ་བརྟག་དཔྱད་ཞུ་མ་དགོས་པར་འཕྲུལ་འཕྲུལ་ཏཱ་ལའི་བླ་མ་རིན་པོ་ཆེའི་མཆོག་སྤྲུལ་དུ་ངོས་འཛིན་བྱས་འཐུས་ཡོང་འགྲོ"ཞེས་བཀའ་བཞེས་བཟང་པོ་ཐོབ་པས། བཀའ་ཤག་སྲིད་གཞུང་ནས་བོད་མི་སླང་(སྤྱི་ལོ་༡༨༧༧)ལོའི་ཟླ་བ་བཅུ་པའི་ཚེས་ཉི་ཤུ་ཉིན། བཀའ་བློན་གཡུ་ཐོག་པ་ལྷ་དབང་རྡོ་རྗེ། ཐའི་ཇི་མདའ་དཔོན་སོགས་སེར་སྐྱ་དཔོན་རིགས་ལྔ་བཅུ་ཙམ་གདན་ཞུར་བསྐྱོད་དེ་འབྲུངས་གཞིས་དྭགས་པོ་སླང་མདུན་དུ་འབྱོར་འཕྲལ་བཀའ་བློན་གཡུ་ཐོག་པས་གཙོས་ཕེབས་བསུ་ཞུས་ནས་དབུས་སུ་ཡང་སྲིད་རིན་པོ་ཆེ་ལྷ་སའི་ཤར་ངོས་ཚལ་གུང་ཐང་དུ་གདན་འདྲེན་ཞུས། དེ་ནས་ཚལ་གུང་ཐང་ནས་ཆིབས་ཞལ་བསྒྱུར་ཏེ་ལྷ་སའི་སྐྱིད་ཆུའི་བྱང་ངོས་དབེན་གནས་རི་རྒྱ་བསམ་གཏན་གླིང་དུ་ཕེབས་ཏེ་ལོ་འཁོར་གཅིག་ཙམ་དེར་བཞུགས། (རི་རྒྱ་བསམ་གཏན་གླིང་ལྷ་ས་གྲོང་ཁྱེར་ཤར་ངོས་སྤྱི་ལི་བཞི་ཙམ་གྱི་རྒྱང་ཐག་ཡོད་པའི་དགུ་རྩའི་ཉེ་གནས་སུ་ཡོད་པ་ད་ལྟ་གྲུང་ཤུལ་ཙམ་ལས་མེད་)རི་རྒྱར་ལོ་གཅིག་སྒུག་བཞུགས་མཛད་དགོས་པ་ནི་སྲོལ་རྒྱུན་ལྟར་ཡང་སྲིད་སྤྲུལ་སྐུ་དགུང་ལོ་བཞི་ལ་སོན་སྐབས་གཞི་ནས་གསེར་ཁྲི་མངའ་གསོལ་གནང་སྲོལ་ཡོད་སྟབས་དེ་ལྟར་མཛད་དགོས་པ་ལགས།

བོད་ས་ཡོས་(སྤྱི་ལོ་༡༨༧༩)ལོའི་ཟླ་བ་ལྔ་པའི་ནང་གོང་མ་ཀོང་ཤུས་བཀའ་མཆན་ཕེབས་པ་དང་བཀའ་ཤག་སྲིད་གཞུང་ནས་ཏཱ་ལའི་བླ་མ་སྐུ་ཕྲེང་བཅུ་གསུམ་པར་གསེར་ཁྲི་མངའ་གསོལ་ཞུས་པ་དང་ཆབས་ཅིག་གོང་མས་ཡབ་ཀུན་དགའ་རིན་ཆེན་ལ་གུང་གི་ཆེ་ལོ་དང་། ནོར་བུའི་ཏོག །རྩ་བྱའི་སྒྲོ་མདོངས་བཅས་གསོལ་རས་བསྩལ། བཀའ་ཤག་སྲིད་གཞུང་ནས་ཀྱང་གཞུང་གིས་སློས་གཞིས་རྒྱ་ཆེ་དང་ཞིང་ཁྲན་མང་པོ་གནང་བས་མངའ་བདག་ཆེ་གྲས་སུ་གྱུར་པ་ལྟར་ཡབ་གཞིས་ལྷང་མདུན་ཞེས་གྲགས།

དེ་ནས་ཏཱ་ལའི་བླ་མ་སྐུ་བཅར་ཡོངས་འཛིན་རྣམ་པའི་བཀོད་སྒྲིག་བཞིན་ཡི་གེ་འབྲི་ཀློག་དང་རྒྱལ་བསྟན་རིན་པོ་ཆེའི་ཆོས་གཞུང་ཁག་ལ་ཐོས་བསམ་ཞུགས་འགོ་ཚུགས། སྐུ་ན་ཆུང་ཆུང་བཞིན་རང་གི་དཀྱིལ་འཁོར་ཀུན་གྱི་ཡིད་དུ་འཐད་པ་སློབ་སྦྱོང་ལ་སྤྱད་བརྩོན་ཤིན་ཏུ་ཆེ་བས་གྲུབ་འབྲས་ཕུན་སུམ་ཚོགས་པ་ཐོབ་པ་དང་། དགུང་ལོ་བདུན་ལ་སོན་སྐབས་དགེ་ཚུལ་གྱི་སྡོམ་པ་བཞེས། བོད་ཆུ་རྟ་(སྤྱི་ལོ་༡༨༨༢)ལོ་དང་བོད་མེ་ཁྱི་(སྤྱི་ལོ་༡༨༨༦)ལོ་པཎ་ཆེན་སྐུ་ཕྲེང་བརྒྱད་པ་བསྟན་པའི་དབང་ཕྱུག་དང་རྒྱལ་ཚབ་རྟ་ཚག་ཐུང་ཞབ་ཧོ་ཐོག་ཐུ་ངག་དབང་དཔལ་ལྡན་གཉིས་སྟ་རྗེས་སུ་ལྟ་སར་དགོངས་པ་ཕྱུ་ངན་ལས་འདས། བཀའ་ཤག་སྲིད་གཞུང་དང་བོད་བཞུགས་ཨམ་བན་གྱིས་བསྟུར་གྱིས་གསེར་སྙན་སྒྲོན་པ་གོང་མས་ཆོག་མཆན་ཕེབས་པ་ལྟར། སྤྱི་ལོ་༡༨༨༨ལོའི་ཟླ་བ་ལྔ་པའི་ནང་དེ་མོ་ཧོ་ཐོག་ཐུས་སྲིད་སྐྱོང་ཁུར་འཛིན་དངོས་སུ་བཞེས། སྐབས་དེ་དུས་བོད་ཀྱི་ཆབ་སྲིད་གནས་བབ་རྙོག་འཛིང་ཆེ་ཏུ་སོང་ཡོད་པར་མ་ཟད། མཐའ་ན་ཆིང་གོང་མའི་སྲིད་གཞུང་གི་དབང་སྒྱུར་གནས་བབ་ཀྱང་འགྱུར་རེ་འཕྱོར་རེའི་ཉེན་གནས་སུ་གྱུར་ཡོད་པ་རེད།

(༢)དབྱིན་ཇི་བཙན་རྒྱལ་རིང་ལུགས་ཀྱི་བཙན་འཛུལ་ལ་འགོག་རྒོལ་དམག་འཁྲུག་ཐེངས་དང་པོ།

དུས་རབས་བཅུ་དགུ་པའི་དུས་སུ་འཛམ་གླིང་མ་རྩའི་རིང་ལུགས་འཕེལ་རྒྱས་

ཤུགས་ཆེ་འགྲོ་བའི་སྐབས་དང་། བཙན་རྒྱལ་རིང་ལུགས་རྒྱལ་ཁབ་ཕན་ཚུན་རྒྱུན་ལྟར་ཁྲིམ་ར་རྩོད་ལེན་ནམ། ནུས་པའི་འབྱུང་ཁུངས་འཕྲོག་རེས་དང་། ཡང་ན་ས་ཆ་ཧམ་བཟུང་སོགས་ཀྱི་ཆེད་ཕན་ཚུན་དམག་འཁྲུག་རྒྱག་གི་ཡོད། སྐབས་དེ་དུས་རྒྱལ་ནང་ལ་ཆ་བཞག་ན་ཆིང་གྲུང་དབྱང་སྲིད་གཞུང་ཉིན་བཞིན་མ་བསྡད་པར་ཉམས་རྒུད་ཇི་ཆེར་སོང་འགྲོ་བར་བརྟེན། རང་རེའི་མཐའ་མཚམས་ས་ཁུལ་མང་པོར་དབང་སྒྱུར་སྐྱོད་གཡེང་དུ་ཤོར་ཏེ་ཁྲོན་ཡོངས་ཀྱི་དུས་བབ་ཡོ་འཁྱོམ་ངང་གནས་ཡོད། དབྱིན་ཇི་དང་། ཨུ་རུ་སུའི་རྒྱལ་ཁབ་ཀྱིས་གོ་སྐབས་དེ་དང་བསྟུན་ནས་བཙན་འཛུལ་གྱི་འདྲི་ལག་འདི་རང་རེའི་གངས་ལྗོངས་སུ་བརྐྱངས་ཡོང་སྟེ། སེམ་འཛུལ་གྱི་འགུལ་ཤུགས་ཆེ་རུ་བཏང་ནས་གངས་ལྗོངས་དེ་ཉིད་ཁོ་པ་ཚོའི་མི་སེར་སྒྲིལ་ཡུལ་དུ་འགྱུར་རྒྱུའི་རེ་ངན་བཅང་གི་ཡོད་པ་རེད།

དབྱིན་ཇི་བཙན་རྒྱལ་རིང་ལུགས་པས་བཙན་འཛུལ་གྱི་དམིགས་ཡུལ་དེ་འགྲུབ་ཆེད་ཐོག་མར་བོད་ཀྱི་ས་འབྲེལ་རྒྱལ་ཁབ་ཆུང་ངུ་ཁག་གཅིག་བཙན་བཟུང་བྱས་པ། དཔེར་ན། བོད་ཤིང་ཕྲི་(སྤྱི་ལོ་༡༨༡༥)ལོར་དབྱིན་ཇིས་གཡོ་སྒྱུའི་སྦྱོར་པས་འབྲས་ལྗོངས་བར་དཔུང་རོགས་བྱས་ཏེ་བལ་པོའི་ལག་ནས་ས་ཆ་ཁག་གཉིས་བཙན་འཕྲོག་བྱས། བལ་པོས་དབྱིན་ཇི་བཙན་འཛུལ་པར་འགོག་རྒོལ་བྱེད་ཐབས་དབེན་པའི་གནས་སུ་ལྷུང་ནས་མཐར་མགོ་བཏགས་ཞུས་ཏེ་འདྲ་མཉམ་མིན་པའི་《ས་ག་ལིའི་ཆིངས་ཡིག་》མ་བཞག་ཐབས་མེད་དུ་གྱུར། དེ་ནས་དབྱིན་ཇིས་འབྲུག་པའི་མི་ཁག་གཅིག་དང་ངན་འབྲེལ་བྱས་ཏེ་བོད་མངའ་ཁོངས་མོན་དང་། མཚོ་སྣ་སོགས་བཙན་འཛུལ་བྱེད་པའི་གྲབས་གཞོམ་བྱས་པར་མ་ཟད། འབྲུག་ཡུལ་དང་འབྲས་ལྗོངས་སུ་བཙན་འཛུལ་བྱེད་སྒོ་བཙུགས། སྐབས་དེར་འབྲས་ལྗོངས་ས་སྐྱོད་པ་མཐུ་སྟོབས་རྣམ་རྒྱལ་གྲོ་མོ་ཆུར་འབབ་ཕོ་བྲང་དུ་ཚ་གཡོལ་དུ་བཞུགས་སྐབས་དབྱིན་ཇིས་འཇིགས་སྐུལ་དང་བསླུ་བྲིད་ཐེངས་མང་བྱས་ཏེ་ཁོང་རྒྱ་གར་རྗོ་རྗེ་གླིང་དུ་ཕེབས་དགོས་ཞེས་ཞུས། འོན་ཀྱང་ཁོང་གིས་ཁས་ལེན་རྩ་བ་ནས་མ་གནང་བར་དེ་ལས་ལྡོག་སྟེ་འབྲུག་པ་རྒྱལ་པོ་དང་

མཉམ་འབྲེལ་ཐོག་བོད་བཞུགས་ཨམ་བན་སྲུང་ཀུའི་དང་། རྒྱལ་ཚབ་ཏ་ཚག་ཐུང་ཞན་ཧོ་ཐོག་ཐུ་ངག་དབང་དཔལ་ལྡན་དང་བཀའ་བློན་སོགས་ལ་ཡི་གེ་ཕུལ་ཏེ་“དེང་སང་དབྱིན་ཇིའི་ལྐོག་གཡོའི་བྱེད་བབ་གང་ལ་བལྟས་ཀྱང་རིང་པོར་མི་ཐོགས་པར་བོད་ལྗོངས་ཆོས་ལྡན་ཞིང་སར་བཙན་འཛུལ་གྱིས་རྒྱལ་བའི་བསྟན་པ་རིན་པོ་ཆེར་རྨ་འབྱིན་གྱི་བྱ་ངན་སྤེལ་རྒྱུ་གདོན་མི་ཟ་བའི་སྣང་ཚུལ་གསལ་པོར་མཐོང་འདུག་པས་དེས་ན་བོད་གཞུང་མཆོག་ནས་ཁྲུལ་འདིའི་ས་མཚམས་འཕྲང་ཁག་སོགས་སྒོ་གང་སར་ཕྱི་ནང་གསང་གསུམ་གྱི་སྨྱུལ་ཞིབ་བྱེད་མི་དོ་ཆོད་གཏོང་གནང་དང་འབྲེལ་སྔོན་ཚུད་ནས་ཞི་དྲག་ཐབས་སྒོ་གང་དགེའི་མཛད་ཕྱོགས་ལག་ལེན་བསྟར་འོས་གང་བསམ་ཟློལ་མེད་གསལ་འདེབས་ཞུ་རྒྱུ་”ཞེས་འཁོད་པའི་སྙན་ཞུ་སྔ་རྗེས་སུ་འབྱོར་བ་དང་། དུས་མཚུངས་མཐའ་མཚམས་ས་གནས་རྫོང་གཞིས་ཁག་ནས་ཀྱང་ཁྲུལ་དེའི་གནས་ཚུལ་མཐོང་ཐོས་དོགས་གསུམ་སྐོར་སྙན་ཞུ་སྔ་རྗེས་སུ་འབྱོར་ཡོད་པ་དང་། ལྷག་པར་དུ་ཕག་རི་དང་གམ་པ་རྫོང་ཁག་གཉིས་ནས་སྙན་ཞུ་རིམ་ཕུལ་ནང་གསལ་“གྲུས་སོགས་ཀྱིས་སྔ་རྗེས་སུ་མི་མངགས་ནས་མཐའ་མཚམས་ཀྱི་འགག་སྒོ་ཁག་ལ་སྨྱུལ་ཞིབ་བྱེད་མི་བཏང་ཏེ་ཐོབ་པའི་གསན་འཕྲིན་དང་ཕྱི་རྒྱལ་གྱི་མཐའ་མཚམས་མི་སེར་མགོ་འདོན་བྱས་པའི་གསང་འཕྲིན་གཉིས་གཅིག་མཚུངས་ཡིན་པ། དབྱིན་ཇིའི་བས་ཐེངས་མང་མི་བཏང་ནས་ངའི་མཐའ་མཚམས་སུ་ལྐོག་ལྟ་བྱས་པ་དང་། ཐིག་ལེན་རིས་འབྲིས་གནད་འགག་རི་ཁྲུལ་གྱི་འགྲིམ་འགྲུལ་ལམ་རྒྱལ་མཚམས་ས་འདྲིས་གནད་ཆེ་ཁག་ཏུ་གསང་སྟབས་ཀྱིས་སྨྱུལ་ཞིབ་སོ་འོན་བྱེད་མི་སྔ་རྗེས་སུ་བཏང་བ་དང་། གཞན་ཡང་ས་འདྲིས་ཕྱི་རྒྱལ་མི་སེར་ལ་འབྲེལ་བ་བྱས་ཏེ་གནས་ཚུལ་རྩད་གཅོད་བྱས་པ་རྩེ་མཐུན་བྱུང་བར་བསྟན་དགྲ་ཕྱི་གླིང་པས་རང་ཕྱོགས་སུ་བཙན་འཛུལ་བྱ་རྒྱུའི་བསམ་ངན་ཁོག་བཅང་གིས་ཁོང་ཚོའི་གནད་ཡོད་མི་སྣ་རང་རེའི་ས་མཚམས་ཡས་མས་གང་སར་མངོན་ཚུང་གི་ཐོག་ནས་སྨྱུལ་ཞིབ་ཏུ་ཡོང་སྐེ་ལ་འཕྲང་དོག་སར་ལམ་བཟོའི་ས་བཀྲ་ཞིབ་འགོད་བྱས་པས་མ་ཚད་རང་ཕྱོགས་སུ་དམིགས་ནས་དམག་མི་བསྡུ་གསོག་དང་། དམག་

རྒྱགས་གྲབས་གཞོམ་བྱེད་འདུག་རང་རྒྱལ་གྱི་མཐའ་མཚམས་ལ་འཛིགས་སྐུལ་ཆེན་པོས་བཟོས། གུས་འབབས་ས་མཐའི་རྫོང་སྡོད་འགོ་པ་རྣམས་རང་བཞིན་ཨོ་ཚོད་འདི་མུར་སྡོད་བློས་བཟོད་བྲལ་ལགས་ན་བླ་དཔོན་ཆེན་པོས་འཕྲལ་མུར་སྐྱ་ཚབ་དོ་ཚོད་གཏོང་གནང་མཛད་འོས་སོགས་གང་དགའ་ཅི་ལེགས་ཐུགས་གཡིངས་སུ་མ་འགྱུར་བ་མཁྱེན། མཁྱེན”ཞེས་པ་འབྱོར་འཕྲལ་བོད་བཞུགས་ཨམ་བན་སུང་ཀུའི་དང་། བཀའ་བློན་སོགས་བཀའ་བསྡུར་ཟབ་ནན་མཛད་པའི་སྐབས་སུ། ས་མཚམས་ཀྱི་དོན་གནད་འདི་ནི་རྒྱལ་ཁབ་ཀྱི་བདག་དབང་དང་བོད་མི་རིགས་ཁག་མི་མང་གི་དངོས་སྲོག་ལ་ཐུག་པའི་རྩ་ཆེའི་བྱ་བ་ཞིག་ཡིན་པས། འཕྲལ་དུ་ས་མཚམས་གནད་དོན་རྩོག་ཞིབ་བྱེད་པོར་ཆིང་དམག་གི་ཟབ་གཉེར་བ་ཀྲུའུ་ཀྲན་དང་བོད་དམག་གི་མདའ་དཔོན་བཀྲ་ཤིས་དར་རྒྱས་གཉིས་ཆེད་དུ་བསྐོ་གཞག་ཐོག་མངགས་གཏོང་མཛད་ཀྱང་། ཁོ་པ་གཉིས་ནས་ས་མཚམས་རྫོང་གཞིས་ཁག་ལ་ངོ་བསྐྱོད་དང་རྩོག་ཞིབ་བགོད་སྒྲིག་གང་ཡང་མ་བྱས་པར་བཤར་རྒྱག་འབྲས་ལྗོངས་སུ་བསྐྱོད་དེ་འབྲས་ལྗོངས་རྒྱལ་པོ་མཐུ་སྟོབས་རྣམ་རྒྱལ་སོགས་དཔོན་རིགས་ཡོངས་ལ་ཁྲིད་ཆོས་བོད་ཕྱོགས་སུ་དབྱིན་དམག་བཏང་ཤོར་བྱུང་ན་མི་འགྲིག་ཅེས་བླང་དོར་གན་རྒྱ་ཞིག་བླངས་པ་དེས་ས་མཚམས་གནད་དོན་གལ་ཆེ་རྣམས་ཐག་གཅོད་ཐུབ་པར་རློམས་ཏེ་སྣང་ཆུང་དུ་སོང་བའི་ངན་འབྲས་སུ་དབྱིན་ཇིས་བཙན་འཛུལ་གྲབས་གཞོམ་མང་ཙམ་སྤེལ་ཏུང་མགོ་ཏུལ་སྣ་ཡིས་མི་ཚོར་བའི་དཔེ་ལྟར་གྱུར། དེ་ནས་དབྱིན་ཇི་བཙན་འཛུལ་དམག་གི་འགོ་པ་ཧྲའི་ཐེ་ཟེར་བས་འབྲས་ལྗོངས་རྒྱལ་པོའི་ཉེ་འབྲེལ་རྗེ་ཁྲ་བཀྲས་གླིང་གི་ཕ་རྣམ་རྒྱལ་དང་པོ་གདོང་བླ་མ་ཟེར་བ་གཉིས་དང་ངན་པ་ལག་འབྲེལ་གྱིས་འབྲས་ལྗོངས་ཡོངས་སུ་བཙན་བཟུང་བྱས་ཐོག་འབྲས་ལྗོངས་དེ་ཉིད་བོད་ཕྱོགས་སུ་བཙན་འཛུལ་བྱེད་སའི་དམག་ལམ་བཟོ་བ་དང་། དམག་མཁོའི་ཟམ་པ་རྒྱག་པ། དམག་མི་བསྡུ་རུབ་དང་དམག་ཐོགས་སོགས་གྲ་སྒྲིག་བྱེད་པའི་རྟེན་གཞི་ཞིག་ཏུ་གྱུར།

བོད་ས་གནས་སྲིད་གཞུང་གིས་ཀྱང་ས་མཚམས་སྲུ་བརྟན་ཡོང་ཆེད་དང་། འབྲས་

ལྗོངས་པ་དང་བོད་རིགས་ཤ་རུས་ཀྱི་འབྲེལ་བ་ཟབ་པ་དང་། སྐད་ཡིག་འདྲ་བ། ནང་པ་སངས་རྒྱས་པའི་ཆོས་ལ་དད་གུས་བྱེད་མཁན་གཅིག་པ་ཡིན་སྟབས་འབྲས་ལྗོངས་རྒྱལ་པོ་སྐུ་འཁོར་རྣམས་བོད་ཀྱི་མངའ་ཁོངས་ས་གནས་སུ་གནས་སྤོས་གནང་དགོས་པའི་བསླབ་བྱ་ཡང་ཡང་མཛད། འབྲས་ལྗོངས་རྒྱལ་པོ་མཐུ་སྟོབས་རྣམ་རྒྱལ་སྐུ་འཁོར་གྱིས་ཀྱང་བསླབ་བྱ་དང་ལེན་མཛད་དེ་བོད་དུ་གནས་སྤོས་ཀྱིས་ལོ་གཉིས་ལྷག་ཙམ་བཞུགས། དབྱིན་ཇི་བཙན་འཛུལ་པས་འབྲས་ལྗོངས་རྒྱལ་པོ་མཐུ་སྟོབས་རྣམ་རྒྱལ་མཆོག་འཕྲལ་དུ་ཕྱིར་ལོག་དགོས་ཞེས་འཇིགས་སྐུལ་ཐེངས་མང་བྱས་ཀྱང་ཁོང་གིས་དཔའ་ངར་ཞུམ་མེད་པར་དབྱིན་ཇི་བཙན་འཛུལ་པར་ཡིག་ཐོག་ནས་ཁ་རྟུང་དྲག་པོ་གཏོང་གནང་མཛད། དུས་མཚུངས་འབྲས་ལྗོངས་རྒྱལ་པོ་དང་ལྷ་ལྕམ་ཡེ་ཤེས་སྒྲོལ་མ་རྣམ་གཉིས་ལྷ་སར་ཐེབས་ཐོག་བཀའ་ཤག་ཏུ་བོད་གཞུང་གིས་འབྲས་ལྗོངས་སུ་རྒྱབ་སྐྱོར་དང་འགོ་འདྲེན་སྔར་བཞིན་ཡོད་པའི་ཞལ་བཞེས་ཞུས་ཤིང་། བོད་ས་གནས་སྲིད་གཞུང་གིས་ཀྱང་རྒྱབ་སྐྱོར་མཐའ་གཅིག་ཏུ་གནང་རྒྱུའི་ཞལ་བཞེས་གནང་བར་མ་ཟད། འབྲས་ལྗོངས་རྒྱལ་སྲས་སྐུ་འཁོར་དང་བཅས་པར་ན་བཟའ། དངུལ་ཏམ། འབྲུ་རིགས་ལ་སོགས་པ་ལེགས་འབུལ་གྱ་ནོམ་པ་ཕུལ།

ཕྱི་ལོ་༡༨༤༤ལོར་བོད་ལྗོངས་གཞིས་རྩེ་རྫོང་ཁོངས་ལུང་ཐུར་ལར་སོ་ལྷ་ཁང་དང་མཐའ་སྲུང་དམག་བཙུགས་ཏེ་ས་མཚམས་སུ་གང་བྱུང་གིས་ཚོང་འགྲུལ་བྱེད་པ་དང་། དབྱིན་ཇིའི་མི་རང་མཚམས་ཀྱིས་བོད་ཀྱི་ས་ཁོངས་སུ་ཡོང་བར་བཀག་འགོག་བྱས། ད་དུང་ལུང་ཐུར་ལར་གནས་ཚུང་འོད་ལྡན་དཀར་པོའི་རྟེན་ཁང་ཡང་བཞེངས། ཕྱི་ལོ་༡༨༤༤ལོའི་ཟླ་བ་བཅུ་གཅིག་པའི་ཚེས་ཉེར་དགུ་ཉིན་ཀྲུང་གོར་བཅའ་སྡོད་དབྱིན་ཇིའི་གཞུང་ཚབ་ཆེ་མོ་བ་ཏྲར་སིན་གྱིས་ཆིང་ཀྲུང་དབྱང་སྲིད་གཞུང་གི་ཕྱི་དོན་སྲི་ཁྲབ་ཡ་མོན་ལ“ད་ལྟ་བོད་པས་དབྱིན་ཇིའི་མི་བོད་དུ་ཡོང་མཚམས་བཞག་པ་ཤེས་རྗེས་ས་མཚམས་ཕྱི་རོལ་ཏུ་རྡོ་རྗེ་གླིང་དང་རྒྱང་ཐག་ལེ་དབར་བརྒྱ་ཙམ་གྱི་སར་སྐྱོགས་རྫོང་བརྒྱབ་པ་དེའི་དམིགས་ཡུལ་ནི་ཚོང་འགྲུལ་བཀག་སྡོམ་བྱེད་

ཆེད་རེད། དབྱིན་ཇིར་ཆ་མཚོན་ན་སྒྲོགས་རྗོང་དེ་གཏོར་ལས་སླ་པོ་ཡོད་ཏུང་། ང་ཚོའི་རྒྱལ་ཁབ་ཀྱིས་རྙོག་དྲ་བྱེད་འདོད་མེད་པས་དེ་ག་ནས་བོད་བཞུགས་ཨམ་བན་ལ་བརྡ་གནང་ནས་བོད་པས་རང་སྐྱང་གང་ཤར་གྱིས་ཧམ་པ་ཚ་པོ་བྱེད་མི་ཏུང་པ་བརྒྱུད་བསྒྲགས་བྱེད་དུ་འཇུག་རོགས་གནང་།”ཞེས་ཡི་གེ་འཕྲོར་བྱུང་འཕྲུལ་ཆིང་སྲིད་གཞུང་དངངས་སྐྲག་རབ་ཏུ་སྐྱེས་ཏེ་དཀར་ནག་དབྱེ་བ་ཙམ་ཡང་མི་འབྱེད་པར་བོད་བཞུགས་ཨམ་བན་ཝུན་ཧྲའོ་བརྒྱུད་བོད་ས་གནས་སྲིད་གཞུང་ལ་ལུང་ཐུར་ལའི་སོ་ལྷ་ཁང་གཏོར་དགོས་པའི་བཀའ་ཕབ། འོན་ཀྱང་བོད་ས་གནས་སྲིད་གཞུང་དང་སེར་སྐྱ་མི་མང་ཡོངས་ཀྱིས་ཆིང་སྲིད་གཞུང་གི་ནོར་འཁྲུལ་གྱི་བཀའ་དེར་མ་བརྩིས་པར་བོད་མེ་ཕག་(སྤྱི་ལོ་༡༨༨༧)ལོའི་ཟླ་བ་གཉིས་པར་གདན་ས་ཆེན་པོ་སེར་འབྲས་དགའ་གསུམ་དང་བཀྲ་ཤིས་ལྷུན་པོ། བོད་ཀྱི་སེར་སྐྱ་དཔོན་རིགས་ཡོངས་ནས་ཨམ་བན་ཝུན་ཧྲའོ་བརྒྱུད་ཆིང་སྲིད་གཞུང་ལ་“ལུང་ཐུར་ལ་ནི་བོད་ཀྱི་མངའ་ཁོངས་བསྙོན་མེད་ཡིན་པས་སོ་ལྷ་ཁང་ནམ་ཡང་ཕྱིར་འཐེན་བྱེད་ཀྱི་མིན་”ཞེས་གསེར་སྙན་སྦྲོན། ད་དུང་དབྱིན་ཇི་བཙན་འཛུལ་པ་འབྲས་ལྗོངས་ས་ཁོངས་ནས་ཕྱིར་འཐེན་བྱེད་དགོས་པའི་རེ་བ་ཡང་བཏོན།

དེ་དུས་དབྱིན་ཇི་དམག་དཔུང་གིས་མཐའ་མཚམས་སུ་དམག་མི་ཉིས་སྟོང་ལྷག་ཙམ་བསྐྲོངས་ཡོད་པ་དང་། མི་སྒྲིགས་བཞི་དང་དམག་མགོའི་དངོས་ཟས་འབོར་ཆེན་དབོར་ཡོང་ནས་བོད་ལ་བཙན་འཛུལ་བྱེད་པའི་གྲབས་གཤོམ་བྱེད་མུས་སུ་གནས། སྐབས་དེར་ས་གནས་དེ་གར་དངོས་པོ་དབོར་འདྲེན་བྱེད་མཁན་མང་པོ་བོད་རིགས་ཡིན་སྟབས་དབྱིན་ཇིས་བོད་ལ་བཙན་འཛུལ་བྱེད་རྩིས་ཡོད་པ་ཁོ་ཚོས་ཤེས་རྟོགས་བྱུང་འཕྲལ་དབོར་འདྲེན་ལས་མིའི་འགོ་པ་ས་ཐར་དར་རྒྱས་ཞེས་པ་བོད་མི་ལུས་སྟོབས་བཟང་ལ། སྤྱང་གྲུང་འཛོམས་པ་ཞིག་ཡོད་པ་དེས་བོད་མི་རྣམས་སྒྲིག་འཛུགས་བྱས་ཏེ་ཐེལ་ཙེ་ལག་སྐོར་གྱིས་དབྱིན་ཇི་བཙན་འཛུལ་པར་ངོ་རྒོལ་བྱེད་གྲབས་བྱས་ཀྱང་ནང་ཏུལ་པ་ཞིག་གིས་གསང་ཁ་བརྗོལ་ནས་དབྱིན་དམག་གིས་ས་ཐར་དར་

རྒྱས་བཟུང་སྟེ་སྒྲིག་འཛུགས་དེའི་ནང་མི་ཇེ་འདྲ་ཡོད་མིན་གྱི་མིང་ཐོ་ཁ་གསལ་ཞིག་དགོས་ལུགས་བརྗོད་ཀྱང་། ས་ཐར་དར་རྒྱས་ཀྱིས་སྔོག་ཏུ་མིང་ཐོ་འབོད་པའི་མནའ་གན་ཡི་གེ་ཁྲུར་མེད་བཏང་བ། ཁོང་ཁྲོའི་མེ་ལྕེ་འབར་བཞིན་མིག་རྩ་དམར་པོར་གྱུར་བའི་ངང་བཙན་འཛུལ་པ་ཁྲོད་ཚོར་མིང་ཐོ་དགོས་ན་སྐྱུག་གཅིན་ནང་དུ་འཚོལ་ཞིག་བརྗོད་པས། དབྱིན་དམག་ཅི་བྱ་གཏོལ་མེད་དུ་གྱུར་ཏེ་ས་ཐར་དར་རྒྱས་ཐག་པས་བསྡམ་བཀྱིག་བྱས་ཏེ་གཙང་ཕྱོགས་སུ་བཏང་། རྗེས་སུ་བཀའ་ཤག་གིས་ས་ཐར་དར་རྒྱས་ཀྱི་རྒྱལ་གཅེས་བྱ་སྤྱོད་དེར་གཟིངས་བསྟོད་མཛད་ཆེད་གྲོ་མོ་སྤྱི་ཁྲབ་ཀྱི་ལས་གནས་བསྒོ་གཞག་བསྐྱལ་བར་གྲགས།

བོད་ས་བྱི་(སྤྱི་ལོ་༡༨༨༨)ལོའི་ཟླ་བ་གཉིས་པའི་ཚེས་བདུན་ཉིན་དབྱིན་ཇི་བཙན་འཛུལ་དམག་མི་བརྒྱ་ཕྲག་ལྔག་གིས་སྒོ་བུར་དུ་ལུང་ཐུར་ལ་གཤམ་ནས་བོད་དམག་ལ་འཇབ་རྒོལ་བྱས། དུས་དེར་བོད་དམག་རྣམས་སོ་ལྔ་ཁང་གི་ཉེ་འགྲམ་དུ་གནས་ཚུང་འོད་ལྡན་དཀར་པོའི་སྐུ་གསོབ་བཟོས་ནས་ཉུ་བསྒྲིགས། ལག་ཏུ་བོད་མདའ་དང་། མདའ་གྲི་མདུང་གསུམ་སོགས་གནའ་རབས་ཀྱི་མཚོན་ཆ་མང་པོ་འཁྱེར་ཏེ་དབྱིན་ཇིའི་དམག་མིར་ཕར་རྒོལ་དྲག་པོ་བྱས། འབྲེལ་ཡོད་ལོ་རྒྱུས་ཡིག་ཚང་ནང་གསལ་བར་བཀོད་པ་ནི་བོད་དམག་གིས་དབྱིན་ཇིའི་དམག་དཔོན་དམག་ཆས་སེར་པོ་གྱོན་པ་ཞིག་བསད། དེ་བྱིངས་དམག་མི་རྣམས་དངངས་སྐྲག་རབ་ཏུ་སྐྱེས་ཏེ་ཕྱིར་བྲོས། བོད་དམག་ཡོངས་ལ་སྐྱོན་ཆ་གང་ཡང་མ་བྱུང་ཞིང་ཟླ་གཉིས་པའི་ཚེས་བརྒྱད་ཉིན་གྱི་ཞོགས་པ་དབྱིན་ཇི་བཙན་འཛུལ་པས་སྔར་ལམ་བརྒྱུད་སླར་ཡང་བོད་དམག་ལ་ཚུར་རྒོལ་བྱས། བོད་དམག་ཡོངས་ཀྱིས་གྲ་སྒྲིག་ཨང་གསར་ཐོག་དཔའ་ངར་ཞུམ་པ་མེད་པར་བཙན་འཛུལ་དམག་དང་དམག་འཐབ་ཐེངས་མང་བྱས་ཏེ་མཐར་དབྱིན་ཇིའི་དམག་མི་བརྒྱ་ལྔག་ཙམ་བསད་རྨས་བཏང་། བོད་དམག་གི་བརྒྱ་དཔོན་ཞིག་དང་། ယུལ་དམག་ཉི་ཤུ་ཙམ་དམག་ཐོག་ཏུ་སྲོག་ཤོར་ཞེས་འབོད། སྐབས་དེ་དུས་འབྲས་ལྗོངས་མི་མང་གིས་ཀྱང་གཡས་གཞོགས་གཡོན་འདེགས་ཐོག་དབྱིན་ཇི་བཙན་

འཇུལ་པར་དམག་འཐབ་ཡང་ཡང་བྱས། བཙན་འཇུལ་པས་རང་ཉིད་ཕམ་པར་སྤྱུག་ནད་ཚ་བ་ནས་མི་ཐེགས་པར། ཟླ་གཉིས་པའི་ཚེས་བཅུ་ཉིན་དབྱིན་ཇིས་མེ་སྒྱོགས་འཕེན་པས་མདིའུ་བོད་དམག་བསྡུ་ཏུབ་བྱས་པའི་དཀྱིལ་དུ་ལྷུང་སྐབས་གནའ་བོའི་གོ་མཚོན་ལག་ཏུ་ཐོགས་པའི་བོད་དམག་རྣམས་ཅི་བྱ་གཏོལ་མེད་ཀྱི་གནས་སུ་གྱུར་ཏེ་ནག་ཐང་གི་ཕྱོགས་སུ་བྲོས། དབྱིན་ཇི་བཙན་འཇུལ་པས་ལུང་ཐུར་ལ་ཡོངས་སུ་བཙན་བཟུང་ཐོག་རིམ་བཞིན་ས་མཚམས་བརྒལ་ཏེ་མདུན་སྐྱོད་བྱས།

དེ་རྗེས་བོད་ས་གནས་སྲིད་གཞུང་དང་སེར་སྐྱ་མི་མང་ཡོངས་ཀྱིས་ཕམ་ཉེས་བྱུང་བར་ནད་མི་ཐེག་པར་མུ་མཐུད་དབྱིན་ཇི་བཙན་འཇུལ་པར་ཕར་རྒོལ་ནན་པོ་བྱེད་རྒྱུའི་བློ་ཐག་ཆོད་དེ་དབུས་གཙང་ཁོང་པོ་སོགས་ཀྱི་ཡུལ་དམག་དཔུང་སྣོན་ཉིས་སྟོང་ལྷག་གྲབས་གསོམ་བྱས་ཏེ་མདུན་ཕྱོགས་དམག་སར་མ་སྐྱོད་གོང་། ཏཱ་ལའི་བླ་མ་སྐུ་ཕྲེང་བཅུ་གསུམ་པ་ཆེན་པོ་ཐུབ་བསྟན་རྒྱ་མཚོས་གོང་གསལ་དཔོན་དམག་རྣམས་ལ་མཇལ་འཕྲད་དང་། སྲུང་བ། ཕྱག་ཚ། ན་བཟའ་སོགས་ཡིད་ཚིམ་པ་གནང་བ་སློས་ཅི། ཕས་རྒོལ་གདུག་པ་ཅན་རྣམས་མཐར་བསྒྲད་དགོས་པའི་བསླབ་བྱ་སྐུལ་མ་ཡང་ཡང་མཛད། བོད་བཞུགས་ཨམ་བན་འུན་ཧྲའོ་ཡིས་བོད་ཀྱི་སེར་སྐྱ་མི་མང་གིས་རྒྱལ་གཅེས་མཐའ་སྲུང་གི་བྱ་སྤྱོད་ལ་རྒྱབ་སྐྱོར་མཐའ་གཅིག་ཏུ་གནང་བར་མ་ཟད། དམག་འཐབ་ཀྱི་ཞིབ་གསལ་ཐབས་བྱུས་རབ་དང་རིམ་པ་འདོན་གནང་མཛད། དུས་མཚུངས་ཆིང་སྲིད་གཞུང་གི་ཕྱི་རྒྱལ་ལ་མགོ་སྒུར་བའི་ཉོར་འཁྲུལ་གྱི་བྱེད་ཐབས་དེར་མུ་མཐུན་མ་བྱས་པར་བོད་སེར་སྐྱ་མི་མང་གིས་རང་ཡུལ་སྲུང་སྐྱོབ་བྱེད་པའི་བྱ་སྤྱོད་ནི་ཡོངས་སུ་ཡང་དག་པ་ཞིག་ཡིན་པས་ཆིང་སྲིད་གཞུང་གིས་དེར་རྒྱབ་སྐྱོར་གནང་དགོས་ཞེས་པའི་གནས་ལུགས་རབ་དང་རིམ་པ་ཞུས་ཀྱང་ཉན་འཛོག་སྐྱ་ཙམ་མ་བྱས་ཁར་ཁོང་གནས་དབྱུང་བཏང་སྟེ་ལས་ཚབ་ཏུ་ཨམ་བན་ཧྲེང་ཐད་བོད་དུ་མངགས་པས་དེས་ཆིང་སྲིད་གཞུང་གི་མགོ་འདོགས་རིང་ལུགས་ཀྱི་སྲིད་བྱུས་ཡོངས་སུ་ལག་ལེན་བསྟར་ཏེ། བོད་དམག་རྣམས་ཕག་རིར་བཀའ་འགུགས་ཏེ་སྡོད་དགོས་པ་ལས། དབྱིན་ཇིར་ཕར་རྒོལ་

བྱེད་མི་ཚོག་པའི་བཀའ་ཕབ་པ་དང་། བོད་ཀྱི་དཔོན་དམག་ཚོས་རང་ཡུལ་གྱི་མངའ་ཁོངས་དབྱིན་ཇིས་བཙན་བཟུང་བྱས་པ་ཚུར་ལེན་རྒྱུའི་རེ་བ་བརྟན་པ་རྣམས་ལ་བཀག་འགོག་མཐའ་གཅིག་ཏུ་བྱས།

བོད་ས་གླང་(སྤྱི་ལོ་༡༨༨༩)ལོར་བོད་ས་གནས་སྲིད་གཞུང་གི་སྐུ་ཚབ་བཀའ་བློན་རམ་པ་བཀྲ་ཤིས་དར་རྒྱས་སོགས་ལྷ་ས་ནས་གྲོ་མོར་ཕྱིར་ལོག་སྐབས་སུ་ཨམ་བན་ཧྲེང་ཐད་ལ་སྲིད་སྐྱོང་དེ་མོ་ཧོ་ཐོག་ཐུ་ངག་དབང་བློ་བཟང་འཕྲིན་ལས་རབ་རྒྱས་མཆོག་དང་། གདན་ས་ཆེན་པོ་གསུམ། སེར་སྐྱ་དཔོན་རིགས་ཐུན་མོང་གི་སྙན་ཞུ་ཞིག་ཕུལ་ཏེ། དམག་མི་ཕྱིར་འཐེན་བྱེད་རྒྱུའི་ཐད་གོང་གི་བཀའ་བཞིན་ཞུས་ཚོག་པ་དང་། ས་མཚམས་དབྱེ་འབྱེད། ཚོང་འགྲུལ་སོགས་ཐད་བོད་ས་གནས་སྲིད་གཞུང་གིས་མོས་མཐུན་མེད་པའི་བསམ་གྲོས་མང་པོ་བཤད་ཀྱང་ཉན་འཛོག་ཙ་བ་ནས་མ་བྱས་པར། ཧྲེང་ཐད་ཁོ་པས་དབང་ཆ་ཚང་མ་ཡོད་པའི་བློན་ཆེན་གྱི་མིང་འཁྱེར་ཏེ་ཀ་ལི་ཀ་ཏར་བསྐྱོད། དབྱིན་ཇིའི་སྐུ་ཚབ་ཧེན་རྟུ་ཁག་ལྰེའི་སྤྱི་ཁྱབ་ལས་དོན་བློན་ཆེན་ཨང་དང་པོ་དང་མཉམ་དུ་རྒྱལ་འཚོང་ཆིངས་ཡིག་དོན་ཚན་བརྒྱད་བཞག །དེ་རྗེས་སྔེ་གདོང་འགག་སྒོའི་སྒོར་ཆིངས་ཡིག་དོན་ཚན་དགུ་བཞག་པ་བཅས་ལ་བོད་ཀྱི་ཏཱ་ལའི་བླ་མ་སྐུ་ཕྲེང་བཅུ་གསུམ་པ་ཆེན་པོ་དང་སེར་སྐྱ་མི་མང་ཡོངས་ནས་ངོ་རྒོལ་མཐའ་གཅིག་ཏུ་བྱས།

(༣)ཏཱ་ལའི་བླ་མ་སྐུ་ཕྲེང་བཅུ་གསུམ་པས་སྲིད་འགན་ཡོངས་སུ་བཞེས་པ་དང་། བོད་ཀྱི་དབང་སྒྱུར་གྲལ་རིམ་ནང་ཁུལ་སྲིད་དབང་འཐོབ་རེས་བྱས་ཏེ་སྲིད་སྐྱོང་དེ་མོ་ལ་གནོད་འཚེ་ཐོག་པ།

བོད་ཤིང་ལུག་(སྤྱི་ལོ་༡༨༩༥)ལོར་རྒྱལ་དབང་ཐུབ་བསྟན་རྒྱ་མཚོ་མཆོག་དགུང་ལོ་ཉི་ཤུར་ཕེབས་སྐབས་སྔ་ལམ་ལྟར་ན། ཀུན་གཟིགས་པཎ་ཆེན་རིན་པོ་ཆེའི་དྲུང་ནས་དགེ་སློང་གི་སྡོམ་པ་བཞེས་དགོས་ཀྱང་། དུས་དེར་པཎ་ཆེན་སྐུ་ཕྲེང་དགུ་པ་ཆོས་ཀྱི་ཉི་མ་སྐུ་ན་ཕྲ་བས་དྲུང་རིགས་སེར་སྐྱ་ཡོངས་ཀྱི་མཁྱེན་དབྱངས་གཅིག་གྲགས་ཐོག

གསོལ་བ་བཏབ་པ་བཞིན་རྗེ་བོ་ཤཱཀྱ་མུ་ནེའི་སྤྱན་སྔར་བསྙབ་གཞི་ཡོངས་རྫོགས་ཀྱི་སྡོམ་པ་བཞེས་སྐད་དང་ལྷ་ལྡན་སྨོན་ལམ་ཆེན་མོའི་ཚོགས་མགོན་དུ་བཞུགས་པ་མཛད། སྐབས་དེ་དུས་བོད་ཀྱི་སྤྱི་ཚོགས་དུས་བབ་ཐད་འགྱུར་ཆེ་བ་དང་རྙོག་འཛིང་ཆེ་རུ་སོང་ཡོད་ཁར། བོད་ཀྱི་མཐའ་མཚམས་གྲོ་མོ་ཁུལ་གྱི་ལུང་ཕྱར་ལ་དབྱིན་ཇིས་བཙན་བཟུང་བྱས་ཡོད་པ་དང་། དབྱིན་ཇི་བཙན་རྒྱལ་རིང་ལུགས་པས་བོད་ཀྱི་ས་ཆ་ཡོངས་རྫོགས་བཙན་བཟུང་བྱེད་རྒྱུའི་ཧམ་སེམས་དེ་བས་མངོན་གསལ་དོད་དུ་ཕྱིན་པ། ཁོ་པས་བཙན་འཛུལ་དམག་འཁྲུག་ཐེངས་གཉིས་པ་སློང་རྒྱུའི་གྲ་སྒྲིག་རྩུས་བཤམས། དེའི་སྐབས་ཞིང་གོང་མ་སྲིད་དབང་ནི་ཐྲུང་དཀྱིལ་དུ་ཚུད་པའི་མར་མེ་བཞིན་འཕྲུར་རེ་འགྲོར་རེའི་ངང་ནས་ནུབ་ལ་ཉེ། བཙན་རྒྱལ་ཨུ་རུ་སུའུ་གོང་མས་ཡང་སྐབས་དེར་འདྲི་ལག་བོད་དུ་བརྒྱུངས་ཡོང་སྟེ་སེམ་འཛུལ་བྱེད་ཤུགས་ཇེ་མགྱོགས་སུ་བཏང་ཏེ་བོད་འདི་ཁོ་པ་ཚོའི་མངའ་འོག་ཏུ་འཇུག་རྩིས་བྱེད་པ།

དུས་བབ་གནས་སྟངས་དེ་འདྲ་ཞིག་གི་འོག་ཏུ་སྲིད་སྐྱོང་དེ་མོ་ཧོ་ཐོག་ཐུ་མཆོག་ནས་སྐུ་གཟུགས་མ་བདེ་བའི་ཚུལ་གྱིས་དགོངས་ཞུ་རིམ་པ་མཛད་དེ་ཏཱ་ལའི་བླ་མ་ཐུབ་བསྟན་རྒྱ་མཚོས་སྲིད་འགན་དངོས་སུ་བཞེས་དགོས་པའི་གསེར་སྙན་སྒྲོན་ཞིང་། བཀའ་ཤག་དང་། གདན་ས་སེར་འབྲས་དགའ་གསུམ། དཔོན་རིགས་སེར་སྐྱ་མང་ཆེ་བ་བཅས་ཀྱི་ཀྱང་ཏཱ་ལའི་བླ་མ་མཆོག་གིས་སྲིད་འགན་དངོས་སུ་དངོས་སུ་བཞེས་དགོས་པའི་རེ་འདུན་ཡང་ཡང་བཏོན་པ་ལྟར། ཚང་མས་སྔར་ལམ་རྒྱལ་བ་རིམ་བྱོན་གྱིས་དགུང་ལོ་བཅོ་བརྒྱད་སྐབས་སྲིད་འགན་བཞེས་པ་ཡིན་པས། ད་ཆ་སྐུ་ཕྲེང་བཅུ་གསུམ་པ་ཆེན་པོ་དགུང་གྲངས་ཉི་ཤུར་སོན་ཡོད་པས། སྲིད་འགན་དངོས་སུ་བཞེས་རྒྱུའི་དགུང་གྲངས་ལས་བརྒལ་ཡོད་སྟབས་བོད་ཀྱི་ཆོས་སྲིད་གཉིས་ཀྱི་ལས་དོན་ལ་ཐུགས་འགན་གཙང་བཞེས་གནང་དགོས་ཀྱི་བཀའ་དྲིན་ཆེ་བའི་རེ་སྐུལ་མགྲིན་གཅིག་ཏུ་ཞུས། བོད་སྡོད་ཨམ་བན་ཕྲུའི་ཧོན་གྱིས་གོང་མར་གནས་ཚུལ་ཞིབ་ཕྲ་གསེར་སྙན་སྒྲོན་པ་བཞིན་སྲིད་སྐྱོང་དེ་མོ་ཧོ་ཐོག་ཐུ་སྲིད་སྐྱོང་གི་གོ་གནས་ནས་དགོངས་ཞུ

ཆོག་པ་དང་། ཏཱ་ལའི་བླ་མ་སྐུ་ཕྲེང་བཅུ་གསུམ་པ་ཐུབ་བསྟན་རྒྱ་མཚོ་མཆོག་ཆོས་སྲིད་གཉིས་ཀྱི་ཐུགས་འགན་ཡོངས་སུ་བཞེས་དགོས་པའི་བཀའ་ལུང་བསྩལ། དེ་ལྟར་བོད་ཤིང་ལུག་(སྤྱི་ལོ་༡༨༣༥ལོ་)ལོའི་ཟླ་བརྒྱད་པའི་ཚེས་བརྒྱད་ཉིན། ཕོ་བྲང་ཆེན་པོ་པོ་ཏ་ལའི་ཚོམས་ཆེན་སྲིད་ཞིའི་ཕུན་ཚོགས་ཕོ་བྲང་དུ་རྒྱལ་དབང་ཐུབ་བསྟན་རྒྱ་མཚོས་ཆོས་སྲིད་ལུགས་གཉིས་ཀྱི་ཐུགས་འགན་ཡོངས་སུ་བཞེས་པའི་མཛད་སྒོ་དངོས་སུ་ཚུགས།

རྒྱལ་དབང་ཐུབ་བསྟན་རྒྱ་མཚོས་ལུགས་གཉིས་ཀྱི་ཐུགས་འགན་ཡོངས་སུ་བཞེས་རྗེས་བོད་ཀྱི་གནས་ཚུལ་ལ་འགྱུར་ལྡོག་མངོན་གསལ་དོད་པོ་ཁག་གཉིས་བྱུང་བ་ནི། གཅིག་ནས་དབྱིན་ཇི་བཙན་རྒྱལ་རིང་ལུགས་པའི་བཙན་འཛུལ་བྱ་སྤྱོད་ལ་འགོག་རྒོལ་མཐའ་གཅིག་ཏུ་བྱས་ཏེ་བོད་ཀྱི་མཐའ་མཚམས་མངའ་ཁོངས་སྲུང་སྐྱོབ་དང་སྤྱི་ཚོགས་བདེ་འཇགས་ལ་འགན་ལེན་བྱེད་རྒྱུ། གཉིས་ནས་དབྱིན་ཇི་བཙན་འཛུལ་པར་མགོ་འདོགས་ལམ་ཕྱོགས་ལག་ལེན་བསྟར་ཏེ་བོད་མི་མང་གིས་དབྱིན་ཇི་བཙན་འཛུལ་པར་འགོག་རྒོལ་འཐབ་རྩོད་བྱེད་པར་བཀག་འགོག་བྱེད་མཁན་གྱི་བོད་སྡོད་ཨམ་བན་བར་ལ་ནུས་ཤུགས་གང་ཙམ་ཟད་ཙང་། ཏཱ་ལའི་བླ་མ་མཆོག་གིས་རྒྱལ་ཁབ་དང་མི་རིགས་ཀྱི་ཁེ་ཕན་ཕྱོགས་ནས་དགོངས་ཞིབ་མཛད་དེ་ཞབས་དྲུང་ནས་དོ་ཚོད་པའི་མི་སྣ་འདེམ་སྒྲུག་གིས་པེ་ཅིང་དུ་གོང་མ་ཀོང་ཞུས་དང་མ་ཡུམ་ཚེ་ཤིའི་ལ་གསེར་སྣན་སྒྲོན་མི་ཆེད་མངགས་བཏང་ནས་བོད་དུ་འཕྲད་པའི་གནས་ཚུལ་ཞིབ་ཕྲ་ཞུས་པ་གནང་སྟེ། དབྱིན་ཇི་བཙན་འཛུལ་པར་འགོག་རྒོལ་རྒྱབ་སྐྱོར་དང་མཐའ་མཚམས་འགན་སྲུང་དགོས་པའི་རེ་བ་ཞུས་ཀྱང་། ཆིའི་ནང་ཇོ་དབྱུག་པ་ལྟར་དོན་སླེབ་གང་ཡང་མ་བྱུང་སྐབས་རྒྱལ་དབང་མཆོག་ཐུགས་རེ་ཤིན་ཏུ་ཕམ་པ་གྱུར།

དུས་སྐབས་དེ་འདྲ་ཞིག་གི་འོག །བཙན་རྒྱལ་ཨུ་རུ་སུའི་གོང་མས་དུས་སྐབས་དང་བསྟུན་ཏེ་བོད་ཀྱི་མཐོ་རིམ་མི་སྣ་དང་འབྲེལ་བ་འགོ་ཚུགས། དོན་དངོས་ཐོག་ཁོ་པ་ཚོས་སྔ་ས་ནས་བོད་དེ་ཉིད་ཁ་ལོ་བསྒྱུར་རྒྱུའི་རེ་དན་བཅངས་ཀྱི་ཡོད་བཞིན་པ་ནི་དེའི་སྔོན་དུ་བོད་ལ“ཚན་རིག་རྟོག་ཞིབ”ཀྱི་མིང་འཁྲིར་ཏེ་རྒྱུན་ཆད་མེད་པར་གསང

སྤྱིལ་བཏང་སྟེ་བོད་ས་ཁོངས་སུ་སིམ་འཛུལ་བྱས་པ་དང་། བོད་ས་གནས་སྲིད་གཞུང་དང་སེར་སྐྱ་མི་མང་ཡོངས་ནས་མཐའ་གཅིག་ཏུ་འགོག་རྒོལ་བྱང་ཀྱང་། སེམས་ངན་མི་ཤི་བར་ཨུ་མཐུད་ནས་སངས་རྒྱས་ཆོས་ལུགས་ལ་དད་ཞེན་ཡོད་པའི་ཚུལ་གྱིས་གཟུགས་བཞུགས་ཆོག་པའི་མིང་ཐོག་ནས་བོད་དུ་སིམ་འཛུལ་བྱས་པ་དང་། སྐབས་དེར་ཏཱ་ལའི་བླ་མ་མཆོག་ཕྱི་ཕྱོགས་ཀྱི་དོན་རྐྱེན་མི་ཆད་ཁར། བོད་སྲོད་ཨམ་བན་རྫིན་ཐད་ཀྱིས་རྒྱབ་སྐྱོར་མི་བྱེད་པ། དེའི་སྟེང་བོད་ཀྱི་མཐོ་རིམ་དབང་སྒྱུར་དཔོན་རིགས་ནང་ཁུལ་དུ་མདོན་རྩོད་ཤོག་འཐབ་སྲིད་དབང་འཕྲོག་རེས་བྱེད་པའི་འཐབ་རྩོད་རྣོ་ངར་ཅན་དུ་གྱུར་ཡོད།

ད་དུང་བོད་ས་ཕག་(སྤྱི་ལོ་༡༥༩༩ལོ་)ལོར་“ཏཱ་ལའི་བླ་མ་སྐུ་ཕྲེང་བཅུ་གསུམ་པ་ཆེན་པོ་བཀྲོངས་རྩིས་བྱེད་པའི་དོན་རྐྱེན་ཞིག་བྱུང་”བ་དང་། གནས་ཚུལ་དེ་བྱུང་ནས་ད་བར་དུས་རབས་གཅིག་ལྷག་ཙམ་སོང་ཡོད་ཙང་། དགུང་ལོ་བརྒྱད་བཅུ་དགུ་བཅུའི་ནང་ཕེབས་པའི་ལྷ་ས་བ་རྒན་གྲས་ཆོས་དོན་གནད་དེ་གླིང་སྐབས་དྲན་ཤེས་གསལ་པོ་ཡོད་པ་དང་སེམས་ནང་དངངས་སྐྲག་ལྷང་ལྷང་གནང་གི་རེད། ང་རང་ཆུང་དུས་བགྲེས་སོང་ཆོས་དེའི་སྐོར་གསུང་པ་གསལ་ལ་མི་གསལ་འདྲ་གོ་མྱོང་ཡོད། ཁོང་རྣམ་པས་ཧང་སང་སང་དང་ཕན་ཚུན་གྱི་ཧ་བར་སྐད་ཤུགས་ཆུང་ཆུང་གིས་རྒྱལ་བ་སྐུ་ཕྲེང་བཅུ་གསུམ་པ་དང་བསྟན་རྒྱས་གླིང་གི་དེ་མོ་སྤྲུལ་སྐུ་ཙེ་ཙེ་མ་མ་ཀོ་ཀོ་མང་པོ་གསུང་གི་རེད། སྐབས་དེ་དུས་གང་གསུང་གི་ཡོད་མེད་གང་ནས་ཤེས། རྗེས་སུ་ཧ་གོ་དུས་རྒན་གྲས་ཆོས་ཤོག་ཏུ་གསུང་པའི་དོན་ནི་བསྟན་རྒྱས་གླིང་སྲིད་སྐྱོང་དེ་མོ་ཧོ་ཐོག་ཐུ་སྲིད་སྐྱོང་དགོངས་པ་ཞུས་རྗེས་གནོད་འཚེ་ཕོག་པའི་སྐོར་རེད་འདུག །

བསྟན་རྒྱས་གླིང་ཞེས་པ་ནི་ལྷ་སའི་གྲགས་ཅན་གླིང་བཞི་ཀུན་བདེ་གླིང་། ཆོས་མཆོག་གླིང་། ཚེ་སྨོན་གླིང་བཅས་གླིང་བཞིའི་ཁོངས་ཀྱི་ཡ་རྒྱལ་ཞིག་ཡིན་པ་དང་། གླིང་བཞི་ནི་སྲིད་སྐྱོང་རྒྱལ་སྤྲུལ་ཧོ་ཐོག་ཐུ་ཁག་གི་སྡེར་འཛིན་བླ་བྲང་དག་ཡིན་པར་མ་ཟད་དགོན་སྡེ་དང་བླ་བྲང་ཟུང་དུ་འབྲེལ་བའི་སྲིད་འཛིན་གཞུང་དོན་གཉེར་ལས་ཁང་

ཡང་རེད། བོད་ཀྱི་ལོ་རྒྱུས་ཐོག་བསྟན་རྒྱས་གླིང་དེ་མོ་སྤྲུལ་སྐུ་རིམ་བྱོན་གསུམ་གྱིས་སྲིད་སྐྱོང་གོ་གནས་བཞེས་སྐབས། བསྟན་རྒྱས་གླིང་བླ་བྲང་ནི་ལྷ་སའི་གླིང་བཞི་ནང་ནས་ལོ་རྒྱུས་རིང་ཤོས་དང་སྙན་གྲགས་ཆེ་ཤོས་གྲས་ཤིག་རེད། དེ་མོ་སྤྲུལ་སྐུ་སྐུ་ཕྲེང་དྲུག་པ་ངག་དབང་འཇམ་དཔལ་བདེ་ལེགས་རྒྱ་མཚོ་མཆོག་གིས་ཏཱ་ལའི་བླ་མ་སྐུ་ཕྲེང་བདུན་པ་དགོངས་པ་ཞིང་ལ་ཕེབས་རྗེས་ཆིང་གོང་མ་ཆན་ལུང་གིས་དེ་མོ་སྤྲུལ་སྐུར་ཧོ་ཐོག་ཐུ་ནོ་མོན་ཧན་གྱི་ཆེ་ལོ་བསྩལ་བ་དང་ཆབས་ཅིག་བཀའ་ཤག་སྟེ་ཧོ་ཐོག་ཐུས་སྲིད་སྐྱོང་འགན་འཁུར་ཨང་དང་པོ་བཞེས་མཁན་རྒྱལ་ཚབ་ཏུ་བསྐོས། དེ་ནས་བཟུང་ཏཱ་ལའི་བླ་མ་དགོངས་པ་རྫོགས་རྗེས་དེའི་ཡང་སྲིད་སྤྲུལ་སྐུ་དགུང་ལོ་བཅོ་བརྒྱད་དུ་མ་སོན་བར་གདན་ས་སེར་འབྲས་དགའ་གསུམ་ནས་བླ་མ་ཧོ་ཐོག་ཐུ་ཆེ་གྲས་གང་རུང་ཞིག་འདེམས་སྒྲུག་གིས་གོང་མར་གསེར་སྙན་སྒྲོན་ཏེ་ཆོག་མཆན་ཕེབས་འཕྲལ་བོད་ཡོངས་ཀྱི་ཆོས་སྲིད་འགན་འཁུར་བཞེས་མཁན་སྲིད་སྐྱོང་རྒྱལ་སྤྲུལ་ཞེས་པའི་ལུགས་སྲོལ་ཞིག་གསར་གཏོད་བྱས། ལྷ་ས་བ་མང་ཆེ་བས་གླིང་ཁག་བཞི་རྒྱུས་མངའ་ཧ་ཅང་ཆེ་བ་དང་། ཚེ་མཆོག་གླིང་ཞེས་ལྷ་ས་སྐྱིད་ཆུའི་ཕར་རོལ་ལྷོ་ངོས་སུ་གནས་པ་ཕུད། དེ་བྱིངས་གླིང་གསུམ་ལྷ་ས་གྲོང་ཁྱེར་ནང་དུ་ཡོད་པར་མ་ཟད་བླ་བྲང་དེ་དག་གི་འཛུགས་སྐྲུན་གྱི་བཀོད་པ་གཞི་རྒྱ་ཆེ་ལ་བརྗིད་ཆགས་ཕུན་སུམ་ཚོགས་པ་དང་ཁྱད་ཆོས་དམིགས་བསལ་ཅན་ལྡན་ཞིང་། དེ་དག་སོ་སོར་ལོ་རྒྱུས་ཡུན་རིང་ཡོད་པར་མ་ཟད་བོད་ཀྱི་ཕྱི་རབས་ལོ་རྒྱུས་ཐོག་ཐུན་མོང་མ་ཡིན་པའི་ལེགས་སྐྱེས་ཡང་ཕུལ་ཡོད་པ་རེད།

ཏཱ་ལའི་བླ་མ་སྐུ་ཕྲེང་བཅུ་གསུམ་པ་པོ་ཏ་ལར་སྲིད་ཁྲི་མངའ་གསོལ་ཚར་རྗེས། སྲིད་སྐྱོང་དེ་མོ་ཧོ་ཐོག་ཐུ་ངག་དབང་བློ་བཟང་འཕྲིན་ལས་རབ་རྒྱས་སྲིད་ཟུར་གྱི་ཚུལ་དུ་བསྟན་རྒྱས་གླིང་བླ་བྲང་དུ་ཕྱིར་ལོག་ཕེབས། འོན་ཀྱང་དེའི་རྗེས་“ཏཱ་ལའི་བླ་མ་ལྐོག་བཀྲོང་བྱེད་རྒྱུའི་”དོན་རྐྱེན་གྱིས་སྲིད་ཟུར་དེ་མོ་སྤྲུལ་སྐུ་སྐུ་ཕྲེང་བརྒྱད་པ་ངག་དབང་བློ་བཟང་འཕྲིན་ལས་རབ་རྒྱས་བཙོན་འཛུག་བྱས་ནས་བཙོན་ཁང་དུ་སྐུ་གཤེགས་པ་དང་། བསྟན་རྒྱས་གླིང་བླ་བྲང་གི་ཆོས་གཞིས་འཛིན་གྲུས་མཐའ་དག་

གཞུང་བཞེས་དང་དེ་མོ་སྤྲུལ་སྐུའི་ཡང་སྲིད་ངོས་འཛིན་ཞུ་མི་ཆོག་པ་བཙོས། དེ་མོའི་དོན་རྐྱེན་སྐོར་ལ་ཏཱ་ལའི་བླ་མ་སྐུ་ཕྲེང་བཅུ་གསུམ་པའི་རྣམ་ཐར་《ངོ་མཚར་རིན་པོ་ཆེའི་ཕྲེང་བ་》ནང་འཁོད་པ་དེ་ལྟར་"སྐུའི་ཚ་བོར་གྱུར་པ་ནོར་བུ་ཚེ་རིང་དང་དོན་ལྡན་ཞེས་པ་སོགས་འགའ་ཞིག་གི་ཐོག་ཏུ་བབས་པ་ན་རང་ཉིད་ཉེས་འདོད་ཀྱི་སྟ་ལྟས་ལྟ་བུར་ཏཱ་ལའི་བླ་མ་མཆོག་གི་མངའ་ཐང་མཛད་པ་ཕུན་སུམ་ཚོགས་པ་ལ་ཡོང་ཡེ་མི་བཟོད་དབང་དུ་བསྟུ་བར་འདོད་པའི་ཀུན་སློང་ངན་པའི་གདོན་གྱིས་རྒྱུད་བསྒྱུར་ཏེ་ཐོག་མར་གོང་ས་ཆེན་པོ་བཀྲོང་རྒྱུའི་རྩིས་ཀྱིས་དགུང་སྙིང་མཚན་གསལ་གྱི་བླ་ཆེ་སྲོག་གསུམ་ལིངྒའི་དམིགས་ཡུལ་དུ་བཀོད་པ་དང་། བོད་སྐྱེ་འགྲོ་རྣམས་རྒྱལ་དབང་ཉིད་ལ་བློ་ལོག་སྐུར་འདེབས་ཡོང་རེས་གངས་ལྗོངས་སུ་ཆར་མེད་ནད་མུག་སོགས་བཀྲ་མི་ཤིས་པ་གཏོང་རྒྱུ་བཅས་ཀྱི་ངན་གཏད་རྫས་སྦྱོར་སྔགས་འཁོར་ཁག་མང་དཔལ་རི་སྤྲུལ་སྐུ་དང་། ཉག་སྤྲུལ་ཟེར་བར་རྒྱུ་ཛན་སྦྲིད་དན་བྱས་ནས་བཟོ་བསྒྲུབས་ཀྱིས་པོ་ཏ་ལའི་ཕྱོགས་བཞི་དང་བསམ་ཡས་ཧལ་པོ་རི། གཞན་ཡང་ལྷ་མཐུ་ཆེན་གནས་ས། རྒྱལ་དབང་མཆོག་ལ་འབུལ་རྒྱུའི་ཞབས་ཕྱུགས་གསར་བསྐྲུན་གྱི་མཐིལ་ལྷོ་སྦྲུར་ནང་བཅས་སུ་སྦ་འཛུག་བགྱིས་ཤིང་། རེ་ཞིག་བར་སྐྱབས་མགོན་ཆེན་པོའི་སྐུ་ཁམས་ཉོག་པ་དང་། ཐུགས་རིག་བྱིང་པ། གསོལ་ཟས་ཀྱི་དང་ག་འགག་པ། འགྱུར་དུག་གི་རིག་པས་གང་གསོལ་བ་ཐམས་ཅད་གནོད་པ་ཅན་དུ་གྱུར་ནས་ལྟེམ་ཚུལ་ཆེར་བཞེས་པ་ན། དམར་ཟླུམ་ཡེ་ཤེས་ཀྱི་སྤྱན་ལྡན་དག་གིས་ཤིག་ཐོག་སོར་མོ་འཛུགས་པ་ལྟར་ངན་སྦྱོར་གྱི་མཚང་བརྗོལ་བས་བརྩད་ཆོད་དེ་གཞུང་ནས་ཁྲིམས་ལུགས་ལྟར་རྩད་ཞིབ་རིམ་བཞིན་མཛད་པར། འདི་སྐོར་གྱི་བྱེད་གཏེ་མཐོང་ཐོས་ལེ་འཁྲི་རྣམས་ནས་ངོས་ལེན་མཐའ་གསལ་ཞུས་པའི་ལག་བྲིས་ཀྱི་ཞུ་ཐོ་ནང་གསལ་ལྟར་སྟར་མ་གྲགས་པའི་བྱས་ཉེས་ཚབས་པོ་ཆེ་ཐོན་གཤིས། བོད་ལྗོངས་ཚོགས་འདུ་བློ་གྲོས་གཅིག་ཏུ་མཐུན་ཏེ་ཉེས་ཅན་ཁག་ལ་ཁྲིམས་གཅོད་དང་བསྟན་རྒྱས་གླིང་སྡོད་བཅུད་གང་ཅི་རུ་མེད་གཞུང་བཞེས་ཞུ་རྒྱུའི་འཆར་གཞི་ཕུལ། སྲིད་ཟུར་ཉིད་ཀྱང་བསྟན་རྒྱས་གླིང་ཆོས་རར་

མཚམས་བཅད་བཞུགས་སུ་བཅུག་ཐོག་སྐུ་སྲོག་ལ་ཆད་ལས་ཀྱི་རྐྱོལ་བའི་རྐྱེན་གང་ཡང་མེད་པར་གྱུང་གྲངས་ཞེ་ལྗིའི་ཐོག་ཏུ་སྐུ་ཆེའི་འདུ་བྱེད་འདོར་བའི་ཚུལ་བསྟན་”ཞེས་གསལ།

《བོད་ལྗོངས་ཀྱིས་གནས་ལུགས་གསལ་བཤད་བྱེད་བཞིན་པ་》ཞེས་པའི་དེབ་གཅིག་བརྟན་འདུག་པས། དེའི་ནང་གོང་གསལ་དེ་མོ་སྤྲུལ་སྐུའི་སྐོར་གྱི་གནས་ཚུལ་ཞིག་འཁོད་འདུག །དེབ་འདིའི་རྩོམ་པ་པོ་ནི་ཀྲུང་དབྱང་མི་དམངས་བརྙན་འཕྲིན་ལས་ཁུངས་བོད་བཞུགས་འབབ་ཚུགས་ཀྱི་དབུ་འཛིན་སྐུ་ཞབས་དབང་འདུས་ལགས་རེད་འདུག །དེབ་འདིའི་ནང་ཁོང་གིས་བཅར་འདྲི་གནང་བའི་ཟིན་བྲིས་ཤིག་འཁོད་གནང་ཡོད་པར་མཚོན་བྱང་དུ“ང་དང་ཡབ་ཆེན་གཉིས་ཀ་འོད་དང་གཟུགས་བརྙན་གྱི་འཛིན་རྟེན་ལ་དབྱིངས་ཆགས་པ་”ཞེས་པ་དེ་ནི་ཡིད་རྟོན་ཚོག་པའི་དོན་དངོས་ཟིན་བྲིས་ཤིག་ཡིན་སྐབས་ཁོ་མོར་བག་ཆགས་ཟབ་མོ་ཞིག་བཞག་སྦྱོང་ཡོད། དེར་བརྟེན་ཁོ་མོས་ཟིན་བྲིས་འདིའི་ནང་འཁོད་པའི་དེ་མོ་སྤྲུལ་སྐུ་དང་འབྲེལ་ཡོད་ཀྱི་ནང་དོན་འབའ་ཞིག་ངོ་བཤུས་བྱས་ཏེ་འགོད་ན་ཕལ་ཆེར་སྐབས་དེའི་དངོས་ཡོད་ཀྱི་གནས་ཚུལ་མང་པོ་ཞིག་མཁྱེན་རྟོགས་ཡོང་རྒྱུར་ཕན་པ་གང་ཐུབ་ཅིག་ཡོང་གི་རེད་སྙམ།

སྐུ་ཞབས་དབང་འདུས་ལགས་ཀྱིས་བཅར་འདྲི་གནང་སའི་ཡུལ་ནི་དེ་མོ་སྤྲུལ་སྐུ་སྐུ་ཕྲེང་བརྒྱད་པ་བློ་བཟང་འཇམ་དཔལ་ལུང་རྟོགས་རྒྱ་མཚོའི་(དགུང་ལོ་སོ་བརྒྱད་སྐབས་སྐུ་ཕབ་ནས་གཉེན་སྒྲིག་གནང་)སྲས་སྐུ་ཞབས་དབང་ཕྱུག་རྡོ་རྗེ་ལགས་རེད་འདུག །ཁོང་ནི་དེང་རབས་ཀྱི་པར་རྒྱག་མཁས་ཅན་དུ་གྲགས་པ་ཞིག་ཡིན་ཁར་ཚང་མས་ཁོང་ལ་དབང་རྗེར་ལགས་ཞེས་འབོད་ཀྱི་ཡོད། ཁོང་ནི་མཐོང་རྒྱ་དང་ཤེས་རྒྱ་ཆེ་ལ་ཕན་ཚུན་འདྲིས་བདེ་བ་བཅས་སྐུ་ཞབས་དབང་འདུས་ལགས་ཀྱིས་ཁོང་ལ་བཅར་འདྲི་གནང་བའི་བཀའ་ལན་ཚང་མ་དངོས་ཡོད་གནས་ཚུལ་དང་ཁ་གསལ་གཏིང་གསལ་ཞིག་རེད། ཁོང་གིས་དེ་མོ་སྤྲུལ་སྐུ་སྐུ་གོང་མའི་སྐོར་གསུང་སྐབས“དེ་མོ་སྤྲུལ་སྐུ་གོང་མ་ངག་དབང་བློ་བཟང་འཕྲིན་ལས་རབ་རྒྱས་ཏཱ་ལའི་བླ་མ་སྐུ་ཕྲེང་བཅུ་གསུམ་པ་ཆེན་

པོ་སྐུ་ན་མ་སོན་གོང་དུ་སྲིད་སྐྱོང་གི་འགན་འཕུར་བཞེས་པ་དང་། དེ་ནས་ཏཱ་ལའི་བླ་མ་དགུང་གྲངས་ཉི་ཤུར་ཕེབས་སྐབས་སྲིད་སྐྱོང་གི་འགན་ཚང་མ་ཏཱ་ལའི་བླ་མར་རྩིས་འབུལ་ཞུས་པ་རེད། སྲིད་སྐྱོང་གནང་བའི་རིང་དུ་དེ་མོ་བླ་བྲང་གི་ཕྱག་མཛོད་ཇ་སག་ནོར་བུ་ཚེ་རིང་ལ་དབང་ཆ་ཆེན་པོ་ཡོད་པ་དང་། དེ་མོ་སྤྲུལ་སྐུས་སྲིད་སྐྱོང་དགོངས་ཞུ་མཛད་རྗེས་ཇ་སག་ཕྱག་མཛོད་ལ་དབང་ཆ་མེད་སྐབས་ནོར་བུ་ཚེ་རིང་གནས་བབ་འདིར་ཤིན་ཏུ་མ་འདོད་པས། གཞུང་བསྟེན་ཆོས་སྐྱོང་གནས་ཆུང་སྐུ་ཁོག་དང་། ཕ་ལྷ་སྤྱི་ཁྲབ་མཁན་པོ(ཏཱ་ལའི་བླ་མའི་སྐུ་བཅར་གྱི་སེར་མོ་བའི་དཔོན་རིགས་མཐོ་ཤོས་གྲས་ཤིག)སོགས་ནས་གསང་བའི་ཐབས་ཤིག་གཡོ་བཤམས་ཏེ་ཏཱ་ལའི་བླ་མ་བཀྲོང་རྩིས་བྱས། ཁོ་པ་ཚོས་དེ་མོ་སྤྲུལ་སྐུའི་མིང་ཐོག་ནས་ཏཱ་ལའི་བླ་མར་ཞབས་ཕྱགས་འབུལ་རྒྱུའི་མཐིལ་དུ་ངན་གཏད་སྔགས་འཁོར་སྦས་འཇུག་བགྱིས་ཏེ། གལ་ཏེ་ངན་གཏད་སྔགས་འཁོར་གྱི་ནུས་པས་ཐོན་ནས་ཏཱ་ལའི་བླ་མ་དགོངས་པ་རྫོགས་ཚེ། དེ་མོ་སྤྲུལ་སྐུ་སླར་ཡང་སྲིད་སྐྱོང་གི་གོ་གནས་བཞེས་ཐུབ་རྒྱུ་དང་། བྱ་བ་འདིའི་ནང་བཞུགས་མཁན་ཚང་མར་བྱས་རྗེས་སུ་གཞིས་ཁག་གཟེངས་བསྟོད་དུ་སྤྲོད་རྒྱུ་བྱས། དེ་ནས་ཏཱ་ལའི་བླ་མས་ཞབས་ཕྱགས་བཞེས་རྗེས་དངོས་འབྲེལ་སྐུ་གཟུགས་མ་བདེ་བའི་སྐྱོན་གཞི་བྱུང་བར། གནས་ཆུང་སྐུ་ཁོག་གིས་ལྷར་བཞུགས་ཏེ་ཕྱག་གྲི་དབྱུགས་ཐེངས་གཅིག་ལ་ཞབས་ཕྱགས་ཀྱི་མཐིལ་ནས་ངན་གཏད་སྔགས་འཁོར་བཏོན་སྐབས། དེ་མོ་སྤྲུལ་སྐུ་འཕྲལ་འཕྲལ་བཙོན་དུ་བཅུག་པ་དང་། ཇ་སག་ཕྱག་མཛོད་ནོར་བུ་ཚེ་རིང་གསོན་བཙུད་བྱས་ཏེ་ཉེས་བརྟུང་བཏང་ནས་བསད། གནས་ཆུང་སྐུ་ཁོག་དང་ཕ་ལྷ་སྤྱི་ཁྲབ་མཁན་པོ་དོན་རྐྱེན་འདིའི་ནང་བཞུགས་སྒྲོང་ཡོད་པ་སྐབས་དེ་དུས་སུས་ཀྱང་ཤེས་མཁན་མ་བྱུང་བ་རེད། དེ་མོ་སྲིད་སྐྱོང་ནི་བཙོན་ཁང་ནང་དུ་དགོངས་པ་རྫོགས་པ་རེད།”ཞེས་དང་།

ཁོང་གིས་ངའི་ཡབ་ཆེན(དེ་མོ་སྐུ་ཕྲེང་དགུ་པ་)“དགུང་ལོ་ལྔ་ལ་ཕེབས་དུས་འབྲས་སྤུངས་དགོན་པ་དང་། སེ་ར་དགོན་པ། དེ་མོ་དགོན་སོགས་ནས་མི་བཏང་སྟེ་ཁྲིམ་ནས་ཁྲིད་དེ་སེ་ར་དགོན་པའི་གཡོན་ངོས་ཀྱི་ཆོས་སྡིངས་སྐང་དུ་བཞུགས་བཅུག །ཁོང་

རྣམས་པས་ལྷོ་ཁ་ཆོས་འཁོར་རྒྱལ་ལྷ་མོའི་བླ་མཚོར་མཚོ་མཇལ་ཞུ་བ་དང་། ཆོས་སྐྱོང་སྲུང་མའི་བཀའ་ལུང་ཞུ་བ། མོ་ལུང་ཞུ་བ་སོགས་ཀྱིས་ཡང་སྲིད་སྤྲུལ་སྐུ་གང་སར་བཙལ་འཚོལ་བྱས་པ་བརྒྱུད། མཐར་ངའི་ཡབ་ཆེན་ཉིད་དེ་མོ་སྤྲུལ་སྐུའི་སྐུ་སྐྱེ་ཡིན་པ་གཏན་འཁེལ་བྱས་ཏེ་སེ་ར་དགོན་ཆོས་སྡིངས་ཁང་དུ་ཁྲིད་ནས་ཆོས་ཕྱོགས་སློབ་གཉེར་བྱེད་བཅུག་པ་རེད། དེ་ཡང་གསང་ཐབས་ཀྱིས་བྱེད་དགོས་པ་ནི་བཀའ་ཤག་སྲིད་གཞུང་ནས་སྤྱི་ལོ་༡༩༠༠ལོར་བཀའ་རྒྱ་བཀྲམ་སྟེ་ཏཱ་ལའི་བླ་མ་སྐུ་ངོ་མས་ཆོག་མཆན་མེད་པའི་འོག་དགོན་སྡེ་སུ་ཞིག་གིས་ཀྱང་དེ་མོ་སྤྲུལ་སྐུའི་ཡང་སྲིད་ངོས་འཛིན་ཞུ་མི་ཆོག་ཅེས་དང་། འོན་ཀྱང་དེ་མོ་དགོན་དང་སེ་འབྲས་གཉིས་དེ་བཞིན་བསྟན་རྒྱས་གླིང་དང་མཁན་པོ་གྲོས་ཚོགས་ཏཱ་ལའི་བླ་མ་སྐུ་ཕྲེང་བཅུ་གསུམ་པའི་ཡབ་གཞིས་གླང་མདུན་སོགས་ནས་མགྲིན་གཅིག་ཏུ་ཡང་སྲིད་བཙལ་འཚོལ་ཞུ་ཆོག་པའི་རེ་བ་བཏོན་པར་བརྟེན། ལོ་དེ་རང་དུ་ཏཱ་ལའི་བླ་མ་མཆོག་ནས་ངའི་ཡབ་ཆེན་དེ་མོ་སྤྲུལ་སྐུའི་ཡང་སྲིད་ཡིན་པ་ཞལ་བཞེས་མཛད་དེ་མཚན་ལ་བློ་བཟང་འཇམ་དཔལ་ལུང་རྟོགས་རྒྱ་མཚོ་ཞེས་གསོལ་གནང་མཛད་པ་དང་ཆབས་ཅིག་ཧོ་ཐོག་ཐུའི་གོ་བབ་གནས་དབྱུང་བཏང་། དེའི་རྗེས་ཆིང་གོང་མའི་བོད་སྡོད་ཨམ་བན་ལན་ཡུས་གིས་གོང་མར་གསེར་སྙན་སྤྲོན་ཡོད་སྐབས། སྤྱི་ལོ་༡༩༡༠ལོར་གོང་མ་ཧྥོན་ཐུང་གིས་ངའི་ཡབ་ཆེན་ལ་ཧོ་ཐོག་ཐུའི་གོ་གནས་སླར་གསོ་གནང་བ་དང་ཏཱ་ལའི་བླ་མ་སྐུ་ཕྲེང་བཅུ་གསུམ་པས་ཀྱང་ཁས་ལེན་གནང་བ་རེད།”ཞེས་དེང་དུས་པར་རྒྱག་མཁས་ཅན་དབང་རྫོང་ལགས་ཀྱི་གསུང་པ་ཞིག་འཁོད་འདུག །

གོང་གསལ་གྱི་གནས་ཚུལ་དེ་དག་ལས་རྟོགས་ཐུབ་པར། “གཡོ་བྲུས་ཀྱིས་ཏཱ་ལའི་བླ་མ་ཕྲོག་བཀྲོང་བྱེད་རྩིས་དོན་རྐྱེན”ཟེར་བའི་ནང་སྲིད་སྐྱོང་དེ་མོ་སྐུ་ཕྲེང་བརྒྱད་པ་བོད་ཀྱི་དཔོན་རིགས་ནང་ཁྲུལ་དབང་ཆ་འཐྲོག་རེས་བྱེད་པའི་འཐབ་རྩོད་ནང་དུ་སྐུ་སྲོག་སླུད་ཆས་སུ་འགྱུར་བ་རེད། དོན་རྐྱེན་དེ་བྱུང་ནས་ལོ་བཅུ་ལྷག་ཕྱིན་རྗེས་སྤྱི་ལོ་༡༩༡༠ལོར་ཆིང་ཀྲུང་དབྱང་སྲིད་གཞུང་གིས་རྩད་ཞིབ་གསལ་པོ་བྱུང་བ་བརྒྱུད་“གཡོ་

བྱུས་ཀྱིས་ཧྲ་ལའི་བླ་མ་ཕྱོག་བཀྲོང་བྱེད་རྗེས་དོན་རྐྱེན་”ཟེར་བ་ནི་དེ་མོ་སྤྲུལ་སྐུར་མ་ཉེས་ཁ་གཡོག་བྱས་པ་རང་རེད་འདུག་པས། གོང་མ་ཆེན་པོས་བཀའ་ལུང་ཕབ་སྟེ་“སྔར་གྱི་གོ་གནས་སླར་གསོ་དང་། དེ་མོ་བླ་བྲང་གི་ཕ་གཞིས་རྒྱུ་ནོར་གཞུང་བཞེས་བཏང་བ་ཡོད་ཚད་ཕྱིར་སློག་བྱེད་དགོས། དེ་མོ་ཧོ་ཐོག་ཐུའི་ཆོ་ལོ་སླར་གསོ་དང་ཡང་སྲིད་སྤྲུལ་སྐུ་ངོས་འཛིན་ཞུ་ཆོག་པ་བཅས”བཀའ་ལུང་ཡོད་པར་བརྟེན་གོང་དུ་གསལ་བའི་དེ་མོ་སྤྲུལ་སྐུ་སྐུ་ཕྲེང་དགུ་པའི་ཡང་སྲིད་ངོས་འཛིན་ཞུས་པའི་གནས་ཚུལ་འདི་བྱུང་བ་རེད། འོན་ཀྱང་སྤྱི་ལོ་༡༨༣༣ལོར་ཟླ་སྒྲིང་སྤྲུལ་སྐུས་སྲིད་སྐྱོང་མཛད་སྐབས་དེ་མོ་བླ་བྲང་གི་ཕ་གཞིས་རྒྱུ་ནོར་རྣམས་གཞི་ནས་དོན་འཁྱོལ་རྗེས་སྤྲོད་གནང་ཐུབ་པ་རེད། དེ་མིན་གནས་ཚུལ་ཞིག་ལ་སྐབས་དེ་དུས་བཀའ་ཤག་སྲིད་གཞུང་དང་བཀྲ་ཤིས་ལྷུན་པོའི་དབར་གྱི་འགལ་ཟླ་ཡོད་པ་ཡང་མངོན་གསལ་དོད་དུ་ཕྱིན་ཡོད། མདོར་ན་བོད་ཀྱི་དབང་སྒྱུར་གྲལ་རིམ་ནང་ཁུལ་གྱི་དབང་ཆ་འཐོག་རེས་བྱེད་པའི་འཐབ་རྩོད་དེས་དབྱིན་ཇི་བཙན་རྒྱལ་རིང་ལུགས་དང་ཨུ་རུ་སུའི་གོང་མས་བོད་དེ་ཉིད་དབྱིན་སྒྱུར་དཀྲུགས་ཤིང་བརྒྱབ་ནས་ནང་སྲིད་ལ་ཐེ་ཇུས་བྱེད་པ་དང་བཙན་འཛུལ་དམག་འཁྲུག་སློང་རྒྱུ་བཅས་ལ་གོ་སྐབས་ཡག་ཤོས་ཤིག་སྤྲད་ཡོད་པ་རེད།

(༤)ཨུ་རུ་སུའི་བཙན་རྒྱལ་རིང་ལུགས་པ་ཏམ་སེམས་མ་ཤི་བ་དང་། བོད་ཀྱིས་སེམས་ཐག་གཅང་བཅད་དང་བཀག་འགོག་མཐའ་འཁྱོལ་བྱས་པ།

ཨུ་རུ་སུའི་གོང་མས་སྔ་ས་ནས་བོད་ལྗོངས་དེ་ཉིད་ཁོ་པ་ཚོའི་མི་སེར་སྤེལ་ཡུལ་དུ་བསྒྱུར་རྗེས་བྱས་ཡོད། དཔེར་ན་བོད་ཆུ་སྤྲེལ(སྤྱི་ལོ་༡༨༧༢)ལོར་ཨུ་རུ་སུའི་གོང་མའི་དམག་དཔོན་ཉི་ཀུ་ལ་དང་ལའོ་བུ་ལའོ་ཕུའུ་སི་ཅི་ཟེར་བ་གཉིས་རང་རྒྱལ་ཤིན་ཅང་ས་ཁོངས་བརྒྱུད་བོད་ཀྱི་བྱང་ཕྱོགས་ནག་ཆུ་ས་ཁོངས་སུ་འཛུལ་ཡོང་བ་དང་། ཨུ་རུ་སུའུ་གོང་མའི་གསང་ཞུལ་དང་བོད་ཀྱི་མང་ཚོགས་དབར་འཁྲུག་རྩོད་ལན་མང་ཤོར་ནས་བོད་ཀྱི་མང་ཚོགས་སུམ་ཅུ་ལྷག་བསད་རྨས་བཏང་བ་དང་། བོད་ས་གནས་སྲིད་

གཞུང་དང་སེར་སྐྱ་མང་ཚོགས་ཡོངས་ཀྱིས་མཐའ་གཅིག་ཏུ་འགོག་རྒོལ་བྱས་སྐབས་ཨུ་རུ་སུའི་མི་རྣམས་མཚོ་སྔོན་ཕྱོགས་སུ་ཕྱིར་འཐེན་མ་བྱེད་ཐབས་མེད་བྱུང་བ་རེད། བོད་མེ་ཕྲེ་(སྤྱི་ལོ་༡༨༧༤)ལོར་ཨུ་རུ་སུའི་གོང་མས་སླར་ཡང་ཉེ་ཀུ་ལ་ཟེར་བའི་གསང་སྤྱལ་མི་འདི་བོད་དུ་བཏང་ཡོང་ནས་སྤྱལ་ཞིབ་བྱེད་ཀྱི་ཡོད་པར་བོད་ནས་མཐའ་གཅིག་ཏུ་འགོག་རྒོལ་བྱས་པ་དང་། སྐབས་དེར་བོད་ཀྱི་སྲིད་སྐྱོང་ཧ་ཚག་ཛེ་དྲུང་ཧོ་ཐོག་ཐུ་ངག་དབང་དཔལ་ལྡན་ཡེ་ཤེས་ཀྱིས་བོད་སྟོད་ཨམ་བན་བརྒྱུད་ཆེང་གོང་མར་གསེར་སྙན་སྒྲོན་པ་འདི་ལྟར། "བོད་ཁམས་སྤྱིའི་བདེ་སྐྱིད་ལ་གནོད་ཚབས་ཡོང་གནས་ལ་འདི་རིགས་ཇི་ལྟར་བྱས་ཀྱང་གཏོང་ཐབས་མེད་ལུགས་མནའ་གན་སྤྱི་སྒྲིག་རྟགས་འབྱར་བཞག་ཐོག །བོད་བཞུགས་བློན་ཆེན་བརྒྱུད་གོང་མ་ཆེན་པོར་གསེར་སྙན་སྒྲོན་པ་སོགས་རྒྱ་བོད་དེབ་གསལ་མ་ཟད། རང་ཁོངས་ས་གནས་ཁག་ནས་འདི་གྲས་འགྲོ་འདུག་བཏང་ཤོར་བལྟ་བཞག་ཡིག་འགྲུལ་ཙམ་ཡང་གཏོང་ལེན་མི་ཆོག་པའི་དམ་དྲག་ཞུ་མུས་དེ་ལྟར་ཡིན་ན། ད་ལམ་ཇོ་རྒོལ་མི་རིགས་བོད་ཕྱོགས་སུ་གསར་སྤྲོས་ཀྱིས་གཏོང་རྒྱུ་ཐར་བཞག་གན་དོན་ལ་མི་གནས་པའི་ཁར། ས་གནས་འདབ་འབྲེལ་ཁག་མང་ནས་འདི་དང་འདི་འདྲ་བའི་འགྲུལ་ལམ་འགོ་ཚུགས་སོགས་ལབ་རྩོད་ཀྱིས་ས་མཚམས་ཞེད་མི་འཇགས་པའི་ཟིངས་ཤིག་དང་། དེར་བརྟེན་བསྟན་མར་འཕྲལ་ཕུགས་གནོད་འགལ་ཇི་འགྱུར་འགན་བློས་བཟོད་མིན་ལ་ཇོ་རྒོལ་མི་རིགས་ས་གནས་ཇི་འདྲར་འཁོར་ཚུང་། བཀག་འགེགས་ཕྱིར་སློག་མི་ཞུ་མཐུ་མེད་ལ་དེ་དོན་རྒྱ་བོད་བཀའ་མོལ་འཕྲལ་དུ་ཡོད་པ་ཞེས་ཞུ་ནན་ཅི་ཆེ་དང་འབྲེལ་བས་སེར་སྐྱ་མི་དམངས་ནས་ངོས་ཧོ་ཐོག་ཐུ་དང་། བཀའ་བློན་ཐུན་མོང་བཅས་ལ་ཞུ་ཐོ་དང་། ཨམ་བན་ཆེན་པོར་འབུལ་རྒྱུའི་སྙན་ཞུ་རྟགས་འབྱར་བཅས་ཕུལ་འཁོར་བྱུང་བ་ཨམ་བན་མཆོག་དགོངས་དྭངས་ཆེད་སེར་སྐྱ་སྤྱིའི་སྙན་ཞུ་རྟགས་འབྱར་ཟུར་འབུལ་ཞུས་པར་ཐུགས་ཞིབ་ཀྱིས་རྒྱལ་ཁབ་པན་ཚུན་ཚོང་འགྲུལ་སྤྱི་ཁྱབ་མཛད་པོའི་ཡ་མོན་ལ་གནས་ཚུལ་གནང་འོས་སོགས་བོད་ཁམས་བསྟན་སྲིད་ཀྱི་དོན་གལ་ཆེར་དགོངས་བཞེས་ཀྱིས་ཇོ་རྒོལ་མི་རིགས་གསར་

སྤྲོས་ཡོང་ཐལ་མི་འབྱུང་བ་ཞིག་དགོངས་འཇགས་ཡོད་པ་ཞུ།” ཞེས་འཕོད་ཡོད་པར་ལྟར་ན། བོད་ས་གནས་སྲིད་གཞུང་དང་སེར་སྐྱ་མང་ཚོགས་ཀྱི་ཡོངས་ནས་ཨུ་རུ་སུའི་གསང་ཤུལ་བོད་ནང་སེམ་འཛུལ་བྱེད་པར་མཐའ་གཅིག་ཏུ་བཀག་འགོག་བྱེད་པ་མ་ཟད། ཐ་ན་ཚོང་འགྲུལ་དང་། ཡིག་འགྲུལ་ལ་ཡང་མཐའ་གཅིག་ཏུ་འགོག་རྐོལ་བྱེད་ཀྱི་ཡོད་པ་གསལ་པོ་མངོན་ཐུབ།

ཨུ་རུ་སུའི་གསང་སྤྱུལ་བོད་དུ་ཐད་ཀར་རྩ་བ་ནས་ཐར་ཐབས་མེད་པ་ཤེས་སྟབས་ཐབས་ལམ་གཞན་ཞིག་གི་སྒོ་ནས་བོད་དུ་སེམ་འཛུལ་བྱེད་རྒྱུའི་སྐོག་གཡོ་བཤམས། ཨུ་རུ་སུ་བཙན་རྒྱལ་རིང་ལུགས་པས་ཕྱི་སོག་བཙན་བཟུང་བྱས་རྗེས་ཐོག་མར་ཁལ་ཁ་རྗེ་བཙུན་དམ་པ་བརྒྱད་ཏྲ་ལའི་བླ་མ་མཆོག་འགུག་ཐབས་བྱས་པར་མ་ཟད། ནང་པ་སངས་རྒྱས་པའི་ཆོས་ལ་དད་གུས་ཚད་མེད་བྱེད་ཁུལ་གྱིས་ནང་པའི་དགོན་པར་ཉམས་གསོ་དང་། ཆོས་བྱེད་སྐྱེས་བུ་དམ་པ་རྣམས་ལ་རྒྱབ་སྐྱོར་དང་དངོས་པོའི་རོགས་རམ་ཤུགས་ཆེན་བྱེད་པའི་གཡོ་ཐབས་ལ་བརྟེན་ནས་ཕྱི་སོག་ཡོངས་སུ་ཁ་ལོ་བསྒྱུར་རྗེས་ཁྱོན་ཡོངས་ནས་བོད་ལྗོངས་རིམ་བཞིན་བཙན་བཟུང་བྱེད་རྒྱུའི་དམིག་ཡུལ་བཅངས།

སྐབས་དེར་ཕྱི་སོག་ནས་གཞོན་ནུ་ཉིས་བརྒྱ་ལྷག་ཙམ་བོད་དུ་འོང་། སེ་འབྲས་དགའ་གསུམ་དང་། གདན་ས་བཀྲ་ཤིས་ལྷུན་པོ་བཅས་ལ་རབ་ཏུ་བྱུང་། དེའི་ནང་ནས་རྡོ་རྗེ་གཡིབ་ཟེར་བ་ཡང་སྐབས་དེར་ལྷ་སར་འོང་སྟེ་དཔལ་ལྡན་འབྲས་སྤུངས་དགོན་དུ་གྲྭ་པ་བྱས། ཕོ་པ་ནི་བོད་མི་ཏ་(སྤྱི་ལོ་༡༢༩༤)ལོར་ཕྱི་སོག་གི་ས་ཁོངས་བུ་ལི་གཡའ་ཐར་སྐྱེས། སོག་པོའི་མིང་དུ་རྡོ་རྗེ་གཡིབ་དང་། མིང་གཞན་དུ་ཀའོ་མུང་ལི་སེན་ཨོ་མིན་གཡའ་ཀུན་དབང་རྡོ་རྗེ་ཟེར། བོད་དུ་འབྱོར་རྗེས་ཆོས་མིང་བློ་བཟང་ངག་དབང་ཞེས་འབོད། དབྱིན་ཡིག་གི་དེབ《རྡོ་རྗེ་གཡིབ་ཀྱི་ལོ་རྒྱུས་མདོར་བསྡུས་》ཞེས་པའི་ནང་འཁོད་དོན“སྤྱི་ལོ་༡༢༧༡ལོར། རྡོ་རྗེ་གཡིབ་རང་ལོ་ཉེར་ལྔར་སོན་སྐབས་བོད་དུ་འོངས་ནས་འབྲས་སྤུངས་དགོན་པར་རབ་ཏུ་བྱུང་། ལོ་གསུམ་ཙམ་སོ་ལྔའི

སྐབས་དགོན་པའི་སློབ་དཔོན་བྱས། རིག་གནས་སྤྱི་དང་ལྷག་པར་དུ་མཚན་ཉིད་ལ་སྦྱང་པ་མཐར་ཕྱིན་ནས་མཁས་པར་གྱུར། སྐབས་དེར་ཁོ་པས་རྒྱལ་ཁབ་ཕྱི་ནང་གི་ཆབ་སྲིད་དང་དམག་ལས་སོགས་འཛིག་རྟེན་ཁྲིམ་པའི་ལས་ལ་ཐེ་ཇུས་རྩ་བ་ནས་མི་བྱེད་པར་རབ་བྱུང་པ་ཚུལ་ལྡན་ཞིག་གི་ངང་ཚུལ་བསྟན། སྤྱི་ལོ་༡༨༨༨ལོར་རང་ལོ་ཉེ་བཅུ་ང་གཉིས་ལ་སླེབས་པ་ནས་བཟུང་ཁོ་པའི་རང་གཟུགས་ངོ་མ་དེ་ཕྱིར་སྟོན་ཏེ་ཕྱི་དོན་གལ་ཆེ་ཁག་ལ་ཐེ་གཏོགས་དང་ཉེས་སྐྱོན་འཛེམས་མེད་ཀྱིས་འཐབ་ལས་གཡོ་འཕྲུལ་གྱི་བྱ་བ་མང་ཙམ་བརྩམས་པས་རྡོ་རྗེ་གཡིབ་ཟེར་བའི་མིང་དེ་རྒྱ་གར་ཀ་ལི་ཀ་ཏཱ་དང་། སྲི་ནྟ་སོགས་འཛམ་གླིང་ས་ཆ་མང་པོར་ཁྱབ། སྤྱི་ལོ་༡༨༨༨ལོར་ཨའོ་ཀྲཨུ་དང་། ཨུ་རུ་སུའི་ཤར་ལྷོའི་ཞིང་ཆེན་ཁག་ལ་བསོད་སྙོམས་ཀྱི་མིང་འཁྱེར་ནས་བསྐྱོད། དུས་དེར་ཨུ་རུ་སུའི་འབྲེལ་ཡོད་ཀྱི་བློན་ཆེན་ཆོས་ཤེས་འཕྲུལ་པོ་པ་དང་ཐུག་འཕྲད་ཐོག་གསང་བའི་ནང་མོལ་ཞིབ་ཕྲ་བྱས་པ་བརྒྱུད་རྡོ་རྗེ་གཡིབ་ལྷ་སར་བཅའ་སྡོད་ཨུ་རུ་སུའི་སྐུ་ཚབ་ཏུ་བསྐོ་གཞག་བྱས་”ཟེར། དེ་ནས་ཏཱ་ལའི་བླ་མ་མཆོག་གང་འདྲ་བྱས་ཏེ་དགོངས་པ་བཞེས་ཀྱང་མི་འདི་སྔ་ས་ནས་རང་ཉིད་ཀྱི་ཉེ་འཁོར་དུ་ཡིབ་བསྡད་པའི་བཙན་རྒྱལ་ཨུ་རུ་སུའི་གསང་སྤྱུལ་ཞིག་ཡིན་པ་བསམ་ཡུལ་ལས་འདས་པ་དང་། ཁོ་པ་ནི་ཨུ་རུ་སུ་གོང་མས་བོད་དེ་ཉིད་ཧམ་བཟུང་བྱེད་རྒྱུའི་ངན་བྱུས་ལ་བཞུགས་ཏེ་གསང་སྤྱུལ་གྱི་བྱ་སྤྱོད་སྤེལ་མཁན་ཞིག་ཡིན་པར་དེ་བས་ཧ་ལས་ཧང་སང་། གསང་སྤྱུལ་པ་འདིས་ཐེངས་མང་ཏཱ་ལའི་བླ་མའི་སྐུ་མདུན་དུ་བཙར་ནས་གཡོ་སྒྱུའི་གཏམ་ཡང་ཡང་ཞུས་ཏེ་མགོ་སྐོར་བསླུ་བྲིད་བྱས་ཡོད་པ།(དཔེར་ན། “ཁོ་པས་ཏཱ་ལའི་བླ་མར་དབྱིན་ཇིས་ཡེ་ཤུའི་ཆོས་ལུགས་ལ་གུས་སེམས་ཆེ་བས་ཁྱེད་རང་གི་ཆོས་ལ་དད་གུས་མི་བྱེད་པ་མ་ཟད། བོད་ཀྱི་བླ་མའི་སྐུ་དབང་སྲོལ་རྙིང་རྩ་མེད་དུ་གཏོང་ངེས་རེད། ཨུ་རུ་སུ་ནི་གནམ་འོག་གི་སྟོབས་ཤུགས་ཅན་ཡིན་པ་དཔུང་རྫོགས་བྱུང་ཚེ་དབྱིན་ཇི་འདུལ་ཐུབ་པ་དང་། ཨུ་རུ་སུ་མི་རིགས་ཡོངས་རྫོགས་སྤྱན་རས་གཟིགས་ཀྱི་མངའ་འབངས་ཞུས་ཏེ་བཙུན་པ་སློབ་མ་ཡོང་ངེས་རེད་”ཟེར་བ་སོགས་གཡོ་སྒྱུའི་སྒྲོར་པ་མང་པོ་སྤེལ་ཡོད་པ་རེད།)

(༥)དབྱིན་ཇི་བཙན་རྒྱལ་རིང་ལུགས་ཀྱི་བཙན་འཛུལ་ལ་འགོག་རྒོལ་དམག་འཁྲུག་ཐེངས་གཉིས་པ་བརྒྱབ་པ།

ཧྭ་ལའི་བླ་མ་སྐུ་ཕྲེང་བཅུ་གསུམ་པས་ལུགས་གཉིས་ཀྱི་ཐུགས་འགན་ཡོངས་སུ་བཞེས་རྗེས་སྔར་བཞིན་དབྱིན་འགོག་མཐའ་སྲུང་གི་མཛད་ཕྱོགས་ཕྱག་བསྟར་མཛད་སྐབས་བོད་ས་གནས་སྲིད་གཞུང་དང་ཨམ་བན་དབར་གྱི་འགལ་ཟླ་ཤུགས་ཇེ་ཆེར་སོང་བར་བརྟེན། དབྱིན་ཇི་བཙན་རྒྱལ་རིང་ལུགས་པར་བོད་བཙན་བཟུང་བྱེད་པའི་གོ་སྐབས་གསར་པ་ཞིག་རྙེད་དེ་སྔར་ཡང་བཙན་འཛུལ་བྱེད་རྒྱུའི་གོམ་སྟབས་མགྱོགས་སུ་བཏང་བ་རེད། བོད་ས་ཡོས(སྤྱི་ལོ་༡༨༠༣)ལོའི་ཟླ་བ་བཅུ་པར་དབྱིན་ཇི་བཙན་འཛུལ་པའི་དམག་དཔོན་ཧུང་ཧྥའོ་ཧྲང་དང་འབྲས་ལྗོངས་སུ་བཅའ་སྡོད་དབྱིན་ཇིའི་གྲོན་ཡོན་རྩོའི་ཐེ་གཉིས་ཀྱིས་རང་འཚམ་དང་ཆིངས་བཞག་འཐུས་མིའི་མིང་འཁྱེར་དེ་བོད་ལ་འབྲེལ་བ་ཙམ་ཡང་མ་བྱས་པར་དབྱིན་དམག་ཉིས་བརྒྱ་ཙམ་འཁྲིད་དེ་རང་རེའི་གམ་པ་རྫོང་ཁོངས་རྒྱ་ཁང་ཞེས་པའི་ས་ཆ་དེ་བཙན་བཟུང་བྱས་པ་དང་། ས་གནས་རྫོང་དཔོན་གྱིས་བཀག་འགོག་ཇི་ལྟར་བྱས་ཀྱང་ཉན་འཛོག་བྱེད་རྒྱུ་ལྟ་ཞོག །ད་དུང་རྫོང་དཔོན་བཟུང་ནས་ཉེས་རྡུང་ཡང་ཚད་མེད་བཏང་།

དེ་ནས་ཆིང་གྲུང་དབྱང་སྲིད་གཞུང་དང་བོད་ས་གནས་སྲིད་གཞུང་གི་སྐུ་ཚབ་རྣམས་གམ་པ་རྫོང་དུ་འགྱོར་འཕྲལ་དབྱིན་ཕྱོགས་དང་འབྲེལ་གཏུགས་བྱས་ཐོག །སྔོན་ཚུད་ནས་བརྗོད་གསལ་ལྟར་ཞི་བའི་གྲོས་མོལ་བྱེད་ཡུལ་གྲོ་མོ་ཁོ་ནར་མ་གཏོགས་གམ་པ་རྫོང་དུ་བྱས་ན་མི་འགྲིགས་ཞེས་བཤད། དབྱིན་ཕྱོགས་ཀྱིས་ཉན་འཛོག་རྩ་བ་ནས་མ་བྱས་པར། ད་དུང་པེ་ཅིང་དུ་བཅའ་སྡོད་དབྱིན་ཇིའི་དཔོན་རིགས་སྣ་ཏའོ་ཡེས་ཆིང་གྲུང་དབྱང་སྲིད་གཞུང་ལ་གྲོས་མོལ་འཐུས་མིར་བོད་སྡོད་ཨམ་བན་དང་བཀའ་བློན་ཞིག་གཏོང་དགོས་བརྗོད་པ་ལྟར། ནུས་མེད་གཉོམ་ཆུང་དུ་གྱུར་པའི་ཆིང་གྲུང་དབྱང་སྲིད་གཞུང་གིས་བོད་བཞུགས་ཨམ་བན་གཡུས་ཀང་འཕྲལ་དུ་གམ་པ་རྫོང་དུ་བསྐྱོད་དེ་ཞི་བའི་གྲོས་མོལ་ཐོག་ཕན་ཚུན་དམག་འཐབ་མི་ཡོང་བའི་བཀའ་ཕབ་ཀྱང་། བོད་

ས་གནས་སྲིད་གཞུང་དང་གདན་ས་སེར་འབྲས་དགའ་གསུམ་གྱི་འཐུས་མིས་བོད་བཞུགས་ཨམ་བན་གམ་པ་རྫོང་དུ་འགྲོ་རྒྱུར་ངོ་རྒོལ་མཐའ་གཅིག་ཏུ་བྱས་ཏེ་བརྗོད་དོན་"སྔོན་ཆད་ལུང་ཐུར་ལར་ཕམ་ཉེས་བྱུང་ཡང་ད་ལྟ་བསྐྱར་གསོ་བྱེད་ཐུབ། བོད་བཞུགས་ཨམ་བན་གྱིས་དམག་རྒྱག་པར་བཀག་འགོག་མང་པོ་བྱས་སྟབས་ས་ཆ་ཤོར་བ་རེད། ད་རེས་གལ་ཏེ་སླར་ཡང་བཀག་འགོག་བྱས་ཚེ་བོད་བཞུགས་ཨམ་བན་གྱིས་སླར་ཡང་དོན་ཆེན་གྱི་ལས་ཀར་འཐུས་ཤོར་བཟོས་པ་རེད།"[1] ཅེས་བཤད། སྐབས་དེར་བོད་བཞུགས་ཨམ་བན་གཡུས་ཀང་དང་ལས་རོགས་གཉིས་ཀ་བྱ་ཐབས་བྲལ་བའི་གནས་སུ་གྱུར་ནས་གོང་མར་བོད་ཀྱི་གནས་ཚུལ་སྐོར་ཞིབ་གསལ་སྙན་ཞུ་ཕུལ་ཐོག་ལས་གནས་དགོངས་པ་ཞུས་ཤིང་། དེའི་ལས་ཚབ་ཏུ་ཡུའུ་ཐད་བོད་སྡོད་ཨམ་བན་དང་རྣ་ཆེན་ལས་རོགས་སུ་བསྐོ་གཞག་བསྐུལ།

སྐབས་དེར་བཀའ་བློན་བཤད་སྒྲས་གཙོས་པའི་བཀའ་ཤག་གིས་དབྱིན་ཇིར་ཞི་བའི་གྲོས་མོལ་ལས་དྲག་ཤུགས་ཀྱི་འགོག་རྒོལ་བྱེད་པར་མོས་མཐུན་མ་བྱས་སྟབས། རྒྱལ་མཆོག་སྐུ་ཕྲེང་བཅུ་གསུམ་པ་དགོངས་པ་ཤིན་ཏུ་ཆེོམས་ཏེ་བཀའ་བློན་བཤད་སྒྲ་དཔལ་འབྱོར་རྡོ་རྗེ་དང་། བཀའ་བློན་ཞོལ་ཁང་ཚེ་བརྟན་དབང་ཕྱུག །བཀའ་བློན་བླ་མ་ཆང་ཁྲིམ་ངག་དབང་དཔལ་བཟང་། ཇོ་སག་ཧོར་ཁང་པ་བསོད་ནམས་སྟོབས་རྒྱལ་བཅས་ལས་ཞབས་གནས་དབྱུང་ནས་ནོར་གླིང་ལས་ཤག་ཏུ་དོ་དམ་ཐོག །ཚོགས་འདུས་ཚུར་བཙུགས་ཀྱི་ཞིབ་གཅོད་གནང་རྒྱུ་གཏན་འབེབས་མཛད། དེ་དང་ཕྱོགས་མཚུངས་བོད་ས་གནས་སྲིད་གཞུང་གིས་སེར་སྐྱ་མི་དམངས་ཡོངས་ནས་མདུང་ཤུགས་གཅིག་སྒྲིལ་གྱིས་བསྟན་དགྲ་ཕྱི་གླིང་པར་འགོག་རྒོལ་མཐའ་གཅིག་ཏུ་བྱེད་ཆེད་དམག་སྐུལ་རྩ་ཆེག་སྤེལ་བ་རེད། རྩ་ཆེག་ནང་དམག་ཁྲལ་རྒྱུགས་སྐབས་ཁྲལ་སེལ་སླ་བཅོས་རིགས་བྱས་མི་ཚོག །མཆོན་ཆ་དང་། རྫས་མདེལ། སྦྲི་སྦྲི། བླ་བ་གཅིག་གི་དམག་

① ཆབ་སྲིད་ཚེ་བརྟན་དང་ནོར་བྲང་ཨོ་རྒྱན། 《བོད་ཀྱི་ལོ་རྒྱུས་རགས་རིམ་གཡུ་ཡི་ཕྲེང་བ་》 བོད་ལྗོངས་བོད་ཡིག་དཔེ་རྙིང་དཔེ་སྐྲུན་ཁང་། ༢༠༠༣ལོ། ཤོག་གྲངས། ༨༥༥

རྒྱགས་སོགས་དམག་མགོའི་དངོས་རྫས་སྐོར་རྒྱལ་རྩེ་ཞོལ་པས་ས་བྱི་ལོར་ཁྲབ་བསྒྲགས་བྱས་པའི་ལུགས་སྲོལ་ལྟར་བྱེད་དགོས་ཞེས་གསལ་བར། དེའི་ཐོག་ནས་ཞི་བའི་གྲོས་མོལ་བྱེད་རྒྱུ་ཟེར་བ་ནི་དོན་སྨིན་བྱེད་ཐབས་བྲལ་བ་དང་། བོད་གཞུང་སེར་སྐྱ་མང་ཚོགས་ཡོངས་ཀྱིས་དབྱིན་ཇི་བཙན་འཛུལ་པའི་བརྙས་བཅོས་གཏན་ནས་འགྱུར་མི་འདོད་པའི་སེམས་ཐག་གཅང་བཅད་ཚར་བ་གསལ་པོར་མངོན་ཐུབ།

《ཆིང་དུས་རབས་སུ་དབྱིན་ཇིས་བོད་ལ་བཙན་འཛུལ་བྱས་པའི་ལོ་རྒྱུས་མདོར་བསྡུས་》ཞེས་པའི་དེབ་ནང་། "སྤྱི་ལོ་༡༩༠༣ལོའི་ཟླ་བཅུ་གཅིག་པར། དབྱིན་ཇི་བཙན་འཛུལ་པས་སིང་པའི་རྐང་དམག་མི་གྲངས་ཆིག་སྟོང་བཞི་བརྒྱ་ཙམ་དང་། གོར་ཁའི་དམག་མི་མི་གྲངས་བདུན་བརྒྱ། རྟ་དམག་མི་གྲངས་བརྒྱ། མེ་སྒྱོགས་དང་མེ་མདའ་སྦག་སྦག་གི་དམག་སྡེ་ཁག་གཅིག །གཡུལ་འགྱེད་དམག་མིའི་སྨན་ཁང་། རྒྱབ་ཕྱོགས་མགོ་སྐྱོང་དཔུང་སྡེ་སོགས་མི་གྲངས་ཁྲི་ལྷག་ཙམ་སྒྲིག་འཛུགས་བྱས་ཤིང་། དེའི་ནང་དབྱིན་ཇིའི་མི་བརྒྱ་ལྷག་ཙམ་ལས་མེད། དབྱིན་དམག་གི་དམག་དཔོན་ཆེན་པོ་མཱ་ཁྲ་ཐང་ནའི་བཀོད་འདོམས་འོག །ཧྲང་ཞའོ་དམག་དཔོན་ཡུང་ཧའོ་སྦང་གིས་དམག་སྡེ་འཁྲིད་དེ་ལོ་དེའི་ཟླ་བ་བཅུ་གཉིས་པའི་ཚེས་བཅུ་ཉིན། གང་གསལ་དབྱིན་དམག་རྣམས་ནག་ཐང་དུ་འཛོམས། དེ་ནས་རིམ་བཞིན་ཕ་ཞིབ་ལ་བརྒལ་ཏེ་གྲོ་མོ་རིན་ཆེན་སྒང་དང་། ཕག་རི་རྫོང་ལ་གུ་རུ་ཕྱོགས་སུ་འོངས་"ཞེས་འཁོད། སྐབས་དེར་ཁམས་ཁྲུལ་ཤོ་སྟར་ལྷོ་གསུམ་དང་། རྒྱར་རྫོ་གསང་གསུམ། རི་ཆབ་དཔའ་གསུམ། དྭགས་ཀོང་རྫོང་གཞིས་ཁག་བརྒྱད། དབུས་རྫོང་གཞིས་བདུན། ལྷོ་ཁ་རྫོང་གཞིས་ཁག་བཅོ་བརྒྱད། ནག་ཚང་ཚོ་དྲུག །བྱང་རིགས་སྡེ་བཞི་སོགས་ཀྱི་ཡུལ་དམག་དང་། འདོན་དམག་རྣམས་རིམ་བཞིན་གཡུལ་སའི་མདུན་ཕྱོགས་སུ་བསྐྱོད་དེ་བོད་དམག་སུམ་སྟོང་ལྷག་ཙམ་ཕག་རིར་འཁོར་ནས་དབྱིན་ཇི་བཙན་འཛུལ་པར་འགོག་རྒོལ་མཐའ་གཅིག་ཏུ་བྱས།

འོན་ཀྱང་ཆིང་གྲུང་དབྱང་སྲིད་གཞུང་གིས་བོད་བཞུགས་ཨམ་བན་ཡུའུ་ཐད་

དང་། བོད་ས་གནས་སྲིད་གཞུང་གི་འཐུས་མི་མངགས་ཏེ་དབྱིན་ཕྱོགས་དང་གྲོས་མོལ་བྱེད་དགོས་པའི་བཀའ་ཕབ། དབྱིན་ཇི་བཙན་རྒྱལ་རིང་ལུགས་པས་ཕག་རི་བཙན་བཟུང་བྱས་པའི་རྗེས་སུ་མཐུད་རྒྱལ་རྩེ་རྫོང་ལ་དཔུང་འཇུག་བྱེད་རྒྱུའི་གྲབས་གཤོམ་བྱེད་མུས། དབྱིན་ཇིས་གོ་ཐོས་བྱུང་བར་རྒྱ་མིག་གཞོངས་ཀོའི་ཁུལ་དུ་བོད་དམག་གི་རྒྱབ་ཕྱོགས་དཔུང་རོགས་མང་པོ་བསྒུག་བསྡད་ཡོད་པ་ཤེས་རྗེས། འཇིགས་སྣང་ཆེན་པོ་བྱུང་བ་དང་། དེ་འཕྲལ་ཁོ་པ་ཚོས་འཐབ་བྱུས་འགྱུར་ལྡོག་བཏང་སྟེ། བོད་ཤིང་འབྲུག་(སྤྱི་ལོ་1904)ལོའི་ཟླ་དང་པོ་ཚེས་བཅོ་ལྔ་ཉིན། དབྱིན་ཇིས་བོད་ཀྱི་དམག་སྤྱིར་ལ་ཡི་གེ་ཞིག་བཏང་དོན"ད་བར་དབྱིན་བོད་དབར་ཞི་གྲོས་རིམ་པར་བྱས་ཀྱང་བོད་ཕྱོགས་ནས་ཞི་དྲག་གི་འདོམས་དབང་ཆ་ཆེ་བའི་མི་སྣ་མེད་སྟབས་ཐག་གཅོད་མ་ཐུབ་པས་ད་ཆ་དབང་ཆ་ཡོད་པའི་མི་སྣ་དང་ང་ཚོ་ངོ་འཕྲད་བྱས་ཐོག་ད་ཕན་འཁྲུན་ཆོད་མ་ཐུབ་པ་རྣམས་ད་ལམ་ས་གནས་འདི་རང་དུ་འཁྲུན་ཆོད་བྱ་རྒྱུར་ང་ཚོར་ཐུས་མཐུན་ཡོད་ཅིང་། དབྱིན་བོད་ཞི་གྲོས་མི་སྣ་གང་མགྱོགས་ལྷན་འཛོམས་བྱ་རྒྱུ་ཡིན་"ཞེས་ཟེར། བོད་ཀྱི་དཔོན་དམག་རྣམས་དམག་དོན་དང་ཆབ་སྲིད་ཀྱི་བྱ་བར་ཉམས་མྱོང་དམན་པའི་དབང་གིས་དབྱིན་ཇིའི་གཡོ་སྒྱུའི་མགོ་བསྐོར་ནང་ཚུད་དེ་ཞི་གྲོས་བྱེད་རྒྱུར་མོས་མཐུན་བྱས།

དེ་ནས་དབྱིན་བོད་ཕྱོགས་གཉིས་ཀས་ཕན་ཚུན་འབྲེལ་མཐུད་བྱས་ཐོག །མདའ་དཔོན་ལྷ་སྡིངས་སྲས་དང་། རྣམ་སྲས་གླིང་། རྒྱལ་རྩེ་རྫ་དཔོན་སྐྱིད་སྨུག །པཎ་ཆེན་རིན་པོ་ཆེའི་སྐུ་ཚབ་གསོལ་དཔོན་མཁན་པོ་ཟུར་ཁང་ནུབ་སོགས་བོད་ཕྱོགས་ཀྱི་འཐུས་མི་དང་། ཇུང་ཧོ་ཧྥང་སོགས་དབྱིན་ཇིའི་འགོ་དམག་གི་འཐུས་མི་རྣམས་རྒྱ་མིག་གཞོངས་ཀོའི་དཀྱིལ་དུ་རྫོའི་རགས་སྐོར་ཞིག་ཡོད་སར་ཚང་མ་འཛོམས་ཐོག་ཕན་ཚུན་གོ་མིང་གནས་བབ་ངོ་སྤྲོད་གནང་རེས་མཛད་འཕྲལ། དབྱིན་ཇིའི་དམག་དཔོན་ཇུང་ཧོ་ཧྥང་གིས་ང་ཚོ་ཕན་ཚུན་ཞི་བའི་གྲོས་མོལ་བྱེད་དགོས་སྟབས་དྲག་ཆས་འཛོག་དགོས་པས་ཕན་ཚུན་དམག་མི་ཚོའི་མེ་མདའི་མདེའུ་འདོན་དགོས་ཤིང་། བོད་

དམག་ཚོས་སྲུད་ཏེའི་མི་གསོད་དགོས་པ་དང་། དབྱིན་དམག་ཚང་མས་མི་མདའི་ཁོག་ནང་གི་མདེའུ་ཚང་མ་འདོན་རྒྱུ་ཡིན་ཟེར་ནས་དེ་ལྟར་གྲོས་མོལ་ཆུ་ཚོད་སྐར་མ་བཅོ་ལྔ་ཙམ་སོང་རྗེས། དབྱིན་ཇིའི་དམག་དཔོན་ཞིག་གིས་གློ་བུར་དུ་མེ་མདའ་བརྒྱབ་ནས་བོད་དམག་གི་འགོ་དཔོན་ལྷ་སྡིངས་སྲས་དང་། རྣམ་སྲས་གླིང་། པཎ་ཆེན་རིན་པོ་ཆེའི་སྐུ་ཚབ་གསོལ་དཔོན་མཁན་པོ་ཟུར་ཁང་ནུབ་དང་། སེར་འབྲས་དགའ་གསུམ་གྱི་འཐུས་མི་གཅིག །ཏུ་དཔོན་ཁང་གསར་པ་བཅས་ས་གནས་འདི་ག་རང་དུ་བསྒྲོངས། དེ་འཕྲལ་ལྷ་སྡིངས་སྲས་ཀྱི་ཨ་ཕྱུག་དགྲ་འདུལ་གྱིས་“ང་ཚོའི་མི་བསད་སོང་”ཞེས་མདའ་དཔོན་ལྷ་སྡིངས་ཀྱི་ཆིབས་པའི་ཐོག་གི་དཔའ་དམ་དེ་ཤུབས་ལས་ཕྱུངས་ཏེ་ཀི་སྦྲ་སྦྲོག་བཞིན་དེར་ཡོད་གཡོག་འགའ་ཞིག་གི་སྣེ་འཁྲིད་དེ་ཐེ་ཚོམ་སྤྲ་ཙམ་ཡང་མེད་པར་མཆོངས་ཏེ་དབྱིན་དམག་ཏུ་དཔོན་གཅིག་དང་། བརྒྱ་དཔོན་གཅིག །ལྡིང་དཔོན་གཅིག་སོགས་འགོ་དམག་བཅུ་གྲངས་ཞིག་ལ་གྲི་བརྣུན་ཏེ་བསད་ཛས་བཏང་། སྐབས་དེར་ཕྱོགས་བཞིར་ཡོད་པའི་བོད་དམག་རྣམས་དབྱིན་ཇིའི་གཡུ་ཇུས་འོག་མགོ་བསྐོར་ཚུད་པ་ཤེས་རྗེས། ཚང་མས་གྲི་རིང་པོ་ལག་ཏུ་འཕྱར་ཏེ་ཀི་སྦྲ་སྦྲོག་བཞིན་པར་དབྱིན་དམག་གི་དཀྱིལ་དུ་ཤོར་ཏེ་དམར་འཛིང་མཐའ་གཅིག་ཏུ་བྱས་སྐབས་མཐའ་འཁོར་དུ་ཡོད་པའི་དབྱིན་དམག་གིས་དེང་དུས་ཅན་གྱི་མེ་མདའ་སྡིག་སྡིག་བརྒྱབ་པར་བརྟེན་བོད་དམག་བདུན་བརྒྱ་ལྷག་ཙམ་རྐྱེན་ལམ་དུ་ཤོར་བ་དང་། གོ་ལག་ཕལ་ཆེ་བ་དགྲ་ལག་ཏུ་ཤོར་བ་རེད། དེ་བྱིངས་བོད་དམག་རྣམས་ཕྱིར་འཐེན་བྱེད་པའི་ལམ་བར་དུ་དབྱིན་དམག་དང་དམག་འཐབ་ཡང་ཡང་བྱས་ཏེ་སླར་ཡང་བོད་དམག་བདུན་བརྒྱ་ཙམ་ཤི་རྨས་བྱུང་།

ཐེངས་དེའི་ཆུ་མིག་གཤོངས་ཀའི་དམག་འཐབ་ལ་བོད་དམག་ཕམ་ཉེས་ཚབས་ཆེན་བྱུང་བ་དེས་བོད་ཀྱི་འགོ་དམངས་ཡོངས་ལ་ཁྲག་གི་བསླབ་བྱ་གཏིང་ཟབ་ཅིག་བྱུང་བའི་ཕྱོགས་བསྡོམས་ཤིག་བྱེད་ཐུབ་ཡོད། བོད་ཀྱི་མཐོ་རིམ་མི་སྣ་དང་རྒྱ་ཆེའི་དམག་མང་སེར་སྐྱ་མང་ཚོགས་ཚང་མས་སེམས་ཐག་གཅང་བཅད་ཀྱིས་རང་ཡུལ་དང་

རང་རྒྱལ་སྲུང་སྐྱོབ་བྱས་ནས་དབྱིན་ཇི་བཙན་འཛུལ་པར་འགོག་རྒོལ་མཐའ་གཅིག་ཏུ་བྱེད་རྒྱུའི་ཆོད་སེམས་བརྟན་པོ་བཅང་ཡོད། བོད་ས་གནས་སྲིད་གཞུང་གིས་ཀྱང་བོད་ཀྱི་སེར་སྐྱ་མི་མང་ཡོངས་ལ་སྐུལ་སློང་ཤུགས་ཆེན་བྱས་ཏེ་སླར་ཡང་དམག་སྐུལ་བརྒྱབ་ནས་འདོན་དམག་དང་། ཡུལ་དམག །སེར་དམག་བསྡོམས་ཆིག་ཁྲི་དྲུག་སྟོང་ལྷག་ཙམ་རྒྱབ་དཔུང་དུ་བཏང་སྟེ་རྒྱལ་རྩེ་དང་། གཞིས་རྩེ། སྣ་དཀར་རྩེ་སོགས་དམག་འཐབ་ཀྱི་འགག་རྩ་ས་གནས་ཁག་ལ་ས་སྲུང་དུ་བཞག་པ་དང་ནུས་ཤུགས་གང་ཡོད་བཏོན་ནས་འགོག་སྲུང་ལ་ཤུགས་སྣོན་བརྒྱབ་པ་རེད།

དབྱིན་དམག་གིས་མུ་མཐུད་རྒྱལ་རྩེ་ཕྱོགས་སུ་ཡོང་བའི་ལམ་བར་བྱང་གླིང་དགོན་པ་དང་། སྐུ་འབུམ་དགོན་པ་སོགས་དགོན་སྡེ་མང་པོ་མེར་བསྲེགས་པ་དང་སྐུ་གསུང་ཐུགས་རྟེན་དང་མང་ཚོགས་ཀྱི་དངོས་པོ་མང་པོ་འཕྲོག་བཅོམ་བྱས་ཤིང་། དེ་རྗེས་དབྱིན་དམག་རྣམས་ཁང་དམར་གྱི་ལྷོ་ནུབ་རི་རྒྱབ་ཏུ་གནས་པའི་ཉོ་ལམ་དགོན་དུ་འབྱོར་བའི་ནམ་སྨད་དུ་མདའ་དཔོན་བཀྲས་གླིང་པ་དང་རམ་པ་གཉིས་ཀྱིས་དམག་དཔུང་འཁྲིད་དེ་མཚན་འགེབས་དྲག་འཐབ་བྱས་མཐར་དབྱིན་དམག་དྲུག་བཅུ་ལྷག་ཙམ་བསད་རྨས་བཏང་བ་དང་། དབྱིན་དམག་གི་མེ་མདའ་ཐུང་མདའ་འགའ་ཞིག་ཐོབ། དབྱིན་དམག་རྒྱལ་རྩེར་འགྲོ་བའི་ལམ་བུར་བོད་དམག་གིས་འགོག་རྒོལ་དམག་འཐབ་ཐེངས་མང་བྱས་ཤིང་། ལྷག་པར་དུ་དབྱིན་དམག་རྫ་འཕྲང་བརྒྱུད་ཡོང་སྐབས་ལྷོ་ཁ་དང་དྭགས་ཀོང་ཁུལ་གྱི་འདོན་དམག་དང་། ཡུལ་དམག །སེར་དམག་སོགས་མི་གྲངས་གསུམ་སྟོང་ཙམ་བསྡུ་རུབ་ཀྱིས་མདའ་དཔོན་བཀྲས་གླིང་པ་དང་། རམ་པ། སྨོན་སྐྱིད་གླིང་པ། སེར་དམག་གི་འགོ་འདོམས་འབྲས་སྤུངས་དང་། སེར་ར་དགོན། དགའ་ལྡན་སོགས་ཀྱིས་དམག་གྲབས་གང་ལེགས་བྱས་ཏེ་དབྱིན་དམག་ཚར་གཅོད་གཏོང་རྒྱུའི་དམ་བཅའ་བཞག །རྫ་འཕྲང་ཟེར་བའི་ས་ཆ་འདི་ནི་གཡས་གཡོན་གཉིས་ཀར་བྲག་རི་མཐོ་བ་དང་། ལམ་ཐག་རིང་ལ་གུ་དོག་པ། དགྲ་བོར་དམག་འཐབ་བྱེད་པའི་ས་ཆ་བཙན་པོ་ཞིག་ཡོད་ཅིང་། དེའི་གཡས་

གཡོན་གྱི་རིའི་སྟེང་དུ་འཛིང་རགས་བཟོས་ཏེ་བོད་དམག་རྣམས་ཀྱི་འཕྲུལ་མདའ་དང་། བོད་མདའ། མདའ་གྲི་མདུང་གསུམ་གྲ་སྒྲིག་ལེགས་པར་བྱས་ནས་སྒུག་བསྡད་དེ་དགྲ་བོ་ཚར་གཅོད་གཏོང་རྩིས་བྱས་ཀྱང་རང་དམག་གཅིག་གིས་མེ་མདའ་ཁ་ཤོར་སྐབས་དབྱིན་དམག་གིས་རིའི་གཡས་གཡོན་དུ་བོད་དམག་ཡོད་པ་ཤེས་ཏེ་མེ་སྒྲོགས་དང་འཕྲུལ་མདའ་མང་པོ་འཕེན་ཞིང་། རི་ཀླུང་གི་ཁྱད་པར་ཤོར་སྐབས་བོད་གིས་མེ་མདའ་དང་། རྡབ་རྡོ་མང་པོ་བསྒྲིལ་ཏེ་དབྱིན་དམག་ལ་རྨས་སྐྱོན་གང་འཚམས་ཕོག་པ་ལས་ཚར་གཅོད་གཏོང་རྒྱུའི་དམིགས་ཡུལ་གྲུབ་ཐུབ་མེད།

དེ་ནས་དབྱིན་དམག་གིས་ཉུ་མཐུད་མདུན་བསྐྱོད་ཐོག་རིམ་བཞིན་རྒྱལ་རྩེའི་འགྲམ་གནས་རྙིང་དགོན་པར་འཁྱོར་ཏེ། ཆོས་བྱེད་སྐྱེས་བུ་རྣམས་ལ་མནར་གཅོད་ཚད་མེད་བཏང་། དགོན་པ་འདི་བཙན་བཟུང་གིས་རྫོ་གཅལ་གྱི་དཀྱིལ་དུ་སྒར་བརྒྱབ་སྟེ་བསྡད་ཅིང་། བོད་དམག་གིས་གནས་ཚུལ་དེ་ཤེས་འཕྲལ་ཐབས་ཤོས་ཟབ་ནན་བྱས་ཏེ་ཉིན་ཞིག་མཚན་མོ་ཀོང་དམག་གིས་གནས་རྙིང་དགོན་པའི་མཐའ་བསྐོར་ཏེ་གློ་བུར་འཇབ་རྒོལ་བྱས་སྐབས་དབྱིན་དམག་གིས་བོད་དམག་རྣམས་མཐོང་མ་ཐག །དངངས་སྐྲག་རབ་ཏུ་སྐྱེས་ཏེ་བྲོས་ཐབས་བྱས་ཀྱང་མ་ཐར་བར་དབྱིན་དམག་དུ་མ་ཚར་བཅད་ཅིང་། གནས་རྙིང་དགོན་པའི་སྒོ་ར་དེ་ཡང་ཁྲག་གི་མཚོའུ་ལྟ་བུར་གྱུར་པས་ད་ལྟའང་ཕས་རྒོལ་མ་ཉུང་པའི་ཁྲག་རྗེས་དངོས་སུ་མཐོང་རྒྱུ་ཡོད། ཡུལ་དེའི་ཁུལ་གྱི་དམངས་གཞས་སུ།

"ཨ་དར་ཀོང་པོའི་དམག་གིས།
དབྱིན་མགོ་ས་ལ་གཡུགས་སོང་།
གནས་རྙིང་རྫོ་གཅལ་ཆེ་མོ།
དམར་པོའི་ཁྲག་གིས་བརྒྱངས་སོང་།"

ཞེས་པ་དེ་ནི་སྐབས་དེའི་བོད་ཀྱི་འདོན་དམག་དང་། ཡུལ་དམག་གིས་དབྱིན་ཇི་བཙན་འཛུལ་པར་འགོག་རྒོལ་བྱེད་པའི་དམག་འཐབ་ཀྱི་གནས་ཚུལ་དངོས་སུ་མཚོན་

པ་ཞིག་རེད། དེ་རྗེས་དབྱིན་དམག་ལ་དཔུང་རོགས་རིམ་བཞིན་འབྱོར་ཏེ་རྒྱལ་རྩེ་བཙན་བཟུང་ཐོག་དབྱིན་དམག་གི་དམག་དཔོན་ཧྲུང་ཏའོ་ཧྲང་གིས་སྣེ་འཁྲིད་བྱས་པའི་དབྱིན་དམག་རྣམས་སྤྱང་རྐྱུའི་འགྲམ་གྱི་ལྷུང་ལོ་གླིང་ཁར་སྣར་བརྒྱབ་སྟེ་བསྡད་པའི་སྐབས་སུ་མཚན་མོ་ཞིག་ལ་བོད་དམག་ཆིང་སྟོང་ལྷག་ཙམ་གྱིས་ལག་ཏུ་གྲི་རིང་ཐོགས་ཏེ་མཁའ་ལྡིང་སྤྱུལ་ལ་ཞུགས་པ་ལྟར་དབྱིན་དམག་གི་དམག་སྣར་དུ་ཕར་རྒོལ་བྱས་སྐབས་བཙན་འཛུལ་པ་ལ་ལ་དངངས་སྐྲག་རབ་ཏུ་སྐྱེས་ཏེ་ཆུ་ལ་མཆོངས་པ་དང་། ལ་ལ་དམར་གསོད་བཏང་ཞིང་། དམག་དཔོན་ཧྲུང་ཏའོ་ཧྲང་དང་དམག་མི་བཞི་བཅུ་ལྷག་ཙམ་དངངས་འཚབ་ཀྱིས་གྲོ་མོ་ཆུ་འབབ་ཕོ་བྲང་དུ་བྲོས་ཕྱིན། སྐབས་དེའི་གནས་ཚུལ་ཡུལ་དེའི་དམངས་གཞས་སུ།

“རི་བྱ་རི་ལ་བྲོས་སོང་།
ཕོ་གླིང་ཆུ་ལ་མཆོངས་སོང་།
དཔའ་བོའི་བོད་དམག་ཚོ་ཡིས།
ཕོ་གླིང་ཅག་གཤག་བཏང་སོང་།”ཞེས་བཏང་བར་གྲགས།

དེ་རྗེས་ཧྲུང་ཏའོ་ཧྲང་སོགས་ཆུ་འབབ་ཕོ་བྲང་དུ་འབྱོར་རྗེས་དབྱིན་ཇིའི་དམག་དཔོན་ཆེན་པོ་རྨ་ཁྲ་ཐང་ན་ལ་དམག་རོགས་འཕྲུལ་གཏོང་དགོས་པའི་རེ་བ་བཏོན་པ་བཞིན་ཁོ་པས་དམག་དཔུང་འབོར་ཆེན་འཁྲིད་དེ་དེང་རབས་ཅན་གྱི་མེ་སྒྱོགས་དང་། མེ་མདའ་རྫུག་སྤྲག་སོགས་མཚོན་ཆ་མང་པོ་འཁྱེར་ནས་རྒྱལ་རྩེར་འབྱོར་འཕྲུལ་བོད་དམག་ལ་ཚུར་རྒོལ་ཤུགས་ཆེན་བྱས་པར་མ་ཟད། ཕ་ལྷ་གྲོང་ཚོ་དང་། ལྷུང་ལོ་གླིང་ཁ་བཙན་བཟུང་ཐོག་དམག་དོན་གྱི་རྟེན་གཞི་བཙུགས་ཏེ་རྫོང་རྩེའི་མཐའ་བསྐོར་ནས་ཏ་ཅང་ཉེན་ཁ་ཆེ་བའི་གནས་སུ་གྱུར་བ་དང་། གནས་རྙིང་དགོན་དང་། རྒྱལ་རྩེ་རྩེ་ཆེན་དགོན་དགྲ་ལག་ཏུ་ཤོར་བར་མ་ཟད། རྒྱལ་རྩེ་རྫོང་ཡང་དགྲ་དམག་གིས་མཐའ་བསྐོར་ཏེ་ཤོར་ཉེན་ཆེ་བའི་སྐབས། དེ་ལོའི་ཟླ་བ་ལྔ་པའི་ཚེས་བདུན་ཉིན། དབྱིན་དམག་གིས་རྫོང་རྩེར་མེ་སྒྱོགས་དང་མེ་མདའ་སྤྲག་སྤྲག་གི་མདེའུ་སེར་

དྲག་ལྷར་ཕབ་ཅིང་། སྐབས་དེར་རྫོང་རྩེར་བོད་དམག་ལྔ་སྟོང་ཙམ་ཡོད་པ་དེ་དག་ལ་ལག་ཆར་བོད་མདའ་དང་། མདའ་གྱི་མདུང་གསུམ། ཞུར་རྡོ་སོགས་ལས་མེད་ཀྱང་དཔའ་ངར་ཞུམ་མེད་དང་རང་སྲུང་ཕར་རྒོལ་མཐའ་གཅིག་ཏུ་བྱས། དུས་ཡུན་ཟླ་བ་གཅིག་ཙམ་རིང་ལ་“རྒྱལ་རྩེ་དབྱིན་འགོག་དམག་འཁྲུག”ཅེས་ཀུན་ཏུ་གྲགས་པའི་ནང་དབྱིན་དམག་གིས་མེ་སྒྱོགས་དང་མེ་མདའ་སྣག་སྣག་བརྒྱབ་སྟེ་རྒྱལ་རྩེར་ཚུར་རྒོལ་བྱས་ཧུང་། བོད་དམག་གིས་བོད་མདའ་དང་མདའ་གྱི་མདུང་གསུམ། ཞུར་རྡོ་སོགས་ལ་བརྟེན་ནས་འགོག་རྒོལ་མཐའ་གཅིག་ཏུ་བྱས་པར་མ་ཟད། སྐབས་འགར་མཚན་མོ་རི་རྩེ་ནས་བབས་ཏེ་དབྱིན་དམག་གི་དམག་སྒར་ལ་ཕར་རྒོལ་བྱེད་པར་ཕྱིན། དབྱིན་དམག་རྣམས་འཇིགས་སྐྲག་འོག་སྡོད་མ་ཐུབ་པ་བཟོས། འོན་ཀྱང་དུས་ཡུན་ཟླ་གཅིག་ཙམ་རིང་རིའི་སྐང་གི་ཆུ་གཙང་མ་རྣམས་རྫོགས་སྟབས། མཚན་མོ་རི་གཤམ་གྱི་ཆུ་ཀློགས་བླངས་ཏེ་བཏུང་། སྐབས་འགར་ཆུ་ཀློགས་ཡང་རྫོགས་ཏེ་རང་གི་གཅིན་པའང་བཏུང་དགོས་ཤར་ཡང་རང་ས་བརྟན་པོར་སྲུང་ནས་དགྲ་དམག་ལ་རྩ་བ་ཉིད་ནས་མགོ་བཏགས་ཐུབ་མེད། འོན་ཀྱང་སྟབས་མ་ལེགས་པ་ཞིག་ལ་རྫོང་རྩེའི་རྫས་ཁང་ལ་མེ་ཤོར་ཏེ་རང་དམག་མང་པོ་གྲོངས་ཤིང་། དགྲ་དམག་གིས་གོ་སྐབས་དེ་དང་བསྟུན་ནས་ཚུར་རྒོལ་དྲག་པོ་བྱས་སྟབས་རི་རྩེ་ནས་བོད་དམག་རྣམས་ཕྱིར་འཐེན་མི་བྱེད་ཐབས་མེད་བྱུང་བ་རེད།

དབྱིན་དམག་གིས་རྒྱལ་རྩེ་བཙན་བཟུང་བྱས་རྗེས། བོད་ཤིང་འབྲུག་(སྤྱི་ལོ་༡༩༠༤)ལོའི་ཟླ་བ་ལྔ་པར་ལྷ་སའི་ཕྱོགས་སུ་དཔུང་འཇུག་བྱས་པའི་ལམ་བར་སྣ་དཀར་རྩེར་འཁྱོར་སྐབས་བོད་དམག་དང་ཡུལ་དམག་གིས་འགོག་རྒོལ་གང་ཐུབ་བྱས་ཀྱང་མཐར་ཕམ་ཉེས་བྱུང་ཞིང་། དེ་ནས་བོད་དམག་དང་ཡུལ་དམག་རྣམས་དམག་དཔོན་སྤྱི་ཁྲབ་པའི་བཀོད་སྒྲིག་ལྟར་ལམ་འཁེལ་སའི་འགག་ཁག་ལ་འཛིང་རགས་བཟོས་ཏེ་དབྱིན་དམག་འགོག་ཐབས་བྱས་ཧུང་ཕན་པ་གང་ཡང་མ་བྱུང་བར་དགྲ་དམག་རྣམས་རིམ་བཞིན་ཆུ་ཤུར་ཉེ་འགྲམ་དུ་འཁྱོར། དེ་འཕྲལ་བོད་ས་གནས་སྲིད་གཞུང་གི་བཀའ་བློན་

རྣམས་དང་། གདན་ས་སེར་འབྲས་དགའ་གསུམ་གྱི་འཐུས་མི་སོགས་མོལ་བསྡུར་གང་ལེགས་མཛད་མཐར་ཏཱ་ལའི་བླ་མ་ཐུབ་བསྟན་རྒྱ་མཚོ་མཆོག །ལྷ་སར་མ་བཞུགས་ན་དགེ་མཚན་ཆེ་བར་གཟིགས་ཏེ་རྒྱལ་ཚབ་ཏུ་དགའ་ལྡན་ཁྲི་པ་བློ་བཟང་རྒྱལ་མཚན་བསྐོ་གཞག་གནང་ཐོག །སྐུ་འཁོར་ཏྲག་བསྡུས་དང་བཅས། ལྷ་སའི་བྱང་ངོས་ཀྱི་སྒོ་ལ་བརྒྱུད་བྱང་ལམ་ནས་ཉེན་གཡོལ་དུ་ཕེབས། དུས་དེར་བཀའ་ཤག་དང་། དྲུང་རྩིས། གདན་ས་གསུམ་གྱི་འཐུས་མི་སོགས་ནས་རྒྱལ་ཚབ་ཀྱི་ཞོར་འདེགས་ཞུས་ཏེ་ཆབ་སྲིད་ཀྱི་བྱེད་སྒོ་རྣམས་མཛད། ཏཱ་ལའི་བླ་མས་བོད་ས་གནས་སྲིད་གཞུང་གི་དཔོན་རིགས་ཚང་མ་འཛོམས་ཡོད་ཐོག་གསུངས་དོན་“ངས་དབྱིན་འགོག་དམག་འཁྲུག་འགོ་ཚུགས་པའི་རྗེས་ཆིང་གོང་མར་གསེར་སྙན་ཐེངས་མང་སྤྲིན་ནས། དབྱིན་ཇིས་བཙན་འཛུལ་བྱེད་སྟངས་བྱེད་ལུགས་དང་གོང་མས་དམག་དཔུང་བཏང་སྐྱེ་རྒྱབ་སྐྱོར་གནང་དགོས་ལུགས་རེ་བ་ཞུས་ཀྱང་། གོང་མས་ཁས་ལེན་མ་གནང་བར་མ་ཟད། བོད་བཞུགས་ཨམ་བན་ཡུའུ་ཐད་ནས་བོད་དམག་གིས་དབྱིན་དམག་ལ་འགོག་རྒོལ་བྱེད་རྒྱུར་བཀག་འགོག་བྱས་པ་དང་། བོད་དམག་སྣ་དཀར་རྩེར་ས་སྲུང་ཁག་བགོས་ཡོད་པ་རྣམས་ཕྱིར་འཐེན་བྱེད་བཅུག་སྟབས། ད་ཆ་དབྱིན་དམག་ལྷ་སའི་ཉེ་འཁོར་དུ་དཔུང་འཇུག་བཅར་ཚར་བས། གནད་དོན་དེར་ང་སྙེར་གྱིས་ཐག་གཅོད་བྱེད་དཀའ་བ་དང་ཆོས་སྲིད་གཉིས་ཀྱི་དོན་ཆེན་ལ་འཐུས་ཤོར་འགྲོ་ཉེ་ཆེ་བར་བརྟེན། ངོས་ཀྱི་བསམ་པར་རྒྱ་ཡུལ་ས་ཁོངས་དང་སོག་ཡུལ་བརྒྱུད་དེ་པེ་ཅིང་དུ་གོང་མ་ཀོང་ཞུ་དང་རྒྱལ་ཡུམ་ཚེའི་ཤིའི་ཐད་ཧའོ་རྣམ་གཉིས་ངོ་མཇལ་ཞུས་ཏེ། བོད་ལྗོངས་དེ་ཉིད་ཀྱི་ཆོས་སྲིད་བྱ་གཞག་བདེ་སྐྱོང་ཡོང་རྒྱུའི་ཆེད་དཀའ་སྡུག་ཅི་འཕྲད་ཡང་ཁྱད་བསད་བྱས་ཏེ་ནུས་ཤུགས་གང་ཡོད་བཏོན་རྩིས་ཡོད་པར།” ཁྱེད་བཀའ་བློན་དཔོན་རིགས་ཚང་མས་རང་འགན་རང་འཁུར་ཐོག་ཕན་ཚུན་ཞོར་འདེགས་གང་ལེགས་མཛད་དེ་ཆོས་སྲིད་གཉིས་ཀྱི་དོན་ཆེན་གཙོ་བོར་བཞག་དགོས་པའི་བསླབ་བྱ་མཛད་ནས་དེའི་མཚན་མོ་ཉིད་དུ་གསང་ཐབས་ཀྱིས་བྱང་ལམ་བརྒྱུད་ལྷ་ས་ནས་ཞལ་ཁྲེས་མཛད།

དབྱིན་ཇི་བཙན་འཛུལ་དམག་ལྷ་སར་འབྱོར་ནས་ལྷ་སའི་བྱང་ངོས་ཆོས་གསུམ་ཐང་དུ་སྒར་བརྒྱབ་ནས་བསྡད། བོད་བཞུགས་ཨམ་བན་ཡུའུ་ཐད་ཀྱིས་དབྱིན་དམག་ལ་གྲོ་ཞིབ་དང་ཤ་རིགས་འབོར་ཆེན་སྤྲད་དེ་སྣེ་ལེན་བྱས། བོད་ཀྱི་བཀའ་ཤག་སྲིད་གཞུང་དང་དབྱིན་དམག་དབར་ཐད་ཀར་འབྲེལ་བ་བྱེད་དཀའ་བར་གྱུར་ཅིང་། དབྱིན་དམག་གིས་རྟ་དམག་དང་། ཐང་དམག་རྣམས་རུ་སྒྲིག་སྦྱོང་བརྡར་ཡིན་ཁུལ་གྱིས་བོད་ཀྱི་སེར་སྐྱ་མི་མང་ལ་འཇིགས་སྐུལ་ཡང་ཡང་བྱས་ཀྱང་། ལྷ་སའི་སེར་སྐྱ་མི་དམངས་ནི་སྐྲག་སྣང་སྤུ་ཙམ་ཡང་མ་བྱེད་པར། དེ་ལས་ལྡོག་སྟེ་ཚང་མས་མཐུན་སྒྲིལ་རྗོག་ཚ་གཅིག་དྲིལ་ངང་རང་ཡུལ་དང་རྒྱལ་ཁབ་བསྲུང་སྟེ་དབྱིན་ཇིར་འགོག་རྒོལ་མཐའ་གཅིག་ཏུ་བྱེད་རྒྱུའི་སེམས་ཤུགས་དང་འབོད་སྒྲས་ཁྱབ་ཡོད་ཅིང་། ལྷ་སའི་ཤར་ཕྱོགས་ཀྱི་འབྲོམ་ཐོས་དང་། བདེ་ཆེན། ཚལ་གུང་ཐང་སོགས་ཀྱི་འདོན་དམག་གསུམ་སྟོང་ཙམ་བསྡུ་རུབ་ཀྱིས་དབྱིན་དམག་ལ་ཁ་གཏད་གཙོག་རྒྱུའི་གྲ་སྒྲིག་ཨང་གསར་བྱས་ཏེ་བསྡད་པར་མ་ཟད། བཀའ་ཤག་སྲིད་གཞུང་གིས་དཔོན་དམག་རྣམས་ལ་བོད་སྡོད་ཨམ་བན་གྱིས་དབྱིན་དམག་ལ་འགོག་རྒོལ་བྱེད་མི་ཆོག་ཟེར་ཡང་། གདན་ས་སེར་འབྲས་དགའ་གསུམ་གྱིས་སེར་དམག་སྒྲིག་འཛུགས་བྱས་ཏེ་ལྷ་སའི་ཡུལ་དམག་དང་ཟུང་འབྲེལ་ངང་དུས་ཚོད་ངེས་མེད་ཀྱི་ཐོག་ནས་ལག་ཏུ་གྲི་རིང་དང་གྲི་ཐུང་ཅུར་རྡོ་སོགས་འཁྱེར་ནས་དབྱིན་ཇིའི་དམག་སྒར་གྱི་མཐའ་བསྐོར་དུ་ཕྱིན་ནས་དབྱིན་དམག་གིས་འཇིགས་སྐུལ་གང་བྱས་རུང་མགོ་མི་སྒུར་རྒྱུའི་རྣམ་པ་ཡང་སེ་བསྟན་ཡོད་པ་རེད།

ལྷག་པར་དུ་ཉིན་གཅིག་བོད་ས་གནས་སྲིད་གཞུང་གི་དཔོན་རིགས་དང་དབྱིན་དམག་འགོ་དཔོན་རྣམས་ལྷ་སའི་ཚེ་གསུམ་ཐང་དུ་དབྱིན་དམག་གི་སྒར་ནང་ཞི་བའི་གྲོས་མོལ་བྱེད་བཞིན་པའི་སྐབས། སེ་ར་དགོན་གྱི་གྲྭ་པ་རབ་རྫོབ་གཅིག་གིས་རང་སྲོག་བློས་བཏང་བྱས་ཏེ་གཟན་འོག་གི་དཔའ་དམ་ཞིག་བཅུག་ནས་གློ་བུར་དུ་དབྱིན་དམག་གི་གུར་ནང་མཆོངས་འཚངས་ཏེ་དབྱིན་ཇིའི་དམག་དཔོན་གཅིག་དང་། དམག་མི་

འགའ་ཞིག་བསད་རྗེས་བཏང་སྟེ་ཕྱིར་མཆོངས་འགྲོ་བའི་སྐབས་དེར་སྟབས་མི་ལེགས་པར་གུར་ཐག་ལ་འཁོན་ནས་འགྱེལ་སྐབས་དབྱིན་དམག་རྣམས་མྱུར་པའི་གཉིད་ལས་བསད་དེ་ཁོང་ལ་མཐའ་བསྐོར་ནས་མེ་མདའ་གཅིག་མཉྫུག་གཉིས་མཐུད་བརྒྱབ་སྟེ་བསད། ད་བར་ཁོང་གི་མིང་ཙམ་ཡང་འཛོག་གནང་མེད་པའི་གྲྭ་བཙུན་དེས་དཔའ་ངར་ཞུམ་མེད་ཀྱིས་དབྱིན་ཇི་བཙན་འཛུལ་པ་སླེང་རྩ་འདར་དགོས་ཤིག་བཟོས་ནས་ཁོ་རང་གི་གཅེས་པའི་སྲོག་ཀྱང་ཡལ་བར་འདོར་ཏེ་རྒྱལ་ཁབ་དང་མི་རིགས་ཀྱི་ལ་རྒྱ་སྲུང་སྐྱོབ་མཐའ་གཅིག་ཏུ་གནང་བ་རེད། དོན་རྐྱེན་དེ་བྱུང་རྗེས་སེར་སྐྱ་མི་མང་ཚང་མ་འཁོན་འཛིན་ཇེ་ཆེར་སོང་ནས་ཡི་གེ་སྦྱར་འགྲེམས་བྱས་པའི་ནི"མི་སུ་ཡིན་ཙང་དབྱིན་ཇིའི་དམག་སྐར་ཆགས་ཡུལ་ཉེ་འགྲམ་དུ་ཤ་ཚལ་དང་གཟན་ཤིང་སོགས་ཉོ་ཚོང་གི་འབྲེལ་བ་གཅོད་དགོས་པས་མི་ཚད། བོད་གཞུང་གི་དཔོན་གནས་ཆེ་ཆུང་སུས་ཀྱང་འབྲེལ་བ་བྱས་ན་མི་འགྲིག"ཟེར་བ་དང་ཡང་"ཀཱ་གཅིག་དང་པོ་ཚེ་གསུམ་ཐང་ཆེན་ནས་བརྒྱབ་སྟེ། །ཁུ་བྱུ་བབས་པ་བཞིན་དུ་དགྲ་སྐར་ནང་མཆོངས་ཤིང་། །ཀེ་སར་ལྷ་བུའི་དཔའ་བོས་ཕྱི་གླིང་པ་བསད་ནས། །ངོ་མཚར་ལྷད་མོ་བསྟན་འཕྲལ་དབྱིན་དམག་རྣམས་བྲོས་སོ། །" ཞེས་པ་སོགས་སྐབས་དེའི་རིང་ལྷ་སའི་གསང་ལམ་གང་སར་སེ་རའི་གྲྭ་པ་རྡབ་རྡོབ་ཀྱི་དཔའ་ངར་མཛད་རྗེས་ལ་བསྟོད་པ་སོགས་པའི་སྦྱར་ཡིག་དེའི་གྲས་ཀྱི་ཁོངས་ཏེ་དབྱིན་ཇི་བཙན་འཛུལ་པར་ཁ་རྟུང་དྲག་པོ་བཏང་ཡོད་པ་རེད།

ལྷ་སའི་སེར་སྐྱ་མི་མང་ཚང་མས་དབྱིན་ཇི་བཙན་འཛུལ་པར་འཁོན་འཛིན་ཚད་མེད་བྱེད་པ་དང་། ལྷ་སའི་གནམ་གཤིས་ཀྱང་གྲང་ངར་ཆེ་ལ་ས་ཆུ་མི་འཕྲོད་པ་སོགས་ཕྱི་ནང་གི་འགལ་རྐྱེན་རྣམ་པ་སྣ་ཚོགས་འཕྲད་སྟབས། དབྱིན་ཇིས་བོད་བཞུགས་ཨམ་བན་ཡུའུ་ཐད་ལ་འཕྲལ་དུ་ཆིངས་ཡིག་འཛོག་དགོས་པའི་རེ་བ་བཏོན་ཅིང་། ཨམ་བན་ཡུའུ་ཐད་ནི་ཉམ་ཆུང་ཐབས་མེད་ཅིག་ཡིན་པས། བཀའ་ཤག་ལ་བཙན་ཤེད་ཀྱིས་ཆིངས་ཡིག་འཛོག་དགོས་པའི་བཀའ་ཕབ་པ་དང་། དབྱིན་ཇིས་འཇམ་རྩུབ་མཉམ་སྦྱོད་ཀྱིས་འཇིགས་སྐུལ་འོག །བོད་ཤིང་འབྲུག་(སྤྱི་ལོ་༡༩༠༤)ལོར་དབྱིན་ཇི་དང

རྒྱལ་འཚོང་ཆིངས་ཡིག་《ལྷ་སའི་ཆིངས་ཡིག་》ཅེས་པ་མ་འཇོག་ཐབས་མེད་བྱུང་བ་རེད། མདོར་ན། ཐེངས་དེའི་དབྱིན་རྒོལ་དམག་འཁྲུག་གཉིས་པ་ཕམ་ཉེས་བྱུང་ནའང་བོད་ཀྱི་སེར་སྐྱ་དམག་དམངས་ཡོངས་ཀྱིས་བཙན་རྒྱལ་རིང་ལུགས་ལ་འགོག་རྒོལ་མཐའ་མཐའ་གཅིག་ཏུ་བྱེད་རྒྱུ་དང་རྒྱལ་གཅེས་ཀྱི་སེམས་ཤུགས་དེ་བས་ཇེ་ཆེར་སོང་བ་དང་། དབྱིན་ཇི་བཙན་རྒྱལ་རིང་ལུགས་པས་བཙན་འཛུལ་ཧམ་སེམས་ཇི་ལྟར་བཅང་ཡོད་པ་རིམ་བཞིན་གསལ་པོར་མངོན་ཐུབ་པ་རེད།

(༤)ཏཱ་ལའི་བླ་མ་སྐུ་ཕྲེང་བཅུ་གསུམ་པ་ཕྱི་སོག་ལ་ཕེབས་ཏེ་པེ་ཅིང་བརྒྱུད་སླར་ཡང་བོད་དུ་ལོག་ཕེབས་པ།

དབྱིན་འགོག་དམག་འཁྲུག་ཐེངས་གཉིས་པའི་མཇུག་ཙམ་ལ། ཏཱ་ལའི་བླ་མ་མཆོག་དབྱིན་ཇི་བཙན་འཛུལ་པས་ལྷ་ས་ཁྲུལ་དུ་བཅར་གྲབས་ཡོད་པ་དང་། ཆིང་གོང་མ་ཀྲུང་དབྱང་སྲིད་གཞུང་ནི་ག་དུས་ཡིན་ཡང་དབྱིན་ཇིའི་འོག་མགོ་སྒྱུར་ནས་བོད་ཀྱི་སེར་སྐྱ་མི་དམངས་ཚོས་དབྱིན་ཇི་བཙན་འཛུལ་པར་འགོག་རྒོལ་བྱེད་པར་རྒྱབ་སྐྱོར་མ་བྱེད་པ་སོགས་ཀྱི་རྐྱེན་པས། ཕྱི་སོག་ཨུ་ལན་པཱ་ཐུར་ཉེན་གཡོལ་དུ་མ་ཐད་མཐུ་མེད་ཆགས་པ་རེད། ཏཱ་ལའི་བླ་མའི་དགོངས་གཞིར་གཅིག་བྱས་ན་ཨུ་རུ་སུའི་རྒྱབ་སྐྱོར་འོག་དབྱིན་ཇིར་ཁ་གཏད་འཛམ་ཐབས་དང་། ཡང་ན་རྒྱལ་བ་ཉིད་ཀྱི་གསུང་པ་བཞིན་རྒྱ་ཡུལ་དང་སོག་ཡུལ་བརྒྱུད་དེ་པེ་ཅིང་དུ་ཕེབས་ཏེ་ཆིང་གོང་མ་ཀོང་ཞུ་དང་རྒྱལ་ཡུམ་ཚེའི་ཤིའི་ངོ་མཇལ་ཐོག །བོད་ཀྱིས་དབྱིན་ཇི་བཙན་འཛུལ་པར་འགོག་རྒོལ་འཐབ་རྩོད་ཇི་ལྟར་བྱེད་ལུགས་སྙན་སེང་སྙོན་ཏེ་རྒྱབ་སྐྱོར་ཐོབ་རྒྱུའི་རེ་བ་ཞུས་ཀྱང་། སྐབས་དེ་དུས་ཨུ་རུ་སུ་དང་རི་པིན་རྒྱལ་ཁབ་གཉིས་དམག་འཁྲུག་ལངས་ཡོད་སྐབས། ཨུ་རུ་སུས་བོད་ལ་རྒྱབ་སྐྱོར་གང་ཡང་བྱེད་མི་ཐུབ་པའི་རེ་ཐག་ཆད་པར་བརྟེན་ཏཱ་ལའི་བླ་མ་མཆོག་ཨུ་རུ་སུའི་རྒྱལ་ཁབ་ཏུ་ཕེབས་མེད་པ་རེད།

གོང་གསལ་གནས་ཚུལ་དེ་དག་《ཆིང་རྒྱལ་རབས་ལོ་རྒྱུས་དེབ་ཐེར་》ནང་གསལ་

པོ་བཀོད་ཡོད་པར་མ་ཟད། ཨུ་རུ་སུའི་ལེའི་ཨང་ཅི་ཧྲུས་བྲིས་པའི་དེབ་ཐོག་ཏུ་བཀོད་ཡོད་པ་རེད། ཏཱ་ལའི་བླ་མ་སྐུ་ཕྲེང་བཅུ་གསུམ་པ་ཆེན་པོ་ཕྱི་སོག་ལ་ལོ་གཅིག་ཙམ་བཞུགས་རིང་ཆིང་གྲུང་དབྱང་སྲིད་གཞུང་དང་འབྲེལ་བ་མུ་མཐུད་དམ་ཟབ་གནང་ཞིང་། ཕྱི་སོག་གི་གྲོང་ཁྱེར་ལྷེ་གནས་ཁྲུ་ལུམ་དུ་ཕེབས་སྐབས་ཆིང་གོང་མའི་བཀའ་མངགས་ལྟར་གོང་མའི་དམག་དཔུང་གོ་མཚོན་རང་ཐོགས་འོངས་ནས་སྐུའི་སྲུང་བྱ་ཞུས། ཕེབས་ལམ་གཡས་གཡོན་དུ་སེར་སྦྲེངས་དང་། ཛ་དང་སིལ་སྙན་དཀྲོལ་བ། དུང་དང་རྒྱ་གླིང་བཏང་བ། དམག་མི་བརྒྱ་ཕྲག་དུ་མས་རུ་བསྒྲིགས་ཞུས་པ། ཕོ་མོ་རྒན་གཞོན་ཚང་མས་གཟབ་གོས་གྱོན་ཏེ་ཕེབས་བསུ་ཞུས་ཏེ་ཕྱི་སོག་དགའ་ལྡན་ཉི་འོད་ཁྲི་ཆེན་པོར་ཞབས་སོར་འཁོད། ཕྱི་སོག་ཏུ་བཅའ་སྡོད་ཆིང་གོང་མའི་དོན་གཅོད་ལས་ཁུངས་ཀྱི་བློན་ཆེན་ཨམ་བན་དང་། ཁལ་ཁ་རྗེ་བཙུན་དམ་པ། ཁྲུ་ལུམ་དགོན་ཆེན་གྱི་གྲྭ་ཚང་དགུ་དང་ཁང་ཚན་སུམ་ཅུའི་འཐུས་མི་བཅས་ཀྱིས་མཇལ་དར་དང་རྟེན་གསུམ་སོགས་རིམ་བཞིན་ཕུལ་བས་དགྱེས་བཞེས་གནང་།

སྐབས་དེར་ཆིང་གོང་མ་ཆེན་པོ་དང་། རྒྱལ་ཡུམ་ཏོང་ཐའི་ཧུ་ནས་ཏཱ་ལའི་བླ་མ་མཆོག་ལ་མཚམས་ཞུ་འབུལ་བར་ཆེད་མངགས་ཆིང་ཕྲལ་ཨམ་བན་གཏོང་གནང་མཛད་དེ་མཇལ་དར་དང་། ན་བཟའ་ཧྲིན་འབྲུག་ཚང་འཁོར་དགུ་ཡོད་སོགས་གནང་ཆ་བསྐྱལ་བས་གོང་ས་མཆོག་ཡར་བཞེངས་ཏེ་པེ་ཅིང་ཕྱོགས་སུ་ཞལ་གཟིགས་ཐོག་སྐུ་ཕྱག་དགུ་ཕྱུགས་མཛད་པ་དང་། གོང་མ་ཡུམ་སྲས་གཉིས་ལ་ཐུགས་རྗེ་ཆེ་ཞུ་བའི་ཆབ་ཤོག་དང་། ཁ་བཏགས་ནང་མཛོད་སེར་པོ། སྟོན་པའི་སྐུ་བརྙན་བཅས་འབུལ་གནང་མཛད། རྒྱལ་དབང་མཆོག་ཕྱི་སོག་ཏུ་བཞུགས་རིང་དད་ལྡན་གྱི་སྐྱེ་བོ་དུ་མར་བཀའ་དབང་བསྐྱལ་བ་སོགས་བསྟན་སྲིད་ལ་ཕན་པའི་མཛད་པ་རྒྱ་ཆེར་སྤེལ་ཞིང་། དད་ལྡན་སྐྱེ་བོ་ཀུན་གྱིས་ལྷོད་མེད་ཀྱི་དད་བཀུར་ཞུ་བ་དང་སྐུའི་མཛད་འཕྲིན་རྣམ་པར་དག་པ་ས་ཕྱོགས་གང་སར་ཁྱབ་པ་མཛད། དེའི་སྐབས་ཆིང་གྲུང་དབྱང་སྲིད་གཞུང་གིས་ཏཱ་ལའི་བླ་མ་མཆོག་གང་མྱུར་བོད་དུ་ཕྱིར་ལོག་ཕེབས་དགོས་པའི་བཀའ་ཕབ་

པར་བརྙེན། ཁྲུ་ལུམ་ནས་ཆིབས་ཁ་བསྒྱུར་ཏེ་ལམ་བར་གནས་ཆེན་ཁག་ལ་གནས་གཟིགས་དང་འབྲེལ་རིམ་བཞིན་ཟི་ལིང་དུ་ཕེབས། འོན་ཀྱང་དབྱིན་ཇིས་ཏཱ་ལའི་བླ་མ་བོད་དུ་ཕྱིར་ཕེབས་གནང་བར་ངོ་རྒོལ་མཐའ་གཅིག་ཏུ་བྱས་པར་བརྙེན་རྒྱལ་དབང་མཆོག་ཆིང་གོང་མའི་བཀའ་བཞིན་རྗེ་སྐུ་འབུམ་དུ་ལོ་གཅིག་ལྷག་ཙམ་བཞུགས། དེ་རྗེས་གོང་མ་ཀོང་ཞུས་དང་རྒྱལ་ཡུམ་ཚེ་ཞི་ཐད་ཧོའུ་རྣམ་གཉིས་ཀྱི་བཀའ་མངགས་ལྟར་ཏཱ་ལའི་བླ་མ་སྐུ་འཁོར་དང་བཅས་ཟི་ལིང་ནས་ཆིབས་ཁ་བསྒྱུར་ཏེ་པེ་ཅིང་དུ་ཕེབས་པའི་ལམ་བར་ལན་ཀྲུའུ་དང་། ཤིས་ཨན། ཡིན་ཐུང་སོགས་བརྒྱུད་རྒྱ་ནག་རི་བོ་རྩེ་ལྔར་གནས་གཟིགས་སུ་ཕེབས་པའི་གནས་ཚུལ་ཕྱིའི་རྒྱལ་ཁབ་གིས་ཤེས་འཕྲལ་འཇར་མན་དང་། རི་པིན། ཨུ་རུ་སུ་སོགས་ཀྱི་དཔོན་རིགས་དང་དད་ལྡན་སྐྱེ་བོ་འགའ་ཞིག་རྒྱ་ནག་རི་བོ་རྩེ་ལྔར་གོང་ས་མཆོག་མཇལ་བར་འོངས།

བོད་ས་སྤྲེལ(སྤྱི་ལོ༡༩༠༨)ལོའི་ཟླ་བ་བདུན་པའི་ཟླ་མཇུག་ཏཱ་ལའི་བླ་མ་མཆོག་ཆིང་གོང་མ་ཀོང་ཞུས་དང་རྒྱལ་ཡུམ་ཚེ་ཞིའི་གཉིས་ཀྱི་གདན་ཞུ་གནང་བ་ལྟར་པེ་ཅིང་དུ་ཆིབས་ཞལ་བསྒྱུར། བོད་ཟླ་བརྒྱད་པའི་ཚེས་གསུམ་ཉིན་པེ་ཅིང་ལྷུགས་རི་ལྷོ་ཕྱོགས་ཆན་མན་མི་འཁོར་བབས་ཚུགས་སུ་ཕེབས་སྐབས་ཆིང་ཀྲུང་དབྱང་སྲིད་གཞུང་གི་འབྲེལ་ཡོད་ཞི་དྲག་བློན་ཆེན་ཁག་དང་། དགོན་སྡེ་ཁག་གི་ཇ་སག །ཏཱ་བླ་མ་ལས་སྡེ། དམག་དཔུང་སོགས་གྲལ་བསྟར་བསྒྲིགས་པའི་དབུས་སུ་ཏཱ་ལའི་བླ་མ་མཆོག་ཕེབས་བྱམས་སེར་པོར་བཞུགས་ཐོག་ཆིབས་ཞབས་ཆིབས་རྟག་དང་བཅས་ཧོང་སེ་སྟེ་དགོན་པ་སེར་པོར་གདན་དྲངས་ཤིང་། བོད་ཟླ་བརྒྱད་པའི་ཚེས་ཉི་ཤུ་ཉིན་རྒྱལ་ཡུམ་ཚེ་ཞིའི་ཏཱ་ལའི་བླ་མར་མཇལ་འཕྲད་གནང་བ་དང་། དེ་རྗེས་གོང་མ་ཀོང་ཞུ་དང་མཇལ་ཏེ་ཕན་ཚུན་གྲོས་མོལ་མཛད། དེ་ནས་མི་རིང་བར་གོང་མ་ཀོང་ཞུ་དང་རྒྱལ་ཡུམ་ཚེ་ཞི་གཉིས་སྔ་རྗེས་སུ་དགོངས་པ་རྫོགས། བོད་ཟླ་བཅུ་པའི་ནང་གོང་མ་ཕུན་ཐུང་གསེར་ཁྲིར་མངའ་གསོལ། ཟླ་བ་དེའི་ནང་ཆིང་ཀྲུང་དབྱང་གི་ཆོག་མཆན་གནང་བ་ལྟར་རྒྱལ་དབང་མཆོག་སྟོན་ལ་གོང་མ་ཀོང་ཞུ་དང་རྒྱལ་ཡུམ་ཚེ་ཞིའི་གཉིས་ཀྱི་

འདས་ཆོས་ལ་ཆོས་ཕྱོགས་ཀྱི་བྱེད་སྒོ་ཁག་བསྐྱངས་གནང་བསྒྲུབས་རྗེས་གཞི་ནས་སྐུ་འཁོར་དང་བཅས་པ་ཆིབས་ཞལ་བསྒྱུར་ཏེ་བོད་དུ་ལོག་ཕེབས།

(༧)ཆིང་རྒྱལ་རབས་སྲིད་གཞུང་གིས་བློན་ཆེན་ཏུའུ་ཐུའུ་གཙོས་པ་ཀྲང་དབྱིན་ཐང་བོད་དོན་ཞིབ་གཙོད་དུ་བཏང་བ།

ཏཱ་ལའི་བླ་མ་མཆོག་ཕྱི་སོག་དང་པེ་ཅིང་དུ་བཞུགས་རིང་། བོད་ཀྱི་དུས་བབ་ལ་འཕོ་འགྱུར་ཆེན་པོ་ཕྱིན་ཡོད་པ་དཔེར་ན། བོད་ཤིང་འབྲུག(ཕྱི་ལོ་༡༩༠༤)ལོའི་ཟླ་དྲུག་པའི་ཚེས་ཉེར་གཉིས་ཉིན། དབྱིན་ཇི་བཙན་འཛུལ་དམག་གིས་བཙན་གནོན་དང་འཇིགས་སྐུལ་འོག་བོད་བཞུགས་བློན་ཆེན་ཨམ་བན་ཡུའུ་ཐད་དང་བོད་ས་གནས་སྲིད་གཞུང་གིས་དོན་ཚན་བཅུ་འཁོད་ཡོད་པའི་རྒྱལ་འཛོམ་ཆིངས་ཡིག《ལྷ་སའི་ཆིངས་ཡིག་》ཟེར་བར་མིང་རྟགས་བཀོད་བཟུག་པ་རེད། འོན་ཀྱང་ཆིང་སྲིད་གཞུང་ནས་སྔ་བར་ཕྱི་གསུམ་དུ་ཆིངས་ཡིག་འདིར་ཁས་ལེན་བྱས་མེད་པར་མ་ཟད། དབྱིན་ཇིར་ཆིངས་ཡིག་གསར་པ་ཞིག་བཞག་རྒྱུའི་གྲོས་འགོ་སྟོན་ནས་སྐད་ཆ་བྱེད་རྒྱུ་བྱས་པ་རེད། དོན་འདིར་ཆིང་སྲིད་གཞུང་ནས་ཕྱི་དོན་ཚན་པའི་འགན་འཕྲུར་མི་སྣ་ཐང་ཧྲའོ་དབྱི་ཀྲང་གོའི་དབང་ཆ་ཚང་མ་ཡོད་པའི་འཐུས་མིར་བཏང་སྟེ། རྒྱ་གར་གྱི་ཀ་ལི་ཀ་ཏར་དབྱིན་ཇི་དང་སྐད་ཆ་ངརྒྱབ་སྟེ《ལྷ་སའི་ཆིངས་ཡིག་》ལ་བཟོ་བཅོས་བརྒྱག་རྒྱུ་བྱས་པ་རེད། ཕན་ཚུན་གྲོས་མོལ་དུས་ཡུན་རིང་པོ་བྱས་ཀྱང་སྒྲུབ་འབྲས་གང་ཡང་མ་ཐོན་པར་ཆིང་གི་འཐུས་མི་ཐང་ཧྲའོ་དབྱི་ནད་གཞིས་རྐྱེན་པས་ལས་གནས་ནས་དགོངས་པ་ཞུས། ཆིང་སྲིད་གཞུང་གིས་ཡང་དེའི་ཚབ་ཏུ་ཀྲང་དབྱིན་ཐང་བཏང་ནས་མུ་མཐུད་ཆིངས་རྒྱག་བཟུག་ཀྱང་ཕན་འབྲས་གང་ཡང་མ་བྱུང་སྐབས། བོད་མེ་རྟ་ལོར(ཕྱི་ལོ་༡༩༠༨ལོ་)ཆིང་སྲིད་གཞུང་གི་དབང་ཆ་ཚང་མ་ཡོད་པའི་འཐུས་མི་ཐང་ཧྲའོ་དབྱི་དང་དབྱིན་ཇིའི་དབང་ཆ་ཚང་མ་ཡོད་པའི་འཐུས་མི་ས་ཏོའོ་དབྱི་པེ་ཅིང་དུ་ཡང་བསྐྱར་གྲོས་མོལ་བྱས་ཏེ། གྲོས་མོལ་བྱེད་པའི་ནང་བོད་ས་གནས་སྲིད་གཞུང་གིས་དབྱིན་ཇིར

གྱུན་གསབ་ཀྱི་དངུལ་སློག་སྤྲོད་བྱེད་པའི་འཐོར་གྲངས་དང་དུས་བཀག་སོགས་ཀྱི་སྐོར་ལ་ཕན་ཚུན་རྩོད་གླེང་དྲག་པོ་ཤོར་བ་དང་། དེ་ནས་ཕན་ཚུན་ཞི་བའི་གྲོལ་མོལ་བྱས་པ་བརྒྱུད་ཕྱི་ལོ་༡༩༠༤ལོའི་ཟླ་བཞི་པའི་ཚེས་ཉེར་བདུན་ཉིན་ལྷ་སའི་ཆིངས་ཡིག་གང་ཨང་ལ་བཟོ་བཅོས་གལ་ཆེན་བྱས་ཏེ་《པེ་ཅིང་ཆིངས་ཡིག་》ཅེས་པ་བོད་དོན་སྐོར་གྱི་ཆིངས་ཡིག་དོན་ཚན་དྲུག་བཞག །དེ་ནས་ཕྱི་ལོ་༡༩༠༧ལོར་ཆིང་སྲིད་གཞུང་གིས་བོད་བཞུགས་ཨམ་བན་ཀྲང་དབྱིང་ཐང་རྒྱ་གར་དུ་བཏང་ནས་ཕྱི་ལོ་༡༩༠༨ལོའི་ཟླ་བཞི་པའི་ཚེས་ཉི་ཤུ་ཉིན་《ཀྲུང་དབྱིན་གཉིས་ཀྱིས་བོད་དང་རྒྱ་གར་ཚོང་འབྲེལ་སྒྲིག་ཡིག་དོན་ཚན་ལེགས་བཅོས་》ཞེས་པར་མིང་བཏགས་བཀོད་པ་རེད། དེ་ནས་བཟུང་ཆིང་སྲིད་གཞུང་འམ་ཡང་ན་ཀྲུང་ཧྭ་མིང་གོ་སྲིད་གཞུང་ནས་བོད་དོན་སྐོར་ལ་ཕྱིའི་རྒྱལ་ཁབ་ཀྱི་སྲིད་གཞུང་སུ་འདྲ་ཞིག་དང་ཕན་ཚུན་ཆིངས་ཡིག་གང་ཡང་བཞག་མྱོང་མེད་པ་རེད།

《པེ་ཅིང་ཆིངས་ཡིག་》བཞག་པའི་རྗེས། ཆིང་སྲིད་གཞུང་གོང་མ་ཚང་གིས་གོ་སྐབས་དང་བསྟུན་ནས་བོད་ལ་དོ་དམ་འཛིན་སྐྱོང་བྱེད་རྒྱུའི་འགུལ་ཤུགས་ཆེ་རུ་བཏང་བ་དང་། ཀྲང་དབྱིན་ཐང་རྒྱ་གར་དུ་ཡོད་པ་ནས་འཕྲལ་དུ་བོད་དོན་ཞིབ་གཅོད་བྱེད་པར་འགྲོ་དགོས་པའི་བཀའ་ཕབ་པ་ལྟར་བོད་མི་ཏ་(ཕྱི་ལོ་༡༩༠༤)ལོའི་ཟླ་བཅུ་པའི་ཚེས་བཅུ་གཉིས་ཉིན། ཀྲང་དབྱིན་ཐང་རྒྱ་གར་ཪྗེ་གདན་ནས་ལྷ་སར་འབྱོར། སྲིད་སྐྱོང་དགའ་ལྡན་ཁྲི་ཆེན་བློ་བཟང་རྒྱལ་མཚན་མཆོག་ནས་ཕེབས་བསུའི་སྣེ་ལེན་གསོལ་སྟོན་ཟབ་རྒྱས་ཤིག་བཤམས།

ཀྲང་དབྱིན་ཐང་གི་བཏོན་པའི་བོད་སྐྱོང་བའི་སྲིད་ཇུས་གསར་པ་ཞེས་པ་དེས་ཆིང་གྲུང་དབྱང་སྲིད་གཞུང་གི་བསམ་འདུན་དང་མཐུན་སྟབས་ཐ་བའི་ཆར་བསམ་འཆར་འདི་དང་ལེན་བྱས་ཐོག །ཀྲང་དབྱིན་ཐང་ལ་ཏཱའུ་ཐུང་གཞོན་པའི་གོ་གནས་བསྐོ་གཞག་དང་འབྲེལ་བོད་དོན་ཞིབ་གཅོད་བྱེད་པར་བཏང་། ཀྲུང་དབྱིན་ཐང་སོགས་ཆིང་སྲིད་གཞུང་གི་དཔོན་རིགས་འགའ་ཞིག །ལྷ་སར་འབྱོར་རྗེས་ཤེས་གསལ་བྱུང་བར་བོད་ཀྱི་དཔོན་རིགས་དང་། མི་མང་གིས་བོད་སྡོད་ཨམ་བན་ཡུའུ་ཐད་

སོགས་ལྷ་སར་བཅའ་སྡོད་མན་ཆིང་གི་དཔོན་རིགས་གཙོ་བོ་རྣམས་ཀྱིས་དབྱིན་ཇི་བཙན་རྒྱལ་པར་ངོ་བསྟོད་དང་བོད་རིགས་མི་མང་ལ་བརྡབ་གསིག་དང་མནར་གཅོད་བཏང་བ། གཞུང་རྒྱུ་ཕྱོག་ཟས། ཞུ་རྟེན་ཕྱག་རྫན་ལེན་པ་སོགས་ཚུལ་མིན་གྱི་བྱ་སྤྱོད་ལ་འཕོན་འཛིན་ཏ་ཅང་ཆེན་པོ་བྱེད་པར་མ་ཟད། ཆིན་གྲུང་དབྱང་སྲིད་གཞུང་ལའང་ བློ་ལོག་པའི་གནས་ཚུལ་རྣམས་རྟོགས་རྗེས་ཞིབ་པ་གཉིང་ནས་ལོག་སྟེ། རྒྱ་ཆེའི་སེར་སྐྱ་དཔོན་རིགས་དང་བོད་རིགས་མི་མང་གི་བློ་འགུག་ཐབས་དང་། གྲུང་དབྱང་སྲིད་གཞུང་གིས་བོད་དུ་འཛིན་པའི་དབང་ཆ་སྲ་བརྟན་ཐོག་བོད་སྐྱོང་བའི་སྲིད་ཇུས་གསར་པ་ལག་བསྟར་དོན་འཁྱོལ་ཡོང་ཆེད་ཐོག་མར་བོད་སྡོད་ཨམ་བན་ཡུའུ་ཐད་སོགས་དཔོན་ངན་ཚོའི་ སྣ་ཕྱིའི་བྱ་སྤྱོད་ལ་བརྟག་ཞིབ་གཉིང་ཟབ་བྱས་ཏེ་གསལ་པོར་རྟོགས་ནས། ཡུའུ་ཐད་སོགས་ལྷ་སར་བཅའ་སྡོད་ཆིང་གྲུང་དབྱང་གི་དཔོན་རིགས་གཙོ་བོ་རྣམས་ཀྱིས་སྔ་བར་ཕྱི་གསུམ་དུ་བོད་མི་མང་གི་རྒྱལ་གཅེས་དབྱིན་རྒོལ་བྱ་སྤྱོད་ལ་རྒྱབ་སྐྱོར་བྱེད་རྒྱུ་ལྟ་ཞོག །དབྱིན་ཇིའི་འགོ་དམག་ཚོར་ངོ་དགའ་གདོང་གསོལ་བྱེད་པ་དང་། རང་འགན་མི་འཁུར་བར་གཞུང་དོན་འཐུས་ཤོར་གཏོང་བ། གཞུང་རྒྱུ་ཕྱོག་ཟས་དང་རྫིས་ཁྲ་རྫུན་བཟོ་བྱེད་པ། ཞུ་རྟེན་ཕྱག་རྫན་ལེན་པ། གཤམ་འོག་གི་དཔོན་རིགས་བསྐོ་སྐབས་དགའ་ཉེ་ཕྱོགས་ལྷུང་བྱེད་པ། བོད་རིགས་མི་མང་ལ་བརྡབ་གསིག་གཏོང་བ། ཀུན་སྤྱོད་མི་གཙང་བ་སོགས་ཀྱི་ཉེས་སྐྱོན་ཏ་ཅང་ཆེ་བའི་དཔང་རྟགས་ཆ་ཚང་ཡོད་པར་བརྟེན། ཆིང་གོང་མར་གསེར་སྙན་སྒྲོན་ཏེ་བོད་སྡོད་ཨམ་བན་ཡུའུ་ཐད་སོགས་དཔོན་ངན་མང་པོ་ཞིག་གི་གོ་གནས་དབྱུང་བཏང་སྟེ་ཁྲིམས་གཅོད་གྲུང་ནན་པོ་བྱས་སྐབས་བོད་ཀྱི་སེར་སྐྱ་མི་མང་ཡོངས་ཀྱིས་དགའ་བསུ་དང་བསྟི་བཀུར་ཆེན་པོ་ཐོབ་པ་རེད།

དེ་ནས་ཀྲང་དབྱིན་ཐང་གིས་ཆིང་གྲུང་དབྱང་སྲིད་གཞུང་ལ་བོད་ཀྱི་ཆབ་སྲིད་དང་དཔལ་འབྱོར་སོགས་ལེགས་བཅོས་བྱེད་ཐབས་སྐོར་གྱི་བསམ་འཆར་དོན་ཚན་བཅུ་དགུ་བཏོན་པ་དེར་ཆིང་གོང་མ་ཆེན་པོས་མོས་མཐུན་གནང་སྟེ་བོད་སྐྱོང་ཐབས་

སྐོར་གྱི་སྲིད་ཇུས་གསར་པའི་རྩ་འཛིན་ལྟ་བུར་གྱུར་ཅིང་། དེ་རྗེས་སྲིད་ཇུས་ཀྱི་རྩ་འཛིན་དེ་གཞིར་བཟུང་བོད་ས་གནས་སྲིད་གཞུང་གི་ལས་ཁུངས་ཁག་བཅོས་སྒྲིག་བྱས་ཏེ་འབྲེལ་གཏུགས་ལས་ཁུངས་དང་། དམག་སྒྱོང་ལྟ་སྐུལ་ལས་ཁུངས། ཇ་ཚྭ་ལས་ཁུངས་ནོར་སྲིད་ལས་ཁུངས། འགྲིམ་འགྲུལ་ལས་ཁུངས། བཟོ་ཚོང་ལས་ཁུངས། སློབ་དོན་ལས་ཁུངས། སོ་ནམ་ལས་ཁུངས། བསྐོར་གཡེང་ཉེན་རྟོག་ལས་ཁུངས་བཅས་ལས་ཁུངས་ཆེ་གྲས་ཁག་དགུ་བཙུགས་ཏེ་ཕན་ཚུན་གྱི་འབྲེལ་བ་དང་འགན་ནུས་གཏན་འབེབས་གསལ་པོར་གནང་བ་མ་ཟད། བཀའ་བློན་གསར་བྱུང་ཚེ་བརྟན་དབང་ཕྱུག་གིས་འབྲེལ་གཏུགས་ལས་ཁུངས་དང་བཟོ་ཚོང་ལས་ཁུངས་ཀྱི་འགན་འཁུར་རྒྱུ་དང་། བཀའ་བློན་ཚ་རོང་དབང་ཕྱུག་རྒྱལ་པོས་དམག་སྒྱོང་ལས་ཁུངས་དང་འགྲིམ་འགྲུལ་ལས་ཁུངས། ཇ་ཚྭ་ལས་ཁུངས་བཅས་ལས་ཁུངས་ཁག་གསུམ་གྱི་འགན་འཁུར་རྒྱུ། བཀའ་བློན་བླ་མ་བློ་བཟང་འཕྲིན་ལས་ཀྱིས་ནོར་སྲིད་ལས་ཁུངས་དང་སློབ་དོན་ལས་ཁུངས། བསྐོར་གཡེང་ཉེན་རྟོག་ལས་ཁུངས་བཅས་ལས་ཁུངས་ཁག་གསུམ་གྱི་འགན་འཁུར་རྒྱུ། གཞན་ཡང་ད་དུང་སོ་ནམ་ལས་ཁུངས་ཀྱི་སྤྱི་ཁྱབ་ཏུ་གུང་ལྷ་ཀླུ་འཇིགས་མེད་རྣམ་རྒྱལ་དང་། གུང་ཤྭང་ཅན་རྣམ་རྒྱལ་ཚེ་བརྟན། ལས་རོགས་སུ་ཧོར་ཁང་ཛ་སག་དབང་ཆེན་ཕུན་ཚོགས་དང་། ཕུན་ཁང་སྲས་བཀྲ་ཤིས་རྡོ་རྗེ། ཐོན་པ་སྲས་དོན་གྲུབ་རྒྱལ་པོ། འདོད་དཔལ་དོ་དམ་སྐལ་བཟང་ཡོན་ཏན། རྩེ་གཉེར་ཡེ་ཤེས་ཚོགས་གཉིས་བཅས་བསྐོ་གཞག་བསྐྱལ། གོང་གསལ་ལས་ཁུངས་ཆེ་གྲས་ཁག་དགུའི་ནང་ནས་ལས་ཁུངས་ཁག་གཅིག་དངོས་སུ་ལས་འགོ་ཚུགས་པ་དང་། སོ་ནམ་ལས་ཁུངས་དང་། ཇ་ཚྭ་ལས་ཁུངས་སོགས་བཙུགས་པ་དེས་བོད་ས་གནས་སྲིད་གཞུང་གི་ནོར་སྲིད་ལས་དོན་ལ་ཕན་པ་ཆེན་པོ་བྱུང་སྟེ་སྤྱི་ལོ་༡༩༥༩ལོའི་བར་ནུ་མཐུད་གནས་ཡོད་པ་རེད།

ཨོད་ཚུལ་ལ་ཀྲང་དབྱིན་ཐང་གིས་ད་དུང་《ལུགས་སྲོལ་བསླབ་བྱ་གོ་བདེའི་གཏམ་》དང་《བོད་སྲོལ་ལེགས་བཅོས་》ཞེས་པའི་དེབ་ཆུང་གཉིས་བོད་ཡིག་ལ་བསྒྱུར་

ཧྲེ་ས་གནས་ཁག་ལ་འགྲེམས་སྤེལ་བྱས་པ་རེད། ཀྲང་དབྱིན་ཐང་གིས་ལེགས་བཅོས་ཟེར་བའི་བྱ་བ་མང་པོ་ཞིག་བོད་ཀྱི་དོན་དངོས་དང་མི་མཐུན་སྐབས། བོད་ཀྱི་སེར་སྐྱ་དཔོན་རིགས་དང་མི་དམངས་གིས་མུ་མཐུད་རྩ་བ་ནས་མ་བྱས་པར་མ་ཟད། ལེགས་བཅོས་འགའ་ཞིག་ནི་མི་རིགས་མཐུན་སྒྲིལ་ལ་ཤུགས་རྐྱེན་དང་སྤྱི་ཚོགས་ཀྱི་དུས་བབ་བརྟན་ལྷིང་ཡོང་རྒྱུར་ཕན་ཐོགས་གང་ཡང་མེད་པ་རེད། འོན་ཀྱང་ཀྲང་དབྱིན་ཐང་གིས་བརྗོད་པའི་བསམ་འཆར་འགའ་ཞིག་དཔེར་ན། བཟོ་ཚོང་ལས་རིགས་འཕེལ་རྒྱས་དང་། གཏེར་ལས་གསར་སྤེལ། འབྲིམ་འགྲུལ་བདེ་པོ་ཡོང་ཐབས། སློབ་གསོ་དར་སྤེལ་གཏོང་བ་སོགས་བོད་ཀྱི་སྤྱི་ཚོགས་གོང་དུ་འཕེལ་རྒྱས་གཏོང་བའི་འདོད་ཚུལ་དང་བྱ་ཐབས་མང་ཙམ་བརྗོད་གནང་བ་དེས་བོད་ཀྱི་བྱ་གཞག་ལ་དགེ་མཚན་ལྡན་པའི་ནུས་པ་ཐོན་སྐབས་བོད་རིགས་མི་དམངས་ཀྱིས་ཁས་ལེན་བྱས་ཡོད་པ་རེད། བོད་ཤིང་སྤྲུལ་(སྤྱི་ལོ་༡༩༠༥)ལོའི་ཟླ་དྲུག་པར་ཀྲང་དབྱིན་ཐང་ཆིང་གོང་མའི་བཀའ་ལྟར་བོད་ནས་ཇོག་ཐོན་བྱས་ཏེ་དབྱིན་ཇི་དང་རྒྱལ་རྩེར་ཚོང་ར་འཛུགས་ཐབས་སྐོར་གྲོས་མོལ་གནང་བར་རྒྱ་གར་སིམ་ལར་ཕེབས་ཤིང་། བོད་དོན་ཞིབ་གཅོད་བྱེད་པའི་ལས་འགན་རྣམས་ཨམ་བན་ལན་ཡུས་ལ་རྩིས་སྤྲོད་གནང་། ལན་ཡུས་ཀྱིས་རྩ་བའི་ཆར་ཀྲང་དབྱིན་ཐང་གིས་བོད་སྐྱོང་སྲིད་ཇུས་གཏན་འབེབས་བྱས་པ་ལྟར་རྒྱུན་མཐུད་བྱས་ཡོད་པ་རེད།

ཀྲང་དབྱིན་ཐང་གིས་བརྗོད་པའི་བོད་སྲོལ་ལེགས་བཅོས་མང་པོ་ཞིག་ལ་བོད་མི་དམངས་ཀྱིས་ཁས་ལེན་བྱས་མེད་ཀྱང་། སེམས་བཟང་ཅན་གྱི་བོད་རིགས་མི་དམངས་ཚོས་ཁོང་ལ་བསྔགས་བརྗོད་ཡང་ཡང་བྱེད་ཀྱི་ཡོད་པ་རེད། ཁོང་གིས་ས་བོན་བསྐྲུམས་ཕེབས་པའི་མེ་ཏོག་གི་མིང་དུ་འང་མེ་ཏོག“ཀྲང་ཏཱ་རན་”ཞེས་མིང་བཏགས་ཡོད། དེ་སྔ་བོད་རིགས་ཚོས་རྒྱ་སྐད་ཀྱི་སྒྲ་དག་པོ་འདོན་མི་ཤེས་སྐབས“ཀྲང་ཏཱ་རན་”ཟེར་བར་ཁ་སྐད་དུ“ཀྲང་ཏཱ་རི་”ཞེས་འབོད་ཀྱི་ཡོད་ཅང་། ང་རང་ཆུང་ཆུང་སྐབས“ཀྲང་ཏཱ་རི་”ཟེར་བ་དེ་མེ་ཏོག་འདིའི་མིང་ཡིན་པ་རེད་བསམ་གྱི་ཡོད། རྗེས་སུ་རྒྱ་སྐད་ཀྱི་ཡིག་ཤེས་རྗེས་མེ་ཏོག་གི་མིང་ལ་ཀྲང་ཏཱ་རི་མི་ཟེར་ཞིང་། ཀྲང་དབྱིན་ཐང་གིས་མེ་

ཏོག་འདིའི་ས་བོན་འཁྱེར་ཡོང་ནས་གང་སར་བཏབ་སྟེ་མེ་ཏོག་ཤར་བ་ལ་བོད་རིགས་མི་དམངས་ཀྱིས་ཀྲང་དབྱིན་ཐང་ལ"ཀྲང་ཏྭ་རི"ཞེས་སྙན་དག་པོ་མ་བྱུང་ཡང་དོན་དུ་རྒྱ་ལུགས་ཀྱི་ སྟར་སྲོལ་ལྟར་དཔོན་རིགས་ཆེ་གྲས་ལ་ཧུས་མིང་གི་རྗེས་སུ་གུས་ཞབས་མཚོན་ཚུལ་གྱིས"ཏྭ་རན"ཞེས་ཐད་བསྒྱུར་བྱས་ན"མི་ཆེན"ཟེར་བ་འབོད་སྲོལ་ཡོད་པ་གཞི་ནས་ཤེས་བྱུང་།

མེ་ཏོག་འདིའི་གདོང་མའི་མིང་ལ་པོའོ་སེའི་དྲང་སྲོང་མེ་ཏོག་ཟེར་ཞིང་། ཐོག་མའི་སྐྱེ་ཁུངས་ནི་ཨ་རིའི་བྱང་ངོས་སུ་གནས་པའི་མོ་ཞི་ཁོ་ཟེར་བའི་རྒྱལ་ཁབ་ནས་ཡིན་པ་དང་། མེ་ཏོག་འདིའི་སྐྱེས་འཚར་ནུས་པ་ཤིན་ཏུ་ཆེ་བས་གང་དུ་བཏབ་ཀྱང་སྐྱེས་བཟང་བ། མེ་ཏོག་ཤར་ཡུན་རིང་བ། ལྷ་སའི་ལམ་ཟུར་རམ་སྤང་ས་དང་། ཆུ་འགྲམ། ས་སྟོང་སོགས་གང་སར་བཏབ་ཀྱང་སྐྱེས་འཕེལ་བར་མ་ཟད། རྒྱ་མཚོའི་ངོས་ལས་སྤྱི་ལེ་སུམ་སྟོང་ལྷག་ཡོད་པའི་མཐོ་སྒང་གི་ས་ཆ་གང་སར་བཏབ་ཧུང་སྐྱེས་མི་བཟང་བ་ཏ་ལམ་མེད་པ་རེད། ས་སྟོང་དང་ཐང་སྟོང་གང་སར་ས་བོན་ཐོར་ནས་རང་བཞིན་གྱིས་སྐྱེས་འཚར་བྱུང་བའི་པར་སིག་དྲང་སྲོང་མེ་ཏོག་འདི་ལ་འདབ་ལོ་ལྷུ་ཙམ་ལྡན་ཞིང་། མེ་ཏོག་གི་ཚོས་གཞི་མང་ཆེ་བ་ཟིང་དམར་དང་ཟིང་དཀར་ཡང་ན་དཀར་པོ་སོགས་ཡོད་ཅིང་། མེ་ཏོག་བཞད་ཚར་རྗེས་ རླུང་ལྷག་གིས་ས་བོན་གང་དུ་འཁྱེར་སོང་ཡང་དབྱར་ཁ་དང་སྟོན་དུས་གཉིས་ལ་ས་ཆ་དེའི་སྟེང་མེ་ཏོག་ཁྲ་ཆེམ་ཆེམ་དུ་བཞད་དེ་ངོ་མཚར་ལྟ་བས་མི་ངོམ་པ་ཞིག་ཡོང་གི་ཡོད། ཀྲང་དབྱིན་ཐང་གིས་མེ་ཏོག་འདིའི་ས་བོན་བོད་དུ་བསྣམས་ཕེབས་ནས་ད་བར་དུས་རབས་གཅིག་ལྷག་ཙམ་སོང་ཡོད་ཀྱང་། སྔ་སོང་ཁོང་གི་ཕྱུག་རྗེས་དང"ཀྲང་ཏྭ་རན"ཟེར་བའི་མེ་ཏོག་ཟུང་དུ་འབྲེལ་ནས་བོད་ལྗོངས་ཀྱི་ས་ཁྱོན་ཡངས་པོར་བཞད་དེ་ཀུན་གྱིས་བསྔགས་བརྗོད་ཐོབ་ཡོད་པ་རེད།

(༤)ཀྲའོ་ཨར་ཧྥུང་གིས་དམག་དཔུང་འཁྲིད་དེ་བོད་དུ་ཡོང་རྗེས། ཏཱ་ལའི་བླ་མ་སྐུ་ཕྲེང་བཅུ་གསུམ་པ་རྒྱ་གར་དུ་བྲོས་བྱོལ་ཕེབས་པ་དང་སླར་བོད་དུ་ཕྱིར་ལོག་ཕེབས་པ།

ཏཱ་ལའི་བླ་མ་སྐུ་ཕྲེང་བཅུ་གསུམ་པ་མཆོག་པེ་ཅིང་དུ་བཞུགས་སྐབས། ཀྲའོ་ཨར་ཧྥུང་གིས་ས་འགོའི་ལམ་ལུགས་མེད་པ་བཟོས་ཏེ་དཔོན་རིགས་མངགས་གཏོང་ལམ་ལུགས་འཛུགས་པའི་བྱེད་ཐབས་དེ་དར་རྩེ་མདོ་དང་། ལི་ཐང་། འབའ་ཐང་། སྡེ་དགེ་སོགས་བོད་རིགས་ས་ཁུལ་དུ་དྲག་ཤུགས་ལ་བརྟེན་ནས་ལག་བསྟར་བྱས་སྐབས་རྒྱ་བོད་མི་རིགས་དབར་འགལ་ཟླ་ཆེས་ཆེར་སོང་། ད་དུང་ཆིང་གྲུང་དབྱང་སྲིད་གཞུང་གིས་ཀྲའོ་ཨར་ཧྥུང་བོད་སྡོད་ཨམ་བན་དང་། སི་ཁྲིན་དང་ཡུན་ནན་མཐའ་མཚམས་དོན་གཅོད་བློན་ཆེན་ལ་བསྐོ་གཞག་བྱས་པར་བརྟེན། ཁོ་པས་སི་ཁྲིན་སྐམ་དམག་གི་ཁོངས་ནས་ཧྲག་སྒྲུག་བརྒྱབ་སྟེ་དམག་མི་ཉིས་སྟོང་ཙམ་དམག་སྐར་ཁག་གསུམ་ལ་བགོས་ཐོག་ཏེ་ཧྲུའུ་གི་བཀོད་འདོམས་པ་ཀྲུང་ཡིང་གིས་སྣེ་འཁྲིད་དེ། བོད་ས་བྱེ(ཕྱི་ལོ་༡༩༠༤)ལོའི་ཟླ་བ་དྲུག་པར་ཁྲིན་ཏུའུ་ནས་རྗོག་ཐོན་གྱིས་དར་རྩེ་མདོ་དང་ཆབ་མདོ་བརྒྱུད་ལྷ་སར་བཏང་། "ཀྲའོ་ཨར་ཧྥུང་བོད་ལ་ཡོང་ནས་ས་འགོའི་ལམ་ལུགས་མེད་པར་བཟོས་ཏེ་དཔོན་རིགས་མངགས་གཏོང་ལམ་ལུགས་འཛུགས་པའི་བྱེད་ཐབས་དེ་ནི་གཅིག་ནས་བོད་ཀྱི་མཐོ་རིམ་སྐུ་དྲག་རིགས་ཀྱི་དབང་ཆ་འཕྲོག་རྒྱུ་ཡིན་པ་མ་ཟད། གཉིས་ནས་བོད་ཀྱི་གདན་ས་ཆེན་པོ་ཁག་གི་དབང་ཆ་འཕྲོག་རྒྱུ། གསུམ་ནས་ཏཱ་ལའི་བླ་མ་མཆོག་གི་དབང་འཛིན་གོ་གནས་འཕྲོག་རྒྱུ་བཅས་ཡིན་ཁར་བོད་ཀྱི་མཐོ་རིམ་མི་སྣ་ཡོངས་ཀྱིས་མགྲིན་གཅིག་ཏུ་ངོ་རྒོལ་བྱས།" ཀྲའོ་ཨར་ཧྥུང་གི་དམག་མི་རྣམས་བོད་དུ་བསྐྱོད་པའི་ལམ་བར་དང་ལྷ་སར་འབྱོར་རྗེས་མི་དམངས་ལ་མནར་གཅོད་ཚད་མེད་བཏང་བ་དང་། དམག་ཁྲིམས་ཉམས་ངན་དུ་གྱུར་ནས་དཀར་ནག་དབྱེ་བ་མ་འབྱེད་པར་མི་སེར་མང་པོ་བསད་པ་དང་། དངོས་པོ་འཕྲོག་པ། ལྷག་པར་དུ་དགེ་འདུན་བཙུན་པ་རྣམས་ལ་སྣང་ཞུགས་ཆེ་བ་བྱས་སྐབས། དེ་ནས་བཟུང་ཆིང་གྲུང་དབྱང་སྲིད་གཞུང་དང་། བོད་ས་གནས་སྲིད་གཞུང་གི་དབང་འཛིན་པའི་དབར་

གྱི་འབྲེལ་བ་ཉིན་བཞིན་ཇེ་སྟུག་ཏུ་སོང་བར་བརྟེན། ཕྱི་རྒྱལ་བས་བོད་ཀྱི་ནང་སྲིད་ལ་ཐེ་ཇུས་བྱེད་པའི་གོ་སྐབས་གསར་པ་ཞིག་རྙེད་པ་རེད། ཀྲའོ་ཨར་ཕུང་བོད་དུ་བསྐྱོད་ཡོང་བའི་སྐབས། ཏཱ་ལའི་བླ་མ་མཆོག་པེ་ཅིང་ནས་བོད་དུ་ཕྱིར་ལོག་ཕེབས་པའི་ལམ་དུ་ཡིན་ཁར། ཏཱ་ལའི་བླ་མ་མཆོག་གིས་ཆིང་གྲུང་དབྱང་ལ་ཀྲའོ་ཨར་ཕུང་གི་དམག་མི་རྣམས་ཕྱིར་འཐེན་དགོས་པའི་རེ་བ་བརྟོན་གནང་མཛད་ཅིང་། བོད་ས་བྱ་(སྤྱི་ལོ་༡༩༠༩)ལོའི་ཟླ་དགུ་པའི་ཚེས་བཅུ་གཉིས་ཉིན་ཏཱ་ལའི་བླ་མ་སྐུ་འཁོར་དང་བཅས་ནག་ཆུ་ནས་ཆིབས་ཁ་བསྒྱུར་ཏེ་ལྷ་སའི་ཉེ་འཁོར་དུ་ཕེབས། བོད་བཞུགས་ཨམ་བན་ལན་ཡུས་དང་དེ་མིན་ལས་རོགས་རྣམས་ཕེབས་བསུར་བཅར་ཡང་ཏཱ་ལའི་བླ་མ་མཆོག་གིས་སྤྱན་གྱིས་མ་གཟིགས་པའི་ངང་ཚུལ་བསྟན་ཏེ་ཁ་ཡ་ཙམ་ཡང་མ་གནང་བར་ཕེབས་པར་གྲགས། བོད་བཞུགས་ཨམ་བན་ལན་ཡུས་ཁོང་ཁྲོའི་མེ་ལྕེ་རབ་ཏུ་འབར་བཞིན་ཏཱ་ལའི་བླ་མས་ཨུ་རུ་སུའི་མཚོན་ཆ་བོད་དུ་སྣེར་འདྲེན་བྱས་ཡོད་པ་རེད་ཅེས་བརྗོད་དེ་རྩེ་པོ་བྲང་དུ་ཨམ་བན་ངོ་བསྐྱོད་དེ་སྐུ་ཆས་སྡོག་བཤེར་བྱས་ཀྱང་གང་ཡང་མ་རྙེད་ཅིང་། སླར་ཡང་ནག་ཆུར་མི་སྣ་ཆེད་མངགས་བཏང་སྟེ་སྐུ་ཆས་ཡོངས་རྫོགས་སྡོག་བཤེར་བྱས་ཀྱང་མཚོན་ཆ་སྣེ་གཅིག་ཀྱང་མ་རྙེད་པར་སྐུ་ཆས་མང་པོ་བོར་བརླག་ཏུ་སོང་། དེར་བརྟེན་ཏཱ་ལའི་བླ་མས་བོད་བཞུགས་ཨམ་བན་སོགས་ལ་འབྲུ་རིགས་དང་ཟན་ཆས་སོགས་མགོ་འདོན་བྱེད་མི་ཆོག་པའི་བཀའ་ཕབ་སྟེ་ཕན་ཚུན་དབར་གྱི་འབྲེལ་བ་འཁྲུངས་རིང་དུ་སོང་ནས་མཐུན་ཐབས་མེད་པར་གྱུར།

སྐབས་དེ་དུས་ཀྲའོ་ཨར་ཕུང་གི་དམག་དཔུང་བོད་ཀྱི་ཆབ་མདོ་ནས་ལྷ་སར་བསྐྱོད་བཞིན་པར། བཀའ་ཤག་སྲིད་གཞུང་གིས་བོད་དམག་དང་ཡུལ་དམག་སྒྲིག་འཛུགས་ཀྱིས་འགོག་རྒོལ་ཇི་ལྟར་བྱས་ཀྱང་བཀག་མ་ཐུབ་པར་དམག་དཔུང་དེ་དག་རིམ་བཞིན་ལྷ་སར་དཔུང་བསྐྱོད་བྱས་ཏེ། བོད་ལྕགས་ཁྱི་(སྤྱི་ལོ་༡༩༡༠)ལོའི་ཟླ་གཉིས་པར་ཀོང་པོ་རྒྱ་མདར་འབྱོར་སྐབས་བོད་དམག་གིས་འགོག་རྒོལ་དྲག་པོ་བྱས་ཤིང་མཐར་ཕམ་ནས་བོད་དམག་བརྒྱ་ལྷག་སྤྱོག་ཤོར། དམག་དཔོན་བཅོ་བརྒྱད་ཙམ་སྐྱེ་

བཅད་དེ་མགོ་བོ་ཁྲིམ་སྟོན་བྱས་རྗེན་མི་རྣམས་སྙིང་རྩ་འདར་བཞིན་དབང་མེད་དུ་མགོ་སྒུར། ཀྲའོ་ཨར་ཧྲུང་གི་དམག་དཔུང་ལྷ་སར་མུ་མཐུད་ཡོང་སྐབས་ཏཱ་ལའི་བླ་མ་མཆོག་གིས་རང་འགྲུལ་ངང་བོད་བཞུགས་ཨམ་བན་གྱི་ལས་རོགས་བློན་ཆེན་ཝུན་ཙུང་ཡའོ་ཞོ་བྲང་པོ་ཏ་ལར་གདན་དྲངས་ཏེ་བོད་ཕྱོགས་ནས་ལམ་འཁེལ་ས་གནས་ཁག་གི་བོད་དམག་རྣམས་ཕྱིར་འཐེན་བྱེད་རྒྱུ་དང་། བོད་བཞུགས་ཨམ་བན་ལན་ཡུས་ལ་བསྙེ་བཀུར་ཞུ་རྒྱུ། གང་ཅིའི་མཁོ་སྤྲོད་རྣམས་སྔར་མུས་བཞིན་འབུལ་རྒྱུ་བཅས་ཞལ་བཞེས་གནང་ཞིང་། ལས་རོགས་བློན་ཆེན་ཝུན་ཙུང་ཡའོ་གིས་ཀྱང་སི་ཁྲོན་དམག་དཔུང་ལྷ་སར་འབྱོར་རྗེས་སྤྱི་ཚོགས་ཀྱི་བདེ་འཇགས་ལ་སྲུང་སྐྱོང་དང་། ཟིང་ཆ་མི་སློང་བ། ཏཱ་ལའི་བླ་མའི་ཆོས་ཀྱི་དབང་ཆར་གནོད་འཚེ་མི་བྱེད་པ། ཆོས་བྱེད་སྐྱེས་བུ་དམ་པ་དམར་གསོད་མི་གཏོང་བ། བོད་ཀྱི་བྱ་བ་མཐའ་དག་ཞི་བའི་ཐབས་ལམ་བརྒྱུད་ཐག་གཅོད་བྱེད་རྒྱུ་སོགས་ཁས་ལེན་མཛད།

སི་ཁྲོན་དམག་དཔུང་ལྷ་སར་འབྱོར་སྐབས། ལོ་འདིའི་ལྷ་ལྡན་སྨོན་ལམ་ཆེན་མོ་ཚུགས་པ་དང་དུས་འཁེལ་བས། སེར་སྐྱ་མི་མང་ཁྲི་ཕྲག་བརྒྱལ་བ་ལྷ་སར་འདུ་འཛོམས་བྱས་ཡོད་པ་དང་། ས་ཕྱོགས་གང་ས་ནས་ལྷ་སར་གནས་མཇལ་ཕེབས་པའི་དད་ལྡན་སྐྱེ་བོའི་ཚོགས་གྲངས་ལས་འདས་པས་གཙུག་ལག་ཁང་གི་ཇོ་བོའི་སྐུ་མདུན་དུ་སོར་བཅུའི་འདབ་མ་སྙིང་གར་བཅང་སྟེ་གསོལ་བ་སྨོན་ལམ་བཏབ་ཅིང་ཕྱི་མ་བདེ་བ་ཅན་གྱི་ཞིང་ཁམས་སུ་སྐྱེས་པར་ཤོག་ཞེས་སྨོན། འོན་ཀྱང་། བསམ་ཡུལ་ལས་འདས་པ་ཞིག་ལ་ཀྲའོ་ཨར་ཧྲུང་གི་དམག་མི་རྣམས་དམག་ཁྲིམས་ཉམ་ང་ཡིན་སྟབས། ལྷ་སའི་གྲོང་ནང་འབྱོར་མ་ཐག་ཏུ་ས་སྲུང་དམག་མིར་མེ་མདའ་བརྒྱབ་སྟེ་མི་རེ་ཟུང་བསད། དེ་རྗེས་ལྷ་ལྡན་སྨོན་ལམ་ཆེན་མོའི་དོ་དམ་པ་ཕུན་ཁང་ཐའི་ཇིར་མེ་མདའ་བརྒྱབ་ཐོག་འཛིན་བཟུང་བྱས་པ་དང་། ལས་རོགས་རྩེ་དྲུང་དང་ཞབས་འབྲིང་རྣམས་དམར་གསོད་བཏང་བ་དེ་བཞིན་རྩེ་ཞོ་བྲང་པོ་ཏ་ལར་ཁ་གཏད་དེ་མེ་མདའ་འཕངས་པ། མི་མང་གི་དངོས་ཟོག་མང་པོ་འཕྲོག་བཅོམ་སོགས་བྱས་པས་ལྷ་ས་ཡོངས་སུ་ཟིང་

ཆ་ཆེན་པོ་ལངས་ཏེ་ཏཱ་ལའི་བླ་མ་མཆོག་ཐུགས་མི་བདེ་བར་དངངས་སྐྲག་བྱུང་སྟེ་མཇོད་ཐབས་དཀའ་བ་དང་སྐུ་སྲོག་ལ་ཐད་ཀར་ཉེན་ཁ་ཆེ་བའི་གནས་སུ་གྱུར།

བོད་ས་གནས་སྲིད་གཞུང་གི་སེར་སྐྱ་དཔོན་རིགས་གཙོ་བོ་རྣམས་བཀའ་གྲོས་མཛད་དེ་ཏཱ་ལའི་བླ་མ་མཆོག་གནས་སྐབས་ཉེན་གཡོལ་གནང་ན་དགེ་མཚན་ཆེ་ལུགས་སྐོར་གསེར་སྙན་སྒྲོན་པ་དང་། དུས་མཚུངས་གོང་ས་མཆོག་ལ་ཆིང་གོང་མའི་ཡི་གེ་ཞིག་ཕུལ་འཁོར་བྱུང་བའི་ནང་དུ“ཆོས་ཀྱི་དབང་ལུང་རང་འཛུགས”ཡིན་ལུགས་འགོད་པ་ཙམ་ལས་སྲིད་དབང་ཡོངས་སུ་བོད་སྡོད་ཨམ་བན་གྱིས་འཛིན་རྒྱུ་ཡིན་པ་གསལ་པོར་མཁྱེན་ཏེ་ཆུ་ཐོག་བརྒྱུད་པེ་ཅིང་དུ་གོང་མར་བོད་ཀྱི་ཆོས་སྲིད་བྱ་བའི་སྐོར་སྔ་ཕྱི་ཡོང་རྐྱེན་ཞུ་བར་ཕེབས་རྩིས་གནང་སྟེ་དེ་ཉིན་ས་སྲིབ་ཙམ་དུ་དགའ་ལྡན་ཁྲི་ཆེན་ཚེ་སྨོན་གླིང་ཧུ་ཐོག་ཐུ་ཆེད་འཐོད་མཇོད་ཐོག་ཆོས་སྲིད་ཀྱི་བྱེད་སྒོ་གང་ཅིའི་ཐད་ཞལ་ཏ་བཀའ་སློབ་དང་འབྲེལ་སྲིད་སྐྱོང་གི་འགན་འཁུར་བསྐོ་གཞག་དང་དེའི་ཕྱག་རོགས་སྟེའུ་ཤག་མཁྱེན་རབ་ཕུན་ཚོགས་བསྐོ་མངགས་མཛད་ཅིང་། དེ་ནས་ནམ་ཕྱེད་ཙམ་དུ་རྩེ་པོ་བྲང་ནས་རྫོག་ཐོན་གནང་སྟེ་ར་མ་སྒང་གི་གྲུ་ཁ་ཐོན་ཏེ་ལྷ་སའི་སྐྱིད་ཆུའི་ཆུ་བརྒྱུད་དེད་ནས་གསོལ་ཆས་ཙམ་ཡང་བཞེས་ལོང་མེད་པར་ཉིན་གཉིས་ཀྱི་ལམ་ཉིན་གཅིག་ལ་ཕེབས་ཤིང་།

བོད་སྡོད་ཨམ་བན་ལན་ཡུས་ཀྱིས་ཏཱ་ལའི་བླ་མ་བྲོས་ཕེབས་པའི་གནས་ཚུལ་ཤེས་འཕྲལ་ཧ་དམག་གསུམ་བརྒྱ་ལྷག་ཙམ་རྗེས་འདེད་དུ་བཏང་ཞིང་། སི་ཁྲོན་གྱི་དམག་མི་རྣམས་སྔ་རྗེས་སུ་ཆུ་ཤུར་དུ་འཁྱོར་འཕྲལ་གྲུ་འཚོལ་ཐབས་བྱེད་སྐབས་ཏཱ་ལའི་བླ་མའི་བཀའ་ལྟར་སྐབས་དེར་ཆིབས་ཞབས་སུ་ཡོད་པ་སྐུ་བཅར་སྲུང་བསལ་གནམ་གང་གིས་གཙོས་སྐུ་སྲུང་རྒྱ་སྦྱོང་དམག་མི་བཅུ་ལྷག་ཙམ་གྱིས་གཙང་པོའི་ཕ་རོལ་ནས་འཁོག་རྒོལ་དྲག་པོ་བྱས་པའི་ནང་སི་ཁྲོན་གྱི་དམག་མི་བཅུ་ལྷག་ཙམ་བསད་པ་དང་། དེ་ཕྱིངས་དམག་མི་རྣམས་གཙང་པོ་བརྒལ་མི་ནུས་པར་ལུས་སྐབས་ཏཱ་ལའི་བླ་མ་མཆོག་དང་སྐུ་འཁོར་གཙོ་བོ་རྣམས་བདེ་བླག་ངང་དཔལ་དི་དང་། སྣ་དཀར་རྩེ་

བརྒྱུད་བསམ་སྡིངས་དགོན་དུ་ཕེབས་ཏེ་བཞུགས་ཞག་གསུམ་གནང་། དེ་ནས་ཏཱ་ལའི་བླ་མ་མཆོག་ན་བཟའ་རབ་བྱུང་དཀྲུས་མའི་ཆས་བཞེས་ཏེ་ཁ་བ་བུ་ཡུག་གང་ལའང་མ་འཛེམས་པར་ཕག་རི་དངས་ལ་བརྒྱུད་རིམ་བཞིན་གྲོ་མོར་ཕེབས། གྲོ་མོར་ཕེབས་འཕྲལ་ཆིང་གྲུང་དབྱང་སྲིད་གཞུང་ལ་གསེར་སྐྱན་སྒྲོན་ཏེ་བོད་ཀྱི་ལས་དོན་མཐའ་དག་ཞི་བའི་ཐབས་ལམ་བརྒྱུད་ཐག་གཅོད་ཡོང་བའི་རེ་བ་ཆེན་པོ་ཞུས་ཀྱང་། ཆིང་གྲུང་དབྱང་སྲིད་གཞུང་གིས་འགྱོར་ལན་རེ་སྨྲུག་གནང་ཡང་མ་བྱུང་བར་མ་ཟད། སི་ཁྲིན་དམག་མི་རྣམས་ཀྱིས་རྗེས་དེད་བཏང་བས་གྲོ་མོར་ཞུ་མཐུད་བཞུགས་ཐབས་བྲལ།

སྐབས་དེར་དབྱིན་ཇིའི་དམག་དཔོན་རྨ་ཁྣ་ཐང་ནྭ་དང་ཁོ་པ་ཚོའི་རྒྱུགས་ཁྲིམས་གཡོ་སྒྱུའི་སྦྱོར་བ་མང་ཙམ་སྤེལ་ཏེ་རྒྱ་གར་དུ་གདན་དྲངས་ཤིང་། ཀ་ལོན་སྦུག་ཏུ་ཕེབས་ནས་བདུན་ཕྲག་གཅིག་བཞུགས། སྐབས་དེར་ཆིང་གྲུང་དབྱང་སྲིད་གཞུང་གིས་ཏཱ་ལའི་བླ་མ་སྐུ་ཕྲེང་བཅུ་གསུམ་པའི་དབུ་གནས་གནས་དབྱུང་བཏང་བ་དང་། ཏཱ་ལའི་བླ་མ་གསར་པ་གསེར་བུམ་དཀྲུགས་ཏེ་བསྐོ་གཞག་བྱེད་དགོས་པའི་ཁྲབ་བསྒྲགས་བྱས་པར་མ་ཟད། བོད་སྟོད་ཨམ་བན་ལན་ཡུས་ཀྱིས་ཀྱང་གང་སར་རྩ་ཚིག་སྦྱར་འགྲེམས་བྱས་པ་དང་ཏཱ་ལའི་བླ་མ་མཆོག་དང་ལྷན་དུ་རྒྱ་གར་དུ་བྲོས་བྱོལ་འགྲོ་མཁན་གཞུང་ཞབས་ཚོ་གནས་དབྱུང་བཏང་ཐོག་འཛིན་བཟུང་བྱེད་དགོས་པའི་ཁྲབ་བསྒྲགས་བྱས་པ་སོགས་ཀྱི་གནས་ཚུལ་རྣམས་གསལ་པོར་མཁྱེན་པར་བརྟེན་སླར་ཡང་པེ་ཅིང་དུ་ཕེབས་ནས་ཆིང་གོང་མར་སྐྱན་སེང་ཞུས་ཀྱང་དོན་སྨིན་ཡོང་ཐབས་བྲལ་བའི་དགོངས་བཞེད་ལྟར་འབྲས་ལྗོངས་སུ་བཅའ་སྡོད་དབྱིན་ཇིའི་ཀྲོན་ཡོན་སྤྱི་ཨེར་གྱིས་གདན་ཞུས་བྱས་པ་བཞིན་རྒྱ་གར་རྡོ་རྗེ་གླིང་དུ་ཕེབས་ཏེ་དབྱིན་གཞུང་ནས་སྟེ་ལེན་བསྙེན་བཀུར་ཞུས་པ་དགྱེས་བཞེས་ཐོག་བོད་ཀྱི་དོན་གནད་སྐོར་གསང་བའི་གྲོས་མོལ་ཐེངས་མང་གནང་ཞིང་། སྐབས་དང་དུས་དེར་ཏཱ་ལའི་བླ་མའི་ཐུགས་དགོངས་བཞེད་ཕྱོགས་ཐད་འགྱུར་བ་ཕྲན་བུ་མི་འགྲོ་བ་ཏ་ཅང་དཀའ་དབྱིན་གཞུང་གིས་ཏཱ་ལའི་བླ་མ་མཆོག་ལ་སྲུང་སྐྱོབ་བྱེད་པར་ཁ་གཡར་ཏེ་བོད་འདི་མེས་རྒྱལ་མངའ་

ཁོངས་ནས་ཁ་བྲལ་གཏོང་བའི་ཀློག་གཡོ་ངན་རྫུས་བཤམས། དབྱིན་ཇིས་ཕྱོགས་གཅིག་ནས་དབྱིན་ཇིའི་སྐམ་དམག་དང་། མེ་སྒྲོགས། དམག་ལས་མི་སྣ་སོགས་མི་ཉུང་བ་ཞིག་རྒྱ་གར་དང་བོད་ཀྱི་མཐའ་མཚམས་ས་ཆ་ནག་ཐང་དུ་དམག་སྒར་བཙུགས་པ་དང་། ཕྱོགས་གཞན་ཞིག་ནས་དབྱིན་ཇིས་ཆིང་གྲུང་དབྱང་གི་ཕྱི་ཕྱོགས་ལས་དོན་ཚན་པར་བཛ་བཏང་སྟེ། གྲུང་གོས་དམག་མི་བོད་དུ་བཏང་བ་དེས་དབྱིན་ཇི་དང་རྒྱ་གར་སྲིད་གཞུང་གཉིས་ཀྱི་བསམ་པར་སླད་མར་ང་ཚོའི་ཚོང་དོན་སྲུང་དམག་ལ་འཇབ་རྐོལ་བྱེད་པའི་ཉེན་ཁ་འདུག་པས་ང་ཚོས་དམག་མི་བཏང་ནས་ནག་ཐང་དུ་སྒར་བཙུགས་པ་ཡིན། དེ་ནི་བོད་མིའི་ཚོང་པར་སྲུང་སྐྱོབ་བྱས་པ་དང་། དེ་བཞིན་ཏཱ་ལའི་བླ་མ་མཆོག་བོད་དུ་ཕྱིར་ལོག་ཕེབས་ན་ཟིང་ཆ་ལངས་སྲིད་པས། བོད་དུ་ཡོད་པའི་དབྱིན་ཇིའི་ཚོང་པ་རྣམས་ཀྱི་ཚེ་སྲོག་ཉེན་ཁའི་གནས་སུ་ལྷུང་ཉེ་བས་སྐབས་དེ་དུས་དབྱིན་དམག་བོད་དུ་ཡོང་སྟེ་ཁོ་ཚོར་སྲུང་སྐྱོབ་བྱེད་བདེ་བའི་ཆེད་དུ་ཡིན་ཟེར།

ཆིང་གྲུང་དབྱང་སྲིད་གཞུང་གིས་ཏཱ་ལའི་བླ་མའི་མཚན་གནས་མེད་པ་བཟོས་པར་བརྟེན་བོད་ཀྱི་དད་ལྡན་སེར་སྐྱ་མང་ཚོགས་ཡོངས་ཀྱིས་མཐའ་གཅིག་ཏུ་ངོ་རྒོལ་བྱས་པ་མ་ཟད། ཕྱི་སོག་དང་། མཚོ་སྔོན། ཀན་སུའུ། ཡུན་ནན། ཤིན་ཅང་སོགས་ནང་པ་སངས་རྒྱས་ཆོས་ལ་དད་མོས་བྱེད་མཁན་ཚང་མས་མི་འདོད་བཞིན་སུན་སྣང་བྱེད་པ་མ་ཟད། ཆིང་གྲུང་དབྱང་སྲིད་གཞུང་ཉིད་ཀྱང་ཏཱ་ལའི་བླ་མ་ཡུན་རིང་ཕྱི་རྒྱལ་དུ་བཞུགས་ན་མཐའ་འབྲས་ངན་པ་ཡོང་སྙམ་སྟེ་ཚུར་འགུག་ཐབས་བྱེད་ཆེད་ནོར་འཁྲུལ་གྱི་སྲིད་ཇུས་འགག་ཞིག་ཡོ་བསྲང་བྱས་པ་སྟེ། ཀྲའོ་ཨར་ཕུང་སི་ཁྲོན་གྱི་སྤྱི་ཁྱབ་པར་བསྐོ་གཞག་ཐོག་བོད་དུ་འགྲོ་མི་དགོས་པའི་བཀའ་ཕབ་པ་དང་། རྒྱ་གར་དུ་ཕོ་ཉ་ཆེད་མངགས་བཏང་སྟེ་ཏཱ་ལའི་བླ་མ་བོད་དུ་ཕྱིར་ལོག་ཕེབས་དགོས་པའི་སྐུལ་མ་ཞུས་པ་སོགས་བྱ་ཐབས་གསར་པ་མང་པོ་སྤེལ་ཡང་ཕན་འབྲས་གང་ཡང་མ་ཐོན་ཞིང་། ཕྱོགས་གཞན་ཞིག་ནས་གླིང་ན་སྐབས་དེ་དུས་ཏཱ་ལའི་བླ་མ་མཆོག་དབྱིན་ཇི་བཙན་རྒྱལ་རིང་ལུགས་པས་བསླུས་ཏེ་ཆབ་སྲིད་ཀྱི་དགོངས་བཞེད་ལ་རྩ་བའི་འགྱུར་

ལྷོག་བྱུང་ཡོད། དབྱིན་ཇིས་སྔར་དྲག་ཤུགས་ལ་བརྟེན་ནས་བོད་ལ་སྣོན་ཤུགས་སྤྲོད་པའི་སྲིད་ཇུས་ལ་འགྱུར་ལྡོག་བཏང་སྟེ་གཡོ་བྱུས་དང་ངག་འཇམ་བློ་འགུག་གི་ཐབས་ཤེས་བེད་སྤྱད་དེ་བོད་དེ་ཉིད་རང་བཙན་ཡོད་པའི་དམིགས་ཡུལ་དང་སློག་གཡོ་བཅང་པ་རྣམས་མངོན་གྱུར་ཡོང་ཐབས་བྱེད་ཀྱི་ཡོད་པ་རེད།

དེ་ནས་བོད་ལྟགས་ཕག་(སྤྱི་ལོ་༡༩༡༡)ལོའི་སྟོན་ཁར་རྒྱལ་ནང་དུ་སྐུ་ཞབས་སུན་ཀྲུང་ཧྲན་གྱིས་དབུ་ཁྲིད་མཛད་པའི་ལྟགས་ཕག་གསར་བརྗེ་ལངས་ཏེ་ལོ་ངོ་སྟོང་ཕྲག་འགའ་ཞིག་ཀྲུང་གོར་དབང་སྒྱུར་བྱས་པའི་བཀས་བཀོད་རྒྱུད་འཛིན་ལམ་ལུགས་མགོ་རྟིང་བསློགས་ཤིང་། ཡངས་ཤིང་རྒྱ་ཆེ་བའི་ས་ཕྱོགས་གང་སར་གསར་བརྗེའི་མེ་ལྕེ་རབ་ཏུ་འབར། དེའི་སྐབས་སུ་དབྱིན་ཇིས་གོ་སྐབས་ཤར་སོང་སྐམ་སྟེ། འཕྲལ་དུ་རྒྱ་གར་གྱི་ཙུང་ཏུའུ་མིན་ཐའོ་ལ་ཛོ་རྗེ་གླིང་དུ་ཆེད་མངགས་ཧྭ་ལའི་བླ་མ་མཇལ་བར་འོངས་ཏེ་དབྱིན་གཞུང་དང་བོད་ས་གནས་སྲིད་གཞུང་དབར་གྱི་ཕྱི་ནང་ལས་དོན་སྐོར་གསང་བའི་གྲོས་མོལ་ཡུན་རིང་གནང་བ་དང་། དེ་འཕྲལ་ཧྭ་ལའི་བླ་མ་མཆོག་གིས་སྤྱན་བསལ་གནང་གང་ཟླ་བཟང་དགྲ་འདུལ་བོད་དུ་མངགས་གཏོང་མཛད་དེ་བོད་ཀྱི་ས་གནས་གཙོ་གནད་ཁག་ཏུ་སི་ཁྲོན་དམག་མིར་འགོག་རྒོལ་བྱེད་པའི་ཐབས་བྱུས་བརྩམས། རྒྱལ་ནང་གི་ལྟགས་ཕག་ལོའི་གསར་བརྗེའི་མེ་ལྕེ་ལངས་པའི་གནས་ཚུལ་བོད་དུ་འཕྲོར་བ་དང་། ཆིང་སྲིད་གཞུང་གི་བོད་སྡོད་དམག་དཔུང་ནང་ཁུལ་དུ་ཡང་ཆབ་སྲིད་ལངས་ཕྱོགས་ལ་འགྱུར་བ་བྱུང་སྟེ། འགའ་ཞིག་གིས་གོང་མའི་ལམ་ལུགས་བརྩི་བཀུར་ཞུ་གི་ཡིན་དང་། འགའ་ཞིག་གིས་སྤྱི་མཐུན་ལམ་ལུགས་ལ་བརྩི་བཀུར་ཞུ་གི་ཡིན་ཟེར་ནས་ཤོག་ཁག་གཉིས་ཆགས་ཏེ། རང་སོ་སོའི་ཤོག་ཁག་གིས་སྡེ་རེ་འཛིན་ཏེ་ཕན་ཚུན་འཐབ་འཁྲུག་བརྒྱབ་པ་དང་། རང་སྟང་གང་ཤར་གྱིས་ཤ་སྦྲག་རྒྱག་པ་དང་། བུད་མེད་ལ་ལོག་གཡེམ་བྱེད་པ། ཚོང་ཟོག་འཕྲོག་བཅོམ། ཁང་པ་མེར་བསྲེགས་པ་སོགས་བྱས་སྐབས་གྲོང་མི་དང་དགོན་སྡེ་ཁག་ཚང་མ་གནས་ཟྙོད་མི་བདེ་བ་བཟོས། ཁོ་པ་ཚོས་རྩུབ་སྤྱོད་ངན་པ་སྣ་ཚོགས་བྱས་པར་བརྟེན་བོད་ཀྱི་སྤྱི་ཚོགས་ལ

བརྡབ་གསིག་ཆེན་པོ་བཟོས་པར་བོད་མི་དམངས་ཡོངས་ཀྱིས་ཆེད་ཀྲུང་དབྱང་སྲིད་གཞུང་གི་དབང་སྒྱུར་ལ་འགོག་རྒོལ་དང་རྒྱ་རིགས་ལ་དགྲ་འཛིན་གྱི་ལྟ་སྣང་ཤུགས་ཆེ་རུ་ཕྱིན་པ་རེད།

དེ་ནས་བཀའ་ཤག་སྲིད་གཞུང་གིས་མགྱོགས་མྱུར་བོད་ལྗོངས་དམག་དམངས་ཁྲི་ཚོ་ལྷག་བསྐོང་ཚོགས་བྱས་ཏེ། སྤྱན་བསལ་གནམ་གང་ཟླ་བཟང་དགྲ་འདུལ་ལ་དམག་ཕྱོགས་ཀྱི་སྤྱི་ཁྱབ་བཀོད་འདོམས་པར་བསྐོ་གཞག་བྱས་ནས་བོད་དམག་བཏང་སྟེ་ལྷ་ས་དང་གཞི་རྩེ། རྒྱལ་རྩེ་སོགས་ལ་ཡོད་པའི་སི་ཁྲོན་དཔོན་དམག་ལ་མཐའ་བསྐོར་བྱས། སྐབས་དེར་ཏཱ་ལའི་བླ་མ་མཆོག་སྐུ་འཁོར་དང་བཅས་པ་རྒྱ་གར་ཀ་ལོན་སྤུག་ནས་བོད་ལྗོངས་སུ་ཆིབས་ཞལ་བསྒྱུར། རྒྱལ་རྩེའི་ར་ལུང་དགོན་བརྒྱུད་ནས་ཐད་ཀར་བསམ་སྡིངས་དགོན་པར་ཕེབས། སྐབས་དེར་ལྷ་སར་དམག་འཐབ་མཇུག་སྒྲིལ་མེད་སྟབས་བསམ་སྡིངས་དགོན་པར་ཟླ་བ་གཉིས་ལྷག་བཞུགས། དེའི་སྐབས་བོད་སྡོད་ཨམ་བན་ལན་ཡུས་དང་དམག་དཔོན་ཀྲུང་སུང་ནས་ཏཱ་ལའི་བླ་མ་བསམ་སྡིངས་དགོན་པར་ཕེབས་ཡོད་པ་ཤེས་འཕྲལ་ཕང་ཞུ་ཕུལ་ཏེ། རྒྱ་བོད་ཆིངས་འདུམ་གྲོས་མོལ་གནང་བར་ཏཱ་ལའི་བླ་མ་མཆོག་ནས་སྐུ་ཚབ་ཅིག་འཕྲལ་དུ་མངགས་གཏོང་གནང་བའི་རེ་བ་བརྗོད་པ་ལྟར་བློན་ཆེན་ཆང་ཁྲིམ་མཁྱེན་རབ་དཔལ་བཟང་བཅས་མི་གསུམ་འཐུས་མིར་བཀོད་གཏོང་མཛད། ཕན་ཚུན་གྲོས་མོལ་བྱས་པ་བརྒྱུད་“བོད་བཞུགས་ཨམ་བན་དང་། ཕོགས་དཔོན་སོགས་འབྲེལ་ཡོད་དཔོན་རིགས་དང་སྐུ་སྲུང་བ་ཙུང་ཤས་ཕུད། དེ་མིན་སི་ཁྲོན་དམག་ཡོངས་རྫོགས་རྒྱ་གར་བརྒྱུད་ཕྱིར་ལོག་དགོས་པ་དང་། རྒྱའི་དཔོན་རིགས་དང་སྐུ་སྲུང་བར་དགོས་ངེས་ཀྱི་མེ་མདའ་བཅུ་ཕྲག་ཁ་ཤས་ཕུད་དེ་བྱིངས་མཚོན་ཆ་ཡོངས་རྫོགས་བོད་ས་གནས་སྲིད་གཞུང་གི་གོ་མཛོད་དུ་བཀག་སྡོམ་ཉར་ཚགས་བྱེད་དགོས་པའི་ཆོད་ཡིག་བཞག”དེ་རྗེས་ཆིངས་འདུམ་ལྟར་སི་ཁྲོན་དཔོན་དམག་མང་ཆེ་བ་རྒྱ་གར་བརྒྱུད་རང་ཡུལ་དུ་ཕྱིར་ལོག །ལྷ་སའི་ཐེང་ཆ་ཡང་རིམ་བཞིན་ཞི་འཇགས་སུ་སོང་། དེ་ནས་མི་རིང་བར་ཆིང་རྒྱལ་རབས་ཡོངས་

སུ་རྩ་བོར་དུ་ཕྱིན་པར་བརྟེན། བོད་ས་གནས་སྲིད་གཞུང་དང་ཀྲུང་དབྱང་སྲིད་གཞུང་དབར་གྱི་འབྲེལ་ཐག་གནས་སྐབས་རིང་ཡོངས་སུ་ཆད་པ་རེད།

ཟླ་བ་གསུམ་བཞིའི་རྗེས་ཏཱ་ལའི་བླ་མ་མཆོག་ལྷ་སར་ཕེབས་འགྱོར་གནང་སྐབས། རྒྱལ་ཚབ་དགའ་ལྡན་ཁྲི་ཆེན་ཚེ་སྨོན་གླིང་དང་། བཀའ་བློན་སོགས་སེར་སྐྱ་དཔོན་རིགས། མི་དམངས་ཡོངས་ནས་བསུ་བ་གཟབ་རྒྱས་ཞུས། ཏཱ་ལའི་བླ་མ་མཆོག་ལྷ་སར་ཕྱིར་ལོག་ཕེབས་རྗེས་ཐོག་མར་བསྟན་རྒྱས་གླིང་དགོན་པས་སི་ཁྲོན་དམག་ལ་རྒྱབ་སྐྱོར་ཞུགས་ཆེན་བྱས་སྟབས་དགོན་པའི་རྒྱུ་དངོས་ཡོངས་རྫོགས་གཞུང་བཞེས་བཏང་། དགེ་འདུན་པ་རྣམས་རང་རང་སོ་སོའི་གནས་སུ་ཕྱིར་སློག །སྤྱན་བསལ་ཟླ་བཟང་དགྲ་འདུལ་གྱིས་ཏཱ་ལའི་བླ་མ་མཆོག་ལ་སྲུང་སྐྱོབ་དང་སི་ཁྲོན་དམག་ལ་འགོག་རྒོལ་བཅས་ཀྱི་བྱས་རྗེས་ཡོད་ཅིང་ཛ་སག་ཐོག་དམག་སྤྱི་ཆེ་བའི་གོ་གནས་གནང་། བཀའ་བློན་ཚ་རོང་དབང་ཕྱུག་རྒྱལ་པོ་དང་། སྲས་བཀའ་མགྲོན་གཉིས་ཀ་མི་མདའ་བརྒྱབ་སྟེ་བསད་སྟབས་ཚ་རོང་ལ་གཞུང་ཞབས་མེད་པས་ཟླ་བཟང་དགྲ་འདུལ་འཚོ་འཛིན་པོ་དམག་ཏུ་བཀོད་སྒྲིག་གནང་སྟེ་ཚ་རོང་གི་བཟའ་ཟླ་དང་ཕ་གཞིས་མི་སེར་བྲན་གཡོག་དང་བཅས་པ་ཆ་ཚང་ཞུལ་འཛིན་བསྐུལ་བས་དེ་ནས་བཟུང་སྔར་མདའ་བཟོ་བ་མི་སེར་དཀྱུས་མ་ཞིག་མཆོང་ཐེངས་གཅིག་ལ་ཛ་སག་གི་གོ་གནས་ཡོད་པའི་སྐུ་དྲག་གི་གྲལ་དུ་སོང་ནས་ཕྱིས་སུ་ཚང་མས་ཚ་རོང་ཟླ་བཟང་དགྲ་འདུལ་ཞེས་འབོད། བཤད་ཚུལ་ལ་དེ་ནས་ལོ་གཉིས་སོང་རྗེས་ཚ་རོང་ཟླ་བཟང་དགྲ་འདུལ་ལ་བཀའ་བློན་གྱི་གོ་གནས་བསྐུལ། རྒྱལ་ཚབ་དགའ་ལྡན་ཁྲི་ཆེན་ཚེ་སྨོན་གླིང་ལ་གཟེངས་བསྟོད་མཛད་ཆེད་སྒོས་གཞིས་མང་པོ་གསོལ་རས་གནང་བ་དང་། སེར་ར་བླ་སྤྱིར་འདམ་བརྒྱ་ཞོག་བརྒྱད་ཀྱི་སྤྱི་ཁྲབ་དང་། དགའ་ལྡན་བླ་སྤྱིར་མཚོ་སྣ་རྫོང་གི་རྫོང་དཔོན་བསྐོ་གཞག་བསྐུལ།

བོད་རབ་བྱུང་(ཕྱི་ལོ་༡༨༡༣)ལོར་ཏཱ་ལའི་བླ་མ་མཆོག་ནས་བོད་ཀྱི་རྫོང་གཞིས་ཡན་ཆད་ཀྱི་སེར་སྐྱ་དཔོན་རིགས་ཡོངས་རྫོགས་བསྐོང་ཚོགས་ཐོག་སྐད་ཕྱིན་བོད་ཀྱི་ཕྱི་

འབྲེལ་དང་། དམག་དོན། ཁྲིམས་ལུགས་སོགས་ཇི་ལྟར་བྱེད་དགོས་པའི་སྐོར་གྲོས་མོལ་ཡང་ཡང་བྱས་གཤིས། བོད་ཀྱི་སེར་སྐྱ་དཔོན་རིགས་མང་ཆེ་བས་ཨིང་གོང་མ་ཆེན་པོས་བོད་ལ་འཛིན་པའི་ནོར་འཁྲུལ་གྱི་སྲིད་ཇུས་ལ་མོས་མཐུན་མི་བྱེད་པ་ཙམ་ལས། བོད་ས་གནས་སྲིད་གཞུང་དང་ཀྲུང་དབྱང་སྲིད་གཞུང་གཉིས་ཕན་ཚུན་གྱི་འབྲེལ་ཐག་བཅད་པར་མོས་མཐུན་བྱེད་ཀྱི་མེད། གཤམ་འོག་གི་སེར་སྐྱ་དཔོན་རིགས་ཚོས་དེ་བས་ཀྱང་མོས་མཐུན་བྱེད་ཀྱི་མེད་པ་རེད། དཔོན་རིགས་མང་ཆེ་བས་ཀྱང་དབྱང་སྲིད་གཞུང་དང་འབྲེལ་བ་ཆགས་པའི་ལོ་རྒྱུས་ཡུན་རིང་ཡོད་པ་དེ་འདོར་ན་སླད་མར་མཇུག་འབྲས་ཚབས་ཆེན་ཕོག་ངེས་ཡིན་པ་སོགས་ལྟ་ཚུལ་མང་པོ་གླིང་བ་དེ་དག་གིས་ཏཱ་ལའི་བླ་མ་མཆོག་ནས་ཆབ་སྲིད་དགོངས་གཞི་འགྱུར་ལྡོག་ཡོང་རྒྱུ་དང་། མེས་རྒྱལ་གོང་བུ་གཅིག་གྱུར་ཡོང་བའི་ལངས་ཕྱོགས་སྲ་བརྟན་འགྲོ་རྒྱུར་གལ་ཆེའི་ནུས་པ་ཐོན་ཐུབ་ཡོད་ཞེར་ཚོག །འོན་ཀྱང་དབྱིན་ཇི་བཙན་རྒྱལ་རིང་ལུགས་པའི་རྗེས་འབྲངས་པ་དཔོན་རིགས་ཉུང་ཤས་ཀྱིས་ཐབས་བརྒྱ་ཇུས་སྟོང་དང་བོད་དེ་མེས་རྒྱལ་གྱི་མངའ་ཁོངས་ནས་ཁ་བྲལ་གཏོང་རྒྱུའི་ཀློག་གཡོ་ངན་ཇུས་ནུ་མཐུད་བཤམས་ཞིང་ཡོད་པ་རེད།

བོད་ཆུ་སྟང་(སྤྱི་ལོ་༡༨༡༣)ལོའི་ཟླ་བཅུ་པའི་ཚེས་བཅུ་གསུམ་ཉིན། རྒྱ་གར་བྱང་ཕྱོགས་ཁུལ་གྱི་སིམ་ལ་ཞེས་པའི་ས་གནས་དེར་དབྱིན་ཇི་བཙན་རྒྱལ་རིང་ལུགས་པས་མངོན་སུམ་འཛོམས་མེད་ཀྱིས་ཀྲུང་གོའི་ནང་སྲིད་ལ་ཐེ་ཇུས་བྱས་ཏེ་བོད་འདི་མེས་རྒྱལ་གྱི་མངའ་ཁོངས་ནས་ཁ་བྲལ་གཏོང་བའི་ཀློག་གཡོ་ངན་ཇུས་ཀྱི་གྲོས་འཚོགས་ཤིག་ཚོགས་པ་རེད། གྲོས་འཚོགས་མ་ཚོགས་གོང་དུ་འབྲས་ལྗོངས་སུ་བཅའ་སྡོད་དབྱིན་ཇིའི་དཔོན་རིགས་སྤྱོའོ་ཨེར་ཆེད་མངགས་རྒྱལ་སྐྱེར་ཡོང་ནས་བོད་ཀྱི་བློན་ཆེན་བཤད་སྒྲ་དཔལ་འབྱོར་རྡོ་རྗེ་སོགས་དང་གསང་བའི་གྲོས་མོལ་ཐེངས་མང་བྱས་ཏེ། དབྱིན་ཇི་དཔོན་གྱིས་བོད་འདི་མེས་རྒྱལ་མངའ་ཁོངས་མིན་ཚུལ་སྐོར་གྱི་ཡིག་རིགས་གང་མང་གྲ་སྒྲིག་བྱེད་དགོས་པའི་ངན་སྐུལ་བྱས། གྲོས་ཚོགས་འདིར་ཞུགས་མཁན་གྲས་

སུ་ཀྲུང་གོའི་སྐུ་ཚབ་ཁྲིན་དབྱི་རྫན་དང་། ཞང་ཏད་ཕིན། བོད་ཀྱི་སྐུ་ཚབ་བཤད་སྒྲ་དཔལ་འབྱོར་རྡོ་རྗེ། ཁྲི་སློན་ནོར་བུ་དབང་རྒྱལ་སོགས་དང་། དབྱིན་ཇིའི་སྐུ་ཚབ་ཕྱི་འབྲེལ་བློན་ཆེན་དབུའི་ལན་དང་། ཏང་ལི། རྨད་ཁ་མ་ཏུང་སོགས་ཡོད་ཀྱང་། དོན་དངོས་ཐོག་གྲོས་ཚོགས་འདིའི་འགོ་ནས་མཇུག་བར་དབྱིན་ཇིའི་སྐུ་ཚབ་རྨད་ཁ་མ་ཏུང་གིས་ཡོངས་སུ་ཁ་ལོ་བསྒྱུར་ཏེ། གྲོས་མོལ་འགོ་ཚུགས་མ་ཐག་ཏུ་བཤད་སྒྲ་དཔལ་འབྱོར་རྡོ་རྗེ་སོགས་བོད་ས་གནས་སྲིད་གཞུང་གི་སྐུ་ཚབ་པས་སྔོན་ཚུད་ནས་དབྱིན་ཇིའི་སྐུ་ཚབ་དང་གསང་གྲོས་རིམ་པ་བྱས་པ་ལྟར་བླང་བྱ་དྲུག་པོ་དོན་ཚན་དྲུག་བཏོན་པ་དང་། བོད་དེ་ཉིད་མེས་རྒྱལ་དང་ཁ་བྲལ་བཏང་ནས་ཕྱི་ཚུལ་ལྟར་ན་"བོད་རང་བཙན་"ཡིན་ཚུལ་ལ་དོན་དངོས་སུ་དབྱིན་ཇི་བཙན་རྒྱལ་རིང་ལུགས་པའི་མི་སེར་སྲིལ་ཡུལ་ཞིག་ཏུ་བསྒྱུར་ཡོད། གནད་དོན་དེར་ཀྲུང་དབྱང་གི་སྐུ་ཚབ་བོད་སྡོད་ཤོའན་རྫུ་ཧྲེ་ཁྲིན་དབྱི་རྫན་གྱིས་ཀྲུང་དབྱང་སྲིད་གཞུང་གི་བཀོད་མངགས་ལྟར་བོད་ས་གནས་སྲིད་གཞུང་གི་སྐུ་ཚབ་ནས་བཏོན་པའི་གྲོས་གཞིར་དགག་ལན་བརྒྱབ་པ་རེད། འོན་ཀྱང་བཤད་སྒྲ་དཔལ་འབྱོར་རྡོ་རྗེས་མཐའ་གཅིག་ཏུ་བོད་རང་བཙན་ཡིན་པའི་ལངས་ཕྱོགས་སུ་ལངས་སྟབས། ཀྲུང་དབྱང་སྐུ་ཚབ་དང་བོད་ཀྱི་སྐུ་ཚབ་དབར་ཕན་ཚུན་ཁ་རྩོད་ཐེངས་མང་བརྒྱབ་པ་དང་། ལྷག་པར་དུ་རྒྱ་བོད་གཉིས་ཀྱི་མཐའ་མཚམས་གནད་དོན་ལ་རྩ་བའི་ཐོག་ནས་བསམ་འཆར་མི་མཐུན་པ་ཆེན་པོ་བྱུང་བས། སྐབས་དེར་དབྱིན་ཇིའི་སྐུ་ཚབ་རྨད་ཁ་མ་ཏུང་སོགས་ཀྱིས་སྔོན་ཚུད་ནས་ཕོ་པ་ཚོ་ནང་མོལ་བྱས་པ་ལྟར་རྒྱ་བོད་དབར་ལ་ཕན་ཚུན་བར་འདུམ་བྱེད་པའི་ངང་ཚུལ་སྟོན་ནས་དོན་དངོས་སུ་སྔོན་ནས་གྲ་སྒྲིག་གཡོ་རྫུས་བཤམས་ཚར་བའི་དོན་ཚན་བཅུ་གཅིག་བཏོན་པ་རེད།

དོན་ཚན་དེ་ཚོའི་ནང་དོན་ལ་མཚོ་སྔོན་དང་། ཁམས་ཀྱི་ནུབ་ཕྱོགས། ཀན་སུའུ། སི་ཁྲོན། ཡུན་ནན་བཅས་ཀྱི་བོད་རིགས་ས་ཁུལ་ཡོངས་རྫོགས་བོད་ཀྱི་ཁོངས་སུ་བརྩི་དགོས་པ་དང་། དེ་ལའང་ཕྱི་ནང་གཉིས་སུ་དབྱེ་བ་སྟེ། འབྲི་ཆུའི་ནུབ་ངོས་ས་ཁུལ་བོད་ཕྱི་དང་། འབྲི་ཆུའི་ཤར་ངོས་ས་ཁུལ་ལ་བོད་ནང་མ་ཞེས་མིང་

བཏགས། བོད་ནང་མའི་ས་གནས་ཁག་གི་བྱ་བ་མཐའ་དག་རྒྱ་བོད་ཐུན་མོང་ནས་དོ་དམ་བྱེད་དགོས་ཟེར་བ་དང་། བོད་ཕྱི་མའི་བྱ་བ་ཆེ་འབྲིང་ཆུང་གསུམ་ཚང་མ་བོད་གཞུང་རང་ནས་ཐག་གཅོད་བྱེད་ཆོག་པ་ཟེར་བ་དེ་ནི་མངོན་སུམ་འཛེམ་མེད་ཀྱིས་བོད་འདི་མེས་རྒྱལ་མངའ་ཁོངས་ནས་ཁ་བྲལ་གཏོང་རྩིས་བྱེད་པ་ཞིག་རང་ཡིན།

སྐབས་དེ་དུས་ཡོན་ཧྲེ་ཁའི་སྲིད་གཞུང་ཉམས་ཞན་ཐབས་མེད་ཀྱི་གནས་སུ་ལྷུང་སྟེ། དབྱིན་ཇི་བཙན་རྒྱལ་རིང་ལུགས་པར་མདུང་རྩེ་ཁ་གཏད་ཀྱིས་འཐབ་རྩོད་བྱེད་མི་ཐོད་སྟབས། དབྱིན་གཞུང་གིས་མགོ་ཐར་དཔུང་ཚུད་ཀྱིས་ཆིངས་ཡིག་འཆར་ཟིན་དོན་ཚན་བཅུ་གཅིག་འདི་གཙོ་བོར་བཟུང་སྟེ་གྲོས་མོལ་བྱེད་དགོས་ཟེར་བར་མ་ཟད། སྔར་ཡང་འཆར་ཟིན་དོན་ཚན་བརྒྱད་བརྟན་ཧེ་ཀྲུང་དབྱང་སྲིད་གཞུང་གི་འཐུས་མི་ཁྲིན་དབྱི་ཧྥན་ལ་བཙད་ཤེད་ཀྱིས་མིང་རྟགས་འགོད་དགོས་བརྗོད་པར་ལྟར། ཁྲིན་དབྱི་ཧྥན་ཡང་བྱེད་ཐབས་དབེན་པའི་གནས་སུ་གྱུར་ནས་འཆར་ཟིན་དོན་ཚན་ལ་མིང་རྟགས་བཀོད་ཅིང་། གནས་ཚུལ་དེ་རྒྱལ་ནང་གི་ཚགས་པར་ཐོག་བཀོད་འཕྲལ་རྒྱལ་ཡོངས་མི་རིགས་ཁག་གི་མི་དམངས་གིས་ངོ་རྒོལ་མཐའ་གཅིག་ཏུ་བྱས་པར་བརྟེན། ཡོན་ཧྲེ་ཁའི་སྲིད་གཞུང་གིས་ཆིངས་ཡིག་འཆར་ཟིན་དེར་ཆོག་མཆན་སྤྲོད་མ་ནུས་པར་ཁྲིན་དབྱི་ཧྥན་ལ་ཆིངས་ཡིག་དངོས་སུ་འཛོག་སྐབས་མིང་རྟགས་འགོད་མི་ཆོག་ཅེས་བཀའ་ཕབ་པ་ལྟར་ཁྲིན་དབྱི་ཧྥན་གྱིས་ཆིངས་ཡིག་ལ་མིང་རྟགས་བཀོད་མེད་པ་རེད། དབྱིན་ཇི་ཆྲད་ཁ་མ་ཧུང་གིས་བོད་ཀྱི་བློན་ཆེན་བཤད་སྒྲ་དཔལ་འབྱོར་རྡོ་རྗེ་ལ་གསང་བའི་ཐོག་མིང་རྟགས་བཀོད་བཅུག་པར་མ་ཟད། ཞར་བྱུང་ས་བཀྲའི་ཐོག་དབྱིན་བོད་ས་མཚམས་ཆྲད་ཁ་མ་ཧུང་ཞེས་པའི་ས་ཐིག་བཀོད་ནས་རང་རྒྱལ་བོད་ཀྱི་ལྷོ་ཕྱོགས་མོན་པ་སོགས་གྲངས་ཉུང་མི་རིགས་ཀྱི་གནའ་བོའི་ཁྱིམ་གཞི་ཆགས་ཡོད་པའི་མངའ་ཁོངས་ནས་ཧྲག་ཚོགས་ཀྱི་བཙོམ་པ་ལྟར་སྤྱི་ལེ་ངོས་སྟོམས་གྲུ་བཞི་མ་དགུ་ཁྲི་ལྷག་ཙམ་ཁོ་པ་ཚོའི་ས་ཁོངས་སུ་ཐིག་ཚད་བཀོད་ནས་བཙན་བཟུང་བྱས་པ་རེད།

བློན་ཆེན་བཤད་སྒྲ་དཔལ་འབྱོར་རྡོ་རྗེ་བོད་དུ་ཕྱིར་ལོག་ཕེབས་རྗེས། བོད་ཀྱི་

སེར་སྐྱ་དཔོན་རིགས་མི་སྣ་ཚང་མས་བཤད་སྒྲ་བློན་ཆེན་སོགས་ཀྱིས་བོད་ཀྱི་མངའ་ཁོངས་དང་བོད་ཀྱི་ཁེ་ཕན་ཆེན་པོ་དེ་འདྲ་ཞིག་ལག་གཉིས་ཀྱི་དབྱིན་ཇི་བཙན་འཛུལ་བར་ཕུལ་བ་ནི་ཤིན་ཏུ་མི་འོས་པའི་རྣམ་འགྱུར་ཤུགས་ཆེན་བསྟན། ཏཱ་ལའི་བླ་མ་སྐུ་ཕྲེང་བཅུ་གསུམ་པ་ཆེན་པོ་ཡང་དགོངས་པ་ཤིན་ཏུ་ཚོམ་པ་བྱུང་། དེར་བརྟེན་བཤད་སྒྲ་བློན་ཆེན་སོགས་བོད་དུ་ཕྱིར་ལོག་ཕེབས་སྐབས་སྔར་གྱི་དགའ་ཚོར་རྣམ་འགྱུར་ལས་ལྡོག་སྟེ་གྲང་ཤུར་ཤུར་དང་སྨོད་དགོས་བྱུང་བ་རེད། ཕྱི་ཚོགས་ཀྱི་ཞི་དྲག་དཔོན་རིགས་དང་སེར་སྐྱ་ཚང་མས་བཤད་སྒྲ་བློན་ཆེན་ལ་ཡིད་ཆེས་མི་བྱེད་པར་བརྟེན། ཕྱོགས་མཐའ་གང་སའི་སྔོན་ཤུགས་ཀྱི་འོག་ལ་བོད་མི་དམངས་ཀྱི་མདུན་དུ“རྨད་ཁ་མ་ཧུང་གི་ས་ཐིག”གི་ནང་དུ“བོད་དང་རྒྱ་གར་གྱི་མཐའ་མཚམས་ས་བཀྲ”ཟེར་བ་དེ་ཙ་བ་ནས་བརྗོད་མི་ནུས་པ་རེད།

ཕྱི་ལོ་༡༩༢༤ལོར། དབྱིན་ཇིའི་མིས་བཀོད་སྒྲིག་བྱས་པ་དང་། དབྱིན་ཇི་བཙན་རྒྱལ་རིང་ལུགས་པས་རྒྱབ་སྐྱོར་ཤུགས་ཆེན་བྱས་པའི་འོག །བོད་ནང་དབྱིན་ཇིར་ཉེ་བའི་གཞོན་ནུའི་དམག་མི་ཁག་གཅིག་སྒྲིག་འཛུགས་བྱས་ཏེ། བཀའ་ཤག་སྲིད་གཞུང་མགོ་རྟེང་བསྐོགས་ནས་སྲིད་འགྱུར་བྱེད་རྩིས་བྱེད་པའི་གནས་ཚུལ་ཏཱ་ལའི་བླ་མས་མཁྱེན་རྗེས་ཏ་ལས་ཏེ་སྟངས་པར་བརྟེན། འཕྲལ་དུ་བཀའ་ཕབ་སྟེ་དབྱིན་ཇིས་རྒྱལ་རྩེར་བཙུགས་པའི་དམག་དཔོན་སྦྱོང་བརྡར་སློབ་གྲྭ་སྒོ་ཐིལ་བརྒྱབ་པར་མ་ཟད། “གྲོང་དྲག་དམག་སྒར”ཟེར་བ་ཁ་གཏོར་བཏང་བ་དང་། དོན་རྐྱེན་དེའི་སྒྲིག་འཛུགས་བྱེད་མཁན་གྱི་འགོ་གཙོ་ཚ་རོང་ཟླ་བཟང་དགྲ་འདུལ་བོད་དམག་གི་དམག་སྤྱི་ཆེན་མོའི་གོ་བབ་ནས་གནས་དབྱུང་བཏང་བར་མ་ཟད། སྲིད་འགྱུར་ལྡོག་གཡོ་བཤམས་རྩིས་ནང་ཞུགས་པའི་གཞོན་སྐྱེས་དམག་དཔོན་རིགས་ཀྱི་གོ་བབ་ཚང་མ་གནས་དབྱུང་བཏང་བ་རེད། དོན་རྐྱེན་འདི་ཚར་རྗེས་དབྱིན་ཇིས་སྐུ་ཚབ་བཏང་སྟེ་ཏཱ་ལའི་བླ་མར་སྐུ་བཅར་ཞུས་ཏེ་གནས་ཚུལ་གསལ་བཤད་ཞུ་རྒྱུའི་རེ་བ་བཏོན་ཡང་། མགྲོན་གཉེར་ཆེན་མོ་རང་ནས་བཅར་མི་བཅུག་པར་བཀག་འགོག་བྱས་པ་རེད། ཐེངས་དེའི་དོན་རྐྱེན་བྱུང་

བ་བརྒྱུད་ཏཱ་ལའི་བླ་མ་མཆོག་གིས་དབྱིན་ཇི་བཙན་རྒྱལ་རིང་ལུགས་པའི་ཕྱོག་གཡོའི་ཐིག་སྦྱོད་ཇི་ལྟར་བྱེད་ཚུལ་རིམ་བཞིན་གསལ་པོ་མཁྱེན་པར་མ་ཟད། རྒྱ་ནག་གོང་མར་བློ་ཁ་ཕྱོགས་པའི་དགོངས་གཞི་དེ་བས་ཤུགས་ཆེ་རུ་ཕྱིན་པ་རེད།

ཕྱི་ལོ་༡༩༢༧ལོའི་ཟླ་བཞི་པར་གོ་མིན་སྲིད་གཞུང་ནན་ཅན་དུ་བཙུགས་རྗེས། ཏཱ་ལའི་བླ་མ་མཆོག་ནས་མི་སྣ་ཆེད་གཏོང་གིས་འབྲེལ་གཏུགས་གནང་བ་དང་། ཕྱི་ལོ་༡༩༢༨ལོའི་དགུན་དུས་རྒྱ་ནག་རི་བོ་རྩེ་ལྔར་བཅའ་སྡོད་བོད་ཀྱི་མཁན་པོ་བློ་བཟང་པ་སངས་ནན་ཅན་དུ་ཆེད་གཏོང་མཛད་དེ་ཅང་ཅེ་ཧྲི་ངོ་མཇལ་ཐོག་བོད་ཀྱི་གནས་ཚུལ་སྙན་སྒྲོན་ཞུས་པ་དང་། གོ་མིན་སྲིད་གཞུང་ནས་ཡེ་ཅིང་གཡུང་ཧོ་ཀུང་སྡེ་དགའ་ལྡན་བྱིན་ཆགས་གླིང་གི་མཁན་པོ་དཀོན་ཅོག་འབྱུང་གནས་དང་ཡིའུ་མན་ཆིན་གཉིས་བོད་དུ་བཏང་ནས་གོ་མིན་སྲིད་གཞུང་གི་བསམ་འཆར་ལྟར་བོད་ཀྱི་གནད་དོན་ཇི་ལྟར་བྱས་ཏེ་ཐག་གཅོད་བྱེད་དགོས་པའི་སྐོར་གྱི་དྲི་བ་དོན་ཚན་བརྒྱད་བཏོན་ཡོད་པ་རྣམས་འཁྱེར་ཡོང་ནས་ཏཱ་ལའི་བླ་མར་ཕུལ། ཏཱ་ལའི་བླ་མ་མཆོག་ནས་ཀྲུང་དབྱང་སྲིད་གཞུང་གིས་བཏང་ཕེབས་པའི་སྐུ་ཚབ་ལ་དགའ་བསུ་གནང་བར་མ་ཟད། གོ་མིན་སྲིད་གཞུང་གིས་བཏོན་པའི་དོན་ཚན་བརྒྱད་ཀྱི་གནད་དོན་རེ་རེ་བཞིན་ཞུ་ལན་བསྩལ། ཕྱི་ལོ་༡༩༣༠ལོའི་ཟླ་བརྒྱད་པར། མཁན་པོ་དཀོན་ཅོག་འབྱུང་གནས་ནན་ཅན་དུ་ཕྱིར་ལོག་ནས་གོ་མིན་སྲིད་གཞུང་ལ་སྙན་སེང་ཞིབ་ཕྲ་ཞུས། ཕྱི་ལོ་༡༩༣༡ལོ་སྟོད་དུ་བོད་ས་གནས་སྲིད་གཞུང་གིས་ཚུལ་ཁྲིམས་བསྟན་འཛིན་སོགས་སེར་སྐྱ་དཔོན་རིགས་འགའ་ཞིག་ནན་ཅན་དུ་མངགས་གཏོང་མཛད་དེ་ཟླ་བ་གསུམ་པའི་ཚེས་ཉེར་གཅིག་ཉིན་ནན་ཅན་དུ་བཅའ་སྡོད་"བོད་ཀྱི་དོན་གཅོད་ཁང་"དངོས་སུ་བཙུགས། དེ་ནས་བཟུང་གོ་མིན་ཏང་ཀྲུང་དབྱང་སྲིད་གཞུང་དང་བོད་ས་གནས་སྲིད་གཞུང་དབར་གྱི་འབྲེལ་བ་སླར་གསོ་དང་སྔར་བས་གོང་འཕེལ་དུ་ཕྱིན་པ་རེད། ལོ་དེའི་ཟླ་ལྔ་པར་གོ་མིན་སྲིད་གཞུང་གི་འཚོགས་འདུ་རྒྱས་འཛོམས་ཚོགས་པར་བོད་ས་གནས་སྲིད་གཞུང་གིས་མཁན་པོ་དཀོན་ཅོག་འབྱུང་གནས་སོགས་འཐུས་མི་དྲུག་དང་ཟུར་བཞུགས་འཐུས་

མི་གསུམ་བཅས་མངགས་གཏོང་བྱས་པ་དང་། པཎ་ཆེན་རིན་པོ་ཆེ་ཕྱོགས་ནས་ཀྱང་བློ་བཟང་ཚུལ་ཁྲིམས་སོགས་འཐུས་མི་བཞི་དང་རྫོའོ་ཀྲང་སོགས་ཟུར་བཞུགས་འཐུས་མི་ལྔ་བཅས་མངགས་གཏོང་མཛད། དེའི་རྗེས་སུ་གོ་མིན་སྲིད་གཞུང་གིས་རྒྱལ་ཡོངས་རང་བཞིན་གྱི་ཆབ་སྲིད་ཚོགས་འདུ་གང་ཞིག་ཚོགས་ཀྱང་བོད་ཀྱི་འཐུས་མི་ག་དུས་ཡིན་ཡང་བཞུགས་ཡོད་པ་རེད།

(༩)ཏཱ་ལའི་བླ་མ་སྐུ་ཕྲེང་བཅུ་གསུམ་པས་སྲིད་ཇུས་གསར་པ་འབའ་ཞིག་ལག་བསྟར་གནང་སྟེ་དཀྲུང་ཁྲངས་ང་བརྒྱད་ཐོག་སྐུ་ངན་ལས་འདས་པ།

ཏཱ་ལའི་བླ་མ་སྐུ་ཕྲེང་བཅུ་གསུམ་པ་མཆོག་ནི་མཁྱེན་རྒྱ་ཆེ་ལ་གཟིགས་རྒྱང་རིང་བ་དང་། དགོངས་པ་བཞེད་ཕྱོགས་ལ་ལེགས་བཅོས་གཏོང་མཁས་པའི་ནང་བསྟན་གྱི་གཙོ་འཛིན་ཞིག་རེད། ཁོང་གིས་སློབ་སྦྱོང་གནང་རྒྱུར་ཡིད་ཟབ་མཛད་ནས་ས་ཕྱོགས་གཞན་གྱི་ཚན་རིག་ལག་རྩལ་ཤེས་བྱ་དང་ཉམས་མྱོང་རྣམས་ལ་ནན་ཏན་གྱིས་བསྡུ་ལེན་མཛད་པ་དང་། ལྷག་པར་དུ་དེ་སྔ་གོང་ས་ཉིད་སྐུ་འཁོར་སེར་སྐྱ་དཔོན་རིགས་དང་བཅས་པ་མེས་རྒྱལ་ནང་ཁུལ་གྱི་ས་གནས་གང་སར་ཕེབས་པ་དང་། ད་དུང་ཕྱི་སོག་དང་དབྱིན་ཇིའི་དབང་བཟུང་འོག་ཏུ་གནས་པའི་རྒྱ་གར་སོགས་ལ་ཕེབས་ཏེ་ཡུན་རིང་ཙམ་བཞུགས་སྡོད་ཡོད་པ་བཅས། སྐུ་ངོ་མས་ས་གནས་དེ་ཚོའི་སྔོན་ཐོན་གྱི་ཚན་རྩལ་དང་། ཨར་སྐྲུན། འཕྲུལ་འཁོར་དམག་དོན་སོགས་ཀྱི་བདག་གཉེར་ལམ་ལུགས་དང་བཅས་པ་ཇི་ལྟར་ཡིན་ཚུལ་གསལ་པོ་གཟིགས་ཞིབ་མཛད་ཡོད་ཁར། རྒྱལ་ཁག་དེ་ཚོ་དང་མེས་རྒྱལ་ནང་ཁུལ་གྱི་ཉམས་མྱོང་དེ་ཚོར་ནན་ཏན་ངང་དབྱེ་ཞིབ་ཟབ་མོ་གནང་བ་བརྒྱུད། ཏཱ་ལའི་བླ་མ་མཆོག་ནས་གསལ་པོར་མཁྱེན་ཐུབ་པ་ནི། བོད་ལྗོངས་ཀྱི་ཚོགས་དེ་ཉིད་དངོས་སུ་འཕེལ་རྒྱས་དང་ཡར་ཐོན་འགྲོ་དགོས་ན། ངེས་པར་དུ་དེང་རབས་ཅན་གྱི་ཚན་རིག་ལག་རྩལ་དང་དམག་དཔུང་བདག་གཉེར་བྱ་ཐབས་སོགས་ལ་བསྟེན་དགོས་ངེས་ཡིན་པས། དེའི་ཆེད་ཏཱ་ལའི་བླ་མ་མཆོག་ནས་རིམ་

བཞིན་སྲིད་འཛིན་གྱི་བྱ་ཐབས་གསར་པ་འགའ་ཞིག་དར་སྤེལ་གནང་ཡོད། དཔེར་ན། བོད་དམག་བཅོས་སྒྲིག་དང་རྒྱ་སྐྱིད་བཏང་སྟེ་བོད་དམག་དམག་སྐར་གཅིག་ལ་རི་པིན་(ལྷུར་པན་)གྱི་དམག་དཔོན་རྙིང་པ་ཡ་སུ་མ་ཛི་ཡ་ནས་རི་པིན་གྱི་དྲག་པོའི་ལུགས་སྲོལ་གྱི་དམག་རྩེད་བསླབ་པ་དང་། དམག་སྐར་གཞན་གཅིག་ལ་ཨུ་རུ་སུའི་དམག་དོན་སློབ་གྲྭ་ནས་ཐོན་པ་སོག་པོ་བསྟན་པ་རྒྱལ་མཚན་ནས་ཨུ་རུ་སུའི་ལུགས་ཀྱི་དམག་རྩེད་བསླབ་པ། ཡང་དམག་སྐར་གཅིག་ལ་དབྱིན་ཇིའི་ལུགས་ཀྱི་དམག་རྩེད་བསླབ་པ། སྔར་ཡོད་རྒྱ་སྦྱོང་དམག་རྩེད་རང་འཛུགས་བཞག་སྟེ་དམག་དར་གང་ཡིན་གསལ་བསྒྲགས་དང་། དམག་དཔུང་དཔོན་རིགས་ཀྱི་ལས་ཁུངས་དང་དམག་མིའི་སྒྲིག་ཁྲིམས་གཏན་འབེབས་མཛད་པ་དང་། དམག་དཔུང་སྡེ་ཁག་སོ་སོའི་མི་གྲངས་སྔར་རྒྱ་སྦྱོང་དཔུང་སྡེའི་སྐབས་གཏན་འབེབས་བྱས་པ་ལྟར་ལག་བསྟར་བྱེད་རྒྱུ། དམག་དཔོན་སློབ་གྲྭ་ནས་དམག་དཔོན་འཛིན་ཐང་ཡོད་པ་གསོ་སྐྱོང་བྱེད་རྒྱུ་དང་། ལྷ་སའི་གྲྭ་བཞིར་འཕྲུལ་འཁོར་བཟོ་གྲྭ་གསར་འཛུགས་བྱེད་རྒྱུ་(དེང་སྐབས་ལྷ་སའི་བྱང་ངོས་གྲྭ་བཞི་དགོན་པའི་ཉེ་འཁོར་)མཛད་ཀྱང་། མི་མདའི་རྫས་མདེའུ་གི་མགོ་འདོན་བྱེད་པའི་གྲངས་ཚད་དང་སྤུས་ཚད་གཉིས་གར་འགན་སྲུང་བྱེད་མི་ཐུབ་སྟབས་རྗེས་སུ་དངུལ་པར་བཟོ་གྲྭར་བསྒྱུར་བཅོས་མཛད་ནས། དེ་སྔ་བོད་དུ་འགྲེམས་རྒྱུག་བྱེད་སྤྱོད་པའི་ཤོག་སྒོར་དང་། དངུལ་སྒོར། ཟངས་སྒོར། སྦྲག་འཛིན་ཤོག་རྟགས་སོགས་པར་བསྐྲུན་བྱེད་སྤྱོད་ཡོད་པ་རེད།

ཏཱ་ལའི་བླ་མ་སྐུ་ཕྲེང་བཅུ་གསུམ་པ་ཆེན་པོ་མཆོག་བོད་ཀྱི་ནང་བསྟན་ཆོས་ལུགས་པའི་དབུ་འཛིན་ཞིག་གི་ཆ་ནས། དགུང་ལོ་གང་ཙམ་སླེབ་པའི་རྗེས་ཐུགས་དགོངས་སུ་རང་རེའི་དགོན་སྡེ་ཁག་གི་གྲྭ་བཙུན་རྣམས་ཀྱིས་ཆོས་ཁྲིམས་མི་སྲུང་བའི་གནས་ཚུལ་དང་། དགོན་པའི་སྒྲིག་སྲོལ་བཅའ་ཁྲིམས་ཉམས་དམས་སུ་འགྲོ་བའི་སྣང་ཚུལ་མཁྱེན་ཏེ། གོང་ས་མཆོག་ནས་ཐུགས་ཐག་ཆོད་པོས་སྒྲིག་སྲོལ་བྱ་སྤྱོད་སྣ་ཚོགས་ཤིག་ལག་བསྟར་མཛད་དེ་དགེ་ལུགས་པའི་དགོན་སྡེ་ནང་ཁུལ་དུ་ལྷག་པའི་ཚུལ་མིན་གྱི་བྱ་སྤྱོད་མང་པོ་ཞིག་ལ་ལེགས་བཅོས་མཛད་ནས། ལྗོངས་ཡོངས་ཀྱི་དགེ་ལུགས་པའི་

དགོན་སྡེ་ཁག་ལ་གསལ་བསྒྲགས་སྤེལ་ཏེ་དགོན་སྡེའི་གྲྭ་བཙུན་པས་ཚོ་ལོ་འཛིན་པ་དང་། ཆང་རགས་འཐུང་བ། ལོག་གཡེམ་བྱེད་པ། རྒྱན་བཙུགས་བྱེད་པ། རྒྱག་རེས་བརྒྱབ་པ་སོགས་བག་མེད་ཀྱི་སྤྱོད་ངན་དག་བྱས་ཚེ། དགོན་པའི་འདུལ་ཁྲིམས་དང་ཆོས་ཁྲིམས་ལས་འགལ་བའི་ཉེས་པ་བསགས་པ་ཡིན་ཏེ་འཕྲལ་དུ་ཉེས་བཅད་ནན་པོ་གཏོང་རྒྱུའི་གཏན་འབེབས་མཛད་སྟབས། ཚད་གཞི་ངེས་གཏན་ཞིག་གི་ཐོག་ནས་དགེ་ལུགས་པའི་དགོན་སྡེ་ཁག་གི་འདུལ་ཁྲིམས་ལ་ཤུགས་རྐྱེན་ཟབ་མོ་ཞིག་ཐེབས་ཡོད་པ་རེད།

དེ་ནས་བོད་དུ་གློག་ཤུགས་བཟོ་ལས་དང་། གཏེར་ལས། སྨྱུག་ཏར་ལས་རིགས། དམག་དོན་སོགས་ཀྱི་ལས་རིགས་ཤེས་བྱ་འཕེལ་རྒྱས་གཏོང་ཆེད། བྱང་ངོས་པ་རིག་འཛིན་རྡོ་རྗེ་དང་། སློན་གྲོང་མཁྱེན་རབ་ཀུན་བཟང་། སྐྱིད་སྡུག་དབང་འདུས་ནོར་བུ། སྒོག་མཁར་བསོད་ནམས་རྒྱལ་པོ་བཅས་དཔོན་རིགས་ཀྱི་གཞོན་ནུ་བཞི་དབྱིན་ཇིའི་རྒྱལ་ས་ལོན་ཊོན་དུ་གློག་ལས་དང་། སྨྱུག་ཏར། གཏེར་ལས། དམག་དོན་བཅས་སློབ་སྦྱོང་བྱེད་པར་གཏོང་གནང་དང་འབྲེལ་པོ་ཚོའི་ལྟ་སྐྱོང་འགོ་འཛིན་བྱེད་པོ་རྩིས་པ་ལུང་ཤར་རྡོ་རྗེ་ཚེ་རྒྱལ་གཏོང་གནང་མཛད། དཔོན་རིགས་ཀྱི་གཞོན་ནུ་བཞིའི་ནང་ནས་ལོ་རྒན་ཤོས་སྒོག་མཁར་བས་དམག་དོན་སྦྱངས་པ་དང་། དམག་དོན་སྦྱངས་ནས་ལོ་གཅིག་མ་སོང་བར་བོད་དུ་ཕྱིར་ལོག་བྱས་ཏེ་རིང་མིན་དུ་སྐུ་ཚེ་འདས། སྐྱིད་སྡུག་པ་བོད་དུ་ལོག་ནས་ལྷ་སའི་ཏར་ཁང་བཙུགས་ཏེ་འགོ་འཛིན་འགན་འཁུར་ཡང་བྱས། སློན་གྲོང་པས་ལྷ་སའི་བྱང་ངོས་ནས་གསེར་གྱི་གཏེར་ཁ་འདོན་པའི་ལས་འགོ་བརྩམས་ནས་གཏེར་ཁ་འདོན་སྐབས་ས་འོག་ནས་སྦལ་པ་ཆེན་པོ་ཞིག་ཐོན་པས་མི་མང་པོས་བཀྲ་མ་ཤིས་པའི་རྟགས་མཚན་རེད་ཅེས་གཏེར་འདོན་གྱི་ལས་ཀར་ངོ་རྒོལ་མཐའ་གཅིག་ཏུ་བྱས་སྟབས་ལས་མཚམས་མི་འཇོག་ག་མེད་བྱུང་བ་རེད། དེ་ནས་ཏཱ་ལའི་བླ་མ་མཆོག་ནས་བོད་ཀྱི་ས་གནས་རྫོང་གཞིས་ཁག་ལ་བཀའ་རྒྱ་བཏང་སྟེ་གཏེར་རྟོ་འཚོལ་ཞིབ་བྱེད་དགོས་པའི་བཀའ་ལྟར་ས་གནས་ཁག་ནས་གཏེར་རྫོའི་དཔེ་ཚད་

འདྲ་མིན་སྣ་ཚོགས་ས་གནས་སྲིད་གཞུང་ལ་ཕུལ་ཏེ་མི་མང་ཡོངས་ནས་གཏེར་རྫ་འཚོལ་བའི་བྱ་བ་ཞིག་དར་ཁྱབ་བྱུང་བ་རེད། བྱང་རོས་པ་དཔོན་རིགས་གཞོན་ནུའི་ནང་ནས་ལོ་ཆུང་ཤོས་དང་སྨྱུང་གྲུང་འཛོམས་ལ་རིག་པ་རྣོ་བ་ཞིག་ཡིན་ཙང་། དེས་གློག་ལས་སྦྱངས་ཏེ་སྦྱངས་འབྲས་ལེགས་པོ་ཐོན་སྐབས། བོད་དུ་ལོག་ནས་ལྷ་སའི་དོག་སྡེར་ཆུ་ཤུགས་གློག་ཁང་ཆུང་ཆུང་ཞིག་གསར་བཙུགས་བྱས་ཏེ། གློག་བཞུ་མགོ་འདོན་ཡང་བྱེད་ཐུབ་ཡོད། དེ་བཞིན་ཏཱ་ལའི་བླ་མ་མཆོག་ནས་བཀའ་ཕབ་སྟེ་ལྷ་སར་སྦྲག་འཛིན་ལས་ཁུངས་དང་དངུལ་ཁང་གསར་འཛུགས་གནང་བར་མ་ཟད། ད་དུང་ལྷ་སར་ཉེན་རྟོག་ལས་ཁུངས་བཙུགས་པ་དང་མི་སྣ་ཆེད་གཏོང་གིས་ཉེ་ཁྲིའི་ས་ཁུལ་སྒོའི་ཡུལ་དུ་ཇ་འདེབས་ལས་བྱེད་བཙུག་པ་སོགས་མཛད་པ་མང་པོ་བསྐྱངས་ཡོད་པ་རེད།

དེའི་རྗེས་བོད་ཀྱི་དཔོན་རིགས་དང་ཚོང་པའི་གཞོན་ནུ་བུ་ཕྲུག་མང་པོ་རྒྱ་གར་དང་དབྱིན་ཇི་སོགས་ལ་སློབ་སྦྱོང་དུ་བསྐྱོད་མཁན་བྱུང་ཡོད་ཀྱང་། བོད་དུ་ཕྱིར་ལོག་ནས་ཕྱིའི་རྒྱལ་ཁབ་ཀྱི་ལྟ་ཚུལ་གསར་པ་དང་འཚོ་བའི་གོམས་འདྲིས་སོགས་འཁྱེར་ཐུབ་པ་འགའ་བྱུང་ཡང་། སྐུ་དྲག་དཔོན་རིགས་ནང་ཁུལ་དུ་དར་སྤེལ་བྱུང་བ་ལས་བོད་སྤྱི་ཡོངས་ལ་འཕེལ་རྒྱས་ཡར་ཐོན་འགྲོ་རྒྱུར་ལེགས་སྐྱེས་གང་ཡང་ཕུལ་ཐུབ་མེད་པ་རེད། བོད་མེ་འབྲུག(སྤྱི་ལོ་༡༩༡༦)ལོར་ལྷ་སར་བོད་ལུགས་སྨན་རྩིས་ཁང་དངོས་སུ་བཙུགས་པ་དང་། བོད་ཀྱི་ས་ཕྱོགས་གང་ས་ནས་སློབ་མ་བསྐོང་བསྡུ་བྱས་ཏེ། བོད་ཀྱི་རིག་གནས་སློབ་སྦྱོང་རྒྱ་ཆེར་བྱས་པ་དང་སྦྲགས་གཙོ་བོ་བོད་ལུགས་ཀྱི་སྨན་རྩིས་རིག་གཞུང་ལ་འབད་བརྩོན་བྱས་ཏེ། མང་ཚོགས་ཀྱི་ནད་གཞི་གཙོད་པར་མཐོ་དམན་གྱི་དབྱེ་བ་མ་འབྱེད་པའི་སྤྱོད་ལམ་མཐའ་སྐྱོང་བྱས་ནས་སྤྱི་ཕན་གྱི་བྱ་གཞག་ཐད་ལ་ཧུར་བརྩོན་གྱི་ལེགས་སྐྱེས་བཟང་པོ་ཕུལ་ཡོད་པ་རེད། དེར་བརྟེན་བོད་ཀྱི་“སྨན་རྩིས་ཁང་”ཞེས་པའི་མཚན་སྙན་འདི་ལྗོངས་ཕྱི་ནང་ངམ་ཕྱིའི་རྒྱལ་ཁབ་ཁག་ལ་བག་ཆགས་ཆེན་པོ་བྱུང་ནས་ཚང་མས་ཐུགས་བབས་པོའི་ངང་དགའ་བསུ་ཚད་མེད་ཐོབ་ཡོད་པ་རེད།

དེ་བཞིན་བོད་ཀྱི་ཞིང་ལས་དང་ནག་ལས་ཡུལ་ཟློག་ལུག་བལ་སོགས་ཀྱི་ཚོང་ལས་འགྲེམས་རྒྱུག་ཞིགས་པོ་ཡོང་ཆེད། རྩ་ཚིག །ཡིག་ཆ་གཏན་འབེབས་བཟོས་ཏེ། སྔོན་ས་སྔོང་བེད་མེད་རྣམས་ཀྱང་སྲིད་གཞུང་དང་། དགོན་སྡེ། སྒེར་པ་ཁག་བཅས་ཀྱིས་བཀག་འདོམས་བྱེད་པ་དེ་དག་སླད་ཞིང་པ་ཉམས་མྱོང་དང་འབད་རྩོལ་ཡོད་པ་ཚོས་ས་ཞིང་གསར་སྤོལ་ལམ། སྤྱུར་ལྕང་སྐྱེ་ཚེར་སོགས་འདེབས་གང་ཐུབ་རང་མོས་ལྟར་བྱས་ཆོག་པ་གནང་ཞིང་། ཐོན་སྐྱེད་བྱས་པའི་དགེ་བེད་ཇི་བྱུང་ལོ་གསུམ་རིང་ཁྲལ་འབབ་མེད་པར་སོ་སོར་ལོངས་སྤྱོད་ཆོག་པ་དང་། དེ་རྗེས་ཁྲལ་ལམ་ཡང་ན་བོགས་མ་གཏོང་བ་སོགས་བྱེད་ཆོག་པ་གཏན་འབེབས་བཟོས། དེ་བཞིན་བོད་ཀྱི་ཚོང་ལས་ཐོན་ཟློག་དྲག་ཤོས་ལུག་བལ་ཡིན་པ་དེ་དག་ས་གནས་སོ་སོའི་དཔོན་པོ་དང་ཚོང་པ་མཉམ་འབྲེལ་གྱིས་འགྲོག་པར་རིན་འབབ་སྣེ་སེལ་ཙམ་ལས་མ་སྤྲད་པར་ཉོ་འདྲེན་གྱིས་རྒྱ་གར་ཕྱོགས་བཙོངས་ཏེ་ཁེ་བཟང་ཟ་བར་བརྩེན་གཞུང་ཚོང་སྤྱོམ་མདའ་ཚང་ལ་བསྐོ་གཞག་གནང་སྟེ། འགྲོག་པར་བལ་རིན་གཅིག་གྱུར་སྤྲད་དེ་ཉོ་སྒྲུབ་ཀྱིས་རྒྱ་གར་ལ་སྤེལ་བས་ཚོང་བྱས་ནས་གཞུང་ལ་ཁེ་འབབ་ཆེ་ཙམ་འབྱུལ་གྱི་ཡོད་ཙང་། རྒྱ་གར་གྱི་མ་རྩ་ཅན་ཆེ་ཁག་ཚོས་ཁ་མཐུན་བྱས་ཏེ་བལ་གོང་གཅོག་གང་ཐུབ་བྱས་མཐར་ཕྱིང་གུན་གཏོང་གི་ཡོད་པར་མ་ཟད། ཨ་མི་རི་ཁའི་ཚོང་པས་བོད་ཀྱི་བལ་ཉོ་འདོད་ཡོད་ཀྱང་ཁེ་བཟང་ཆེན་པོ་མ་སྤྲད་ན་མི་ཚོང་བ་དང་བཀག་འགོག་བྱེད་ཀྱི་ཡོད་པར་བརྟེན། ཏཱ་ལའི་བླ་མ་མཆོག་ནས་ཚོང་ལས་བྱ་གཞག་དེའི་རིགས་ལའང་ཐུགས་འཁུར་ཆེན་པོ་བཞེས་ཏེ། ཨ་རིའི་ཚོང་པར་ཡི་གེ་བཏང་གནང་སྟེ་ཕན་ཚུན་གྱི་ཚོང་འབྲེལ་ཐད་ཀར་བྱས་ན་སྒྲིག་འཐུས་ཀྱི་གྲོས་འགོ་བཏོན་གནང་མཛད་ཡོད་པ་རེད།

གོང་གསལ་གྱི་བྱེད་ཐབས་གསར་པ་དེ་དག་ལས། བོད་ལྗོངས་ཀྱི་སྤྱི་ཚོགས་འཕེལ་རྒྱས་འགྲོ་བར་ཕུར་བསྐྱོད་ཀྱི་ནུས་པ་གང་ཞིགས་འདོན་སྤེལ་ཐུབ་ནས། ཐོག་མའི་བསྒྱུར་བཅོས་ཀྱི་ཚོད་བལྟའི་གྲོ་བ་མྱོང་སྣང་བྱུང་བར་མ་ཟད། ཉམས་མྱོང་ཡང་གང་འཚམས་ཤིག་གསོག་འཇོག་ཐུབ་པ་དང་། དེ་དང་ཕྱོགས་མཚུངས་དམག་དཔུང་

གཞི་རྒྱ་ཆེ་ཏུ་གཏོང་རྒྱུ་དང་། བཟོ་གྲྭ་གསར་སྐྲུན། སྦྲག་སྲིད་དང་། སློབ་གྲྭ། དངུལ་ཁང་སོགས་གསར་འཛུགས་བྱེད་པར་འགྲོ་སོང་མང་པོ་གཏོང་ཆེད། དེ་སྔའི་བཅའ་ཁྲལ་བསྡུ་ལེན་ལམ་ལུགས་ལ་བསྒྱུར་བཅོས་མཛད་སྐབས། བཀའ་ཤག་སྲིད་གཞུང་དང་དགོན་སྡེའི་དབར་ལ་འགལ་ཟླ་ལྷག་པའི་མཇུག་འབྲས་ཐོན་པ་མར་ཟད། ལྷག་པར་དུ་པཎ་ཆེན་རིན་པོ་ཆེའི་མ་དགོན་བཀྲ་ཤིས་ལྷུན་པོའི་དགོན་པ་དང་འབྲེལ་བ་ཇེ་སྡུག་དང་འགལ་ཟླ་གཏིང་ཟབ་ཏུ་ཕྱིན་ནས་པཎ་ཆེན་སྐུ་ཕྲེང་དགུ་པ་ཆོས་ཀྱི་ཉི་མ་མཆོག་བོད་ཆུ་ཕག་(སྤྱི་ལོ་༡༩༢༣)ལོར་མེས་རྒྱལ་ནང་ཁུལ་དུ་བྲོས་བྱོལ་མ་ཕེབས་ཐབས་མེད་བྱུང་བའི་དོན་རྐྱེན་ཞིག་ལྷག་པ་རེད།

དེ་ནས་བོད་ཆུ་བྱ་(སྤྱི་ལོ་༡༩༣༣)ལོའི་ཟླ་བཅུ་པའི་ཚེས་སུམ་ཅུ་ཉིན། ཏཱ་ལའི་བླ་མ་སྐུ་ཕྲེང་བཅུ་གསུམ་པ་ཐུབ་བསྟན་རྒྱ་མཚོ་མཆོག་དགུང་གྲངས་ལྔ་བཅུ་ང་བརྒྱད་ཐོག་ལྷ་ས་ནོར་བུ་གླིང་ཁའི་གཟིམ་ཆུང་འཆི་མེད་མཆོག་འཁྱིལ་དུ་དགོངས་པ་ཡོངས་སུ་རྫོགས། དགོངས་རྫོགས་ཀྱི་གནད་རྐྱེན་དེ་ཁྱབ་འཕྲལ་བོད་ལྗོངས་ལྷ་སྡེ་མི་སྡེ་ཡོངས་སྡུག་བསྔལ་གྱི་རྒྱ་མཚོར་ལྷུང་ཞིང་། བཀའ་ཤག་གིས་བདུན་གསུམ་རིང་དཔོན་རིགས་རྣམས་རྣ་རྒྱན་འདོགས་མི་ཆོག་པ་དང་། ཁང་པ་ཚང་མའི་ཐོག་རྩེར་བཙུགས་པའི་དར་ལྕོག་ཚང་མ་འབབ་དགོས་པ། ཁང་པའི་སྒེའུ་ཁུང་ལ་ཤེལ་ཡོལ་ཁྲ་ཁྲ་བརྒྱབ་མི་ཆོག་པ། སྐྱེ་ཀྲུ་མཐའ་དག་གྱོན་ཆས་ཁྲ་ཁྲ་སིལ་སིལ་གྱོན་མི་ཆོག་པ་སོགས་ཀྱི་བཀའ་ཕབ། རྒྱལ་དབང་སྐུ་ཕྲེང་བཅུ་གསུམ་པ་ཆེན་པོ་མཆོག་གིས་སྤྱི་ལོ་༡༨༩༥ལོར་སྲིད་འཛིན་གནང་ནས་སྤྱི་ལོ་༡༩༣༣ལོར་དགོངས་པ་རྫོགས། སྤྱི་རྗེས་སུ་སྲིད་འཛིན་དགུང་གྲངས་སུམ་ཅུ་སོ་བརྒྱད་མཛད་པ་དང་། ཏཱ་ལའི་བླ་མ་སྐུ་ཕྲེང་རིམ་བྱོན་ནང་ནས་སྲིད་སྐྱོང་ཡུན་རིང་ཤོས་འཛིན་པར་མ་ཟད། དེའི་རིང་ནང་རྩོད་ཕྱི་འཁྲུག་བྱེད་པའི་རྙོག་འཛིང་ཆེ་བའི་དུས་ཤིག་རེད་ལ། ཁོང་གི་སྐུ་ཚེའི་རིང་མེས་རྒྱལ་ནང་ཁུལ་དུའང་རྙོག་འཛིང་ཆེ་བའི་སྐབས་དང་འཕེལ་ཞིང་། དབྱིན་ཇི་དང་ཨུ་རུ་སུ་བཙན་རྒྱལ་རིང་ལུགས་པས་བཙན་འཛུལ་གྱི་འདྲི་ལག་བོད་དུ་བརྒྱངས་ནས་རྙོག་ཟིང་མང་པོ་བཟོས་ཡང་། ཏཱ་

ལའི་བླ་མ་མཆོག་ནི་རིག་པའི་བློ་གྲོས་གཞན་ལས་རྣམ་པར་རྒྱལ་བ་དང་ཐུགས་བསམ་ཆེན་པོ་འཆང་བའི་བློ་སྟོབས་ཡོད་སྐབས་དུས་བབ་རྟོག་འཛིང་ཆེ་བ་གང་འདྲ་ཞིག་ཡོད་རུང་མཐར་ཉེན་སེལ་བདེ་ལ་འཁོད་ཐུབ་པ་དང་བཙན་རྒྱལ་རིང་ལུགས་པར་ངོ་རྒོལ་མཐའ་གཅིག་ཏུ་བྱེད་རྒྱུར་རྒྱུན་འཁྱོངས་དང་མིས་རྒྱལ་ལ་དགའ་ཞེན་བྱེད་པའི་ལངས་ཕྱོགས་བརྟན་པོར་བསྐྱངས་ཏེ་མིས་རྒྱལ་གཅིག་གྱུར་ཡོང་བར་སྲུང་སྐྱོང་དང་། བོད་བརྒྱུད་ནང་བསྟན་དར་རྒྱས་ཡོང་བ། སེར་སྐྱ་མང་ཚོགས་ཡོངས་ཀྱི་ཁེ་ཕན་ཆེད་དུ་དཀའ་སྡུག་གང་ལའང་མི་འཛེམས་པ་དང་། ནུས་ཤུགས་ཡོད་དགུ་འདོན་གནང་མཛད་པ་དེ་དག་ལ་བོད་ཀྱི་སེར་སྐྱ་མི་དམངས་ཡོངས་ནས་དགའ་ཞེན་དང་བརྩི་བཀུར་ཟབ་མོ་ཐོབ་ཡོད་པ་རེད།

རྒྱལ་དབང་སྐུ་ཕྲེང་བཅུ་གསུམ་པ་དགོངས་པ་རྫོགས་རྗེས། བོད་ཤིང་ཁྲི་(སྤྱི་ལོ་༡༦༣༩)ལོར་གོ་མིན་ཏང་གྲུང་དབྱང་སྲིད་གཞུང་གིས་སྐུ་ཚབ་ཧོང་རྨའོ་སུང་བོད་དུ་གཏོང་གནང་མཛད་དེ་རྒྱལ་བའི་དགོངས་རྫོགས་སུ་ལྷ་སར་འབྱོར་བས་བོད་ས་གནས་སྲིད་གཞུང་ནས་དཔོན་རིགས་བཏང་སྟེ་བསུ་བ་དང་སྣེ་ལེན་གང་ལེགས་ཞུས། ཧོང་རྨའོ་སུང་སྐུ་འཁོར་དང་བཅས་པས་ཕོ་བྲང་ཆེན་པོ་རྩེ་པོ་ཏ་ལར་མཇལ་སྐོར་ཚོགས་ཏེ་ཏཱ་ལའི་བླ་མ་མཆོག་ལ“རྒྱལ་སྐྱོང་བསྟན་རྒྱས་ཀུན་འཛམ་བྱང་ཆུབ་སློབ་དཔོན་ཆེན་པོ”ཞེས་པའི་རྗེས་སྟོན་ཚེ་ལོ་དང་། གཡང་ཏིའི་འཛའ་ས་ཐམ་ཁ་ཕུལ། གསེར་གདུང་ཞལ་འདེབས་གསེར་དང་ནོར་བུའི་རིགས་འབོར་ཆེན་གནང་ཞིང་། ཧོང་རྨའོ་སུང་དང་ལས་རོགས་ལི་ཏན་རྒྱ་ནག་ནན་ཅན་དུ་ཕྱིར་ལོག་བྱས་རྗེས་གོ་མིན་ཏང་གྲུང་དབྱང་སྲིད་གཞུང་ལ་བོད་དུ་བསྐྱོད་ནས་བོད་ས་གནས་སྲིད་གཞུང་དབར་གྲོས་མོལ་བྱས་པའི་གནས་ཚུལ་སྙན་སྒྲོན་ཞིབ་ཕྲ་ཞུས་པ་དང་འབྲེལ་ཕན་ཚུན་ཐུན་མོང་ཐོག་ལྷ་སར་བོད་སྙིག་ཨུ་ཡོན་ལྷན་ཁང་གི་དོན་གཅོད་ཁང་གསར་བཙུགས་ཀྱིས་བོད་སྙིག་ཨུ་ཡོན་ལྷན་ཁང་གི་ཨུ་ཡོན་ལིའུ་ཕུའུ་ཕྲིན་ལ་བོད་སྡོད་དོན་གཅོད་ཁྲུའུ་ཡི་ཁྲུའུ་ཀྲང་བསྐོ་གཞག་གནང་། རྒྱལ་དབང་སྐུ་ཕྲེང་བཅུ་གསུམ་པ་ཆེན་པོ་སྐུ་ཞིང་ལ་ཕེབས་

རྗེས། བཀའ་ཤག་སྲིད་གཞུང་གིས་དྲུང་རྩིས་སོགས་ཚོགས་འདུ་རྒྱས་འཛོམས་ཐོག་སྲིད་སྐྱོང་གསར་བསྐོ་བྱེད་ཕྱོགས་སྐོར་གྲོས་མོལ་དང་འབྲེལ་གོ་མིན་ཏང་གུང་དབྱང་སྲིད་གཞུང་ལ་སྙན་སྒྲོན་ཞུས་པ་ལྟར། ར་སྒྲེང་ཐུབ་བསྟན་འཇམ་དཔལ་ཡེ་ཤེས་སྲིད་སྐྱོང་བསྐོ་གཞག་དང་། སྟག་མདུན་ཀུན་དགའ་དབང་ཕྱུག་སྲིད་བློན་ལས་རོགས་སུ་བསྐོ་གཞག་བྱས། དོན་དངོས་ཐོག་སྐབས་དེ་དུས་བོད་ཀྱི་མཐོ་རིམ་དབང་སྒྱུར་པ་ནང་ཁུལ་དུ་དབང་ཆ་འཕྲོག་ལེན་བྱེད་པའི་འཐབ་རྩོད་དེ་ཐར་ལས་རྙོག་འཛིང་ཆེ་དུ་སོང་བ་དང་ལོག་སྤྱོད་ཀྱི་འཇབ་རྒོལ་ཤུགས་ཆེ་དུ་སོང་ཡོད། དེའི་རྒྱུ་རྐྱེན་གཙོ་བོ་ཞིག་ནི་དབྱིན་ཇིས་བོད་ཀྱི་མཐོ་རིམ་དཔོན་རིགས་ནང་ཁུལ་དུ་རྒྱུན་ཆད་མེད་པར་མི་སྣ་གསོ་སྐྱོང་དང་། དཀྲུག་ཤིང་རྒྱག་པ། དབྱིན་ཇིར་ཉེ་བའི་སྟོབས་ཤུགས་མི་སྣ་བེད་སྤྱོད་དེ་ཡི་ཚོགས་དུས་བབ་དེ་བས་རྙོག་འཛིང་ཆེ་དུ་བཏང་སྟེ་ཞིང་འཇགས་མེད་པ་བཟོས་པ་རེད།

བཅོ་བརྒྱད། པཎ་ཆེན་སྐུ་ཕྲེང་དགུ་པས་སྐུ་ཚེ་ཧྲིལ་པོར་རྒྱལ་གཅེས་ཆོས་སྐྱོང་མཛད་པ་དང་། ལོ་ངོ་བཅུ་བཞིའི་རིང་རྒྱལ་ནང་དུ་ཡུལ་སྒྱུར་དུ་ཕེབས་པ།

པཎ་ཆེན་སྐུ་ཕྲེང་དགུ་པ་བློ་བཟང་ཐུབ་བསྟན་ཆོས་ཀྱི་ཉི་མ་མཆོག་ནི་བོད་ཆུ་ལུག་(སྤྱི་ལོ་༡༨༨༣)ལོའི་ཟླ་དང་པོའི་ཚེས་བཅུ་གཉིས་ཉིན། དྭགས་པོ་མདའ་སྣང་ཀ་ཤར་ཞེས་པའི་གྲོང་དུ་ཡུམ་དམ་ཆོས་མཚོ་མོ་དང་ཡབ་རྟ་མགྲིན་གཉིས་ཀྱི་སྲས་སུ་འཁྲུངས་ཤིང་། སྐྱེས་མིང་དུ་ལྷུན་གྲུབ་རྒྱ་མཚོ་ཞེས་གསོལ་ཡོད་པ་དང་། བཤད་ཚུལ་ལ་སྲས་འཁྲུངས་པའི་རྗེས་མ་ཡུམ་དམ་ཆོས་མཚོ་མོ་མི་རིང་བར་ཞལ་གྲགས་མི་ཐུབ་པའི་འོན་ལྐུག་ཏུ་གྱུར་ཟེར། ཡབ་ཆེན་རྟ་མགྲིན་མཆོག་གི་ལོ་རྒྱུས་ད་ཕན་གསལ་ཆ་མ་རྙེད། སྲས་ལྷུན་གྲུབ་རྒྱ་མཚོ་སྐུ་ན་ཆུང་དུས་མེས་པོ་འཆི་མེད་དབང་པོའི་ཁྱིམ་ཚང་དུ་འཚོ་སྐྱོང་མཛད་པ་དང་། པཎ་ཆེན་སྐུ་ཕྲེང་བརྒྱད་པ་བསྟན་པའི་དབང་ཕྱུག་དགོངས་པ་ཞིང་ལ་ཕེབས་རྗེས་བཀྲ་ཤིས་ལྷུན་པོའི་ཛ་སག་བླ་མ་བློ་བཟང་དོན་གྲུབ་གིས་གཙོས་ཞབས་འབྲིང་སྣེ་ཡོད་སེར་སྐྱ་ཚང་མས་མཆོག་སྤྲུལ་ངེས་རྙེད་ཀྱི་སྲིད་ཞུའི་ཞབས་འདེགས་ཡོད་རྒྱུར་བརྗོན་ཞིང་། ཡང་སྲིད་མཆོག་སྤྲུལ་རྩད་གཅོད་ཞུས་པའི་མཐར་ངོ་མཚར་ཅན་གྱི་ཁྱིའུ་གསུམ་རྩད་གཅོད་བྱུང་སྟེ་དེའི་ཁོངས་སུ་སྲས་ལྷུན་གྲུབ་རྒྱ་མཚོ་ཚུད་ཡོད་ཅིང་། ཡང་སྲིད་མཆོག་སྤྲུལ་གསུམ་བྱུང་སྐབས་བཀྲ་ཤིས་ལྷུན་པོའི་དགོན་པ་ནས་བོད་བཞུགས་ཨམ་བན་བརྒྱུད་གོང་མ་མཆོག་ལ་གསེར་སྐྱན་སྔོན་ཏེ་མཚན་བྱང་གསེར་བུམ་རིན་པོ་ཆེར་བརྟག་དཔྱད་ཞུས་ཆོག་པའི་རེ་བ་སྟོན།

སྤྱི་ལོ་༡༨༨༨ལོའི་ཟླ་དང་པོའི་ཚེས་བཅུ་བཞི་ཉིན། རྩེ་ཕོ་བྲང་པོ་ཏ་ལའི་གཟིམས་ཆུང་ས་གསུམ་རྣམ་རྒྱལ་ཚོམས་ཆེན་དུ་གོང་མ་ཆེན་པོའི་མཚན་བྱང་གི་མདུན་དུ་གསེར་བུམ་དཀྲུགས་འདོན་གྱི་བརྟག་དཔྱད་ཀྱི་ཐོག་ནས་ཡང་སྲིད་དངོས་གཞི་ངོས་

འཛིན་གནང་རྒྱུའི་འགོ་ཚུགས། ཟླ་དང་པོའི་ཚེས་བཅོ་ལྔ་ཉིན། གོང་ས་རྒྱལ་དབང་སྐུ་ཕྲེང་བཅུ་གསུམ་པ་ཐུབ་བསྟན་རྒྱ་མཚོ་མཆོག་གིས་པོ་ཏ་ལའི་གཟིམས་ཆུང་ཉིད་འོད་ཚོམས་ཆེན་དུ་ཡང་སྲིད་རིན་པོ་ཆེའི་དབུའི་གཙུག་ཕུད་བཞེས་ཏེ། མཚན་ལ་བློ་བཟང་ཐུབ་བསྟན་ཆོས་ཀྱི་ཉི་མ་དགེ་ལེགས་རྣམ་རྒྱལ་དཔལ་བཟང་པོ་ཞེས་གསོལ། བོད་ཆུ་འབྲུག་(སྤྱི་ལོ་༡༨༩༢)ལོའི་ཟླ་དང་པོའི་ཚེས་གསུམ་ཉིན། པཎ་ཆེན་སྐུ་ཕྲེང་དགུ་པ་ཆོས་ཀྱི་ཉི་མ་ལྷ་ས་ནས་ཆིབས་ཞལ་བསྒྱུར་ཏེ་གཙང་བཀྲ་ཤིས་ལྷུན་པོའི་གདན་སར་ཕེབས། བཀྲས་ལྷུན་དགོན་དུ་གསེར་ཁྲི་མངའ་གསོལ་ཞུ་བར་ཆིང་གོང་མས་མངགས་གཏོང་མཛད་པའི་གསར་འགྱུར་བོད་བཞུགས་ཨམ་བན་རྟེང་ཐད་དང་། རྒྱལ་དབང་སྐུ་ཕྲེང་བཅུ་གསུམ་པ་དང་བཀའ་ཤག་ས་གནས་སྲིད་གཞུང་གི་སྐུ་ཚབ་སྲིད་སྐྱོང་དེ་མོ་ཧོ་ཐོག་ཐུ་སོགས་ཕེབས་ནས་གསེར་ཁྲི་མངའ་གསོལ་ལ་བཀྲ་ཤིས་པའི་མཇལ་དར་སྟོན། དེ་ནས་སྲིད་སྐྱོང་དེ་མོ་ཧོ་ཐོག་ཐུས་པཎ་ཆེན་སྐུ་ཕྲེང་དགུ་པ་ཆོས་ཀྱི་ཉི་མར་རབ་བྱུང་གི་སྡོམ་པ་བསྩལ། དེ་ནས་ལོ་བཅུ་སོང་བའི་རྗེས་སྤྱི་ལོ་༡༩༠༢ལོར་བོད་རབ་བྱུང་བཅོ་ལྔ་ཆུ་སྟག་ལོའི་ཟླ་བཞི་པའི་ས་ག་ཟླ་བའི་ཚེས་བཅོ་ལྔ་དུས་ཆེན་གསུམ་འཛོམས་ཉིན། པཎ་ཆེན་རིན་པོ་ཆེ་རྗེ་བཙུན་བློ་བཟང་འཕྲིན་ལས་ཐུབ་བསྟན་ཆོས་ཀྱི་ཉི་མ་དགེ་ལེགས་རྣམ་རྒྱལ་དཔལ་བཟང་པོ་བསླབ་གཞི་ཡོངས་སུ་རྫོགས་པ་དགེ་སློང་གི་སྡོམ་པ་འབུལ་བཞེས་སླད་རྒྱལ་དབང་སྐུ་ཕྲེང་བཅུ་གསུམ་པ་ཆེན་པོ་རྩེ་པོ་ཏྲང་པོ་ཏ་ལ་ནས་ལྷ་ལྡན་གཙུག་ལག་ཁང་ཇོ་བོ་ཤཱཀྱ་མུ་ནེའི་སྐུ་མདུན་དུ་ཕེབས་པ་དང་། པཎ་ཆེན་རིན་པོ་ཆེར་དགེ་སློང་གི་སྡོམ་པ་ཡོངས་སུ་རྫོགས་པ་བསྩལ། དེའི་སྐབས་དབྱིན་ཇི་བཙན་རྒྱལ་རིང་ལུགས་པས་བོད་དུ་བཙན་འཛུལ་གྱི་དམག་འབྲུག་བསླངས་ཏེ་བོད་མི་དམངས་ཀྱིས་དཀའ་སྡུད་ཚད་མེད་དང་དབྱིན་འགོག་འཐབ་རྩོད་བྱེད་བཞིན་པའི་གང་ཡིན།

བོད་ཆུ་ཡོས་(སྤྱི་ལོ་༡༩༠༣)ལོའི་ཟླ་བཞི་པའི་ཚེས་བཅུ་དྲུག་ཉིན། དབྱིན་ཇི་སྲིད་གཞུང་གིས་ཆིང་གོང་མར་གྲོས་འགོ་ཞིག་བསྟོན་ནས། བོད་ལྗོངས་གཙང་ཁུལ་གྱི་

གམ་པ་ས་ཁོངས་སུ་ཀྲུང་གོ་དང་དབྱིན་ཇི་གཉིས་གྲོས་མོལ་བྱས་ཏེ། ས་མཚམས་སོ་སོ་གཏན་འཁེལ་དང་འགྲིག་སའི་གནད་དོན་ཐག་གཅོད་བྱེད་དགོས་པའི་སྐོར་བཤད། གམ་པ་ཁུལ་ནི་པཎ་ཆེན་བླ་བྲང་གི་ཁོངས་གཏོགས་ཡིན་ཞིང་། དབྱིན་ཇིས་གྲོས་མོལ་བྱེད་རྒྱུའི་ས་གནས་གམ་པ་ཁུལ་དུ་ཡིན་དགོས་ཟེར་བ་ནི་པཎ་ཆེན་སྐུ་ཕྲེང་དགུ་པར་སྔོན་ཤུགས་སྨྲད་དེ་དབུས་གཙང་གཉིས་དབར་འགལ་ཟླ་བཟོ་རྒྱུའི་སེམས་ངན་བཅང་ཡོད་པ་རེད། བོད་ཀྱི་བཀའ་ཤག་ས་གནས་སྲིད་གཞུང་ནས་གནས་ཚུལ་དེ་ཤེས་རྗེས། པཎ་ཆེན་བླ་བྲང་ལ་བཀའ་ཕབ་སྟེ་དབྱིན་ཇིས་གཙང་གམ་པ་ཁུལ་དུ་བཙན་འཛུལ་བྱས་འདུག་པས་ད་དུང་ མུ་མཐུད་བཙན་འཛུལ་བྱས་ཡོང་ན་བོད་ཀྱི་ཆོས་སྲིད་བྱ་བ་དོན་ཆེན་ལ་གནོད་འཚེ་ཚབས་ཆེན་ཕོག་ངེས་ཡིན་པས། ཁྲིད་ཆོས་གམ་པ་ས་ཁོངས་སྲུང་སྐྱོབ་བྱེད་རྒྱུའི་འོས་འགན་ཡོད་པས་ངེས་པར་དུ་ནུས་ཤུགས་ཡོད་རྒྱུ་བཏོན་ནས་དབྱིན་དམག་རྣམས་མཐའ་སྐྲོད་གཏོང་ཐུབ་པ་དགོས། དེ་མ་བྱུང་ན་བཀའ་ཤག་སྲིད་གཞུང་ནས་གམ་པ་ཁུལ་རྩིས་ལེན་བྱེད་རྒྱུ་མ་ཟད་ཉེས་ཆད་ནན་པོ་གཏོང་རྒྱུ་ཡིན་ཅེས་དང་། བཀྲ་ཤིས་ལྷུན་པོ་ནས་འཕྲལ་དུ་དགོན་པའི་བླ་བྲང་ཕྱག་མཛོད་ཛ་སག་བླ་མ་དང་། ཟུར་བཞི་ཞབས་འབྲིང་སེར་སྐྱ་དཔོན་རིགས་རྣམས་སྐོང་ཚོགས་ཞུས་ནས། སྔགས་ཆེན་རིན་པོ་ཆེ་དང་རིམ་བཞི་རྩེ་ཕྱག་སྔོ་གང་སོགས་གམ་པར་གཏོང་གནང་མཛད་དེ་དབྱིན་ཇི་དང་གྲོས་མོལ་ཞུ་བར་བཅར། ཁོང་རྣམས་པས་དབྱིན་དམག་ལ་བསྙེན་ཅིང་ངོར་ལྟ་བའི་ཆེད་ཕྱག་རྟགས་“ཞལ་ཐང”ལ་སོགས་པའི་རྩ་ཆེའི་ནོར་རིགས་མང་པོ་ཕུལ་བ་དང་། དབྱིན་དམག་ལ་གལ་ཏེ་ཁྲིད་ཆོས་ད་དུང་མུ་མཐུད་བོད་ཀྱི་དབུས་ཁུལ་དུ་མདུན་སྐྱོད་བྱས་ན། བཀའ་ཤག་སྲིད་གཞུང་གིས་ང་ཚོར་ཉེས་ཆད་གཏོང་རྒྱུ་མ་ཟད། པཎ་ཆེན་རིན་པོ་ཆེ་དང་བཀྲས་ལྷུན་དགོན་གྱི་དགེ་འདུན་པ་ཚང་མ་གནས་བཟོད་མི་བདེ་བའི་གནས་སུ་འགྱུར་ངེས་པས། དབྱིན་དམག་རྣམས་ཅི་ནས་ཀྱང་ཕྱིར་འཐེན་བྱེད་དགོས་པའི་རེ་བ་བཏོན། དེ་དང་ཆབས་ཅིག་ཏུ་ དབྱིན་ཇིའི་ལམ་སྟོན་བྱེད་མཁན་བཀྲས་ལྷུན་དགོན་གྱི་སྒྲུ་པ་བཀའ་ཆེན་བློ་བཟང་

ཚེ་རིང་གིས་འདུམ་འགྲིག་མང་པོ་བྱས་པའི་འོག །གཡོ་སྒྱུ་ཅན་གྱི་དབྱིན་དམག་ནས་ཕྱིར་འཐེན་བྱེད་རྒྱུ་ཁས་ལེན་བྱས་པར་མ་ཟད་སྔགས་ཆེན་རིན་པོ་ཆེ་དང་རྩེ་ཕྲུག་གློ་གང་གཉིས་དབྱིན་དམག་དཔོན་དང་མཉམ་དུ་དྲན་རྟེན་སྐུ་པར་རྒྱབ་རྒྱུའི་རེ་བ་ཡང་བཏོན་པ་དེ་བཞིན་དུ་མཛད། དེའི་མཇུག་འབྲས་སུ་ཕྱི་ལོ་བོད་ཤིང་འབྲུག(སྤྱི་ལོ་༡༨༠༩)ལོར་དབྱིན་ཇི་བཙན་འཛུལ་པའི་གདོང་རིས་ངན་པ་དེ་དམར་རྗེན་དུ་ཐོན་ནས་རང་རེའི་བོད་ཀྱི་མཐའ་མཚམས་ས་ཆ་གྲོ་མོ་བརྒྱུད་དེ་བཙན་འཛུལ་གྱི་དམག་འཁྲུག་བསླངས། གནད་དོན་དེར་བཀའ་ཤག་སྲིད་གཞུང་གིས་དེ་ནི་བཀྲ་ཤིས་ལྷུན་པོའི་བླ་བྲང་དང་དབྱིན་དམག་གཉིས་ངན་འབྲེལ་བྱས་ཏེ"གཡོ་བྱུས"བཤམས་པའི་ངོས་འཛིན་བྱས་ཏེ་པཎ་ཆེན་སྐུ་ཕྲེང་དགུ་པ་མཆོག་ལ་ཤིན་ཏུ་མི་འདོད་པའི་སྣང་ཚུལ་སྟོན་པ་དང་། དེ་ནས་བཟུང་ཕན་ཚུན་གྱི་འགོན་འགྲས་ཇེ་ཆེ་གཏིང་ཟབ་ཏུ་ཕྱིན་པ་རེད།

དོན་དངོས་ཐོག་ཏཱ་ལའི་བླ་མ་དང་པཎ་ཆེན་རིན་པོ་ཆེ་དབར་སྔ་ས་ནས་འགོན་འགྲས་བྱུང་ཡོད་པ་དཔེར་ན། པཎ་ཆེན་སྐུ་ཕྲེང་བརྒྱད་པ་བསྟན་པའི་དབང་ཕྱུག(འབྲུངས་སའི་ཁྱིམ་ཚང་ནི་བོད་བརྒྱུད་ནང་བསྟན་གྱི་རྙིང་མ་བའི་གྲུབ་མཐར་དད་སེམས་ཆེ་བ་ཡིན་ཞིང་།)བཀྲ་ཤིས་ལྷུན་པོའི་དགོན་པའི་ཆོས་ཕྱོགས་གཙོ་འཛིན་ཞིག་གི་ངོས་ནས་དགེ་ལུགས་པའི་གྲུབ་མཐའི་གཞུང་ཆེན་ཁག་ལ་དེ་ཙམ་དང་དོད་མི་མཛད་པར། རྙིང་མ་བའི་གཞུང་ཆེན་ཁག་ལ་དད་སེམས་དང་སློབ་སྦྱོང་བརྩོན་ཏེ་རྙིང་མ་བའི་བླ་ཆེན་དང་འབྲེལ་བ་དམ་ཟབ་མཛད་ཀྱི་ཡོད་པར་བཀའ་ཤག་སྲིད་གཞུང་གིས་སུན་སྣང་ཆེན་པོ་བྱེད་ཀྱི་ཡོད་པ་རེད། སྐབས་དེར་ཏཱ་ལའི་བླ་མ་སྐུ་ཕྲེང་བཅུ་གསུམ་པ་མཆོག་དགུང་གྲངས་དྲུག་ཏུ་སོན་སྐབས། སྔར་ལམ་ལྟར་ན་པཎ་ཆེན་རིན་པོ་ཆེའི་སྐུ་མདུན་ནས་རབ་བྱུང་གི་སྡོམ་པ་བཞེས་དགོས་ཅུང་། བཀའ་ཤག་སྲིད་གཞུང་གིས་པཎ་ཆེན་སྐུ་ཕྲེང་བརྒྱད་པ་གདན་འདྲེན་མ་ཞུས་པར། བཀའ་ཤག་སྲིད་གཞུང་གིས་པཎ་ཆེན་སྐུ་ཕྲེང་བརྒྱད་པ་བསྟན་པའི་དབང་ཕྱུག་ནི་སྔར་ས་སྐྱ་པའི་པཎ་ཆེན་དྲུང་ནས་སྡོམ་པ་བཞེས་པ་ཡིན་སྟབས། ཏཱ་ལའི་བླ་མ་ནི་དགེ་ལུགས་པའི་གཙོ་འཛིན་ཞིག་ཡིན་པས་ས་སྐྱའི་པཎ་ཆེན་

དང་འབྲེལ་བ་ཡོད་པའི་བླ་སྤྲུལ་གྱི་ས་ནས་སྔོམ་པ་བཞེས་ན་མི་འགྲིག་ཟེར།

སྤྱི་ལོ་༡༨༧༩—༡༨༨༢ལོའི་བར་དུ། དབྱིན་ཇི་དང་རྒྱ་གར་སྲིད་གཞུང་གིས་རྒྱ་གར་གྱི་ཏ་སི་ཞེས་པའི་མི་ཞིག་ལ་བོད་ཀྱི་གྲྭ་བཙུན་པའི་ཆས་སུ་བཞུགས་ཏེ་འབྲས་ལྗོངས་སྐུ་དྲག་གི་བརྒྱུད་པ་བླ་སྤྲུལ་ཨོ་རྒྱན་རྒྱ་མཚོ་ཞེས་པ་སྣར་དབྱིན་ཇི་དང་རྒྱ་གར་གྱི་གསང་མྱུལ་སྤྱོད་བཙར་ནང་ཟབ་སྤྱོད་བྱེད་མྱོང་བའི་མི་དེ་དང་མཉམ་དུ་བོད་ལ་ནང་འཛུལ་བྱས་པ་རེད། ཨོ་རྒྱན་རྒྱ་མཚོ་དང་བཀྲ་ཤིས་ལྷུན་དགོན་ཆོས་འབྲེལ་ཡོད་པ་བེད་སྤྱད་དེ་ཚན་རིག་རྟོག་ཞིབ་དང་དམངས་ཁྲོད་ཀྱི་འཚོ་བའི་གོམས་འདྲིས་ལ་རྟོག་ཞིབ་བྱེད་མཁན་ཡིན་པའི་མིང་ཐོག་ནས། དོན་དངོས་ཐོག་གསང་མྱུལ་གྱི་བྱ་སྤྱོད་སྤེལ་ཏེ་བོད་ལ་ཐེངས་གཉིས་ཙམ་ནང་འཛུལ་བྱས་ཡོད་པ་རེད། ཏ་སིས་བོད་ལ་འགྱོར་འཕྲལ་བོད་ཀྱི་པཎ་ཆེན་རིན་པོ་ཆེའི་ཁོངས་གཏོགས་འབྲོང་རྩེ་བ་སེང་ཆེན་དཔལ་ལྡན་ཆོས་འཕེལ་དང་སྐུ་དྲག་གི་རིགས་ཕོ་ལྷ་སོགས་དང་ངོ་ཤེས་འབྲེལ་བ་བཙུགས་ནས་ཁོང་ཚོའི་རོགས་རམ་འོག་ལྷ་ས་དང་། ས་སྐྱ། བསམ་ཡས། ཡར་ཀླུང་སོགས་ཀྱི་ས་གནས་སུ་བསྐྱོད་ནས་ས་ཞིབ་རྟག་དཔྱད་མང་པོ་བྱས་པ་དང་། ད་དུང་རྩ་ཆེའི་བོད་ཀྱི་གནའ་གཞུང་དང་ཡིག་ཚགས་ཁྲིས་མ་འབོར་ཆེན་འཁྱེར་ནས་རྒྱ་གར་དུ་ལོག །རྒྱ་གར་དུ་ཁོ་པས་བོད་ཀྱི་གནའ་བོའི་ལོ་རྒྱུས་ཡིག་ཚགས་དང་ཆོས་ཕྱོགས་ཀྱི་ཡིག་རིགས་མང་པོ་བསྡུ་སྒྲིག་བྱས་པའི་ཡིག་ཆ་ཁག་དབྱིན་ཇི་དང་རྒྱ་གར་སྲིད་གཞུང་གིས་གསང་མཛོད་ནང་བཀག་ཉར་བྱས་ཏེ་ད་བར་དུ་འགྲེམ་སྤེལ་བྱེད་མྱོང་མེད་པ་རེད། ཡུན་རིང་མ་སོང་བར་བཀའ་ཤག་སྲིད་གཞུང་གིས་ཏ་སི་དང་ལས་རོགས་སྤྲུལ་སྐུ་གཉིས་གསང་མྱུལ་ཡིན་པ་ཤེས་རྗེས། དེ་ནི་བཀྲ་ཤིས་ལྷུན་པོ་དང་དབྱིན་ཇི་གཉིས་ངན་འབྲེལ་བྱས་ཏེ་རང་རེའི་གསང་བ་ཕྱི་རྒྱལ་གྱིས་རྐུ་འཕྲོག་བྱས་པའི་བྱ་སྤྱོད་ཅིག་ཡིན་ངོས་འཛིན་བྱས། དེར་བརྟེན་གསང་མྱུལ་པ་ཏ་སི་བོད་ནས་ཕྱིར་འབུད་བྱས་པར་མ་ཟད། ཁོ་པར་སྣེ་ལེན་ཞུ་མྱོང་བའི་འབྲོང་རྩེ་བ་སེང་ཆེན་བླ་མ་དཔལ་ལྡན་ཆོས་འཕེལ་ཡུན་རིང་བཙོན་དུ་བཅུག་ཅིང་འདྲི་བརྩད་ནན་པོ་བྱས་པའི་མཐར་གཅང་ཆུར་གསོན་པོ་

གཡུགས་ནས་བཀྲོངས་པ་དང་། སེང་ཆེན་གྱི་སྐུའི་དཔོན་པོ་ཞབས་དྲུང་ཟེར་བ་བཙོན་ཁང་ནས་ཐོས་ཤོར་ཏེ་རྒྱ་གར་རྡོ་རྗེ་གླིང་དུ་འབྱོར་ནས་དབྱིན་ཇིས་སྲུང་ཉར་དང་དམག་སྤྱོད་བྱེད་བཅུག་སྟེ། རྗེས་སུ་ཁོ་པས་དབྱིན་དམག་བོད་དུ་འཁྲིད་ཡོང་སྟེ་རང་རེའི་གམ་པ་ཁུལ་དུ་དབྱིན་དམག་གིས་ནང་འཛུལ་བྱས་པའི་གོང་གསལ་གྱི་ལོ་རྒྱུས་དེ་བྱུང་ཡོད། ད་དུང་བཀའ་ཤག་སྲིད་གཞུང་གིས་གཟིམས་ཤག་པ་ལྷའི་ནང་མི་རྒྱང་འབུད་དང་ཁྲིམ་ཚང་སྟོག་གཤེར་སོགས་ཀྱི་ཉེས་ཆད་ཕོག་ཡོད་པ་རེད།

གོང་གསལ་གནས་ཚུལ་དེ་དག་ཐོན་པ་ནས་བོད་མི་དམངས་དང་བཀའ་ཤག་སྲིད་གཞུང་གིས་དབྱིན་ཇི་མི་སེར་སྤེལ་ཡུལ་རིང་ལུགས་པས་བོད་ལ་བཙན་འཛུལ་བྱེད་པའི་ཉེན་གཡོར་དོགས་ཟློན་ཆེ་པོ་སྐྱེས་པར་མ་ཟད། དབྱིན་ཇིར་ངོ་རྒོལ་བྱེད་པའི་སེམས་ཤུགས་ཀྱང་ཇེ་མཐོར་སོང་བའི་གང་ཡིན་སྐབས། བཀྲ་ཤིས་ལྷུན་པོའི་གལ་ཆེའི་མི་སྣས་དབྱིན་ཇིའི་གསང་ཞུལ་བར་སྣེ་ལེན་ཞུས་པ་དང་། སྤྱལ་ཞིབ་པ་རང་རེའི་ས་ཕྱོགས་གང་སར་རང་མོས་ལྟར་འགྲོ་ཆོག་པར་མ་ཟད་གསང་འཕྲིན་མང་པོ་འཚོལ་བསྡུ་བྱས་ཡོད་པའི་རྐྱེན་གྱིས་བཀའ་ཤག་སྲིད་གཞུང་དང་སེར་སྐྱ་དཔོན་རིགས་ཚང་མའི་བློ་ལ་འབབ་པོ་མི་བྱུང་བ་དང་། དེ་ལ་བརྟེན་ནས་ཏཱ་ལའི་བླ་མ་དང་པཎ་ཆེན་རིན་པོ་ཆེའི་དབར་སྟར་བྱུང་སྒྱོང་མེད་པའི་ཕན་ཚུན་འཕོན་འཛིན་ཁ་གཏད་དུ་ལང་པ་མངོན་གསལ་དོད་དུ་སོང་བ་རེད། དེའི་ཐོག་ནས་དབྱིན་ཇི་བཙན་རྒྱལ་རིང་ལུགས་པས་བོད་དུ་དམག་དོན་བཙན་འཛུལ་ལན་གཉིས་ཙམ་བྱས་པ་དང་དེའི་རྗེས་ཁོ་པ་ཚོས་རྒྱུན་ཆད་མེད་པར་ཉེན་གཡོ་ངན་ཇུས་བཤམས་པ་དང་དབྱིན་སྤྱོར་དཀྲུག་ཤིང་བརྒྱབ་ནས་ཏཱ་ལའི་བླ་མ་དང་པཎ་ཆེན་རིན་པོ་ཆེའི་དབར་འགལ་ཟླ་ཇ་དྲག་ཏུ་ཕྱིན་ནས་མཐར་འབྲེལ་བ་ཡོངས་སུ་བཅད་བཅུག་མཁན་མི་བཟོ་དགུ་བཟོ་བྱེད་མཁན་གྱི་བྱེད་ཉེས་ཅན་གཏེ་པོ་ཡིན་པ་མཐོང་ཐུབ།

ཏཱ་ལའི་བླ་མ་དང་པཎ་ཆེན་རིན་པོ་ཆེའི་དབར་འགལ་ཟླ་གཏིང་ཟབ་པོ་ཡོད་ནའང་། དབྱིན་ཇི་བཙན་རྒྱལ་རིང་ལུགས་པར་ངོ་རྒོལ་བྱེད་པའི་འཐབ་རྩོད་ནང་

ཕན་ཚུན་ཇོག་རྩ་གཅིག་སྒྲིལ་དང་། དཔུང་པ་མཉམ་གཤིབ་དང་ཐུན་མོང་ཐོག་ནས་དགྲ་བོར་ཁ་གཏད་འཛམ་ཡོད་པ་རེད། དབྱིན་ཇི་དམག་དཔུང་གིས་རྒྱལ་རྩེར་དཔུང་འཇུག་བྱེད་སྐབས་པཎ་ཆེན་རིན་པོ་ཆེ་དགུང་ལོ་ཆུང་ཡང་དམག་སའི་གནས་ཚུལ་ཇི་ལྟར་སྙོར་ལ་དོ་སྣང་ཆེན་པོ་མཛད་དེ། ཏཱ་ལའི་བླ་མ་མཆོག་ལ་རང་འགྲུལ་དང་སྣན་སྦྲོན་ཞུས་ཏེ་བཀྲས་ལྷུན་ནས་དབྱིན་འགོག་དམག་འཁྲུག་གི་འགྲོ་སོང་བཞི་ཆ་གཅིག་གཏོང་རྒྱུའི་ཁས་ལེན་མཛད་པ་དང་། དེ་བཞིན་བོད་བཞུགས་ཨམ་བན་ཡུའུ་ཐད་ལ་དབྱིན་ཇིར་འགོག་རྒོལ་ཇི་ལྟར་བྱེད་རྒྱུའི་ཐབས་བྱུས་སོགས་སྟོན་གནང་མཛད། སྐབས་དེར་དབྱིན་འགོག་དམག་འཁྲུག་གི་མདུན་ཕྱོགས་སུ་ཡོད་པའི་བཀའ་བློན་བཀོད་འདོམས་པ་གཡུ་ཐོག་གིས་ཏཱ་ལའི་བླ་མའི་དགོངས་གཞི་ལྟར་ལྡོངས་ཡོངས་ཀྱི་དགོན་སྡེ་ཁག་ནས་གྲྭ་དམག་དཔུང་སྡེ་སྒྲིག་འཛུགས་བྱས་ཏེ་རྒྱབ་སྐྱོན་ཡོང་དགོས་པའི་བཀའ་ཕབ་པ་དང་། གཙང་ཕྱོགས་པཎ་ཆེན་ཁོངས་གཏོགས་ཀྱི་དགོན་སྡེ་ཁག་ནས་ཏུར་བཙོན་དང་དང་ལེན་ཞུས་ཏེ་གྲྭ་པ་གཞོན་གྲས་ཉིས་བརྒྱ་ལྷག་འདེམས་སྒྲུག་གིས་དྲག་ཆས་དང་བཅས་པར་དམག་སར་བཏང་བ་དང་། ཁོ་ཚོས་དམག་ཐོག་ཏུ་ཤི་རྒྱུར་མི་འཛེམས་པར་དགྲ་བོར་དཔའ་ངར་ལྡན་པའི་ཕར་རྒོལ་གྱི་འཐབ་རྩོད་ཤུགས་ཆེན་བྱས། དེའི་ནང་ནས་པཎ་ཆེན་རིན་པོ་ཆེའི་གསོལ་དཔོན་མཁན་པོ་ཟུར་ཁང་ནུབ་དང་བཀའ་ཤག་སྲིད་གཞུང་ནས་བཏང་བའི་མདའ་དཔོན་ལྷ་སྡིངས་སྲས་གཉིས་ཀྱིས་ཆུ་མིག་ལུང་ཤུར་དུ་དཔུང་པ་མཉམ་གཤིབ་ཀྱིས་དབྱིན་དམག་ལ་འགོག་རྒོལ་མཐའ་གཅིག་ཏུ་བྱས་ཏེ་མཐར་དམར་འཛིང་ནང་དཔའ་ངར་ལྡན་པའི་སྒོ་ནས་རང་སྲོག་བློས་བཏང་གནང་བ་རེད། དམག་མཇུག་སྒྲིལ་བའི་རྗེས་པཎ་ཆེན་རིན་པོ་ཆེ་ཡང་བཀའ་ཤག་སྲིད་གཞུང་དང་མཚུངས་པར་དབྱིན་འགོག་དམག་སའི་ཐོག་དཔའ་ངར་ལྡན་པའི་འཐབ་རྩོད་ནང་རང་སྲོག་བློས་གཏོང་མཁན་དང་། དབྱིན་འགོག་དམག་སར་བྱས་རྗེས་བཞག་མྱོང་བའི་འཐབ་འཛིང་པ་རྣམས་ལ་གཟེངས་བསྟོད་བྱ་དགའ་གནང་ཡོད་པ་དཔེར་ན། པཎ་ཆེན་རིན་པོ་ཆེ་ནས་ཟུར་ཁང་པར་དབྱིན་འགོག་བྱས་རྗེས་སུ་

ཟུར་ཟུབ་ཀྱི་གཞིས་ཀ་རྒྱུད་འཛིན་བདག་ཐོབ་བསྐུལ་བ་དང་། དེ་བཞིན་དམག་དཔུང་གི་ཏུ་དཔོན་དང་། བརྒྱ་དཔོན། གྭ་དམག་སོགས་དང་དེ་མིན་བཀོད་འདོམས་པ་ཆུང་གྲས་མི་རེར་ལ་རྒྱ་དངུལ་ཏམ་སྲང་བརྒྱ་རེ་གནང་ཡོད་པ་རེད།

སྤྱི་ལོ་༡༩༠༥ལོའི་ཟླ་བཅུ་པའི་ཚེས་ཉེར་གཉིས་ཉིན། དབྱིན་ཇིའི་རྒྱལ་རྩེར་ཡོད་པའི་ཚོང་དོན་བཅའ་སྡོད་སྐུ་ཚབ་ཨར་ཁང་ནོའོ་ཧྲ་ཙོ་ཡིས་དབྱིན་ཇིའི་དམག་དཔོན་ཏུང་ཧྲོའོ་ཕང་གི་བཀའ་ལྟར། དབྱིན་དམག་ལྔ་བཅུ་ཙམ་འཁྲིད་དེ་གཞིས་རྩེ་བཀྲས་ལྷུན་དགོན་པར་བསྐྱོད་ནས། རང་ཉིད་དབྱིན་ཡུལ་དུ་གང་མགྱོགས་འགྲོ་མཁན་ཡིན་སྟབས། ཆེད་མངགས་པཎ་ཆེན་རིན་པོ་ཆེ་མཇལ་འཕྲད་ཞུ་བར་བཅར་བ་ཡིན་ཟེར། པཎ་ཆེན་རིན་པོ་ཆེ་ནས་མཇལ་འཕྲད་གནང་བའི་སྐབས་ཨར་ཁང་ནོའོ་གིས་གློ་བུར་དུ་དབྱིན་ཇི་གོང་མའི་སྲས་ནས་གདན་ཞུ་མཇལ་འཛོམས་ཡོང་བའི་རེ་བ་ལྟར་རྒྱ་གར་དུ་ཆིབས་སྒྱུར་མཛད་དགོས་ཀྱི་རེ་བ་བཏོན། ཁོ་པ་ཚོའི་དམིགས་ཡུལ་གཙོ་བོ་ནི་དབུས་གཙང་གཉིས་ཀྱི་འགལ་ཟླ་བེད་སྤྱད་དེ་པཎ་ཆེན་རིན་པོ་ཆེ་ཁོ་པ་ཚོའི་ཕྱོགས་གཏོགས་ལ་འཐེན་འཁྱེར་བྱེད་རྩིས་ཡོད་པ་དེ་རེད། དེ་ནས་པཎ་ཆེན་རིན་པོ་ཆེས་དབྱིན་དམག་གི་སྲུང་སྐྱོབ་འོག་རྒྱ་གར་དུ་ཆིབས་སྒྱུར་མཛད། རྒྱ་གར་དུ་དབྱིན་ཇི་གོང་མའི་སྲས་དང་མཇལ་འཕྲད་གནང་སྐབས་ཨར་ཁང་ནོའོ་གིས་སྒྱོ་ཧྲམ་དང་སྦྲགས་ཏེ་པཎ་ཆེན་རིན་པོ་ཆེ་ནས་དབྱིན་ཇི་གོང་མའི་སྲས་མཇལ་སྐབས་ཕྱག་འཚལ་གུས་ཞབས་དགོས་པའི་རེ་བ་བཏོན་པར་པཎ་ཆེན་རིན་པོ་ཆེས་དང་ལེན་གཏན་ནས་མི་མཛད་པར། "ངས་རྒྱ་ནག་གོང་མར་ཕྱག་འཚལ་གུས་ཞབས་བྱེད་པ་ལས་དེ་མིན་ལ་ཕྱག་འཚལ་ན་མ་འགྲིག་པ་"ཅེས་བཀའ་གནང་སྟེ་ཐུགས་འཚེར་སྣང་ངང་ཕྱག་གཉིས་ཀྱི་གུས་ཞབས་མཛད་པ་རེད། མཇལ་འཕྲད་སྐབས་པཎ་ཆེན་རིན་པོ་ཆེས་བོད་ཀྱི་གནས་ཚུལ་ཚིག་གཅིག་ཀྱང་མ་གསུང་པས། དབྱིན་ཇིས་ཚིག་སྣ་འཇུ་བསམ་པའི་གོ་སྐབས་གང་ཡང་མ་བྱུང་བར་ཕྱོག་གཡོ་ངན་ཇུས་བཤམ་རྒྱུའི་རེ་བ་ཚང་མ་ཆད་དེ་པཎ་ཆེན་རིན་པོ་ཆེ་བོད་དུ་ཕྱིར་ལོག་ཐེབས་སྐྱེལ་མི་ཞུ་ཐབས་མེད་བྱུང་བ་རེད།

སྤྱི་ལོ་༡༩༡༠ལོའི་ཟླ་བ་དང་པོར། ཆིང་གོང་མའི་སི་ཁྲོན་གྱི་དམག་སྤྱི་ཀྲའོ་ཨར་ཧྥུང་གིས་དམག་དཔུང་འཁྲིད་དེ་ལྷ་སར་དཔུང་བསྐྱོད་བྱས་པར་བརྟེན་ལྷ་སའི་དུས་བབ་ཟང་ཟིང་བཟོས་སྐབས། ཏཱ་ལའི་བླ་མ་སྐུ་ཕྲེང་བཅུ་གསུམ་པ་མཆོག་ལྷ་སར་བཞུགས་བཟོད་མ་བདེ་བར་རྒྱ་གར་དུ་ཉེན་གཡོལ་མ་ཕེབས་ཐབས་མེད་བྱུང་བ་རེད། དེའི་སྐབས་བོད་སྡོད་ཨམ་བན་ཡུའུ་ཐད་ཀྱིས་ཆིང་གོང་མར་གསེར་སྐྱན་སྦྲོན་ཏེ་ཆིང་ཀྲུང་དབྱང་སྲིད་གཞུང་ནས་ཏཱ་ལའི་བླ་མའི་གོ་བབ་གནས་དབྱུང་གཏོང་རྒྱུ་དང་། དེའི་ཚབ་ཏུ་པཎ་ཆེན་རིན་པོ་ཆེ་གཙང་བཀྲས་ལྷུན་ནས་ལྷ་སར་གདན་དྲངས་ཏེ་ཆོས་ཕྱོགས་ཀྱི་འགན་འཛིན་བྱེད་རྒྱུའི་རེ་བ་བཏོན་པ་བཞིན་ཆིང་ཀྲུང་དབྱང་སྲིད་གཞུང་གིས་ཆོག་མཆན་སྩད། སྤྱི་ལོ་༡༩༡༡ལོའི་ཟླ་བ་དང་པོའི་ནང་། པཎ་ཆེན་རིན་པོ་ཆེ་གཙང་ནས་ལྷ་སར་གདན་དྲངས་ཏེ་ཐོག་མར་ལྷ་ས་གཙུག་ལག་ཁང་དུ་བཞུགས་པ་དང་། དེ་ནས་ནོར་བུ་གླིང་ཁར་ཏཱ་ལའི་བླ་མའི་གསེར་ཁྲིར་བཞུགས་ནས་བོད་ཀྱི་ཆོས་སྲིད་དོན་གཅོད་ཁག་མཛད་ཀྱི་ཡོད་པར་བཀའ་ཤག་སྲིད་གཞུང་གི་སེར་སྐྱ་དཔོན་རིགས་དང་ཏཱ་ལའི་བླ་མའི་ཁོངས་གཏོགས་ཀྱི་ཞབས་དྲུང་ཁག་སོ་སོས་ཤིན་ཏུ་མི་འདོད་པའི་རྣམ་པ་བསྟན། པཎ་ཆེན་རིན་པོ་ཆེས་བོད་ནང་ཁུལ་དུ་འཚམ་མཐུན་ཡོང་ཆེད་ཆིང་གོང་མ་སྲིད་གཞུང་གིས་ཁོང་ལ་བསྐུལ་བའི་ཆེས་མཐོའི་གོ་གནས་ལ་དང་ལེན་མ་ཞུས་པར་ལོ་འདིའི་དབྱར་དུས་སུ་བཀྲ་ཤིས་ལྷུན་པོའི་དགོན་པར་ཕྱིར་ལོག་ཕེབས་པ་རེད། འོན་ཀྱང་པཎ་ཆེན་རིན་པོ་ཆེ་ལྷ་སར་ཕེབས་བཞུགས་མཛད་དེ་ཕྱུག་ལས་མཛད་པ་དེ་རང་གི་ཐོག་ནས་ཏཱ་ལའི་བླ་མས་ཁོང་ལ་དོགས་ཟོན་དང་འཕོན་འཛིན་དེ་བས་གཏིང་ཟབ་ཏུ་ཕྱིན་པ་རེད།

སྤྱི་ལོ་༡༩༡༢ལོའི་ཟླ་ལྔ་པའི་ཚེས་བཅུ་ཉེན། རྒྱལ་མཆོག་སྐུ་ཕྲེང་བཅུ་གསུམ་པ་མཆོག་རྒྱ་གར་ཀ་ལོན་སྤུག་ནས་བོད་དུ་ཆིབས་ཞལ་བསྒྱུར། རྒྱལ་རྩེ་བརྒྱུད་ར་ལུང་དགོན་པར་ཕེབས་འགྱོར་གནང་རྗེས། པཎ་ཆེན་རིན་པོ་ཆེས་བཀྲ་ཤིས་ལྷུན་པོ་ནས་ཆེད་མངགས་ར་ལུང་དགོན་དུ་ཕེབས་བསུར་བཅར་སྐབས་རྒྱལ་དབང་མཆོག་ནས་

པཎ་ཆེན་རིན་པོ་ཆེར་ཐུགས་སྣང་གྲང་ཤུར་ཤུར་མཛད་པར་གྲགས།

ཏཱ་ལའི་བླ་མ་ལྷ་སར་ཕེབས་འཁྱོར་ཟིན་རྗེས། བོད་ས་གནས་སུ་སྲིད་འཛིན་གྱི་བྱེད་ཐབས་གསར་པ་མང་པོ་ཞིག་ཁྱབ་སྤེལ་གཏོང་གནང་བ་དང་། དེའི་ཁྲུངས་གཞིས་རྩེར་རྫོང་སྤྱི་བཞི་གསར་འཛུགས་མཛད་ཐོག །དེས་བཀྲ་ཤིས་ལྷུན་པོའི་ཕོངས་གཏོགས་རྫོང་གཞིས་བཞི་ལ་དབང་འཛིན་དོ་དམ་ནན་པོ་བྱས་ཏེ། དཔྱའ་ཁྲལ་གསར་སྣོན་སྣེ་མང་བསྡུ་ལེན་བྱས་པ་རེད། སྔར་ཆིང་གོང་མས་པཎ་ཆེན་རིན་པོ་ཆེའི་ཆབ་འོག་དགོན་སྡེ་ཁག་ལ་སྐུ་དྲག་དཔོན་རིགས་ཁག་གི་ས་ཞིང་དང་འབྲོག་སྡེ་མང་པོ་ཡོད་པ་ལས་བཀྲ་ཤིས་ལྷུན་པོ་དགོན་པར་དཔྱ་ཁྲལ་དང་ཞིང་བོགས་གང་འཚམས་འཇལ་དགོས་པ་ཙམ་ལས། བོད་ས་གནས་སྲིད་གཞུང་ལ་དཔྱ་ཁྲལ་ཆེ་རིགས་འཇལ་མི་དགོས་སྐབས་དཔྱ་ཁྲལ་ལམ་སྲོལ་གསར་དུ་གཏན་འཁེལ་གནང་བ་དེས་ཁོ་པ་ཚོའི་ཁེ་ཕན་ལ་གནོད་འཚེ་ཚབས་ཆེན་ཐོག་པས་ཡི་མི་རངས་པར་གྱུར། པཎ་ཆེན་རིན་པོ་ཆེས་ཏཱ་ལའི་བླ་མར་ཕྱག་ཕྲིས་ཕུལ་ནས་དཔྱ་ཁྲལ་ཆག་ཡང་གཏོང་རྒྱུའི་རེ་བ་ག་ཚོད་ཞུས་ཡང་འབྲས་བུ་གང་ཡང་མ་ཐོན་པ་རེད།

ཕྱི་ལོ་༡༩༢༡ལོར་བཀའ་ཤག་སྲིད་གཞུང་གིས་ཞིབ་འཕར་ལས་ཁུངས་གསར་དུ་བཙུགས་ཏེ་བཀྲ་ཤིས་ལྷུན་པོར་ལོ་རེ་དམག་ཐོགས་འབྲུ་ཁལ་ལྗོངས་ཡོངས་ཀྱི་བཞི་ཆ་གཅིག་རྒྱ་གྲངས་སུ་ཕབ་ན་རྒྱ་མ་ཁྲི་ཉི་ཤུ་རྩ་བརྒྱད་སྒྲུབ་དགོས་པའི་བཀའ་ཕབ་པ་དང་། དེ་དང་ཆབས་ཅིག་བཀྲ་ཤིས་ལྷུན་པོའི་ཕོངས་གཏོགས་གཞིས་ཀ་དང་འབྲོག་ར་ནས་སྔར་དབྱིན་འགོག་དམག་འཁྲུག་སྐབས་ཀྱི་ལམ་སྲོལ་ལྟར་དམག་འཁྲུག་གི་འགྲོ་སོང་བརྒྱ་ཆ་ཉི་ཤུ་ལྔ་དངུལ་ཊམ་དུ་ཕབ་ན་ཊམ་སྲང་ཁྲི་བཅུ་སྒྲུབ་དགོས་པ་ཡིན་སྐབས། སྐབས་དེར་བཀྲ་ལྷུན་ཕོངས་གཏོགས་ཀྱི་སེར་སྐྱ་མང་ཚོགས་ནས་འགྲོ་སོང་གྲངས་འབོར་ཆེན་པོ་དེ་འདུ་འགྲུབ་པའི་ནུས་པ་མེད་པར་བརྟེན་པཎ་ཆེན་བླ་བྲང་ནས་སེམས་ཐག་གཙང་བཅད་ཀྱིས་འགོག་རྐྱོལ་བྱས་པ་རེད། ཕྱི་ལོ་༡༩༢༣ལོའི་ཟླ་བཅུ་གཅིག་པར། ཏཱ་ལའི་བླ་མ་མཆོག་གིས་བཀའ་ཕབ་ནས་བཀྲ་ཤིས་ལྷུན་པོ་ནས་དཔོན་

རིགས་སྐུ་ཚབ་ལྷ་སར་བཏང་སྟེ་དམག་ཕོགས་སྐོར་ལ་བཀའ་ཤག་སྲིད་གཞུང་དང་གྲོས་མོལ་ཞུ་དགོས་ཡོད་ལྟར། བཀྲས་ལྷུན་ནས་སྐུ་ཚབ་མི་བཞི་ལྷ་སར་བཏང་ཡོད་པར་ལྷ་སར་འགྲོར་འཕྲལ་སྐུ་ཚབ་གསུམ་རྒྱུ་མཚན་གང་ཡང་མེད་པར་འཛིན་བཟུང་བྱས་ཏེ་བཙོན་ཁང་དུ་བཅུག །ཕོ་ཚོའི་འཁོར་གཡོག་ལྷ་ས་ནས་བྲོས་ཏེ་བཀྲས་ལྷུན་དུ་འགྲོར་ནས་པཎ་ཆེན་རིན་པོ་ཆེ་ལ་གནས་ཚུལ་ཞིབ་ཕྲ་སྙན་སྒྲོན་ཞུས། པཎ་ཆེན་རིན་པོ་ཆེས་གནས་ཚུལ་ཇི་བཞིན་མཁྱེན་འཕྲལ་གློ་བུར་དུ་ཐུགས་སེམས་ལ་རླུང་བུ་གྲང་ཤུར་ཤུར་ཞིག་བརྒྱབ་པའི་ཚོར་སྣང་བྱུང་སྟེ། འདི་ནི་བགེགས་རེད། གེགས་དབང་བར་ཆད་རེད་གསུངས་ཏེ། དེ་འདྲའི་གེགས་དབང་བར་ཆད་མུ་མཐུད་བྱུང་ན་ད་ལྟ་ཡོད་པའི་གོ་གནས་དབང་ཐང་ཕར་བཞག་སོ་སོའི་སྲོག་མགོ་ཡང་ཐོན་དཀའ་བ་འདུག་པས། དེ་ལས་རེ་ཞིག་རྒྱ་ནག་ཏུ་ཉེན་གཡོལ་ཕྱིན་བཞག་ན་དགའ་བའི་ཐུགས་ཐག་བཅད། སྤྱི་ལོ་༡༩༢༣ལོའི་ཟླ་བཅུ་གཅིག་པའི་ཚེས་བཅོ་ལྔའི་མཚན་མོ་ཉིད་དུ་སྐུ་འཁོར་དང་བཅས་པ་མཚོ་སྔོན་བརྒྱུད་རྒྱ་ནག་ཁུལ་དུ་བྲོས་བྱོལ་དུ་ཕེབས།

པཎ་ཆེན་རིན་པོ་ཆེ་བྲོས་བྱོལ་དུ་ཕེབས་ནས་ཉིན་ཤས་སོང་བའི་རྗེས། གཞི་རྩེར་བཅའ་སྡོད་བཀའ་ཤག་སྤྱི་རྫོང་ནས་ཏ་གོ་ཏེ་འཕྲལ་དུ་རྒྱལ་རྩེར་ཡོད་པའི་དབྱིན་ཇིའི་སྤྲག་སྲིད་ལས་ཁུངས་ནས་སྤྲག་ཏར་བརྒྱུད་བཀའ་ཤག་སྲིད་གཞུང་ལ་པཎ་ཆེན་རིན་པོ་ཆེ་གཞི་རྩེ་ནས་མཚོ་སྔོན་བརྒྱུད་རྒྱ་ནག་ཏུ་བྲོས་བྱོལ་ཕེབས་སྐོར་སྙན་སེང་ཞུས། ཏཱ་ལའི་བླ་མ་མཆོག་གིས་བཀའ་ཕབ་ལྟར་བོད་ཀྱི་དམག་སྤྱི་རྩིས་དཔོན་ལུང་ཤར་རྡོ་རྗེ་ཚེ་རྒྱལ་དང་མདའ་དཔོན་མཚོ་སྨོ་བ་སོགས་ཀྱིས་རྟ་དམག་ཆིག་སྟོང་འཁྲིད་དེ་པཎ་ཆེན་རིན་པོ་ཆེའི་སྐུ་འཁོར་དང་བཅས་པ་རྗེས་འདེད་འཛིན་བཟུང་བྱེད་དགོས་པར། མདའ་དཔོན་མཚོ་སྨོ་བས་པཎ་ཆེན་སྐུ་ངོ་མ་འཛིན་བཟུང་བྱེད་མ་ཐུབ་ནའང་སྐུ་ཕུང་འཁྱེར་ཐུབ་པ་བྱ་རྒྱུ་ཡིན་ཞེས་ཁུར་ཞོད་བྱས། རྟ་དམག་རྣམས་བྱང་བརྒྱུད་འགྲོལ་ཏེ་ཐང་འགོ་ལའི་མཚམས་སུ་སླེབས་སྐབས་གློ་བུར་དུ་ཁ་བ་ཆེན་པོ་བབ་སྟེ་མདུན་སྐྱོད་བྱེད་མི་ཐུབ་པར་ཕྱིར་ལོག་མི་བྱེད་ཐབས་མེད་གྱུར། (སྐབས་དེར་དམངས་ཁྲོད་དུ“པཎ་ཆེན་

ཆུ་ལུག་ལོ་ལ། བྱང་ཐང་བརྒྱུད་ནས་ཐད་སོང་། མཚོ་སྔོ་ཤ་ཁྲི་ཡིན་ཟེར། དྲི་བསྔོམས་བྱས་ནས་ལོག་བྱུང་།"ཞེས་པའི་གཏམ་དཔེ་ཞིག་ཀྱང་བྱུང་ཡོད་པ་རེད།) དེའི་རྗེས་གཞིས་རྩེ་ཁུལ་གྱི་པཎ་ཆེན་རིན་པོ་ཆེའི་ཁོངས་གཏོགས་རྫོང་གཞིས་ཡོད་ཚད་བཀའ་ཤག་སྲིད་གཞུང་གིས་ཐད་ཀར་བདག་འཛིན་བྱས་པ་རེད།

སྤྱི་ལོ་༡༩༢༥ལོའི་ཟླ་གཉིས་པར། པཎ་ཆེན་སྐུ་ཕྲེང་དགུ་པ་ཆོས་ཀྱི་ཉི་མ་སྐུ་འཁོར་དང་བཅས་པ་རྒྱལ་ས་པེ་ཅིང་དུ་འབྱོར། གོ་མིན་སྲིད་གཞུང་གི་སྐུ་ཚབ་དང་། པེ་ཅིང་ཞྭ་སེར་དགོན་དང་། དགའ་ལྡན་བྱིན་ཆགས་གླིང་སོགས་ནས་སེར་སྐྱ་ཁྲི་ཕྲག་མང་པོས་ཕེབས་བསུ་གཟབ་རྒྱས་མཛད། གོ་མིན་སྲིད་གཞུང་གིས་པཎ་ཆེན་སྐུ་ཕྲེང་དགུ་པར"སྲིད་ཞི་ཡོངས་ལ་ཕན་བདེ་སྐྱེལ་མཛད་འགྲོ་མགོན་༧པཎ་ཆེན་ཨེར་ཏེ་ནི"ཞེས་པའི་མཚན་འཕར་གྱི་འཇའ་ས་གསེར་བཙོ་མ་ལས་གྲུབ་པའི་གསེར་ཐམ་དང་། གསེར་སམ་སྣམ་ཆུང་མཚལ་རྩི་མ་བཅས་གནང་། པཎ་ཆེན་རིན་པོ་ཆེས་པེ་ཅིང་དུ"པཎ་ཆེན་མཁན་པོ་ནང་མ་གྲོས་ཚོགས་ཁང་"གསར་འཛུགས་གནང་སྟེ་ཆོས་སྲིད་ཀྱི་བྱ་བ་མཐའ་དག་གནང་འགོ་ཚུགས། སྤྱི་ལོ་༡༩༢༧ལོའི་ཟླ་བཞི་པར་པཎ་ཆེན་རིན་པོ་ཆེས་སྐུ་ཚབ་བཏང་སྟེ་ནན་ཅིང་གྲོང་ཁྱེར་དུ་གོ་མིན་སྲིད་གཞུང་དངོས་སུ་དབུ་བརྙེས་པར་བཀྲ་ཤིས་རྟེན་འབྲེལ་ཞུས། སྤྱི་ལོ་༡༩༣༡ལོར་གོ་མིན་སྲིད་གཞུང་གིས་ནན་ཅིང་དུ་རྒྱལ་དམངས་འཚོགས་འདུ་སྐོང་ཚོགས་བྱས་ཏེ་བོད་ནས་ཏཱ་ལའི་བླ་མའི་སྐུ་ཚབ་མི་དྲུག་དང་པཎ་ཆེན་རིན་པོ་ཆེའི་སྐུ་ཚབ་མི་བཞི་གདན་ཞུ་བྱས་ཡོད་པར། ཟླ་ལྔ་པའི་ཚེས་བཞི་ཉིན། པཎ་ཆེན་རིན་པོ་ཆེས་རྒྱ་ནག་ཧྲེན་དབྱང་ནས་ནན་ཅིང་དུ་ཕེབས་ཏེ་གོ་མིན་སྲིད་གཞུང་གིས་སྐོང་ཚོགས་བྱས་པའི་རྒྱལ་དམངས་ཚོགས་འདུར་བཞུགས་གནང་མཛད་པ་རེད། རྒྱལ་དམངས་ཚོགས་འདུའི་སྐབས་འདུས་ཚོགས་ཁྲི་ཚོ་བརྒྱལ་བར་གསུང་བཤད་གནང་བ་དང་། ལྷག་པར་དུ་སྐབས་དེའི་ཚོགས་འདུའི་རིང་བོད་འདི་ཀྲུང་གོའི་མངའ་ཁོངས་མིན་ཚུལ་སྐོར་ལ་དབྱིན་ཇི་དང་ཁོ་པ་ཚོའི་ཕྱོགས་གཏོགས་བོད་ཀྱི་མཐོ་རིམ་མི་སྣ་ཁུང་ཤས་ཀྱིས་གླེང་ཕྱོགས་མང་པོ་བཟོས་པའི་རྩ་དོན་རང་

བཞིན་གྱི་གནད་དོན་དེར། པཎ་ཆེན་རིན་པོ་ཆེས་བདེན་ཡོད་ཞུམ་མེད་དང་། དར་ཆ་གསལ་སྒྲིང་ངང་བོད་ལྗོངས་ནི་མེས་རྒྱལ་གྱི་མངའ་ཁོངས་བསྐྱོན་མེད་ཅིག་ཡིན་གསུངས་པར་མ་ཟད། པཎ་ཆེན་རིན་པོ་ཆེས་གོ་མིན་སྲིད་གཞུང་ལ་བོད་ཀྱི་གནད་དོན་ལ་ཐག་གཅོད་ཇི་ལྟར་བྱེད་དགོས་པའི་དགོངས་འཆར་ཡིག་ཐོག་ཏུ་བྲིས་ནས་ཕུལ་བ་དང་། བོད་ཀྱི་ནང་སྲིད་དང་། ཕྱི་འབྲེལ་སོགས་ཀྱི་གནད་དོན་ཐག་གཅོད་ཇི་ལྟར་བྱེད་དགོས་ཀྱི་ཞིབ་ཕྲའི་བྱ་སྒྲིག་དགོངས་འཆར་གསལ་པོ་བཏོན་གནང་མཛད་པ་རེད། མདོར་ན་པཎ་ཆེན་རིན་པོ་ཆེ་མེས་རྒྱལ་ནང་ཁུལ་དུ་བཞུགས་རིང་མི་རིགས་མཐུན་སྒྲིལ་ལ་ཕན་པའི་བྱ་བ་མང་པོ་མཛད་པ་དེས། མེས་རྒྱལ་གོང་བུ་གཅིག་གྱུར་ཡོང་རྒྱུར་སྐུལ་འདེད་བཏང་ཡོད་པར་མ་ཟད། རྒྱལ་བའི་བསྟན་པ་རིན་པོ་ཆེ་དར་ཞིང་རྒྱས་པ་དང་འགྲོ་བ་ཡོངས་ལ་ཕན་བདེ་མ་ལུས་སྐྲུན་པའི་བྱ་བ་བཟང་པོ་བླ་མེད་འབའ་ཞིག་ཡང་མཛད་ཡོད་པ་རེད།

སྤྱི་ལོ་༡༩༣༣ལོའི་ཟླ་བཅུ་གཉིས་པར། ཏཱ་ལའི་བླ་མ་སྐུ་ཕྲེང་བཅུ་གསུམ་པ་ཐུབ་བསྟན་རྒྱ་མཚོ་མཆོག་ལྷ་སར་དགོངས་པ་རྫོགས། པཎ་ཆེན་རིན་པོ་ཆེས་གཏམ་ངན་འདི་ཐོས་རྗེས་ཐུགས་སེམས་སྐྱོ་སྣང་ཆེན་པོའི་ངང་ནས་སྨོན་ལམ་གསོལ་འདེབས་མཛད་དེ་སྐུའི་ཡང་སྲིད་མྱུར་དུ་འབྱོན་པའི་བསྟོད་ཚིགས་ལྷུགས་རྩོམ་ཡང་མཛད། དེ་ནས་དགོན་ཁག་གི་མཁན་ཆེན་དང་། དོན་གཅོད་ཁྲིའུ་སོ་སོའི་དཔོན་རིགས་ཁག་བགོས་ཀྱིས་མཚོ་སྔོན་དང་། ཁམས་ཕྱོགས། སོག་ཡུལ། བོད་ཀྱི་དགོན་སྡེ་ཆེ་ཁག་དང་གཙུག་ལག་ཁང་སོ་སོར་མི་སྣ་ཆེད་གཏོང་གིས་མཆོད་སྤྲིན་རྒྱ་ཆེ་དང་ཞལ་འདོན་སྨོན་ལམ་སོགས་ཀྱི་དམིགས་པའི་སྐུ་ཡོན་དངུལ་ཊམ་སྟོང་ཕྲག་བཅུ་ལྷག་གི་འགྲོ་སོང་གནང་བ་རེད། དེ་བཞིན་གོ་མིན་ཀྲུང་དབྱང་ལ་སྙན་ཞུ་སྦྲོན་ཏེ"སློབ་དཔོན་ཆེན་པོ་ཏཱ་ལའི་བླ་མ"ཞེས་པའི་འཇའ་ས་རྗེས་སྟོན་སྐུལ་དགོས་དང་དགོངས་རྫོགས་ཀྱི་མཆོད་སྤྲིན་གཟབ་རྒྱས་གཞོམ་དགོས་པའི་རེ་བ་བཏོན་གནང་མཛད། དེའི་ཐོག་ནས་པཎ་ཆེན་རིན་པོ་ཆེ་ནི་ཐུགས་རྒྱ་ཡངས་ཤིང་རྒྱང་རིང་གཟིགས་ཐུབ་མཁན་ཞིག་ཡིན་པ་གསལ་

པོ་མཆོན་ཐུབ་ཡོད། སྤྱི་ལོ་༡༩༣༥ལོའི་ཟླ་བཞི་པར། པཎ་ཆེན་རིན་པོ་ཆེས་རྒྱ་ནག་ཧང་ཀྲོའུ་རུ་ཕེབས་ནས་དཔལ་དུས་ཀྱི་འཁོར་ལོའི་རྗེ་དྗེ་ཆོས་ཚོགས་ཐེངས་བདུན་པ་སྒྲ་གོན་དངོས་གཞིའི་རིམ་པ་རྣམས་ལེགས་པར་བསྐྱལ། དེ་རྗེས་ཟླ་བདུན་པའི་ནང་ཧྲང་ཏད་དུ་ཞབས་སོར་འཁོད་དེ་མི་འབོར་ཁྲི་ཚོ་སུམ་ཅུ་ལྷག་གི་ཕེབས་བསུ་ཞུ་བའི་ཚོགས་རའི་ཐོག་སངས་རྒྱས་བསྟན་པའི་ཆོས་གཞུང་དུ་འགྲོ་བ་སེམས་ཅན་ཐམས་ཅད་འདྲ་མཉམ་དུ་གནས་པའི་ལྟ་བ་དང་། སྐུ་ཞབས་སུན་ཀྲུང་ཧྲན་གི་ཞལ་དམ་བསླབ་བྱ་གསར་གཏོད་གནང་བའི་"མི་སེར་དོན་གསུམ་རིང་ལུགས"གི་རྩ་འཛིན་དུ་མི་དང་མིའི་དབར་དང་། མི་རིགས་དང་མི་རིགས། རྒྱལ་ཁབ་དང་རྒྱལ་ཁབ་དབར་ཚང་མ་འདྲ་མཉམ་དུ་གནས་དགོས་པའི་ལྟ་བ་གཅིག་མཚུངས་སུ་ཡིན་པས། ང་ཚོས་སྐུ་ཞབས་སུན་ཀྲུང་ཧྲན་གྱི་ཞལ་ཆེམས་དགོངས་དོན་ལྟར་རྗེས་སུ་དྲང་ནས། མི་དམངས་ཀྱི་སྡུག་བསྔལ་དང་དཀའ་ངལ་སེལ་ཐབས་བྱས་ཏེ་རྒྱལ་ཁབ་ཀྱི་ཆེད་དུ་ལྷག་བསམ་རྣམ་དག་གིས་སྲི་ཞུ་དགོས་པ་ཡིན་ཞེས་གསུངས།

སྤྱི་ལོ་༡༩༣༧ལོའི་ཟླ་བདུན་པའི་ཚེས་བདུན་ཉིན། ལྗར་པན་དམག་དཔུང་གིས་རྒྱལ་ས་པེ་ཅིང་གི་ལུའུ་ཀོ་ཟམ་པར་ཚུར་རྒོལ་བྱས་སྐབས། རྒྱལ་ཡོངས་ཚང་མས་ལྗར་ལ་འགོག་རྒོལ་བྱེད་པའི་དམག་འཁྲུག་ལངས་འགོ་ཚུགས་པ་རེད། སྐབས་དེར་པཎ་ཆེན་རིན་པོ་ཆེ་མཚོ་སྔོན་དུ་བཞུགས་ཡོད་པར་ཁོང་གིས《ནུབ་རྒྱུད་མི་སེར་ལ་བཏང་བའི་གསལ་བསྒྲགས་ཡི་གེ》ཞེས་པར། མི་སེར་ཚང་མས་མཐུན་སྒྲིལ་རྗོག་རྩ་གཅིག་སྒྲིལ་བྱས་ཏེ་ལྗར་པན་བཙན་འཛུལ་པར་འགོག་རྒོལ་མཐའ་གཅིག་ཏུ་བྱེད་དགོས་པ་དང་། དངུལ་ཡོད་མཁན་གྱིས་དངུལ་མགོ་འདོན་བྱེད་པ་དང་། ནུས་ཤུགས་ཡོད་མཁན་གྱི་ནུས་ཤུགས་སྟོན་ནས་ཐོན་སྐྱེད་དགོང་འཕེལ་བཏང་སྟེ། མདུན་ཕྱོགས་དམག་སར་ཡོད་པའི་འཐབ་འཛིང་པ་ཚོའི་སྲ་བརྟན་འགྱུར་མེད་ཀྱི་རྒྱབ་རྟེན་པ་ཞིག་བྱེད་དགོས་ཅེས་དང་། པཎ་ཆེན་རིན་པོ་ཆེས་གྲོང་ཁྱེར་ཧྲང་ཏད་དུ་ལྗར་པན་འགོག་རྒོལ་གྱི་དམག་འཁྲུག་ནང་རང་རེའི་འཐབ་འཛིང་པར་རྫས་སྐྱོན་ཚབས་ཆེན་བྱུང་བའི་

གནས་ཚུལ་མཁྱེན་འཕྲལ་ཐུགས་སེམས་ཤིན་ཏུ་སྐྱོ་སྣང་གིས་མ་དངུལ་ཏྲ་ཡང་སྒོར་ཆིག་སྟོང་ཞལ་འདེབས་སུ་ཕུལ་གནང་བ་མར་ཟད། ད་དུང་དགེ་འདུན་འདུས་ཚོགས་སྐོང་འཚོགས་མཛད་དེ་དམག་སར་རང་སྲོག་ཤོར་བའི་འཐབ་འཛིང་པ་ཚོའི་འཆི་ལམ་འདྲེན་མཛད་ཀྱི་གསོལ་སྨོན་ཞལ་འདོན་གང་རྒྱས་དང་། ཇར་པན་འགོག་རྒོལ་དམག་འཁྲུག་ལ་རྒྱལ་ཁ་ཐོབ་རྒྱུའི་ཐུགས་སྨོན་མཛད། དེ་ནས་ཇར་པན་བཙན་འཛུལ་པས་རྒྱལ་ས་པེ་ཅིང་དང་། གྲོང་ཁྱེར་ཐན་ཅིན། ཧྲང་ཧད་སོགས་བཙན་བཟུང་བྱས་པ་མཁྱེན་རྗེས། འཕྲལ་དུ་སྐྱེ་རྒུ་མདོ་གྲོང་ནས་ཞལ་འདེབས་དངུལ་དམར་སྒོར་ཁྲི་ལྔ་དང་། གཞུང་གི་དངུལ་བུན་ནས་ཤོག་སྒོར་ཁྲི་གཉིས་ཏེ་སྤྱབ་ཐོག་གཡས་གཡོན་གྱི་ཞབས་འབྲས་ཚང་མར་སྐུལ་སློང་མཛད་དེ་ཞལ་འདེབས་གྲབས་བསོགས་གནང་ནས་མདུན་ཕྱོགས་ཀྱི་དམག་སར་རྨས་སྐྱོན་ཕྱུང་བའི་ནད་པ་དང་། ཉམ་ཐག་མང་ཚོགས་ལ་ཞལ་འདེབས་གང་མང་འབུལ་སྐྱོར་གནང་ཡོད་པ་རེད། ཕྱི་ལོ་༡༩༤༥ལོའི་བར་པཎ་ཆེན་རིན་པོ་ཆེ་མིས་རྒྱལ་ནང་ཁུལ་ཕེབས་བཞུགས་མཛད་ནས་ལོ་གྲངས་བཅུ་ལྷག་སོང་བའི་ཁར། སྐུ་ཉིད་བོད་དུ་ཕྱིར་ལོག་ཕེབས་རྒྱུའི་འདུན་པ་ཇེ་ཆེར་སོང་སྟེ། སྔ་ཕྱིར་གོ་མིན་ཏང་ཀྲུང་དབྱང་སྲིད་གཞུང་ལ་ལན་མང་སྙན་ཞུ་སྒྲོན་ཏེ་བོད་དུ་ཕྱིར་ལོག་ཕེབས་རྒྱུའི་རེ་བ་ཞུས། ཕྱི་ལོ་༡༩༤༥ལོའི་ཟླ་གཉིས་པར། བོད་དུ་ཆེད་གཏོང་གནང་བའི་ཨ་ཆེན་ཧོ་ཐོག་ཐུ་དང་ཡང་ལེ་ཅི་དེ་བཞིན་གཙང་ཁུལ་གྱི་སེར་སྐྱ་སྐུ་ཚབ་བཅས་མི་གྲངས་ལྔ་བཅུ་ཙམ་བོད་ནས་རྒྱ་ནག་ནན་ཅིན་གྲོང་ཁྱེར་དུ་འབྱོར་ཏེ། པཎ་ཆེན་རིན་པོ་ཆེར་བོད་བཀའ་ཤག་སྲིད་གཞུང་ནས་སྐུ་ཉིད་གང་མགྱོགས་བོད་དུ་གདན་འདྲེན་ཞུ་རྒྱུ་མ་ཟད། བཀྲ་ཤིས་ལྷུན་པོའི་ཆོས་སྲིད་གཉིས་ཀྱི་འགན་དབང་ཡོངས་རྫོགས་སྔར་རྒྱུན་བཞིན་པཎ་ཆེན་རིན་པོ་ཆེར་སྤྲོས་འབུལ་ཞུ་རྒྱུ་ཡིན་པའི་གནས་ཚུལ་སྙན་སྒྲོན་ཞུས། ཕྱི་ལོ་༡༩༤༥ལོའི་ཟླ་ལྔ་པའི་ཚེས་བཅོ་ལྔ་ཉིན། བཀྲས་ལྷུན་དགོན་གྱི་སེར་སྐྱ་དཔོན་རིགས་དང་མང་ཚོགས་ཡོངས་ཀྱི་མིང་རྟགས་བཀོད་ནས་པཎ་ཆེན་རིན་པོ་ཆེ་བོད་དུ་གདན་ཞུ་ཚིག་པའི་སྙན་སྒྲོན་གོ་མིན་ཏང་ཀྲུང་དབྱང་སྲིད་གཞུང་གི་ཀྲུའུ་

ཞི་མཆོག་ལ་ཕུལ་བ་དང་ཆབས་ཅིག་སྐུ་ཚབ་ཆེད་གཏོང་གིས་པཎ་ཆེན་མཆོག་བོད་དུ་ཕེབས་རྒྱུར་དགའ་བསུ་ཞུས། (“འདི་ལོའི་ཟླ་བདུན་པའི་ནང་། བོད་ཀྱི་རྒྱལ་ཚབ་སྲིད་སྐྱོང་ར་སྒྲེང་ཧོ་ཐོག་ཐུ་མཆོག་དང་། སྲིད་འཛིན་ནང་བློན་ཆེན་པོ་ལྷན་རྒྱས་ལ་སྙན་ཞུ་དང་། བོད་ལྗོངས་སྤྱི་ཚོགས་ལའང་འདྲི་བསྡུར་ཞུས་དོན་བཞིན་རྒྱལ་བ་ཡབ་སྲས་མཁན་སློབ་ཀྱི་མཚན་དོན་ལ་རྒྱར་སྨན་ཆེད་ཕེབས་ལམ་བྱང་བརྒྱུད་ཕེབས་རྒྱུའི་གདན་ཞུར། གདན་ས་གསུམ་གྱི་སྤྱི་འདུས་མི་སྣ་དང་། གཞུང་ཞབས་སེར་སྐྱའི་འདུས་མི་བཅས་ཞུ་སྐོའི་བཀའ་མངགས་ཀྱི་ཞབས་ཇོང་ཞུ་རྒྱུ་དང་། བོད་ཁམས་སྤྱི་བྱེའི་རྒྱུད་སེལ་བདེ་ཐབས་དགོངས་བཞེད་ཟབ་མོ་གཞན་ཡང་ལྷོད་བསྐྱེལ་མེད་པའི་ཆིབས་ཞལ་འཕྲལ་བསྒྱུར་ཡོང་བ་སོགས་ཀྱི་ཞུ་ལན་རྟེན་བཅས་དང་། བཀའ་ཤག་སྲིད་གཞུང་ནས་སྐུ་ཚབ་འཇམ་དཔལ་ཡེ་ཤེས་དང་གདན་ས་གསུམ་གྱི་མཁན་པོའི་སྐུ་ཚབ་རེ་བཅས་རྒྱ་ནག་ཏུ་ཆེད་གཏོང་གིས་པཎ་ཆེན་རིན་པོ་ཆེའི་གདན་ཞུར་བསྐྱོད།”)[1]

སྤྱི་ལོ་༡༩༣༥ལོའི་ཟླ་ལྔ་པར། པཎ་ཆེན་རིན་པོ་ཆེ་སྐུ་འཁོར་དང་བཅས་པ་མཚོ་སྔོན་ཞིང་ཆེན་གྱི་གྲོང་ཁྱེར་ཟི་ལིང་དུ་ཕེབས་འབྱོར་མཛད། མཚོ་སྔོན་ཞིང་ཆེན་གྱི་ཀྲུའུ་ཞི་མ་ལིན་དང་དམག་དཔོན་མ་ཕུའུ་ཧྥང་གིས་རྒྱ། བོད། སོག །ཁ་ཆེ་སོགས་ཀྱི་འགོ་དཔོན་དང་མང་ཚོགས། སློབ་གྲྭ་ཁག་གི་སློབ་མ་དང་། སྤྱི་ཚོགས་སྒྲིག་འཛུགས་ཁག་གི་མི་སྣ་སོགས་པས་ཟིང་ལིང་གྲོང་ཁྱེར་ཁྲིམ་གཞུང་གཡས་གཡོན་ནས་དགའ་བསུ་སྣེ་ལེན་གཟབ་རྒྱས་ཞུས། ཟླ་དྲུག་པའི་ཚེས་བཅོ་བརྒྱད་ཉིན་གོ་མིན་ཏང་ཀྲུང་དབྱང་སྲིད་གཞུང་ནས་པཎ་ཆེན་རིན་པོ་ཆེ་བོད་དུ་ཆིབས་བསྒྱུར་གནང་བའི་ལམ་བགྲོད་དངུལ་ཏྭ་ཡང་སྒོར་ཁྲི་བརྒྱ་དང་། གོ་མིན་སྲིད་གཞུང་གིས་ལམ་རྒྱུད་བདེ་སྲུང་དཔོན་དམག་ལྔ་བརྒྱ་དང་དགོས་ངེས་ཚོད་ཀྱི་དཔོན་རིགས་འདེམས་སྒྲུག་ཐོག་ཕེབས་སྐྱེལ་ཞུ་རྒྱུ་དང་། ཟླ་བརྒྱད་པའི་ཚེས་བཅོ་ལྔ་ཉིན། གོ་མིན་ཀྲུང་དབྱང་སྲིད་གཞུང་གིས་ཕེབས་སྐྱེལ་ཆེད་དོན་གཞུང་ཚབ་པོ་ཉའི་སྒྲིག་འཛུགས་ཚན་པ་ཞིག་དབུ་བརྙེས་ཏེ། གོ་མིན་ཀྲུང་དབྱང་གི་མངགས་གཏོང་བྱེད་རྒྱུའི་གཞུང་ཚབ་པོ་ཉ་ཀྲའོ་ཧྲོའུ་ཡུས་དང་ཕེབས་

① བཀྲས་ལྷུན་དགོན་པའི་ལོ་རྒྱུས་རྩོམ་སྒྲིག་ཚོགས་པས་བརྩམས། 《པཎ་ཆེན་སྐུ་ཕྲེང་དགུ་པ་ཆོས་ཀྱི་ཉི་མའི་རྣམ་ཐར།》 ཀྲུང་གོའི་བོད་རིག་པ་དཔེ་སྐྲུན་ཁང་། ༢༠༡༨ལོ། ཤོག་གྲངས། ༣༥

སྐྱེལ་ཊ་སྒྲིག་དམག་དཔུང་སུམ་བརྒྱ་བཅས་གྲ་སྒྲིག་ཞུས།

པཎ་ཆེན་རིན་པོ་ཆེ་བོད་དུ་ཕྱིར་ལོག་གནང་རྒྱུའི་གྲ་སྒྲིག་འཛུས་སྒོ་ཚང་བ་བསྒྲུབས་ཟིན་ཡང་། དབྱིན་ཇི་བཙན་རྒྱལ་རིང་ལུགས་པས་ཁ་ལོ་སྒྱུར་བ་དང་ངན་བསླུལ་བྱས་པའི་འོག །བོད་ས་གནས་སྲིད་གཞུང་གིས་པཎ་ཆེན་རིན་པོ་ཆེ་བོད་དུ་ཕེབས་རྒྱུར་བསམ་ངན་ཁོག་བཅུག་གིས་འགོག་རྐྱེན་བཟོས་ཏེ། ཕྱོགས་གཅིག་ནས་བོད་དུ་ཆིབས་ཞལ་འཕྲུལ་བསྒྱུར་ཡོང་བའི་ཕེབས་བསུ་དང་། ཕྱོགས་གཞན་ནས་པཎ་ཆེན་རིན་པོ་ཆེ་བོད་དུ་ཕེབས་སྐབས་སྐུ་འཁོར་རྟག་བསྟུས་ཙམ་ལས། རྒྱའི་དཔོན་དམག་མཉམ་ཁྲིད་མཛད་ན་མི་འཐུས་ཚུལ་དང་། ཡར་ལམ་ལྷ་སར་ཕེབས་ན་མི་འགྲིག་ཚུལ་སོགས་ཆ་རྐྱེན་བཏོན་པ་དེ་དག་ལ་མུ་མཐུན་མ་གནང་ན་བཀའ་བཅི་དང་ལེན་མེད་པས་ཕེབས་མི་ཆོག་ཟེར། པཎ་ཆེན་རིན་པོ་ཆེ་ཐུགས་སེམས་ཤིན་ཏུ་ཁྲོ་བའི་ངང་ནས་གསུངས་དོན། "ཀྲུང་དབྱང་སྲིད་གཞུང་གིས་བོད་ཀྱི་ཆོས་ལུགས་ལ་བཅི་བཀུར་ཞུ་བར་བརྟེན་ནས་ང་ལ་བདེ་སྲུང་དཔུང་གིས་བོད་དུ་ཕེབས་སྐྱེལ་ཞུས་པ་ཡིན་པས། ཁྱེད་ཚོས་ཀྲུང་དབྱང་གི་ལ་རྒྱར་བཅི་འཛོག་བྱེད་འོས་པ་ལས། དེ་ལ་སྣང་མེད་ཧམ་བཤད་བྱེད་དགོས་པའི་རྒྱུ་མཚན་གང་ཡོད།"ཅེས་གསུངས་པ་རེད། བཀའ་ཤག་སྲིད་གཞུང་གིས་འགོག་རྐྱེན་བཟོས་པ་དང་། དབྱིན་ཇི་བཙན་རྒྱལ་པས་ཀྱང་དངོས་སུ་འདོན་ཡོང་ནས་པཎ་ཆེན་རིན་པོ་ཆེ་མཚོ་ཐོག་བརྒྱུད་བོད་དུ་ཕེབས་དགོས་གཡོ་ཛུན་བཤད། སྤྱི་ལོ་༡༩༣༤ལོའི་ཟླ་དང་པོའི་ཚེས་བཅུ་གཉིས་ཉིན། པཎ་ཆེན་རིན་པོ་ཆེས་བོད་སོག་ཨུ་ཡོན་ལྷན་ཁང་གི་ཨུ་ཡོན་ཀྲང་ཧྲོང་མུའུ་སུང་ལ་སྤྲུག་ཏར་ཕུལ་ནས། "སྔར་གྱི་འཆར་གཞི་བཀོད་པ་བཞིན་དབྱིན་ཀ་ཤར་མ་ཐག་བོད་དུ་ཕེབས་རྒྱུ་གཏན་འཁེལ་བྱེད་རྒྱུ་ཡིན་པས། ཀྲུང་དབྱང་ནས་དེ་ལྟར་གཞི་བཞག་ཡོང་བའི་རེ་བ་དང་། དུས་ཉེ་བཅར་འཕྲུལ་ལག་བསྟར་མཛད་ཆོག་པ"ཞེས་གསུངས་པར། བོད་སོག་ཨུ་ཡོན་ལྷན་ཁང་གིས་སྤྲུག་ལན་དུ་མོས་མཐུན་ཡོད་ཅེས་ཆོག་མཆན་ཐོབ་པར་བརྟེན་པཎ་ཆེན་རིན་པོ་མཆོག་ཕྲ་བྲང་བཀྲ་ཤིས་འཁྱིལ་ནས་ཆིབས་ཞལ་བསྒྱུར་ཏེ་རང་ཡུལ་གྱི་ཕེབས་ལམ་དུ

བཞུགས། དེ་ནས་སྐྱེ་རྒུ་མདོ་དགོན་གྱི་རྒྱ་ནག་བླ་བྲང་ཡས་ཏེ་ཕོ་བྲང་དུ་ཞབས་སོར་འཁོད། གནས་སྐབས་རིང་དེར་དབུ་ངལ་གསོས་ཏེ་དེ་ནས་མུ་མཐུད་བོད་ཕྱོགས་སུ་ཕེབས་རྒྱུའི་གྲ་སྒྲིག་གནང་།

བོད་བཀའ་ཤག་སྲིད་གཞུང་གིས་མངོན་བརྩེ་ཕྱོག་འགལ་གྱི་ལས་ཀ་མང་པོ་བྱས་པ་དང་། སྐབས་དེར་རྒྱལ་ས་པེ་ཅིང་དུ་ལྷོར་པན་བཙན་འཛུལ་པས་ལུའུ་ཀུའུ་ཟམ་པའི་དམག་འཁྲུག་བསླངས་པ་དང་ལྷོར་པན་འགོག་རྒོལ་གྱི་དམག་འཁྲུག་དུས་ཟིན་ཆེ་ཧྲུ་སོང་བར་བརྟེན། གོ་མིན་སྲིད་གཞུང་ཨ་མེ་རི་ཀ་དང་དབྱིན་ཇིའི་རྒྱབ་སྐྱོར་ལ་བརྟེན་དགོས་པར། གོ་མིན་སྲིད་གཞུང་གི་གཙོ་འཛིན་ཅང་ཅིའི་ཧྲེས་དབྱིན་ཇིས་པཎ་ཆེན་རིན་པོ་ཆེ་བོད་དུ་ཕེབས་རྒྱུར་འགོག་རྐྱེན་བཟོས་པར་བཀག་འགོག་བྱེད་ནུས་བྲལ་ཏེ་དབྱིན་ཇིས་གང་བྱེད་སློད་བཏང་གི་རྣམ་འགྱུར་བསྟན་པ་རེད། དེར་བརྟེན་པཎ་ཆེན་རིན་པོ་ཆེ་དཔྱིད་ཀ་ཤར་འཕྲལ་བོད་དུ་ཕེབས་རྒྱུའི་འཆར་གཞི་ཚང་མ་གྲུབ་མི་ཐུབ་པར་མ་ཟད། དབྱིན་ཇིས་བོད་ནང་ཁུལ་གྱི་ཁ་བྲལ་དོན་རྐྱེན་ལ་ཁ་ལོ་སྒྱུར་རྒྱུའི་ཕྱོག་གཡོ་བཅང་སྟེ་བོད་དང་ཀྲུང་དབྱང་སྲིད་གཞུང་གཉིས་ཀྱི་འབྲེལ་བ་ཁ་བྲལ་བཟོ་རྒྱུའི་དམིགས་ཡུལ་ཆེད་པཎ་ཆེན་རིན་པོ་ཆེ་བོད་དུ་ཕྱིར་ལོག་ཕེབས་རྒྱུའི་གནས་དོན་ལ་ཧུར་བརྩོན་གྱི་ཐེ་ཇུས་བྱས་ཏེ། པཎ་ཆེན་རིན་པོ་ཆེ་ཕྱིར་ལོག་ཕེབས་རྒྱུར་རྒྱུ་མཚན་གང་ཡང་མེད་པར་བཀག་འགོག་ལན་མང་བྱས་པ་རེད། དེས་རྐྱེན་པས་པཎ་ཆེན་རིན་པོ་ཆེའི་ཐུགས་སེམས་ལ་ཕོག་ཐུག་ཆེན་པོ་བཏང་བ་དང་། དེའི་སྟེང་ཕེབས་ལམ་དུ་སྐུ་ངལ་ཆེ་བ་སྐབས་དེར་ཀྲུང་དབྱང་སྲིད་གཞུང་ནས་ཀྱང་བོད་ལྗོངས་སུ་ཆིབས་བསྒྱུར་རེ་ཞིག་ཕྱིར་འཐེན་གནང་དགོས་ཚུལ་གྱི་སྦྲག་ཏར་ཆེད་འབྱོར་བྱུང་བ་སོགས་ཕྱི་ནང་གི་རྐྱེན་མང་པོའི་འོག་སྐུའི་སྙུན་གཞི་ལྷི་མོ་ཕོག་པས་གཟིམ་མལ་ལས་བཞེངས་མ་ཐུབ་པར་གྱུར། (དེ་ནས་སྙུན་གཞི་གསལ་དྭངས་མི་བྱུང་བར་སྐུ་གཤེགས་ཁར་བཞག་གནང་བའི་ཞལ་ཆེམས་འདི་ལྟར། "ངེད་ཀྱིས་རྣམ་ཀུན་དོན་གཉེར་བྱེད་པ་ནི་ཀྲུང་དབྱང་ལ་སྲུང་བརྩི་དང་། སངས་རྒྱས་བསྟན་པ་དར་སྤེལ། མི་རིགས་མཐུན་སྒྲིལ་ཡོང་ཐབས། ཐུན་མོང་ཐོག་རྒྱལ་ཁབ་ལ་ལམ་འགྲོ་ཡོང་ཐབས་བྱེད་པ་བཅས་

ཡིན། མི་ལོ་བཅོ་ལྔ་ཉེ་བའི་ནང་རྒྱ་ནག་གི་ས་ཕྱོགས་ཁག་ལ་བསྐྱོད་པར་ཀྲུང་དབྱང་གི་གཟིགས་སྐྱོང་ཟབ་མོ་གནང་བྱུང་བས་ཀྲུང་དབྱང་གིས་སངས་རྒྱས་བསྟན་པར་རྩིས་དད་ཆེན་པོ་གནང་བ་དང་། བོད་རིགས་ལ་འདུ་མཉམ་གྱི་ལྷ་སྣངས་འཛིན་པ་བཅས་ཀྱི་ཐོག་ནས་ཕྲན་ལ་སེམས་གསོ་ཆེན་པོ་དང་བློ་སེམས་བརྟན་དུ་སོང་། ད་རེས་ནུབ་ཕྱོགས་སུ་དྲིན་སྐྱོང་དྲིལ་བསྒྲགས་བྱེད་པར་གཏོང་གནང་མཛད་དེ་བོད་ལྟོངས་སུ་ལོག་རྩིས་བྱས་རྟུང་བསམ་དོན་འགྲུབ་མ་ཐུབ་པར་ལམ་བར་འདུ་བྱེད་སྟོང་ལ་ཉེ་བས་ད་ལམ་ལས་དོན་ཁ་ཤས་ཡི་གེའི་ལམ་ནས་བརྗོད་རྒྱུར། གཙང་ཁུལ་གྱི་ཆབ་སྲིད་ཀྱི་ལས་དོན་དེ་སྔོན་ཇ་སག་བླ་མ་བློ་བཟང་རྒྱལ་མཚན་ལ་མངགས་ཆ་ཞུས་ཡོད། དྲིལ་བསྒྲགས་ཀྱི་ལས་ཀ་རྣམས་ཀྲུང་ཁོང་ནས་ཚབ་སྒྲུབ་གནང་རྒྱུ་དང་། ཁོང་ལས་གནས་སུ་མ་འཁོད་གོང་ཐམ་ཡིག་རྣམས་གནས་སྐབས་གཏིང་སྐྱེས་རིན་པོ་ཆེ་ལ་འབུལ་རྒྱུ་མ་ཟད་ནང་མ་སྐད་དང་བོད་ལྟོངས་སུ་ཕྱིར་ལོག་གི་འཆར་འགོད་ཨུ་ཡོན་མི་དྲུག་ཐུན་མོང་ཐོག་འགན་འཁུར་བྱ་རྒྱུ་དང་། དེ་སྐོར་ཀྲུང་དབྱང་ལ་དགོངས་སྐོར་སྙན་སེང་གིས་ཐག་གཅོད་ཇི་གནང་བཀའ་སྒྲུག་དགོས། རྒྱལ་ཁབ་སྐྱོང་བའི་དགེ་རྒན་ཆེན་མོའི་ཁྲུངས་ཀྱི་མེ་མདའ་རྣམས་སྐུ་སྲུང་དམག་མི་དང་། ལས་ཚན་པའི་ལུས་སྲུང་དུ་མགོ་ཉར་དགོས་རིགས་ཕུད་དེ་བྱིངས་ཚང་མ་ཀྲུང་དབྱང་ལ་ཕུལ་ནས་རྒྱལ་ཁབ་ཀྱི་དཀའ་ངལ་སེལ་རྒྱུར་ཕན་པ་བྱ་རྒྱུ་དང་། ཕྲན་གྱི་ཡང་སྲིད་བྱོན་རྗེས་ཕྱིར་ལོག་གནང་རྒྱུ། གཞན་ཡང་པཎ་ཆེན་སྐུ་ཕྲེང་རིམ་བྱོན་གྱི་ཁི་དཔང་རྣམས་སྣར་གསོ་གང་མགྱོགས་ཡོང་ཐབས་བགྱི་དགོས། མཇུག་ཏུ་ང་ཅག་བོད་ཀྱི་དཔོན་འབངས་སེར་སྐྱ་རྣམས་ཀྱི་མི་རིགས་ཁག་ཐུན་མོང་ཐོག་རྒྱལ་ཁབ་འཛུགས་རྒྱུའི་དགོངས་དོན་ལ་གཞིགས་ནས་ཀྲུང་བོད་དབར་མཐུན་ལམ་ཡག་པོ་ཡོང་བའི་འབད་བརྩོན་བྱེད་དགོས། ཇ་སག་བླ་མ་དང་། མཁན་པོ་རྣམས་ཀྱིས་ངེད་ཀྱི་བསམ་དོན་རྒྱུན་འཛིན་གྱིས་ལག་ལེན་དུ་འཁྱོལ་ཐབས་ཡོང་བའི་མངག་ཆ་ཞུ་རྒྱུ་བཅས།")[1] ཕྱི་ལོ་༡༩༣༧ལོའི་ཟླ་བཅུ་པའི་ཚེས་ཉེར་བརྒྱད་ཉིན་ནུབ་མོ་ཆུ་ཚོད་བཅུ་པའི་ཐོག་སྐྱེ་རྒུ་མདོ་ར་ཉག་དགོན་རོང་མདའ་ལྷ་ཁང་གི་གཟིམ་ཚང་དུ་སྐུ་ཚེ་ཐ་མའི་མཛད་པ་སྙེ་མ་ངན་ལས་འདས་པའི་ཚུལ་བསྟན་ནོ། །དགུང་གྲངས་ལྔ་བཅུ་ང་ལྔ་བཞུགས་སོ།

པཎ་ཆེན་སྐུ་ཕྲེང་དགུ་པ་ཆོས་ཀྱི་ཉི་མ་མཆོག་སྐུ་གཞོན་ལང་ཚོ་དར་བའི་དུས་སུ

① བཀྲས་ལྷུན་དགོན་པའི་ལོ་རྒྱུས་རྩོམ་སྒྲིག་ཚོགས་པས་བརྩམས། 《པཎ་ཆེན་སྐུ་ཕྲེང་རིམ་བྱོན་གྱི་མཛད་རྣམ།——སྐུ་ཕྲེང་དགུ་པ་ཆོས་ཀྱི་ཉི་མའི་རྣམ་ཐར།》 ཀྲུང་གོའི་བོད་རིག་པ་དཔེ་སྐྲུན་ཁང་། ༢༠༡༩ལོ། ཤོག་གྲངས་༣༥༥-༣༥༩བར།

ཏཱ་ལའི་བླ་མ་སྐུ་ཕྲེང་བཅུ་གསུམ་པ་ཐུབ་བསྟན་རྒྱ་མཚོ་མཆོག་དང་དཔུང་པ་མཉམ་གཞིབ་ཐོག་ཐུན་མོང་གིས་སྔེ་ཁྲིད་དང་སྒྲིག་འཛུགས་མཛད་དེ་དབྱིན་ཇི་བཙན་འཛུལ་པར་འགོག་རྒོལ་མཐའ་གཅིག་ཏུ་གནང་བ་དང་། དེ་ནས་དགུང་ལོ་སྨིན་པའི་དུས་སུ་མེས་རྒྱལ་ནང་ཁུལ་དུ་ཕེབས་ནས་ལྷོར་པན་བཙན་འཛུལ་པར་འགོག་རྒོལ་དང་རྒྱལ་ཁབ་སྐྱོབ་པའི་བྱེད་སྒོའི་ནང་ཧུར་ཐག་འབད་ཐག་གིས་བཞུགས་ཏེ་སྙིང་སྟོབས་ཆེ་ལ་དཔར་ངར་ལྡན་པའི་སྒོ་ནས་བཙན་རྒྱལ་རིང་ལུགས་པར་འཐབ་རྩོད་བྱེད་མཁན་གྱི་འཐབ་འཛིང་པ་ཞིག་ཏུ་གྱུར་བ་རེད། ཁོང་གིས་མི་རིགས་མཐུན་སྒྲིལ་དང་མེས་རྒྱལ་གོང་བུ་གཅིག་གྱུར་ལ་སྲུང་སྐྱོབ་དང་། སེམས་ཐག་གཙང་བཅད་དང་ཀྲུང་དབྱང་སྲིད་གཞུང་གིས་མངའ་ཁོངས་བདག་དབང་ལ་སྲུང་བརྩི་གནང་སྟེ། "བོད་རང་བཙན"བྱེད་རྒྱུར་ངོ་རྒོལ་དང་། མི་རིགས་ཁ་བྲལ་ལ་ངོ་རྒོལ་མཐའ་གཅིག་ཏུ་གནང་སྟེ། ཁོང་ནི་བོད་བརྒྱུད་ནང་བསྟན་གྱི་ལོ་རྒྱུས་ཐོག་རྒྱལ་གཅེས་ཆོས་སྲུང་གི་ཕུལ་བྱུང་གཙོ་འཛིན་ཞིག་ཡིན་པར་ངོ་གནོང་མི་དགོས་པ་ཞིག་རེད།

བཅུ་དགུ། ཁ་བྲལ་སྟོབས་ཤུགས་ཀྱིས་ཕྱི་ནང་ངན་འབྲེལ་བྱས་ཏེ་སྡུག་རྩུབ་དང་རྭ་སྒྲེང་སྤྲུལ་སྐུ་དང་རྒྱལ་གཅེས་མི་སྣར་གནོད་འཚེ་བཟོས་པ།

བོད་ཞི་བས་བཅིང་འགྲོལ་གཏོང་རྒྱུའི་སྔ་རོལ་དུ། བོད་ཀྱི་མཐོ་རིམ་དབང་སྒྱུར་གྲལ་རིམ་ནང་གི་བཙན་རྒྱལ་ཁ་བྲལ་པར་བློ་དཀར་བྱེད་མཁན་ཆོས་བཙན་རྒྱལ་རིང་ལུགས་པའི་སྟོབས་ཤུགས་ཀྱི་ངན་བསླུལ་འོག །ཞི་བདེ་གཏོར་ཕམ་དང་རྒྱལ་ཁབ་ཁ་བྲལ་གཏོང་བའི་སློག་གཡོའི་བྱ་སྤྱོད་ཀྱི་གོམ་སྟབས་ཇེ་མགྱོགས་སུ་བཏང་སྟེ། ཕོ་པ་ཆོས་ཐབས་བརྒྱ་ཧུས་སྟོང་གི་སྒོ་ནས་མི་མཐུན་ཕྱོགས་ཚང་མ་གཙང་སེལ་བཟོས་ཏེ། རྒྱལ་གཅེས་མཐོ་རིམ་མི་སྣའི་སྟོབས་ཤུགས་ལ་རྡུང་གནོན་བྱེད་པ་མར་ཟད། མེས་རྒྱལ་གོང་བུ་གཅིག་གྱུར་དང་མི་རིགས་མཐུན་སྒྲིལ་ལ་བརྩི་བཀུར་ཞུ་མཁན་གྱི་རྒྱལ་གཅེས་མི་སྣར་སྦྱུར་དུག་གིས་བཀྲོངས་པ་དཔེར་ན། ལོ་རྒྱུས་ཐོག་ལྷ་སར་བརྒྱ་གྲགས་འབོད་གྲགས་བྱས་ནས་མི་རྣམས་ཐོས་པ་ཙམ་གྱིས་སྐྲག་སྣང་སྐྱེ་དགོས་པའི་“རྭ་སྒྲེང་དོན་རྐྱེན་”ཞེས་པའི་ནང་རྭ་སྒྲེང་རིན་པོ་ཆེ་རྩེ་ཕོ་བྲང་གི་བཙོན་ཁང་དུ་སྦྱུར་དུག་གིས་བཀྲོངས་པའི་སྐོར་དང་། ཡང་ཆབ་མདོ་ཁུལ་དུ་དགེ་སྟག་བླ་མས་བོད་དོན་ཞི་བའི་ངང་ཐག་གཅོད་བྱེད་རྒྱུར་ལྷ་སར་ཕེབས་ནས་བཀའ་ཤག་སྲིད་གཞུང་ལ་ཁ་ཏ་བསླབ་བྱ་བརྒྱབ་རྗེས་མཚམས་དེར་སྦྱུར་དུག་གིས་བཀྲོངས་པ་རེད། དེ་བཞིན་མེས་རྒྱལ་དང་ཆབ་སྲིད་འབྲེལ་ཐག་གཅོད་རྒྱུའི་ཆེད་མི་དམངས་བཅིང་འགྲོལ་དམག་བོད་དུ་དཔུང་སྐྱོད་བྱེད་རྒྱུར་བཀག་འགོག་བྱས་པ་དང་། དྲག་ཤུགས་ཀྱི་ཐོག་ནས་གོ་མིན་སྲིད་གཞུང་དོན་གཅོད་ཁང་གི་ལས་བྱེད་དཔོན་རིགས་དང་། ཁྲིམ་མི། རྒྱ་རིགས་ཚོང་པ་མི་གྲངས་བརྒྱ་ལྷག

ཙམ་ཕྱིར་འབུད་བཏང་ནས་སྒྱུ་རྩམ་ཆེ་བའི་"རྒྱ་མི་ཕྱིར་འབུད་བྱེད་པའི་དོན་རྐྱེན་"བཟོས་ཏེ། དེའི་ནང་ལྷ་སར་སྒྲིག་འཛུགས་བྱས་པའི་"གངས་ཅན་གུང་ཁྲན་རིང་ལུགས་གཞོན་ནུའི་མནའ་འབྲེལ་ཚོགས་པ།"དང་། འབའ་ལི་ཐང་དུ་སྒྲིག་འཛུགས་བྱས་པའི་ས་འོག་གསར་རྗེའི་ཏང་ཤོག"བོད་ཤར་ངོས་དམངས་གཙོ་གཞོན་ནུའི་མནའ་འབྲེལ་ཚོགས་པ།"ཟེར་བའི་ཏང་ཤོག་འདིའི་དབུ་འཛིན་ཕུའུ་ཙི་འབའ་པ་ཕུན་ཚོགས་རྣམ་རྒྱལ་སོགས་རྒྱལ་གཅེས་ཅན་གྱི་བོད་རིགས་ཀུང་ཕྱིར་འབུད་བཏང་པ་རེད། བོད་ཀྱི་རིག་འཛིན་མཁས་ཅན་སྐུ་ཞབས་དགེ་འདུན་ཆོས་འཕེལ་ཡང་སྐབས་དེར་"བོད་ལྗོངས་གསར་རྗེའི་ཏང་ཤོག"དང་འབྲེལ་ཚུལ་གྱིས་དབྱིན་ཇི་དང་རྒྱ་གར་སྲིད་གཞུང་དང་བཀའ་ཤག་སྲིད་གཞུང་བཅས་ཀྱིས་དཀྲིག་གཏམ་དང་དམའ་འབེབ་ཕོ་ནའི་བྱ་ཐབས་ཀྱིས་འཛིན་བཟུང་བྱས་ནས་བཙོན་དུ་བཙུག་པ་དང་། མནར་གཅོད་བཏང་སྟེ་མཐར་བཙོན་ནས་གློད་བཀྲོལ་ལམ་དམ་བསྒྲགས་དང་སྦྲེལ་བའི་འོག་སྟེན་གཞིས་རྐྱེན་པས་སྐུ་ཚེ་མ་ཟིན་པར་དགོངས་པ་རྫོགས་པ་རེད།

དབྱིན་ཇི་དང་རྒྱ་གར་སྲིད་གཞུང་གི་སྐུ་ཚབ་བོད་དུ་བཅའ་སྡོད་དོན་གཅོད་ཁང་གི་འགན་འཁུར་མི་སྣ་ལི་ཅི་རྫེན་(མིང་གཞན་ལི་ཁྲ་ཤུན་)མི་འདིས་བཀའ་ཤག་སྲིད་གཞུང་ནང་བཙན་རྒྱལ་པར་བློ་དཀར་བྱེད་མཁན་གྱི་ཁ་བྲལ་པ་ཚོར་རྒྱབ་སྐྱོར་དང་སྐུལ་འདེད་རུར་ཐག་བྱས་ཏེ་ཁ་མྲལ་བྱུས་བཀོད་ཀྱི་བྱ་སྤྱོད་ནང་དངོས་སུ་ཞུགས་ནས་སྐྱུག་བྲོ་བའི་འཁྲབ་སྟོན་བྱེད་མཁན་གྱི་མི་སྣ་ཞིག་རེད། དཔེར་ན། ཁོ་པས་རྒྱལ་ཚབ་སྟག་བྲག་དང་བཀའ་བློན་ཟུར་ཁང་གཉིས་ལ་བཤད་དོན"ལྷ་སར་གུང་ཁྲན་ཏང་གི་མི་མང་པོ་ཡོད་པས། ཁོ་ཚོ་དེར་ཡུན་རིང་ཉར་བསྡད་ན་རྗེས་སུ་ཕྱི་ནང་ཟུང་འབྲེལ་བྱས་ཏེ་བཅིང་འགྲོལ་དམག་མི་ནང་འདྲེན་བྱེད་ཀྱི་རེད་"ཅེས་བཤད་པས། སྤྱི་ལོ་༡༩༥༩ལོའི་ཟླ་བདུན་པའི་ཚེས་བརྒྱད་ཉིན། རྒྱལ་ཚབ་སྟག་བྲག་ངག་དབང་གསུང་རབ་ཀྱིས་བཀའ་ཤག་སྲིད་གཞུང་གི་དཔོན་རིགས་བཅོ་ལྔ་ཞུགས་པའི་"གསང་བའི་གྲོས་ཚོགས་"ཤིག་སྐོང་ཚོགས་བྱས་ཏེ། གོང་དུ་སྨོས་ཟིན་པའི་"རྒྱ་མི་ཕྱི་འབུད་བྱེད་པའི་དོན་རྐྱེན་"དེ་བཟོས་

པ་རེད། དེའི་རྗེས་ཡང་ཕོ་པས་རྒྱལ་ཚབ་སྟག་བྲག་ལ་"སྐྱབ་བཙུགས་བསྟོད་ནས་བོད་རང་བཙན་ཡིན་ཞེས་འབོད་པ་ནི་དགོས་མེད་རང་རེད། དེ་ལས་རྒྱལ་སྤྱི་མཉམ་འབྲེལ་རྒྱལ་ཚོགས་ལ་ཡི་གེ་ཕུལ་ཏེ་སྐད་བརྒྱབ་དགོས།"ཟེར་ནས་ཕོ་པ་རང་གིས་ཟིན་བྲིས་དང་། དག་བཅོས། ལེགས་སྒྲིག །གཏན་འཁེལ་སོགས་བྱས་པའི་《བོད་རང་བཙན་གྱི་བསྒྲགས་གཏམ་》ཞེས་པ་དེ་དབྱིན་ཡིག་ཏུ་བསྒྱུར་ནས་དེབ་བཟོས་པ་རེད། ལི་ཁྲི་ཤུན་ཕོ་པས་ནུས་ཤུགས་གང་ཡོད་སྟོན་ཡོད་ཀྱང་ད་དུང་བློ་ཁ་མ་ཚིམ་པར་ཨ་མི་རི་ཀའི་ལའོ་ཝེའི་ཐོ་མ་སི་དང་རྒྱལ་ཚབ་སྟག་བྲག་འཚལ་ནས་གསང་བའི་གྲོས་མོལ་ཐོག"མཛའ་འབྲེལ་སྐུ་ཚབ་ཚོགས་པ་"ཞེས་པའི་སྒྲིག་འཛུགས་ཤིག་བཙུགས་ཏེ་ཨ་རི་དང་། དབྱིན་ཇི། རྒྱ་གར། ནེ་པ་ལ་སོགས་རྒྱལ་ཁབ་ཁག་བཞིར་བཏང་སྟེ་"བོད་རང་བཙན་"མངོན་གྱུར་ཡོང་ཆེད་དང་མཉམ་འབྲེལ་རྒྱལ་ཚོགས་སྒྲིག་འཛུགས་ནང་ཞུགས་ཐུབ་རྒྱུའི་རྒྱབ་སྐྱོར་འཚོལ་ཞིབ་བྱས་པ་རེད། མདོར་ན། ཀྲུང་དབྱང་སྲིད་གཞུང་གིས་བོད་ཞི་བས་བཅིང་འགྲོལ་མ་བཏང་གོང་ཙམ་དུ། གངས་ཅན་མཐོ་སྒང་གི་ཆབ་སྲིད་དུས་བབ་ཧ་ཅང་རྙོག་འཛིང་ཆེ་བའི་སྐབས་ཡིན་ཞིང་། རྒྱལ་གཅེས་མི་སྣ་དང་ཁ་བྲལ་ཅན་དབར་གྱི་འགལ་ཟླ་རྙོ་ངར་ཇེ་ཆེར་སོང་བ་དང་། མངོན་གསལ་ཆེ་རུ་འགྲོ་བ། དབྱིན་ཇི་བཙན་རྒྱལ་ཁ་བྲལ་པས་ངན་སྐུལ་དཀྲུག་ཤིང་དང་། གཏོར་བཤིག་གི་བྱ་སྤྱོད་དེ་བས་ཧམ་སེམས་ཆེ་རུ་བཏང་ཡོད་པ་དཔེ་ན། ཕྱི་ལོ་༡༩༨༧ལོར་ལྷ་སར་ཛམ་སྐྲག་བྱུང་བའི་"རྣ་སྙིང་དོན་རྐྱེན་"ཟེར་བ་དེ་རང་གི་ཐོག་ནས་གནད་དོན་འདིར་གསལ་བཤད་བྱེད་ཐུབ་ངེས་རེད།

བོད་མི་ཕག(ཕྱི་ལོ་༡༩༨༧)ལོར་ལྷ་སར་"རྣ་སྙིང་དོན་རྐྱེན་"ཞེས་པ་བྱུང་ནས་ད་བར་མི་ལོ་བདུན་ཅུ་ལྷག་སོང་ཡོད་པ། ལྷ་སའི་གཞི་ཆགས་མི་རྙིང་པ་ཞིག་གི་ངོས་ནས་གླེང་ན། དོན་འདིའི་བག་ཆགས་གསལ་ལྷམ་མེར་ངེས་ཤེས་སྐྱེས་ཐུབ་པ་ཞིག་ཡོང་གི་ཡོད། ང་རང་ཆུང་དུས། ལྷ་སའི་བར་སྐོར་ཁྲོམ་གཞུང་སྟོད་སྨད་ལ་ག་དུས་ཡིན་ནའང་བགྲེས་སོང་ཚོས་དེའི་སྐོར་ཅི་གྲོས་མོལ་གྲོས་དང་གསུངས་པ་གོ་མྱོང་

ཡོད། ཁོང་རྣམ་པས“སེ་རའི་དམག་འཁྲུག”(ལྷ་ས་བ་ཚོས་གོམས་གཤིས་ལྟ་བུས་ར་སྒྲེང་དོན་རྐྱེན་ལ་སེ་རའི་དམག་འཁྲུག་ཞེས་འབོད་ཀྱི་རེད།)དམག་འཁྲུག་ཛ་དྲག་ཆེ་བ་དང་གདུག་རྩུབ་ཅན་ཆེ་བ། ར་སྒྲེང་རིན་པོ་ཆེ་ཇི་ལྟར་བཀྲོངས་པ་དང་སྟག་ལུང་བྲག་རྒྱལ་ཚབ་གཡོ་སྒྱུ་གནག་སེམས་གང་འདྲ་ཡོད་མེད་སོགས་སྣ་ཚོགས་གསུང་གི་རེད། བཀའ་མོལ་དེ་ཚོ་གསུང་དུས་ཧ་ལམ་གནས་ཚུལ་དེ་དག་ཁ་སང་རང་བྱུང་བ་མིན་ནམ་སྙམ་པའི་སྣང་ཡུལ་ཤར་གྱི་ཡོད། ད་དུང་ངའི་བསམ་པའི་ནང་བག་ཆགས་གཏིང་ཟབ་མོ་ཡོད་པ་ནི། བགྲེས་སོང་ཚོས་ལག་གཉིས་ཐལ་མོ་སྦྱར་ཏེ་ར་སྒྲེང་རིན་པོ་ཆེ་ལ་དད་སེམས་ལྷོད་མེད་ཀྱི་གུས་བཀུར་དང་། ར་སྒྲེང་རིན་པོ་ཆེ་ལ་ཧུས་ཉེས་དེ་འདྲ་བཀལ་མཁན་དཔེ་སྲིད་ཐོག་མེད་ཅེས་དྲང་པོ་མ་བྱུང་བའི་བཀའ་མོལ་གསུང་གི་ཡོད། ངའི་མ་ཡུམ་གྱིས་གསུང་ན“ར་སྒྲེང་དོན་རྐྱེན”བྱུང་སྐབས། ལྷ་སའི་གྲོང་ནང་གང་སར་མི་མདའི་སྒྲ་ཐོས་པ་དང་། ཉི་མ་སྲིན་གྱིས་སྒྲིབ་པ་ལྟར་ནག་ཐུམ་མེར་སོང་ནས་མི་ཚང་མ་དངངས་སྐྲག་ཚད་མེད་སྐྱེས་པའི་གནས་བཟོད་མི་བདེ་བར་ཟང་ཟིང་གི་དུས་ཤིག་ཏུ་གྱུར་བ་རེད་ཅེས་གསུང་། དེར་བརྟེན་ང་སྐྱེས་ཏེ་ཧ་ཉེ་གོ་ཚོད་ལ“ར་སྒྲེང་དོན་རྐྱེན”སྐོར་གོ་ཐོས་བྱུང་བ་ཙུང་ཙུང་མིན་ཙང་། དེའི་སྐོར་ཐོས་སྐབས་ཚོར་བ་རྙོ་པོ་ཞིག་ཡོང་གི་ཡོད། རྗེས་ལོང་དུས་གནས་ཚུལ་དེ་གསལ་པོ་ཞིག་ཤེས་པ་བྱེད་དགོས་སྙམ་གྱི་ཡོད། ལྷ་ས་བས“ར་སྒྲེང་དོན་རྐྱེན”ལ“སེ་རའི་དམག་འཁྲུག”ཅེས་བརྗོད་དོན་ནི། བཀའ་ཤག་སྲིད་གཞུང་གིས་ར་སྒྲེང་རིན་པོ་ཆེ་བཀྲོངས་པ་དང་། ར་སྒྲེང་རིན་པོ་ཆེའི་ཐོབ་ཐངས་གདན་ས་སེ་ར་དགོན་གྱི་གྲྭ་ཚང་བྱེས་ཡིན་པས། སྐབས་དེར་གྲྭ་ཚང་བྱེས་ཀྱི་གྲྭ་མང་ཚོས་ཤི་རྒྱུར་མ་འཛེམས་པར་བཀའ་ཤག་སྲིད་གཞུང་གི་དམག་དཔུང་དང་དམག་ཐབས་དྲག་པོ་བྱས་པར་བརྟེན་བཀའ་ཤག་སྲིད་གཞུང་གིས་གྲྭ་པ་མང་པོ་འཛིན་བཟུང་བྱས་པ་རེད། དོན་རྐྱེན་དེར་ལྷ་ས་བས“སེ་རའི་དམག་འཁྲུག”ཞེས་འབོད་སྲོལ་བྱུང་བ་རེད།

ར་སྒྲེང་སྐུ་ཕྲེང་ལྔ་པ་ཐུབ་བསྟན་འཇམ་དཔལ་ཡེ་ཤེས་བསྟན་པའི་རྒྱལ་མཚན་

མཆོག་ནི། བོད་ཆུ་བྱི་(སྤྱི་ལོ་༡༠༡༢)ལོར་དྭགས་པོ་ཁུལ་གྱི་རྒྱ་ཚ་རྫོང་ར་སྨད་གྲོང་ཚོར་བྲན་གཡོག་གི་དུས་ཚང་ཞིག་ཏུ་སྐུ་འཁྲུངས། རྒྱལ་དབང་སྐུ་ཕྲེང་བཅུ་གསུམ་པ་ཐུབ་བསྟན་རྒྱ་མཚོས་ར་སྒྲེང་སྐུ་ཕྲེང་བཞི་པའི་ཡང་སྲིད་དུ་ངོས་འཛིན་གནང་སྟེ་དགོན་པར་གསེར་ཁྲི་མངའ་གསོལ་དང་ཐོས་བསམ་སློབ་གཉེར་དབུ་ཚུགས། དེ་ནས་སེ་ར་དགོན་བྱེས་གྲྭ་ཚང་ལ་ཕེབས་ནས་དགེ་ཚུལ་གྱི་སྡོམ་པ་དང་དགེ་སློང་གི་སྡོམ་པ་བཞེས། གདན་ས་སེ་ར་དགོན་དུ་གཞུང་ཆེན་བཀའ་པོད་ལྔ་ལ་ཐོས་བསམ་སློབ་གཉེར་མཐར་ཕྱིན་པ་མཛད་དེ། གྲུབ་འབྲས་ཕུལ་དུ་བྱུང་བ་ཐོན་ནས་ལྷ་ལྡན་གཙུག་ལག་ཁང་དུ་ལོ་རེའི་སྨོན་ཚོགས་ཆེན་མོར་སེ་འབྲས་དགའ་གསུམ་གཙོས་པའི་དགེ་འདུན་འདུས་ཚོགས་ཆེན་པོའི་གྲལ་དབུར་དགེ་བཤེས་ལྷ་རམས་པའི་དམ་བཅའ་བཞག་སྟེ་མཚན་རྟགས་བཞེས། དེ་ནས་བོད་ཆུ་བྱ་(སྤྱི་ལོ་༡༠༣༣)ལོའི་ཟླ་བཅུ་པའི་ཚེས་སུམ་ཅུ་ཉིན། ཏཱ་ལའི་བླ་མ་སྐུ་ཕྲེང་བཅུ་གསུམ་པ་ཐུབ་བསྟན་རྒྱ་མཚོ་མཆོག་དགོངས་པ་གཞན་དོན་དུ་གཤེགས། དེ་རྗེས་བོད་ལྗོངས་ཚོགས་འདུ་རྒྱས་འཛོམས་གྲོས་བསྡུར་བྱས་པའི་སྙིང་པོར་རྒྱལ་ཚབ་ཀྱི་འོས་འཆར་དུ་ར་སྒྲེང་ཐུབ་བསྟན་འཇམ་དཔལ་ཡེ་ཤེས་འདེམས་ཐོན་བྱུང་བ་དང་། དགུང་གྲངས་ཉི་ཤུ་རྩ་གསུམ་དུ་ཕེབས་ནས་རྒྱལ་ཚབ་ཀྱི་ཕྱག་ལས་གཙོ་འགན་ལོ་བདུན་ཙམ་བསྐྱངས་པ་དང་། ཁོང་ནི་བོད་ལྗོངས་སུ་བླ་སྤྲུལ་ཧོ་ཐོག་ཐུ་ཆེ་བཞིའི་ཡ་རྒྱལ་ཞིག་ཡིན་པར་གྲགས། ར་སྒྲེང་སྐུ་ཕྲེང་རིམ་བྱོན་ནང་སྐུ་ཕྲེང་གསུམ་པ་དང་ལྔ་པ་གཉིས་རྒྱལ་ཚབ་ཀྱི་གོ་གནས་བཞེས་ཏེ་བོད་ལྗོངས་ཆོས་སྲིད་གཉིས་ཀྱི་བདག་པོ་མཛད་མྱོང་ཡོད་པ་རེད།

ར་སྒྲེང་སྐུ་ཕྲེང་ལྔ་པ་ཐུབ་བསྟན་འཇམ་དཔལ་ཡེ་ཤེས་རྒྱལ་ཚབ་ཀྱི་འགན་དབང་བཞེས་མ་ཐག །སྐུ་ངོ་མས་ཏཱ་ལའི་བླ་མ་སྐུ་ཕྲེང་བཅུ་གསུམ་པ་ཆེན་པོའི་གསེར་གདུང་“དགེ་ལེགས་འདོད་འཇོ”རྩེ་ཕོ་བྲང་པོ་ཏ་ལར་གསར་བཞེངས་གཟིགས་སྐྱོང་གི་ལས་གྲྭ་དངོས་སུ་དབུ་ཚུགས་པ་དང་། གསེར་གདུང་འདི་ནི་རྒྱལ་བ་ལྔ་པ་ཆེན་པོའི་གསེར་གདུང་ལས་བརྗིད་ཆགས་ལྷ་ན་སྟུག་པ་ཞིག་གསར་བཞེངས་ལེགས་བསྒྲུབས་ཟིན་པ་

དང་ཆབས་ཅིག །ར་སྒྲེང་རིན་པོ་ཆེ་མཆོག་ཚད་བརྒྱལ་གྱི་འཛིན་ཐང་དང་ལྷག་བསམ་དག་པའི་སྒོ་ནས་ལུགས་གཉིས་ཀྱི་ཐུགས་འགན་ཡོངས་སུ་བཞེས་ཏེ་རྒྱལ་བ་སྐུ་ཕྲེང་བཅུ་གསུམ་པའི་ཡང་སྲིད་གདན་ཞུ་དང་། གསེར་ཁྲི་མངའ་གསོལ། དབུ་སྐྱེས་གཙུག་ཕུད་བཞེས་ནས་མཚན་གསོལ་བ་སོགས་མཛད་པ་ཡོངས་སུ་རྫོགས་པ་རྣམས་ཆུད་མི་གཟན་པར་ལེགས་བསྒྲུབས་མཐར་ཕྱིན་པ་གནང་ཞིང་། གོ་མིན་ཏང་གྲུང་དབྱང་སྲིད་གཞུང་གིས་ཏཱ་ལའི་བླ་མ་གསེར་ཁྲི་མངའ་གསོལ་གྱི་མཛད་སྒོར་བོད་སོག་ཨུ་ཡོན་ལྷན་ཁང་གི་ཨུ་ཡོན་ཀྲང་ཝུའུ་ཀྲུང་ཤིན་ལྷ་སར་མངགས་གཏོང་མཛད་དེ་གསེར་དུས་དཀྲུག་བྱེད་དང་གསེར་ཁྲི་མངའ་གསོལ་གྱི་མཛད་སྒོའི་རིམ་པ་གཙོ་འགན་བཞེས་ཆེད་དུ་ལྷ་སར་འབྱོར། བཀའ་ཤག་སྲིད་གཞུང་གིས་ཕེབས་བསུ་དང་སྟེ་ལེན་གཟབ་རྒྱས་ཞུས། ཝུ་ཀྲུང་ཤིན་ལྷ་སར་འབྱོར་མཚམས་སུ་དབྱིན་ཇི་སྲིད་གཞུང་གི་ཀྲུང་འབྲས་ལྗོངས་སུ་བཅའ་སྡོད་སྲིད་འཛིན་དཔོན་རིགས་གུའུ་ཏེ་སོགས་པའི་འཁོར་དང་བཅས་པ་མི་བཅུ་ལྷ་སར་འབྱོར། གནས་ཚུལ་དེས་ཝུ་ཀྲུང་ཤིན་ལྷ་སར་བཞུགས་རིང་དུ་རྒྱུན་ལྡན་གྱི་བྱེད་སྒོ་ཁག་ལ་གནོད་སྐྱོན་གང་ཡང་ཐེབས་མེད་སྐབས། ཝུ་ཀྲུང་ཤིན་གིས་གོ་མིན་སྲིད་གཞུང་ལ་སྙན་སེང་ཞིག་སྦྲོན་པ་ལ། གོ་མིན་སྲིད་གཞུང་ནས་སྦྲོན་ལན་དམིགས་བསལ་བཀའ་ཕབ་དོན། "མཚོ་སྔོན་ཕྱོགས་ནས་ཡིན་པའི་ཡང་སྲིད་ཕྱིའུ་ལྷ་མོ་དོན་གྲུབ། ཕྱིའུ་གཞན་དང་མི་འདྲ་བའི་ངོ་མཚར་ཆེ་བའི་རྟགས་མཚན་མང་པོ་བྱུང་བར་རྟོགས་ཞིབ་བྱས་པ་བརྒྱུད། དེ་ནི་ཏཱ་ལའི་བླ་མ་སྐུ་ཕྲེང་བཅུ་གསུམ་པའི་ཡང་སྲིད་འཁྲུལ་བྲལ་རེད་འདུག་པས་གསེར་བུམ་དཀྲུག་མི་དགོས་པར་ངོས་འཛིན་ཞུ་ཆོག་པ་ཡིན་ལ། ཏཱ་ལའི་བླ་མ་སྐུ་ཕྲེང་བཅུ་བཞི་པ་ཞེས་པའི་མཚན་སྙན་དམིགས་བསལ་བསྩལ་བ་ཡིན།"ཅེས་གསལ་བར་བཀོད།(བོད་ས་ཡོས་(སྤྱི་ལོ་༡༩༣༩ལོ་)ལོའི་ཟླ་བཅུ་པའི་ཚེས་བཅུ་གཉིས་ཉིན། རྒྱལ་ཚབ་ར་སྒྲེང་ཐུབ་བསྟན་འཇམ་དཔལ་ཡེ་ཤེས་དང་། མཚན་ཞབས་དར་ཏན་སྟག་བྲག་ངག་དབང་གསུང་རབ་མཐུ་སྟོབས་རྣམ་གཉིས་ཀྱིས་ཡོངས་འཛིན་བགྲེས་གཞོན་གྱི་ཐུགས་འགན་ཡོངས་སུ་བཞེས། ཚེས་བཅུ་གསུམ་ཉིན། ཡང་སྲིད་རིན་པོ་ཆེ་ལྷ་ལྡན་གཙུག་ལག་ཁང་དུ་གདན་དྲངས་ཐོག་ཇོ་བོ་ཤཱཀྱ་མུ་ནེ་དང་། ཐུགས་དམ་གྱི་རྟེན་གཙོ་ཐུབ

དབང་སྣ་ཟུར་མ། ཇོ་བཀྲ་ཤིས་དོ་ཁ་མ། སྒྲོལ་མ་གླིང་དགས་མ་བཅས་གདན་དྲངས་པའི་དྲུང་དུ་རྒྱལ་ཚབ་ཙ་སྒྲིང་རིན་པོ་ཆེས་དབུ་སྐྲེས་གཙུག་ཕུད་བཞེས་ཏེ་མཚན་དུ་འཇམ་དཔལ་ངག་དབང་བློ་བཟང་ཡེ་ཤེས་བསྟན་འཛིན་རྒྱ་མཚོ་སྲིད་གསུམ་དབང་བསྒྱུར་མཚུངས་པ་མེད་པའི་སྡེ་ཞེས་གསོལ་གནང་མཛད། དེ་ནས་བོད་ལྕགས་འབྲུག(ཕྱི་ལོ་༡༩༥༠)ལོའི་ཟླ་དང་པོའི་ཚེས་ཉི་ཤུ་ཉིན། རྩེ་པོ་བྲང་པོ་ཏ་ལའི་ཚོམས་ཆེན་སྲིད་ཞི་ཕུན་ཚོགས་ཀྱི་མི་འཇིགས་གདོང་ལྔའི་དབང་པོས་བཏེགས་པའི་གསེར་ཁྲིར་རྒྱལ་དབང་མཆོག་སྤྲུལ་རིན་པོ་ཆེ་མངའ་གསོལ་མཛད།)[①]

ཙ་སྒྲིང་སྐུ་ཕྲེང་ལྔ་པ་ཐུབ་བསྟན་འཇམ་དཔལ་ཡེ་ཤེས་ནི། བཙན་རྒྱལ་རིང་ལུགས་ལ་ངོ་རྒོལ་མཐའ་གཅིག་ཏུ་གནང་བ་དང་རྒྱལ་གཅེས་ཀྱི་བསམ་བློ་ལྡན་པའི་བླ་ཆེན་ཁྱད་དུ་འཕགས་པ་ཞིག་ཡིན་སྟབས། བོད་ཀྱི་རྒྱ་ཆེའི་སེར་སྐྱ་མང་ཚོགས་ཚང་མས་དགའ་ཞེན་དང་གུས་བཀུར་ལྷད་མེད་ཞུ་གི་ཡོད། ཁོང་གིས་རྒྱལ་ཚབ་གནང་རིང་བོད་ལྗོངས་ས་གནས་ཡོངས་སུ་ཞི་བདེ་ལྷོད་འཇགས་ཀྱི་དུས་བབ་ཅིག་ཏུ་གྱུར་ཡོད་པ་དང་། ལྷག་པར་དུ་གོ་མིན་ཏང་ཀྲུང་དབྱང་གི་དཔོན་ཆེན་ཁག་གཉིས་བོད་དུ་འབྱོར་སྐབས་ཕེབས་བསུ་དང་སྣེ་ལེན་ཟབ་རྒྱས་ཞུས་པར་མ་ཟད། བོད་ནས་པེ་ཅིང་དུ་བཅའ་སྡོད་དོན་གཅོད་ཁྲུའུ་ལེགས་སྒྲིག་ཡག་པོ་བྱུང་བ་དང་། ཀྲུང་དབྱང་ནས་བོད་ལ་བཅའ་སྡོད་དོན་གཅོད་ཁྲུའུ་བཙུགས་པར་རྒྱབ་སྐྱོར་ཡང་མཛད། དེ་བཞིན་མེས་རྒྱལ་ནང་ཁུལ་གྱིས་ལྷར་འགོག་དམག་འཁྲུག་ལ་རྒྱལ་ཁ་ཐོབ་པར་གསོལ་བ་སྨོན་ལམ་ཡང་ཡང་བཏབ་སྟེ་རྒྱབ་སྐྱོར་གང་ལེགས་མཛད། ཡང་ཁམས་ཕྱོགས་རྒྱ་བོད་གཉིས་དབར་རྩོད་གཞི་བྱུང་བའི་གནད་དོན་ལ་བར་སེལ་འདུམ་འགྲིག་གང་ལེགས་མཛད་དེ་ཐག་གཅོད་ཡག་པོ་བྱུང་བ་སོགས། གོང་གསལ་གནང་སྟངས་དེ་དག་གིས་ཀྲུང་དབྱང་སྲིད་གཞུང་དང་བོད་ས་གནས་སྲིད་གཞུང་གཉིས་ཀྱི་འབྲེལ་བ་སྔར་ལས་ལྷག་པའི་སྒོ་ནས་དམ་ཟབ་ཏུ་ཕྱིན་པར་བརྟེན། ཀྲུང་དབྱང་སྲིད་གཞུང་གིས་བསྟོད་

① ཆབ་སྲིད་ཚེ་བརྟན་ཕུན་ཚོགས་དང་ནོར་བྲང་ཨོ་རྒྱན།《བོད་ཀྱི་ལོ་རྒྱུས་རགས་རིམ་གཡུ་ཡི་ཕྲེང་བ།》སྨད་ཆ། བོད་ལྗོངས་བོད་ཡིག་དཔེ་རྙིང་དཔེ་སྐྲུན་ཁང་། ༢༠༠༣ལོ། ཤོག་ངོས། ༧༠༩

བསྡུགས་ཟབ་མོ་ཐོབ་པ་རེད། ད་དུང་ར་སྒྲེང་རིན་པོ་ཆེའི་མངོན་གསལ་དོད་པོའི་མཛད་རྗེས་ལ་གཞིགས་ཏེ། �REPLACE_ME

རྒྱལ་ཚབ་གནང་རིང་དུའང་སྐབས་མ་ལེགས་པའི་གནས་ཚུལ་འཕྲད་མྱོང་འདུག་པ་བཅས་ཀྱི་རྐྱེན་བྱས། རྒྱལ་ཚབ་རྭ་སྒྲེང་རིན་པོ་ཆེས་བོད་ས་གནས་སྲིད་གཞུང་ལ་སྙན་ཞུ་ཕུལ་ཏེ་ལོ་གཉིས་གསུམ་རིང་རྒྱལ་ཚབ་དགོངས་ཞུ་གནང་སྟེ་རྭ་སྒྲེང་དགོན་པར་ཕྱིར་ལོག་མཛད་ནས་སྐུ་ཕྱུར་འགལ་རྐྱེན་འཚུབ་ཆ་སེལ་བའི་མཚམས་བཞུགས་བྱེད་རྒྱུར། ལས་ཚབ་ཏུ་སྟག་བྲག་བླ་མ་ངག་དབང་གསུང་རབ་བསྐོ་གཞག་གནང་ན་ཕྱིན་ཆད་སྐུའི་འགལ་རྐྱེན་སེལ་མཚམས་སྲིད་འགན་རང་འཛགས་བཞེས་ཆོག་ལུགས་སྙོར་སོགས་ཞུས། བོད་བཀའ་ཤག་ས་གནས་སྲིད་གཞུང་གིས་རྭ་སྒྲེང་རིན་པོ་ཆེས་རྒྱལ་ཚབ་དགོངས་ཞུ་གནང་བར་ཆོག་མཆན་བསྩལ་བ་དང་ཆབས་ཅིག་གཞུང་ཡིག་བཟོས་པའི་ནང་འཁོད་དོན། “རྒྱལ་ཚབ་རྭ་སྒྲེང་རིན་པོ་ཆེ་སྐུའི་འཚུབ་ཆ་འགལ་རྐྱེན་སེལ་ཆེད་རེ་ཞིག་རྭ་སྒྲེང་དགོན་པར་ཕྱོན་ཏེ་མཚམས་བཞུགས་མཛད་དགོས་སྐབས། དེའི་རིང་ལས་ཚབ་སྟག་བྲག་བླ་མ་ངག་དབང་གསུང་རབ་ཀྱིས་རྒྱལ་ཚབ་ལོ་གཉིས་ནས་གསུམ་བར་གནང་རྒྱུ་དང་། དུས་ཚོད་ཟིན་མཚམས་སུ་སྲིད་འགན་རྭ་སྒྲེང་ནས་རང་འཛགརྗེས་ལེན་གནང་རྒྱུ་དང་ཏཱ་ལའི་བླ་མ་མཆོག་སྲིད་ཀྱི་ཐུགས་འགན་མ་བཞེས་བར་དུ་རྒྱལ་ཚབ་མུ་མཐུད་བསྐྱངས་རྒྱུ་བཅས་”[1]ཞེས་གསལ་ཡོད། སྐབས་དེ་དུས་ལྷ་སའི་ཁྲིམས་གཞུང་ནང་མི་ཚོས་འདྲ་མིན་སྣ་ཚོགས་བཤད་མཁན་ཡོད་པར། མང་ཚོགས་མང་ཆེ་བས་དབྱིན་ཇི་ལ་བློ་དཀར་ཕྱོགས་མཁན་མགོ་རིམ་མི་སྣ་ཚོས་ཡང་ཉིང་ག་རེ་བྱེད་པ་གསལ་པོ་མི་ཤེས་ཡང་། རྭ་སྒྲེང་རིན་པོ་ཆེ་ལ་མང་ཚོགས་མང་ཆེ་བས་རྒྱལ་གཅེས་ཀྱི་བླ་སྤྲུལ་ཞིག་ཡིན་པར་བརྩི་བཀུར་དད་མོས་ཞུ་བ་ལས། དེ་ལ་ལོག་ལྟའི་ཚིག་རྩུབ་སྨྲས་ན་སྡིག་ཉེས་བསགས་པ་དང་གུས་བཀུར་མི་ཞུ་བའི་རྟགས་སུ་ངོས་འཛིན་བྱེད་པ་དང་། སྟག་བྲག་བླ་མ་ལ་ཆེང་ཀྲུང་དབྱང་སྲིད་གཞུང་གིས་ཧོ་ཐོག་ཐུའི་ཆེ་ལོ་དང་འཛའ་ས་གང་ཡང་གནང་མེད་པས། བོད་ཀྱི་རྒྱལ་ཚབ་ལ་བསྐོས་ན་འགྲིག་གི་ཡོད་དམ་ཟེར་བ་སོགས་བཤད་ཚུལ་དང་དོགས་འཆར་སྣ་ཚོགས་བྱུང་ཡོད་པ་རེད།

① 《ཡེ་ཤེས་ཚུལ་ཁྲིམས་——རྭ་སྒྲེང་དོན་རྐྱེན་ནང་སྲོག་ཉེན་ལས་ཐར་བའི་ལོ་རྒྱུས་ལེ་ཚན་ཞིག》

བོད་ལྕགས་སྦྲུལ་(སྤྱི་ལོ་༡༩༥༡)ལོའི་ཟླ་དང་པོའི་ཚེས་གཅིག་ཉིན། ཡོངས་འཛིན་སྟག་བྲག་སྲིད་སྐྱོང་གི་ཁྲིར་ཕེབས་ཏེ་ཕྱག་ལས་རྩིས་ལེན་གནང་བ་དང་། སྟག་བྲག་གིས་སྲིད་སྐྱོང་ལས་འགན་དངོས་སུ་བཞེས་རྗེས། དབྱིན་ཇིར་བློ་དཀར་ཕྱོགས་པའི་མཐོ་རིམ་མི་སྣ་རྗེས་འབྲངས་པ་ཚོས་མཐའ་བསྐོར་ཏེ་སྲི་ཞུ་བྱས་པར་བརྟེན། ཁོང་གིས་སྔོན་ལ་ཟུར་ཁང་དབང་ཆེན་དགེ་ལེགས་ལ་བཀའ་བློན་དང་ཞྭ་སྒབ་པ་དབང་ཕྱུག་བདེ་ལྡན་ལ་རྩིས་དཔོན་བསྐོ་གཞག་དང་། དེ་མིན་དཔོན་རིགས་འགའ་ཞིག་གསར་བསྐོས་བྱས་ཏེ་ས་གནས་སྲིད་གཞུང་གི་དབང་ཆ་གཙོ་བོ་རྣམས་དབྱིན་ཇིར་བློ་དཀར་ཕྱོགས་པའི་ལག་ཏུ་སྤྲད་དེ་མེས་རྒྱལ་དང་ཁ་བྲལ་གཏོང་བའི་སྤྱོད་ངན་སྤེལ་ཆེད་སྟབས་བདེའི་སྒོ་མོ་ཞིག་ཕྱེ་བ་རེད། དཔེར་ན། བོད་ཆུ་རྟ་(སྤྱི་ལོ་༡༩༥༢)ལོའི་ཟླ་བཞི་པའི་ཚེས་ཉེར་གསུམ་ཉིན། ཁོ་པ་ཚོས་ཁྲིམས་འགལ་གྱི་སྒོ་ནས་ལྷ་སར་ཕྱི་འབྲེལ་ལས་ཁུངས་བཙུགས་པར་མ་ཟད། བོད་དུ་བཙའ་སྡོད་དབྱིན་ཇི་དང་བལ་པོའི་སྐུ་ཚབ་ལ་བརྗེ་སྤྲོད་བྱས་པ་དང་། བོད་ལ་བཙའ་སྡོད་བོད་སོག་ཨུ་ཡོན་ལྷན་ཁང་གི་དོན་གཅོད་ཁྲིའུ་ལའང་བརྗེ་ཐོ་སྤྲད་དེ། སླད་ཕྱིན་བྱ་བ་མཐའ་དག་ཕྱི་འབྲེལ་ལས་ཁུངས་མ་བརྒྱུད་པར་ཐད་ཀར་བཀའ་ཤག་སྲིད་གཞུང་ལ་འབྲེལ་གཏུགས་ཞུ་མི་ཆོག་ཟེར་བ་དང་། བོད་སྡོད་དོན་གཅོད་ཁང་གི་འགོ་འཛིན་པས་གོ་མིན་ཏང་གུང་དབྱང་སྲིད་གཞུང་གི་བཀའ་བཀོད་ལྟར། ཕྱི་འབྲེལ་ལས་ཁུངས་ལ་འབྲེལ་གཏུགས་རྩ་བ་ནས་མ་བྱས་སྟབས་སྟག་བྲག་སོགས་ལས་དོན་བྱེད་ཐབས་དཀའ་བའི་གནས་སུ་ལྷུང་པ་རེད། ཡང་དཔེར་ན། བོད་མེ་ཕག་(སྤྱི་ལོ་༡༩༥༧)ལོའི་ཟླ་གསུམ་པར་རྒྱ་གར་ཇི་ལི་གསར་པར་"ཡ་གླིང་གི་གྲོས་ཚོགས"ཞེས་པ་བསྐོང་འཚོགས་བྱས་པ་དང་། དབྱིན་ཇི་དང་རྒྱ་གར་གྱི་བོད་དུ་བཙའ་སྡོད་སྐུ་ཚབ་ལི་ཙི་སན་གྱི་ངན་བསླུལ་བྱས་པའི་འོག "བོད་ལྗོངས་སྐུ་ཚབ་ཚོགས་པ"ཞེས་སྒྲིག་འཛུགས་བྱས་ནས་"ཡ་གླིང་གི་གྲོས་ཚོགས"ལ་ཞུགས་པ་རེད། ཚོགས་འདུ་དེའི་ཐོག་བོད་རྒྱལ་ཁབ་གཅིག་ཏུ་རྩིས་པའི་ཆ་ནས་གདན་འདྲེན་ཞུ་པར་མ་ཟད། བོད་དམག་གི་དམག་དར་གངས་རི་དང་སེང་གེ་རྟགས་ཅན་དེ་བོད་ཀྱི་རྒྱལ་དར་དུ་བརྩིས་ནས་རྒྱལ་

ཁབ་ཁག་གི་དར་ཆ་དང་མཉམ་དུ་བཀལ་བ་སོགས་མེས་རྒྱལ་ཁ་བྲལ་གཏོང་བའི་སྤྱོད་ངན་དེ་དག་ལ་གོ་མིན་ཏང་གུང་དབྱང་སྲིད་གཞུང་དང་། བོད་ཀྱི་རྒྱལ་གཅེས་སྟོབས་ཤུགས་ཀྱིས་ཁ་བརྡུང་དྲག་པོ་བཏང་སྐབས་ཁོ་པ་ཚོའི་ལྐོག་གཡོ་རྫ་བ་ནས་ཕམ་ཉེས་བྱུང་བ་རེད།

སྤྱི་ལོ་༡༨༩༩ལོར། སྟག་བྲག་སྤྲུལ་སྐུ་ངག་དབང་གསུང་རབ་ཀྱིས་རྒྱལ་ཚབ་ལོ་གསུམ་བྱེད་རྒྱུའི་དུས་བཀག་མཇུག་སྒྲིལ་ནས་རྒྱལ་སྲིད་ཀྱི་དབང་ཆ་རྭ་སྒྲེང་རིན་པོ་ཆེར་ཕྱིར་འབུལ་ཞུ་མཚམས་སུ་བཙར་ཡོད་ཀྱང་། སྟག་བྲག་སྤྲུལ་སྐུས་རྩིས་སྤྲོད་བྱེད་རྒྱུ་ཕར་བཞག །དེ་ལས་ལྡོག་སྟེ་བོད་ཀྱི་བཀའ་ཤག་སྲིད་གཞུང་ནང་གལ་ཆེའི་དབང་ཆ་འཛིན་པའི་རྭ་སྒྲེང་ཕྱོགས་གཏོགས་ཀྱི་དཔོན་རིགས་དང་། གདན་ས་གསུམ་གྱི་མཁན་པོ་ལས་ཐོག་སོགས་ཚང་མ་གནས་སྤོས་སམ་གཙང་དག་བཟོས་ཏེ། སྟག་བྲག་ཕྱོགས་གཏོགས་ཀྱི་དཔོན་རིགས་རྣམས་གསར་བསྐོས་བྱས་སྐབས། རྭ་སྒྲེང་ཕྱོགས་གཏོགས་ཀྱི་སྟོབས་ཤུགས་ལ་ཉམས་རྒུད་ཚབས་ཆེན་ཕོག་པ་རེད། སྐབས་དེར་རྒྱལ་གཅེས་སྟོབས་ཤུགས་དང་ཁ་བྲལ་སྟོབས་ཤུགས་གཉིས་འགལ་ཟླའི་འཐབ་རྩོད་ཛ་དྲག་དང་རྙོང་ངར་ཆེ་རུ་ཕྱིན་པར་བརྟེན། དབྱིན་ཇིར་གློ་དཀར་ཕྱོགས་གཏོགས་ཀྱི་སྟོབས་ཤུགས་ཀྱིས་བོད་དེ་ཉིད་ཁ་བྲལ་ཕྱི་ལོག་གི་ལམ་དུ་ཁྲིད་རྒྱུའི་ཉེན་ཁ་ཚབས་ཆེན་གནས་ཡོད་ཁར། ཐོག་མ་ཉིད་ནས་མེས་རྒྱལ་གོང་བུ་གཅིག་གྱུར་ལ་ཁ་ཕྱོགས་པ་དང་བོད་རྒྱ་མི་རིགས་མཐུན་སྒྲིལ་ལ་སྲུང་སྐྱོང་བྱེད་མཁན་རྭ་སྒྲེང་རིན་པོ་ཆེ་ཐུགས་སེམས་ཤིན་དུ་འཚབ་འཚུབ་དང་འཕྲལ་དུ་ཡིད་ཆེས་བརྟན་པོ་ཡོད་པའི་མི་སྣ་ཆེད་གཏོང་གིས་གོ་མིན་ཏང་གུང་དབྱང་སྲིད་གཞུང་ལ་བོད་ཀྱི་ཆབ་སྲིད་དུས་བབ་ཇི་ལྟར་ཡིན་ཚུལ་རྣམས་སྙན་སྒྲོན་ཞུས་ཏེ། དགོས་ངེས་ཀྱི་རྒྱབ་སྐྱོར་ཡོང་བའི་རེ་བ་ཞུས་ཀྱང་། ཕན་འབྲས་གང་ཡང་མ་ཐོན་པ་རེད། དེའི་སྐབས་སྟག་བྲག་དང་ཟུར་ཁང་། ཞྭ་སྒབ་པ་སོགས་ཀྱིས་རྭ་སྒྲེང་ཕྱོགས་གཏོགས་ཁག་གིས་མ་ཚང་ཁོག་བཙུག་གི་བྱ་སྤྱོད་ཡོད་པར་ཁ་གཡར་སྟེ་རྭ་སྒྲེང་ཕྱོགས་གཏོགས་ཀྱིས་དུས་བཀག་འབར་མདེལ་ཞིག་སྐྱེལ་བར་བཏང་སྟེ་སྟག་བྲག

བཀྲོངས་རྗེས་དང་། ར་སྒྲེང་དང་སེ་ར་དགོན་པའི་གྲྭ་པ་ངན་འབྲེལ་གྱིས་སྟག་བྲག་གི་སྲིད་དབང་མགོ་རྡིང་སློག་རྗེས་ཡོད་པ་རེད་ཟེར་བ་སོགས་མ་ཉེས་ཁ་གཡོག་གི་གླིང་ཕྱོགས་མང་པོ་བཟོས་པ་རེད།

བོད་མི་ཕག་(སྤྱི་ལོ་༡༩༥༩)ལོའི་ཟླ་གཉིས་པར། བཀའ་བློན་ཟུང་ཁང་དབང་ཆེན་དགེ་ལེགས་སོགས་ཀྱི་གཙོས་པའི་བོད་དམག་ཉིས་བརྒྱ་ལྷག་ཙམ་ཁྲིད་དེ་ར་སྒྲེང་དགོན་པར་ར་སྒྲེང་ཐུབ་བསྟན་འཇམ་དཔལ་ཡེ་ཤེས་འཛིན་བཟུང་བྱེད་པར་ཉིན་མཚན་ཤར་བསྐྱོད་བྱས། གནས་ཚུལ་དེ་ལྷ་སར་ཡོད་པའི་ར་སྒྲེང་གི་ཞབས་འབྲང་ལ་ལས་ཤེས་ཏེ་མཚོད་དཔོན་ཡེ་ཤེས་ཚུལ་ཁྲིམས་སོགས་འཕྲལ་དུ་མངགས་གཏོང་བྱས་ཀྱང་། བོད་དམག་རྣམས་སྔོན་ཚུད་ནས་ར་སྒྲེང་དགོན་དུ་འབྱོར་ཟིན་ཅིང་། བཀའ་བློན་ཟུར་ཁང་དབང་ཆེན་དགེ་ལེགས་སོགས་ནས་སྐུ་ཕྱག་ཕུལ་ཏེ་གདན་ཞུར་བཅར་བའི་ཚུལ་བྱས་ཏེ་ལྷ་སར་བཙན་འཁྲིད་བྱས། ཆོས་ཉེར་བདུན་ཉིན་ལྷ་སར་ཕེབས་རྒྱུ་དང་། ཕེབས་ལམ་ཐད་ནང་དོན་འཕན་པོ་སྔོ་ལ་བརྒྱུད་སེ་ར་དགོན་གྱི་ཉེ་འགྲམ་ནས་ཕེབས་རྒྱུ་གཏན་འཁེལ་ན་ཡང་། ཕྱི་རྒྱར་ཤར་ཕྱོགས་འབྲོམ་ཐོད་དང་། ནུབ་ཕྱོགས་སྟོད་ལུང་བརྒྱུད་ཕེབས་ཚུལ་གྱི་སྐད་ཆ་གང་སར་བགྲམ་པར་མ་ཟད། ཤར་ནུབ་གཉིས་ཀར་ཉེན་སྲུང་དམག་མི་བཏང་བས་རྒྱལ་གཅེས་གྲྭ་པ་དང་། མང་ཚོགས་མང་པོ་མགོ་སྐོར་ཐེབས་ནས་ར་སྒྲེང་རིན་པོ་ཆེ་སྐྱོབ་མ་ཐུབ་ཅིང་། སྐབས་དེར་བཀའ་བློན་ཟུར་ཁང་སོགས་ཀྱིས་ར་སྒྲེང་རིན་པོ་ཆེ་བཙན་འཁྲིད་ཀྱིས་འཕན་པོ་སྔོ་ལ་བརྒལ་ཏེ་གླིང་བུ་རྫོང་གསར་དུ་སླེབས་སྐབས་ཁོ་པ་ཚོ་ངོ་ལས་རྣམས་དང་གྲོས་བྱས་ཏེ་ར་སྒྲེང་རིན་པོ་ཆེར་ན་བཟའ་གྲྭ་ཆས་སྒྲོན་པ་དང་། སྐུ་བཅར་གསོལ་དཔོན་རིག་རྣམ་དང་། གཟིམས་འགག་ཚུལ་ཁྲིམས་ནོར་བུ། གསོལ་ཐབ་པ་ནོར་འཛིན་བཅས་མི་གསུམ་ཡོད་པར་ལུས་བཤེར་བྱས་ནས་གྲྭ་བཞི་དམག་སྒར་ལ་རྗེས་སྤྲད། ར་སྒྲེང་རིན་པོ་ཆེ་ཐད་ཀར་རྩེ་ཞོ་བྲང་གི་ཤར་ཆེན་ལྟོག་བཙོན་ཁང་དུ་བཙོན་འཇུག་བྱས་པ་རེད།

སེ་ར་དགོན་བྱེས་གྲྭ་ཚང་སོགས་ནས་ར་སྒྲེང་རིན་པོ་ཆེའི་རྒྱབ་ལངས་བྱས་སྐབས་

པོད་ས་གནས་སྲིད་གཞུང་དང་སེ་རའི་དབར་ཟིང་འཁྲུག་ལངས་ཞིང་། མཐར་སེ་རའི་གྲྭ་པ་རྣམས་ཀོ་མཚོན་ཞན་པ་དང་། དམག་འཁྲུག་གི་ཉམས་མྱོང་རྩ་བ་ནས་མེད་སྐབས། ཟླ་གསུམ་པའི་ཚེས་བརྒྱད་ཉིན་པོད་དམག་གིས་སེ་ར་དགོན་པའི་རྒྱབ་རིའི་དབུ་རྩེ་བླངས། ཉིན་ཤས་རིང་དམག་འཐབ་དྲག་པོ་བྱས་ཏེ་སེ་རའི་གྲྭ་པ་བཅུ་ལྷག་ཙམ་གྱི་སྲོག་ཤོར། གྲྭ་པ་མང་པོ་རྨས། གཏེ་པོ་བཅུ་ཕྲག་འགའ་ཞིག་འཛིན་བཟུང་ཐོག་ཁྲིམས་གཅོད་དྲག་པོ་བཏང་སྟེ། ལ་ལར་ཚེ་སྒོ་ཆེ་ལྕགས་བརྒྱབ་སྟེ་རྒྱངས་འབུད་བཏང་བ་དང་། ལ་ལར་རྐང་ལྕགས་ལག་ལྕགས་བརྒྱབ་སྟེ་སྐུ་དྲག་ཆེ་ཁག་ལ་རྩིས་སྤྲད། དགོན་པའི་རྒྱུ་ནོར་གལ་ཆེ་བ་མང་པོ་འཕྲོག་བཅོམ་བྱས། མཁན་པོ་ངག་དབང་རྒྱ་མཚོ་དང་མཆོད་དཔོན་ཡེ་ཤེས་ཚུལ་ཁྲིམས་སོགས་མི་གྲངས་བཅུ་ལྷག་ཙམ་ཁམས་ཕྱོགས་སུ་བྲོས་བྱོལ་དུ་ཕྱིན་པ་སོགས་ཀྱི་གནས་ཚུལ་མང་པོ་ཐོན།

ར་སྒྲེང་རིན་པོ་ཆེ་རྩེ་པོ་བྲང་ཤར་ཆེན་ལྕོག་ཏུ་བཙོན་འཇུག་བྱས་རྗེས། དབྱིན་ཇིར་བློ་དཀར་ཕྱོགས་པ་རྣམས་ནས་བཙོན་སྲུང་དུ་ཆེད་མངགས་ར་སྒྲེང་རིན་པོ་ཆེར་འཕོན་འཛིན་ཆེན་པོ་ཡོད་པའི་ཨུ་རྒྱན་རྡོ་རྗེ་དང་། རྩེ་དྲུང་ཡེ་ཤེས་ཐུབ་བསྟན་གཉིས་བཙུགས་པ་དང་། བཙོན་འཇུག་རིང་བཀའ་ཤག་སྲིད་གཞུང་གི་ཚོགས་འདུ་ཐྲག་བསྡུས་སར་འདྲི་བ་ཐེངས་འགའ་ཞིག་ལེན་པ་དང་། དཔོན་རིགས་འགའ་རེས་ཁྲིམས་གཅོད་ནན་པོ་བྱེད་དགོས་དང་། འགའ་རེས་ར་སྒྲེང་གི་སྤྱན་འབྲས་གཉིས་ཀ་འདོན་རྒྱུའི་གྲོས་འགོ་བཏོན་ཡང་། དེར་གདན་ས་སེ་འབྲས་དགའ་གསུམ་གྱི་མཁན་པོ་ལས་ཟུར་དང་། གཞུང་ཞབས་སེར་སྐྱ་ཁག་གཅིག་གིས་མོས་མཐུན་མེད་པའི་རྣམ་འགྱུར་བསྟན་པར་མ་ཟད། དེའི་སྐོར་ལ་གྲོས་བསྡུར་རྩ་བ་ནས་མ་བྱས་པ་རེད། དེ་ནས་ར་སྒྲེང་རིན་པོ་ཆེ་སྙུང་གཞི་བཞེས་པའི་གནས་ཚུལ་རྩེ་ཕྱུག་ནས་ཚོགས་འདུར་སྙན་སྒྲོན་ཞུས་སྐབས། བཀའ་ཤག་གིས་སྨན་རྩིས་མཁན་ཆུང་མཁྱེན་རབ་ནོར་བུ་གཏོང་གནང་མཛད་དེ་བརྟག་དཔྱད་བྱེད་སྐབས་རླུང་མཁྲིས་སྙུང་གཞི་ཙམ་ལས་གནད་འགག་ཆེ་བ་མི་འདུག་ཅེས་གསུངས། དུས་དེར་ར་སྒྲེང་རིན་པོ་ཆེས་བཤད་པའི་ལག

ཏུ་ཐེབས་པའི་ཚོར་སྣང་བྱུང་སྟེ། རྒྱལ་བའི་ཡོངས་འཛིན་ཁྲི་བྱང་སྤྲུལ་སྐུ་བློ་བཟང་ཡེ་ཤེས་དང་། དྲུང་ཡིག་ཆེན་མོ་འབུམ་ཐང་ཆོས་འཕེལ་ཐུབ་བསྟན། བཀའ་བློན་ཀ་ཤོད་ཆོས་རྒྱལ་ཉི་མ་བཅས་ལ་ཕྱག་ཕྲིས་གནང་སྟེ་བཙོན་ནས་སྐྱོབ་ཐབས་ཡོང་བའི་རེ་བ་མཛད་ཀྱང་། ཡི་གེ་དེ་དག་ཚང་མ་བཙོན་སྲུང་བ་གཉིས་ཀྱིས་བཀག་ཉར་བྱས་ཏེ་རྒྱལ་ཚབ་སྟག་བྲག་གི་ལག་ཏུ་སྤྲད་པས་འཕྲལ་དུ་ཐག་གཅོད་མ་བྱས་ན་རྭ་སྒྲེང་རིན་པོ་ཆེ་བཙོན་ནས་ཤོར་ཉེན་ཡོད་པའི་དོགས་པ་འཆར།

བོད་མི་ཕག་(སྤྱི་ལོ་༡༨༥༧)ལོའི་ཟླ་གསུམ་པའི་ཚེས་བརྒྱད་ཉིན་གྱི་ཐོ་རེངས་ཙམ་ལ་རྭ་སྒྲེང་རིན་པོ་ཆེ་དགོངས་པ་གཞན་དོན་དུ་གཤེགས་སོང་ཞེས་བཙོན་སྲུང་བས་ཚོགས་འདུ་དང་བཀའ་ཤག་ལ་སྙན་སེང་ཞུས་པ་རེད། སྐུ་གཤེགས་རྐྱེན་སྐོར་ལ་སྨན་རྩིས་མཁན་ཆུང་མཁྱེན་རབ་ནོར་བུས་ཐོན་དུ་སྟུང་གཞི་བརྟག་དཔྱད་གནང་བའི་གསུང་ཚུལ་དང་ཚོགས་འཐུས་ནས་སྐུ་ཕུར་ལ་བལྟ་ཞིབ་བྱས་པ་སོགས་ཕྱོགས་གང་ཅིའི་གནས་ཚུལ་ལ་དཔྱད་ཞིབ་བྱེད་སྐབས་སྦྱར་དུག་ཕོག་ནས་གཤེགས་པའི་སྣང་བ་བྱུང་། རྭ་སྒྲེང་རིན་པོ་ཆེའི་གཤེགས་རྐྱེན་སྐོར་ལ་དམངས་ཁྲོད་དུ་བཤད་ཚུལ་མི་འདྲ་བ་མང་ཙམ་བྱུང་ཡོད་ཀྱང་། སྐབས་དེར་སུ་ཞིག་གིས་ཀྱང་ཡང་ཉིང་གང་འདྲ་ཡིན་ཚུལ་འདྲི་བརྩད་ཞུ་ནུས་མཁན་མེད། གང་ཡིན་ཟེར་ན། དབྱིན་ཇིར་བློ་དཀར་ཕྱོགས་པའི་དཔོན་རིགས་ཀྱིས་རྭ་སྒྲེང་ལོག་བསྒྲོངས་བྱས་ཏེ་བཀའ་ཤག་སྲིད་གཞུང་གི་དབང་ཆ་ཚང་མ་ཁོང་ཚོའི་ལག་ཏུ་འཛིན་ཡོད་པ་དེ་རེད། རྭ་སྒྲེང་རིན་པོ་ཆེ་ལོག་བསྒྲོངས་བྱས་པའི་གནས་ཚུལ་གང་སར་ཁྱབ་རྗེས། བོད་ལྗོངས་ཀྱི་སེ་རྭ་མང་ཚོགས་ཡོངས་དང་། ལྷག་པར་དུ་རྭ་སྒྲེང་དགོན་པ་དང་སེ་ར་དགོན་པའི་གྲྭ་དམངས་ཡོངས་ཀྱི་ཁོང་ཁྲོའི་མེ་ལྕེ་རབ་ཏུ་འབར་ཏེ། རྭ་སྒྲེང་དགོན་པའི་སྒྲོ་ཁང་ནང་བཞུགས་པའི་སྲུང་བྱ་བོད་དམག་བཅུ་དྲུག་དེ་དག་བཟུང་ནས་ཅག་བཤགས་བཏང་། བཀའ་ཤག་གིས་གནས་ཚུལ་དེ་ཤེས་འཕྲལ་སྣར་ཡང་བོད་དམག་ཆིག་སྟོང་ཙམ་རྭ་སྒྲེང་དུ་བཏང་སྟེ་ཡུལ་དེའི་མཐའ་བཞི་བསྐོར་གྱི་དམག་དང་བོད་དམག་ཉིན་མཚན་འགའ་ཞིག་རིང་དམག

འཐབ་དྲག་པོ་བྱས་མཐར་གྲྭ་དམག་ལ་ཕམ་ཉེས་ཚབས་ཆེན་ཕོག་པར་མ་ཟད། ར་སྒྲེང་དགོན་པའི་གསེར་ཀོང་དང་། དངུལ་ཏིང་། སངས་རྒྱས་ཀྱི་སྐུ་བརྙན། དར་གོས་ཆེན། རིན་ཆེན་སྣ་ཚོགས་སོགས་དངོས་རིགས་རྫ་ཆེན་ཡོངས་རྫོགས་སྲིད་གཞུང་དམག་མིས་འཕྲོག་བཅོམ་བྱས། བཀའ་ཤག་སྲིད་གཞུང་གིས་ར་སྒྲེང་གསར་ཚོད་ཚོས་གཞིས་ཡོངས་རྫོགས་གཞུང་བཞེས་དང་། ར་སྒྲེང་བླ་བྲང་གི་འབྲེལ་ཡོད་མི་སྣ་དཔོན་རིགས་ཚང་མར་བཀའ་དཔྱད་བཏང་སྟེ་རེ་འགའ་ཚེ་སྒོ་ཚེ་ལྟུགས་བརྒྱབ་སྟེ་བཙོན་འཇུག་བྱས་པ་དང་། རེ་འགའ་གོ་གནས་དབྱུང་སྟེ་རྒྱང་འབུད་བཏང་བ། མཐར་ན་ཏྲ་ལའི་བླ་མ་སྐུ་ཕྲེང་བཅུ་བཞི་པའི་ཡབ་ཆེན་ཚེ་རིང་ཞུ་བ་ཡང་རྒྱལ་གཅེས་ཀྱི་བློ་ཁ་ཕྱོགས་པ་དང་། ར་སྒྲེང་རིན་པོ་ཆེ་དང་འབྲེལ་བ་དམ་ཟབ་ཡོད་པའི་རྐྱེན་གྱིས་སྦྱར་དུག་ཕུལ་ནས་བཀྲོངས་པ་རེད། སྐབས་དེ་དུས་ལྷ་སའི་གྲོང་ནང་མི་ཚང་མས་གནས་ཚུལ་དེའི་སྐོར་མངོན་གསལ་དོད་པོས་ཤོད་མི་ནུས་པར། འོན་ཀྱང་སྐོག་ཏུ"ར་སྒྲེང་དོན་རྐྱེན"སྐོར་གྱི་དམངས་གཞས་འདྲ་མིན་སྣ་ཚོགས་ཞིག་གྲོང་ནང་དུ་ཁྱབ་གདལ་བྱུང་ཡོད་པ་དཔེ་མཚོན་ལྟར་ན།

"ར་ཕོས་ཇིག་ཉམས་སྟོན་ཏེ། (ར་ཞེས་པ་ནི་ར་སྒྲེང་རྒྱལ་ཚབ་ལ་གོ་བ་ཡིན།)

ཨོག་ཚོམ་སྟག་ལ་ངོམས་སོང་། (སྟག་ཞེས་པ་ནི་སྟག་བྲག་རྒྱལ་ཚབ་ཏུ་གོ་བ་ཡིན།)

སྟག་མོ་ངོ་ཚ་མེད་པར།

ར་ཕོ་ཏབ་སྟེ་བཟས་སོང་།"

ཞེས་པའི་དམངས་གཞས་གཏོང་སྲོལ་བྱུང་བ་རེད།

ར་སྒྲེང་སྐུ་ཕྲེང་ལྔ་པ་སྐྱོག་བཀྲོངས་རྗེས། རྒྱལ་ཚབ་སྟག་བྲག་གིས་ར་སྒྲེང་གི་ཡང་སྲིད་ལ་སེ་ར་ཚོགས་ཆེན་སྤྲུལ་སྐུའི་གདན་ཐོབ་ལས་རྒྱལ་སྤྲུལ་ཌོ་ཐོག་ཐུའི་ཐོབ་ཐང་མེད་པ་བཟོས། འོན་ཀྱང་སྐབས་དེར་བོད་ཀྱི་དུས་བབ་ལ་འགྱུར་བ་ཐུན་བུ་ཕྱིན་ཡོད་པ་དང་། བཀའ་ཤག་སྲིད་གཞུང་གི་བཀའ་བཀོད་དེ་ནང་བསྟན་ཐར་སྲོལ་ལམ་ལུགས་དང་འགལ་བར་བརྟེན། ཕྱི་ལོ་༡༩༥༩ལོའི་བོད་ཟླ་བཅུ་གཉིས་པའི་ཚེས་ཉེར་

གཉིས་ཉིན། ར་སྒྲེང་རིན་པོ་ཆེའི་སྐུའི་ཡང་སྲིད་སྤྲུལ་སྐུ་ལྷ་ས་གྲོང་ཁྱེར་ཐལ་སྤྱངས་སྒང་དུ་ཁྱིམ་ཚང་ཕྱུག་པོ་ཞིག་གི་ནང་དུ་སྐུ་འཁྲུངས། དགུང་ལོ་གསུམ་ལ་ཕེབས་དུས་བཀའ་ཤག་སྲིད་གཞུང་གིས་ར་སྒྲེང་སྐུ་གོང་མའི་ཡང་སྲིད་དུ་ངོས་འཛིན་ཞུས། ཕྱི་ལོ་༡༩༥༥ལོར"ར་སྒྲེང་ཨ་ཆི་ཐུ་ནོ་མོན་ཧན"ཞེས་པའི་ཆོ་ལོ་བསྩལ། ཕྱི་ལོ༡༩༨༠ལོར་མའོ་ཀྲུའུ་ཞི་དང་། ལིའུ་ཧྲའོ་ཆི། ཀྲོའུ་ཨེན་ལའི་སོགས་ཧྲང་དང་རྒྱལ་ཁབ་ཀྱི་གཙོ་འཛིན་མི་སྣས་མཇལ་འཕྲད་གནང་། དེ་ནས་ར་སྒྲེང་སྐུ་ཕྲེང་དྲུག་པ་བསྟན་འཛིན་འཇིགས་མེད་ཀྱིས་ཀྲུང་གོ་ནང་བསྟན་མཐུན་ཚོགས་ཀྱི་རྒྱུན་ལས་ལས་འཛིན་པ་དང་། བོད་རང་སྐྱོང་ལྗོངས་ཆབ་སྲིད་གྲོས་ཚོགས་ཀྱི་རྒྱུན་ལས་ཞུ་ཡོན། ཀྲུང་གོ་ནང་བསྟན་མཐུན་ཚོགས་བོད་ཡན་ལག་མཐུན་ཚོགས་ཀྱི་ཚོགས་གཙོ་སྐུ་གཞོན་བཅས་ཀྱི་འགན་འཁུར་གནང་མྱོང་ཡོད་པ་རེད། ཕྱི་ལོ་༡༩༩༧ལོའི་ཟླ་གཉིས་པའི་ཚེས་བཅུ་གསུམ་ཉིན་ར་སྒྲེང་སྐུ་ཕྲེང་དྲུག་པ་བསྟན་འཛིན་འཇིགས་མེད་སྨྲུན་གཞིས་རྐྱེན་པས་ལྷ་སར་དགོངས་པ་ཞིང་དུ་གཤེགས།

ར་སྒྲེང་སྐུ་ཕྲེང་དྲུག་པ་བསྟན་འཛིན་འཇིགས་མེད་སྐུ་འཚོ་བཞུགས་སྐབས་ཕྱག་བྲིས་མཛད་པའི་རྩོམ་ཡིག《ར་སྒྲེང་སྐྱེ་ཕྲེང་རིམ་བྱོན་གྱི་ལོ་རྒྱུས་མདོར་བསྡུས་》ཞེས་པའི་ནང་ར་སྒྲེང་སྐུ་ཕྲེང་ལྔ་པའི་སྐོར་གླེང་སྐབས་གསུང་དོན། "ར་སྒྲེང་སྐུ་ཕྲེང་ལྔ་པ་ཐུབ་བསྟན་འཇམ་དཔལ་ཡེ་ཤེས་བསྟན་པའི་རྒྱལ་མཚན་ནི། ཕྱི་ལོ་༡༩༡༢ལོར་བོད་ལྗོངས་དྭགས་པོ་ས་གནས་ཀྱི་རྒྱ་ཚ་ཁུལ་དུ་འཁྲུངས་པ་དང་། ཕྱི་ལོ་༡༩༣༤ནས་ཕྱི་ལོ་༡༩༤༠ལོའི་བར་བོད་ལྗོངས་བཀའ་ཤག་སྲིད་གཞུང་གི་རྒྱལ་ཚབ་གནང་། དེ་ནས་མི་རིང་བར་སྟག་བྲག་སྤྲུལ་སྐུས་དབང་ཆ་འཕྲོགས་ཏེ་རྒྱལ་ཚབ་བྱས་པ་དང་། ཁོ་པ་རང་གིས་བཟོས་པའི་བོད་ལྗོངས་མཐོ་སྒང་དུ་ཧང་བསང་བའི"ར་སྒྲེང་དོན་རྐྱེན"དེ་བྱུང་བ་རེད། དེའི་རྒྱུ་རྐྱེན་གཙོ་བོ་ནི། བོད་ཀྱི་བཀའ་ཤག་སྲིད་གཞུང་ནང་དབྱིན་ཇིར་བློ་དཀར་ཕྱོགས་པའི་མི་འགའ་ཞིག་གིས་དབྱིན་ཇི་བཙན་རྒྱལ་རིང་ལུགས་པ་དང་ངན་འབྲེལ་བྱས་ཏེ་བོད་དེ་མེས་རྒྱལ་དང་ཁ་བྲལ་གཏོང་རྩིས་བྱེད་རྒྱུར་ར་སྒྲེང་རིན་པོ་ཆེས

བཀག་འགོག་གནང་བར་འཕོན་འཛིན་སྐྱེས་ནས། ཕྱི་ལོ་༡༩༨༧ལོའི་བོད་ལྗོངས་གསུམ་པའི་ནང་ར་སྒྲེང་རིན་པོ་ཆེ་འཛིན་བཟུང་བྱས་པ་རེད། དེ་ནས་ཡུན་རིང་མི་སོང་བར་རྩེ་པོ་བྲང་གི་ཤར་ཆེན་ལྟོག་བཙོན་ཁང་ནང་བཀྲོངས་པ་རེད། ……ར་སྒྲེང་སྐུ་ཕྲེང་ལྔ་པ་ནི་ལྷག་བསམ་རྣམ་དག་གི་རྒྱལ་གཅེས་པ་ཞིག་རེད། ཁོང་གི་རྗེས་ཤུལ་འཛིན་མཁན་ང་རང་ར་སྒྲེང་བསྟན་འཛིན་འཇིགས་མེད་ངོས་ནས་གླེང་ན། ༸ སྐྱབས་མགོན་པཎ་ཆེན་རིན་པོ་ཆེ་ཐུགས་དགོངས་པའི་རྗེས་སུ་དྲངས་ཏེ་མེས་རྒྱལ་གོང་བུ་གཅིག་གྱུར་ལ་སྲུང་སྐྱོང་དང་། བོད་ལྗོངས་དེ་ཉིད་དར་རྒྱས་ཕུན་སུམ་ཚོགས་པ་དང་བདེ་སྐྱིད་ལྡན་པའི་བོད་ལྗོངས་གསར་པ་ཞིག་འཛུགས་སྐྲུན་བྱེད་རྒྱུར་རང་གི་ནུས་ཤུགས་གང་ཡོད་བཏོན་ནས་ཞབས་འདེགས་ཞུ་གི་ཡིན།”ཅེས་དང་། ར་སྒྲེང་དགོན་པར་བོད་དམག་གི་འཕྲོག་བཅོམ་བྱས་པ་དང་། དགོན་ནང་གི་གྲྭ་པ་མང་པོ་དམར་བསོད་དང་འཛིན་བཟུང་བྱས་པའི་སྐོར་གླེང་སྐབས་ཁོང་གིས། “སྐབས་དེར་སྡོག་ཉེན་ལས་ཐར་བའི་མི་གཅིག་བྱུང་བ་སྟེ་ར་སྒྲེང་རིན་པོ་ཆེའི་མཆོད་དཔོན་ཡེ་ཤེས་ཚུལ་ཁྲིམས་ཞུ་བ་དེ་རེད། ཁོང་མེས་རྒྱལ་ནང་ཁུལ་དུ་བྲོས་ཕྱིན་ཏེ་གོ་མིན་ཏང་གུང་དབྱང་སྲིད་གཞུང་ལ་རྒྱབ་སྐྱོར་གནང་རྒྱུའི་རེ་བ་ཞུ་རྩིས་ལ། སྐབས་དེར་ཅང་ཅེ་ཧྲིའི་སྲིད་གཞུང་ནང་ཁུལ་དམག་འཁྲུག་བརྒྱབ་པའི་བྲེལ་ཚབས་ནང་ཚུད་བཞིན་པར། རང་མགོ་མ་ཐོན་གཞན་སྐྱོར་གང་ནས་ཡོང་ཟེར་བའི་དཔེ་ལྟར་རེད། དེར་བརྟེན་ཡེ་ཤེས་ཚུལ་ཁྲིམས་ལགས་རྒྱ་ནག་ཏུ་བཞུགས་ཏེ། རྗེས་སུ་གུང་ཁྲན་ཏང་ལ་སྐྱབས་བཅོལ་ཞུས་ནས། ཕྱི་ལོ་༡༩༥༡ལོར་གྲུང་གོ་མི་དམངས་བཅིང་འགྲོལ་དམག་དང་མཉམ་དུ་ལྷ་སར་ཕྱིར་ལོག་ཐུབ་པ་རེད།”ཅེས་གསུངས་པ་དང་།

ར་སྒྲེང་བསྟན་འཛིན་འཇིགས་མེད་ལགས་ཀྱི་གསུང་པའི་མཆོད་དཔོན་ཡེ་ཤེས་ཚུལ་ཁྲིམས་ཞུ་བ་དེ། བོད་ཞི་བས་བཅིངས་འགྲོལ་བཏང་བའི་རྗེས་སྐབས་འཁེལ་བ་ཞིག་ལ་ང་ཚོའི་ནང་དང་གྲོང་པ་ཁྲིམ་མཚེས་རེད། བྱས་ཅང་ཁོང་གི་སྐོར་ངས་ཀྱང་གཅིག་གཉིས་ཙམ་ཞིག་ཤེས་ཀྱི་ཡོད། ཁོང་གི་ཁྱིམ་ཚང་ལ་བཟའ་ཟླ་དང་གསོས་ཕྲུག

བུ་གཅིག་བཅས་མི་གསུམ་ཡོད་པའི་ཁྱིམ་ཚང་འཆམ་མཐུན་ཅན་ཞིག་རེད། སྐུ་ཞབས་ཡེ་ཤེས་ཚུལ་ཁྲིམས་ལགས་ཕྱག་ལས་གནང་ས་ནི་བོད་རང་སྐྱོང་ལྗོངས་ལོ་རྒྱུས་ཡིག་ཚགས་ལས་ཁུངས་རེད། ཁོང་སྐུ་ཤ་འཕྲོར་པོ་རང་མེད་པར་རྣམ་རྒྱུན་ཞལ་ཁུ་སིམ་པོའི་ངང་ཤེས་ཡོན་ཅན་གྱི་ཉམས་སྣང་ལྡན་པ་ཞིག་རེད། ཉིན་ལྟར་ཕྱག་ལས་ལ་ཕེབས་རྒྱུར་བྲེལ་འཚུབ་ཆེ་བས་གྲོང་པ་གཡས་གཡོན་ཐུགས་ན་ཞལ་འཛུམ་འཛུམ་དང་དབུ་འདོག་ཙམ་གནང་བ་ལས། གྲོང་པ་ཁྱིམ་མཚེས་དང་ཅི་གྲོས་མོལ་གྲོས་གནང་སྐབས་ཏ་ལམ་བཞུགས་ཀྱི་མ་རེད། ཁོང་གི་བཟའ་ཟླ་དཀར་གཡང་ལགས་ནི་ནང་ལས་འཛིན་པ་ཡ་རབས་ཚུལ་ལྡན་གྱི་ཁྱིམ་སྐྱོང་བུད་མེད་ཞིག་རེད། ཁོང་དང་ངའི་ཨ་མ་ལགས་གཉིས་དུས་ཚོད་ཡོད་སྐབས་ནང་དུ་ཕེབས་རེས་གནང་སྟེ་ཅི་གྲོས་མོལ་གྲོས་གསུང་སྟེ་བཞུགས་ཀྱི་རེད། མཚམས་རེ་སྐུ་ཞབས་ཡེ་ཤེས་ཚུལ་ཁྲིམས་ལགས་ཕྱག་ལས་འགྲོལ་ནས་གཟིམས་ཁང་དུ་ལོག་ཕེབས་སྐབས་ཁོང་གཉིས་བཟའ་ཚང་ཐུགས་མཉེས་པོས་ཞལ་ལགས་མཉམ་དུ་མཆོད་གསུང་ནས་ཕན་ཚུན་བཀའ་མོལ་གསུང་སྟེ་བཞུགས་ཀྱི་རེད། ཨ་མ་ལགས་ནང་ལ་ལོག་ཕེབས་རྗེས་ང་ལ་རྣ་སྒྲེང་རིན་པོ་ཆེ་དང་རྣ་སྒྲེང་དགོན་པའི་སྐོར་གྱི་གནས་ཚུལ་སོགས་རྟོགས་དཀའ་བའི་སྒྲུང་གཏམ་མང་པོ་ཞིག་གསུངས་ཀྱི་རེད། ཨ་མ་ལགས་ཀྱི་ང་ལ་སྐུ་ཞབས་ཡེ་ཤེས་ཚུལ་ཁྲིམས་ལགས་ཞུ་བ་དེ་སྤྱིར་བཏང་མི་དཀྱུས་མ་ཞིག་རེད་མི་འདུག །ཁོང་ནི་རྣ་སྒྲེང་རིན་པོ་ཆེ་ལ་བློ་དཀར་སེམས་དཀར་ཞུ་མཁན་ཞིག་དང་། རྣ་སྒྲེང་རིན་པོ་ཆེ་བཙོན་ནས་སྐྱོབ་རྒྱུའི་ཆེད་ཁོང་གིས་རང་སྲོག་ལ་མ་འཛེམ་པར་གོ་མིན་ཏང་སྲིད་གཞུང་ལ་རོགས་སྐྱོར་རེ་བ་བྱེད་པར་བསྐྱོད་ཀྱང་མི་ཚོས་རོགས་སྐྱོར་བྱེད་མི་ཐུབ་པ་རེད། དེ་ནས་ཁོ་རང་བཞུགས་ས་མཚོ་སྔོན་ཞིང་ཆེན་བཅིང་འགྲོལ་བཏང་བ་ཡིན་སྐབས། ཁོང་བཅིང་འགྲོལ་དམག་མིའི་ནང་ཞུགས་ནས་ལྷ་སར་ལོག་ཕེབས་དུས་དམག་མིའི་ནང་གི་དཔོན་པོ་ཆེན་པོ་ཞིག་གནང་ཡོད་པ་དང་། སྐབས་རེ་ཕྱིའི་བྱེད་སྒོ་ཁག་ལ་ཕེབས་དུས་དམག་མི་དཔོན་པོའི་འགོ་སྣམ་གྱི་ཕྱི་གོས་ལྗང་མདོག་ཇིག་པོ་ཞིག་མཆོད་དེ་ཐད་དུས་དམག་མིའི་དཔོན་

ཉམས་དོད་པོ་ཞིག་ཡོད་རེད་གསུང་། དེ་ག་རང་རེད། ངས་ཀྱང་ཁོང་དམག་དཔོན་ཤ་ཚ་ཆེ་དོག་ཁ་པོ་གཅིག་མཐོང་གི་ཡོད། རྗེས་སུ་ངས་གཞི་ནས་ཤེས་བྱུང་བར། ཁོང་སྤྱི་ལོ་༡༩༥༡ལོར་བཅིང་འགྲོལ་དམག་མི་དང་མཉམ་དུ་མཚོ་སྔོན་ནས་བོད་དུ་བསྐྱོད་པ་དང་། སྤྱི་ལོ་༡༩༥༩ལོར་བོད་ལྗོངས་དམག་ཁུལ་ཁང་ནས་ཁོང་ལ་དམག་དཔོན་ཧྲའོ་ཞའོ་གིས་གོ་གནས་བསྐུལ་བ་རེད། སྐུ་ཞབས་ཡེ་ཤེས་ཚུལ་ཁྲིམས་ལགས་རྣམ་ཀུན་ནས་ཐུགས་སེམས་ཆུང་ཆུང་དང་བཞུགས་པ་ལས་གཞན་ལ་རང་ངོམ་ཆེ་བའི་སྐོར་རྩ་བ་ནས་གསུང་མཁན་ཞིག་མིན་སྟབས། ཕྱི་མི་མང་པོས་ཁོང་རྒྱུས་མངའ་ཏ་ལམ་མེད་པ་ལྟ་བུ་ཞིག་རེད།

མདོར་ན་“རྭ་སྒྲེང་དོན་རྒྱན”བྱུང་བའི་རྗེས། བོད་ཀྱི་རྒྱལ་གཅེས་སྟོབས་ཤུགས་ལ་རྡུང་རྡེག་ཚབས་ཆེན་ཕོག་སྟེ་སྟག་བྲག་གི་གཙོས་པའི་དབྱིན་ཇི་བཙན་རྒྱལ་རིང་ལུགས་པར་བློ་དཀར་ཕྱོགས་པའི་བོད་ཀྱི་ཁ་བྲལ་སྟོབས་ཤུགས་དང་ཀྲུང་གོར་ངོ་རྒོལ་བྱེད་མཁན་གྱི་སྟོབས་ཤུགས་པ་ཚོས་བོད་ཀྱི་སྲིད་དབང་ཡོངས་སུ་ཁ་ལོ་བསྒྱུར་བ་དང་ཁོ་པ་ཚོར་རེ་ཞིག་སྐྱུལ་ལྟུག་ཐེབས་ནས། མདུན་ཕྱོགས་ཀྱི་བཀག་རྡོ་ཚང་མ་གཙང་སེལ་བྱས་ཚར་བས། ད་ནས་བཟུང་བློ་བདེ་བག་ཕེབས་དང་མེས་རྒྱལ་གོང་བུ་གཅིག་སྒྱུར་ལ་གནོད་འཚེ་གཏོང་བའི་བྱ་ངན་ཧི་མང་ཞིག་བློ་བདེའི་ངང་སྤེལ་ཐུབ་ངེས་ཡིན་སྙམ་པའི་རེ་བ་བཅང་བཞིན་དུ་གནས།

ཞེ་ཤུ། སྤྱི་ལོ་༡༩༥༠ཟླ་༡༠པར་ཆབ་མདོ་བཅིངས་འགྲོལ་བཏང་བ་དང་། བོད་ལྗོངས་ཞི་བདེའི་གྲོས་མོལ་བྱེད་རྒྱུར་སྒོ་མོ་ཕྱེ་བ།

སྤྱི་ལོ་༡༩༤༩ལོའི་ཟླ་༡༠པའི་ཚེས་གཅིག་ཉིན། ཀྲུང་ཧྭ་མི་དམངས་སྤྱི་མཐུན་རྒྱལ་ཁབ་དབུ་བརྙེས་ནས་ལོ་གཉིས་པ་དེར། རྒྱལ་སྲིད་སྤྱི་ཁྱབ་ཁང་གི་ཙུང་ལི་ཀྲོའུ་ཨེན་ལའི་གྲིས་ཀྲུང་གོ་མི་དམངས་ཆབ་སྲིད་གྲོས་ཚོགས་རྒྱལ་ཡོངས་ཨུ་ཡོན་ལྷན་ཁང་གིས་རྒྱལ་ཁབ་བཙུགས་ཏེ་ལོ་གཅིག་འཁོར་བའི་རྟེན་འབྲེལ་ཞུ་བའི་ཚོགས་འདུའི་ཐོག་ཆབ་སྲིད་ལས་དོན་སྙན་སྒྲོན་གནང་སྐབས་གསུང་དོན"ཀྲུང་གོ་མི་དམངས་བཅིངས་འགྲོལ་དམག་གིས་ཚོད་སེམས་བཙུགས་ནས་ནུབ་ཕྱོགས་སུ་བསྐྱོད་དེ་བོད་མི་དམངས་ལ་བཅིངས་འགྲོལ་བཏང་སྟེ་ཀྲུང་གོའི་མཐའ་མཚམས་སྲུང་སྐྱོབ་བྱེད་རྒྱུ་ཡིན། དེ་ནི་མེས་རྒྱལ་གྱི་བདེ་འཇགས་ཀྱི་ཆེད་ངེས་པར་དུ་དགོས་པའི་གོམ་སྟབས་ཤིག་རེད། ང་ཚོས་ཡང་ཞི་བའི་ཐབས་ལམ་ལ་བསྟེན་ནས་མངོན་དུ་འགྱུར་ཐུབ་པའི་རེ་བ་བྱེད་ཀྱི་ཡོད། བོད་ཀྱི་རྒྱལ་གཅེས་མི་སྣས་ཡང་དེ་ལ་དགའ་བསུ་ཞུ་བའི་རྣམ་པ་བསྟན་ཡོད་པ་དང་། ང་ཚོའི་རེ་བ་ལ་བོད་ཀྱི་ས་གནས་དབང་འཛིན་པས་དུས་རྒྱང་མེད་པར་གནད་དོན་དེ་ཞི་བའི་སྒོ་ནས་ཐག་གཅོད་བྱེད་ཐུབ་ན་ཡག་ཤོས་ཡིན།"ཞེས་གསུངས། འདི་ནི་ཀྲུང་དབྱང་སྲིད་གཞུང་གིས་བོད་ཞི་བས་བཅིངས་འགྲོལ་བཏང་རྒྱུའི་གལ་ཆེའི་སྲིད་དོན་བྱེད་ཕྱོགས་གསལ་པོ་ཞིག་མཇུབ་སྟོན་བྱས་ཡོད་པ་དང་། གལ་ཆེའི་དགོངས་དོན་དེའི་སྐུལ་སློང་འོག །ཡུན་རིང་ཞིག་མཚོ་སྔོན་ཞིང་ཆེན་དུ་བཞུགས་བཞག་མཛད་པའི་པཎ་ཆེན་སྐུ་ཕྲེང་བཅུ་པ་ཨེར་ཏི་ནི་ཆོས་ཀྱི་རྒྱལ་མཚན་མཆོག་ནས་མའོ་ཙེ་ཏུང་ཀྲུའུ་ཞི་དང་། ཀྲུའུ་ཏེ་སི་ལིང་ལ་ཕྱག་ཡིག་ཕུལ་ཏེ་ཀྲུང་དབྱང་མི་དམངས་སྲིད་གཞུང་ལ་དང་ལེན་ཞུ་རྒྱུ་དང་། བོད་ལ་གང་མགྱོགས་བཅིངས་འགྲོལ་བཏང་རྒྱུའི་རེ་བ་

གནང་། མའོ་ཀྲུའུ་ཞི་དང་ཀྲུའུ་ཏེ་སི་ལིང་གིས་པཎ་ཆེན་རིན་པོ་ཆེ་ལ་སྤྲུག་ཏར་ཕྱིར་ལན་མཛད་དེ། ཁོང་གི་རེ་བ་འདི་གང་མགྱོགས་དང་བསྒྲུབ་ཐུབ་རྒྱུའི་ཁས་ལེན་ཡང་མཛད་པ་རེད།

བོད་རིགས་ཀྱི་དམར་དམག་རྐན་གྲས་སངས་རྒྱས་ཡེ་ཤེས་(མའོ་ཀྲུའུ་ཞིས་ཁོང་གི་མིང་འགྱུར་ཏེ"ཐན་བའོ"ཞེས་བཏགས་བོད་སྐད་དུ་ནམ་མཁའི་ནོར་བུ་ཞེས་ཟེར།)ཁོང་གིས་གསུང་བཤད་ཞིག་སྤེལ་ཡོད་པར། བོད་ལྗོངས་ནི་ཀྲུང་ཧྭ་མི་དམངས་སྤྱི་མཐུན་རྒྱལ་ཁབ་ཀྱི་མངའ་ཁོངས་ཡིན་པ་དང་། ལོག་སྤྱོད་པ་སུ་འདྲ་ཞིག་གིས་སྙིག་གཡོའི་བཙན་འཛུལ་ལམ་ཕྱིར་འཚོང་བྱེད་རྩིས་བྱས་ན། བོད་མི་དམངས་ཀྱིས་དེར་ངོ་རྒོལ་མཐའ་གཅིག་ཏུ་བྱས་ཏེ་མཐར་ཕམ་ཉེས་ཡོང་རྒྱུ་ངེས་ཅན་རེད་ཅེས་དང་། ཡང་རང་རྒྱལ་གྱི་ནང་བསྟན་ཆོས་ལུགས་པའི་གྲགས་ཅན་བླ་མ། རླབས་ཆེན་གྱི་རྒྱལ་གཅེས་རིང་ལུགས་པ་སློབ་དཔོན་ཤེས་རབ་རྒྱ་མཚོ་མཆོག་གིས་ཀྲུང་དབྱང་སྲིད་གཞུང་གིས་བོད་ཞི་བས་བཅིངས་འགྲོལ་ཡོང་ཐབས་སྐོར་གྱི་གལ་ཆེའི་བྱུས་བཀོད་ཁག་ལ་སེམས་ཐག་གཙང་བཅད་ཀྱི་རྒྱབ་སྐྱོར་གནང་བར་མ་ཟད། ཧུར་བརྩོན་དང་བོད་ཞི་བས་བཅིངས་འགྲོལ་བཏང་རྒྱུའི་ཆེད་ས་ཕྱོགས་གང་སར་བསྐྱོད་དེ་རེ་འབོད་དང་སྐུལ་འདེད་གནང་ཡོད་པ་དཔེར་ན། དེ་སྔ་བོད་ཀྱི་སེར་སྐྱ་གྲོགས་པོ་རྙིང་པ་རྣམས་དང་། རང་གི་སློབ་མ་ཡིན་པ་ཏྲ་ལའི་བླ་མ་སྐུ་ཕྲེང་བཅུ་བཞི་པའི་ཡོངས་འཛིན་ཁྲི་ལྕང་རིན་པོ་ཆེ་དང་། མཁན་པོ་ཆོས་འཕེལ་རྒྱལ་པོ། དགོན་པ་གསར་ཐུབ་བསྟན་འཇིགས་བྲལ། ང་ཕོད་ངག་དབང་འཇིགས་མེད། ཟུར་ཁང་དབང་ཆེན་དགེ་ལེགས། ལྕང་ལོ་ཅན། ཚ་རོང་སོགས་ལ་ཕྲུག་ཡིག་བསྐུར་ཏེ། ཐུགས་སེམས་དྲང་བཞག་གི་སྒོ་ནས་ཁོང་རྣམས་པས་ཕྱིན་ཡོངས་ཀྱི་དུས་བབ་ལ་དགོངས་བཞེས་གནང་སྟེ། བོད་མི་དམངས་ཀྱི་ཁེ་ཕན་ལ་གཞིགས་ནས་ཀྲུང་དབྱང་སྲིད་གཞུང་གི་གཏན་ལ་འབེབས་ཐེན་པའི་ཐབས་ཇུས་ལ་དང་ལེན་ཞུས་ཏེ། རྒྱལ་ཁབ་ཀྱི་གཅིག་གྱུར་དང་མི་རིགས་ཀྱི་མཐུན་སྒྲིལ་ཆེད་དུ་འབད་བརྩོན་གནང་དགོས་གསུང་པ་དང་། སློབ་དཔོན་ཤེས་རབ་རྒྱ་མཚོ་མཆོག་སྐུ་ངོ་མས་བོད་ལྗོངས

རྒྱང་གྲགས་གློག་འཕྲིན་ལས་ཁུངས་ཀྱི་རྒྱང་གྲགས་ཐོག་ནས་གསུང་བཤད་གནང་སྟེ། ཐུགས་བཞེད་ཟབ་མོའི་སྒོ་ནས་སྐབས་དེའི་དུས་བབ་ཀྱི་འགྱུར་བ་འགྲོ་སྟངས་དང་། གྲུང་དབྱང་སྲིད་གཞུང་གིས་མི་རིགས་དང་ཆོས་ལུགས་ལ་འཛིན་པའི་སྲིད་ཇུས། དེ་དང་ཆབས་ཅིག་བོད་ས་གནས་སྲིད་གཞུང་གིས་སྐུ་ཚབ་བཏང་སྟེ་བོད་ལྗོངས་དེ་ཉིད་ཞི་བས་བཅིངས་འགྲོལ་གཏོང་རྒྱུར་བརྩོན་ལེན་ཞུ་དགོས་སྐོར་ལ་ལྷག་བསམ་རྣམ་དག་གི་རེ་བ་སྟོན་གནང་ཡོད། ཁོང་གི་ཕྱག་ཡིག་དང་གློག་འཕྲིན་གསུང་བཤད་རྣམས་སྐབས་དེའི་བོད་ཀྱི་ལས་རིགས་ཁག་གི་མི་སྣ་དང་། ལྷག་པར་དུ་མཐོ་རིམ་སྐུ་དྲག་གི་ནང་དུ་ཧུར་བརྩོན་གྱི་ནུས་པ་ངེས་ཅན་ཞིག་ཐོན་ཡོད་པ་རེད།

བོད་ཀྱི་ལས་རིགས་ཁག་གི་རྒྱལ་གཅེས་མི་སྣ་དང་། ལྷག་དོན་དུ་གྲུང་དབྱང་སྲིད་གཞུང་གིས་བོད་ཀྱི་བཀའ་ཤག་སྲིད་གཞུང་ནས་རྒྱལ་ས་པེ་ཅིང་དུ་སྐུ་ཚབ་བཏང་སྟེ་ཞི་བའི་གྲོས་མོལ་བྱེད་དགོས་རེ་བ་བསྟོན་ཀྱང་། བཀའ་ཤག་སྲིད་གཞུང་ནས་དེ་ལ་དང་ལེན་མ་ཞུས་པར་མ་ཟད། དམག་དོན་གྱི་ཁ་གཏད་འཇལ་རྒྱུའི་སྲིད་ཇུས་ཤིག་སྤྱིལ་བ་རེད། བོད་འདི་ཉིད་ཞི་བས་བཅིང་འགྲོལ་གཏོང་རྒྱུའི་རྒྱལ་སྒོ་གང་མགྱོགས་ཤིག་འབྱེད་ཆེད་དང་། ཡང་ན་དམག་འཁྲུག་ཅིག་བརྒྱབ་ནས་ཞི་བས་ཐག་གཅོད་ཡོང་རྒྱུར་སྐུལ་འདེད་ཐོབ་ཆེད། སྤྱི་ལོ་༡༩༥༠ལོའི་ཟླ་བཅུ་པར། མའོ་ཙེ་ཏུང་ཀྲུའུ་ཞིས་བཀའ་བབ་པ་ལྟར་ཀྲང་གོ་ཧྭ་དམག་སྤྱིས་ཞབ་ཕྲའི་བཀོད་འདོམས་འོག །བོད་ལྗོངས་ཤར་ངོས་ཀྱི་ཆབ་མདོའི་དམག་འཁྲུག་དངོས་སུ་བརྒྱབ་པ་དང་། དུས་ཡུན་ཐུང་ཐུང་ཉིན་བཅོ་བརྒྱད་ལས་མི་འགོར་བར་ཆབ་མདོའི་དམག་འཁྲུག་རྒྱལ་ཁའི་ངང་ནས་མཇུག་བསྒྲིལ་ཏེ། མི་དམངས་རྣམས་སྐྱི་སྒོ་གསར་པ་ཞིག་ཤར་ཐུབ་པ་རེད། དམག་སའི་གསར་འགྱུར་སྒྲ་ཆེན་འཕྱོར་པ་དང་རྣ་བ་སྤྲིར་སོང་སྙམ་པ་ལྟ་བུ་ཞིག་ལྷ་སར་ཐོས་མ་ཐག །བཀའ་ཤག་སྲིད་གཞུང་དངངས་སྐྲག་ཚབ་ཚུབ་ལངས་ཏེ་ཅི་བྱ་གཏོལ་མེད་དུ་གྱུར། རྒྱལ་ཚབ་སྟག་བྲག་གིས་ལྷ་སའི་ནོར་བུ་གླིང་ཁར་བཀའ་ཤག་སྲིད་གཞུང་གི་དཔོན་རིགས་རྣམས་འཚོགས་འདུ་བསྐོང་འཚོགས་ཐེངས་མང་བྱས་ཏེ་ཁ་གཏད་འཇལ་

རྒྱུའི་གྲོས་བསྡུར་ཡང་ཡང་བྱས། སྐབས་དེར་བཀའ་ཤག་སྲིད་གཞུང་གི་དཔོན་རིགས་རྣམས་བློ་སེམས་རབ་ཏུ་འཁྲུག་བཞིན་གནད་ལ་ཁེལ་བའི་ཐབས་ཇུས་གང་འདྲ་ཞིག་སྤྱིལ་ན་ལེགས་པའི་བསམ་འཆར་སུས་ཀྱང་ཤོད་མཁན་མི་བྱུང་བར། ཐབས་ཤེས་གང་ཡང་མེད་པའི་འོག །སྔར་སྲོལ་གྱི་ལ་རྒྱ་རང་བེད་སྤྱད་དེ་ཆབ་སྲིད་ཀྱི་གནད་དོན་ཆེན་པོ་ཁག་འཕྲད་སྐབས་དེར་ཐག་གཅོད་བྱེད་པའི་ཐབས་ཇུས་གཏན་འབེབས་བྱེད་རྒྱུར། ཆོས་སྐྱོང་སྲུང་མའི་ལུང་རྟགས་ལ་མ་བརྟེན་ཐབས་མེད་ཆགས་སྟབས། “གནས་ཆུང་དང་དགའ་གདོང་ཆོས་སྐྱོང་གཉིས་གདན་དྲངས་ཏེ་ཏཱ་ལའི་བླ་མ་དང་སྟག་བྲག་གཉིས་ཀྱི་སྐུ་དྲུང་དུ་བཀའ་ཤག་དང་ཡིག་ཚང་གི་གཙོ་གྲས་མི་སྣས་མཉམ་འཛོམས་ཐོག་གནས་ཆུང་ཆོས་སྐྱོང་ལ་བཀའ་ལུང་ཞུས་པ་དང་། གནས་ཆུང་ཆོས་སྐྱོང་གིས་དངོས་སུ་ལྷ་ཕེབས་གང་ཙམ་གནང་སྟེ། བཀའ་ལུང་ཐོག་འབེབས་གནང་དོན། ཁྱེད་ཆོས་བློ་སེམས་རྩེ་གཅིག་ཏུ་དཀོན་ཅོག་ལ་གསོལ་བ་སྨོན་ལམ་འདེབས་པ་དང་། རྒྱལ་བའི་གསུང་རབ་གང་མང་དག་འདོན་གནང་ན་འབངས་རྣམས་སྐྱིབ་ནས་ཞི་བདེར་འཁོད་ཐུབ་སོགས་པའི་ལུང་བསྟན་འགའ་ལས་མི་གསུང་། འོན་ཀྱང་བཀའ་ཤག་སྲིད་གཞུང་དང་ཡིག་ཚང་གིས་ལུང་རྟགས་ཞུ་བའི་གནད་དོན་གཙོ་བོ་དཔེར་ན། བོད་ཀྱི་ཆོས་སྲིད་དར་རྒྱས་ཡོང་ཐབས་དང་མ་འོང་དམག་འཁྲུག་དང་ཞི་བདེ་གཉིས་གང་བཟང་། གངས་ལྗོངས་ཆོས་སྲིད་གཉིས་ཀྱི་གཙོ་འགན་སུས་བཞེས་ན་ལེགས་སོགས་པའི་འགག་རྩའི་གནད་དོན་ཁག་ལུང་རྟགས་ཞུས་ཀྱང་རྟགས་ཐོན་གང་ཡང་མ་བྱུང་གོང་ལྷ་སྐུ་དེ་མ་ཉིད་དུ་ཡལ་ཏེ་མི་གཟུགས་དཀྱུས་མའི་རང་རྟགས་མངོན། དེར་བརྟེན་ཡང་དགའ་གདོང་ཆོས་སྐྱོང་གདན་དྲངས་ཏེ་ལྷ་ཕེབས་བཙུགས་ནས་བཀའ་ལུང་ཞུས། དགའ་གདོང་ཆོས་སྐྱོང་གིས་ལྷ་སྐུ་ཕེབས་བཞིན་ཡང་སྐུ་ཡལ་གྲབས་བྱེད་པའི་སྐབས་དེར། དྲུང་ཡིག་ཆེན་མོ་ཆོས་འཕེལ་ཐུབ་བསྟན་ལམ་སེང་སྐུ་དྲུང་དུ་བཅར་ཏེ། ད་རེས་ཀྱི་ལུང་རྟགས་ཞུ་བ་ནི་བོད་ལྗོངས་ཀྱི་ཆོས་སྲིད་རྒྱལ་ཁམ་ལ་ཐུགས་པའི་འགག་རྩའི་གནད་དོན་ཞིག་དང་། འགྲོ་བ་སེམས་ཅན་གྱི་ལས་དབང་ལ་ཐུགས་

པའི་དོན་ཆེན་ཡིན་སྐབས། རང་ལུགས་ཕལ་པའི་མིག་གིས་དོན་དེ་ཐག་གཅོད་དཀའ་བར། ཆོས་སྐྱོང་ཉིད་ཀྱི་ཡེ་ཤེས་སྤྱན་ལྡན་རང་ནས་ཐུགས་རྗེས་གཟིགས་ཏེ་མ་འོངས་ཇི་ལྟར་བྱས་ཆེ་བཟང་བའི་ལུང་རྟགས་ཤིག་ཅི་ནས་བསྩལ་བ་ཞུས་པར། ཆོས་སྐྱོང་གིས་སླར་ཡང་ལྷ་ཞུགས་ཏེ་ཞལ་རས་དམར་མདངས་རྒྱས་བཞིན་རལ་གྲི་ཕར་འཕྱར་ཚུར་འཕྱར་བྱས་ཏེ། མཚམས་རེ་གི་སྒྲའི་ང་རོ་ཐོན་པས་གཡས་གཡོན་བཀའ་བློན་རྣམས་ཕར་གཡོལ་ཚུར་གཡོལ་བྱེད་དགོས་བྱུང་། དེ་ནས་ཆོས་སྐྱོང་ཕེབས་བཞིན་པར་ཏཱ་ལའི་བླ་མའི་སྐུ་མདུན་དུ་ཕུས་མོ་གཉིས་ཀྱི་ལྷ་ང་ས་ལ་བཙུགས་ཏེ། སྤྱན་གྱི་འབྲས་བུ་གཉིས་ནས་ཆུ་ཞགས་འཕོར་བཞིན་པར་བཀའ་ལུང་གནང་དོན། ཏཱ་ལའི་བླ་མ་ནི་བོད་སེར་སྐྱ་མི་དམངས་ཡོངས་ཀྱི་ཡེ་ཤེས་ནོར་བུ་ཡིན་པས། སྐུ་ཉིད་རང་ནས་སྲིད་ཀྱི་ཐུགས་འགན་བཞེས་གནང་ཆེ་བོད་ཀྱི་འགྲོ་བ་སེམས་ཅན་མཐའ་དག་ལ་བདེ་སྐྱིད་ཡོང་ངེས་རེད་ཅེས་ལུང་བསྟན་གནང་བས། སྐུ་བཅར་དུ་ཡོད་པའི་རྒྱལ་ཚབ་སྟག་བྲག་གདོང་མདོག་ཡོག་ནས་རྣམ་འགྱུར་གཞན་དང་མི་འདྲ་བ་ཆགས་སྐབས། ཉེ་འཁོར་དུ་བཞུགས་པའི་དཔོན་རིགས་ཚང་མ་བྱེད་སྟངས་མི་ཤེས་ཙམ་ལྟ་བུར་སླར་ཡང་གནས་ཆུང་ཆོས་སྐྱོང་ཕེབས་བཅུག་ནས་བཀའ་ལུང་ཞུ་སྐབས། གནས་ཆུང་ཆོས་སྐྱོང་གིས་ལྷ་གང་འཚམས་ཤིག་ཕེབས་རྗེས་ལྷ་སྐུ་ཡལ་ཏེ་ཕྱིར་ལོག་ཕེབས་ཚར་བས། ཡང་མི་བཏང་སྟེ་གདན་འདྲེན་ཞུས་ནས་ལྷ་སྐུ་ཕེབས་བཅུག་སྟེ་ལུང་རྟགས་ཞུ་སྐབས། ངས་གོང་དུ་བཤད་ཚར་པ་ཡིན། དགའ་གདོང་ཆོས་སྐྱོང་གིས་ལུང་རྟགས་གནང་བ་དང་གཅིག་མཚུངས་ཡིན་ཞེས་གསུང་པས། དེ་ནས་ཆོས་སྐྱོང་གཉིས་ཀྱི་ལུང་རྟགས་ཞུས་ཏེ་ཉིན་ཤས་སོང་རྗེས། སྟག་བྲག་རྒྱལ་ཚབ་ཀྱིས་གཞི་ནས་རྒྱལ་ཚབ་གོ་གནས་ནས་དགོངས་ཞུ་གནང་པ་རེད།

གོང་གསལ་གནས་ཚུལ་དེ་དག་ལ་གཞིག་སྟེ། བཀའ་ཤག་སྲིད་གཞུང་ནས་སླར་ཡང་འཚོགས་འདུ་ཆེན་མོ་བསྐོང་འཚོགས་བྱས་ཏེ་ཆོས་སྐྱོང་གཉིས་ཀྱི་ལུང་རྟགས་དང་རྒྱལ་ཚབ་སྟག་བྲག་དགོངས་ཞུ་མཛད་པའི་སྐོར་གསལ་བསྒྲགས་བྱས། དེ་ནས་

སྟག་བྲག་རྒྱལ་ཚབ་དགོངས་པ་ཞུས་ཏེ་ཡུན་རིང་མི་སོང་བར་ལྷ་སར་དགོངས་པ་རྫོགས། བོད་ལུགས་སྟག་(སྤྱི་ལོ་༡༩༥༠)ལོའི་ཟླ་བཅུ་པའི་ཚེས་བརྒྱད་ཉིན། ཏཱ་ལའི་བླ་མ་སྐུ་ཕྲེང་བཅུ་བཞི་པ་བསྟན་འཛིན་རྒྱ་མཚོ་རྗེ་ཕོ་བྲང་པོ་ཏ་ལར་སྲིད་ཁྲི་མངའ་གསོལ་མཛད། ལོ་མཇུག་ཏུ་ཏཱ་ལའི་བླ་མས་བཀའ་ཤག་སྲིད་གཞུང་གི་དཔོན་རིགས་རྣམས་བསྐོང་འཚོགས་བྱས་པའི་ཚོགས་འདུའི་ཐོག་སྟོན་ལ་གྲོ་མོར་ཆིབས་བསྒྱུར་མཛད་དེ་མདུན་སྐྱོད་དམ་ཕྱིར་འཐེན་གང་བྱེད་པའི་གྲ་སྒྲིག་སྐོར་ཐག་གཅོད་མཛད། དེ་ནས་བཀའ་ཤག་སྲིད་གཞུང་ཁག་གཉིས་ལ་བགོས་ཏེ། ཁག་གཅིག་གྲོ་མོ་ཕྱོགས་ལ་བཀའ་ཤག་སྲིད་གཞུང་ཞིག་བཙུགས་རྒྱུར་ཏཱ་ལའི་བླ་མས་སྡེ་ཁྲིད་གནང་བའི་འོག་ཟུར་ཁང་བཀའ་བློན་དབང་ཆེན་དགེ་ལེགས་གཙོས་པའི་དཔོན་རིགས་གཙོ་གྲས་སུམ་ཅུ་ཙམ་ལྷ་ས་ནས་མཚན་མོ་ཉིད་དུ་གྲོ་མོའི་མཐའ་མཚམས་སུ་རྫོང་ཐོན་གནང་སྟེ་རྒྱང་རིང་ནས་བོད་ཡོངས་སུ་བཀོད་འདོམས་མཛད། ཁག་གཉིས་པ་ལྷ་སར་བཀའ་ཤག་རྗེས་དཔོན་གླུ་ཁང་བ་ཚེ་དབང་རབ་བརྟན་དང་། མཁན་ཆེན་དཔོན་འབྲུག་ཚང་བློ་བཟང་བཀྲ་ཤིས་ལ་སྲིད་བློན་སྐུ་ཚབ། ཤ་ཟུར་འགྱུར་མེད་རྡོ་རྗེ་དང་ཐུབ་བསྟན་འཛམ་དབྱངས་གཉིས་ལ་བཀའ་བློན་སྐུ་ཚབ་ཏུ་བསྐོ་གཞག་མཛད་དེ་ལྷ་སར་རྒྱུན་བཞུགས་ཀྱི་བཀའ་ཤག་སྲིད་གཞུང་ཞིག་སྒྲིག་འཛུགས་མཛད།

ཆབ་མདོའི་དམག་འཁྲུག་ལངས་པའི་རྗེས། ཆབ་མདོའི་སྤྱི་ཁྱབ་གསར་པ་ང་ཕོད་ངག་དབང་འཇིགས་མེད་ཀྱིས་ཆབ་མདོའི་དམག་འཁྲུག་འགོ་ནས་མཇུག་བར་དངོས་སུ་བརྒྱུད་མྱོང་བ་ཞིག་ཡིན་སྟབས། ཁོང་གིས་རྗེས་དྲན་དུ་གསུང་དོན། “ང་ཚོ་དང་བཅིངས་འགྲོལ་དམག་མི་ཕན་ཚུན་འཁྲིལ་གཏུགས་ཟླ་བ་གཉིས་བྱས་པའི་ནང་། རང་གི་མཐོང་བ་དང་རྣ་བས་ཐོས་པར་ཞིག་ན……ཁོང་ཚོས་མང་ཚོགས་ཀྱི་ཁང་པའི་ནང་མི་སྡོད་པ་དང་། དགོན་པའི་ནང་མི་སྡོད་པ། གྲང་ཆར་རླུང་འཚུབ་གང་འདྲ་བརྒྱབ་ཀྱང་ཚང་མ་སོ་སོའི་གུར་ཁྲིམ་ནང་སྡོད་ཀྱི་རེད། ད་དུང་ཉོ་ཚོང་དྲང་བཞག་བྱས་ཏེ་མང་ཚོགས་ཀྱི་ཁབ་སྐུད་ཙམ་ཡང་འཁྱེར་མི་སྲིད་པར་ནན་ཏན་དང་‘སྒྲིག་ཁྲིམས་ཆེན་

པོ་གསུམ་དང་དོ་སྣང་བྱེད་དགོས་པ་བརྒྱད་’ལ་བརྩི་སྲུང་ཞུས་པར་མ་ཟད། གང་བྱས་པ་ཚང་མ་མི་དམངས་ཀྱི་ཆེད་དུ་ཞབས་འདེགས་ཞུ་རྒྱུ་དེ་རེད།”ཅེས་བསམ་བློའི་ངོས་འཛིན་དང་བཀོད་འདོམས་དེ་འདྲ་ཞིག་བྱུང་བའི་འོག །ཁོང་གིས་ཆབ་མདོར་ཡོད་པའི་དཔོན་རིགས་བཞི་བཅུ་ཙམ་གྱི་སྐུ་ཚབ་ཞུས་ཏེ། ཁོ་རང་སྐུ་ངོ་མས་ཕྱག་བྲིས་མཛད་དེ་བཀའ་ཤག་སྲིད་གཞུང་ལ་སྐུལ་ལྕག་གི་ཞུ་ཡིག་ཅིག་ཕུལ་བར། ཕྱོགས་གཅིག་ནས་རང་གིས་རྒྱུས་མངའ་བྱུང་བའི་ཀྲུང་དབྱང་སྲིད་གཞུང་གིས་བོད་ཞི་བས་བཅིང་འགྲོལ་གཏོང་རྒྱུའི་སྐོར་གྱི་འབྲེལ་ཡོད་བྱ་ཐབས་དང་བོད་ལ་འཛིན་པའི་རྩ་བའི་སྲིད་ཇུས་ཁག་བརྒྱད་བསྒྲགས་གནང་བ་དང་ཆབས་ཅིག་ལྷག་བསམ་རྣམ་དག་གི་སྒོ་ནས་གྲོས་འགོ་བཏོན་ཏེ་བཀའ་ཤག་སྲིད་གཞུང་ནས་འཐུས་མི་བཏང་སྟེ་ཀྲུང་དབྱང་སྲིད་གཞུང་དང་བོད་ཞི་བས་བཅིང་འགྲོལ་གཏོང་རྒྱུའི་སྐོར་ལ་གྲོས་མོལ་ཞུ་དགོས་ཞེས་པའི་སྙན་ཞུའི་ཡི་གེ་དོན་ཆེན་འདི། སྐབས་དེར་ཆབ་མདོར་བཞུགས་པའི་དམག་དཔོན་ཕང་ཆི་མིའི་དང་ཆབ་མདོའི་སྤྱི་ཁྱབ་ང་ཕོད་གཉིས་གྲོས་བསྡུར་གནང་རྗེས། སྤྱི་ཁྱབ་ཀྱི་དཔོན་རིགས་དྲུང་འཁོར་ཅིང་ཀྲུང་རྒྱལ་མཚན་ཕུན་ཚོགས་དང་བཀའ་དྲུང་བསམ་གླིང་ཕུན་ཚོགས་རྗེ་རྗེ་གཉིས་མངགས་གཏོང་མཛད་དེ། ཉིན་མཚན་གཏོལ་མེད་ངང་འགྲུལ་བཞུད་བརྒྱབ་སྟེ་གང་མགྱོགས་བཀའ་ཤག་སྲིད་གཞུང་གི་ལག་ཏུ་ངེས་ཕུལ་ཞུ་དགོས་པའི་བསླང་བྱ་བཏོན་གནང་བར། ཁོང་གཉིས་དེ་ལྟར་ཉིན་མཚན་བཅུ་གྲངས་རིང་དཀའ་སྡུག་སྲུད་དེ་མཐར་ལྷ་སར་འབྱོར། ཉིན་གཉིས་པའི་ཞོགས་པ་ཁོང་གཉིས་ནས་གོ་ཐོས་བྱུང་བར་ཏཱ་ལའི་བླ་མས་གཙོས་བཀའ་ཤག་སྲིད་གཞུང་གི་དཔོན་རིགས་མང་པོ་ཞིག་ལྷ་སར་བཞུགས་མེད་པར་གྲོ་མོར་ཆིབས་བསྒྱུར་གནང་བ་ཤེས་སྐབས། གོང་གསལ་ཕྱག་ཡིག་དེ་ལྷ་སར་བཞུགས་པའི་བཀའ་ཤག་དཔོན་རིགས་ཀྱི་ཕྱག་ཏུ་མ་ཕུལ་ཐབས་མེད་བྱུང་བ་རེད།

ཏཱ་ལའི་བླ་མ་དང་བཀའ་ཤག་དཔོན་རིགས་རྣམས་གྲོ་མོར་འབྱོར་རྗེས། ཕྱི་རྒྱལ་དུ་ཡུན་རིང་ཁ་བྲལ་གྱི་བྱ་སྤྱོད་སྤེལ་བཞིན་དུ་ཡོད་པའི་ཞྭ་སྐབ་པ་དབང་ཕྱུག་བདེ་

ལྷན་དང་། ཟུར་ཁང་དབང་ཆེན་ཚེ་བརྟན་གཉིས་ཕྱི་རྒྱལ་ནས་ཕྱོ་མོར་བསྐྱོངས་ཏེ་བཀའ་ཤག་སྲིད་གཞུང་གི་དཔོན་རིགས་དང་མཉམ་དུ་འཚོགས་འདུ་རྒྱས་འཛོམས་ཤིག་ཚོགས་ཏེ། ཁོང་གཉིས་ནས་ཕྱི་རྒྱལ་དུ་བྱ་སྤྱོད་སྤེལ་བའི་གནས་ཚུལ་གསན་པ་དང་དུས་བབ་ལ་དཔྱད་ཞིབ་བྱས། ལྷག་པར་དུ་ཞྭ་སྐབ་པའི་སྐྱན་སེང་གསན་པའི་རྗེས་"བོད་རང་བཙན་བྱེད་རྒྱུའི"མདུན་ལམ་རབ་བི་རོབ་བི་ཞིག་ལས་མི་གསལ་བའི་ཚོར་སྣང་བྱུང་ཞིང་། སྲུ་མཐུད་ཁ་གཏད་བྱས་ན་ཕམ་རྒྱུ་ལས་མེད་སྐབས། ཚོགས་འདུར་བཞུགས་མཁན་དཔོན་རིགས་མང་ཆེ་བས་ཏཱ་ལའི་བླ་མས་འཐུས་མི་བཏང་སྟེ་ཞི་བའི་གྲོས་མོལ་ཞུ་རྒྱུ་དང་གང་མགྱོགས་ལྷ་སར་ཆིབས་ཞལ་བསྒྱུར་རྒྱུ་སྐབས་བདེ་ཡོང་བའི་རེ་བ་བཏོན། ཚོགས་འདུར་ཞུགས་མཁན་ཚང་མའི་བསམ་བློ་དོས་འཛིན་རྩ་བའི་ཆར་གཅིག་གྱུར་བྱུང་བའི་རྗེས། ཏཱ་ལའི་བླ་མས་ཐག་གཅོད་གཏན་འཕེལ་གནང་སྟེ། བཀའ་བློན་ང་ཕོད་ངག་དབང་འཇིགས་མེད་ཀྱིས་ཚོགས་གཙོའི་འགན་བཞེས་གནང་རྒྱུ་གཏན་འབེབས་གནང་ཐོག་འཐུས་མི་ལྔ་དང་བཅས་པས་བོད་ས་གནས་སྲིད་གཞུང་གི་སྐུ་ཚབ་བྱས་ཏེ་རྒྱལ་ས་པེ་ཅིང་ཕྱོགས་ལ་ཞི་བའི་གྲོས་མོལ་དུ་བསྐྱོད།

ལེར་གཅིག "གྲོས་མཐུན་དོན་ཚན་བཅུ་བདུན"ལ་མིང་རྟགས་བཀོད་ནས་ཞིང་བྲན་ཁྲི་ཚོ་བརྒྱའི་བདེ་སྐྱིད་ཀྱི་སྐྱ་རེངས་ཤར་བའི་རེ་སྐུལ་མངོན་དུ་གྱུར་པ།

བོད་ལྗོངས་ཡོས་(སྤྱི་ལོ་༡༩༥༧)ལོའི་ཟླ་གཉིས་པར། བོད་བཀའ་ཤག་སྲིད་གཞུང་གི་བཀའ་བློན་ང་ཕོད་ངག་དབང་འཇིགས་མེད་ཀྱིས་ཚོགས་གཙོ་གནང་བའི་འོག །སྐུ་ཚབ་ཁེ་སྨད་བསོད་ནམས་དབང་འདུས་དང་། ལྷའུ་ཏ་ར་ཐུབ་བསྟན་བསྟན་དར། མཁན་ཆུང་ཐུབ་བསྟན་ལེགས་སྨོན། རིམ་བཞི་བསམ་ཕོ་བསྟན་འཛིན་དོན་གྲུབ་བཅས་འཐུས་མི་ལྔ་ལྷ་ས་ནས་སྤོ་རྗེས་སུ་རྒྱལ་ས་པེ་ཅིང་དུ་རྟོག་ཐོན་མཛད། འཐུས་མི་རྣམས་གྲོང་ཁྱེར་ཤིས་ཨན་དུ་ལམ་བརྒྱུད་གནང་སྐབས་དགེ་བཤེས་ཤེས་རབ་རྒྱ་མཚོ་མཆོག་ནས་མཇལ་འཕྲད་གནང་བ་དང་། དེའི་ནང་ནས་བཀའ་བློན་ང་ཕོད་ངག་དབང་འཇིགས་མེད་ནི་ཁོང་གི་སློབ་མ་གནང་མྱོང་བ་དང་། དེ་མིན་རྣམས་ཀྱང་དེ་སྟེ་དགེ་བཤེས་ཤེས་རབ་རྒྱ་མཚོ་མཆོག་གི་སློབ་ཚན་གསན་མྱོང་བ་ཡིན་སྟབས། ཁོང་གི་ཤེས་བྱ་ཡོན་ཚད་དང་གཞན་ཕན་གྱི་ཐུགས་སེམས་ལ་དད་བཀུར་ཏ་ཅང་ཆེན་པོ་གནང་གི་ཡོད། དགེ་བཤེས་ཤེས་རབ་རྒྱ་མཚོས་ཡུན་རིང་ཐུགས་འཕྲད་མ་བྱུང་བའི་སློབ་མ་དང་གྲོགས་པོ་རྙིང་པ་ཕན་ཚུན་མཇལ་འཛོམས་བྱུང་བར་ཐུགས་ཏ་ཅང་མཉེས་པོ་བྱུང་བ་དང་། ལྷག་པར་དུ་བཀའ་བློན་ཚོགས་གཙོ་ང་ཕོད་ངག་དབང་འཇིགས་མེད་ལ་སྨྲས་གསང་མེད་པར་དྲང་བཞག་གི་ཐོག་ནས་གསུངས་དོན། "ངས་ལོ་གཅིག་ཙམ་གྱི་རིང་དུ་རྟོག་ཞིབ་བྱས་པར་གཞིགས་ན། མའོ་ཀྲུའུ་ཞི་དང་། ཀྲུང་ཁྲན་ཏང་ནི་རླབས་ཆེན་ཞིག་རེད་འདུག །ཁོང་ཚོས་གཏན་འཁེལ་དང་ལག་བསྟར་བྱས་པའི་ཕྱོགས་ཡོངས་ཀྱི་སྲིད་ཇུས་དང་། ལྷག་པར་དུ་གྲངས་ཉུང་མི་རིགས་ལ་འཛིན་

པའི་སྲིད་ཇུས་ནི་ཡང་དག་པ་ཞིག་རེད། ཁྱེད་རྣམས་པས་ཡིད་ཆེས་བྱེད་ཆོག་ལ། ངས་སྙིང་ཐག་པ་ནས་ཁྱེད་རྣམས་པ་ཚོས་ཞི་བའི་གྲོལ་མོལ་དེ་ཕུན་སུམ་ཚོགས་པ་ཡོང་རྒྱུའི་རེ་བ་ཞུ་གི་ཡོད།"ཅེས་གསུངས། དགེ་བཤེས་ཤེས་རབ་རྒྱ་མཚོ་མཆོག་གིས་འཕྲུས་མི་རྣམས་ལ་བསླབ་བྱ་ཡང་ཡང་གནང་བ་དེ་ནི། འཕྲུས་མི་ཚོགས་པ་རྣམས་ཀྱིས་ཐེངས་དེའི་ཞི་བའི་གྲོས་མཐུན་ལེགས་འགྲུབ་ཡོང་རྒྱུར་སྨྲལ་འདེད་ཡོང་ཆེད་འབད་བརྩོན་གནང་བ་ཞིག་དང་། དེས་ཏུར་བརྩོན་གྱི་ནུས་པ་ཞིག་ཀྱང་ཐོན་ཐུབ་པ་བྱུང་ཡོད་ཅེས་བཤད་ཆོག་པ་ཡིན།

སྤྱི་ལོ་༡༩༥༧ལོའི་ཟླ་བཞི་པའི་ཚེས་ཉེར་དགུ་ནས་ཟླ་ལྔ་པའི་ཚེས་ཉེར་གཅིག་བར། ཀྲུང་དབྱང་མི་དམངས་སྲིད་གཞུང་དང་བོད་ས་གནས་སྲིད་གཞུང་གི་འཕྲུས་མི་རྣམས་པེ་ཅིང་དུ་མཉམ་འཛོམས་ཐོག་ཞི་བའི་གྲོས་མོལ་གནང་འགོ་ཚུགས་པ་དང་། ཕྱོགས་གཉིས་གས་མཛའ་བརྩེ་དང་། ངང་རྒྱུད་རིང་པོ། མཐུན་ལམ་གྱི་སྒོ་ནས་གྲོས་མོལ་ཐེངས་མང་གནང་བའི་མཐར《ཀྲུང་དབྱང་མི་དམངས་སྲིད་གཞུང་དང་བོད་ས་གནས་སྲིད་གཞུང་གཉིས་ཀྱི་བོད་ཞི་བས་བཅིངས་བཀྲོལ་འབྱུང་ཐབས་སྐོར་གྱི་གྲོས་མཐུན》ཞེས་པ་བསྡུས་མིང་དུ"གྲོས་མཐུན་དོན་ཚན་བཅུ་བདུན་ཟེར།" འདི་ལོའི་ཟླ་ལྔ་པའི་ཚེས་ཉེར་གསུམ་ཉིན་པེ་ཅིང་ཀྲུང་ནན་ཧའི་ཆིང་ཀྲན་ཕོ་བྲང་དུ་ཀྲུང་དབྱང་མི་དམངས་སྲིད་གཞུང་དང་བོད་ས་གནས་སྲིད་གཞུང་གཉིས་གི་དབང་ཆ་ཚང་མ་ཡོད་པའི་འཕྲུས་མི་རྣམས་ནས་བོད་ཞི་བས་བཅིངས་བཀྲོལ་འབྱུང་ཐབས་སྐོར་གྱི་གྲོས་མཐུན་དོན་ཚན་བཅུ་བདུན་ལ་མིང་རྟགས་བཀོད་པའི་མཛད་སྒོ་གཟབ་རྒྱས་འཚོགས་པ་དང་། མཛད་སྒོའི་ཐོག་ཀྲོ་མཐུན་ལི་ལྷེ་ཧྲན་གྱིས་གསུང་བཤད་གནང་སྟེ། "བོད་ཞི་བས་བཅིངས་འགྲོལ་འབྱུང་ཐབས་སྐོར་གྱི་གྲོས་མོལ་འདིས་བོད་ཀྱི་མི་དམངས་ཡོངས་ལ་འོད་ཟེར་ལྡན་པའི་བདེ་སྐྱིད་ཀྱི་ལམ་བུ་ཞིག་བསྟན་ཡོད་པར་ང་ཚོས་ཡིད་ཆེས་བྱེད་ཀྱི་ཡོད།"ཅེས་གསུངས་པ་ནི་དེ་ལྟར་རང་རེད། "གྲོས་མཐུན་དོན་ཚན་བཅུ་བདུན"ནི་བོད་ཀྱི་ལོ་རྒྱུས་འཕེལ་རིམ་ནང་གི་གལ་ཆེའི་ཁ་ཕྱོགས་འགྱུར་

མཚམས་ཤིག་རེད་ལ། ལོ་རྒྱུས་འཕེལ་ཕྱོགས་ཀྱི་ལྡོག་མེད་རང་བཞིན་ཞིག་ཀྱང་རེད། དེར་བརྟེན་བོད་ཀྱི་རྒྱ་ཆེའི་མི་དམངས་མང་ཚོགས་ཡོངས་དང་རྒྱལ་གཅེས་མཐོ་རིམ་སེར་སྐྱ་ཡོངས་ཀྱིས་བརྩི་བཀུར་མཐའ་གཅིག་ཏུ་ཐོབ་ཡོད། ཡིན་ནའང་གྲོ་མོར་ཡོད་པའི་བཀའ་ཤག་སྲིད་གཞུང་ནང་ཕྱི་རྒྱལ་ལ་བློ་དཀར་ཕྱོགས་པའི་ཁ་བྲལ་ཅན་ཟུར་ཁང་དང་། ཞྭ་སྐབ་པ་སོགས་ཀྱིས“གྲོས་མཐུན་དོན་ཚན་བཅུ་བདུན་”ལ་ངོ་རྒོལ་མཐའ་གཅིག་ཏུ་བྱས་ཏེ། ཏཱ་ལའི་བླ་མ་ཕྱི་རྒྱལ་དུ་སྐྱབས་བཅོལ་ཕེབས་རྒྱུར་འདོད་པ་དང་སྐུལ་འདེད་བྱས། འོན་ཀྱང་དེ་ལས་ལྡོག་པ་ཞིག་སྟེ། བོད་ས་གནས་སྲིད་གཞུང་གི་དཔོན་རིགས་ཆེ་གྲས་མང་ཆེ་བ་དང་། གདན་ས་སེ་འབྲས་དགའ་གསུམ་གྱི་འདུས་མི་བཅས་ནས“གྲོས་མཐུན་དོན་ཚན་བཅུ་བདུན་”ལ་བརྩི་བཀུར་མཐའ་གཅིག་ཏུ་ཞུས་པར་མ་ཟད། ཏཱ་ལའི་བླ་མ་གང་མགྱོགས་ལྷ་སར་ཕྱིར་ལོག་ཕེབས་རྒྱུར་དགའ་བསུ་དང་རེ་འབོད་ཞུས། ཕྱོགས་གཉིས་ཕན་ཚུན་རྩོད་གཞི་མ་ཞི་བའི་མཐར། ཆོས་སྐྱོང་སྲུང་མའི་ཐོག་འབེབས་མོ་ལུང་ལ་བརྟེན་ནས་སྲུང་མར་ལུང་རྟགས་ཞུས་པའི་འབྲས་བུར། “གྲོས་མཐུན་དོན་ཚན་བཅུ་བདུན་”ལ་བརྩི་བཀུར་ཞུ་རྒྱུ་དང་ཏཱ་ལའི་བླ་མ་ལྷ་སར་ཕྱིར་ལོག་ཕེབས་རྒྱུ་བཟང་བའི་ལུང་རྟགས་ཐོན། འོན་ཀྱང་ཏཱ་ལའི་བླ་མས་ཀྲུང་དབྱང་སྲིད་གཞུང་དང་བཅིངས་འགྲོལ་དམག་མིར་ད་དུང་ཡིད་ཆེས་བློ་འཁེལ་མེད་པའི་སྣང་ཚུལ་ཡོད་སྐབས། རེ་ཞིག་ལྷ་སར་ཕྱིར་ལོག་མ་ཕེབས་པར་གྲུ་མཐུད་གྲོ་མོར་བབ་བལྟས་དང་བཞུགས།

བཙན་རྒྱལ་རིང་ལུགས་དང་ཕྱི་རྒྱལ་ལ་བློ་དཀར་ཕྱོགས་པའི་ཁ་བྲལ་ཅན་གྱིས་མགོ་སྐོར་སླུ་བྲིད་དང་ཏཱ་ལའི་བླ་མ་ཕྱི་རྒྱལ་དུ་བྲོས་བྱོལ་འཁྲིད་རྩིས་སྟོན་འགོག་བྱེད་ཆེད། ཀྲུང་དབྱང་སྲིད་གཞུང་གིས་སྐུ་ཚབ་ཀྲང་ཅིང་ཝུའུ་སོགས་མི་གསུམ་བོད་དུ་མངགས་གཏོང་གནང་ནས། ཁོང་ཚོས་པེ་ཅིང་ནས་ཐོན་ཏེ་རྒྱ་གར་བརྒྱུད་གྲོ་མོར་ཕེབས་འབྱོར་བྱུང་སྟེ། ཟླ་བདུན་པའི་ཚེས་བཅུ་དྲུག་ཉིན། ཀྲང་ཅིང་ཝུའུ་ཡིས་ཀྲུང་དབྱང་མི་དམངས་སྲིད་གཞུང་གི་ཚབ་ཞུས་ཏེ། མའོ་ཙེ་ཏུང་གིས་ཏཱ་ལའི་བླ་མ་ལ་

ཕུལ་བའི་ཕྱག་ཡིག་དང་། “གྲོས་མཐུན་དོན་ཚན་བཅུ་བདུན་”ལག་བྲིས་མ་ཞིག་ཕུལ་བ་དང་ཆབས་ཅིག་ཏཱ་ལའི་བླ་མ་གང་མགྱོགས་ལྷ་སར་ཆིབས་བསྒྱུར་གནང་སྟེ་གྲོས་མཐུན་དོན་ཚན་ཁག་གི་ནང་དོན་ལག་བསྟར་དོན་འཁྱོལ་ཡོང་བར་ཞོར་འདེགས་གནང་རྒྱུའི་རེ་བ་ཞུས། ཟླ་བརྒྱད་པའི་ཚེས་བརྒྱད་ནས་བཅུ་བདུན་པར་ཀྲང་ཅིང་ལྷུའུ་དང་། ཏཱ་ལའི་བླ་མ་སྔ་རྗེས་སུ་ལྷ་སར་ཕྱིར་ལོག་ཕེབས།

ཟླ་བཅུ་པའི་ཚེས་ཉེར་བཞི་ཉིན། ཏཱ་ལའི་བླ་མ་ནས་མའོ་ཀྲུའུ་ཞིར་《བོད་ཞི་བས་བཅིངས་བཀྲོལ་འབྱུང་ཐབས་སྐོར་གྱི་གྲོས་མཐུན་》ལ་བསྟི་བཀུར་ཞུ་བའི་སྐོར་གྱི་གློག་འཕྲིན་ཕུལ་བ་དང་། ཚེས་ཉེར་དྲུག་ཉིན་མའོ་ཀྲུའུ་ཞིས་གློག་འཕྲིན་གྱི་ལན་གནང་སྟེ། “ཁྱེད་ཀྱིས་བོད་ཞི་བས་བཅིངས་བཀྲོལ་འབྱུང་ཐབས་ཀྱི་གྲོས་མཐུན་ལག་བསྟར་གནང་བར་ཐུགས་རྗེ་ཆེ་ཞུ་རྒྱུ་དང་ཆབས་ཅིག་ལྷག་བསམ་རྣམ་དག་གི་བཀྲ་ཤིས་བདེ་ལེགས་ཡང་ཞུ་རྒྱུ་ཡིན།”ཞེས་དང་། པཎ་ཆེན་སྐུ་ཕྲེང་བཅུ་པ་ཨེར་ཏི་ནི་དང་པཎ་ཆེན་མཁན་པོ་ཚན་པའི་མི་སྣ་ཡོངས་ཀྱིས་ཐོག་མར་“གྲོས་མཐུན་དོན་ཚན་བཅུ་བདུན་”ལ་མིང་རྟགས་བཀོད་པའི་མཛད་སྒོའི་ཕྱི་ཉིན་ཟླ་ལྔ་པའི་ཚེས་ཉེར་བརྒྱད་ལ་གསལ་བསྒྲགས་ཤིག་སྤེལ་ཏེ་གྲོས་མཐུན་ལ་བསྟི་བཀུར་ཞུས་ཟིན། ཟླ་དྲུག་པའི་ཚེས་གཅིག་ཉིན། པཎ་ཆེན་རིན་པོ་ཆེས་མའོ་ཀྲུའུ་ཞིར་དམིགས་བསལ་གློག་འཕྲིན་ཕུལ་ཏེ་བོད་ཞི་བས་བཅིངས་འགྲོལ་འབྱུང་ཐབས་སྐོར་ལ་སླར་ཡང་གུས་བཀུར་ཞུས། ཟླ་དགུ་པའི་ཚེས་བཅུ་དགུ་ཉིན། ཏཱ་ལའི་བླ་མ་ནས་པཎ་ཆེན་རིན་པོ་ཆེར་གློག་འཕྲིན་ཕུལ་ཏེ་བོད་དུ་ཕྱིར་ལོག་ཕེབས་རྒྱུར་དགའ་བསུ་ཞུ་གི་ཡིན་གསུངས། ཟླ་བཅུ་གཉིས་པའི་ཚེས་བཅོ་བརྒྱད་ཉིན། པཎ་ཆེན་རིན་པོ་ཆེ་སྐུ་འཁོར་དང་བཅས་པ་གྲོང་ཁྱེར་ཟི་ལིང་ནས་རྩོམ་ཐོན་མཛད་དེ་བོད་དུ་ཕྱིར་ལོག་ཕེབས། ཏཱ་ལའི་བླ་མ་སྐུ་ཕྲེང་བཅུ་གསུམ་དང་པཎ་ཆེན་སྐུ་ཕྲེང་དགུ་པ་ཕན་ཚུན་ཞི་འབྲེལ་ཆད་པ་ནས་བཟུང་པཎ་ཆེན་སྐུ་ཕྲེང་བཅུ་པ་ཆོས་རྒྱལ་ནང་བྲོས་བྱོལ་མཛད་དེ་ལོ་ཉེར་དགུ་ཙམ་བཞུགས་པ་དང་། ཐེངས་དེར་གཞི་ནས་ཕན་ཚུན་མཇལ་གྲོགས་ཀྱི་འབྲེལ་བ་སྔར་རྒྱུན་བཞིན་

གནས་ཐུབ་པ་བྱུང་བ་རེད།

སྤྱི་ལོ་༡༩༥༦ལོར། ཏཱ་ལའི་བླ་མ་དང་པཎ་ཆེན་ཨེར་ཏི་ནི་གཉིས་ལྷན་དུ་རྒྱ་ལ་སེ་ཅིང་དུ་ཕེབས་ནས། སྐབས་དང་པོའི་རྒྱལ་ཡོངས་འཐུས་མི་ཚོགས་ཆེན་ལ་ཞུགས་པ་རེད། དེ་ནི་བོད་ཞི་བས་བཅིངས་འགྲོལ་བཏང་བའི་རྗེས་ཀྱི་དོན་ཆེན་ཨང་དང་པོ་ཞིག་ཡིན་ལ། བོད་མི་དམངས་ཁྲོན་ཡོངས་ནས་སེམས་འགུར་བྱེད་པའི་དོན་ཆེན་པོ་ཞིག་ཀྱང་རེད། སྐབས་དང་པོའི་རྒྱལ་ཡོངས་མི་དམངས་འཐུས་མི་ཚོགས་ཆེན་ཐེངས་དང་པོའི་ཚོགས་འདུའི་ཐོག་ཏཱ་ལའི་བླ་མ་དང་པཎ་ཆེན་རིན་པོ་ཆེ་གཉིས་ནས་སྔ་རྗེས་སུ་གསུང་བཤད་གནང་བ་རེད། ཐེངས་དེའི་ཚོགས་འདུའི་ཐོག་ཏཱ་ལའི་བླ་མར་རྒྱལ་ཡོངས་མི་དམངས་འཐུས་མི་ཚོགས་ཆེན་རྒྱུན་ལས་ཨུ་ཡོན་ལྷན་ཁང་གི་ཨུ་ཡོན་ཀྲང་གཞོན་པར་འདེམས་ཐོན་བྱུང་བ་དང་། པཎ་ཆེན་ཨེར་ཏི་ནིར་རྒྱལ་ཡོངས་མི་དམངས་འཐུས་མི་ཚོགས་ཆེན་རྒྱུན་ལས་ཨུ་ཡོན་ལྷན་ཁང་གི་ཨུ་ཡོན་དུ་འདེམས་ཐོན་བྱུང་བ་རེད། ཡང་པཎ་ཆེན་རིན་པོ་ཆེར་སྐབས་གཉིས་པའི་རྒྱལ་ཡོངས་ཆབ་སྲིད་གྲོས་ཚོགས་ཚོགས་ཐེངས་དང་པོའི་ཐོག་རྒྱལ་ཡོངས་ཆབ་སྲིད་གྲོས་ཚོགས་ཀྱི་ཀྲུའུ་ཞི་གཞོན་པར་འདེམས་ཐོན་བྱུང་བ་རེད།

སྤྱི་ལོ་༡༩༥༨ལོའི་ཟླ་བཞི་པར། རྒྱལ་སྲིད་སྲི་ཁྲབ་ཁང་ནས་ཚོག་མཆན་གནང་སྟེ། བོད་རང་སྐྱོང་ལྗོངས་གྲ་སྒྲིག་ཨུ་ཡོན་ལྷན་ཁང་དངོས་སུ་བཙུགས་རྒྱུའི་ཚོགས་ཆེན་ལྷ་སར་འཚོག་རྒྱུ་གཏན་འཁེལ་གནང་བ་དང་། ཚོགས་ཆེན་ཐོག་ཏཱ་ལའི་བླ་མ་བསྟན་འཛིན་རྒྱ་མཚོ་མཆོག་བོད་རང་སྐྱོང་ལྗོངས་གྲ་སྒྲིག་ཨུ་ཡོན་ལྷན་ཁང་གི་ཀྲུའུ་རེན་ཨུ་ཡོན་དུ་འདེམས་ཐོན་བྱུང་བ་དང་། པཎ་ཆེན་ཨེར་ཏི་ནི་ཆོས་ཀྱི་རྒྱལ་མཚན་ཀྲུའུ་རེན་ཨུ་ཡོན་གཞོན་པ་ཨང་དང་པོར་འདེམས་ཐོན་བྱུང་བ་དང་། ཀྲང་གོ་ཧྲ་ཀྲུའུ་རེན་ཨུ་ཡོན་གཞོན་པ་ཨང་གཉིས་པར་འདེམས་ཐོན་བྱུང་བ་རེད། འོན་ཀྱང་སྤྱི་ལོ་༡༩༥༩ལོའི་ཟླ་གསུམ་པར། བོད་ཀྱི་མཐོ་རིམ་ལོག་སྤྱོད་ཤོག་ཁག་གིས་གྲོས་མཐུན་དོན་ཚན་བཅུ་བདུན་ལ་རྩིས་མེད་རྗོག་རོལ་བཏང་སྟེ་ཁྲོན་ཡོངས་ནས་དྲག་པོའི་ངོ་ལོག

ཟིང་འཁྲུག་བསློངས་པ་རེད། བོད་ལ་བཙའ་སྡོད་མི་དམངས་བཅིངས་འགྲོལ་དམག་གིས་ཀྱང་དབྱང་མི་དམངས་སྲིད་གཞུང་གི་བཀའ་ཕབ་པ་ལྟར། ཐོག་མར་ལྷ་ས་གྲོང་ཁྱེར་ནང་གི་དྲག་པོའི་ངོ་ལོག་ཟིང་འཁྲུག་ཞོད་འཇགས་མཐར་ཕྱིན་པ་བཏང་སྟེ། མཐོ་རིམ་ལོག་སྤྱོད་ཤོག་ཁག་གིས་ཁྲིན་ཡོངས་ནས་ངོ་ལོག་ཟིང་འཁྲུག་སློང་རྒྱུའི་བཀོད་འདོམས་ལྟེ་གནས་དེ་མེད་པ་བཟོས་པར་བརྟེན། ལྷོངས་ཡོངས་སུ་ངོ་ལོག་ཟིང་འཁྲུག་གང་མགྱོགས་ཞོད་འཇགས་གཏོང་ཆེད་ཆ་རྐྱེན་སྐྲུན་ཐུབ་པ་དང་། དེ་དང་ཆབས་ཅིག་དབྱིན་ཇི་བཙན་རྒྱལ་རིང་ལུགས་པ་དང་། རྒྱལ་ཕྱིའི་ཐོག་ཀྱང་གོར་ངོ་རྒོལ་བྱེད་མཁན་གྱི་སྟོབས་ཤུགས་ཚོས་ཀྱང་གོ་ཁ་བྲལ་དུ་གཏོང་རྒྱུའི་ངན་སེམས་ཕྱིག་རྟུས་བཤམས་པ་དེ་དག་ལ་རྟུང་རྡེག་ཚ་ནན་ཞིག་ཐོག་པ་རེད། སྤྱི་ལོ་༡༩༥༩ལོར་ངོ་ལོག་ཟིང་འཁྲུག་ཞོད་འཇགས་སུ་བཏང་བ་དང་། བོད་ཀྱི་ཆོས་སྲིད་ཟུང་འབྲེལ་བཀའ་བཀོད་བརྒྱུད་འཛིན་ཞིང་བྲན་ལམ་ལུགས་རྩ་གཏོར་མཐར་ཕྱིན་པ་བཏང་བ་དེས། བོད་མི་དམངས་རྣམས་གཞི་ནས་ཡར་ལངས་བཅིངས་འགྲོལ་ཐོབ་སྟེ། བདེ་སྐྱིད་སྤྲོ་སྣང་ལྡན་པའི་འཚོ་བ་གསར་པ་ཞིག་བསྐྲུན་རྒྱུ་བྱུང་བ་རེད།

དེ་རིང་ང་ཚོས་ལོ་ངོ་བདུན་ཅུ་ཙམ་གྱི་གོང་དུ་ཀྲུང་དབྱང་མི་དམངས་སྲིད་གཞུང་དང་བོད་ས་གནས་སྲིད་གཞུང་གིས་གྲོས་མཐུན་དོན་ཚན་བཅུ་བདུན་ལ་མིང་རྟགས་བཀོད་པའི་ཞིབ་འཇུག་ནང་དོན་ཁག་ལ་བསྐྱར་དུ་ཕྱིར་མིག་ཅིག་བལྟས་ནས། གྲོས་མཐུན་དོན་ཚན་བཅུ་བདུན་གྱི་གལ་ཆེའི་སྙིང་དོན་ཁག་ལ་གཏིང་ཟབ་མོའི་སྒོ་ནས་ཤེས་རྟོགས་བྱས་ཚེ། སེམས་ནང་དུ་ཚོར་སྣང་ཆེན་པོ་ཞིག་རང་བཞིན་དང་འཆར་ཡོང་བ་ཡིན། ལྷག་དོན་དུ་ཀྲུང་དབྱང་སྲིད་གཞུང་གིས་བོད་ཞི་བས་བཅིངས་བཀྲོལ་གཏོང་བའི་ལོ་རྒྱུས་ཀྱི་བརྒྱུད་རིམ་ནང་། ཡང་སྐོར་བསྐྱར་སྐོར་གྱི་ཞིབ་འཇུག་གནང་བ་དང་། འཐབ་རྟུས་རབ་དང་རིམ་པ་བཀོད་སྒྲིག་དང་གཏན་འཁེལ་མཛད་པར་མ་ཟད། མི་རིགས་དང་། ཆོས་ལུགས། འཐབ་ཕྱོགས་གཅིག་གྱུར་སོགས་ཀྱི་ཞིབ་ཕྲའི་རྩ་དོན་གྱི་སྲིད་ཇུས་ཁག་དེ་དག་ད་ལྟའི་དུས་རབས་གསར་པའི་ནང་དུའང་བོད་ཀྱི་

ལས་དོན་ལ་བློ་སྒོ་ཕྱེ་བ་དང་སློབ་སྟོན་གྱི་ནུས་པ་ངེས་ཅན་ཞིག་ལྡན་འདུག་སྙམ་གྱི་ཡོད། དེར་བརྟེན་དེ་རིང་ཁོ་མོས་དམིགས་སུ་ཀར་ནས་དེ་སྔ་ཀྲུང་དབྱང་མི་དམངས་སྲིད་གཞུང་དང་བོད་ས་གནས་སྲིད་གཞུང་གིས་མིང་རྟགས་བཀོད་པའི《བོད་ཞི་བས་བཅིངས་བཀྲོལ་འབྱུང་ཐབས་སྐོར་གྱི་གྲོས་མཐུན་》(དོན་ཚན་བཅུ་བདུན་)གྱི་ཞིབ་ཕྲའི་ནང་དོན་ཆ་ཚང་ཞིག་དེར་ངོ་བཤུས་བྱས་ཏེ་རྒྱ་ཆེའི་ཀློག་པ་པོར་སྤྱན་འབུལ་ཞུ་རྒྱུ་གཤམ་གསལ།

ཀྲུང་དབྱང་མི་དམངས་སྲིད་གཞུང་དང་བོད་ས་གནས་སྲིད་གཞུང་གཉིས་བོད་ཞི་བས་བཅིངས་བཀྲོལ་འབྱུང་ཐབས་སྐོར་གྱི་གྲོས་མཐུན།

(སྤྱི་ལོ་༡༩༥༡ལོའི་ཟླ་ལྔ་པའི་ཚེས་ཉེར་གསུམ་ཉིན།)

བོད་ཀྱི་མི་རིགས་ནི་ཀྲུང་གོའི་ཁོངས་གཏོགས་ཀྱི་ལོ་རྒྱུས་ཡུན་རིང་ཡོད་པའི་མི་རིགས་གཅིག་ཡིན། མི་རིགས་གཞན་དག་མང་པོ་དང་འདྲ་བར་རང་ཚོའི་རྒྱལ་ཁབ་ཆེན་པོ་འདི་ཉིད་གསར་བཟོ་དང་གོང་འཕེལ་གྱི་བྱ་རིམ་ནང་དུ་རང་འགན་གཟེ་བརྗིད་ཅན་འཁུར་སྤྱོང་ཡང་། ཉེ་ལམ་ལོ་ངོ་བརྒྱ་ལྷག་ཙམ་ནས་ཕྱི་རྒྱལ་བཙན་དབང་རྒྱལ་ཁབ(དབྱིན་ཇི་ཡིས་)ཀྱི་སྟོབས་ཤུགས་ཀྲུང་གོའི་ནང་དུ་བཙན་འཛུལ་བྱས་རྗེས་བོད་ཀྱི་ས་གནས་སུ་ཡང་བཙན་འཛུལ་བྱས་ཏེ། མགོ་གཡོག་དང་དཀྲུགས་ཤིང་སྣ་ཚོགས་བྱས་པར་མ་ཟད། གོ་མིན་ཏང་ལོག་སྤྱོད་སྲིད་གཞུང་ནས་བོད་ཀྱི་མི་རིགས་ལ་སྟོན་གྱི་ལོག་སྤྱོད་སྲིད་གཞུང་དང་འདྲ་བར་མི་རིགས་གཉའ་གནོན་དང་། མི་རིགས་དཀྲུགས་ཤིང་གི་སྲིད་ཇུས་སྔར་མུས་བཞིན་དུ་ལག་ལེན་བྱས་གཤིས། བོད་མི་རིགས་ནང་ཁུལ་མཐུན་སྒྲིལ་མེད་པར་རྒྱབ་འགལ་དུ་སོང་། བོད་ཀྱི་ས་གནས་སྲིད་གཞུང་ནས་ཀྲུང་ཕྱི་རྒྱལ་བཙན་དབང་རྒྱལ་ཁབ་ཀྱི་མགོ་གཡོག་དང་དཀྲུགས་ཤིང་ལ་ངོ་ལོག་མ་བྱས་པར་རང་གི་རྒྱལ་ཁབ་ལ་ཡང་ཤ་ཞེན་མེད་པའི་བྱེད་སྟངས་བྱུང་བས། གནས་ཚུལ་དེ་དག་གིས་བོད་ཀྱི་མི་རིགས་དང་། བོད་ཀྱི་མི་དམངས་གཞན་གྱི་ཐྲན་གཡོག་དང་སྡུག་བསྔལ་ཚབས་ཆེན་གྱི་གཡང་སུ་ལྷུང་། གཅིག་སྟོང་དགུ་བརྒྱ་བཞི་བཅུ་ཞེ་དགུའི་ལོར་ཀྲུང་

གོའི་མི་དམངས་བཅིངས་བཀྲོལ་གྱི་དམག་འཁྲུག་རྒྱལ་ཁབ་ཡོངས་ཀྱི་ས་ཁོངས་རེ་གཉིས་མ་གཏོགས་གཞི་ཆ་འི་རྒྱལ་ཁ་ལོན་སྐབས་མི་རིགས་སོ་སོ་ཐུན་མོང་ནང་གི་སྤྱི་དགྲ་གོ་མིན་ཏང་ལོག་སྤྱོད་སྲིད་གཞུང་གཏོར་ཟིན་ཐོག་མི་རིགས་སོ་སོའི་ཕྱི་ཡི་སྤྱི་དགྲ་ཕྱི་རྒྱལ་བཙན་དབང་རྒྱལ་ཁབ་ཀྱི་བཙན་གནོན་སྟོབས་ཤུགས་མཐའ་སྐྲོད་བཏང་སྟེ་གཞི་ཆ་འདིའི་ཐོག་ནས་ཀྲུང་ཧྭ་མི་དམངས་སྤྱི་མཐུན་རྒྱལ་ཁབ་དང་ཀྲུང་དབྱང་མི་དམངས་སྲིད་གཞུང་གསར་བཙུགས་བྱས་པའི་གཏམ་བསྒྲགས་སོ། །ཀྲུང་དབྱང་མི་དམངས་སྲིད་གཞུང་ནས་ཀྲུང་གོའི་མི་དམངས་ཆབ་སྲིད་གྲོས་ཚོགས་ནས་གཏན་ལ་ཕབ་པའི་གུང་ཐུང་གང་ལེང་ལ་གཞིར་བཟུང་སྟེ་ཀྲུང་ཧྭ་མི་དམངས་སྤྱི་མཐུན་རྒྱལ་ཁབ་ཁོངས་གཏོགས་ཀྱི་མི་རིགས་ཐམས་ཅད་འདྲ་མཉམ་ཐོག །ཕན་ཚུན་རོགས་རམ་མཐུན་སྒྲིལ་བྱས་ཏེ་ཕྱི་རྒྱལ་བཙན་དབང་རྒྱལ་ཁབ་དང་མི་རིགས་སོ་སོའི་ནང་གི་མི་དམངས་ཀྱི་སྤྱི་དགྲར་ངོ་རྒོལ་བྱེད་རྒྱུ་དང་། ཀྲུང་ཧྭ་མི་དམངས་སྤྱི་མཐུན་རྒྱལ་ཁབ་འདི་ཉིད་མི་རིགས་ཚང་མ་མཛའ་མཐུན་རོགས་འབྲེལ་གྱི་ཁྱིམ་ཚང་ཆེན་པོ་ཞིག་ཏུ་བསྒྱུར་རྒྱུ། ཀྲུང་ཧྭ་མི་དམངས་སྤྱི་མཐུན་རྒྱལ་ཁབ་མི་རིགས་རྣམས་ཀྱི་ཁྱིམ་ཚང་ཆེན་པོའི་ནང་དུ་མི་རིགས་གྲངས་ཉུང་སོ་སོ་གཅིག་ཚོགས་སྡོད་པའི་ས་གནས་སུ་མི་རིགས་ཀྱི་ས་གནས་རང་སྐྱོང་ལག་ལེན་བྱེད་རྒྱུ་དང་། མི་རིགས་གྲངས་ཉུང་སོ་སོ་ནས་རང་རང་གི་སྐད་ཆ་ཡི་གེ་གོང་འཕེལ་བྱེད་རྒྱུ་དང་། ཡུལ་གྱི་གོམས་པའི་གཤིས་ལུགས་དང་། ཆོས་ལ་དད་པ་བཅས་ལ་སྲུང་འཛིན་ནམ་བཅོས་བསྒྱུར་གང་བྱེད་ཀྱི་རང་དབང་ཡོད་པ། ཀྲུང་དབྱང་མི་དམངས་སྲིད་གཞུང་ནས་མི་རིགས་གྲངས་ཉུང་སོ་སོ་དེ་དག་གི་ཆབ་སྲིད། དཔལ་འབྱོར། རིག་གནས། སློབ་སྦྱོང་རྣམས་ཡར་རྒྱས་ཀྱི་བྱ་བ་གོང་འཕེལ་དུ་གཏོང་རྒྱུ་ལ་རོགས་རམ་བྱེད་རྒྱུ་སོགས་ཀྱི་དྲིལ་བསྒྲགས་བྱས། དེ་ནས་བཟུང་རྒྱལ་ཁབ་ནང་གི་མི་རིགས་རྣམས་བོད་དང་། ཐའི་ཝན་གཉིས་ཀྱི་ས་གནས་མ་གཏོགས་ཚང་མ་བཅིངས་བཀྲོལ་བྱས་ཟིན། ཀྲུང་དབྱང་མི་དམངས་སྲིད་གཞུང་གིས་གཅིག་བསྒྲིལ་འགོ་འཁྲིད་དང་། མི་དམངས་སྲིད་གཞུང་རིམ་པ་གོང་མ་སོ་སོ་ནས་ཐད་ཀར་འགོ་འཁྲིད་མཛད་འོག་ཏུ་མི་རིགས་གྲངས་ཉུང་སོ་སོས་མི་རིགས་འདྲ་མཉམ་གྱི་ཁེ་དབང་ཕུན་སུམ་ཚོགས་པར་ལོངས་སུ་སྤྱོད་པར་མ་ཟད། མི་རིགས་ཀྱི་ས་གནས་རང་སྐྱོང་གི་བྱ་བ་བྱས་པ་དང་

བྱེད་བཞིན་པ་དེ་ལྟར་ཡོད། བོད་དུ་ཡོད་པའི་ཕྱི་རྒྱལ་བཙན་དབང་རྒྱལ་ཁབ་ཀྱི་བཙན་གནོན་སྟོབས་ཤུགས་དང་དེའི་ཉེས་སྐྱོན་བཅས་བདེ་བླག་ཏུ་བསལ་བ་དང་། ཀྲུང་ཧྭ་མི་དམངས་སྤྱི་མཐུན་རྒྱལ་ཁབ་ཀྱི་མངའ་ཁུལ་རང་བཙན་གྱི་དབང་ཆ་གཅིག་སྒྲིལ་གྱི་བྱ་བ་འགྲུབ་པར་བྱེད་རྒྱུ་དང་། རྒྱལ་ཁབ་སྲུང་སྐྱོབ་བྱས་ཏེ་བོད་ཀྱི་མི་རིགས་དང་། བོད་ཀྱི་མི་དམངས་བཅིངས་བཀྲོལ་ཐོབ་ནས་ཀྲུང་ཧྭ་མི་དམངས་སྤྱི་མཐུན་རྒྱལ་ཁབ་ཀྱི་ཁྱིམ་ཚང་ཆེན་པོའི་ནང་དུ་ཚུར་ལོག་ཏེ། རྒྱལ་ཁབ་ནང་གི་མི་རིགས་གཞན་དག་དང་མཚུངས་པར་མི་རིགས་འདྲ་མཉམ་གྱི་ཁེ་དབང་ལ་ལོངས་སུ་སྤྱོད་པ་དང་། རང་གི་ཆབ་སྲིད། དཔལ་འབྱོར། རིག་གནས་སློབ་སྦྱོང་བཅས་ཀྱི་ལས་དོན་གོང་འཕེལ་དུ་གཏོང་ཆེད་ཀྲུང་དབྱང་མི་དམངས་སྲིད་གཞུང་ནས་བཀའ་ཕབ་སྟེ་མི་དམངས་བཅིངས་བཀྲོལ་དམག་དཔུང་བོད་བསྐྱོད་ཀྱི་སྐབས་འདིར། བོད་ཀྱི་ས་གནས་སྲིད་གཞུང་ནས་ཀྲུང་དབྱང་ལ་འཐུས་མི་ཆེད་དུ་བཏང་ནས་གྲོས་མོལ་ཐོག་བོད་ཞི་བའི་སྒོ་ནས་བཅིངས་བཀྲོལ་འབྱུང་ཐབས་ཀྱི་གྲོས་མཐུན་འཛོག་རྒྱུའི་བཙན་སྲིད་པ་བཞིན། གཅིག་སྟོང་དགུ་བརྒྱ་ལྔ་བཅུ་ང་གཅིག་ལོའི་ཟླ་བཞི་པའི་མཇུག་བོད་ཀྱི་ས་གནས་སྲིད་གཞུང་གི་འཐུས་མི་དབང་ཆ་ཚང་མ་ཡོད་པ་པེ་ཅིན་རྒྱལ་སར་འབྱོར་བསླེབས། ཀྲུང་དབྱང་མི་དམངས་སྲིད་གཞུང་ནས་འཐུས་མི་འཕྲལ་དུ་བསྐོ་གཞག་གནང་སྟེ། བོད་ཀྱི་ས་གནས་སྲིད་གཞུང་གི་འཐུས་མི་དབང་ཆ་ཚང་མ་ཡོད་པ་དང་ལྷན་དུ་མཛའ་མཐུན་གྱི་གཞི་རྩ་བཟུང་ནས་བཀའ་མོལ་གནང་ཞིང་། བཀའ་མོལ་གནང་བའི་འབྲས་བུ་ལ་ཕྱོགས་གཉིས་ཀའི་བློ་རྩེ་མཐུན་ཏེ། གྲོས་མཐུན་འདི་ཉིད་བཞག་པར་མ་ཟད། དེ་དོན་ལག་ལེན་དུ་མངོན་པར་བསྟར་བའི་འགན་ལེན་རྒྱུ།

དང་པོ། བོད་མི་དམངས་རྣམས་མཐུན་སྒྲིལ་བྱས་ཏེ་ཕྱི་རྒྱལ་བཙན་དབང་རྒྱལ་ཁབ་ཀྱིས་བཙན་ཤུགས་བོད་ནས་མཐར་སྐྲོད་གཏོང་དགོས། བོད་ཀྱི་མི་དམངས་ཀྲུང་ཧྭ་མི་དམངས་སྤྱི་མཐུན་རྒྱལ་ཁབ་མེས་པོའི་རྒྱལ་ཁབ་ཁྱིམ་ཚང་ཆེན་པོའི་ནང་དུ་ལོག་དགོས།

གཉིས་པ། མི་དམངས་བཅིངས་བཀྲོལ་དམག་བོད་དུ་བསྐྱོད་དེ་རྒྱལ་ཁབ་བརྟན་པོར་སྲུང་རྒྱུ་ལ་བོད་ཀྱི་ས་གནས་སྲིད་གཞུང་ནས་རོགས་རམ་ལྷུར་ལེན་བྱེད་རྒྱུ།

གསུམ་པ། ཀྲུང་གོ་མི་དམངས་ཆབ་སྲིད་གྲོས་ཚོགས་ཀྱི་གུང་ཐུང་ཀང་ལིང་གི་མི་རིགས་

སྲིད་བྱུས་གཞིར་བཟུང་སྟེ། ཀྲུང་དབྱང་མི་དམངས་སྲིད་གཞུང་ནས་གཅིག་སྒྲིལ་གྱིས་འགོ་ཁྲིད་འོག །བོད་ཀྱི་མི་དམངས་ལ་མི་རིགས་ཀྱི་ས་གནས་རང་སྐྱོང་ལག་ལེན་བྱེད་རྒྱུའི་དབང་ཆ་ཡོད།

བཞི་པ། བོད་ཀྱི་ཆབ་སྲིད་ལམ་ལུགས་ད་ཡོད་ལ་ཀྲུང་དབྱང་གིས་བཅོས་བསྒྱུར་མི་བྱེད་པར། ཏཱ་ལའི་བླ་མའི་སྔར་ཡོད་གོ་གནས་དང་དབང་ཆ་ཡང་ཀྲུང་དབྱང་ནས་བསྒྱུར་བཅོས་མི་བྱེད། དཔོན་རིགས་མཐོ་དམན་རྣམས་ཀྱང་སྔར་བཞིན་གནས་རྒྱུ།

ལྔ་པ། པཎ་ཆེན་ཨེར་ཏི་ནིའི་སྔར་ཡོད་གོ་གནས་དང་དབང་ཆ་རང་འཇགས་གནས་དགོས།

དྲུག་པ། ཏཱ་ལའི་བླ་མ་དང་། པཎ་ཆེན་ཨེར་ཏི་ནིའི་སྔར་ཡོད་ཀྱི་གོ་གནས་དང་དབང་ཆ་ཞེས་པ་ཏཱ་ལའི་བླ་མ་སྐུ་ཕྲེང་བཅུ་གསུམ་པ་དང་། པཎ་ཆེན་ཨེར་ཏི་ནི་སྐུ་ཕྲེང་དགུ་པ་མཐུན་པོའི་སྐབས་ཀྱི་གོ་གནས་དང་དབང་ཆ།

བདུན་པ། ཀྲུང་གོ་མི་དམངས་ཆབ་སྲིད་གྲོས་ཚོགས་ཀྱི་གུང་ཁྲུང་ཀང་ལིང་ནང་ཐག་བཅད་པའི་ཆོས་ལུགས་ལ་དད་པ་རང་མོས་བྱས་ཆོག་པའི་སྲིད་བྱུས་ལ་ལག་ལེན་བྱས་ཏེ། བོད་ཀྱི་མི་དམངས་ཀྱི་ཆོས་ལུགས་ལ་དད་པ་དང་། ཡུལ་གྱི་གོམས་པའི་གཤིས་ལུགས་སོགས་ལ་བརྩི་འཛིན་བྱེད་རྒྱུ་དང་། དགོན་པ་གྲྭ་ཚང་ལ་སྲུང་སྐྱོབ་བྱེད་རྒྱུ། དགོན་པ་གྲྭ་ཚང་གི་ཡོང་སྒོར་ཀྲུང་དབྱང་ནས་བསྒྱུར་བཅོས་མི་བྱེད།

བརྒྱད་པ། བོད་ཀྱི་དམག་སྐར་རིམ་གྱིས་བཅིངས་བཀྲོལ་དམག་ལ་ཚུར་བསྒྱུར་ནས་ཀྲུང་ཧྭ་མི་དམངས་སྤྱི་མཐུན་རྒྱལ་ཁབ་ཀྱི་རྒྱལ་ཁབ་སྲུང་བའི་དྲག་ཤུགས་ཁག་གཅིག་ཏུ་བསྒྲུབ་རྒྱུ།

དགུ་པ། བོད་ཀྱི་གནས་ཚུལ་དངོས་ཡོད་གཞིར་བཟུང་སྟེ། རིམ་གྱིས་བོད་རིགས་ཀྱི་སྐད་ཆ་དང་། ཡི་གེ །སློབ་གྲྭའི་སློབ་སྦྱོང་བཅས་གོང་འཕེལ་གཏོང་རྒྱུ།

བཅུ་པ། བོད་ཀྱི་གནས་ཚུལ་དངོས་ཡོད་གཞིར་བཟུང་སྟེ། རིམ་གྱིས་བོད་ཀྱི་སོ་ནམ་དང་། འབྲོག་ལས། བཟོ་རིགས། ཚོང་ལས་རྣམས་གོང་འཕེལ་དུ་བཏང་ནས་མི་དམངས་ཀྱི་འཚོ་གོས་སོགས་ཇེ་ལེགས་སུ་གཏོང་རྒྱུ།

བཅུ་གཅིག་པ། བོད་ཀྱི་ལམ་ལུགས་སྣ་ཚོགས་ལེགས་བཅོས་བྱེད་རྒྱུའི་སྐོར་ལ་ཀྲུང་དབྱང་ནས་བཙན་གཤེད་ཀྱིས་མི་བྱེད་པར། བོད་ཀྱི་ས་གནས་སྲིད་གཞུང་རང་ནས་ལེགས་བཅོས་བྱེད་

རྒྱུ་དང་། མི་དམངས་ནས་ལེགས་བཅོས་བྱེད་དགོས་ཞུ་དུས། བོད་ཀྱི་འགོ་བྱེད་རྣམས་དང་གྲོས་བསྡུར་གྱིས་ཐབས་ཤེས་ལ་བརྟེན་ནས་ཐག་གཅོད་རྒྱུ།

བཅུ་གཉིས་པ། སྔར་ཕན་ཕྱི་རྒྱལ་བཙན་དབང་རྒྱལ་ཁབ་དང་གོ་མིན་ཏང་ལ་ཉེ་འབྲེལ་བྱེད་པའི་དཔོན་རིགས་ནས། ཕྱི་རྒྱལ་བཙན་དབང་དང་གོ་མིན་ཏང་དང་འབྲེལ་ཐག་མཐར་ཕྱིན་པ་བཅད་དེ། ད་ཕྱིན་ངོ་ལོག་དང་སྐྱོན་གནོད་མ་བྱས་ན་ལས་ཚན་རང་འཛུགས་བྱེད་ཆོག་པ་སྔར་བྱས་ལ་བརྩད་གཅོད་མི་བྱེད།

བཅུ་གསུམ་པ། བོད་བསྐྱོད་ཀྱི་མི་དམངས་བཅིངས་བཀྲོལ་དམག་གིས་གོང་གསལ་དོན་ཚན་རྣམས་ཀྱི་སྲིད་བྱུས་ལ་སྲུང་བརྩི་བྱེད་རྒྱུ་མ་ཟད། ཉོ་ཚོང་དྲང་བཞག །མི་དམངས་ཀྱི་ཁབ་སྐུད་ཙམ་ཡང་གང་བྱུང་མི་ལེན།

བཅུ་བཞི་པ། ཀྲུང་དབྱང་མི་དམངས་སྲིད་གཞུང་ནས་བོད་ཀྱི་ས་གནས་སུ་བྱུང་བའི་ཕྱི་འབྲེལ་གྱི་ལས་དོན་མཐའ་དག་གཅིག་སྒྲིལ་གྱིས་ཐོག་ནས་བྱེད་རྒྱུ་དང་། འདྲ་མཉམ་གཉིས་ཕན། ཕན་ཚུན་གྱི་མངའ་ཁུལ་དང་རང་བཙན་གྱི་དབང་ཆ་ལ་བརྩི་འཇོག་ཐོག་ཉེ་འདབས་རྒྱལ་ཁབ་དང་ཞི་མཐུན་གྱིས་གནས་རྒྱུ་མ་ཟད། དྲང་འབྲེལ་གྱི་ཚོང་འབྲེལ་འཛུགས་རྒྱུ་དང་གོང་འཕེལ་དུ་གཏོང་རྒྱུ།

བཅོ་ལྔ་པ། གྲོས་མཐུན་འདི་ཉིད་ལག་ལེན་དུ་བསྟར་བའི་འགན་ལེན་ཕྱིར། ཀྲུང་དབྱང་མི་དམངས་སྲིད་གཞུང་ནས་བོད་ལ་དམག་སྲིད་ཨུ་ཡོན་ལྷན་ཁང་དང་ས་གནས་དམག་སྐར་གྱི་དམག་སྤྱི་ཁང་འཛུགས་རྒྱུ་དང་། ཀྲུང་དབྱང་ནས་བཏང་བའི་ལས་བྱེད་མ་ཚད། བོད་ཁུལ་གྱི་ལས་བྱེད་པ་ཡང་གང་མང་ཉུག་སྡེ་ལས་ཀ་བྱེད་རྒྱུ། དམག་སྲིད་ཨུ་ཡོན་ལྷན་ཁང་ནང་འགྲོ་མི་རྣམས་བོད་ཀྱི་ས་གནས་སྲིད་གཞུང་དང་། ཡུལ་ཕྱོགས་སོ་སོ། དགོན་པ་གཙོ་ཆེ་བ་བཅས་ནས་རྒྱལ་ཁབ་ལ་ཤ་ཞེན་ཡོད་པ། ཀྲུང་དབྱང་མི་དམངས་སྲིད་གཞུང་ནས་བསྐོས་པའི་འཐུས་མི་དང་། གནད་ཡོད་ཀྱི་ཕྱོགས་ཚང་མ་མཉམ་གྲོས་ཐོག་ནས་མིང་ཐོ་ཕུལ་ཏེ་ཀྲུང་དབྱང་མི་དམངས་སྲིད་གཞུང་ལ་བསྐོ་གཞག་གནང་བ་ཞུ་རྒྱུ།

བཅུ་དྲུག་པ། དམག་སྲིད་ཨུ་ཡོན་ལྷན་ཁང་དང་། ས་གནས་དམག་སྤྱི་ཁང་། བོད་བསྐྱོད་

ཀྱི་མི་དམངས་བཅིངས་བཀྲོལ་དམག་བཅས་ཀྱི་འགྲོ་སོང་ཀྲུང་དབྱང་མི་དམངས་སྲིད་གཞུང་ནས་གཏོང་རྒྱུ། བོད་ཀྱི་ས་གནས་སྲིད་གཞུང་ནས་མི་དམངས་བཅིངས་བཀྲོལ་དམག་ལ་འབྲུ་དང་། གཞན་ཡང་ཉེ་མཁོ་སྒྲུབ་རྒྱུ་སྐྱེལ་འདྲེན་བཅས་རོགས་རམ་བྱེད་རྒྱུ།

བཅུ་བདུན་པ། གྲོས་མཐུན་འདི་ཉིད་མིང་རྟགས་བཀོད་འཕྲལ་རྩ་བར་བཟུང་སྟེ་ལག་ལེན་བྱེད་རྒྱུ།

ཀྲུང་དབྱང་མི་དམངས་སྲིད་གཞུང་གི་འཐུས་མི་དབང་ཆ་ཚང་མ་ཡོད་པ།

གཙོ་བོ་འཐུས་མི། ལི་ཝེས་ཧན

འཐུས་མི། ཀྲང་ཅིན་ཨུ།

ཀྲང་གོ་ཧྭ།

སུན་ཀྲི་ཡོན།

བོད་ཀྱི་ས་གནས་སྲིད་གཞུང་གི་འཐུས་མི་དབང་ཆ་ཚང་མ་ཡོད་པ།

གཙོ་བོ་འཐུས་མི། ང་ཕོད་ངག་དབང་འཇིགས་མེད།

འཐུས་མི། ཁེ་སྨད་བསོད་ནམས་དབང་འདུས།

ཐུབ་བསྟན་བསྟན་དར།

ཐུབ་བསྟན་ལེགས་སྨོན།

བསམ་ཕོ་བསྟན་འཛིན་དོན་གྲུབ།

༡༩༥༡ལོའི་ཟླ་༥ཚེས་༢༣ལ་པེ་ཅིན།

གོང་གསལ་གྲོས་མཐུན་དོན་ཚན་བཅུ་བདུན་གྱི་སྙིང་དོན་བཞིན། སྤྱི་ལོ་༡༩༥༡ལོའི་ལོ་སྟོད་དུ་ཀྲུང་གོ་མི་དམངས་བཅིངས་འགྲོལ་དམག་ལྷ་སར་བཅའ་སྡོད་བྱེད་འགོ་ཚུགས། ལྷ་སར་སྒོ་འཛུལ་བྱེད་སྐོའི་ཉིན་འདིར་གྲོང་ཁྱེར་ནང་རྣམ་ཀུན་དང་མི་འདྲ་བར་ཧ་ཅང་གི་འཁྲུག་པོ་རེད། ངའི་ཨ་མ་ལགས་ཀྱིས་གསུང་ན། གྲོང་མིའི་འགོ་དཔོན་གྱིས་བཀའ་གནང་བ་ལྟར་སང་ཉིན་གྲོང་མི་ཚང་མ་གོས་གསར་པ་གྱོན་རྒྱུ་དང་། ལག་ཏུ་ཚོན་མདྲ་ཅན་གྱི་ཤོག་བུའི་དར་ཆ་ཆུང་ཆུང་རེ་འཁྱེར་ཏེ་འགྲོ་དགོས་ཅེས་

གསུང་། ང་རང་དེ་དུས་ཆུང་ཆུང་ཡིན་སྐབས། ཚོན་མདྲ་ཅན་གྱི་ཨོག་བུའི་དར་ཆ་ལག་པར་འཁྱེར་ཏེ་ཕར་གཡུག་ཚུར་གཡུག་བྱེད་རྒྱུ་བྱུང་ན་དགའ་ཐག་ཆོད་ཀྱི་ཡོད། འོན་ཀྱང་སང་ཉིན་ཁྲིམ་གཞུང་ལ་དངོས་སུ་སླེབས་དུས། མི་ཚང་མ་ལམ་གྱི་གཡས་གཡོན་དུ་ལང་ནས་དར་ཆ་གཡུགས་གཡུགས་བྱས་ཏེ། གྲོང་ཁྱེར་ནང་བང་བསྒྲིགས་ཏེ་ཡོང་མཁན་དམག་དཔུང་ལ་བལྟས་ཏེ་ཁ་ནས་འབོད་སྒྲ་མང་པོ་སྒྲོགས་ཀྱི་འདུག །ང་རང་ཆུང་ཆུང་སོང་ཙང་མི་ཏན་པའི་རྒྱབ་ཏུ་ལངས་ཏེ་བལྟས་པ་ལས་མདུན་དུ་འགྲོ་མི་ནུས། ཚང་ཁའི་གསེང་ནས་ག་ལེར་རྒྱུའི་བཅིངས་འགྲོལ་དམག་མི་ཟེར་བ་གང་འདྲ་ཞིག་རེད་འདུག་བལྟ་གི་ཡོད། གང་ལགས་ཟེར་ན། དེའི་གོང་མིས་རྒྱ་མི་ཟེར་མཁན་དེ་ཚོ་འཇིགས་སྐྲག་ཚ་པོ་ཡོད་ཅིང་། ཕྲུ་གུ་མཐོང་ན་ཁང་པ་ནས་ཟིན་ཏེ་ལྷུང་མའི་རྫིར་བསྐོན་བཞག་པ་དང་། བུ་མོ་ལོ་ཆུང་མཐོང་ན་ལོག་གཡེམ་བྱེད་པ། བུ་གཞོན་པ་མཐོང་ན་འཛིན་བཟུང་བྱས་ཏེ་ལམ་བཟོ་བྱེད་པར་བཏང་བ། རྒན་འཕོགས་མཐོང་ན་གསོད་པ་བཅས་ཟེར་བའི་དཀྲོག་གཏམ་མང་པོ་ཐོད་མཁན་བྱུང་བ་རེད། དེར་བརྟེན་མི་མང་པོས་རྒྱ་རིགས་མཐོང་ན་ཞེད་སྣང་ཆེན་པོ་བྱེད་ཀྱི་རེད། ཛོ་ལོག་ཟིང་འཁྲུག་ལྷིང་འཇགས་དང་དམངས་གཙོ་བཅོས་བསྒྱུར་བཏང་བའི་རྗེས། གཞི་ནས་རྒྱ་རིགས་དང་འབྲེལ་གཏུགས་བྱེད་ཚད་མང་དུ་ཕྱིན་པར་མ་ཟད་དེའི་ནང་ནས་བཅིངས་འགྲོལ་དམག་མི་དང་འབྲེལ་བ་མང་པོ་རེད། ཁོ་ཚོ་ནི་མཛའ་གྲོགས་ཆེ་ལ་སེམས་རྩ་འཕོལ་པོ་ཡོད་པར་མ་ཟད། ང་ཚོ་གྲངས་ཉུང་མི་རིགས་ཀྱི་གོམས་གཤིས་ལ་དེ་བས་བརྩི་བཀུར་ཆེན་པོ་བྱེད་ཀྱི་རེད། ང་ཚོས་དོན་དངོས་ཀྱི་འཚོ་བའི་བརྒྱུད་རིམ་ནང་བཅིངས་འགྲོལ་དམག་མི་ནི་ཧ་ཅང་ཡག་པོ་ཡོད་པའི་ཚོར་སྣང་ཞིག་བྱུང་བར་བརྟེན། དེ་སྔ་དཀྲོག་གཏམ་མང་པོ་བཟོས་ཡོད་པ་དེ་ཚོ་ཡང་རིམ་བཞིན་མ་རྙོལ་རང་ཐོར་དུ་ཕྱིན་ནས་བོད་རྒྱ་མི་རིགས་གཉིས་ཀྱི་མཛའ་སེམས་ནི་སྤུན་ཟླ་ལྟ་བུར་གྱུར། སྤྱི་ལོ་༡༩༥༠ལོ་སྟོད་དུ་ང་ལ་མཁྲིས་པ་སེར་གྲམ་གྱི་མཆིན་ཚད་ནད་གཞི་ཐོག་པར་བརྟེན། ཨ་མ་ལགས་ཀྱིས་ང་འཁྲིད་གནང་སྟེ་མི་དམངས་སྨན་ཁང་(ད་ལྟའི་བོད་རང་སྐྱོང་ལྗོངས་མི་དམངས་སྨན་ཁང་གི་ནུབ་

ངོས་ཐོག་བརྩེགས་རྙིང་པ་དེ་རེད།)དུ་སྨན་བཅོས་བྱས་ནས་བསྟོད་པ་ཡིན། དེ་དུས་སྨན་ཁང་ནང་གི་སྨན་པ་དང་ནད་གཡོག་བྱེད་མཁན་མང་ཆེ་བ་བོད་ལ་བསྐྱོད་ནས་དུས་ཚོད་རིང་པོ་ཕྱིན་མེད་པའི་བཅིངས་འགྲོལ་དམག་མི་ཤ་སྟག་རེད། ཁོ་ཚོས་ནད་པར་རྣམ་འགྱུར་འཛུམ་པ། སེམས་འཁུར་ཆེ་བ། ངང་རྒྱུད་རིང་པོའི་སྒོ་ནས་འགན་འཁུར་ཏེ་ནན་ཏན་དང་ནད་པར་སྨན་བཅོས་གནང་སྐབས། ང་རང་ཡང་ཡུན་རིང་མ་སོང་བར་ནད་གཞི་དྲག་རྐྱེན་བྱུང་བས། ནང་མི་ཚང་མ་དགའ་ཚོར་ཆེན་པོ་བྱུང་སྟེ། སྨན་ཁང་ནས་འདོན་པའི་ཉིན་འདིར་ཨ་མ་ལགས་ནས་ཐུགས་རྗེ་ལེགས་འབུལ་མཚོན་པའི་གོས་དར་ཞིག་ཨེམ་རྗེ་ལགས་ཀྱི་ཕྱག་ཏུ་ཕུལ་བ་དང་། ཕྱག་གཉིས་ཐལ་མོ་སྦྱར་ཏེ“ཐུགས་རྗེ་ཆེ་ལགས།”ཞེས་ལན་མང་གསུངས་སོ། །ངའི་ནད་ཁང་ནང་གི་ནད་རོགས་ཚོས་ཀྱང་ཕྱག་གི་མཐེ་བོང་བཀྱངས་ཏེ“ཨེམ་རྗེ་ལགས་དང་ནད་གཡོག་ཚང་མ་ཏ་ཙང་ཡག་པོ་འདུག”གསུངས་སོ། །ཁོང་རྣམ་པས་གསུང་པ་ཚང་མ་དངོས་འབྲེལ་རང་རེད། སྨན་པ་བཟང་པོ་ཡོད་པར་མ་ཟད་ལག་རྩལ་དང་རྣམ་འགྱུར་ཚང་མ་ཡག་པོ་ཞི་དྲག་འདུག །ད་ཆ་ལོ་ངོ་བཅུ་ཕྲག་འགའ་སོང་ཟིན་ཡང་། སྐབས་དེ་དུས་ཀྱི་སྨན་པ་ཚོའི་ཞལ་རས་ཀྱི་འཛུམ་མདངས་དང་གསུང་སྒྲ་དེ་དག་ད་ལྟའི་དུས་སུའང་ངའི་བློ་སེམས་ནང་ལྷང་ངེར་འཆར་ཡོང་གི་འདུག

ལེར་གཉིས། དུས་རབས་ཉི་ཤུའི་ནང་བོད་ཀྱི་རིག་གནས་ཁྱབ་ཁོངས་སུ་བག་ཆགས་ཟབ་མོ་བཞག་པའི་མཚོན་བྱེད་ཀྱི་མི་སྣ་གསུམ།

གཡང་ཆགས་ནོར་འཛིན་གྱི་ཕྱུག་པའི་ཞིང་མཆོག་དམ་པ་ལྷ་ས་ཞེས་ལྷ་ན་སྡུག་པའི་ཡུལ་འདིར། བསྐལ་པ་ཡ་ཐོག་གི་དུས་ནས་གནས་འདིའི་ཡིད་དབང་གི་འཕྲོག་ཤུགས་ཇོ་ཁབ་ལེན་གྱི་ནུས་པ་ལྟར་རང་བཞིན་གྱི་བསྡུས་པ་ལ། གཞལ་དུ་དཀའ་བའི་མཁས་ཤིང་མཛངས་པའི་དཔའ་བོ་དང་། བླ་ཆེན་དང་སྐྱེས་བུ་དམ་པ། རིག་བྱེད་ཀྱི་མཁས་དབང་། བཟོ་རིག་ལ་མཁས་པའི་ལག་རྩལ་གྱི་མི་སྣ་སོགས་གྲངས་མེད་བྱོན་པ་དང་། དེ་བཞིན་དུ་སྲིད་ཀྱི་བྱེད་པོ་དང་། དམག་དོན་གྱི་བྱེད་པོ། ཚོང་གཉེར་མཁས་པའི་གྲགས་ཅན་མི་སྣ་དང་རྒྱལ་པོའི་སྲས་མོ། ཕྱི་རྒྱལ་གྱི་གྲོགས་པོ་སོགས་ཡང་བསྡུས་ཏེ། ཁོང་རྣམས་པས་མི་རབས་ནས་མི་རབས་བརྒྱུད་དེ་གནའ་བོའི་གྲོང་ཁྱེར་འདི་ཉིད་ཀྱི་ཆབ་སྲིད་དང་། དཔལ་འབྱོར། རིག་གནས། ནང་བསྟན། དམག་དོན། འཛུགས་སྐྲུན་སོགས་ཕྱོགས་གང་སྤྱིའི་ཐད་ལ་ཡར་རྒྱས་གོང་འཕེལ་གཏོང་རྒྱུར་ཕུལ་དུ་བྱུང་བའི་ལེགས་སྐྱེས་བླ་ན་མ་མཆིས་པ་འབུལ་གནང་མཛད་ཡོད། ལོ་རྒྱུས་ཀྱི་འཕེལ་རྒྱས་དང་འཕོ་འགྱུར་འགྲོ་བའི་བརྒྱུད་རིམ་ནང་། མཛད་རྗེས་གཟེངས་སུ་ཐོན་པའི་གྲགས་ཅན་གྱི་མི་སྣ་དཔེར་ན། སྲོང་བཙན་སྒམ་པོ་དང་། ཐོན་མི་སཾ་བྷོ་ཊ། བློན་ཆེན་མགར་སྟོང་བཙན་ཡུལ་སྲུང་། ཐང་རྒྱལ་སྲས་མོ་ཝུན་ཤིང་ཀོང་ཇོ། གཡུ་ཐོག་སྙིང་མ་ཡོན་ཏན་མགོན་པོ། ཇོ་བོ་རྗེ་དཔལ་ལྡན་ཨ་ཏི་ཤ། ས་སྐྱ་པཎྜི་ཏ་ཀུན་དགའ་རྒྱལ་མཚན། འགྲོ་མགོན་ཆོས་རྒྱལ་འཕགས་པ། ཏཱ་སི་ཏུ་བྱང་ཆུབ་རྒྱལ་མཚན། རྗེ་ཙོང་ཁ་པ་ཆེན་པོ། གྲུབ་ཆེན་ཐང་སྟོང་རྒྱལ་པོ། ཏཱ་ལའི་བླ་མ་སྐུ་ཕྲེང་ལྔ་པ་ངག་དབང་བློ་བཟང་རྒྱ་མཚོ། སྡེ་སྲིད་སངས་རྒྱས་རྒྱ་མཚོ། ཏཱ་ལའི་བླ་མ་སྐུ་ཕྲེང་བདུན་པ་སྐལ་བཟང་རྒྱ་

མཚོ། ཆིང་ཧྲང་མའི་དམག་སྤྱི་སྤྱུ་ཁང་ཨན། དྷ་ལའི་བླ་མ་སྐུ་ཕྲེང་བཅུ་གསུམ་པ་ཐུབ་བསྟན་རྒྱ་མཚོ། ཆིང་ཧྲང་མའི་བོད་སྡོད་ཨམ་བན་ཀྲང་དབྱིན་ཐང་། པཎ་ཆེན་སྐུ་ཕྲེང་དགུ་པ་བློ་བཟང་ཐུབ་བསྟན་ཆོས་ཀྱི་ཉི་མ། རྭ་སྒྲེང་རིན་པོ་ཆེ་ཐུབ་བསྟན་འཇམ་དཔལ་ཡེ་ཤེས་སོགས་ལོ་རྒྱུས་བརྒྱུད་རིམ་སོ་སོའི་ནང་དུ་ཐོན་པའི་དཔའ་བོའི་མི་སྣ་དང་། ལོ་རྒྱུས་ཐོག་གི་གྲགས་ཅན་མི་སྣ། ནང་བསྟན་ཆོས་ལུགས་ཀྱི་གཙོ་འཛིན་མི་སྣ་སོགས་ཀྱིས་མཁས་མཛངས་ལྡན་པའི་མཛད་རྗེས་དང་ཐུན་མོང་མ་ཡིན་པའི་བརྗིད་ཉམས་དེ་དག་གིས་མི་རབས་རྗེས་མར་འཇོག་གནང་མཛད་པའི་རིག་གནས་ཀྱི་ཤུལ་བཞག་རྩ་ཆེན་གྱི་ནོམ་པ་ཞིག་ཡོད་པར་ཚོར་སྣང་གཏིང་ཟབ་སྐྱེས་ཐུབ། ད་དུང་དེར་འཁོད་མེད་པའི་གྲགས་ཅན་གྱི་མི་སྣ་དང་མཁས་མཛངས་ཀྱི་མཛད་རྗེས་རབ་དང་རིམ་པ་ཡོད་པ་ནི་ལོས་མང་པོ་ཡོད། དེ་དག་ལ་ཡང་བོད་མི་དམངས་ཀྱིས་དེ་བཞིན་དུ་ཚད་མེད་ཀྱི་གུས་བཀུར་དང་དྲན་གསོ་ཞུ་དང་ཞུ་མུས་སུ་གནས། གཤམ་ལ་དུས་རབས་ཉི་ཤུའི་སྐབས་ཐོན་པའི་བོད་ཀྱི་རིག་གནས་འཕེལ་རྒྱས་འགྲོ་བའི་ནང་དམིགས་བསལ་གྱི་ལེགས་སྐྱེས་ཕུལ་མྱོང་བའི་མཁས་དབང་གསུམ་དཔེ་མཚོན་ཙམ་གྱི་ངོ་སྤྲོད་མདོར་བསྡུས་ཤིག་ཞུས་ན།

(༡)བོད་ལུགས་སྨན་རྩིས་ཀྱི་སློབ་དཔོན་མཁྱེན་རབ་ནོར་བུ་མཆོག

བོད་ལུགས་སྨན་རྩིས་རིག་པའི་སློབ་དཔོན་ཆེན་པོ་མཁྱེན་རབ་ནོར་བུ་མཆོག་ནི། བོད་ཆུ་ལུག་(སྤྱི་ལོ་༡༨༨༣)ལོར་བོད་ལྷོ་ཁ་ཁུལ་རྩེད་ཐང་གྲོང་བྱེ་ས་ལྷ་ཁང་གི་ཉེ་འདབས་སུ། ཡབ་རྩིས་རིག་སྨྲ་བ་ཀྲང་མགོ་ལེབ་བམ་རྩིས་པ་ཇ་བོ་ཆེ་ཞེས་སུ་གྲགས་པ་དང་། ཡུམ་དབྱངས་ཅན་ཞུ་བ་གཉིས་ཀྱི་སྲས་སུ་སྐུ་བལྟམས། ཡབ་ཀྱིས་སྲས་འཁྲུངས་མ་ཐག་སྐར་རྩིས་ཤིག་ཕབ་པས། སྐྱེས་པའི་སྐར་མ་དབུའི་རྩེ་མོར་ཕོད་པ་རྩིས་གཞུང་ལས་གསལ་སྟབས། དེ་ནི་བཀྲ་ཤིས་པའི་མཚན་རྟགས་སུ་ངེས་ནས། ཡབ་ཀྱིས་སྲས་དེ་ཁྱེའུ་ཕལ་པ་རང་ག་ཞིག་མིན་པར་དགོངས་ཏེ་ཐུགས་གཙིགས་ཆེན་པོས

ལེགས་པར་སྐྱེད་སྲིང་མཛད། དགུང་ལོ་བདུན་བརྒྱད་ཙམ་དུ་སོན་སྐབས། ལྗོ་ཁ་རྩེད་ཐང་ལྷ་མཆོད་གྲྭ་ཚང་དུ་ཆོས་སྒོར་འཇུག་པ་གནང་ཞིང་། གང་གི་མཁྱེན་དཔྱོད་དང་བརྩོན་འགྲུས་སོགས་ཕུན་སུམ་ཚོགས་པས་ཆོས་སྤྱོད་འཛིན་སྐྱོར་སོགས་བཙུན་ཆུང་གཞན་ལས་ལྷག་པའི་བསླབ་འབྲས་བཟང་པོ་ཐོན་པར་མ་ཟད། སྐྱེ་སྟོབས་ཀྱི་ཤེས་རབ་དང་བྱམས་སྙིང་རྗེ་བྱང་སེམས་སྤྱོད་པ་ལ་འཇུག་པའི་དགེ་རྩ་དང་། ལས་འབྲེལ་རྣམ་པར་སྨིན་པའི་རྟགས་མཚན་དང་བཅས་བཙུན་གཞོན་མང་པོའི་དཀྱིལ་ནས་འདེམས་སྒྲུག་གིས་བོད་མི་བྱ་(སྤྱི་ལོ་༡༥༦༧)ལོའི་ཡས་མས་སུ་ལྷ་ས་ལྟེགས་པོ་རིའི་འགྲོ་ཕན་རིག་བྱེད་གླིང་དུ་གསོ་རིག་སློབ་གཉེར་དུ་མངགས།

ལྟེགས་རི་སྨན་གྲྭར་ཕེབས་ནས་ཐོག་མ་ལྟེགས་པོ་རི་གྲྭ་ཚང་གི་སྨན་དགེ་གདན་ས་ཆེན་པོ་སེ་ར་ཐེག་ཆེན་གླིང་གི་སྨན་ཟིན་པ་ངག་དབང་ཆོས་ལྡན་གྱི་ཞབས་ལ་གཏུགས་ནས་སྨན་གཞུང་གསན་སྦྱོང་གི་དབུ་ཚུགས། ཁོང་གིས《ལུགས་ཀྱི་བསྟན་བཅོས་ཤེས་རབ་སྡོང་བུ་》ཞེས་པའི་ནང་གསལ་བ་བཞིན་རང་ཉིད་ལ་རེ་བ་ནན་པོ་བཏོན་ཏེ་ཇི་སྐད་དུ"བདེ་བ་འདོད་ན་རིག་པ་འདོར། །རིག་པ་འདོད་ན་བདེ་བ་འདོར། །བདེ་འདོད་རིག་པ་ག་ལ་རྙེད། །རིག་པ་དོན་གཉེར་ག་ལ་བདེ། །"ཞེས་གསུངས་པ་ལྟར་ཁོང་གིས་ལོ་ལོ་སྙིད་ལུག་རྣམ་གཡེང་ཀུན་ནས་སྤངས་ཏེ་ཐུགས་རྩེ་གཅིག་ཏུ་བསྒྲིམས་ཏེ་སློབ་གཉེར་ཁོ་ནར་ཉིན་མཚན་རྟག་འགྲུབ་གནང་ཞིང་། ན་བཟའ་གསོལ་ཆས་སོགས་ལ་འདོད་ཞེན་མི་མཛད་པར་འཚོ་བ་ངན་ངོན་ཙམ་གྱིས་ཆོག་ཤེས་པའི་གྲྭ་རྒྱང་བྱ་བྲལ་བའི་བརྟུལ་ཞུགས་ལྷུར་བཞེས་པ་ལ། ཐ་ན་སྐུ་གཟན་ཡང་རྟུལ་པོར་གྱུར་པ་ལ་མདུད་པ་མང་པོ་བརྒྱབ་པ་ཞིག་མནབས་པར་བརྗེན། གྲྭ་པ་གཞན་ཚོས་ཁོང་ལ་བརྒྱད་མདུད་པ་ཞེས་མཚན་འདོགས་ཀྱང་བཏགས་པར་གྲགས། དེ་ལྟར་ལོ་ནས་ལོ་བསྟུད་ཀྱི་བརྩོན་འགྲུས་རྒྱ་མཚོའི་རླབས་བཞིན་དུས་ལས་མི་ཡོལ་བ་བསྐྱངས་པ་ལས་སྨན་གཞུང་ཐུགས་འཛིན་དང་། ཚོགས་འདོན་ཆོས་སྤྱོད་སོགས་བདེ་བླག་དང་དུས་ཐོག་ཏུ་རྒྱུགས་འབུལ་གནང་ཐུབ་པ་བྱུང་བས་སློབ་བརྩོན་གྱི་མཚན་སྙན་

ཐོན་པར་གྲུབ།

བོད་མེ་བྱ་(སྤྱི་ལོ་༡༤༧༧)ལོའི་ཟླ་ལྔ་པའི་ཚེས་ལྔ་ཉིན། ཀྟ་ཡའི་བླ་མ་སྐུ་ཕྲེང་བཅུ་གསུམ་པ་ནས་དམིགས་བསལ་བདག་རྐྱེན་དང་བཅས་པའི་སྒོ་ནས་གསོ་རིག་མཁས་དབང་དངོས་གཞི་པ་བྱམས་པ་ཐུབ་དབང་མཆོག་ལ་བཀའ་ཤག་སྲིད་གཞུང་གི་མཁན་ཆུང་གི་གོ་གནས་ཐོག་སྐུ་བཅར་བླ་སྨན་བགྲེས་པར་བསྐོ་གཞག་དང་སྩོད་ཤེལ་དཀར་ཆོས་སྡེ་ནས་ཡིན་པའི་འཚོ་བྱེད་མཁས་དབང་བྱ་སྤྲུག་པ་དམ་ཆོས་དཔལ་ལྡན་ལ་དུས་གཅིག་ཏུ་བླ་སྨན་གཞོན་པ་དང་ལས་ཚན་པའི་གོ་གནས་བསྐྱལ་ཏེ་སྔད་ཕྱིན་བོད་ཀྱི་གསོ་རིག་མི་ཉམས་གོང་འཕེལ་ཡོང་ཕྱིར་བླ་སྨན་བགྲེས་གཞོན་རྣམ་གཉིས་ལ་ལྟུགས་རི་རིག་བྱེད་འགྲོ་ཕན་གླིང་ནས་བློ་གསལ་དོན་གཉེར་ཅན་ཆེད་མངགས་གདམ་གསེས་ཀྱིས་གསོ་སྐྱོང་བྱེད་དགོས་པའི་བཀའ་དགོངས་ལྟར། དངོས་གཞི་བྱམས་པ་ཐུབ་དབང་མཆོག་གི་ལྟུགས་པོ་རིའི་སྨན་སློབ་ཁོངས་ནས་གདམ་གསེས་གསོ་སྐྱོང་གནང་། ཐེངས་གཉིས་པར་རྩེད་ཐང་ལྷ་མཆོད་ཀྱི་སྨན་གྲྭ་མཁྱེན་རབ་ནོར་བུ་ཡང་གདམ་གསེས་ནང་ཚུད་ཡོད་ཁར། ཀྟ་ཡའི་བླ་མའི་སྐུའི་བླ་སྨན་ཆེ་བ་དངོས་གཞི་བྱམས་པ་ཐུབ་དབང་མཆོག་གིས་དམིགས་བསལ་ཆེད་གཉེར་གསོ་སྐྱོང་གནང་བ་དང་། བླ་སྨན་མཁས་པ་མཆོག་ལས་དཔལ་ལྡན་གྱི་སྐུ་མདུན་དུ་གསོ་བ་རིག་པའི་གཞུང་ལུགས《རྒྱུད་བཞི་》དང་《གཞུང་འགྲེལ་བཻ་སྔོན་》ལ་སོགས་པ་སྨན་གྱི་གཞུང་ལུགས་དུ་མའི་ལུང་ཁྲིད་མན་ངག་ལག་ལེན་དང་བཅས་པར་རྒྱུན་བསྲིངས་ཀྱི་སྦྱངས་བརྩོན་དཔྱིས་ཕྱིན་པར་མཛད། གཞན་ཡང་གནས་ལྔའི་རིག་པའི་མཁས་དབང་འཚོ་བྱེད་རྡོ་རྗེ་རྒྱལ་མཚན་དང་། འཇམ་དཔལ་རོལ་པའི་བློ་གྲོས། འབྲས་ལྗོངས་བླ་མ་ཨོ་རྒྱན་བསྟན་འཛིན་རྒྱ་མཚོ། ཁུ་ནུ་བླ་མ་བསྟན་འཛིན་རྒྱལ་མཚན། བླ་མ་འཇིགས་མེད་འཕྲིན་ལས། ཙ་རི་ཅིག་ཅར་གདུང་འཛིན་སོགས་རིས་མེད་ཀྱི་མཁས་དབང་དུ་མར་བསྟེན་གནང་སྟེ་དེ་དག་ལས་གསོ་རིག་དང་། སྐར་ནག་རྩིས་ཀྱི་རིག་པ། སུམ་རྟགས་དང་སྒྲ་རིག་པ། སྙན་ངག་སོགས་རིམ་པ་བཞིན་འབད་བརྩོན་ཆེན་པོས་གསན་བཞེས་ངོམ་པ་མེད་པར་

བསྐྱངས།

ཁོང་གིས་ཉིན་མཚན་དབྱེར་མེད་མཚན་གང་སྐྱོང་སྐྱོང་ངམ། བསྐྱར་སྦྱོང་མཛད་པ་སོགས་མདོར་ན་ཁོང་སྐུ་གཞོན་ནུའི་སྐབས་ནས་རིག་གནས་གསན་བསམ་ལ་འབད་བརྩོན་ཡུན་རིང་དེ་ལྟ་བུ་གནང་བ་ནི། རང་རེ་མི་རབས་རྗེས་མ་ཚོས་དྲན་གསོ་དང་སློབ་སྦྱོང་ཞུ་དགོས་པ་ཞིག་ཡིན། དཔེར་ན་སྐབས་ཤིག་བླ་སྨན་མཁན་པོ་དངོས་གཞི་བ་དང་། འཚོ་བྱེད་རྡོ་རྗེ་རྒྱལ་མཚན། འབྲས་ལྗོངས་བླ་མ་ཨོ་རྒྱན་ལགས་བཅས་སློབ་དཔོན་ཁག་གསུམ་ལས་དུས་གཅིག་ཏུ་རིག་གཞུང་གི་བདུད་རྩི་སྦྱོང་བའི་སྐལ་པ་ཐོབ་སྐབས་སྔ་དགོང་ཉིན་གསུམ་གྱི་དུས་ཚོད་སྐར་ཆ་ཙམ་ཡང་ཆུད་ཟོས་མི་འགྱུར་བའི་འབད་པ་དྲག་པོ་རྒྱུན་འཁྱོངས་གནང་ནས་ཉིན་དགུང་མཚམས་བག་ལེབ་ཁ་ཤས་གཟིགས་ནས་རྩེ་ཕོ་བྲང་གི་རྡོ་རིང་ཕྱི་མའི་འགྲམ་ཡུད་ཙམ་སྐུ་ངལ་གསོ་བའི་ཚུལ་གྱིས་བཞེས་པ་ལས་ཞལ་ལག་མཆོད་རྒྱུ་ཡང་ཐུགས་གཙིགས་མི་གནང་བར་ཡོན་ཏན་གསན་སྦྱོང་ལ་རྩེ་གཅིག་ཏུ་གཞོལ་བར་མཛད། རིག་པའི་གཞུང་ཆེན་གྱི་ལེ་ཚན་འགངས་ཆེ་བ་རྣམས་སློབ་དཔོན་གྱི་དྲུང་དུ་རྒྱུགས་ཚད་ལེགས་པར་འབུལ་ཐུབ་པའི་སྐབས་ཐུགས་ལ་དགྱེས་ཚོར་དཔག་མེད་འཁྲུངས་ནས་ལྷ་ས་གྲོང་ཁྱེར་ནང་དཔྱིད་ཟླའི་ཟ་ཁང་ཞེས་པའི་ནང་ཕེབས་ཏེ་གསོལ་ཚིགས་ཙུང་ཟད་བཟང་བ་རེ་མཆོད་པ་དང་། ཞལ་ལག་མཆོད་པའི་སྐབས་སུ་ཡང་ཕྱག་དཔེ་གཟིགས་ཤིང་དུས་ཚོད་སྐར་ཆ་ཙམ་ཡང་ཆུད་ཟོས་སུ་མི་བཏང་། གལ་ཏེ་སློབ་ཁྲིད་ཞུས་ཟིན་པ་ནས་ཐུགས་འཛིན་ཐྲན་བུ་མ་ཐུབ་པའམ། སློབ་དཔོན་ལ་དྲི་ལན་ཡང་དག་པ་འབུལ་མ་ཐུབ་པ་སོགས་བྱུང་དུས་གསོལ་ཟས་མ་བཞེས་པར་རང་གི་རང་ལ་ཆད་པ་བཅད་དེ་ཉིན་མཚན་དབྱེར་མེད་བསྐྱར་སྦྱོང་མཛད་དེ་བཞུགས།

དེ་ནས་བོད་ལྕགས་ཁྱི（སྤྱི་ལོ་༡༩༡༠）ལོར་མཁས་དབང་མཁྱེན་རབ་ནོར་བུ་མཆོག་དགུང་གྲངས་ཉི་ཤུ་རྩ་དགུར་སོན་སྐབས་ལྕགས་རི་སྨན་སློབ་གྲྭ་ཚང་ནས་གདན་ས་ཆེན་པོ་དཔལ་ལྡན་འབྲས་སྤུངས་དགོན་པའི་སྨན་སྦྱིན་པར་མངའ་གསོལ། སེར་

སྐྱ་མང་པོར་སྨན་བཅོས་ཀྱི་འཕྲིན་ལས་རྒྱ་ཆེར་སྤེལ་བ་མ་ཟད། གསོ་བ་རིག་པའི་གཞུང་ལུགས་ལ་ཞིབ་འཇུག་དང་སྨན་གཞུང་གསར་རྩོམ་གནང་བའི་དབུ་ཚུགས་པ་ཡིན། གང་དེས་སྔ་རྗེས་སུ་དཔལ་ལྡན་རྩ་བའི་རྒྱུད་ཀྱི་སྟོང་འགྲེམས་《གསོ་རིག་རྒྱ་མཚོའི་སྙིང་པོ་》《སྟོ་སྨན་འབྲུངས་དཔེ་བསྡུས་པ་ངོ་མཚར་གསེར་གྱི་སྙེ་མ་》《བྱིས་པ་བཙའ་ཐབས་ཀུན་ཕན་ཟླ་བའི་མེ་ལོང་》སོགས་བརྩམས་པར་མཛད། རྩོམ་གཞུང་དེ་དག་ནི་སྐུ་ན་གཞོན་ནུའི་དུས་ཀྱི་ཕྱག་རྗེས་ངོ་མཚར་ཕུལ་དུ་ཕྱུར་པ་ཞིག་ལས། རྗེས་སུ་རྣམ་དཔྱོད་ཀྱི་མཁྱེན་རྩལ་དབྱར་མཚོ་རྒྱས་པ་བཞིན་འཕེལ་ཏེ་གསོ་རིག་གི་བརྩམས་གཞུང་རབ་དང་རིམ་པ་མཛད་ཡོད་པ་རྣམས་ད་ལྟའང་སྐྱེ་བོ་མཐའ་དག་ལ་ཕན་བདེ་སྤྲིན་པའི་ཚུལ་དུ་བོད་ལུགས་གསོ་བ་རིག་པའི་འདྲེན་བྱེད་དེད་དཔོན་དུ་ཕྱུར་པ་དེ་ལྟར་ལགས།

བོད་ཆུ་ཕག་(སྤྱི་ལོ་༡༩༡༣)ལོར་བོད་ཀྱི་བཀའ་ཤག་སྲིད་གཞུང་གི་བློན་ཆེན་བཤད་སྒྲ་"ཀུང་དབྱིན་སེམ་ལའི་གྲོས་ཚོགས་"ཟེར་བར་བསྐྱོད་སྐབས་མཁས་དབང་མཁྱེན་རབ་ནོར་བུ་མཆོག་དྲག་འདྲེམས་ཀྱིས་ཟླ་སྨན་དུ་ཕེབས་དགོས་བྱུང་ཞིང་། ཕྱི་རྒྱལ་དུ་བཞུགས་རིང་སྐབས་དེར་འཛམ་གླིང་ན་ཚན་རིག་ཡར་རྒྱས་ཆེ་ཤོས་ཡིན་ཟེར་བ་དབྱིན་ཇི་བ་དང་། དེ་མིན་རྒྱ་གར་གྱི་མི་རིགས་སོགས་གསོ་དཀའ་བའི་ནད་པ་འགའ་ཞིག་ལ་ཁོང་གིས་སྨན་བཅོས་གནང་སྟེ་བདེ་ཐག་དང་ཕན་གསོས་ཆེན་པོ་བྱུང་བས་ངོ་མཚར་གྱི་བསྔགས་བརྗོད་ཞུ་བ་དང་། དྲན་རྟེན་གྱི་སྐུ་པར་སྤྲོན་པ། དངོས་སྐྱེས་འབུལ་བ་སོགས་བྱུང་སྟེ་བོད་ཀྱི་གསོ་བ་རིག་པའི་ཐུན་མོང་མ་ཡིན་པའི་མཚན་སྙན་ཕྱིའི་རྒྱལ་ཁབ་ཁག་ལའང་ཁྱབ་པར་མཛད་འདུག

བོད་མེ་འབྲུག་(སྤྱི་ལོ་༡༩༡༨ལོ་)ལོར་ཧྭ་ལའི་བླ་མ་སྐུ་ཕྲེང་བཅུ་གསུམ་པ་ཆེན་པོའི་ཕྱག་རྟགས་དགོངས་དོན་བོད་ཀྱི་གསོ་རིག་སློབ་གསོ་དང་། སྨན་བཅོས་ལག་རྩལ། སྨན་རྫས་སྦྱོར་བཟོ། གནམ་རིག་སྐར་རྩིས། རིག་གནས་སྐད་ཡིག་བཅས་ཕྱོགས་བསྡུས་ཀྱི་སློབ་གྲྭ་ཆེན་མོ་"བོད་ལྗོངས་ལྷ་ས་སྨན་རྩིས་འགྲོ་ཕན་གླིང་"གསར་འཛུགས

བསྐྱངས། དེའི་སྐབས་དམིགས་བསལ་གདམ་གསེས་གཟིགས་བསྐྱངས་ཀྱིས་མཁས་དབང་མཁྱེན་རབ་ནོར་བུ་མཆོག་ལ་རྩེ་དྲུང་ལས་ཚན་པའི་མཚན་གནས་དང་སྦྲགས་སྨན་རྩིས་སློབ་གྲྭ་གསར་བཙུགས་ཀྱི་དབུ་འཛིན་དགེ་རྒན་དང་། ཞུགས་པོ་རི་སྨན་པ་གྲྭ་ཚང་གི་སློབ་དཔོན་གཅིག་ལྟོགས་སུ་བསྐོ་གཞག་གནང་འདུག །སྨན་རྩིས་སློབ་གྲྭ་ཁང་དེའི་ལས་འགན་ནི་གཙོ་བོར་དགོན་སྡེ་ཁག་ལ་སྨན་རྩིས་མི་སྣ་གསོ་སྐྱོང་བྱེད་རྒྱུ་དང་ཆབས་ཅིག་མང་ཚོགས་ལ་སྨན་བཅོས། བོད་ཀྱི་ལོ་ཐོ་འདོན་རྒྱུ། ཇོང་གཞིས་ཁག་དགུ་བཅུ་གོ་དྲུག་ལ་བྱིས་པ་ཉེར་སྤྱོད་དང་། བྱིས་པ་བཙའ་ཐབས་བྱིས་པའི་སྐྱེས་སྐར་ཚེ་རྩིས་བརྒྱག་རྒྱུ་བཅས་ཡིན། དེ་ནས་བཟུང་དམ་པ་གང་གིས་སྨན་རྩིས་གཞུང་ལུགས་འཆད་སྤེལ་དང་། ལག་ལེན་དམར་ཁྲིད། སྨན་ཇུས་འཐུ་སྒྲུབ་དང་སྦྱོར་བཟོས་མཆོན་ཐུགས་འགན་ཡོངས་སུ་ཛོགས་པ་བཞེས་ནས་ཉིན་མཚན་དབྱེར་མེད་ཀྱི་འབད་བརྩོན་ཆེན་པོ་གནང་ཞིང་། སློབ་གྲྭའི་སྒྲིག་སྲོལ་སྒྲི་དང་བྱེ་བྲག་རྒྱུགས་འབུལ་སློབ་ཐོན་ལམ་ལུགས་སོགས་གསར་གཏོད་གནང་བས་ཚད་ལྡན་སློབ་མ་མང་པོ་ཐོན་ནས་ལྗོངས་ཡོངས་སུ་གསོ་རིག་ཁྱབ་སྤེལ་གྱི་བྱ་གཞག་འགོ་ཚུགས་པ་བྱུང་།

དེ་ལྟར་ཀུན་མཁྱེན་གྱི་མཛད་པས་དུས་འདའ་བ་ལ་བརྟེན་ནས་མཁས་པའི་སྨན་གྲགས་དང་མཛད་འཕྲིན་བཟང་པོ་ཕྱོགས་ཀུན་ཏུ་ཁྱབ་གདལ་དུ་གྱུར་ཏེ་བློ་གསལ་དོན་གཉེར་ཅན་དུ་མ་པད་མོའི་མཚོ་ལ་ངང་མོ་འདུ་བ་ལྟར་ཞབས་ལ་གཏུགས། གཙོ་བོར་དབུས་གཙང་གི་ཆོས་སྡེ་ཁག་དང་བོད་དམག་དམག་སྒར་ཁག་སོ་སོར་གང་གིས་གསོ་སྐྱོང་མཛད་པའི་སྨན་སྦྱིན་པ་སེར་སྐྱ་མང་པོ་གང་སར་ཁྱབ་ཡོད་པ་དང་། དེ་མིན་མཚོ་སྔོན་དང་། ཛ་པ་ཁྲུལ། ཁམས་ཕྱོགས། ཐ་ན་འབྲུག་པ་དང་། འབྲས་ལྗོངས། ལ་དྭགས། ཁུ་ནུ་ལ་སོགས་པའི་སློབ་མ་ཡང་འདུས་ཏེ་དངོས་སློབ་ཡང་སློབ་བསྡོམས་ན་སྟོང་ཕྲག་ཙམ་བྱུང་བ་རྣམས་ལ་སྨན་རྩིས་གཙོ་གྱུར་གྱི་རིག་གནས་དག་ཡིག་དང་། སྙན་ངག་སུམ་རྟགས། སྒྲ་ལ་སོགས་པ་རང་རང་གི་བློ་མོས་དང་འཚམས་པར་བསྐྱངས་པར་བརྟེན་ཡུལ་གངས་ཅན་སྨན་རྩིས་བསྟན་པའི་ཤིང་རྟ་ཆེན་པོར་གྱུར་

པ་ལགས་སོ། །དེ་ལྟར་རང་ཉིད་མཁས་པའི་གོ་འཕང་མཐོན་པོར་བཀྲིས་ཀྱང་《སྤྲིན་བཙོན་རྒྱལ་སྲས་》ཞེས་པའི་དེབ་ནང་འཁོད་དོན་"ཤེས་བྱ་སྣ་ཚོགས་འདོད་པའི་མཁས་པ་དག་གི་དུ་ཉན་ཐོས་ཀྱི་རྣ་བའི་དབང་པོ་ནི་ཨ་མཚན་ཅན་གྱི་ཆེ་པ་ལྟ་བུར་གྱུར་ནས་ཤེས་བྱ་རྒྱ་མཚོའི་ཆུ་བོ་ཉིན་མཚན་ཀུན་དུ་ས་ཀྱང་མཁས་པའི་རྣ་བ་གཏན་ནས་ཁེངས་པ་མི་འགྱུར་"ཞེས་པ་བཞིན་དུ་མཁས་དབང་མཁྱེན་རབ་ནོར་བུ་མཆོག་གིས་སླར་ཡང་མཁས་བཙུན་བཟང་གསུམ་གྱི་དགེ་བའི་བཤེས་གཉེན་མགོ་ཡོག་བླ་མ་འཇམ་དཔལ་རོལ་པའི་བློ་གྲོས་དང་། མཚན་ཉིད་སྤྲུལ་སྐུ་འཇམ་དཔལ་ནོར་བུ་སོགས་པ་གྲུབ་མཐའ་རིས་སུ་མ་མཆིས་པའི་མཁས་དབང་ལས《གསོ་རིག་རྒྱུད་བཞི་》དང་། 《དུས་ཀྱི་འཁོར་ལོ》 《གཡུ་ཐོག་སྙིང་ཐིག་》སོགས་ཀྱི་དབང་ལུང་ཁྲིད་གསུམ་ལེགས་པར་གསན།

མཁས་དབང་མཁྱེན་རབ་ནོར་བུ་མཆོག་གི་མཛད་རྗེས་མང་པོའི་ནང་ད་དུང་དམིགས་བསལ་གྱི་དྲན་གསོ་ཞུ་འོས་པ་ཞིག་དང་། ལྷག་པར་དུ་བོད་སྨན་གྱི་བྱ་གཞག་ལ་ཐུགས་འགན་བཞེས་བཞིན་པའི་ལས་དོན་པ་ཚོས་དེ་བས་བརྗེད་མི་ཐུབ་པ་ཞིག་སྟེ། གང་གིས་ལུགས་རི་འགྲོ་ཕན་རིག་བྱེད་གླིང་གི་དབུ་འཛིན་མི་ལོ་བཅུ་གསུམ་རིང་གཅིག་ཕྱོགས་མཛད་དེ་བོད་ཆུ་ཕག་(སྤྱི་ལོ་༡༨༢༣)ལོར་ལུགས་པོ་རི་སྨན་པ་གྲྭ་ཚང་དུ《བོད་ལུགས་གསོ་རིག་རྒྱུད་བཞིའི་ནང་དོན་བྲིས་ཆ་》ཡོངས་གྲགས་སུ་སྨན་ཐང་བརྒྱད་ཅུ་ཞེས་པ་དེ་ནི་སྡེ་སྲིད་སངས་རྒྱས་རྒྱ་མཚོས་གསར་བཞེངས་པའི་རིན་ཐང་བྲལ་བའི་ནོར་བུ་རྣམས་བར་སྐབས་གཡར་བརྗེད་པོར་བཏྲག་གིས་ངོ་གྲངས་སོ་གཅིག་ལས་མེད་གཤིས། ཧྭ་ལའི་བླ་མའི་བཀའ་དགོངས་ལྟར་མཁྱེན་རབ་ནོར་བུ་མཆོག་ནས་ཐུགས་འགན་བཞེས་ཏེ་བསྐྱར་བྲིས་ཁ་གསབ་མཛད་སྐབས་དུས་ད་ལྟའི་བར་དུའང་ལྗོངས་སྨན་རྩིས་ཁང་དུ་ཆ་ཚང་ཉར་འཛོག་སྐྱོན་མེད་དུ་བཞུགས་སུ་གསོལ་ཡོད་པ་ནི་དཀའ་སྤྲོ་རབ་ཏུ་སྐྱེས་འོས་པ་ཞིག་ཡིན།

བོད་ས་རྟ་ལོར་(སྤྱི་ལོ་༡༨༡༢ལོ་)ཧྭ་ལའི་བླ་མ་སྐུ་ཕྲེང་བཅུ་གསུམ་པའི་མཁན་ཆུང་བླ་སྨན་པ་བྱ་སྤྲུག་པ་དམ་ཆོས་དཔལ་ལྡན་དཀྲུང་ལོ་སྨིན་པའི་རྐྱེན་གྱིས་བླ་སྨན་གྱི་

གོ་གནས་དགོངས་ཞུ་མཛད་པར་བརྟེན། རྒྱལ་དབང་མཆོག་ནས་དམིགས་བསལ་གཟིགས་བསྐྱངས་ཀྱིས་མཁྱེན་རབ་ནོར་བུ་མཆོག་ལ་སྐུའི་བླ་སྨན་པ་ཆུང་བ་བསྐོ་གཞག་བསྩལ། དེ་ནས་བཟུང་བླ་སྨན་པའི་གོ་གནས་བཞེས་ཏེ་མི་ལོ་གྲངས་ཆ་བཅོ་ལྔ་ཙམ་སོང་ཡོད་ༀང་། ཧྭ་ལའི་བླ་མ་སྐུ་ཞིང་ལ་མ་ཕེབས་པའི་སྔ་ལོ་བོད་ཆུ་སྤྲེལ་(སྤྱི་ལོ་༡༩༣༢)ལོར་རྒྱལ་དབང་མཆོག་ནས་མཁྱེན་རབ་ནོར་བུ་བླ་སྨན་པའི་གོ་གནས་ནས་གནས་དབྱུང་མཛད། སྐབས་དེ་དུས་མཁས་དབང་མཆོག་གློ་བུར་ཐོབ་རྒྱག་དེ་འདྲ་བ་ལ་རང་གི་ནོར་འཁྲུལ་གང་ཞིག་བྱུང་བའི་ལན་པ་ཡིན་ཤོད་ཚོད་གང་ཡང་མ་ཐེགས། དེའི་ཕྱི་ལོ་ཆུ་བྱ་(སྤྱི་ལོ་༡༩༣༣)ལོར་ཧྭ་ལའི་བླ་མ་སྐུ་ཕྲེང་བཅུ་གསུམ་པ་ཆེན་པོ་མཆོག་མགུལ་ཆམ་ལྷ་བུའི་སྨན་གཞིས་རྐྱེན་པས་སྐུ་ཞིང་ལ་ཕེབས་དུས་གསོལ་སྨན་འབུལ་ཕྱོགས་སྐོར་ལ་སྨན་པ་བྱམས་པ་ལགས་ཞེས་པར་ཁྲིམས་གཅོད་ཐོག་ༀང་། སློབ་དཔོན་མཁྱེན་རབ་ནོར་བུ་མཆོག་སྔ་ལོ་ནས་བླ་སྨན་ཕྱིར་འཐེན་མཛད་ཟིན་པས་དེའི་སྐོར་འགན་འཁྲི་གང་ཡང་མེད་སྟབས་ལྕགས་པོ་རི་སྨན་རྩིས་སློབ་གྲྭ་གཉེར་རྒྱུའི་ཕྱུག་ལས་གནང་ཐུབ་པ་དེ་ནི་རྒྱལ་དབང་སྐུ་ཕྲེང་བཅུ་གསུམ་པ་ཆེན་པོས་མ་འོངས་མངོན་གཟིགས་ཀྱི་དགོངས་པ་རླབས་ཆེན་བཞེས་པ་གཞི་ནས་མཁྱེན་ཏེ་དད་གུས་ཆེས་ཆེར་འཕེལ་བའི་སྐོར་རྗེས་འཇུག་སློབ་མ་ཚོར་ཡང་ཡང་གསུངས་པ་དང་། ལྕགས་པོ་རི་སྨན་རྩིས་སློབ་གྲྭ་འདི་ཉིད་ལེགས་པར་གཉེར་སྐྱོང་བྱས་ཏེ་རྒྱལ་དབང་མཆོག་གི་རེ་བ་རྣམ་དག་ཆུད་ཟོས་སུ་མི་གཏོང་བའི་ཚོད་སེམས་བརྟན་པོ་བཙུགས་པ་གནང་།

དེ་ནས་རྭ་སྒྲེང་རིན་པོ་ཆེས་སྲིད་སྐྱོང་གནང་སྐབས་མཁས་དབང་མཁྱེན་རབ་ནོར་བུ་མཆོག་ས་གནས་སྲིད་གཞུང་གི་མཁན་ཆུང་གི་གོ་གནས་སུ་གནས་སྤར་གནང་ཞིང་། སྨན་རྩིས་ཁང་གི་སློབ་གྲྭ་བར་ཐོགས་ཐོབ་གསར་གནང་སོགས་ཐུགས་འགྲུར་ཆེན་པོ་བསྐྱངས། བོད་ཆུ་འབྲུག་(སྤྱི་ལོ་༡༩༥༢)ལོར་གང་ཉིད་དགུང་གྲངས་བདུན་ཅུར་ཕེབས་པའི་སྐབས་སུ་ཡང་《གསོ་ཚུལ་གྱི་སྟོང་འགྲེམས་》ཞེས་པ་བྱང་ཆུབ་ལྡོན་ཤིང་གི་ཚུལ་དུ་བཀོད་ནས་ལྟགས་རྩོམ་བསྐྱངས་ཤིང་། སྨན་པ་རྣམས་ཀྱིས་འབད་བརྩོན་

ཏུར་ལེན་དང་སྨན་བཅོས་ལག་རྩལ་ཡག་ཐོག་ཡག་བརྩེགས་ཡོང་བ་བྱས་ཏེ། ནད་ཀྱིས་མནར་བའི་ནད་པ་རྣམས་གང་མགྱོགས་སྡུག་བསྔལ་ལས་འགྲོལ་ཐུབ་པའི་སྨན་པ་བཟང་པོ་ཞིག་ཡོང་བའི་བསླབ་བྱ་ཡང་ཡང་མཛད། མཁས་དབང་མཆོག་གིས་ད་དུང་མི་རྣམས་ལ་བསླབ་བྱ་མཛད་དོན། མི་གཟུགས་གནས་སྟངས་མི་ཤེས་ན། མགྲོན་ཁང་སྡེབ་བདག་གང་གིས་ནི། མགྲོན་པོ་སུ་ཡིན་མི་ཤེས་འདྲ། གཟུགས་ཁམས་ནུས་པ་མི་ཤེས་ན། འཕྲུལ་འཁོར་གནད་འགག་མི་ཤེས་འདྲ། ནད་གཞིའི་བྱུང་རྐྱེན་མ་ཤེས་ན། ནད་རྟགས་དབྱེ་བ་འབྱེད་མི་ཤེས། ཚ་གྲང་སྨན་ཁམས་མ་འབྱེད་ན། ཕན་དང་གནོད་གཉིས་མཉམ་བསྲེས་བྱེད། ལྷག་དོན་སྨན་ནུས་མ་ཤེས་ཚེ། གཉེན་རྣམས་དགྲ་བོར་འགྱུར་ངེས་ཆེ། སྨན་བཅོས་ལག་རྩལ་མ་ཤེས་ན། མུན་ནག་དཀྱིལ་གྱི་མུར་མཛོག་བཞིན། སྨན་སའི་དམིགས་ཡུལ་ག་ལ་མཐོང་། ཞེས་དང་། དུས་བབ་ཀུན་ལ་དར་ཁྱབ་ཀྱི། སྨན་བཅུད་དྭངས་མའི་སྨན་ཐབས་དང་། དཔྱད་དང་དཔྱད་ཀྱི་ཆ་དཔྱད་ལ། ངོ་མཚར་མཐོང་བས་རྗེས་ཡི་རངས། རྨ་རིགས་འདྲུལ་གཅོད་ལ་སོགས་པར། རྣམ་དཔྱོད་དཔལ་ལྡན་ཡིད་འཕྲོག་ཀྱང་། ཞེས་སོགས་གསར་དར་སྔོན་ཐོན་གསོ་རིགས་གི་དཔྱད་ཐབས་དང་། དཔྱད་ཆས། སྨན་ཁང་དང་གཤགས་བཅོས་སོགས་ངོ་མཚར་ཁྱད་དུ་འཕགས་པའི་བཅོས་ཐབས་ལ་རྗེས་སུ་ཡི་རངས་ཆེན་པོ་མཛད་པར་མ་ཟད། བོད་ལུགས་སྨན་བཅོས་ལག་རྩལ་མི་སྣ་བ་ཆོས་རྒྱལ་ཁབ་གཞན་གྱི་སྔོན་ཐོན་སྨན་བཅོས་ལག་རྩལ་ལ་སློབ་སྦྱོང་ཞུ་དགོས་པའི་བསྐུལ་མ་ཡང་གནང་། དེའི་ཐོག་ནས་མཁས་དབང་ཉིད་ནི་དེང་དུས་ཀྱི་ཚན་རིག་ལག་རྩལ་ལ་ཕྱུགས་བསམ་ཡོད་པའི་སྨན་པ་འགྲན་ཟླ་བྲལ་བ་ཞིག་ཡིན་པ་གང་ལེགས་མངོན་གྱིན་ཡོད། དགོངས་པ་ཞིང་དུ་གཤེགས་པའི་བོད་རང་སྐྱོང་ལྗོངས་སྨན་རྩིས་ཁང་གི་ཡོན་ཀྲང་གནང་མྱོང་བའི་རྒྱལ་ཁབ་རིམ་པའི་སྨན་པ་མཁས་ཅན་བྱམས་པ་འཕྲིན་ལས་མཆོག །དགུང་ལོ་བཅུ་གསུམ་ལ་ཕེབས་སྐབས་ཡབ་ཀྱིས་མཁས་དབང་མཁྱེན་རབ་ནོར་བུའི་སྐུ་མདུན་དུ་བཅར་ནས་སློབ་དཔོན་བསྟེན་ཏེ་བོད་ལུགས་སྨན་རྩིས་ཀྱི་གཞུང་ལུགས་དཔྱིས་ཕྱིན་པར་སྦྱང་

བརྗོན་མཛད་ཡོད་པ་རེད།

བོད་མེ་བྱ་(སྤྱི་ལོ་༡༦༥༧)ལོར་སློབ་དཔོན་མཁྱེན་རབ་ནོར་བུ་མཆོག་ལ་ཏཱ་ལའི་བླ་མ་སྐུ་ཕྲེང་བཅུ་བཞི་པས་སྐུ་བཅར་མཁན་ཆེ་དར་ཧན་གྱི་གོ་མིང་བསྩལ་བ་དང་། བོད་དུ་དམངས་གསོའི་བཅོས་བསྒྱུར་བྱས་རྗེས་སྤྱི་ལོ་༡༦༨༡ལོར་མཁས་དབང་མཆོག་ལ་ལྷ་ས་སྨན་རྩིས་ཁང་གི་ཡོན་ཀྲང་དུ་བསྐོ་གཞག་གནང་ཞིང་། དེའི་ཕྱི་ལོ་ཡོན་ཀྲང་མཁྱེན་རབ་ནོར་བུ་མཆོག་ཀྲུང་གོ་མི་དམངས་ཆབ་སྲིད་གྲོས་ཚོགས་རྒྱལ་ཡོངས་ཨུ་ཡོན་ལྷན་ཁང་གི་ཨུ་ཡོན་གྱི་མཚན་གནས་ཕུལ། རྒྱལ་ཁབ་ནས་གསོལ་ཕོགས་སོགས་ཐོབ་ཐང་ཕུན་སུམ་ཚོགས་པའི་བཀུར་སྟི་གནང་། མཐར་དགུང་གྲངས་བརྒྱ་བཅུར་སོན་པ། བོད་ཆུ་སྟག་(སྤྱི་ལོ་༡༦༨༢)ལོའི་ཟླ་བཅུ་པའི་ཚེས་ཉེར་བརྒྱད་ཀྱི་ཐོ་རངས་མཚམས་སུ་ལྷ་སར་སྐུ་གཤེགས་པ་ལགས་སོ། །

(༢)དེང་དུས་མཁས་དབང་དགེ་འདུན་ཆོས་འཕེལ་མཆོག

མཁས་དབང་དགེ་འདུན་ཆོས་འཕེལ་མཆོག་ནི། དུས་རབས་ཉི་ཤུའི་ནང་བོད་བརྒྱུད་ནང་བསྟན་ལོ་རྒྱུས་ཐོག་བློ་སྟོབས་ཆེན་པོའི་སྒོ་ནས་ནང་བསྟན་གྱི་ཚད་མ་རིག་པའི་བཞེད་ཚུལ་འགར་རང་རྟོགས་ཀྱིས་ལྟ་བ་དཔྱད་ཚུལ་འདྲ་མིན་སྟོན་མཁན་གྱི་ནང་བསྟན་མཁས་དབང་ཡ་མཚན་ཅན་ཞིག་དང་། བོད་ཀྱི་ལོ་རྒྱུས་ཐོག་རིག་གཞུང་དཔྱད་ཐབས་ཐད་གྲུབ་འབྲས་ཁྱད་དུ་འཕགས་པའི་ལོ་རྒྱུས་རིག་པ་མཁས་ཅན་དང་། རྩོམ་རིག་མཁས་ཅན། རི་མོ་མཁས་ཅན་བཅས་རེད།

བོད་མེ་ཡོས་(སྤྱི་ལོ་༡༦༢༧)ལོར་དགུང་གྲངས་ཉི་ཤུ་རྩ་བཞིར་ཕེབས་སྐབས། མཚོ་སྔོན་མདོ་སྨད་རེབ་གོང་ནས་བོད་ལྗོངས་ལྷ་སར་ཕེབས་ནས་དགུང་གྲངས་བཞི་བཅུ་ཞེ་དགུར་ལྷ་སར་དགོངས་པ་རྫོགས། མཁས་དབང་ཉིད་ལོ་ངོ་ཉི་ཤུ་ལྷག་ཙམ་རིང་ལྷ་ས་དང་རྒྱ་གར། སིཏྣ་ལ་སོགས་ལ་འཚོ་བཞུགས་མཛད་པ་ཡིན་སྟབས། ལྷ་ས་བས་མཁས་དབང་དགེ་འདུན་ཆོས་འཕེལ་མཆོག་གི་མཚན་སྙན་ཏ་མི་གོ་བ་ཏ་ལམ་མེད་

པ་རེད། ལྷག་པར་དུ་ལྷ་སའི་སྐུ་དྲག་ཆེ་རིགས་དང་བླ་སྤྲུལ་ཆེ་ཁག་ཚོས་ཞལ་ཚོར་རྒྱུས་མངའ་ཆེ་བར་མ་ཟད། གཞོན་ཉམས་དོད་ལ་སྦྱང་ཤེས་རིག་པ་རྙོ་བ་གང་ལ་ཡང་མཁས་པའི་ཨ་མདོ་གཞོན་སྐྱེས་འདིར་ཏ་ཙང་བསྐྱེས་པོ་གནང་སྟེ་སྐབས་རེ་སློབ་དཔོན་དུ་བསྟེན་གྱི་ཡོད་པ་རེད། ཁོང་ནི་ཤེས་རྒྱ་ཡངས་ཤིང་འཛོན་ཐང་ཆེ་བ་དཔེར་ན། ལོ་རྒྱུས། ཆོས་ལུགས། གསོ་རིག རྩོམ་རིག སྒྱུ་རྩལ། སྐད་ཡིག ས་ཁམས། གནའ་རྫས་རྟོག་ཞིབ། རི་མོའི་སྒྱུ་རྩལ་ལ་སོགས་ཤེས་ཡོན་ཁྱབ་ཁོངས་ནང་གི་རིག་གཞུང་དཔྱད་ཐབས་ཚང་མ་སྤུས་ཚད་ཕུལ་དུ་ཕྱིན་པ་ཤ་སྟག་ཡིན་གཤིས། མཁས་དབང་དགེ་འདུན་ཆོས་འཕེལ་གྱི་རྩོམ་བྲིས་གནང་བ་དང་། ལེགས་སྦྱར་གྱི་སྐད་ལས་བོད་ཡིག་ཏུ་བསྒྱུར་གནང་མཛད་པའི་ཤུལ་བཞག་གཞུང་དང་བསྟན་བཅོས་མང་པོ་ཞིག་བཙལ་འཚོལ་བྱུང་བ་དང་མ་བྱུང་བ་དག་ནི་རང་རེའི་མི་རབས་ནས་མི་རབས་བརྒྱུད་དེ་དར་ཁྱབ་འོས་པའི་བརྩམ་བྱ་ཁྱད་དུ་འཕགས་པ་ཤ་སྟག་ཡིན། མཁས་དབང་དགེ་འདུན་ཆོས་འཕེལ་མཆོག་ནི་ཉེ་རིང་ཆགས་སྡང་གསལ་སྟོན་ཡོད་པའི་སྒོ་ནས་མེས་རྒྱལ་གྱི་མངའ་ཁོངས་སྲུང་སྐྱོང་ཡོངས་སུ་རྫོགས་པ་ཡོང་ཆེད། རང་རེའི་མཐའ་མཚམས་ཀྱི་མངའ་ཁོངས་ས་བཀྲ་ཞིབ་གསལ་ཞིག་ཕྱག་རིས་མཛད་དེ། རང་གི་ཁེ་ཕན་ཡོད་ཚད་བློས་བཏང་རྒྱུར་མི་འཛེམ་པར་མངའ་ཁོངས་བདག་དབང་གི་ཆེད་དུ་འབོད་སྒྲོག་ཤུགས་ཆེན་གནང་ཡོད་པ་རེད།

གང་ཉིད་གཟིགས་རྒྱང་རིང་ཞིང་སྤྱི་ཚོགས་མུན་ནག་དང་གོམས་སྲོལ་ངན་པར་སྡང་སེམས་བཅངས་ཏེ། བློ་སྟོབས་ཆེན་པོས་ནང་བསྟན་ཆོས་ཀྱི་ལྷ་རིག་སྨྲ་བའི་འཆིང་རྒྱ་ལས་གྲོལ་ཏེ་དེང་དུས་འགྲོ་བ་མིའི་རིག་པ་སྨྲ་བའི་ལྟ་བ་ཐོག་ཏུ་མདུན་སྐྱོད་མཛད་ཡོད། གང་གི་དེ་ལྟ་བུའི་རིམ་འདས་མིའི་བློ་ཁོག་དང་སྤོབས་ཉམས་ཀྱིས་ཚད་གཞི་ངེས་ཅན་ཞིག་གི་ཐོག་ནས་བོད་མིར་ལོ་ངོ་སྟོང་ཕྲག་བརྒལ་བའི་ནང་དུ་སངས་རྒྱས་ཆོས་ཀྱི་ལྷ་རིག་སྨྲ་བའི་ལྟ་བས་རིག་གནས་བསམ་བློར་དབང་སྒྱུར་བྱས་ཡོད་པར་གཡོ་འགུལ་བཏང་ཡོད་པ་དང་། བོད་མི་རིགས་ཀྱི་བསམ་བློ་དང་རིག་གནས་འཕེལ་རྒྱས་

འགྲོ་རྒྱུར་ལེགས་སྐྱེས་བླ་ན་མ་མཆིས་པ་ཞིག་འབུལ་གནང་མཛད་ཡོད། དེ་ཡང་མཁས་དབང་ཁོང་ལ་བོད་རང་སྐྱོང་ལྗོངས་མི་དམངས་འཕྲུས་ཚོགས་ཀྱི་ཀྲུའུ་རིན་གཞོན་པ་གནང་མྱོང་བ་དང་། གྲགས་ཅན་གྱི་བོད་རིག་པ་མཁས་ཅན་ཆབ་སྲིད་ཚེ་བརྟན་ཕུན་ཚོགས་དམ་པ་མཆོག་གིས་གསུངས་པ་ལྟར། “དགེ་འདུན་ཆོས་འཕེལ་མཆོག་གི་ལྷུགས་རྩོམ་མཛད་པའི་བསྟན་བཅོས་ཆ་ཚང་ཕར་བཞག་བརྩམས་པའི་ལེགས་བཤད་ཤོ་ལོ་ཀ་རེ་གཉིས་ཀྱིས་ཀྱང་ང་ཚོའི་ཤེས་རབ་ཀྱི་བློ་སྒོ་འབྱེད་པར་དམིགས་བསལ་གྱི་ནུས་པ་ཐོན་ཐུབ་ཀྱི་ཡོད་ཅེས་དང་། དགེ་འདུན་ཆོས་འཕེལ་མཆོག་གི་གསུང་རྩོམ་གཞན་གྱི་ནང་དུ་འཁོད་པའི་བསམ་བློའི་བརྗོད་བྱ་དེ་དག་ང་ཚོ་བོད་ཀྱི་སྤྱི་ཚོགས་དང་ལོ་རྒྱུས་ཞིབ་འཇུག་པའི་ངོས་ནས་བཤད་ན། སྣག་ཚུམ་གྱི་ཁྲིད་དུ་སྦྲོན་མི་བཏེགས་པ་ལྟར་བློ་སྐྱིད་སྟེར་ཐུབ་པ་ལྟ་བུ་ཡིན།” ཞེས་དང་།

མཁས་དབང་དགེ་འདུན་ཆོས་འཕེལ་མཆོག་ནི་བོད་ཆུ་ཡོས་(སྤྱི་ལོ་༡༨༠༣)ལོའི་ཟླ་བརྒྱད་པའི་ནང་མདོ་སྨད་རེབ་གོང་གསེར་མ་ལྗོངས་སུ་གྲགས་པའི་ཁོངས་གཏོགས་ཡུལ་ཞོ་འཕོང་ཞེས་བྱ་བའི་གྲོང་ཚོར་སྐུ་བལྟམས། བཤད་ཚུལ་ལ་ཡབ་ཡུམ་གཉིས་ལྷ་སར་གནས་མཇལ་ཚར་ཏེ་ཕྱིར་ལོག་ཕེབས་དུས་མཚོ་སྔོན་ཏོང་ཀྲུང་རྫོང་ཙོང་ཁ་རི་བོའི་ཉེ་འདབས་སུ་འཁྱོར་སྐབས་དགེ་འདུན་ཆོས་འཕེལ་འཁྲུངས་ཞེས་དང་། ཡབ་གསང་སྔགས་རྙིང་མའི་རིག་པ་འཛིན་པ་ཨ་ལགས་རྒྱལ་པོ་ཞེས་པ་དང་། ཡུམ་གྱི་མཚན་ལ་པདྨ་སྐྱིད་ཅེས་བྱ་བ། དགེ་འདུན་ཆོས་འཕེལ་མཆོག་གི་ཐོག་མའི་མཚན་ལ་རིག་འཛིན་རྣམ་རྒྱལ་ཞེས་གསོལ། ཡབ་ཀྱིས་ཁོང་དགུང་ལོ་བཞི་ལ་སོན་སྐབས་ཡི་གེ་འབྲི་ཀློག་སློབ་པའི་དབུ་འཛུགས་མཛད་པས་ཚོགས་མེད་པར་མྱུར་དུ་མཁྱེན་ཅིང་། རིམ་བཞིན་ཡབ་ལས་ཡི་གེའི་བརྡ་དག་དང་སྙན་ངག་ཡང་གསན་སྦྱོང་གནང་། དགུང་ལོ་བདུན་ཙམ་ལ་ཡབ་སྐུ་གཤེགས་རྗེས་ཡུམ་དང་གཅེན་མོ་ལྷན་དུ་བྲལ་མེད་སྐྱིད་སྡུག་མཉམ་བཞིན་བཞུགས། ཁོང་ཐུགས་རབ་རྒྱས་པའི་སྙན་གྲགས་ཀྱིས་གཡའ་མ་བཀྲ་ཤིས་འཁྱིལ་དགོན་པའི་རྗེ་བྲག་སྦྲུལ་སྐུའི་སྐྱེ་སྲིད་ཡིན་ཞེས་གདན་

བྲངས་ནས་ཆོས་བཞུགས་མཛད། ལྷ་སའི་གདན་ས་སེ་ར་ཐེག་ཆེན་གླིང་ནས་ཕེབས་པའི་དགེ་བཤེས་ཚུལ་ཁྲིམས་ཞེས་བྱ་བར་སློབ་དཔོན་བསྟེན་ནས་མུ་མཐུད་སུམ་དག་སྙན་ངག་སོགས་པར་སྦྱང་བརྩོན་མཛད་དེ་དགུང་ལོ་དགུ་ལ་སོན་སྐབས་ཚད་དང་ལྡན་པའི་སྙན་ངག་གི་དཔེ་བརྗོད་འགྲན་ཟླ་མེད་པ་བསྐྲུན་ཐུབ་པས། གྲྭ་སའི་སློབ་དཔོན་རྣམས་ཀྱི་བསྔགས་བརྗོད་ཡང་ཡང་ཐོབ། དེ་ནས་མི་རིང་བར་ཞྭ་དམར་པཎྜིཏ་གཞིས་དགོན་རྫི་ཚ་དགོན་པ་ཞེས་བྱ་བར་ཕེབས་ནས་མཁན་ཆེན་དགེ་འདུན་རྒྱ་མཚོའི་ཞབས་ལ་གཏུགས་པས་མཚན་ཡང་དགེ་འདུན་ཆོས་འཕེལ་ཞེས་གསོལ་བར་གྲགས། སྐུ་ཆུང་ངུའི་དུས་ནས་ཨ་མདོར་ཁོང་ལ་རྫི་ཚ་ཨ་ལག་ཅེས་ཞུ་མཁན་མང་། ཆོས་དང་རིག་གནས་ཀྱི་གསན་བསམ་ཐོག་མ་དེ་གར་གནང་། དེ་ནས་མདོ་སྨད་ཀྱི་གདན་ས་ཆེན་པོ་བླ་བྲང་བཀྲ་ཤིས་འཁྱིལ་དགོན་པར་ཕེབས་ཏེ་མཚན་ཉིད་ཀྱི་འཛིན་གྲྭར་བསྡུས་གྲྭ་དང་། བློ་རིགས། རྟགས་རིག་སོགས་ནས་ཕར་ཕྱིན་འོག་མའི་བར་སློབ་གཉེར་འབད་བརྩོན་མཛད་པས་མཁས་པའི་གྲགས་པ་ཆེན་པོ་ཐོབ། ཁོང་གིས་ཚད་མ་རིག་པ་སོགས་ལ་གསན་བསམ་མཛད་པ་ནི་ཕྱིར་བཏང་གི་དཔེ་ཆ་བ་ཆོས་སློབ་གཉེར་བྱེད་པ་དང་རྩ་བ་ནས་མི་འདྲ་བར་སྔར་གྱི་བཤད་པ་པོ་ནའི་རྗེས་སུ་འབྲངས་ནས་ཡོང་བས་གླང་མཇུག་བཟུང་སྟེ་འགྲོ་བ་ལྟ་བུ་དེ་འདྲ་མ་ཡིན་པར། ཚད་མ་རིག་པའི་དགོངས་པ་མཐར་ཐུག་དེ་ཡང་དག་པར་ཐུགས་སུ་ཆུད་པ་མཛད་ནས་འཁོར་འདས་ཀྱི་ཤེས་བྱ་གང་ལའང་རང་རྟོགས་ཀྱིས་དཔྱད་པ་ཕུལ་དུ་ཕྱིན་པ་གནང་བས་ཐུགས་རབ་གཞན་དྲིང་མི་འཇོག་པ་ཞིག་གློང་དུ་གྱུར་པ་དེ་ནི། ཁོང་སྐུ་ཚེ་འདིར་སུས་ཀྱང་དོ་ཟླ་མི་ནུས་པའི་དོན་གྱི་མཁས་པ་ཞིག་ཏུ་འགྱུར་ཏེ་རྣམ་དཔྱོད་ཀྱི་རྩལ་རྩེ་མོར་སོན་སྐབས་བཀྲ་ཤིས་འཁྱིལ་དུ་ཚོགས་ལངས་ཤིག་གནང་སྐབས། རྒྱུ་མཚན་དང་ལྡན་ལ་རིག་པའི་རྩོ་དཔལ་འབར་བའི་སྒོ་ནས་གདན་ས་དེ་ཉིད་ཀྱི་རྩ་བའི་མཚན་ཉིད་ཡིག་ཆ་འཇམ་དབྱངས་བཞད་པས་མཛད་པའི་དགོངས་པ་འགའ་ཞིག་ཁས་ལེན་མ་བཞེས་པས་དཔེ་ཆ་བ་རྣམས་ཧང་སངས་པ་དང་། དགོན་པའི་ཆེ་བཙན་གྲགས་

ཅན་ཚོའི་ཡིད་ལ་མ་བབས་མོད་རིགས་པའི་གཞུང་ལུགས་ཐོག་ནས་སུས་ཀྱང་ལན་འདེབས་མ་ཐོད་ཅུང་། དེས་རྐྱེན་པའི་ཕོང་ལ་དངོས་ཤུགས་བརྒྱུད་གསུམ་གྱི་སྣང་བརྙག་ཆེན་པོ་བྱུང་བར་བརྟེན་གནས་དེར་བཞུགས་མ་སྤྲོ་ཞིང་། ཡང་དག་པའི་རིགས་གཞུང་གིས་ཕུ་ཐག་གཅོད་པའི་ཕྱིར་དབུས་ཕྱོགས་ཀྱི་ལྷ་ས་ཆོས་ལྡན་ཞིང་ཁམས་སུ་ཕེབས་འདོད་གནང་།

བོད་མི་ཡོས་(སྤྱི་ལོ་༡༥༢༧)ལོར་ལྷ་སར་ཕེབས་ཏེ་གནས་ཚང་ཚོང་པ་དཀོན་མཆོག་ནོར་བུ་ཞེས་པའི་ཁྱིམ་དུ་བཞུགས། ཕོང་རི་མོའི་ཕྱག་རྩལ་འགྲན་ཟླ་མེད་པར་བརྟེན་གནས་ཚང་གིས་སྐུལ་མ་ཞུས་པ་ལྟར་ཕ་བོང་ཁ་བདེ་ཆེན་སྙིང་པོའི་སྐུ་བརྙན་ཞིག་འབྲི་བའི་ཕྱིར་ཕ་བོང་ཁ་རིན་པོ་ཆེའི་སྐུ་དྲུང་དུ་ལྷན་ཕེབས་ཀྱིས་འབྲི་གནང་མཛད་པ་འདྲ་པར་དང་གཉིས་སུ་མ་མཆིས་པ་བསྒྲུབས་པར་བརྟེན་ཕ་བོང་ཁ་པས་ཕོང་གི་ཐུགས་རིག་སྒྱུ་རྩལ་ལ་བསྟོད་བསྔགས་ཆེན་པོ་གནང་བར་མ་ཟད། སྐབས་དེར་ཏཱ་ལའི་བླ་མ་བཅུ་གསུམ་པ་ཆེན་པོ་མཚན་ཤུགས་དང་ཐུགས་ཞིབ་ཚགས་པས་བཀའ་བཙད་ཕེབས་དོགས་དང་བཅས་མདོན་ཆུང་གིས་འདྲ་བརྙན་དེ་ལས་ཆེ་བ་ཞིག་འབྲི་བ་གནང་དགོས་པའི་བཀའ་མངགས་ལྟར་ལེགས་བསྒྲུབས་མཛད་པ་བཅས་དེ་ནས་བཟུང་ཕ་བོང་ཁ་པས་ཐུགས་མཉེས་ཆེན་པོ་གནང་། དེ་ནས་གདན་ས་ཆེན་པོ་དཔལ་ལྡན་འབྲས་སྤུངས་དགོན་གྱི་གྲྭ་སར་བཞུགས་གནང་བའི་ཐོབ་ཁུངས་སྒོ་མང་གྲྭ་ཚང་གི་ཀླུ་འབུམ་ཁམས་ཚན་ཡིན། གྲྭ་ཚང་གི་དཔེ་ཆ་བ་གཞན་དག་དང་མཉམ་དུ་དགེ་བཤེས་ཤེས་རབ་རྒྱ་མཚོ་མཆོག་གིས་ཕོང་གི་དཔེ་ཆའི་དགེ་རྒན་མཛད་ནས་མཚན་ཉིད་ཀྱི་རིག་ལམ་མུ་མཐུད་གསན་བསམ་དང་བགྲོ་གླེང་མཛད་པས་མཁས་པའི་གྲགས་སྙན་དེ་མ་ཐག་ཏུ་ཁྱབ། དགེ་འདུན་ཆོས་འཕེལ་གྲྭ་སར་ཕེབས་པ་ནས་བཟུང་ཕལ་ཆེར་ལོ་བཞིའི་རིང་ལོ་ལྟར་ཐུག་ཆོས་གྲྭའི་རྩོད་པ་དགེ་ཆོས་ཀྱི་འཛིན་གྲྭ་རང་རྒྱལ་ཁ་ཐོབ་བགྱི་ཡོད་འདྲ་ཞིང་། དབྱར་ཆོས་ཆེན་མོའི་སྐབས་ཚོགས་ཆེན་རྗེ་གཅལ་དུ་བློ་གསལ་གླིང་གྲྭ་ཚང་གི་དབུ་མ་བདག་འགོག་དམ་བཅའ་ཕེབས་འདུག །སྐབས་དེར་བློ་གསལ་གླིང་གྲྭ་ཚང་

ནས་མཁས་པ་སྲུ་ཕེབས་པ་གསལ་པོ་མ་ཤེས། ཡོངས་གྲགས་ལ་ནི་མི་ཉག་སྐྱོར་དཔོན་ཞུ་བ་ཁོང་བཞེངས་ནས་རྩོད་པ་མཛད་འདུག་ཀྱང་། དགེ་འདུན་ཆོས་འཕེལ་མཆོག་རིག་པའི་འཕྲུལ་སྐྱེན་པའི་སྟབས་ཀྱིས་དེའི་དགོང་མོ་མི་ཉག་སྐྱོར་དཔོན་རྟགས་གསལ་ཆད་དེ། ཅི་གསུང་འདི་གསུང་མེད་པར་རྟུལ་ནག་གི་འཕྲུང་འཕྲུལ་བཞེས་དགོས་པ་བྱུང་འདུག་ཅེས་གསལ་བ་དང་། འོན་ཀྱང་ཁོང་གི་དོན་གཉེར་མཛད་པའི་ལྷ་བའི་ཕུ་ཐག་དེ་ད་དུང་ཆོད་ཐུབ་པ་ཞིག་མ་བྱུང་བར་གྲགས། འབྲས་སྤུངས་སུ་ལོ་ལྔ་དྲུག་ཙམ་བཞུགས་རིང་ལའང་འཇམ་དབྱངས་བཞད་པའི་ཡིག་ཆར་སྟེར་བཞིན་དོགས་སློང་མཛད་པའི་རྐྱེན་གྱིས་སོག་རིགས་དཔེ་ཆ་བ་འགའ་ཤས་ཁོང་ཁྲོ་ལངས་ཏེ་ཁོང་ལ་ལུང་རིགས་ཀྱི་ལན་དུ་ལག་པ་བརྟེགས་ནས་ཉེས་བརྡུང་ཡང་གང་འཚམས་ཕོག་པ་སོགས། གང་ལྟར་སྔ་མཐུད་བཞུགས་མ་ཆགས་པ་ལྷ་སའི་གནས་ཚུལ་བྱུང་བར་བརྟེན། ཁོང་གིས་ལེགས་བཤད་སྙན་ངག་རེ་བརྩམས་ཏེ་སྐབས་དེའི་སྤྱི་ཚོགས་ཀྱི་བསམ་བློའི་འདུ་ཤེས་འཛིན་སྟངས་གནད་ཕིགས་པ་དང་གཏིང་ཟབ་མོའི་སྒོ་ནས་ཐེར་འདོན་གནང་ཡོད།

"ཐམས་ཅད་ཁོང་དུ་ སྟོད་པ་ཟབ་མོར་རློམས།
ཀུན་ལ་དོགས་པ་ཟ་བ་གྲུང་པོར་བྱེད།
རྙིང་པ་ཐམས་ཅད་ལྷ་ཡི་སྲོལ་དུ་བསྒྲགས།
གསར་པ་ཐམས་ཅད་བདུད་ཀྱི་འཕྲུལ་དུ་སེམས།
ངོ་མཚར་ཕལ་ཆེར་ཐན་ལྟས་ཉིད་དུ་སྒོམ།
ཆོས་ཀྱི་རྒྱལ་ཁམས་ཊི་ཛོ་ཏ་ཡི་སྲོལ།
འདི་ནི་ད་ལྟའི་བར་དུ་རང་རེའི་སྲོལ།" ཞེས་དང་།

སྐབས་དེར་མཁས་དབང་དགེ་འདུན་ཆོས་འཕེལ་མཆོག་གི་གནས་བབ་ཇེ་སྡུག་ཏུ་སོང་སྟེ། ཐུགས་ཀྱི་རེ་ཐག་ཀྱང་ཕལ་ཆེར་ཆད་པའི་སྐབས་སུ། རྒྱ་གར་གྱི་པཎྜིཏ་རཱ་ཧུ་ལ་ཛྙཱ་སར་འགྱོར་ཡོད་པ་དེ་དགེ་འདུན་ཆོས་འཕེལ་མཆོག་གི་སྙན་གྲགས་ཐོས་

པས། རྒྱ་གར་ཁུལ་དུ་ནང་པ་སངས་རྒྱས་པའི་བསྟན་པ་སྔ་ས་ནས་ཕྱི་རོལ་མུ་སྟེགས་པས་བསྣུབས་ཏེ་མིང་གི་ལྷག་མ་ཙམ་དུ་གྱུར་གཤིས། ར་དུ་ལས་དེ་སྔ་བོད་དུ་བསྒྱུར་པའི་བཀའ་དང་བསྟན་བཅོས་རྣམས་སླར་ཡང་སམ་སྐྲི་ཏའི་སྐད་དུ་ཕར་བསྒྱུར་རྒྱུའི་བྱ་བ་ཁྱད་པར་ཅན་དེ་དགེ་འདུན་ཆོས་འཕེལ་མཆོག་གི་སྙུབ་པར་རྗེ་ཐོགས་པའི་རེ་བ་སྐྱེས་ཏེ་ཁོང་ལ། "ད་ཕན་རྒྱ་གར་དང་བོད་ཀྱི་བར་དུ་ལོ་ཙཱ་བའི་རྒྱུ་འགྲུལ་གྱི་རྒྱུན་ཆད་ནས་ཡུན་རིང་པོ་སོང་ཟིན། ཁྱེད་ཀྱིས་རྒྱ་གར་དུ་ཕེབས་ནས་སམ་སྐྲི་ཏའི་སྐད་ལ་སྦྱོང་པ་མཛད་དེ་ཕྱིས་ཀྱི་ལོ་ཙཱ་བ་ཞིག་མཛད་དགོངས་ན་ང་དང་མཉམ་དུ་རྒྱ་གར་ལ་ཕེབས་དགོས།"ཞེས་ཞུས་པ་ཞལ་གྱིས་བཞེས། རཱ་ཧུ་ལའི་བཀའ་མོལ་གསན་རྗེས་རང་གི་དགོངས་པ་དང་མཐུན་ཏེ་རྗེས་སུ་ཁོ་རང་གི་ལྷུགས་རྩོམ་ནང་དེ་ལྟར་གསལ་ཡོད་པ། "དེ་ཡང་ཁོ་བོ་གཞོན་ནུ་ཞིག་ནས་རྒྱ་གར་གྱི་ཡུལ་དེར་ལན་གཅིག་སླེབས་ན་སྙམ་པ་ཡང་ཡང་ཡོད་ཅིང་། དབུས་སུ་སླེབས་ནས་འབྲས་སྤུངས་སུ་ལོ་བདུན་ཙམ་སོང་བ་ན། རྒྱ་གར་ནས་པཎྜིཏ་རཱ་ཧུ་ལ་བྱ་བ་ཞིག་བོད་དུ་བྱོན་པ་དང་འཕྲད་ནས་འགྲོ་བའི་སྐུལ་མ་བཏང་པ་བཞིན་འདོད་ཐོག་ཏུ་སྨིན་ཏེ་ཆས་སོ"ཞེས་དང་།

"དེ་ཡང་ཐོག་མར་པཎྜིཏ་དང་ངེད་ཅག་འཕན་ཡུལ་དང་། ར་སྒྲེང་སོགས་སུ་གནས་བསྐོར་ལ་སོང་། ཞར་ལ་པཎྜིཏ་ཐད་ནས་ལེགས་སྦྱར་ཡང་ཕྲན་བུ་བསླབ་པའི་འགོ་ཚུགས། ཁོང་ལ་དངུལ་ཡང་མང་པོ་འདུག་ཅིང་། བོད་སྐད་ཀྱང་ཕལ་ཆེར་བྱིས་པ་ལོ་བདུན་པའི་ཚོད་ཙམ་མཁྱེན། ལྷ་སའི་སྐུ་དྲག་འགའ་རེས་མགོ་འདྲིན་ཡང་བཟང་བར་བརྟེན་དགོན་སྡེ་དེ་རིགས་ཀྱི་ནང་རྟེན་རྣམས་ཞིབ་ཏུ་མཇལ་རྒྱུ་བྱུང་།"ཞེས་འཕོད་པ་ལྟར་འཕན་པོ་ཁུལ་གྱི་བཀའ་གདམས་པའི་གདན་ས་ཁག་དང་། རྒྱལ་ལྷ་ཁང་། དེ་ནས་སྟག་ལུང་བརྒྱུད་ར་སྒྲེང་སོགས་གནས་གཟིགས་གནང་སྟེ་སླར་ཡང་ལྷ་སར་ཕེབས་འདུག །བོད་ཤིང་ཕྱི་(སྤྱི་ལོ་༡༩༣༥)ལོའི་ཟླ་བདུན་པར། ཁོང་གཉིས་ཡར་འབྲོག་བརྒྱུད་ནས་རྒྱལ་རྩེ་དང་། བཀྲ་ཤིས་ལྷུན་པོ། ཞ་ལུ་རི་ཕུག་སོགས་སུ་ཕེབས་ཤིང་། ཞ་ལུ་རི་ཕུག་དང་། སྒྲོས་ཁང་ཚོགས་པ། ངོར་ས་སྐྱ་སོགས་སུ་གོང་གསལ་རཱ་ཧུ་ལར་ལྷ་སའི་

དཔོན་རིགས་ཀྱི་མགོ་འདྲེན་བཟང་པོ་ཡོད་པའི་སྟབས་ཀྱིས་ཤིང་ཏ་ལའི་ལོ་མར་བྲིས་པ་སོགས་ཀྱི་རྒྱ་དཔེ་འཛམ་གླིང་ན་དཀོན་པ་པོད་ཆེ་ཆུང་བརྒྱ་ཕྲག་ཙམ་ཞིབ་གཟིགས་གནང་བའི་གོ་སྐབས་ཐོབ།(ཁ་བྱང་རྣམས་དགེ་འདུན་ཆོས་འཕེལ་ལགས་ཀྱི་ལྷུགས་རྩོམ་《རྒྱལ་ཁམས་རིག་པས་བསྐོར་བའི་གཏམ་རྒྱུད་གསེར་གྱི་ཐང་མ་》ཞེས་བྱ་བའི་ནང་ཞིབ་འགོད་གནང་འདུག་གོ།)

དེ་ནས་དིང་རི་དང་གཉའ་ནང་བཅས་ནས་བལ་ཡུལ་དུ་འགྱོར། དེ་ནས་མི་རིང་བར་རྒྱ་གར་དུ་ཕེབས། པཎྜིཏ་རཱ་ཧུ་ལའི་ཐོག་མའི་འདུན་པར་རྐྱེན་དབང་བར་ཆད་ཀྱི་ཁོང་ལ་མི་ཁོམ་པའི་གནས་ཚུལ་ཞིག་བྱུང་ངེས་པས་དགེ་འདུན་ཆོས་འཕེལ་མཆོག་རྒྱ་གར་གྱི་ཡུལ་གྲུ་གཞན་ལ་ཡུན་རིང་བཞུགས། དེ་ཡང་འབྲས་ལྗོངས་སྐད་ཏོག་དང་། རྡོར་གླིང་དུ་ཡུན་རིང་ཙམ་བཞུགས་ཞོར་དུ་དབྱིན་ཡིག་སློབ་སྦྱོང་མཛད་པ་དང་། དེ་ནས་རྒྱ་གར་ཀ་ལོན་སྤྲུག་ཏུ་ཕེབས་ཏེ་ཁྲུ་ནུ་མཐར་ཕྱིན་དང་མཇལ་ཞིང་། ཁོང་གི་《བོད་དབྱིན་སྐད་གཉིས་ཤན་སྦྱར་ཚིག་མཛོད་》དེབ་འབྲི་རྒྱུ་ལ་རོགས་རམ་ཡང་མཛད་འདུག །དེ་དུས་སྨྱུན་གསལ་ཀུན་འཕེལ་ལགས་དང་(ཊཱ་ལའི་བླ་མ་སྐུ་ཕྲེང་བཅུ་གསུམ་པ་ཆེན་པོའི་སྨྱུན་གསལ་གནང་། དེ་ནས་རྒྱལ་དབང་དགོངས་པ་རྫོགས་རྗེས་ཀུན་འཕེལ་ལགས་འཛིན་བཟུང་བྱས་ཀྱང་བྲོས་ཤོར་ཏེ་རྒྱ་གར་དུ་ཕེབས།) ལྕང་ལོ་ཅན་བསོད་ནམས་རྒྱལ་པོ་གུང་ཟུར།(རྒྱལ་དབང་དགོངས་པ་རྫོགས་རྗེས་ལྕང་ལོ་ཅན་འཛིན་བཟུང་བྱས་ཀྱང་བྲོས་ཤོར་ཏེ་རྒྱ་གར་དུ་ཕེབས།) སྤོམ་མདའི་ཨ་ཕོ་རབ་དགའ་སོགས་ཁོང་རྣམས་པ་རྒྱ་གར་ཀ་ལོན་སྤྲུག་གི་ཨ་ཕོ་རབ་དགའི་གཟིམ་ཤག་ཏུ་ཡང་སེ་མཇལ་འཛོམས་གནང་གི་ཡོད་པ་རེད།

དེའི་ནང་ནས་སྤོམ་མདའ་རབ་དགའ་དང་། སྨྱུན་གསལ་ཀུན་འཕེལ་ལགས། ལྕང་ལོ་ཅན་གུང་ཟུར་གསུམ་ཆབ་སྲིད་ཐད་བོད་བཀའ་ཤག་སྲིད་གཞུང་གི་གནོད་འཚེ་ཐོག་པའི"ཆབ་སྲིད་ཉེས་ཅན་པ"ཡིན་སྟབས་འཛིན་བཟུང་བྱས་ཏེ་མཐའ་མཚམས་སུ་རྒྱང་འབུད་བྱེད་སྐབས་རྒྱ་གར་དུ་བྲོས་བྱོལ་ཤོར་བ་རེད། སྐབས་དེ་དུས་ཁོང་རྣམས་པ་ལང་ཚོ་དར་ཞིང་ཡར་ཐོན་བསམ་བློ་ངེས་ཅན་ཞིག་ཡོད་པའི་གཞོན་ནུ་ཤ་སྟག་རེད། ཁོང་རྣམས་ནི་བོད་ཀྱི་ཆོས་སྲིད་ཟུང་འབྲེལ་ལམ་ལུགས་ལ་རྒྱུས་མངའ་ཆེ་བར་

མ་ཟད་འཕོན་འཛིན་ཡང་ཆེ་བ་ཡོད་སྐབས་དེ་དག་བསྒྱུར་བཅོས་གཏོང་དགོས་པའི་ཁ་ཚ་དགོས་ཐུག་གི་རེ་བས་ཁེངས་བཞིན་པར་བརྟེན། ཁོང་རྣམས་པས་རྒྱུན་དུ་མཉམ་འཛོམས་ཀྱིས་འབྱུང་གྱུར་བོད་ཀྱི་མདུན་ལམ་གནད་དོན་སྐོར་ལ་གྲོས་བསྡུར་གནང་བ་དང་། སློམ་མདའ་ཨ་ཕོ་རབ་དགའ་ཡིས་སྐེ་འཁྲིད་དེ་རྒྱ་གར་ཀ་ལོན་སྤྲུག་ལ"བོད་ལྗོངས་གསར་རྗེའི་ཏང་ཤོག"ཞེས་པ་གསར་འཛུགས་བྱས་ཏེ། ཏང་ཤོག་དེའི་ཆབ་སྲིད་ཀྱི་དམིགས་ཡུལ་ནི་ད་ལྟ་བའི་སྲིད་སྐྱོང་དབང་འཛིན་བྱེད་སྟངས་ལ་མ་འདོད་པ་ཙམ་མིན་པར། དེ་བས་གལ་ཆེ་བ་ཞིག་སྟེ་ཁོང་རྣམས་པའི་རེ་བར་བོད་ཀྱི་ཆོས་སྲིད་ཟུང་འབྲེལ་འོག་གི་བཀས་བཀོད་རྒྱུད་འཛིན་ཞིང་བྲན་ལམ་ལུགས་ལ་གསར་རྗེའི་རང་བཞིན་གྱི་བསྒྱུར་བཀོད་གཏོང་དགོས་བསམ་པ་དེ་རེད།

མཁས་དབང་དགེ་འདུན་ཆོས་འཕེལ་མཆོག་རྒྱ་གར་དུ་ཕེབས་པའི་རྗེས། "བོད་ལྗོངས་གསར་རྗེའི་ཏང་ཤོག"གི་ཁོངས་མི་དང་རྒྱུན་དུ་མཉམ་འཛོམས་གནང་བ་དང་། བཤད་ཚུལ་ལ"བོད་ལྗོངས་གསར་རྗེའི་ཏང་ཤོག"དེའི་ཏང་གི་མཚོན་རྟགས་ལེན་པར་དགེ་ཆོས་ཉིད་ཀྱི་འཆར་བཀོད་གནང་བ་དང་། བོད་ཀྱི་མཚོ་སྔོའི་མཐའ་མཚམས་ཁུལ་གྱི་ས་བཀྲ་ཡང་"བོད་ལྗོངས་གསར་རྗེའི་ཏང་ཤོག"ཚོགས་པའི་བཀའ་མངགས་ལྟར་སྐུ་ཉིད་ཀྱི་བྲིས་ཡོད་པ་རེད། དེ་ནས་ཡུན་རིང་མི་སོང་བར་དབྱིན་ཇི་དང་རྒྱ་གར་སྲིད་གཞུང་དེ་བཞིན་བོད་ཀྱི་བཀའ་ཤག་སྲིད་གཞུང་བཅས་ཀྱིས"བོད་ལྗོངས་གསར་རྗེའི་ཏང་ཤོག"ཟེར་བ་དེ་མྱུ་གུ་ཐོན་བཞིན་པའི་རིམ་འགྲོས་ནང་དུ་བསྐམས་བསད་བཏང་པ་རེད། དེའི་ཐོག་ནས་གང་ཞིག་མཚོན་པ་ཡིན་ཞེ་ན། "བོད་ལྗོངས་གསར་རྗེའི་ཏང་ཤོག"གནས་པ་དེས་དབྱིན་ཇི་དང་རྒྱ་གར་སྲིད་གཞུང་དེ་བཞིན་བོད་ཀྱི་བཀའ་ཤག་སྲིད་གཞུང་བཅས་ལ་འཇིགས་སྐྲུལ་བཟོས་པའི་རྐྱེན་གྱི་རེད། རྗེས་སུ་མཁས་དབང་དགེ་འདུན་ཆོས་འཕེལ་མཆོག་བོད་དུ་བསྐོར་ནས་འཛིན་བཟུང་བྱས་ཏེ་བཙོན་དུ་བཙུག་པ་དང་། ཆབ་སྲིད་ཀྱི་གནོད་འཚེ་བཏང་བ། ལུས་སེམས་གཉིས་ལ་མནར་གཅོད་ཚད་མེད་བཏང་སྟེ་ན་སོ་གཞོན་ལ་དུས་སྐབས་སུ་

དགོངས་པ་རྫོགས་བཙུག་པ་དེ་དག་ཚང་མ་བཟོ་མཁན་ནི་དབྱིན་ཇི་དང་རྒྱ་གར་སྲིད་གཞུང་། དེ་བཞིན་བོད་ཀྱི་བཀའ་ཤག་སྲིད་གཞུང་བཅས་ཀྱིས་ཁོང་ལ་ནག་མེད་ཉེས་འགེལ་བྱས་ཏེ་གནོད་འཚེ་དང་ཧུང་རྡེག་ཚབས་ཆེན་བཏང་སྐྱེ་བཟོས་པའི་ཡ་ང་བའི་མཇུག་འབྲས་ངན་པ་ཞིག་རེད།

མཁས་དབང་དགེ་འདུན་ཆོས་འཕེལ་མཆོག་རྒྱ་གར་དུ་འབྱོར་ནས་ས་ཕྱོགས་མང་པོར་ཕེབས་སྐྱོད་ཞིང་། རྒྱ་གར་དབུས་སུ་བཞུགས་སྐབས་སམ་སྐྲི་ཏ་རྩ་བའི་གསན་སྦྱོང་གནང་ས་ནི་ཡུལ་ཤ་ར་ཊ་སི་ཡིན་འདུག་ཅིང་། དེ་ནས་ཁོང་གིས་ལེགས་སྦྱར་དང་ཧིན་རྡུའི་སྐད་ཡིག་ལེགས་པར་གསན་སྦྱོང་གནང་རྗེས་གནས་གཅིག་ཏུ་མ་བཞུགས་པར་རྒྱ་གར་གྱི་གྲགས་ཅན་གནས་ཆེན་ཁག་དང་། གྲོང་ཁྱེར། གནའ་ཤུལ་གྲགས་ཅན་ཁྱབ་ཁུལ་གང་སར་ལྟ་སྐོར་ཕེབས་པར་མ་ཟད། དེ་དག་གི་སྔར་གྱི་མིང་དང་དེང་དུས་ཀྱི་བརྡ་གསར་བར་ཇི་ལྟར་འབོད་པ། སྔར་དང་ད་ལྟའི་གནས་ཚུལ་འགྱུར་བ་སོགས་ངོ་མཚར་དོན་སྙིང་ལྡན་པ་མཐའ་དག་ཞིབ་ཕྲ་ཐོ་འགོད་དང་། ལ་ལར་ཕྱག་བྲིས་རི་མོར་ཕབ་སྐྱེ་ཕྱི་རབས་པར་རྩ་ཆེའི་དཔྱད་གཞིའི་ཡིག་རིགས་བཞག་ཡོད། ད་དུང་ཆོས་ལུགས་ཀྱི་ལྟ་སྤྱོད་སོགས་ཉམས་ཞིབ་མཛད་དགོས་དོན་དུ་ཁོང་གིས་ལྷོ་བརྒྱུད་ནང་བསྟན་གནས་གཞི་སིངྒ་ལའི་གླིང་ཕྲན་དུ་ཕེབས་ཏེ་དུས་ཚོད་རིང་ཙམ་ཞིག་བསྡད་དེ། སིངྒ་ལའི་གནས་ཡིག་ངོ་མཚར་ཅན་སྔ་ན་མེད་པ་དེ་བྲིས་གནང་མཛད། ཡུལ་དེའི་ཁྱད་དུ་འཕགས་པའི་ཡུལ་ལྗོངས་དང་། ཤིང་སྡ། བྱ་རིགས། དགོན་པ། གླིང་མཐར་གནས་པའི་མི་རིགས་གདོད་མའི་འཚོ་བར་རོལ་མཁན་གནས་ཚུལ་སོགས་མི་རྣམ་ཀྱི་མཐོང་བ་ཙམ་གྱིས་ཡིད་འགུགས་པ་དུ་མ་ཕྱག་རིས་སུ་མཛད་ཡོད་པར་གྲགས། ལྷག་པར་དུ་འཛམ་གླིང་ས་ཕྱོགས་གཞན་ན་སངས་རྒྱས་ཆོས་ལུགས་པ་ཀུན་གྱིས་སྟོན་པའི་བཀའ་གཙོ་གྲས་སུ་བརྩི་བ་སྟོན་ཆད་བོད་དུ་མ་བསྒྱུར་བའི་མདོ་སྡེའི་སྡེ་སྣོད་དུ་བསྡུས་པ་《ཆོས་ཀྱི་ཚིགས་སུ་བཅད་པ་》ཞེས་པ་དེ་བོད་ཀྱི་སྐད་དུ་ལེགས་པར་བསྒྱུར་ཏེ་གཏན་ལ་ཕེབས་པར་མཛད་འདུག

མཁས་དབང་དགེ་འདུན་ཆོས་འཕེལ་མཆོག་བོད་ཤིང་ཁྲི་(སྤྱི་ལོ་༡༩༣༦-༡༩༦༥)ལོ་མཇུག་ནས། བོད་ཤིང་བྱ་ལོའི་ཟླ་བཞི་པ་བར་ཕྱིན་ལོ་བཅུ་གཉིས་ཙམ་ཞིག་རྒྱ་གར་དུ་བཞུགས་པའི་བར་དེར་སྤྱི་ལོ་༡༩༣༨ལོར་རྒྱ་གར་གྱི་པཎྜིཏ་རཱ་ཧུ་ལ་དང་། རི་མོ་མཁས་པ་ཀན་ཤལ་ཀྲིཥྞ་སོགས་མཉམ་དུ་དཔལ་ས་སྐྱའི་གཙུག་ལག་ཁང་དུ་ཕེབས་ནས། ས་སྐྱར་ཡོད་པའི་ཏ་ལའི་ལོ་མ་ལ་བྲིས་པའི་གནའ་དུས་ཀྱི་རྒྱ་དཔེ་རྩ་ཆེན་རྣམས་མཇལ་ཚོག་པ་ཞུས་པར་ཞལ་བཞེས་ཐོབ། དེ་དག་ཞིབ་ཏུ་གཟིགས་པར་མ་ཟད། གལ་ཆེ་བ་མང་པོ་ཞལ་བཤུས་ཀྱང་བྱེད་ཐུབ་པ་བྱུང་འདུག །དཔེར་ན《ཚད་མ་རྣམ་འགྲེལ་གྱི་འགྲེལ་པ་》དང《རྒྱན་སྣ་ཚོགས་བཞུགས་པ་》སོགས་ཀྱི་མཚན་བྱང་གསུང་རྩོམ་ཞིབ་ཏུ་བཀོད་གནང་མཛད་ཡོད་པ་རེད། དེ་བཞིན་རྒྱ་གར་དུ་བཞུགས་རིང་སྐབས་ཤིག་ལ་ཨུ་རུ་སུའི་རི་མོ་མཁས་ཅན་ནེ་ཀོ་ལ་སི་ཟེར་བའི་བུ་རོལ་རིག་བྱ་བ་ཞིག་གིས་ཀུ་ལུར་གདན་དྲངས་ཏེ་འགོས་ལོ་གཞོན་ནུ་དཔལ་གྱི་མཛད་པའི《ཆོས་འབྱུང་དེབ་ཐེར་སྔོན་པོ་》དབྱིན་ཡིག་ཏུ་བསྒྱུར་བའི་ཕྱག་རོགས་མཛད་དེ་ཡུལ་དེར་དུས་ཡུན་གང་འཚམས་ཤིག་བཞུགས་པར་མཛད། དེ་ནས་ལྷང་ཀ་ལའི་ཡུལ་དུ་ཕེབས་ནས་གསུང་མགུར་ཞིག་ཀྱང་ལྷུགས་རྩོམ་མཛད།

དེ་ནས་གྲོང་ཁྱེར་ཀ་ལི་ཀ་ཏ་སོགས་སུ་ཕེབས། སྐབས་དེར་འཚོ་བའི་ཆ་རྐྱེན་ཡང་དཀོན་པའི་སྐྱ་ངལ་ཆེ་ཙམ་བྱུང་ཞིང་། དབྱིན་ཇི་དང་རྒྱ་གར་སྲིད་གཞུང་ནས་ཁོང་ལ་བོད་ཡིག་ཏུ་ཡོད་པའི་ཆོས་དང་། རིག་གནས་སྐོར་ཁག་ཅིག་དབྱིན་ཡིག་ཏུ་བསྒྱུར་རྒྱུའི་ལས་འགན་ཞུལ་བ་འཚོ་བ་དོན་གཉེར་གྱི་སླད་དུ་དེ་དོན་མི་མཛད་ཐབས་མེད་བྱུང་། སྐབས་དེར་ཨ་རིའི་མིའམ་ཧྥ་རན་སིའི་མིས་ཕོགས་ཐོབ་ཆེན་པོ་འབུལ་དན་དང་བཅས་གདན་ཞུ་བྱུས་པར་སྐུ་ཉིད་འཚོ་བའི་སྐྱ་ངལ་ཡོད་པ་དང་། ཡུལ་གྲུ་གཞན་ལ་གཟིགས་མོ་དང་བཅས་ཕེབས་རྒྱུར་ཞལ་གྱིས་བཞེས་ཀྱང་། དབྱིན་ཇི་དང་རྒྱ་གར་གཞུང་གིས་ཆང་བཙུགས་ནས་ངན་པ་བྱས་ཏེ་འགྲུལ་བཞུད་ལག་འཁྱེར་མ་ཕུལ་བར་བཀག་པར་མ་ཟད། སྐུ་ཉིད་གང་དུ་ཕེབས་སར་དབྱིན་ཇིའི་མི་ཞིག་བྱ་ར་བར་ཆེད་

བཙུགས་བྱས་པ་མཁྱེན་ཆོར་བྱུང་ནས་ཐ་ཤལ་གྱི་བྱེད་སྟངས་དེ་རིགས་ཐུགས་ལ་མ་བབས་ཁར། དེ་དུས་ཁྲི་བྱང་རིན་པོ་ཆེ་དང་། བཀའ་བློན་ཀ་ཤོད་པ་གཉིས་ནས་བོད་ལ་ཚུར་ཕེབས་དགོས་པའི་བསྐུལ་མའི་འཕྲིན་ཡིག་ནན་པོ་འབྱོར་བས་གང་ལྟར་བོད་ལ་ཕྱིར་ལོག་ཕེབས་དགོངས་གཏད་དེ་རྒྱ་གར་གཞུང་ནས་ཕུལ་བའི་ལས་འགན་རྣམས་ཀྱང་མཚམས་འཇོག་མཛད།

བོད་ཤིང་གླང་(སྤྱི་ལོ་༡༩༨༥)ལོའི་ལོ་སྟོད་དུ་མཁས་དབང་དགེ་འདུན་ཆོས་འཕེལ་མཆོག་རྒྱ་གར་ནས་བོད་དུ་ཕྱིར་ལོག་མཛད། ལམ་བར་ལྷོ་ཁ་མཚོ་སྣ་དང་མོན་རྟ་དབང་བརྒྱུད་ཕེབས་ཤིང་། ལམ་བསྐྱོད་དང་རྟོག་ཞིབ་གཅིག་ལྟོག་སྒྲུབས་ཡུལ་དེ་དག་གི་དམངས་སྲོལ་གོམས་གཤིས་ལ་སོགས་པའི་འཚོ་བའི་གནས་སྟངས་མཐོང་ཐོས་བྱུང་བ་རྣམས་སྣན་ངག་གི་ལམ་ནས་རྩོམ་ཡིས་གནང་སྟེ་མདོན་སུམ་གསལ་རྗེན་གྱི་སྙན་རྩོམ་ཕྲོགས་སྒྲིག་ཅིག་བརྩམས་གནང་མཛད་ཡོད་པ་རེད། ལྷག་དོན་དུ་དབྱིན་ཇི་བཙན་རྒྱལ་རིང་ལུགས་པས་དེ་སྔ་སྤྱི་ལོ་༡༩༡༨ལོར་ཁྲིམས་དང་འགལ་བའི་ལྐོག་གཞོམ་གྱི་བཟོ་རྩིས་བྱས་པའི"མ་ཁེ་མ་ཧུང་གི་ས་ཐིག"ཟེར་བའི་ས་མཚམས་ཀྱི་གནས་ཚུལ་ལ་བརྟག་དཔྱད་གནང་ཆེད་རྟོག་ཁྲིས་བསྣམས་ཏེ་ཕེབས་བཞིན་པར་ས་གནས་དེའི་ཁུལ་གྱི་གནས་ཚུལ་རྩད་གཅོད་དང་འབྲེལ་ས་བཀྲ་འགོད་གནང་མཛད་ཡོད་པ་རེད་དོན་འདིས་དབྱིན་ཇིས་མཁས་དབང་ཉིད་ལ་དོགས་ཟོན་བྱེད་དགོས་ཡང་གནད་དོན་དེ་དང་འབྲེལ་བ་ཡོད་ཅིང་། ཁོ་པ་ཆོས་བོད་ཀྱི་བཀའ་ཤག་སྲིད་གཞུང་ནང་ཁ་ལོར་སྒྱུར་ངེས་ཀྱི་དཔོན་རིགས་དང་ངན་འབྲེལ་བྱས་ཏེ་དབྱིན་ཇིའི་ཚབ་བྱེད་མི་སྣ་དེ་ཆོས་མཁས་དབང་ཉིད་བོད་ལ་ཕྱིར་ལོག་གནང་རྗེས་འཛིན་བཟུང་དང་བཙོན་བཅུག་བྱས་ཏེ་མནར་གཅོད་འོག་དམ་པ་དེའི་ཚེ་སྲོག་འཕྲོག་པ་རེད།

མཁས་དབང་དགེ་འདུན་ཆོས་འཕེལ་མཆོག་ལྷ་སར་ཕེབས་པའི་རྗེས། མི་ཚོས་བསམ་པར་རྒྱ་གར་དུ་དུས་ཚོད་རིང་པོ་དེ་ཙམ་སྐུ་བཞུགས་མཛད་པ་ཡིན་སྟབས། འབྱོར་ལྡན་ཉམས་ཆེན་ཟིག་མདོག་ཁ་པོ་ཞིག་ཡོད་དོགས་སྙམ་པ་ཡིན་

ཀྱང་། དངོས་སུ་མཇལ་དུས་དེ་འདྲ་མིན་པར་ཞལ་རས་ཁྲུམ་ཉམས་ཙམ་ལ། རས་རྒྱ་སྨུག་གི་ཕྱུ་པ་གྱོན་པ་ཞིག །དངོས་རྫས་ལྕགས་སྒམ་ནག་པོ་ཆེན་པོ་ཞིག་དང་། མེ་ཐབ་ཨི་སི་ཀྲོབ་གཅིག །ཏ་ཡང་ཆུང་ཆུང་གཅིག །མལ་ཆས་དོད་ཙམ་ཞིག་ལས་ཅི་ཡང་མེད་པ་རེད། ཁོང་གི་སྙན་གྲགས་རྒྱང་ནས་ཐོས་པ་དང་། དངོས་སུ་མཇལ་བའི་བར་ལ་ཡིད་མི་ཆེས་པའི་སྣང་བ་ཞིག་རང་བཞིན་གྱི་འཆར་ན་ཡང་། དོན་དངོས་ཐོག་གོང་གསལ་ལྕགས་སྒམ་ནག་པོ་ཆེན་པོ་གཅིག་རང་ཡོད་པ་དེའི་ནང་རིན་ཐང་གཞལ་དུ་མེད་པའི་ལྗགས་རྩོམ་དང་དཔྱད་གཞིའི་ཡིག་རིགས་འབའ་ཞིག་གིས་ཕྱུར་བུར་གཏམས་པ་དེ་ནི་རིན་ཐང་བྲལ་བའི་ནོར་བུ་ཞིག་རེད།

དེ་ནས་མཁས་དབང་ཉིད་ལྷ་སར་ཕེབས་ཡོད་པའི་གནས་ཚུལ་དང་སྙན་གྲགས་གང་སར་ཁྱབ་སྟེ། གདན་སའི་བླ་སྤྲུལ་དང་། དགེ་བཤེས། ས་གནས་སྲིད་གཞུང་གི་དཔོན་རིགས་སེར་སྐྱ། ཨ་མདོ་བ་དང་ཁམས་པ། དེ་མིན་གྲོང་མི་སོགས་རིག་གནས་ལ་དོན་གཉེར་ཡོད་ཟེར་མཁན་མང་པོ་ཁོང་གི་ཞལ་མཇལ་ཨེ་རག་མི་རག་ལྟ་བུ་བྱེད་པར་མ་ཟད། འདི་དང་དེའི་དཔེ་ཁྲིད་ཞུ་མཁན་ཡང་དུས་ཚོད་མི་འདང་བ་ཙམ་ལས་བཅར་མི་བྱུང་བར་འདོད་པ་སྐོང་གང་ཐུབ་ཀྱི་ཁྲིད་དང་སློབ་སྟོན་གནང་བར་གྲགས། ད་དུང་རྒྱ་གར་གནས་ཆེན་ཁག་ལ་བགྲོད་པའི་ལམ་ཡིག་སོགས་སྔོན་དུ་བརྩམས་པའི་གསུང་རྩོམ་འགའ་ཞིག་ལེགས་པར་གཏན་ལ་ཕབ་པ་དང་། ལྷག་པར་དུ་རྒྱལ་རབས《དེབ་ཐེར་དཀར་པོ་》ཡི་རྩོམ་འབྲིས་དབུ་འཛུགས་མཛད། དེའི་ཐད་ལ་རྒྱལ་གཅེས་མི་སྣ་དམ་པ་ཧོར་ཁང་བསོད་ནམས་དཔལ་འབར་མཆོག་གིས་ཤུགས་ཆེན་གྱི་རྒྱབ་སྐྱོར་གནང་ཡོད་པ་རེད།

ཧོར་ཁང་བསོད་ནམས་དཔལ་འབར་མཆོག་གིས་ལྗགས་རྩོམ་གནང་བའི་དགེ་འདུན་ཆོས་འཕེལ་ལགས་ཀྱིས《དེབ་ཐེར་དཀར་པོ་》རྩོམ་འབྲིས་མཛད་སྐབས་ཀྱི་རྩོམ་ཡིག་ཅིག་སྲིལ་གནང་ཡོད་པ་འབྲེལ་ཡོད་ནང་དོན་དུམ་བུ་ཞིག་རྒྱ་ཆེའི་ཀློག་པ་པོར་ངོ་སྤྲོད་ཞུ་རྒྱུར། སྐུ་ཞབས་ཧོར་ཁང་གིས་གསུང་དོན། "དམ་པ་འདི་ཉིད་རྒྱལ་ཁབ་

ཕྱི་ནང་གང་དུ་བཞུགས་རིང་ལོ་རྒྱུས་ཀྱི་གནད་དོན་མང་པོར་དཔྱད་པ་གཏིང་ཟབ་གནང་བ་བརྒྱུད་བོད་ཀྱི་རྒྱལ་རབས་ཤིག་རྩོམ་རྒྱུའི་དགོངས་པ་ཡོད་ཉུང་། བར་སྐབས་མཐུན་རྐྱེན་མ་ཚང་བ་ལྟ་བུས་དེ་མུར་ལུས་པ་ད་ཆ་རྒྱལ་རབས་རྩོམ་པའི་ཆ་རྐྱེན་སྒྲིན་པར་གཟིགས་ནས་ཁོ་བོ་དང་རྒྱུན་གཏན་མཇལ་འཛོམས་སྐབས། རྒྱ་གར་དུ་བཞུགས་པ་དེའི་ཚེ་ཤིན་ཅང་དང་། ཏུན་ཧོང་སོགས་ཀྱི་ས་ཆ་ནས་ཐོན་པའི་སྔར་ཆོས་རྒྱལ་དུས་སྐབས་ཀྱི་ཡིག་རྙིང་དུམ་བུ་འགའ་ཕྲུག་ཙུ་སོན་པའི་རྐྱེན་གྱིས་བོད་ཀྱི་རྒྱལ་རབས་རྩོམ་པའི་འདུན་པ་ཤུགས་ཆེན་འཕྲུངས་པའི་སྐོར་དང་། རྒྱལ་རབས་དེ་འདྲ་ཞིག་བསྒྲུབས་ན་ལེགས་པོ་ཡོང་མོད། འོན་ཀྱང་རྐྱེན་དབང་བར་ཆད་ཇི་ཡོང་ངེས་པ་མེད་ཅེས་དང་། ཁྱེད་ནས་ཀྱང་རྒྱལ་རབས་རྩོམ་རྒྱུར་མཐུན་འགྱུར་རོགས་རམ་གནང་བ་དེ་ཡག་པོ་རེད།”ཅེས་གསུངས། བོད་བཙན་པོ་རྒྱལ་རབས་ཀྱི་ལོ་རྒྱུས་གསལ་པོ་ཡོང་ཆེད་མཁས་དབང་མཆོག་དང་ཧོར་ཁང་སྐུ་འཁོར་བཅས་ལྷ་སའི་སྐྱིད་ཆུ་ཕ་རོལ་ར་མ་སྒང་(ད་ལྟ་སྟེའུ་གྲོང་གསར་ཁུལ་)ས་གནས་སུ་ཕེབས་ཏེ་གནའ་དུས་བཙན་པོ་ཁྲི་ལྡེ་སྲོང་བཙན་གྱི་སྐབས་བཞེངས་པའི་སྐར་ཆུང་རྡོ་རྗེ་དབྱིངས་ཀྱི་གཙུག་ལག་ཁང་གི་གནས་ཤུལ་དུ་ཡོད་པའི་བཀའ་གཏོགས་ཀྱི་རྡོ་རིང་(ད་ལྟ་རྡོ་རིང་དེའི་ཕྱུགས་རྟུགས་ཤུལ་ལྷག་ཙམ་བཞུགས་ཡོད་)འདིའི་ཡི་གེ་ཆ་ཚང་སྐྱོན་མེད་དུ་གནས་པ་ཞིབ་བཤུས་གནང་། དེ་དུས་ཧོར་ཁང་ལ་ཁོང་གིས“སྐར་ཆུང་གི་རྡོ་རིང་འདི་ལ་བརྟེན་ནས་རྒྱལ་རབས་ཀྱི་ནོར་འཁྲུལ་འགའ་ཤས་ཡོ་བསྲང་ཐུབ”ཅེས་གསུངས་པ་དང་། དེ་ནས་མངའ་བདག་ཁྲི་རལ་པ་ཅན་གྱི་སྐབས་བཞེངས་པའི་འུ་ཤང་རྡོ་དཔེ་མེད་བཀྲ་ཤིས་དགེ་འཕེལ་གྱི་གཙུག་ལག་ཁང་གནས་ཡུལ་དུ་ཕེབས་ཏེ་ཞིབ་བརྟག་གནང་།

དེ་ནས་ལྷ་སར་ཕྱིར་ཕེབས་ནས་རྒྱལ་རབས་《དེབ་ཐེར་དཀར་པོ་》རྩོམ་འབྲིའི་དབུ་འཛུགས་མཛད། སྐབས་དེར་ཡོན་བདག་ཧོར་ཁང་མཆོག་སྐུ་སྲུང་ཉུ་དཔོན་གནང་སྐབས་ལ་བརྟེན་ནོར་གླིང་སྐུ་སྲུང་དམག་སྒར་ནང་ཉུ་དཔོན་གྱི་ལས་ཤག་ཅིག་ཡོད་པ་དེ་གར་ས་ཆ་གཙང་ཞིང་། ཞལ་ཁུ་སེམས་པ་བཅས་ལ་བརྟེན་ལོ་རྒྱུས་རྩོམ་འབྲི་

མཛད་ཡུལ་དེར་གནང་འདུག །ཧོར་ཁང་གི་གསུང་ལས། "དེ་རྗེས་མི་ཁྱི(༡༩༥༨)ལོའི་ཧོར་ཟླ་བཞི་པའི་ཉིན་ཞིག་དམག་སྐར་དུ་རང་ཉིད་སྡོད་བྱ་གཙང་ཉིན་དམ་པ་དེ་ཉིད་ཕེབས་ཏེ། ངོ་ཉུབ་ང་གཉིས་འདིར་བསྡད་ནས་སང་ཞོགས་ང་ཁྲི་བྱང་རིན་པོ་ཆེའི་སྐུ་མདུན་དུ་དེབ་དཀར་གྱི་འགོ་རྩོམ་ཤོག་ལྡེ་ཁ་ཤས་ཤིག་སྤྱན་ཞུར་ཕུལ་ཡོད་པ་དེ་ལེན་དུ་འགྲོ་གི་ཡིན། དེ་ནས་ང་ཚོ་ལྷ་སར་མཉམ་དུ་ལོག་འགྲོ་ཞེས་གསུངས། དེའི་སང་ཉིན་སྔ་དྲོ་ནོར་གླིང་ཕོ་བྲང་གི་ལྕགས་རིའི་ནང་དུ་ལྷམ་འཇུར་ཧ་གྱོན་ན་མི་འགྲིག་གསུང་སྟེ་དམག་སྐར་དཀྲུས་ཤིག་ནས་ལྷམ་ཤོལ་རྩེ་ཞིག་གཡར་པ་བཞེས་ནས་ནོར་གླིང་དུ་ཕེབས་ཏེ་དེ་ནས་མགྱོགས་པོ་ལོག་ཕེབས་བྱུང་། ཁོང་གིས་ངས་རྩོམ་བཞིན་པའི་རྒྱལ་རབས་ལ་སྲིད་སྐྱོང་སྟག་བྲག་རིན་པོ་ཆེ་ནས་ཡག་པོ་བྱུང་འདུག་གསུང་ཚུལ་དང་། ཁྲི་བྱང་ནས་ཀྱང་མཐོང་ཆེན་པོ་གནང་གི་འདུག་ཅེས་ཐུགས་མཉེས་དང་གསུང་བྱུང་། སྲིད་སྐྱོང་སྟག་བྲག་གིས་རྒྱལ་རབས་དེ་ཡག་པོ་འདུག་ཅེས་གསུང་ཀྱང་། དོན་དུ་ཉིན་དེའི་དགོང་མོ་དམ་པ་དེ་ཉིད་དོ་དམ་བྱ་རྩིས་ཡོད་པ་རེད།"ཅེས་གསལ་བ་ལྟར་དེ་ཉིན་ཡོན་མཆོད་གཉིས་སྐུ་སྲུང་དམག་སྐར་ནས་ཞབས་ཐང་མར་ལོག་ཕེབས་པའི་ཡར་ལམ་ཞོལ་རྡོ་རིང་ཕྱི་མའི་ལྡེབས་ཀྱི་ཡི་གེ་རྣམས་ལ་རྒྱང་ཤེལ་སྤྱད་ནས་ཞིབ་གཟིགས་ཀྱང་གནང་འདུག །དེ་ནས་ཧོར་ཁང་དུ་མཉམ་ཕེབས་ཡུད་ཙམ་བཞུགས་ནས་ལྷ་ས་དབང་ལྡན་དཔལ་འབར་ནང་ཁོང་རང་གི་བཞུགས་ཤག་ཏུ་ཕྱིར་ལོག་གནང་འདུག་པའི་ནུབ་མོ་སྟེ། བོད་མི་ཁྱི(སྤྱི་ལོ་༡༩༥༨)ལོའི་ཟླ་བཞི་པའི་ནང་བོད་ས་གནས་སྲིད་གཞུང་གི་བཀའ་ཤག་ལས་ཁུངས་ནས། ལྷ་ས་གྲོང་ཁྱེར་གྱི་ཁྲིམས་ཁང་སྣང་རྩེ་ཤག་གི་མི་དཔོན་གཉིས་ལ་བཀའ་ཕབ་སྟེ་མཁས་དབང་དགེ་འདུན་ཆོས་འཕེལ་གྱི་བཞུགས་ཤག་ནས་བོད་ཀྱི་དངུལ་ཤོག་བརྒྱ་སྐོར་རྫུན་བཟོ་བྱས་པ་མང་པོ་རྙོག་བཤེར་ཐུབ་ནས་ཤོག་སྐོར་སྟེང་གི་རི་མོ་དེ་དག་མཁས་དབང་ཉིད་ཀྱི་བྲིས་པ་རེད་ཅེས་མ་ཉེས་ཁ་གཡོག་བྱས་ཏེ་འཛིན་བཟུང་ཁྲིམས་མུན་དུ་བཙུག་པར་མ་ཟད། ཁོང་གི་བཞུགས་ཤག་ལ་སྒོ་རྒྱ་བྱས་ཐོག་ཕྱག་དཔེ་དང་བཀའ་རྩོམ་སོགས་ཡིག་རིགས་ཡོངས་རྫོགས་བསྡུས་

ནས་རེ་རེ་བཞིན་ཞིབ་བཤེར་ནན་པོ་ཡང་བྱས་འདུག །དོན་དངོས་ཐོག་བོད་ས་གནས་སྲིད་གཞུང་གི་སྲིད་སྐྱོང་སྟག་བྲག་གི་གཙོ་བྱས་པའི་དཔོན་རིགས་དབང་ སྒྱུར་པ་ཤུང་ཤས་ཤིག་ནི་དབྱིན་ཇིའི་མིའི་ཚབ་བྱེད་མི་སྣ་ཤ་སྟག་རེད། ཁོ་པ་ཚོས་གཞན་ལ་ཤོད་མི་ནུས་པའི་དམིགས་ཡུལ་འགྲུབ་རྒྱུའི་ཆེད་དུ། རྒྱུ་མཚན་དང་ཁུངས་ལུང་ཅི་ཡང་བཤད་རྒྱུ་མེད་པའི་ནག་མེད་ཉེས་འགེལ་གྱི་གནས་ཚུལ་བཟོས་ཏེ་ཁོང་ལ་གནོད་འཚེ་བཏང་བ་ཞིག་རེད། དེའི་ཐད་མཁས་དབང་ཉིད་ཀྱིས་སྔ་ས་ནས་སྙན་ཚིག་ཞིག་བྲིས་གནང་མཛད་དེ་ཁོ་པ་ཚོར་གནད་དུ་ཐེགས་པའི་ཐ་ཚིག་ནན་པོ་ཞིག་བཏང་གནང་ཡོད་པ་དཔེར་ན།

"གཞན་ཕན་སྙིང་རྗེའི་སྟུམ་དང་བྲལ་ན་ཡང་།
རིག་རྩལ་ཐབས་མཁས་སློག་གི་ཆོ་འཕྲུལ་གྱིས།
དྲང་པོའི་མི་ལ་འཁྲུག་པོའི་ལམ་སྟོན་པ།
སྐྲ་སེར་སྤྲེའུའི་རིགས་ལ་དོགས་ཟོན་མཛོད།"

ཅེས་ནུབ་ཕྱོགས་བཙན་རྒྱལ་རིང་ལུགས་པའི་གཡོ་འཕྲུལ་ཕུང་སྦྱོར་ལ་དོགས་ཟོན་བྱེད་དགོས་པའི་ཉེན་བརྡ་སློབ་སྟོན་གནང་ལ་འཁེལ་བ་ཞིག་གནང་ཡོད་མོད། ཕུང་འདྲི་དེ་དག་གི་སྣང་ངོར་སྨན་མཆོག་དུག་ཏུ་འགྱུར་བའི་ལོག་ཕྱོགས་ཀྱི་ནུས་པ་ཐོན་པ་ཙམ་ལས་མ་བྱུང་བ་ནི་སྨོས་ཅི་དགོས། སྐུ་ཞབས་ཧོར་ཁང་མཆོག་ནས་ཁོ་པ་ཚོའི་བྱ་ངན་ལ་ཨུ་མཐུད་ཐེར་འདོན་གནང་བར། "སྐབས་དེ་དུས་རྒྱ་གར་(དབྱིན་ཇི་)སྲིད་གཞུང་གིས་ལྷ་སར་བཅའ་སྡོད་དབྱིན་ཇིའི་སྐུ་ཚབ་ལིའི་ཇིའི་ཧྲན་ལ་གསང་བའི་བརྡ་ཐོ་ཞིག་བཏང་སྟེ། དགེ་འདུན་ཆོས་འཕེལ་ལྷ་སར་འབྱོར་ཟིན་པ་དང་། རྒྱ་གར་དུ་གུང་ཁྲན་ཏང་ནང་བཞུགས་ཡོད་པ་དང་། ཁོངས་མིའི་གྲས་སུ་ད་དུང་སྤོམ་མདའ་རབ་དགའ་དང་ལྕང་ལོ་ཅན། གུང་ཟུར་སྤྱན་གསལ་ཀུན་འཕེལ་བཅས་ཡོད་འདུག །གནས་ཚུལ་དེ་དག་བཀའ་ཤག་སྲིད་གཞུང་ལ་སྙན་སེང་ཞུ་དགོས་པ་ཡིན།"ཅེས་བཤད་ཡོད་པར་བཀའ་ཤག་སྲིད་གཞུང་གིས་རང་བཞིན་དང་"སྤྱིན་བདག་གིས་བཀའ་མངགས་ཇི་ལྟར་

གནང་བ་བཞིན་གཡོག་གིས་ཅི་གསུང་བཀའ་སྒྲུབ་ཞུས་པ་རེད།”ཅེས་འཁོད་ཡོད།

མཁས་དབང་དགེ་འདུན་ཆོས་འཕེལ་མཆོག་ལྷ་སའི་སྣང་རྩེ་ཤག་བཙོན་ཁང་ཐོག་བརྩེགས་གཉིས་པའི་ལྷོ་ཕྱུག་ཁང་ཆུང་ཞིག་ཏུ་བཙོན་འཇུག་བྱས་ཤིང་། བཀའ་ཞིབ་ཆེད་བསྐོས་ཀྱིས་གཙུག་ལག་ཁང་ལྷོ་རྒྱུད་དུ་ཁྲིད་ནས་ཞུ་བ་ལེན་པ་སོགས་བྱས་པར་མ་ཟད། བཀའ་ཞིབ་གང་འདྲ་བྱས་པ་དང་དུས་ཚོད་ཇི་ལྟ་བུ་སོང་ཡང་ཉེས་རྟགས་ར་སྤྲོད་གང་ཡང་མ་ཐུབ་པར་དེ་ལས་ལྡོག་སྟེ་བཀའ་ཞིབ་བྱེད་མཁན་གྱིས་གནད་དོན་འདི་བར་ལན་སྐྱོན་པའི་བཀའ་མོལ་དེ་ཚོར་བཀའ་ཞིབ་པ་ཡང་ཏང་སང་སྟེ་རང་ཉིད་ལའང་ཕན་ཐོགས་འགག་བྱུང་བའི་ཚུལ་གྱིས་བློ་འགེལ་བའི་གྲོགས་པོའི་མདུན་དུ་དགེ་འདུན་ཆོས་འཕེལ་ལ་བསྟོད་བསྔགས་གཏོང་གི་ཡོད་པ་རེད། དེར་བརྟེན་བཀའ་ཞིབ་བྱས་ཏེ་འབྲས་བུ་གང་ཡང་མ་བྱུང་སྐབས། བཀའ་ཤག་ནས་བཀའ་བློན་ཆེ་གེ་མོ་བཏང་སྟེ་བཀའ་ཞིབ་བྱེད་མཁན་གཉིས་ལ་ཁྲིད་ཆོས་ཚ་འདྲི་བྱེད་རྒྱུ་མ་བྱུང་ངམ་ཞེས་འདྲིས་པར། ཁོང་གཉིས་ཀྱི་མ་བྱུང་ཞེས་ལན་བཏབ་པས། བཀའ་བློན་ཁོང་ཁྲོ་ལངས་ཏེ་ཏ་ཅང་མ་འདོད་པའི་རྣམ་འགྱུར་བསྟན་ཏེ། བཙོན་པ་ཉེས་ཅན་ལ་འདྲི་ཞིབ་བྱེད་སྐབས་ངེས་པར་དུ་བྱ་ཐབས་གཉིས་བཟུང་ནས་ཚ་གྲང་གཉིས་བེད་སྤྱོད་དེ་འདྲི་ཞིབ་བྱེད་དགོས་ཟེར་ནས་ཚ་འདྲི་བྱེད་དགོས་པའི་བཀའ་ཕབ་པ་དང་། དགེ་འདུན་ཆོས་འཕེལ་ལ་རྟ་ལྕག་ལྔ་བཅུ་ཙམ་ཞིག་སྐུ་ལུས་སྟེང་མནར་གཅོད་ཐོག་པར་གྲགས།

མཁས་དབང་དགེ་འདུན་ཆོས་འཕེལ་མཆོག་ལ་ནག་མེད་ཉེས་འགེལ་གྱི་ཆག་སྒོ་དང་མི་ཚེ་ཉམ་ང་བ་དེ་ལྟ་བུ་ཞིག་བྱུང་སྐབས་ཁོང་གི་དངོས་སློབ་སྐུ་ཞབས་ཧོར་ཁང་བསོད་ནམས་དཔལ་འབར་མཆོག་དང་། བཀྲས་མཐོང་རག་ར་སྤྲུལ་སྐུའི་སྐུ་མཆེད་གཅེན་མོ་དང་བཅས་ནས་རྐྱེན་ངན་དེ་གསན་མ་ཐག་ཕྱོགས་གཅིག་ནས་རྒྱུན་དུ་མཉེས་པའི་གསོལ་ཆས་དང་། གཟིམ་ཆས་གསར་པ། བཞེས་ཐ་སིག་རས་སོགས་བཙོན་སྲུང་པར་དཔྱལ་དངོས་ཀྱིས་བརྔན་པ་དང་བཅས་རྟག་ཏུ་འབུལ་གཏོང་གནང་བ་

དང་། ཕྱོགས་གཞན་ཞིག་ནས་བཙོན་ལས་གྲོལ་ཐུབ་རེས་སྐབས་དེའི་བཀའ་བློན་བླ་མ་རམ་པ་དང་། བཀའ་བློན་ཕུན་ཁང་། ཟུར་ཁང་པ། ཀ་ཤོད་པ་བཅས་ལ་སྐྱབས་རྟེན་དང་སྒྲུགས་དངོས་བརྒྱུད་ཐབས་སྣ་གང་ཟབ་ཀྱིས་ཞུ་བསྐུལ་མཛད་འདུག་ཀྱང་། དོན་ཕན་ཏིལ་འབྲུ་ཙམ་ཡང་བྱུང་མི་འདུག་པར་མ་ཟད། ལ་ལས་དེ་ལས་ཐབས་རྟུག་པའི་ངོ་ཚ་ཁྲིལ་མེད་ཀྱི་གདོང་རིས་མངོན་ཚུལ་རག་རས་བརྗམས་པའི་དགེ་འདུན་ཆོས་འཕེལ་གྱི་ལོ་རྒྱུས་ཞེས་པའི་ནང་འཁོད་ཡོད་པ་རེད། (ཤེས་རབ་རྒྱ་མཚོ་མཆོག་ནས་ལྷུགས་རྩོམ་《དགེ་འདུན་ཆོས་འཕེལ་གྱི་ལོ་རྒྱུས་མདོར་བསྡུས་》ཞེས་པའི་ནང་འཁོད་དོན་)དགེ་འདུན་ཆོས་འཕེལ་མཆོག་ནས་གནས་ཚུལ་དེའི་རིགས་སྤྱ་ས་ནས་མ་འོང་སྔོན་གཟིགས་མཛད་དེ་སྙན་རྩོམ་ཞིག་བྲིས་གནང་ཡོད་པར།

"དགའ་བར་མཐོང་ཚེ་དྲུང་དུ་འདུད་བྱེད་ཅིང་།
སྡུག་པོར་མཐོང་ཚེ་རྒྱང་ནས་ཡིབ་བྱེད་པ།
ཕལ་པའི་སྐྱེ་བོ་ཀུན་གྱི་ཆོས་ཉིད་དེ།
སྔ་མོའི་དུས་ནས་ཁོ་བོས་ཤེས་པ་ལགས།"

ཞེས་འགག་རྩ་དེ་འདྲར་ཐུག་སྐབས་ཆོས་ཉིད་དེ་ལས་གཡོལ་ཐུབ་མཁན་ཕལ་ཆེར་མ་བྱུང་བ་གྲགས།

དགེ་འདུན་ཆོས་འཕེལ་མཆོག་ནས《དེབ་ཐེར་དཀར་པོ་》རྩོམ་འབྲིས་འགྲོ་སྐྱོང་སྐོར་ལ་སྐུ་ཞབས་ཧོར་ཁང་མཆོག་ནས་གསུང་དོན། "བོད་མི་ཕྱི་(༡༨༩༦)ལོའི་ཧོར་ཟླ་བཅུ་གཅིག་པའི་ཚེས་སུམ་ཅུ་ཉིན་དེབ་ཐེར་དཀར་པོ་འགྲོ་སྐྱོང་གནང་རྒྱུའི་སྐོར་ཁོ་བོས། བཙོན་ཁང་དུ་གསང་ཐབས་ཀྱི་ཡི་གེ་ཞིག་ཕུལ་བའི་བཀའ་ལན་དུ། ཡིད་སྨུག་པའི་དུས་དེ་འདྲར་ཡང་ཐོག་མའི་ཕྱུགས་བསམ་མ་བཏང་བ་ངོ་མཚར་ཆེ། རྒྱལ་རབས་འདི་ལ་བར་ཆད་ཅིག་འབྱུང་སྙམ་པ་དང་པོ་ནས་བློ་ལ་ཡོད་ཀྱང་། བར་ཆད་འདི་ཙམ་ཆེས་ཐལ་བ་ལགས། འོན་ཀྱང་རྗེ་མི་ལས། བླ་མའི་གདམས་ངག་མི་ཟབ་ན། བདུད་ཀྱི་བར་ཆད་ཅི་ལ་ཡོད། ཞེས་གསུང་པ་ལྟར་ལགས། བཙན་པོ་རྣམས་ལ

འགོ་བའི་ལྷ་ཞིག་དང་། ལྷ་དེ་ཚོ་ལ་ནུས་པ་ཞིག་ཡོད་ན་ད་དུང་རྒྱལ་རབས་འདི་འགྱུབ་པའི་རེ་བ་ཙམ་ཡོད། དེ་མིན་ཕོ་བོ་ལ་ནི་སྐྱོབ་མཁན་སུ་ཡང་མེད། ཁ་སང་ཞུ་བ་ལེན་སྐབས་ཕོ་བོས་བོད་ལ་སེམས་ངན་བྱས་མེད་པའི་རྒྱུ་མཚན་དུ་རྒྱལ་རབས་འདི་འདྲ་ཡོད་ཚུལ་བཤད་པར། ཕོ་པ་ཚོས་ཚིག་ལ་སྒྲོ་བཏགས་ཏེ་རྒྱལ་རབས་འདི་འདྲ་ཞིག་གིས་བོད་ལ་ཕན་པ་བྱུང་བ་དང་། སྲོམ་མདའ་རབ་དགའ་ལ་འཆར་ཙན་གྱི་ཡིག་འགྱུལ་བྱས་པ་འདི་ཚབས་གང་ཆེ་ཞེས་ལེགས་ཉེས་གོ་ལྡོག་ནས་བཙན་པོས་ཏམ་པ་ཤོད་ཀྱི་འདུག་པས། རང་རེས་རྒྱལ་རབས་རྩོམ་འགྲོ་ཙན་འདི་ཙམ་ལུས་པ་བྱུང་ནའང་ད་ལན་གྱི་ཕོ་བོའི་ནག་ཉེས་ཆེ་ཆུང་ཅི་ཡིན་བོད་ཀྱི་ཤེས་ལྡན་ཡོངས་ཀྱི་མདུན་དུ་མ་འོངས་པ་ན་ཐག་ཆོད་པ་ཞིག་འོང་ངེས་པ་ཡིན། དེ་དུས་སྙིང་དེ་ལས་ཚོམ་པ་དང་བློ་ཁ་དེ་ལས་ཁེངས་པ་འོང་རྒྱུ་མེད་ཅེས་དང་། རྩོམ་འགྲོ་ཙན་གྱི་རྒྱལ་རབས་ཀྱི་ཚིགས་མཚམས་སུ་འགོད་རྒྱུའི་ལྟགས་རྩོམ་ཤོ་ལོ་ག་གཅིག་པུ་དེ་ཡང་བཙོན་ཁང་ནས་རྩལ་བ་མ་ཟད། ‘རྒྱལ་རབས་རྩོམ་འགྲོ་ཙན་དེ་རེ་ཞིག་རྫོགས་སོ་’ འགོད་དགོས་ཞེས་ཀྱང་གསལ་ལོ”ཞེས་འཁོད་པ་དང་། 《དེབ་ཐེར་དཀར་པོ་》ཤིང་པར་དུ་བསྐྲུན་གནང་སྐོར“པར་བསྐྲུན་ཐད་མི་མོ་ཕག(སྤྱི་ལོ་༡༩༥༧)ལོར་ང་རང་མདོ་སྨད་དུ་བསྐྱོད་དགོས་ཀྱི་ལྷ་སར་སྡོད་ལོང་མ་བྱུང་བའི་བར་དེར། ཕོ་བོས་གཉེར་མངགས་ཞུས་པ་བཞིན་དགེ་བའི་བཤེས་གཉེན་ཆོས་ཀྱི་གྲགས་པས་འགན་བཞེས་གནང་ནས་པར་དུ་བསྐྲུན”ཞེས་གསལ་བ་ལྟར་ཧོར་ཁང་ནས་ཡོན་བདག་གནང་སྟེ་པར་བཀོ་མཛད་པ་ཡིན་ནོ། །

སྤྱི་ལོ་༡༩༥༧ལོའི་ལྷ་ལྡན་སྨོན་ལམ་ཆེན་མོ་འཚོགས་ཉེའི་སྐབས་སྔར་ལམ་སྣང་རྩེ་ཤག་གི་བཙོན་པ་ཚང་མ་སྨོན་ལམ་རིང་ཞོལ་དཔལ་སྡིང་བཙོན་ཁང་དུ་སྤོ་དགོས་པ་ལྟར་མཁས་དབང་མཆོག་ཀྱང་ཞོལ་གྱི་བཙོན་ཁང་དུ་བསྐྱལ་ཞིང་། སྨོན་ལམ་གྲོལ་རྗེས་བཙོན་པ་ཁྲིད་ས་སྣང་རྩེ་ཤག་ཏུ་རང་འཛུགས་སྐྱེལ་སྐབས་ཕོང་ཞོལ་དུ་ནུ་མཐུད་བཞག་འདུག་པ་བཅས་ཕྲན་བུ་ཐུགས་བཟོས་བདེ་རུ་ཕྱིན་པར་སྣང་། དེ་གར་ལོ་གཉིས་ཙམ་

ཞིག་བཞུགས་མཐར་སྤྱི་ལོ་༡༧༥༧བོད་ས་གླང་ལོའི་དགུན་དུས་ཙམ་ལ་འབྲས་སྤུངས་གླུ་འབུམ་ཁམས་ཚན་ནས་ཁས་ཐེག་བྱས་ཏེ་སྣང་རྩེ་ཤག་ལས་ཁུངས་སུ་སྙད་ཕྱིན་ཚུལ་མཐུན་ཞུ་རྒྱུ་ཟེར་བའི་རྒྱུན་སྲོལ་གནའ་རྒྱ་ཞིག་བླངས་ནས་གློད་བཀྲོལ་བཏང་སྟེ་གཟིམ་ཁང་དུ་ལོག་ཕེབས་ཐུབ་པ་རེད།

བོད་རིག་པ་མཁས་ཅན་སྐྱ་ཞབས་ཏུའུ་ཡུང་པིང་གིས་རྩོམ་པའི་《དུས་རབས་གཅིག་གི་ནང་དུ་ཐོན་པའི་བོད་རིགས་ཀྱི་སློབ་དཔོན་ཞིག་ལ་ཞིབ་འཇུག་བྱས་ཏེ་གསར་དུ་རྙེད་པའི་གནས་ཚུལ།——དགེ་འདུན་ཆོས་འཕེལ་གྱི་བཟའ་ཟླ་དང་ཁོང་གི་བུ་མོར་བཅར་འདྲི་ཞུས་པའི་སྐོར་》ཞེས་པའི་རྩོམ་ཡིག་ནང་མཁས་དབང་དགེ་འདུན་ཆོས་འཕེལ་མཆོག་བཙོན་ཁང་ནས་གློད་བཀྲོལ་བྱུང་རྗེས་ཀྱི་གནས་ཚུལ་འགོད་པ་ལྟར་ན། "ལོ་གསུམ་སོང་རྗེས་དགེ་འདུན་ཆོས་འཕེལ་བཙོན་ནས་གློད་བཀྲོལ་བྱེད་དུས། དབུ་སྐྲ་གཟིང་གཟིང་དཔྱང་པའི་སྟེང་དུ་འཁྱིལ་ཞིང་སྨྱོ་འཚུབ་འཚུབ་དང་ཨ་རག་དང་བྲལ་ཐབས་མེད་པ་ཞིག་ཆགས་འདུག །སྐབས་དེ་དུས་ཁོང་བཞུགས་སའི་གནས་ཚང་ནི་ལྷ་སའི་དབང་འདུས་ཁང་གསར་ཞེས་སེ་ར་དགོན་པའི་བྱེས་གྲྭ་ཚང་སྨུག་མཛོད་ཀྱི་བཞུགས་གནས་ཡིན་ཞིང་། དེ་ནས་བཀའ་ཤག་སྲིད་གཞུང་གིས་ཡང་ཁོང་བར་སྐོར་ལྷོ་ངོས་ཀྱི་ཀ་ཤོད་པའི་གཟིམ་ཤག་ཏུ་གནས་སྤོས་བྱེད་བཅུག་པ་རེད། བཟའ་ཟླ་ཚེ་བརྟན་གཡུ་སྒྲོན་ཡང་ཁོང་ལ་སྐྱོ་རོགས་ཡོང་ཆེད་མཉམ་དུ་སྤོས་གནང་། ཀ་ཤོད་པའི་གཟིམ་ཤག་ལ་ལོ་གཅིག་ཙམ་བཞུགས་པའི་རྗེས། སོ་ནམ་ལས་ཁུངས་ཀྱིས་ཡང་ཁོང་གནས་སྤོས་བྱེད་བཅུག་སྟེ་ལྷ་ས་གཙུག་ལག་ཁང་ཤར་ངོས་ཀྱི་དགའ་ཙ་ཤག་གསུམ་ཐོག་ཏུ་ཁང་པ་ཀ་གཅིག་མ་ཆུང་ཆུང་ཞིག་གི་ནང་སྡོ་བཅུག །ཁང་པ་འདིར་ཐབ་ཚང་ཆུང་ཆུང་ཞིག་དང་གཉེར་ཚང་ཆུང་ཆུང་ཞིག་ལས་མེད། ད་དུང་བཀའ་ཤག་སྲིད་གཞུང་གི་དཔོན་རིགས་ཤིག་དང་ཁྲང་བཙུགས་ནས་ཁྱིམ་མཚེས་བཟོས་ཏེ་ཁང་པའི་བར་རྒྱ་གཏོལ་ནས་ཁོ་ཚོ་གསང་སྤྱོད་དུ་ཡོང་སྐབས་དགེ་འདུན་ཆོས་འཕེལ་བཞུགས་སའི་བར་ཤུར་བརྒྱུད་དེ་འགྲོ་དགོས་བཟོས་ཏེ་ཁོང་

ལ་བྱ་ར་བྱེད་ཀྱི་ཡོད་པ་རེད། སྐབས་དེ་དུས་སོ་ནམ་ལས་ཁུང་གིས་དགེ་འདུན་ཆོས་འཕེལ་མཆོག་ལ་ཟླ་རེར་གསོལ་ཕོགས་འབྲུ་རྒྱ་མ་གསུམ་བརྒྱ་དང་དངུལ་དམར་ཏྲ་ཡང་ལྔ་བཅུ་ཕུལ་རྒྱུ་ཡིན་ཟེར་ཡང་དངུལ་དམར་ཏྲ་ཡང་སྤྲད་མེད་པ་རེད། སྤྱི་ལོ་༡༩༥༡ལོར་མཁས་དབང་དགེ་འདུན་ཆོས་འཕེལ་མཆོག་ཉལ་ཁྲིའི་སྟེང་དུ་བཞུགས་རྒྱུ་ལས་འགུལ་སྐྱོད་གང་ཡང་གནང་མི་ཐུབ་པ་ཡིན་ཙང་། ཉེ་འཁོར་གྱི་སྐུ་དྲག་མི་ཉུང་བ་ཞིག་དང་གྲྭ་བཙུན་སོགས་མང་པོ་ཡོང་ནས་སློབ་ཁྲིད་ཀྱི་རེ་བ་གནང་གི་ཡོད་པ་རེད། བོད་ལ་ཞི་བས་བཅིངས་འགྲོལ་གཏོང་ཉེའི་མཚམས་སུ། བཀའ་ཤག་གི་རྩིས་དཔོན་གནམ་སྲས་གླིང་ནང་དུ་ཕེབས་ཏེ་དགེ་འདུན་ཆོས་འཕེལ་མཆོག་ལ་སྨུག་ཏར་ལས་ཁུངས་ཀྱི་སྨུག་ཏར་གཏོང་མཁན་གནང་རྒྱུའི་རེ་བ་ཞུས་ཀྱང་ཁོང་གིས་ཁས་ལེན་མ་གནང་བ་རེད། (སྤྱི་ལོ་༡༩༥༡ལོའི་ཟླ་ལྔ་པའི་ཚེས་ཉེར་གསུམ་)བོད་ལྗོངས་ཞི་བས་བཅིངས་འགྲོལ་བཏང་བའི་རྗེས་སུ་བཅིངས་འགྲོལ་དམག་མིའི་དཔོན་པོ་ཞིག་གིས་(གྲུང་དབྱང་གི་འཐུས་མི་ཀྲང་ཅིང་ཝུའུ་ལྷ་སར་སྟོན་ལ་ཕེབས་པ་དང་། འགའ་རེས་ཟེར་ན་ཁོ་རང་ངོ་མས་སྨན་པ་འཁྲིད་དེ་ཕེབས་པ་དང་། ཡང་འགའ་རེས་ཟེར་ན་ཁོང་གིས་ཆེད་མངགས་སྐུ་འཁོར་དང་སྨན་པ་ཞིག་མཉམ་དུ་བཏང་བ་རེད་ཟེར།)སྨན་པ་འཁྲིད་དེ་དགེ་འདུན་ཆོས་འཕེལ་ལ་བལྟ་བར་ཕེབས་པར་མ་ཟད་སྨན་གཙོད་ཀྱང་གནང་། བོད་ལུགས་ཡོས་(སྤྱི་ལོ་༡༩༥༡)ལོའི་ཟླ་བརྒྱད་པར་མཁས་དབང་དགེ་འདུན་ཆོས་འཕེལ་མཆོག་དགུང་ལོ་བཞི་བཅུ་ཞེ་དགུར་ཕེབས་ནས་ལྷ་ས་དགའ་ཏུ་ཤག་གཟིམ་ཁང་དུ་དགོངས་པ་རྫོགས། སྐབས་དེ་དུས་ཁོང་གི་བཟའ་ཟླ་ཚེ་བརྟན་གཡུ་སྒྲོན་སྐུ་བཅར་དུ་བཞུགས་མོད། མི་ཚང་མས་ཁོང་སྐུ་ཚེ་ཐུང་ཐུང་དེའི་རིང་ལ་རྐྱེན་ངན་བར་ཆད་དེ་ལྟ་བུ་བྱུང་བ་དང་། སྐུ་ཚེ་རྫིལ་བུའི་ནང་གཏམ་རྒྱུད་ངོ་མཚར་ཅན་དེ་ལྟ་བུ་བྱུང་བའི་མཁས་དབང་ཞིག་ང་ཚོ་དང་ཞལ་གྱིས་གནང་བར་ཤིན་ཏུ་བློ་ཕངས་སོང་ཞེས་དང་། ཆབས་ཅིག་ཁོང་ལ་དེ་ལྟ་བུའི་གནོད་འཚེ་དང་བར་ཆད་བཟོ་མཁན་གྱི་དབྱིན་ཇིའི་མི་དང་རྗེས་འབྲང་པ་སྲིད་གཞུང་རྙིང་པའི་གདོན་འདྲེ་དེ་ཚོར་མི་བཟོད་པའི་ཁོང་ཁྲོ་བྱེད་ཀྱི་ཡོད། དགོངས་པ་མ་རྫོགས་གོང་དུ་མཁས་དབང་དགེ་འདུན་

ཆོས་འཕེལ་མཆོག་གིས་ཧོར་ཁང་བསོད་ནམས་དཔལ་འབར་མཆོག་ལ་ཕྱག་ཡིག་ཅིག་བསྐུར་གནང་མཛད་དེ། ཁོང་ལ་ཐུགས་རེ་བཅོལ་ནས་འགྲོ་ལུས་ཀྱི་གསུང་རྩོམ་ཕྱག་བསྟར་མ་རྣམས་ཐུགས་ཉར་གནང་དགོས་གསུང་སྟེ་ལྷུགས་སྐམ་ནག་པོ་ཆེན་པོ་འདི་ཧོར་ཁང་ལ་རྩིས་སྤྲོད་མཛད། མཁས་དབང་དགེ་འདུན་ཆོས་འཕེལ་སྐུ་གཤེགས་ནས་ཞག་བཞི་བཅུ་ཞེ་དགུ་སོང་མཚམས་བཀའ་ཤག་སྲིད་གཞུང་ནས་མི་བཏང་སྟེ། ཁོང་གི་བཟའ་ཟླ་དང་བཅས་པ་ལྷ་ས་དགའ་ཚ་ཤག་གཟིམས་ཁང་ནས་ཕྱིར་འབུད་བྱས་སྐབས། གང་སར་གནས་ཚང་གཡར་ཏེ་བཞུགས་པ་དང་གྲོང་ནང་འཁྱམས་པོ་ལྟར་གྱི་འཚོ་བ་བསྐྱལ་དགོས་བྱུང་བ་རེད།” ཅེས་དང་།

དེ་ནས་མཁས་དབང་དགེ་འདུན་ཆོས་འཕེལ་མཆོག་གི་བཟའ་ཟླ་དང་བུ་མོའི་སྐོར་ལ་སྐུ་ཞབས་ཏུའུ་ཡུང་ཕིང་གིས་བཅའ་འདྲི་ཞིབ་ཕྲ་གནང་བའི་སྐོར་རྩོམ་ཡིག་ནང་འཁོད་ཡོད་པ་དང་། དེ་གར་ང་ཚོས་དགའ་ཚོར་སྐྱེས་འོས་པ་ཞིག་ནི། མཁས་དབང་དགེ་འདུན་ཆོས་འཕེལ་མཆོག་གི་བཟའ་ཟླ་དང་མི་བརྒྱུད་རྣམས་རྗེས་སུ་རིམ་བཞིན་ལས་གནས་ནས་རྒན་ཡོལ་ཞུས་ཏེ་ཚང་མ་ལྷ་སར་བཞུགས་ཡོད་པ་དང་། བཤད་རྒྱུལ་ལ་ཁོང་རྣམ་པའི་ཁྱིམ་ཚང་ནང་ཚ་བོ་ཚ་མོ་དང་བཅས་པ་བདེ་སྐྱིད་ལྡན་པའི་འཚོ་བ་ལོངས་སྤྱོད་གནང་བཞིན་དུ་བཞུགས་ཡོད་པ་ལགས།

སྐུ་ཞབས་ཧོར་ཁང་བསོད་ནམས་དཔལ་འབར་མཆོག་ནས་དགེ་འདུན་ཆོས་འཕེལ་མཆོག་གི་ཐུགས་རེ་བཅོལ་གནང་བ་ལྟར་འགྲོ་ལུས་ཀྱི་གསུང་རྩོམ་ཕྱག་བསྟར་མ་རྣམས་ཉར་ཚགས་གནང་ཡོད་ཅིང་། “རིག་གནས་གསར་རྗེ་ཆེན་མོའི”ཀླུང་རླབས་ནག་པོ་དེ་ལངས་སྐབས་ཧོར་ཁང་པོ་རང་ལ་རྡུང་རྡེག་ཐོག་པ་དང་སྒྲུགས་མཁས་དབང་མཆོག་གི་གསུང་རྩོམ་འགྲོ་ལུས་ཀྱང་འཕོར་བརླག་སོང་བ་རྗེས་སུ“རིག་གནས་གསར་རྗེ་ཆེན་མོ”མཇུག་སྒྲིལ་རྗེས་བོད་ཀྱི་སྤྱི་ཚོགས་རྒྱུན་ཆད་མེད་པར་འཕེལ་རྒྱས་དང་བརྟན་ལྷིང་བྱུང་སྐབས། སྐུ་ཞབས་ཧོར་ཁང་ཉིད་རང་སྐྱོང་ལྗོངས་ཆབ་སྲིད་གྲོས་ཚོགས་དང་མི་དམངས་འཐུས་ཚོགས་ཞུ་ཡོན་ལྷན་ཁང་དུ་དབུ་ཁྲིད་ཀྱི་ཕྱག་ལས་

མཛད་འཕྲིན་བསྐྱངས་བཞིན་པར། བོད་རིགས་ཀྱི་གྲགས་ཅན་མཁས་དབང་དང་། ལོ་རྒྱུས། ཆོས་ལུགས། རྩོམ་རིག་སྒྱུ་རྩལ་སོགས་ཀྱི་ཆེད་ལས་ཞིབ་འཇུག་དང་གསར་གཏོད་ཀྱི་ཕྱག་ལས་ལ་ཐུགས་འགྲུར་རྒྱ་ཆེར་མཛད་པ་དང་ཕྱོགས་མཚུངས་ད་དུང་དུས་ཚོད་དང་ནུས་ཤུགས་གཅིག་སྒྲིལ་གྱི་ངང་ནས་མཁས་དབང་དགེ་འདུན་ཆོས་འཕེལ་གྱི་གསུང་རྩོམ་རྩད་འཚོལ་དང་། ཞིབ་འཇུག །ལེགས་སྒྲིག །པར་བསྐྲུན་སོགས་ཀྱི་ཐུགས་འགན་བཞེད་ཡོད། དཔེར་ན། ཁོང་གིས་ཀྲུང་གོ་སྤྱི་ཚོགས་ཚན་རིག་ཁང་མི་རིགས་ཞིབ་འཇུག་ཁང་ནས་མཁས་དབང་དགེ་ཆོས་ཀྱི་གསུང་རྩོམ་དེ་སྔ་དཔེ་བཤུས་མཛད་པ་རྣམས་གཡར་ཞུས་གནང་བ་དང་སྐུ་ཞབས་ཧོར་ཁང་ཉིད་ཀྱི་ལོ་མང་རིང་འཚོལ་ཉེད་བྱུང་བའི་ཕྱག་བྲིས་སོགས་བོད་ལྗོངས་སྤྱི་ཚོགས་ཚན་རིག་ཁང་ནས་ལྷུགས་པར་ཐོག་དེབ་གསུམ་དུ་བྱས་ནས་དཔེ་སྐྲུན་གནང་ཐུབ་པ་བྱུང་ཡོད།

ཁོ་ཐོས་ལ་དེབ་གསུམ་པོ་འདིར་སྤྱི་ལོ་༡༩༩༢ལོར་སྐབས་དང་པོའི་ཀྲུང་གོའི་མི་རིགས་དཔེ་དེབ་ཀྱི་གཟེངས་བསྟོད་བྱ་དགའ་ཨང་གསུམ་པ་ཐོབ་པ་རེད་ཟེར། དེ་ཙམ་ཞིག་གིས་མཁས་དབང་དགེ་འདུན་ཆོས་འཕེལ་མཆོག་གི་གསུང་རྩོམ་ཆ་ཚང་བ་ཞིག་ལེགས་སྒྲིག་བྱུང་བ་ཞིག་མིན་ཡང་། ཉུང་མཐར་ཡང་མཁས་དབང་འདིའི་ལྷུགས་རྩོམ་འགའ་ཞིག་སྙུར་སྐྱོབ་དང་། སྲུང་སྐྱོབ། ཁྱབ་བསྒྲགས་སོགས་བྱུང་ཡོད། སྐུ་ཞབས་དམ་པ་ཧོར་ཁང་བསོད་ནམས་དཔལ་འབར་མཆོག་ནས་ཀུན་གྱིས་མཁས་དབང་དགེ་འདུན་ཆོས་འཕེལ་མཆོག་ཐུགས་རྒྱུས་ཡོན་པ་དང་། བོད་མི་རིགས་ཀྱི་རིག་གནས་འཕེལ་རྒྱས་ཡོང་ཆེད་དུ་མཛད་རྗེས་བླ་ན་མ་མཆིས་པ་ལེགས་སྐྱེས་ཕུལ་ཡོད་པ་བློ་འཛིན་ངེས་བརྟན་ཡོང་རྒྱུར《དགེ་འདུན་ཆོས་འཕེལ་གྱི་འཁྲུངས་རབས་དྭངས་གསལ་མེ་ལོང་》ཞེས་པ་རྩོམ་སྒྲིག་དང་དཔེ་སྐྲུན་གནང་ཡོད་པ་རེད། མཁས་དབང་དགེ་འདུན་ཆོས་འཕེལ་མཆོག་འཁྲུངས་ནས་ལོ་བརྒྱ་དང་བཅུ་འཁོར་བའི་དྲན་གསོའི་ཉིན་མོར་ལྷ་ས་གྲོང་ཁྱེར་སྲིད་གཞུང་ནས་དགེ་འདུན་ཆོས་འཕེལ་དགོངས་པ་རྫོགས་སའི་གནས་ཡུལ——བར་བསྐོར་ཤར་དགའ་ཙ་ཤག་བཞུགས་གནས་སུ《དགེ་འདུན་ཆོས་

འཕེལ་དྲན་གསོ་ཁང་》གསར་འཛུགས་བྱས་པ་དང་། སྤྱི་ལོ་༢༠༡༥ལོ་ནས་འགོ་བཙུགས་ཏེ་ཕྱི་ཕྱོགས་སུ་རིན་མེད་དུ་སྒོ་དབྱེ་བ་རེད། ད་ཆ་ཕྱོགས་བཞི་མཚམས་བརྒྱད་ནས་ཕེབས་པའི་མི་རིགས་ཁག་དང་། རྒྱ་ཆེའི་སེར་སྐྱ་མང་ཚོགས། རྒྱལ་ཕྱི་རྒྱལ་ནང་གི་ཡུལ་བསྐོར་བ་སོགས་མང་པོ་རྒྱུན་འཆད་མེད་པར་དྲན་གསོ་ཁང་དུ་ཕེབས་ཏེ། བོད་མི་རིགས་ཀྱི་ཁྱད་དུ་འཕགས་པའི་བསམ་བློ་བ་དང་། ལོ་རྒྱུས་སྨྲ་བ་མཁས་ཅན། རི་མོའི་སྒྱུ་རྩལ་མཁས་ཅན། ལོ་རྩིས་པ་མཁས་ཅན། སྨན་དཔྱད་མཁས་ཅན་བཅས་ཡིན་པའི་དགེ་འདུན་ཆོས་འཕེལ་མཆོག་ལ་གུས་བཀུར་དང་དྲན་གསོ་ཞུ་ཡི་ཡོད། (སྤྱི་ལོ་༢༠༡༨ལོའི་ཟླ་བརྒྱད་པར་སི་ཁྲིན་མི་རིགས་དཔེ་སྐྲུན་ཁང་གིས་དགེ་འདུན་ཆོས་འཕེལ་གྱི་འབྲུངས་གཞིས་ནས་ལེགས་བསྒྲིགས་བྱས་པའི་《རྒྱལ་ཁམས་རིག་པས་བསྐོར་བའི་གཏམ་རྒྱུད་གསེར་གྱི་ཐང་མ་ཞེས་བྱ་བ།》འདི་དངོས་སུ་པར་བསྐྲུན་བྱས་ཏེ་རྒྱལ་ཡོངས་སུ་འགྲེམ་སྤེལ་ཞུས་ཡོད་པ་རེད།)

(༣)གྲགས་ཅན་མཁས་དབང་ཚ་སྤྲུལ་ངག་དབང་བློ་བཟང་རིན་པོ་ཆེ་མཆོག

ལྷ་སར་བཞུགས་པའི་དགུང་ལོ་བགྲེས་པ་ཚོས་མཁྱེན་གསལ་རེད་ལ། ལྷག་པར་དུ་དགུང་ལོ་བརྒྱད་བཅུ་དགུ་བཅུའི་ནང་ཕེབས་པའི་བགྲེས་སོང་ཚོས་ཚ་སྤྲུལ་ངག་དབང་བློ་བཟང་རིན་པོ་ཆེའི་སྐོར་དེ་བས་རྒྱུས་མངའ་ཆེན་པོ་ཡོད་པ་རེད། ང་རང་ཚང་དུས་དགུང་ལོ་བགྲེས་པ་ཚོས་ཚ་སྤྲུལ་རིན་པོ་ཆེའི་སྐོར་གསུང་གྲོས་གནང་བ་གོ་ཐོང་ཡོད་ཀྱང་། ཞིབ་ཕྲའི་གནས་ཚུལ་མང་པོ་ཞིག་གསལ་པོ་གང་ནས་ཤེས་ཐུབ། སྤྱི་ལོ་༡༨༥༧ལོའི་ཟླ་ལྔ་པའི་ཚེས་ཉེར་གསུམ་ཉིན། གུང་དབྱང་མི་དམངས་སྲིད་གཞུང་དང་བོད་ས་གནས་སྲིད་གཞུང་གཉིས་པེ་ཅིང་དུ《བོད་ཞི་བས་བཅིངས་བཀྲོལ་འབྱུང་ཐབས་སྐོར་གྱི་གྲོས་མཐུན》བསྟུས་མིང་དུ“གྲོས་མཐུན་དོན་ཚན་བཅུ་བདུན”བཞག་པའི་རྗེས། ལྷ་ས་གྲོང་ཁྱེར་ནང་གི་ཁྲིམ་གཞུང་སྲུང་ལམ་གང་དུ་ཡང་གླུ་གཞས་གོ་བདེ་བ་དང་གདངས་སྙན་པོ་འདི་འདྲ་ཞིག་བཏང་གི་ཡོད་པ་སྟེ《བོད་ལྗོངས་མི་དམངས་མཉམ་དུ་དགའ་གླུ་ལེན》ཞེས་པ་དེ་རེད་འདུག །གོ་ཐོས་ལ་གཞས་འདི་ཚ་སྤྲུལ་རིན་

པོ་ཆེས་བརྩམས་གནང་བ་རེད་ཟེར། སྐབས་དེ་ནས་བཟུང་ང་རང་ཚོ་སྤྲུལ་རིན་པོ་ཆེ་ལ་བག་ཆགས་བྱུང་བར་མ་ཟད་སེམས་གཏིང་ནས་གུས་བཀུར་ཞུ་གི་ཡོད། ཉེ་འཆར་ངའི་དཔེ་དེབ་འཛོག་སའི་སྒྲིགས་སྒྲོམ་ནང་ནས་སྤྱི་ལོ་༡༩༧༨ལོར་བོད་ལྗོངས་མི་དམངས་དཔེ་སྐྲུན་ཁང་ནས་པར་བསྐྲུན་བྱས་ཏེ་བཀྲམ་པའི་སྦྱུ་དབྱངས་ཕྱོགས་བསྒྲིགས་(རྒྱ་ཡིག་པར་མ་)ཞིག་རྙེད་བྱུང་བས། ཤོག་བུ་ཚང་མ་རྙིང་མདངས་ཀྱི་སེར་ཚུབས་ཅམ་ཆགས་ཡོད་ཀྱང་གཞས་ཚིག་དང་གཞས་གདངས་ཚང་མ་སྐྱོན་གང་ཡང་མེད་པར་བསྡད་འདུག །ཚོ་སྤྲུལ་རིན་པོ་ཆེས་བརྩམས་པའི་གཞས་ཚིག《བོད་ལྗོངས་མི་དམངས་མཉམ་དུ་དགའ་སྤྲུ་ལེན་》ཟེར་བའི་གཞས་ཚིག་འདི་ཡང་འདུག་པས་ཤོག་ལྷེའི་གཡོན་ཟུར་སྟེང་དུ་ཞིབ་གསལ་དེ་འདྲ་ཞིག་འཀོད་བཞག

《བོད་ལྗོངས་མི་དམངས་མཉམ་དུ་དགའ་སྤྲུ་ལེན།》

ལྷ་སའི་དམངས་གཞས།

གཞས་ཚིག་རྩོམ་མཁན་ཚོ་སྤྲུལ་ངག་དབང་བློ་བཟང་།

《བོད་ལྗོངས་ཉིན་རེའི་ཚག་པར་》ཁང་ནས་ཚིག་བསྒྱུར།

དབྱིས་ཀན་ནས་གཞས་གདངས་སྒྲིགས།

ཅེས་འཀོད་འདུག །གཤམ་ལ་ངས་གཞས་ཚིག་འདི་ངོ་བཤུས་བྱས་ཏེ་ལྷན་རྒྱས་དང་མཉམ་དུ་གཟིགས་པར་འཚལ་ན་དེ་ལྟར།

《བོད་ལྗོངས་མི་དམངས་མཉམ་དུ་དགའ་སྤྲུ་ལེན།》

ནམ་མཁའ་སྔོན་པོའི་སྟེང་ལ།

མཛེས་པའི་སྤྲིན་དཀར་འཁྱིལ་བཞག །

བོད་ཞི་བས་བཅིངས་འགྲོལ་བཏང་ནས།

མའོ་ཀྲུའུ་ཞིའི་སྲིད་ཇུས་འོད་ཟེར་འཕྲོད།

བོད་ལྗོངས་མི་དམངས་མཉམ་དུ་དགའ་སྤྲུ་ལེན།

རླབས་ཆེན་གཙོ་འཛིན་མའོ་ཙེ་ཏུང་།
ཁྱེད་ཀྱི་དགོངས་པ་བོད་ལྗོངས་ཡོངས་སུ་ཁྱབ།
ཁྱེད་ནི་ང་ཚོའི་བདེ་སྐྱིད་རེ་བ་ཡིན།
ཁྱེད་ཉིད་དྲན་པ་ཙམ་གྱིས་སྤོབས་ཤུགས་སྐྱེས།
བོད་ལྗོངས་མི་དམངས་མཉམ་དུ་དགའ་གླུ་ལེན།

བོད་རྒྱ་སྤུན་ཟླའི་མཐུན་སྒྲིལ་ཟབ།
གྲོས་མཐུན་མངོན་གྱུར་འགན་སྲུང་ཡོད།
བདེ་སྐྱིད་འཚོ་བ་ཤར་ལ་ཉེ།
བཅིངས་འགྲོལ་དམག་གིས་མཐའ་མཚམས་སྲུང་།
བོད་ལྗོངས་མི་དམངས་མཉམ་དུ་དགའ་གླུ་ལེན།

གཞས་ཚིག་འདིའི་ནང་དོན་ལས་མཁྱེན་གསལ་ལྟར། དེ་ནི་བོད་ལྗོངས་ཞི་བས་བཅིངས་འགྲོལ་བཏང་བ་ལ་བསྟོད་གླུ་ཕུལ་བའི་གཞས་ཤིག་ཡིན་ཁར། གཞས་གདངས་སྙན་བྱ་དོད་ལ་བཏང་བདེ་པོ་ཞིག་རེད། གང་ཡིན་ཞེས་ན་གཞས་ཀྱི་གདངས་འདི་བོད་རིགས་མི་དམངས་ཀྱི་དམངས་ཁྲོད་གཞས་གདངས་ནང་ནས་འདེམས་སྒྲུག་བྱས་ཏེ་གཞས་ཚིག་གསར་འཇུག་བྱས་པ་སོང་ཙང་ཚང་མས་ལས་སླ་པོའི་ངང་དར་ཁྱབ་བྱེད་བདེ་པོ་ཡོད་པ་རེད། ཀུན་གྱིས་ཤེས་གསལ་ལྟར། སྤྱི་ལོ་༡༩༥༠ལོའི་ཟླ་བཅུ་པར་བོད་ལྗོངས་ཤར་ཕྱོགས་ཀྱི་ཡུལ་ཆེན་ཆབ་མདོ་བཅིངས་འགྲོལ་བཏང་ཟིན་པའི་འོག །བོད་ས་གནས་སྲིད་གཞུང་གིས་ཞི་བའི་གྲོས་མཐུན་བྱེད་པར་འཐུས་མི་མ་གཏོང་ཐབས་མེད་བྱུང་སྐབས། སྤྱི་ལོ་༡༩༥༡ལོའི་ཟླ་ལྔ་པའི་ཚེས་ཉེར་གསུམ་ཉིན་པེ་ཅིང་དུ《གྲོས་མཐུན་དོན་ཚན་བཅུ་བདུན་》ལ་མིང་རྟགས་བཀོད་པ་རེད། དེ་ནས་བཟུང་བོད་མི་དམངས་རྣམས་འོད་ཟེར་ལྡན་པའི་ལམ་ཆེན་དུ་བསྐྱོད་འགོ་ཚུགས་པའི་ལམ་སྣེ་འདྲེན་པ་དང་། ཚ་སྤྲུལ་རིན་པོ་ཆེས་ལྷུགས་རྩོམ་མཛད་པའི་གླུ་གཞས་ཀྱི་ནང་དོན་དེ་

དག་སྐབས་འདིའི་བོད་མི་དམངས་ཀྱི་བསམ་འདུན་ཡོངས་སུ་མཚོན་པ་གནང་ཡོད།

སྤྱི་ལོ་༢༠༠༩ལོའི་ཟླ་བཅུ་གཉིས་པར། བོད་རང་སྐྱོང་ལྗོངས་ཆབ་སྲིད་གྲོས་ཚོགས་ཨུ་ཡོན་ལྷན་ཁང་དབུ་བརྙེས་ནས་ལོ་ངོ་ལྔ་བཅུ་འཁོར་བའི་རྗེས་འབྲེལ་གྱི་མཛད་སྒོ་གྲ་སྒྲིག་བྱེད་བཞིན་པའི་སྐབས་དེར། རང་སྐྱོང་ལྗོངས་ཏང་ཨུད་ཀྱི་དབུ་ཁྲིད་ཐན་གྲུས་དང་། སྐབས་བཅུ་པའི་རྒྱལ་ཡོངས་འཐུས་མི་ཚོགས་ཆེན་གྱི་ཨུ་ཡོན་ཀྲང་གཞོན་པ་ཀློ་མཐུན་རག་སྡེས་དང་རྒྱལ་ཡོངས་ཆབ་སྲིད་གྲོས་ཚོགས་ཀྱི་ཀྲུའུ་ཞི་གཞོན་པ། བོད་རང་སྐྱོང་ལྗོངས་ཆབ་སྲིད་གྲོས་ཚོགས་ཀྱི་ཀྲུའུ་ཞི་འཕགས་པ་ལྷ་དགེ་ལེགས་རྣམ་རྒྱལ་མཆོག་བཅས་ཀྱིས་ཕོ་མོར་ཆེད་དུ་བཀའ་མངགས་གནང་བ་ལྟར། ཕོ་མོས་མི་སྣ་ཆེད་མངགས་སྒྲིག་འཛུགས་བྱས་ཏེ། བོད་དང་ཡང་ན་རྒྱལ་ཡོངས་སུ་ད་བར་དུས་ཚོད་རིང་པོ་སོང་ཡང་ཚང་མས་དགའ་པོ་བྱེད་པའི་བོད་ཀྱི་གསར་རྗེའི་གླུ་གཞས་སྙིང་རིགས་ཁག་གཅིག་འཚོལ་བསྡུ་དང་ལེགས་སྒྲིག་བྱས་པར་མ་ཟད། རང་སྐྱོང་ལྗོངས་ཆབ་སྲིད་གྲོས་ཚོགས་དབུ་བརྙེས་ནས་ལོ་ངོ་ལྔ་བཅུ་འཁོར་བའི་རྗེས་འབྲེལ་མཚན་ཚོགས་ཐོག་འཁྲབ་སྟོན་པ་ཚོས《བོད་ལྗོངས་མི་དམངས་མཉམ་དུ་དགའ་གླུ་ལེན་》ཞེས་པའི་གླུ་གཞས་སྙིང་པ་འདིའི་གྲས་བཏང་བར་མ་ཟད་ད་དུང་ཆེད་མངགས་སྒྲ་བསྡུ་བྱས་པའི་སྒྲའི་འོད་སྡེར་གཉིས་བཟོས་ནས་གཞས་སྙིང་པ་དེ་དག་བཅུག་ཡོད་པས་ཚང་མས་ཐུགས་མཉེས་པོ་ཞི་དྲག་གནང་གི་འདུག

དེ་རིང་ཕོ་མོས་ཀྱང་ལྷན་རྒྱས་ཚང་མར《བོད་ལྗོངས་མི་དམངས་མཉམ་དུ་དགའ་གླུ་ལེན་》ཞེས་པ་ཀུན་གྱིས་བསྔགས་བརྗོད་ལྷད་མེད་གནང་བའི་གླུ་གཞས་ནས་འགོ་ཚུགས་ཏེ། རིམ་བཞིན་ཚ་སྤྲུལ་ངག་དབང་བློ་བཟང་རིན་པོ་ཆེ་མཆོག་གི་མཚན་སྙན་དང་མཛད་པ་དག་ཇི་ལྟར་ཡིན་ཚུལ་རགས་བསྡུས་ཤིག་ངོ་སྤྲོད་ཞུས་ན། དེ་ཡང་ཐོག་མ་ལ་ཁོང་གིས《བོད་ལྗོངས་མི་དམངས་མཉམ་དུ་དགའ་གླུ་ལེན་》ཞེས་པའི་གཞས་ཚིག་རྩོམ་བྲིས་མ་གནང་གོང་ནས་ཁོང་སྐུ་གནས་སུ་བབ་ཚར་བའི་གྲགས་ཅན་གྱི་རིག་བྱེད་པ་མཁས་ཅན་དང་། སྙན་ངག །སློབ་གསོ་མཁས་ཅན་ཡིན་པར་མ་ཟད་

བོད་ཀྱི་མཐོ་རིམ་མི་སྣའམ་ཡང་ན་ལྷ་སའི་སྤྱི་ཚོགས་ཀྱི་དམངས་ཁྲོད་ནང་དུ་གང་དེའི་ཚུལ་ལྡན་གྱི་སྤྱོད་བཟང་ལ་ཡིད་དབང་འཕྲོག་པ་དང་རིག་གནས་ཀྱི་ཤེས་རྒྱ་ཆེ་བའི་སྙན་གྲགས་སོགས་བག་ཆགས་ཆེན་པོ་ཡོད་སྐབས། ལྷ་ས་བ་ཚོས་ཁོང་སྐྱ་བབས་པའི་རྗེས་སུའང་ཚ་སྤྲུལ་རིན་པོ་ཆེ་ཞེས་འབོད་སྲོལ་ཡོད་རྐྱེན་ངས་ཀྱང་དེ་རང་འབོད་པ་ཡིན། བཤད་ཚུལ་དུ་ཁོང་གསར་རྗེའི་ལས་ཁུངས་ཀྱི་ཕྱག་ལས་སུ་བཞུགས་རྗེས་དུས་ཆེན་ཆེ་གྲས་སའམ་རྟེན་འབྲེལ་གྱི་མཛད་སྒོ་ཆེ་གྲས་ཁག་གི་བྱེད་སྒོ་ག་དུས་སྤྱིལ་ཡང་ཁོ་རང་གིས་ལྟག་ས་རྩོམ་གནང་བའི་སྙན་ངག་གི་ཚིགས་བཅད་དུམ་བུ་འགའ་ཚང་མའི་མདུན་དུ་སྒྲོགས་སྦྱང་གནང་བ་དང་། ཚང་མའི་ཐུགས་འབབ་པོ་དང་སྙན་པོ་བྱུང་སྟེ་བསྟུགས་བརྗོད་ཀྱི་དགའ་བསུ་ཡང་ཡང་ཐོབ་ཡོད་པ་རེད།

ཚ་སྤྲུལ་རིན་པོ་ཆེ་ངག་དབང་བློ་བཟང་མཆོག་ནི་སྤྱི་ལོ་༡༨༨༠ལོར་གཞིས་རྩེ་བདེ་ལེགས་རབ་བརྟན་ཞེས་པའི་སྐུ་དྲག་གི་ཁྱིམ་དུ་འཁྲུངས་ཤིང་། གཞིས་རྩེ་ཁུལ་གྱི་སྐུ་དྲག་ཁྱིམ་ཚང་ཆེ་གྲས་ཁོངས་ཡིན་སྐབས་ལྷ་སའི་སྐུ་དྲག་ཁྱིམ་རྒྱུད་དང་ཕན་ཚུན་འབྲེལ་བ་དམ་ཟབ་ཏུ་གནས། ཁོང་དགུང་ལོ་ལྔ་ལ་སོན་སྐབས་གདན་ས་སེ་ར་ཐེག་ཆེན་གླིང་དགོན་པའི་སྨད་གྲྭ་ཚང་ཚ་བ་ཁམས་ཚན་ཁོངས་ཆོས་བཞུགས་སློབ་གཉེར་མཛད་པ་དང་སེ་ར་ཚོགས་ཆེན་སྤྲུལ་སྐུའི་ཐོབ་ཐང་ཡོད་པ་རེད། དགུང་ལོ་དྲུག་ལ་སོན་སྐབས་གདན་ས་ཆེན་པོ་དགའ་ལྡན་དགོན་གྱི་ཁྲི་ཐོག་དྲུག་ཅུ་རེ་བརྒྱད་པ་སེར་སྨད་ཚ་བ་སྤྲུལ་སྐུ་བློ་བཟང་དགེ་ལེགས་ཀྱི་ཡང་སྲིད་དུ་ངོས་འཛིན་ཞུས་ཏེ་སེ་ར་སྨད་གྲྭ་ཚང་དུ་ཁྲི་བཞུགས་མཛད་སྒོ་བསྐྱངས་པ་དང་ཆབས་ཅིག་ཏུ་ཆོས་ཕྱོགས་ཀྱི་ཐོས་བསམ་སློབ་གཉེར་གནང་འགོ་ཚུགས་ཤིང་། ཚ་བ་སྤྲུལ་སྐུ་ཞེས་པའི་མཚན་སྙན་ཡང་དེ་ནས་བྱུང་བར་གྲགས།

ཚ་སྤྲུལ་རིན་པོ་ཆེ་སྐུ་ཆུང་དུས་ནས་ཐུགས་རིག་ཤིན་ཏུ་རྣོ་ཞིང་སྦྱང་བརྩོན་ཐུགས་འཛོམས་པ་དང་། སྐུ་ན་གཞོན་དུས་སུ་ཡང་གཞུང་ཆེན་བཀའ་པོད་ལྔ་ལ་ཐོས་བསམ་སློབ་གཉེར་མཛད་སྐབས་ནན་ཏན་དང་ཏུར་བརྩོན་ཆེན་པོ་གནང་བའི་འོག་ཕྱུལ་

བྱུང་གི་སྤྲུང་འབྲས་ཐོབ་ནས་དགུང་ལོ་ཉེ་ཤུ་རྩ་གཅིག་ལ་ཕེབས་པའི་ལོ་འདིར་ལྷ་ས་སྨོན་ཚོགས་ཆེན་མོའི་རྒྱལ་མཚན་དཀར་པོའི་འོག་ཏུ་དགེ་བཤེས་ལྷ་རམས་པའི་མཚན་བཏགས་དངོས་སུ་བཞེས། དགེ་བཤེས་ལྷ་རམས་པའི་མཚན་གནས་ཐོབ་ཟིན་ཡང་དེ་ཙམ་གྱི་ཡིད་ངོམས་ཏེ་མི་བཞུགས་པར་འཇམ་མགོན་བླ་མ་ཙོང་ཁ་པ་ཆེན་པོས་མདོ་སྔགས་ཟུང་དུ་འབྲེལ་བའི་ཕྱག་བཞེད་ཐུན་མོང་མ་ཡིན་པ་རྒྱུན་འཕྱོངས་མཛད་ཆེད་སུ་མཐུད་སྔགས་ཕྱོགས་ཀྱི་ཐོས་བསམ་སློབ་གཉེར་མཛད་དེ་ལྷ་ས་རྒྱུད་སྨད་གྲྭ་ཚང་དུ་ཆོས་བཞུགས་མཛད། དེ་ནས་བོད་ཀྱི་ས་གནས་མང་པོར་ཕེབས་ཏེ་དགེ་བའི་བཤེས་གཉེན་མང་པོ་བསྟེན་ནས་ཆོས་ཕྱོགས་ཀྱི་གཞུང་ལུགས་ཁག་ལ་སྦྱང་བརྩོན་དཔྱིས་ཕྱིན་པ་བྱུང་བའི་ཁར། རིག་གནས་ཐད་ལོ་རྒྱུས་དང་། སྙན་ངག །གསོ་བ་རིག་པ། སྐར་རྩིས་སོགས་རིག་གནས་སྣ་ཚོགས་ལ་སྦྱང་བརྩོན་མཐར་ཕྱིན་པ་མཛད་དེ་མཁས་པར་གྱུར། ཏཱ་ལའི་བླ་མ་སྐུ་ཕྲེང་བཅུ་གསུམ་པ་ངག་དབང་བློ་བཟང་ཐུབ་བསྟན་རྒྱ་མཚོ་མཆོག་དང་པཎ་ཆེན་སྐུ་ཕྲེང་དགུ་པ་ཆོས་ཀྱི་ཉི་མ་མཆོག་གིས་གཟིགས་སྐྱོང་ཆེན་པོ་ཐོབ་པར་མ་ཟད། ཚ་སྤྲུལ་རིན་པོ་ཆེ་ཏཱ་ལའི་བླ་མའི་སྐུ་བཅར་ཕྱག་ལས་སུ་ཕེབས་རྒྱུར་བཀའ་བསྐུལ་བ་བཞིན་སྔ་རྗེས་སུ་"རྒྱལ་བའི་མཚན་ཞབས་པ"དང་"གསོལ་དཔོན་མཁན་པོ"མཛད། དེ་ནས་ཏཱ་ལའི་བླ་མ་སྐུ་ཕྲེང་བཅུ་གསུམ་པ་ཆེན་པོ་དང་ལྷན་དུ་བོད་ནས་ཞལ་གྱེས་ཏེ་ཕྱི་སོག་དང་། རྒྱལ་ས་པེ་ཅིང་། རྟ་ཤེའི་གི་རི་བོ་རྩེ་ལྔ་སོགས་ལ་ཕེབས་ཏེ་ལོ་ལྔ་ཙམ་བཞུགས། ཏཱ་ལའི་བླ་མ་དང་ལྷན་དུ་ཆིང་རྒྱལ་རབས་ཀྱི་གོང་མ་ཀོང་ཞུས་ཀྱི་མཇལ་འཕྲད་ཐོབ་པ་དང་། ཏཱ་ལའི་བླ་མ་རྒྱ་ནག་རི་བོ་རྩེ་ལྔར་རེ་ཞིག་བཞུགས་པའི་སྐབས་ལྔར་པན་ནས་ཡིན་པའི་གྲྭ་རིགས་ཀྱིས་ཏཱ་ལའི་བླ་མར་མཇལ་ཞུ་དང་སྦྲགས་ཕན་ཚུན་སློབ་གྲྭ་པ་བཏང་རྒྱུའི་གྲོས་མཐུན་བྱུང་ནས། གྲོས་མཐུན་གྱི་སྙིང་དོན་ལྟར་ཕྱི་རྒྱལ་དུ་སློབ་གཉེར་གཏོང་རྒྱུའི་མི་སྣ་ཨང་དང་པོ་ཚ་སྤྲུལ་རིན་པོ་ཆེ་འདེམས་ཐོན་གནང་། དེ་ནས་ཏཱ་ལའི་བླ་མ་བོད་དུ་ཕྱིར་ལོག་ཕེབས་རྗེས་རིང་མིན་སླར་ཡང་བོད་ནས་རྫོག་ཐོན་མཛད་དེ་རྒྱ་གར་རྡོ་རྗེ་གདན་དུ་ཕེབས་སྐབས་ཚ་སྤྲུལ་

རིན་པོ་ཆེ་ཡང་སྐུ་བཅར་བྲལ་མེད་དུ་ཕེབས། ཏཱ་ལའི་བླ་མ་མཆོག་ནས་དེ་གོང་ལྡོར་པན་དང་གྲོས་མཐུན་བཞག་པའི་སྙིང་དོན་ལྟར་ཚ་སྐྱུལ་རིན་པོ་ཆེར་བཀའ་ཕབ་སྟེ་རྡོ་རྗེ་གདན་ནས་ཐོན་ཏེ་ལྡོར་པན་དུ་སློབ་གཉེར་བྱེད་པར་བཏང་བ་གནང་། སྤྱི་ལོ་༡༩༡༡ལོའི་ཟླ་བཞི་པར་ཚ་སྐྱུལ་རིན་པོ་ཆེ་མཆོག་ལྡོར་པན་དུ་ཕེབས་ནས་ལྡོར་པན་གྱི་ཧྲོང་ཀན་ཅི་དགོན་པར་བཀའ་ཆོས་ཤིག་གནང་བར་ས་གནས་དེ་གར་བག་ཆགས་ཆེན་པོ་བཞག །དེ་ནས་རི་པིན་གྱི་ཧྲེང་ཧྲའུ་ཞེས་པའི་ས་གནས་སུ་མུ་མཐུད་སློབ་གཉེར་མཛད་པ་དང་། ད་དུང་ལྡོར་པན་གྱི་ནང་བསྟན་ཆོས་འབྱུང་ལོ་རྒྱུས་ལ་སློབ་སྦྱོང་དང་ཞིབ་འཇུག་གནང་རྒྱུའི་དགོངས་པ་གཏད། སྐབས་དེར་ཏཱ་ལའི་བླ་མ་མཆོག་ནས་ཚ་སྐྱུལ་རིན་པོ་ཆེར་གསང་བའི་སྦྲག་ཏར་ཞིག་བཏང་བར། སྦྲག་ཏར་ནང་ཆོས་ཀྱི་རྒྱལ་པོ་བོད་དུ་ཕྱིར་ལོག་བྱེད་རྒྱུ་ཐག་བཅད་ཚར་བས། ཁྱེད་རང་གང་མགྱོགས་རྒྱ་གར་དུ་ཕྱིར་ལོག་བྱེད་དགོས་ཅེས་གསལ། ཚ་སྐྱུལ་ཉིད་ལྡོར་པན་དུ་སློབ་གཉེར་བྱེད་རྒྱུ་མཚམས་འཇོག་བྱས་ཏེ་འཕྲལ་དུ་རྒྱ་གར་ལ་ཕྱིར་ལོག་བྱེད་རྩིས་བྱས། སྤྱི་ལོ་༡༩༡༢ལོའི་ཟླ་དང་པོའི་ཚེས་ཉེར་གསུམ་ཉིན་ལྡོར་པན་གྱི་ཧྲེང་ཧྲའུ་ནས་ཞལ་གྱིས་ཏེ་དབྱིན་ཇིའི་གྲུ་གཟིངས་ཤིག་ལ་བསྡད་དེ་རྒྱ་གར་ཀ་ལི་ཀ་ཏར་བསྐྱོད་སྐབས་ལམ་བརྒྱུད་ཀྲུང་གོའི་ཞང་ཀང་དང་སིང་ཀ་ཕོར་ལ་སླེབས་ནས་གྲུ་གཟིངས་ནང་ལྡོར་པན་གྱི་མི་ཞིག་དང་མཉམ་དུ་རྒྱ་གར་ཀ་ལི་ཀ་ཏར་འབྱོར། སྐབས་འདིར་ཟླ་གསུམ་པའི་ནང་བཅར་ཚར་བས། ཏཱ་ལའི་བླ་མ་མཆོག་རྒྱ་གར་རྡོ་རྗེ་གདན་ནས་ཞལ་གྱིས་ཏེ་ཀ་ལོན་སྤུག་ཏུ་ཕེབས་ཚར་ཡོད་པར། ཚ་སྐྱུལ་རིན་པོ་ཆེ་སྐུ་འཁོར་བཅས་ཡང་འཕྲལ་དུ་ཀ་ལོན་སྤུག་ཏུ་ཐོན་ནས་རྒྱལ་དབང་རིན་པོ་ཆེ་དང་ཞལ་མཇལ་ཐུབ། སྐབས་དེ་དུས་ཏཱ་ལའི་བླ་མ་མཆོག་གིས་སེམས་ཁུར་ཆེན་པོ་གནང་བའི་དོན་ཆེན་ཞིག་ནི། ལྕགས་ཕག་ལོའི་གསར་རྗེ་ལངས་པའི་རྗེས་སུ་རྒྱལ་ནང་གི་ཆབ་སྲིད་དུས་བབ་ཇི་ལྟར་བྱུང་བའི་སྐོར་རེད། དེར་བརྟེན་ཚ་སྐྱུལ་རིན་པོ་ཆེ་དང་སྐུ་བཅར་ལྡོར་པན་གྱི་མི་འདིས་ཏཱ་ལའི་བླ་མ་མཆོག་ལ་ཞིབ་ཕྲའི་སྒོ་ནས་ཀྲུང་གོའི་རྒྱལ་ནང་གི་དུས་བབ་གསལ་བཤད་བྱས་པ་དང་། ཚ་སྐྱུལ་

རིན་པོ་ཆེས་སྐད་བསྒྱུར་གནང་བས་ཏཱ་ལའི་བླ་མ་མཆོག་གསན་རྗེས། ཐུགས་ཤིན་ཏུ་མཉེས་ནས་ཁྱེད་རང་དུས་ཚོད་ཐུང་ཐུང་དེ་འདྲ་ཞིག་གི་ནང་དུ་ལྷོར་པན་གྱི་སྐད་དེ་ཙམ་སློབ་སྦྱོང་བྱེད་ཐུབ་པ་དང་། ད་དུང་ཤེས་ཡོན་གསར་པ་ཕུན་སུམ་ཚོགས་པོ་དེ་ལྟ་བུ་ཤེས་པ་ནི་དངོས་འབྲེལ་ལས་སླ་པོ་ཞིག་གཏན་ནས་མ་རེད་ཅེས་མཐོང་ཧ་ཅང་ཆེན་པོ་གནང་།

ལྷ་སར་ཕྱིར་ལོག་ཕེབས་པའི་རྗེས་ཏཱ་ལའི་བླ་མ་མཆོག་ནས་ཚ་སྤྲུལ་རིན་པོ་ཆེ་ཨུ་མཐུད་སྐུ་བཅར་དུ་ཉར་གནང་མཛད་དེ་གཟིམ་ཆེ་མཁན་པོར་བསྐོ་གཞག་གནང་བ་དང་། ད་དུང་ཨུ་མཐུད་རྒྱལ་དབང་མཆོག་ནས་མཐོང་ཆེན་དེ་འདྲ་གནང་བ་ཡིན་ན། སྐད་མར་ཕལ་ཆེར་གོ་གནས་དེ་ལས་ལྷག་པ་ཞིག་གནང་ངེས་ཆེ་སྙམ་པ་བྱུང་ཡང་རྗེས་སུ་དེ་འདྲ་རང་མ་བྱུང་བ་རེད། གང་ལགས་ཞེས་ན། ཁོང་གིས་ཏཱ་ལའི་བླ་མ་མཆོག་ནས་སྐྱ་ས་མི་འབབ་རྒྱུ་རེ་བ་དང་བསླབ་བྱ་ཡང་ཡང་མཛད་ཀྱང་རྩ་བ་ནས་མ་གསན་པར་གསང་ཡུམ་བཞེས་ཏེ་བུ་ཕྲུག་ཡང་བྱུང་བ་རེད། ཚ་སྤྲུལ་རིན་པོ་ཆེའི་མཛད་སྤྱོད་དེས་ཞྭ་སེར་དགེ་ལུགས་པའི་འདུལ་ཁྲིམས་ལས་འགལ་བར་མ་ཟད། བླ་མ་སྤྲུལ་པའི་སྐུ་ཞིག་གིས་ངོས་ནས་གླེང་ན་ཆོས་ཁྲིམས་དེ་བས་འགལ་བ་ཞིག་ཡིན་སྟབས། ཏཱ་ལའི་བླ་མ་མཆོག་ཐུགས་ཕམ་ཆེན་པོ་བྱུང་ཡང་ཁོང་སྐྱ་ས་བབས་པར་བཀག་འགོག་གང་ཡང་གནང་ཐུབ་མེད། ཁོང་གི་མཛད་ཕྱོགས་དེའི་ཤུགས་རྐྱེན་གཙོ་བོ་ནི་ཏཱ་ལའི་བླ་མ་མཆོག་དང་ལྷན་དུ་ཕྱིའི་རྒྱལ་ཁབ་གང་སར་ཕེབས་སྐྱོད་བར་མ་ཟད། ལྷོར་པན་རྒྱལ་ཁབ་ཏུ་སློབ་གཉེར་བྱས་ཏེ་བཞུགས་སྐྱོད་བས་མཐོང་རྒྱ་དང་མཁྱེན་རྒྱ་ཧ་ཅང་ཆེ་རུ་ཕྱིན་ནས། བསམ་བློ་གསར་པ་དང་ལྟ་བ་གསར་པ་ཡོད་པའི་མི་སྣ་ཞིག་ཏུ་བསྒྱུར་བའི་རྐྱེན་བྱས་པ་དང་། རྐྱེན་དེས་ཁོང་གིས་ཕྱོགས་གཅིག་ནས་བོད་ཀྱི་སྔ་སྲོལ་སྤྱི་ཚོགས་ཀྱི་རྩལ་སྲུང་ལམ་ལུགས་དང་སྙིང་ཞེན་བག་འཁུམས་ཕོ་ན་ཟིན་བཤད་པར་འཕྲོད་གཤིས་མི་ཐུབ་པ་དང་། ཕྱོགས་གཞན་ཞིག་ནས་སྙིང་ཞེན་ཕྱོགས་ཁག་གི་སྟོབས་ཤུགས་དེ་རང་ཟིན་སྤོད་མཁན་གྱི་སེར་མོ་བའི་དཔོན་རིགས་དེ་ཚོ་དང་

ངན་པ་མཉམ་འགྲོག་བྱེད་འདོད་མེད་པའི་མཚོན་ཚུལ་ཞིག་བྱུང་ཡོད་པ་དཔེ་ན། ཁོང་གིས་མི་གཞན་གྱི་ཁྲི་ལ་མཇུབ་མོ་བཙུགས་ཏེ"ངའི་སྐྲེ་འདི་ལ་ཡང་ཕ་གི་ནང་བཞིན་སྐྲེ་སྐོར་ཞིག་བཏགས་བཏགས་པ་ཡིན"ཞེས་གསུངས། ཁོང་རང་གི་ངོས་ནས་སྐྲ་ས་བབས་སྐྲེ་གསང་ཡུམ་འཚོལ་བ་དང་བུ་ཕྲུག་གསོ་སྐྱོང་བྱས་ནས་འཛིག་རྟེན་ཕལ་པའི་འཚོ་བ་ཞིག་བསྐྱལ་འདོད་པ་འདི་ནི་ཡང་དག་པའི་གདམ་ག་ཞིག་ཡིན་པའི་ངོས་འཛིན་གནང་གི་ཡོད་པ་རེད།

ཚ་སྤྲུལ་རིན་པོ་ཆེ་སྐྲ་ས་བབས་པའི་རྗེས་རང་འགུལ་ངང་ཕ་བོང་ཁ་རི་ཁྲིད་ཀྱི་མཁན་པོའི་གོ་གནས་དགོངས་ཞུ་མཛད། དེ་ནས་བཟུང་ཆོས་ཕྱོགས་ངོས་ཀྱི་གནས་བབ་ཚང་མ་ཤོར་ཏེ་འཚོ་བའི་ཡོངས་ཁུངས་གང་ཡང་མེད་པར་གྱུར། དེའི་གོང་དང་ལྡན་པ་ཆོས་སྐུ་མདུན་དུ་བཅར་ནས་འབུལ་བ་མང་པོ་ཕུལ་མཁན་ཡོད་པ་དང་། ད་ཆ་ཁོ་རང་གི་སྐུ་འཁོར་གཉེར་གཡོག་བྱེད་མཁན་རྣམས་ཀྱང་སྐུ་བཅར་ཞུ་འདོད་མེད་པར་རང་ཁྱིམ་དུ་ལོག་འགྲོ་བ་དང་། ལྷ་སའི་གྲོང་ནང་བཞུགས་སའི་ཁང་པ་ཡང་སྐུ་ངལ་འཕྲད་དེ་ཁྱིམ་ཚང་འཚོ་སྐྱོང་དགོས་པ་སོགས་སྐབས་དེར་འཚོ་བ་ཧ་ཅང་དཀའ་སྡུག་ཆེ་བར་གནས། ཏྭ་ལའི་བླ་མ་མཆོག་ནས་ཁོང་སྐྲ་ལ་བབས་ཚར་ཙང་ད་དུང་སྡོམ་ཁྲིམས་སླར་གསོ་བྱེད་དགོས་པའི་རེ་བ་དང་བསླབ་བྱ་ཡང་ཡང་གནང་ཙང་། དེ་ཡང་རྩ་བ་ནས་ཁས་མི་ལེན་པར་ཁོ་རང་གི་ད་ལྟའི་འཚོ་བ་འདི་རང་བསྐྱལ་འདོད་པ་རྒྱུན་འཁྱོངས་གནང་། དེ་འདྲ་སོང་ཡང་རྒྱལ་དབང་མཆོག་ནས་ད་དུང་ཐུགས་འཁུར་ཟབ་བཞེས་ཀྱིས་མུ་མཐུད་དགེ་བཤེས་ཤེས་རབ་རྒྱ་མཚོ་དང་ལྷན་དུ་བོད་ཀྱི་རྒྱལ་བའི་གསུང་རབ་ཁག་གཅིག་ལ་ཞུ་དག་ཕྱག་ལས་གནང་རྒྱུའི་བཀོད་སྒྲིག་མཛད་པར་མ་ཟད་ཏྭ་ལའི་བླ་མ་སྐུ་ངོ་མས་ཁོང་ལ་གཟིམ་ཤག་གསར་པ་ཞིག་གསོལ་རས་བསྩལ། གཟིམ་ཤག་གནས་ཡུལ་ནི་ལྷ་སའི་བསྟན་རྒྱས་གླིང་དང་ཉེ་བའི་(ལྷ་སའི་སློབ་ཆུང་ཨང་དང་པོའི་)ཞོག་ཤར་ངོས་ཀྱི"གུང་ཟས་ཞིམ་ཤག"ཟེར་བ་དེ་ཡིན་ཞིང་ཁང་པ་འདིའི་ས་ཁང་བདག་ཐོབ་གན་རྒྱ་དང་བཅས་པ་ཆ་ཚང་བསྩལ། དེ་ནས་བཟུང་ཚ་སྤྲུལ་རིན་

པོ་ཆེར་ལྷ་སའི་གྲོང་ནང་དུ་གདན་བཞུགས་ཀྱི་གཟིམ་ཤག་རྒྱ་ཆེན་པོ་ཞིག་གི་ནང་དུ་བཞུགས་རྒྱུ་བྱུང་བ་རེད།

ཚ་སྨྲུལ་རིན་པོ་ཆེར་སློབ་ཁྲིད་ཞུ་མཁན་གྱི་སློབ་མ་མང་པོ་ཡོད་ཁར། སློབ་མ་དེ་དག་གིས་ཤེས་བྱ་སྦྱོང་བརྩོན་བྱེད་རྒྱུའི་སེམས་ཤུགས་དང་རེ་བ་ཆེན་པོ་ཡོད་པར་ཁོང་གིས་ག་དུས་ཡིན་ཡང་ཐུགས་ཀྱི་མ་བཟོད་པར་སློབ་ཁྲིད་གནང་གི་ཡོད། དེ་སྟེ་བཞུགས་སའི་ཁང་པའི་ནང་སློབ་ཁྲིད་གནང་སྐབས་སློབ་མ་མང་པོ་ཡོད་པར་བརྟེན་མི་ཤོང་པར་སློབ་ཁྲིད་གནང་ཁག་པོ་ཡོད་ཅིང་། ད་ཆ་ཁང་པ་ཆེན་པོ་དེ་འདྲ་ཞིག་གི་ནང་དུ་སློབ་ཁྲིད་མཛད་སྐབས་སྐེར་གཉེར་གྱི་སློབ་གྲྭ་ཞིག་རང་བཞིན་དང་ཆགས་ཏེ་གཞི་རྒྱ་ཆེ་རུ་སོང་ཡོད། ཁོང་གི་སློབ་ཁྲིད་སྙན་གྲགས་ལ་ཡིད་སྨོན་ནས་ཡོང་མཁན་སློབ་མ་མང་པོ་ཡོད་པ་དང་། ལོ་རྒན་གཞོན་མི་འདྲ་བ། སློང་སྦྱོང་གི་སྦྱོང་ཚད་རྨང་གཞི་མི་འདྲ་བ། ཁྱིམ་ཚང་གི་ཆ་རྐྱེན་མི་འདྲ་བ་སོགས་སྣ་ཚོགས་ཡོད་ཙང་སློབ་ཁྲིད་ཞུ་བར་ཡོང་ཕྱིན་ཆད་ཁོང་གིས་ཚང་མར་འདྲ་མཉམ་གྱི་ཐོག་ནས་སློབ་ཁྲིད་གནང་གི་ཡོད་པ་རེད། གང་ལགས་ཞེས་ན་ཁོང་གིས་སྐེར་གཉེར་གྱི་སློབ་གྲྭ་བཙུགས་པ་དེ་ཡོང་འབབ་བསག་རྒྱུའི་ཆེད་དུ་རྩ་བ་ནས་མིན་ཞིང་། སློབ་མ་མང་པོ་ཡོད་ཀྱང་ཁོང་རང་ཁྱིམ་ཚང་གི་མི་མགོ་བཞིའི་འཚོ་བ་སྟེར་བཞིན་གྲོན་ཆུང་སིལ་ཚགས་དང་བསྐྱལ་གནང་བ་དང་། སློབ་ཁྲིད་དང་སློབ་སྦྱོང་གི་མཛད་ཕྱོགས་ཐད་ལ་གང་ལྟར་ཕྱི་རྒྱལ་དུ་སློབ་སྦྱོང་གནང་བར་ཕེབས་མྱོང་བ་ཞིག་ཡིན་སྟབས། གཟིགས་རྒྱང་རིང་པོ་ཡོད་པ་དང་། ནང་བསྟན་གྱི་ཤེས་བྱ་མཁྱེན་རྒྱ་ཆེ་བའི་སྟེང་ལ་དེང་དུས་ཀྱི་ཤེས་དཔལ་རིག་པ་མང་པོ་དང་འབྲེལ་གཏུགས་གནང་མྱོང་བར་མ་ཟད་ད་དུང་སྤྱི་ཚོགས་ཀྱི་ཉམས་མྱོང་ཕུན་སུམ་ཚོགས་པོ་ཡོད་པའི་ཤེས་ལྡན་པ་ཞིག་ཡིན་པར་བརྟེན་སློབ་ཁྲིད་གནང་ཕྱོགས་དང་ཡང་ན་སློབ་གཞིའི་ནང་དོན་གང་གི་ཆ་ནས་སྐེར་གཉེར་གྱི་སློབ་གྲྭ་གཞན་དང་རྩ་བ་ནས་མི་འདྲ་བ་ཞིག་ཡོད་པ་རེད།

བོད་ཞི་བས་བཅིངས་འགྲོལ་གཏོང་ཉེའི་མཚམས་སུ། ཚ་སྨྲུལ་རིན་པོ་ཆེ་གོ་མིང་

སྲིད་གཞུང་སློབ་གསོ་ཕུའུ་གི་མཐའ་མཚམས་སློབ་གསོ་སེའི་ནས་གདན་ཞུ་མཛད་དེ་ལྷ་ས་གྲོང་ཁྱེར་རྒྱལ་གཉེར་སློབ་གྲྭ་ཆུང་བ་(དེ་སྔ་ལྷ་ས་བས་ཟམ་ཞིམ་སློབ་གྲྭ་ཟེར་)ཨང་དང་པོ་གསར་འཛུགས་བྱས་པ་དེའི་བོད་ཡིག་དགེ་རྒན་དུ་གདན་ཞུ་བྱས་པ་རེད། ཁོང་གིས་སློབ་གྲྭ་གསར་པ་ལ་སློབ་གསོ་གསར་པ་གཉེར་བར་རྒྱབ་སྐྱོར་ཞུ་ཆེད། ཁོང་རང་ཉིད་ནས་ཧུར་བརྩོན་དང་སློབ་གསོའི་ལས་དོན་ལ་བཞུགས་པར་མ་ཟད། ད་དུང་ཁོ་རང་གིས་སྔེ་འཁྲིད་དེ་རང་གི་སྲས་མོ་གཉིས་ཡོད་པ་དེའང་རྒྱལ་གཉེར་གྱི་སློབ་གྲྭ་འདིའི་ནང་བཞུགས་བཙུག་སྟེ་སློབ་སྦྱོང་བྱེད་འགོ་ཚུགས་པ་རེད། ཚ་སྤྲུལ་རིན་པོ་ཆེའི་མཚན་སྙན་དང་བག་ཆགས་འོག །བོད་མིའི་ནང་གི་དཔོན་རིགས་གཞན་འགའ་རེ་ཡང་རང་གི་བུ་ཕྲུག་འཁྲིད་དེ་སློབ་གྲྭ་འདིའི་ནང་དུ་སློབ་སྦྱོང་བྱེད་བཙུག་པ་དང་། སྤྱི་ལོ་༡༩༥༡ལོར་བོད་ལ་ཞི་བས་བཅིངས་འགྲོལ་བཏང་རྗེས། བོད་དམག་ཁུལ་ཁང་གིས་རྒྱ་རིགས་ལས་བྱེད་པ་དང་དམག་མིས་བོད་སྐད་ཤོད་མི་ཤེས་པས། ཏང་གི་སྲིད་ཇུས་དྲིལ་བསྒྲགས་བྱེད་རྒྱུར་ནུས་པ་མི་ཐོན་པ་དང་། བོད་རིགས་དང་རྒྱ་རིགས་དབར་གྱི་མཐུན་སྒྲིལ་ལ་ཤུགས་གནོན་བརྒྱག་རྒྱུར་ཕན་ཐོག་མེད་པའི་དངོས་ཡོད་གནས་ཚུལ་ལ་གཞིར་བཟུང་སྟེ། བོད་དམག་ཁུལ་ཁང་ནང་དུ་བོད་ཡིག་སྦྱོང་བརྡར་འཛིན་གྲྭ་(རྗེས་སུ་མིང་འགྱུར་ཏེ་བོད་དམག་ཁུལ་ཁང་ལས་བྱེད་སློབ་གྲྭ་)ཞིག་འཛུགས་རྒྱུའི་གྲ་སྒྲིག་བྱས་པ་དང་། དེའི་བརྒྱུད་རིམ་ནང་དུ་དམག་ཁུལ་ཁང་གི་འབྲེལ་ཡོད་དབུ་ཁྲིད་ནས་ཚ་སྤྲུལ་རིན་པོ་ཆེ་གདན་འདྲེན་ཞུས་ཏེ་བོད་ཡིག་སྦྱོང་བརྡར་འཛིན་གྲྭའི་གྲ་སྒྲིག་ལས་དོན་ལ་རྒྱབ་སྐྱོར་གནང་རོགས་ཞུས་པ་དང་ཆབས་ཅིག་བོད་ཡིག་དགེ་རྒན་གནང་རྒྱུའི་རེ་བ་ཞུས། དེའི་སྐབས་ཁོང་དགུང་ལོ་བདུན་ཅུ་བགྲལ་བ་ཕེབས་ཡོད་ཀྱང་སྤྲོ་སེམས་རབ་ཏུ་འཕེལ་བའི་ངང་ནས་ལས་འགན་དང་ལེན་གནང་བར་མ་ཟད། ཀྲུང་སྤྱི་གླིང་ཁར་བོད་ཡིག་སྦྱོང་བརྡར་འཛིན་གྲྭ་དབུ་བཙུགས་པའི་མཛད་སྒོའི་ཚོགས་ཆེན་ཐོག་ཁོང་དང་ལྕང་ལོ་ཅན་བསོད་ནམས་རྒྱལ་པོ་གཉིས་ནས་སྤྲོ་སེམས་རབ་ཏུ་འཕེལ་བའི་གསུང་བཤད་གནང་བར་ཚོགས་བཞུགས་སློབ་མ་ལྔ་བརྒྱ་ལྷག་ཙམ་དང་དམག་ཁུལ་ཁང་གི་དབུ་

ཁྲིད་རྣམས་ནས་བསྔགས་བརྗོད་དང་དགའ་བསུ་ཡང་ཡང་ཐོབ་པ་རེད། དེ་རྗེས་ཁོང་གིས་བོད་དམག་ཁུལ་ཁང་ལས་བྱེད་སློབ་གྲྭའི་ཞའོ་ཀྲང་གཞོན་པ་གནང་བ་དང་ནུས་ཤུགས་སྤར་ལས་ལྷག་པ་བརྟོན་ཏེ་སྐུ་ངོ་མས་སློབ་ཚན་བཟོས་གནང་གི་ཡོད་པར་མ་ཟད། སློབ་གྲྭའི་ལས་དོན་གལ་ཆེ་བ་རྣམས་ལ་འགན་ཁུར་བཀོད་སྒྲིག་གནང་སྟེ་ཧུར་བརྩོན་དང་གྲོས་འགོ་དང་འཐབ་རྩུས་བརྟོན་གནང་གི་ཡོད་པ་རེད། དེ་བཞིན་སྐབས་དེ་དུས་བོད་ཡིག་དགེ་རྒན་ཏ་ཙང་དཀོན་པའི་གནས་ཚུལ་འོག །ཁོང་གིས་སྤྱི་སེམས་འཁོལ་པོས་འགན་ཁུར་གནང་སྟེ་བོད་དམག་ཁུལ་ཁང་གི་དབུ་ཁྲིད་ལ་བོད་ཡིག་ཆུ་ཚད་མཐོན་པོ་ཡོད་པ་དང་། སློབ་གསོའི་བྱ་བར་དགའ་ཞེན་ཡོད་པའི་རྒྱལ་གཅེས་མི་སྣ་འགའ་ཞིག་བོད་ཡིག་དགེ་རྒན་དུ་འོས་སྦྱོར་གནང་བ་དང་། ད་དུང་རང་གི་སྲས་མོ་ཆུང་བ་ཡང་སློབ་གྲྭ་འདིའི་དགེ་རྒན་བྱེད་དུ་བཅུག །མདོར་ན་ཁོང་གིས་ལྷག་བསམ་ཟོལ་མེད་ཀྱི་རྒྱལ་གཅེས་བསམ་བློ་བཅངས་ཏེ་བློ་རྩེ་གཅིག་སྒྲིལ་གྱི་སྒོ་ནས་རྒྱ་རིགས་ལས་བྱེད་པ་དང་དམག་མི་ཚོར་བོད་ཀྱི་སྐད་ཡིག་སློབ་སྦྱོང་དང་གསོ་སྐྱོང་བྱེད་རྒྱུའི་བྱ་གཞག་ལ་འབད་བརྩོན་མཐའ་གཅིག་ཏུ་གནང་ཡོད་པ་རེད།

སྤྱི་ལོ་༡༩༥༢ལོར་བོད་དམག་ཁུལ་ཁང་གི་རྩོམ་ཞིབ་ཨུ་ཡོན་ལྷན་ཁང་བཙུགས་པ་དང་། ཚ་སྤྲུལ་རིན་པོ་ཆེ་སླར་གདན་འདྲེན་ཞུས་ཏེ་རྩོམ་ཞིབ་ཨུ་ཡོན་ལྷན་ཁང་གི་རྒྱུན་ལས་ཨུ་ཡོན་གྱི་ལས་འགན་བཞེས། སྐབས་དེ་དུས་ཀྲུང་གུང་བོད་ལྗོངས་ལས་དོན་ཨུ་ཡོན་ལྷན་ཁང་ཕྱི་ཕྱོགས་ལ་གསལ་བསྒྲགས་མེད་པར་ལས་དོན་མཐའ་དག་བོད་དམག་ཁུལ་ཁང་གི་མིང་ཐོག་ནས་མངོན་པར་བྱས་སྐབས། "བོད་དམག་ཁུལ་ཁང་རྩོམ་ཞིབ་ཨུ་ཡོན་ལྷན་ཁང་"ཞེས་གྲགས། གཙོ་བོའི་ལས་དོན་ནི་《བོད་ཡིག་བསྡུས་གསལ་གསར་འགྱུར་》སྒྲིག་སྒྱུར་དང་པར་སྐྲུན་བྱེད་རྒྱུ་དེ་ཡིན་ལ། དཔྱད་གཞིའི་ཡིག་རིགས་གཞན་དག་འགའ་ཞིག་ཀྱང་ཡིག་སྒྱུར་བྱེད་རྒྱུའི་ལས་འགན་ཡོད་པ་རེད། སྐབས་དེ་དུས་ཡིག་སྒྱུར་གྱི་ལས་འགན་ཏ་ཙང་ལྗིད་པོ་ཡོད་པ་དང་། ཡིག་སྒྱུར་སྟབས་བདེ་ཡོང་བའི་རྒྱ་བོད་ཚིག་མཛོད་ལ་སོགས་པའི་ལག་ཆ་གང་ཡང་མེད་ཁར། གཙོ་བོ་ཚ་སྤྲུལ་རིན་

པོ་ཆེ་དང་ལྡང་ལོ་ཅན་བསོད་ནམས་རྒྱལ་པོ། དགེ་བཤེས་ཆོས་གྲགས་སོགས་རིག་གནས་མཁས་ཅན་རྣམས་པར་བསྟེན་གྱི་ཡོད་པ་དང་། ཁོང་ཚོའི་ཤེས་རྒྱ་ཆེ་བའི་ཡོན་ཏན་ལ་བསྟེན་ནས་གསར་གཏོད་རང་བཞིན་གྱི་ཐག་གཅོད་བྱུང་ཡོད་པ་རེད། དུས་དེང་སང་ཡིག་སྒྱུར་བྱེད་སྐབས་བེད་སྤྱོད་གཏོང་བའི་མིང་ཚིག་གསར་པ་མང་ཆེ་བ་ནི་སྐབས་དེའི་མཁས་དབང་དེ་ཚོའི་ཤེས་རབ་ཀྱི་ཉིང་བཅུད་ལས་བྱུང་བ་ཡིན་ལ་ཁོང་རྣམ་པས་ང་ཚོར་འཇོག་གནང་མཛད་པའི་ནོར་བུའི་བང་མཛོད་ཞིག་ཀྱང་རེད། ད་དུང་རྒྱ་ཆེའི་སློག་པ་པོས་ཏ་ཅང་དགའ་པོ་བྱེད་པའི《ཚ་སྤྲུལ་སུམ་རྟགས་》ཞེས་པ་དེ་ཡང་སྐབས་དེ་དུས་དཀའ་ལོ་སྨིན་པོར་ཕེབས་ཟིན་ཡང་སྐུ་ངལ་ལ་མ་འཛེམས་པར་ལྷུགས་རྩོམ་ལེགས་སྒྲིག་མཛད་པ་ཞིག་རེད།

སྤྱི་ལོ་༡༩༥༨ལོར་ཚ་སྤྲུལ་རིན་པོ་ཆེས་བོད་ལྗོངས་ཉིན་རེའི་ཚགས་པར་ལས་ཁུངས་ཀྱི་གསར་འགྱུར་སྤྱོད་བརྡར་འཛིན་གྲྭའི་བོད་ཡིག་དགེ་རྒན་གྱི་ལས་འགན་གཅིག་ལྷུག་མཛད་དེ། བོད་རིགས་གསར་འགྱུར་ལས་དོན་པ་ཨང་དང་པོ་གསོ་སྐྱོང་དང་སྦྱོང་བརྡར་གནང་རྒྱུའི་ཆེད་དུ་དགུང་ལོ་བདུན་ཅུ་དོན་བདུན་ལ་ཕེབས་ཡོད་ཀྱང་རང་གི་སྐུ་གཟུགས་ཀྱི་གནས་ཚུལ་ལ་མི་ལྟོས་པར་སྐབས་རེ་སློབ་ཁང་སྐུ་ངལ་འཕྲད་དུས་རས་གྲུར་རམ་ཡང་ན་ལྡང་མའི་བསིལ་གྲིབ་འོག་སློབ་ཕྲུག་ལ་སློབ་ཚན་ནན་ཏན་དང་ཁྲིད་གནང་གི་ཡོད་པ་རེད། ཁོང་གིས་རྒྱ་རིགས་དང་། བོད་རིགས་སློབ་གཉེར་བའི་སློབ་སྦྱོང་གི་གྲུབ་འབྲས་ལ་ཐུགས་ཁུར་ཏ་ཅང་ཆེན་པོ་གནང་སྟེ་སློབ་གཉེར་བ་ཚོའི་ཡར་རྒྱས་མྱུར་དུ་ཅམ་བྱུང་བ་ལ་དུས་ཐོག་ཏུ་བསྟོད་བསྔགས་གནང་བ་དང་ཆབས་ཅིག་རེ་འདུན་ཡང་ནན་པོ་གནང་གི་ཡོད་པ་རེད། མདོར་ན་ཚ་སྤྲུལ་རིན་པོ་ཆེས་སྔ་རྗེས་སུ་བོད་ལྗོངས་འཕེལ་རྒྱས་དང་ཡར་ཐོན་ཡོང་རྒྱུར་ཕན་ཐོགས་ཡོད་པའི་མི་སྣ་མི་ཉུང་བ་ཞིག་གསོ་སྐྱོང་གནང་སྟེ་གལ་ཆེའི་ལེགས་སྐྱེས་ཆེན་པོ་ཞིག་འབུལ་གནང་མཛད་ཡོད།

སྤྱི་ལོ་༡༩༥༩ལོར་ཁྲིན་བོད་དང་། མཚོ་བོད་གཉིས་ཀྱི་གཞུང་ལམ་ཐོག་ཏྲངས་

འཁོར་ཤར་གཏོང་ཐུབ་པའི་རྟེན་འབྲེལ་མཛད་སྒོའི་ཉིན། ཁོང་གིས་སྤྱོབས་སེམས་ཁེངས་པའི་སྒོ་ནས་སྐད་གྲགས་ལྡན་པའི་《གཡུ་ཡི་སྐ་རགས་གསེར་གྱི་ཟམ་པ་》ཞེས་པའི་སྙན་ངག་གི་ལམ་ནས་གཞུང་ལམ་བཟོ་སྐྲུན་བྱེད་མཁན་གྱི་ལས་བཟོ་པ་དཔའ་བོ་ཚོས་དཀའ་སྡུག་ལ་མི་སྐྲག་པའི་སྙིང་སྟོབས་ཀྱི་ཉམས་སྣང་ལ་བསྟོད་སྒྲ་འབུལ་བའི་སྙན་ཚིག་དེ་དག་དེ་རིང་གློག་པ་ཡིན་ནའང་སེམས་འགུལ་གྱི་རྦ་རླབས་རབ་ཏུ་འཕྱུར་བཞིན་དཔའ་ངར་གྱི་སྙིང་སྟོབས་འབར་ཐུབ་པ་ཞིག་ཡོང་ངེས་རེད། ཚ་སྤྲུལ་ངག་དབང་བློ་བཟང་མཆོག་གིས་དེ་སྔ་བོད་ལྗོངས་ཉིན་རེའི་ཚགས་པར་གསར་འགོད་བྱས་ཏེ་ལོ་གཅིག་འཁོར་བའི་དྲན་གསོའི་ཚོགས་འདུའི་ཐོག་གསུང་བཤད་གནང་དོན་“མདོ་ཀྲུའུ་ཞི་དང་གྲུང་ཁྲིན་ཏང་ནི་དངོས་འབྲེལ་རླབས་ཆེན་ཞིག་ཡིན་ཞིང་། ཏང་དང་མདོ་ཀྲུའུ་ཞི་མེད་ན། བོད་ལྗོངས་བཅིངས་འགྲོལ་ཐོབ་མི་སྲིད་ལ། བོད་ལྗོངས་མི་དམངས་ཀྱང་བཙན་རྒྱལ་རིང་ལུགས་པའི་འཆིང་ཐག་ལས་འགྲོལ་མི་ཐུབ་པར་མ་ཟད། སྤྱི་ཚོགས་རིང་ལུགས་ཀྱི་མེས་རྒྱལ་ཁྱིམ་ཚང་ཆེན་པོའི་ནང་མི་རིགས་ཁག་ཚང་མ་འདྲ་མཉམ་གྱི་ཁེ་དབང་ལོངས་སུ་སྤྱོད་རྒྱུ་ནི་དེ་བས་ཀྱང་ཡོང་ཐུབ་ཀྱི་མ་རེད།”ཅེས་གསུང་པ་རེད། ཁོང་གིས་ཡིད་ཆེས་བརྟན་པོའི་སྒོ་ནས་“མཐུན་སྒྲིལ་མཐའ་འཁྱོངས་བྱེད་པ་དང་། རྒྱལ་གཅེས་དང་ཡར་རྒྱས་ཡོང་བ་བྱེད་པ། ཁ་བྲལ་དང་ཕྱིར་བཤོལ་ལ་ངོ་རྒོལ་མཐའ་གཅིག་ཏུ་བྱས་ན་གཞི་ནས་འོད་ཟེར་ལྡན་པའི་མདུན་ལམ་ཡོང་གི་ཡོད་པ་ཤེས་ཚོར་གཏིང་ཟབ་བྱུང་”ཞེས་རྗེས་འཇུག་པ་ཚོའི་བླང་འདོར་ཉམས་ལེན་ཐད་ལ་སྐུལ་མ་དང་བསླབ་བྱ་ཡང་དག་པ་ཞིག་གནང་ཡོད་པ་རེད།

སྤྱི་ལོ་༡༩༥༧ལོའི་ཟླ་བཅུ་གཉིས་པའི་ཚེས་གཅིག་ཉིན། ཚ་སྤྲུལ་རིན་པོ་ཆེ་ངག་དབང་བློ་བཟང་མཆོག་དགུང་ལོ་བདུན་ཅུ་དོན་བརྒྱད་ཐོག་ལྷ་སར་དགོངས་པ་རྫོགས། ཚ་སྤྲུལ་རིན་པོ་ཆེ་ང་ཚོ་དང་ཞལ་གྲེས་གནང་བ་དེ་ནི་མི་རྣམས་ཡིད་སྐྱོ་ཞིང་མྱ་ངན་ཚད་མེད་སྐྱེས་པ་ཞིག་རེད། ཚ་སྤྲུལ་རིན་པོ་ཆེ་ནི་གྲགས་ཅན་གྱི་རིག་གནས་མཁས་དབང་ཞིག་དང་། སྙན་ངག་པ། རྒྱལ་གཅེས་ཅན་ཞིག་དང་། ཁོང་གིས་ལས་

གནས་གང་འདྲ་ཞིག་གི་ཐོག་ཏུ་ཕྱུག་ལས་གནང་ཡང་རང་གི་ཚད་ཡོད་ཀྱི་མི་ཚེ་རྫིལ་པོའི་བྱ་བ་མཐའ་དག་ལྷག་བསམ་རྣམ་དག་གི་སྒོ་ནས་བོད་ལྗོངས་རིག་གནས་སློབ་གསོའི་བྱ་གཞག་ལ་ཞེགས་སྐྱེས་འབུལ་གནང་པ་དང་། སྲུན་སྣང་སྤྲུ་ཙམ་མེད་པའི་སློབ་གསོའི་སྙིང་སྟོབས་ཀྱིས་གཞོན་ནུ་པ་མི་རབས་ནས་མི་རབས་བརྒྱུད་དེ་གསོ་སྐྱོང་གང་ཞེགས་གནང་ཡོད་པ་རེད།

ཞེར་གསུམ། སྤྱི་ལོ་༡༩༥༩ལོར་དབྱིན་ཇི་འབྲུག་གྲྭ་གྲོགས་ཕྱེངས་གཅིག་གིས་མི་ཡུལ་རྣམ་པ་གསར་དུ་བརྗེ་བ།

སྤྱི་ལོ་༡༩༥༩ལོའི་ཟླ་གསུམ་པའི་ཟླ་སྨད་ནས་འགོ་བཙུགས་ཏེ། ལྷ་ས་གྲོང་ཁྱེར་ནང་དུ་ཟིང་ཆ་ལང་རྒྱུའི་རྣམ་པ་ཛ་དྲག་ཆེ་རུ་ཕྱིན་ཏེ། གྲོང་ཁྱེར་ནང་དུ་ཕོ་གཞོན་འགས་མེ་མདའ་རིང་མདའ་རྒྱབ་ཏུ་འཁུར་ཞིང་། སྐེ་ལ་ཆོས་སྲུང་གི་གའུ་བཏགས་ནས་གྲོང་ནང་ཕར་འགྲོ་ཚུར་འགྲོ་བྱེད་བཞིན། ཚོང་ཁང་ཚང་མ་སྒོ་རྒྱག་པ་དང་མི་འགྲུལ་རྒྱག་མཁན་ཡང་ཉུང་དུ་ཕྱིན་སྐབས། མི་མང་པོས་སྐད་ཆ་འདྲ་མིན་སྣ་ཚོགས་དང་དཀྲོག་གཏམ་སོགས་ཤོད་མཁན་གང་བྱུང་དུ་ཁྱབ་སྟེ། ལྷ་སའི་དུས་བབ་ཟང་ཟིང་དུ་འགྱུར་ནས་ག་དུས་མཚམས་འཛོག་བྱས་ཡོང་བསམ་པ་ཡིན། སྤྱི་ཟླ་གསུམ་པའི་ཚེས་བཅུ་ཉིན། མི་འགའ་ཞིག་གིས་ཏཱ་ལའི་བླ་མ་བོད་དམག་ཁུལ་ཁང་དུ་གཟིགས་མོ་གཟིགས་པར་ཕེབས་རྒྱུའི་དོན་དེ་བེད་སྤྱད་དེ་གང་སར་དོན་མེད་ཀྱི་དཀྲོག་གཏམ་མང་པོ་བཟོས་ནས། བོད་དམག་ཁུལ་ཁང་དུ་གཟིགས་མོར་གདན་དྲང་པའི་གོ་སྐབས་དང་བསྟུན་ཏེ་ཏཱ་ལའི་བླ་མ་བཀག་ཉར་བྱས་ཏེ་གནོད་འཚེ་གཏོང་རྒྱུའི་ཤོག་གཡོ་རེད། གྲོང་མི་སེར་སྐྱ་ཚང་མས་འཕྲལ་དུ་ནོར་བུ་གླིང་ཁར་བསྐྱོད་དེ་ཏཱ་ལའི་བླ་མར་སྲུང་སྐྱོབ་ཆེད་བོད་དམག་ཁུལ་ཁང་དུ་ཕེབས་རྒྱུར་བཀག་འགོག་བྱེད་དགོས་ཅེས་སྐུལ་སློང་བྱས་པ་རེད། དེར་བརྟེན་དོན་དངོས་གསལ་པོ་མ་ཤེས་པའི་མང་ཚོགས་ཁྲི་གཅིག་དང་ངོ་ལོག་ཟིང་སློང་མཁན་ཁག་གཅིག་བཅས་ཐད་ཀར་ནོར་བུ་གླིང་ཁར་ཤོར་ཏེ་ཏཱ་ལའི་བླ་མའི་གཟིམ་ཁང་ཕོ་བྲང་མདུན་གྱི་ར་བ་ཡོངས་སུ་མི་ཚོགས་ཀྱིས་ཁེངས་ཏེ་ཟང་ཟིང་དུ་འགྱུར་བ་དང་། ཁོ་པ་ཚོས་སྐད་ཅོར་བརྒྱབ་སྟེ་ཏཱ་ལའི་བླ་མ་མཆོག་བོད་དམག་ཁུལ་ཁང་དུ་མ་ཕེབས་རོགས་ཞེས་རྗོགས་མཐའ་མེད་པ་སྐད་བརྒྱབ་པ་རེད།

བོད་དམག་ཁུལ་ཁང་དུ་རིག་རྩལ་ཚོགས་པའི་འཁྲབ་སྟོན་ལ་གཟིགས་མོར་ཕེབས་རྒྱུའི་དོན་དངོས་ནི། ཏཱ་ལའི་བླ་མ་མཆོག་ནས་ཟླ་བ་གཅིག་གི་གོང་དུ་སྤྱི་ཟླ་གཉིས་པའི་ཚེས་བདུན་ཉིན（བོད་ཟླ་བཅུ་གཉིས་པའི་ཚེས་ཉེར་དགུ་ཉིན）བོད་ཀྱི་ལས་དོན་ཨུ་ཡོན་ལྷན་ཁང་གི་དྲུང་ཡིག་ཆེན་མོ་ཀོའོ་ཤི་ལན་དང་བོད་དམག་ཁུལ་ཁང་གི་སི་ལིང་ཡོན་གཞོན་པ་ཏིང་ཧྲའོ་ཏུང་གཉིས་རྩེ་ཕོ་བྲང་པོ་ཏ་ལར་རྩེ་དགུ་གཏོར་གི་འཆམ་གཟིགས་ལ་གདན་འདྲེན་ཞུས་གནང་བ་དང་དེའི་སྐབས་སུ་ཐུགས་གཏན་འཁེལ་ཚར་བའི་དོན་ཞིག་རེད། བཤད་ཚུལ་ལྟར་ན་བོད་ཞི་བས་བཅིངས་འགྲོལ་བཏང་བའི་རྗེས། བཀའ་ཤག་སྲིད་གཞུང་གིས་ལོ་རེའི་རྩེ་དགུ་གཏོར་གྱི་འཆམ་གཟིགས་ལ་བོད་ཀྱི་ལས་དོན་ཨུ་ཡོན་ལྷན་ཁང་དང་། བོད་དམག་ཁུལ་ཁང་གི་དབུ་ཁྲིད་རྣམས་འཆམ་གཟིགས་ལ་གདན་ཞུ་གནང་སྲོལ་ཡོད་ཁར། དེར་བརྟེན་སྤྱི་ལོ་༡༩༥༩ལོའི་རྩེ་དགུ་གཏོར་འཆར་ཉེའི་སྐབས་སུ་ཏཱ་ལའི་བླ་མ་མཆོག་ནས་རྩེའི་ཕོ་བྲང་གི་གཟིམས་ཆུང་དུ་ཀོའོ་ཤི་ལན་དང་ཏིང་ཧྲའོ་ཏུང་གཉིས་ལ་མཇལ་འཕྲད་གནང་བ་དང་སྨྲགས་གསུང་དོན“གོ་ཐོས་ལ་བོད་དམག་ཁུལ་ཁང་གི་རིག་རྩལ་ཚོགས་པའི་འཁྲབ་སྟོན་པ་རྒྱ་ནག་ཏུ་སློབ་སྦྱོང་ཚར་ནས་ཕྱིར་ལོག་ཡོང་རྗེས་འཁྲབ་སྟོན་གསར་པ་ལྟད་མོ་ཆེན་པོ་ཡོད་ཚུལ་གོ་ཐོས་བྱུང་བས། ང་རང་ཡང་ཐེངས་གཅིག་ལྟ་འདོད་འདུག་པས་ཁྲིད་རྣམ་པས་བཀོད་སྒྲིག་ཅིག་གནང་རོགས”གསུང་པར་ཁོང་རྣམ་གཉིས་ནས་དེ་ལྟར་བཀའ་བཞིན་ཞུ་རྒྱུ་དང་ཕེབས་ན་དགའ་བསུ་ཞུ་རྒྱུ་ཡིན་ཞེས་ཞུས་ནས། དེ་འཕྲལ་བོད་དམག་ཁུལ་ཁང་དང་ལས་དོན་ཨུ་ཡོན་ལྷན་ཁང་གཉིས་ནས་ཧུར་བརྩོན་ངང་གྲ་སྒྲིག་འབྱུས་ཚང་ཞུས་པ་རེད། དེ་རྗེས་ཏཱ་ལའི་བླ་མ་མཆོག་ལོ་རེའི་ལྷ་ལྡན་སྨོན་ལམ་ཆེན་མོ་མཇུག་སྒྲིལ་མེད་པ་དང་། དགེ་བཤེས་ལྷ་རམས་པ་དམ་བཅའ་འཛོག་ཚར་དགོས་སོགས་ཀྱི་རྐྱེན་པས་བོད་དམག་ཁུལ་ཁང་དུ་གཟིགས་མོར་ཕེབས་རྒྱུའི་དུས་ཚོད་ནར་འགྱངས་སུ་སོང་།

དེའི་རྗེས་ཟླ་གསུམ་པའི་ཚེས་བཅུའི་ཕྱི་དྲོ་ཆུ་ཚོད་གསུམ་པའི་ཐོག་བོད་དམག་ཁུལ་ཁང་དུ་གཟིགས་མོར་ཕེབས་རྒྱུའི་ས་གནས་དང་དུས་ཚོད་ཚང་མ་ཏཱ་ལའི་བླ་མ་སྐུ

ངོ་མ་རང་ནས་གཏན་འཁེལ་བཟོས་གནང་བ་རེད། དེའི་ཉིན་བོད་རང་སྐྱོང་ལྗོངས་ཀྱི་སྲིག་ཨུ་ཡོན་ལྷན་ཁང་གི་ཨུ་ཡོན་མཁན་ཚུང་བསོད་ནམས་རྒྱ་མཚོ་(རྒྱལ་ཡོངས་ཆབ་སྲིད་གྲོས་ཚོགས་ཀྱི་ཀྲུའུ་ཞི་གཞོན་པ་འཕགས་པ་ལྷ་དགེ་ལེགས་རྣམ་རྒྱལ་གྱི་གཅེན་པོ་)ནོར་གླིང་དུ་ཏཱ་ལའི་བླ་མ་མཇལ་བར་ཕེབས་སྐབས། ནོར་བུ་གླིང་ཁའི་གཞུང་སྒོའི་མཚམས་སུ་བཙར་གྲབས་ཡོད་ཉེར་མི་མང་པོ་ཡོང་ནས་རྫོ་བརྡེགས་ནས་སྐད་ཅིག་ཉིད་དུ་གསོན་པོར་བཀྲོངས་པ་དང་། ད་དུང་སྐྲ་ཤུང་རྟའི་མཇུག་མར་བསྒྲིགས་ཏེ་འདྲུད་ནས་ལྷ་སའི་བར་སྐོར་དུ་ཁྲོམ་བསྐོར་བྱས་པར་མ་ཟད། ལམ་བསྐྱོད་ཐོག་འབོད་ཚིག་བསྒྲགས་ནས“བོད་རང་བཙན”ཡིན་ཟེར། དེ་ནས་བོད་ས་གནས་སྲིད་གཞུང་གི་བཀའ་བློན་དང་བོད་དམག་ཁྲུལ་ཁང་གི་སི་ལིང་ཡོན་གཞོན་པ་བསམ་ཕོ་ཚེ་དབང་རིག་འཛིན་མོ་ཊ་བསྟད་ནས་ནོར་བུ་གླིང་ཁར་བསྐྱོད་དེ། ཏཱ་ལའི་བླ་མ་དང་ལྷན་དུ་བོད་དམག་ཁྲུལ་ཁང་ཚོགས་ཁང་ཆེན་མོར་གཟིགས་མོ་གཟིགས་པར་ཕེབས་རྗེས་ལ། མོ་ཊ་ནོར་གླིང་གི་གཞུང་སྒོའི་མཚམས་སུ་སླེབས་ཉེའི་ཁར། ཡང་མི་མང་པོ་ཡོང་སྟེ་རྫོ་བརྡེགས་ནས་མོ་ཊའི་ཤེལ་སྒོ་བཅགས་པ་དང་བསམ་ཕོའི་དབུ་ལ་རྫོ་ཕོག་ནས་རྨས་སྐྱོན་བྱུང་སྐབས། ཁ་ལོ་བ་རིག་པ་དྭངས་གསལ་ཡོད་རྐྱེན་ལམ་སེང་མོ་ཊ་ཁ་ལོ་བསྒྱུར་ནས་བྲོས་ཏེ་སྲོག་ཉེན་ལས་ཐར་ཙམ་བྱུང་བ་རེད།

ལྷ་སར་ཁྱོན་ཡོངས་ནས་དྲག་པོའི་ངོ་ལོག་ཟིང་འཁྲུག་སློང་བའི་འཁྲབ་ཡོལ་དེ་དུས་དེ་ནས་ཕྱེ་འགོ་ཚུགས་པ་དང་། ད་དུང་མུ་མཐུད་ངོ་ལོག་ཟིང་འཁྲུག་སློང་བའི་བྱ་སྤྱོད་དེ་བས་ཚབས་ཆེ་རུ་བཏང་སྟེ། མང་ཚོགས་ཁག་གཅིག་བསྡུ་རུབ་བཟོས་ཏེ་ལྷ་སའི་བར་སྐོར་ནང་ཇམ་སྟོན་ཁྲོམ་སྐོར་བྱེད་བཙུགས་ནས“བོད་རང་དབང་རང་བཙན་ཡིན། རྒྱ་མི་བོད་ནས་ཕར་རྒྱུགས་ཤིག”ཟེར་བ་སོགས་ཀྱི་འབོད་ཚིག་བསྒྲགས་པ་རེད། ཡང་ཏཱ་ལའི་བླ་མར་སྲུང་སྐྱོབ་བྱེད་རྒྱུ་ཡིན་ཅེས་ཁ་གཡར་ཏེ་མི་སྟོང་ཕྲག་བརྒྱལ་བའི་དྲག་ཆས་ཀྱི་སེར་མོ་བ་དང་། ངོ་ལོག་ཟིང་འཁྲུག་སློང་མཁན་གྱི་མི་སྣ་སོགས་གྲོང་ཁྱེར་ནང་འཛུལ་བཙུགས་སྟེ་ཟིང་འཁྲུག་བསླངས་ཚག་ཚག་དང་སྐྲུག་བསྟད་

པ་རེད། དེ་བཞིན་རྫོང་གཞིས་ཁག་ལ་བཀའ་རྒྱ་བཀྲམས་ཏེ་ཕོ་ལོ་བཅོ་བརྒྱད་ནས་དྲུག་ཅུའི་བར་ཡོད་ཚད་ཚང་མས་ངེས་པར་དུ་རང་སོ་སོའི་མཚོན་ཆ་དང་། རྟས་རྟེལ། ཟ་ཆས་སོགས་འཁྱེར་ནས་ལྷ་སར་འཐུལ་འཛོམས་བྱེད་དགོས་ལས་ཀ་རེ་ཀོ་རེའི་དུས་འགྱངས་བྱེད་མི་ཆོག་ཟེར་བ་དང་། ཡང་དབུ་མེད་སྦྲིག་འཛུགས་བྱས་ཏེ་རྒྱ་གར་གཞུང་ཚབ་ལས་ཁུངས་ཀྱི་མདུན་དུ་ཁྲོམ་སྐོར་བྱེད་བཅུག་པར་མ་ཟད"རང་བཙན"གི་གསལ་བསྒྲགས་ཡི་གེ་བཀྲམ་སྤེལ་དང"བོད་རང་བཙན་ཡིན"ཟེར་བའི་གསལ་བསྒྲགས་ཀྱང་བྱས་པ་རེད།

ཟླ་བ་གསུམ་པའི་ཚེས་བཅུ་བདུན་ཉིན་གྱི་མཚན་མོར། ཏཱ་ལའི་བླ་མའི་ནང་མི་སྐུ་འཁོར་དང་། བཀའ་བློན་ཟུར་ཁང་དབང་ཆེན་དགེ་ལེགས། བཀའ་བློན་སྣེའུ་ཤར་ཐུབ་བསྟན་ཐར་པ། སྤྱི་ཁྱབ་གཞོན་པ་ཕ་ལྷ། ཡོངས་འཛིན་སྐུ་གཞོན་ཁྲི་ཙང་བཅས་མི་གྲངས་དྲུག་བརྒྱ་ལྷག་ཙམ་དང་བཅས་པ་ནོར་བུ་གླིང་ཁ་དང་ཉེ་བའི་ལྷ་སའི་སྐྱིད་ཆུ་སྒྲོལ་ནས་ལྷོ་ཁ་བརྒྱུད་རྒྱ་གར་དུ་བྲོས་བྱོལ་སོང་བ་རེད། ཀྲུང་དབྱང་གི་བོད་ལ་བཅའ་སྡོད་འཐུས་མི་ལས་ཚབ་པ་དང་། བོད་དམག་ཁུལ་ཁང་གི་ཆབ་སྲིད་ཞུ་ཡོན་ཐན་ཀོན་སན་བཅས་ནས་ཏཱ་ལའི་བླ་མའི་བསམ་བློ་འགྱུག་ཐབས་ཀྱི་ལས་དོན་སྤེལ་ཏེ། ཟླ་བ་གསུམ་པའི་ཚེས་བཅུ་ནས་བཅུ་དྲུག་བར་སྔ་རྗེས་སུ་ཏཱ་ལའི་བླ་མར་ཕྱག་ཡིག་ཐེངས་བཞི་ཕུལ་བ་དང་། མཇུག་མའི་ཡི་གེ་ཐེངས་བཞི་པ་ནོར་གླིང་དུ་ཕུལ་བར་བཅར་སྐབས་ཏཱ་ལའི་བླ་མ་བྲོས་བྱོལ་དུ་ཕེབས་ཚར་བ་དང་། གོང་གི་ཕྱག་ཡིག་ཐེངས་གསུམ་པ་བར་ཕུལ་སྐབས་ག་དུས་ཡིན་ཡང་ཏཱ་ལའི་བླ་མས་ཐན་ཀོན་སན་ལ་ཡིག་ལན་སྐྱུར་གནང་ཡོད། གནད་དོན་འདིའི་ཐད་ཕྱོགས་གཅིག་ནས་ཀྲུང་དབྱང་གི་འཐུས་མི་ལས་ཚབ་པས་ཏཱ་ལའི་བླ་མར་ཐུགས་འཕྲུར་དང་གཅེས་སྐྱོང་རེ་བ་སོགས་མཚོན་པ་བྱས་པ་དང་། ཕྱོགས་གཞན་ཞིག་ནས་སྐབས་དེར་ཏཱ་ལའི་བླ་མར་ཐབས་ཤེས་གང་ཡང་མ་བྱུང་བའི་གནས་ཚུལ་ཞིག་ཀྱང་མངོན་གྱི་ཡོད་ལ་གཡོ་འགྱུལ་དང་འགྱུར་ལྡོག་བཏང་ཐུབ་བསམ་པའི་བརྒྱུད་རིམ་ཞིག་རེ་བ་བྱེད་ཐུས་ཡིན་པ་ཡང་ཏ་ཙང་གསལ་པོར་མངོན་པ་

ཡིན། འོན་ཀྱང་། ཏཱ་ལའི་བླ་མ་མཆོག་ལྷ་ས་ནས་ཞལ་གྱིས་གནང་སྐབས་བོད་ཀྱི་སེར་སྐྱ་མང་ཚོགས་ལ་བཞག་གནང་བའི་ཡི་གེ་དང་། ཟླ་གསུམ་པའི་ཚེས་བཅུ་དྲུག་གོང་དུ་ཐན་ཀོན་སན་ལ་ཡིག་ལན་བསྐུར་གནང་བའི་རྣམ་འགྱུར་སྟོན་སྟངས་ཐད་ཡོངས་སུ་རྒྱབ་འགལ་ཡིན་པའི་སྤྱི་བསྒྲགས་ཡི་གེ་ཞིག་བཞག་ཡོད་པ་རེད། ནང་དོན་དུ"བོད་འདི་ཉིད་སྔ་ས་ནས་རང་བཙན་གྱི་རྒྱལ་ཁབ་ཅིག་ཡིན"ཞེས་འཁོད་ཡོད། ཕྱིས་ཕྱི་ལོ་༡༩༥༩ལོའི་ཟླ་༤པའི་ཚེས་༡༨ཉིན་"བོད་རང་བཙན་རྒྱལ་ཁབ་ཀྱི་གནས་སྐབས་སྲིད་གཞུང"ཞེས་པ་བཙུགས་ཟིན་པའི་གསལ་བསྒྲགས་ཀྱང་བྱས་པ་རེད།

གནང་སྟངས་དེ་ལྟར་ཡིན་ཡང་། ཀྲུང་དབྱང་སྲིད་གཞུང་ནས་ད་དུང་ཏཱ་ལའི་བླ་མར་འཕྲོལ་ཆ་འཛོག་གནང་མཛད་དེ་རྒྱལ་ཁབ་ལ་རྒྱབ་གཏོད་བྱེད་མཁན་འགོ་གཙོ་ཡིན་པ་གཏན་འཁེལ་བྱས་མེད་པར། ཕྱི་ཕྱོགས་སུ་ངོ་ལོག་བྱེད་མཁན་ཚོས་ཏཱ་ལའི་བླ་མ་ཕྱི་རྒྱལ་དུ་བཙན་འཁྲིད་བྱས་པ་རེད་ཅེས་བསྒྲགས། དེར་བརྟེན་ངོ་ལོག་ཟིང་འཁྲུག་ཞོད་འཛུགས་བཏང་སྐེ་རིང་མིན་སོང་རྗེས། ལྷ་སའི་ཁྲོམ་གཞུང་གང་སའི་རྩིག་ངོས་སུ་ནང་དོན་གོང་གསལ་འདྲ་བའི་འགྲེམ་བརྡའི་རི་མོ་བྲིས་ཏེ་ཏཱ་ལའི་བླ་མ་གཟིམ་བཞུགས་པའི་སྐབས་མི་འགའ་ཞིག་ཡོང་སྟེ་མལ་སྟན་ནས་འཁྲིད་འགྲོ་བའི་རྣམ་པ་བཀོད་ཡོད་པ་རེད། དེ་ནི་ལྷ་སའི་གྲོང་མི་ཚང་མས་མཐོང་གསལ་རེད་ལ། ང་རང་ཡང་མཐོང་ནས་ཨ་མ་ལགས་ལ་མི་དེ་ཚོས་ཏཱ་ལའི་བླ་མ་མལ་སྟན་ནས་འཁྲིད་འགྲོ་བ་གང་ཡིན་ནམ་ཞེས་འདྲིས་ཀྱང་། ཨ་མ་ལགས་ཀྱི་དབུ་གཡུག་གཡུག་གནང་བ་ཙམ་ལས་གང་ཡང་མི་གསུང་། རི་མོ་དེ་ཚོ་ད་ལྟའང་ངའི་བསམ་བློའི་ནང་བག་ཆགས་གཏིང་ཟབ་མོ་ཡོད། ཏཱ་ལའི་བླ་མ་ལྷ་ས་ནས་ཞལ་གྱིས་རྗེས། ཟླ་བ་གསུམ་པའི་ཚེས་ཉི་ཤུའི་ནམ་ཕྱེད་ཡོལ་ཏེ་ཐོ་རངས་མཚམས་སུ། ལྷ་སའི་ཏང་སྲིད་ལས་ཁུངས་དང་། སྨན་ཁང་། སྦྲག་ཏར་ལས་ཁུངས། ཚགས་པར་ལས་ཁུངས་སོགས་ལ་རྫུར་རྒོལ་ཤུགས་དྲག་ཆེན་པོ་བྱས་ཏེ། གནའ་བོའི་གྲོང་ཁྱེར་ཞལ་ཁུ་སིམ་པོའི་ཚོས་ལྡན་གྱི་ཞིང་ཁམས་དེ་སྐད་ཅིག་ཙམ་ཞིག་ལ་མེ་རྫས་ཀྱི་དུ་བ་ནམ་མཁར་འཁྲིགས་པའི་དམག་འཁྲུག་གི

འཇིགས་པའི་ནང་དུ་ཁྲིད་ཚར་བཞག །དེ་ནི་ངས་གོང་གསལ་ཞུས་ཟིན་པའི་སྤྱི་ལོ་༡༩༥༩ལོར་ལྷ་སའི་གྲོང་མི་ཚང་མ་ནམ་ཕྱེད་ཡོལ་བར་གཉིད་སྙིད་པོ་ལས་ཧབ་སད་བྱེད་དགོས་པའི་མེ་མདའི་སྒྲ་ཟེར་བ་དེ་ཡིན།

སྐབས་དེ་དུས་བོད་དམག་ཁུལ་ཁང་གི་ཆབ་སྲིད་ཨུ་ཡོན་དགུང་ལོ་ལྔ་བཅུ་ཙམ་སོན་པའི་དམག་སྤྱི་ཐན་ཀོན་སན་ལྷ་སར་བཞུགས་ཡོད་ཅིང་། ཁོང་ནི་ཉེན་ཁ་གང་ཞིག་འཕྲད་རུང་འཇིགས་སྣང་སྤུ་ཙམ་མེད་པ་དང་། དམག་འཁྲུག་ནང་ཡུན་རིང་བྱང་ཆུབ་པའི་དམག་སྤྱི་ཆེན་མོའི་སྤོ་ཉམས་དང་དམག་རྩུས་ལ་ཐུགས་ཐག་ཆོད་པོ་བཅས་ཡོད་ཅིང་། ཁོང་གིས་བོད་དམག་ཁུལ་ཁང་དབུ་ཁྲིད་གཞན་དང་ལྷན་དུ་ཕར་རྒོལ་གྱི་འཐབ་ཇུས་བྱེད་རྒྱུའི་དམག་རྩུས་འཆར་གཞི་བཀོད་པ་བཞིན། ཟླ་བ་གསུམ་པའི་ཚེས་ཉི་ཤུའི་ཞོགས་པ་ཆུ་ཚོད་བཅུ་པར། བོད་སྡོད་མི་དམངས་བཅིངས་འགྲོལ་དམག་མིས་ཀྲུང་དབྱང་སྲིད་གཞུང་གི་བཀའ་ཕབ་པ་ལྟར། ཁྱོན་ཡོངས་ནས་ཕར་རྒོལ་བྱེད་རྒྱུའི་དམག་འཁྲུག་རྒྱག་འགོ་ཚུགས་པ་རེད། ངོ་ལོག་ཞིད་འཇགས་ཀྱི་དམག་འཁྲུག་བསྟུད་མར་ཉིན་མཚན་གཉིས་རྒྱབ་པའི་རྗེས་སུ་ལྷ་ས་གྲོང་ཁྱེར་ནང་གི་དྲག་པོའི་ངོ་ལོག་ཟིང་འཁྲུག་མཐར་ཕྱིན་པའི་སྒོ་ནས་ཞིད་འཇགས་སུ་བཏང་པ་རེད། ཟིང་འཁྲུག་ཞིད་འཇགས་བཏང་ནས་རྒྱལ་ཁ་ཐོབ་རྗེས་གྲོང་མི་ཚང་མ་གཅིག་མཇུག་གཉིས་མཐུད་ངང་རང་སོ་སོའི་ཁྱིམ་ནས་འདོན་ཡོང་སྟེ། བསང་ཁ་བསང་གསོལ་བྱས་ཏེ་བཅིངས་འགྲོལ་དམག་མིར་རྒྱལ་ཁ་ཐོབ་པར་རྟེན་འབྲེལ་ཞུ་བ་དང་སྤྲགས་དམག་ཐག་ཆོད་པར་དགའ་འབོད་ཞུས་པ་རེད། ཟླ་བ་གསུམ་པའི་ཚེས་ཉེར་བརྒྱད་ཉིན། རྒྱལ་སྲིད་སྤྱི་ཁྱབ་ཁང་གི་ཙུང་ལི་ཀྲོའུ་ཨེན་ལའི་ནས་བཀའ་ཤོག་ཁྱབ་བསྒྲགས་བྱས་ཏེ། དེ་རིང་ནས་བཟུང་བོད་ས་གནས་སྲིད་གཞུང་རྙིང་པ་ཡོངས་སུ་འཐོར་བ་དང་། བོད་རང་སྐྱོང་ལྗོངས་གྲ་སྒྲིག་ཨུ་ཡོན་ལྷན་ཁང་གིས་བོད་ས་གནས་སྲིད་གཞུང་གི་དབང་ཆ་ཚང་མ་ལག་བསྟར་བྱེད་རྒྱུ་ཡིན་པ་གཏན་འཁེལ་བྱས། སྤྱི་ལོ་༢༠༠༩ལོའི་ཟླ་གསུམ་པའི་ཚེས་བཅུ་དགུ་ཉིན། བོད་རང་སྐྱོང་ལྗོངས་སྐབས་དགུ་པའི་མི་དམངས་འདུས་མི་ཚོགས་ཆེན་ཐེངས་

གཉིས་པའི་གྲོས་ཚོགས་ཐོག་འཕྲུས་མི་ཚང་མས་འདེམས་ཤོག་ བླུགས་ཏེ་ལོ་རེའི་ཟླ་བ་གསུམ་པའི་ཚེས་ཉེར་བརྒྱད་ཉིན་བོད་ལྗོངས་ཞིང་བྲན་ཁྲི་ཚོ་བཅྲར་བཅིངས་འགྲོལ་ཐོབ་པའི་དྲན་གསོའི་ཉིན་མོ་ཡིན་པ་གཏན་འཁེལ་བྱས་པ་རེད།

བོད་ཀྱི་ཇོ་ལོག་ཟིང་འཁྲུག་ཞོད་འཇགས་གཏོང་བའི་འཐབ་རྩོད་ལ་ཁྱོན་ཡོངས་ནས་རྒྱལ་ཁ་ཐོབ་རྗེས། མཐོ་རིམ་ཁ་བྲལ་ཤོག་ཁག་གིས་བཙན་རྒྱལ་རིང་ལུགས་དང་ཕྱིའི་ལོག་སྤྱོད་སྟོབས་ཤུགས་དང་ངན་འབྲེལ་བྱས་ཏེ་དྲག་པོའི་ཇོ་ལོག་ཟིང་འཁྲུག་བསླངས་བའི་བྱ་སྤྱོད་དང་“བོད་རང་བཙན”མངོན་གྱུར་བྱེད་རྒྱུའི་ལྐོག་གཡོའི་རྩི་ལམ་སྐྱིད་པོ་དེ་ཡང་ཆབས་ཅིག་ཏུ་རྩ་མེད་མཐར་ཕྱིན་བཏང་སྟེ། རྒྱ་ཆེའི་བོད་རིགས་མི་དམངས་རྣམས་ཆོས་སྲིད་ཟུང་འབྲེལ་གྱི་བཀས་བཀོད་རྒྱུད་འཛིན་ཞིང་བྲན་ལམ་ལུགས་འོག་ནས་བཅིངས་འགྲོལ་ཐོབ་སྟེ་ཡར་ལངས་བདག་པོར་གྱུར་པ་རེད། བཀས་བཀོད་རྒྱུད་འཛིན་ཞིང་བྲན་བདག་པོར་ཐོན་སྐྱེད་ཀྱི་རྒྱུ་ཆ་ཡོངས་རྫོགས་དབང་བའི་ལམ་ལུགས་མེད་པ་བཟོས་པ་དང་། ཞིང་པ་བྲན་གཡོག་དང་ནང་ཟན་ནམ་ཚེ་གཡོག་ཚང་མར་ས་ཞིང་དང་། ཕྱུགས་ཟོག་ཐོན་སྐྱེད་རྒྱུ་ཆ་སོགས་བགོ་བཤའ་ཐོབ་བྱུང་བ་དང་། ས་ཞིང་གི་གན་རྒྱ་ཚང་མ་མེར་བསྲེགས་བཏང་བ་དང་ཁྲལ་ཨུ་ལག་མེད་པ་བཟོས་པ། མི་ཚང་མ་རང་དབང་དང་འདྲ་མཉམ་བྱུང་ནས་བདག་པོ་གྱུར་བ་རེད། ཡར་ལངས་ཟིན་པའི་མི་ཚང་མ་ཉིན་མོ་ཧུར་བརྩོན་དང་ཚོགས་ཆེན་དུ་བཞུགས་ཏེ་ཇོ་ལོག་ཟིང་འཁྲུག་ནང་བཞུགས་མཁན་གྱི་མངའ་བདག་ལ་འཐབ་འཛིང་བཏང་སྟེ། སྡུག་བསྔལ་སྨྲོང་མཁན་ཚོས་སྡུག་བསྔལ་བརྗོད་པ་དང་། མ་ཉེས་ཁ་གཡོག་བྱུང་བ་ཚོས་ཐེར་འདོན་ར་སྤྲོད་གཏོང་བ་སོགས་ཀྱིས་འཁོན་འཛིན་དང་ངར་ཤུགས་ཧ་ཅང་ཆེན་པོ་ཡོད་པ་རེད། དགོང་དྲོ་གསར་རྗེའི་ལས་བྱེད་པ་ཚོས་མང་ཚོགས་ཚོགས་འདུ་བསྐོངས་ནས“ཇོ་རྒོལ་གསུམ་དང་ཆ་ཡང་གཉིས”(ཇོ་ལོག་ཟིང་འཁྲུག་ལ་ཇོ་རྒོལ། ཁྲལ་ཨུ་ལག་ལ་ཇོ་རྒོལ། བྲན་བཀོལ་ལ་ཇོ་རྒོལ། བུ་ལོན་ཆ་ཡང་། སྐྱིད་ཁ་ཆ་ཡང་།)ཀྱི་སྲིད་ཇུས་དྲིལ་བསྒྲགས་བྱས་པ་རྣམས་ཉན་དགོས་པར། དེ་དུས་ངའི་ཨ་མ་ལགས་ཚོགས་འདུ་འགྲོལ་ནས་ནང་དུ་

ལོག་ཕེབས་རྗེས། ང་ལ་གང་འདྲ་ཞིག་ལ་ངོ་རྒོལ་གསུམ་དང་ཆ་ཡང་གཉིས་ཟེར་བའི་སྐོར་གསུང་པ་དང་། སྐབས་དེ་དུས་ང་ཚོའི་གྲོང་པ་གཡས་གཡོན་གྱི་སྐད་ཆ་ཤོད་རྒྱུ་ཚང་མ་ངོ་རྒོལ་གསུམ་དང་ཆ་ཡང་གཉིས་ཟེར་བའི་སྐོར་ཤ་སྟག་སོང་ཙང་ངས་ཏ་ལམ་ངག་སྐྱོར་ཡང་བཏང་ཐུབ་ཀྱི་ཡོད། ཡིན་ནའང་ཞིབ་ཕྲའི་ནང་དོན་གང་ཡིན་གོ་བ་གང་ཡང་ལོན་མ་ཤེས། ཐེངས་དེའི་དམངས་གཙོ་བཅོས་བསྒྱུར་གྱི་ལས་འགུལ་ཚ་ཚ་ཞུར་ཞུར་དང་སྤེལ་བ་དང་། བོད་མི་དམངས་རྣམས་ཀྱིས་དམངས་གཙོ་དང་། འདྲ་མཉམ། རང་དབང་ཟེར་བ་དེའི་སྟོབས་ཤུགས་ཇོགས་མཐའ་མེད་པ་ཞིག་ཡིན་པ་མྱོང་ཚོར་བྱུང་ནས། བཀས་བཀོད་རྒྱུད་འཛིན་ཞིང་བྲན་ལམ་ལུགས་མེད་པ་བཟོས་ཏེ་གནམ་འཐབ་ས་འཛིང་གི་འཐབ་རྩོད་བྱས་ཏེ་སྤྱི་ཚོགས་རིང་ལུགས་ཀྱི་བོད་ལྗོངས་གསར་པ་ཞིག་འཛུགས་སྐྲུན་བྱེད་རྒྱུའི་སྤྲོ་སེམས་རབ་ཏུ་འཕེལ་བཞིན་ཡོད་པ་རེད།

སྐབས་དེ་དུས་ཀྱི་ལྷ་སའི་རིག་གནས་སྒྱུ་རྩལ་ལས་དོན་མི་སྣ་ཚོའི་དབང་པོའི་ཤེས་ཚོར་གྱི་གཟིགས་རྒྱང་རྣོ་པོ་ཡོད་པའི་འོག་རིག་རྩལ་འཁྲབ་སྟོན་གྱི་རྣམ་པའི་ཐོག་ནས་བོད་མི་དམངས་ཀྱིས་ངོ་ལོག་ཟིང་འཁྲུག་ཞོད་འཇགས་དང་དམངས་གཙོའི་བཅོས་བསྒྱུར་བྱས་པའི་རྗེས་བསམ་པའི་ཉམས་འགྱུར་ཇི་ལྟར་ཡོད་ཚུལ་ཀུན་གྱི་ཤེས་སུ་འཇུག་པའི་འཁྲབ་སྟོན་ཞིག་བྱས་ཡོད་པ་དཔེར་ན། དེ་དུས་བོད་ལྗོངས་སམ་རྒྱལ་ཡོངས་ཀུན་ལ་འཁྲབ་སྟོན་བྱས་པའི་འཁྲབ་གཞས"གྲོང་གསར་བསྐོར་བ"ཟེར་བ་དེ་ནི་འཁྲབ་ཚན་མངོན་གསལ་དོད་པོའི་ནང་གི་ཡ་རྒྱལ་ཞིག་རེད། "གྲོང་གསར་བསྐོར་བ" ཟེར་བའི་འཁྲབ་ཚན་འདི་ནི་ཡར་ལངས་ཞིང་བྲན་གྱི་ཕ་དང་བུ་མོ་གཉིས་ཀྱི་འཁྲབ་ཚན་ཞིག་ཡིན་ཁར། ཁོང་གཉིས་ཀྱིས་སྐད་ཆ་སྟབས་བདེ་དང་བབ་ཆགས་པོ་ཡོད་པའི་སྒོ་ནས་དམངས་གཙོའི་བཅོས་བསྒྱུར་རྗེས་ཀྱི་ལོ་ཐུང་ཐུང་འགའ་ཤས་ནང་ལྷ་ས་གྲོང་ཁྱེར་ལ་འགྱུར་ལྡོག་གསར་པ་བྱུང་བའི་རྣམ་པ་མཚོན་ཐུབ་པ་དང་། བོད་མི་དམངས་རྣམས་ཏང་གི་དབུ་ཁྲིད་འོག །མི་རིགས་མཐུན་སྒྲིལ་དང་། ཕ་ཡུལ་འཛུགས་སྐྲུན་ཐད་འབད་བརྩོན་བྱེད་པའི་སྙིང་སྟོབས་ལ་བསྟོད་བསྔགས་ཕུལ་བ་དང་། བོད་མི་དམངས་རྣམས

ཏང་གི་བཀའ་དྲིན་ལ་རྗེས་སུ་ཡི་རངས་ཞུས་ཏེ། བློ་བརྟན་འགྱུར་མེད་ངང་ཏང་གི་རྗེས་སུ་འབྲངས་རྒྱུའི་བློ་སེམས་མཚོན་ཡོད་པ་བཅས་རེད།

དེ་རིང་ང་ཚོས་སྟོན་ལ་འཁྲབ་ཚན་རྙིང་པ་འདི་དྲན་གསོ་བའི་འཆར་སྣང་གིས་“གྲོང་གསར་བསྐོར་བ”ཞེས་པའི་གཞས་ཚིག་རྙིང་པའི་ནང་དོན་དང་། སྐབས་དེ་དུས་དམངས་གཙོའི་བཅོས་བསྒྱུར་བཏང་བའི་རྗེས་མི་དམངས་མང་ཚོགས་ཀྱི་བསམ་པའི་འཁྱེར་སོ་དང་ཉམས་འགྱུར་སོགས་ཇི་ལྟར་ཡོད་ཚུལ་སྐྱོང་ཚོར་ཞིག་གནང་ན།

《གྲོང་གསར་བསྐོར་བ།》

བུ་མོས། གངས་རིའི་རྩེ་ལ་ཉི་མ་དམར་པོ་ཤར།
ལྷ་སའི་གྲོང་ལ་འོད་ཟེར་འཕྲོ།
ཡར་ལངས་ཞིང་བྲན་གོས་གསར་གྱོན།
ཕ་དང་བུ་མོས་གྲོང་གསར་བསྐོར་ཡཱ།
པ་ཕས། བུ་མོ་མདུན་དུ་ཕྱིན་ནས་མགྱོགས་པོ་ཕྱིན།
རྒན་རྒོན་ང་ཡི་རྗེས་སུ་བརྒྱུགས་ནས་ཧུལ་ཆུ་ཤོར།
ལྷ་སའི་གྲོང་གསར་ལྟ་འདོད་ཆེ་བ་ལ།
གོམ་ཆེན་སྤོས་ནས་རྗེས་ཡཱ་རྗེས་ཟིན་པ་འགྲོ་ཡ།
པ་ཕས། ཨའེ། ཨའེ།
ལམ་ཟུར་ལ་ཤིང་བཙུགས་པ་ག་རེ་རེད།
དེའི་སྒང་ལ་ཐག་པ་བཏགས་པ་ག་རེ་རེད་ཡ།
བུ་མོས། གློག་ཤིང་མང་པོ་གྲལ་བསྟར་བསྒྲིགས།
སྒྲ་ཆེན་གློག་ཁང་ཉིན་མཚན་གློག་འདོན་བྲེལ།
གློག་སྐུད་འཁྲིད་ནས་ཁྱིམ་ཚང་འོད་ཀྱིས་ཁེངས།

ལྷ་ས་ཉིན་མཚན་ཀུན་དུ་འོད་ཟེར་འཕྲོད་ཡ།

བུ་མོས། ཨ་ཕ་ཡ།

པ་ཕས། ཨའི་ས།

བུ་མོས། མགྱོགས་པོ་ཕེབས།

པ་ཕས། ཨོའོ།

བུ་མོས། ལྷ་སའི་རྣམ་པ་གསར་པ་ལྟ།

པ་ཕས། བུ་མོ་ལགས།

བུ་མོས། ཨའི།

པ་ཕས། ང་སྨུག་དང་། ལྷ་སའི་རྣམ་པ་གསར་པ་ལྟ།

བུ་མོས། མགྱོགས་པོ་ཕེབས་དང་མགྱོགས་པོ་འགྲོ་ཡ།

པ་ཕས། འོ་འོ་ཡ་ཡ། ཡ་ཡ་ཡ།

པ་ཕས། ཨས་ཨས།

ཁང་པ་ཐོག་བརྩེགས་ཅན་དེ་ཡ་མཚན་ཆེ་བ་ལགས།

དུ་ཁྲུང་མཐོ་ལ་རྒྱལ་སྒོར་ཤིང་གི་སྒོ་བྱང་བསྐོན།

བུ་མོས། གསར་དུ་བསྐྲུན་པའི་བཟོ་གྲྭ་ཐོན་སྐྱེད་བྲེལ།

ལྷ་ས་ཉིན་བཞིན་འགྱུར་ལྡོག་འགྲོ།

ཞིང་ལས་འཕེལ་རྒྱས་གཏོང་བའི་ཆེད།

བཟོ་པ་གཅེན་པོས་རྒྱབ་སྐྱོར་བྱེད་རྒྱུའི་ཚོད་སེམས་བཞག་ཡ།

བུ་མོས། ཨ་ཕ་ཡས།

པ་ཕས། ཨས།

བུ་མོས། མགྱོགས་པོ་ཕེབས།

པ་ཕས། ཨོའོ།

བུ་མོས། ལྷ་སའི་རྣམ་པ་གསར་པ་ལྟ།

པ་ཕས། བུ་མོ་ལགས།

བུ་མོས། ཨའེ།

པ་ཕས། ང་སྐུག་དང་།

བུ་མོས། ཨའོ།

པ་ཕས། ལྷ་སའི་རྣམ་པ་གསར་པ་ལྟ།

བུ་མོས། མགྱོགས་པོ་ཕེབས་དང་། མགྱོགས་པོ་འགྲོ་ཡ།

པ་ཕས། འོ་འོ་ཡ་ཡ། ཡ་ཡ་ཡ།

པ་ཕས། ཨའེ། ཨའེ།

ལམ་དཀྱིལ་ལ་ཐལ་ཚུབས་དེ་འདྲ་ག་རེ་རེད།

ལྷ་སའི་གྲོང་ནང་མི་མང་པོ་དེ་འདྲ་ག་རེ་རེད་ཡ།

བུ་མོས། ཞིང་འབྲོག་དངོས་ཟོག་བཟེ་ཚོང་ཆེན་པོ་བྱེད།

གྲོང་ཁྱེར་གྲོང་གསེབ་མཉམ་དུ་དམ་པོར་འབྲེལ།

མཐུན་སྒྲིལ་བྱས་ཏེ་ཕན་ཚུན་རོགས་རམ་བྱེད།

ཐོན་སྐྱེད་གོང་འཕེལ་འཚོ་བ་ལེགས་བཅོས་བྱས།

བུ་མོས། ཨ་ཕ་ཨེས།

པ་ཕས། ཨས།

བུ་མོས། མགྱོགས་པོ་ཕེབས།

པཱ་ཕས། ཨའོ།

བུ་མོས། ལྷ་སའི་རྣམ་པ་གསར་པ་ལྟ།

པ་ཕས། བུ་མོ་ལགས།

བུ་མོས། ཨའེ།

པ་ཕས། ང་སྐུག་དང་། ལྷ་སའི་རྣམ་པ་གསར་པ་ལྟ།

བུ་མོས། མགྱོགས་པོ་ཕེབས་དང་མགྱོགས་པོ་འགྲོ་ཡ།

པ་ཕས། འོ་འོ་ཡ་ཡ། ཡ་ཡ་ཡ།

པ་ཕས། ཨའེ། ཨའེ།

གྲོང་ཁྱེར་ཕྱི་ནང་གླུ་སྒྲས་ཁེངས་པ་ག་རེ་རེད།

མི་དེ་ཚོའི་ངོ་གདོང་དམར་མདངས་འཕྲོ་བ་ག་རེ་རེད།

བུ་མོས། རྒྱང་སྒྲགས་ནང་ནས་ཏང་གི་བཀའ་སློབ་གསུང་།

དོན་ཚན་རེ་རེ་སེམས་ཀྱི་དཀྱིལ་དུ་བཞག

ཐབས་བརྒྱ་ཇུས་སྟོང་དང་ནས་ཐོན་སྐྱེད་སྤེལ།

མདུན་སྐྱོད་གླུ་སྒྲས་རི་ཀླུང་ཚང་མ་གཡོ།

བུ་མོས། ཨ་ཕ་ཨེས།

པ་ཕས། ཨ།

བུ་མོས། མགྱོགས་པོ་ཕེབས།

པ་ཕས། ཨའོ།

བུ་མོས། ལྷ་སའི་རྣམ་པ་གསར་པ་ལྟ།

པ་ཕས། བུ་མོ་ལགས།

བུ་མོས། ཨེས།

པ་ཕས། ང་སྒུག་དང་། ལྷ་སའི་རྣམ་པ་གསར་པ་ལྟ།

བུ་མོས། མགྱོགས་པོ་ཕེབས་དང་མགྱོགས་པོ་འགྲོ་ཡཱ།

པ་ཕས། ཨོའུ་ཨ་ཨ་ཨ་ཨ།

བུ་མོས། དཔེ་ཚོང་ཁང་འདི་དེ་འདྲའི་མཛེས་པ་ལགས།

པ་ཕས། མའོ་ཀྲུའུ་ཞིའི་སྐུ་པར་གཅིག་ནི་ཉོ་དགོས་ཡོད་ཡ།

བུ་མོས། ཁོང་གིས་དབུ་ཁྲིད་འོག་ལ་ང་ཚོ་བདག་པོར་གྱུར་ཨ།

པ་ཕས། བདེ་སྐྱིད་འཚོ་བ་ལོ་ངོ་ཁྲི་ཕྲག་ལས་རིང་ཡ།

ཕ་དང་བུ་མོས། གཞའ་བོའི་ལྷ་སར་མེ་ཏོག་གསར་པ་བཞད།

རླབས་ཆེན་གུང་ཁྲན་ཏང་ལ་ཐུགས་རྗེ་ཆེ་ཞུ། །

གཞས་གདངས་སྙན་པོ་ཇ་བའི་བུ་རམ་འདྲ་བའི་འཁྲབ་གཞས་འདི་ནི། གཞས་ཚིག་གི་ནང་དོན་བབ་ཆགས་པ་ལས་རྒྱུས་སྤྲོས་མེད་ཅིང་། དུས་རབས་དྲུག་ཅུའི་སྔ་རོལ་དུ་བརྩམས་ཐོན་བྱུང་བ་ཞིག་རེད། ད་བར་དུས་རབས་ཕྱེད་ཙམ་སོང་བ་དང་། དུས་རྣམས་འགྱུར་ཞིང་མི་འདས་དངོས་ལུས་ལྟར། གལ་ཏེ་ད་ལྟ་དུས་རབས་ཉེ་ཤུ་རྩ་གཅིག་ཏུ་སླེབས་པའི་མིག་རྒྱང་གིས་སྟོན་མའི་ལོ་རབས་ལ་ཕྱིར་མིག་ཅིག་བལྟ་བ་ཡིན་ན། ཕལ་ཆེར《གྲོང་གསར་བསྐོར་བ》ཞེས་པའི་གཞས་ཚིག་གི་ནང་དོན་དག་སྟབས་བདེ་པོ་དང་ལས་སླ་པོ་སྤྱིར་སྟངས་ཤིག་ཡིན་པའི་ཚོར་སྣང་སྐྱེས་སྲིད། ལྷག་པར་དུ་གཞོན་སྐྱེས་ཚོས་གསན་རྗེས་ཏ་ལམ་བསམ་ཤེས་དེ་ཙམ་མི་ཐུབ་པ། འོན་ཀྱང་སྔ་ལོའི་དུས་རབས་འདིའི་ནང་ནས་འཚོ་ཞིང་ཡོང་བའི་ང་ཚོའི་གྲས་ཤིག་ལ་ཆ་བཞག་ན། སྐབས་དེ་དུས་ད་ལྟ་རང་བཅིངས་འགྲོལ་རང་དབང་ཐོབ་པའི་ལོ་རབས་ཤིག་དང་། ཉམས་པ་སོར་ཆུད་དང་འཛུགས་སྐྲུན་གྱི་མཐོ་རླབས་འཕྱུར་བའི་ལོ་རབས་ཤིག་དང་། བོད་རྒྱ་མི་རིགས་དབར་ཕན་ཚུན་འདྲ་མཉམ་གྱིས་རོགས་རམ་བྱས་ཏེ་སྤུན་ཟླ་ལྟར་བརྩེ་སེམས་ཡོད་པའི་ལོ་རབས་དེ་འདྲ་ཞིག་གི་ནང་དུ། སྐབས་དེར་གསར་གཏོད་བྱས་པའི《གྲོང་གསར་བསྐོར་བ》ཞེས་པའི་འཁྲབ་གཞས་འདི་ཡང་བསྐྱར་གཅིག་ཉན་ན། འཁྲབ་གཞས་འདིའི་གཞས་ཚིག་དང་། གཞས་གདངས་དེ་ཚོ་དེ་འདྲའི་ཇ་བར་གོ་བདེ་པོ་དང་། གོམས་འདྲིས་དང་ཤ་ཚ་ཆེ་བ་ཏ་ལམ་ཡང་བསྐྱར་སྔར་གྱི་སྤྲོ་སེམས་རབ་ཏུ་འཕེལ་བའི་ལོ་ཟླའི་ནང་དུ་ཕྱིར་ལོག་བྱུང་བའི་ཚོར་སྣང་ཞིག་ངང་གིས་སྐྱེས་ཐུབ་ཀྱི་ཡོད།

ཉེར་བཞི། བོད་རང་སྐྱོང་ལྗོངས་དབུ་བརྙེས་པ་དང་། ཁོ་མོས་བོད་སྐད་སློབ་བརྟན་པར་གཞིའི་སྒྲ་འཇུག་དང་ལེགས་སྐྱེས་ཕུལ་བའི་བྱེད་སྒོའི་ནང་ཞུགས་པ།

སྤྱི་ལོ་༡༩༨༥ལོའི་ཟླ་དགུ་པའི་ཚེས་གཅིག་ཉིན། བོད་རང་སྐྱོང་ལྗོངས་ཨུ་ཡོན་ལྷན་ཁང་ལྷ་སར་དངོས་སུ་དབུ་བརྙེས་པ་རེད། ལྷ་སའི་མི་རིགས་ཁག་དང་ལས་རིགས་ཁག །རྒྱ་ཆེའི་སེར་སྐྱ་མང་ཚོགས་ཚང་མས་དུས་སྟོན་གྱི་རྒྱན་གོས་གཟབ་མཚར་སྤྲས་ཏེ། གཞས་དང་ཞབས་བྲོ་བརྒྱབ་ནས་བོད་རང་སྐྱོང་ལྗོངས་དབུ་བརྙེས་པར་དགའ་སྤྲོའི་རྟེན་འབྲེལ་ཞུས་པ་རེད། གནས་ཚུལ་དེ་བོད་ཀྱི་ཞིང་འབྲོག་ས་ཁུལ་གང་སར་ཁྱབ་སྟེ། མི་ཚང་མར་དགའ་ཚོར་དང་སྐྱུལ་ལྷུག་མ་ཐེབས་པ་ག་ལ་སྲིད། ཚང་མས་གཅིག་ལ་གཉིས་བརྒྱུད་ཀྱིས་ཤོད་རེས་བྱས་ཏེ། གངས་ཅན་ས་མཐོའི་ཁྱོན་ཡངས་པོར་ཡར་ལངས་ཞིང་བྲན་རྣམས་རང་ཁྲིམ་རང་བདག་གི་དབང་ཆ་ཐོབ་པའི་དགའ་སྤྲོའི་རྟེན་འབྲེལ་གྱི་རྣམ་པས་ཡོངས་སུ་ཁེངས།

རང་སྐྱོང་ལྗོངས་དབུ་བརྙེས་པ་དེ་ནི་བོད་ཀྱི་ལོ་རྒྱུས་ཐོག་ཏུ་དོན་སྙིང་ཟབ་མོ་ལྡན་པའི་གལ་ཆེའི་དོན་ཆེན་ཞིག་རེད་ལ། བོད་མི་དམངས་རྣམས་ཀྱི་བཀྲ་ཤིས་པའི་བྱ་བ་བཟང་པོ་ཞིག་ཀྱང་རེད། དེའི་ཐོག་ནས་རྟགས་མཚན་གང་ཞིག་བསྟན་ཡོད་ཅེ་ན། ཏང་ཀྲུང་དབྱང་དང་མའོ་ཀྲུའུ་ཞིའི་མཁས་མཛངས་ལྡན་པའི་དབུ་ཁྲིད་འོག་ལ། བོད་ཞི་བས་བཅིངས་འགྲོལ་བཏང་སྟེ་ལོ་བཅོ་ལྔ་ཙམ་ཕྱིན་པ་དང་། ལྷག་པར་དུ་ངོ་ལོག་ཟིང་འཁྲུག་ཞོད་འཇགས་དང་དམངས་གཙོ་བཅོས་བསྒྱུར་བྱས་ཏེ་ལོ་ལྔ་ཙམ་སོང་བས། བོད་ལྗོངས་དེ་ཉིད་བཀས་བཀོད་རྒྱུད་འཛིན་ཞིང་བྲན་ལམ་ལུགས་ཀྱི་སྤྱི་ཚོགས་ཤུལ་བཞག་སྟེང་ནས་མཚོང་ཐེངས་གཅིག་ལ་སྤྱི་ཚོགས་རིང་ལུགས་ཀྱི་འོད་ཟེར་

ལྡན་པའི་ལམ་དུ་བསྐྱོད་ཐུབ་པ་དང་། ཏང་གི་མི་རིགས་འདྲ་མཉམ་དང་། མི་རིགས་མཐུན་སྒྲིལ། མི་རིགས་ས་གནས་རང་སྐྱོང་སོགས་ཀྱི་སྲིད་ཇུས་ཚང་མ་ལག་ལེན་དུ་འཁྱོལ་ཐུབ་པ་བྱུང་བ་རེད། ད་དུང་རྟགས་མཚན་གཞན་ཞིག་ནི། ཡར་ལངས་བཅིངས་འགྲོལ་ཐོབ་པའི་ཞིང་བྲན་ཁྲི་ཚོ་བརྒྱ་ཡིས། གསར་བརྗེ་སྒྲོ་སེམས་རབ་ཏུ་འཕེལ་བའི་ངང་ནས་བོད་ཀྱི་དམངས་གཙོའི་གསར་བརྗེ་དང་། སྤྱི་ཚོགས་རིང་ལུགས་ཀྱི་འཛུགས་སྐྲུན་མཐོ་རླབས་ནང་ཞུགས་པ་རེད། ལོ་ངོ་བཅོ་ལྔ་ལྷག་ཙམ་རིང་ཏུར་བརྩོན་གྱིས་འབད་འབུང་བྱས་པ་བརྒྱུད་བོད་ཀྱི་ཆབ་སྲིད་དང་། དཔལ་འབྱོར། རིག་གནས་སོགས་ཕྱོགས་གང་ཅིའི་ཐད་ཀྱི་འཕེལ་སའི་སྟེང་། དཔྱིད་ཀྱི་དཔལ་ཡོན་བཞད་པ་ལྟར་གྱི་བཀྲ་ཤིས་པའི་དུས་བབ་ཞིག་ཤར་བ་རེད།

བོད་རང་སྐྱོང་ལྗོངས་དབུ་བརྙེས་སྐབས། རྒྱལ་སྲིད་སྤྱི་ཁྲབ་ཁང་གི་ཙུང་ལི་གཞོན་པ་ཞེ་ཧྲུའུ་ཀྲིས་ཚོགས་གཙོ་གནང་བའི་ཀྲུང་དབྱང་སྐུ་ཚབ་ཚོགས་པའི་འཐུས་མིས་ཏང་ཀྲུང་དབྱང་དང་། རྒྱལ་སྲིད་སྤྱི་ཁྲབ་ཁང་། རྒྱལ་ཡོངས་མི་རིགས་ཁག་གི་མི་དམངས་ཡོངས་ཀྱི་ཐུགས་སེམས་མཚོན་པ་བྱས་ཏེ། དགའ་སྤྲོ་རབ་ཏུ་འཕེལ་བའི་ངང་ནས་བོད་རང་སྐྱོང་ལྗོངས་དབུ་བརྙེས་པར་དགའ་སྟོན་རྟེན་འབྲེལ་ཞུ་བར་ཕེབས་པ་རེད། འཐུས་མི་ཚོགས་པའི་ཁུངས་སུ་ད་དུང་ཀྲུང་དབྱང་ཧྲུའུ་ཁག་གི་འཐུས་མི་དང་། ཞིང་ཆེན་དང་གྲོང་ཁྱེར་རང་སྐྱོང་ལྗོངས་བཅས་ཁུལ་གྱི་འཐུས་མི་ཉེར་བདུན་དང་། གྲངས་ཉུང་མི་རིགས་རང་སྐྱོང་ས་ཁུལ་བཅུ་དྲུག་གི་འཐུས་མི་བདུན་ཅུ་དོན་དྲུག་བཅས་ཕེབས་ཡོད་པ་རེད། ཀྲུང་དབྱང་འཐུས་མི་ཚོགས་པས་བོད་མི་དམངས་ལ་བླ་ན་མེད་པའི་རྒྱབ་སྐྱོར་དང་སྐུལ་ལྕག་བསྐུམས་ཕེབས་ཤིང་། ཁོང་རྣམས་ལྷ་སར་འབྱོར་རྗེས་ལྷ་སའི་མི་རིགས་ཁག་དང་ལས་རིགས་ཁག་དེ་བཞིན་སེར་སྐྱ་མང་ཚོགས་ཁྲི་གཅིག་ལྷག་ཙམ་གྱིས་སྤྲོ་སེམས་རབ་ཏུ་འཕེལ་བའི་ངང་ནས་དགའ་བསུ་ཞུས་པ་རེད།

བོད་རང་སྐྱོང་ལྗོངས་མི་དམངས་འཐུས་མི་ཚོགས་ཆེན་ཐེངས་དང་པོ་ནི་སྤྱི་ལོ་

༡༩༥༥ལོའི་ཟླ་དགུ་པའི་ཚེས་གཅིག་ནས་ཚེས་དགུ་བར་ལྷ་སར་གྲོང་ཁྱེར་དུ་གཟབ་རྒྱས་དང་ཚོགས་པ་རེད། སྐབས་དེའི་འཐུས་མི་ཚོགས་ཆེན་དུ་ཞུགས་མཁན་འཐུས་མི་ཁྲིན་བསྡོམས་མི་གྲངས་གསུམ་བརྒྱ་བཅུ་མེད་གཅིག་ཡོད་ཅིང་། དེའི་ནང་བོད་རིགས་འཐུས་མི་ཉིས་བརྒྱ་ཉེར་དྲུག་ཡོད་པ་མ་ཟད། ད་དུང་མོན་པ་རིགས་དང་། ལྷོ་པ་རིགས། རྒྱ་རིགས། ཁ་ཆེ་རིགས། འཇང་རིགས། ནུའུ་རིགས་སོགས་མི་རིགས་གཞན་གྱི་འཐུས་མི་བཅུ་དྲུག་ཙམ་ཡོད་པར། གྲངས་ཉུང་མི་རིགས་ཀྱི་འཐུས་མི་རྣམས་འཐུས་མི་ཁྲིན་ཡོངས་ཀྱི་གྲངས་འབོར་གྱི་བརྒྱ་ཆ་བརྒྱད་བཅུ་ལྷག་ཟིན་ཡོད་པ་རེད། བུད་མེད་ཀྱི་འཐུས་མིའི་གྲངས་ཚད་སྐབས་དེར་སྡོམ་རྩིས་བརྒྱབ་མེད་ཀྱང་། ཚོགས་ར་དངོས་ཀྱི་ནང་ཞུགས་པའི་པར་གཞིའི་ནང་བལྟས་ན་བུད་མེད་མི་ཉུང་བ་ཞིག་ཡོད་པ་གསལ་པོ་དང་མི་རྣམས་སེམས་འགུལ་ཐེབས་ཐུབ་པ་ཞིག་མངོན་ཐུབ། ད་དུང་སྐྱེས་ཁུངས་ཞིང་བྲན་དང་ནང་ཟན་བྲན་གཡོག་ཡིན་པའི་རྫོང་དཔོན་དང་། ཆུས་ཀྲང་། ཤང་ཀྲང་དེ་བཞིན་ཏང་སྲིག་འཛུགས་ཀྱི་ཧྲུའུ་ཅི་དང་། འཐབ་ཕྱོགས་ཁག་སོ་སོའི་ནང་ནས་ཐོན་པའི་སྔོན་ཐོན་གྱི་མི་སྣ་ཡང་ཚོགས་འདུ་དེའི་ནང་ཞུགས་ཡོད་པ་རེད། རང་སྐྱོང་ལྗོངས་མི་དམངས་འཐུས་མི་ཚོགས་ཆེན་ཐེངས་དང་པོ་མ་ཚོགས་པའི་སྔ་རོལ་དུ། ལྗོངས་ཡོངས་ཀྱིས་ནུས་ཤུགས་ཙབ་བསྡུས་བྱས་ཏེ་ཤང་རིམ་པའི་གཞི་རིམ་དང་རྫོང་རིམ་པ་སོགས་ཀྱི་འདེམས་བསྐོའི་ལས་དོན་གཉེར་བ་དང་། ཤང་རིམ་པ་མང་ཆེ་བས་ཤང་རིམ་པའི་མི་དམངས་འཐུས་མི་ཚོགས་ཆེན་དང་ཡང་ན་ཤང་རིམ་པའི་འཐུས་མིའི་གྲོས་ཚོགས་འཚོགས་ཏེ། ཡར་ལངས་ཞིང་པ་བྲན་གཡོག་ཁོ་ནས་གནས་བབ་ཡག་ཤོས་ཟིན་པའི་ཤང་མི་དམངས་སྲིད་གཞུང་ཞིག་བཙུགས་པ་དང་། རྫོང་ཁག་ལྔ་བཅུ་ང་བཞིས་མི་དམངས་འཐུས་མི་ཚོགས་ཆེན་འཚོགས་པ་རེད། དེའི་ནང་ནས་རྫོང་ཁག་བཅུ་དྲུག་གིས་མི་དམངས་འཐུས་མིའི་གྲོས་ཚོགས་འཚོགས་ཏེ་རྫོང་དཔོན་རྒན་གཞོན་གཉིས་འདེམས་ཐོན་བྱས་ནས་རྫོང་མི་དམངས་ཡུ་ཡོན་ལྷན་ཁང་བཙུགས་པ་རེད། དེ་དང་ཆབས་ཅིག་བོད་རང་སྐྱོང་ལྗོངས་མི་དམངས་འཐུས་མི་ཚོགས་ཆེན་ཐེངས་དང་པོར་

ཞུགས་མཁན་གྱི་འཐུས་མི་ཡང་འདེམས་བསྐོས་བྱས་པ་རེད། རྫོང་མི་དམངས་ཞུ་ཡོན་ལྷན་ཁང་གི་འགོ་ཁྲིད་འདེམས་ཐོན་བྱེད་སྐབས་ཡར་ལངས་ཞིང་བྲན་གྱི་བུད་མེད་བཅུ་གཅིག་གཟི་བརྗིད་དང་རྫོང་དཔོན་རྒན་པ་དང་གཞོན་པའི་འགོ་ཁྲིད་ལས་གནས་སུ་འདེམས་ཐོན་བྱུང་བ་རེད།

ཟླ་དགུ་པའི་ཚེས་གཅིག་ཉིན། ཐེངས་དང་པོའི་བོད་ལྗོངས་མི་དམངས་འཐུས་མི་ཚོགས་ཆེན་གཟབ་རྒྱས་ངང་ལྷ་སར་འཚོགས་པ་རེད། ཚོགས་ཆེན་ཐོག་ཀྲུང་དབྱང་འཐུས་མི་ཚོགས་པའི་ཚོགས་གཙོ་ཞེ་ཕུའུ་ཀྲིས་ནས་མི་སེམས་ལ་སྐུལ་ལྕག་ཐེབས་པའི་གསུང་བཤད་གནང་སྟེ། ཁོང་གིས་ཏང་ཀྲུང་དབྱང་དང་། མའོ་ཀྲུའུ་ཞི། ལིའུ་ཀྲུའུ་ཞི། རྒྱལ་སྲིད་སྲི་ཁྲབ་ཁང་བཅས་ཀྱི་སྐུ་ཚབ་གནང་ནས་ཚོགས་ཆེན་ལ་སྤྲོ་སེམས་རབ་ཏུ་འཕེལ་བའི་ངང་བཀྲ་ཤིས་རྟེན་འབྲེལ་ཞུས་གནང་བ་དང་ཆབས་ཅིག །བོད་ཀྱི་མི་དམངས་དང་བོད་ཀྱི་སྤུན་ཟླ་ཚང་མར་སྤྲོ་སེམས་རབ་ཏུ་འཕེལ་བའི་བཀྲ་ཤིས་བདེ་ལེགས་ཞུས་གནང་བ་རེད། དེ་ནས་ཀྲུང་གུང་བོད་རང་སྐྱོང་ལྗོངས་ཞུ་ཡོན་ལྷན་ཁང་གི་རྫའུ་ཅི་དང་པོ་ཀྲང་གོ་ཧྭ་ཡིས་ཚོགས་ཆེན་ཐོག《མའོ་ཙེ་ཏུང་གི་དགོངས་པའི་ལྷབས་ཆེན་དར་དམར་མཐོན་པོར་བསྒྲེངས་ཏེ། སྤྱི་ཚོགས་རིང་ལུགས་ཀྱི་གསར་རྗེའི་ལྷབས་ཆེན་རྒྱལ་ཁ་ཐོབ་ཆེད་དང་། སྤྱི་ཚོགས་རིང་ལུགས་ཀྱི་བོད་གསར་པ་འཛུགས་སྐྲུན་བྱེད་ཆེད་འབད་བརྩོན་བྱེད་དགོས》ཞེས་པའི་ཆབ་སྲིད་ཀྱི་སྙན་སྐྲོན་ཞིག་གནང་བ་རེད། སྙན་སྐྲོན་འདིའི་ནང་འདས་ཟིན་པར་ཕྱོགས་བསྡོམས་དང་། དུས་བབ་ལ་དབྱེ་ཞིབ། འབྱུང་འགྱུར་ལ་མཇུབ་ཁྲིད། འཐབ་སེམས་ལ་སྐུལ་ལྕག་སོགས་གནང་ཡོད་པ་རེད། རང་སྐྱོང་ལྗོངས་གྲ་སྒྲིག་ཞུ་ཡོན་ལྷན་ཁང་གི་ཀྲུའུ་རིན་ལས་ཚབ་པ་ང་ཕོད་ངག་དབང་འཇིགས་མེད་མཆོག་ནས་ཚོགས་ཆེན་ཐོག《བོད་རང་སྐྱོང་ལྗོངས་གྲ་སྒྲིག་ཞུ་ཡོན་ལྷན་ཁང་གི་ལས་དོན་སྙན་སྐྲོན》ཞེས་པ་གསུང་བཤད་གནང་སྟེ། བོད་རང་སྐྱོང་ལྗོངས་ཞུ་ཡོན་ལྷན་ཁང་འཛུགས་རྒྱུའི་གྲ་སྒྲིག་ལས་དོན་བརྒྱུད་རིམ་ནང་འཕྲད་པའི་འཐབ་རྩོད་ཀྱི་སྐོར་ལ་དྲན་གསོ་གནང་བ་དང་། ད་དུང་གྲ་སྒྲིག་ཞུ་ཡོན་ལྷན་ཁང

བཙུགས་པ་ནས་བཟུང་། བོད་ཀྱི་དཔལ་འབྱོར་དང་རིག་གནས་སོགས་ལ་གཙོ་བོའི་གྲུབ་འབྲས་ཁག་ཐོབ་པའི་སྐོར་སྙན་སྒྲོན་གནང་བ་རེད།

ཟླ་བ་དགུ་པའི་ཚེས་བརྒྱད་ཉིན། འཕྲུས་མི་ཚོགས་ཆེན་གྱིས་འཕྲུས་མིས་མིང་རྟགས་མི་བཀོད་པའི་བྱ་ཐབས་ལྟར་བོད་རང་སྐྱོང་ལྗོངས་མི་དམངས་ཞུ་ཡོན་ལྷན་ཁང་གི་དབུ་ཁྲིད་འདེམས་བསྐོ་བྱས་པར། ང་ཚོད་ངག་དབང་འཇིགས་མེད་མཆོག་བོད་རང་སྐྱོང་ལྗོངས་མི་དམངས་ཞུ་ཡོན་ལྷན་ཁང་གི་ཀྲུའུ་ཞི་དང་། ཀྲུའུ་རིན་སན། འཕགས་པ་ལྷ་དགེ་ལེགས་རྣམ་རྒྱལ། ཀོའོ་ཤིའི་ལན། ཤེས་རབ་དོན་གྲུབ（དབྱང་ཅུང་སན）གླང་མདུན་ཀུན་དགའ་དབང་ཕྱུག །ཚེ་ཕོག་དོན་གྲུབ་ཚེ་རིང་། སེང་ཆེན་བློ་བཟང་རྒྱལ་མཚན་བཅས་ཀྲུའུ་ཞི་གཞོན་པར་འདེམས་ཐོན་བྱུང་བ་དང་། བློ་བཟང་ཚུལ་ཁྲིམས་རང་སྐྱོང་ལྗོངས་མི་དམངས་ཁྲིམས་ཁང་གི་ཡོན་ཀྲང་དང་། རྟ་དབང་རིན་ཆེན་བསོད་ནམས་སོགས་མི་གྲངས་སུམ་ཅུ་སོ་བདུན་བོད་རང་སྐྱོང་ལྗོངས་མི་དམངས་ཞུ་ཡོན་ལྷན་ཁང་གི་ཞུ་ཡོན་ལ་འདེམས་ཐོན་བྱུང་བ་རེད། ཐེངས་དང་པོའི་མི་དམངས་འཕྲུས་མི་ཚོགས་ཆེན་དེ་ནི་ཕྱི་ཟླ་དགུ་པའི་ཚེས་དགུ་ཉིན་ལེགས་པར་མཇུག་སྒྲིལ། དེའི་ཉིན་ལྷ་སའི་མི་རིགས་ཁག་དང་ལས་རིགས་ཁག་གི་མང་ཚོགས་སུམ་ཁྲི་ལྷག་ལྷ་སའི་ལུས་རྩལ་ཐང་དུ་འདུ་འཛོམས་བྱས་ཏེ་བོད་རང་སྐྱོང་ལྗོངས་ཞུ་ཡོན་ལྷན་ཁང་དབུ་བརྙེས་པར་དགའ་སྟོན་རྟེན་འབྲེལ་ཞུས་པ་དང་། ཚོགས་འདུའི་ཐོག་ཀྲུང་དབྱང་འཕྲུས་མི་ཚོགས་པའི་ཚོགས་གཙོ་ཞེ་ཧྲུའུ་གྲིས་དང་། ཀྲང་གོ་ཧྭ། ང་ཚོད་ངག་དབང་འཇིགས་མེད་བཅས་ནས་གསུང་བཤད་གནང་བ་དང་། ཚོགས་འདུ་འགྲོལ་རྗེས་རྟེན་འབྲེལ་ཞུ་བའི་ཁྲོམ་སྐོར་རྒྱ་ཆེར་སྤེལ་བ་རེད། ཕྱི་ཟླ་དགུ་པའི་ཚེས་བཅུ་ཉིན《མི་དམངས་ཉིན་རེའི་ཚགས་པར་》ཐོག《ཕྱི་ཚོགས་རིང་ལུགས་ཀྱི་བོད་ལྗོངས་གསར་པ་འཛུགས་སྐྲུན་བྱེད་ཆེད་འབད་བརྩོན་བྱེད་དགོས་》ཞེས་པའི་ཆེད་བརྗོད་ཅིག་སྤེལ་བ་དང་ཆབས་ཅིག་སྤྱི་སེམས་རབ་ཏུ་འཕོལ་བའི་ངང་ནས་བོད་རང་སྐྱོང་ལྗོངས་དབུ་བརྙེས་པར་བཀྲ་ཤིས་རྟེན་འབྲེལ་ཡང་ཞུས་ཡོད་པ་རེད།

བོད་རང་སྐྱོང་ལྗོངས་དབུ་བརྙེས་པའི་ཚོགས་ཆེན་འཚོགས་པའི་སྐབས་སུ། ང་རང་རྒྱ་ནག་ཧྲན་ཤིའི་ཞིང་ཆེན་ཞན་དབྱང་བོད་ལྗོངས་མི་རིགས་སློབ་གྲྭར་སློབ་སྦྱོང་བྱེད་བཞིན་ཡོད་སྐབས། སྐབས་དེའི་ཚོགས་ཆེན་གྲ་རྒྱས་པོ་དེ་འདྲ་འཚོགས་པ་དངོས་སུ་མཐོང་མི་ཐུབ་ཅིང་། འོན་ཀྱང་སློབ་གྲྭའི་རྒྱང་བསྒྲགས་དང་རྒན་ལགས་རྣམས་པ་ཚོས་སློབ་ཁང་ནང་སློབ་ཁྲིད་གནང་སྐབས་དེའི་སྐོར་ངོ་སྤྲོད་གནང་བ་རྒྱུད། བོད་རང་སྐྱོང་ལྗོངས་དབུ་བརྙེས་པར་རེ་སྨུག་དང་སེམས་གཏིང་ནས་དགའ་ཚོར་རྫོགས་མཐའ་མེད་པ་ཞིག་བསྐྱེད་ཀྱི་ཡོད། ད་དུང་གལ་ཆེ་བ་ཞིག་སྟེ། ང་རང་སྟབས་ལེགས་པ་ཞིག་ལ་རང་སྐྱོང་ལྗོངས་དབུ་བརྙེས་པར་ལེགས་སྐྱེས་ཕུལ་བའི་བྱེད་སྒོའི་ནང་ཞུགས་ཐུབ་པ་བྱུང་། དེའི་སྐོར་རྒན་ལྷག་པ་ཕུན་ཚོགས་མཆོག་ནས་ངའི་རྩོམ་ཡིག་འདིའི་འགོ་བརྗོད་ཀྱི་གླེང་མོལ་ཁྲིས་གནང་བའི་རྒྱ་སྐད་ཀྱི་སྙུང་གཏམ་ལྗོགས་བཀྲན་པར་གཞི་ཁག་གསུམ་སྟེ《ཁུའི་ཧྲུའུ་གྲོང་ཚོ་》དང་། 《ལིའི་རྫོང་རྫོང་》《ལིའི་སྐྲུང་》བཅས་བོད་སྐད་དུ་སྐད་སྒྱུར་དང་སྒྲ་འཇུག་བྱས་པའི་སྐོར་འདི་རེད། དེ་དུས་སློབ་གྲྭ་ནས་འདེམས་སྒྲུག་གནང་བར་རྒན་ལྷག་པ་ཕུན་ཚོགས་མཆོག་དང་། སློབ་གྲྭའི་ཚན་ཁག་མི་འདྲ་བའི་ནང་ནས་སློམ་མ་བཅུ་གྲངས་འགའ་ཤས་སྐོང་འཛིན་བྱས་ཏེ་སྙུང་གཏམ་ལྗོགས་བཀྲན་པར་གཞི་ཁག་གསུམ་བོད་སྐད་དུ་སྒྲ་འཇུག་བྱེད་རྒྱུའི་ཆེད། ཁོངས་མི་དེའི་ནང་ང་རང་ཡང་ཚུད་ཡོད། རྒན་ལྷག་པ་ཕུན་ཚོགས་མཆོག་ནས་གསོས་པའི་དགེ་རྒན་རྣམས་ཀྱིས་ང་ཚོ་ཚོགས་འདུར་བསྐོངས་ཏེ་ནན་ཏན་གྱི་སྒོ་ནས་གསུང་དོན། དེ་ནི་ཆབ་སྲིད་ཀྱི་ལས་འགན་ཞིག་ཡིན་པས། ངེས་པར་དུ་ལས་འགན་ལེགས་འགྲུབ་བྱེད་དགོས་ཅེས་གསུངས། དེར་བརྟེན་ལས་འགན་དེ་འགོ་བཙུགས་པ་ནས་བཟུང་། ང་ཚོའི་སློབ་གྲོགས་ཚང་མ་མི་རེ་བཞིན་སེམས་ཤུགས་ཆེན་པོ་འཕེལ་བ་དང་། གཟི་བརྗིད་ཀྱི་ཉམས་སྣང་ཁེངས་ཤིང་འགན་འཁུར་བའི་གཞུང་སེམས་དང་བཅས་སློབ་གྲྭ་དང་རྒན་ལགས་རྣམ་པ་ཚོས་ང་ཚོར་རེ་བ་བཅོལ་བ་རྣམས་ཚུད་ཟོས་སུ་མི་གཏོང་རྒྱུའི་ཚོད་སེམས་བརྟན་པོ་བཙུགས་པ་ཡིན། སྐབས་འདིར་གོ་ཐོས་ལ་

ཁྲང་ཁྲུན་གློག་བརྙན་བཟོ་གྲྭ་ནས་ལས་ཀ་དེར་འགན་འཁུར་བྱེད་ཀྱི་རེད་ཟེར། ང་ཚོ་སློབ་གྲོགས་འགའ་ཤས་ཤིག་ཕན་ཚུན་ཅི་གྲོས་མོལ་གྲོས་བཤད་དེ་གལ་སྲིད་ང་ཚོ་ཁྲང་ཁྲུན་ཟེར་བ་དེར་གཅིག་སླེབས་ཐུབ་ན་དེ་འདྲའི་དགའ་བ་ལགས་ཨང་ཟེར། གང་ཡིན་ཟེར་ན། ང་ཚོས་ཤེས་གསལ་ལྟར་ན་ཁྲང་ཁྲུན་གློག་བརྙན་བཟོ་གྲྭ་འདིས་གློག་བརྙན་གྱི་པར་གཞི་ལྟད་མོ་ཆེན་པོ་མང་པོ་བཟོས་ཡོད་པ་དཔེར་ན། 《གསེར་གྱི་མེ་ཏོག་ལྡུ་》ཟེར་བ་དང་། ཨ་འགོག་ཁྲའོ་རོགས་ཀྱི་དམག་འཁྲུག་གློག་བརྙན་《ཧྲང་ཀན་ལིང་》དང་། 《སྒྲ་དཀར་ལྷ་མོ་》 ད་དུང་དཔའ་བོ་《ཏུང་ཚུན་ཞུས་》ཟེར་བ་སོགས་མང་པོ་ཡོད་སྐབས་ང་ཚོ་དངོས་འབྲེལ་ལྟ་བར་འགྲོ་འདོད་ཆེན་པོ་བྱུང་། སྐབས་དེ་དུས་ལོ་ཆུང་ཆུང་སོང་ཙང་ག་རེ་ཡིན་ནའང་ཡ་མཚན་སྣང་ཤུགས་ཆེན་པོ་རེད། ཡིན་ནའང་བསམ་ཡུལ་ལས་འདས་པ་ཞིག་ལ་སྒྲ་འཇུག་པར་གཞི་འགྲུབ་རྒྱུའི་ས་ཆ་ནི་ང་ཚོའི་སློབ་གྲྭ་དང་ཏ་ཙང་ཉེ་པོ་ཡོད་པའི་ཤིའི་ཨན་གློག་བརྙན་བཟོ་གྲྭ་འདི་རེད་འདུག །ང་ཚོ་ཤིའི་ཨན་གློག་བརྙན་བཟོ་གྲྭར་འཕྱོར་རྗེས་བཟོ་གྲྭ་ནས་མཐོང་ཆེན་གནང་བར་མ་ཟད་གང་ཅིའི་ཐད་བཀོད་སྒྲིག་བཟང་པོ་གནང་སྟེ་ང་ཚོར་ཆ་རྐྱེན་ཡག་པོ་བསྐྲུན་པ་དང་ཞབས་འདེགས་ཡང་གང་ལེགས་གནང་བྱུང་། ཤིའི་ཨན་གློག་བརྙན་བཟོ་གྲྭར་བསྡད་པའི་རིང་། སྐབས་ལེགས་པ་ཞིག་ལ་རྒྱ་ནག་གི་སྲོལ་རྒྱུན་ཡུའི་ཙུས་ཟེར་བའི་འཁྲབ་སྟོན་པ་སྒྱུ་རྩལ་མཁས་ཅན་ཁྲང་ཤང་ཡུས་ཀྱི་སྡེ་ཁྲིད་པའི་ཡུའི་ཙུས་ཁྲིང་ཞི་ཚོགས་པ་དང་རྒྱུན་དུ་ཕན་ཚུན་ཐུགས་འཕྲད་ཡོང་གི་འདུག །སྐབས་དེ་དུས་ཁོང་རྣམས་པ་ཡང་ཤིའི་ཨན་གློག་བརྙན་བཟོ་གྲྭར་ཡུའི་ཙུས་ཀྱི་འཁྲབ་སྟོན་སྒྲུང་གཏམ་གློག་བརྙན་《མི་ཡང་སྲོ་ཞིང་རྟ་ཕོས་སྒྲ་སྐད་སྒྲོགས་》ཅེས་པའི་གློག་བརྙན་གྱི་པར་གཞི་བཟོ་གི་ཡོད་པ་རེད། སྒྱུ་རྩལ་མཁས་ཅན་སློབ་དཔོན་ཁྲང་ཤང་ཡུས་ཞུ་བ་དེ་ཚོད་བགམ་བྱས་ན་དགུང་ལོ་བཞི་བཅུ་ལྷག་ཙམ་རེད་འདུག །ཧོབ་སྟེ་བལྟས་ན་ཁོང་གྲུང་ཤ་དོད་པོ་དང་། འཛོན་ཐང་ཆེན་པོ། གཤིས་རྒྱུད་འཇམ་མདོག་ཁ་པོ་ཞིག་འདུག །སྐབས་དེ་དུས་ད་ལྟ་ནང་བཞིན་གྱི་མི་ཚང་མའི་ལག་ཏུ་ལག་ཐོག་ཁ་པར་

འཁྱེར་རྒྱུ་ཡོད་པ་འདྲ་ཡིན་ན། ངས་གཏན་གཏན་གྲགས་ཅན་གྱི་སྒྱུ་རྩལ་མཁས་ཅན་ཁྲང་ཤང་ཡུས་དང་མཉམ་དུ་དྲན་རྟེན་གྱི་སྐུ་པར་ཞིག་སྒྲོན་ཏེ་ཉར་ཚགས་བྱེད་རྒྱུ་ཡིན་པ་ནི་སྨོས་མེད་རེད།

ཁྲང་ཁྲུན་སློག་བརྙན་པར་གཞི་བཟོ་གྲྭ་ནས་བཏང་བའི་འཁྲབ་ཁྲིད་བཀོད་འདོམས་པ་དང་དེ་མིན་ལས་མི་ཚང་མས་བོད་སྐད་སྒྲ་འཇུག་གི་ལས་དོན་ལ་མཐོང་ཆེན་གནང་བར་མ་ཟད། ང་ཚོའི་སློབ་གྲྭའི་དགེ་རྒན་རྣམས་ལ་བརྩི་བཀུར་དང་སློབ་མ་ཚོ་ལ་ཡང་ཐུགས་འཁུར་ཆེན་པོ་གནང་གི་འདུག །ང་ཚོའི་རྒན་ལགས་དང་རྣམ་ཀུན་ཆ་རྒྱུས་མེད་པའི་འཁྲབ་ཁྲིད་བཀོད་འདོམས་པ་ཚོ་ཕན་ཚུན་གྱོས་བསྡུར་གནང་སྐྱེ་ཞོར་འདེགས་ལེགས་པོ་ཡོད་པ་མཐོང་སྐབས། ང་ཚོ་སློབ་མ་ཚོ་ཡང་ཧ་ཅང་དགའ་པོ་ཡོང་གི་ཡོད། འཁྲབ་ཁྲིད་བཀོད་འདོམས་པས་སློབ་མ་མི་རེ་རེར་འཁྲབ་ཚན་ནང་གི་མི་སྣ་རེ་རེ་རྩིས་སྤྲོད་བྱས་རྗེས། སྔོན་ལ་ང་ཚོར་འཁྲབ་ཚན་ནང་གི་མི་སྣ་སོ་སོའི་སྐད་ཆ་དང་མི་སྣའི་རྣམ་འགྱུར་ཁྱད་ཆོས་སོགས་བློ་ཁོག་ཏུ་ཆུད་པ་བྱུང་རྗེས་གཞི་ནས་སྒྲ་འཇུག་བྱེད་སའི་ཁང་པའི་ནང་འཁྲིད་དེ་སྒྲ་འཇུག་གི་ལས་ཀ་འགོ་ཚུགས། དངོས་འབྲེལ་ཞུས་ན་སྐབས་དེ་དུས་སྒྲ་འཇུག་འགོ་བཙུགས་མ་ཐག་སྒྲ་འཇུག་གང་འདྲ་བྱེད་དགོས་རྩ་བ་ནས་མ་ཤེས་པར། སྐྱུང་དེབ་ནང་གི་མི་སྣའི་བརྩེ་གདུང་གི་རྣམ་འགྱུར་ལ་གཞིག་སྟེ་སྒྲ་འཇུག་རྒྱུ་ནི་དེ་བས་ཁག་པོ་རེད། ད་དུང་པར་གཞིའི་ནང་གི་མིས་སྐད་ཆ་བཤད་དུས་ཁའི་བཟོ་ལྟ་སྟོན་སྟངས་དང་རང་གི་སྒྲ་འཇུག་སྟངས་གཉིས་དུས་གཅིག་ཏུ་མ་འཁེལ་བ་སོགས་གནས་ཚུལ་མང་པོ་འཕྲད་ཀྱི་ཡོད། དེ་ནས་བཀོད་འདོམས་འཁྲབ་ཁྲིད་པ་ཚོས་ཞིབ་ཚགས་དང་མཇུབ་ཁྲིད་བྱས་པ་བརྒྱུད། ང་ཚོ་ཡང་རིམ་བཞིན་ཡར་རྒྱས་ཕྱིན་ཏེ་སྒྲ་འཇུག་གི་ལས་ཀ་བྱེད་མུས་དང་རིམ་བཞིན་ལས་སླ་པོ་བྱུང་སོང་། ཁྲང་ཁྲུན་སློག་བརྙན་པར་གཞི་བཟོ་གྲྭའི་འཁྲབ་ཁྲིད་བཀོད་འདོམས་པ་ཚོས་ང་ཚོ་སློག་བརྙན་གྱི་ལས་ཀ་རྩ་བ་ནས་ཆ་རྒྱུས་མེད་པའི་སློབ་མ་ཚོར་དང་རྒྱུ་ཧ་ཅང་རིང་པོ་དང་། སྤྲོ་སྣང་འཕེལ་པོ་ཡོད་པའི་སློབ་གྲྭའི་དགེ་རྒན་དང་འདྲ་བར་ལག

པས་ལག་པ་བཟུང་སྟེ་སློབ་ཁྲིད་གནང་བ་ལྟར། གང་འདྲ་བྱས་ཏེ་འཕྲབ་ཚན་ནང་གི་མི་སྣ་སོ་སོའི་ཁྱད་ཆོས་བཟུང་ཐུབ་པ་དང་། སྒྲ་འཇུག་པའི་སྐབས་ཀྱི་སྒྲའི་གདངས་སྟོན་ཕྱུགས་དང་། བརྩེ་དུང་ཚོད་འཛིན་བྱེད་སྟངས་སོགས་ཀྱི་བསླབ་བྱ་གནང་བར་བག་ཆགས་གཏིང་ཟབ་མོ་བྱུང་། ཡང་བོད་སྐད་ཀྱི་སྒྲ་སྟོན་སྟངས་དང་། སྐད་ཤུགས་ཀྱི་མཐོ་དམན། སྐད་ཆ་ཤོད་སྟངས་སོགས་ལ་རྒྱན་ལྷག་པ་ཕུན་ཚོགས་མཆོག་ནས་ང་ཚོར་ཚད་ལྡན་གྱི་བཀོད་བྱུས་གནང་སྟེ་ནོར་འཁྲུལ་བྱུང་ན་འཕྲལ་དུ་ཡོ་བསྲང་གནང་གི་ཡོད། དུས་ཚོད་གང་ཙམ་ཞིག་གི་ནང་དུ་དཀའ་སྡུག་གི་སློབ་སྦྱོང་དང་སྦྱོང་བརྡར་བྱས་པ་བརྒྱུད་ང་ཚོས་རྒྱ་སྐད་ཀྱི་སྙུང་གཏམ་གློག་བརྙན་པར་གཞི་ཁྱོན་གསུམ་བོད་སྐད་དུ་སྒྲ་འཇུག་ལེགས་པར་བསྒྲུབས་ཏེ་མཐར་འཕྲབ་ཁྲིད་བཀོད་འདོམས་པ་དང་སློབ་གྲྭ་ནས་ཁས་ལེན་གང་ལེགས་གནང་བ་རེད།

བོད་སྐད་དུ་སྒྲ་འཇུག་བྱས་པའི་གློག་བརྙན་པར་གཞི་གསུམ་པོ་བོད་རང་སྐྱོང་ལྗོངས་དབུ་བརྙེས་པའི་མཛད་སྒོའི་སྐབས། ལྷ་ས་སོགས་ས་གནས་ཁག་ཏུ་རིམ་བཞིན་བསྟན་འགོ་ཚུགས་པ་དང་། རྒྱ་ཆེའི་གཟིགས་མོ་བ་ཆོས་ཁྱོན་ཡོངས་ནས་དགའ་བསུ་ཐོབ་པ་རེད། ལོ་མོའི་བསམ་པར་དེ་ནི་སྒྲ་འཇུག་གནང་མཁན་གྱི་འཕྲབ་སྟོན་པ་ཆོས་འཕྲབ་ཚན་ནང་གི་མི་སྣའི་བརྩེ་དུང་གི་འགྱུར་བ་དང་། སྐད་ཆ་ཤོད་སྟངས་རྣམས་རང་བཞིན་འཚམ་པོ་བྱུང་བ་དང་། སྙུང་གཏམ་ནང་གི་མི་སྣ་སོ་སོའི་ཁྱད་ཆོས་དང་ཧ་ཅང་མཐུན་པོ་བྱུང་བ། ད་དུང་གཙོ་བོའི་རྒྱུ་རྐྱེན་ཞིག་སྟེ། མི་རིགས་སློབ་གྲྭའི་དགེ་རྒན་པའོ་ཧྲི་ཀྲུང་དང་ལྷག་པ་ཕུན་ཚོགས་མཆོག་གིས་རྒྱ་སྐད་ཀྱི་གློག་བརྙན་སྙུང་གཏམ་ཁག་གསུམ་པོ་དག་བོད་སྐད་དུ་ཡིག་བསྒྱུར་ཧ་ཅང་ཡག་པོ་བྱུང་བ་དང་། བསྒྱུར་ཟིན་པའི་ཚིག་བཅད་དེ་དག་འཇུག་བདེ་བ་དང་། ཁ་སྐད་རང་བཞིན་གྱི་རྣམ་པ་ཤིན་ཏུ་ཟབ་མོ་ཡོད་པར་བརྟེན། བོད་སྐད་གློག་བརྙན་དེ་དག་གི་གཙོ་དོན་བསམ་བློར་མང་ཚོགས་ཆོས་གོ་བ་ལེན་རྒྱུར་སླ་ལ་འདེད་ཀྱི་ནུས་པ་ཆེན་པོ་ཐོན་ཐུབ་ཡོད། 《བོད་རིགས་ཚིག་མཛོད་ཆེན་མོ་》ཤོག་གྲངས་དགུ་བརྒྱ་དོན་གསུམ་ནང་ངོ་སྤྲོད་བྱས་པར་

ཞིག་ན། སྤྱི་ལོ་༡༩༡༣ལོར་ཀྲུང་ཧྭ་མིང་གོ་བོད་སོག་ཚན་པ་ཁང་ནས་པེ་ཅིང་དུ་གཙོ་གཉེར་བྱས་པའི་《བོད་ཡིག་ཁ་སྐད་ཚགས་པར་》ཞེས་པ་བཏོན་ཡོད་པ་རེད། དེ་ནི་དོན་གནད་ལེགས་པོ་ཞིག་ཡིན་ཞིང་། ངལ་རྩོལ་མི་དམངས་ལ་བོད་ཡིག་ཁ་སྐད་ཅན་དགོས་མཁོ་ཡོད་པ་རེད། སྐབས་དེ་དུས་ཁོ་མོ་ནི་སེམས་གཏིང་ནས་རྒྱན་ལགས་རྣམ་པ་ཚོས་སྙིང་སྟོབས་ཆེན་པོས་ཐུགས་འགན་བཞེས་ཏེ་ཚོད་ལྟ་དང་སྦྲགས་སྒྲུང་གཏམ་དེ་དག་བོད་ཡིག་ཁ་སྐད་ཅན་དུ་ཡིག་བསྒྱུར་མཛད་ནས་རྒྱ་ཆེའི་མང་ཚོགས་དང་འདྲིས་ཐུབ་པའི་ཁྱད་ཆོས་དང་ལེགས་ཆ་དེ་ཚོར་གུས་བཀུར་ཆེན་པོ་ཞུ་ཡི་ཡོད། དེར་བརྟེན་ངས་དེ་སྔ་རྒྱན་ལགས་རྣམ་པ་ཚོས་བོད་ཡིག་ཁ་སྐད་དུ་བསྒྱུར་གནང་བའི་སྒྲུང་གཏམ་དེབ་ཁག་གསུམ་ཡོད་པ་དེར་ཧ་ཅང་དགའ་པོ་དང་རྩ་ཆེན་པོར་རྩིས་ནས་ཉར་ཚགས་བྱས་པ་ཡིན། ད་བར་མི་ལོ་ལྔ་བཅུ་ལྷག་ཙམ་སོང་ཡོད་ནའང་དེབ་ཤོག་གི་ཚོས་མདོག་སེར་ཤུབ་ཤུབ་དང་། རྩུབ་རྡུལ། ཤོག་ཟུར་ཁ་ཤས་ཕྱེད་ཙམ་རལ་ཧྲུལ་སོགས་ཀྱི་སྐྱོན་ཡོད་རུང་། རྩ་བའི་ཆར་སྒྲུང་གཏམ་ཁག་གསུམ་པོ་དེ་དག་གི་ཡིག་འབྲུ་ཆ་ཚང་ཉར་འཛོག་བྱེད་ཐུབ་ཡོད། གང་ཡིན་ཞེ་ན་གཅིག་ནས། དེ་ནི་ང་རང་ཆུང་དུས་སློབ་མ་ཞིག་གི་འཚོ་བའི་ཁྲོད་དུ་དོན་སྙིང་ལྡན་པའི་བྱ་བ་དགེ་མཚན་ཡོད་པ་ཞིག་ནང་ཞུགས་རྒྱུ་བྱུང་བ་དང་། གཉིས་ནས་དེ་ནི་ངས་བོད་རང་སྐྱོང་ལྗོངས་དབུ་བརྙེས་པར་ལེགས་སྐྱེས་ཕུལ་བའི་བྱེད་སྒོའི་ནང་ཞུགས་མྱོང་བའི་དྲན་རྟེན་ཞིག་རེད། གསུམ་ནས་དེ་ནི་ང་རང་བོད་ཡིག་སྤྱད་བསྟེན་བྱེད་རྒྱུར་སྐུལ་མ་གཏོང་བའི་འགུལ་ཤུགས་ཆེན་པོ་ཞིག་ཀྱང་ཡིན།

མདོར་ན་བོད་རང་སྐྱོང་ལྗོངས་དངོས་སུ་དབུ་བརྙེས་པ་དེས། རང་རྒྱལ་གྱི་རྩ་ཁྲིམས་ནང་གྲངས་ཉུང་མི་རིགས་ས་ཁོངས་སུ་མི་རིགས་རང་སྐྱོང་ས་ཁུལ་བདག་གཉེར་བྱེད་རྒྱུའི་འགན་དབང་སྤྲད་ཡོད་པ་བོད་ལྗོངས་སུ་མངོན་དུ་གྱུར་ཐུབ་པའི་དཔང་རྟགས་ཤུགས་ཆེན་བྱུང་ཡོད། མི་རིགས་ཧུབ་བསྡུས་བྱས་པའི་ས་ཁུལ་ལ་མི་རིགས་ས་ཁོངས་རང་སྐྱོང་བྱེད་རྒྱུའི་སྲིད་སྲོལ་དབང་ཆ་ཡོད་པ་དང་། དེ་ནི་རང་རྒྱལ་

གྱི་རྨང་གཞིའི་ཆབ་སྲིད་ལམ་ལུགས་ནང་གི་ཡ་རྒྱལ་ཞིག་ཡིན་པ་བོད་ལྗོངས་སུ་དོན་འགྲོལ་བྱུང་བ་རེད། དེ་ནས་བཟུང་བོད་ལྗོངས་འདི་ཉིད་དང་མེས་རྒྱལ་ཁྱིམ་ཚང་ཆེན་པོའི་འབྲེལ་བ་སྔར་ལས་དམ་ཟབ་དང་འཆམ་མཐུན་བྱུང་ནས། བོད་མི་དམངས་རྣམས་དེ་བས་སྐྱོ་སེམས་རབ་ཏུ་འཕོལ་བའི་ངང་སྤྱི་ཚོགས་རིང་ལུགས་ཀྱི་གསར་བརྗེ་དང་འཛུགས་སྐྲུན་གྱི་མཐོ་རླབས་གསར་པ་ཞིག་བསུ་བ་ཞུས་ཡོད་པ་རེད།

ཞེར་ལྔ། བསྒྱུར་བཅོས་སྒོ་འབྱེད་རྗེས་མི་དམངས་ཀྱི་འཚོ་བ་བདེ་སྐྱིད་འབྱོར་ཕྱུག་དང་། མཛེས་སྡུག་ལྡན་པའི་ཕ་ཡུལ་གྱི་རྣམ་པ་གསར་དུ་བརྗེ་བ།

ལོ་རྒྱུས་ཀྱི་གོམ་སྟབས་དུས་རབས་ཉེར་གཅིག་ཏུ་སླེབས་ཟིན་པ་དང་། གནའ་བོའི་གྲོང་ཁྱེར་ལྷ་ས་འདི་ཉིད་གང་སར་ལོ་རྒྱུས་ཡུན་རིང་ལྡན་པའི་རིག་གནས་ཀྱི་གཏིང་གཞི་དག་འོད་མདངས་རྣམ་པར་བཀྲ་བའི་ཉམས་འགྱུར་འཕྲོ་བ་མ་ཟད། དཀའ་སྡུག་ཚད་མེད་མྱངས་པའི་ལྷ་སའི་མི་དམངས་ཀྱི་སྟབས་ཤུགས་གསོག་འཛོག་དང་འབད་འབུངས་ཡར་བརྩོན་གྱི་གསར་གཏོད་སྙིང་སྟོབས་ཀྱང་མངོན་གསལ་དོད་པོས་མངོན་ཡོད། སྤྱི་ལོ་༡༩༧༨ལོ་ནས་བཟུང་བསྒྱུར་བཅོས་སྒོ་དབྱེའི་དཔྱིད་ཀྱི་རླུང་པོ་ཀྲུང་གོའི་རྒྱལ་ཡོངས་ས་ཕྱོགས་གང་སར་ཁྱབ་པར་མ་ཟད་བོད་ལྗོངས་ཀྱི་ས་ཕྱོགས་གང་སར་ཡང་ཁྱབ་པ་རེད། གནའ་བོའི་ལྷ་ས་གྲོང་ཁྱེར་དེ་བཞིན་བསྒྱུར་བཅོས་སྒོ་མོ་དབྱེ་བའི་རྦ་རླབས་ཆེན་པོ་དེའི་དབུས་སུ། བློ་སྟོབས་ཆེན་པོས་འཕུར་སྐྱོད་དྲག་པོ་བྱས་ཏེ་མདུན་སྐྱོད་ཐུབ་པ་དང་། ཚད་ནས་བརྒལ་བ་ལྟ་བུའི་འཕེལ་རྒྱས་མངོན་གྱུར་བྱེད་ཐུབ་པ་བྱུང་བ་རེད། ལྷ་ས་བ་རྣམས་ཀྱིས་བསྒྱུར་བཅོས་སྒོ་མོ་ཕྱེ་བའི་འབྲས་བུ་རྣམས་ལོངས་སྤྱོད་ཡོངས་སུ་རྫོགས་པ་བྱས་ཏེ་བདེ་སྐྱིད་ཀྱི་འཚོ་བ་བསྐྱལ་བཞིན་པའི་སྐབས་སུ། དུས་ནམ་ཡང་ཏང་ཀྲུང་དབྱང་དང་རྒྱལ་ཡོངས་མི་རིགས་ཁག་གི་མི་དམངས་ཚོས་སྙིང་སེམས་སྤུ་ཙམ་མེད་པའི་ཐུགས་འཁུར་དང་རྒྱབ་སྐྱོར་གནང་བར་མ་བརྗེད་པ་དང་། ད་དུང་པེ་ཅིང་དང་ཅང་སུའུ་ཞིང་ཆེན་གཉིས་ནས་ལྷ་ས་གྲོང་ཁྱེར་དུ་ལོ་མང་རིང་སྙིང་སེམས་སྤུ་ཙམ་མེད་པའི་ཐུགས་འཁུར་དང་རོགས་སྐྱོར་གནང་བ་ཡང་བརྗེད་མི་ཐུང་བ་ཞིག་རེད།

དེང་སྐབས་ལྷ་ས་གྲོང་ཁྱེར་གྱི་འཕེལ་རྒྱས་ཏ་ཅང་འགྲོས་མགྱོགས་པོ་དང་འགྱུར་ལྡོག་ཆེན་པོ་བྱུང་བར་མིག་གི་ལྟ་བཞིན་དུ་རྗེས་ཟིན་ཚད་ཀྱི་ཚོར་སྣང་མང་པོ་ཡོང་གི་ཡོད། གྲོང་ཁྱེར་གྱི་རྣམ་པར་འགྱུར་ལྡོག་ཏ་ལས་དགོས་པ་བྱུང་བ་དང་། ཡང་ན་མི་དམངས་ཀྱི་འཚོ་བའི་ཆུ་ཚད་རྒྱུན་ཆད་མེད་པར་གོང་མཐོར་འགྲོ་བ། ཡང་ན་ཉེ་ཚོང་གི་ཁྲོམ་ར་དཔྱིད་དཔལ་བཞད་པ་ལྟ་བུའི་འབྲུག་པོ་ཡོད་པ། ཡང་ན་རིག་གནས་སློབ་གསོ་དང་ཚན་རིག་ལག་རྩལ་དར་རྒྱས་ཕུན་སུམ་ཚོགས་པ་སོགས་ཕྱོགས་གང་ཅིའི་ཐད་ནས་ང་ལ་སེམས་འགུལ་ཚད་མེད་དང་སྐྱུལ་ལྟུག་གཏིང་ཟབ་མོ་ཞིག་ཐེབས་ཡོང་གི་འདུག །ལྷག་པར་དུ་ང་རང་བློ་བདེ་པོ་དང་བག་ཕེབས་པོ་བྱུང་བ་ཞིག་སྟེ། ད་ཆ་ལྷ་སའི་མཁའ་ཀླུང་གི་སྤུས་ཚད་ཡག་ཏུ་ཕྱིན་ཡོད་པ་དང་རང་བྱུང་ཁོར་ཡུག་འཛུགས་སྐྲུན་བྱེད་པའི་ཆུ་ཚད་རྒྱུན་ཆད་མེད་པར་གོང་མཐོར་འགྲོ་བཞིན་ཡོད་པ་དཔེར་ན། ལྷ་སའི་ཉེ་འཁོར་གྱི་རི་དེ་ཚོའི་སྐད་ལ་ལྗང་མདོག་གི་ཤིང་སྡོ་བཏབ་པ་དང་སྐྱེ་འབྲས་ལེགས་པོ་བྱུང་བ། ཡང་དགུན་ཁ་གནམ་གཤིས་གྲང་མོ་ཡོད་པའི་སྐབས་སུའང་ལྷ་ས་བ་ཚོས་ཁྲིམ་དུ་སོལ་ནྲངས་ཐབ་བེད་སྤྱད་དེ་མི་བཏང་ནས་གསོལ་ཇ་ཞལ་ལགས་བཟོ་བ་དང་། ཁང་པའི་ནང་དྲོད་ཀླུང་བཏང་གི་ཡོད་པ་རེད། ཡང་ལྷ་ས་སྐྱིད་ཆུ་གཙང་པོའི་ཆུ་འགྲོ་ཚད་ཡོད་བཀག་སྒོ་བཟོས་ནས་ཆུ་ཡུར་གྱི་ཁ་ཞེང་ཆེ་རུ་བཏང་བ་དང་དེའི་ནང་ཆུ་བསགས་ཏེ་མི་བཟོས་མཚོ་རྒྱ་ཆེན་པོ་ཞིག་བསྐྲུན་པར་བརྟེན། "གཙང་པོ་མཚོའུ་འགྱུར"ལྟ་བུས་ཆུའི་ཁ་ཞེང་ཆེ་བ་དང་ཆུ་དྭངས་བ། ཉེ་འཁོར་མཁའ་ཀླུང་ནང་གི་ཀླུང་གསོས་པའི་བཟུར་ཚད་སྔོན་མ་ལས་མང་དུ་ཕྱིན་པ་དང་། རླན་ཚད་ཀྱང་སྔོན་མ་ལས་མང་དུ་ཕྱིན་ཏེ་སྔོ་ཞིང་དྭངས་གཙང་ཅན་གྱི་མཚོའུ་ཐོག་ལ་ཆུ་བྱ་དང་ངང་པ་སེར་པོ་ལ་སོགས་པའི་འཕུར་བྱ་སྣ་ཚོགས་དང་། ས་ཕྱོགས་གཞན་ནས་འཕུར་ཡོང་བའི་ཆུ་བྱ་སོགས་རང་འདོད་བཞིན་ཕན་ཚུན་རྩེད་འཛོར་རོལ་བཞིན་པར། སྐྱིད་ཆུའི་ཆུ་རགས་ཀྱི་ཟུར་ནས་ལངས་ཏེ་བལྟས་ཚེ། རྒྱ་ཆེ་ལ་ཞལ་ཁྲུ་སིམ་པོ་དང་སྤྲོ་སྣང་བག་ཕེབས་ཀྱིས་ཁེངས་པའི་མཛེས་ལྡོངས་ཤིག་རང་བཞིན་མངོན་པར་འཆར་བ་ལྟ་བུར

ཞེན་ཆགས་ཏེ་རང་ཁྱིམ་དུ་ལོག་འགྲོ་རྒྱུ་ཡང་བརྗེད་པ་ལྟ་བུ་ཡོང་གི་འདུག

ལྷ་ས་སྐྱིད་ཆུའི་ལྷོ་ངོས་ཀྱི་རིའི་སྟེང་དུ"ལྗོན་ཤིང་རི་ལ་འཛོགས་པ"ཞེས་པ་ལྟར་ནགས་ཚལ་ཅུང་སྟུག་པའི་ཡུལ་ལྗོངས་གི་རྣམ་པས་ཁེངས་ཤིང་། ལྷག་པར་དུ་དཔྱིད་དུས་དང་དབྱར་དུས་གཉིས་ཀྱི་ཉི་མའི་འོད་མདངས་རྒྱས་པའི་དུས་སུ། ལྗོངས་འདི་ན་ལྗོན་ཤིང་གི་ཙ་སྦྱོས་སྡོང་པོ་ཁྲི་བཅུ་གྲངས་བཙུགས་ཡོད་པ་དང་། ལོ་རེ་བཞིན་སྐྱེས་བཟང་བའི་སྔོ་ནས་དཔྱིད་ཉམས་རབ་ཏུ་བཀྲ་བའི་ལྗོན་ཤིང་གི་ལྷུམ་ར་ཞིག་ཏུ་གྱུར་ཡོད་པ་དང་། སྐྱིད་ཆུའི་ལྷོ་ངོས་རི་བོའི་པང་དུ་བཞུགས་པ་ལྟར་གྱི་ལྷོ་རིའི་གླིང་ཁ་འདིར་ང་རང་སྦྲོ་གསེང་དུ་འགྲོ་སྐབས་ཁུལ་དེར་ནགས་ཚལ་གྱི་རབ་ཏུ་ཁེངས་ཤིང་མེ་ཏོག་གསོས་པ་མང་པོ་བཞད་ཡོད་པ་དང་། མཁའ་རླུང་གཙང་བ་སོགས་ཡིད་དུ་འཕྲོག་པའི་ཡུལ་ལྗོངས་མཛེས་པོ་དེ་འདྲ་བས་མི་རྣམས་ཀྱི་སེམས་པ་ཡོངས་སུ་བཀུག་སྟེ་སེམས་ལྷོད་ཅིང་ཡིད་བདེ་བ་ཞིག་ཡོང་གི་འདུག །དེ་བཞིན་རླངས་འཁོར་ཤར་སྐྱོད་བྱེད་པའི་ལམ་ཆེན་ཡང་རི་དེའི་རྐེད་པར་སླེབས་མཚམས་བཟོས་ཚར་ནས་ལམ་བདེ་པོ་དང་རྒྱ་ཆེན་པོ་ཆགས་འདུག །ལྷ་སའི་གྲོང་མི་མང་པོས་དུས་ཚོད་ངེས་གཏན་མེད་པའི་ཐོག་ཡུལ་བསྐོར་ལ་ཕེབས་པ་དང་སྤྲུགས་ཡུལ་ལྗོངས་ལ་གཟིགས་པ་དང་མཁའ་རླུང་གཙང་མ་ངོམ་བཞིན་རང་བྱུང་ཁམས་ཀྱི་མཛེས་ཉམས་ལ་སྤྱོད་ཚོར་དང་ལོངས་སྤྱོད་ཟབ་མོ་གནང་ངུས། དེང་སྐབས་གྲ་རྒྱས་དང་འཕྲུག་པོ་ཡོད་པའི་གནའ་བོའི་གྲོང་ཁྱེར་ལྷ་སར། སྟུམ་ནག་གི་ལམ་ཆེན་གཡས་གཡོན་ཚང་མར་ལྗོན་ཤིང་གིས་གྲིབ་བསིལ་དང་། མེ་ཏོག་སྣ་ཚོགས་རབ་ཏུ་བཞད་པའི་ངོ་མཚར་གྱི་རྣམ་པས་ཁེངས་བཞིན་པ་དཔེར་ན། ཅང་སུའུ་ལམ་ཆེན་གཡས་གཡོན་དུ་ཡོ་འབོག་དང་། སྐྱི་ཁམས་གཞུང་ལམ་གཡས་གཡོན་དུ་ཁམས་བཟང་ལྗོན་ཤིང་། བདེ་སྐྱིད་གཞུང་ལམ་གཡས་གཡོན་དུ་རྒྱ་ཤིང་། ཞི་བདེ་གཞུང་ལམ་གཡས་གཡོན་དུ་ཐང་ཤིང་ཤུག་པ་སོགས་སྣ་ཚོགས་ཀྱི་ཁེངས་ཤིང་མི་རྣམས་གཞུང་ལམ་ཟུར་ནས་ཡར་མར་སྦྲོ་གསེང་ཕེབས་སྐབས་འགྲོ་སྤྱོད་བདེ་བ་དང་ཐུགས་སེམས་ཧ་ཅང་གི་སྤྲོ་པོ་ཡོང་གི་ཡོད་པ་རེད།

ཉེ་དུས་གསར་བསྐྲུན་བྱས་པའི་ལྷ་ས་གྲོང་ཁྱེར་མཐའ་བསྐོར་ལམ་ཆེན་ཞེས་པ་དེ། གཞུང་ལམ་རྒྱ་ཆེ་ལ་ཁོད་སྙོམས་པ། ལམ་ཟུར་གཡས་གཡོན་གྱི་སྒྲོག་བཞུ་རྣམས་ཁྱད་ཆོས་ལྡན་ལ་ཧ་ཅང་མཛེས་པོ་ཡོད་ཅིང་། འགྲུལ་སྐྱོད་དང་སྤྲོ་གསེང་ལ་ཕེབས་མཁན་ཐུགས་སེམས་སྤྲོ་པོ་ཡོད་པ་དང་སྐབས་བདེ་ཡོད་པ། དེ་བཞིན་བོད་རིགས་མི་དམངས་རྣམས་ཀྱི་ལམ་དུའང་རེ་སྨུག་བྱས་པའི་མེ་འཁོར་ལྕགས་ལམ་འདི་ཡང་སྔ་སྔ་ནས་ལྷ་ས་དང་། ནག་ཆུ། གཞིས་རྩེ་སོགས་ལ་ཤར་སྐྱོད་ཐུབ་པར་མ་ཟད། ད་དུང་གང་མགྱོགས་དང་ཀོང་པོ་ཉིང་ཁྲི་ས་ཁུལ་དང་ལྷོ་ཁ་ས་ཁུལ་དུ་མེ་འཁོར་ལྕགས་ལམ་བརྩུགས་ཚར་བ་བྱེད་རྒྱུ་ཡིན་པ་རེད། ཉེ་འཆར་ལྷ་ས་ནས་ལྷོ་ཁ་གོང་དཀར་གནམ་གྲུ་འབབ་ཐང་དུ་ཤར་སྐྱོད་ཐུབ་པའི་རླངས་འཁོར་མྱུར་བགྲོད་གཞུང་ལམ་དང་། ལྷ་ས་ནས་ཀོང་པོ་ཉིང་ཁྲི་ས་ཁུལ་དུ་ཤར་སྐྱོད་ཐུབ་པའི་རླངས་འཁོར་མྱུར་བགྲོད་གཞུང་ལམ་དེ་ཡང་བཟོས་བསྒྲུབས་ནས་བདེ་སྐྱོད་ཐུབ་ཡོད། དེར་བརྟེན་ད་ཆ་གྲོང་མི་རྣམས་གང་དུ་ཕེབས་དགོས་ཀྱང་ཕེབས་ལམ་ཧ་ཅང་གི་སྐབས་བདེ་པོ་ཆགས་ཡོད་པ་དང་། ད་དུང་རྣམ་པ་ཆོས་མཁྱེན་གསལ་ལྟར། རྒྱལ་ཁབ་ནས་མ་དངུལ་མི་དམངས་ཤོག་སྒོར་དུང་ཕྱུར་ཉིས་སྟོང་བདུན་བརྒྱ་ཙམ་འགྲོ་སོང་བཏང་ནས། བོད་ལྗོངས་དང་སི་ཁྲོན་ཞིང་ཆེན་གཉིས་དབར་མེ་འཁོར་ལྕགས་ལམ་རིང་ཚད་ཁྲི་བསྡོམས་སྤྱི་ལེ་ཆིག་སྟོང་བདུན་བརྒྱ་ཙམ་ཡོད་པའི་ལས་གྲྭ་ཞིག་ཚ་ཚ་ཛུར་ཛུར་དང་འཛུགས་སྐྲུན་བྱེད་བཞིན་ཡོད་པ་རེད། དེ་ནི་རང་རྒྱལ་གྱིས་རྒྱལ་སྤྱིའི་དཔལ་འབྱོར་དུས་བབ་ཀྱི་ཁོར་ཡུག་དཀའ་ངལ་ཆེ་བའི་གནས་ཚུལ་འོག་འདེམས་ཐོན་བྱས་པའི་གལ་ཆེ་དང་རིམ་འདས་ཀྱི་འཛུགས་སྐྲུན་རྣམ་གྲངས་ཤིག་དང་སྤྱི་ལོ་༢༠༡༨ལོར་ལས་འགོ་བཙམས་པ་ཞིག་རེད། ང་ཚོས་སླར་ཡང་རེ་སྨུག་བྱེད་པའི་འཕྲུལ་སྣང་གི་མཁའ་ལམ་འདིས། འབྱུང་འགྱུར་བོད་མི་དམངས་ལ་བསོད་ནམས་འཕེལ་བའི་ལས་བཟང་པོ་ཞིག་བསྒྲུབ་ངེས་ཡིན་པ་ནི་གདོན་མི་ཟའོ། །

ཕ་ཡུལ་གྱི་རྣམ་པ་འགྱུར་ལྡོག་བྱུང་བ་རྣམས་ག་དུས་ཡིན་ཡང་བཤད་ཚར་རྒྱུ་

མེད་པ་རང་རེད། དེར་ཕོ་མོས་རང་གི་ཕ་ཡུལ་ལ་བསྒྱུར་བཅོས་སྔོ་མོ་དབྱེ་བ་ནས་བཟུང་བསྟོགས་བརྗོད་ཀྱི་བརྩེ་སེམས་མཚོན་པ་དང་། ཕ་ཡུལ་གྱི་འཛུགས་སྐྲུན་ཁག་སྟར་བས་དར་རྒྱས་ཕུན་སུམ་ཚོགས་པ་དང་འཆམ་མཐུན་བདེ་སྐྱིད་བཅས་ཡོང་བའི་ཆེད་དུ་དམིགས་ཏེ་དེ་སྟའི་《གྲོང་གསར་བསྐོར་བ་》ཞེས་པའི་འཁྲབ་གཞས་འདིར་གཞས་ཚིག་གསར་པ་ཞིག་བཟོས་ཏེ། འཁྲབ་གཞས་འདིའི་ཕྱིའི་རྣམ་པར་བལྟས་ན་རྙིང་པ་ཁོ་ནའི་ཚུལ་ཙམ་ཡིན་མུང་། ང་རང་ལྷ་ས་བ་རྐན་གྲས་ཞིག་གི་ཆ་ནས་སེམས་ནང་བཅང་པའི་བརྩེ་སེམས་ཡོངས་རྫོགས་མཚོན་པ་ཞུ་ཆེད་ཕྱིའི་རྣམ་པ་སོར་བཞག་ཐོག་གཞས་ཚིག་གསར་པ་ཞིག་བཟོས་ནས《ཕ་དང་བུ་མོ་གཉིས་ཀྱིས་སླར་ཡང་གྲོང་གསར་བསྐོར་བ་》ཞེས་པའི་འཁྲབ་གཞས་འདིས་ཕོ་མོའི་རྩོམ་ཡིག་འདི་ཉིད་མཇུག་བསྡུས་པར་བྱས་ཏེ། གཅིག་ནས་རྒྱ་ཆེའི་ཀློག་པ་པོ་རྣམས་ཀྱིས་དང་རྒྱུད་རིང་པོའི་སྔོ་ནས་རྩོམ་ཡིག་ཆ་ཚང་གཟིགས་ཀློག་གནང་བར་སྨྲོ་བ་འཕེལ་རྒྱུའི་ཆེད་དུ་དང་། གཉིས་ནས་ཀློག་པ་པོ་ཡོངས་ལ་སྙིང་ཐག་པ་ནས་ཐུགས་རྗེ་ཆེ་ལགས་ཞུ་ཆེད་ཀྱི་འཁྲབ་གཞས་ཤིག་ཕུལ་བ་སྟེ།

《ཕ་དང་བུ་མོ་གཉིས་ཀྱིས་སླར་ཡང་གྲོང་གསར་བསྐོར་བ།》

བུ་མོས། ནམ་མཁའ་སྔོ་ཞིང་སྤྲིན་དཀར་ཉི་མ་དྭངས།
བདེ་སྐྱིད་ལྷ་སར་སྲུ་དབྱངས་གང་སར་ཁྱབ།
ཁྲིམ་གཞུང་སྲུང་ལམ་དེ་འདྲའི་འཁྲུག་པ་ལགས།
ཕ་དང་བུ་མོས་གྲོང་གསར་བསྐོར་བར་བྲིལ་ཡ།
པ་ཕས། བུ་མོས་མདུན་དུ་ཕྱིན་ནས་མགྱོགས་པོ་ཕྱིན།
རྐན་རྒོན་ང་ནི་རྗེས་སུ་ཟིན་ཕྱིར་རྟུལ་ཆུ་ཤོར།
ལྷ་སའི་རྣམ་པ་གསར་པ་ལྟ་བ་བསམ་ནས།

གོམ་ཆེན་སྤོས་ཏེ་རྗེས་ཡ་རྗེས་ཟིན་པ་འགྲོ་ཡ།

པ་ཕས། ཨའེ་ཨའེ།

ལྷོ་རི་ཚང་མ་ལྗང་མདོག་གོས་གྱོན་ག་རེ་རེད།

ཡུལ་ལྗོངས་མཛེས་ལ་དྲི་ཞིམ་མེ་ཏོག་ག་རེ་རེད་ཡ།

བུ་མོས། "ལྗོན་ཤིང་རི་བོ་འཛུགས"ནས་ལྷུང་བཙུགས་བྱེལ།

རི་ལྗང་ཆུ་མོ་སྔོ་ཞིང་ཡུལ་ལྗོངས་མཛེས།

སྐྱེ་ཁམས་དཔལ་ཡོན་ལྡན་པ་ཡིད་དུ་བཞག

རི་ཀླུང་བརྐམས་པོའི་ཁྲོད་ན་ལྗོན་ཤིང་གོས་ཀྱིས་བརྒྱན་ཡ།

བུ་མོས། ཨ་ཕ་ལགས།

པ་ཕས། ཨས།

བུ་མོས། མགྱོགས་པོ་ཕེབས།

པ་ཕས། ཨོའོ།

བུ་མོས། ལྷ་སའི་རྣམ་པ་གསར་པ་ལྟ།

པ་ཕས། བུ་མོ་ལགས།

བུ་མོས། ཨའེ།

པ་ཕས། ང་སྒུག་དང་། ལྷ་སའི་རྣམ་པ་གསར་པ་ལྟ།

བུ་མོས། མགྱོགས་པོ་ཕེབས་དང་མགྱོགས་པོ་འགྲོ་ཡ།

པ་ཕས། འོ་འོ་ཡ་ཡ། ཡ་ཡ་ཡ།

པ་ཕས། ཨའེ། ཨའེ།

ལྷ་སའི་སྐྱིད་ཆུ་དེ་འདྲའི་རྒྱ་ཆེ་དྭངས་བ་ལགས།

ཆུ་བྱ་མང་པོ་དེ་འདྲའི་བག་ཕེབས་པ་ལགས་ཡ།

བུ་མོས། གཙང་ཆུ་བཀག་སྐྱེ་ཆུ་ཐིང་བསྐྱུན་པས"གཙང་ཆུ་མཚོའུར་གྱུར"།

བསིལ་ཞིང་དྭངས་བའི་མཚོའུས་མི་སེམས་སྤྲོ་བ་འཕེལ།

མཚོའུའི་ཁ་ཡི་མཛེས་ལྗོངས་ལྟ་ན་སྤུག་པས་ཡིད་དབང་འཕྲོག

མཚན་མོའི་ཡུལ་ལྗོངས་དེ་བས་མཛེས་ལ་ཡོང་འདོད་ཆེ་ཡ།

བུ་མོས། ཨ་ཕ་ལགས།

པ་ཕས། ཨའེ།

བུ་མོས། མགྲོགས་པོ་ཕེབས།

པ་ཕས། ཨོའོ།

བུ་མོས། ལྷ་སའི་རྣམ་པ་གསར་པ་ལྟ།

པ་ཕས། བུ་མོ་ལགས།

བུ་མོས། ཨའེ།

པ་ཕས། ང་སྒྲུག་དང་། ལྷ་སའི་རྣམ་པ་གསར་པ་ལྟ།

བུ་མོས། མགྲོགས་པོ་ཕེབས་དང་མགྲོགས་པོ་འགྲོ་ཡ།

པ་ཕས། འོ་འོ་ཡ་ཡ། ཡ་ཡ་ཡ།

པ་ཕས། ཨའེ། ཨའེ།

ཚོ་མཚོག་གླིང་ལ་འབྲུག་པོ་དེ་འདྲ་ག་རེ་རེད།

མི་མང་པོ་མོ་ཊ་མང་པོ་ཁང་བརྩེགས་མང་པོ་འདུག་ཡ།

བུ་མོས། སྣེའུ་གྲོང་ཚོ་གསར་པ་གཏོད་ནས་བཟུང་།

ལམ་ཆེན་ལྕགས་ལམ་ཚང་མ་སྒྲིགས་བཞིར་འབྲེལ།

ཟམ་ཆེན་མཐའ་དག་འཇའ་ཚོན་བཞིན་དུ་མཚར།

གྲོང་གསར་གནའ་བོའི་གྲོང་དང་འབྲེལ་ཡ་འབྲེལ་ནི་འདུག་ཡ།

བུ་མོས། ཨ་ཕ་ལགས།

པ་ཕས། ཨའེ།

བུ་མོས། མགྲོགས་པོ་ཕེབས།

པ་ཕས། ཨོའོ།

བུ་མོས། ལྷ་སའི་རྣམ་པ་གསར་པ་ལྟ།

པ་ཕས། བུ་མོ་ལགས།

བུ་མོས། ཨས།

པ་ཕས། ང་སྨྲུག་དང་། ལྷ་སའི་རྣམ་པ་གསར་པ་ལྟ།

བུ་མོས། མགྱོགས་པོ་ཕེབས་དང་མགྱོགས་པོ་འགྲོ་ཡ།

པ་ཕས། འོ་འོ་ཡ་ཡ། ཡ་ཡ་ཡ།

པ་ཕས། ཨའེ། ཨའེ།

ལག་ཐོག་ཁ་པར་བསྒྲགས་ཀྱང་མ་ལེན་གང་ཡིན་ནམ།

གཅེན་པོས་ཁྱེད་ལ་ཤོག་ཕྱག་དམར་པོ་བསྐུར་དགོས་ཆེ་ཡ།

བུ་མོས། གྲོང་གསེབ་གསར་པ་འཛུགས་སྐྲུན་དུས་བབ་བཟང་།

གནད་ཐིགས་དབུལ་སྒྲོལ་ཕྱུག་ལམ་བསྐྱོད།

བོད་སྐྱོར་ཕེབས་པའི་གཅེན་པོས་ཕྱག་རོགས་གནང་།

ང་ཚོའི་འཚོ་བ་སྐྱིལ་བཞིན་སྐྱིད་ཡང་སྐྱིད་དུ་འགྲོ་ཡ།

བུ་མོས། ཨ་ཕ་ལགས།

པ་ཕས། ཨའེ།

བུ་མོས། མགྱོགས་པོ་ཕེབས།

པ་ཕས། ཨོའོ།

བུ་མོས། ལྷ་སའི་རྣམ་པ་གསར་པ་ལྟ།

པ་ཕས། བུ་མོ་ལགས།

བུ་མོས། ཨའེ།

པ་ཕས། ང་སྨྲུག་དང་། ལྷ་སའི་རྣམ་པ་གསར་པ་ལྟ།

བུ་མོས། མགྱོགས་པོ་ཕེབས་དང་མགྱོགས་པོ་འགྲོ་ཡ།

པ་ཕས། འོ་འོ་ཡ་ཡ། ཡ་ཡ་ཡ།

བུ་མོས། སློབ་གསོའི་གྲོང་གསར་དེ་འདྲའི་མཛེས་པ་ལགས།

པ་ཕས། མ་འོང་མཁས་ཅན་ཐོན་རྒྱུའི་རེ་བ་ཡོད།

བུ་མོས། སྙོན་མེད་མཐའ་མཚམས་ང་ཚོས་སྲུང་སྐྱོབ་བྱེད།

པ་ཕས། བདེ་སྐྱིད་ཁྱིམ་ཚང་ང་ཚོས་འཛུགས་སྐྲུན་བྱེད་ཡ།

ཕ་དང་བུ་མོས། ལྷ་ས་ཉིན་མཚན་ཀུན་དུ་རྣམ་པ་གསར་པ་བརྗེ།

རླབས་ཆེན་གུང་ཁྲན་ཏང་ལ་ཐུགས་རྗེ་ཆེ་ཞུ། །

སྤྱི་ལོ་༢༠༢༠ཟླ་བ་༦ཚེས་༢༠ཉིན།

གངས་ལྗོངས་མེ་ལོང་ནང་ནས་ལྷ་སའི་སྐྱིད་ཆུ་གསལ་བྱུང་།
——ལོ་རྒྱུས་སློབ་སྦྱོང་དང་སྦྲགས་ནས་ལྷ་ས་གླེང་བ།

རྩོམ་པ་པོ། བདེ་སྐྱིད་མཚོ་མོ། ཡིག་སྒྱུར་པ། བཤེས་གཉེན་ཚུལ་ཁྲིམས།

རྩོམ་སྒྲིག་འགན་ཁུར་པ།	ཉི་མ་སྒྲོལ་མ།
མདུན་ཤོག་ཇུས་འགོད།	ལི་ཅན་ཞུང་།
པར་སྐྲུན་འགྲེམ་སྤེལ།	ཀྲུང་གོའི་བོད་རིག་པ་དཔེ་སྐྲུན་ཁང་།
པར་སྒྲིག	པེ་ཅིན་ཡེ་ཀྲི་ཀྲོའུ་རིག་གནས་སྒྱུན་སྦྱོར་ཚད་ཡོད་ཀུང་སི།
པར་འདེབས།	ཀྲུང་གོའི་ཤོག་བརྙན་དཔེ་སྐྲུན་ཁང་གི་པར་ཁང་།
དེབ་ཚད།	787mm×1092mm 1/16
དཔར་གྲངས།	0001-3000 དཔར་ཤོག 34
པར་གཞི།	2024ལོའི་ཟླ་10པར་པར་གཞི་དང་པོ་བསྒྲིགས།
	2024ལོའི་ཟླ་10པར་པེ་ཅིན་དུ་པར་ཐེངས་དང་པོ་བཏབ།
དཔེ་རྟགས།	ISBN 978-7-5211-0555-1
རིན་གོང་།	སྒོར་85.00